Fremdsprachen
in Geschichte und Gegenwart

Herausgegeben von
Helmut Glück und Konrad Schröder

Band 10

2013
Harrassowitz Verlag · Wiesbaden

Helmut Glück, Mark Häberlein
und Konrad Schröder

Mehrsprachigkeit in der Frühen Neuzeit

Die Reichsstädte Augsburg und Nürnberg
vom 15. bis ins frühe 19. Jahrhundert

unter Mitarbeit von
Magdalena Bayreuther, Amelie Ellinger, Nadine Hecht,
Johannes Staudenmaier und Judith Walter

2013

Harrassowitz Verlag · Wiesbaden

Gedruckt mit Unterstützung der
Friedrich Frhr. von Haller'schen Forschungsstiftung Nürnberg
und der Deutschen Forschungsgemeinschaft.

Umschlagabbildung: Der Sprachmeister, Germanisches Nationalmuseum,
Inv.-Nr. HB 9470 Kaps 1234

Bibliografische Information der Deutschen Nationalbibliothek
Die Deutsche Nationalbibliothek verzeichnet diese Publikation in der Deutschen
Nationalbibliografie; detaillierte bibliografische Daten sind im Internet
über http://dnb.dnb.de abrufbar.

Bibliographic information published by the Deutsche Nationalbibliothek
The Deutsche Nationalbibliothek lists this publication in the Deutsche
Nationalbibliografie; detailed bibliographic data are available in the internet
at http://dnb.dnb.de

Informationen zum Verlagsprogramm finden Sie unter
http://www.harrassowitz-verlag.de

Druck und Verarbeitung: Hubert & Co., Göttingen
Printed in Germany
ISSN 1860-5842
ISBN 978-3-447-06965-6

Inhalt

3.   Auslandsstudium und Bildungsreisen

Vorwort

Die vorliegende Monographie ist aus dem von 2008 bis 2011 an den Universitäten Bamberg und Augsburg durchgeführten Projekt „Fremdsprachenerwerb und Fremdsprachenkompetenz in deutschen Städten des Spätmittelalters und der Frühen Neuzeit" hervorgegangen. Es wurde von der Deutschen Forschungsgemeinschaft durch eine Sachbeihilfe finanziert. Die Projektleiter wurden darin von einem Team von Mitarbeiterinnen, Mitarbeitern und Hilfskräften unterstützt, denen an dieser Stelle für ihr Engagement herzlich gedankt sei.

Johannes Staudenmaier führte, unterstützt von Magdalena Bayreuther und Nadine Hecht, die Recherchen in Nürnberger Archiven und Bibliotheken (Stadtarchiv, Staatsarchiv, Germanisches Nationalmuseum) durch und transkribierte die dort ermittelten projektrelevanten Quellen. Magdalena Bayreuther, Amelie Ellinger, Nadine Hecht und Judith Walter führten bibliographische Recherchen und Lehrwerksautopsien durch, die eine weitere wesentliche Grundlage des vorliegenden Werks bilden. Judith Walter recherchierte im Augsburger Stadtarchiv sowie in der Staats- und Stadtbibliothek, Nadine Hecht und Amelie Ellinger erstellten die Excel-Tabellen, auf denen die Tabellen in Kapitel 3 und 5 beruhen. Wir danken darüber hinaus unseren studentischen Hilfskräften Verena Burghard, Hanna Christ, Christina Cudina und Ruth Seifert für ihre große Hilfe bei Literaturrecherchen in Archiven und Bibliotheken sowie bei den Transkriptionsarbeiten.

Für die Bereitstellung von Abbildungen und Abbildungsgenehmigungen danken wir der Staatsbibliothek Bamberg, dem Germanischen Nationalmuseum Nürnberg, der Bayerischen Staatsbibliothek München, dem Stadtarchiv Nürnberg, der Staats- und Stadtbibliothek Augsburg, der Herzog-August-Bibliothek Wolfenbüttel, der Sächsischen Landes- und Universitätsbibliothek Dresden, der Universitätsbibliothek Heidelberg, dem Prentenkabinett Antwerpen sowie dem Herzog Anton Ulrich-Museum Braunschweig. Den Universitätsbibliotheken Bamberg und Augsburg sind wir für vielerlei Hilfen bei der Beschaffung von Literatur dankbar. Wertvolle Quellen- und Literaturhinweise erhielten wir freundlicherweise von Hans-Jörg Künast (Augsburg), Martin Zürn (Meersburg) und Werner König (Augsburg). Wir danken außerdem Gisella Ferraresi, Martin Haase, Heinrich Lang, Carlo Milan und Michele Spadaccini für ihre Hilfe beim Übersetzen einiger Quellen.

Mark Häberlein verfasste Kapitel 1 bis 3, Kapitel 4 schrieb Konrad Schröder, Kapitel 5 Helmut Glück. Amelie Ellinger und Helmut Glück gestalteten und redigierten den Quellenanhang. Der Textentwurf für Abschnitt 3.3 stammt von Johannes Staudenmaier, der Entwurf für Abschnitt 5.2.5 von Mark Häberlein, die Entwürfe für die Abschnitte 5.2.1 und 5.2.2 von Amelie Ellinger. Wir danken Thomas Becker (Bamberg), Bernd Pompino-Marschall (Berlin) und Stefan Schäfer (Lörrach) für hilfreiche Kommentare zu einer früheren Fassung des Abschnitts 5.1.5. Die abschließende Redaktion des Manuskripts lag bei Maria Stuiber, Nadine Hecht und Christian Kuhn. Der Hallerschen Forschungsstiftung (Nürnberg) danken wir für die Gewährung eines großzügigen Druckkostenzuschusses.

Augsburg und Bamberg im Mai 2013   Helmut Glück, Mark Häberlein, Konrad Schröder

Technische Hinweise

In Drucken des 16. und 17. Jahrhunderts kommen gegeneinandergestellte runde Klammern
– etwa)()(3 – als Seitenzählungen vor. Mitunter enthalten alte Drucke eine Zählung der
Blätter statt der Seitenzählung. In solchen Fällen bezeichnet „r." (recto) die Vorderseite
eines Blattes, „v." (verso) die Rückseite. Eine andere Zählweise nach Blättern beruht auf
Druckbögen, z.B. A1r. bis A8v., B1r. bis B8v. usw. Mitunter bricht diese Zählung innerhalb eines Druckbogens ab. In solchen Fällen wird stillschweigend weitergezählt. Eine
Angabe wie „3 Seiten nach B4" ist folgendermaßen zu lesen: der Text ist bis Seite B4
blattweise paginiert, danach nicht mehr; die zitierte Stelle befindet sich auf der dritten Seite
nach der letzten paginierten Seite (B4). Wenn weder Seiten noch Blätter eine Zählung enthalten, wird das mit „unpaginiert" vermerkt.

In den bibliographischen Angaben wird die Ortsangabe des Druckes verwendet. Die
Ortsangaben werden in der Ortsnamenkonkordanz im Anhang erschlossen.

Versalien bzw. Kleinschreibung in den Titeln alter Drucke und die graphische
Unterscheidung zwischen Fraktur und Antiqua in den Quellen wurden in den Kapiteln 4
und 5 sowie in der Bibliographie nicht berücksichtigt. Ergänzungen in den bibliographischen Angaben stehen in eckigen Klammern. Sie enthalten Informationen, die im
Titel des Werks nicht enthalten waren (z. B. die Vervollständigung des Verfassernamens
oder die Angabe eines Druckortes oder Erscheinungsjahres). Solche Ergänzungen beruhen
auf der Sekundärliteratur oder auf unseren Recherchen.

In den Fußnoten erscheinen bei den *Quellen* der Vorname/die Vornamen stets mit der Initiale (den Initialen) abgekürzt, danach Nachname, eine Kurzfassung des Titels, Jahreszahl,
Seite. Sekundärliteratur wird in den Fußnoten in der Kurzzitierweise zitiert (Name, Jahreszahl, Seite)

Sprachennamen werden ausgeschrieben *außer* in eingeklammerten Angaben zu den
Sprachen, die ein Wörterbuch enthält, und in Angaben zu Wort- und Satzbeispielen im
laufenden Text, etwa „russ. *stol'*, Tisch'".

Buchtitel im Haupttext stehen in „großen" Anführungszeichen.

Bei Transkriptionen aus dem Kyrillischen wird die Bibliothekskonvention verwendet. Das
Weichheitszeichen wird durch ' (z. B. *stol'*), das Härtezeichen durch " (z. B. *ob"edinienie*)
wiedergegeben.

‚Kleine' Anführungszeichen werden verwendet, um in Wort- oder Satzbeispielen Übersetzungen und Kommentare von objektsprachlichen Ausdrücken, die *kursiv* erscheinen, zu
unterscheiden.

Übersetzungen ganzer Sätze und Textpassagen werden im Haupttext in ‚kleine' Anführungszeichen gesetzt. Diese Übersetzungen stammen vom jeweiligen Kapitel-Verantwortli-
chen, falls nicht anders vermerkt. Das Originalzitat erscheint in einer Fußnote in „großen"
Anführungszeichen zusammen mit der bibliographischen Angabe.

Kommentare und Erläuterungen innerhalb von Zitaten erscheinen in eckigen Klammern, Wortübersetzungen innerhalb von Zitaten in eckigen Klammern und zusätzlich ‚kleinen' Anführungszeichen.

Metasprachliche Bezugnahmen werden durch Kursivierung markiert, auch wenn sie in der Quelle nicht vorhanden sind, z. B. „*m* wird wie ein *n* gelesen", „*l'ame* anstatt *la ame*, *l'heure* anstatt *la heure*; *je l'aime* anstatt *je la aime*."

Die Umlautbuchstaben des Deutschen werden durch das Trema wiedergegeben, <vv> wird als <w> aufgelöst, das lange *ſ* wird durch das runde *s* wiedergegeben.

Orthographische Sachverhalte stehen in Winkelklammern <...>, phonetische Sachverhalte und Auslassungen in eckigen Klammern [...].

Bibliothekssiglen und Abkürzungen finden sich im entsprechenden Verzeichnis.

Einleitung

Zu den fundamentalen Entwicklungen, die die Geschichte Europas seit dem späten Mittelalter prägten, gehört neben der Herausbildung der Nationalstaaten, dem Ausgreifen europäischer Mächte nach Übersee, der Formierung konkurrierender konfessioneller Bekenntnisse sowie der Weiterentwicklung und Ausdifferenzierung der Wissenschaften auch die Entstehung eines vielsprachigen Europa. Die genannten Prozesse waren eng miteinander verwoben: Zwar hatte Latein als Idiom der katholischen Kirche, der Wissenschaft und der Bildung bis ins 18. Jahrhundert hinein innerhalb der abendländischen Christenheit den Status einer internationalen Sprache, doch war sein Wert im osteuropäisch-byzantinischen und im vorderasiatischen Raum beschränkt, weshalb bereits im Hoch- und Spätmittelalter sprachliche Alternativen in den Bereichen von Handel und Mission eine Rolle spielten.[1] Die Bezeichnungen *Tolk*, *Tulmatsch* (Dolmetscher) oder *Dragoman* für den Sprachvermittler des Spätmittelalters und der Frühen Neuzeit sind slawischen, ungarischen oder türkischen Ursprungs: Das mittelhochdeutsche *tolmetsche*, *tulmetsche* ist über das ungarische *tolmács* oder eine slawische Sprache (z.B. russ. *tolmač*) aus dem Osmanisch-Türkischen (*tolmaç*, *dilmaç*) entlehnt.

Die aus der Reformation hervorgegangenen protestantischen Kirchen werteten die Volkssprachen auf, um das Evangelium auch den Laien nahezubringen.[2] Damit die Bibellektüre zu einem zentralen Bestandteil der Glaubensausübung werden konnte, mussten zwei Voraussetzungen erfüllt werden: Die Gläubigen beiderlei Geschlechts mussten lesen lernen, und die Bibel musste in die Volkssprachen übersetzt werden. Bibelübersetzungen sind im 16. und 17. Jahrhundert dementsprechend zahlreich.

Der immer deutlicher zutage tretende „Wettstreit der Nationen"[3] im spätmittelalterlichen und frühneuzeitlichen Europa vollzog sich indessen nicht nur auf dem diplomatischen Parkett und dem Schlachtfeld, sondern auch in Auseinandersetzungen zwischen humanistischen Gelehrten sowie in einem intensiven „Sprachwettbewerb", der in der politisch gewollten Aufwertung und Propagierung von Nationalsprachen und -literaturen ebenso zum Ausdruck kam wie in der damit einhergehenden Abwertung von Regionalsprachen und Dialekten. Der zunehmend bürokratisch verwaltete und zentralistisch regierte Staat definierte sich in Frankreich und Spanien, später auch in England nicht zuletzt über eine gemeinsame Sprache, die im Laufe der Zeit als Sprache der Nation gedeutet wurde. In Deutschland und Italien gestaltete sich dies schwieriger, weil es keine zentrale Staatsmacht gab. Die in Grammatiken und Wörterbüchern standardisierten und normierten Nationalsprachen entwickelten Symbolkraft; ihre Pflege und Ausschmückung wurde zu einem Indikator für Modernität und gesellschaftlichen Fortschritt.[4] Peter Burke begreift den Aufstieg

---

1 Vgl. im Hinblick auf die Mission etwa Altaner 1931; Altaner 1933. Zur Rolle des Arabischen vgl. u.a. Altaner 1936; Fück 1955; Bobzin 1992. Zur Sprachenfrage im Russlandhandel siehe etwa Stieda 1884; Raab 1955/56. Einen konzisen Überblick zu den fremdsprachlichen Studien des Mittelalters bietet Bischoff 1961.
2 Exemplarisch für die lutherische Reformation: Burkhardt 2002, S. 49-64.
3 So der Titel der Studie von Hirschi 2005.
4 Vgl. hierzu exemplarisch den 1549 erschienenen Traktat „La deffence, et illustration de la langue françoyse" des Pléiade-Dichters Joachim Du Bellay (Monferran/Caldarini 2007).

der modernen europäischen Sprachen zwischen 1500 und 1800 daher als integralen Bestandteil der Identitätsbildung sozialer Gruppen und nationaler Gemeinschaften.[5]

Auch für die europäische Expansion nach Übersee stellte die Vielsprachigkeit Europas Wolfgang Reinhard zufolge eine wesentliche Voraussetzung dar, da die Europäer durch ihre philologischen Studien entscheidende Kompetenzen entwickelt hätten, um fremde Kulturen zu erfassen. Gerade die christlichen Missionare setzten als „humanistisch geschulte Philologen" auf eine „pragmatische Zweisprachigkeit" und erstellten Vokabellisten, Grammatiken, religiöse und katechetische Texte für zahlreiche außereuropäische Sprachen. Reinhard zufolge „hat die humanistisch vervollkommnete abendländische Philologie entscheidend zur Verwirklichung von Sprachbeherrschung beigetragen" und den Europäern ein wichtiges „Beeinflussungs- und Herrschaftsinstrument" zur Verfügung gestellt.[6]

Während zur Geschichte einzelner Sprachen substantielle Untersuchungen vorliegen,[7] existieren erst wenige über Einzelsprachen hinausreichende und vergleichende Studien in diesem Bereich.[8] Abgesehen von sprachenpolitisch orientierten Überblicksdarstellungen[9] ist die Geschichte der Mehrsprachigkeit im vormodernen Europa erst in Ansätzen erforscht.[10] Dies ist umso erstaunlicher, als die Geschichte des Erwerbs und Gebrauchs lebender Fremdsprachen sowie der Mehrsprachigkeit eine zentrale Schnittstelle der Sozial-, Kultur-, Bildungs- und Sprachgeschichte bildet. Durch eine eingehende Untersuchung der Strategien, Methoden und Konsequenzen des Erwerbs moderner Sprachen in verschiedenen Gesellschaftsschichten und an unterschiedlichen Orten können kulturelle Transferphänomene, Kommunikationsprozesse und -probleme, Bildungs- und Distinktionsbestrebungen sowie der historische Wandel von Erziehungsmethoden und didaktischen Konzepten gleichermaßen in den Blick genommen werden.

In der Forschungsliteratur finden sich einerseits übergreifende Synthesen – etwa zur Geschichte des Fremdsprachenlernens allgemein[11] sowie speziell zur Geschichte des Deutsch-, Englisch-, Französisch- oder Russischlernens.[12] Andererseits existieren Untersuchungen zur Ausbildung spezifischer Berufsgruppen[13] sowie Studien zu Typen und Formen von Sprachlehrwerken. Darüber hinaus sind einzelne bedeutende Lehrwerke und ihre Autoren Gegenstand sprachwissenschaftlicher und sprachdidaktischer Spezialuntersuchungen

---

5 Burke 2000.
6 Reinhard 1987 (Zitate S. 5, 14, 20, 27).
7 Etwa von Polenz 1991, 1994, 1999 für das Deutsche; Baugh 1951 u.ö. für das Englische; Brunot 1967 für das Französische; Skautrup 1944, 1947, 1953 für das Dänische; Wessén 1970 für das Schwedische.
8 So neben den genannten Studien von Stieda 1884 und Raab 1955/56 für den hansischen bzw. baltischen Raum etwa Wessén 1954 für Schwedisch und Deutsch; Haastrup 1992 für Dänisch, Deutsch und Französisch im Dänemark des 18. Jahrhunderts; Haugen 1976 für die skandinavischen Sprachen, Winge 1992 für Dänisch und Deutsch; Koch 2002 für Deutsch und Russisch; Budziak 2010 für Deutsch und Polnisch.
9 Diese haben in den meisten Fällen die „gestufte Mehrsprachigkeit" der Unionsbürger als Vision der Europäischen Union zum Ausgangspunkt. Sie argumentieren vorwiegend synchronisch, einige wenige Abhandlungen beziehen jedoch auch die historische Entwicklung der Mehrsprachigkeit ein, so etwa Schröder 1993.
10 Vgl. u.a. Kimpel 1981; Schröder 2000; Gonthier/Sandrier 2007; von Moos 2008.
11 Etwa Titone 1968; Kelly 1969.
12 Mannzmann 1983; Howatt 1984 u.ö.; Basler 1987; Christ/Coste 1990; Klippel 1994; Müller 2001; Glück 2002; Glück/Morcinek 2006.
13 Etwa Bruchhäuser 1989.

geworden.[14] Eingehende Studien zur Geschichte des Fremdsprachenerwerbs in bestimmten Städten und Regionen, die das ganze Spektrum der Unterrichtsformen und Lernmethoden in den Blick nehmen und diese in ihren jeweiligen sozial-ökonomischen, politischen, intellektuellen und kulturellen Kontexten verorten, sind erst in jüngster Zeit in Angriff genommen worden.[15]

Die vorliegende Studie, die auf einem in den Jahren 2008 bis 2011 durchgeführten, von der Deutschen Forschungsgemeinschaft geförderten Projekt basiert, stellt die erste umfassende Rekonstruktion und vergleichende Untersuchung des Fremdsprachenerwerbs und -gebrauchs in zwei großen süddeutschen Reichsstädten, Nürnberg und Augsburg, zwischen dem späten 14. und dem beginnenden 19. Jahrhundert dar und versteht sich als Beitrag zur Erforschung der Mehrsprachigkeit im vormodernen Europa.

Nürnberg und Augsburg wurden sowohl aufgrund der günstigen Quellenlage als auch aufgrund ihrer politischen, wirtschaftlichen und kulturellen Zentralität für diese Untersuchung ausgewählt. Seit dem 14. Jahrhundert setzten sich Nürnberg, im ausgehenden 15. Jahrhundert dann auch Augsburg als „Oberzentren" zunehmend von den übrigen süddeutschen Reichsstädten ab. Die wirtschaftliche Bedeutung beider Städte beruhte auf einer leistungsstarken und differenzierten handwerklichen Exportproduktion, wobei in Nürnberg die metallverarbeitenden Gewerbe, in Augsburg die Textilgewerbe eine Leitfunktion übernahmen. In beiden Städten arbeiteten Künstler, Kunsthandwerker, Buchdrucker und Verleger von überregionaler Ausstrahlung. Beide avancierten zu Mittelpunkten kommerzieller Netzwerke, die ganz Europa umspannten, sowie zu Zentren des Bank- und Finanzwesens. Mit der wirtschaftlichen korrespondierte eine politische Zentralitätsfunktion, die etwa in den Reichstagen, die im 16. Jahrhundert innerhalb der Mauern der beiden Reichsstädte veranstaltet wurden, oder in diplomatischen Kongressen zum Ausdruck kam. Bei allen Gemeinsamkeiten bestanden jedoch auch erhebliche Unterschiede: In Augsburg hatten die Zünfte – anders als im patrizischen Nürnberg – bis 1548 ein gewichtiges Mitspracherecht im Stadtregiment; und im Gegensatz zu Nürnberg, das seit der Reformation nahezu vollständig protestantisch war, behauptete sich in Augsburg eine katholische Minderheit, die nach dem Dreißigjährigen Krieg durch Zuwanderung aus dem Umland beständig wuchs und im 18. Jahrhundert sogar ein demographisches Übergewicht erlangte.[16]

Da die kommerziellen, kulturellen und diplomatischen Beziehungen Nürnbergs und Augsburgs weit über die Grenzen des Heiligen Römischen Reiches und des deutschen Sprachraums hinaus reichten, waren reichsstädtische Institutionen, Handels- und Bankhäuser sowie überregional agierende Künstler und Gewerbetreibende mit Verständigungsproblemen konfrontiert, die der Verkehr mit fremden Sprachräumen mit sich brachte. Im Falle Nürnbergs beispielsweise fand eine bairisch-ostfränkische Variante des Frühneuhochdeutschen in Protokollen, Verträgen und Handelskorrespondenzen Verwendung und setzte sich allmählich durch. Diese Sprachform war innerhalb des (ober- und mittel-)deutschen Sprachraums einigermaßen verständlich, außerhalb dieses Raumes aber eine fremde Spra-

---

14 Eine Auflistung von 25 teilweise spezialisierten Lehrwerk-Bibliographien aus der Zeit von 1815 bis 2000 bietet Schröder 2001, S. Xff. Seither sind mit Glück/Klatte/Spáčil/Spáčilová 2002, Glück/Pörzgen/ Schröder/Tkocz 2007 sowie Glück/Pörzgen 2009 weitere lehrwerkbibliographische Grundlagenwerke erschienen.

15 Vgl. z.B. die Beiträge in Häberlein/Kuhn 2010 sowie Zwierlein 2010.

16 Die beiden Städte und ihre europäischen Verflechtungen im Untersuchungszeitraum werden in Kapitel 1 näher vorgestellt.

che. Nürnbergs Handelspartner begannen im Spätmittelalter ihrerseits, ihre Volkssprachen als Schriftsprachen zu verwenden. Im östlichen Mitteleuropa und in Nordeuropa waren häufig deutschsprachige Kanzlisten verfügbar, weshalb die Verständigungshürden mit Tschechen, Polen, Ungarn, Dänen oder Schweden zunächst umgangen werden konnten.[17] In anderen Sprachräumen – etwa in Italien, in den französischsprachigen Ländern, auf der Iberischen Halbinsel oder in Russland – sah die Situation anders aus: Hier mussten ausländische Kaufleute und Reisende „mit fremder Zunge sprechen" und sich die entsprechenden Kenntnisse aneignen.[18]

Die vorliegende Studie beabsichtigt zu zeigen, wie die mit Migrations-, Handels- und Kommunikationsprozessen über sprachlich-kulturelle Grenzen hinweg verbundenen Verständigungsprobleme gelöst wurden, wie die Sprachkenntnisse erworben wurden, die für die Abwicklung von Handels- und Finanzgeschäften in europäischen Metropolen oder für den Umgang mit anderssprachigen Besuchern erforderlich waren, und wie weit die Sprachkompetenz der Augsburger und Nürnberger Kaufleute, Handelsdiener, Künstler, Handwerker und Ratsherren reichte. Auf methodischer Ebene verknüpft das Projekt damit Ansätze der Sozial- und Kulturgeschichte – insbesondere der historischen Familien- und Elitenforschung, der Migrations- und Handelsgeschichte sowie der Kulturtransferforschung[19] – mit Fragestellungen der Sprachwissenschaft und der Fremdsprachendidaktik.

Für das Projekt, aus dem die vorliegende Studie hervorging, waren zunächst einmal sämtliche Formen des individuellen und institutionalisierten Fremdsprachenerwerbs von Interesse: die Vermittlung von Sprachkenntnissen an städtischen, kirchlichen und privaten Schulen, die Auslandslehre von Kaufmannssöhnen und Handelsdienern, patrizische Bildungsreisen und Kavalierstouren, Studienaufenthalte an deutschen oder ausländischen Universitäten, Wanderungen von Handwerksgesellen über die Grenzen des deutschen Sprachraums hinaus, die Tätigkeit von Dolmetschern, Übersetzern und Sprachmeistern und die Aktivitäten von sprachkundigen Personen in Verwaltung, Polizei und Justiz, im Militär sowie im Beherbergungs- und Transportgewerbe. In der Projektarbeit zeigte sich jedoch, dass nicht alle denkbaren Formen des Fremdsprachenerwerbs und -gebrauchs in Spätmittelalter und Früher Neuzeit gleichermaßen gut in den Quellen dokumentiert sind. So sind z.B. die Wanderungen von Handwerksgesellen oder gar Angehörigen der Unterschichten nur sehr selten durch Briefe oder andere Selbstzeugnisse belegt. Auch wenn Gerichtsakten in Einzelfällen sogar über den Fremdsprachenerwerb von Unterschichtangehörigen Auskunft geben,[20] erwiesen sich vier Untersuchungsfelder als besonders ertragreich:

- die kaufmännische Auslandslehre,
- die Bildungsreisen von Angehörigen der patrizischen und merkantilen Eliten,
- die Rolle der Sprachmeister und Präzeptoren als Vermittler von Fremdsprachenkenntnissen und
- die von Fremdsprachenlehrern in den beiden Reichsstädten verfassten bzw. von dort ansässigen Druckern publizierten Lehrwerke.

---

17 Zur Produktion von Lehrwerken für das Deutsche im tschechischen und polnischen Sprachraum seit dem 15. bzw. 16. Jahrhundert vgl. Glück/Spáčilová/Klatte/Spáčil 2002; Glück/Pörzgen/Schröder/Tkocz 2006.
18 Vgl. Israel 2000; Fouquet 2006.
19 Vgl. dazu Espagne/Werner 1985; Espagne 1999; Schmale 2003; North 2009.
20 Ein Beispiel für Nürnberg findet sich bei Glück 2002, S. 143f.

Die folgende Darstellung ist nach diesen Themenfeldern gegliedert.

Kapitel 1 stellt die beiden untersuchten Städte vor, charakterisiert ihre Verfassungs-, Wirtschafts- und Sozialstrukturen und gibt einen Überblick über ihre Beziehungen mit anderen Sprachräumen. Es macht deutlich, dass Augsburger und Nürnberger Bürger im späten Mittelalter und in der Frühen Neuzeit zwar Kontakte in alle Teile Europas unterhielten, dass diese Verbindungen jedoch von unterschiedlicher Dichte und Intensität waren. Während die Beziehungen nach Frankreich, in die Niederlande, nach Ostmitteleuropa und vor allem nach Italien sehr eng waren, konzentrierten sich direkte Kontakte zur Iberischen Halbinsel weitgehend auf das 15. und 16. Jahrhundert, und die Beziehungen nach England und Skandinavien beschränkten sich auf eine kleine Gruppe von „Spezialisten". Generell waren Kontakte reichsstädtischer Bürger in außerdeutsche Sprachräume vorwiegend von kommerziellen Interessen bestimmt. Neben der kaufmännischen Migration sorgten Pilgerreisen, Wanderungen von Handwerkern und Künstlern sowie Studienaufenthalte im Ausland für intensive Wechselbeziehungen zwischen den Reichsstädten und fremden Sprachräumen. Diese Wanderungen zogen vielfältige kulturelle Transferprozesse nach sich.

Die kaufmännische Auslandslehre bildet den Gegenstand des zweiten Kapitels. Auf der Grundlage von Briefen, autobiographischen Aufzeichnungen, Familienbüchern und der handelsgeschichtlichen Literatur wird hier gezeigt, dass die Ausbildung in anderssprachigen Regionen seit dem Spätmittelalter zum Standardprogramm der kaufmännischen Berufsausbildung gehörte. Zwischen dem 15. und dem 18. Jahrhundert lernten Hunderte von angehenden Nürnberger und Augsburger Kaufleuten Fremdsprachen in den wichtigsten kommerziellen Metropolen Europas. Diese Sprachausbildung war in hohem Maße formalisiert, und die Quellen zeigen, dass frühneuzeitliche Fernhandelskaufleute durchaus Vorstellungen von Sprachvarianten, Dialektgebrauch und Formen des Fremdsprachenkönnens hatten. Die Korrespondenz reichsstädtischer Kaufleute in romanischen Sprachen sowie die Buchbestände in ihren Bibliotheken lassen zudem eine eingehende Beschäftigung mit den erlernten Fremdsprachen auch jenseits der für ihre Berufsausübung notwendigen Fachsprache erkennen.

Kapitel 3 wendet sich den Bildungsreisen und „Kavalierstouren" von Angehörigen der reichsstädtischen Eliten, insbesondere des Patriziats und verwandter Familien, zu. Die thematische Unterscheidung zwischen der kaufmännischen Auslandslehre und der patrizischen Bildungsreise trägt der Tatsache Rechnung, dass sich die meisten Nürnberger und Augsburger Patrizierfamilien im Verlauf des 16. und 17. Jahrhunderts aus dem aktiven Handelsgeschäft zurückzogen und sich das Lernen lebender Fremdsprachen von einer kommerziellen Notwendigkeit zu einem sozialen und kulturellen Statusmerkmal wandelte: Die Mehrsprachigkeit der reichsstädtischen Eliten war Ausdruck von Weltgewandtheit, eines vornehmen, an adeligen Vorbildern orientierten Habitus und der Fähigkeit zur Übernahme von Führungsaufgaben in der reichsstädtischen oder territorialstaatlichen Verwaltung. Wie die kaufmännische Ausbildung im Ausland ist auch die patrizische Bildungsreise in unterschiedlichen Quellengattungen – Universitätsmatrikeln, Familienbüchern, Korrespondenzen, autobiographischen Texten – dokumentiert. Intensive Kontakte Nürnberger und Augsburger Studenten und reisender Patriziersöhne mit fremdsprachlichen Räumen lassen sich vor allem zwischen der Mitte des 16. und der Mitte des 18. Jahrhunderts nachweisen. Oberdeutsche Studenten und reisende Patriziersöhne lernten lebende Fremdsprachen bei Sprachmeistern im Ausland, durch den Kontakt mit Einheimischen, durch den Gebrauch von Grammatiken, Gesprächs- und Wörterbüchern sowie durch die Lektüre literarischer und historischer Werke. In den Berichten über Kavalierstouren, in den im Ausland erworbenen Buchbeständen reichsstädtischer Patrizier und in den Werken reichsstädtischer Autoren wie des Nürnbergers Georg Philipp Harsdörffer fanden intensive kulturelle Austauschprozesse ihren Niederschlag.

Während in den Kapiteln 2 und 3 der Spracherwerb im Ausland im Mittelpunkt steht, widmet sich Kapitel 4 den Formen, Akteuren und Institutionen des Fremdsprachenlernens in den Reichsstädten Augsburg und Nürnberg selbst. Als wichtigste Akteure erwiesen sich bis weit ins 18. Jahrhundert hinein die frei arbeitenden Sprachmeister. Auf der Grundlage bio-bibliographischer Nachschlagewerke[21] und archivalischer Quellen ließen sich für Augsburg in den Jahren 1559 bis 1809 insgesamt 98, für Nürnberg zwischen dem Ende des 16. und dem Ende des 18. Jahrhunderts 85 Sprachmeister nachweisen. Als wichtige Schnittstelle zwischen der Gruppe der Sprachmeister und der städtischen Gesellschaft erwies sich der Akt der Aufnahme in den Einwohnerverband; für Nürnberg sind insbesondere die Ratsverlässe sowie die Akten des Unbürgeramts, für Augsburg die Bürgerrechts-, Beisitz- und Aufnahmegesuche von Sprachmeistern zentrale Quellen zu diesem Themenbereich. Diese Quellen zeigen, dass die Sprachmeister eine geographisch mobile und sozial heterogene Gruppe bildeten, deren rechtliche und wirtschaftliche Lage in Augsburg und Nürnberg oft unsicher war. Auch die wenigen Sprachmeister, die sich dauerhaft in den beiden Reichsstädten etablieren konnten und als Verfasser von Lehrwerken Bedeutung erlangten – in Nürnberg ragt hier Matthias Kramer heraus – lebten in prekären finanziellen Verhältnissen; nicht wenige Sprachmeister waren in innerstädtische Konflikte verwickelt. Im 18. Jahrhundert zeichneten sich zwei neue Entwicklungen ab: zum einen die beginnende Institutionalisierung des schulischen Fremdsprachenerwerbs, zum anderen das Auftreten von Sprachmeisterinnen, die teilweise zusammen mit ihren Ehemännern, zum Teil aber auch selbständig Unterricht erteilten.

Kapitel 5 unterzieht die zwischen dem 15. und dem 18. Jahrhundert in Augsburg und Nürnberg entstandenen bzw. dort gedruckten Lehrwerke für den Fremdsprachenunterricht einer eingehenden Analyse. Die Grundlage dieses Kapitels bildet ein Korpus von 259 Titeln, darunter vier unpublizierte Handschriften, die im Rahmen des Projekts ermittelt wurden. Die Anfänge der Lehrwerkproduktion in den beiden Reichsstädten stehen in der Tradition des italienisch-deutschen „Solenissimo Vochabuolista" aus dem 15. Jahrhundert, die nach 1500 in eine weit verzweigte Produktion vielsprachiger Vokabulare einmündet. Die Zahl der Lehrwerke aus Nürnberg und Augsburg steigt von der Mitte des 17. Jahrhunderts bis zum Ende des Untersuchungszeitraums stetig an. An fünf Beispielen wird gezeigt, wie vormoderne Lehrwerke für die Fremdsprachen Deutsch (Matthias Kramer, 1694), Französisch (Johann Karl Chapuzet, 1747 und 1754; Christoph Friederich Sigmund, 1769) und Italienisch (Dominico Antonio Filippi, 1801) aufgebaut waren. Außerdem werden ausgewählte bidirektionale Lehrwerke sowie polyglotte kontrastive Wörter- und Lehrbücher vorgestellt. Pragmatische und methodische Aspekte der Lehrwerke werden anhand von Aussprachelehren, fremden Buchstaben und Schreibungen sowie am Beispiel des Erwerbs der Fähigkeit, situationsbezogen zu kommunizieren, thematisiert.

Der zweite Teil des fünften Kapitels befasst sich mit spezifischen Adressatengruppen, auf die insbesondere im 18. Jahrhundert ein Teil der Lehrwerkproduktion abzielte.

---

21 Insbesondere Schröder 1987–1999.

Untersucht werden einerseits fachsprachliche Lehrwerke, andererseits Kinder und Jugendliche sowie Frauen und Mädchen als Handlungsträger in Gesprächsbüchern. Einen Sonderfall stellte der Fremdsprachenbedarf und -erwerb in deutschen Soldtruppen des 18. Jahrhunderts dar, der anhand eines Augsburger Drucks von 1792 thematisiert wird. Der dritte Teil des Kapitels ist einigen inhaltlichen Aspekten der Lehrwerke gewidmet. Im Einzelnen geht es um das Lob der deutschen Sprache und die barocken Begründungen für ihre Überlegenheit über alle anderen Sprachen; um die Geltung sprachlicher Normen; um Anredeformen, Titulaturen und Briefstile; um den Sprachunterricht als Gegenstand von Dialogen und Widmungen; um Kollegenlob und Kollegenschelte unter den Sprachmeistern und ihren Klienten; und endlich um die beiden Städte als Lerngegenstand.

Im Anhang des Bandes finden sich einerseits chronologische Aufstellungen der uns bekannten Augsburger, Nürnberger und Altdorfer Sprachmeister, eine Gesamtliste der ermittelten Lehrwerke sowie eine Liste der zwei- und mehrsprachigen Nürnberger Ausgaben von Johann Amos Comenius' „Orbis Pictus". Andererseits werden in einem Dokumentenanhang ausgewählte Lehrmaterialien (Titelkupfer, Wörterlisten, Ausschnitte aus Gesprächsbüchern) sowie einige Archivdokumente zu reichsstädtischen Sprachmeistern präsentiert.

Mit der vorliegenden Untersuchung liegt erstmals eine umfassende vergleichende Studie zur Geschichte der Mehrsprachigkeit in mitteleuropäischen Städten vor, die das Korpus der archivalischen und gedruckten Quellen intensiv auswertet. Sie kann zudem in dreifacher Hinsicht als Grundlage weiterführender Untersuchungen dienen. Erstens könnten Vergleiche mit anderen mitteleuropäischen Reichsstädten und Handelsmetropolen sowie Vergleiche unterschiedlicher Städtetypen (Residenz-, Universitäts-, Garnisonsstädte) den Kenntnisstand erweitern helfen. Im Zusammenhang damit sollten zweitens sprachwissenschaftliche und -didaktische Studien zu den Lehr- und Lernmitteln vorangetrieben werden mit dem Ziel, die lexikalischen und grammatikalischen Eigenschaften der unterrichteten Sprachvarietäten, die Systeme der lernersprachlichen Deskription und der Kategorienbildung, die Präsentation und Gewichtung sprachlicher und kommunikativer Phänomene sowie Kanonisierungen im Bereich der Inhalte sichtbar zu machen. Darauf aufbauend ließen sich drittens fremdsprachendidaktische Fragestellungen nach den Zielen des Unterrichts, der Modellierung von Kompetenzen, der Konzeption von Lernprozessen und der faktischen Gestalt der Lehre (Stichwort: Bildungszustände) präziser beantworten als bisher. Wenn unsere Monographie dazu Anregungen geben würde, hätte sie einen wesentlichen Zweck erfüllt.

1. Die internationalen Verflechtungen Augsburgs und Nürnbergs

1.1. Allgemeines

Die Reichsstädte Augsburg und Nürnberg gehörten im Spätmittelalter und in der Frühen Neuzeit zu den bevölkerungsreichsten Städten Deutschlands. Die in der Literatur genannten Bevölkerungszahlen beruhen zwar auf Schätzungen und Hochrechnungen, vermitteln aber dennoch einen Eindruck von der Größe der beiden Städte. Demnach hatte Nürnberg um 1525, zur Zeit der Reformation, 30.000 bis 40.000 Einwohner, und die Bevölkerung wuchs bis in die 1560er Jahre auf 40.000 bis 50.000 an. Im Jahre 1627 lebten knapp 40.000 Menschen in der Stadt. Auch 1662 lag die Einwohnerzahl bei etwa 40.000; danach setzte ein stetiger Rückgang auf 25.000 Einwohner im Jahre 1806 ein.[1] Augsburg zählte um 1500 etwa 30.000 Einwohner und wuchs im Verlauf des 16. Jahrhunderts auf ca. 45.000 Einwohner im Jahre 1618 an. Nach diesem demographischen Höhepunkt brachte der Dreißigjährige Krieg einen massiven Einschnitt mit sich: Bis 1635 ging die Einwohnerzahl um fast zwei Drittel auf 16.500 zurück und stieg bis 1645 wieder auf fast 20.000. Um 1700 lebten etwa 27.000, um 1770 rund 30.000 Menschen in der schwäbischen Reichsstadt.[2]

Das 16. Jahrhundert markierte nicht nur den Höhepunkt der demographischen Entwicklung der beiden Städte im Untersuchungszeitraum, sondern auch den Zenit ihrer politischen, wirtschaftlichen und kulturellen Zentralität. In Nürnberg wurden die Reichskleinodien verwahrt, die Stadt war Sitz des ersten und zweiten Reichsregiments (1500–1503, 1521–1530) und Tagungsort wichtiger Reichsversammlungen. Als reichsunmittelbarer Stand übte Nürnberg zudem Herrschaft über ein ausgedehntes Landgebiet mit sechs Städten und über 70 Dörfern aus.[3] Augsburg war Tagungsort reichs- und reformationsgeschichtlich bedeutsamer Reichstage (v.a. 1530, 1547/48, 1555) und Sitz des Reichspfennigmeisters, welcher die vom Reichstag bewilligten Türkensteuern einzog und vorfinanzierte.[4]

Im Kontext unseres Themas ist von Belang, dass die Zentralität der beiden Reichsstädte immer wieder hochrangige geistliche und weltliche Würdenträger dorthin führte. 1444 beispielsweise hielt sich der italienische Gelehrte und spätere Papst Enea Silvio Piccolomini in Nürnberg auf, und 1518 besuchte sein Landsmann Antonio de Beatis im Gefolge Kardinal Ludwigs von Aragon die Stadt; beide haben vielzitierte Beschreibungen Nürnbergs hinterlassen.[5] Der Reichstag war nicht nur eine politisch bedeutsame Veranstaltung, sondern auch ein „Ort interkultureller Begegnung". Am Augsburger Reichstag von 1582 beispielsweise nahmen der päpstliche Legat und mehrere Nuntien, einige italienische Fürsten bzw. deren Vertreter sowie englische, französische und spanische Gesandte teil. Kurzzeitig hielten sich auch polnische und moskowitische Diplomaten in der Reichsstadt auf. Abgesehen von einer Störung des Gottesdienstes in der evangelischen Heilig-Kreuz-Kirche durch Begleiter des päpstlichen Legaten Ludovico Madruzzo im September 1582 ist über konkrete Interaktionen der ausländischen Gesandten mit der Augsburger Bevölkerung wenig bekannt. Das Potential für interkulturelle Begegnungen beschränkte sich jedoch nicht auf die Gesandten und ihr Gefolge, denn der Reichstag lockte auch zahlreiche fremde

---

1 Diefenbacher 1995, S. 63f.; Endres 1988, S. 149.
2 Rajkay 1985, S. 252, 254; Roeck 1989, Bd. 1, S. 301-308, 775-779, 880-885; Fassl 1988, S. 17-26; François 1991, S. 38-43; Häberlein 1998c, S. 90; Zürn 2001a, S. 392.
3 Endres 1988, S. 141f.
4 Vgl. H. Lutz 1985; Schulze 1985; Zorn 1994, S. 207f., 220-228; Häberlein 1998c, S. 77f.
5 Vgl. etwa Buck 1971; Stauber 2000, S. 126f.

Händler, Handwerker und Künstler nach Augsburg; so erhielten beispielsweise ein Juwelier aus Paris und ein Lautenspieler aus Rom befristete Aufenthaltsgenehmigungen.[6]

Nach dem Dreißigjährigen Krieg wurden Nürnberg und Augsburg nur noch selten Schauplatz von Versammlungen und Ereignissen von reichsweiter oder gar europäischer Bedeutung: Nürnberg war Sitz des Exekutionstags von 1649/51,[7] auf dem über die Umsetzung des Westfälischen Friedens und die Kriegsentschädigungen für Schweden verhandelt wurde, und erlebte 1712 letztmalig den Einzug eines Kaisers des Heiligen Römischen Reiches.[8] Auch im Augsburger Fall erscheinen die Königswahl Ferdinands IV. 1653 sowie die Wahl und Krönung Josephs I. zum römischen König 1689/90 wie ein Nachklang der ehemaligen Bedeutung der Stadt als Zentrum des Reiches.[9]

Hinsichtlich ihrer Verfassung und ihrer konfessionellen Entwicklung wiesen die beiden Städte erhebliche Unterschiede auf. In Nürnberg wurde der 42-köpfige Kleine oder Innere Rat als maßgebliches politisches Entscheidungsgremium während des Untersuchungszeitraums von einem exklusiven Kreis ratsfähiger Familien, dem Patriziat, beherrscht. Die acht Vertreter des Handwerks, die seit Mitte des 14. Jahrhunderts im Kleinen Rat saßen, hatten dort kein echtes Mitspracherecht. Bis ins frühe 16. Jahrhundert nahm das Patriziat noch einzelne reiche Kaufleute in seine Reihen auf, schloss sich aber spätestens 1521 sozial ab und bildete fortan einen geschlossenen gesellschaftlichen Stand von 42 Familien, der sich bis Ende des 18. Jahrhunderts durch das Aussterben von Patriziergeschlechtern auf 22 Familien reduzierte. Im 16. Jahrhundert zog sich das Patriziat weitgehend aus dem Handel zurück und lebte fortan von Renteneinkünften und Ämterbesoldungen. Ungeachtet einer im Laufe des 18. Jahrhunderts zunehmenden Opposition der Kaufmannschaft gegen die Steuer- und Finanzpolitik des Rats hielt das Patriziat bis zum Ende des Alten Reiches die politische Macht in Händen. Erst in den 1790er Jahren konnte die Kaufmannschaft politische Mitspracherechte erstreiten.[10] In sozialer und symbolischer Hinsicht brachten Kleiderordnungen, die genaue Unterscheidungen zwischen Patriziern, großen und kleinen Kaufleuten, Akademikern, Handwerkern, Tagelöhnern und Dienstboten trafen, die ständische Gliederung der Nürnberger Gesellschaft zum Ausdruck.[11]

Seit der Einführung der Reformation 1524/25 war Nürnberg eine lutherische Stadt. Die Konvente starben im Laufe des 16. Jahrhunderts aus, und Katholiken konnten kein Bürgerrecht erlangen; ihnen wurde allenfalls ein befristetes Aufenthaltsrecht gewährt.[12] In der zweiten Hälfte des 16. Jahrhunderts ließen sich auch reformierte Glaubensflüchtlinge aus den Niederlanden nieder; im 17. Jahrhundert kamen calvinistische Flüchtlinge aus den habsburgischen Ländern und der Oberpfalz hinzu. „Die reformierte Gemeinde Nürnbergs bildete im 17. und 18. Jahrhundert den wirtschaftlichen und finanziellen Mittelpunkt der Reichsstadt mit einer Reihe der von ihren Gemeindegliedern gegründeten Handelsgesellschaften: die Brasserie, Payer (aus Schaffhausen) [...], Blommart, Buirette u.a." Im Gegensatz zu Katholiken konnten Reformierte in Nürnberg Bürger werden und als Genannte

---

6 Leeb 2007, S. 171-177.
7 Parker 1987, S. 276f.
8 Endres 1988, S. 146.
9 Häberlein 1998c, S. 89.
10 Endres 1988, S. 150-157; Diefenbacher 1995, S. 64f., 68f.
11 Endres 1988, S. 160-162; Diefenbacher 1995, S. 65. Ausführlich: Fleischmann 2007, Bd. 1, S. 29-316.
12 Strauss 1966, S. 154-186; Pfeiffer 1971, S. 146-164.

in den Größeren Rat gewählt werden. Nach dem Westfälischen Frieden erhielt die reformierte Gemeinde eigene Pfarrer, sie durfte jedoch keine öffentlichen Gottesdienste feiern; geduldet wurde nur das Privatexercitium.[13]

Anders als Nürnberg hatte Augsburg von 1368 bis 1548 eine zünftische Stadtverfassung; der 42-köpfige Kleine Rat setzte sich um 1500 aus jeweils zwei Vertretern der 17 Zünfte und acht Vertretern des Patriziats zusammen. Wesentliche Änderungen im sozialen und politischen Gefüge brachten einerseits die Aufnahme von 38 Familien aus der Kaufleutezunft in das auf sieben Familien zusammengeschmolzene Patriziat im Jahre 1538, andererseits die zehn Jahre später von Kaiser Karl V. nach seinem Sieg über den Schmalkaldischen Bund, dem sich Augsburg angeschlossen hatte, erlassene Verfassungsreform mit sich. Der Kaiser oktroyierte der Reichsstadt 1548 eine patrizische Ratsverfassung nach Nürnberger Vorbild, die nach der kurzzeitigen Restitution des Zunftregiments während des Fürstenaufstands gegen Karl V. (1552) bestätigt wurde. Seit 1555 hatte der Kleine Rat 45 Mitglieder, von denen 31 dem Patriziat angehörten. Wie in Nürnberg wurden das innerste Leitungsgremium (in Nürnberg als Sieben Ältere Herren, in Augsburg als Geheimer Rat bezeichnet) sowie die obersten Repräsentanten der Stadt (in Nürnberg Losunger, in Augsburg Stadtpfleger genannt) fortan ausschließlich von Patriziern besetzt. Im Gegensatz zu Nürnberg war das Augsburger Patriziat allerdings nicht völlig geschlossen: 1649 wurden vier evangelische Familien neu aufgenommen, wodurch sich die Zahl der Patrizierfamilien wieder auf 28 erhöhte. In der Folgezeit starben 16 Patrizierfamilien aus, während 23 Familien ins Patriziat aufstiegen.[14]

Komplizierter als in Nürnberg stellte sich die konfessionelle Situation in Augsburg dar. Auch nach der Einführung der Reformation 1534/37 hatte sich hier eine katholische Minderheit gehalten, die nach der vom Kaiser oktroyierten Verfassungsreform von 1548 wieder am Ratsregiment beteiligt war und seit dem Augsburger Religionsfrieden von 1555 den Schutz der Reichsverfassung genoss. Da eine Reihe von Patrizierfamilien katholisch war, stand nach 1555 zumeist eine katholische Ratsmehrheit einer evangelischen Bevölkerungsmehrheit gegenüber. Während des Dreißigjährigen Krieges versuchte die kaiserlich-katholische Seite in Phasen, in denen sie die Oberhand hatte (1629–1632, 1635–1648), die bikonfessionelle Stadt zu rekatholisieren: Protestanten wurden aus dem Rat entlassen, protestantische Gottesdienste untersagt. Umgekehrt wurde der katholische Rat während der schwedischen Besatzungszeit (1632–1635) abgesetzt und der Protestantismus gefördert. Der Westfälische Frieden führte schließlich zu einer dauerhaften Klärung der konfessionellen Situation, indem Katholiken und Protestanten die gleiche Anzahl an Vertretern im Rat und in den städtischen Ämtern sowie Autonomie in ihren jeweiligen konfessionellen Angelegenheiten erhielten. Ungeachtet mancher Reibungen und Konflikte funktionierte dieses System der konfessionellen Parität erstaunlich gut und hatte bis zum Ende der Reichsfreiheit Augsburgs Bestand. Der Anteil der Katholiken, die um 1600 etwa 20 % und um 1650 rund 30 % der Stadtbevölkerung stellten, wuchs im späten 17. und 18. Jahrhundert durch Einwanderung aus dem katholischen Umland Augsburgs stetig an, so dass sich das

---

13 Haas 1970, S. 26 (Zitat), 32, 36.
14 Fassl 1988, S. 30-42; Roeck 1989, Bd. 1, S. 232-250; Zorn 1994, S. 153f., 222f.; Häberlein 1998c, S. 75f., 88.

Zahlenverhältnis der Konfessionen umkehrte: um 1750 waren 60 % der Bevölkerung katholisch, 40 % protestantisch.[15]

Augsburg wie Nürnberg waren bedeutende Fernhandelszentren, deren wirtschaftliche Stellung auf einem leistungsfähigen Exportgewerbe basierte. In Augsburg bildete die Barchentproduktion, d.h. die Herstellung eines Mischgewebes aus Baumwolle und Flachsgarn, seit dem späten 14. Jahrhundert das Rückgrat des Exportgewerbes. Ungeachtet konjunktureller Krisen expandierte das Textilgewerbe der schwäbischen Reichsstadt bis zum Vorabend des Dreißigjährigen Kriegs; um 1600 stellten rund 2.000 Webermeister etwa eine halbe Million Barchenttuche im Jahr her. Der Dreißigjährige Krieg führte zu einem massiven Einbruch auf dem Textilsektor, doch seit dem späten 17. Jahrhundert gelang Augsburg dank der Innovation des Kattundrucks auf diesem Sektor ein bemerkenswerter Wiederaufstieg, und im 18. Jahrhundert war die Stadt ein Zentrum der süddeutschen Kattunindustrie.[16] Als zweiter wichtiger Gewerbezweig etablierte sich im 16. Jahrhundert das Gold- und Silberschmiedehandwerk, das auch nach dem Dreißigjährigen Krieg eine der tragenden Säulen der reichsstädtischen Wirtschaft bildete. Um 1600 arbeiteten rund 200, um 1740 275 Meister in diesem Gewerbe.[17] Nürnbergs ökonomische Stärke basierte in erster Linie auf einem differenzierten metallverarbeitenden Gewerbe, dessen Spektrum von der Herstellung von Massenartikeln (Messer, Nadeln, Scheren, Beschläge etc.) bis hin zur hoch spezialisierten Herstellung von Waffen, Harnischen, Uhren, wissenschaftlichen Instrumenten und Goldschmiedearbeiten reichte.[18]

Die Bedeutung Augsburgs und Nürnbergs im europäischen Handel gründete einerseits auf dem Import von Rohstoffen für die gewerbliche Produktion (z.B. Baumwolle aus Venedig für den Augsburger Barchent) und dem Export gewerblicher Waren, andererseits auf der Tatsache, dass es den oberdeutschen Kaufleuten seit dem 15. Jahrhundert gelang, in den wichtigsten europäischen Montanrevieren Fuß zu fassen. Im 16. Jahrhundert kontrollierten Nürnberger Gesellschaften den Vertrieb des in Thüringen und Sachsen produzierten Kupfers und Silbers, während die alpenländische und ungarische Montanproduktion eine Domäne Augsburger Firmen war.[19] Die Dominanz der Augsburger und Nürnberger Gesellschaften auf diesem Sektor beruhte auf ihrer Fähigkeit, den fürstlichen Inhabern des Bergregals große Kredite zur Verfügung zu stellen, die Produktion mit Hilfe technischer Experten und hoher Kapitalinvestitionen zu steigern und eine effektive europaweite Vertriebsorganisation aufzubauen. Die zumeist auf dem Zusammenschluss von Familienmitgliedern und nahen Verwandten basierenden großen Handelsgesellschaften wie die Augsburger Fugger, Hoechstetter, Welser, Herwart, Manlich und Paler-Weiß sowie die Nürnberger Tucher und Imhoff unterhielten an wichtigen Handelsplätzen feste Niederlassungen, so genannte Faktoreien, die von besoldeten, weisungsgebundenen Angestellten geführt wurden. Zu keinem Zeitpunkt allerdings haben die großen Familiengesellschaften den reichs-

---

15 Naujoks 1980; Warmbrunn 1983; Fassl 1988, S. 107-119; Roeck 1989, Bd. 1, S. 87-93; Bd. 2, S. 655-720, 890-902, 949-974; François 1991, passim; Zorn 1994, S. 212-216, 222f., 236-239, 253-260, 263f.; Häberlein 1998c, S. 75, 78-81, 85-92.

16 Kellenbenz 1985, S. 263f.; Zorn 1994, S. 241, 276-278; Häberlein 1998d, S. 146f., 151, 153; Kießling 2009, S. 13-16.

17 Kellenbenz 1985, S. 262; Häberlein 1998d, S. 151f.

18 Strauss 1966, S. 134-141; Lütge 1967, S. 352-354; Pfeiffer 1971, S. 98f., 176f., 186f.; R. Walter 1992, S. 152. Speziell zur Herstellung astronomischer und nautischer Instrumente: Werner 1965; Bernecker 2000, S. 190f.

19 Hildebrandt 1977; Westermann 1986; Kellenbenz 1988.

städtischen Fernhandel vollständig dominiert; stets war auch eine große Zahl von Einzel-
kaufleuten und „mittelständischen" Handelsunternehmen am Handelsverkehr Nürnbergs
und Augsburgs beteiligt.[20]

In der älteren Forschung wurden der Rückgang der europäischen Kupfer- und Sil-
berproduktion, die Bankrotte zahlreicher Augsburger Firmen zwischen 1556 und 1580
sowie der weitgehende Rückzug des Nürnberger Patriziats aus dem aktiven Handelsgeschäft als Symptome eines Niedergangs des süddeutschen Fernhandels in der zweiten Hälfte des 16. Jahrhunderts betrachtet. Mittlerweile wurde jedoch nachgewiesen, dass diese
Lücken von kaufmännischen Aufsteigern und Zuwanderern geschlossen wurden und der
Fernhandel beider Reichsstädte bis in die Anfangszeit des Dreißigjährigen Krieges hinein
eine hohe Leistungsfähigkeit und Dynamik aufwies. In Nürnberg waren es vor allem kaufmännische Zuwanderer aus Italien, den Niederlanden und Österreich, die den Fernhandel an
der Wende vom 16. zum 17. Jahrhundert prägten,[21] in Augsburg hingegen einheimische
Handelsfirmen, denen der Bankrott oder Rückzug etablierter Gesellschaften neue Spiel-
räume eröffnete.[22]

Der Dreißigjährige Krieg bedeutete zwar für den Fernhandel beider Reichsstädte eine
erhebliche Zäsur, doch gelang Nürnberg wie Augsburg danach ein ökonomischer Wiederaufstieg – ohne dass allerdings das Vorkriegsniveau wieder erreicht worden wäre. Obwohl der Handel Nürnbergs durch die Verlagerung der Handelswege nach Westeuropa, die
protektionistische Wirtschaftspolitik der mitteleuropäischen Territorialstaaten, die Abwan-
derung von Kaufleuten und Gewerbetreibenden in benachbarte Städte sowie die Ansiedlung
von Hugenotten in Schwabach und Erlangen geschwächt wurde, war die Stadt im 18. Jahrhundert „noch immer einer der Hauptstapelplätze und ein wichtiges Handelszentrum im
Reich".[23] Auf der Grundlage der hochentwickelten Gold- und Silberschmiedekunst, der
Innovationen auf dem Textilsektor (Kattundruck) sowie des Bank- und Wechselgeschäfts
erholte sich auch der Augsburger Handel in der zweiten Hälfte des 17. Jahrhunderts wieder,
und im 18. Jahrhundert gehörte die Stadt erneut zu den wichtigsten süddeutschen Handels-
und Finanzplätzen.[24] Im späten 17. Jahrhundert war die Augsburger Kaufmannschaft noch
stark protestantisch geprägt: 132 evangelischen Kaufleuten standen 1667 lediglich 24 Katholiken gegenüber. Ein Jahrhundert später hatten die Katholiken infolge einer starken Zuwanderung aufgeholt, und 1775 gab es 70 katholische und 90 evangelische Kaufleute in der
Stadt.[25]

Im 16. Jahrhundert waren Augsburg und Nürnberg nicht nur politische Zentren des Reiches und kommerzielle Metropolen von europäischer Bedeutung, sondern auch Nach-
richtenzentren[26] und Kulturstädte mit hoher Ausstrahlung. In beiden Städten entfaltete sich
ein reges künstlerisches Leben, beide etablierten sich frühzeitig als Zentren des Buchdrucks
und Verlagswesens, und in beiden wurden in gelehrten Zirkeln und an höheren Schulen

---

20 Vgl. für Nürnberg: Ammann 1970a, S. 187-193 und passim; für Augsburg: Kellenbenz 1985; Häberlein
    1998d, S. 147-151; Häberlein 2001.
21 Peters 1994; zusammenfassend: Diefenbacher 1995, S. 70-77; Fleischmann 2007, Bd. 1, S. 248-252.
22 Hildebrandt 1992; Häberlein 1998d, S. 150f.
23 Endres 1988, S. 148f. (Zitat S. 149) sowie jetzt auch Denzel 2012. Zu den Hugenotten in Franken vgl.
    Haas 1970, S. 92-114; Friederich 1986.
24 Zorn 1961, S. 12-70; Fassl 1988, S. 123-170; François 1991, S. 73-84; Zorn 1994, S. 267f.; Häberlein
    1998d, S. 151-154.
25 Zahlen bei Fassl 1988, S. 45.
26 Vgl. für Nürnberg Sporhan-Krempel 1968; für Augsburg Behringer 1996. Allgemein: Behringer 2003.

humanistische Studien betrieben.[27] Nürnberg verfügte neben traditionsreichen Lateinschulen seit 1575 über eine reichsstädtische Akademie in Altdorf, die seit 1622 den Status einer Universität genoss. In stärkerem Maße als Augsburg konnte die fränkische Reichsstadt ihren Rang als wissenschaftliches und literarisches Zentrum bis ins 18. Jahrhundert hinein behaupten.[28]

Die politische, wirtschaftliche und kulturelle Zentralität Augsburgs und Nürnbergs spiegelte sich in intensiven Kontakten mit anderen Sprachräumen. Diese umfassten Handelsbeziehungen, Pilgerreisen, diplomatische Gesandtschaften sowie Migrationen von Künstlern, Gelehrten, Klerikern und Handwerkern. All diese Kontakte waren von vielfältigen kulturellen Austausch- und Transferprozessen begleitet. Im Folgenden wird ein Überblick über die wichtigsten Kontaktregionen der beiden Reichsstädte gegeben, wobei die besonders langlebigen, intensiven und facettenreichen Beziehungen Augsburgs und Nürnbergs mit Italien[29] am Anfang stehen.

1.2. Italien

Der Nord-Süd-Handel über die Alpen bildete seit dem 13. Jahrhundert die Hauptachse des süddeutschen Fernhandels; seit etwa 1330 sind Augsburger und Nürnberger Kaufleute in Venedig namentlich belegt.[30] In der Lagunenstadt wurden Baumwolle aus dem östlichen Mittelmeerraum, welche die schwäbischen Barchentweber als Rohstoff benötigten, Südfrüchte, Arzneien und vor der Entdeckung des Seewegs nach Indien durch die Portugiesen Luxuswaren aus Asien wie Gewürze, Edelsteine und Seide eingekauft. Daneben lockte die hochwertige Luxuswarenproduktion Nürnberger und Augsburger Kaufleute an den Rialto, die dort ihrerseits Metalle und Metallwaren sowie in Nordwest- und Osteuropa erworbene Güter wie flämische Tuche, Pelze, Lederwaren, Wachs und Bernstein absetzten.[31] Der hochentwickelte Stand der Buchhaltung und Handelstechnik machte die Stadt auch zu einem beliebten Ausbildungsort (vgl. Kapitel 2).

Die deutschen Kaufleute in Venedig waren verpflichtet, ihre Wohnungen und Warenlager im Haus der deutschen Kaufleute, dem zu Beginn des 13. Jahrhunderts gegründeten *Fondaco dei Tedeschi*, zu unterhalten und dort ihre Geschäfte in Gegenwart eines vereidigten städtischen Maklers, der über Deutschkenntnisse verfügen musste, zu tätigen. Zwei Vertreter der venezianischen Obrigkeit, die sog. *visdomini*, beaufsichtigten den gesamten Warenverkehr im *Fondaco* und nahmen die darauf erhobenen Zölle ein. Dies bedeutete auf der einen Seite, dass die Handelsaktivitäten der Deutschen starker Kontrolle unterlagen; auf der anderen Seite entwickelte sich der *Fondaco* zum Zentrum des gesellschaftlichen und kulturellen Lebens der deutschen Gemeinde, und die Kaufleute, die ihre eigenen Konsuln als Interessenvertreter wählten, genossen weitgehende innere Autonomie. Da die veneziani-

---

27 Vgl. für Nürnberg: Strauss 1966, S. 231-283; Pfeiffer 1971, S. 207-263; speziell zum Buchdruck: Maué 2002. Für Augsburg vgl. allgemein Welt im Umbruch 1980 sowie die einschlägigen Beiträge in Gottlieb u.a. 1985. Zum Buchdruck und Verlagswesen: Künast 1997; Gier/Janota 1997.
28 Vgl. die Beiträge in Pfeiffer 1971, S. 329-357; Endres 1988, S. 162-166; Paas 1995.
29 Überblicke: Stauber 2000; Reichert 2001, S. 57-76; Häberlein 2011.
30 Simonsfeld 1887, Bd. 2, S. 57, 73; Lütge 1967, S. 324f.; Ammann 1970a, S. 173; Kießling 2009, S. 12f.
31 Noch immer grundlegend: Simonsfeld 1887; vgl. ferner K. Müller 1962, S. 26-31, 181-189; Braunstein 1967; Ammann 1970a, S. 172-174; Kellenbenz 1974, S. 9-17, 136-154; Kellenbenz 1985, S. 270-274; Gömmel 1991; Hildebrandt 1993; Stauber 2000, S. 135f.; Cavalieri 2010, S. 267-276; Häberlein 2011, S. 201-207.

sche Obrigkeit ihren eigenen Untertanen verboten hatte, Handel mit dem Heiligen Römischen Reich zu treiben, lag der venezianisch-oberdeutsche Handelsverkehr zudem weitgehend in deutscher Hand. Auch wenn die Pflicht für deutsche Kaufleute, im *Fondaco* zu
wohnen, und das transalpine Handelsverbot für Venezianer im 16. Jahrhundert gelockert
wurden, blieb der *Fondaco dei Tedeschi* die wichtigste Institution des deutschen
Venedighandels. Nach einem verheerenden Brand im Januar 1505 wurde er im Renaissancestil als Vierflügelanlage um einen großen Innenhof herum neu errichtet und prachtvoll
ausgestattet.[32]

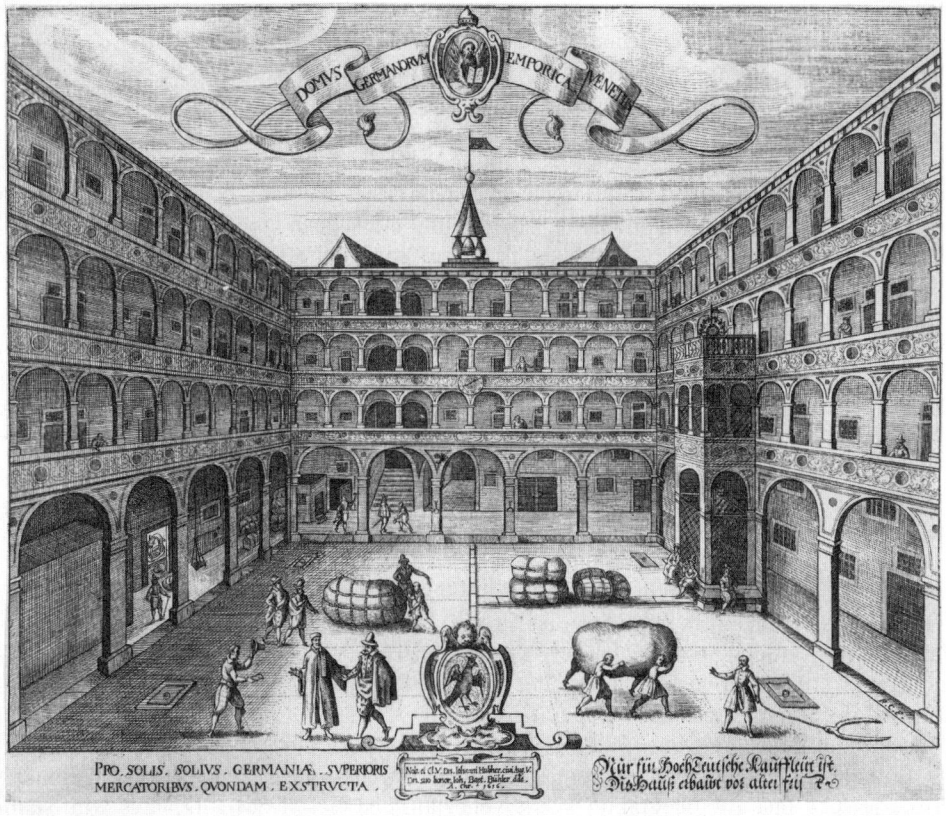

Abb. 1: Innenhof des *Fondaco dei Tedeschi* in Venedig, Kupferstich von Raphael Custos (1616)

32 Braunstein 1967, S. 381f.; Schweikhart 1995; Backmann 1997, S. 180f.; Stauber 2000, S. 131-133;
Israel 2005, S. 90f., 124; Hollberg 2005, S. 13-15, 58f.; Bergdolt 2011, S. 35-24. Im *Fondaco dei
Tedeschi* war von 1870 bis 2011 das Hauptpostamt der Stadt Venedig untergebracht. Pläne der Firma
Benetton, die das Gebäude 2008 erworben hatte, im Fondaco einen modernen „Konsumtempel" einzurichten, lösten 2011/12 heftige Bürgerproteste aus.

Die großen Augsburger und Nürnberger Firmen unterhielten dauerhafte Niederlassungen am Rialto und besaßen eigene Kammern im *Fondaco*. Im späten 14. Jahrhundert sind die Nürnberger Mendel, Behaim und Imhoff, um 1400 die Rummel, Kress, Schürstab, Haller, Hirschvogel, Pfinzing und Pirckheimer und in der ersten Hälfte des 15. Jahrhunderts die Augsburger Egen, Rehlinger, Welser und Lauginger in Venedig nachweisbar. 1418 wurden 15, zwei Jahre später sogar 23 Nürnberger bestraft, weil sie die von König Sigismund gegen die Republik Venedig verhängte Handelssperre missachtet hatten. Der Augsburger Burkhard Zink reiste von 1424 bis 1448 mehrmals über die Alpen, um für seine Dienstherren Ulrich Prun und Peter Egen Baumwolle einzukaufen. Im Jahre 1508 besaßen unter anderem die Nürnberger Imhoff und Baumgartner sowie die Augsburger Fugger, Rehlinger, Rem, Grander, Hoechstetter, Bimmel und Welser-Vöhlin eigene Kammern im *Fondaco dei Tedeschi*, und die dominante Stellung der beiden süddeutschen Reichsstädte unter den deutschen Venedigkaufleuten wird auch aus den langen Listen Augsburger und Nürnberger Konsuln ersichtlich, die die Interessen der Kaufleute im *Fondaco* vertraten.[33] Für die seit den 1470er Jahren am Rialto nachweisbaren Fugger war ihre venezianische Niederlassung ein bedeutender Absatzmarkt für Tiroler und ungarisches Kupfer, aber auch ein wichtiger Einkaufsort für Luxuswaren wie Samt, Damast und Edelsteine, eine Zentrale des Wechselverkehrs mit anderen europäischen Handelszentren sowie eine Transfer- und Clearingstelle für Geldüberweisungen an die römische Kurie.[34]

Ungeachtet einer Reihe von Schwierigkeiten – dem Vordringen der Osmanen im östlichen Mittelmeerraum, das venezianische Handels- und Territorialinteressen bedrohte, der portugiesischen Entdeckung des Seewegs nach Indien, die das Einfuhrmonopol Venedigs für asiatische Gewürze durchbrach, und dem Krieg Kaiser Maximilians gegen die Republik zwischen 1508 und 1516 – hielten die führenden süddeutschen Firmen an ihren dortigen Faktoreien fest und setzten sich für die Aufrechterhaltung des Venedighandels während der Kriegszüge Maximilians gegen die Republik ein.[35] Obwohl Venedig mit der Entstehung neuer wirtschaftlicher Zentren in Nordwesteuropa seine zentrale Stellung im europäischen Handel teilweise einbüßte, konnte es sich das 16. Jahrhundert über als Wirtschaftsmetropole behaupten und erlebte um 1600 sogar einen neuerlichen Aufschwung. Der Umfang des Handelsverkehrs über die Tiroler Alpenpässe dürfte sich im Laufe des 16. Jahrhunderts verdoppelt haben; an der Wende vom 16. zum 17. Jahrhundert wurden schätzungsweise 10.000 Tonnen Handelsgüter jährlich über die Tiroler Pässe transportiert. Für das Textilzentrum Augsburg war damals der Import von Baumwolle nach wie vor von überragender Bedeutung; um 1590 gab es in der Reichsstadt rund 50 Baumwollhändler.[36]

Im Falle einiger Familien führten langjährige Aufenthalte in Venedig zur dauerhaften Niederlassung und zur Integration in die venezianische Gesellschaft. Der aus Ulm stammende David Ott (gest. 1579) heiratete eine Venezianer Patriziertochter, und seine Söhne Hieronymus und Christoph erledigten an der Wende vom 16. zum 17. Jahrhundert vielfältige Kommissions- und Wechselgeschäfte für die Fugger und andere Augsburger Firmen.[37] Auch ein Zweig der in Ulm und Augsburg ansässigen Familie Schorer, die seit dem späten 15. Jahrhundert im Venedighandel tätig war, etablierte sich fest am Rialto: Die Firma „Jo-

---

33 Simonsfeld 1887, Bd. 2, S. 57-62, 73-80, 177-182, 192-196; Ammann 1970a, S. 174.
34 Häberlein 2006a, S. 26, 52f.; Häberlein 2010b, S. 128-130.
35 H. Lutz 1958, S. 77-96; Häberlein 2006a, S. 52f.
36 Kellenbenz 1985, S. 271; Hildebrandt 1993.
37 Backmann 1997, S. 183-190.

hann Baptist Schorer & Co." besaß 1646/47 vier Gewölbe und sieben Kammern im *Fondaco* und tätigte Kommissionsgeschäfte mit Weihrauch, Aloe, Zucker, Seide und Perlen.[38] Christoph Helbig, der 1601 das Beisitzrecht in Augsburg beantragte, war „in Venedig seßhaft" und hielt sich lediglich fünf Monate im Jahr nördlich der Alpen auf. In seinem Beisitzantrag gab Helbig an, dass seine verstorbene Frau eine gebürtige Augsburgerin gewesen sei und seine Kinder bei ihrer Großmutter in der Reichsstadt lebten.[39]

Eine weitere wichtige Anlaufstelle der süddeutschen Kaufleute in Italien war Mailand als Absatzmarkt für Metalle sowie als Produktions- und Handelszentrum für hochwertige Textilien und Luxuswaren. Nürnberger trieben in der lombardischen Metropole bereits Mitte des 14. Jahrhunderts Handel; Jörg Koler und Jörg Kress schlossen sich um 1500 mit den Mailänder Saronno sogar in einer gemeinsamen Handelsgesellschaft zusammen.[40] Die Augsburger Welser-Vöhlin-Gesellschaft hatte hier im frühen 16. Jahrhundert eigene Vertreter und handelte unter anderem mit Zinn, Seide, Samt und Schafwolle.[41] Genua spielte sowohl für den Spanienhandel als auch für den Absatz mitteleuropäischer Barchent- und Leinenstoffe eine bedeutende Rolle. Um 1500 war hier die Große Ravensburger Handelsgesellschaft, der zahlreiche Kaufleute aus dem Bodenseeraum angehörten, ein Jahrhundert später die Augsburger Österreicher-Gesellschaft prominent vertreten. Die schwäbischen Kaufleute Christoph Rem und Christoph Furtenbach ließen sich um 1600 dauerhaft in Genua nieder und nahmen dort die Interessen der Fugger und anderer oberdeutscher Firmen wahr.[42]

In Como ist 1453 der Nürnberger Händler Heinrich Tesch belegt, über den es hieß, dass er gut Lombardisch spreche; im frühen 16. Jahrhundert verlegte die Augsburger Welser-Vöhlin-Gesellschaft hier die Wolltuchweberei.[43] In Florenz schließlich konnten süddeutsche Kaufleute Metalle und Metallwaren absetzen und hochwertige Seidenwaren erwerben. Nürnberger Firmen wie die Schürstab, Rummel und Praun waren hier bereits im 15. Jahrhundert aktiv; der auch in Venedig und Bologna engagierte Großkaufmann Hans Praun (1432–1492) trieb viele Jahre lang Handel mit Florenz und starb während einer Pestepidemie am Arno. Im 16. Jahrhundert traten unter anderem die Augsburger Kraffter in Florenz in Erscheinung.[44] Die Fugger knüpften in den 1540er Jahren enge finanzielle Beziehungen zum Großherzog der Toskana, Cosimo I. Medici, an und gehörten zeitweilig zu dessen größten Gläubigern.[45]

Anders als ihre venezianischen Kollegen gingen Florentiner Kaufleute frühzeitig auch nach Norden; bereits im 15. Jahrhundert sind eine Reihe von Florentinern nördlich der Alpen nachweisbar, und in der ersten Hälfte des 16. Jahrhunderts exportierten die Torrigiani und Olivieri Seidenstoffe über ihre seit 1500 nachweisbare Nürnberger Nieder-

---

38 Simonsfeld 1887, Bd. 1, S. 435; Bd. 2, S. 179; Backmann 1996, S. 230f.; Hildebrandt 2005, S. 21; Häberlein 2011, S. 206f.; Häberlein 2010b, S. 130f.

39 Reinhard 1996, S. 262 (Nr. 382); Backmann 1996, S. 231, 233.

40 K. Müller 1962, S. 31-34, 124-131; Braunstein 1967, S. 382f., 398f.; Ammann 1970a, S. 176f.; Pfeiffer 1971, S. 182; Gömmel 1991, S. 41f.; Israel 2005, S. 86-89; Fleischmann 2007, Bd. 2, S. 637, 652.

41 Häberlein 1998b, S. 24f.

42 Ammann 1970a, S. 177-180; Kellenbenz 1985, S. 273f.; Häberlein 2011, S. 207f.

43 Israel 2005, S. 103; Häberlein 1998b, S. 25.

44 Pohl 1967/68, S. 89; Böninger 2006, S. 257-259, 266-271; Kellenbenz 1985, S. 271; Kellenbenz 1989b, S. 395; Häberlein 2011, S. 208.

45 Häberlein 2006a, S. 90; Wölfle 2009, S. 292-296.

lassung nach Mittel- und Osteuropa.[46] An der Wende vom 16. zum 17. Jahrhundert existierte in Nürnberg eine finanzstarke Gruppe von Kaufleuten aus der Toskana, dem Herzogtum Mailand und der italienischsprachigen Schweiz. Die Gesellschaft des gebürtigen Venezianers Bartholomäus Viatis und seines Nürnberger Partners Martin Peller gehörte zu dieser Zeit zu den größten süddeutschen Handelsgesellschaften.[47] 1575 wurden in Nürnberg 18 „welsche" Firmen gezählt, in den 1590er Jahren sind 17 und 1621–1624 sogar 26 italienische Häuser an der Pegnitz nachweisbar. Die Torrigiani, Lumago, Odescalco, Benivieni-Sini, Beccaria, Brocco, Corolanza und andere handelten mit italienischen Waren wie Samt, Seide, Gewürzen und Südfrüchten, stiegen jedoch auch in den Metall- und Textilhandel sowie in das Kredit- und Wechselgeschäft ein.[48]

In Augsburg hatten es italienische Kaufleute deutlich schwerer, Fuß zu fassen. Die einheimischen Kaufleute und Seidenkrämer beschwerten sich um die Mitte des 16. Jahrhunderts beim Rat der schwäbischen Reichsstadt über die unerwünschte Konkurrenz der „welschen vnnd annder frembde[n] kramer und kaufleute", und obwohl der Rat die Zuwanderung fremder Kaufleute grundsätzlich positiv bewertete, untersagte er ihnen den Klein- und Einzelhandel in der Stadt.[49] Einige Italiener, die in Augsburg um 1600 um das Beisitzrecht nachsuchten, hatten enge Beziehungen nach Nürnberg. Dies gilt etwa für Carlo Albertinelli, den Agenten der Nürnberger Firma Torrigiani (1598), für die Gesellschaft „Joan Antonio Brocho und Gebrüder" (1621), die sich ausdrücklich auf den Präzedenzfall der Torrigiani bezog, sowie für Antonio Benivieni und Cosimo Sini (1622). Sibylle Backmann zufolge zeigten die Italiener, die im späten 16. und frühen 17. Jahrhundert nach Augsburg kamen, nur eine geringe Integrationsbereitschaft: Lediglich zwei von ihnen erwarben das Bürgerrecht, und die meisten verließen die Reichsstadt schon nach wenigen Jahren wieder. Angesichts der starken Präsenz Augsburger Kaufleute in Italien war es für Italiener in diesem Zeitraum offenbar weder erforderlich noch profitabel, in der Lechstadt eigene Niederlassungen zu gründen.[50]

Die Aufenthalte süddeutscher Kaufleute in Italien initiierten vielfältige kulturelle Transferprozesse. Venedig hatte sich durch seine Einbindung in die Netzwerke der europäischen Wirtschaft, aber auch durch die Migrationen flämischer Künstler, griechischer Gelehrter und sephardischer Flüchtlinge von der Iberischen Halbinsel zu einer „dynamische[n] Relaisstation der europäischen Kultur" entwickelt. Durch Vermittlung des Kaufmanns Philipp Walther konnte die Reichsstadt Augsburg hier im Jahre 1545 kostbare griechische Handschriften für ihre Stadtbibliothek erwerben, die den Rang der Stadt als Zentrum griechischer Studien in Deutschland erheblich stärkten.[51] Die kosmographischen und kartographischen Arbeiten des Nürnberger Humanistenkreises waren stark von italienischen Vorbildern beeinflusst.[52] Reichsstädtische Patrizier und Kaufleute erwarben in Italien Kunstwerke, antike Skulpturen, Handschriften, Bücher und Luxusgüter aller Art. Einige vergaben zudem Aufträge an italienische Künstler – insbesondere für Porträts, die dem Bedürfnis der Auftrag-

---

46 Guidi Bruscoli 1999; Peters 2005, S. 176f.
47 Kellenbenz 1967a; Seibold 1977; Gömmel 1991, S. 40f.; Stauber 2000, S. 137.
48 Bauer 1962; Kellenbenz 1967a, S. 162; Peters 1994, S. 99-104 und passim; Diefenbacher 1995, S. 73-76; Stauber 2000, S. 136; Peters 2005, S. 89f., 95-101, 177-181 und passim.
49 Backmann 1996, S. 225-227.
50 Backmann 1996, S. 228-235.
51 Roeck 2000, S. 11f.
52 Stauber 2000, S. 139-146.

geber nach Selbstdarstellung und repräsentativer Inszenierung nachkamen. Mitglieder der Familie Fugger etwa ließen sich von Künstlern wie Giovanni Bellini und Vincenzo Catena porträtieren. Auch die Architektur der Fuggerhäuser am Augsburger Weinmarkt und die Grabkapelle der Fugger in der St. Anna-Kirche, die zu den frühesten Beispielen der Renaissancearchitektur in Süddeutschland zählen, sind ohne venezianische Einflüsse kaum denkbar.[53]

Rom, das Zentrum der abendländischen Christenheit, war für die oberdeutschen Reichsstädte im Spätmittelalter weniger in wirtschaftlicher denn in religiöser und politischer Hinsicht von Bedeutung. Die Augsburger Hektor Mülich und Thomas Ehem pilgerten 1450 nach Rom,[54] und der Nürnberger Bürgermeister Nikolaus Muffel (1410–1469) reiste 1452 im Auftrag der Reichsstadt in die Ewige Stadt, um die Reichskleinodien zur Krönung Friedrichs III. zu begleiten. Sein Romaufenthalt hatte zwar einen politischen Anlass, doch nutzte er ihn auch zu einer ausführlichen Besichtigung der Stadt und ihrer heiligen Stätten, wobei er sich offenbar auf Lateinisch verständigte.[55] Angehörige süddeutscher Kaufmannsfamilien wie Marx Fugger (1448–1478) und sein gleichnamiger Neffe (1488–1511) machten Karriere an der Kurie und sammelten kirchliche Pfründen.[56] Unter den deutschen Mitgliedern der Heiliggeist-Bruderschaft in Rom finden sich um 1480 die Nürnberger Johannes Praun, Sebald Tucher, Johannes Seus, Ulrich Schlüsselfelder und Lorenz Tucher.[57]

An der Wende vom 15. zum 16. Jahrhundert spielten die Fugger und Welser auch im kirchlichen Finanzwesen zeitweilig eine bedeutende Rolle. Seit 1476 waren die Fugger sporadisch, seit 1495 dann regelmäßig mit der Überweisung kirchlicher Abgaben (Servitien, Annaten) aus mittel-, nord- und osteuropäischen Bistümern an die Kurie befasst. Um 1500 bauten sie eine eigene Niederlassung in der Ewigen Stadt auf, die päpstliche Gesandtschaften und Söldnerwerbungen finanzierte, sich in das Ablassgeschäft einschaltete und zeitweilig die päpstliche Münze gepachtet hatte. Nach dem Sacco di Roma, der Plünderung Roms durch kaiserliche Söldner im Jahre 1527, gaben die Fugger wie auch die Welser allerdings ihre römischen Faktoreien auf.[58] Von 1527 bis in die 1540er Jahre unterhielten die Fugger dafür eine eigene Faktorei in Neapel, da sie König Ferdinand, den Bruder Kaiser Karls V., der zu ihren größten Schuldnern zählte, auf seine neapolitanischen Einkünfte verwiesen hatte.[59] In den Abruzzen zogen die Safranmärkte von L'Aquila zahlreiche oberdeutsche Kaufleute an: 1513/14 sind sieben Augsburger und vier Nürnberger Gesellschaften dort belegt. Die Nürnberger Firma „Peter Imhoff und Gebrüder", die in Mittel- und Süditalien besonders stark engagiert war, hatte um 1510 einen eigenen Vertreter in Messina.[60]

Die Migration deutscher Handwerker nach Italien erreichte bereits im 15. Jahrhundert einen Höhepunkt. So hing Venedigs Aufstieg zum Zentrum des Buchdrucks seit 1470 aufs engste mit der Tätigkeit von Druckern aus dem Rheinland zusammen;[61] umgekehrt sam-

---

53 Garas 1993; Roeck 2000, S. 18-20; Tönnesmann 2000, S. 301-306; Häberlein 2006a, S. 143-148, 153; Wölfle 2010, S. 240-242.
54 Kießling 2009, S. 32f.
55 Wiedmann 2005; vgl. auch Stauber 2000, S. 125; Fuchs/Scharf 2008, S. 314-317.
56 Häberlein 2006a, S. 26f., 50, 199.
57 Schäfer 1913, S. 10f., 33.
58 Schulte 1904; zusammenfassend: Häberlein 2006a, S. 48-52, 72.
59 Kellenbenz 1981a; Häberlein 2006a, S. 85f.
60 K. Müller 1962, S. 44; Ammann 1970a, S. 181-183; Peters 2005, S. 47; Weissen 2011.
61 Vgl. zuletzt Bergdolt 2011, S. 35-38.

melte der Augsburger Drucker Erhard Ratdolt während eines zehnjährigen Venedig-aufenthalts Erfahrungen mit den dort praktizierten Druckverfahren. Der Sohn eines Schreiners reiste 1462 im Alter von 15 Jahren erstmals nach Italien, überquerte in der Folgezeit mehrfach die Alpen und gründete 1476 mit dem Augsburger Bernhard dem Maler und Peter Löslein aus Langenzenn eine eigene Druckerei in Venedig. In ihrer Produktion überwogen zwar lateinische Drucke, doch Ratdolt, seit 1478 alleiniger Inhaber der Druckerei, produzierte auch in italienischer Sprache und pflegte Kontakte zu italienischen Berufskollegen. Zugleich kultivierte er die Beziehungen in seine Heimatstadt: Seit 1480 schickte er wiederholt Bücher als Geschenke an das Augsburger Karmelitenkloster, 1484 druckte er ein Brevier für den liturgischen Gebrauch in der Stadt, und im folgenden Jahr schloss er in Augsburg seine zweite Ehe. 1486 kehrte er endgültig nach Augsburg zurück. Die Forschung bescheinigt ihm, dass „er in seinen Venediger Jahren der Formenwelt der italienischen Renaissance Eingang in das gedruckte Buch verschafft sowie den Buchdruck selbständig weiterentwickelt und zu seiner eigentlichen Vollendung gebracht hat".[62] Die von Ratdolt eingeführten Innovationen wurden in der Folgezeit von anderen Augsburger Druckern übernommen.[63] Auch Nürnberger Buchdrucker und Buchhändler unterhielten um 1500 rege Beziehungen nach Italien.[64] Unter den deutschen Landsknechten und Söldnern, die im Spätmittelalter und in der Frühen Neuzeit in Italien Dienst taten,[65] befanden sich höchstwahrscheinlich auch Augsburger und Nürnberger.

Die Attraktivität Venedigs als Arbeitsmarkt für deutsche Handwerker spiegelt sich in der Ansiedlung von mehreren tausend deutschen Einwanderern im 15. Jahrhundert wider. Viele von ihnen waren in eigenen Bruderschaften nach dem Vorbild der 1383 gegründeten „Schule" der deutschen Schuster (Scuola dei Calegheri tedeschi) organisiert. Deutsche Bruderschaften bestanden auch in Trient, Treviso, Udine und Vicenza; die 1439/40 gebildete Bruderschaft in Treviso nahm bis 1480 366 Neumitglieder auf. Untereinander waren diese Bruderschaften durch Wanderung und Kommunikation eng vernetzt.[66] Lorenz Böningers Arbeit zur deutschen Einwanderung nach Florenz zeigt, dass es dort neben zahlreichen Webern und Schuhmachern auch deutsche Gastwirte, Betreiber von Badstuben, Wagner, Truhenhersteller, Buchdrucker, Miniaturmaler und Prostituierte gab. Im Catasto, dem Florentiner Steuerverzeichnis von 1427, sind 87 deutsche Haushalte nachweisbar, und um die Mitte des 15. Jahrhunderts stellten die 400 bis 500 Deutschen ca. ein Prozent der Stadtbevölkerung. Ferner demonstriert Böninger, dass die Deutschen in Florenz eine eigene Subkultur bildeten: Sie „wählten eigene Organisationsformen in religiösen Bruderschaften, pflegten vornehmlich untereinander Umgang und gingen miteinander Familienbindungen ein." So waren die oberdeutschen Weber seit Ende der 1430er Jahre in einer eigenen Fraternität, der St. Katharinenbruderschaft, organisiert; sie heirateten bevorzugt in die Familien anderer Bruderschaftsmitglieder ein, fungierten als Zeugen und Bürgen füreinander und bedachten die Bruderschaft in ihren Testamenten mit Legaten. Auch die deutschen Schuhmacher hatten ihre eigene Organisation, die sog. Liebfrauengesellschaft, die zwischen 1448 und 1483 450 neue Mitglieder aufnahm. Zu den führenden Mitgliedern der Bruderschaft

---

62 Geissler 1966, S. 98-114, 138 (Zitat), 142-144; Roeck 2000, S. 14f.
63 Geissler 1966, S. 123, 127f.
64 Pommeranz 2002, S. 311f.
65 Vgl. Glück 2002, S. 253.
66 Glück 2002, S. 250-252; Hollberg 2005, S. 69-74, 123-135, 201-251; Israel 2005, S. 39-46, 53f., 63f., 71, 76, 105-111, 114-116, 122-124, 127f., 132-137; Böninger 2006, S. 36-52.

gehörte um die Mitte des 15. Jahrhundert der Augsburger Schuster Ludwig Beringer, der Massenware für Klöster und Spitäler produzierte und häufig als Zeuge und Bürge für Berufskollegen auftrat.[67]

Obwohl einzelne oberdeutsche Künstler bereits im 15. Jahrhundert in Venedig nachweisbar sind, gelten Albrecht Dürers Venedigaufenthalte in den Jahren 1494/95 und 1505–1507 als Meilenstein des transalpinen Kulturtransfers. Durch die Briefe, die Dürer während seines zweiten Aufenthalts an seinen Nürnberger Freund und Förderer Willibald Pirckheimer schrieb, sind seine Erfahrungen am Rialto besonders gut dokumentiert. Pirckheimer hatte Dürer Geld für die Reise vorgestreckt und ihn mit dem Ankauf von Büchern, Perlen, Edelsteinen, Teppichen, Papier, Kranichfedern, Öl und Glas beauftragt. Dürers Aufenthalt diente einerseits dem intensiveren Studium der italienischen Malerei, insbesondere der Proportion und Perspektive, andererseits der gezielten Akquisition von Aufträgen. Während er Freundschaft mit venezianischen Gelehrten und Musikern schloss, war sein Verhältnis zu den dortigen Malern von Konkurrenz wie von gegenseitigem Respekt geprägt.[68]

Dass Dürer auch den Fremdsprachenerwerb als nützlichen Aspekt des Auslandsaufenthalts betrachtete, geht aus einem Brief an Pirckheimer hervor, in dem er schreibt, er hätte gern seinen Bruder Hans mit nach Venedig genommen: „wer mir vnd jm nüez gewest, awch der sprach halben zw leren."[69] Außerdem gab er dem Nürnberger Humanisten eine Kostprobe seiner Fremdsprachenkenntnisse, doch dürfte Dürers Kauderwelsch aus italienischen und lateinischen Versatzstücken eher als ironisches Spiel mit der Sprache zu interpretieren sein denn als Nachweis seines tatsächlichen Kompetenzniveaus: „Grandissimo primo homo de mundo. Woster servitor, el schiavo Alberto Dürer disi salus suum Mangnifico miser Willibaldo Pircamer. My fede el aldy wolentiere cum grando pisir woster sanita e grondo honor."[70]

Waren Italienaufenthalte süddeutscher Künstler zur Zeit Dürers noch keineswegs üblich, so gehörten sie hundert Jahre später zum Standardprogramm der Ausbildung. Im Kontext eines Rechtsstreits, in dem seine Qualifikation angezweifelt wurde, betonte der Bildhauer Stephan Hueber, der 1583/84 mit der Ausführung eines Figurenzyklus aus Terrakotta in der Kirche des Augsburger Jesuitenkollegs befasst war, dass die Terrakottaplastik „ein besondere und abgeschaidne kunst und arbeit" sei, die er „in Italia gelernet" habe.[71] Der aus München stammende Johann Rottenhammer (1564–1625), der zwischen 1589 und 1606 in Italien lebte und mit einer Venezianerin verheiratet war, ließ sich nach seiner Rückkehr nach Deutschland in Augsburg nieder. Der gebürtige Nürnberger Johann König (1586–1642) ging nach seiner Lehrzeit in Augsburg 1609 nach Venedig, hielt sich anschließend drei Jahre in Rom auf und kehrte schließlich 1613/14 nach Augsburg zurück.[72] Der 1634 geborene Nürnberger Bildhauer Johann Balthasar Stockamer ließ sich 1664 in Rom nieder,

---

67 Böninger 2006, S. 8 (Zitat), 26, 81f., 117-125, 171f., 177-185, 203-254, 272f. und passim. Vgl. Israel 2005, S. 57f., 64-67, 72f., 77f., 105f., 111-113, 119f., 124f., 129-132.

68 Martin 1993, S. 22-27; Roeck 2000, S. 17f.; Stauber 2000, S. 129f.; Reichert 2001, S. 74-76; Schmid 2003, S. 79f., 286-303; Bergdolt 2011, S. 39-45.

69 Rupprich 1956, Bd. 1, S. 49.

70 Rupprich 1956, Bd. 1, S. 51; vgl. auch Bergdolt 2011, S. 44.

71 Wölfle 2009, S. 76.

72 Augsburger Stadtlexikon 1998, S. 568, 766 (mit Literaturhinweisen); Bergoldt 2011, S. 61f. (Rottenhammer), 105 (König). Vgl. auch Martin 1993, S. 26-28 (Rottenhammer).

wo er in den folgenden Jahren zahlreiche Elfenbeinplastiken für Kardinal Leopoldo de' Medici schuf. Er kehrte um 1670 nach Nürnberg zurück und ging später als fürstlicher Bildhauer an den sächsischen Hof in Weißenfels.[73] Gegen Ende des 17. Jahrhunderts arbeitete der Nürnberger Maler Johann Daniel Preisler (1666–1737) in venezianischen Werkstätten und fertigte dort Gemäldekopien an.[74] Der Medailleur Johann Franz Neidinger (um 1650–um 1720) wirkte mehrere Jahrzehnte in Venedig; seine Werke konzentrieren sich thematisch auf Persönlichkeiten und Ereignisse der venezianischen Geschichte.[75] Oberdeutsche Musiker gingen ebenfalls nach Italien, um ihre Fertigkeiten zu vervollkommnen: Ein frühes Beispiel ist der gebürtige Nürnberger Hans Leo Hassler (1564–1612), der in Venedig seit 1584 Schüler Andrea Gabrielis war und nach seiner Rückkehr in Augsburg als Organist in die Dienste der Fugger trat.[76]

Neben der Entwicklung der künstlerischen Persönlichkeit dienten Italienaufenthalte der konkreten Karriereplanung. So dürfte sich Elias Holl (1573–1646), der 1600/01 mit dem Kaufmann Anton Garb eine Reise nach Venedig unternahm, gerade durch diese Reise „für das angestrebte Amt des Stadtwerkmeisters, des leitenden Architekten der Reichsstadt Augsburg, qualifiziert haben." Dass die Kenntnis der italienischen Architektur um diese Zeit zu den wesentlichen Qualifikationsmerkmalen süddeutscher Baumeister gehörte, zeigen auch die Studienreisen des Ulmers Joseph Furtenbach und des Nürnbergers Jakob Wolff d.J., die in Mailand, Genua, Bologna, Florenz, Venedig und Rom Bauwerke besichtigten, Werkstätten besuchten, Besorgungen für ihre Auftraggeber erledigten sowie ihre zeichnerischen und gestalterischen Fähigkeiten vervollkommneten.[77] Auch der Nürnberger Patrizier Wolf Jacob Stromer, der in den Jahren 1596 bis 1599 den Bau der Nürnberger Fleischerbrücke nach dem Vorbild der Rialtobrücke in Venedig leitete, hatte sich 1582 in der Lagunenstadt aufgehalten.[78]

Seit Mitte des 16. Jahrhunderts ging eine Reihe italienischer Künstler den umgekehrten Weg und führte Kunstaufträge nördlich der Alpen aus. 1543 arbeitete Gian Paolo Pace, genannt L'Olmo, als Bildnismaler in Augsburg. Während der Aufenthalte Karls V. in Augsburg anlässlich der Reichstage von 1547/48 und 1550 reisten Tizian und Paris Bordone in die schwäbische Reichsstadt, um Aufträge für den Kaiser und zahlungskräftige Kunden wie die Fugger auszuführen.[79] 1560 kam der venezianische Maler Giulio Licino nach Augsburg und bat den Rat der Reichsstadt, ihm die Ausübung seiner Malkunst zu gestatten, die „allain auf fremde und romanisch art gestaltet" sei. Der Patrizier Hieronymus Rehlinger beauftragte Licino mit der Dekoration der Fassade seines Hauses, die dieser unter anderem mit nackten mythologischen Figuren schmückte.[80] Die Kunstpatronage der Fugger lockte seit den 1560er Jahren mehrere „welsche" Künstler nach Augsburg. Als Hans Fugger von 1568 bis 1573 den ihm gehörenden Teil des Fuggerpalastes am Augsburger Weinmarkt im Stil der Spätrenaissance umgestalten ließ, stand Licino zwar nicht mehr zur Verfügung, doch dafür rekrutierte Fugger aus Florenz den gebürtigen Niederländer Fried-

73 E.D. Schmidt 2002.
74 Bergdolt 2011, S. 65.
75 Chino 2002.
76 Bergdolt 2011, S. 74.
77 Roeck 1993 (Zitat S. 14); Jonkanski 1993; Roeck 2000, S. 25f.
78 Stromer 1984; Bergdolt 2011, S. 70f.
79 Wölfle 2009, S. 262 (L'Olmo), 261 (Tizian), 180, 280 (Bordone).
80 Roeck 1999, S. 164; Wölfle 2009, S. 262f.

rich Sustris, die Maler Alessandro Scalzi genannt Paduano und Antonio Ponzano sowie den Bildhauer und Stukkateur Carlo di Cesari Pallago. Herzog Wilhelm V. von Bayern verpflichtete diese Künstlerequipe anschließend für die Neugestaltung seiner Residenz auf der Burg Trausnitz, und insbesondere Sustris hat die Münchner Hofkunst des späten 16. Jahrhunderts maßgeblich geprägt. Die patrizischen und kaufmännischen Eliten der Reichsstädte waren somit auch Vermittler zwischen Oberitalien und den süddeutschen Fürstenhöfen.[81]

Neben den Geschäfts- und Arbeitsmöglichkeiten in den italienischen Handels- und Gewerbezentren sowie der Ausstrahlung der Renaissancekunst lockte die hohe Reputation der oberitalienischen Universitäten eine große Zahl von Oberdeutschen nach Italien. Die Studienaufenthalte reichsstädtischer Bürger im 15. und 16. Jahrhundert trugen nicht nur maßgeblich zur Rezeption des römischen Rechts, das von den italienischen Rechtsschulen des Mittelalters „wiederentdeckt" worden war, nördlich der Alpen bei, sondern förderten auch die Verbreitung humanistischen Gedankenguts (Kapitel 3).

Die intensiven Handelsbeziehungen der süddeutschen Reichsstädte nach Italien dauerten bis in den Dreißigjährigen Krieg hinein an und wurden unmittelbar nach Kriegsende wieder angeknüpft. Eine Reihe Augsburger Kaufleute gehörte in der zweiten Hälfte des 17. Jahrhunderts dem Merkantilmagistrat (Handelsgericht) der südtirolischen Stadt Bozen an, deren Märkte sich zu einem wichtigen Umschlagplatz im transalpinen Handelsverkehr entwickelten. Im Jahre 1677 waren 14 Augsburger Kaufleute in Bozen aktiv. Unter den Konsuln der deutschen Kaufleute im *Fondaco dei Tedeschi* in Venedig finden sich zwischen 1650 und 1750 15 Augsburger und acht Nürnberger; geschäftliche Kontakte bestanden zudem nach Genua, Lucca und Mailand.[82] Die Nürnberger Viatis-Peller-Gesellschaft blieb zwischen 1650 und 1720 auf den Bozener Märkten und bis in die 1680er Jahre hinein auch in Venedig stark präsent; mehrere Teilhaber der Gesellschaft waren Mitglieder des Bozener Merkantilmagistrats, und ihr venezianischer Vertreter Peter Kreßer amtierte zwischen 1645 und 1673 wiederholt als Konsul der deutschen Kaufleute im *Fondaco*. In den 1670er Jahren waren die Viatis-Peller das umsatzstärkste deutsche Unternehmen am Rialto.[83] Über mehrere Generationen hinweg war auch die Nürnberger Kaufmannsfamilie Schweyer dort aktiv: 1675 ist Johann Lorenz Schweyer in Venedig belegt, zwischen 1706 und 1714 erscheint dort Karl Magnus Schweyer, der bei Johann Lorenz in die Lehre gegangen war, und von 1720 bis 1723 Karl Magnus' Sohn Johann Karl Schweyer (1691–1759).[84] Im Zeitraum zwischen 1720 und 1741 sind 77 Augsburger und 63 Nürnberger Kaufleute in Veroneser Quellen nachweisbar.[85]

Die engen Kontakte Augsburger Kaufleute nach Italien hielten auch in der zweiten Hälfte des 18. Jahrhunderts an: Die Brüder Hillenbrand erhielten 1757 einen Adelsbrief, der die Bedeutung ihres Waren- und Wechselhandels mit der Toskana ausdrücklich hervorhob, und der Bankier Benedikt Adam Liebert ging 1762 eine Geschäftspartnerschaft mit dem Handelsunternehmen Paolo Camocinos in Venedig ein. In den 1760er Jahren erwies sich der Export von Silbermünzen, insbesondere sog. Maria-Theresia-Talern, über die Mittelmeerhäfen Marseille, Genua, Venedig und Triest ins Osmanische Reich zeitweilig als pro-

---

81 Baader 1943, S. 276-278, 285f., 289f., 293-295; Häberlein 2006, S. 144f.; Diemer 2008; Wölfle 2009, S. 104-134 und passim; Wölfle 2010, S. 242-247.
82 Simonsfeld 1887, Bd. 2, S. 179f., 193f.; Zorn 1961, S. 14f., 18, 21f., 27f.; Fassl 1988, S. 123f., 134.
83 Seibold 1977, S. 340-350.
84 Simonsfeld 1887, Bd. 2, S. 195.
85 Gramulla 1986, S. 131; Fassl 1988, S. 134.

fitables Geschäft, in das die Augsburger Häuser Köpf, Liebert, Obwexer und Carli große Summen investierten.[86]

Darüber hinaus ließ sich eine beträchtliche Zahl italienischer und anderer romanischer Kaufleute im 18. Jahrhundert in Augsburg nieder. Martin Zürn konnte für den Zeitraum von 1661 bis 1700 19 Bürger- und 58 Beisitzaufnahmen von „Welschen" feststellen. Zwischen 1701 und 1740 erlangten 101 „Welsche" das Bürgerrecht und weitere 34 den Beisitz in Augsburg, und zwischen 1741 und 1780 wurden weitere 104 „Welsche" als Bürger sowie 17 als Beisitzer in Augsburg aufgenommen. Viele dieser Zuwanderer heirateten deutsche Frauen; in einer Reihe von Fällen wurde ihnen das Bürger- bzw. Beisitzrecht sogar nur unter der Bedingung der Einheirat in eine ortsansässige Familie gewährt.[87] Peter Fassl zufolge waren mindestens 42 Prozent der katholischen Kaufleute in Augsburg im Jahre 1745 „welscher" Abstammung; in den folgenden Jahrzehnten schwankte ihr Anteil zwischen 28 und 36 Prozent.[88]

Zu den bedeutendsten italienischen Zuwanderern gehörten der aus Tremezzo am Comer See stammende Tomaso Carli, der sich 1727 als Wechselhändler in Augsburg etablierte, und die Brentano-Mezzegra, die um 1750 den württembergischen Hof belieferten.[89] Carli war an dem oben erwähnten Export großer Silbermünzen in die Levante beteiligt und gründete 1783 mit den Augsburger Bankiers Köpf, Obwexer, Pedroni und Cobres eine Gesellschaft für den Handel mit Ochsen und Unschlitt nach Venedig, die allerdings nur kurze Zeit Bestand hatte. Die aus Oberitalien stammenden Anton Pelloux und Franz Carl Ulrich Anton Brentano-Mezzegra gründeten 1790 eine Seidenspinnerei und -weberei in Göggingen vor den Toren Augsburgs, die sie 1794 ins wenige Kilometer entfernte Lechhausen verlegten.[90]

In Nürnberg ist seit etwa 1650 eine „zweite Generation" italienischer Kaufleute fassbar, die häufig aus der Region um den Comer See stammten. Im Jahre 1684 wurden sieben Firmen gezählt, die sich zwischen 1653 und 1664 in Nürnberg etabliert hatten. Der Umfang ihrer Geschäfte war allerdings deutlich geringer als derjenige der italienischen Großfirmen an der Wende vom 16. zum 17. Jahrhundert. Sie betrieben fast ausschließlich Warenhandel, erwarben kaum Grundbesitz in der Stadt, erlangten selten das Bürgerrecht oder den Schutzverwandtenstatus und hielten sich häufig nur befristet in der fränkischen Reichsstadt auf.[91]

1.3. Frankreich und andere französischsprachige Gebiete

Seit dem 15. Jahrhundert gewannen die kommerziellen Beziehungen der süddeutschen Reichsstädte nach Genf und Lyon stark an Bedeutung, wobei Handelsgesellschaften aus Oberschwaben (Ravensburg, Ulm, Konstanz) zunächst eine Vorreiterrolle spielten, ehe Nürnberger und Augsburger um 1500 eine dominierende Rolle erlangten. In Genf gründeten Nürnberger Firmen wie die Ortolf, Kress und Tucher im Laufe des 15. Jahrhunderts eigene Niederlassungen; ein Zweig der Augsburger Manlich ließ sich nach 1500 dauerhaft dort nieder. Die Anfänge der Reformation in Genf lassen sich unter anderem auf oberdeut-

86 Zorn 1961, S. 45-51; Fassl 1988, S. 129; François 1991, S. 126.
87 Zürn 2001a, S. 396, 405f.; Zürn 2001b, S. 158f.
88 Fassl 1988, S. 48f., 222; vgl. Zürn 2001a, S. 396f.
89 Zorn 1961, S. 34, 40; Fassl 1988, S. 46, 48.
90 Zorn 1961, S. 60f., 69f.; François 1991, S. 126f.
91 Seibold 1984, S. 192-204.

sche Kaufleute zurückführen, die lutherisches Gedankengut mitbrachten und mit Genfer Bürgern darüber diskutierten.[92]

Nach Lyon kamen die süddeutschen Kaufleute vor allem wegen der vier jährlichen Messen, die seit 1462/63 von den französischen Königen planmäßig gefördert wurden und die traditionsreichen Genfer Messen um 1500 überflügelt hatten. Während der Messen waren alle Waren außer Seidenstoffen und Gütern, die auf dem Wasserweg transportiert wurden, vom Zoll befreit.[93] Die deutsche Nation verfügte seit spätestens 1492 über einen eigenen Makler auf den Lyoner Messen; 1517 bat sie darum, „a cause de leur langue" nur Landsleute als Makler zu bestellen. Ein Kristallisationspunkt des sozialen Lebens der Nation war die 1491 gegründete deutsche Bruderschaft am Lyoner Dominikanerkonvent, als deren Schatzmeister im frühen 16. Jahrhundert Repräsentanten der Nürnberger Imhoff und Tucher fungierten. Neben Kaufleuten spielten deutsche Buchdrucker wie der auch in Nürnberg belegte Hans Trechsel in Lyon um 1500 eine wichtige Rolle; sie zeigten eine hohe Integrationsbereitschaft, die sich in Heiraten mit Französinnen und der Romanisierung ihrer Namen widerspiegelt.[94] Der produktivste und erfolgreichste Nürnberger Buchdrucker um 1500, Anton Koberger (ca. 1440–1513), unterhielt eigene Handelskontore in Lyon und Paris und ließ Drucke in Lyoner Offizinen herstellen.[95]

Kaufleute aus Augsburg und Nürnberg setzten in Lyon vor allem Textilien und Metallwaren ab und kauften dort feine Stoffe, Wolle, Lederwaren sowie Safran und Pastell aus Südfrankreich, Aragon und Katalonien ein. Insbesondere der Safran- und Pastellhandel hatte für die oberdeutschen Kaufleute große Bedeutung.[96] Die rechtliche Grundlage des Handels bildeten die erstmals 1516 überlieferten, aber wahrscheinlich bis ins 15. Jahrhundert zurückreichenden Messeprivilegien, die die französische Krone den deutschen Kaufleuten gewährte. Wichtigste Bestandteile dieser Privilegien waren die Befreiung vom Zoll für 15 Tage nach dem Schlusstag der jeweiligen Messe sowie die Befreiung vom „droit de repressaille" (der kollektiven Haftung ausländischer Kaufleute für die Schulden eines Landsmanns) und vom „droit d'aubaine" (dem Recht des Königs, das Vermögen eines in Frankreich verstorbenen fremden Kaufmanns einzuziehen).[97] Da die Privilegien nach dem Tod jedes Königs von seinem Nachfolger bestätigt werden mussten, schickten die oberdeutschen Reichsstädte wiederholt Gesandtschaften nach Frankreich, um eine Erneuerung der Privilegien zu erwirken.[98]

Die Augsburger Welser-Vöhlin-Gesellschaft war bereits vor 1500 in Lyon präsent. 1514 vertraten Hans Welser und Narziss Lauginger die Interessen der Firma an der Saône, in deren Gewölben damals Kupfer, Messingwaren, Zinn, Felle, Wachs, Öl und Pastell lagerten. Im folgenden Jahr waren die Welser-Vöhlin und Leonhard Jungmann als einzige deutsche Kaufleute mit Haus- und Hypothekenbesitz in Lyon registriert. Nach dem Tod Anton Welsers d.Ä. 1518 führte dessen Sohn und Nachfolger Bartholomäus Welser (1484–1561) das Engagement der Firma in Lyon fort: Als die französischen Behörden 1522/23 einen

92 Ammann 1954; Ammann 1970a, S. 109-117; Seibold 1995, S. 12-14; Kießling 2009, S. 18f.
93 Brésard 1914; Müller 1962, S. 71, 142, 274; Pfeiffer 1967, S. 408-410, Kellenbenz 1974, S. 48f., 227.
94 Ammann 1970a, S. 117f.; Babel 2006, S. 121; Jaspert 2008, S. 492f., 502-507.
95 Ammann 1970a, S. 117, 128; Keunicke 1982, S. 40, 53; Pommeranz 2002, S. 310f.
96 Köpf 1910, S. 69, 71, 86; Gascon 1971, S. 121f., 231.
97 Köpf 1910, S. 87f.; Brésard 1914, S. 131f.; Pfeiffer 1965, S. 155-157; Pfeiffer 1967, S. 410f.; Babel 2006, S. 125.
98 Köpf 1910, S. 94-98, 101; Pfeiffer, 1967, S. 417-419.

einmaligen Einfuhrzoll von den fremden Kaufleuten erhoben, zahlte die Welser-Gesellschaft Zölle auf Safran, den sie vermutlich in Südfrankreich oder Katalonien eingekauft
hatte.[99] Unter der Leitung Bartholomäus Welsers beteiligte sich die Firma auch an Finanzgeschäften mit der französischen Krone.[100]

Abb. 2: Lyon aus der Vogelperspektive.
Aus: Georg Braun/Frans Hogenberg, Civitates orbis terrarum […], Köln 1572–1618.

Unterdessen hatten sich auch andere süddeutsche Firmen in Lyon etabliert. Die Augsburger
Weyer etwa spezialisierten sich ganz auf den Frankreichhandel. Seit Mitte der 1530er Jahre
nahmen sie als Kommissionäre die Interessen Augsburger Firmen wahr, die keine eigenen
Niederlassungen in Lyon unterhielten. Sie trieben Schulden ein, tätigten Wareneinkäufe
und kümmerten sich um die finanziellen Belange deutscher Studenten in Bourges. Daneben
trieben sie auf eigene Rechnung Handel mit feinen Stoffen sowie mit Tiroler Silber und
Kupfer. Zum Zeitpunkt ihres Konkurses im Jahre 1557 hatten die Brüder Hans und David
Weyer Kunden und Geschäftspartner in Villefranche, Le Puy, Valence, Crest, Avignon,
Montpellier, Carcassonne, Cordes, Toulouse und Limoges. Gemeinsam mit Stephan Loitz
aus Stettin und Georg Obrecht aus Straßburg bildeten die Gebrüder Weyer 1556 ein Kon-

---

99   Greiff 1861, S. 6f., 11f., 15; verHees 1935, S. 77, 80; Gascon 1971, S. 229f.; Häberlein 1998b, S. 26;
      Jaspert 2008, S. 498f.
100 Hamon 1994, S. 141, 155.

sortium für den Handel mit französischem Getreide, das in Lyon gespeichert und über Marseille exportiert werden sollte.[101]

Unter den Nürnberger Handelsfirmen in Lyon spielten die Tucher eine herausragende Rolle. Hans (IX.) Tucher besuchte seit 1479/80 regelmäßig die Lyoner Messen, und Ende des 15. Jahrhunderts kaufte die Gesellschaft von Hans (IX.) und Anton (II.) Tucher dort Safran ein. Seit 1491 hatte die Firma ein eigenes Haus in der *Rue des Allemands*. In den 1520er Jahren übernahmen Anton Tuchers Sohn Lienhard (II.) und sein Cousin Lorenz die Leitung der Handelsgesellschaft und führten die Geschäfte in Lyon fort. Hieronymus (IV.) Tucher, ein Sohn von Lienhard (II.), ist zwischen 1517 und 1530 als Vertreter der Familienfirma an der Saône belegt; aus dieser Zeit haben sich 46 Briefe erhalten, die er an seinen Vater und seinen Großvater Anton schrieb. Die Tucher bezogen über Lyon vor allem Safran, Pastell und französische Tuche und setzten Nürnberger Metallwaren, Pelze und Wachs dort ab. In Lyon lässt sich ihre Handelsgesellschaft bis in die 1590er Jahre nachweisen.[102]

Eine wichtige Rolle als geschäftliche Vermittler für süddeutsche Firmen spielten deutsche Kaufleute, die sich dauerhaft in Lyon niedergelassen hatten. Ein herausragender Vertreter dieser Gruppe war der aus Nürnberg stammende Hans Kleeberger (Jean Cléberger), der in erster Ehe mit einer Tochter des Humanisten Willibald Pirckheimer verheiratet war und seit 1511 in Lyon nachweisbar ist. Durch den Erwerb des Bürgerrechts, den Kauf von Immobilien und seine zweite Ehe mit der Witwe eines französischen Großkaufmanns integrierte sich Kleeberger in die Lyoner Gesellschaft; zugleich hielt er engen Kontakt zur deutschen Gemeinde, in deren Kapelle er sich bestatten ließ. Er vermittelte große Darlehen süddeutscher Firmen an die französische Krone, und seine großzügige Unterstützung des 1534 eingerichteten städtischen Spitals (aumône-générale) trug ihm den Beinamen „le bon allemand" ein.[103]

Nach Kleebergers Tod im Jahre 1546 setzten süddeutsche Firmen die Anleihegeschäfte mit der französischen Krone fort und gewährten König Heinrich II. (reg. 1547–1559) in der Hoffnung auf hohe Zinserträge hohe Darlehen. Die größten Augsburger Gläubiger der französischen Krone um die Mitte der 1550er Jahre waren Bartholomäus Welser und sein Schwiegersohn Hans Paul Herwart, Sebastian Neidhart und sein Geschäftspartner Hieronymus Sailer, die Brüder Hieronymus und David Zangmeister, Bernhard und Philipp Meuting sowie Hans und David Weyer. Letztere legten auch für die Augsburger Haug-Langnauer-Linck-Gesellschaft große Summen bei der französischen Krone an. Aus Nürnberg waren die Imhoff und Fütterer stark an diesen Anleihegeschäften beteiligt. Als die Krone 1557 ihre Zahlungen einstellte, zog dies den Bankrott der Firmen Zangmeister, Meuting und Weyer nach sich.[104] Dennoch liehen Augsburger und Nürnberger Firmen der französischen Krone weiterhin große Summen; bis 1579 waren ihre Forderungen auf fast 2,9 Millionen Livres tournois angewachsen.[105]

Die Zahlungseinstellung der französischen Krone 1557 macht deutlich, dass der oberdeutsche Handel mit Lyon auch erhebliche Risiken barg. Bereits in der ersten Hälfte des 16.

101 Häberlein 1998a, S. 84-97 (dort weitere Quellen- und Literaturhinweise).
102 Ammann 1954, S. 171-185; Kellenbenz 1970a; Diefenbacher 1998, S. 84, 88f.; Fleischmann 2007, Bd. 2, S. 1021f.; Jaspert 2008, S. 496f., 501; Diefenbacher 2009; Bauernfeind 2011.
103 Ehrenberg 1896, Bd. 2, S. 87-90; Vial 1912/13; Pfeiffer 1967, S. 413-416; Häberlein 1998a, S. 121f.; Babel 2006, S. 132f.; Nicklas, 2008, S. 372f.; Jaspert 2008, S. 501f.
104 Dazu ausführlich Häberlein 1998a, S. 122-147. Vgl. auch Babel 2006, S. 133-135.
105 Pfeiffer 1967, S. 420f.; Babel 2006, S. 135f.

Jahrhunderts geriet der Handelsverkehr aufgrund der habsburgisch-französischen Kriege wiederholt ins Stocken. Im Jahre 1519 versuchte der Schwäbische Bund, den Augsburger Kaufleuten Wechselgeschäfte mit Lyon zu verbieten, und seit 1534 bemühte sich Kaiser Karl V., den Handelsverkehr auf die von ihm geförderten Messen in der burgundischen Stadt Besançon umzuleiten. 1552 ließ der Kaiser alle Wechselgeschäfte mit Lyon untersagen, doch blieb dieses Mandat weitgehend wirkungslos.[106] Auch von französischer Seite war der Handelsverkehr wiederholt Einschränkungen und Repressalien ausgesetzt: 1527 hob König Franz I. (reg. 1515–1547) das Geleit für die oberdeutschen Kaufleute auf und ließ Hans Welser verhaften, weil er spanische Wechsel über Lyon nach Deutschland transferiert hatte. Nach Ausbruch eines erneuten Kriegs mit Karl V. erhob Franz I. 1542 von den deutschen Kaufleuten eine Zwangsanleihe und beschränkte die Messeprivilegien auf Firmen, die keine geschäftlichen Beziehungen zu den Habsburgern unterhielten.[107] Einige deutsche Kaufleute, darunter Hans Kleeberger und Philipp Meuting, nahmen das Bürgerrecht Schweizer Städte ein, um als Bürger der neutralen Eidgenossenschaft ihre Geschäfte auch in Zeiten der habsburgisch-französischen Kriege möglichst ungestört fortsetzen zu können.[108]

Seit 1562 beeinträchtigten die französischen Religionskriege den Frankreichhandel empfindlich,[109] zumal die große Mehrzahl der Augsburger, Nürnberger, Ulmer und Straßburger Kaufmannsfamilien protestantisch geworden war. Viele von ihnen verließen nun die Stadt.[110] Daneben belasteten konjunkturelle Schwierigkeiten, Inflation sowie neue Zölle und Zwangsanleihen die deutsch-französischen Handelsbeziehungen.[111] Unter den 183 Ausländern, zumeist Kaufleuten und Bankiers, die 1571 dauerhaft in Lyon etabliert waren und zur Steuer veranschlagt wurden, standen 154 Italienern lediglich 22 Mitglieder der deutschen Nation gegenüber, darunter die Augsburger Welser sowie die Nürnberger Tucher und Imhoff.[112]

Doch obwohl die Bedeutung Lyons als Handelsdrehscheibe für die oberdeutschen Kaufleute während der Religionskriege zurückging, suchten auch im späten 16. und frühen 17. Jahrhundert zahlreiche Oberdeutsche die Messen der französischen Metropole auf. Ein 1579 vom Lyoner Konsulat angelegtes Verzeichnis der deutschen Messebesucher, die die königlichen Privilegien in Anspruch nahmen, listet 73 Personen und Firmen auf, darunter 35 Augsburger, 24 Nürnberger, jeweils sechs Ulmer und Straßburger sowie jeweils eine aus Köln und Konstanz.[113] Und auch in dieser Zeit diente eine kleine Gruppe deutscher Kaufleute, die sich dauerhaft an der Saône niedergelassen hatten, ihren Landsleuten als Vermittler und Anlaufstation. Oswald Seng, der in den 1570er Jahren für die Augsburger Handelsgesellschaft Melchior Manlichs tätig war, der aus Ulm stammende Matthäus Spon und der Augsburger Hans Grueber erhielten im letzten Drittel des 16. Jahrhunderts zahlreiche Vollmachten oberdeutscher Firmen und machten deren Forderungen gegenüber der franzö-

---

106 H. Lutz 1958, S. 155f., 334f.; Kellenbenz 1959; Pfeiffer 1967, S. 411; Häberlein 1998, S. 81a.
107 H. Lutz 1958, S. 287f.; Pfeiffer 1965, S. 156; Pfeiffer 1967, S. 412-416; Gascon 1971, S. 553; Jaspert 2008, S. 494-496.
108 Häberlein 1998a, S. 129f.; Nicklas 2008, S. 372f.
109 Gascon 1971, S. 477-535.
110 Pfeiffer 1967, S. 422-425; Gascon 1971, S. 476, 480, 488f., 509f., 517, 519.
111 Pfeiffer 1967, S. 425-427; Gascon 1971, S. 572-589; Nicklas 2008, S. 377.
112 Gascon 1971, S. 359f., 908-913; Babel 2006, S. 126.
113 verHees 1934; Gascon 1971, S. 916; Babel 2006, S. 127; Nicklas 2008, S. 371.

sischen Krone geltend.[114] Melchior Manlich unternahm seit 1571 den ambitionierten Versuch, mit einer kleinen Flotte eigener und gecharterter Schiffe von Marseille aus in den Levantehandel einzusteigen, übernahm sich dabei aber finanziell und machte 1574 Bankrott.[115] Der Augsburger Hieronymus Hörmann (1544–1607) übte seit spätestens 1574 die Funktion eines auswärtigen Korrespondenten des französischen Hofs aus; nach seinem Tod führte sein Neffe Philipp Hainhofer diese Tätigkeit fort.[116]

Für die Nürnberger Kaufmannschaft spielten Hans Bosch und seine Erben sowie die mit den Bosch geschäftlich verbundenen Förenberger über mehrere Generationen hinweg eine zentrale Rolle. Sie exportierten Lyoner Seidenwaren nach Deutschland, fungierten als Geldgeber und Kreditvermittler der französischen Krone und besaßen auch eine Niederlassung in Paris. In den Jahren 1621 bis 1624 verzeichnete die Handelsfirma „Hans Bosch sel. Erben, Hans Förenberger & Dietrich Sembler" beim Nürnberger Banco Publico, der städtischen Depositen- und Wechselbank, Jahresumsätze zwischen 123.000 und 160.000 Gulden.[117] Um 1620 dürfte der aus Augsburg stammende Daniel Herwart (1574–1630), der sich Ende des 16. Jahrhunderts in Lyon niedergelassen hatte, der führende deutsche Kaufmann an der Saône gewesen sein. Nach 1630 dehnten seine Söhne Bartholomäus und Hans Heinrich den Aktionsradius der Firma weiter aus. Sie fungierten als Finanziers des Söldnerführers Bernhard von Sachsen-Weimar und liehen der französischen Krone hohe Summen. Bartholomäus Herwart war der führende Bankier Kardinal Mazarins und bekleidete zwischen 1657 und 1666 den Posten des *contrôleur général des finances*.[118]

Während die Verbindungen der Herwart nach Augsburg um die Mitte des 17. Jahrhunderts abbrachen, stiegen neue Firmen nach dem Ende des Dreißigjährigen Kriegs in den Handel mit Lyon ein. Ein 1654 angelegtes und bis 1700 geführtes Register der oberdeutschen Kaufleute in Lyon erfasst 20 Firmen, darunter mit Esaias Leser, Jacob Haim, den Brüdern Hosenestel sowie der Gesellschaft von Cornelius de Walperg und Hans Christoph Beck vier Augsburger Häuser. Aus Nürnberg sind sieben Individuen und Firmen in derselben Quelle verzeichnet, darunter die Brüder Anton und Jacob Fermond sowie die Firma Wernberger-Geiger.[119] Die Gesellschaft „Abraham und Isaak Hosenestel & Consorten", eines der finanzstärksten Augsburger Unternehmen seiner Zeit, konzentrierte sich um 1660 auf den Vertrieb französischer Bijouteriewaren, die über Lyon bezogen wurden. Nachdem Kaiser Leopold I. (reg. 1658–1705) 1676 ein Reichsedikt gegen den Handel mit Frankreich erlassen hatte, reiste der kaiserliche Kommerzienrat Johann Joachim Becher als Kommissar nach Augsburg, um den Umfang des Frankreichhandels der Reichsstadt zu ermitteln. Die Galanteriewarenhändler verwiesen auf die Bedeutung französischer Importe, und auch die Wechselhändler setzten große Summen mit Lyon um. Die Firma der Gebrüder Mayr sandte 1673 Leinenwaren über Hamburg nach Marseille.[120] Im Jahre 1744 besuchten Augsburger

---

114 Pfeiffer 1965, S. 176, 189f.; Pfeiffer 1967, S. 427; Gascon 1971, S. 913, 916f.; Seibold 1995, S. 139f., 148f.; Reinhard 1996, Register, S. 1052 (Gruber), 1138 (Seng), 1140 (Spon).
115 Kellenbenz 1989; Seibold 1995, S. 140-154.
116 Mundt 2009, S. 50.
117 verHees 1934, S. 239; Pfeiffer 1965, S. 152-154, 166f., 171, 174; Pfeiffer 1967, S. 420f., 429, 433f.; Gascon 1971, S. 913, 916; Peters 1994, S. 233-236.
118 Herwarth von Bittenfeld 1874; Badalo-Dulong 1951; Zorn 1961, S. 13f.; Mandrou 1969; Dulong 2002; Hildebrandt, 2005, S. 12f., 17f.; Häberlein/Künast/Schwanke 2010, passim.
119 Bog 1962, S. 32-37, 54-65.
120 Zorn 1961, S. 14, 17-21; Sczesny 1997, bes. S. 8-11.

Kaufleute die Lyoner und Pariser Messen,[121] und in den 1780er Jahren schlossen sich das Augsburger Bankhaus Carli und die in Marseille ansässige Firma Roux für den Wechselhandel mit Silbermünzen zusammen.[122]

In Augsburg ließ sich seit dem späten 16. Jahrhundert eine Reihe von Kaufleuten und Krämern französischer Muttersprache nieder. Die größte Gruppe bildeten dabei die Zuwanderer aus Savoyen. Zwischen 1540 und 1640 erwarben 17 Savoyer das Bürgerrecht und zwei den Beisitz. Zwischen 1660 und 1760 wurden 50 Savoyer Bürger von Augsburg, 16 wurden als Beisitzer aufgenommen.[123] Aus Genf wanderten Ende des 16. Jahrhunderts die Brüder Anton (gest. 1616) und Jakob Garb (gest. 1626) zu, denen die Einheirat ins Augsburger Patriziat gelang. Anton Garbs Söhne führten das Handelsunternehmen der Familie erfolgreich weiter und integrierten sich durch Heiratsverbindungen mit führenden protestantischen Familien in die reichsstädtische Führungsschicht. 1722 wurden die Brüder Jakob Emanuel und Johann Karl Garb in den Reichsfreiherrenstand erhoben. Der aus Genf stammende Jean-François Gignoux (1692–1761) gründete eine der bedeutendsten Augsburger Kattundruckereien des 18. Jahrhunderts, die von seinem Sohn Johann Friedrich (gest. 1760) und seiner Schwiegertochter Anna Barbara Gignoux (1725–1796) erfolgreich weitergeführt wurde.[124]

Jenseits dieser kommerziellen Beziehungen finden sich im 17. und frühen 18. Jahrhundert einerseits zahlreiche Kavaliersreisen reichsstädtischer Patrizier durch Frankreich (Kapitel 3), andererseits einige Nürnberger und Augsburger in französischen Militärdiensten. Der 1612 geborene Hieronymus (VII.) Tucher diente in einem französischen Regiment und starb 1635 in Lothringen. Karl (VI.) Tucher (1610–1676) musste „nach dem Tod des Vaters wegen Geldmangels seine Kavalierstour durch Frankreich beenden und trat 1634 in das Leibregiment Ludwigs XIII. von Frankreich ein."[125]

1.4. Iberische Halbinsel

Im Spätmittelalter richtete sich das kommerzielle Interesse süddeutscher Kaufleute zunächst auf Katalonien und Aragon, die unter anderem wichtige Produktions- und Exportregionen für Safran waren. Wie in Frankreich traten auch auf der Iberischen Halbinsel zunächst Handelsgesellschaften aus Oberschwaben und dem Bodenseeraum wie die Diesbach-Watt-Gesellschaft und die Große Ravensburger Handelsgesellschaft in Erscheinung, die in Barcelona, Saragossa und Valencia Barchent und Leinwand absetzten und Güter wie Zucker, Seide, Safran und Korallen einkauften.[126] Erste Kontakte Nürnberger Kaufleute nach Barcelona sind für das späte 14. Jahrhundert belegt. Im Jahre 1401 unternahmen die Nürnberger Hans Stark und Bertold Kraft im Auftrag König Ruprechts von der Pfalz eine Gesandtschaftsreise zu König Martin von Aragon, und ihre Vertreter Heinrich Lochner und Sebald Schürstab gehörten 1415 zu den Empfängern eines königlichen

---

121 Fassl 1988, S. 133.
122 Zorn 1961, S. 62.
123 Zürn 2001a, S. 396f.
124 Augsburger Stadtlexikon 1998, S. 428f., 441f.
125 Bartelmeß 1990, S. 231f.
126 Vgl. zusammenfassend Kellenbenz 1967b, S. 459-463; Ammann 1970b; Kießling 2009, S. 19f.

aragonesischen Privilegs. 1419 kaufte die Gesellschaft des Nürnbergers Jörg Horn in Barcelona Safran ein.[127]

Neben kommerziellen Interessen führte auch die Sehnsucht nach dem Heil oberdeutsche Patrizier und Kaufleute auf die Iberische Halbinsel: Santiago de Compostela war im ausgehenden Mittelalter neben Rom und Jerusalem der wichtigste Wallfahrtsort der abendländischen Christenheit, und seit dem frühen 15. Jahrhunderts ist eine Reihe süddeutscher Santiagopilger belegt. Zu ihnen gehörten die Nürnberger Nikolaus Rummel (1408), Peter Rieter (1428), dessen Sohn Sebald (1462), Gabriel Tetzel und Gabriel Muffel (1466/67), Hieronymus Münzer (1494/95) und Sebald Örtel (1521/22) sowie die Augsburger Sebastian Ilsung und Jörg Rephun (1446). Sebastian Ilsung verband seine Pilgerreise 1446 vermutlich mit einem diplomatischen Auftrag, da er in Genf bei dem Gegenpapst Felix V. Station machte. Auch in Spanien suchte er gezielt Höfe und geistliche wie weltliche Würdenträger auf. Seine Pilgerreise ist daher als „Unternehmen" charakterisiert worden, „in dem sich Streben nach Ritterschaft, Frömmigkeit und Politik mischen."[128] In Frankreich wie in Spanien war Ilsung allerdings „permanent auf Dolmetscher angewiesen", da er „anscheinend über keinerlei Fremdsprachenkenntnisse verfügt[e]".[129] Indizien deuten darauf hin, dass Lukas Welser um 1470 nach Santiago reiste, und 1508 suchte der Augsburger Lukas Rem, der damals in Diensten der Welser-Vöhlin-Gesellschaft stand, den galicischen Wallfahrtsort auf.[130]

„Der Besuch des Pilgerortes Compostela ordnet sich" Klaus Herbers zufolge im Laufe des 15. und frühen 16. Jahrhunderts zunehmend „in diplomatische, kaufmännische und adelig-repräsentative Interessen ein."[131] Dies zeigt sich besonders deutlich am Reisebericht des Nürnberger Arztes und Humanisten Hieronymus Münzer (1437–1508). Als Münzer 1494/95 auf die Iberische Halbinsel reiste, wählte er mit dem Augsburger Anton Herwart und den Nürnbergern Kaspar Fischer und Nikolaus Wolkenstein Begleiter aus dem Patrizier- und Kaufmannsmilieu aus, die französisch und italienisch sprachen.[132] Die Reiseroute Münzers und seiner Begleiter führte über die Schweiz und Südfrankreich zunächst nach Katalonien. Von Barcelona aus reisten sie über Valencia, Granada, Sevilla und Lissabon nach Santiago de Compostela und kehrten über Toledo, Madrid, Saragossa und Roncesvalles sowie über Frankreich, die Niederlande und Köln nach Süddeutschland zurück. Laut Herbers waren die „Kontaktfelder" dieser Reisegesellschaft „gegenüber früheren Spanienreisen nicht nur geographisch, sondern auch sachlich erweitert worden: Münzer ist in Barcelona und Valencia Ökonom und Stadtbürger, ist Händler und Kosmograph in Lissabon, ist Pilger in Montserrat, Santiago und Guadelupe, ist Diplomat und humanistischer Rhetor in Madrid, Lissabon oder Pamplona. […] Wissenschaftliche und bildungsbestimmte Anliegen, kaufmännische, diplomatische, religiöse und repräsentative Aspekte verbanden sich und zeigen zugleich, wie vielfältig auch die Motivationen schon beim Aufbruch gewe-

---

127 Stromer 1970, S. 160-168; vgl. Vincke 1959, S. 128-130; Kellenbenz 1967b, S. 457-459; Ammann 1970a, S. 119f.; Kellenbenz 1970b, S. 301f.; Rothmann 2004, S. 617f.

128 Kellenbenz 1967b, S. 464f.; Stromer 1970, S. 164f.; Herbers 2000, S. 167-170; Herbers 2002a, S. 66-77; Herbers 2002b, S. 64-78; Herbers 2004; Honemann 2009 (Zitat S. 171).

129 Honemann 2009, S. 163f., 166 (Zitat); vgl. Herbers 2004, S. 17f.

130 Herbers 2002a, S. 73-75; Kießling 2009, S. 29-32.

131 Herbers 2002a, S. 74.

132 Herbers 2000, S. 156; Herbers 2005, S. 295, 304.

sen sein mögen.“[133] Informationen erhielt Münzer an mehreren Stationen seiner Reise von Deutschen, die auf der Iberischen Halbinsel lebten, beispielsweise von einem schwäbischen Dolmetscher in Valencia. In Saragossa ermöglichte ihm ein Dolmetscher die Befragung eines muslimischen Imams.[134]

Während seiner Spanienreise traf Hieronymus Münzer in Barcelona auf Augsburger und Ulmer Kaufleute, in Valencia auf Vertreter der Großen Ravensburger Handelsgesellschaft.[135] In der ersten Hälfte des 16. Jahrhunderts waren insbesondere die Nürnberger Tucher, Imhoff und Welser sowie die Augsburger Welser auf den katalanischen und aragonesischen Safranmärkten aktiv; um die Jahrhundertmitte schlossen sich die großen süddeutschen Gesellschaften hier zu Einkaufskartellen zusammen.[136] Darüber hinaus ließen sich oberdeutsche Buchdrucker auf der Iberischen Halbinsel nieder bzw. gründeten dort Filialen: Seit 1490 ist der Nürnberger Juan Pegnitzer in Sevilla belegt, wo er unter anderem am Druck eines spanischen Wörterbuchs beteiligt war. Im Jahr 1500 ließ sich der möglicherweise aus Nürnberg stammende Jacob Cromberger dort nieder, der in der Folgezeit zum wichtigsten Drucker in der andalusischen Metropole aufstieg und sich mit seinem Schwiegersohn Lazarus Nürnberger in den 1520er Jahren auch am Amerikahandel beteiligte.[137] Von 1495 bis 1497 unterhielt der Nürnberger Drucker und Verleger Anton Koberger eine Niederlassung in Barcelona.[138]

Nachdem 1499 die Nachrichten über den Erfolg der Flottenexpedition Vasco da Gamas nach Indien Oberdeutschland erreicht hatten, rückte Lissabon, wo bereits um 1490 die Nürnberger Martin Behaim und Hans Stromer belegt sind,[139] in den Fokus des Interesses reichsstädtischer Kaufleute und Gelehrter. Der kosmographisch interessierte Augsburger Stadtschreiber Dr. Conrad Peutinger sammelte Berichte über die frühen portugiesischen Expeditionen und übersetzte gemeinsam mit seinem Schwager Christoph Welser einen Ostindienbericht von 1501 aus dem Lombardischen ins Deutsche.[140] Der Nürnberger Humanist Christoph Scheurl reflektierte in einem Brief, den er 1506 aus Bologna an den Propst zu St. Lorenz, Sixt Tucher, schrieb, über die Folgen der spanischen und portugiesischen Entdeckungen für den europäischen Handel.[141] Eine Reihe von Werken über die überseeischen Entdeckungen wurde im frühen 16. Jahrhundert in Augsburg und Nürnberg gedruckt.[142]

---

133   Herbers 2005, S. 301; vgl. auch Herbers 2000, S. 153-167; Reichert 2001, S. 100f.; Herbers 2002a, S. 69-72.

134   Herbers 2004, S. 24f.

135   Rothmann 2004, S. 618f.

136   Kellenbenz 1970a; Peters 2005, S. 46-105.

137   Otte 1963/64; Strauss 1966, S. 129f.; Kellenbenz 1967b, S. 466, 482f.; Kellenbenz 1970b, S. 308; R. Walter 1992, S. 164; Bernecker 2000, S. 196, 202; Herbers 2000, S. 175-177; Pommeranz 2002, S. 315; Rothmann 2004, S. 619f.

138   Kellenbenz 1967b, S. 465f.; Pfeiffer 1971, S. 183; Keunicke 1982, S. 53; Pommeranz 2002, S. 314f.

139   Kellenbenz 1967b, S. 468f.; Ammann 1970b, S. 120f.; R. Walter 1992, S. 162; Bernecker 2000, S. 189-194. Zur Diskussion um die Beteiligung Martin Behaims an einer portugiesischen Afrikafahrt in den 1480er Jahren vgl. Pohle 2000, S. 52-77.

140   Greiff 1861b; Vogel 1991; Pohle 2000, S. 227-230. Zur brieflichen Kommunikation zwischen Portugal und Nürnberg um 1500 vgl. Jakob 2002.

141   Schultheiß 1955, S. 194; Bernecker 2000, S. 188f.

142   Kellenbenz 1967b, S. 479f.; R. Walter 1992, S. 161f.; Bernecker 2000, S. 195; Johnson 2008, S. 19-46.

Abb. 3: Ansicht von Lissabon.
Aus: Georg Braun/Frans Hogenberg, Civitates orbis terrarum […], Köln 1572–1618.

Die Augsburger Welser-Vöhlin-Gesellschaft entsandte im Spätjahr 1502 drei Vertreter nach Lissabon, wo Simon Seitz im Februar 1503 einen Handelsvertrag mit dem portugiesischen König abschloss und Lukas Rem eine Faktorei aufbaute. Andere oberdeutsche Firmen beeilten sich, eigene Vertretungen am Tejo zu etablieren; als Mittelsmann zwischen ihnen und der portugiesischen Krone kam dem aus Mähren stammenden Buchdrucker, Übersetzer und Geographen Valentin Fernandes, der auch mit Conrad Peutinger in Verbindung stand, erhebliche Bedeutung zu. 1504 wurde ein Vertrag über die Beteiligung italienischer und oberdeutscher Firmen an der Indienflotte Francisco de Almeidas abgeschlossen.[143] Der Anteil der Augsburger und Nürnberger Kaufleute, die gemeinsam mit den Italienern drei Schiffe der Flotte ausrüsteten, belief sich auf insgesamt 36.000 portugiesische Dukaten, von denen die Welser-Vöhlin mit 20.000 Dukaten den größten Teil aufbrachten. Die übrigen 16.000 Dukaten entfielen auf die Augsburger Fugger, Gossembrot und Hoechstetter sowie die Nürnberger Imhoff und Hirschvogel. Der Welser-Faktor Balthasar Sprenger, der 1509 einen Bericht über seine „Meerfahrt" veröffentlichte, Hans Mayr und der Nürnberger Patriziersohn Ulrich Imhoff nahmen persönlich an der Reise teil.[144]

---

143 H. Lutz 1958, S. 154-157; Kellenbenz 1967b, S. 470f.; Kellenbenz 1970b, S. 318f.; Mathew 1997, S. 155-157; Pohle 2000, S. 97-102; Kießling 2009, S. 19f.

144 Kellenbenz 1970b, S. 319; Schaper 1973, S. 219f., 230f.; Kellenbenz 1991, S. 88; R. Walter 1992, S. 164; Bernecker 2000, S. 198f.; Pohle 2000, S. 102, 126, 131, 205-211; Johnson 2008, S. 96, 101.

Nach der Rückkehr der reich beladenen Schiffe im Jahr 1506 untersagte König Manuel I., der ein Überangebot und einen Preisverfall portugiesischen Pfeffers auf den europäischen Märkten befürchtete, den ausländischen Kaufleuten zunächst den Verkauf ihrer Ladungen, was lange rechtliche Auseinandersetzungen nach sich zog. Als die Waren schließlich zum Verkauf freigegeben wurden, erzielten die Oberdeutschen zeitgenössischen Quellen zufolge einen Gewinn von 150 bis 175 Prozent. Nachdem Manuel I. 1506 den Indienhandel zum Kronmonopol erklärt hatte, war eine weitere direkte Beteiligung Augsburger und Nürnberger Kaufleute am Asiengeschäft allerdings nicht mehr möglich. Zudem erwies sich die im selben Jahr ausgelaufene Flotte Tristan da Cunhas, an der sich die Welser erneut beteiligt hatten, als verlustreicher Fehlschlag. Die Welser-Vöhlin hielten dennoch an ihrer Faktorei in Lissabon fest, wo ihr Vertreter Lukas Rem einen schwunghaften Handel mit Gewürzen, Öl, Wein, Baumwolle, Elfenbein und Südfrüchten trieb. Vom Tejo aus organisierten die Welser auch eine Filiale auf Madeira. Allerdings war die Sterblichkeit unter den Deutschen in Lissabon sehr hoch: Die Nürnberger Handelsdiener Ulrich Imhoff und Wolf Behaim starben 1507 innerhalb von 14 Tagen, und auch spätere Augenzeugen berichten von häufigen Epidemien.[145] Als die Fugger, die seit 1504 mit einer eigenen Faktorei am Tejo vertreten waren, 1511 Hans von Schüren als neuen Vertreter nach Lissabon entsandten, löste dessen Auftreten heftige Konflikte in der Fugger-Vertretung am Tejo wie auch in der deutschen Bartholomäus-Bruderschaft aus.[146] Indessen sicherte ihre starke Präsenz in Antwerpen, das im frühen 16. Jahrhundert als Umschlagplatz für die portugiesischen Asienimporte, oberdeutsche Metallwaren und englische Tuche einen enormen Aufschwung erlebte, den Augsburgern und Nürnbergern weiterhin eine wichtige Rolle im Handel mit asiatischen Gewürzen. Während die Augsburger Hoechstetter 1519 ihre Niederlassung am Tejo aufgaben, beteiligten sich die Welser und Rem auch in den 1520er Jahren am Lissaboner Gewürzhandel. Jakob Fugger schloss 1520 mit dem Vertreter der portugiesischen Krone in Antwerpen, Rui Fernandes, einen Vertrag über Kupferlieferungen ab.[147]

Von den oberdeutschen Firmen, die sich an der Indienfahrt von 1505 beteiligt hatten, waren die Nürnberger Hirschvogel besonders stark an der Fortsetzung des Portugal- und Indienhandels interessiert. Von 1506 bis 1530 hatten sie eine „lange Reihe von Vertretern in Portugal", welche „die Bedeutung des lebhaften Handelsverkehrs der Hirschvogel mit Lissabon" unterstreicht.[148] 1517 segelte Lazarus Nürnberger aus Neustadt an der Aisch in ihrem Auftrag nach Ostindien,[149] und drei Jahre später brach der aus Heidingsfeld bei Würzburg stammende Jörg Pock, der in Lissabon Erfahrungen im Edelsteinhandel gesammelt hatte, im Auftrag der Hirschvogel nach Indien auf.[150] Die Aussicht auf direkte Verbindungen nach Indien bewog die Augsburger Gesellschaft Christoph Herwarts, sich an

---

145   Schaper 1973, S. 221f.; Häberlein 1998b, S. 28f.; Pohle 2000, S. 102-107, 126, 132, 140f.; Rothmann 2004, S. 625.

146   Kömmerling-Fitzler 1967/68, S. 142f.; Kellenbenz 1967b, S. 471f.; Kellenbenz 1970b, S. 320; Kellenbenz 1990, Bd. 1, S. 52f.; Pohle 2000, S. 107f., 142-144. Zur Bartholomäus-Bruderschaft vgl. Pohle 2000, S. 146-150.

147   Kellenbenz 1990, Bd. 1, S. 54-61; Mathew 1997, S. 162-167; Pohle 2000, S. 108-116, 182-190.

148   Schaper 1970, S. 177-191, Zitat S. 191. Vgl. Kellenbenz 1967b, S. 472; Kellenbenz 1970b, S. 318; Bernecker 2000, S. 204f.; Pohle 2000, S. 131-134.

149   Schaper 1973, S. 223, 231; Kellenbenz 1991, S. 88f.; R. Walter 1992, S. 164f.; Pohle 2000, S. 133, 211-215.

150   Kellenbenz 1967b, S. 472-476; Kellenbenz 1991, S. 89; Kömmerling-Fitzler 1967/68; Schaper 1973, S. 224-233; R. Walter 1992, S. 165f.; Pohle 2000, S. 133, 215-218; Johnson 2008, S. 35, 88, 101.

Pocks Geschäften zu beteiligen. Nach Pocks Tod 1529 kam es deswegen zu einem Streit zwischen den Hirschvogel und der Herwart-Gesellschaft.[151] Gegen Ende der 1520er Jahre hatte die Gesellschaft Christoph Herwarts von den oberdeutschen Firmen in Lissabon wahrscheinlich die personell am stärksten besetzte Faktorei. Der Tod Pocks und fehlgeschlagene Versuche, einen anderen Vertreter nach Indien zu entsenden, bewogen die Erben Christoph Herwarts jedoch 1531, die Faktorei in Lissabon aufzulösen. Neben Schwierigkeiten wie Erdbeben, Epidemien und Konflikten innerhalb der oberdeutschen Kaufmannschaft erschien eine Verlagerung der Geschäfte nach Sevilla lukrativer.[152]

Christoph Herwarts Schwiegersohn Sebastian Neidhart hatte bereits 1530 ein erstes Kreditgeschäft mit Kaiser Karl V. abgeschlossen, zu dessen Rückzahlung er auf Perlen aus Amerika angewiesen worden war, und bis 1537 sicherte sich Neidhart Rechte an den Perlenbänken der Venezuela vorgelagerten Insel Cubagua sowie am mexikanischen Silberbergbau. Überdies beteiligte er sich gemeinsam mit dem Nürnberger Jakob Welser an der Flottenexpedition Pedro de Mendozas in das La Plata-Gebiet. Bei Perlen- und Edelsteingeschäften in Sevilla arbeiteten Neidharts Vertreter Christoph Raiser und Christoph Bissinger wiederholt mit dem nunmehr ebenfalls dort ansässigen Lazarus Nürnberger zusammen.[153] Nürnberger, der Schwiegersohn des deutschen Buchdruckers Jacob Cromberger, war von den 20er bis in die 50er Jahre des 16. Jahrhunderts der wohl aktivste deutsche Kaufmann in Sevilla: Er beteiligte sich 1525 an der gescheiterten Molukkenexpedition Sebastian Cabots, exportierte Textilien, Bücher und Metallwaren in die Neue Welt, handelte mit Perlen und Edelsteinen und beteiligte sich auch am Sklavenhandel. Mitte der 1530er Jahre investierte er mit seinem Partner Christoph Raiser in den Silberbergbau im mexikanischen Zultepeque und gründete eine Handelsniederlassung in Nombre de Dios (Panama). Die Nürnberger Hans Tucher und Lazarus Spengler d.J. reisten 1536 im Auftrag dieser Gesellschaft in die Neue Welt.[154]

Unter den oberdeutschen Kaufleuten in Lissabon hatte in den 1520er und 30er Jahren Jörg Herwart – ein unehelicher Spross der Augsburger Patrizierfamilie, der seit 1511 in Lissabon nachweisbar ist und eine große Diamantenschleiferei aufbaute – eine ähnlich zentrale Position inne wie Lazarus Nürnberger zur selben Zeit in Sevilla. 1526 entsandte Herwart den Nürnberger Patriziersohn Jörg Imhoff nach Indien, der für ihn dort Perlen und Edelsteine einkaufen sollte. Während Imhoff die Beziehung zu seinem Arbeitgeber Herwart abreißen ließ, tätigte er 1534 ein Juwelengeschäft mit einem Vertreter des Augsburgers Hans Welser, das Herwart später veranlasste, einen Prozess gegen Welser anzustrengen.[155] Die bereits angesprochene Umorientierung süddeutscher Handelsfirmen von Lissabon nach Spanien in den 1520er Jahren war einerseits durch die wirtschaftlichen Hoffnungen bedingt, die sich mit der spanischen Eroberung und Erschließung der Neuen Welt verbanden; andererseits hing sie eng mit der Rolle oberdeutscher Gesellschaften, insbesondere der

---

151 Schaper 1973, S. 229f., 279-282; Kellenbenz 1991, S. 89-92; Pohle 2000, S. 118f.; Johnson 2008, S. 181f.

152 Kellenbenz 1967b, S. 476f.; Kellenbenz 1970b, S. 320-322; Kellenbenz 1991, S. 91; Pohle 2000, S. 255-262.

153 Kellenbenz 1967b, S. 488f.; Kellenbenz 1990, Bd. 1, S. 163, 325-327, 385, 399; R. Walter 1992, S. 168; Häberlein 1998a, S. 124f.; Bernecker 2000, S. 207f.

154 Otte 1963/64; Kellenbenz 1967b, S. 482-486; Pfeiffer 1971, S. 190; Bernecker 2000, S. 202-204.

155 Kellenbenz 1967b, S. 322; Kellenbenz 1991, S. 90-96; R. Walter 1992, S. 166; Mann 2006, S. 254; Johnson 2008, S. 182f.

Augsburger Fugger und Welser, als Bankiers des spanischen Königs und deutschen Kaisers Karl V. zusammen. Die Beziehung zu Karl V., die Jakob Fugger (1459–1525) durch die Finanzierung der Kaiserwahl 1519 angebahnt hatte, wurde unter seinem Neffen und Nachfolger Anton Fugger (1493–1560) durch immer neue Kredite zu einer engen Symbiose. In einer langen Reihe von Darlehensverträgen stellten die Fugger der spanischen Krone zwischen 1521 und 1555 insgesamt 5,5 Millionen Dukaten zur Verfügung, wobei neue Verträge oft die Tilgung älterer Schulden beinhalteten. Die Welser-Gesellschaft lieh der Krone im selben Zeitraum 4,2 Millionen Dukaten; gemeinsam brachten Fugger und Welser damit mehr als ein Drittel der spanischen Anleihen während der Regierungszeit Karls V. auf. Für ihre Kredite sicherten sie sich Ansprüche auf Steuer- und Renteneinnahmen Karls V. in Kastilien, die dieser an seine Gläubiger weiterverpachtete. Vor allem die Pacht der Maestrazgos, der Güter der spanischen Ritterorden, war lukrativ, da aus den Ordensländereien Getreide exportiert werden konnte und zum Gebiet des Ordens von Calatrava das Quecksilberbergwerk von Almadén gehörte. Seit den 1530er Jahren wurden zudem Edelmetalle aus der Neuen Welt, von denen der spanischen Krone ein Fünftel zustand, immer wichtiger. Eine weitere Einnahmequelle in Spanien bildete der Verkauf königlicher Renten, sog. Juros.[156]

Ihre Bankiertätigkeit für die spanische Krone ebnete der Bartholomäus-Welser-Gesellschaft den Weg zu einem direkten Engagement in der Neuen Welt. Nachdem Karl V. den Amerikahandel 1525 für ausländische Kaufleute freigegeben hatte, reisten Welser-Vertreter nach Santo Domingo und errichteten eine Niederlassung; in den 1530er Jahren betrieb die Gesellschaft dort eine Zuckermühle und exportierte Zucker nach Europa.[157] Im Frühjahr 1528 schlossen Ulrich Ehinger und Hieronymus Sailer für die Welser-Firma Verträge mit Karl V. über die Kolonisation Venezuelas, den Transport von 50 deutschen Bergleuten nach Amerika und die Lieferung von 4.000 afrikanischen Sklaven in die Neue Welt ab. Die Welser-Faktoreien am spanischen Hof, in Sevilla, auf Santo Domingo und in Coro an der venezolanischen Küste schufen die Infrastruktur für die Kolonisation Venezuelas, die sich unter der Führung der Statthalter und Generalkapitäne Ambrosius Dalfinger, Nikolaus Federmann, Georg Hohermuth von Speyer und Philipp von Hutten allerdings binnen weniger Jahre zu einem reinen Feldzugs- und Beuteunternehmen entwickelte, während längerfristige kolonisatorische Ziele vernachlässigt wurden. Nach 1540 investierten die Welser kaum noch in das Unternehmen, und 1546 entzog ihnen der spanische Indienrat die Kontrolle über Venezuela, wo der letzte Generalkapitän Philipp von Hutten und Bartholomäus Welsers gleichnamiger Sohn im selben Jahr ermordet wurden.[158]

Auch Nürnberger Unternehmer engagierten sich in der Neuen Welt: Der Patrizier Hans Tetzel (1518–1571) unternahm 1542 eine Erkundungsreise nach Westindien und erprobte nach seiner Rückkehr nach Deutschland erfolgreich das Schmelzen kubanischen Kupfererzes. 1546 schloss er einen Vertrag mit der spanischen Krone, der ihm für zehn Jahre exklusive Berg- und Schmelzrechte auf der Insel verlieh, und gründete mit seinen Brüdern Jobst und Gabriel sowie seinen Schwägern Balthasar Rummel und Andreas Gienger eine Gesellschaft, an der sich auch Lazarus Nürnberger in Sevilla beteiligte. Im folgenden Jahr reiste Tetzel mit fünf deutschen und einem flämischen Spezialisten nach Amerika. Unter Einsatz

---

156 Kellenbenz 1970b, S. 303-307; Großhaupt 1987; Kellenbenz 1990, Bd. 1, S. 67-116, 245-317, 378-382, 397-409, 479f., 485f.; Häberlein 2006a, S. 76-79.
157 Otte 1962/63.
158 Zum Venezuela-Unternehmen der Welser siehe v.a. Simmer 2000 und Denzer 2005.

von Sklavenarbeit baute die Gruppe ein Kupferhüttenwerk unweit von Santiago de Cuba auf. Die kubanische Kupferproduktion entwickelte sich zunächst günstig, und Tetzel begann Kupfer nach Spanien zu exportieren. Seit 1554 brachten Korsarenangriffe und Naturkatastrophen das Unternehmen in beträchtliche Schwierigkeiten, doch gelang es Tetzel offenbar, zusätzlich benötigtes Kapital zu mobilisieren. 1571 reiste er nach Spanien, um einen neuen Vertrag mit der Krone abzuschließen und weitere Arbeitskräfte zu rekrutieren, starb jedoch vor seiner Rückkehr nach Kuba in Madrid.[159]

Im Gegensatz zu den Welsern, Sebastian Neidhart, Lazarus Nürnberger und Hans Tetzel ließen sich die Fugger nicht auf ein längerfristiges Engagement in der Neuen Welt ein. Ihr Faktor Veit Hörl handelte zwar 1530 mit dem spanischen Indienrat einen Vertrag über die Eroberung und Kolonisation einer Region aus, die das heutige Südperu und Chile umfasste, doch wurde dieser nie ratifiziert. In Sevilla, dem Monopolhafen für den spanischen Amerikahandel, waren die Fugger gleichwohl mit einer eigenen Faktorei vertreten, die Edelmetalle und Perlen zur Tilgung von Kronanleihen in Empfang nahm, Geld- und Wechselgeschäfte abwickelte und schwäbischen Barchent, Tiroler und slowakisches Kupfer sowie Quecksilber und Zinnober aus den Minen von Almadén vertrieb. Außerdem erwarben die Fugger hier Guayakholz, welches in der Augsburger Fuggerei zur Therapie der Geschlechtskrankheit Syphilis verwendet wurde.[160]

Nach mehrjähriger Unterbrechung übernahmen die Fugger ab 1562 wieder die Maestrazgopacht einschließlich des nach einem Brand im Jahre 1550 stillgelegten Bergwerks von Almadén. In den amerikanischen Bergwerksgebieten war mittlerweile das Amalgamierungsverfahren erfolgreich erprobt worden, das die Ausscheidung von Silber aus dem Erz durch den Zusatz von Quecksilber ermöglichte. Damit ließen sich aus den Minen in Peru und Mexiko riesige Mengen an Silber gewinnen. Die Fugger setzten das Bergwerk von Almadén wieder instand und führten technische Innovationen ein, durch die es ihnen gelang, die stark gestiegene Nachfrage nach Quecksilber zu befriedigen und mehrere Jahrzehnte lang hohe Gewinne zu erzielen. An der Wende vom 16. zum 17. Jahrhundert gestalteten sich die Geschäfte in Spanien angesichts rückläufiger Edelmetallimporte aus Amerika, einer tiefen Wirtschaftskrise in Spanien und der desolaten Finanzlage des Staates immer schwieriger. Die Maestrazgopacht warf schließlich kaum noch Gewinne ab, und die Fuggerfirma musste hohe Summen an Fremdkapital aufnehmen, um die Kapitalentnahmen von Familienmitgliedern zu kompensieren. Um 1630 war sie bei genuesischen Bankiers in Spanien hoch verschuldet. Zudem machten sich verschiedene Familienzweige auf der Iberischen Halbinsel zeitweilig gegenseitig Konkurrenz. 1645 gaben die Fugger den spanischen Handel endgültig auf, und die Maestrazgopacht ging an ein genuesisches Konsortium über.[161] Während sich Mitglieder der Familien Fugger und Welser nur vorübergehend auf der Iberischen Halbinsel aufhielten, blieben einige ihrer Vertreter – Alberto Cuon, Ulrich Schütz, Jobst Walther, Hans von Schüren, Hans Schedler – dauerhaft in Spanien ansässig und assimilierten sich durch Konnubium und Lebensführung weitgehend an die spanische Gesellschaft und Kultur.[162]

---

159 Werner 1961; Kellenbenz 1967b, S. 487f.; Bernecker 2000, S. 210-214.
160 Kellenbenz 1990, Bd. 1, S. 157-162, 170; Häberlein 2006a, S. 79f.
161 Kellenbenz 1970b, S. 309-311; Häberlein 2006a, S. 105-107, 116f.
162 Kellenbenz 1967b, S. 489-492; Kellenbenz 1970b, S. 307f., 310f.; Kellenbenz 1990, Bd. 1, S. 174, 232f., 270, 317-323; Rothmann 2004, S. 627f.; Häberlein 2006a, S. 125.

Insgesamt ist die Zahl der auf der Iberischen Halbinsel tätigen oberdeutschen Kaufleute im Zeitalter Philipps II. (reg. 1556–1598) allerdings überschaubar. Angesichts der weiten Distanzen, der damit verbundenen hohen Kosten sowie der Unsicherheit, die die Zahlungseinstellungen der spanischen Krone 1557 und 1575 auslösten, zogen sich viele Augsburger und Nürnberger aus diesem Raum zurück. Die Augsburger Firma der Brüder Hans und Marquard Rosenberger, die auf der Iberischen Halbinsel mit steyrischem Stahl, Fassdauben, Alaun, Pelzen, Wachs, Getreide, Salz sowie Perlen und Juwelen handelte, war in Lissabon, Sevilla, Cádiz, Toledo und Valladolid vertreten, ging jedoch 1560 bankrott.[163] Dasselbe Schicksal ereilte 1589 das Augsburger Unternehmen der Gebrüder Anton, Wilhelm und Georg Sulzer, das Edelsteine und Gewürze in Lissabon einkaufte und über Kommissionäre in Lyon, Sevilla, Venedig, Antwerpen, Hamburg und England vertrieb. Daneben umfasste das Warensortiment der Sulzer Indigo, Olivenöl, „indianische" Leinwand, Schreibtische, Kompasse, Lautensaiten, Schreibtafeln, Hellebarden und Spiegel.[164] Ein ausgesprochener Spanienexperte war der Augsburger Patrizier Anton Meuting (gest. 1591), der in den 1540er Jahren als Geschäftspartner des in Valladolid ansässigen ehemaligen Welserfaktors Alberto Cuon belegt ist[165] und zwischen 1556 und seinem Tod eine Reihe von Reisen auf die Iberische Halbinsel unternahm. Meuting lieferte dem spanischen Hof Erzeugnisse des Augsburger Kunsthandwerks – etwa kostbare Schreinerarbeiten – und vermittelte dem bayerischen Herzogshof in München, für den er als Agent fungierte, spanische Produkte wie Stoffe, Klingen, Kleidungs- und Schmuckstücke, aber auch exotische Güter aus Asien und Amerika. Im Jahre 1573 war er mit geheimen Verhandlungen über ein bayerisch-portugiesisches Heiratsprojekt betraut.[166] Der Nürnberger Egidius Arnold (1550–1608) schließlich hielt sich einige Jahre im spanischen Peru auf, von wo er 1589 als reicher Kaufmann in seine Heimatstadt zurückkehrte.[167]

Im späten 16. Jahrhundert rückte der portugiesische Asienhandel nochmals für einige Jahre in den Fokus süddeutscher Großunternehmen. Als die in Zahlungsschwierigkeiten steckende portugiesische Krone 1576 ihren oberdeutschen Gläubigern die Übernahme des Europakontrakts – eines Vertrags über die Abnahme des gesamten aus Ostindien nach Lissabon importierten Pfeffers für einen bestimmten Zeitraum und seine Vermarktung in Europa – anbot, sicherte sich der Augsburger Konrad Roth (Rott) den Kontrakt. Roth, der für die Gesellschaft Christoph Welsers gearbeitet hatte und 1559 erstmals in Lissabon nachweisbar ist, verpflichtete sich, den indischen Pfeffer zu einem Festpreis abzunehmen, Schiffbaumaterial und Ausrüstungsgegenstände zu liefern, Kredite für Getreideeinkäufe bereitzustellen und für die Regelung der Schuldforderungen der oberdeutschen Gläubiger an die portugiesische Krone zu sorgen. Da diese Bedingungen Roths finanzielle Möglichkeiten bei weitem überstiegen, musste er kapitalkräftige Geldgeber gewinnen, die er in der italienischen Firma Bardi fand. Nach dem Tod König Sebastians von Portugal (1578) sicherte sich Roth auch den Asienkontrakt, einen Monopolvertrag über den Gewürzeinkauf in Indien, und verpflichtete sich zudem, die jährliche Einkaufsquote um die Hälfte zu erhöhen.

---

163 Lutzmann 1937, S. 60, 111-114; Kellenbenz 1970b, S. 313; Reinhard 1996, S. 706-710 (Nr. 1083).
164 Reinhard 1996, S. 829-832 (Nr. 1292, 1295); Häberlein 2008, S. 18, 22f., 26f.
165 Kellenbenz 1967b, S. 491.
166 Baader 1943, S. 93, 110, 157, 160, 230, 265, 351; Reinhard 1996, S. 532-534 (Nr. 808); Edelmayer 2002, S. 122, 131, 142, 167; Pérez de Tudela/Jordan Gschwend 2001, S. 4, 8, 11f., 24, 26, 31-33, 35f., 40, 45, 56.
167 Pilz 1975, S. 102, 109-111.

Zur Erkundung der Verhältnisse in Indien entsandte er den Konstanzer Hans Hartmann Hyrus und den Nürnberger Patrizier Gabriel Holzschuher nach Goa. Um das kostspielige Unternehmen zu finanzieren, teilte Roth den Asienkontrakt in dreißig Anteile, von denen er zwölfeinhalb selbst behielt, zehn der portugiesischen Firma Ximenes und siebeneinhalb der italienischen Gesellschaft Giacomo Battista Litta & Co. überließ. Zudem gelang es ihm, Kurfürst August von Sachsen für die Gründung einer Gesellschaft zu interessieren, die Leipzig zum Umschlagplatz für Pfeffer in Mitteleuropa machen sollte. Darüber hinaus plante Roth die Aufteilung des europäischen Pfeffermarkts: Die beteiligten Portugiesen sollten ihren Pfeffer auf der Iberischen Halbinsel, in Frankreich und England absetzen, den Italienern sollte der übrige Mittelmeerraum vorbehalten bleiben, und die von Roth initiierte Thüringische Gesellschaft sollte den Pfefferverkauf in Deutschland, Ostmitteleuropa und den Niederlanden organisieren. Das geplante Gebietskartell erwies sich aufgrund der anhaltenden Pfefferimporte über Venedig jedoch als undurchführbar. Im Frühjahr 1580 floh Roth angesichts des Scheiterns seines grandiosen Projekts und seiner bevorstehenden Zahlungsunfähigkeit aus Augsburg und brachte es in Lissabon später sogar noch bis zum Konsul der deutschen Kaufleute.[168]

Fünf Jahre später entschlossen sich die Augsburger Marx und Matthäus Welser sowie Philipp Eduard und Oktavian Secundus Fugger zur Beteiligung am Asienkontrakt für die Jahre 1586 bis 1591. Die Fugger waren zunächst bei den Welser, die 5/12 des Kontrakts übernahmen, unterbeteiligt, während der Mailänder Kaufmann Rovelasca 7/12 des Kontrakts hielt. 1588 wurde die Unterbeteiligung der Fugger jedoch in eine Beteiligung mit gleichen Rechten und Pflichten umgewandelt. In Indien wurden Welser und Fugger seit 1586 gemeinsam durch den gebürtigen Augsburger Ferdinand Cron vertreten; von 1587 an stellten ihm die Fugger Christoph Schneeberger, nach dessen Erkrankung 1589 Sebastian Zangmeister und Gabriel Holzschuher zur Seite. In den Jahren 1586 bis 1590 entsandten die Partner des Asienkontrakts jeweils fünf, 1591 sechs Schiffe nach Indien. Die instabile Lage auf den internationalen Gewürzmärkten, wo die Preise stark schwankten, und hohe Verluste auf See durch Überfälle niederländischer und englischer Kaperfahrer bereiteten dem Unternehmen jedoch von Anfang an Schwierigkeiten. 1591/92 beteiligten sich Fugger und Welser zwar zusammen mit den Ximenes und italienischen Gesellschaften auch am Europakontrakt, doch stiegen die Fugger bald wieder aus dem Geschäft aus.[169]

Während die Beteiligung Augsburger Firmen an den portugiesischen Gewürzkontrakten 1592 endete, blieb Ferdinand Cron, der als Vertreter der Fugger und Welser nach Indien gegangen war, in Goa, heiratete dort eine adelige Portugiesin, erwarb das Bürgerrecht und baute ein eigenes Handelsunternehmen auf, dessen Verbindungen bis nach Malakka und Macao reichten. Zudem unterhielt er enge Beziehungen zu den portugiesischen Vizekönigen und anderen Mitgliedern der kolonialen Elite, für die er u.a. als Nachrichtenübermittler zwischen Europa und Asien fungierte. 1609 ernannte ihn der spanische und portugiesische König Philipp III. zum *Hidalgo de sua Casa*. Als Faktor der Königin rüstete Cron mehrere Flotten nach China aus, deren Gewinne zum Bau eines von der Königin gestifteten Klosters verwendet wurden. Außerdem sandte er indische Textilien, Edelsteine und andere Waren über Lissabon nach Antwerpen. Ungeachtet seiner Verdienste wurde Cron schließlich Opfer von Intrigen gegen seine Person: Aufgrund wahrscheinlich ungerechtfertigter Spionage-

---

168 Hildebrandt 1970; Johnson 2008, S. 191-195; M. Kalus 2010, S. 72-74.
169 Hildebrandt 1966, S. 145-172; Kellenbenz 1970b, S. 311f.; Mathew 1997, S. 173-183, 186-188; Häberlein 2006, S. 113-115; M. Kalus 2010, S. 81-159.

vorwürfe wurde er 1624 gefangen nach Portugal zurückgeschickt. In Madrid, wo er seine letzten Lebensjahre verbrachte, kämpfte er erfolgreich um seine Rehabilitierung.[170]

Nach dem Dreißigjährigen Krieg sind Kontakte der süddeutschen Reichsstädte nach Spanien nur noch sporadisch belegt. Für eine Niederlassung der Nürnberger Viatis-Peller in Sevilla im 17. Jahrhundert existieren wenige konkrete Hinweise.[171] Der Spanienhandel des Augsburgers Ferdinand Stenglin um 1680 blieb Episode und endete im Bankrott seines Unternehmens.[172] Klaus Webers Studie über die deutschen Kaufleute in Cádiz zwischen 1680 und 1830 erfasst nur den Augsburger Leonhard Friedrich Endorf(er), der 1695 in den dortigen Notariatsakten greifbar wird.[173]

1.5. Niederlande

Neben Italien, Frankreich und der Iberischen Halbinsel stellten die Niederlande in kommerzieller Hinsicht ein „Kerngebiet der Nürnberger Interessen" dar.[174] Der Reichsstadt war es bereits im 14. Jahrhundert gelungen, ihren Kaufleuten Handelsprivilegien in Brabant und Flandern zu sichern. Wichtigster Stützpunkt des reichsstädtischen Fernhandels war hier zunächst Brügge; seit dem ausgehenden 15. Jahrhundert wurde die flämische Handelsmetropole jedoch rasch von Antwerpen überflügelt. Die um 1500 ca. 40.000 Einwohner zählende brabantische Stadt hatte sich im 15. Jahrhundert zunächst zu einem Distributionszentrum für englische Wolltuche auf dem europäischen Kontinent entwickelt. Der Wollhandel sowie der Transithandel mit holländischen Waren wie Bier und Heringen lockten eine wachsende Zahl italienischer, spanischer und deutscher Kaufleute nach Antwerpen.[175] Seit etwa 1480 werden unter anderem die Augsburger Meuting, Hoechstetter und Fugger vom Reh hier fassbar; die Fugger von der Lilie treten seit 1493 in Erscheinung, und um 1500 gesellten sich die Welser und Herwart sowie die Nürnberger Imhoff und Hirschvogel hinzu. Insgesamt lassen sich in Antwerpener Quellen zwischen 1494 und 1512 die Namen von rund 70 Nürnberger und 50 Augsburger Kaufleuten und Handelsdienern nachweisen.[176] Die Fugger kauften 1508 ein Haus in der *Steenhouwersveste* und ließen es repräsentativ umgestalten. Albrecht Dürer, der die Fuggersche Faktorei während seines Aufenthalts in Antwerpen 1520 besuchte, beschrieb sie als „gar neu köstlich mit eim sondern Thurn, weit und groß, mit ein schönen Garten gebauet".[177]

Der eigentliche Boom der Stadt begann, als sich die portugiesische Krone entschloss, den aus Asien importierten Pfeffer über Antwerpen auf die westeuropäischen Märkte zu bringen. 1501 trafen die ersten mit Pfeffer beladenen Karavellen ein, und 1508 wurde eine königliche Handelsniederlassung, die *Feitoria de Flandes*, eingerichtet. Da die Portugiesen für ihren Afrika- und Asienhandel Silber und Kupfer benötigten, wurden die süddeutschen Kaufleute ihre wichtigsten Handelspartner. Zwischen 1507 und 1526 kam etwa die Hälfte

---

170   Kellenbenz 1966; Subrahmanyam 1991.
171   Seibold 1977, S. 350f.
172   Zorn 1961, S. 21.
173   K. Weber 2004, S. 353, 362.
174   Ammann 1970a, S.131.
175   Zur Entwicklung Antwerpens allgemein: Van der Wee/Materné 1993; Limberger 2001; Harreld 2004, S. 17-59.
176   Strauss 1966, S. 131; Ammann 1970a, S. 131-137 (Zitat S. 131); Harreld 2004, S. 71-75.
177   Lieb 1952, S. 69.

des ungarischen Kupfers der Fugger auf den Antwerpener Markt. Die Augsburger und Nürnberger Firmen, die Silber und Kupfer nach Antwerpen lieferten, konnten sich dort ihrerseits mit Gewürzen und englischen Tuchen eindecken, so dass Antwerpen zum zentralen Umschlagplatz Nordwesteuropas wurde. Auch für Spanien, das seit 1520 große Teile Mittel- und Südamerikas eroberte, wurde Antwerpen zum wichtigsten Einkaufsort für gewerbliche Güter und Absatzmarkt für Edelmetalle und Waren aus der Neuen Welt. Zur Attraktivität Antwerpens trug weiterhin eine blühende Luxuswarenproduktion bei: Zu den Schuldnern der Fugger an der Schelde gehörte in den 1520er Jahren auch der flämische Bildteppichweber Pieter van Aelst. Neben seiner Funktion als Warenumschlagplatz entwickelte sich Antwerpen im frühen 16. Jahrhundert schließlich zu einem wichtigen Finanzplatz: 1531 wurde die Antwerpener Börse gegründet, und süddeutsche Kaufleute beteiligten sich am Wechselgeschäft ebenso wie an Anleihen, die die Habsburgerherrscher sowie niederländische Städte und Provinzen auf dem Antwerpener Geldmarkt aufnahmen. Als führendes Gewerbe-, Handels- und Finanzzentrum Nordwesteuropas nahm Antwerpen in der ersten Hälfte des 16. Jahrhunderts einen beispiellosen Aufschwung. In den 1550er Jahren hatte die Stadt rund 100.000 Einwohner.[178]

Wie in Lyon, Sevilla und Lissabon ließen sich auch in Antwerpen einige Oberdeutsche dauerhaft nieder und fungierten als Vermittler zwischen ihren Landsleuten, der internationalen Kaufmannschaft der Stadt und der niederländischen Obrigkeit. Der bedeutendste von ihnen war um die Mitte des 16. Jahrhunderts sicherlich der seit 1518 an der Schelde nachweisbare Nürnberger Lazarus Tucher (1491–1563), der mit einer Frau aus der Antwerpener Kaufmannsfamilie Cocquiel verheiratet war und sich auch an Finanz- und Immobiliengeschäften beteiligte.[179] Matthäus Örtel, der zunächst für die Welser in Rom und danach für die Fugger in Neapel tätig war, ehe er 1548 Leiter der Fuggerniederlassung in Antwerpen wurde, ließ sich seit 1552 auf eine Serie großer Anleihegeschäfte mit der spanischen Krone ein, die das Unternehmen nach der Zahlungseinstellung König Philipps II. und der Beschlagnahmung amerikanischer Silberlieferungen an die Fugger 1557 in schwere Turbulenzen stürzten. Örtel selbst brachte es indessen als Angestellter der Fugger zu Wohlstand: Er erwarb Immobilienbesitz in Antwerpen und hinterließ bei seinem Tod im Jahre 1564 ein beträchtliches Vermögen.[180] Eine vergleichbare Rolle als Finanzmakler wie Tucher und Örtel spielte zeitweilig Stefan Keltenhofer (1511/12–1563), der seit Mitte der 1540er Jahre die Augsburger Firma Hans Paul und Hans Heinrich Herwarts an der Schelde vertrat und dort auch eine Landkarte der Champagne drucken ließ. Keltenhofer erwarb ebenfalls Grundbesitz in den Niederlanden und heiratete eine Niederländerin; wegen riskanter Darlehensgeschäfte wurde er jedoch 1557 zahlungsunfähig.[181]

In der zweiten Hälfte des 16. Jahrhunderts geriet Antwerpen in eine schwere Krise. Nachdem bereits die Zahlungseinstellung der spanischen Krone von 1557 zu heftigen Erschütterungen auf dem Finanzmarkt geführt hatte, bedeutete der in den 1560er Jahren ein-

---

178   Zu den oberdeutschen Kaufleuten: Trauchburg-Kuhnle 1991; Trauchburg-Kuhnle 1996; Harreld 2004, S. 71-78, 131-156, 172-178 und passim; zur Präsenz der Fugger in Antwerpen: Häberlein 2006a, S. 55f., 90-92.

179   Vgl. zu ihm Ehrenberg 1896, passim; Strieder 1930, S. 31 (Nr. 20), 35f. (Nr. 24), 145 (Nr. 193), 168 (Nr. 244), 182 (Nr. 281), 290 (Nr. 554), 380f. (Nr. 730), 424-432 (Anhang 2); Pfeiffer 1971, S. 189; Harreld 2004, S. 88f., 111f.; Fleischmann 2007, Bd. 2, S. 1022, 1024.

180   Kellenbenz 1990, Bd. 1, S. 99-122, 173, 446-448; Häberlein 2006a, S. 128f.

181   Häberlein/Meurer 2003.

setzende Krieg in den Niederlanden das Ende für Antwerpens Bedeutung als europäische Handelsmetropole: 1576 wurde die Stadt von spanischen Truppen geplündert und 1585 nach monatelanger Belagerung von der Armee des Herzogs von Parma eingenommen. Daraufhin flohen Zehntausende protestantische Kaufleute und Gewerbetreibende aus der Stadt und gingen in die nördlichen Niederlande, nach England und Deutschland. Handelsstädte wie Emden, Köln, Hamburg, Frankfurt, vor allem aber Amsterdam profitierten von diesem Zustrom niederländischer Glaubensflüchtlinge.[182]

Abb. 4: Ansicht von Antwerpen.
Aus: Georg Braun/Frans Hogenberg, Civitates orbis terrarum […], Köln 1572–1618.

Für die Entwicklung des Fremdsprachenunterrichts in deutschen Städten hatte dieser Flüchtlingsstrom ebenfalls erhebliche Folgen (vgl. Kapitel 4 und 5). Auch in Nürnberg siedelte sich eine Reihe von Kaufmannsfamilien aus den Niederlanden an, die um 1600 vor allem im Handel mit englischem und niederländischem Tuch eine bedeutende Rolle spielten. In den frühen 1620er Jahren waren 32 niederländische Firmen in der fränkischen Reichsstadt ansässig, die damit 3 % der Nürnberger Kaufmannschaft stellten, aber 8 % des Umsatzes am Nürnberger Banco Publico machten. Zu den prominentesten und erfolgreichsten zählten die de Braa, de Bourg, van Oyrl und Blommart.[183]

---

182 Harreld 2004, S. 178-183; zur Schwerpunktverlagerung des niederländischen Handels von Antwerpen nach Amsterdam vgl. bes. Lesger 2006; zu den niederländischen Glaubensflüchtlingen vgl. Schilling 1972.
183 Seibold 1981; Peters 1994, S. 99-104 und passim; Diefenbacher 1995, S. 71f.

Augsburger Kaufleute hatten sich seit der Zuspitzung des niederländischen Bürgerkriegs in den 1570er Jahren um Alternativen zu ihrem Handel mit Antwerpen bemüht. Während die Fugger ihre Faktorei 1576 nach Köln verlegten, knüpften andere Firmen engere Kontakte mit Middelburg und Amsterdam. So war Hans Hunger 1591 für die „Georg Fuggerischen Erben" sowie die Gesellschaft Marx und Matthäus Welsers in Amsterdam tätig, und der Augsburger Jeremias Jenisch vertrat um dieselbe Zeit die Interessen Augsburger Firmen im seeländischen Middelburg. Als 1602 eine Monopolgesellschaft für den niederländischen Asienhandel, die Vereinigte Ostindische Compagnie (VOC) gegründet wurde, zeichnete der Nürnberger Hans Hunger für fast 40.000 Gulden Aktien der Amsterdamer Kammer, darunter 10.800 Gulden auf eigene Rechnung. Jeremias und Hans Joachim Jenisch zeichneten VOC-Aktien im Wert von 10.260 Gulden, davon knapp ein Drittel für die Augsburger Kaufleute Melchior und Christoph Hainhofer.[184] Der Augsburger Kaufmann und Finanzier Marx Conrad von Rehlingen erwarb 1628/29 über Mittelsmänner Aktien der niederländischen Ost- und Westindienkompanien. Als Makler in Amsterdam dienten ihm der aus Augsburg stammende Bartholomäus Hopfer sowie der gebürtige Nürnberger Stephan Pilgram.[185]

Die VOC spielte aber nicht nur als Investitionsobjekt für Bürger der süddeutschen Reichsstädte eine Rolle, sondern auch als Arbeitgeber. Der Augsburger Anton Schorer hielt sich von 1601 bis 1615 in Ostindien auf und arbeitete in der Faktorei der VOC in Masulipatnam.[186] Johann Sigmund Wurffbain aus Nürnberg (1613–1661) fuhr nach einer kaufmännischen Ausbildung in Frankreich und Amsterdam 1632 auf einem VOC-Schiff nach Ostasien, wo er zunächst auf den Inseln Ambon und Banda, anschließend im nordwestindischen Surat eingesetzt wurde und vom einfachen Soldaten bis zum Oberkaufmann aufstieg. Wurffbain kehrte 1646 als vermögender Mann nach Europa zurück, wo er einen Bericht über seine Erlebnisse veröffentlichte und Genannter des Großen Rats der Reichsstadt wurde. Ein anderer Nürnberger, Johann Jakob Saar, heuerte 1645 als Soldat bei der VOC an und diente bis 1660 auf den Banda-Inseln und auf Ceylon; darüber hinaus nahm er an militärischen Expeditionen nach Surat und Persien teil. Nach seiner Rückkehr nach Europa ließ er sich als Kaufmann in seiner Heimatstadt nieder und verfasste die Reisebeschreibung „Ost-Indianischer Fünfzehen-Jährige Kriegs-Dienste", die 1662 in Nürnberg gedruckt wurde.[187] Wurffbain und Saar sind aufgrund ihrer Reiseberichte zwar besonders gut dokumentiert, doch sie bilden lediglich die Spitze eines Eisbergs: In den Schiffssoldbüchern der VOC, die für die Jahre 1700 bis 1794 erhalten sind, finden sich 27 Nürnberger und 146 Augsburger, die als Soldaten, Seeleute, Handwerker und Bedienstete in die Kompanie eintraten. Die Mehrzahl von ihnen starb in Übersee.[188]

Die Bedeutung Amsterdams für reichsstädtische Unternehmer im 18. Jahrhundert unterstreichen die Beziehungen des Kattunfabrikanten Johann Heinrich von Schüle und der Gebrüder Obwexer. Schüle (1720–1811), der bedeutendste Augsburger Kattundrucker seiner Zeit, bezog seit 1759 große Mengen ostindischer Rohkattune über einen Kommissio-

---

184 Hildebrandt 1981, S. 70; Reinhard 1996, S. 354, 384, 388.

185 Hildebrandt 1981, S. 66-70; Hildebrandt 2004, S. 97 (Nr. 414), 122 (Nr. 431), 154 (Nr. 460), 160 (Nr. 463), 184 (Nr. 483), 192f. (Nr. 500), 200 (Nr. 506), 205 (Nr. 511), 212 (Nr. 518).

186 SuStBA, 4o Cod. Aug. 55, S. 42.

187 Van Gelder 1997, S. 294, 297 und passim; Mann 2006, S. 268-272.

188 Die Schiffssoldbücher wurden in einer Datenbank des niederländischen Nationalarchivs erfasst und sind online recherchierbar: http://vocopvarenden.nationaalarchief.nl (Aufruf am 11. April 2011).

när in Amsterdam.[189] Die Brüder Joseph Anton (1730–1795) und Peter Paul von Obwexer (1739–1817), Söhne eines aus Südtirol nach Augsburg eingewanderten Kaufmanns und führenden katholischen Bankiers der Reichsstadt, exportierten seit 1778 Augsburger Kattune und schlesisches Leinen über Amsterdam und die niederländische Karibikinsel Curaçao, wo der gebürtige Wallone Pierre Brion ihre Geschäfte führte, nach den spanischen und französischen Kolonien in Südamerika und der Karibik.

Abb. 5: Seite aus dem Reisebericht von Johann Jakob Saar (1662).

Als Rückfrachten dienten Kolonialwaren wie Zucker, Kaffee, Kakao und Indigo. Der Karibikhandel der Obwexer, ein bemerkenswertes Beispiel für den Aktionsradius süddeutscher Firmen am Ende der reichsstädtischen Zeit, erlitt allerdings während des Amerikanischen Unabhängigkeitskriegs (1775–1783) und insbesondere während der Französischen Revolutionskriege seit 1792 schwere Verluste. Nach dem Tod Pierre Brions 1799 – der mit seinen Augsburger und Amsterdamer Auftraggebern stets in italienischer Sprache korrespondierte

---

189   Zorn 1961, S. 44, 51-53; Augsburger Stadtlexikon 1998, S. 802.

– und der Besetzung Curaçaos durch britische Truppen im folgenden Jahr trafen keine Rückfrachten aus Amerika mehr ein, und 1811/12 gingen die Obwexer bankrott.[190]

1.6. England und Skandinavien

Auch wenn die Anwesenheit Nürnberger Kaufleute in London bereits Ende des 14. Jahrhunderts belegt ist und die Stromer-Ortlieb-Gesellschaft anscheinend 1430 eine Niederlassung an der Themse unterhielt,[191] waren die Kontakte oberdeutscher Kaufleute nach England im Vergleich zu Italien, Frankreich, den Niederlanden und der Iberischen Halbinsel deutlich schwächer ausgeprägt. Dies lag vor allem daran, dass der wichtigste Handelszweig Englands in der Tudorzeit, der Export von Wolltuchen, weitgehend über Antwerpen abgewickelt wurde und sich die oberdeutschen Kaufleute dort mit englischem Tuch eindecken konnten. Vertreter Nürnberger und Augsburger Firmen machten zwar auf verschiedenen europäischen Märkten – neben Antwerpen auch in Sevilla und Hamburg – Geschäfte mit Engländern,[192] doch nur wenige süddeutsche Kaufleute besuchten die Insel persönlich oder gründeten dort eigene Niederlassungen. Von der Hand des Augsburger Großkaufmanns Hans Baumgartner d.J. (1488–1549) stammt ein Heft aus dem Jahre 1508 über englische Handelsbräuche, das auf einen Englandaufenthalt des Verfassers hindeutet.[193] Der Nürnberger Lorenz Stauber (1486–1539) wurde 1520 von König Heinrich VIII. (reg. 1509–1547) in Windsor zum Ritter geschlagen. Seit 1528 war er als besoldeter Agent für Heinrich VIII. tätig und reiste noch mehrere Male nach England. Seine Korrespondenz mit Kardinal Wolsey führte Stauber allerdings in lateinischer Sprache.[194] Der Augsburger Kaufmann Bartholomäus (I.) Schorer (1521–1543) starb dem Familienbuch der Schorer zufolge „zu London in Engeland", und auch für seinen 1546 geborenen gleichnamigen Neffen ist die englische Metropole als Sterbeort vermerkt.[195]

Das Unternehmen Anton Fuggers vergab in den 1540er und 50er Jahren im Zuge seiner Bemühungen um die Diversifizierung seiner Finanzinvestitionen zeitweilig hohe Kredite an die englischen Könige Heinrich VIII. und Edward VI., doch wurden diese Kreditverträge in Antwerpen abgeschlossen und führten nicht zu einer dauerhaften Fuggerschen Präsenz in England.[196] Auch die Reise Joachim Hoechstetters d.Ä. (1505–1535) nach England im Jahre 1528, wo er Kupferbergwerke im Südwesten der Insel erkundete und den Titel eines „Principal Surveyor and Master of all Mines in England and Ireland" erhielt, blieb zunächst ohne direkte Folgen, da die Hoechstetter-Gesellschaft 1529 in Konkurs ging.[197]

Als weitaus folgenreicher erwies sich die Beteiligung der Augsburger Haug-Langnauer-Linck-Gesellschaft an der „Company of Mines Royal", einem 1568 inkorporierten, von englischen Hof- und Regierungskreisen unterstützten Unternehmen zur Ausbeutung der Kupferminen von Keswick in der Grafschaft Cumberland. Joachim Hoechstetters Sohn

---

190 Zorn 1961, S. 56f., 61f., 66; Häberlein/Schmölz-Häberlein 1995; Augsburger Stadtlexikon 1998, S. 690.
191 Lütge 1967, S. 325; Ammann 1970a, S. 138.
192 Vgl. z.B. Ammann 1970a, S. 135; Ungerer 2008, S. 24f., 113-118.
193 K. Müller 1955, S. 15, 81-86, 230-235.
194 Glockner 1963/64, S. 173f., 200f., 204f.; Sporhan-Krempel 1968, S. 81-83.
195 SuStBA, 4o Cod. Aug. 55, S. 7, 17. Vgl. auch Harreld 2004, S. 76.
196 Häberlein 2006a, S. 89f.
197 Hammersley 1988, S. 28.

Daniel (1525–1581), ein Montanspezialist, der zuvor im Rauriser Tal in Osttirol Bergbau betrieben hatte, war 1564 als Geschäftsführer der Haug-Langnauer-Linck nach Keswick gegangen, um den dortigen Kupferbergbau zu organisieren. Nach dem Bankrott der Haug-Langnauer-Linck im Jahre 1574 blieb Hoechstetter Leiter der „Society of Mines Royal" in Cumberland; 1580 überließen die englischen Anteilseigner ihm und Thomas Smith die Berg- und Hüttenwerke. Nach Hoechstetters Tod ging die Leitung des Bergbaus zunächst auf seinen Schwiegersohn Marx Steinberger (gest. 1597), anschließend auf seine Söhne Emanuel (gest. 1614) und Daniel d.J. (1553–1638) über. Damit lag der englische Kupferbergbau sieben Jahrzehnte lang maßgeblich in der Hand einer oberdeutschen Kaufmannsfamilie, die sich dauerhaft in England niedergelassen hatte, deren Mitglieder eine hohe Reputation als Montanexperten genossen und wiederholt auch für Bergbauprojekte in Cornwall und Schottland konsultiert wurden. Besuche des Hoechstetter-Schwagers Leonhard Stammler und des Augsburger Patriziers Johann Peter Haintzel in Keswick in den Jahren 1591/92 zeigen indessen, dass die Familie zumindest bis Ende des 16. Jahrhunderts noch Kontakte nach Augsburg unterhielt. Über die Sprachkenntnisse des jüngeren Daniel Hoechstetter, der als Jugendlicher nach England kam, schreibt George Hammersley: „Daniel wrote a clear and fluent English, but still appears to have used it like a second language: his spelling is more regular, his manner of expression more deliberate, than normal among his contemporaries."[198]

Nachdem die englische Handelsgesellschaft der *Merchant Adventurers* Ende der 1560er Jahre ihre Niederlassung auf dem Kontinent infolge des Bürgerkriegs in den Niederlanden von Antwerpen nach Hamburg bzw. Stade verlegt hatte, bemühte sich der Nürnberger Rat 1569 erfolglos, die *Merchant Adventurers* zu einer Standortverlagerung an die Pegnitz zu bewegen. 1603 unternahm der Nürnberger Patrizier Karl Nützel einen weiteren Vorstoß in diese Richtung, der jedoch bei einem Großteil der Nürnberger Kaufmannschaft auf Ablehnung stieß. Dennoch lässt sich eine kleine Gruppe englischer Kaufleute zu Beginn des 17. Jahrhunderts in Nürnberg nachweisen. Der bedeutendste von ihnen war John Kendrick, der zwischen 1621 und 1624 mit einem Gesamtumsatz von rund 366.000 Gulden in den Büchern des Nürnberger Banco Publico erscheint, aber bereits 1622 nach Amsterdam übersiedelte und seine Interessen in Nürnberg durch Kommissionäre wahrnehmen ließ. Darüber hinaus standen Nürnberger Kaufleute über Hamburg in Kontakt mit englischen Händlern.[199]

Im Verlauf des 17. und frühen 18. Jahrhunderts entwickelte sich England einerseits zu einer wichtigen Station auf der Kavalierstour oberdeutscher Patrizier- und Kaufmannssöhne, die regelmäßig in London und den beiden Universitätsstädten Oxford und Cambridge Station machten.[200] Andererseits unterhielt eine überschaubare Zahl von Kaufleuten, Unternehmern, Bankiers und Theologen eigene Englandkontakte. Der Augsburger Kunsthändler und Agent Philipp Hainhofer (1578–1647) stand seit 1618 in regelmäßigem Kontakt mit englischen Gesandten auf dem Kontinent und versorgte diese mit Informationen.[201] Sein Neffe Hieronymus Hainhofer (1611–1683) ließ sich in den 1630er Jahren in England nieder und begleitete wiederholt junge englische Adelige während der Grand Tour auf dem

---

198   Hammersley 1988, S. 23-50 (Zitat S. 43).
199   Pfeiffer 1971, S. 296; R. Walter 1992, S. 158f.; Peters 1994, S. 105-107, 111, 254, 300f. und passim; Diefenbacher 1995, S. 76.
200   Vgl. Ernstberger 1963 sowie ausführlich Kapitel 3.
201   Bepler 1995, S. 120.

europäischen Kontinent (Kapitel 3). Der Patrizier Marx Conrad von Rehlingen (1575–1642) besaß in den 1630er Jahren Aktien der Londoner *Guinea Company*.[202]

Der Augsburger Goldschlager Johann Georg Neuhofer reiste 1688/89 nach Holland und England, um dort die Innovation des Kattundrucks auszukundschaften. Nach seiner Rückkehr eröffnete er mit seinem Bruder, dem Tuchscherer Jeremias Neuhofer, die erste süddeutsche Kattundruckerei.[203] Unter den Deutschen, die zwischen 1660 und 1815 in London die britische Staatsbürgerschaft erlangten, befanden sich die Nürnberger Johann Backoffer (1701), Adrian Schmidgruber (1706), Johann Scharrer (1708) und Andreas Fürer (1765), der in Hersbruck auf Nürnberger Territorium geborene Georg Schütz (1707) sowie die Augsburger David Langenmantel (1698), Johann Baptist Mayr (1701), Christoph Jakob und Philipp Jakob Krauter (1751, 1761), Johann Schweikart und Johann Conrad Heinzelmann (1754/55), Jakob Schedel (1763), der Theologe Philipp David Krauter (1766) und Johann Christoph Falck (1796). Allein im Zeitraum von 1715 bis 1800 wurden acht Augsburger britische Staatsbürger.[204]

Der Pastor Samuel Urlsperger (1685–1772), seit 1722 Senior der evangelischen Kirche in Augsburg, hatte sich zwischen 1710 und 1712 in London aufgehalten und korrespondierte mit der anglikanischen *Society for Promoting Christian Knowledge*. Urlsperger vermittelte protestantische Exulanten, die 1731/32 aus dem Erzstift Salzburg vertrieben wurden, in die neu gegründete britisch-amerikanische Kolonie Georgia und sorgte für den Druck von Sendschreiben und Berichten über den Aufbau der nordamerikanischen Salzburger-Siedlung Eben-Ezer.[205] Der 1731 nobilitierte Augsburger Silberhändler und Bankier Christian von Münch d.Ä. (1690–1757) unterstützte nicht nur die Salzburger Exulanten durch Spenden, sondern erwarb auch selbst eine Plantage in Georgia, die er 1750 von einem Augsburger Ingenieur vermessen ließ. Außerdem sandte er um die Jahrhundertmitte Handelswaren in die nordamerikanische Kolonie, wirkte an der Rekrutierung schwäbischer Auswanderer mit und überwies Gelder an deutsche Siedler in Georgia.[206] Während des amerikanischen Unabhängigkeitskrieges wurden britische Subsidienzahlungen an die Markgrafschaft Ansbach-Bayreuth, die den Briten Soldtruppen zur Verfügung gestellt hatte, über das Augsburger Bankhaus Halder transferiert.[207]

Nach Nordamerika führte auch der Lebensweg eines Nürnberger Sprachlehrers. Johann Matthias Kramer (1700–1760), der Sohn des renommierten Sprachmeisters Matthias Kramer, lernte zunächst den Beruf seines Vaters, erscheint aber 1737 als Sekretär des Leiters der Herrnhuter Brüdergemeine, Nikolaus Ludwig Graf von Zinzendorf, in London. Zinzendorf verhandelte damals mit dem Treuhänderrat, der die nordamerikanische Kolonie Georgia verwaltete, und 1746 veröffentlichte Kramer in Göttingen eine Werbeschrift für die Auswanderung nach Georgia, die er im Auftrag des Treuhänderrats verfasst hatte.[208] Zu dieser Zeit lebte er in der niedersächsischen Universitätsstadt als Italienischlehrer. Um die Jahrhundertmitte entschloss sich Kramer selbst zur Auswanderung in die Neue Welt und

202 Hildebrandt 1981, S. 66f., 74f.; Hildebrandt 2004, S. 206 (Nr. 511), 213 (Nr. 518).
203 Zorn 1961, S. 26; Augsburger Stadtlexikon 1998, S. 682f.
204 Schulte Beerbühl 2007, S. 57, 416-420, 425f., 431.
205 G.F. Jones 1996; Römmelt 2008.
206 Zorn 1961, S. 38, 301; G. F. Jones 1992, S. 139, 146f.; Häberlein 2006b, S. 29f.
207 Zorn 1961, S. 59.
208 G.F. Jones 1992, S. 68-70; Diekmann 2005, S. 128-147.

ließ sich in Philadelphia nieder, wo er Deutsch, Französisch und Italienisch „for gentlemen and ladies" unterrichtete.[209]

Sporadischer Natur waren die Kontakte zu den skandinavischen Ländern.[210] Die Nürnberger Stromer-Ortlieb-Gesellschaft sandte 1428 Waren nach Schweden, doch die meisten Verbindungen zwischen Nürnberg und Skandinavien liefen über Lübeck, wo einige Nürnberger im 15. Jahrhundert das Bürgerrecht erwarben.[211] Der Augsburger Joachim Hoechstetter d.Ä. knüpfte 1525 Beziehungen zum dänischen König Christian II. an, und nach dem Bankrott der Hoechstetter-Gesellschaft 1529 ging er über Antwerpen nach Dänemark, wo er bis zu seinem frühen Tod 1535 ambitionierte Bergbauprojekte für Christians Nachfolger Friedrich I. entwickelte.[212] Der vormalige Notar und Spitalschreiber Silvester Raid reiste um 1540 im Auftrag Anton Fuggers mehrmals nach Skandinavien, um über die freie Durchfahrt Fuggerscher Kupfertransporte durch den dänischen Sund zu verhandeln sowie norwegische und schwedische Bergwerke zu inspizieren.[213] Der aus Leipzig stammende Pankraz Henn (gest. 1610), der 1567 das Nürnberger Bürgerrecht erwarb, wird als Hofjuwelier des Königs von Schweden bezeichnet.[214] Während die Beziehungen anderer Augsburger Kaufleute und Finanziers zur schwedischen Krone in der Zeit der schwedischen Besatzung Augsburgs (1632–1635) meist kurzlebig waren, wanderte der Augsburger Kaufmannssohn Nicolaus (III.) Pemer 1630 nach Schweden aus und betätigte sich dort erfolgreich als Bergwerksverwalter und -unternehmer.[215]

1.7. Ostmitteleuropa und Osteuropa

Nürnberger Kaufleute genossen seit dem 14. Jahrhundert in den Königreichen Böhmen und Polen Handelsprivilegien, doch reichen die kommerziellen Beziehungen nach Osten sicher bis in die Zeit vor 1300 zurück. In einem Handelskonflikt zwischen den Städten Nürnberg und Prag wurden 1341/42 acht Nürnberger Bürgern Waren, insbesondere niederländische Tuche, beschlagnahmt. Die Beziehungen nach Böhmen und Mähren gingen mit der Ausweisung Nürnberger Kaufleute aus Prag (1410) und den Hussitenkriegen (1419–1436) stark zurück, rissen jedoch nicht vollständig ab und wurden seit Mitte des 15. Jahrhunderts erneut angeknüpft. Die Imhoff-Gesellschaft beispielsweise baute Niederlassungen in Prag, Brünn und Olmütz auf. Im späten 15. Jahrhundert schalteten sich Nürnberger Gesellschaften auch in den Kupferbergbau von Kuttenberg (Kutná Hora) sowie in den Graupener und Schlackenwalder Zinnbergbau ein.[216] Nachdem ein 1489 abgeschlossener Handelsvertrag günstige Rahmenbedingungen für den Handel Nürnberger Kaufleute in Prag geschaffen hatte, intensivierten sich die kommerziellen Beziehungen zwischen beiden Städten im 16. Jahrhundert deutlich. Von 1510 bis 1521 sind geschäftliche Aktivitäten des Nürnbergers Hans Nützel in Prag belegt. Zwischen 1520 und 1550 lassen sich 45, zwischen 1550 und

---

209   Zeydel 1964, S. 324; Glück 2010, S. 144 (vgl. Kapitel 4.2.2.).
210   Zu den insgesamt spärlichen Nachrichten über Nürnbergs Beziehungen nach Dänemark siehe Bencard 2002.
211   Ammann 1970a, S. 139-142.
212   Nübel 1979; Hammersley 1988, S. 28; Häberlein 1998a, S. 288.
213   Häberlein 1998a, S. 207-209; Dalhede 1998, Teil 2, S. 312-314.
214   Timann 2002, S. 232.
215   Dalhede 1998, Teil 2, S. 330-504.
216   Klier 1958; Lütge 1967, S. 326-338; Ammann 1970a, S. 156-160; Pfeiffer 1971, S. 178f.; Janácek 1971, S. 208-210; Haller von Hallerstein 1975; Polivka 1999.

1620 nicht weniger als 151 reichsstädtische Kaufleute und Handelsfirmen in Prag nachweisen.[217]

In dieser Zeit war Nürnberg zudem ein wichtiger Druckort für Werke in böhmischer bzw. tschechischer Sprache.[218] Im Januar 1518 sah sich der Nürnberger Rat auf eine kaiserliche Beschwerde über die in der Reichsstadt gedruckten hussitischen Bücher hin genötigt, den Buchdruckern zu untersagen, „die Bibel In Behmischer sprach […] zu drucken".[219] Dieses Verbot scheint allerdings wenig Wirkung gezeigt zu haben, denn 1518 druckte Hieronymus Höltzel in Nürnberg Jan Mantuans „Frantovy práva" und einen „Poenitentiarius" in lateinischen, tschechischen und deutschen Versen. Im gleichen Jahr gaben Jan Mantuan und Hans Peck in Nürnberg ein lateinisch-tschechisches „Enchiridion seu manuale curatorum" heraus. 1520 ließ Mantuan bei Johann Stuchs den tschechischen „Hortulus animae" drucken;[220] bei demselben Drucker erschien im folgenden Jahr auch eine hussitische Abhandlung in deutscher Sprache.[221] Friedrich Peypus gab 1533 die Evangelien und Episteln der Fastensonntage in tschechischer Sprache, 1534 das tschechische Neue Testament heraus.[222] 1538 druckte Leonhard Milchthaler das tschechische Neue Testament,[223] im folgenden Jahr die „Zwölf Hauptartikel des christlichen Glaubens für die Laien und Einfältigen", ein beliebtes Buch der Brüdergemeinden, und 1540 – diesmal auf Kosten Melchior Kobergers – die böhmische Bibel.[224] 1542 gab Johann Günther in Nürnberg eine tschechische Ausgabe der zwölf Hauptartikel heraus.[225] 1558 publizierten Berg und Neuber eine Quellensammlung „Joannis Hus et Hieronymi Pragensis confessorum Christi historia et monumenta […]."[226] Als letztes Beispiel sei noch das „Gesangbuch der Brüder inn Behemen und Merhern", das 1561 und 1564 bei Berg und Neuber gedruckt wurde, genannt.[227]

Die zeitweilige Unterbrechung des Handels mit Böhmen begünstigte die kommerziellen Beziehungen Nürnbergs mit Schlesien und Polen, da sich die Kaufleute der Reichsstadt nun stärker nach Nordosten orientierten. Als Zentrum des Nürnberger Handels in dieser Region gilt das schlesische Breslau, das eine weitgehend deutschsprachige Stadt war.[228] Darüber hinaus wurden kommerzielle Beziehungen mit den polnischen Städten Krakau und Posen angeknüpft, die sich im Verlauf des 15. und der ersten Hälfte des 16. Jahrhunderts zunehmend intensivierten. Nürnberger Kaufleute importierten vor allem Felle, Pelze, Leder, Farbstoffe und Wachs aus Polen und führten hochwertige Textilien, Metalle und Metallwaren sowie Wein und Safran dorthin aus. Als östlichster Punkt des Nürnberger Handels im Spätmittelalter gilt Lemberg, wo Gewürze und andere Luxuswaren aus dem Schwarzmeergebiet eingekauft wurden. Im Verlauf des 15. Jahrhunderts kehrten sich die Handelswege allerdings teilweise um: Asiatische Gewürze und andere orientalische Waren gelangten nun

---

217 Janáček 1971, S. 211-228.
218 Schwob 1969, S. 128; Klatte 2010.
219 Spina 1908, S. 43.
220 Spina 1908, S. 39f.
221 Benzing 1963, Sp. 1587.
222 Röttinger 1925, S. 84, 87.
223 Röttinger 1925, S. 12, 233.
224 v. Hase 1885, S. 153f.; Röttinger 1925, S. 234.
225 Röttinger 1925, S. 96f.
226 Kunstmann 1963, S. 63 Anm. 73.
227 Schwob 1969, S. 128.
228 Ammann 1970a, S. 146-148; Stromer 1974/75.

vor allem auf dem Weg über die Levante und Venedig nach Nürnberg und wurden von dort nach Osten reexportiert.[229] Auch in Nürnberg gedruckte Bücher fanden Absatz im Osten: Der Verleger Anton Koberger hatte an der Wende vom 15. zum 16. Jahrhundert Niederlassungen in Ofen (Budapest), Krakau und Posen. 1486 wird zudem ein Vertreter Kobergers in Lemberg genannt.[230] Für die Fleischversorgung der süddeutschen Reichsstädte spielte im späten 15. und 16. Jahrhundert der Import polnischer und ungarischer Ochsen eine große Rolle.[231]

Im ungarischen Ofen sind Nürnberger Kaufleute bereits seit dem späten 14. Jahrhundert belegt, und ein Zweig der Patrizierfamilie Haller siedelte sich dauerhaft dort an. Der im Kupfer- und Tuchhandel reich gewordene Ruprecht (II.) Haller (um 1450–1513) saß seit 1490 wiederholt im Rat der Stadt, und mehrere seiner Nachkommen waren ebenfalls in Ofen ansässig.[232] Der Nürnberger Ott Herdegen soll als Hauptmann im Kampf gegen die Osmanen nicht zuletzt deswegen zum Einsatz gekommen sein, „weil er die ungarische Sprache beherrschte".[233] Zu den deutschstämmigen Remigranten, die Ungarn angesichts der osmanischen Expansion verließen und nach Mitteleuropa zogen, gehörte auch Albrecht Dürer d.Ä. (1427–1502), der Vater des Malers, der 1444 aus Gyula nach Nürnberg zog.[234]

Die regen Handelsbeziehungen Nürnbergs nach Polen führten dazu, dass sich eine größere Zahl von Nürnbergern dauerhaft in Krakau und Posen niederließ und dort das Bürgerrecht erwarb. In Krakau setzen die Belege für eingebürgerte Nürnberger 1392 ein; bis 1611 wurden 44 Neubürger, darunter 15 Kaufleute, drei Maler und 20 weitere Handwerker, aus der fränkischen Reichsstadt registriert. Der Bildhauer und Bildschnitzer Veit Stoß lebte 19 Jahre lang, von 1477 bis 1496, in Krakau (ohne allerdings das Bürgerrecht zu erwerben) und schuf dort einige seiner Hauptwerke. Georg Fugger vom Reh kam 1515 über Nürnberg nach Warschau, wo er eine Patriziertochter heiratete und seit 1537 dem Stadtrat angehörte. Der Nürnberger Johannes Horlemes wurde 1547 Krakauer Bürger, und sein gleichnamiger Enkel, der Anfang des 17. Jahrhunderts nach Warschau übersiedelte, zählte dort zu den vermögendsten und einflussreichsten Bürgern seiner Zeit. Der Kupferhändler Johann Waxmann schließlich, der 1566 nach Krakau kam, gehörte dort von 1585 bis zu seinem Tod 1603 dem Stadtrat an. Er bekleidete 1587 das Bürgermeisteramt und wurde zwei Jahre später nobilitiert.[235]

Der Nürnberger Tuchhändler Ulrich Held stieg in Posen zum Ratsherrn auf und bekleidete zwischen 1496 und 1503 fünfmal das Bürgermeisteramt. Der Patrizier Barthold Holzschuher wird 1502 als Posener Bürger genannt, und Karl Holzschuher starb 1516 als Ratsherr der polnischen Stadt. Die Brüder Zacharias und Hieronymus Ried hatten um 1570 sowohl das Nürnberger als auch das Posener Bürgerrecht inne. „Die in Posen ansässig gewordenen Nürnberger," stellt Adelheid Simsch fest, „hatten vor ihren Landsleuten den Vorteil, durch Aneignung der polnischen Sprache leichter in ihrer Wahlheimat geschäftliche Kontakte herstellen

---

229   Lütge 1967, S. 338-363; Ammann 1970a, S. 148-153; Simsch 1970, passim; Belzyt 2000, S. 250-253.
230   Ammann 1970a, S. 151; Pfeiffer 1971, S. 180; Keunicke 1982, S. 53; Pommeranz 2002, S. 312.
231   Lütge 1967, S. 363-378; Simsch 1970, S. 138-148; Pfeiffer 1971, S. 178, 188; Westermann 1979; Dalhede 1992.
232   Haller von Hallerstein 1962, S. 469f.; Kubinyi 1963/64; Ammann 1970a, S. 165f.; Pfeiffer 1971, S. 179.
233   Schwob 1969, S. 76.
234   Schwob 1969, S. 28f.; Pilz 1985, S. 67.
235   Ammann 1970a, S. 149f.; Belzyt 2000, S. 253f., 256-259.

zu können. Deshalb war es für die nach Posen handelnden Nürnberger Kaufmannshäuser wichtig, Söhne, Gesellen oder Faktoren zu haben, die polnisch verstanden und ihre Kenntnisse in den Dienst ihrer Firmen stellen konnten." Für andere Nürnberger Händler waren die eingebürgerten oberdeutschen Kaufleute und Handwerker aufgrund ihrer Sprachkenntnisse und ihrer sozialen Beziehungen wichtige Kontaktpersonen.[236]

Die Augsburger Fugger schlossen sich 1494 mit der Krakauer Familie Thurzo zu einem Montangroßunternehmen zusammen, um die Produktion des Bergbaureviers von Neusohl (Banská Bystrica) in der heutigen Slowakei zu vermarkten. Der „Gemeine Ungarische Handel" der Fugger und Thurzo errichtete Schmelzhütten und Hammerwerke in Fuggerau (Kärnten), Hohenkirchen (Thüringen) und im slowakischen Moštenice, baute Passstraßen von Neusohl nach Teschen und Rosenberg und gründete Faktoreien in Breslau, Krakau und Ofen (Budapest). Über die Ostseehäfen Danzig, Stettin und Lübeck wurde ungarisches Kupfer nach Antwerpen verfrachtet bzw. über Wiener Neustadt sowie über die Adriahäfen Triest und Zengg (Senj) nach Venedig transportiert. Die Fugger-Thurzo investierten riesige Summen in das Unternehmen und erzielten bis in die 1520er Jahre hinein hohe Gewinne. Eine schwere Krise in den Jahren 1525/26, als in den slowakischen Bergstädten Aufstände ausbrachen und die ungarische Krone die Fugger zeitweilig enteignete, konnte Anton Fugger erfolgreich meistern, doch in den folgenden Jahren schmälerten die Auseinandersetzungen zwischen den Habsburgern und den Osmanen in Ungarn sowie sinkende Bergwerkserträge die Gewinne. Im Jahre 1546 entschloss sich Anton Fugger daher, den Pachtvertrag nicht mehr zu verlängern. Die Pacht der Neusohler Bergwerke wurde von der Gesellschaft Matthias Manlichs übernommen und blieb bis 1623 in der Hand Augsburger Firmen.[237] Von den 1520er bis in die 1540er Jahre verfügte der Ungarische Handel mit dem gebürtigen Böhmen Hans Dernschwam (1494–1568) über einen hochgebildeten und polyglotten Mitarbeiter, der nicht zuletzt dank seiner Kenntnisse der deutschen, lateinischen, ungarischen und „windischen" (slowakischen) Sprache ihre Interessen in Neusohl, Ofen und Siebenbürgen effektiv vertreten konnte.[238]

Beziehungen nach Osten bestanden auch nach dem Dreißigjährigen Krieg: Die Augsburger Silberhandlung Rad & Hösslin errichtete Ende der 1690er Jahre ein Kontor in Warschau. Nach 1700 stieg die Firma auch ins Bank- und Armeelieferungsgeschäft ein und lieferte während des Türkenkriegs von 1737 Hafer nach Ungarn.[239] Michael Gröll (1722–1798), der Sohn eines Nürnberger Bortenmachers und Posamentierers, ließ sich 1749 als Buchhändler in Dresden nieder und siedelte ein Jahrzehnt später von dort nach Warschau über, wo er sich als Hofbuchhändler und Verleger betätigte sowie ein Adress- und Auktionsbüro betrieb. 1768/69 eröffnete er die erste Warschauer Leihbibliothek. Seine Produktion erreichte ihren Höhepunkt in den 1770er und 80er Jahren; in dieser Zeit gilt er als erfolgreichster Warschauer Verleger. Der Buchhändler Gröll, so Miriam Voigt, „importierte und verbreitete wichtige und vielgelesene Werke der europäischen Aufklärung und unterstützte damit ihre Rezeption in Polen. Der Verleger widmete den Übersetzungen ins Polnische breiten Raum und wirkte so an dem Prozess der Demokratisierung des Wissens mit [...]. Gleichzeitig brachte die weitverbreitete Übersetzungspraxis die Schulung der polnischen Sprache an den Ausdrucksmöglichkeiten der fremdsprachigen Vorlagen mit sich wie

---

236   Simsch 1970, S. 45-55 (Zitat S. 52). Vgl. auch Ammann 1970a, S. 148-151; Belzyt 2000, S. 255.
237   Hildebrandt 1977; P. Kalus 1999; Häberlein 2006a, S. 44-48, 86-88.
238   Birnbaum 1991; Häberlein 2006a, S. 132f.
239   Zorn 1961, S. 25, 28, 35; Fassl 1988, S. 126.

auch die Weiterentwicklung eigener ästhetischer Normen." Neben Originalwerken polnischer Autoren der Aufklärung publizierte Gröll auch Übertragungen dieser Werke ins Deutsche. Auch auf dem Höhepunkt seines Erfolgs in Warschau hielt er die Kontakte nach Nürnberg aufrecht und sandte regelmäßig Werke aus seiner Produktion in seine Heimatstadt.[240]

Eine militärische Karriere an der habsburgisch-osmanischen Militärgrenze machte der Nürnberger Patrizier Georg Wilhelm Löffelholtz (1661–1719), der nach dem Besuch der Ritterakademie in Turin und einer Dienstzeit am badischen Hof Offizier wurde und unter Prinz Eugen von Savoyen 1691 in der Schlacht von Peterwardein kämpfte. Daraufhin erhielt er das Kommando über mehrere Grenzfestungen in Ungarn, wurde 1707 zum Generalfeldmarschallieutnant und 1716 zum Leiter des Feldartilleriewesens befördert. Kaiser Joseph I. erhob ihn 1708 in den erblichen Reichsfreiherrenstand.[241]

Nur wenige Oberdeutsche stießen in der Frühen Neuzeit bis nach Russland vor, zumal die Hanse ihre Stützpunkte in Russland und im Baltikum unter anderem dadurch gegen süddeutsche Konkurrenz abzuschirmen versuchte, dass sie die Sprachausbildung von Nürnbergern in ihren Kontoren verbot.[242] Im 15. Jahrhundert bestanden Kontakte zwischen Nürnbergern und russischen Kaufleuten in livländischen Städten, insbesondere in Dorpat.[243] Singulär ist die Reise der drei Augsburger Goldschmiede Hans Georg Peyerle (Beurle), Andreas Nathan und Matthäus Bernhard Manlich nach Moskau im Jahre 1605, wo sie zur Vorbereitung der Hochzeit des Dimitri Ivanovič, der mit polnischer Unterstützung zum Zaren erhoben worden war, Gold- und Silbergeschirr sowie Juwelen liefern sollten. Die Goldschmiede reisten über Krakau, wo sie zwei Deutsche als Diener und Dolmetscher rekrutierten, und lieferten ihre Waren in Moskau ab, gerieten dort jedoch in die Wirren des Aufstands gegen Dimitri Ivanovič, in dem der umstrittene Zar ermordet wurde. Die Augsburger mussten in den Hof der polnischen Gesandtschaft flüchten, wo sie bis 1608 festsaßen. Nach langwierigen Verhandlungen, in die sich eine kaiserliche Gesandtschaft einschaltete, durften sie zwar schließlich mit der polnischen Delegation ausreisen, erlitten aber hohe finanzielle Verluste.[244] Noch im späten 18. Jahrhundert erfreuten sich Augsburger Gold- und Silberschmiedearbeiten am Zarenhof hoher Wertschätzung: Johann Gottblieb Klaucke lieferte Ende der 1770er Jahre schweres Silbergeschirr an Katharina II.[245]

1.8. Palästina und der Nahe Osten

Im 14. und 15. Jahrhundert unternahm eine Reihe reichsstädtischer Bürger Pilgerreisen ins Heilige Land, darunter die Augsburger Kaufleute Lorenz Egen (1385), Jörg Mülich (1449) und Martin Ketzel (1476) sowie der Augsburger Kanoniker Wolf von Zülnhart (1495).[246] Diese Reisen waren durch venezianische Reeder, die muslimischen Autoritäten in Palästina und die Franziskaner, die die Pilger in Jerusalem beherbergten und führten, „in solch festen Formen organisiert, daß der Vergleich mit der modernen Pauschal- oder Gruppenreise sich

---

240   Voigt 1993, Zitat S. 85.
241   Fleischmann 2007, Bd. 2, S. 688.
242   Bruchhäuser 1992, S. 63; Glück 2002, S. 280f.
243   Ammann 1970a, S. 156; Pfeiffer 1971, S. 180f.
244   Neubauer 1966; Welt im Umbruch 1980, Bd. 1, S. 232f.
245   Zorn 1961, S. 59; Fassl 1988, S. 128.
246   Kießling 2009, S. 32; Honemann 2009, S. 156.

geradezu aufgedrängt."[247] Dies impliziert, dass keine besonderen Sprachkenntnisse für die Pilgerreise von Nöten waren, da kompetente Dolmetscher zur Verfügung standen. Der Nürnberger Patrizier Hans Tucher d.Ä. (1428–1491), der 1479 eine Reise ins Heilige Land unternahm, berichtet in seinem 1482 gedruckten Reisebericht, dass zu den Reisevorbereitungen, die er nach seiner Ankunft in Venedig traf, auch die Anstellung eines italienischen Knechts gehörte, der die „heydenische sprache wol" beherrschte.[248] Neben „dem Erwerb geistlichen Lohns" – der Aussicht auf die Förderung des eigenen Seelenheils – waren „die Chance, sich ritterlich zu bewähren", und „Neugier auf die Exotik des Orients" wichtige Motive für adelige und patrizische Reisen ins Heilige Land.[249]

Nach der Reformation wurden solche Pilgerreisen wesentlich seltener, doch zeigen die Pilgerfahrten der Nürnberger Karl Nützel (1558–1614) von 1586 und Lukas Friedrich Behaim (1587–1648) von 1611/12, dass das Heilige Land auch an der Wende vom 16. zum 17. Jahrhundert nach wie vor beträchtliche Faszination ausübte.[250] Zudem lernten einzelne reichsstädtische Orientreisende nun wesentlich größere Teile des Nahen Ostens kennen. Der Augsburger Arzt Leonhard Rauwolf (1535?–1596), der in Frankreich studiert und promoviert hatte, reiste 1573 im Auftrag des Kaufmanns Melchior Manlich d.Ä., eines Verwandten seiner Frau, nach Tripoli, stieß von dort über Aleppo bis Bagdad vor und kehrte über kurdisches Gebiet zurück. Daran schlossen sich ein Aufenthalt im Libanon und eine Pilgerfahrt ins Heilige Land an. Nach der Rückkehr von seiner Reise durch die syrischen und mesopotamischen Provinzen des Osmanischen Reiches, die ihn an die Grenzen des damaligen geographischen und naturkundlichen Wissens wie auch an die Grenzen seiner sprachlichen Verständigungsmöglichkeiten geführt hatte, verfasste Rauwolf einen Reisebericht, der 1582 in Lauingen an der Donau gedruckt wurde.[251]

Eine andere Personengruppe, die direkt mit dem Osmanischen Reich in Kontakt kam, waren Büchsenmeister und Geschützgießer, die während der Türkenkriege auf dem Balkan sehr gefragt waren. Wenn sie von osmanischen Truppen gefangen genommen wurden, waren diese Spezialisten auch auf türkischer Seite willkommen. Sultan Mehmed II. (reg. 1451–1482) baute seine Artillerie unter anderem mit deutschen Geschützgießern auf, und einer von ihnen, ein gewisser Jörg von Nürnberg, verfasste nach seiner Flucht aus dem Osmanischen Reich eine kurze „Geschichte von der Türckey", die 1482/83 in Memmingen gedruckt wurde.[252] Der Nürnberger Patrizier Stephan (III.) Praun (1544–1591) schließlich wurde 1569 von Erzherzog Ferdinand für eine kaiserliche Delegation nach Konstantinopel empfohlen, weil er als sprachgewandt galt. 1585 führte er eine Gruppe deutscher Adeliger ins Heilige Land.[253]

Das 1664 in Nürnberg gedruckte „Türcken Büchlein Bartolomei Georgi Vits, Eines Ungern / welcher 13. Jahr bey den Türcken Gefangen gewesen", das angeblich „von einem Thüringer" aus dem Lateinischen ins Deutsche übersetzt worden war, zeigt schließlich, dass zu dieser Zeit auch ein gewisses Interesse an der türkischen Sprache bestand. Das schmale Werk versprach im Untertitel Informationen „Von der Türcken gebräuchen und Gewohn-

---

247 Reichert 2001, S. 138. Vgl. auch Bergdolt 2011, S. 46-58.
248 Herz 2002, S. 99; Glück 2002a, S. 116f. Vgl. auch Herz 1997; Alberti/Tucher 2000.
249 Reichert 2001, S. 137-149 (Zitate S. 140).
250 Ernstberger 1964; Fleischmann 2007, Bd. 2, S. 329f., 745f.
251 T. Walter 2009; Häberlein 2010a, S. 40-44.
252 Schwob 1969, S. 35f., 170f.
253 Pohl 1967/68, S. 84f.; Schwob 1969, S. 176f.

heiten / in Geistl. Weltl. und Häußlichen sachen / und wie sie ein jedes in jhrer Sprache nennen / wobey zugleich eine Erklärung vieler Türckischen Wörter und Gespräche. Zu einem Summarischen kurtzen Begriff und Inhalt der Türckischen Historien und Ceremonien, wie auch gleichsam zum Lexico der gebräuchlichen Türckischen wörter und Nahmen / So in den Türckischen Historien und Avisen offt fürkommen / dieselben recht zu verstehen". Der Abschnitt „Von der Türcken sprach / Gruß / Antworten / und art zu zehlen" (D3v-E3v) stellt einen türkisch-deutschen Nomenklator dar, der einen allerdings sehr elementaren Wortschatz umfasst. Er enthält Substantive und wenige Adjektive, Begrüßungsformeln sowie einen Dialog zwischen einem Türken und einem christlichen Kaufmann über ein Nachtquartier. Zudem werden in den einzelnen Abschnitten Worterklärungen gegeben – meist dann, wenn es sich um Objekte, Einrichtungen oder Vorgänge handelt, die spezifisch für die Türken und in Europa unbekannt oder anders funktionalisiert waren.[254]

1.9. Resümee

Bürger der Reichsstädte Augsburg und Nürnberg hatten im späten Mittelalter und der Frühen Neuzeit Kontakte in alle Länder Europas, doch waren diese von unterschiedlicher Dichte und Intensität. Die dauerhaftesten und intensivsten Beziehungen unterhielten Augsburger und Nürnberger zweifellos mit Italien, doch auch nach Frankreich und den Niederlanden bestanden sehr enge Verbindungen, die während der Religionskriege allerdings erheblichen Belastungen und Umstrukturierungen ausgesetzt waren. Auch die Beziehungen nach Ostmittel- und Osteuropa waren stark von politischen Konjunkturen geprägt. Demgegenüber konzentrierten sich direkte Kontakte zur Iberischen Halbinsel weitgehend auf das 15. und 16. Jahrhundert, und die Beziehungen nach England und Skandinavien beschränkten sich auf eine kleine Gruppe von „Spezialisten".

Zudem waren die Kontakte reichsstädtischer Bürger in außerdeutsche Sprachräume vorwiegend von kommerziellen Interessen bestimmt: Der Fernhandel führte Augsburger und Nürnberger in europäische Metropolen wie Venedig, Genua, Lyon, Lissabon, Sevilla, Antwerpen und Krakau, und in all diesen Handelszentren ließen sich einige Oberdeutsche dauerhaft nieder, die sich in die jeweilige städtische Gesellschaft integrierten und als Vermittler für ihre oberdeutschen Landsleute agierten. Umgekehrt siedelten sich seit dem 16. Jahrhundert italienische, savoyische und niederländische Kaufleute in den süddeutschen Reichsstädten an. Neben der kaufmännischen Migration sorgten Pilgerreisen, Wanderungen von Handwerkern und Künstlern sowie Studienaufenthalte im Ausland für intensive Wechselbeziehungen zwischen den Reichsstädten und fremden Sprachräumen. Diese Wanderungen zogen vielfältige kulturelle Transferprozesse nach sich, für die die Rezeption künstlerischer und gelehrter Strömungen aus Italien im Zeitalter der Renaissance das prominenteste, aber keineswegs das einzige Beispiel darstellt.

Punktuell reichten die Kontakte Augsburgs und Nürnbergs auch über die Grenzen Europas hinaus: eine nicht unbedeutende Zahl von Bürgern der beiden Reichsstädte ging im Auftrag Augsburger und Nürnberger Firmen oder internationaler Handelsunternehmen wie der niederländischen Ostindienkompanie in die außereuropäische Welt, und einige verfassten Berichte über ihre Erfahrungen in Übersee. Die sprachlichen Kontakte und Lernprozesse, die mit diesen Auslandsaufenthalten verbunden waren, sind Gegenstand der beiden folgenden Kapitel.

---

254 [Vit], Türcken Büchlein 1664.

2. Die kaufmännische Auslandslehre

2.1. Einführung

Marx Pfister d.J. (1495–1561) gehörte sowohl in wirtschaftlicher als auch in sozialer und politischer Hinsicht zu den erfolgreichsten Augsburgern in der ersten Hälfte des 16. Jahrhunderts. Er war am 16. Oktober 1495 als Sohn Marx Pfisters d.Ä., eines Teilhabers der Welser-Vöhlin-Gesellschaft,[1] und der Magdalena Hoffmann in Nürnberg geboren worden. Nach dem Tod der Mutter und mehrerer Geschwister hatte ihn sein Vater nach Augsburg zurückgebracht und dort „bei Magister Paulus Kauffringer in der Pfarrei St. Moritz zue der Lernung vnndt zucht in die Kost verdingt." An den zweijährigen Schulbesuch in Augsburg schloss sich ein insgesamt siebenjähriger Aufenthalt in Italien, Frankreich und Spanien an, der sich von Pfisters 12. bis zu seinem 19. Lebensjahr erstreckte. In dieser Zeit erhielt er seine kaufmännische Ausbildung und erlernte mehrere Fremdsprachen. Nachdem ihn sein Vater nach Deutschland zurückbeordert hatte, trat Pfister 1514 „mit allem meinem vnd meines Vattern vermögen" in eine der großen Augsburger Handelsfirmen der Zeit, die Christoph-Herwart-Gesellschaft, ein. Diese Firma schickte ihn „hienab in das Niederland […], auff das Ich den handel daselbst, nach nutz vnd notturfft, mit ihrem raht vnd beuelch [Befehl] versehe, welche Ich mit solchem vleiß vnd treue nit allein in Niderland, sondern auch in Engellandt vnd Franckhreich dermaßen nachkhommen, das Ich innerhalb sechs Jahren großen gunst bey Ihnen meinen Herrn der geselschafft erlangt." Im Jahre 1520 heiratete Marx Pfister Magdalena Funck, die nicht nur – in seinen Augen – die „schönste Jungfrau" im damaligen Augsburg war, sondern als Tochter des Kaufmanns Melchior Funck auch eine stattliche Mitgift mit in die Ehe brachte.[2]

In der Folgezeit wuchs Pfisters Vermögen stetig an; zwischen 1522 und 1550 verzehnfachten sich seine Steuerzahlungen von 32 auf 343 Gulden. Bei der Aufnahme von 38 neuen Familien ins Augsburger Patriziat im Jahre 1538 wurde auch Marx Pfister berücksichtigt und aus der Kaufleutezunft ins Patriziat aufgenommen. Von 1544 bis 1548 saß er als Vertreter der „Herren", d.h. der Patrizier, im Kleinen Rat der Reichsstadt. Auch nachdem Kaiser Karl V. nach der Niederlage des Schmalkaldischen Bundes die Augsburger Zunftverfassung aufgehoben und der Stadt ein patrizisches Regiment oktroyiert hatte, setzte sich die Ämterkarriere des Protestanten Marx Pfister weiter fort. Er wurde erneut Mitglied des Kleinen Rates, amtierte 1553/54 als einer der sechs Bürgermeister und saß von 1556 bis zu seinem Tod 1561 im siebenköpfigen Geheimen Rat, dem engsten Führungszirkel der Reichsstadt Augsburg.[3]

Wie andere erfolgreiche Patrizier und Stadtbürger legte Marx Pfister d.J. in den 1550er Jahren ein Geschlechterbuch seiner Familie an, in dem er nicht nur die Lebensstationen und Leistungen von Vorfahren und Verwandten aufzeichnete, sondern auch seinen eigenen Lebensweg ausführlich festhielt. Darin nehmen seine Lehrzeit im Ausland und die Sprachen, die er dort lernte, relativ breiten Raum ein:

---

1   Vgl. Häberlein 1998b.
2   StadtAA, Schätze, Nr. 24 (Genealogia Pistoriana), fol. 51r-51v.
3   Vgl. zu Pfister: Strieder 1935, S. 106f.; Reinhard 1996, S. 628f. (Nr. 950).

Alß Ich aber zwey Jahr bey […] meinem Praeceptor gewesen, hatt meinen lieben
Vattern seeligen vor nutz vnd guett angesehen, das Ich in der Jugent auch frembde
sprachen erlerne, derohalben mich mit meinem Vetter Hanß Pfister in Italien gehen
[gegen, nach] Venedig verschickht, vnd mich einem frommen vertrautten Mann,
welcher Daniel Doler genant, verdingt, bey welchem ich zwey Jahr lang gewesen,
die welsche sprach zimblich ergriffen, vnd wider anheimbs khommen. Verner da Ich
nun die Welsche sprach gekhönnet, hatt mich mein lieber Vatter mit Marx
Lauginger gehen Lion in Franckreich verschickht, alda Ich zu einem Claudi Clauel
genant, vonn lernung vnd zucht wegen, in die kost verdinget worden, vnd habe dieselbe zeit soviel erlernet vnd gesehen, das Ich noch heutiges Tages meinem lieben
Vatter seeligen darumben zue danckhen habe, alda Ich drey Jahr verharret. Von dannen bin Ich der sprach zue lieb in Hispanien verreiset, vnd daselbsten in der Statt
Sangosta [Saragossa] zue einem guetten man Guarillart de Gioires genant khommen,
dabey Ich in zwey Jahren die spanische Sprache auch ergriffen, also, das Ich in
dreyenn frembden sprachen, Italianisch, Frantzösisch vnd Spanisch zuereden gantz
fertig worden.[4]

Aus dieser Textpassage ergeben sich eine Reihe von Beobachtungen und Fragen, denen im
Folgenden weiter nachgegangen werden soll. Zunächst einmal lässt Marx Pfister keinen
Zweifel daran, dass der Fremdsprachenerwerb der Hauptzweck des Auslandsaufenthalts
war. Er ging nach Italien, damit er „in der Jugent auch frembde sprachen erlerne", und
reiste später „der sprach zue lieb" nach Spanien. Stand dieser Zweck auch bei anderen
Kaufmannslehren im Mittelpunkt oder wurde er von Pfister besonders betont? Wie typisch
war es für einen reichsstädtischen Kaufmannssohn, gleich sieben Jahre in drei verschiedenen Städten zu verbringen und drei Fremdsprachen zu lernen? Zweitens lässt Marx Pfister
d.J. keinen Zweifel daran, dass die Initiative zu diesen Auslandsaufenthalten von seinem
Vater ausging und dass seine Reisen gut vorbereitet waren. Nach Venedig reiste Pfister
gemeinsam mit seinem Vetter und wohnte dort bei einem „frommen vertrautten Mann";
nach Lyon begleitete ihn ein weiterer Vetter, und bei seinem dortigen Lehrherrn lernte er so
viel, „das Ich noch heutiges Tages meinem lieben Vatter seeligen darumben zue danckhen
habe." Auch bei dem Lehrherrn in Saragossa handelte es sich um einen „guetten man", und
es ist bemerkenswert, dass alle drei Lehrherren namentlich genannt und damit dem familiären Gedächtnis eingeschrieben werden. Wie erfolgte allgemein die Wahl der Ausbildungsorte, und wie gestalteten sich die Reisevorbereitungen? Nach welchen Kriterien wurden
bestimmte Lehrmeister ausgewählt? Wie wurden diese Entscheidungen überprüft und gegebenenfalls korrigiert?

Drittens stellt sich die Frage nach den Lernerfolgen und dem Kompetenzniveau, die mit
dieser Auslandslehre erreicht wurden. Marx Pfister d.J. berichtet nichts über Probleme beim
Erlernen von Fremdsprachen, und seine Darstellung erweckt den Anschein, als ob ein zwei-
bis dreijähriger Aufenthalt zum Erlernen der jeweiligen Fremdsprache vollkommen ausge-
reicht habe. Die „welsche", d.h. italienische, Sprache habe er innerhalb von zwei Jahren in
Venedig „zimblich ergriffen", und während seiner zweijährigen Lehrzeit in Saragossa habe
er die spanische Sprache „auch ergriffen", so dass er, wie er abschließend nochmals bekräftigte, „in dreyenn frembden sprachen, Italianisch, Frantzösisch vnd Spanisch zuereden

---

4   StadtAA, Schätze, Nr. 24 (Genealogia Pistoriana), fol. 51r-51v.

gantz fertig worden". Es ging also offenkundig um die Fähigkeit, sich mündlich in einer fremden Sprache verständigen zu können – aber was bedeutete es, eine Sprache zu „ergreifen" bzw. im Sprechen dieser Sprache „gantz fertig" zu werden? Welche Praktiken und Probleme des Fremdsprachenlernens lassen sich aus anderen Quellen ermitteln, und wie lassen sich Aussagen über die Fremdsprachenkompetenz von Kaufleuten treffen, die eine Auslandslehre absolviert hatten? Diesen Fragen geht das folgende Kapitel nach, wobei sich besonders „Ego-Dokumente"[5] wie Selbstbiographien, Stamm- und Familienbücher sowie Korrespondenzen als ergiebige Quellen erweisen.

2.2. Die kaufmännische Ausbildung vom Spätmittelalter bis zum Dreißigjährigen Krieg: Lernorte und Merkmale

2.2.1. Venedig

Angesichts des hohen Stellenwerts, den Venedig als Handelszentrum für die süddeutschen Kaufleute im Spätmittelalter und der Frühen Neuzeit hatte, überrascht es nicht, dass die Lagunenstadt zwischen dem späten 14. und dem frühen 17. Jahrhundert auch als Ort der kaufmännischen Ausbildung junger Augsburger und Nürnberger eine zentrale Rolle spielte. „Viele Briefe, Tagebücher und Lebensbeschreibungen zeigen" Reinhard Hildebrandt zufolge, „dass bis zum Beginn des 17. Jahrhunderts für den kaufmännischen Nachwuchs aus Oberdeutschland ein Aufenthalt in Venedig als unentbehrlich galt. Keine andere Stadt schien besser geeignet, jungen Menschen Grundkenntnisse der Sprache und der doppelten Buchführung, der Waren- und Münzkunde sowie des Bankgeschäfts zu vermitteln." Ein Venedigaufenthalt, so Hildebrandt weiter, „vermittelte Generationen junger Menschen im Alter zwischen 14 und 16 Jahren nicht nur praktisch verwertbare Kenntnisse und Fähigkeiten, sondern erweiterte zugleich den geistigen Horizont, weckte Interesse für Kunst und Kultur, schuf erste persönliche Verbindungen und Kontakte." Der hochentwickelte Stand der Handels- und Buchhaltungstechnik und die Vielfalt der am Rialto gehandelten Waren machten Venedig als Ausbildungsort ebenso attraktiv wie die Größe der oberdeutschen *community* und die regelmäßige, durch reitende Boten, Handelsreisende und Fuhrleute gewährleistete transalpine Kommunikation.[6]

Bereits 1342 ist der Aufenthalt deutscher Kaufmannssöhne im Haus der deutschen Kaufleute, dem *Fondaco dei Tedeschi*, „causa adiscendi linguam" belegt.[7] Für das Jahr 1381 nennt Wolfgang von Stromer ein „Versprechen, das [der Nürnberger] Ulrich Imhof einem jungen Mann aus dem Raum Frankfurt/Main – anscheinend sein unehelicher Sohn – gegeben hatte, ihn in Venedig zum Kaufmann ausbilden zu lassen."[8] 1389 hielt sich der Nürnberger Hilpolt Kress als Achzehnjähriger in Venedig auf, um sich lokalspezifische Fachkenntnisse anzueignen, geschäftliche Kontakte zu knüpfen und Italienisch zu lernen. In

---

5   Zum Begriff vgl. Schulze 1992.

6   Hildebrandt 1993, S. 287. Zur Bedeutung Venedigs als Ausbildungsort für oberdeutsche Kaufleute vgl. Beck 1914, S. 25; Bruchhäuser 1989, S. 181-184; Stauber 2000, S. 133f.; Völker 2001, S. 177f.; Denzel 2002, S. 428; Glück 2002, S. 245-250; Bruchhäuser 2005, S. 100f.; Israel 2005, S. 102f.; Fouquet 2006, 479f.; Häberlein 2009, S. 275f.; Häberlein 2010b, S. 202f.

7   Simonsfeld 1887, Bd. 1, Nr. 801; Braunstein 1967, S. 396; Stromer 1967, S. 773.

8   Stromer 1967, S. 773.

den 1420er Jahren weilten seine Neffen Friedrich und Albrecht Kress am Rialto.[9] Der Nürnberger Patriziersohn Endres (III.) Tucher begann hier 1466 als Dreizehnjähriger eine Lehrzeit, die sieben Jahre dauerte.[10] Jakob Fugger aus Augsburg, der später zum führenden süddeutschen Großkaufmann seiner Zeit aufsteigen und als „der Reiche" bekannt werden sollte, hielt sich 1473 als Vierzehnjähriger in Venedig auf.[11] Weitere frühe Belege liegen für Angehörige der Nürnberger Familien Scheurl, Hirschvogel, Behaim und Haller vor.[12]

Die Nachrichten über Kaufmannslehren am Rialto verdichten sich seit Ende des 15. Jahrhunderts: So wurde der 1481 geborene Augsburger Kaufmannssohn Lukas Rem im Oktober 1494 als knapp Dreizehnjähriger nach Venedig geschickt, wo er sich zunächst einige Monate bei einem gewissen Guido d'Angelo aufhielt. Auf diese Phase des Sprachenlernens im Haushalt eines *native speaker* folgte ab Ostern 1495 Rechenunterricht und der Besuch einer Schule für Buchhaltung. Rems Lehrzeit dauerte bis 1498, also mehr als drei Jahre.[13] Etwa um dieselbe Zeit wie Lukas Rem brach der Nürnberger Christoph (I.) Fürer (1479–1537) nach Süden auf: Der Patriziersohn war „ungever 13 jar alt gewest," als er nach Venedig ritt, „alda ich drey jar lang […] gewest bin und alle jar einem Welschen 24 ducaten in die cost gegeben hab."[14] Ein anderer Angehöriger des Nürnberger Patriziats, Endres Imhoff, begann seine Ausbildung in Venedig 1504 ebenfalls im Alter von 13 Jahren und blieb viereinhalb Jahre lang am Rialto. Später begleitete er zwei seiner jüngeren Brüder nach Italien, und seinen gleichnamigen Sohn schickte er 1542 wiederum im Alter von 13 Jahren in die kommerzielle Metropole an der Adria.[15]

Matthäus Schwarz, der 1497 geborene Sohn eines Augsburger Wirtes und Weinhändlers, war mit 17 Jahren bereits vergleichsweise alt, als er 1514 nach Italien aufbrach. Nach dem Besuch der Lateinschule von St. Moritz in Augsburg (1509/10) hatte Schwarz zunächst einige Jahre in der Weinhandlung seines Vaters gearbeitet; da sein Vater Ulrich eine große Zahl an Kindern hatte, musste er möglicherweise zuerst eigene Ersparnisse bilden, um den Auslandsaufenthalt finanzieren zu können. Nach kürzeren Aufenthalten in Mailand und Genua ging Schwarz bis 1516 in Venedig in die Lehre und erlernte dort die Technik der doppelten Buchführung. Obwohl er sich später abfällig über die Qualität der Ausbildung äußerte, war der Italienaufenthalt fraglos eine wichtige Stufe in seiner Karriere, denn gleich nach seiner Rückkehr wurde er im Herbst 1516 probeweise, ab Anfang 1517 dann fest von Jakob Fugger als Buchhalter eingestellt.[16] Matthäus Schwarz' 1541 geborener Sohn Veit Konrad absolvierte wie sein Vater eine kaufmännische Ausbildung in Italien; er wurde 1555 nach Verona geschickt und hielt sich 1556/57 im Fuggerschen Kontor in Venedig auf.[17]

---

9 Beck 1914, S. 385; Braunstein 1967, S. 398; Bruchhäuser 1989, S. 182; Beer 1990, S. 110; Schröder 2000, S. 683; Israel 2005, S. 102.

10 Bruchhäuser 1989, S. 183.

11 Häberlein 2006a, S. 35; Geffcken 2009.

12 Bruchhäuser 1989, S. 183 (mit Einzelnachweisen).

13 Greiff 1861a, S. 5f.; Welser 1917, Bd. 2, S. 28; Bruchhäuser 1989, S. 190; Bruchhäuser 1992, S. 136f.; Glück 2002, S. 103f.

14 Kamann 1928, S. 216, 282; Beer 1990, S. 98, 110. Vgl. zu seiner Person Seibold 1982; Fleischmann 2007, Bd. 2, S. 384-386.

15 Pohl 1967/68, S. 104; Beer 1990, S. 99, 110.

16 Zu ihm vgl. Fink 1963, S. 11-16 (zur Auslandslehre S. 13); Pölnitz 1949, S. 356-359; Bruchhäuser 1989, S. 184f.

17 Fink 1963, S. 17f.

Abb. 6: Porträt des Christoph von Stetten (1506–1556) aus dem 1548
von ihm angelegten Ehrenbuch der Familie von Stetten.

Der 1506 geborene Christoph von Stetten besuchte seit seinem neunten Lebensjahr eine
deutsche Schule in seiner Heimatstadt, in der er „teytsch schreiben vnd lesen sampt weni-
gem Lathein" erlernte. Als er zehneinhalb Jahre alt war, kam er zu dem humanistisch gebildeten Schulmeister Johannes Pinicianus,[18] wo der Lateinunterricht deutlich intensiviert
wurde. Nach Stettens eigenen Worten hatte er sich „der massen im Lathein lernen beflissen,
das ich mich mit yederman gnugsam vnd wol besprachen kinde [konnte]". 1519 wurde der
inzwischen Dreizehnjährige zusammen mit drei weiteren Augsburgern – dem Bürgermeis-
tersohn Leonhard Imhoff, dem Domkapitular Dr. Kaspar von Kaltenthal und dem Boten
Christof Labseckler – nach Venedig geschickt. Im dortigen *Fondaco dei Tedeschi* nahm ihn
Leonhard Sulzer, der Faktor der Grander-Gesellschaft,[19] in Empfang und sorgte für die
passende Kleidung und Ausstattung des angehenden Kaufmanns. Anschließend wurde

18 Pinicianus (1477/78–1542) übersetzte auch Werke aus dem Lateinischen und erstellte deutsch-
lateinische Vokabularien für den Schulunterricht. Vgl. Augsburger Stadtlexikon 1998, S. 718; Müller
2010.
19 Diese Handelsgesellschaft der Augsburger Kaufleute Andreas (Endris) Grander, Konrad Rehlinger und
Hans Honold bestand von 1503 bis 1531. Vgl. Schöningh 1927, S. 5-7, 67-71; Reinhard 1996, S. 193f.
(Nr. 297).

Christoph von Stetten für 30 Dukaten jährliches Kostgeld bei einem venezianischen Kaufmann untergebracht. Er blieb dort 22 Monate, lernte den Handel mit Gewürzen und „Dro-
gen" (Arzneimitteln) kennen und besuchte eine Rechenschule, in der er auch die Techniken
der Buchhaltung lernte. Daraufhin schrieb der Grander-Faktor Jörg Spengler an Christophs
Vater Michael von Stetten und empfahl ihm, seinen Sohn an andere Orte zu senden, „weil
ich ergriffen hett die Sprach vnd anders, darum ich dinen was."[20]

Auch Christoph von Stettens Brüder Jörg und Lukas hatten zunächst die Lateinschule in
Augsburg besucht, ehe sie nach Venedig geschickt wurden, um „die Sprachen, Rechnen
vnd Buchalten nach Nottorft" zu lernen, und ihr Bruder Marx hatte „sein welsche Sprach in
Venedig" erworben. Drei Söhne des Stetten-Schwagers Hans Rem gingen ebenfalls im
Alter von 14 bzw. 15 Jahren zum Spracherwerb nach Venedig, und Hans Hörlin lernte wie
sein Schwager Christoph von Stetten unter den Fittichen der Handelsdiener Leonhard Sulzer und Jörg Spengler am Rialto. Dabei bewährte er sich so gut, dass ihn die Gesellschaft
gleich in ihren Diensten behielt und er „ain Venetischer Hendler gebliben" sei. Bei seinem
1534 geborenen gleichnamigen Sohn schließlich legte Christoph von Stetten sowohl auf die
klassischen Sprachen als auch auf den Erwerb des Italienischen großen Wert. Er schickte
ihn daher zunächst für zwei Jahre in eine deutsche Schule, danach zwei Jahre lang zu einem
lateinischen Schulmeister und schließlich in die Lateinschule zu St. Anna sowie zusätzlich
abends und an Feiertagen in eine deutsche Schule, um „besser Schreiben [zu] lernen."
Nachdem er „auch das Lathein zimlich wol begriff[en hatte], das er sich mit ainem yeden
wol besprachen kündt," wurde der Vierzehnjährige im September 1548 mit einem
Venediger Boten „gen Venedig an Hanns Annhauser" gesandt. Dieser Kaufmann, der als
Kommissionär für verschiedene oberdeutsche Handelsfirmen tätig war, gab den jüngeren
Christoph von Stetten „zw ainem glerten Man in Ebreicho [Hebräisch], Grecho vnd Lathino
mit Namen Francesco Strotzy, ain guter euangelischer Man, der sich Glabens halber fil
leiden hat miessen, in Cost". Dort wurde er „in guter Zucht neben der Sprach im Lathein
erhalten."[21]

Der kaufmännische Werdegang des 1507 in Nürnberg zur Welt gekommenen Hieronymus Köler, der damit nur ein Jahr jünger war als Christoph von Stetten, weist sowohl
Gemeinsamkeiten mit den bislang betrachteten Fällen als auch einige Spezifika auf. Köler
erhielt zunächst Schulunterricht in seiner Heimatstadt, wo er die Lateinschule von St. Lorenz, die deutsche Schule des bekannten Schreibmeisters Johann Neudörfer und die Rechenschule Johann Glücks besuchte. Nach Beendigung dieser Ausbildung diente er ab 1524
zwei Jahre lang dem gelehrten Juristen Dominicus Frieß, der Richter am kaiserlichen
Kammergericht war. 1526 gestatteten ihm seine Eltern „auf mein bittlich und stattlich anhalten", nach Italien zu reisen, um „die sprach zu lernen". Dass Köler seinen Auslandsaufenthalt erst im Alter von 19 Jahren und damit wesentlich später als die Augsburger Kaufmannssöhne Jakob Fugger, Christoph von Stetten oder Lukas Rem antreten konnte, hing
zum Teil mit den Zeitumständen zusammen – er gibt explizit an, dass er „nach der
peurischen aufruer", also dem Bauernkrieg, nach Italien ging – als auch damit, dass Kölers
Eltern weniger vermögend waren. Bezeichnenderweise erwähnt er, dass er nur „mit
furdernus [Förderung] des erbarn Hansen Teglers des eltern seligen" nach Italien reisen
konnte. Nachdem er in „der lobwirdigen statt Venedig" angekommen war, wandte er sich

20 Hämmerle 1955, S. 48-50.
21 Hämmerle 1955, S. 66, 70, 79-81, 85-87, 89, 91f.

an seinen „vettern Hanns Tegler umb fürdernus eines herren." Offenbar war dieser Versuch, mit Hilfe eines Verwandten eine geeignete Anstellung zu finden, nicht erfolgreich,
denn Köler begab sich nach Treviso: „alda fürdert mich Missier Augustien beim wirt zum
ochsen und tet mich zu einem edlen herrn […] zehen monat lang, umb die sprach zu lernen." Nach Beendigung dieser zehnmonatigen Sprachausbildung in Treviso kehrte Köler
nach Venedig zurück, wo er sich um einen Posten als Handelsdiener in der Hoechstetter-
Gesellschaft bewarb. Da diese Firma damals bereits „im abnehmen" war, also kurz vor dem
Bankrott stand, kam der Dienstvertrag jedoch nicht zustande; stattdessen fand er Anstellung
als Pferdeknecht bei einem venezianischen Hauptmann in Treviso und anschließend bei
einem Edelmann in Padua. „Und da ich mich also drey ins vierte jar genueg umgebleut und
mein vetter zu Venedig mit tod abgangen waß," fährt Köler fort, „da wurde von meinen
lieben eltern widerumb hierauß ins Teutschslandt gehen Nürmberg abgefordert, denen ward
ich gehorsam." Der Kaufmann Hans Tegler d.Ä., der mit Köler verwandt war und dessen
Italienaufenthalt unterstützt hatte, beschäftigte ihn nach seiner Rückkehr in seinen „factorey
und kaufmannshendeln."[22]

Die Lagunenstadt blieb auch in der zweiten Hälfte des 16. Jahrhunderts ein Zentrum der
kommerziellen Auslandslehre. Der Augsburger Kaufmannssohn Leonhard (III.) Sulzer
begann im Oktober 1562 eine Ausbildung in Venedig, starb dort aber bereits wenige Monate später im Januar 1563.[23] Der aus Radolfzell stammende Martin Peller (1559–1629)
ging 1575 im Alter von 16 Jahren zur Lehre nach Venedig, wurde anschließend Ende 1580
von der Nürnberger Viatis-Gesellschaft unter Vertrag genommen und avancierte nach einer
erfolgreichen Faktorentätigkeit am Rialto und der Heirat mit einer Tochter des Firmenleiters Bartholomäus Viatis zum Teilhaber der Gesellschaft.[24]

2.2.2. Andere italienische Städte

Obwohl andere italienische Städte seltener in den Quellen genannt werden als Venedig,
spielten sie als Ausbildungsorte Augsburger und Nürnberger Patrizier- und Kaufmannssöhne ebenfalls eine Rolle. Franz Hirschvogel aus Nürnberg wurde im Dezember 1460 von
seinem Vater bereits als Zehnjähriger „hinauß gesendet gen Florenz, da welsch lernen reden"; die dortige Ausbildung dauerte bis zum Frühjahr 1465.[25] Der vierzehnjährige Nürnberger Hans Praun (1458–1522) wurde 1472 bei Alessandro Bianchini in Bologna ausgebildet.[26] Der 1462 geborene Augsburger Kaufmann Wilhelm Rem hielt sich eigenen Angaben zufolge als Sechzehnjähriger in Florenz auf, und Hans Welser, ein Sohn des Großkaufmanns Anton Welser d.Ä., begann 1509 eine Lehrzeit bei Lanfredino Lanfredini, einem
wichtigen Geschäftspartner der Welser-Vöhlin-Gesellschaft am Arno.[27] Ulrich Linck
(1495–1560) lernte um 1510 während eines zweijährigen Aufenthalts bei „ainem walchen
Bartolameo delli Galci genant" in Verona Italienisch.[28]

---

22 Amburger 1931, S. 213-219.
23 SuStBA, 2° Cod. Aug. 132, fol. 58v.
24 Seibold 1977, S. 78-85; Denzel 2002, S. 429f.
25 Bruchhäuser 1989, S. 184, 198.
26 Pohl 1967/68, S. 104; Beer 1990, S. 98.
27 Bruchhäuser 1989, S. 184, 198; Lang 2010, S. 80-82 (mit Hinweisen auf die einschlägigen Quellen).
28 SuStBA, 2° Cod. Aug. 489, fol. 19v.

Für Mitglieder der Nürnberger Kaufmannsfamilie Fürleger war Verona über mehrere Generationen hinweg eine wichtige Ausbildungsstation. Im Jahre 1543 brachte Wolfgang Fürleger (1495–1576) seinen dreizehnjährigen Sohn Hans (1530–1594) dorthin zur Ausbildung bei Joanne Antonio Venturini, und 1582 starb dort Hans' jüngerer Halbbruder Hieronymus im Alter von 16 Jahren. Wolfgang (II.) Fürleger (1564–1614) ging 1577 bei dem Veronesen Andrea Bataglia in die Lehre, und dessen Sohn Johann Baptista (1594–1645) hielt sich 1612/13 dort auf. Johann Baptistas 1629 geborener Sohn Hieronymus wiederum verschied 1648 in Verona. Mit Hans Fürleger (1536–nach 1613) hatte sich 1572 ein Familienmitglied dauerhaft dort niedergelassen und war Bürger der Stadt geworden. Die Niederlassung der Fürleger in Verona diente reisenden deutschen Kaufleuten, Adeligen und Patriziern immer wieder als Anlaufstelle.[29]

Der 1570 geborene Hans Jakob Greiner starb im Februar 1586 „zue Vitzentz [Vicenza]",[30] und mehrere Söhne des Augsburgers Wilhelm Sulzer hielten sich in den 1580er Jahren in Vicenza und Verona auf, um „die Sprach zue Lernen".[31] Der Nürnberger Patriziersohn Christoph Behaim sollte 1580 ebenfalls „in Italia gehn Verona die Sprach zulernen" gesandt werden, doch verzögerte sich die Reiseplanung und wurde schließlich durch den Tod von Behaims Mutter ganz zunichte gemacht.[32] Der Nürnberger Balthasar Paumgartner der Jüngere hielt sich 1572 in Lucca auf und machte die Stadt später zum Hauptstützpunkt seines Italienhandels.[33] Die Nürnberger Großkaufleute Bartholomäus (II.) Viatis und Martin Peller schickten zwischen 1613 und 1622 vier Söhne zur Ausbildung und zum Fremdsprachenlernen nach Lucca.[34] Auch der Augsburger Kaufmannssohn Friedrich Österreicher ging 1614 nach Lucca, und sein Verwandter Friedrich Endorfer d.J. absolvierte zwischen 1620 und 1623 eine Lehrzeit im Haus der Luccheser Kaufleute Francesco und Stefano Busdraghi.[35]

Die ungebrochene Attraktivität der Ausbildung südlich der Alpen im frühen 17. Jahrhundert bestätigt die Lebensbeschreibung David von Stettens (1595–1675), eines Enkels des oben erwähnten Christoph von Stetten. Dieser wurde nach dem Besuch einer Lateinschule in Augsburg von seinem Vater „Anno 1608 nach Italia geschickt, aldar vnd im Niederlandt ich mich in die 7 Jare aufgehalten, hernacher widerumb alher gefordert worden".[36] Der 1625 geborene Augsburger Kaufmannssohn Matheus Miller schließlich ging 1639, im Anschluss an eine dreijährige Gymnasialzeit in Ulm, nach Italien. Er verbrachte zunächst ein Jahr im Haushalt des Innocentio Tomasini in Verona, wo er „die Sprach / zimmlich ergriffen" hatte. Nach einer Zwischenstation im *Fondaco dei Tedeschi* in Venedig zog er weiter nach Florenz, da es ihm nach Ansicht seines Vaters „noch besser taugen" würde, „wann Jch Jtem auch ein mehrers lehrnete". Am Arno arbeitete er neun Monate lang in der Schreibstube der deutschen Kaufleute Georg und David Wolff und wurde von den florentinischen Kaufleuten Antonio Gallacino und Lorenzo Francesco „zum andictieren der br[ie]f[e] gern gebraucht." Obwohl Miller gerne länger in Italien geblieben wäre, sah sich

---

29 Schaper 1986, S. 20, 22-25, 27, 33f., 36-41.
30 SuStBA, 2° Cod. S 97, S. 34.
31 SuStBA, 2° Cod. Aug. 132, fol. 71r-72v.
32 GNM, Behaim-Archiv, Nr. 80; Staudenmaier 2010, S. 154f.
33 Ozment 1989, S. 51f.
34 Seibold 1977, S. 294.
35 Häberlein/Künast/Schwanke 2010, S. 35-42; Schwanke 2010, S. 96.
36 Hämmerle 1955, S. 114. Vgl. auch Merath 1961, S. 14.

sein Vater veranlasst, ihn „wegen tewren Costgelts unnd andern speci die ann solhen orten Jmmer / mehrers aufgehen," über Venedig wieder zurück nach Augsburg zu beordern. Zuvor nutzte Miller jedoch die Gelegenheit, andere Städte in der Toskana – Pistoia, Pisa, Lucca, Livorno und Siena – „mit gueter compa[nia] zuversehen", und musste sich „nach verrichter selbiger lustigen spazier reiß" beeilen, der Aufforderung seines Vaters nachzukommen. Nach seiner Rückkehr und einiger Diskussion innerhalb der Familienfirma über seine weitere Zukunft wurde er 1641 in Diensten der Handelsgesellschaft Balthasar Schnurbeins auf die Frankfurter Herbstmesse geschickt.[37]

Nicht in allen Fällen mündete eine Kaufmannsausbildung in Italien indessen in eine spätere kommerzielle Tätigkeit. Paul Jenisch, ein Sohn des Augsburger Kaufmanns Hieronymus Jenisch und der Maria Gienger, war 1558 in Antwerpen geboren, wo sein Vater damals tätig war, und ging zunächst in Breda zur Schule. Nachdem die Familie 1567 wegen der politischen Unruhen in den Niederlanden nach Augsburg zurückgekehrt war, besuchte er dort das Gymnasium St. Anna. 1572 wurde der mittlerweile Vierzehnjährige „von seinem Vetter Jacob Hoser […] nach Italien geschickt, um die italienische Sprache zu erlernen." Nach seiner Rückkehr nach Augsburg war er noch drei Jahre als kaufmännischer Buchhalter tätig, ehe er sich zu einem Theologiestudium in Tübingen entschloss. Nach einer wenig erfolgreichen theologischen Laufbahn wurde er schließlich Lautenist am Hof des württembergischen Herzogs in Stuttgart. Langfristig dürfte die in Italien erworbene Weltläufigkeit, vielleicht auch die Begegnung mit der dortigen Renaissancemusik, für seine Karriere demnach größere Bedeutung erlangt haben als die Kenntnisse der kaufmännischen Fachsprache.[38]

2.2.3. Frankreich und die Niederlande

Nach den italienischen Handelszentren werden Städte des französischen Sprachraums am zweithäufigsten als Ausbildungsorte junger Oberdeutscher genannt. Obwohl die kommerzielle Metropole Lyon hier eine wichtige Rolle spielt, erscheint sie als Zentrum der französischen Sprachausbildung in den Quellen nicht so dominant wie Venedig als Ort des Italienischlernens. Mehrere der bereits genannten Kaufleute setzten den Auslandsaufenthalt, den sie in Italien begonnen hatten, später im französischen Sprachraum fort. Neben dem eingangs erwähnten Marx Pfister ist hier zunächst Lukas Rem zu nennen, der 1498 von Venedig nach Lyon wechselte, wo er sich ein gutes Jahr lang bei „Piero Deburg" aufhielt, um „bei Im die sprach [zu] lernen". Dass die Sprachausbildung die Voraussetzung für den Erwerb weiterer Kompetenzen war, erschließt sich aus Rems Bemerkung, er habe sich anschließend zu dem Münzmeister Jan Rischier begeben, um „mer zuo sechen lernen".[39]

Christoph von Stetten reiste nach Beendigung seines Venedigaufenthalts 1521 in Begleitung Sebastian Neidharts, eines Schwiegersohns des Augsburger Großkaufmanns Christoph Herwart (1464–1529), nach Antwerpen. Wie zuvor in Venedig wurde Stetten dort von einem erfahrenen Handelsdiener, dem Herwart-Faktor Claus de Clerck, eine Zeit lang „probiert", d.h. geprüft, „ob ich gehorsam [und] willig zw der Arbait wäre". Christophs älterer Bruder Lukas, der ebenfalls für die Herwart-Gesellschaft in den Niederlanden arbeitete, vermittelte ihn an einen Kaufmann in Lille, „vmb Valon [Wallonisch] oder frantzosische

---

37 Safley 2000, S. 3-5, 159f.
38 Bach 1905, S. 221f.
39 Greiff 1861a, S. 5f.; Bruchhäuser 1992, S. 136f.; Fouquet 2006, S. 480.

Sprach zw lernen". Während seines sechsmonatigen Aufenthalts bei diesem Kaufmann und seines insgesamt eineinhalbjährigen Schulbesuchs in Lille sei er von seinem Bruder Lukas beständig ermahnt worden, „das ich die frantzosische Sprach, die ich wisse[n] miesse, bald ergreiffe, so well er mich zw Grossem prauchen." Christoph von Stetten schreibt, er habe sich dieser Aufgabe „mit grossen Fleis dorch Lesen, [und] Schreiben" gewidmet, „vmb dise Sprach mit Gwalt aufs Erst zw lernen", so dass er sie schließlich „wol ergriffen vnd gekint hab, dieselbig ins Teytschs zw translatiern."[40]

Auch Stettens Bruder Marx lernte nach dem Italienischen das „Frantzossischs im Niderlandt zw Dorneck" [Tournai]. Sein Neffe Markus Rem hingegen begann seine Sprach- und Handelsausbildung 1540 in Lyon und bewährte sich dabei so gut, dass ihn sein Dienstherr Simon Nicolas „nachmals zw im in seinen Handl als Diener annam". Stettens Schwager Hans Honold studierte zunächst in Wittenberg, wo er bis zu seinem 18. Lebensjahr im Hause Martin Luthers wohnte. Nach dem Tod seines Onkels und einer reichen Erbschaft sei Honold jedoch „nit mer lustig gewesen zw studieren, sonder frembde Sprach zw lernen." Daraufhin hätten ihn seine Verwandten nach Lille geschickt, um „die frantzosischs Sprach [...] zw lernen, die er zimlich wol neben Rechnen begriffen" habe. Nach seiner Rückkehr nach Augsburg sei Honold dann zu Simon Nicolas nach Lyon gesandt worden, um die „frantzosischen Sprach besser zw ergreifen vnd Kaufmanschaft lernen erkennen."[41] In den Jahren 1539/40 begannen neben Markus Rem auch die Augsburger Anton Hörmann und Christoph Ravensburger ihre Ausbildung in Lyon,[42] und als König Heinrich II. der Gesellschaft Bartholomäus Welsers 1549 den Genuss der Privilegien der deutschen Kaufleute in Lyon bestätigte, führte er nicht nur den ausgedehnten Warenhandel der Firma in seinem Königreich und ihre Darlehen an die Krone an, sondern auch die Tatsache, dass die Welser ihre Söhne zur Ausbildung nach Frankreich geschickt hätten.[43] Der Augsburger Patriziersohn Friedrich Endorfer d.J. setzte seine 1620–1623 in Lucca begonnene Ausbildung anschließend in Lyon fort.[44]

Während die meisten angehenden Augsburger Kaufleute zuerst Italienisch und dann ggf. noch andere Fremdsprachen lernten, war die Reihenfolge bei Hans Ulrich Linck und Karl Hörmann umgekehrt: bei ihnen bildete Italienisch den Abschluss der Sprachausbildung. Der 1544 geborene Sohn des Augsburger Großkaufmanns Ulrich Linck wurde nach dem Besuch lateinischer und deutscher Schulen in Augsburg als Elfjähriger nach Nürnberg geschickt, wo er bei Mang Dilherr die Grundlagen einer kaufmännischen Ausbildung und in der Schule Johann Neudörfers Rechen- und Schreibunterricht erhielt. An diese gründliche Vorbereitung schloss sich ab Juli 1558 eine zweijährige Lehrzeit in Lyon an, wo Linck sich zunächst einen Monat lang bei dem deutschen Kaufmann Christof Kraft aufhielt, ehe er von „ainem seiden krommer" namens Pierre Millot als Lehrling angenommen wurde. Beim Schwager seines Lehrherrn, einem Dr. Jan Baliff, lernte er Französisch und die Laute zu schlagen, „vnd den rest im tag im laden gewest die sprach zu lernnen". Im Sommer 1560 reiste Linck von Lyon nach Venedig und wurde dort an den deutschstämmigen, in Verona ansässigen Caspar Rempf vermittelt, bei dem er sich ein Jahr lang aufhielt, um „die sprach zulernen". Dort war „teglich ein Schulmaister mit Namenn Magistro Bernhardo zu ihm inns

---

40 Hämmerle 1955, S. 60-64; Häberlein 2010a, S. 30f.
41 Hämmerle 1955, S. 79; Häberlein 2010a, S. 31f.
42 Brunner 1874, S. 142; Häberlein 1998a, S. 84f.
43 Pfeiffer 1965, S. 158f.
44 Häberlein/Künast/Schwanke 2010, passim; Schwanke 2010, S. 96f.

Hauß kommen ihn lessen vnnd schreiben zu lernen, auch darneben ein stundt im tag inn die lauttenn schull ganngenn".[45] Karl Hörmann, der sechs Jahre jünger war als Hans Ulrich Linck, lernte zunächst Französisch in Bourges und anschließend Italienisch als Handelsdiener der Firma Sebastian Pfaffenbergers und Ludwig Walthers in Venedig.[46]

Französische Städte waren in der ersten Hälfte des 16. Jahrhunderts auch für Angehörige der Nürnberger Patrizierfamilien Behaim und Tucher wichtige Ausbildungsorte. Michael (VII.) Behaim (1459–1511) schickte 1506 seinen 15 Jahre alten Sohn Friedrich (1491–1533) zur Lehre in die Stadt an der Saône.[47] Linhart Tucher (1487–1568), ein Sohn von Anthoni Tucher (1457–1524), der um 1500 die Geschicke der Familienfirma lenkte, begann 1501 im Alter von 14 Jahren seine Ausbildung in Lyon und unternahm von 1504 an für die Tuchersche Handelsgesellschaft Geschäftsreisen in Italien und Frankreich. Linharts Neffe Hieronymus (1502–1548) erhielt seit 1517 eine kommerzielle Ausbildung bei dem Kaufmann Urbano Parensi, einem in Lyon ansässigen Lucchesen, der auf den Seidenhandel spezialisiert war und geschäftlich mit der Tucher-Gesellschaft zusammenarbeitete. Während im Hause Parensis Italienisch gesprochen wurde, absolvierte Hieronymus sein letztes Lehrjahr 1520/21 in der Lyoner Faktorei der Tucher.[48] Hieronymus Tuchers jüngerer Bruder Anthoni (1510–1569) absolvierte von November 1524 bis zum Sommer 1527, also zwischen seinem 14. und 17. Lebensjahr, seine Ausbildung bei einem Geschäftspartner der Tucher namens Friedrich Alleame in Orléans; anschließend hielt er sich ein Jahr lang in Alleames Lyoner Niederlassung auf. Seine Lernfortschritte in der französischen Sprache demonstrierte er in seinen regelmäßigen Briefen an seinen Onkel Linhart, die teilweise auf Französisch verfasst waren.[49]

Zwischen den späten 30er und den frühen 50er Jahren des 16. Jahrhunderts schickte Linhart Tucher nicht weniger als sieben Söhne nach Frankreich. Der 1524 geborene Paulus und sein ein Jahr jüngerer Bruder Christof begannen ihre Ausbildung 1538 in Bourges. Während Paulus 1542 zum Studium nach Wittenberg wechselte, ist Christof ab 1543 in der Lyoner Faktorei der Tucherschen Handelsgesellschaft nachweisbar. Auch Gabriel (1526–1588) hielt sich zuerst in Bourges, ab 1543 dann gemeinsam mit seinem Bruder Christof in Lyon auf. Sixt Tucher (1528–1585) ging von 1542 bis 1544 bei dem Kaufmann Jean Bastide in Lyon in die Lehre. Aufgrund der kriegerischen Auseinandersetzungen zwischen dem Haus Habsburg und der französischen Krone wurden die drei Brüder Christof, Gabriel und Sixt 1544 aus Lyon in das vergleichsweise sichere Genf geholt. Ihr jüngerer Bruder Daniel (1530–1551) trat im September 1544 seine Kaufmannslehre in Mailand an, wechselte aber 1546 in das Handelshaus der Cenami, einer aus Lucca stammenden Familie, in Lyon. Herdegen Tucher (1533–1614) lernte seit 1547 bei Arnauld Varlet in Vienne und sein Bruder Levinus (1537–1594) von 1553 bis 1555 in derselben Stadt bei Claude Bailly. Gegenüber seinen älteren Brüdern, die ihre Lehrzeit im Alter von 13 oder 14 Jahren began-

45 SuStBA, 2o Cod. Aug. 489, fol. 30v–31r.
46 Brunner 1874, S. 144.
47 Pohl 1967/68, S. 104; Bruchhäuser 1989, S. 185; Beer 1990, S. 110.
48 Vgl. StadtAN, E 29/IV, Nr. 233-268; Bruchhäuser 1989, S. 185; Fleischmann 2007, Bd. 2, S. 1019; Kuhn 2010a, S. 55f.; Bauernfeind 2011, S. 40.
49 StadtAN, E 29/IV, Nr. 1, 5-6, 8-15, 23, 28, 416, 552-553, 558, 565; vgl. Beer 1990, S. 103-107; Diefenbacher 1998, S. 88f.; Bauernfeind 2011, S. 39f.

nen, war Levinus mit 16 Jahren allerdings deutlich älter. Seit November 1555 hielt er sich dann gemeinsam mit seinen Brüdern in der Tucher-Faktorei in Lyon auf.[50]

Auffällig ist, dass mehrere junge Augsburger und Nürnberger während ihrer Aufenthalte im französischen Sprachraum in den Haushalten italienischer Kaufleute lebten. Neben Hieronymus Tucher, der bei Urbano Parensi in Lyon untergebracht war, und Daniel Tucher, der im Haus der Cenami an der Saône lebte, sind Hans Vöhlin (1488–1556) aus Augsburg, der 1538 einen seiner Söhne im selben Luccheser Handelshaus unterbrachte, und Matthäus Welser (1523–1578) in diesem Zusammenhang zu nennen. Letzterer, der damals siebzehnjährige Sohn Anton Welsers d.J. (1486–1557), absolvierte seine Ausbildung 1540 bei Lionardo Spina, dem Vertreter des Florentiner Bankhauses Salviati in Lyon.[51] Gabriel Tucher und der Tucherfaktor Jakob Reyther bemühten sich im Januar 1546 in Lyon gezielt um eine Lehrstelle für Gabriels jüngeren Bruder Daniel bei einem italienischen Handelshaus. Gabriel schreibt, Reyther habe sich bei den Luccheser Kaufleuten in Lyon erkundigt, die ihm geantwortet hätten, dass derzeit fast alle von ihnen deutsche Lehrjungen beherbergten. Erst gegen Ostern würden möglicherweise wieder Plätze bei ihnen frei. Falls sein Vater Linhart Tucher den Bruder zur Ostermesse nach Lyon reisen lasse, hofften sie, ihn „zu eim ytaliäner zu thun. Wan die ytaliäner nemen ein Jongen nie gern an sy sehen in dan vor.“[52] Im September 1552 berichtete Gabriel Tucher über die Lehrzeit des Sohnes von Wolf Tucher in Lyon, dieser habe „die yttalyanisch sprach auch ser wol pey im [seinem Lehrherrn] gelernt“.[53] Auch Paulus Behaim, der in den 1530er Jahren einen Teil seiner kaufmännischen Ausbildung in Krakau erhielt, lebte dort im Haushalt des italienischen Kaufmanns Antonio de Nobili.[54] Als ein junger Mann aus der Augsburger Familie Hainhofer 1626 nach Lyon kam und dem dort weilenden Friedrich Endorfer d.J. seine Absicht mitteilte, nach Italien weiterzureisen, bemerkte dieser: „In derselben Sprach hat er […] schon einen zimlichen Ahnfang. Dan er hat zue Jenff 2 Jar lang bey Italienern gewohnt.“[55]

Im niederländischen Antwerpen wurde der seit 1468 nachweisbaren Schulmeistergilde 1557 das Privileg zugestanden, „schole te houdene, vm Latyn, Francois, Duytsch, Spaensch, vff Jtaliaens, te laeren.“ Im Jahre 1579 lassen sich 73 Männer und 53 Frauen als aktive Schulmeister an der Schelde nachweisen, und der Umstand, dass ein beträchtlicher Teil dieser Lehrkräfte Fremdsprachen unterrichtete, belegt Cornel Zwierlein zufolge, „dass hier in Antwerpen eine enorme Nachfrage an mehrsprachiger Kaufmannsausbildung konzentriert war.“[56] Hier begann Lazarus Spengler d.J., der Sohn des bekannten Nürnberger Stadtschreibers, eine kommerzielle Ausbildung, nachdem er sein Studium in Wittenberg abgebrochen hatte.[57] 1533 nahm Christoph Hörmann, der damals vierzehnjährige Sohn des Fuggerfaktors Georg Hörmann (1491–1552), seine Kaufmannslehre an der Schelde auf. Die

---

50 Bauernfeind 2011, S. 41f.; vgl. Kellenbenz 1970a, S. 202; Beer 1990, S. 108; Kuhn 2010a.
51 Lang 2010, S. 82, 88.
52 StadtAN, E 29/IV, Nr. 130. Gabriel Tucher äußerte allerdings auch eine gewisse Skepsis gegenüber der Absicht seines Vaters, den jüngeren Bruder Daniel bei einem Italiener in Lyon unterzubringen: „Habs entlich nit gern gehortt, wie wol er die sprach hie pey ein ytaliäner auch einn wenig lernen mag vnd die frantzhoysch dorzu, wie wol acht er wirdt mer ytterlianisch dan frantzhoysch pey eim lernenn.“ Ebd., Nr. 137; vgl. Kuhn 2010a, S. 59.
53 StadtAN, E 29/IV, Nr. 181.
54 Bruchhäuser 1989, S. 190; Bruchhäuser 1992, S. 118.
55 Häberlein/Künast/Schwanke 2010, S. 252.
56 Zwierlein 2010, S. 103.
57 Oohlau 1963/64, S. 244f.; Bruchhäuser 1989, S. 191f.

zunehmende Bedeutung gelehrter Studien und juristischer Kenntnisse in Kaufmannskreisen erhellt der Umstand, dass er seine Ausbildung 1537 mit einem Aufenthalt an der Universität Löwen abschloss. Unmittelbar darauf begab er sich nach Spanien, wo er 1538 die Verwaltung der Kasse der Fuggerfaktorei am spanischen Hof übernahm.[58]

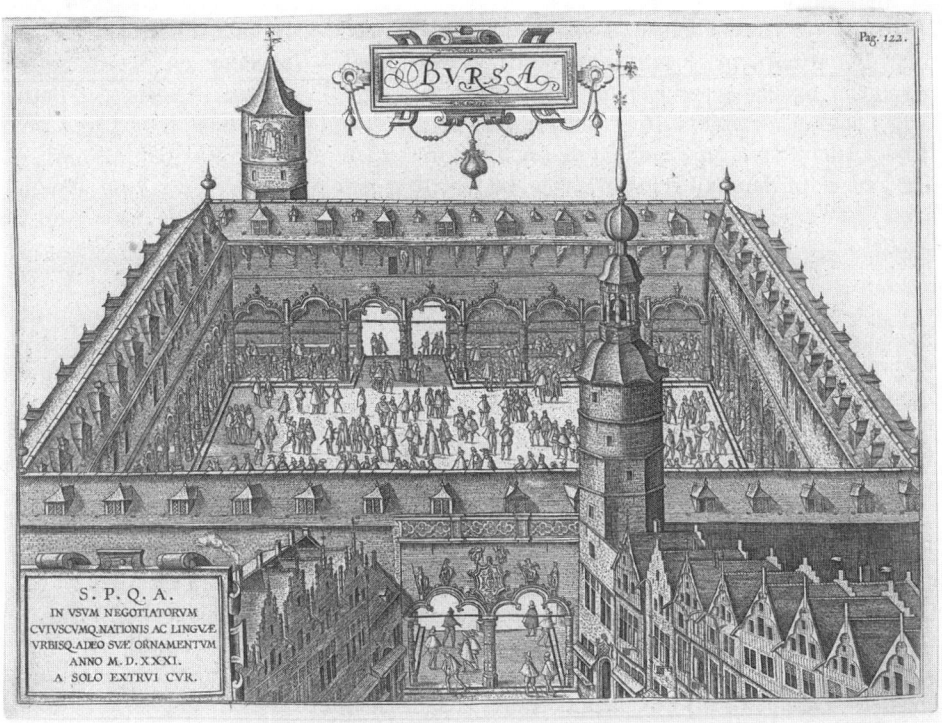

Abb. 7: Die Börse von Antwerpen, Kupferstich von Petrus van der Borcht (1580).

Auch für die Brüder Hans Jakob, Georg und Christoph Fugger, die Neffen des Firmenleiters Anton Fugger (1493–1560), war die niederländische Handelsmetropole eine wichtige Station ihrer Ausbildung. In der Antwerpener Fuggerfaktorei waren sie der Aufsicht des leitenden Faktors Veit Hörl unterstellt. Christoph Fugger (1520–1579), der sich in den Jahren 1536 bis 1539 in den Niederlanden aufhielt und von hier aus auch Reisen nach Paris unternahm, erhielt im Frühjahr 1537 bei dem Antwerpener Sprachmeister Claude Luythart Französischunterricht. Nach Abschluss seiner Ausbildungszeit arbeitete er von 1540 bis 1544 in der Fuggerfaktorei am spanischen Hof.[59]

Der Nürnberger Endres Imhoff wies 1540 den jungen Handelsdiener Paul (I.) Behaim (1519–1568), der seine kaufmännische Ausbildung in Krakau erhalten hatte und nun für die Imhoff-Gesellschaft in Antwerpen arbeitete, an, Sprachunterricht in einer der dortigen

---

58 Hipper 1926, S. 3, 19; Pölnitz 1958-1986, Bd. 2, S. 403 (Anm. 121); Denzel 2002, S. 431.
59 Pölnitz 1958-1986, Bd. 2, S. 320 (Anm. 141), 358 (Anm. 98), 453 (Anm. 181); Kellenbenz 1990, Bd. 1, S. 146-148, 173 und passim; Schröder BBL III, S. 114.

Schulen zu nehmen: „dieweil man do niden [da unten] am meinsten nur die franzosisch sproch red, das ein grose notorft wer, das thue [Du] dieselben konst, diweil dan do niden ein schul ist, do man die lerent, hab wir fur gut angesehen, das thue [Du] dan einge[he]n und dieselbig lernen solst."[60]

Mit dem Niedergang Antwerpens infolge des Bürgerkriegs in den Niederlanden verlor die Stadt seit den 1570er Jahren auch als Ausbildungsort an Attraktivität. Dagegen gewann im frühen 17. Jahrhundert die aufstrebende holländische Metropole Amsterdam an Bedeutung: Der Augsburger Kaufmann Andreas Huber (1599–1678) hatte „die Kaufmannschaft bei einem Spezereiwarenhändler in Amsterdam erlernt"[61], und der Augsburger Patrizier Otto Lauginger empfahl 1624 seinem Geschäftspartner Daniel Herwart in Lyon, seinen Bruder Hieronymus anzustellen, der sich in Amsterdam aufhielt. Friedrich Endorfer d.J., der damals im Haushalt Herwarts lebte, berichtete seinem Vater nach Augsburg, Lauginger habe Herwart „zuuerstehn geben, er seie sowohl der italienischen als niderlendischen Sprach schon erfahren vnd in handelsgeschäfften zu gebrauchen".[62]

2.2.4. Spanien und Portugal

Während eine Reihe von Lehrlingen der Großen Ravensburger Handelsgesellschaft und der Diesbach-Watt-Gesellschaft im 15. Jahrhundert ihre Ausbildung in Spanien absolvierte,[63] sind die Belege für Spanienaufenthalte Augsburger und Nürnberger Jugendlicher seltener und setzen später ein. Der aus Memmingen stammende Fuggerdiener Hans Bechler reiste 1544 als Fünfzehnjähriger gemeinsam mit dem Fuggerdiener Christoph Hurter über Antwerpen auf die Iberische Halbinsel und erhielt in der Fuggerfaktorei am spanischen Hof eine gründliche kaufmännische Ausbildung, die ihn dazu befähigte, 1548 vorübergehend den leitenden Faktor zu vertreten und 1551 als Vertreter der Firma nach Lissabon zu gehen. Dass der Sohn eines Schneiders als Jugendlicher in die führende süddeutsche Handelsgesellschaft der Zeit aufgenommen wurde, dürfte indessen nicht nur seinem Talent zuzuschreiben sein, sondern auch dem Einfluss seines Onkels Konrad Mair, der damals zu den engsten Vertrauten des Firmenleiters Anton Fugger gehörte.[64]

Der Nürnberger Christof Tucher, der 1538 seine kaufmännische Ausbildung in Bourges begonnen und danach in der Faktorei der Tucher in Lyon gearbeitet hatte, äußerte im Dezember 1544 gegenüber seinem Vater Linhart den Wunsch, nach Spanien gehen zu dürfen, um die dortigen Handelspraktiken kennen zu lernen und die Sprache zu erlernen: „wen es anderst Euer will ist daß ich in Spanigia geschickt wur, da ich dan auch vill sehen vnd lernen wurd mitt der sprach, da ich ein Lust dar zw hab, es sey gleich in Catt[aloni]ª vnd in Aragon vnd mein nutz wurd sein". Im Herbst 1545 konnte der mittlerweile Zwanzigjährige die Reise nach Aragon tatsächlich antreten. Für die Wahl Saragossas als Aufenthaltsort machte er nicht nur die Bedeutung der Stadt für den Safranhandel geltend, sondern auch die Qualität des dort gesprochenen Spanisch, „wan die Cathalaner red eine grobe sprach". Als er im Juni 1547 von der Absicht seines Vaters erfuhr, auch seinen jüngeren Bruder Sixt zum Sprachenlernen nach Spanien zu schicken, bekräftigte Christof Tucher seine Gering-

---

60 Kamann 1887, S. 14.
61 Mayr 1931, S. 106.
62 Häberlein/Künast/Schwanke 2010, S. 186.
63 Vgl. Bruchhäuser 1989, S. 186f.
64 Hildebrandt 1969, S. 52f.; Denzel 2002, S. 429.

schätzung Kataloniens und des Katalanischen: „daß zw Bersellona ein posse [böse, schlech-
te] sprach ist vnd sunst dem handel auch kein nutz da ist vnd daß volck auch seltzsam ist
vnd die Jugentt nitt sond[ers]t pey in lerntt." In Saragossa dagegen sei ein „pesser[es]
volck", und sein Bruder Sixt würde dort „auch die rechtt sprach lernen vnd schreiben".[65]
Ein weiterer Bruder, Gabriel Tucher, hielt sich zur selben Zeit ebenfalls in der aragonesischen Stadt auf; am 20. März 1547 schrieb er nach Nürnberg, dass er nach einer Rundreise über die katalanischen und südwestfranzösischen Safranmärkte beabsichtige, nach
Saragossa zurückzukehren, um sich fleißig zu bemühen, die Sprache „zu reden, lessen vnd
schreiben, wen es hie vil ein peserer sprag hat dan zu Catt[aloni]a."[66] Als Gabriel im Februar 1551 erfuhr, dass sein Vater Linhart Tucher den Peter Puchner – wohl einen angehenden
Handelsdiener der Tucher – wieder nach Lyon geschickt habe, äußerte er sich zustimmend,
denn er hoffe zwar, dass Puchner „mytt der Zeytt" auch nach Saragossa komme, doch es
„Wer wol vor gutt das er die frantzhoysche sprach begryff. Dan so er solche mytt Recht
begryfft vnd die hiesigen ein mal begryfft wie er die frantzhoschische herna[ch] nicht mer
wol begryffen kind."[67]

Lissabon ist vor allem im frühen 16. Jahrhundert mehrfach als Ausbildungsort belegt.
Während Lukas Rem und Christoph von Stetten als Vertreter ihrer jeweiligen Handelsgesellschaften dorthin reisten, ohne vorher Portugiesisch gelernt zu haben, lässt sich für andere Oberdeutsche eine Lehrzeit am Tejo nachweisen. Der vermutlich 1499 in Neustadt an
der Aisch geborene Lazarus Nürnberger scheint schon in jugendlichem Alter nach Lissabon
gekommen zu sein, von wo aus er 1517/18 an einer portugiesischen Indienfahrt teilnahm.
Calixtus Schüler, der seit 1504 der Faktorei der Nürnberger Imhoff am Tejo vorstand, wurde dafür getadelt, dass er mit seinem ungezügelten Lebenswandel ein schlechtes Vorbild für
die jungen Mitglieder der Familie Imhoff sei, die ihm zur Ausbildung anvertraut wurden.
So war Ulrich Imhoff, der 1507 in jugendlichem Alter an der Pest starb, angeblich den
Verlockungen eines leichten Lebens verfallen und hinterließ bei seinem Tod ein uneheli-
ches Kind mit einer Portugiesin.[68] Der Nürnberger Wolfgang Seldner, der 1507 das Testament Ulrich Imhoffs in Lissabon bezeugte, „war damals am Tejo [...] noch jung, er mag in
Lissabon einen Teil seiner Lehrzeit verbracht haben",[69] und Wolfgang Behaim, der im selben Jahr in der portugiesischen Metropole starb, war nach einer Lehrzeit in Genf und Lyon
in den 1490er Jahren dorthin gegangen. Sein Verwandter Michael (VII.) Behaim lobte ihn
im Januar 1507: „Mir gefelt auch das du zu zeiten zu einem portugalesischen schreiber gest
zu lernen die sprach auch die schrift, ist dir nützlich und erlich."[70] Der Nürnberger Michael
Imhoff wurde 1512 in der Faktorei der Familienhandelsgesellschaft am Tejo im Schreiben
und Buchhalten unterwiesen.[71]

Jörg Pock, der eine Zeitlang die Interessen der Nürnberger Hirschvogel in Lissabon
wahrgenommen hatte und von dort 1520 nach Indien aufgebrochen war, ersuchte Anfang

---

65 StadtAN, E 29/IV, Nr. 81, 93, 100; Kellenbenz 1970a, S. 202, 205; Bruchhäuser 1989, S. 192, 196, 201;
   Beer 1990, S. 116; Kuhn 2010a, S. 58.

66 StadtAN, E 29/IV, Nr. 149; Kellenbenz 1970a, S. 210 (Zitat); Bruchhäuser 1989, S. 185; Kuhn 2010a,
   S. 59.

67 StadtAN, E 29/IV, Nr. 166.

68 Kömmerling-Fitzler 1967/68, S. 141–143; Bruchhäuser 1989, S. 189. Zu Lazarus Nürnberger vgl. auch
   Schaper 1970, S. 185.

69 Schaper 1970, S. 180.

70 StadtAN, E 11/II (Behaim-Archiv), Nr. 585.

71 Pohle 2000, S. 129.

1522 von Cochin aus den Nürnberger Patrizier Michael Behaim, sich dafür einzusetzen, dass sein Stiefbruder Kaspar eine gute Schulbildung erhielt und anschließend zur Ausbildung nach Lissabon geschickt werde.[72] 1520 hatte Pock Michael Behaim allerdings geraten, seinen Neffen nach Sevilla statt nach Lissabon in die Lehre zu schicken, da der Handel in der andalusischen Hafenstadt sich im Aufschwung befinde, während er in Lissabon bereits im Niedergang begriffen sei.[73]

2.2.5. Der slavische Sprachraum

In den wirtschaftlichen Zentren Böhmens, Polens und Oberungarns konnten sich deutsche Kaufleute zumeist in ihrer Muttersprache verständigen; daher war es vergleichsweise selten, dass Oberdeutsche, die dorthin Handelsbeziehungen unterhielten, die Landessprachen lernten. Im Kontakt mit slavischsprachigen Geschäftspartnern konnte es für Nürnberger Handelsfirmen gleichwohl wichtig sein, über Mitarbeiter zu verfügen, die deren Sprachen beherrschten. Aus diesem Grund „erlernten Nürnberger Kaufmannssöhne die polnische Sprache bei Kürschnern in Warschau";[74] hier lernte 1444 der Nürnberger Peter Mulich, und der Nürnberger Niklas Topler wurde im selben Jahr zu einem Polen in die Lehre gegeben.[75] Michael (V.) Behaim (1510–1569) setzte seine Lehre, die er 1523–1527 in Mailand begonnen hatte, in Breslau fort. Nach seiner Ankunft in der schlesischen Handelsstadt stellte er sich die Frage, ob er zum Fremdsprachenlernen besser nach Krakau oder nach Böhmen gehen sollte. Behaim äußerte eine Präferenz für Böhmen, da es in Krakau inzwischen mehr Deutsche als Polen gebe und er in sechs Monaten unter lauter Gleichsprachigen kein Polnisch lernen würde. Sein Breslauer Dienstherr Hans Stublinger schickte ihn für ein gutes halbes Jahr zum Sprachenlernen nach Böhmen.[76] Der 1522 geborene Anton Hörmann, ein Sohn des Fuggerfaktors Georg Hörmann, hielt sich Ende der 1530er Jahre in Prag auf, wo er mit seinem Vater „in lateinischer und böhmischer Sprache brieflich verkehrte."[77] Für Ausbildungsaufenthalte oberdeutscher Kaufmannssöhne in England und Skandinavien liegen für das 15. und 16. Jahrhundert keine Nachweise vor, was vor allem mit der Dominanz der Hanse in diesem Raum zusammenhängen dürfte.

2.2.6. Zwischenresümee

Die genannten Beispiele lassen erstens den Schluss zu, dass der Fremdsprachenerwerb zwischen dem 15. und dem frühen 17. Jahrhundert ein fester Bestandteil einer bereits weitgehend standardisierten und professionalisierten Ausbildung und damit ein integrales Element der Sozialisation oberdeutscher Kaufmannssöhne war. „Untersucht man die Gegenstände dieser Auslandslehre," stellt auch Bruchhäuser fest, „dann findet sich stets und erstrangig das Erlernen der Sprache des jeweils frequentierten Handelsgebietes, also der kom-

---

72 Kömmerling-Fitzer 1967/68, S. 175, 183. Vgl. zu ihm auch Schaper 1970, S. 185-188.
73 Ghillany 1853, S. 118; Bruchhäuser 1989, S. 192.
74 Bruchhäuser 2005, S. 101.
75 Scholz-Babisch 1930, S. 60; Simsch 1970, S. 52; Bruchhäuser 1989, S. 191, 197f.
76 GNM Behaim-Archiv, Nr. 32; Ozment 1990, S. 12.
77 Brunner 1874, S. 142.

munikativen Voraussetzung zur Ausübung der Handelstätigkeit".[78] Zunächst besuchten die Kaufmannslehrlinge deutsche und lateinische Schulen in ihrer Heimatstadt, in denen ihnen „praxisbezogene Lese-, Schreib- und Rechenfähigkeiten durch Schreib- und Rechenmeister, die selbst eine handwerkliche oder kaufmännische Ausbildung genossen hatten", vermittelt wurden.[79] Auf diesen Schulbesuch folgte im Regelfall ein mehrjähriger Auslandsaufenthalt, der dem Spracherwerb sowie der Aneignung kaufmännischer Kenntnisse diente. „Ohne die Auslandslehre," resümiert Markus A. Denzel, „[...] hätte keiner der späteren Faktoren, Kaufleute und sozialen Aufsteiger sich die Kenntnisse erwerben können, die er für seine berufliche Tätigkeit [...] benötigte. Sie war eine der Grundvoraussetzungen für seinen wirtschaftlichen Erfolg und damit auch für seinen sozialen Aufstieg."[80] In den meisten Fällen begann die Kaufmannslehre zwischen dem 13. und 16. Lebensjahr. Der Nürnberger Hieronymus Köler ist die Ausnahme, die die Regel bestätigt: Weil er aus einer weniger vermögenden Familie stammte, konnte er seinen Auslandsaufenthalt erst deutlich später beginnen und musste sich seinen Lebensunterhalt überdies durch körperliche Arbeit verdienen. Dass solch ein später Auslandsaufenthalt gerade unter dem Gesichtspunkt des Fremdsprachenerwerbs problematisch sein konnte, war den Zeitgenossen bewusst, wie ein Brief Marx Fuggers an den Fuggerfaktor in Madrid, Thomas Müller, aus dem Jahre 1578 zeigt: „Schickhen wir sy Jung hinein [d.h.: nach Spanien], so kinden sy nichts, seindt sy dan alt, so kindt sy die sprach nit, brauchen [dazu] abermals woll etliche Jar."[81]

Zweitens waren die Kenntnisse moderner Fremdsprachen, die oberdeutsche Kaufmannssöhne erwarben, primär praktischer Art. Während Latein im Schulunterricht vermittelt wurde, eignete man sich moderne Sprachen vor Ort und in der Alltagskonversation mit den Lehrherren und deren Familien, mit einheimischen Händlern und Rechenmeistern an. Ein Zeitraum von zwei bis drei Jahren wurde offenbar als ausreichend erachtet, um in einer Fremdsprache „zuereden gantz fertig" zu werden, wie Marx Pfister es formulierte, bzw. um sie zu „ergreifen", wie Christoph von Stetten sich ausdrückte. Auch hier ist Hieronymus Köler, der sich auf einen zehnmonatigen Sprachaufenthalt beschränken musste, wiederum die Ausnahme, die die Regel bestätigt.

Drittens tritt in den Beispielen die Dominanz des Italienischen als Leitsprache des kommerziellen Sektors[82] klar zutage. Insbesondere in den Lebensläufen Augsburger Kaufleute stand ein Italienaufenthalt fast unweigerlich am Anfang der beruflichen Laufbahn. Die hochentwickelte kommerzielle Infrastruktur Venedigs und die engen Handels- und Kommunikationsbeziehungen zwischen Venedig und Oberdeutschland machten die Lagunenstadt zum bevorzugten Ausbildungsort. Mit den toskanischen Städten Florenz und Lucca erscheinen wichtige Zentren der Seidenproduktion und des Seidenhandels unter den Ausbildungsorten, und selbst in anderen Sprachräumen hielten sich oberdeutsche Kaufmannssöhne nicht selten in den Haushalten von Italienern auf. Eine erhebliche Bedeutung hatte auch die Ausbildung im französischen Sprachraum, für die die Messestadt Lyon zwar ein wichtiges Zentrum war, aber längst nicht so dominant wie Venedig für die Ausbildung in Italien.

---

78 Bruchhäuser 2005, S. 101. Ähnlich Glück 2002, S. 87. Zum Aspekt der Professionalisierung vgl. auch Bruchhäuser 1989; Denzel 2002; Kuhn 2010b, S. 194f.
79 Denzel 2002, S. 426. Ausführlich: Endres 1984.
80 Denzel 2002, S. 430.
81 Zit. nach Hildebrandt 1996, S. 165.
82 Vgl. Denzel 2001, S. 85; Lang 2010, S. 75f.

Ein vierter wesentlicher Faktor war offensichtlich die Einbindung der jugendlichen Auszubildenden in verwandtschaftliche und landsmannschaftliche Netzwerke. Die Lehrlinge
reisten in der Regel in Begleitung von Verwandten und Landsleuten zum Ausbildungsort,
wurden von erfahrenen Handelsdienern in Empfang genommen und in den Haushalten von
angesehenen Kaufleuten – die nicht selten langjährige vertraute Geschäftspartner der Väter
bzw. Vormünder der Auszubildenden waren – untergebracht. Die angehenden Kaufleute
begaben sich zwar geographisch in die Ferne, doch über verwandtschaftliche und kommerzielle Netzwerke, über landsmannschaftliche Beziehungen am Ausbildungsort sowie über
die Korrespondenz mit den in Augsburg oder Nürnberg weilenden Vätern blieben sie in
vertraute Beziehungen eingebunden. Dieses Wechselspiel von Vertrauen und Kontrolle soll
im Folgenden genauer betrachtet werden.

2.3. Vertrauen und Kontrolle: Die Vorbereitung, Begleitung und Überwachung kauf-
männischer Auslandslehren

Bereits Mathias Beer hat in einer Untersuchung von Briefwechseln süddeutscher Ober-
schichtsfamilien des 15. und 16. Jahrhunderts gezeigt, dass den Auslandsaufenthalten von
Patrizier- und Kaufmannssöhnen eine sorgfältige Planung vorausging. Bei der Wahl der
Ausbildungsorte achteten die Väter bzw. Vormünder der Lehrlinge besonders auf die Qualität der Ausbildung, eine gute Versorgung und den Charakter des Lehrherrn. Sie gaben den
ins Ausland reisenden Jugendlichen Memoriale, Gedenk- oder Merkbücher mit auf den
Weg. Neben den konkreten Ausbildungsinhalten – dem regelmäßigen Schreiben von Briefen und Rechnungen, dem Erwerb von Fremdsprachenkenntnissen, der Aneignung kaufmännischer Rechenfertigkeiten und der Einübung von Handelsusancen und kaufmännischen Praktiken – ging es darin stets auch um die Beachtung und Festigung des kaufmännischen Tugendkatalogs: Redlichkeit, Frömmigkeit, Gottesfurcht, Gehorsam, Fleiß, Sparsam-
keit, Sittsamkeit und Bescheidenheit. Diese Ausbildungsziele wurden auch in Verträgen mit
den Lehrherren festgeschrieben.[83]

Als Hans Welser beispielsweise 1509 seine Lehrzeit bei Lanfredino Lanfredini in Florenz begann, bat Anton Welser d.Ä. (1451–1518) seinen Florentiner Geschäftspartner „inständig, wenn sich mein Sohn […] in der Bank oder in Eurem Haus befindet, das Ihr ihn,
sollte er sich nicht wohl benehmen, um meiner Liebe willen ermahnt und zurechtweist, so
dass Ihr ihn auf den Weg der Tugend führt." Auch der gleichnamige Sohn Anton Welsers,
der damals 22 Jahre alt war, ersuchte den Florentiner Kaufmannsbankier um eine sorgfältige Unterweisung des jüngeren Bruders: „Ihr möget ihn bei dem, was er tut, darin korrigieren, was er zu lassen hat, und ihn in den Kaufmannsgeschäften unterweisen, damit er ein
guter Mann wird. Sowohl er als auch wir alle anderen werden Euch stets verpflichtet sein
und wünschen uns, dass Ihr ihn wie einen unserer Söhne [d.h. Söhne der Familie] behandelt."[84]

Wolf Tucher (1494–1551), der Lyoner Faktor der Nürnberger Tucher-Gesellschaft, zog
1524 eingehende Erkundigungen über einen geeigneten Lehrherrn für den vierzehnjährigen
Anthoni Tucher ein und empfahl schließlich einen Kaufmann in Orléans mit den Worten:
„man lobt mir sein herrn in allen dingen, wie er als ein redlich und frumer mon sey […] er

---

83 Beer 1990, S. 102-135; Bruchhäuser 1989, S. 193-243; Bruchhäuser 2005, S. 101-103; Kuhn 2010a.
84 Zitiert nach der modernen Übersetzung des ital. Originals bei Lang 2010, S. 81f.

ist auch fast der oberstenn einer in der statt". Das Ansehen und der Charakter dieses Mannes gewährleisteten Wolf Tucher zufolge, dass Anthoni dort gut versorgt werde; zudem wolle er mit dem Kaufmann sprechen, dass er den Jungen „schreiben und lesen laß lernenn, alß pald er die sprach ein wenig begriffen hatt". Wolf hatte eigenem Bekunden nach aber „kain sorg er [Anthoni] wirdt die sprach gar pald gelert habenn, dan er hatt sich hie [zu Lyon] ganntz recht darein geschickt, die zeit weill er hier geweset."[85]

Erfahrene Handelsdiener wie die Tucherfaktoren in Lyon, Wolf Tucher und Jakob Reyther, spielten aufgrund ihrer Kenntnisse der lokalen Handelshäuser sowie des Rufs und Charakters ihrer Inhaber als Vermittler geeigneter Lehrstellen eine entscheidende Rolle. Wolf Tucher vermittelte Mitte der 1520er Jahre auch Lehrstellen für Hieronymus Reichel, für Linhart Nützel, den er nach Beendigung seiner Lehrzeit in Carcassonne bei einem Kaufmann in Macon unterbrachte, sowie für Heinrich Zollner und Hans von Thill. Während Hieronymus Reichel, kurze Zeit nachdem er im November 1525 aus Venedig in Lyon eingetroffen war, von Gabriel Imhoff bei einem Lyoner Gewürzhändler untergebracht werden konnte, hatte Wolf Tucher Schwierigkeiten, einen anderen jungen Mann unterzubringen, weil dieser kein Kostgeld bezahlen konnte: „pis her hab ich im noch kain bekumenn migenn [keinen Lehrherrn bekommen mögen], dan on gelt will ir kainer kain an nemenn". Auch andernorts sei die Unterbringung schwierig, denn es befänden sich zu dieser Zeit „der Jungenn zw Marquon vnd in den selben Stetlein an der Soma [Saône] hinauff so vill, daß an den selbenn ortten ebnn alß woll mue [genauso viel Mühe] mit den Jungenn ist som [gerade als ob] wer es hie in Lion. Also daß ich worlich besorg daß irem weder zw Carcasona, Thollosa [Toulouse] oder andern ortten könne vntter pringen [...]." Als geeignete Ausbildungsorte für Heinrich Zollner schlug Tucher 1527 Limoges oder Carcassone vor, obwohl die Sprache dort schlecht sein solle. Hans von Thill wurde ebenfalls nach Limoges verdingt.[86]

Der in seiner Kindheit kränkliche Veit Konrad Schwarz wurde seit seinem zwölften Lebensjahr von seinem Vater, dem Fuggerschen Hauptbuchhalter Matthäus Schwarz, in die Fuggersche Schreibstube mitgenommen, „dann er sach, das es mir nichts schaden kundt." Dort musste Veit Konrad „allerlay der herren Fugger hendl schreiben." Selbstironisch bekannte er allerdings, dass er das Geschriebene oft nicht verstand und gleich wieder vergaß: „Mir war aber wol deßhalben zu vertrauen, das die heren nit besorgen durften, [dass] ich ander leuten vil darvon sagen würde. Dann so ich zwue zeil geschriben hett, wuste ich nit, was die erst was. Darzue was es mir in meinem sin ain walsche sprach."[87] Er habe zwar schon „lang ein lust" verspürt, „in frembde land zue ziechen, etwas zu sechen und zue lernen", aber die Gelegenheit ergab sich wegen seiner schweren Krankheiten erst zum Bozener Fastenmarkt im März des Jahres 1555, als ihn sein Vater mit dem Augsburger Kaufmann Stephan Kress nach Bozen schickte. „Da sollt mir ernannter herr Kröß ain herren per Italia bekumen, da ich die sprach lernet, auch daselbst in die schul gieng, lesen, schreiben und rechnen zu lernen." In Bozen wurde eine entsprechende Vereinbarung mit Angelo Cosalo getroffen, der „ain furnemer kaufman" in Verona war und den Jugendlichen dorthin mitnahm.[88]

85 StadtAN, E 29/IV, Nr. 552, 553; Beer 1990, S. 104-106, 136-142 (Zitate S. 104).
86 StadtAN, E 29/IV, Nr. 557 (Zitat), 558, 570, 572, 583.
87 Fink 1963, S. 204f.
88 Fink 1963, S. 206f.

Im Jahre 1620 sandte der Augsburger Patrizier Friedrich Endorfer d.Ä. den Luccheser Kaufleuten Francesco und Stefano Busdraghi, bei denen sein Sohn Friedrich eine kaufmännische Lehre begann, einen Brief in italienischer Sprache, in dem er als wesentliche Ausbildungsziele den Erwerb der Sprache in Wort und Schrift sowie die Vertrautheit mit den Praktiken des Handels nannte. Angesichts seines jugendlichen Alters sollte der junge Friedrich möglichst keine Seidenstoffe tragen und nicht zu viel Geld für Kleidung ausgeben. Sein Lehrherr sollte ihn zu Disziplin, Bescheidenheit und Ehrbarkeit anhalten.[89] In Lyon sah sich Friedrich Endorfer d.J. seit 1624 im Auftrag seines Vaters nach einem geeigneten Lehrherrn für seinen jüngeren Bruder Hans um. Bei dem deutschstämmigen Kaufmann Hans Erndlin, schrieb er, könne sein Bruder „in der sprach vnd im schreiben wohl aduanzieren". Im Sommer 1626 kam Hans Endorfer schließlich bei einem anderen Oberdeutschen in Lyon, Hans Heinrich Grueber unter, der in einem Brief an Friedrich Endorfer d.Ä. seine Hoffnung ausdrückte, Hans „werde mit frantz[ösisch] schr[eiben] vnnd reden ein guet Fondament mitler Zeit erlangen."[90]

Um sie in ihrer Ausbildung anzuspornen und die Einhaltung ständischer und familiärer Verhaltensnormen zu gewährleisten, schickten Väter bzw. Vormünder den Jugendlichen regelmäßige Ermahnungsschreiben, ließen sich von Lehrherren oder erfahrenen Handelsdienern über die Lernfortschritte und Verhaltensweisen ihrer Söhne bzw. Mündel berichten und hielten sie dazu an, ihnen selbst regelmäßig brieflich Bericht zu erstatten. Die Briefe von Patrizier- und Kaufmannssöhnen aus dem Ausland hatten stets auch eine Rechenschafts- und Kontrollfunktion und dienten der Einübung merkantiler Kommunikationsformen. Der Inhalt der Briefe deckte daher ein relativ feststehendes thematisches Repertoire ab, das vom Verlauf der Reise über Gesundheit, Ausbildungsfortschritte und finanzielle Aufwendungen bis hin zur Bekräftigung reichte, dass die erwünschten Verhaltensnormen tatsächlich eingehalten würden.[91]

2.4. Praktiken und Probleme des Fremdsprachenlernens

2.4.1. Mündlichkeit und Schriftlichkeit

„Beim Erlernen der Fremdsprache wurde sowohl von seiten des Lehrherrn als auch der Eltern systematisch vorgegangen", betont Mathias Beer, und seine Quellenbefunde zu den Praktiken und Problemen des Sprachenlernens können an dieser Stelle ergänzt und vertieft werden. Am Beginn des Sprachenlernens stand demnach der mündliche Sprachgebrauch. Michael (VII.) Behaim ermahnte seinen Sohn Friedrich 1506: „und lern fast wellisch reden",[92] und Anthoni Tucher schrieb kurz nach Beginn seiner Lehrzeit in Orléans: „mein herr lest mich noch nit in die schul gen piss ich die sprach ein wenig pass [besser] begreuff."[93] Junge Nürnberger und Augsburger lassen in ihren Selbstzeugnissen mitunter Schwierigkeiten mit der Aussprache erkennen. Hieronymus Tucher schrieb 1517 aus Lyon nach Nürnberg: „so hab ich pis her die sprach intellians [zu verstehen] ein wenig gelernet, aber zw reten [reden] ist es mir noch schwer", und als sein Großvater ihn im Frühjahr 1519

---

89 Häberlein/Künast/Schwanke 2010, S. 77f.
90 Häberlein/Künast/Schwanke 2010, S. 188, 232.
91 Vgl. Beer 2006, S. 371-386.
92 Beer 1990, S. 116f.
93 StadtAN, E 29/IV, Nr. 5.

tadelte, weil er „die franczoisch sprach nit wol kindt", rechtfertigte er sich: „das macht das man pey meinem heren nichtz den lompardisch ret vnd wist das ich mein zait wol lompardisch wil reden vnd hof ich wol noch in einem ½ Jar wol franczoisch lernen reden.[94] Daniel Tucher berichtete 1545 seinem Vater aus Mailand: „wist, das ich die sprach wol verstee, aber ich kon es nit als wol reden, aber es sin vil teutsch hie, die in handel sein, die als wol welsch reden als ich kon".[95] Dass er nach seinem Wechsel nach Lyon im folgenden Jahr zunächst keine so guten Lernfortschritte machte, begründete Daniel damit, dass er im Haushalt eines Lucceser Kaufmanns wohnte, in dem ein Italienisch gesprochen wurde, das sich von dem in Mailand gelernten leicht unterschied, während er Französisch vor allem mit den Mägden sprach. Immerhin habe er „auch ettliche frantzosische wortter gelernt, als vil mir muglich ist gewest".[96]

Daniel Tuchers Bruder Gabriel kritisierte im Herbst 1552, man habe Jörg Rottengatter, den Sohn des langjährigen Tucherfaktors Linhart Rottengatter, zu früh nach Lyon geschickt: „mein schlechtten beduncken nach so schyckt Ir in warlych zu frue hinein, dan er wyrdt noch in 2 in 3 Jarenn dinen nyt zu geprauchen sein, ist noch zu jong." Es hätte Rottengatter gut getan, ihn „noch ein Jar hie zw lassen, dan er die hie[s]ygen sprach auch noch nytt am pasten reden kon. Zu dem als Ir wyst dynen nytt sonders zu thon yst, da dann ein jonger mensch von stund an verdyrbtt. Desgleichen die hieygen sprach auch von stund an wyder vergessen wyrdt, hett im in suma noch wol thun hie ein Jar zu lassen in Zucht forchtt[?] vnd arbeytt zu halttn."[97] Über den Augsburger Patriziersohn Hans Endorfer berichtete dessen älterer Bruder Friedrich hingegen im März 1627, knapp acht Monate nachdem Hans seine Ausbildung in Lyon begonnen hatte: „So redt er die französische Sprach auch fein vnd khan mit den Leuten schon wackher *discouriern*".[98]

Aus der Korrespondenz der Tucher geht hervor, dass Nürnberger Patrizier und Kaufleute um die Mitte des 16. Jahrhunderts ein ausgeprägtes Bewusstsein für Sprachvarianten und Dialekte hatten. Von Christof und Gabriel Tucher, die das in Saragossa gesprochene Spanisch dem aus ihrer Sicht korrumpierten Katalanisch, das in Barcelona gesprochen wurde, vorzogen, war oben bereits die Rede; vergleichbare Belege lassen sich auch aus dem französischen Sprachraum ausführen. Sebald Tucher (1498–1561), der Vertreter der Tucherschen Familiengesellschaft in Genf, beklagte sich gegenüber seinem Vetter Linhart in Nürnberg im September 1544, dass Linharts Sohn Sixt zu stark Dialekt spreche: „Er redt auch noch poeß franzoschis, aber auff Lymoges vnd wie mon im Langedock redt solcher sproch konn er genougsam, ist auch nit vnngeschickt mit redenn vnnd anderm pehennz [behend] vnnd hurttig". Damit Sixt anständig französisch „schreiben vnnd lessen" lerne, wollte Sebald Tucher ihn zu einem Mann schicken, der „des Ebengellyums halben auß Franckreich vertrieben worden" war. Dieser protestantische Exulant – der erste Sprachmeister, der im Kontext der Ausbildung eines Nürnberger Kaufmannssohnes erwähnt wird – sei „ein geschickt feins mendlein, do pey wirdt er die sproch auch deß der paß [umso

---

94 StadtAN, E 29/I, Nr. 257.

95 StadtAN, E 29/IV, Nr. 112; Beer 1990, S. 117.

96 StadtAN, E 29/IV, Nr. 120.

97 StadtAN, E 29/IV, Nr. 181.

98 Häberlein/Künast/Schwanke 2010, S. 297. Vgl. auch ebd.: Hans Endorfer sei „in der französischen Sprach, Gotlob, so *aduanziert*, daß er mit Jederman reden vnd handlen khan." Ferner S. 327: „[…] dan er albereit so fein französisch redt vnd schreibt, daß mich recht erfreuen dhuet."

besser] lerenn. Will darann sein daß er alle tag 2 mall zw im muß gonn domit daß er deß der flüxer [umso schneller] lernn."[99]

Etwa um dieselbe Zeit, im November 1545, äußerte sich Gabriel Tucher in Lyon über die Sprachkenntnisse von Linhart Kurtz, der sich in Tournai aufgehalten hatte, bevor er seine Ausbildung an der Saône fortsetzte: „So vernem ich hie vom L[inhart] Kurtzen, das er die frantzosische sprach ziemlich kenn wie es doniden [dort unten] im prauch zu reden haben, sindt etlich werder [Wörter] gegen dem hirig diferentz ein wenig, aber er pessert sich teglich hie mit dem Reden."[100] Anfang 1546 empfahl Gabriel Tucher Chalon-sur-Saône, Macon und Dijon als geeignete Ausbildungsorte, da sie nicht weit von Lyon entfernt seien, sich wenige Deutsche dort aufhielten und man dort ein gutes Fanzösisch spreche („so redt man ain gutte frantzhoysche sprach").[101] Einige Monate später schrieb Gabriel Tuchers Bruder Daniel, der sich zuvor in Mailand aufgehalten hatte und nun bei einem Luccheser Handelshaus in Lyon untergebracht war, an seinen Vater Linhart in Nürnberg: „es ist die mayllandis sprach vnd irre sprach ein wenig vnderschaidt, ist aber nit vill, wenn ich ein zwey monatt bey im gewessen bin, so will ich sy woll verstein konnen."[102]

Stand in den ersten Monaten der Ausbildung die mündliche Kommunikation im Vordergrund, so wurde danach ein stärkerer Akzent auf die Entwicklung der fremdsprachigen Lese- und Schreibfähigkeit gelegt. Hieronymus Tucher, der 1517 seine Ausbildung in Lyon begonnen hatte, war im Herbst 1518 vor allem mit Kopierarbeiten beschäftigt – „so wyst das ich mer in Italia schreyb vnd ich kopir alle die meynes herrn pryef ins puch" – und wurde im folgenden Frühjahr zu einem Rechenmeister gegeben, der ihm auch Lese- und Schreibunterricht erteilte. Im Mai 1520 räumte Hieronymus ein, er sei „mit meinem schreyben vnd puchstaben noch vngeschickt", er wolle sich „aber ob gott will redlich mit pesseren vnd wider pringen waß ich vergangen Zeit versambt hab". Daher werde er „nach der mes zw einem welischen schreyber geen, do pey ich soll vnd will das frantzoysch sprach lernen leßen, daraus mag volgen das ich dester paß [besser] mag begriyffen zw reden vnd darnach mach ich das schreyben auch lernen, damit hoff ich kein fleyß zw sparn." Nach der Ostermesse 1520 wechselte Hieronymus zu einem „welschen" Schreiber, bei dem er sein Französisch verbessern sollte. In seinem letzten Lehrjahr 1521 äußerte er den Wunsch, nochmals während der Fastenzeit zu einem französischen Schreiber gehen zu dürfen.[103]

Christof Tucher wurde 1538, nachdem er bereits seit sieben Monaten in Frankreich in der Lehre war, auf Anweisung seines Vaters Linhart in die Schule geschickt. Wolf Tucher berichtete Ende November 1538 aus Lyon seinem Vetter Linhart Tucher in Nürnberg, er habe mit dem Lehrherrn von Christof vereinbart, „daß ern hin für an in ein schull lyß gein den tag ein 2 oder 3 stündt frantzessis schreibenn vnd lessen zw lernen, durch solchs ehr die sprach auch des der paß [umso besser] lernen vnd begreyffen wür vnd in albegen [stets] ime zw ein schul master gein ließ der fleyß vnd achtung auff in hett."[104] Christof Tuchers Bru-

---

99   StadtAN, E 29/IV, Nr. 525.
100 StadtAN, E 29/IV, Nr. 135 (Zitat), 1156.
101 StadtAN, E 29/IV, Nr. 137.
102 StadtAN, E 29/IV, Nr. 118. Vgl. auch ebd., Nr. 119: „[…] aber ich muß mich auf irre [sprach] zum ersten halten, das ich sy woll begrif, den die sprach zu Maylantt, vnd ire sprach ist ein wennig vnder schaeydt, sie sprechen es sey kein schone sprach zu Mayllant."
103 StadtAN, E 29/I, Nr. 253 (Zitat), 256, 264 (Zitat), 266.
104 StadtAN, E 29/IV, Nr. 586; vgl. Beer 1990, S. 119.

der Gabriel sprach sich in einem Brief, den er Anfang 1552 aus Lyon schrieb, allerdings dafür aus, dem Schreiben innerhalb der Ausbildung kein zu großes Gewicht beizumessen. Der Sohn des Tucherfaktors Jörg Rottengatter habe ihnen auf Französisch geschrieben und „schreibtt es wol vnd pilich [billig]", da er sich bei einem Schreiber aufhalte. Besser wäre es jedoch, so Tucher, „er wer pey eim kauffman, dan am schreiben yst es nytt als gelegen, dann pey den schreibern habens faul leben."[105] Levinus Tucher schließlich konnte nach einer zweijährigen Ausbildung in Vienne (1553–1555) seinem eigenen Bekunden nach die französische Sprache „woll reden vmd lesen vnd ein wenig schreiben"; er räumte jedoch ein, dass er seine Kenntnisse durch weiteres Üben noch verbessern könnte. Im September 1556 beteuerte er: „mitt der frantzesischen Sprach vb ich mich auffs pest so ich kon."[106]

2.4.2. Lehrwerke und Sprachmeister

Der Gebrauch von Lehrwerken oder Unterricht bei Sprachlehrern sind im Rahmen der Auslandslehre Augsburger und Nürnberger Patrizier- und Kaufmannssöhne im späten 15. und 16. Jahrhundert nur sporadisch belegt. Der Nürnberger Kaufmann Hans Praun erstand Mitte der 1470er Jahre in Bologna „ein vocabularium" für seinen gleichnamigen Sohn, offenbar ein deutsch-italienisches Wörterbuch.[107] Der Nürnberger Levinus Tucher (1537–1594), der eine zweijährige Lehrzeit in Vienne absolvierte, erwähnt in einem Brief vom 30. September 1553 ein „vnterricht puechlein".[108] Im frühen 17. Jahrhundert hingegen scheint die Sprachausbildung im Ausland bereits stärker systematisiert gewesen zu sein, denn Friedrich Endorfer d.J., der im Sommer 1620 seine Ausbildung in Lucca begann, nahm dort regelmäßig Unterricht bei einem Sprachmeister. Ein Ausgabenkonto, das er seinem Vater im Januar 1621 übersandte, weist z.B. Ausgaben in Höhe von 56 Lire 10 Soldi für fünf Monate Unterricht bei einem Sprachmeister aus. Seine zunehmende Vertrautheit mit der italienischen Sprache demonstrierte Endorfer, indem er mehr und mehr Begriffe und Wendungen in seine Briefe einstreute. Als sein Vater ihn Anfang 1623 darauf hinwies, dass es an der Zeit sei, den Unterricht bei dem Sprachmeister zu beenden, äußerte sich der neunzehnjährige Friedrich Endorfer d.J. selbstbewusst hinsichtlich der erzielten Lernfortschritte:

> Den Sprachmaister will ich noch disen Monath zue mir gehn lassen vnd als dann kunftigen Monat ihme vrlaub geben. Vnd wann ich beuelch [Befehl] von dem H[errn] Vatern bekome, mich von hiero zue *partieren*, so will ich ihne halt bis zue endt *della mia p[re]senza* zu mir gehn lassen. Dann ob ich wohl meines erachtens die Zeut hero wohl angelegt habe (wie ich dann genzlicher hoffnung bin, der H[err] Vater werde sollicher seiner Zeit *p[er] gli veri effetti* wahrnemen vnd mit mir *sadisfatto* sein), jedoch *in cosi breue tempo* kann einer auch immertharen was, so er zueuohr nicht gewust, ergreiffen, vnd ist dz gelt auch wohl angelegt. Dann ich also genaigt bin vnd die *tal pensiero*, dz wann es miglich were wolte, dz kein einig Worth inn der italienischen Sprach were, dz mir sein *Intent* vnd den *vso*, wie mans gebraucht, nicht bewust, dergleichen auch von schönen *phrasin* vnd *concetti*,

---

105 StadtAN, E 29/IV, Nr. 175.
106 StadtAN, E 29/IV, Nr. 306, 307; Kuhn 2010a, S. 61.
107 Pohl 1967/68, S. 116. Der erste Druck des Sprachbuchs von Adam von Rottweil erschien 1477 in Venedig. Vgl. Abschnitt 5.1.2.
108 StadtAN, E 29/IV, Nr. 304; Kuhn 2010a, S. 61. Vgl. auch Fouquet 2006, S. 484-486.

deren ich auch nur guete *partita* habe vnd mir noch täglich *dictieren* lassen. Inn Somma, mein Will were halt, dz der H[err] Vater nacher meiner ankonft *di costi* eine freudt hete vnd sich meiner lernung vnd meines Verhaltens beloben kendte.[109]

Auch während der zweiten Phase seiner Ausbildung in Lyon (1623–1627) nahm Endorfer die Dienste eines Sprachmeisters in Anspruch. Eine Abrechnung, die er seinem Vater im Sommer 1624 zuschickte, weist Ausgaben von 22 Livres als Lehrgeld für den Sprachmeister, 12 Livres für ein deutsch-französisch-italienisches *dictionarium* und 21 Livres für elf französische Bücher aus.[110] Im November 1623, wenige Monate nach seiner Ankunft in Lyon, berichtete er seinem Vater: „Mit dem Sprachmeister, so schon etlich Tag zue S[ignor] Öster[reicher] vnd mir zue komen pflegt, geth es got lob wohl von statten, vnd mich allein die *pronuntia* waß harts ankompt, alles aber dz in gmein gereth wohl verstehe." Seine eigenen Lernfortschritte kontrastierte er mit den angeblich wesentlich größeren Schwierigkeiten, die die französische Sprache seinem Vetter Jeremias Österreicher bereitete: „Der Ostereicher aber wirdt guete Zeit alhier zuebringen müessen, biß ein *Intendement* der franzesischen Sprach erlangt. Dann er biß dato im geringsten vast nichts versteth. Auch im *Contor* wegen seiner Jugendt vnd Vhngschickhlikheit wenig *prestiern* vnd allein zue Copierung der teudtschen brief gebraucht werden kahn."[111] Die Dienste von Sprachmeistern wurden aber auch in Anspruch genommen, um sich auf künftige Stationen der Ausbildung vorzubereiten. So berichtet Friedrich Endorfer d.J. über einen jungen Mann aus der Nürnberger Kaufmannsfamilie Dilherr, der sich 1626 in Lyon aufhielt, sein Vater habe ihm geraten, dass er „einen italienischen Sprachmaister alhier ahnnemme, vmb in derselben Sprach einen ahnfang zue machen."[112]

2.4.3. Erfolg und Misserfolg

Die Notwendigkeit, die Landessprache zu lernen, stellte sich dann als besonders dringlich dar, wenn diese die einzige Möglichkeit der Kommunikation im Haushalt des Lehrherrn darstellte. Daher legten viele oberdeutsche Patrizier und Kaufleute auch Wert darauf, ihre Söhne im Haushalt eines Muttersprachlers unterzubringen. Als Paul (I.) Behaim sich während seiner Lehrzeit bei Antonio de Nobili in Krakau 1533 beklagte, dass er sich mit niemandem verständigen könne, riet ihm seine Schwester: „Lieber pruder, wie du mir schreibst, du kunst mit niemant reden, so thun fleicz, das du [die Sprache] bald lerst", und seine Cousine Lucia Letscher ermunterte ihn: „alß paldt du die sproch lernst, so wurst du ie lenger ie liber dinen [darin] sein". Daniel Tucher räumte 1546 gegenüber seinem Vater Linhart ein: „das ist gewislich war, wen ich vill teutsch reden woll, so wurdt ich kein sprach recht lernen kunnen. Mit dem selben will ich mich woll wissen zu halten. Ich will mich nit

109 StadtAA, Stadtgericht, Schuld-, Klag-, Appellationssachen, Teil 2, Karton IV, Friedrich Endorfer, Rechnungen 1607–1630, Nr. 75, 88; Häberlein/Künast/Schwanke 2010, S. 36-38, 113 (Zitat); Schwanke 2010, S. 99.
110 StadtAA, Stadtgericht, Schuld-, Klag-, Appellationssachen, Teil 2, Karton IV, Friedrich Endorfer, Briefe 1624; Häberlein/Künast/Schwanke 2010, S. 46. Hierbei könnte es sich um die 2. Auflage des dreisprachigen Wörterbuchs von Levinus Hulsius handeln, die 1616 in Frankfurt am Main erschienen war. Vgl. Glück 2002, S. 475.
111 Häberlein/Künast/Schwanke 2010, S. 138.
112 Häberlein/Künast/Schwanke 2010, S. 253; Schwanke 2010, S. 99.

vill zu teuthschen geben noch reden, den was ich mit Jacob Reytter reden wer, wen ich zu im kumb und ettwas bedarf. Sonnst will ich der teuthschen sprach woll mussich gen und mich befleyschen [befleißigen], die sprach zu lernenn und auch mit der welschen geschrifft und lessen."[113]

Daniel Herwart, der Lehrherr Friedrich Endorfers d.J. in Lyon, stammte zwar selbst aus Augsburg, lebte aber bereits seit einem Vierteljahrhundert an der Saône und war in zweiter Ehe mit einer Frau verheiratet, die nur Französisch verstand. Ende 1623 berichtete der junge Endorfer seinem Vater über Herwarts Tochter Helena, „daß sie in der teudtschen Sprach zimlicher massen erfahren, doch jeziger Zeit, weilen ihr F[rau] Muetter diß teudtsch nit verstehet, mehrertheils franzesisch *hauelliert* [parliert], vnhanngesehen sie offt mit vnß andere in teutscher Sprach *conuersiert*, auch alles vf dz bösten verstehet, jedoch im reden offtermahlen waß *honteux* [schüchtern].[114]

Während andere oberdeutsche Lehrlinge bemüht waren, ihre Fortschritte beim Fremd-sprachenlernen herauszustellen, bekannte sich Veit Konrad Schwarz, der Sohn des Augs-burger Hauptbuchhalters der Fugger Matthäus Schwarz, freimütig zu gerade denjenigen Verfehlungen, vor denen Väter und Vormünder gemeinhin zu warnen pflegten. Im Haushalt des Veroneser Kaufmanns Angelo Cosalo, in dem er seit Frühjahr 1555 lebte, wurde er seinem eigenen Bekunden nach gut behandelt und geradezu verwöhnt. Der Dreizehnjährige ließ sich aus teuren Stoffen neue Kleidung machen, suchte gezielt die Gesellschaft anderer Deutscher, legte sich mit italienischen Jugendlichen an und vernachlässigte seine Ausbildung:

> Und wa ich ein theutschen wust, suechet ich in haim, also das ich bald in der statt wust umbzuegeen. So hett ich auch bald guete kundtschaft mit den leuten. Die walsche bueben, die kanten mich nun zue wol, ich lueß mich ye ain monat oder etwas nit gern allain auf der gassen funden, dann die bueben blagten mich zue seer. So kundt ichs nit laiden, also das ich je ainem ain maultaschen oder 2 gaab. So rotteten sich die bursch und wollten mich gar erzoblen [zerzausen], wie dann zue zeiten gschach. Ir red was nun allzeit: Todescho magna zunsa [deutscher Zunsafresser]. Sagt ich darauf: Magnati merda frescha [Friss die frische Scheiße]. Das was mein best welsch laut meines kolenders.[115]

Im Februar 1556 verließ er die Schule, „und was alsdann mein arbait nun spazieren zue gen" oder mit jungen „walchen" im Kreuzgang des Duomo oder auf der Piazza del Potesta Ball zu spielen. Veit Konrad Schwarz genoss zeitweilig in Verona den Ruf, in jede jugend-liche Schandtat verwickelt zu sein, aber nach dem tragischen Unglückstod eines jungen Landsmanns, der in der Etsch ertrank, besserte er eigenen Angaben zufolge seinen Umgang und sein Verhalten:

> Ich entschlug mich der jungen bursch und gesöllet mich alsdann zue erbarn und furnemen leuten. Mit denen vertrib ich die zeit, bis ich gen Venedig zoch. Dann ich sach, das ich wöder der teutschen noch walschen bueben ehr het; als so sy ain

---

113 Kamann 1881, S. 79ff.; StadtAN, E 29/IV, Nr. 119; Bruchhäuser 1989, S. 196; Beer 1990, S. 117f.; vgl. auch Fleischmann 2007, Bd. 2, S. 326f.
114 Häberlein/Künast/Schwanke 2010, S. 147; Schwanke 2010, S. 98.
115 Fink 1963, S. 208f.

unglick stiftet, so muest ich allzeit mit helfen tragen, ich war dabei gwöst oder nit. Die ursach was, das ich mir also ain namen anfangs, als ich gen Verona kam, gmacht hett, dann wa ain krumer handl furgangen was under den teutschen, so ich in nit selbst angefangen hett, so ward ich doch gwiß darbey. Aber mich gedaucht zeit zue sein aufzuehören, dann ein theutscher von meiner geselschaft, der ertranck in der Ladiß [Etsch]. Da was uns allen bang, wußten nit wa auß oder ein.[116]

Abb. 8: Seite aus dem Kostümbuch des Veit Konrad Schwarz (1541–1587?).

Während es Veit Konrad Schwarz offenbar zeitweilig gelang, sich der Aufsicht seines Vaters und anderer Autoritätspersonen zu entziehen, ließen sich Eltern, ältere Verwandte und Vormünder anderer Lehrlinge laufend über deren Lernfortschritte informieren, ermahnten

---

116   Fink 1963, S. 210-217 (langes Zitat S. 214f.).

sie, wenn sie von mangelnden Fortschritten hörten, und forderten sie auf, ihre Sprachkenntnisse unter Beweis zu stellen, indem sie Briefe in der Landessprache schickten. Albrecht Letscher forderte 1533 den in Krakau weilenden Paulus Behaim auf: „Wenn du erst das polnischen sprach gelernt, so schreyb einen polnischn breyf her", und Michael Behaim fragte wenig später nach, „ob du die polnische oder welsche sprach begreyffst". Anthoni Tucher demonstrierte seine Ausbildungsfortschritte in Orléans in den 1520er Jahren mittels französischsprachiger Briefe und Briefpassagen, die er überdies in französischer Kanzleischrift abfasste. Nachdem er von seinem Onkel Linhart Tucher eine positive Resonanz auf seine ersten Briefe in französischer Sprache erhalten hatte, versprach Anthoni im November 1526 gleichwohl, er wolle die Sprache „noch besser lernen vnd ich will zu eynem kanzel schreyber gien zu lernen die worder ein wenig besser puschtama [buchstabieren?], dan es ist auch der gebrauch hinen dan die leut lassen ire kinder alle dar gien, da sy lernen fill meer [...] [als bei] einem schreiber, dan sy müsen [...] alle tag vill brieff abschreyben."[117]

Patrizier- und Kaufmannssöhne, die mehr als eine Fremdsprache erlernten, standen zudem vor dem Problem, bereits erworbene Sprachkenntnisse aktiv zu erhalten, während sie gleichzeitig eine neue Sprache lernten. Nachdem Anthoni Tucher seine Lehrzeit in Lyon beendet hatte und nach Antwerpen gezogen war, schrieb er im Juni 1529 an Linhart Tucher nach Nürnberg: „will mich auch oft mit meinem francoischenn schreiben uben, daß ichs nit vergiß." Paul Tucher korrespondierte während seines Studiums in Wittenberg in den 1540er Jahren mit einem Freund aus seiner Lyoner Lehrzeit, „auff das ich die frantzoschise sprach nit gar vergeß."[118] Christoph von Stetten berichtet in der Selbstbiographie, die er in das von ihm angelegte Familienbuch einfügte, dass er sich während seiner Lehrzeit in Lille zu Beginn der 1520er Jahre so intensiv mit der französischen Sprache beschäftigt habe, dass er „meiner gelernet welschen [italienischen] Sprach nit yeben [üben] mogen vnd zw reden maistenthails vergessen gehapt, sunst gleichwol, so mans gredt, verstanden." Daher habe er bei seiner Rückkehr aus Lille nach Antwerpen „mein welsche Reden gar vergessen, doch dorch welschs Lesen, Reden mit den Walchen auf der Bourscha [Börse] so stetigs geyebt, das ich nit allain dasselbig widerum ergriffen, ja etwas wenigs Spanischs darneben glernet."[119]

Friedrich Endorfer d.J. schrieb Ende 1623 aus Lyon an seinen Vater, dass es ihm nicht an „gueter glegenheit" mangele, seine in Lucca erworbenen Italienischkenntnisse zu praktizieren – „so wol mit den Italiener vf dem Plaz vnd die täglichen bey vns vß vnd ein wandlen, wie auch mit meiner *priuatim* Vebung durch lesen vnd schreiben." Auch in der Korrespondenz mit seinen ehemaligen Lehrherren und deren Angestellten in Lucca konnte er die Sprache weiter pflegen. Eine besondere Gelegenheit, sein Italienisch zu praktizieren, ergab sich zudem, als eine Gruppe armenischer Kaufleute aus Toulon nach Lyon reiste und bei Endorfers Lehrherr Daniel Herwart Quartier bezog: Weil diese Armenier „die französische sprach nicht kennen" und ihren englischen Dolmetscher nicht ständig bei sich hatten, einer von ihnen jedoch ein wenig Italienisch sprach, war Friedrich Endorfer d.J. „offtmahln ihr Interprete vnd Dolmetscher, vnd mit ihnen am bösten vmbzuegehn weiß, dan in hauß noch *Contor* nümandts verstehn kahn vnd alle Zeit mir zuelauffen."[120] Nach Beendigung seines Lyonaufenthalts im Sommer 1627 plante Friedrich Endorfer d.J. gleichwohl, über Italien

117 StadtAN, E 29/IV, Nr. 6, 11-15 (Zitat Nr. 10); Beer 1990, S. 119f.; Kuhn 2010a, S. 60.
118 StadtAN, E 29/IV, Nr. 23, 28, 477; Beer 1990, S. 120f.
119 Hämmerle 1955, S. 51f., 55.
120 Häberlein/Künast/Schwanke 2010, S. 139, 145; Schwanke 2010, S. 97.

nach Augsburg zurückzukehren und seinen ehemaligen Lehrherrn in Lucca zu besuchen. Dort könne er sich nicht nur um eine Lehrstelle für seinen jüngeren Bruder Marx bemühen, sondern auch „meine italienische Sprach (welliche ich zwahr, Gotlob, nicht vergessen, aber wegen der französischen Sprach waß corrompiert) wider recht recuperiern vnd exercirn."[121]

Dass die fließende Beherrschung mehrerer Fremdsprachen im 16. und frühen 17. Jahrhundert nicht unbedingt üblich war, sondern durchaus als etwas Besonderes galt, legen einige Bemerkungen in den Geschlechterbüchern Augsburger Familien nahe. Das Familienbuch der Hainhofer etwa hebt für Hans Hainhofer (1552–1597), der für die Handelsgesellschaft der Familie in Italien sowie für den Großkaufmann und Gewürzspekulanten Konrad Roth in Spanien und Portugal tätig war, eigens hervor, er habe „seine Sprachen, alß Italienisch, Spanisch, Portugiesisch, vnd Niederländisch, perfect vnd wol geredt".[122] Der 1605 geborene Emanuel Garb, der Sohn eines aus Genf nach Augsburg zugewanderten Kaufmanns, schreibt in dem Familienbuch, das er 1675 als betagter Mann anlegte, über seinen Bruder Anton (III), dieser sei ein „in vielerley Sprachen und allersort Handlungen wohlerfahrner und geübter Handelsmann" gewesen. Seinen Bruder Johann Baptist bezeichnete Emanuel Garb als „in 5 Sprachen, und allersort Negotien wohlgeübet", und auch der jüngste Bruder Michael (1613–1643) sei „in seinen 4 Sprachen wohl geübt, auch in Handlungen ein guter Verrichter gewesen."[123]

2.4.4. Zwischenresümee

Zusammenfassend lässt sich festhalten, dass die Sprachausbildung im Rahmen der kaufmännischen Ausbildung bereits im 16. Jahrhundert klar systematisiert und geregelt war: Sie begann mit mündlicher Kommunikation, wobei auf Hörverstehen ebenso Wert gelegt wurde wie auf eine möglichst gute Aussprache. Der Kontakt mit anderen Deutschen sollte in dieser Phase des „Immersionslernens" möglichst minimiert werden. Waren die Grundlagen mündlichen Sprachverständnisses gelegt, wurde das Schreiben der Fremdsprache hinzugenommen – entweder in Form von Schreib- und Kopierarbeiten im Kaufmannskontor oder durch Unterricht bei einem Schreiblehrer. Vor besondere Herausforderungen sahen sich diejenigen Lehrlinge gestellt, die bereits eine zweite oder dritte Fremdsprache lernten und sich zugleich bemühen mussten, ihre früher erworbenen Sprachkenntnisse nicht zu vergessen. Seit dem frühen 17. Jahrhundert schließlich spielten Hilfsmittel wie Wörterbücher und Grammatiken sowie der regelmäßige Unterricht bei Sprachlehrern auch im Rahmen der Auslandslehre eine zunehmend größere Rolle.

2.5. Zur Fremdsprachenkompetenz von Kaufleuten

Wichtigstes Ziel des Fremdsprachenerwerbs Augsburger und Nürnberger Kaufleute war der Erwerb der Fähigkeit, sich mit ausländischen Geschäftspartnern schriftlich und mündlich zu verständigen. Angesichts der Bedeutung des Italienischen als internationaler kaufmännischer Fachsprache im Spätmittelalter und am Beginn der Neuzeit, die auch in Kaufmanns-

---

121 Häberlein/Künast/Schwanke 2010, S. 329.
122 SuStBA, Cim 66, fol. 55v; vgl. Mundt 2009, S. 33.
123 SuStBA, 4° Cod. Aug. 263, fol. 24r, 25v, 31r.

handbüchern und Handelspraktiken des 16. Jahrhunderts klar zutage tritt,[124] war deren Beherrschung in der internationalen Kommunikation unerlässlich. Mitglieder der Nürnberger Familie Kress korrespondierten in den 1390er und 1420er Jahren mit Angehörigen der venezianischen Familie Amadi selbstverständlich auf Italienisch. „Der Ton der Briefe von 1392,“ stellt Philippe Braunstein fest, „und manche Ausdrücke lassen darauf schließen, daß diese Geschäftskorrespondenz normal war; reich an Informationen allgemeiner Art über den Stand des venezianischen Marktes und an besonderen Informationen über die von den Gebrüdern Amadi getätigten Geschäfte für Rechnung der Nürnberger Freunde […].“[125] Ähnliches gilt für die Korrespondenz der Vertreter der Augsburger Welser-Gesellschaft mit ihren langjährigen Geschäftspartnern Salviati in Florenz und Lyon in der ersten Hälfte des 16. Jahrhunderts.[126] Der Augsburger Patrizier Friedrich Endorfer d.Ä. korrespondierte in den frühen 1620er Jahren mit den Lehrherren seines gleichnamigen Sohnes in Lucca, Francesco und Stefano Busdraghi, auf Italienisch,[127] und Endorfers gleichnamiger Sohn berichtete seinem Vater 1627 aus Lyon, sein Lehrherr Daniel Herwart habe „etliche *Amici* [Geschäftsfreunde] in Venedig, so ihme für ihren Conto etlich Ballen Cammelot di Leuant [Kamelhaarstoff aus der Levante] zugschickht vnd mit denen er in italienischer Sprach correspondirn mues.“[128] Die Bedeutung der romanischen Sprachen für die kaufmännische Kommunikation schlägt sich in zahlreichen Lehnwörtern in Kaufmannsbriefen nieder.[129]

Über das Führen von Handelskorrespondenz hinaus standen Kaufleute und Handelsdiener an internationalen Handelsplätzen bisweilen auch vor der Aufgabe, Rechtsdokumente übersetzen zu müssen. Ende 1529 oder Anfang 1530 traf in Lissabon das Testament ein, das der Hirschvogel-Faktor Jörg Pock, der 1529 im indischen Bisnaga verstorben war, kurz vor seinem Tod (höchstwahrscheinlich) in portugiesischer Sprache verfasst hatte. Jobst Tetzel, der damals die Interessen der Hirschvogel am Tejo vertrat, übersetzte das Testament und leitete die Übersetzung nach Nürnberg weiter.[130]

Einige Kaufleute und Handelsdiener nutzten ihre Auslandsaufenthalte auch zum Erwerb von Büchern. Als der gebürtige Berner Bartholomäus May (ca. 1516–1575), der in den 1540er Jahren als Faktor der Handelsgesellschaft Bartholomäus Welsers in Spanien arbeitete, 1548 von Madrid nach Augsburg übersiedelte, brachte er eine ansehnliche Sammlung spanischer Druckwerke mit.[131] Christoph Peutinger, ein Sohn des bekannten Augsburger Stadtschreibers und Humanisten Conrad Peutinger, der wie Bartholomäus May in den 1540er Jahren für die Firma seines Cousins Bartholomäus Welser in Spanien tätig war und später in Augsburg das wichtigste reichsstädtische Amt, das Amt des Stadtpflegers, bekleidete, hinterließ bei seinem Tod eine mehrere hundert Titel umfassende Bibliothek „in aller hand Sprachen“, die einem Verzeichnis aus dem Jahre 1592 zufolge eine Reihe französischer, italienischer und spanischer Werke enthielt. Unter den rund zwanzig spanischsprachigen Werken, die überwiegend in den 1540er und 50er Jahren in Sevilla, Valladolid,

---

124 Vgl. Kuhn 2010a, S. 51-54.
125 Braunstein 1967, S. 398.
126 Lang 2009; Lang 2010, S. 81-89.
127 Häberlein/Künast/Schwanke 2010, S. 77f., 86-88, 105, 115f., 126f.
128 Häberlein/Künast/Schwanke 2010, S. 306.
129 Vgl. das Beispiel in Glück 2002, S. 252f. Zur Praxisorientierung der kaufmännischen Sprachausbildung vgl. Fouquet 2006, S. 481-483, 487.
130 Schaper 1970, S. 188f.
131 Bezzel 1969.

Burgos und Antwerpen gedruckt worden waren, befanden sich das nautische Handbuch „Arte de nauigar por el mastro Pedro de Medina" (1545), die „Cosmografia" des Pedro Apiano (1548), die „Historia de Mexico" des Francisco Lopez de Gómara und die „Historia general de las Indias" desselben Autors (beide 1554) sowie der erste Teil von Pedro de Cieza de Leóns „Cronica de Perú". Außerdem besaß Peutinger ein „Frantzösisch „Epistelbüechlin" und zwei „Frantzösisch Rechenbüechlin".[132]

Vereinzelt betätigten sich sprachkundige Kaufleute auch als Übersetzer literarischer und theologischer Werke. Der Augsburger Kaufmann und Apotheker Christoph Wirsung übertrug den Roman „La Celestina" des Fernando de Rojas aus dem Spanischen. Das Werk wurde 1520 in der Offizin von Christoph Wirsungs Vater Marx Wirsung gedruckt und 1534 von dem Augsburger Drucker Heinrich Steiner erneut aufgelegt.[133] Der Buchdrucker Hans Kilian brachte 1545 in Neuburg an der Donau eine Sammlung von zwanzig Predigten des Bernardo Tommassini, genannt Ochino, heraus, die der Augsburger Kaufmann Joseph Hoechstetter ins Deutsche übersetzt hatte. Hoechstetter hatte in den 1520er Jahren die von seinem Onkel Ambrosius Hoechstetter d.Ä. geführte Handelsgesellschaft in Venedig vertreten, doch 1529 war die Firma, die sich auf dem europäischen Markt für Quecksilber verspekuliert hatte, mit riesigen Schulden zusammengebrochen. 1531 war Joseph Hoechstetter deshalb zusammen mit seinem Onkel Ambrosius und dessen gleichnamigem Sohn in Schuldhaft genommen worden. Während Ambrosius Hoechstetter d.Ä. 1534 in der Haft verstarb, wurden Ambrosius d.J. und Joseph erst 1544 aus der Haft entlassen. Die Ochino-Übersetzung stellte demnach das Werk eines Bankrotteurs dar, der seine langen unfreiwilligen Mußestunden im Schuldgefängnis darauf verwendet haben dürfte.[134]

2.6. Kontinuität und Wandel der kaufmännischen Ausbildung nach 1648

Betrachtet man den beruflichen Werdegang Augsburger und Nürnberger Kaufleute und Bankiers zwischen dem Westfälischen Frieden und dem Ende der reichsstädtischen Zeit, so zeigt sich einerseits, dass die Auslandslehre ihren hohen Stellenwert behielt und weiterhin einen zentralen Bestandteil der kaufmännischen Sozialisation bildete. Andererseits gibt es eine Reihe von Hinweisen darauf, dass der Auslandsaufenthalt durch Fremdsprachenunterricht in der Heimatstadt – durch Sprachmeister oder den Gymnasialbesuch – vorbereitet wurde (vgl. Kapitel 4). Neben die traditionellen Ausbildungsorte Venedig und Lyon treten nunmehr auch die bedeutenden kommerziellen Zentren des 17. und 18. Jahrhunderts wie Amsterdam, Livorno, London und Paris.

Der 1628 in Lindau geborene Christoph von Rad d.Ä., der in Augsburg eine der bedeutendsten Silberhandlungen des späten 17. und 18. Jahrhunderts begründete, absolvierte zunächst eine Goldschmiedelehre in Augsburg und ging „nach dem Dreißigjährigen Krieg nach Venedig und Rom und über Holland, Flandern, Brabant, England nach Paris, von wo er erst nach vielen Jahren nach Augsburg zurückkehrte und heiratete." Sein gleichnamiger Sohn hielt sich zunächst mehrere Jahre in Venedig auf und reiste dann in die Niederlande und nach England. Über Hamburg und Sachsen kehrte er nach Augsburg zurück und zog

---

132 SuStBA, Peutinger-Nachlass, Verzaichnus souil sich heüt den 2.ten tag Maij von deß herrn Christof Peütingers gewesnen Stattpflegers Büecher in aller hand Sprachen, und andere mehr sachen, in sein verordnet Peütingerisch Legat gehörig, etc.
133 Vgl. Kish/Ritzenhoff 1984.
134 Von Kaisers Gnaden 2005; Reinhard 1996, S. 312f. (Nr. 448); Häberlein 2011, S. 199f.

schließlich weiter nach Wien.[135] David (III.) von Stetten (1638–1704), der Spross einer etablierten evangelischen Patrizierfamilie, war vor seinem Einstieg in die Augsburger Familienhandelsgesellschaft „gründlichst auf den Kaufmannsberuf vorbereitet worden. In dem vornehmen Handelshaus der de Serta zu Vicenza, bei dem Wiener Handelsmann Ottavio Pestalozzi und schließlich bei den de Neville in Amsterdam, dem größten europäischen Handelsplatz jener Zeit, hatte er sich Kenntnisse zugelegt, die er nach seiner Rückkehr in dem väterlichen Unternehmen wohl zu verwerten wußte.“[136]

Der evangelische Augsburger Patrizier Adolph Sulzer (1668–1733) reiste einer Familienchronik des 18. Jahrhunderts zufolge „[a]ls Kaufmann […] nach Venedig, und hielte sich daselbst eine Zeitlang auf“; später ließ er sich in Ravensburg nieder. Sein Bruder Leonhard (1679–1721) machte eine Lehre in der Handelsfirma Michael Garbs in Augsburg und wurde nach deren Abschluss 1697 „über Lindau durch die Schweiz nach Lyon in Franckreich verschicket, wo er sich bey Johann Sebald Ringmacher aufgehalten“ hatte. Nach seiner Rückkehr im Jahre 1701 arbeitete er viele Jahre in der „Thomas Raunerischen Handlung“. Ein weiterer Bruder namens Leonhard Daniel (1680–1762) „wurde ebenfalls der Kauffmanschaft gewidmet, und nach Franckreich geschicket, woselbst er besonders in *Paris* biß 1706. geblieben, und alßdann nach Hauß zuruckgekommen“. Der 1684 geborene Paulus Sulzer schließlich ging nach einer kaufmännischen Lehrzeit in Augsburg und Lindau sowie Reisen in die Schweiz und nach Wien im Jahre 1706 „nach *Verona* in der Herrn *Amonte Dumioti* Schreibstuben“, blieb drei Jahre lang dort und kehrte „über Venedig, *Prescia* und *Mantua* wieder nach Hauß“ zurück. In der Folgezeit arbeitete er mehrere Jahre in Böhmen und Schlesien.[137]

Der 1671 geborene Augsburger Markus von Schnurbein absolvierte seine Lehrzeit in Leipzig und Bozen und bereiste anschließend Italien (Lucca, Rom, Neapel, Venedig) und die Niederlande. Der 1731 geborene Benedikt Adam Liebert, einer der führenden Bankiers der schwäbischen Reichsstadt in der zweiten Hälfte des 18. Jahrhunderts, wurde von Privatlehrern u.a. in Französisch und Italienisch unterrichtet. 1749 begann er eine Lehre im schweizerischen Arbon, begleitete seinen Lehrherren auf Reisen nach Mailand, Genua, Livorno und Venedig und „blieb zur Erlernung des Italienischen einige Zeit in Livorno.“ Sein Sohn Peter Adam wurde ebenfalls für einige Zeit in ein Handelskontor nach Livorno geschickt und erhielt seine weitere Ausbildung im Augsburger Anna-Gymnasium, auf der Universität Erlangen und im väterlichen Bankhaus. Der Augsburger Kattunfabrikant Johann Heinrich von Schüle, einer der größten süddeutschen Unternehmer seiner Zeit, schickte seinen gleichnamigen Sohn zur Ausbildung nach Bordeaux, und der junge Schüle nahm auch nach seiner Rückkehr nach Augsburg weiterhin Französischstunden. Wie Wolfgang Zorn an verschiedenen Beispielen gezeigt hat, war eine Lehrzeit im Ausland noch im frühen 19. Jahrhundert für angehende Augsburger Kaufleute, Bankiers und Unternehmer üblich.[138]

Im Jahre 1764 erschien ein Werk mit dem Titel „Das Leben und die lustigen Begebenheiten eines bis jetzo noch in Nürnberg lebenden Kaufmanns von ihm selbsten aufgesetzet“. Der namentlich nicht genannte Autor dieser Autobiographie war 1694 in Nürnberg geboren, also zum Zeitpunkt des Erscheinens 70 Jahre alt. Seiner Darstellung

---

135   Zorn 1961, S. 276.
136   Mayr 1931, S. 96; vgl. Merath 1961, S. 14.
137   Herz 1763, S. 55f.
138   Zorn 1961, S. 276f.

zufolge begann er mit der „Erlernung der lateinischen und französischen Sprache" bereits im fünften Lebensjahr bei einem Hauslehrer, den seine Eltern für ein Jahresgehalt von 100 Gulden sowie freie Kost und Logis angestellt hatten. Der Unterricht im Schreiben, Lesen sowie in Latein und Französisch wurde vom Vater dieses Kaufmanns später nach einem festen Tagesplan geregelt. Demnach kam zwischen acht und neun Uhr morgens ein französischer Sprachmeister ins Haus, um dem Jungen Unterricht zu erteilen. Daran schlossen sich drei Vormittagsstunden in der Schreibstube des väterlichen Handelsgeschäfts an, ehe zwischen ein und zwei Uhr nachmittags der Unterricht mit Latein, Schreib- und Rechenübungen sowie den „nötigen Stücke[n] des Christentums" fortgesetzt wurde. Nach der Konfirmation erhielt der anonyme Autor zunächst eine kaufmännische Ausbildung in einem befreundeten Handelshaus in Frankfurt am Main und setzte diese anschließend in Amsterdam fort. Die Erwähnung, dass er dort auf andere Nürnberger traf, deutet darauf hin, dass sich die niederländische Handelsmetropole zwischenzeitlich zu einem wichtigen Ausbildungsort entwickelt hatte. Nachdem der Nürnberger Kaufmann das väterliche Handelsgeschäft übernommen hatte, bildeten die Beziehungen zu Amsterdamer Kaufleuten, die er während seines Auslandsaufenthalts aufgebaut hatte, offenbar eine wesentliche Grundlage seiner kommerziellen Tätigkeit.[139]

Im Jahre 1780 reiste der Nürnberger Kaufmann Eibert Heinrich Gottlieb Merkel über Holland nach England und hielt sich mehrere Monate in London, Mittelengland und Liverpool auf, ehe er über Frankreich nach Nürnberg zurückkehrte. Die Dauer des Aufenthalts sowie Merkels Erinnerung an Besuche in Kaffeehäusern und Gespräche mit Fabrikanten deuten darauf hin, dass er die englische Sprache beherrschte. Bemerkenswert ist ferner, dass Merkel seine Reflexionen über Alltagskultur, „Gewerbefleiß" und religiöse Mentalität der Engländer nicht unter dem unmittelbaren Eindruck der Reise, sondern anlässlich der Lektüre des Reiseberichts von Gottfried Achenwall verfasste. Das Bewusstsein für fremde Lebensformen speiste sich also sowohl aus eigener Erfahrung als auch aus der Lektüre gedruckter Werke.[140] Anlässlich einer Mitteleuropareise, die er fünf Jahre später unternahm und die ihn unter anderem nach Leipzig, Berlin, Breslau und Wien führte, reflektierte Merkel in aufklärerischer Manier die Vorteile des Reisens: „Es ist für jeden Mensch, besonders für jeden Kaufmann, sehr nützlich, die Welt zu sehen, sich dadurch von manchen vaterländischen Vorurteilen zu entfernen und durch Kenntnis ausländischer Sitten und Denkungsarten sich selbst immer mehr auszubilden." Der Zweck dieser Reise ging Merkel zufolge „eigentlich dahin, Deutschland kennenzulernen, denn ich halte das für besser als sich mit fremden Nationen bekannt machen zu wollen, und das Vaterland darüber zu versäumen."[141] In Anbetracht von Merkels früherer Reise durch Holland, England und Frankreich dürfte diese Bemerkung jedoch nicht als prinzipielle Ablehnung einer Auslandsreise zu verstehen sein; vielmehr ging es darum, über der Erfahrung fremder Kulturen die Kenntnis des eigenen Heimatlandes nicht zu vernachlässigen.

2.7. Gegenprobe: Fremde Kaufleute in Nürnberg und Augsburg

Als kommerzielle Zentren Süddeutschlands waren Nürnberg und Augsburg selbstverständlich auch Orte, an denen eine kaufmännische Ausbildung möglich war. „Die fuernemsten

---

139 Ruppert 1982, S. 287f.
140 Ruppert 1982, S. 298-300.
141 Ruppert 1982, S. 295.

stedt Teudtschlandts," heißt es in Johannes Agricolas „750 Sprichwörtern" aus dem Jahre 1538, „lassen jetzt niemand mehr kuenste und sprachen lernen, sondern sobald ein knab teudtsch schreiben und lesen kann, so muß er gen Franckfordt, Antwerp und Nuernberg und muß rechnen lernen und handels gelegenheit."[142] Während für oberdeutsche Kaufmannssöhne jedoch eine große Zahl an Belegen für einen systematischen und weitgehend standardisierten Fremdsprachenerwerb in ausländischen Handelszentren vorliegt, ist der umgekehrte Fall – Sprachenlernen und Sprachgebrauch fremder Kaufleute bzw. Kaufmannssöhne in süddeutschen Reichsstädten – wesentlich spärlicher dokumentiert. Sebald Tucher (1498–1561) etwa schrieb im Februar 1525 aus Genf an seinen Vetter Linhart in Nürnberg, dass ein „edell man" eine Möglichkeit suche, seinen Sohn zum Deutschlernen an die Pegnitz zu schicken: „der hab ein jungen knabenn den wolt er gernn gen Nürmberg thun daß er die sprach mocht lernen ein 2 oder 3 Jar".[143]

Um die Mitte des 16. Jahrhunderts waren mehrere ausländische Jugendliche bei Nürnberger Schulmeistern untergebracht: Der Rechenmeister Hieronymus Rosa beherbergte 1552 den Sohn eines „welschen paumeister[s], Francisco de Siguir", der sich in Diensten des Markgrafen Albrecht Alcibiades von Brandenburg-Kulmbach befand, welcher damals gegen die Reichsstadt Krieg führte. Johann Baptist Fabritius hatte „Cost und Discipuln" aus England, Frankreich, Italien, den Niederlanden, der Schweiz und Savoyen, und Caspar Walter beherbergte 1558 einen französischen Pensionsgast.[144]

Einige Quellenzeugnisse berichten ferner von Patrizier- und Kaufmannssöhnen, deren Väter sich dauerhaft im Ausland niedergelassen hatten und die nach Augsburg oder Nürnberg geschickt wurden, um ihre Muttersprache wieder – oder erstmalig – richtig zu lernen. Als Martin Behaim d.J., der in Portugal aufgewachsene und sozialisierte gleichnamige Sohn des berühmten Seefahrers und Kosmographen, im Frühjahr 1519 nach Nürnberg reiste, um in seiner Vaterstadt Erbansprüche geltend zu machen, wurde er „förmlich von Hand zu Hand auf seiner Reise von Portugal bis nach Franken weitergereicht." Da der junge Martin Behaim sich bestenfalls rudimentär auf Deutsch verständigen konnte, sah sich sein Verwandter Michael Behaim in Nürnberg nach möglichen Dolmetschern um und fand mit Engelhart Schleim, der als Faktor Erasmus Herwarts in Lissabon gearbeitet hatte, sowie Georg Imhoff von Rothenburg, der sich wiederholt am Tejo aufhielt, zwei geeignete Kandidaten für diese Aufgabe.[145] Jörg Pock, der Faktor des Nürnberger Handelshauses Hirschvogel in Lissabon, schrieb allerdings an Michael Behaim, dass der junge Portugiese begierig sei, Deutsch zu lernen, und ein einjähriger Sprachunterricht dafür ausreichen sollte, da bereits gewisse Grundlagen vorhanden seien: „Als er mich bedunckt [mir erscheint] nach seyner begir, das er hat zw der teutzschen, so soll er inn eym jarr lernen, was er connen reden soll, dann er fast vil wordt verstett". Ein Problem sah Pock allerdings darin, dass es in Nürnberg zu viele Personen gebe, die romanische Sprachen beherrschten, und empfahl daher, den jungen Behaim in die Bischofsstadt Bamberg zu schicken: „sunderlich wo er zw Bamberg werr, do kein wall [Welscher] nit is unnd bey eym werr, do er knaben umb sich hett, dass er mit theutzsch schreiben und rechnen lernt."[146] Lazarus Nürnberger, der selbst eine Reihe von Jahren in Lissabon verbracht und 1517/18 an einer Ostindienfahrt teilge

---

142   Zit. nach Bub 1930, S. 67.
143   StadtAN, E IV/29, Nr. 525.
144   Jaeger 1925, S. 101-104.
145   Schaper 1970, S. 187. Vgl. auch Jakob 2002, S. 74-76, 79f.
146   Ghillany 1853, S. 115; Kellenbenz 1967b, S. 472f.; Beer 1990, S. 118 Anm. 131.

nommen hatte, „nahm den jungen Portugiesen zum Erlernen der deutschen Sprache in sein Bamberger Haus auf und begleitete ihn als Berater und Dolmetscher zum Nürnberger Stadtgericht, da er anläßlich der Erbschaftsverteilung seines in Lissabon am 20.3.1507 verstorbenen Onkels Wolf Behaim eine Zeugenaussage machen sollte.“[147]

Dass der junge Martin Behaim indessen nicht bereit war, sich in seine oberdeutsche Umgebung einzufügen, und mit seinem Lebenswandel seinen Verwandten vor allem Verdruss bereitete, geht aus einem Brief Jörg Pocks, der sich mittlerweile im Dienst der Hirschvogel im indischen Cochim aufhielt, an Michael Behaim vom Januar 1522 mit aller Deutlichkeit hervor: „aber das ir mir schreybt, wy sich euer vetter Mertta Behem so vbl anngelassen hatt, ist mir ein trewlichs leydt, aber kein wunder nit, dann die portugeser, so portugeser geporn sein, ist der lufft vergifft mit hoffart, und ich im warlich dasselb offt vnnd dick gesagt hab, er soll sich nit mercken lassenn mit der portugesischen weyß.“ Pock wollte Behaim „ein recht gutten capittl briff inn portugesich schreyben vonn hinen.“[148]

Hieronymus Ott, der Sohn eines aus Ulm stammenden Kaufmanns und Mitinhaber einer der erfolgreichsten deutschen Handelsfirmen in Venedig im frühen 17. Jahrhundert, schickte seine Söhne Ottavio und Marco zur Ausbildung nach Augsburg,[149] und auch Daniel Herwart, der führende oberdeutsche Kaufmann in Lyon am Beginn des Dreißigjährigen Kriegs, bemühte sich in den 1620er Jahren um Lehrstellen in Augsburg für seine Söhne Bartholomäus und Hans Heinrich. Im Spätjahr 1626 schrieb Friedrich Endorfer d.J. aus Lyon an seinen Vater: „Sie heten […] beede wohl von Noten, das sie vnder die Leuth khömmen vnd in der teutschen Sprachen ein gut fundament legten.“ Insbesondere Bartholomäus, der Ältere, habe „zue der teutschen sprach schlechte Neigung, dan er dhuet sich in derselben wehnig uben, auch wehnig *aduanziern*, dan sein Bruder dhuet ihne sowohl im schreiben alß Reden weit übertreffen.“ Aber auch für den jüngeren Sohn suchte Daniel Herwart nach einer Unterbringungsmöglichkeit in Augsburg, die es ihm ermöglichen würde, „die teutsche Sprach mit grundt zue ergreifen.“[150]

Als Musterbeispiel einer erfolgreichen sozialen wie sprachlichen Integration eines „Ausländers“ in die reichsstädtische Gesellschaft kann der 1538 auf venezianischem Gebiet geborene Bartholomäus Viatis gelten. Nach dem Schulbesuch in Venedig schickte ihn sein Vater 1550 mit dem Nürnberger Kaufmann Hans Vollandt zur Ausbildung in die Pegnitzstadt; während seiner siebenjährigen Lehrzeit bei Vollandt wurde Viatis Lutheraner. 1557 reiste der mittlerweile Neunzehnjährige nach Lyon, wo er die französische Sprache und die dortigen Handelspraktiken erlernte. Nachdem er 1561 aus Vollandts Dienst ausgeschieden war, arbeitete er für verschiedene Handelsgesellschaften, unternahm Reisen nach Italien und Breslau und heiratete 1569 die Nürnberger Kaufmannswitwe Anna Scheffer. Im selben Jahr wurde er Nürnberger Bürger und fünf Jahre später als Genannter Mitglied des Größeren Rates. Durch erfolgreiche Handelstätigkeit vermehrte er sein Vermögen rasch, und die Handelsgesellschaft, die er 1591 mit seinem aus Radolfzell stammenden Schwiegersohn Martin Peller bildete, war um die Jahrhundertwende die kapitalkräftigste Nürnbergs. In seinem Testament von 1616 bedachte Viatis neben seinen Kindern und Enkeln erster und zweiter Ehe auch das Nürnberger Heilig-Geist-Spital, Hausarme und mehrere lutherische Geistliche. Seiner zweiten Frau Florentina Jäger gewährte er ein jährliches Einkommen,

---

147 Kömmerling-Fitzler 1967/68, S. 146.
148 Kömmerling-Fitzler 1967/68, S. 178; Kellenbenz 1967b, S. 475.
149 Backmann 1995, S. 185f.
150 Häberlein/Künast/Schwanke 2010, S. 270, 291f., 330.

obwohl sie sich ihm gegenüber angeblich stets „boßhafftig, Trutzig, vnd zänkisch" betragen hatte. Im Jahre 1624 starb Viatis als reichster Bürger der Stadt. Ungeachtet seiner Integration in die reichsstädtische Gesellschaft hielt Viatis zeitlebens enge Verbindungen nach Venedig. Wiederholt logierten bei ihm venezianische Gesandte, die in Nürnberg Station machten, unter anderem Francesco Vendramin im Jahre 1599, und der Doge verehrte ihm 1609 eine goldene Kette aufgrund der „zu unterschiedlichen Malen in fremden Landen geleisteten getreuen Dienste". Ein Porträt Viatis' aus dem Jahre 1614 wurde dem venezianischen Maler Jacopo Palma il Giovane (1544–1628) zugeschrieben.[151]

Abb. 9: Bartholomäus I. Viatis (1538–1624),
Kupferstich von Andreas Kohl, Mitte des 17. Jahrhunderts.

Hermann Kellenbenz zufolge war Viatis „begabt genug, um sich das Oberdeutsche schon früh so anzueignen, daß man an der Sprache nur noch schwer den Ausländer, den Mann der

---

151 Kellenbenz 1967a (Zitate S. 172, 175); Seibold 1977, S. 6-19 und passim; Tacke 1996; Stauber 2000, S. 137.

Terra Ferma, erkennen konnte."[152] Hermann Kellenbenz und Gerhard Seibold haben allerdings betont, dass der bilinguale und fest in die Nürnberger Gesellschaft integrierte Viatis keineswegs als typisch für die italienischen Kaufleute in der fränkischen Reichsstadt anzusehen ist. Während Viatis zweimal mit deutschen Frauen verheiratet war, sein Handelsunternehmen erst in Deutschland aufbaute und enge soziale Kontakte zu Deutschen pflegte, gingen andere Italiener bevorzugt Heirats- und Geschäftsverbindungen untereinander ein, und viele kehrten nach einem befristeten Aufenthalt in Nürnberg nach Italien zurück.[153] Dass die Deutschkenntnisse dieser Landsleute von Viatis defizitär waren, deutet ein Bericht des Leiters der Abteilung für deutsche Angelegenheiten des Staatssekretariats an der römischen Kurie, Minutio Minucci, aus dem Jahre 1593 an. Minucci schrieb, dass die katholischen Italiener in der protestantischen Reichsstadt Nürnberg keine Möglichkeit hätten, die Sakramente zu empfangen. Während sie das Abendmahl in einer benachbarten katholischen Gemeinde empfangen könnten, stelle es sich als schwieriger dar, „einen italienischsprechenden Beichtvater in erreichbarer Nähe zu finden. Die einzige Möglichkeit bestand darin, das Dominikanerkloster in Bamberg aufzusuchen und bei einem dort lebenden Mönch aus Sizilien die Beichte abzulegen. Daß die in Nürnberg wohnenden Italiener von dieser Möglichkeit schon vor 1593 Gebrauch gemacht hatten, ist Minuccis Bemerkung zu entnehmen, der in Bamberg lebende Dominikaner sei ‚amato molto dalla natione Italiana'." Angesichts des hohen Alters dieses Paters sei dies allerdings nur eine temporäre Lösung des Problems.[154]

Ansonsten erfahren wir nur sporadisch etwas über den Sprachgebrauch fremder Kaufleute in süddeutschen Reichsstädten. Der aus den Niederlanden stammende Kaufmann Johann de Meere, der 1594 in Nürnberg wegen seiner Schulden in Haft genommen wurde, hatte nach Aussage seiner Gläubiger unter anderem dadurch Verdacht erregt, dass er „den seinigen verborgene zettel von Papir auch ettliche bletter, auß schreibtafeln mit frembden sprachen vnd notis vberschrieben zum ofternmal eingeschlaicht".[155] Als Hans Cardon d.Ä., ein „welscher Kramer und burger", der Ende des 16. Jahrhunderts nach Augsburg gekommen war, 1615 von den städtischen Behörden wegen der unerlaubten Beherbergung einer fremden Person in Haft genommen wurde, ergab das Verhör, dass der bereits über 60 Jahre alte gebürtige Savoyer fast taub war und die deutsche Sprache nur schlecht beherrschte.[156] Angesichts der Tatsache, dass süddeutsche Kaufleute im Regelfall eine kaufmännische Auslandslehre absolviert hatten und mit ihren ausländischen Geschäftspartnern in deren Sprache korrespondierten, ist davon auszugehen, dass italienische, französische und niederländische Kaufleute in Nürnberg und Augsburg die Möglichkeit hatten, sich auch in ihrer jeweiligen Muttersprache zu verständigen, und die Notwendigkeit, die Sprache des Gastlandes zu erlernen, nicht so ausgeprägt war wie für die Oberdeutschen in den süd- und westeuropäischen Handelszentren.

---

152 Kellenbenz 1967a, S. 177. Der Autor fügt hinzu: „Einige Eigentümlichkeiten blieben wohl, wie das von ihm 1579 angelegte Geheimbuch zeigt, etwa wenn er das h am Beginn eines Wortes wegließ oder ein h setzte, wo die Nürnberger es wegließen, oder wenn er dem Gehör nach ‚saumbt' statt ‚samt' und ‚nix' statt ‚nichts' schrieb."

153 Kellenbenz 1967a, S. 162f.; Seibold 1984, S. 191.

154 Bauer 1962, S. 3.

155 BayHStA München, Reichskammergericht, Nr. 8614, Quad. 6.

156 StadtAA, Strafamt, Urgichten 1615b, April 10. Vgl. Häberlein/Künast/Schwanke 2010, S. 278 Anm. 1290.

2.8. Resümee

Mit der Ausweitung der kommerziellen Aktivitäten süddeutscher Kaufleute und der Adaption italienischer Handelstechniken ging seit dem 15. Jahrhundert eine Professionalisierung und Standardisierung der kaufmännischen Ausbildung einher, im Rahmen derer der Fremdsprachenerwerb im Ausland eine zentrale Rolle spielte. Zwischen dem 15. und dem 18. Jahrhundert lernten zahllose angehende Nürnberger und Augsburger Kaufleute Fremdsprachen in den wichtigsten kommerziellen Metropolen ihrer Zeit – vor dem Dreißigjährigen Krieg insbesondere in Venedig, Florenz, Lyon, Antwerpen, Saragossa und Lissabon, nach dem Krieg auch in Amsterdam, Paris, London und Livorno. Quellenzeugnisse des 16. Jahrhunderts zeigen, dass diese Sprachausbildung hochgradig formalisiert war: Sie begann meist zwischen dem 14. und dem 16. Lebensjahr, fand in den Haushalten von *native speakers* statt und schritt vom mündlichen zum schriftlichen Sprachgebrauch fort. Der Gebrauch von Hilfsmitteln wie Wörterbüchern und Grammatiken ist vor 1600 vereinzelt, danach dichter belegt. Auch wenn die überlieferten Äußerungen über die Sprachkompetenz der Kaufmannslehrlinge oft formelhaft sind, hatten frühneuzeitliche Kaufleute offenbar durchaus Vorstellungen von Sprachvarianten, Dialektgebrauch und Formen des Fremdsprachenkönnens. Die Korrespondenz reichsstädtischer Kaufleute in romanischen Sprachen sowie einschlägige Buchbestände in ihren Bibliotheken lassen zudem eine intensivere Beschäftigung mit den erlernten Fremdsprachen über den reinen Gebrauch der für ihre Berufsausübung notwendigen Fach- und Geschäftssprache hinaus erkennen.

3. Auslandsstudium und Bildungsreisen

3.1. Spätmittelalterliche und frühneuzeitliche Universitäten als Ausbildungsstätten, soziale Gemeinschaften und Orte des Fremdsprachenlernens

Neben den Zentren der kaufmännischen Auslandslehre wie Venedig, Antwerpen, Lyon oder Lissabon entwickelten sich die Universitäten, allen voran die renommierten italienischen und französischen Hochschulen, im späten Mittelalter und der Frühen Neuzeit zu Kristallisationskernen deutscher Gemeinden im Ausland, die spätestens seit dem 15. Jahrhundert auch eine wachsende Zahl von Nürnberger und Augsburger Patrizier- und Bürgersöhnen anzogen.[1] Die fremden Studenten an den italienischen und französischen Universitäten waren in ‚Nationen' organisiert, welche „ein intensiv reguliertes und ritualisiertes Eigenleben" entwickelten, „das Abgrenzung und Repräsentation nach außen gegenüber den anderen Nationen und der Kommune bedeutete wie auch Integration nach innen." Den Statuten der Universität Bologna von 1497 zufolge umfasste die Deutsche Nation „alle diejenigen, deren Muttersprache Deutsch ist, gleich welchen Standes sie sind; Ausnahmen werden aus Traditionsgründen für Dänen, Böhmen, Mähren und Litauer gemacht". Die Gruppenidentität der Nationen manifestierte sich in eigenen Kirchen und Kapellen, der Führung eigener Matrikel, Wappen und Siegel, der Ausbildung einer internen Schiedsgerichtsbarkeit sowie in der Erhebung von Beiträgen und Strafgeldern.[2] Dementsprechend werden spätmittelalterliche und frühneuzeitliche Universitäten in der neueren Forschung „nicht nur als Bildungsanstalten, sondern als Knotenpunkte sozialer Beziehungen und Personengemeinschaften, mithin als ‚social communities', begriffen, in denen sowohl unter den Studenten als auch unter den Professoren die altständischen Regeln von Patronage und Klientelwesen wirksam waren."[3]

Für die Rezeption des römischen Rechts in den süddeutschen Reichsstädten wie für die Verbreitung des Humanismus nördlich der Alpen waren die Studienaufenthalte Nürnberger und Augsburger Gelehrter in Italien im späten 15. Jahrhundert zweifellos von zentraler Bedeutung. So hatten die Nürnberger Ratskonsulenten Laurentius Schaller (1478–1495) und Franciscus Braun (1498–1501) in Bologna studiert. „Insbesondere Nürnberger Patriziersöhne," schreibt Winfried Dotzauer, „haben sich in ihrer italienischen Studienzeit der humanistischen Bildung früh genähert. Wirkten Hermann Schedel, Thomas und Hans Pirckheimer in diesem Sinne [...] vorbereitend, so hat die zweite Nürnberger Studentengeneration in Italien (um 1465) nach ihrer schließlichen Rückkehr (Johann Pirckheimer, Johann Löffelholtz, Hartmann Schedel) den Nürnberger Humanismus erst eigentlich ausgelöst."[4] Die zentrale Gestalt des Humanismus in der fränkischen Metropole um 1500, der Ratsherr, Diplomat und Schulreformer Willibald Pirckheimer (1470–1530), hatte zwischen 1489 und 1495 in Padua, wo bereits sein Vater Johann als Jurist promoviert worden war, und Pavia studiert. In Nürnberg, wo er von 1496 bis 1523 dem Inneren Rat angehörte, sammelte Pirckheimer einen Kreis von Humanisten um sich, zu dem der Jurist Christoph Scheurl (der in Bologna studiert hatte und promoviert worden war), Johannes Cochlaeus

---

1   Zur Entwicklung des Universitätswesens in Europa vgl. allgemein Rüegg 1996; W. Weber 2002.
2   Mertens 2003, S. 101f. Vgl. Dotzauer 1977, S. 113f., 118; Berns 1988, S. 158; Sottili 1991, S. 49-51; Glück 2002, S. 125; W. Weber 2002, S. 17, 35; Zaggia 2007, S. 182.
3   Asche 2005, S. 5.
4   Dotzauer 1977, S. 134f. (Zitat 135); vgl. auch Stauber 2000, S. 127, 138.

und Albrecht Dürer gehörten.[5] Der Nürnberger Gabriel Baumgartner, der nach seiner Promotion in Pavia (1473) Professor an der Universität Ingolstadt wurde, gehörte als enger
Freund von Konrad Celtis ebenfalls zu den Förderern des Humanismus.[6] Der Augsburger
Stadtschreiber Conrad Peutinger (1465–1547), der den Mittelpunkt eines Humanistenzir-
kels in der schwäbischen Reichsstadt bildete, hatte die Universitäten Padua und Bologna
besucht.[7]

Wie Dieter Mertens am Beispiel der Rede „De laudibus Germaniae" gezeigt hat, die der
Nürnberger Christoph Scheurl am 1. Mai 1505 in der Bologneser Kirche S. Domenico
anlässlich der Einführung des neuen Rektors vor den 20 Nationen der Universität hielt,
waren die international renommierten und von zahlreichen deutschen Studenten besuchten
italienischen und französischen Juristenuniversitäten an der Wende vom Mittelalter zur
Neuzeit überdies Orte einer nationalen Selbstfindung. Mertens zufolge diente Scheurls
Rede „einem Akt der Selbstidentifizierung vor Fremden, der Konstituierung von Identität
durch Abgrenzung von anderen vor anderen." Bezeichnenderweise ließ Scheurl die Rede
Anfang 1506 in einer Auflage von 2.000 Stück drucken und u.a. über einen Nürnberger
Händler in Rom verbreiten.[8]

Als Orte des Fremdsprachenerwerbs spielten die ausländischen Universitäten im 15.
und zu Beginn des 16. Jahrhunderts allerdings noch eine untergeordnete Rolle. „Die vielen
deutschen Scholaren an den Universitäten der Apenninenhalbinsel," schreibt Uwe Israel,
„[…] lernten Italienisch nur in Ausnahmefällen. Die mangelnde Anpassung der Studenten
und ihr Sonderstatus führten oft genug zu Konflikten mit der Bevölkerung. Für Studenten
war ihre Universität, einmal dort angekommen, eine lateinische Sprachinsel. Ansonsten
konnten die Landsleute in ihrer *natio* weiterhelfen. Überdies gab es vielerorts deutsche
Zuwanderer, mit denen die Studenten Kontakt halten konnten."[9] Willibald Pirckheimers
Ruhm als humanistischer Philologe gründete sich auf die hervorragenden Latein- und
Griechischkenntnisse, die er in Padua erworben hatte, und seine Übersetzungen griechischer Texte ins Lateinische; seine Bibliothek war für ihre „lateinischen, griechischen, hebräischen und sogar assyrischen Bücher", nicht jedoch für Werke in lebenden Fremdsprachen bekannt.[10] Obwohl Conrad Peutinger jahrelang in Italien studiert hatte, finden sich
auch in seiner Bibliothek – die zu ihrer Zeit immerhin zu den größten Privatbibliotheken
nördlich der Alpen gehörte – nur sehr vereinzelt italienisch- und spanischsprachige Bücher.[11]

Um die Mitte des 16. Jahrhunderts sind in dieser Hinsicht jedoch einige signifikante
Veränderungen zu verzeichnen. Zum einen gewannen für Kaufleute und Handelsdiener, die
im Rahmen ihrer Tätigkeit in wichtigen kommerziellen Zentren auch notarielle Dokumente
in Auftrag zu geben und Prozesse zu führen hatten, juristische Kenntnisse an Bedeutung.
Die erforderlichen Kompetenzen ließen sich durch die Kombination einer Auslandslehre

---

5 Rupprich 1967; Reinhard 1991, S. 11, 17-19; Stauber 2000, S. 147f.; Ebneth 2001; Häberlein 2011,
   S. 214f.
6 Sottili 1991, S. 54.
7 Lutz 1958, S. 5-8 und passim; Künast/Müller 2001; Häberlein 2011, S. 215; Bergdolt 2011, S. 92.
8 Mertens 2003, S. 103f. (Zitat 103).
9 Israel 2005, S. 102.
10 Rupprich 1967, S. 95f., 100-110.
11 Künast/Zäh 2003/05.

mit einem Jurastudium erwerben.[12] Zum anderen „nahm seit der zweiten Hälfte des 16. Jahrhunderts insgesamt die Nachfrage nach akademischer Bildung in der Gesellschaft stetig zu", und diese Nachfrage, die eng mit dem Bedarf der entstehenden frühmodernen Staaten an qualifiziertem Verwaltungspersonal sowie mit den kirchlichen Reformen des konfessionellen Zeitalters zusammenhing, fand Ausdruck in „sich steigernden Besucherzahlen nahezu aller europäischen Hochschulen".[13] Neben dem Studium gelehrter Fächer, insbesondere der Jurisprudenz und ihrer „Hilfswissenschaften" Politik und Geschichte, sowie Leibesübungen wie Fechten und Tanzen bildete das Fremdsprachenlernen einen wichtigen Bestandteil einer umfassenden Ausbildung, die Patrizier- und Kaufmannssöhne ebenso wie junge Adelige für den Fürstendienst befähigen sollte.[14]

Drittens orientierten sich die reichsstädtischen Eliten der Patrizier und Großkaufleute im Verlauf des 16. Jahrhunderts zunehmend an Lebensführung und Habitus des Adels und übernahmen in diesem Zusammenhang auch die Praxis der adeligen Kavalierstour – einer Bildungsreise durch süd- und westeuropäische Länder, die junge Männer von Stand in Kleingruppen, welche von Präzeptoren oder Hofmeistern begleitet wurden, meist zwischen dem 15. und dem 20. Lebensjahr unternahmen. Justin Stagl zufolge hat diese Form der Reise ihren Ursprung im Humanismus, denn Humanisten wie Erasmus von Rotterdam begannen im 16. Jahrhundert, „die Mobilität der Stabilität vorzuziehen und die Pilgerfahrt zur Bildungsreise umzudefinieren." Um 1570 entwickelten europäische Humanisten zudem eine neue Form der Reiseanleitung und -methodik, die *ars apodemica*, die das Reiseverhalten der gelehrten und sozialen Eliten Europas stark prägte. Während ursprünglich noch die Selbstbildung erwachsener Reisender im Mittelpunkt dieser Literaturgattung stand, wurden im Verlauf des 17. Jahrhunderts „noch unfertigen Kavaliersreisenden die apodemischen Rezepte durch den mitreisenden Hofmeister sozusagen löffelweise verabreicht."[15] Die Kavalierstour, auf der die Schlösser regierender Fürsten, Universitäten, Ritterakademien sowie geistliche und weltliche Monumente von besonderem kulturellen Rang aufgesucht und besichtigt wurden, wurde Mathis Leibetseder zufolge „von der Idee getragen, dass die jungen Kavaliere unterwegs ihr Verhalten und ihre Kenntnisse vervollkommnen […] sollten." Speziell vom Nürnberger Patriziat wurde sie nach Leibetseder „als ein Teil adeliger Lebensart gepflegt, die den Führungsanspruch dieser Körperschaft innerhalb der Stadt genauso untermauerte wie den Ebenbürtigkeitsanspruch gegenüber dem fränkischen Ritteradel."[16] „Die auf der *Peregrinatio* erworbene ‚Weltgewandtheit' in Form adligen und höfischen Verhaltens," schreibt Alexander Sigelen, „stellte im Vergleich zu einem bloßen Studium einen besonders exklusiven und daher in hohem Maße wirksamen sozialen Code der politischen Machteliten dar."[17] Die genannten Entwicklungen führten dazu, dass der Fremdsprachenerwerb nun auch im Rahmen des Besuchs ausländischer Universitäten stark an Bedeutung gewann. Für Augsburger und Nürnberger Patrizier und Kauf-

---

12 Vgl. Denzel 2002, S. 430f.
13 Asche 2005, S. 13f. (Zitate 13).
14 Leibetseder 2004, S. 105f., 135; Sigelen 2009, S. 84f., 524-537.
15 Stagl 2002, S. 71-122 (Zitate 73, 109).
16 Leibetseder 2004, S. 10, 209. Vgl. zur Kavalierstour allgemein Berns 1988; Ridder-Symoens 1989; Ridder-Symoens 1996, S. 346-350; Stannek 2001; Leibetseder 2004; sowie Glück 2002, S. 132-140. Zur Orientierung des Nürnberger Patriziats am „Leitbild Adelskultur" siehe Fleischmann 2007, Bd. 1, S. 254-258.
17 Sigelen 2009, S. 85f.

leute lässt sich dieser Wandel seit den 30er und 40er Jahren des 16. Jahrhunderts genauer belegen.

Hans Jakob (1516–1575) und Georg Fugger (1518–1569), die Söhne Raymund Fuggers, waren die ersten Mitglieder der Familie, die nicht nur für eine spätere Tätigkeit in der Fuggerschen Handelsgesellschaft ausgebildet wurden, sondern eine breit angelegte gelehrte und humanistische Ausbildung erhielten. Sie studierten seit 1531 in Bourges, Padua und Bologna und absolvierten anschließend 1536/37 eine Kaufmannslehre in der Antwerpener Fuggerfaktorei.[18] Zumindest im Falle Hans Jakob Fuggers ist bekannt, dass er sehr gute Sprachkenntnisse erwarb, denn nachdem er 1563 aufgrund seiner privaten Überschuldung von der Leitung der Fuggerfirma zurückgetreten war und sich in die Dienste Herzog Albrechts V. von Bayern (reg. 1550–1579) begeben hatte, verstand er seine Sprachgewandtheit am Münchner Hof in mehrfacher Hinsicht zu nutzen: Er fungierte als Dolmetscher des Herzogs, wenn italienische Fürsten zu Besuch kamen, übersetzte fremdsprachliche Korrespondenz und begleitete einen Sohn des Herzogs im Herbst 1565 auf einer Reise nach Florenz, wo er mit dem Großherzog Cosimo I. Medici „in welscher Sprache" kommunizierte.[19] Die jüngeren Vettern von Hans Jakob und Georg Fugger, Anton Fuggers Söhne Marx (1529–1597), Hans (1531–1598) und Jakob (1533–1598), lernten zwischen 1542 und 1552 auf ausgedehnten Reisen und durch Universitätsbesuche Italien, die Niederlande, Frankreich und Spanien kennen. Für Marx Fugger bildete seine Tätigkeit in der Antwerpener Faktorei der Familienhandelsgesellschaft 1553/54 lediglich den Abschluss eines insgesamt zwölfjährigen Bildungswegs im Ausland, der mindestens ebenso sehr der Erweiterung des Horizonts, dem Erwerb eines weltgewandten Habitus und gelehrten Studien diente wie der Vorbereitung auf eine Leitungsfunktion in der Fuggerfirma.[20]

Dass hinter diesen Bildungsgängen eine familiäre Strategie steckte, bestätigen Anton Fuggers Testament von 1550 und ein Kodizill, das er kurz vor seinem Tod im Jahre 1560 hinzufügte. Während der älteste Sohn nach seinem Ableben in die Firmenleitung eintreten sollte, sollten die jüngeren Söhne dem Testament von 1550 zufolge „wie pisher mit gelerten leuten und mcnnern als preceptori versehen, studieren, umbraisen, auch frembde sprachen und gepreuch erfaren und lernen", um für einen anschließenden Dienst am Kaiserhof oder einem anderen Fürstenhof vorbereitet zu sein.[21] In einem Kodizill, das er im Juli 1560 diktierte, übernahm Fugger die Verantwortung für die Erziehung seiner Enkel Jörg und Hans von Montfort und entwarf einen Erziehungsplan für sie, in dem das Lernen von Fremdsprachen eine zentrale Rolle spielte. Wenn sie 12 bis 13 Jahre alt sein würden, sollten sie

> mit demselben irm preceptor oder ainem andern taugenlichen und wo möglichen ainem des lands und der sprach erfarnen sanpt zwayen knaben, so auf sy warten sollen und ainem kneht in Franckreich auf ain universitet (da die französisch sprach am pösten ist) geschickt, daselbs oder zum maisten noch einem der gleichen ort und also an zwayen orten drey ganze jar pleiben, in der zeit sy die französisch sprach auch die selb schreiben und lesen perfect lernen, fleissig studiern und darzwischen zu gepürender zeit musica, als singen, tantzen, fechten und dergleichen ehrlich kurtzweil, ausserhalb lautenschlagen lernen und ieben. Wan sy dan also trey jar in

---

18 Kellenbenz 1981b, S. 49-52; Häberlein 2006a, S. 98.
19 Kellenbenz 1981b, S. 84; Häberlein 2006a, S. 200; Häberlein 2010a, S. 37f.
20 G. Lutz 1982, S. 432-435, 442f.; Häberlein 2006a, S. 98; Häberlein 2010a, S. 37.
21 Preysing 1992, S. 118.

Franckreich an ainem oder zway orten verhart, die sprach fleissig gelernet und wol gestudiert haben, solln sy […] mit obbemeltem irem zugeordneten oder ander hierzu tauglichen pershon (die catolisch sein) in obbemelter antzal, sunderlich das der preceptor zuvor in Italia sey gewesen, in Italiam auf ain universitet, als gen Badua, geschickt und […] mit lernung der sprachen, studio und ehrlichen exercicio […] verfaren und also in Italia auch an ainem oder zway gueten orten, trey gantzi jar continuieren und zuepringen, doh an den orten, da die sprach guet ist […].[22]

Über den Augsburger Georg von Stetten (1520–1573), der derselben Alterskohorte angehörte wie die genannten Mitglieder der Familie Fugger, berichtet das von seinem Bruder Christoph angelegte Geschlechterbuch, dass er bis zum Alter von neun Jahren zuhause und anschließend eineinhalb Jahre lang bei einem Präzeptor in Memmingen erzogen wurde. Daran schloss sich der Besuch der Universitäten Tübingen, Basel, Wittenberg und Orléans an. Im Alter von 18 Jahren, also Ende der 1530er Jahre, sei Georg von Stetten dann „ins Niderlandt, von da zw ainem Herren frantzossen die Sprach eest basser [desto besser] zw lernen gen Dorneck [Tournai] gethon worden, daselbs er nun die Sprach erlernet". Daraufhin setzte er sein Universitätsstudium in Padua „hin und wider mit guter fleissiger Erlernung bis in das 1547 Jar" fort.[23] Der Kaufmannssohn Melchior Linck (1529–1587) wurde „mit allem väterlichen und mütterlichen Fleiß" erzogen, besuchte in seiner Heimatstadt Augsburg zwei Lateinschulen und wurde 1542 als Dreizehnjähriger an die Universität Tübingen geschickt, wo er gemeinsam mit seinem nahen Verwandten Ludwig Langnauer studierte. Im folgenden Jahr reiste er in Begleitung eines anderen Kaufmannssohns nach Padua, um dort sein Studium fortzusetzen. Auf die Rückkehr des mittlerweile Neunzehnjährigen nach Augsburg im Jahre 1548 folgte eine Ausbildung in der väterlichen Firma: Melchior Linck wurde in Begleitung eines Verwandten und Firmenmitarbeiters nach Antwerpen geschickt und arbeitete eineinhalb Jahre in der dortigen Faktorei der Haug-Langnauer-Linck-Gesellschaft. 1550 ging er nach Genf und Lyon, um Französisch zu lernen; die Reise dorthin trat er gemeinsam mit drei anderen Kaufmannssöhnen an, die sich unterwegs mit einem satirischen Rollenspiel die Zeit vertrieben. Bevor er 1551 nach Augsburg zurückkehrte, unternahm Melchior Linck mit Zustimmung seines Vaters noch eine private Rundreise durch Südfrankreich.[24] Die Tatsache, dass es in französischen Städten des 16. Jahrhunderts Sprachlehrer gab, „die ihren Lebensunterhalt mit Unterricht in Französisch als Fremdsprache für durchreisende Adelige und Jungakademiker verdien[t]en", dürfte zur Etablierung derartiger Ausbildungspraktiken beigetragen haben.[25]

Der Nürnberger Patriziersohn Paulus Tucher schrieb 1544 aus seinem Studienort Wittenberg an seinen Vater Linhart über einige andere Studenten aus seiner Heimatstadt, diese seien nach seinem Dafürhalten gewillt, nach Italien zu ziehen, „vonwegen das si iure haben angefangen zu studiern, vnnd haben auch die institutiones gehort schon in Franckreich vnnd haben sunst nit in willen die artes darneben zu lernen, vnnd die weyll es hie nit als geschickte doctores Iure hat als in Welschlandt, so sein darauff von deswegen nein gezoghen vnnd kumen darnach darneben die welsch sprach lernen vnnd sehen vil darzw vil

---

22 Preysing 1992, S. 161; Stannek 2001, S. 95.
23 Hämmerle 1955, S. 101; vgl. Merath 1961, S. 11.
24 SuStBA, 2° Cod. Aug. 489, fol. 42-44v; Häberlein 1998a, S. 72f., 347f.; Häberlein 2010a, S. 35f.
25 Schröder 2000, S. 685.

feins land vnnd leut".[26] Die Qualität des Jurastudiums, der Erwerb der Fremdsprache und das Kennenlernen von Land und Leuten erscheinen hier als gleichrangige und komplementäre Ziele des Italienaufenthalts.

Abb. 10: Portrait des Melchior Linck (1529–1587)
aus dem Ehrenbuch der Linck (1560/61).

Seit der Mitte des 16. Jahrhunderts häufen sich dann die Belege für Studienaufenthalte und Bildungsreisen reichsstädtischer Patrizier- und Kaufmannssöhne im Ausland, die nicht zuletzt dem Fremdsprachenlernen dienten. Während die Matrikel italienischer, französischer und niederländischer Universitäten sowie Stamm- und Familienbücher einen Eindruck davon vermitteln, wie weit verbreitet diese Auslandsaufenthalte waren, gewähren Briefe und autobiographische Texte Einblicke in konkrete Praktiken des Fremdsprachenlernens.

---

26 StadtAN, E 29/IV, Nr. 481; vgl. Kuhn 2010a, S. 65.

3.2. Studium und Bildungsreisen zwischen 1550 und 1650

3.2.1. Der quantitative Befund

Obwohl sie keineswegs lückenlos überliefert und bislang nur selektiv ediert worden sind, ermöglichen die Matrikel von Universitäten im fremdsprachigen Ausland eine erste quantitative Annäherung an die Bildungswege Augsburger und Nürnberger Studenten.[27] In der folgenden Auswertung wurden die italienischen Hochschulen Bologna, Padua, Perugia, Pisa und Siena sowie das Collegium Germanicum in Rom, die französischsprachigen Hochschulen Genf, Bourges, Orléans und Montpellier sowie die niederländischen Universitäten Löwen und Leiden berücksichtigt.[28]

In den Jahren 1550 bis 1599 lassen sich nach den publizierten Matrikeln insgesamt 302 Studenten aus den beiden Reichsstädten – 103 aus Nürnberg, 199 aus Augsburg – an den genannten Hochschulen nachweisen. Während sich die meisten Augsburger und Nürnberger in der zweiten Hälfte des 16. Jahrhunderts lediglich an einer Universität im fremdsprachigen Ausland immatrikulierten, waren etwa ein Viertel – 40 Nürnberger und 34 Augsburger – an zwei oder mehr ausländischen Hochschulen eingeschrieben. 25 Studenten – 14 aus Nürnberg, 11 aus Augsburg – besuchten sogar drei oder vier Hochschulen im italienischen, französischen und niederländischen Sprachraum. Die große Mehrzahl der Augsburger und Nürnberger Auslandsstudenten ging nach Italien, auf das gut drei Viertel (305 der insgesamt 405) Immatrikulationen entfielen. Dort standen die „bei ausländischen Studenten besonders hoch angesehenen Universitäten" Bologna, Padua und Siena, an denen vor allem die Juristischen und Medizinischen Fakultäten großes Prestige genossen,[29] auch bei Augsburger und Nürnberger Studenten hoch im Kurs. In Siena sind mehrere Nürnberger Ende des 16. Jahrhunderts als Consiliare und Prokuratoren der deutschen Nation belegt; die Patrizier Gabriel Muffel (gest. 1582), Johannes Andreas Geuder (gest. 1588), Sebastian Löffelholtz (gest. 1590) und Christoph Kress (gest. 1591) wurden in der Barbarakapelle an der Kirche San Domenico bestattet.[30] Perugia und das 1552 gegründete, vom Jesuitenorden geleitete Collegium Germanicum[31] zogen eine Reihe katholischer Studenten aus dem bikonfessionellen Augsburg an, wurden von den protestantischen Nürnbergern aber gemieden.

Bis in die 1560er Jahre hinein erfreute sich auch Löwen, um die Mitte des 16. Jahrhunderts eine Universität „mit betont humanistischer Orientierung, […] wo das von Erasmus geförderte *Collegium Trilingue* entstanden war",[32] als Studienort recht großer Beliebtheit. Nach Ausbruch der religiös-politischen Unruhen in den Niederlanden entwickelte sich Löwen jedoch zu einem Bollwerk des gegenreformatorischen Katholizismus, das von den

---

27 Zum Forschungsstand vgl. Asche 2005, S. 9-12.
28 Zugrunde gelegt wurden die Matrikeleditionen von Accorsi 1999; Brugi 1912; Dotzauer 1971; del Gratta 1983; Gouron 1957; Knod 1899; Kroon 1875; Mischiati 1966; Pighi/Forni 1986; Ridderikhoff 1978; Rossetti 1986; Schillings 1961/63; Schmidt 1984; Stelling-Michaud 1966-1980; Weigle 1956; Weigle 1959; Weigle 1962.
29 Asche 2005, S. 16. Vgl. Dotzauer 1977, S. 118-122; Ridder-Symoens 1996, S. 336; Bergdolt 2011, S. 85.
30 Sottili 1991, S. 51. Die Angabe Sottilis, zwischen 1573 und 1600 hätten 84 Nürnberger in Siena studiert, lässt sich anhand der Matrikel allerdings nicht verifizieren und beruht vermutlich auf einem Schreibfehler.
31 Vgl. Schmidt 1984, bes. S. 12-31, 38-55, 67-89.
32 Ridder-Symoens 1989, S. 198; vgl. auch Ridder-Symoens 1996, S. 336f.

Studenten einen Eid auf Papst und Kirche verlangte, und verlor daher vor allem für protestantische Bürger der süddeutschen Reichsstädte rasch an Attraktivität. Als die Nürnberger Patriziersöhne Sebald Welser, Wolfgang Harsdörffer und Karl Imhoff 1577 in Löwen studierten, mussten sie sich diesem Eid unterziehen.[33] Die 1575 neu gegründete Universität Leiden hingegen zog seit den 1590er Jahren vor allem Studenten aus dem protestantischen Nürnberg an.

Tabelle 1: Augsburger und Nürnberger Studenten an Universitäten im fremdsprachigen Ausland 1550–1599

Studienort	Augsburger	Nürnberger	Gesamt
Italienischer Sprachraum			
Bologna	46	53	99
Padua	41	30	71
Perugia	26	0	26
Pisa	2	0	2
Siena	33	34	67
Rom (Germanicum)	40	0	40
Französischer Sprachraum			
Bourges	19	4	23
Genf	4	20	24
Orléans	1	7	8
Montpellier	9	1	10
Niederlande			
Löwen	21	0	21
Leiden	2	12	14
Summe	**244**	**161**	**405**

Datenbasis: 405 Matrikeleinträge zu 302 Studenten

Unter den Hochschulen in französischsprachigen Ländern erfreuten sich Bourges und nach 1580 Genf der größten Beliebtheit, wobei Bourges primär Augsburger, Genf wie auch Orléans hingegen mehrheitlich Nürnberger Studenten anzogen. Orléans wie Bourges verdankten ihre Beliebtheit im 16. Jahrhundert unter anderem der Tatsache, dass sie Wirkungsstätten bedeutender humanistisch inspirierter Rechtsgelehrter waren. Zudem war die deutsche Nation in Orléans von den französischen Königen mit besonders weitreichenden Privilegien ausgestattet worden.[34] „In Orléans und in Bourges organisierte die Germanische Nation" Hilde de Ridder-Symoens zufolge „französischen Sprachunterricht für die deutschen Studenten, damit diese Mitglieder der Nation nicht nach anderen Städten abwanderten."[35] Außerdem galt Orléans wegen der Reinheit des dort gesprochenen Französisch als besonders attraktiv.[36] Im südfranzösischen Montpellier studierten zwischen 1550 und 1578 zehn

---

33 Ozment 2000, S. 194, 204.
34 Babel 2006, S. 114-116.
35 Ridder-Symoens 1989, S. 211.
36 Ridder-Symoens 1996, S. 335.

Augsburger und Nürnberger Medizin, darunter der durch sein Herbarium und seine Orient-
reise bekannt gewordene Augsburger Stadtarzt Dr. Leonhard Rauwolf,[37] der auch als Übersetzer französisch- und italienischsprachiger medizinischer Werke hervorgetretene Augsburger Jeremias Merz (Martius)[38] und der aus einer bekannten Augsburger Kaufmannsfamilie stammende Felix Manlich.[39] Der Rückgang der Einschreibungen in Montpellier
hing ebenso mit den französischen Religionskriegen zusammen wie die wachsende Popularität des calvinistischen Genf bei protestantischen Studenten aus den süddeutschen Reichsstädten.[40]

**Tabelle 2: Augsburger und Nürnberger Studenten an Universitäten im fremdsprachi-
gen Ausland 1600–1649**

Studienort	Augsburger	Nürnberger	Gesamt
Italienischer Sprachraum			
Bologna	3	1	4
Padua	19	29	48
Perugia	51	0	51
Pisa	3	0	3
Siena	6	1	7
Rom (Germanicum)	42	0	42
Französischer Sprachraum			
Bourges	11	38	49
Genf	6	29	35
Montpellier	0	1	1
Niederlande			
Groningen	0	2	2
Leiden	2	92	94
Löwen	2	0	2
Summe	**145**	**193**	**338**

Datenbasis: 338 Matrikeleinträge zu 310 Studenten

Zwischen 1600 und 1649 lassen sich 310 Augsburger und Nürnberger Studierende an
Hochschulen im fremdsprachigen Ausland nachweisen – eine bemerkenswert hohe Anzahl
angesichts der massiven demographischen und wirtschaftlichen Auswirkungen des Dreißigjährigen Kriegs auf die beiden Reichsstädte. Allerdings besuchten nur noch 24 Studenten, also weniger als zehn Prozent, mehr als eine ausländische Hochschule. Mit 173 Auslandsstudenten stellte die Reichsstadt Nürnberg nun mehr Studierende als Augsburg (137).
Nur noch acht Augsburger und 20 Nürnberger lassen sich in diesem Zeitraum in den Matrikeln von mehr als einer ausländischen Universität nachweisen. Insbesondere nach 1630 fiel

---

37 Vgl. zu ihm Dannenfeldt 1968; Häberlein 2006c; Häberlein 2010a, S. 40-44; Walter 2009; Her-
   de/Walter 2010.
38 Herde/Walter 2010, S. 138, 140, 142f. Vgl. auch Abschnitt 3.4.
39 Seibold 1995, S. 164f., 178. Zur Bedeutung Montpelliers vgl. Dotzauer 1977, S. 116.
40 Vgl. Asche 2005, S. 17.

die Zahl der Auslandsstudenten aus der vom Krieg stark mitgenommenen schwäbischen Reichsstadt weit hinter diejenige Nürnbergs zurück. Auf die italienischen Universitäten entfiel jetzt nur noch knapp die Hälfte der Immatrikulationen im Ausland, und katholische Augsburger gingen nun vorwiegend nach Perugia und Rom, während Nürnberger – sofern sie sich überhaupt in Italien einschrieben – die Universität Padua bevorzugten.[41] Weiterhin fällt die gewachsene Bedeutung der Universitäten bzw. Hochschulen Genf, Bourges und insbesondere Leiden auf, die vor allem von Nürnbergern frequentiert wurden. Fast die Hälfte der Nürnberger Immatrikulationen im Ausland in der ersten Hälfte des 17. Jahrhunderts entfallen auf die holländische Hochschule.[42]

Für Augsburg wie für Nürnberg lässt sich schließlich konstatieren, dass es ganz überwiegend Angehörige der sozialen Führungsschichten, also Patriziersöhne und Söhne von Großkaufleuten, waren, die ein Auslandsstudium antraten. Dies entsprach einem gesamteuropäischen Trend: In der Frühen Neuzeit „überließ die Universität" Willem Frijhoff zufolge „die Vermittlung allgemeiner Bildung den Gelehrtenschulen und wurde eine Ausbildungsstätte begrenzter gesellschaftlicher Eliten."[43]

Was die Häufigkeit von Bildungs- und Kavaliersreisen betrifft, kann auf Leibetseders Ergebnisse zum Patriziat der Reichsstadt Nürnberg zurückgegriffen werden. Demnach lassen sich für mindestens 20 der 42 Familien des Nürnberger Patriziats zwischen 1575 und 1788 Kavalierstouren nachweisen, wobei der zeitliche Schwerpunkt im 17. Jahrhundert lag. Beliebtestes Reiseland der jungen Patrizier war Frankreich, gefolgt von Italien, den Niederlanden und England. Die Hofmeister, die Nürnberger Patriziersöhne begleiteten, wurden häufig von der Universität Altdorf rekrutiert, wo auch die meisten Patriziersöhne ihr Studium begonnen hatten.[44]

3.2.2. Beispiele

Eine Reihe von Augsburger und Nürnberger Beispielen soll diese quantitativen Befunde ergänzen. Der 1528 in Augsburg geborene David Bürglin, der tagebuchartige Aufzeichnungen hinterlassen hat, studierte zwischen 1545 und 1549 zuerst Theologie, dann Rechtswissenschaft in Tübingen und Wittenberg. Anfang April 1552 trat er gemeinsam mit den Brüdern Hans und Ulrich Herwart, Abraham Rem und zwei Venediger Boten die Reise nach Italien an. Nach einem kurzen Aufenthalt am Rialto zog er „sampt Hannsen Marold, welcher ihme von wegen der sprach von seinen vettern Hannsen vnd Wilhalmen den Sitzingern zugeben worden, gen Padua". Im August 1552 begleitete er den Nürnberger Johann Hess nach Bologna und hielt sich einige Tage dort auf, ehe er nach Padua zurückkehrte. Im Mai 1553 reiste er über Vicenza, Verona, Mantua und Ferrara nach Bologna, wo er von dem Augsburger Patrizier Hans Lukas Welser „gantz freyndtlich empfangen vnd auf ettlich tag

---

41 Die zum Kirchenstaat gehörenden Universitäten Bologna, Ferrara, Rom und Perugia zogen in dieser Zeit kaum noch protestantische Studenten an, weil sie die Studenten auf das katholische Bekenntnis verpflichteten. Padua hingegen galt wie auch Siena als „tolerante" Universität. Vgl. Ridder-Symoens 1996, S. 342f.

42 Zur Attraktivität Leidens für protestantische Europäer im 17. Jahrhundert vgl. Ridder-Symoens 1996, S. 340.

43 Frijhoff 1996, S. 61; vgl. auch Ridder-Symoens 1996, S. 346.

44 Leibetseder 2004, S. 26-28, 84. Zu Kavalierstouren von Mitgliedern der Patrizierfamilie Tucher vgl. Bartelmeß 1990, S. 227f.

zu gast aufgenomen" wurde. Anschließend wohnte er bei einem italienischen Kanoniker und promovierte im August 1554 in Bologna. Dass der Erwerb der Landessprache mittlerweile ein integraler Bestandteil des Jurastudiums in Italien war, wird aus David Bürglins Aufzeichnungen ebenso deutlich wie seine Einbindung in verwandtschaftliche und landsmannschaftliche Netzwerke.[45] Der Augsburger Georg Wagner, der in Padua Rechtswissenschaften studiert hatte, sah sich 1570/71 außerstande, die dort für eine Promotion erforderlichen 50 Scudi aufzubringen, und entschied sich nach einem Vergleich zwischen Bologna, Siena und Ferrara schließlich für eine Promotion in Siena, wo der Grad mit 34 Scudi zwar sechs Scudi mehr kostete als in Ferrara, doch die höhere Reputation Sienas wog in seinen Augen schwerer.[46]

In der angesehenen Augsburger Familie Sulzer, aus der einige Personen 1538 ins Patriziat aufgenommen wurden, während andere Mitglieder der Kaufmannschaft blieben, lässt sich seit der Mitte des 16. Jahrhunderts eine ausgeprägte innerfamiliäre Tradition von Studienaufenthalten und Bildungsreisen im Ausland nachweisen. David Sulzer (1541–1569) studierte an den Universitäten Ingolstadt und Bourges und reiste anschließend „so wohl durch bemeltes Franckreich, als nach Italien bloß allein die Sprachen zu erlernen und diese Länder zu besehen". Dessen Sohn Wolfgang (III.) Sulzer (1567–1609) unternahm nach dem Studium in Tübingen, Padua und Siena ebenfalls eine Italienreise. Wolfgang Sulzers Sohn Hieronymus (1592–1663) wiederum hatte im Anschluss an seine kaufmännische Ausbildung in Verona und Amsterdam im frühen 17. Jahrhundert „so wohl in Italien und Holland die vornehmste Plätze besichtiget, als auch durch die Niederlande, Engelland, Franckreich und die Schweitz, schöne Reissen vollbracht".[47]

Der Nürnberger Patriziersohn Sebald (I.) Welser (1557–1589) begab sich nach dem Besuch des Egidiengymnasiums in seiner Heimatstadt im Jahre 1572 zunächst für zwei Jahre an die Straßburger Hochschule und anschließend mit seinem Hofmeister Daniel Widmann nach Padua, wo er seinen Studienaufenthalt allerdings im Frühjahr 1576 wegen gesundheitlicher Probleme abbrechen musste. Die zweite Jahreshälfte 1577 verbrachte er gemeinsam mit seinen Standesgenossen Karl Imhoff und Wolfgang Harsdörffer sowie einem Präzeptor an der Universität Löwen, wo er auch Sprachunterricht nahm.[48] Am 6. Juli notierte er in seinem Tagebuch, dass er „ein frantzhösische grammatic" kaufte, und vier Tage später wurde eine Vereinbarung mit einem „frantzhösischen meister" getroffen: „geben ime für ein monat ein person 15 stüber, zun eingang ein dahler zu 32 stüber." Allerdings geriet der Unterricht bereits nach wenigen Wochen ins Stocken, wie ein Eintrag vom 9. August verrät: „Ist unser Gallus gar bezecht gewesen, urlaub gefodert."[49]

Welsers Augsburger Standesgenosse Philipp Jakob Rembold, der sich 1574 an der Universität Ingolstadt immatrikuliert hatte, reiste 1578/79 nach Lyon und Paris, wo sich andere Augsburger Patrizier in sein Stammbuch eintrugen. Nachdem er 1581 erneut in Ingolstadt sowie in seiner Heimatstadt belegt ist, hielt er sich zwischen 1582 und 1585 ein weiteres Mal in Paris auf.[50] Der Augsburger Patrizier und spätere Stadtpfleger Marcus Welser

45 SuStBA, 8° Cod. H 11, fol. 8r-18r.
46 Ridder-Symoens 1996, S. 348f.
47 Herz 1763, S. 43, 47f.
48 Welser 1917, Bd. 1, S. 474-478; Ozment 2000, S. 194f., 209; vgl. zu ihm auch Fleischmann 2007, Bd. 2, S. 1082f.
49 Koenigs-Erffa 1955, S. 328, 332, 342; Ozment 2000, S. 209.
50 Gier/Janota 1991, S. 290.

(1558–1614) erhielt zwischen 1568 und 1578 eine umfassende Ausbildung: Er ging zunächst mit seinen drei Brüdern Anton, Matthäus und Paulus in Begleitung des Präzeptors Veit Cretser nach Padua, 1571 nach Paris und 1573 mit seinem Bruder Anton nach Rom. An die Universitätsbesuche und humanistischen Studien schloss sich ein Aufenthalt in Venedig an, der wahrscheinlich der kaufmännischen Ausbildung diente; 1578 wird Marcus Welser als Konsul der deutschen Kaufleute im *Fondaco dei Tedeschi* genannt. Seinen umfangreichen Briefwechsel mit europäischen Gelehrten führte er später zwar überwiegend auf Latein, er korrespondierte jedoch mit italienischen Briefpartnern – sowie mit Deutschen, die sich in Italien aufhielten – in italienischer Sprache.[51]

Der Nürnberger Patrizier Johann Ernst Löffelholtz (1596–1666) ging nach dem Studium in Altdorf „zwischen 1617 und 1620 gemeinsam mit seinem jüngeren Bruder Johann Paul und einem Sproß aus dem Hause Imhof auf eine Kavalierstour, die durch Italien, Frankreich, England und die Niederlande führte." In seinem fragmentarisch erhaltenen Reisetagebuch führt er vor allem die Monumente auf, die unterwegs besichtigt wurden. „Lebenden Personen widmete er nur wenig Aufmerksamkeit, und selbst seinen Hofmeister und seine Reisegefährten erwähnte er mit keinem Wort."[52] Ein anderer Nürnberger Patrizier, Georg Pfinzing von Henfenfeld (1601–1653), unternahm im Anschluss an seine Studienzeit in Altdorf, Straßburg und Basel zwischen 1622 und 1625 längere Reisen durch die Westschweiz, Frankreich und die Niederlande, die ihn unter anderem nach Genf, Bourges, Lyon, Paris, Brüssel und Leiden führten.[53] Der aus Coburg stammende Johann Friedrich Weiß (1606–1663), der Stadtarzt in Nürnberg wurde, hatte zwischen 1625 und 1633 ausgedehnte Reisen durch Frankreich, die Niederlande, England und Italien unternommen und dabei Stammbucheinträge von Berühmtheiten wie Galileo Galilei und Hugo Grotius gesammelt.[54] Die Bildungsreise, die der Nürnberger Kaufmannssohn Tobias Peller im Anschluss an seine Ausbildung in Lucca in den Jahren 1627 bis 1629 unternahm, „führte ihn über Zürich, Genua, Piacenza, Lyon, Paris, London, Amsterdam, Antwerpen, Paris, San Sebastian, Madrid, Montpellier, Genua, Venedig, Verona, Bozen wieder zurück nach Nürnberg."[55]

Auslandsreisen von Mitgliedern der Familie Fugger nahmen im Laufe des 16. Jahrhunderts zunehmend den Charakter adeliger Bildungs- und Kavaliersreisen an. Philipp Eduard Fugger (1546–1618) etwa wurde als Neunjähriger nach Ingolstadt geschickt, um Latein zu lernen, und besuchte 1556/57 die Universitäten Dôle und Basel. Als Student in Padua, Bologna und Rom erhielt er in den Jahren 1560 bis 1567 nicht nur Italienischunterricht, sondern lernte auch Fechten und Lautenschlagen, besichtigte kulturhistorisch bedeutsame Stätten und beschäftigte sich mit klassischer und zeitgenössischer Literatur. Daneben diente sein Italienaufenthalt der Einübung einer dezidiert katholischen Frömmigkeitspraxis. Von 1568 an wurde Philipp Eduard Fuggers Ausbildung durch eine Kaufmannslehre in der Antwerpener Fuggerfaktorei abgerundet. Die Erziehung seines Bruders Oktavian Secundus (1548–1600) folgte demselben Muster: sie führte über die Universität Bologna (1561), das Collegium Germanicum in Rom (1566–1568) und die Universität

---

51 Welser 1917, Bd. 1, S. 265f.; Ferber 2008, S. 130-134; Häberlein 2011, S. 215f.
52 Leibetseder 2004, S. 143-147 (Zitate 143, 147).
53 Domka u.a. 2009, S. 80. Vgl. zu ihm auch Fleischmann 2007, Bd. 2, S. 809.
54 Domka u.a. 2009, S. 130.
55 Seibold 1977, S. 351f.

Löwen (1569–1571) nach Antwerpen, wo sich eine maximal zweijährige Kaufmannslehre anschloss.[56]

Abb. 11: Philipp Eduard Fugger (1546–1618).
Aus: „Fuggerorum et Fuggerarum […] imagines" (1618).

Der Bildungsweg der Brüder Hieronymus (1584–1633), Maximilian (1587–1629) und Jakob (1588–1607) Fugger, der von Antje Stannek rekonstruiert worden ist, führte 1598 nach Italien, wohin sie der Präzeptor Willibald Preuer begleitete. Nachdem der Vater der Brüder, Jakob Fugger (1533–1598), im selben Jahr gestorben war, übte ihr älterer Bruder Georg (1577–1643) gemeinsam mit ihrer Mutter die Vormundschaft aus; an beide schrieben die Brüder und ihr Präzeptor zahlreiche Briefe über Reiseeindrücke und Lernfortschritte. Über Venedig und den Wallfahrtsort Loreto zogen Hieronymus, Maximilian und Jakob Fugger im Sommer 1598 nach Perugia, „wo sie eine Pension bezogen und Italienisch lernten." Im Juli schrieben sie sich an der dortigen Universität ein, und „[e]inige Monate später beherrschten alle drei die italienische Sprache so gut, daß sie künftig auch aus Frankreich und aus Spanien italienische Briefe nach Augsburg schreiben sollten." Wie bereits bei Philipp

---

56 Hildebrandt 1966, S. 24-30, 42-44; Bastl 1987, S. 300-313; Häberlein 2006a, S. 111f.

Eduard und Oktavian Secundus Fugger spielte auch für ihre Verwandten die Vertiefung ihrer katholischen Frömmigkeit eine wichtige Rolle: Im Herbst 1599 unternahmen die Brüder eine Wallfahrt nach Assisi, und Hieronymus Fugger trug sich zeitweilig mit dem Gedanken, Geistlicher zu werden. Im Frühjahr 1600 verlegten die Brüder ihren Haushalt nach Rom, wo Hieronymus Fugger von den Bemühungen um ein Kanonikat wieder Abstand nahm und sich stattdessen der italienischen Instrumental- und Vokalmusik widmete. Meinungsverschiedenheiten über seine weitere Laufbahn führten im Sommer 1601 zu einer handgreiflichen Auseinandersetzung zwischen Hieronymus Fugger und dem Präzeptor Preuer. Im Anschluss an eine gemeinsame Reise nach Neapel im Spätjahr 1601 trennten sich die Wege der Brüder nach der Ankunft des neuen Präzeptors Michael Wagemann im Januar 1602. Wagemann „unternahm mit Hieronymus eine Frankreichreise, während Maximilian und Jakob mit Sigmund Jäcklin nach Spanien geschickt wurden." Als Stationen ihrer Rundreise auf der Iberischen Halbinsel sind Valladolid, Salamanca, Almagro, Granada, Sevilla, Lissabon und Santiago de Compostela belegt. Der Tod des neunzehnjährigen Jakob Fugger in Madrid im Jahre 1607 bedeutete das abrupte Ende dieser insgesamt neunjährigen Kavalierstour.[57] Zwei weitere Mitglieder der um 1600 ausgesprochen zahlreichen Familie Fugger, die Brüder Hans Ernst (1590–1639) und Ott Heinrich (1592–1644), begaben sich nach dem Besuch des Augsburger Jesuitengymnasiums St. Salvator und der Universität Ingolstadt im Frühjahr 1607 auf Kavalierstour und reisten über Dôle in Burgund und Lyon nach Italien. Im November 1607 immatrikulierten sich Hans Ernst und Ott Heinrich Fugger in Perugia und im April 1610 in Siena. Nach der Rückkehr im folgenden Jahr traten beide Brüder in habsburgische Hofdienste.[58]

Eng mit den Fuggern verbunden war die aus Südtirol stammende Familie Geizkofler, da mehrere ihrer Mitglieder als Faktoren, Agenten und Juristen für das Haus Fugger arbeiteten. Die Ausbildung einiger Familienmitglieder hat Alexander Sigelen eingehend untersucht. Für den Juristen Lukas Geizkofler (1550–1620), seinen Neffen Zacharias Geizkofler (1560–1617), der später kaiserlicher Rat und Reichspfennigmeister wurde, Zacharias' Bruder Hans (IV.) und seinen Cousin Adam bildeten Studienaufenthalte in Frankreich und Italien einen integralen Bestandteil ihres Bildungswegs. Lukas Geizkofler immatrikulierte sich 1569 in Straßburg, reiste 1572 mit einer Gruppe sächsischer und schlesischer Adeliger anlässlich der Hochzeit zwischen Margarethe von Valois und Heinrich von Navarra nach Paris, wo er Augenzeuge der Bartholomäusnacht wurde, und studierte 1572/73 an der burgundischen Universität Dôle.[59] 1574 reisten der mittlerweile 24-jährige Lukas Geizkofler, sein zehn Jahre jüngerer Neffe Zacharias, dessen Kommilitone Hans Jakob Rehlinger und der Präzeptor Balthasar Asenheimer nach Padua; sie mussten die Stadt aber fluchtartig verlassen, als dort 1576 die Pest ausbrach. 1578/79 setzte Zacharias sein Studium in Padua fort, unternahm anschließend eine Rundreise, die ihn nach Bologna, Siena, Rom und Neapel führte, und rundete sein Auslandsstudium 1581/82 mit einem Aufenthalt in Bourges und Paris ab. Hans (IV.) und Adam Geizkofler studierten zunächst in Ingolstadt und Basel, drangen aber bald darauf, in Frankreich studieren zu dürfen, weil dort nicht nur die Qualität des Jurastudiums besser sei, sondern es an deutschen Universitäten auch an Möglichkeiten fehlte, moderne Fremdsprachen zu erlernen. Von 1584 bis 1586 studierten sie in Bourges, bereisten im folgenden Jahr Frankreich, unternahmen dabei auch einen Abstecher nach

---

57 Stannek 2001, S. 97-193 (Zitate S. 98f., 102).
58 Haberer 2004, S. 74f.
59 Wolf 1873, S. 29-109; Schweizer 1976, S. 51-60.

England und begaben sich dann nach Italien, wo Adam zwischen 1588 und 1590 in Padua nachweisbar ist; auf der anschließenden Rundreise verstarb er 1590 in Rom. Unterdessen ist Hans (IV.) als Student in Padua, Bologna, Pisa, Siena und Perugia belegt und besuchte Florenz, Rom und Neapel.[60]

Abb.12: Zacharias Geizkofler (1560–1617), Kupferstich von Dominicus Custos (1600).

Diese Auslandsstudien und Bildungsreisen schlugen sich in umfangreichen Sprachkenntnissen nieder:

Von [Zacharias] Geizkofler ist bekannt, dass er Italienisch, Französisch und Spanisch sprechen konnte. Sein Bruder Hans (IV.) beherrschte nach Aussage Geizkoflers die italienische, französische, spanische und englische Sprache. Adam war – so sein Cousin – in Tschechisch, Italienisch, Französisch und Spanisch in *schreiben*

60 Wolf 1873, S. 110-121; Schweizer 1976, S. 60f.; Sigelen 2009, S. 59-61, 75-77, 90f.

und reden sehr wol erfahren. Um diese Kenntnisse zu erwerben, wurden vor Ort Sprachlehrer angeheuert. Zacharias erlernte Spanisch bei einem Arzt in Padua. Zudem pflegten die jungen Geizkofler die Konversation mit ihren einheimischen Mitbewohnern oder ihren Hauswirten.[61]

Allerdings gaben die mit dem Spracherwerb verbundenen Kosten für Unterbringung und die Bezahlung eines guten Sprachlehrers innerhalb der Familie Geizkofler auch Anlass zu Diskussionen. Der Präzeptor Balthasar Asenheimer musste sich 1575 für die hohen Ausgaben rechtfertigen, die während des Studiums in Padua getätigt wurden, und Lukas Geizkofler, der die Studien seines Neffen in der italienischen Universitätsstadt überwachte, riet seinem Bruder Hans (III.), „dieser solle den Präzeptor anweisen, Zacharias in Padua nicht nur privat zu unterrichten, sondern ihn auch universitäre Vorlesungen besuchen zu lassen. Andernfalls wären Zacharias und seine Gefährten nur wegen des Spracherwerbs in Padua, ‚wellicher nuz doch nit so gros ist, daß er den mercklichen uncosten, der alhie über sy ergeet, austragen mag'.“[62] Zacharias Geizkofler, dem seine Tätigkeit als Reichspfennigmeister und kaiserlicher Rat den Aufstieg in die schwäbische Reichsritterschaft ebnete, ließ seinen 1592 geborenen Sohn Ferdinand das Straßburger Gymnasium besuchen und schickte ihn anschließend im Jahre 1604 gemeinsam mit seinem Vetter, dem Augsburger Patriziersohn Marx Anton von Rehlingen, auf eine Kavalierstour durch Frankreich mit Stationen in Sedan, Paris, Orléans und Poitiers. 1607 begab sich Ferdinand Geizkofler nach Italien, wo er sich längere Zeit in Padua und Florenz aufhielt. In den Jahren 1611/12 rundete er seine Ausbildung mit einer Bildungsreise in die Niederlande und nach England ab.[63]

Wie die genannten Mitglieder der Familien Fugger und Geizkofler war der als Kunstagent und diplomatischer Emissär für mitteleuropäische Fürsten wie Herzog August d.J. von Braunschweig-Lüneburg, Herzog Philipp II. von Pommern-Stettin und Herzog Maximilian I. von Bayern bekannt gewordene Augsburger Kaufmann Philipp Hainhofer (1578–1647)[64] in mehreren Fremdsprachen bewandert. Der Sohn des Großkaufmanns Melchior Hainhofer und der Barbara Hörmann reiste 1594 mit seinem Bruder Hieronymus und dem Präzeptor Hieronymus Bechler nach Padua, wo er zwei Jahre lang studierte. Der damals fünfzehnjährige Philipp Hainhofer „beherrschte bereits bei Beginn der Italienreise 1594 recht flüssig neben Latein auch Italienisch.“ Barbara Mundt zufolge waren Philipp und sein Bruder Hieronymus in Padua „gern gesehene Gäste einheimischer Herrschaften, da sie besser Italienisch sprachen als die meisten ihrer deutschen Kameraden.“ Außerdem nahmen sie bereits in Padua Unterricht bei einem Französischlehrer namens Tibery.[65]

Anschließend hielten sich die Brüder ein halbes Jahr in Siena auf, von wo aus Philipp im Juli 1596 an seinen älteren Bruder Christoph schrieb: „E ben vero, chi que habbiamo piu occasione ad imparare la lingua Italiana, meno disturbi negli studi [‚Wie wahr, hier haben wir mehr Gelegenheit, die italienische Sprache zu lernen, lieber nicht beim Lernen stören'].“[66] Im September desselben Jahres reisten die Brüder nach Rom und Neapel weiter; in der Ewigen Stadt hörten die beiden Augsburger Protestanten Papst Clemens VIII. „*a monte*

---

61 Sigelen 2009, S. 72.
62 Sigelen 2009, S. 91.
63 Sigelen 2009, S. 457, 524f.
64 Vgl. zu ihm insbesondere Roeck 1992 und Mundt 2009, S. 33-76.
65 Mundt 2009, S. 38f.
66 Zit. nach Mundt 2009, S. 40.

cauallo nella Capella secreta" die Messe lesen und empfingen „seine Benediction sambt
einem Rosario vnd Agno Dei". Nach Beendigung dieses Italienaufenthalts ging Philipp
Hainhofer im November 1596 nach Köln, um „alda die Studia zu Continuiren, vnd bei
einem Niderlender Jacobo von Hauthuis [Jacob van Honthuizen] die Niderlendische vnd
Frantzösische Sprach zu lernen". An den Aufenthalt in Köln, von wo er 1597 wegen des
Ausbruchs der Pest gemeinsam mit seinem Sprachlehrer und dessen Familie flüchtete,
schloss sich eine Reise durch die Niederlande und ein längerer Aufenthalt in Amsterdam
an. Im Herbst 1598 trat er schließlich die Heimreise an. Seine „Italienische vnd
Niderlendische, auch andere ledigs stands gethane Raisen" beschrieb Hainhofer „gar
außführlich […] in 2 Octav Büchlein (Manualia genant)."

Die auf seinen Reisen und diplomatischen Gesandtschaften erworbene Sprachgewandtheit und Weltläufigkeit sowie sein künstlerischer Sachverstand verschafften Hainhofer bei mitteleuropäischen Fürsten hohe Anerkennung. Mit dem Braunschweiger Herzog
korrespondierte er vorwiegend in italienischer Sprache, und in dem 1626 von ihm angelegten Familienbuch notierte er, dass Herzog Philipp II. von Pommern-Stettin ihn 1610 über
seinen ehemaligen Präzeptor Hieronymus Bechler „vmb Correspondentz" gebeten habe,
„weil sie bede ainen Namen haben, beyde wilde Männer im Wappen führen, vnd beyde
linguisten, vnd liebhaber der künsten sein." Außerdem sei er Herzog August d.J. behilflich
gewesen, „ein schachbuch, in Deutscher, Italienischer, vnd Frantzösischer sprache […]
trucken [zu] lassen". Hainhofers Sprachgewandtheit war auch gefragt, wenn ausländische
Gesandte bei ihm in Augsburg zu Gast waren – 1619 etwa der französische Emissär in
Konstantinopel, 1624 der polnische Kronprinz mit hochrangigem Gefolge und 1626 Lorenzo de' Medici. Auch als der englische Gesandte Thomas Howard, Duke of Arundel, im
Juli 1636 „bey Ihme gewesen, mit zimblichem Comitat, seine rariteten zusehen," habe
Hainhofer „sich sehr prächtig gehallten."[67]

Aus Philipp Hainhofers Reisebeschreibungen geht hervor, dass er an auswärtigen Fürstenhöfen immer wieder Gelegenheit hatte, seine Fremdsprachenkenntnisse zu praktizieren
und dadurch seine Reputation zu erhöhen. Über einen Besuch bei dem Eichstätter Fürstbischof Johann Conrad von Gemmingen im Frühjahr 1611, bei dem auch der Ingolstädter
Professor Peter Stewart zugegen war, schrieb der Augsburger Kunstagent: „Wir
conversierten […] von vilen kurtzweiligen Dingen, dann der Stephartius ein gueter
philosophus vnd linguista ist, so wol als Ihre Frstl. Gn., so dass wir inn etlichen sprachen
vnss exerciert haben."[68] Während desselben Aufenthalts in Eichstätt verbrachte Hainhofer
einen Abend in Gesellschaft eines Domherrn von Lüttich, des Rektors der Universität Ingolstadt, „so ein Frantzösischer baron", und eines bayerischen Adeligen. „Weil der Rector
vnd Thumbherr nit wol teütsch kundten," notierte Hainhofer dazu in seiner Reisebeschreibung, „haben wir mer theil Frantzösisch vnd Niderländisch vnd von den Niderländischen
kriegen geredet."[69] Philipp Hainhofers Sohn Georg Ulrich lebte zwischen 1630 und 1642 in
Paris,[70] und auch seine Neffen hielten sich lange im Ausland auf: Hans Matthäus wurde
1602 als Sechzehnjähriger „nach Paris in Franckreich, Volgents Anno 1607 in Jtaliam nach
Venedig vnd Florentz gesandt, alda er bey ihr Fürstl: Durchl: Herrn Ferdinando
Großhertzogen zu Florentz in sondern gnaden war", ehe er 1608 „seinen Geist auffgeben

---

67 SuStBA, Cim 66, fol. 61r-63r, 87r; Roeck 1992, S. 17f.; Mundt 2009, S. 41-43, 55, 59, 68.
68 Häutle 1881, S. 36; Roeck 1992, S. 18; Mundt 2009, S. 58.
69 Häutle 1881, S. 39.
70 Mundt 2009, S. 45.

hat." Hans Friedrich Hainhofer (1591–1619) war „etlich Jahr in Franckreich vnd Niderlanden gewesen."[71]

Was Sprach- und Weltgewandtheit anbelangt, konnte es Philipp Hainhofers Neffe Hieronymus Hainhofer d.J. (1611–1683) durchaus mit seinem Onkel aufnehmen. Hieronymus wurde „in seiner Jugend von seinen lieben Eltern nacher Jenf geschickhet", wo er „sich anfangs, zue erlehrnung der frantzösischen Sprach, bey dem Hochgelehrten Theologo Herrn Johanni Diodati, ohngefahr zwey Jahr" lang aufhielt und „hernach eine Zeit bey Vornemen Handelsleuthen zu Lion, Nürmberg vnd Wien" zubrachte. Auf dem Regensburger Kurfürstentag von 1630 knüpfte er Kontakte zu dem englischen Diplomaten Sir Robert Anstruther und wurde anschließend in Frankfurt am Main vom schwedischen Reichskanzler Oxenstierna „zu seinem Hof Junckhern aufgenomen".[72] Philipp Hainhofer hatte Oxenstierna seinen Neffen unter anderem wegen seiner Sprachkenntnisse empfohlen: „weil Er aller orthen (wo er sich zue erlehrnung der sprachen und tugenten, und sonderlich zue Genff bey dem beruembten vortrefflichen superintendenten Herrn Johanni Diodati aine lange zeit in convictu uffgehalten) wegen seiner Gottesforcht, christlichen wandels, trew und uffrichtigkeit ain guetes lob hinderlassen, neben dem natürlichen litera und idomate feine concepta in teutsch französisch auch zimlich In Italianischen sprachen machet, durch die übung verbessern würdt, und begürig ist, noch mehrers zu lehrnen [...]."[73]

Schließlich folgte Hieronymus jedoch der Empfehlung des Gesandten nach England, wo Anstruther ihn an die Familie Sir Edward Sackvilles, Graf von Dorset und *Lord Chamberlain*, vermittelte. Zeitweilig hielt er sich im Haushalt des Prinzen von Wales, des späteren Königs Charles II., und seines Bruders James auf, über den die Gräfin von Dorset 1630 die Aufsicht übernommen hatte. Aus einem Brief, den Hainhofer 1637 schrieb, geht hervor, dass er damals der Gräfin von Essex, Elizabeth Devereux, Französischunterricht erteilte: „How much I am like to profit her from for the french I can not boast, since you know ladyes are not much given to take paines, and in matter of learning, there is nought to bee got without labour [...]."[74] Ende 1641 heiratete der mittlerweile 30-jährige die französische Adelige Susanne d'Asnoy, ein Hoffräulein der Charlotte de la Trémoille, Gräfin von Derby, „Bey welchem Ihrem Ehren: und Freüdentag sich jederman über die sonderbahre Schickhung Gottes verwundert, das der Breutigam als ein Deutscher, die Braut als eine Frantzösin, und also beide Frembde, sich hinwiderumb in einem frembden Königreich ausser ihrem Vatterlandt sollen zusammen Copuliern, dergleichen Exempel in Engellandt nicht baldt erhöret worden seyen, vnd derowegen vil von den anwesenden Gästen Schöne *Vota* vnnd Carmina Gratulatoria in Lateinischer, Franntzösischer vnd Englischer Sprach getruckht" hätten.[75]

In der Folgezeit schlug Hainhofer die Karriere eines Reisehofmeisters ein, der „mit vnderschidtlichen jungen Grafen, vnd Herren Stands Personen, durch Franckhreich, Italia, Teutschland, vnd andere *Provincias et Regiones* peregriniert[e]".[76] Der Augsburger Johann Georg Anckel schrieb 1657 an Herzog August d.J. von Braunschweig-Lüneburg, dass Hainhofer bereits zwölfmal durch ganz Frankreich, siebenmal durch Italien, fünfmal durch

---

71 SuStBA, Cim 66, fol. 69r, 70r.
72 SuStBA, Cim 66, 81r; Bepler 1995, S. 119-121.
73 Bepler 1995, S. 121, Anm. 11.
74 Bepler 1995, S. 121f. mit Anm. 15.
75 SuStBA, Cim 66, 81r -81v; Bepler 1995, S. 124f.
76 SuStBA, Cim 66, 81r.

England, viermal durch Holland und fünfmal durch Deutschland gereist sei. Mit seinen adeligen Schützlingen hielt er sich wiederholt über längere Zeit in Augsburg auf, wo er versuchte, ihnen Deutsch beizubringen.[77] Zu den festen Reisestationen gehörte auch ein Schloss, das Hainhofer in der Touraine erworben hatte. Der polyglotte Reisehofmeister, der Kontakte zu dem Gelehrtenkreis um Samuel Hartlib und Robert Boyle unterhielt, besorgte Bücher und Kunstgegenstände für Herzog August und übersetzte mehrere Werke ins Englische, darunter einen Briefsteller für Damen aus dem Französischen, der 1638 unter dem Titel „The Secretary of Ladies" gedruckt wurde, und die Confessio Augustana. Eine Übersetzung von Herzog Augusts „Evangelischer Kirchenharmonie" war geplant, kam aber nicht zur Ausführung. Hainhofer hielt sich bis 1665 in England auf, verließ aber nach Ausbruch der Pest in London das Land und verbrachte seinen Lebensabend in Augsburg.[78]

Wie das Beispiel Anton Christoph Hörmanns zeigt, der 1590 als Sechzehnjähriger im Anschluss an den Schulbesuch in Augsburg und Memmingen zum Studium nach Padua ging, wurden die Studienaufenthalte reichsstädtischer Patrizier- und Kaufmannssöhne nicht minder sorgfältig vorbereitet und überwacht als kaufmännische Auslandslehren. Anton Christophs Großvater Anton Hörmann holte vorab Erkundigungen über die Unterbringungsmöglichkeiten in der italienischen Universitätsstadt ein und erhielt die Information des „Studenten Factorn Hansen Staudt, [...] dass man in Padua gar guete Gelegenhait und Leit findt, die solche Studiosi mit Betgewandt, Essen, Trinken und aignen Camern underhalden des Monats zu 7 in 8 Cronen für ain Person und gueter Tractation." Die Reise nach Italien trat Anton Christoph Hörmann gemeinsam mit den beiden Patriziersöhnen Hans Anton Lauginger und Balthasar Langenmantel an, denen der Präzeptor Alexander Lingelsheim aus Straßburg zur Seite gestellt wurde. In seinem Anstellungsvertrag wurde Lingelsheim verpflichtet, drei Jahre lang „bei gedachtem Antoni Christof auf einer Universitet in Italia oder ander Ort zu bleiben, ine nach Willen und Bevelch seiner Pfleger auf alle Gottesforcht, warer Erkantnuss Gottes nach Inhalt hailiger göttlicher Schrift und der Augspurgischen Confession, auch Zucht, Erbarkeit, gueten Sitten und Tugenten zu erziehen, daneben in studiis literarum et bonarum artium und dann mit Rechnen und Schreiben [...] zu underweisen, auch darob und daran sein, dass er die Italienisch Sprach wol reden und schreiben lernen mag". Zu letzterem Zweck wurde ein Sprachlehrer engagiert, wie Anton Christoph im November 1590 an seinen Großvater schrieb: „So accomodieren wir uns ferner unter ainander fein und haben einen Mann bekommen, der zu uns geht und uns die Sprach leeret." Anton Christoph Hörmann hielt seinen Großvater in lateinischen und italienischen Briefen über seine Erfahrungen und Lernfortschritte auf dem Laufenden. Im August 1591 etwa bedankte er sich für das Lob, das er von ihm für seinen jüngst gesandten italienischen Brief erhalten hatte, und bat darum, nach Siena und Pisa weiterreisen zu dürfen, um dort seine Italienischkenntnisse weiter zu verbessern, da die Sprache in Padua korrumpiert sei. Aus einem Brief, den Anton Christoph sechs Wochen später auf Italienisch verfasste, geht hervor, dass sein Großvater ihn dazu angehalten hatte, den kommenden Winter noch in Padua zu verbringen.[79] Ein Schreiben Anton Hörmanns an

---

77 Belege für Sprachstudien ausländischer Adeliger in Augsburg sind insgesamt sehr selten. Ein weiterer, der den Studienaufenthalt zweier polnischer Adelssöhne am Augsburger Jesuitenkolleg im Jahre 1604 betrifft, findet sich bei Budziak 2010, S. 17. Die Söhne des Grafen Radziwill erhielten demnach privaten Deutschunterricht.

78 Bepler 1995, S. 125-139.

79 Brunner 1874, S. 164f., 173, 176.

seinen Enkel vom Oktober 1590 schließlich enthält die stereotypen Ermahnungen zu Tu-
gendhaftigkeit, Lerneifer und guter Ordnung, die sich auch in vergleichbaren Schreiben an
Kaufmannssöhne im Ausland finden:

> Derohalben hab alzeit dein Aufmerken, Aufsehen und Gemeinschaft mit frumen
> erbarn, redlichen Leuten, darvon du was guets sehen und lernen kanst, und meid
> leichtfertige Leut, sunst wird man dich auch für ein solchen halten. Zue dem gehört,
> dass ainer nit muessig geh, *nihil magis alienum est a studiosi professione, quam
> otium.* Darum bedenk, warum man dich ausschickt, und warum man so ain grossen
> Costen uber dich geen lasst, nemlich dass du fleissig studierest und die Italienisch
> Sprach wol reden und schreiben lernst. [...] Was du in ainer Stund versaumbst, das
> bring in ainer andern wider herein, *nam ubi non est ordo, ibi sequitur confusio.* Aber
> kein Zeit soltu vergebens und unnutz hinlassen, dass du nit etwas guets lernst.[80]

Auf die Ermahnung des Großvaters, in Padua möglichst nicht Deutsch zu sprechen, erwi-
derte Anton Christoph Hörmann, dass die dortigen Tischgespräche ohnehin nur noch auf
Italienisch geführt würden.[81]

Die finanziellen Transaktionen der Auslandsstudenten, insbesondere die Auszahlung
von Geldern zur Bestreitung der Lebens- und Unterrichtskosten, wurden häufig über Kauf-
leute und Handelsgesellschaften abgewickelt, die dadurch neben den Präzeptoren auch eine
zusätzliche Aufsichts- und Kontrollfunktion wahrnehmen konnten. Die auf den Handel mit
Lyon spezialisierte Augsburger Firma Hans und David Weyers war in den 1540er und 50er
Jahren mit den finanziellen und persönlichen Belangen oberdeutscher und österreichischer
Studenten in Bourges befasst.[82] Um die finanziellen Angelegenheiten Sebald Welsers in
Löwen kümmerte sich 1577 der Welser-Kommissionär in Antwerpen, Daniel Rindfleisch,[83]
und eine Gruppe Nürnberger Patrizier- und Kaufmannssöhne, die sich in den Jahren 1608
bis 1610 in Frankreich aufhielt, empfing Zahlungen über die Niederlassung des Nürnberger
Handelshauses Bosch-Förenberger in Paris.[84]

Das Stammbuch der Ende des 16. Jahrhunderts von Salzburg nach Augsburg zuge-
zogenen Familie Thenn berichtet ausführlich über den Lebenslauf des 1597 geborenen
Hans Heinrich Thenn und seines Bruders Andreas. Nach dem Besuch des Gymnasiums bei
St. Anna in Augsburg gingen die Brüder im Jahre 1608 mit ihrem Präzeptor Jeremias
Widholz nach Lauingen an der Donau, wo sie sich eineinhalb Jahre lang aufhielten. Von
1610 an studierten Hans Heinrich und Andreas Thenn vier Jahre lang in Straßburg und
zogen 1614 mit ihrem Präzeptor „Inn Franckhreich durch Schweitz vnd Sauoyen, vf Ghenf
vnd Lyon, vonn dar […] nach Orléans, alda sie bey nachent 3 Jarr *Linguae Studiorum &
exercitiorum gratia* sich auffgehalten, vnd weillen die entstandene *Tumultus bellici* ann
Ihrem *tour* vnd durchreysen sie nicht wenig verhindert, so haben sie doch ein schöne reiß
durch Languedoc vnd Prouentz [Provence], auf *Marsilien* [Marseille] über das vngestüme
Meer […], nicht ohne grosse gefahr verricht, vnd nach glicklicher vollendung wider auff
Lyon, vonn daar auff Burgundt gereist, vnd Endtlich Inn Augspurg glückhlich vnd wol

---

80 Brunner 1874, S. 170f. Vgl. Kapitel 2.
81 Brunner 1874, S. 174.
82 Häberlein 1998a, S. 85, 90.
83 Ozment 2000, S. 204f., 213.
84 Ernstberger 1952, S. 346.

wider ankommen". 1617 waren die Brüder gemeinsam mit Widholz „nach Italien Inn Lombardia vnd Toscana herumbgereist, Selbige Stätt vnd Örtter zuebesichtigen," und hatten „zue Siena sich eine zeit lang aufgehalten". Dort starb 1618 ihr Präzeptor Jeremias Widholz, so dass die Brüder Thenn von ihrem Schwager Leonhard Weiß abgeholt und nach Hause begleitet werden mussten. Insgesamt hatten sie eineinhalb Jahre in Italien verbracht.[85]

Der Patriziersohn Friedrich Endorfer d.J., der zwischen 1620 und 1627 eine Kaufmannslehre in Lucca und Lyon absolvierte, geht in seinen Briefen an seinen gleichnamigen Vater immer wieder auf Augsburger und Nürnberger Studenten und Reisende ein, denen er an seinen Ausbildungsorten begegnete; seine Korrespondenz beleuchtet damit schlaglichtartig die hohe Frequenz solcher Studien- und Bildungsreisen in den ersten Jahren des Dreißigjährigen Kriegs. So erhielt Endorfer im Oktober 1622 in Lucca Besuch von seinen Vettern, den Brüdern Daniel, Hieronymus und Samuel Buroner, die gemeinsam mit ihrem Präzeptor Ulrich Varnbühler eine Italienreise unternahmen. Die Brüder Buroner und Friedrich Endorfer folgten der Einladung eines Lucchesser Kaufmanns auf dessen Landgut, wo sie sich „ein wenig erlustiget mit dem weinlesen vnd vögelfangen." Der Lebensstil der jungen Augsburger orientierte sich offenbar stark an weltlichen Genüssen, Vergnügungen und adeligen Verhaltensweisen: „so gefelt ihnen Italia vnd fürnemlich *Lucca* nicht so wohl als Franckhreich, Vrsach halber, dz man erstlich nicht guete glegenhait hat, zue danzen, fechten, springen, reuten vnd *voltegieren* vnd wz dergleichen *Essecitia* mehr seindt, des gleichen auch der *trattation* gehet es nicht alhiero zue wie in *Francia*, *cioè* alletage Caponen vnd indianisch gefligel, pasteten vnd wz der gleichen sachen mehr seindt".[86] Der Augsburger Patriziersohn Jakob Rembold, dem Endorfer im Sommer 1624 in Lyon begegnete, hatte vor, „nacher *Bourges* vnd *Orleant* inner wenig Tag zuuerreisen, vmben seine *Studia* zu *persuiuiern*." Tatsächlich trug sich Rembold 1624 in die Matrikel der Deutschen Nation an der Universität Orléans ein und erscheint im folgenden Jahr im Album Amicorum der Universität Bourges.[87] Im Herbst 1626 wusste Endorfer zu berichten, dass Joachim Spiegel, der als Bote zwischen Augsburg und Lyon verkehrte, demnächst „etl[ic]he Studiosi nacher Jenff fiehren" werde, und in Paris und Orléans traf er im selben Jahr den Augsburger Kaufmannssohn Zacharias Stenglin, der nach dem Studium in Tübingen, Bourges und Siena Jura studierte, Advokat wurde und später an den Westfälischen Friedensverhandlungen und am Nürnberger Exekutionstag von 1649/51 teilnahm.[88]

Weniger erfolgreich verlief die akademische Laufbahn Wolfgang Leonhard Welsers d.J., den Friedrich Endorfer im Spätjahr 1626 in Lyon traf. Welser sei aus Genf nach Lyon gekommen und hatte vor, nach Paris weiterzureisen. „Weilen es aber eine zeithero daselbsten starckh gstorben vnd vmb vil theurer alß hier zehren macht, alß haben wirß ihme widerrathen." Welser sei „ein frommer Mentsch," schrieb Friedrich Endorfer „aber sehr *melancollisch*", und die von ihm beobachtete „Melancholie" verschlimmerte sich in der Folgezeit dramatisch: Er begann „zue fantassirn" und musste sich in Lyon in ärztliche Behandlung geben. Die Behandlung verlief offenbar zunächst erfolgreich: Welser war „wider fein zue sich selbsten geraten" und „mit gueter disposition von hier verreist". Zurück

---

85 SuStBA, Cim 65, 193v-194r.

86 Häberlein/Künast/Schwanke, 2010, S. 100f.

87 Dotzauer 1971, S. 174, 312, 411, 424; Häberlein/Künast/Schwanke, 2010, S. 163.

88 Häberlein/Künast/Schwanke, 2010, S. 243, 270, 278, 301, 325. Zu Zacharias Stenglin vgl. Dotzauer 1971, S. 177, 315, 416, 424; Roeck 1989, Bd. 2, S. 870, 961, 964, 969.

in Genf hatte er jedoch „gemelte *Fantasias* auffs neu vnd häfftiger alß niemahlen ahngnommen", wie Endorfer im April 1627 berichtete. Er vermutete, „daß ihme das embsige Studiern auch grossen schaden zuegefurth" und eine unglückliche Liebe – „die pretention, so er auf die J[ungfrau] H[elena] Zo[bel] ghapt hat vnd villeicht noch hat" – ebenfalls zur Verschlechterung seiner Gemütsverfassung beigetragen hatte. Der Präzeptor Paul Friedland schrieb ein Jahr später: „Überdies haben wir ein genugsam elend Exempel an Vetter Wolf Leonhard Welser, welcher vor einem Jahre allhier wegen seines steten Sitzens und übermäßigen Studierens in eine Blödigkeit und Delirium geraten, also daß er jetzunder zu Augsburg in Ketten liegt." Wolfgang Leonhard Welser erholte sich zwar wieder soweit, dass er sein Studium mit einem Stipendium der Welserschen Familienstiftung fortsetzen konnte, er blieb aber zeitlebens unverheiratet und trat nicht weiter durch öffentliche Ämter oder Aktivitäten hervor.[89] Im Dezember 1626 lief Endorfer in Lyon außerdem dem Augsburger Christoph Bechler über den Weg, der nach einem Studienaufenthalt in Bourges „bedacht" war, „sich etlich wuchen alhier vfzuhalten vnnd alsdan nacher Italien zue ruckhen."[90]

Im September 1626 schrieb Friedrich Endorfer d.J. seinem Vater aus Lyon, der „junge Scheler", ein Spross einer Augsburger Kaufmannsfamilie, habe sich vor kurzem ein Pferd gekauft: „Auf demselben will er mit erster sich erzeigender guter Compag[ni]a den *Tour* inn Franckhreich verrichten". Die Reiseroute Schelers führte über Paris, La Rochelle, Bordeaux, Toulouse und Marseille wieder nach Lyon. Ebenfalls im Herbst 1626 erfuhr Endorfer, dass der Augsburger Christoph Zobel „eine Spazierreiß in Franckhreich verrichten werde vnd alhier auch durchziechen" werde. Im Frühjahr 1627 planten die Augsburger Kaufmannssöhne Jeremias Jakob Stenglin und Jeremias Österreicher d.J. zusammen mit einem jungen Adeligen aus der Steiermark eine Rundreise, waren angesichts der angespannten politischen Lage in der Hugenottenhochburg La Rochelle allerdings unsicher, ob sie „wohl nach Rochelle gelangen vnd den ganzen *tour* inn Franckhreich verrichten khönden." Gemeinsam mit Bartholomäus Herwart, dem Sohn seines Lyoner Lehrherrn Daniel Herwart (und späteren Finanzminister Mazarins), und einer kleinen Gruppe schlesischer Adeliger hatte Friedrich Endorfer d.J. im Frühjahr 1626 selbst eine Rundreise durch Frankreich und England unternommen. In London trafen sie unter anderem auf einen Sohn des Nürnberger Patriziers Wilhelm Imhoff und gingen gemeinsam mit ihm auf eine Besichtigungstour der königlichen Schlösser.[91]

Der Nürnberger Patriziersohn Sebald (III.) Welser (1609–1660), der fünf Jahre jünger war als Friedrich Endorfer d.J., reiste nach einem zweijährigen Studium in Altdorf im Jahre 1627 mit seinem aus Schlesien stammenden Präzeptor Paul Friedland nach Genf, wo er Französisch- und Fechtunterricht nahm. In einem Brief an seine Mutter berichtet er über seine Erfahrungen im Fremdsprachenlernen, „er habe zwar in diesen 4 Monaten soviel davon begriffen, daß er fast reden könne, was er bedürfe und haben wolle, aber mit vornehmen Leuten hohe Reden zu führen, das könne er nach dieser kurzen Zeit nicht." Um gleichwohl seine Lernfortschritte unter Beweis zu stellen, kündigte er an, in drei Wochen einen französischsprachigen Brief an seine Vormünder Lukas Welser und Paul Tucher zu schreiben. Nach einer tätlichen Auseinandersetzung mit einer Gruppe junger Genfer fühlte er sich dort allerdings nicht mehr sicher und bat seine Mutter und seine Vormünder, ihn

89 Häberlein/Künast/Schwanke 2010, S. 277f., 304; Welser 1917, Bd. 1, S. 561f.
90 Häberlein/Künast/Schwanke 2010, S. 293; Dotzauer 1971, S. 424.
91 Häberlein/Künast/Schwanke 2010, S. 46, 235, 244f., 253, 261, 296, 306, 367.

nach Lyon oder Bourges weiterziehen zu lassen. Obwohl er sich über die Nachstellung des „Pöbels", der ihm und anderen Deutschen die Fenster eingeworfen habe, und die Justiz im calvinistischen Genf, die einem Lutheraner keine Gerechtigkeit widerfahren lasse, beklagte, wurde ihm die Weiterreise zunächst verwehrt. Erst 1629 konnte er über Paris, die spanischen Niederlande und Köln nach Nürnberg zurückkehren.[92]

Die familiäre Überlieferung des Augsburger Patrizier- und Kaufmannsgeschlechts der Sulzer zeigt, dass derartige Bildungsreisen auch in den für die süddeutschen Reichsstädte und ihre Führungsschicht besonders schwierigen 30er und 40er Jahren des 17. Jahrhunderts weiterhin stattfanden. Wolfgang (IV.) Sulzer (1617–1680), dessen Familie 1649 ins Augsburger Patriziat aufgenommen wurde, hatte vier Jahre lang „mit sonderbaren Ruhm" an der Universität Altdorf studiert und war „von dar auf Gutachten seines Hr. Vaters in Franckreich, selbige Sprache zu lernen, und desselben vornehmste Provinzien, Städte, und Universitäten zu besichtigen, und eben dieses auch in beyderlei Niederlanden zu vollziehen, versendet worden, und nach Verfliessung zweier Jahre, wieder in sein Vaterland gekommen". Dort setzte er sein Studium in Altdorf fort, wurde zum Dr. jur. promoviert und wurde 1656 schließlich Aktuar am Augsburger Stadtgericht. Sein Bruder Hieronymus (IX.) Sulzer (1619–1675) studierte ebenfalls in Altdorf und wurde 1639 „nach Franckreich selbige Sprach zu erlernen, und alle dessen *Provinzen* und vornehmste Städte zu besichtigen, verschickt". Er war „auch bis 1642 allda verweilet," hatte „nachgehends aber eben dergleichen in den Spanisch- und vereinigten Niederlanden vollzogen" und war im Oktober desselben Jahres „in sein Vaterland zurück gekehret".[93] Für Wolfgang Leonhard (II.) Sulzer (1622–1645) schließlich entwickelte sich die Kavalierstour geradezu zu einer Lebensform:

> nachdeme er von Anno 1639, sich einige Zeit in Genf, die Französische Sprach zu erlernen, und in Franckreich in den Parisischen *Academien*, in Reiten, Fechten und andern *Exercitiis* besonders geschickt gemacht, auch alle vornehme Plätze dieses Königreichs, Anno 1642 aber, die *considerable*ste Städte in *Artois*, *Henegau*, *Flandern* und Braband, auch denen vereinigten Niederlanden besichtiget, sonderlich in Amsterdam dem *Studio Architecturae Militaris* obgelegen, Anno 1643 wider anhero gekommen, von da aber bald darauf nach Italien, auch dieselbe Sprache zu lernen, und alle dessen Provinzen und berühmte Städte zu besehen, verschicket worden, unter andern zu Florenz an dem Hof des Groß-Herzogs, sich eine Zeitlang niedergelassen, und da derselbe seinen Geburts-Tag *Solenniter* begangen, mit Reiten, und Ringelrinnen gar rühmlich sich sehen lassen, und sehr beliebt gemacht, aber eben durch solche starcke Bewegung veranlasset, daß der Herren *Medicorum* Aussage nach, ihme eine Ader im Leibe gesprungen, sich deswegen Anno 1645. den 4. Aug. zu Beth legen müssen, worauf den 11. *Ejusdem*, er unter dem Gebet etlicher Herren von Nürnberg und Augspurg, seelig entschlaffen, und daselbst in *Santa Maria Novella* Kirchen begraben, ihme auch daselbst ein ansehnliches *Monumentum* und *Epitaphium* in *Marmor* gehauen, gesezet worden. Welche Ehre vor eine Evangelische Person zumahl in Florenz vor was besonders, und daß er hohe Gönner daselbst gehabt, zu rechnen ist.[94]

92　Welser 1917, Bd. 1, S. 660-662. Siehe auch Fleischmann 2007, Bd. 2, S. 1087f.

93　Herz 1763 S. 49f.

94　Herz 1763, S. 52f. Die Darstellung lehnt sich eng an das 1618 angelegte Geschlechterbuch der Sulzer an: vgl. SuStBA, 2° Cod. Aug. 132, fol. 96v.

3.3. Praktiken des Fremdsprachenerwerbs auf der Kavalierstour:
Lukas Friedrich Behaim in Frankreich und Italien 1608–1613

Der Nürnberger Patriziersohn Lukas Friedrich Behaim (1587–1648)[95] reiste nach Abschluss seines Studiums in Altdorf 1608 in einer Gruppe von Verwandten und Standesgenossen, bestehend aus Johann Wilhelm Kress,[96] Raimund Imhoff und Konrad Baier, nach Frankreich und berichtete seinem Vater Paulus (II.) Behaim in zahlreichen Briefen über seinen dortigen Aufenthalt. Da diese Auslandsreise auch dem Erwerb der französischen Sprache dienen sollte, erweisen sich die Behaim-Briefe als sehr aufschlussreich für die Praktiken des Spracherwerbs im Rahmen der Kavalierstour. Die Gruppe wurde von einem „praeceptor vnd inspector" namens Andreas Agricola begleitet, der am 2. Juni 1608 mit den Vätern und Vormündern Paulus (II.) Behaim, Ernst Haller, Georg Baumgartner, Stefan Baier und Wilhelm Kress einen Vertrag geschlossen hatte, in dem er sich verpflichtet hatte, „ein raiß in Frankreich, vnd im fall auch an andere Ortt auff Zwey Jar lang verrichten, vnd solcher inspection vnd information auff mich nehmen, auch dieselbe in *pietate, bonis morib*[us]*q*[ue]*, et liberalibus artib*[us]*q*[ue] *in omni virtutum genere*, so viel an mir ist instituiren solle".[97] Als geeigneter Ort für einen solchen Sprach- und Studienaufenthalt wurde zunächst Poitiers ins Auge gefasst, doch als die Reisegesellschaft im September 1608 dort eintraf, begegnete sie einer größeren Zahl von Deutschen, die sich bereits dort aufhielten. Der Lehrer und Reisebegleiter Agricola schrieb kurz nach der Ankunft an Paulus (II.) Behaim: „ferners haben wir einen Sprachmeister angenommen, deme man monatlich 1 Cronen von ieder Person zu zalen pflegt".[98] Von der Verpflichtung eines professionellen Lehrers erhoffte man sich schnelle Lernfortschritte, doch wie Lukas Friedrich Behaim Ende November 1608 schrieb, stellten sich diese nicht so schnell ein wie erhofft: „Die Sprach belangendt kann ich noch nichts darvon schreiben, aber sovil ich ietzt sihe, werden wirs in zweyen jahren kaum perfect lernen, bitt also ihr wollet mir den termin umb ein iahr oder 1½ mehrn".[99] Zwei Monate später, am 20. Januar 1609, klagt er: „Die Sprach belangendt ist dieselbe doch über auß schwer und weiß nicht ob ich dieselbe in 2 iahren lernen werde, und möchte wol einen methodum wissen wie ich dieselbe baldt und wol lernen sol, dann unser gar zuviel beysamen seindt und kann keiner sich seiner Mutter Sprach ein Zeitlang verzeihen."[100]

Die Tatsache, dass sich die Nürnberger Reisegesellschaft aus Verwandten und Freunden zusammensetzte, erleichterte den Aufenthalt in einer fremden Umgebung zwar in sozialer Hinsicht, erwies sich im Hinblick auf den Fremdsprachenerwerb jedoch ebenso als Hindernis wie der aus Lukas Friedrich Behaims Perspektive hohe Schwierigkeitsgrad des Französischen. Im August 1609 zog die Gruppe nach Angers um „wegen lustigkeit des orts, schönheit der Statt und Sprach, auch weil es alda bessere Sprachmeister haben soll alß hier".[101] Obwohl die Auffassung, dass in den Städten im Tal der Loire das schönste Franzö-

---

95   Zu seiner Biographie vgl. Fleischmann 2007, Bd. 2, S. 329f.
96   Johann Wilhelm Kress (1589–1658) bereiste später auch England (1611) und Böhmen. Vgl. Ernstberger 1963; Fleischmann 2007, Bd. 2, S. 657.
97   GNM Behaim-Archiv, Nr. 112 (Paulus (II.) Behaim, Briefwechsel 1608–1610). Vgl. generell zum Folgenden auch Ernstberger 1952; Ridder-Symoens 1989, S. 215f.; Staudenmaier 2010, S. 161-167.
98   GNM Behaim-Archiv, Nr. 112. Andreas Agricola an Paulus (II.) Behaim, Poitiers 14.9.1608.
99   GNM Behaim Archiv, Nr. 112. Lukas Friedrich Behaim an Paulus (II.) Behaim, Poitiers 29.11.1608.
100 GNM Behaim Archiv, Nr. 112. Lukas Friedrich Behaim an Paulus (II.) Behaim, Poitiers 20.1.1609.
101 GNM Behaim-Archiv, Nr. 112. Lukas Friedrich Behaim an Paulus (II.) Behaim, Poitiers 19.7.1609.

sisch gesprochen werde, damals verbreitet war,[102] bewirkte der Umzug aus Sicht des jungen Nürnbergers keine Verbesserung. Bereits einige Monate zuvor, im April 1609, hatte Lukas Friedrich seinen Vater vergeblich gebeten, sich für eine Weile von der Reisegesellschaft trennen und sich auf dem Landsitz eines Adligen einquartieren zu dürfen. Denn dort seien nicht nur die Lebenshaltungskosten geringer, sondern „allda getrawte ich mir dann [auch] in einem Monat mehr zulernen als bey der Compagnia in einem ¼ iahr: dann ich befinde bey mir das es nicht müglich bey einer so grosen Compagnia von Teutschen was an der Sprach zu lernen." Seine Lernfortschritte und seinen Kenntnisstand zu diesem Zeitpunkt fasste er folgendermaßen zusammen:

> wir sein schon 8 Monat alhie vnd kan noch keiner ohne vnseren Jungen forderen was ihm täglich von nöthen, was wir hie lernen geschicht alß auß der Grammatica vnd stettigs lesen, vnd ohne derselben kan keiner kein wort schreiben oder reden. Ich hab mir fürgenommen französisch an herrn pönlein zu schreiben, hab ich nichts zu wegen können bringen, vnd habe sorg das so wir lang also beysamm[en] bleiben, das ich noch vnter einem iahr keinen französischen brief ohne des Sprachmeisters hilf werde schreiben können. Jedoch was schreiben, lesen, vnd die Leuth zuverstehen belangt, will ich noch soviel wissen als einer in der Compagnia ohne Scheu zumelten, welche gleichwol zum teil ihnen traumen lassen, sie reden schon gar gut französisch, vnd were wol zu glauben wann sie die brief, so sie hier ihren Eltern vnd freunden zuschickhen, selbst geschrieben hetten, vnd nicht den Sprachmeister corrigirn lassen, welches ich aber nicht thun mag, dann ich nicht allein Euch, sondern mich selbsten betröge.[103]

Was die mündliche Kommunikation – das „reden vnd recht pronuncirn" – angehe, schreibt Lukas Friedrich Behaim im selben Brief, sei es „nicht müglich das ich noch von dato an in einem iahr also etwas lernen werdte. Dann das Reden und die pronunciation will experiendo gelernet sein vnd an einem ort da einer allzeit reden hört und muß, damit es einer in die gewohnheit bringt vnd das hertz zu reden bekombt, das er sich nicht scheue." Die Vorteile, die der eigens für den Fremdsprachenerwerb organisierte Auslandsaufenthalt mit sich bringen sollte, nämlich das rasche Erlernen und die zwanglose Übung der Sprache durch direkten Kontakt mit Einheimischen, waren hinfällig, wenn man sich nur innerhalb der eigenen Landsmannschaft bewegte, ohne konsequent die Fremdsprache zu praktizieren. Auch die Anstellung eines Sprachmeisters scheint nur von begrenztem Nutzen gewesen zu sein. Denn dessen Unterrichtsmethode bestand offenbar in der Vergabe und Beaufsichtigung von Lektürepensen und in einer mechanischen Abfolge von formorientierten grammatischen Übungen. Das von Lukas Friedrich gezogene Fazit lautete: „Diß aber alles ist noch das geringste, vnd kan einer das wol in Teutschland durch die bücher lernen, darf nicht mit grosen Vncosten lang hierin ligen, wie ich gehört das herr Volckhamer vnd andere also ein oder 2 Sprach gelernet haben."[104]

Auch nach dem Wechsel zu den angeblich besseren Sprachmeistern in Angers blieben rasche Fortschritte aus, wie ein Brief Lukas Friedrich Behaims vom Januar 1610 deutlich macht. Auf die Frage des Vaters, „ob wir die sprach wol reden," antwortete er:

---

102   Ridder-Symoens 1989, S. 211.
103   GNM Behaim Archiv, Nr. 112. Lukas Friedrich Behaim an Paulus (II.) Behaim, Poitiers 15.4.1609.
104   Ebd.

wir werd[en] noch ein iahr darzu bedörffen, biß wir die sprach perfect lernen reden,
dan sich die französische sprach in 5/4 iahr nicht lernen lest, wann man sonderlich
stetigs teutsch redt, und einer den and[ere]n in der compagnia hindert: Ich sihe und
höre alle tag was and[e]r, so nicht vnter teutschen seindt, in lingua proficirn, und
wann ich bedenckhe die gute gelegenheit so ich bei einem vom adel in Poittu hette
haben können, mit geringen vncosten die sprach zu lernen, mehrern lust vmb mein
gelt zu haben, vnd andere *courtiosirn* zu lernen, thut es mir nicht wenig wehe.[105]

Im Frühjahr 1610 stimmte Paulus (II.) Behaim schließlich einer Verlängerung der Reise
zu,[106] doch die Ermordung König Heinrichs IV. von Frankreich, der „mit einem langen
meßer morderisch vnd verrätherischer weiß von einem verkherten boßwicht jemmerlich
erstochen worden" war, wie Andreas Agricola berichtete,[107] und die dadurch ausgelösten
politischen Unruhen durchkreuzten die weiteren Planungen, und die Reisegesellschaft kehrte im September 1610 nach Nürnberg zurück.

Schon bald nach der Rückkehr in seine Heimatstadt begann Lukas Friedrich mit den
Vorbereitungen für eine weitere Auslandsreise, und im Frühjahr 1611 war eine neue Reisegesellschaft mit dem Ziel Italien zusammengestellt. Der dortige Aufenthalt, vor allem in
Venedig und Florenz, dauerte zunächst nur bis August, weil die Gruppe dann eine Pilgerreise nach Jerusalem unternahm. Aus dieser Zeit ist ein *Conceptionale*[108] mit Briefentwür-
fen in französischer Sprache erhalten, aus dem deutlich wird, dass Lukas Friedrich Behaims
Französischkenntnisse keineswegs so rudimentär waren, wie er seinen Vater glauben machen wollte. Das *Conceptionale* enthält ferner italienische Briefentwürfe vom Sommer
1611, die darauf hindeuten, dass Lukas Friedrich auch diese Sprache erlernt hatte. Denn
erst am 13. Mai 1611 schreibt er aus Venedig, dass er nach Florenz weiterreisen werde,
„auß ursach weil die sprach alda am besten" (und das Essen erschwinglich) sei,[109] und gut
zwei Wochen später, am 28. Mai, berichtet Lukas Friedrich aus Florenz, dass er „neben
schön vnd lustigkeit der Statt nicht allein die sprach gut, sondern das auch furnemblich bei
der hirigen des Großherzogen Hofhaltung täglich (zu reden,) viel zu sehen befunden, vnd
auch eine gute gelegenheit alhier bei einem welschen, da sonst kein Teutscher, die sprach
zulernen, bekommen" habe.[110]

Über die Methode, wie Lukas Friedrich Behaim sich neue italienische Wörter aneignete,
gibt eine ebenfalls im *Conceptionale* enthaltene eigenhändige Vokabelsammlung Auskunft,
in der jeder eingetragenen Vokabel die deutsche, französische oder lateinische Bedeutung
zugeordnet ist.[111] Außerdem gewährt ein Briefentwurf Einblick in die didaktischen Konzepte eines als Sprachmeister fungierenden Priesters. Die beschriebenen Unterrichtsmethoden
mögen nicht nur dem modernen Betrachter außergewöhnlich erscheinen, sondern dürften
auch von Lukas Friedrich lediglich aufgrund ihrer Skurrilität erwähnt worden sein:

105   GNM Behaim-Archiv, Nr. 112. Lukas Friedrich Behaim an Paulus (II.) Behaim, Poitiers 2.1.1610.
106   GNM Behaim-Archiv, Nr. 112. Paulus (II.) Behaim an Lukas Friedrich Behaim, Nürnberg 3.2.1610.
107   Dazu der Bericht von Agricola über die Ermordung Heinrichs IV. am 14.5.1610.
108   GNM Behaim-Archiv, Nr. 151 (Lukas Friedrich Behaim, Conceptionale).
109   GNM Behaim-Archiv, Nr. 113. Lukas Friedrich Behaim an Paulus (II.) Behaim, Venedig 13.5.1611.
110   GNM Behaim-Archiv, Nr. 113. Lukas Friedrich Behaim an Paulus (II.) Behaim, Florenz 28.5.1611.
111   GNM Behaim-Archiv, Nr. 151. Eine Transkription findet sich im Quellenanhang zu diesem Band.

De 14 á 15 heures viens le mon[sieur] maistre de la langue un galland prestre de quel ie pourrois apprendre plustot á faire l'amour aux dames et bisogner les femmes que d'vn maqereau; lequel, pour mieux m'apprendre la langue, fait quelques fois avec moy tent beaux discours ~~du monde, et~~ par lesquels i'espere ancor dans vn mois d'apprendre autant que ie scauray arraisoner vne putaine avec plus de grace et cour- toisie qu'vn homme de bien [,Von 14 bis 15 Uhr kommt der Herr Sprachmeister, ein galanter Priester, von dem ich eher lernen kann, wie man mit den Damen Liebe macht und die Frauen bearbeitet wie ein Zuhälter; um mich die Sprache besser ler- nen zu lassen, führte derselbe (Sprachmeister) mit mir so schöne Gespräche, mittels derer ich hoffe, innerhalb eines Monats zu lernen, wie man mit einer Hure mit mehr Grazie und Höflichkeit diskutiert als mit einem Edelmann˝].[112]

Im selben Briefentwurf berichtete Lukas Friedrich auch über die Schwierigkeiten, die sich ergeben konnten, wenn man mehrere ähnliche Sprachen lernte, wie es bei ihm mit den ver- wandten romanischen Sprachen Latein, Französisch und Italienisch der Fall war:

[…] et au reste ie n'ay pas autre chose á escrire, sinon que ie vous prie de me par- donner les fauttes que i'ay commises en ceste lettres; car ie vous iure que la langue Italiene m'empeschè tout a parler et á escrire François, comme la langue francois m'a empeschè de parler ou escrire Latin en France, et que i'aime mieux a cest'heure d'escrire et parler Italien que francois, i'espere aussi quand ie seray revenu en France de reoublier la Italiene, et en allant tousiours comme cela après estre retourné en Allemaigne, ie ne scauray parler ny Latin, ny fra[n]çois ny Italien, et par ainsi les despences que i'ai faites en ces terres seront bien employees. [,[…] und schließlich weiß ich nichts anderes zu schreiben, außer dass ich Euch bitte, mir die Fehler nach- zusehen, die ich in diesen Briefen gemacht habe; denn ich schwöre Euch, dass mich die italienische Sprache ebenso dabei behindert, Französisch zu sprechen und zu schreiben, wie mich die französische Sprache dabei behindert hat, in Frankreich La- tein zu reden oder zu schreiben, und dass ich jetzt lieber Italienisch als Französisch sprechen und schreiben würde. Ich hoffe [fürchte] auch, dass ich die italienische Sprache wieder verlerne, wenn ich nach Frankreich zurückkehren werde, und wenn es so weitergeht nach meiner Rückkehr nach Deutschland, weder Latein noch Fran- zösisch noch Italienisch sprechen können werde, und so werden die Ausgaben, die ich in diesen Ländern getätigt habe, gut investiert sein.˝][113]

Trotz dieser wiederholten Klagen konnte sich Lukas Friedrich auf seinen Reisen also die französische und die italienische Sprache aneignen, und sein Vater Paulus (II.) Behaim entschloss sich im Sommer 1612, auch Lukas Friedrichs Stiefbruder Paulus (III.) nach Frankreich zu schicken. Dieser schrieb am 14. September 1612 aus Angers, er „habe einen sprachmeister angenommen, der mich und […] meinen dischgesellen [Martin Bähler] In lingua Gallica instruiert, von welchem auch bruder Lucas die sprach gelernet, salarium eius consuetum ist dz monath dieser Zeit 4 francken oder 1 Crone 1 fr. *Spero me, deo volente, in*

---

112 GNM Behaim-Archiv, Nr. 151, 5. Briefentwurf, Lukas Friedrich Behaim an *Monsieur et Oncle*, undatiert, nach dem 10. Juni 1611.

113 Ebd.

lingua ea addiscenda in dies perfecturum."[114] Die Lernmethode war demnach die gleiche wie die des Bruders. Zudem wurde zunächst derselbe Sprachmeister engagiert, obwohl dessen Lohn inzwischen gestiegen war. Die zusätzliche Investition scheint sich jedoch bezahlt gemacht zu haben, denn während Paulus (III.) noch am 8. Dezember 1612 aus Angers hofft: „Wollte Gott, dz ich noch ein wenig besser mit der sprach fortkommen könnte",[115] war er drei Monate später bereits in der Lage, an seinen in Kitzbühel weilenden Bruder einen auf Französisch verfassten Brief zu schicken.[116] Beim Erwerb der Fremdsprache ergänzte Paulus (III.) wie bereits sein Stiefbruder Lukas Friedrich[117] den Sprachunterricht durch die Benutzung von Wörterbüchern und Grammatiken sowie durch die Lektüre fremdsprachiger historischer, religiöser und poetischer Werke. Dies zeigen nicht nur verschiedene Einträge in seine Reiserechnung, sondern auch die Bitte an Lukas Friedrich, ihm einige Bücher zu schicken:

> Finalement ie vous reprie, de m'envoyer, de ma coffre, quand elle sera venne de Paris, premierement: le pourtrait de france: La description du pais bas de Louys Guicciardin: Le grand dictionaire Allemand-Francois: La Grammaire Francoise, de Serreius (et le comedies de Lariney). [,Schließlich bitte ich Euch nochmals, mir aus meiner Truhe, wenn sie in Paris angekommen sein wird, zuerst zu schicken: Das Portrait Frankreichs; die Beschreibung der Niederlande von Lodovico Guicciardini; das große deutsch-französische Wörterbuch; die französische Grammatik von Serreius und die Komödien von Lariney.'][118]

Das Beispiel Lukas Friedrich Behaims vermittelt insgesamt anschauliche Einblicke in die Praktiken und Erfahrungen Nürnberger Patrizier beim Erlernen fremder Sprachen im Ausland. Im Vordergrund stehen einerseits Probleme wie als ungeeignet empfundene Lehrer, die vermeintlich schlechte sprachdidaktische Methoden anwandten, die zu starke Einbindung in landsmannschaftliche Netzwerke, die Kultur- und Sprachkontakte zu Einheimischen erschwerten, sowie die Ähnlichkeit verwandter romanischer Sprachen. Andererseits macht das Beispiel aber auch deutlich, dass dieser Weg des Fremdsprachenerwerbs durchaus erfolgreich war. Verschiedene Strategien waren hierfür verantwortlich. Schon bei der Vorbereitung der Reise durch die Väter und Vormünder wurde darauf geachtet, einen geeigneten „praeceptor vnd inspector" auszuwählen, der die Gruppe junger Patrizier unterwegs unterrichtete und beaufsichtigte. Die soziale Kontrolle durch die Präzeptoren wurde durch die Briefwechsel mit den Vätern bzw. Vormündern verstärkt, in denen die Söhne und Mündel Rechenschaft über die erzielten Fortschritte abzulegen hatten. Der zum Zweck des Fremdsprachenlernens durchgeführte Frankreichaufenthalt hatte offensichtlich bestimmte Städte zum Ziel, die sich auf ausländische Gäste eingestellt hatten, wie Poitiers und Angers, aber auch Paris, Orléans, Bourges und Lyon. Dies bedeutete zwar, dass dort neben Freizeitangeboten wie Musizieren, Fechten, Tanzen und Ballspielhäusern auch genügend Sprach-

---

114 GNM Behaim-Archiv, Nr. 113. Paulus (III.) Behaim an Paulus (II.) Behaim, Paris 14.9.1612.
115 GNM Behaim-Archiv, Nr. 154. Paulus (III.) Behaim an Paulus (II.) Behaim, Angers 8.12.1612.
116 GNM Behaim-Archiv, Nr. 154. Paulus (III.) Behaim an Lukas Friedrich Behaim, Angers 2.3.1613.
117 Vgl. GNM Behaim-Archiv, Nr. 179 (Lukas Friedrich Behaim, Rechungen 1608–1611), Eintrag vom 14.7.1608: den 5. Feb[ruarii] *pro Boccacio Gallicé verso Historico* 1 lb, den 14. Martii *pro Lexico Gallico* 2 lb, den 23. *pro Gallica Regni Gallici descript*[i]*o*[n]*e* 16 S.
118 GNM Behaim-Archiv, Nr. 154. Paulus (III.) Behaim an Lukas Friedrich Behaim, Angers 27.9.1613.

meister und Unterkunftsmöglichkeiten vorhanden waren. Damit einher ging aber das angesprochene Problem des übermäßigen Kontakts mit Personen, die dieselbe Sprache sprachen, was wiederum dem Fremdsprachenlernen im Wege stand. In Ergänzung zum Unterricht bei Sprachmeistern waren für den Erwerb der Fremdsprache schließlich auch Wörterbücher und Grammatiken sowie fremdsprachliche Literatur wichtig.

3.4. Auslandsaufenthalte, Buchbesitz, gelehrte und literarische Tätigkeit

Die während des Auslandsstudiums und der Bildungsreisen erworbenen Fremdsprachenkenntnisse fanden auch im Buchbesitz reichsstädtischer Patrizier ihren Niederschlag. Am
besten sind bislang die Bibliotheken von Mitgliedern der Augsburger Fugger und Welser
sowie der Nürnberger Paumgartner erforscht worden. Neben lateinischen und deutschsprachigen Werken enthielten sie eine beträchtliche Zahl an neusprachlichen Titeln. Hans Jakob
Fugger, dessen Bibliothek nach ihrer Überführung nach München in den 1560er Jahren in
die dortige Hofbibliothek einging und einen Grundstock der heutigen Bayerischen Staatsbibliothek bildete, nutzte das Faktoreinetz der Fuggerschen Handelsgesellschaft, um in
zahlreichen europäischen Städten Bücher „der verschiedensten Sprach- und Sachgebiete zu
erwerben." Neben hebräischen, lateinischen und griechischen Drucken besaß der humanistisch gebildete Kaufmann und Stadtpolitiker auch „italienische und französische Architek-
tur- und Kostümwerke."[119] Marx Fuggers ca. 2.000 Bände umfassende Bibliothek enthielt
neben antiken Klassikern „lateinische Texte häufig auch in französischer oder italienischer
Übertragung. Breiten Raum nahmen außerdem literarische, philosophische und [...] histo-
riographische Schriften der Humanisten ein und zwar in allen romanischen Sprachen vom
Neulatein über Französisch und Italienisch bis zum seltener begegnenden Spanisch; viele
dieser Texte waren nicht allein im Original, sondern in einer zweiten Ausgabe in fremdsprachlicher Übersetzung vorhanden." Zu Marx Fuggers fremdsprachigem Buchbesitz gehörten u.a. französische Ritterromane, französische Übertragungen der Apokalypse,
Thukydides-Ausgaben in französischer und italienischer Sprache, die Architekturbücher
Sebastiano Serlios, französische und italienische Ariost- und Boccaccio-Ausgaben sowie
Pedro de Medinas „Libro de grandezas y cosas memorables d'España"; außerdem besaß er
„eine reiche Anzahl der verschiedensten Wörterbücher".[120]

   Der Jurist und Theologe Anton Welser (1551–1618), der in Bologna und Padua studiert
hatte und 1584 in Padua promoviert worden war, hinterließ bei seinem Tod eine Bibliothek,
die rund 5.000 Bände mit über 6.300 Buchtiteln umfasste. Während lateinische Titel ca.
70 % des Gesamtbestands ausmachten, entfielen 12,4 % auf italienischsprachige, 4,7 % auf
französischsprachige und 3,9 % auf spanischsprachige Titel. Der Bibliothekskatalog führt
229 theologische, 425 historische und 11 medizinische Werke in italienischer Sprache, 119
italienische *Comediae*, 110 theologische und 135 historische Titel in spanischer sowie 114
theologische und 181 historische Werke in französischer Sprache auf. Die Gesamtzahl der
romanischsprachigen Titel beläuft sich auf über 1.300. Die 1.161 Bände umfassende Bibliothek von Anton Welsers Bruder Paulus (1555–1620) enthielt 109 italienische, 35 französische und 24 spanische Bücher. In der 3.415 gedruckte Werke umfassenden Bibliothek des

---

119   Lehmann 1956/60, Bd. 1, S. 44-73 (Zitate S. 49, 71).
120   Vgl. Lehmann 1956/60, Bd. 1, S. 242f.; Lutz 1982, S. 437; Häberlein 2010a, S. 39.

humanistisch gebildeten Augsburger Stadtpflegers Marcus (Marx) Welser (1558–1614) standen 457 *Libri Italici*, 53 *Libri Gallici* und 110 *Libri Hispanici*.[121]

Der Augsburger Arzt Jeremias Merz, der Anfang der 1560er Jahre gemeinsam mit Leonhard Rauwolf in Montpellier studiert hatte, publizierte 1572 den ersten erhaltenen gedruckten Katalog für seine rund 800 Titel umfassende private Bibliothek, in der sich neben medizinischen und naturwissenschaftlichen Werken auch eine Reihe von literarischen Werken in französischer und italienischer Sprache findet.[122] Daneben betätigte sich Merz auch als Übersetzer medizinischer Werke. Aus dem Französischen übertrug er Gabriel Fallopius' „Secreta oder heimliche Künste" und Christophe Landrés „Hausarznei", die 1571 in zwei Teilen erschienen.[123] Bei seiner Übertragung von Michel de Nostredames „Zwei Bücher, darin Bericht gegeben wird, wie man erstlich einen ungestalteten Leib schön machen soll"[124] handelte es sich um die erste deutsche Übersetzung einer Schrift von Nostradamus überhaupt. Aus dem Italienischen übertrug Merz Giovanni Marinellis „Vier Bücher von rechter, unverfälschter, äußerlicher Zier der Weiber".[125]

Der Nürnberger Patrizier Hieronymus Paumgartner d.J. (1538–1602), der bis in das höchste reichsstädtische Amt des Vordersten Losungers aufstieg, hielt sich seit 1557 mehrere Jahre in Frankreich auf und kaufte dort zahlreiche Bücher, darunter Robert Estiennes 1549 in Paris gedrucktes französisch-lateinisches Wörterbuch und einen Führer durch die Hauptstadt Paris. Er blieb zeitlebens ein eifriger Büchersammler und erweiterte die von seinem gleichnamigen Vater geerbte Bibliothek um ca. 1.000 Drucke. „Der lange Aufenthalt im Süden Frankreichs hat Hieronymus Paumgartner d.J." Renate Jürgensen zufolge „nachhaltig geprägt; auch nach der Rückkehr in die Heimat hat er sich über die Geschichte des Nachbarlandes informiert und Veröffentlichungen aus französischen Druckorten gekauft. Aus sieben französischen Städten hat er Drucke besessen, darunter fast 65 Bücher in französischer Sprache". Sein besonderes Interesse galt dabei der Zeitgeschichte des seit 1562 von blutigen Religionskriegen erschütterten Königreichs; aber auch der Brasilien-Reisebericht des Hugenotten Jean de Léry und ein dämonologischer Traktat Jean Bodins fanden Eingang in seine Bibliothek. Paumgartners Sohn Nicolaus Hieronymus nutzte seinen Frankreichaufenthalt zu Beginn des 17. Jahrhunderts ebenfalls zum Kauf von Büchern. Außerdem besaß Hieronymus Paumgartner d.J. eine Reihe von italienischsprachigen Büchern, darunter Übersetzungen spanischer Chroniken über die Entdeckung und Eroberung der Neuen Welt, die in den 1580er und 90er Jahren in Venedig gedruckt wurden. Bei der Lektüre französisch- und italienischsprachiger Werke konnte er Jean Nicots „Le grand dictionnaire François-Latin" (Genf 1593), Filippo Venuti di Cortonas „Dittionario Volgare & Latino" (Venedig 1564) und Jean Pillots „Gallicae linguae institutio" (Antwerpen 1563) zur Hand nehmen.[126]

---

121   Künast 2002, S. 553–562; Häberlein 2010a, S. 39f.

122   Mandelbrote 2008; Künast 2010, S. 163.

123   Augsburg: Michael Manger für Georg Willer d.Ä. 1571 [VD-16 F:584; mehrere Neuauflagen bis 1597]. Diese und die folgenden beiden Anmerkungen gehen auf eine freundliche Mitteilung von Dr. Hans-Jörg Künast zurück.

124   Augsburg: Michael Manger für Georg Willer d.Ä., 1572 [VD-16 N:1861; weitere Auflage von 1589: VD-16 N:1862].

125   Augsburg: Michael Manger für Georg Willer d.Ä., 1576 [VD-16 M:1003]. Eine 2. Ausgabe erschien 1581 unter dem Titel „Weiberarznei" [VD-16 M:1004].

126   Jürgensen 2002, S. 178–186, 226–231, 236f., 240–243 (Zitat 181).

Die literarisch fruchtbarste Kavalierstour unternahm zweifellos der Nürnberger Patrizier Georg Philipp Harsdörffer (1607–1658), der als produktiver Barockdichter „ein Meister der Integration und der Vermittlung" wurde.[127] Im Anschluss an sein Studium in Altdorf und Straßburg (1623–1626) bereiste Harsdörffer zwischen 1627 und 1632 zusammen mit seinem Nürnberger Standesgenossen Christoph Fürer Frankreich, die spanischen Niederlande, England und Italien. Eine Sentenz in Harsdörffers „Frauenzimmer Gesprächspielen" von 1644 ist als Reflexion dieser Reise gedeutet worden: „Mit was kostbarem Vngemach / mit was Leib- und vielmals auch Seelengefahr erwanderen wir der Welschen / Frantzösischen / Spanischen und Engeländischen Rede- und Schriftenerkundigung?"[128] In seiner Bearbeitung von Eustache de Refuges „Traité de la Cour" gab Harsdörffer dem angehenden Hofmann überdies den Rat: „Der kluge Hofmann soll in seiner Jugend alle Wissenschafften durchwandert / alle Künste erlernet / alle ihm anständige Sprachen / welche seine nohtwendigste Ehrenkleider sind / gefasset / und fremde Länder besehen haben: doch soll er den schweren Schulstaub abgeschüttelt haben / und den Büchern […] nicht zu viel ergeben seyn […]."[129]

In jedem Fall waren die während der fünfjährigen Reise erworbenen Sprachkenntnisse für die literarische Produktion des Nürnberger Patriziers von zentraler Bedeutung. Harsdörffer, der das gesellschaftliche, wissenschaftliche und literarische Leben in den romanischen Ländern genau beobachtete, „verdolmetschte" Italo Michele Battafarano zufolge „das Novum der europäischen Kultur seiner Zeit für den gemeinen Menschen deutscher Zunge, sowohl femininen als auch maskulinen Geschlechts." Mit literarischen Werken wie den „Frauenzimmer Gesprächspielen", die aus über 400 Werken in italienischer, französischer und spanischer Sprache zitieren, übernahm er „die Rolle des nationalen Dolmetschers und übersetzt[e] die Gegenwartsliteratur Europas für seine Landsleute."[130] Irmgard Böttcher zufolge hat der Nürnberger Patrizier „die Kunst des Übersetzens selbst unaufhörlich geübt, andere durch Hinweise auf übersetzenswerte Literatur dazu angeregt und sie […] persönlich beraten." Aus dem Französischen übertrug er unter anderem das Schauspiel „Europe" von J. Desmarets de Saint-Sorlin (1643), aus dem Englischen, Niederländischen, Französischen, Spanischen und Italienischen Werke der Erbauungsliteratur und der höfischen Literatur. Unter seinen Übersetzungen aus dem Spanischen – das Harsdörffer in Italien erlernt hatte – befanden sich daneben auch Werke des Dichters Pedro Espinosa sowie ein Text über den Kakao.[131]

Wie Christoph E. Schweitzer und Italo Michele Battafarano gezeigt haben, verstand Harsdörffer Übersetzen als Prozess schöpferischer Nachahmung, der Stil und Haltung des Ursprungstextes den deutschen Lesern vor ihrem eigenen sozialen und kulturellen Erfahrungshorizont erschließen und zugänglich machen will.[132] Im dritten Band der „Frauenzimmer Gesprächspiele" berief sich der Nürnberger Patrizier dabei auch auf die Autorität Martin Luthers, der „der erste gewesen" sei, welcher mit seiner Übersetzung der Bibel „unsere

---

127   Böttcher 1984, S. 292. Vgl. zu Harsdörffer auch Battafarano 1991; Fleischmann 2007, Bd. 2, S. 557f.

128   Böttcher 1984, S. 297. Zu Harsdörffers Reise vgl. insbesondere Lepper 2006 (dasselbe Zitat dort auf S. 88).

129   Zit. nach Lepper 2006, S. 85.

130   Battafarano 1995, S. 200, 203. Vgl. Böttcher 1984, S. 298, 308; Schweitzer 1995, S. 214; Lepper 2006, S. 87f.

131   Böttcher 1984, S. 300f., 311, 317f., 322f. (Zitat 311); Schweitzer 1995.

132   Schweitzer 1995, S. 218f.; Battafarano 1998, S. 28-42.

Teutsche Sprache *auß der Mönichen Bann erlediget*[, d.h. der Macht des Klerus entrissen] habe."[133]

Abb. 13: Georg Philipp Harsdörffer (1607–1658) in einem zeitgenössischer Kupferstich.

Für den Protestanten Harsdörffer konnte Gott nicht nur in den Sprachen der Bibel, sondern auch in den lebenden Sprachen angebetet werden. Ein zentrales Anliegen Harsdörffers war es darüber hinaus, durch seine Übertragungen die deutsche Sprache, die er den romanischen als prinzipiell ebenbürtig erachtete, zu verbessern. Jean-Daniel Krebs führt diese Motivation beispielhaft anhand einer Regel des französischen Renaissancedichters Pierre de Ronsard vor, die Harsdörffer folgendermaßen übertrug: „Ich rahte dir / dass du die fremden Sprachen in möglichster Vollkommenheit erlernen solst / und aus denselben / als aus einem alten unter der Erden gefundnen Schatz / deine Sprache bereichern [...]."[134] Auch abschät-

---

133 Battafarano 1998, S. 32.
134 Krebs 1995, S. 226. Im Original: „Je te conseille de scavoir [!] les langues etrangeres parfaictement, & d'elles, comme d'un viel tresor trouvé sous terre, enrichir ta propre nation [...]."

zige Äußerungen über die fehlende metrische Gesetzmäßigkeit romanischer Dichtung in seiner 1646 verfassten Vorrede zum zweiten Teil von Justus Georg Schottelius' „Teutscher HaubtSprache" zeigen Krebs zufolge, dass „Harsdörffer seine fremden Kollegen immer mit einem kritischen Blick auf ihre Brauchbarkeit für die eigene Nationalliteratur liest."[135]

Während sich Harsdörffers Reisen und seine Erfahrungen mit fremden Sprachen in literarischer Form niederschlugen, machte der Nürnberger Johann Christoph Wagenseil (1633–1705) seine Auslandserfahrungen für seine Gelehrtenlaufbahn fruchtbar. Wagenseil hatte einen großen Teil seiner Kindheit und Jugend in Schweden verbracht und besuchte nach seiner Rückkehr nach Nürnberg das dortige Egidiengymnasium (1647–1649) sowie die Universität Altdorf (1649–1654). Danach wirkte er mehrere Jahre als Hauslehrer und Erzieher der Söhne protestantischer niederösterreichischer Adliger. Von 1659 bis 1661 hielt er sich als Hofmeister Augusts von Hardegg in Heidelberg und Straßburg auf. Als Lehrer und Begleiter Ferdinand Ernsts von Traun unternahm er anschließend „eine der ausgedehntesten Bildungsreisen des 17. Jahrhunderts", die ihn bis 1666 durch Italien, Frankreich, Spanien, die Niederlande und England führte. Von Gibraltar aus überquerten Wagenseil und Traun 1665 sogar das Mittelmeer und besuchten die spanische Exklave Ceuta an der Nordküste Afrikas. Während dieser Reise knüpfte der Nürnberger zahlreiche Kontakte zu führenden Gelehrten seiner Zeit wie Antonio Magliabecchi, dem Bibliothekar der Medici-Großherzöge in Florenz, und dem französischen Wissenschaftsorganisator Jean Chapelain, der ihn in die gelehrten und literarischen Zirkel von Paris einführte und ihm zur Patronage des Ministers Jean-Baptiste Colbert verhalf. Wagenseils Übersetzung der Statuten der französischen Ostindienkompanie ins Deutsche (1665) dürfte eine Auftragsarbeit für Colbert gewesen sein. Über Chapelain kam er auch mit der berühmten Dichterin Madeleine de Scudéry in Kontakt. Sowohl während seiner Aufenthalte in Wien und Pressburg als auch während seiner großen Reise zeigte Wagenseil zudem ein starkes Interesse am Hebräischen und an orientalischen Sprachen. So lernte er während seines dreimonatigen Romaufenthalts 1663 Arabisch bei einem syrischen Maroniten und besaß das Syrisch-Lehrbuch des Abramo Ecchelense (Ibrāhīm al-Haqilanī), mit dem er befreundet war. In Ceuta hatte er 1665 Kontakt mit sephardischen Juden, mit denen er auf Hebräisch kommunizierte. Nach seiner Rückkehr nach Nürnberg und seiner Berufung zum Professor an der reichsstädtischen Universität Altdorf (1667) machte Wagenseil sich als Experte für die jüdische Kultur einen Namen. Dass ihm darüber hinaus auch die Fremdsprachenerziehung seiner Kinder ein wichtiges Anliegen war, zeigt die Tatsache, dass er 1685 seiner damals sechzehnjährigen Tochter Helene Sibylle „hervorragende Kenntnis des Griechischen, Lateinischen, Französischen und Italienischen" bescheinigte.[136]

Mit Georg Philipp Harsdörffer teilte Wagenseil das Anliegen, das Ansehen der deutschen Sprache zu fördern und ihre Ebenbürtigkeit mit anderen lebenden europäischen Sprachen zu propagieren. Die postulierte Gleichrangigkeit des Deutschen mit dem Französischen bildet das zentrale Thema des Gesprächs, das Wagenseil 1665 in Paris mit Madeleine de Scudéry führte und das er Jahrzehnte später in seiner Geschichte der Reichsstadt Nürnberg (1697) wiedergab. Der Kritik seiner Gesprächspartnerin am mangelnden Wohlklang und der Rauheit der deutschen Sprache hält der Nürnberger darin den männlichen und ernsthaften Charakter des Deutschen entgegen: „also ist auch unsere Sprach männisch /

---

135 Krebs 1995, S. 228f. Vgl. auch Battafarano 1998, S. 36-42.
136 Blastenbrei 2004, S. 12-37 (Zitate S. 18, 25).

jedoch aber / wann sie von denen welche sich ihrer Reinligkeit befleissigen / ausgesprochen wird / sonder aller Härtigkeit und Ubellaut."

Abb. 14: Johann Christoph Wagenseil (1633–1705), Kupferstich von Jakob von Sandrart (1680).

Zwar gestand der fränkische Gelehrte zu, dass die größere Distanz des Deutschen vom Lateinischen sich nachteilig auf die Entwicklung der Gesprächs- und Salonkultur in Deutschland ausgewirkt habe, doch wird dieser Nachteil in seinen Augen durch das Alter und die Ursprünglichkeit der deutschen Sprache wettgemacht: „Sie ist kein saurer Essig eines guten Weins / ich meine / daß sie keine abgeleitete / und durch Vermischung anderer erzwungene / sondern eine Haupt-Sprach sey / in deren nichts geborgtes und die an Alterthum bloß der Hebreischen weichet." Kurzum: die deutsche Sprache könne „alle Gedancken der Menschen / klar / deutlich / schön und vollkommen an den Tagen geben".[137]

---

137   Klee/Koloch 2002, Zitate S. 388, 392f.

3.5. Auslandsstudium und Kavalierstouren reichsstädtischer Eliten 1650–1750

In der zweiten Hälfte des 17. Jahrhunderts war die Zahl der Immatrikulationen Augsburger und Nürnberger Studenten an Hochschulen im fremdsprachigen Ausland deutlich rückläufig: Lediglich 129 Bürger bzw. Bürgersöhne der beiden Reichsstädte schrieben sich an einer Hochschule im italienischen, französischen oder niederländischen Sprachraum ein, wobei sich die 62 Nürnberger und 67 Augsburger zahlenmäßig in etwa die Waage hielten. Nur ein einziger Student, der Nürnberger Abraham Blommart, lässt sich an zwei ausländischen Hochschulen nachweisen: er studierte 1674 in Genf und 1682 in Leiden. Diese Entwicklung ist einerseits im Zusammenhang mit den demographischen und wirtschaftlichen Verlusten zu sehen, die die süddeutschen Reichsstädte im Dreißigjährigen Krieg erlitten. Andererseits entsprach sie einem überregionalen Trend, denn das Studium im katholischen Frankreich war für Protestanten deutlich schwieriger, nach der Rücknahme des Edikts von Nantes 1685 sogar praktisch unmöglich geworden; auch die renommierten oberitalienischen Universitäten „verloren im 17. Jahrhundert ihre Internationalität" und wandelten sich faktisch zu regionalen Ausbildungsstätten.[138]

Tabelle 3: Augsburger und Nürnberger Studenten an Universitäten im fremdsprachigen Ausland 1650–1699

Studienort	Augsburger	Nürnberger	Gesamt
Italienischer Sprachraum			
Padua	9	21	30
Perugia	10	0	10
Siena	0	1	1
Rom (Germanicum)	33	0	33
Französischer Sprachraum			
Bourges	4	7	11
Genf	2	5	7
Niederlande			
Löwen	6	0	6
Leiden	3	29	32
Summe	**67**	**63**	**130**

Datenbasis: 130 Matrikeleinträge zu 129 Studenten

Eine genauere Analyse der Studienortwahl (Tabelle 3) offenbart zudem erhebliche Unterschiede zwischen den beiden Reichsstädten. Fast die Hälfte der Augsburger Auslandsstudenten, für die Matrikeldaten vorliegen, besuchte in der zweiten Hälfte des 17. Jahrhunderts die katholische „Kaderschmiede" des Collegium Germanicum in Rom, mit weitem Abstand gefolgt von den Universitäten Perugia, Padua und Löwen in den spanischen Niederlanden. Die Präferenz Augsburger Studenten für Universitäten im katholischen Ausland steht in starkem Gegensatz zur Popularität der niederländischen Universität Leiden bei den protestantischen Nürnbergern. Fast jeder zweite Student aus der fränkischen Reichsstadt wählte zwischen 1650 und 1699 Leiden und jeder dritte Padua als Studienort. Die niederländische

---

138   Vgl. Dotzauer 1977, S. 115f., 121; Ridder-Symoens 1989, S. 203f.; Asche 2005, S. 17f.

Hochschule galt im 17. Jahrhundert als Ort, an dem „sich trotz strenger Kirchenzucht eine aus Gründen der Staatsräson betriebene duldsame Politik gegenüber den oftmals aus Glaubensgründen in die Generalstaaten emigrierten Professoren und Studenten mit einer produktiven Gelehrsamkeit in verschiedenen Disziplinen äußerst fruchtbar verband."[139] Während Rom und Löwen für Nürnberger Studenten offensichtlich nicht in Frage kamen, waren Bourges und Genf unter ihnen immerhin deutlich beliebter als unter Augsburger Studenten.

Der hervorragende Ruf, den Leiden im protestantischen Deutschland genoss, wird auch in einem deutsch-italienischen Gesprächsbuch thematisiert, das 1679 in Nürnberg gedruckt wurde. Eines der Gespräche dreht sich um zwei deutsche Herren, die auf ihrer Kavalierstour in der niederländischen Stadt Station machen und sich bei ihrem Wirt nach anderen Deutschen erkundigen, die sich bereits dort einquartiert haben. Da sich diese gerade bei der Morgentoilette befinden, trinken die Neuankömmlinge zunächst einmal auf das Wohl der „Professoren dieser Universität". Besonders florieren würden dort Jura, Pharmazie und die orientalischen Sprachen. Einer der Gäste bewundert zudem die Räumlichkeiten der Universität: „Ach wie sind diese Lehrzimmer so schön; wir sehen wol nichts dergleichen in Teutschland. – Die Universitäten in Teutschland können mit dieser nicht verglichen werden / alles wird hier trefflich wol unterhalten / die Ordnung ist herrlich / und die Herren Professoren haben sehr gute Besoldungen" – so gute, dass sie es nicht nötig hätten, Studenten als Kostgänger aufzunehmen. Dies sei ihrer Reputation durchaus zuträglich, „denn wer sich allzugemein macht, wird endlich verachtet".[140]

Im späten 17. Jahrhundert gingen nicht nur die Einschreibungen deutscher Studenten an ausländischen Universitäten zurück, auch die Kavalierstour wurde nun zur Zielscheibe publizistischer Kritik. So heißt es in der Vorrede eines 1682 publizierten Sprachlehrwerks: „Dann was seynd die unbesonnene Reisen in Franckreich / dessen Manier / Sitten / Sprache / Kleydung / Manufacturen und dergleichen Vanitäten anders / als süsse Schlaff-Träncke / wordurch Teutschland eingeschläffert / und gantz taumelnd wird / ja was das meiste / so von Kräften kompt / daß es seinen Feinden nicht wohlbestand ist, sondern als ein halb Trunckener sich bey den Haaren herumb ziehen lassen muß."[141]

Gleichwohl blieben Auslandsreisen für junge Mitglieder der reichsstädtischen Oberschicht sehr attraktiv. Der oben vorgestellte Hieronymus Hainhofer, der sich in den 1630er Jahren in England niedergelassen und als Reisehofmeister Karriere gemacht hatte, nahm 1657 seinen Verwandten Lukas Geizkofler mit nach Paris und zwei Jahre später auch nach England. 1660 begleitete ihn ein weiterer Augsburger Verwandter, Markus Philipp Steurnagel, nach Frankreich und England, und aus einem Brief, den Johann Georg Anckel im Februar 1666 an Herzog August von Braunschweig-Lüneburg schrieb, geht hervor, dass er eine ähnliche Laufbahn wie Hainhofer einschlug: Steurnagel, so Anckel, hielt sich mittlerweile bereits sechs Jahre bei seinem „Blutsfreundt" Hieronymus Hainhofer in England und Frankreich auf, hatte beide Länder durchreist und sei in „denselben beeden sprachen ex fundamento, im reden und schreiben kundig". Vor acht Monaten sei er nun mit zwei jungen englischen Grafen „nach Franckhreich, Teütschland, und Italien alß ein geheymer Cammerdyner und Sprachmeister, alweilen dieser beeden Herrn Hofmeister, keine anderen alß der Lateinischen und Engelländ[ischen] sprach kundig, abgefertiget" worden.[142]

139 Asche 2005, S. 22. Vgl. auch W. Weber 2002, S. 84, 121f.
140 J. D. Parival/M. Kramer, Teutsch- und Italiänische Gespräche, 1679, 22. Gespräch, 36-45.
141 Der teutsche Frantzoß, 1682, Vorrede, n.p.
142 Bepler 1995, S. 135f. mit Anm. 67.

Dass das Auslandsstudium wie auch die Bildungsreise durch europäische Länder im Rahmen der Sozialisation Augsburger und Nürnberger Patriziersöhne weiterhin wichtig blieben, zeigen auch Beispiele aus den Familien Löffelholtz, Sulzer, Stetten und Welser. Der Nürnberger Georg Christoph Löffelholtz (1641–1683), der sich 1664 in Siena immatrikulierte und anschließend Italien, Frankreich, die Schweiz, England und Holland bereiste, hinterließ ein Itinerar seiner Reise, in dem er vor allem historische Monumente und Schauplätze geschichtlicher Ereignisse als „Erinnerungsräume" festhielt. Unter den Monumenten, die er 1664 in der Kirche San Domenico besichtigte, registrierte er auch die Epitaphien „unterschiedliche[r] Nürnbergische[r] *Patritij*", die dort bestattet waren, darunter das Epitaph seines 1590 dort verstorbenen Verwandten Sebastian Löffelholtz. Außerdem ist seinem Reisebericht zu entnehmen, dass er unterwegs immer wieder auf Verwandte und Bekannte traf, in Florenz etwa auf seine „Vettern" Johann Adam Geuder und Johann Paul Löffelholtz, in Rom auf Johann Ferdinand Sigmund Kress von Kressenstein und in La Flèche auf Johann Carl Löffelholtz.[143]

Karl Welser (1635–1697) aus dem Nürnberger Zweig der Familie, der seit 1654 die Universität Altdorf besucht hatte, trat im Herbst 1658 „in Gesellschaft von Karl Gottlieb Fürer, dem nachmaligen Losunger, und Georg Karl Muffel von Eschenau seine Reise an, zunächst durch Schwaben und die Schweiz nach Genf zur Ausbildung im Französischen, dann nach einem längeren Aufenthalte in Orléans und an der unteren Loire 1660 nach Paris, durch die Normandie über Dieppe nach England, dann zurück über Calais durch die Niederlande nach Köln und den Rhein herauf nach Hause." Auch Karl Welsers Sohn Karl Wilhelm (1663–1711) erhielt 1686 Gelegenheit zu einer Studienreise, die zwei Jahre dauerte und ihn durch die nördlichen und die spanischen Niederlande, Frankreich, Italien, Österreich und Ungarn führte. Längere Aufenthalte in Den Haag, Paris und Venedig nutzte er zur Besichtigung von Kunstkammern, zum Besuch von Festen und zum Kauf von seltenen Büchern und Medaillen.[144] Der 1663 in Augsburg geborene Marx Christoph (IV.) Welser begab sich im Anschluss an seine Tübinger Studienzeit gemeinsam mit Eberhard Friedrich von Holz und Wolf Jakob von Forster, deren Hofmeister Johann Ludwig Hermann und Johann Jakob Obrecht 1684/85 auf eine Kavalierstour durch Holland, England, Frankreich, die spanischen Niederlande und die Schweiz, über die er ausführliche Aufzeichnungen anfertigte.[145] Der Augsburger Patrizier Paul (III.) von Stetten (1665–1727) hatte nach dem Studium in Leipzig „einen Großteil von Deutschland, Holland, England und Italien bereist", ehe er 1691 Anna Maria Barbara von Egger heiratete und nach seiner Wahl in den Rat (1701) eine städtische Ämterlaufbahn einschlug.[146]

Der 1685 geborene Wolfgang Jakob Sulzer studierte nach dem Besuch des Gymnasiums bei St. Anna an den Universitäten Jena (1704) und Halle (1706) und wurde nach seiner Rückkehr nach Augsburg „von seinem Vater in kaufmännische Arbeiten eingeführt." Am 6. Mai 1709 trat er eine Bildungsreise nach Holland und England an, über die er ausführlich Tagebuch führte. Von Köln aus fuhr er am 19. Mai mit dem Postwagen rheinabwärts und gelangte über Nimwegen und Utrecht nach Amsterdam. „Utrecht war dann Ausgangsstation für längere und kürze Ausflüge etwa nach Haarlem, Leiden, Den Haag." Von Rotterdam aus setzte Sulzer Ende Juli 1709 nach England über und begann nach seiner Ankunft in

---

143 Leibetseder 2004, S. 97f., 147-151, 180f.
144 Welser 1917, Bd. 1, S. 668, 676f.; Fleischmann 2007, Bd. 2, S. 1089, 1091.
145 Welser 1917, Bd. 1, S. 633.
146 Herre 1954, S. 316.

London „sofort mit einem Sprachkurs." Nach Besuchen der königlichen Schlösser von Kensington, Richmond, Hampton Court und Windsor reiste Sulzer Anfang September nach Cambridge weiter. Nach einem dreiwöchigen Aufenthalt in der Universitätsstadt führte ihn der Rückweg nach London über Blenheim Castle, das Schloss des Herzogs von Marlborough, und Oxford. Mitte November 1709 überquerte er erneut den Kanal in Richtung Holland und reiste über die spanischen Niederlande (Antwerpen, Brüssel) nach Hamburg. Neben dem Erwerb der englischen Sprache und der Besichtigung von Sehenswürdigkeiten bildeten Besuche bei berühmten Gelehrten – dem arminianischen Theologen Johannes Clericus (Jean Le Clerk) in Amsterdam, dem englischen Gräzisten Joshua Barnes in Cambridge und Gottfried Wilhelm Leibniz in Hannover – einen Schwerpunkt dieser Bildungsreise.[147] Sulzers Auslandserfahrung und Sprachkenntnisse fanden sowohl in seiner rund 1.500 Bände umfassenden Bibliothek, die u.a. Werke von John Milton und John Locke enthielt, ihren Niederschlag als auch in seiner späteren Tätigkeit als Scholarch (Aufseher über das evangelische Schulwesen) in Augsburg. Im Rahmen einer Denkschrift zur Reform des Schulwesens schlug er unter anderem vor, „Sprachunterricht weniger durch Vokabellernen als durch mündliche Übung zu gestalten."[148]

Christoph Friedrich Löffelholtz (1718–1800) brach 1738 als Zwanzigjähriger zu einer rund einjährigen Tour durch Frankreich und die österreichischen Niederlande auf, während der er sich jeweils mehrere Monate in Straßburg und Paris aufhielt und dort intensiv am gesellschaftlichen Leben teilnahm. Bemerkenswert an dem Reisebericht, den er über diese Kavalierstour verfasste, ist zum einen, dass das Überschreiten der Sprachgrenze zwischen dem deutschen und dem französischen Sprachraum mit einem Wechsel der Berichtssprache einherging. Bis zur Ankunft im elsässischen Markirch (St. Marie-aux-Mines) ist sein Bericht in deutscher, danach in französischer Sprache abgefasst. Zum anderen pflegte Löffelholtz in Paris engen Kontakt zu dem Sprachmeister Charles Honoré Le Gallois de Grimarest, der damals sehr gefragt war und 1731 bereits die Grafen Heinrich VI. Reuß und Rochus Friedrich zu Lynar unterrichtet hatte.[149] „Grimarests Haus war eine Kontaktbörse, an der Schüler und Meister einander suchten und fanden", schreibt Leibetseder und fügt hinzu, dass der Sprachmeister den jungen Nürnberger Patrizier nicht nur unterwies, sondern ihm auch in der französischen Hauptstadt verschiedene Türen öffnete: „Mehrmals ließ er sich abends im Hause Grimarest blicken und es ist nicht unwahrscheinlich, dass es Grimarest war, der Löffelholtz in die Gesellschaft einführte, die dienstags und freitags bei den Mademoiselles de Beauregard zusammenkam. Zusammen unternahm man Ausflüge, besuchte einen Sonntag mit Grimarest das Lustschloss in Mainsons-Laffitte und mit dessen Frau und den Mademoiselles de Beauregard das Chateau de la Meute."[150]

Angesichts der Popularität dieser Bildungsreisen und Kavalierstouren überrascht es nicht, dass sie auch in zeitgenössischen Sprachlehrwerken thematisiert wurden. In einem deutsch-französischen Gesprächsbuch, das der zeitweilig in Nürnberg tätige Pierre Canel 1689 in der fränkischen Reichsstadt veröffentlichte, findet sich folgender Dialog:

---

147 Paulus 2004, S. 79f.
148 Paulus 2004, S. 90f. (Zitat S. 91).
149 Charles Honoré Le Gallois de Grimarest verfasste u.a. das Werk „Recueil De Lettres Serieuses & Galantes" (Paris 1721).
150 Leibetseder 2004, S. 113f., 152-154 (Zitat S. 114). Zu seiner weiteren Laufbahn vgl. Fleischmann 2007, Bd. 2, S. 691.

Was den Weg anbelangt / den der Herr nehmen soll / sintemal er zu Lion ist / so rathe Ich Ihme nacher Turin zu reisen / den Hof Ihrer Königlichen Durchleucht von Savoyen / so dann der Prächtigsten in Europa einer ist / zu besehen. – Nachdem Er sich eine Zeitlang zu Turin aufgehalten hat / kommt er nach Genua / und von Genua nach Florentz die Hauptstadt der Herrschaft des grossen Hertzogen von Florentz / darinnen man sich eine Zeitlang aufhalten kan / so wol den Hof zu besehen / als die welsch Sprach allda zu erlernen / die man da sage / am volkommensten zu seyn. – Ich hab doch hören sagen / daß die Florentiner Aussprach gar zu hart und aus den [sic] Hals gezogen seye / an statt daß der Römer ihre überaus sanfft und angenehm ist. – Das ist wahr / derowegen gehet man auch von Florentz nach Rom so wol die Antiquitäten dieser berühmten Stadt zu sehen / als / um sich in der Sprach vollkommen zu machen. – Wann der Herr die Stadt Neapolis nicht zu sehen willens ist / so kann er von Rom nach Venedig kommen. – Die Stadt ist werth / daß man sich da eine Zeitlang aufhalte / die Schönheit ihres Zeughauses zu sehen / welches dann alle die jenige so in der Welt seynd / übertrifft. – Die Fastnacht ist die bequemste Zeit darzu / dieweil man zu solcher Zeit die Comedi und die Oper sihet / die da so gemein und so lustig seind / daß viel Fürsten ihre Länder verlassen / um dieser Ergötzlichkeiten zu geniesen. – Es seynd noch anderer Höfe etliche die man in Italien sehen kan / als der Hertzog von Mantua / von Parma / und von Moden[a] ihre / welche alle auch sehr prächtig seynd.

Als weitere Stationen der Kavalierstour werden die Höfe von Innsbruck und München, Regensburg als Sitz des Immerwährenden Reichstags und die kaiserliche Residenzstadt Wien „wegen des Reichs Herrligkeit / und weil selbige zwey Belägerungen / wider alle Ottomanische Gewalt ausgestanden", diskutiert. Schließlich sollte der Reisende „den Sächsischen / Brandenburgischen / Zellischen / Hannoverischen / Casselischen / Mayntzischen / Trierischen und Cöllnischen Hof besehen", ehe er über Brüssel und Holland nach England weiterreiste.[151] Sieben Jahre nach Canel veröffentlichte der Nürnberger Sprachmeister Matthias Kramer ein Gesprächsbuch, in dem sich drei Freunde über eine Reise unterhalten. Einer der Gesprächspartner, ein aus Stockholm stammender Bildungsreisender, ist bereits seit „ungefehr dritthalb jahr" unterwegs. Seine Reise führte zunächst nach Italien (Venedig, Rom, Florenz, Genua), anschließend über Turin, Lyon, Paris, Blois „und andere Städte" nach Calais, wo der Reisende nach England übersetzte. Nach einem Aufenthalt in London reiste er über Brüssel und Holland ins Reich, wo er die Städte Köln, Trier, Mainz, Heidelberg, München, Frankfurt, Augsburg, Regensburg, Nürnberg, Dresden und Berlin besichtigte.[152]

3.6. Fremdsprachenkenntnisse im Zeitalter der Aufklärung: Paul von Stetten der Jüngere

Für die Frage nach dem Stellenwert von Fremdsprachenkenntnissen für den Bildungshorizont eines reichsstädtischen Patriziers in der Epoche der Aufklärung ist das Beispiel Paul (V.) von Stettens (1731–1808), der zur Unterscheidung von seinem gleichnamigen Vater

---

151 P. Canel, Teutsche und Frantzösische Gespräch, 1689, S. 29-31.
152 M. Kramer, Neu Parlement, 1696, 63. Gespräch, S. 151-155.

(1705–1786) „der Jüngere" genannt wird, zwar nicht unbedingt repräsentativ, aber gleichwohl aus verschiedenen Gründen besonders aufschlussreich. Erstens war der aus einer angesehenen evangelischen Patrizierfamilie Augsburgs stammende jüngere Paul von Stetten die prägende Gestalt im politischen und kulturellen Leben der Reichsstadt in den letzten Jahrzehnten ihrer Reichsfreiheit. Seit 1770 Mitglied des Rates, bekleidete er zahlreiche städtische Ämter, stieg 1788 in den Geheimen Rat auf, übernahm im folgenden Jahr das wichtige Einnehmeramt und wurde 1792 evangelischer Stadtpfleger. Darüber hinaus engagierte er sich in der 1779 neu formierten reichsstädtischen Kunstakademie, der Schulreform und der Administration wohltätiger Stiftungen. Neben literarischen Texten verfasste er eine Reihe stadt- und familiengeschichtlicher Werke. Zweitens hat Stetten eine ausführliche Selbstbiographie hinterlassen, die Einblicke in seinen Werdegang, sein öffentliches Wirken und seinen geistigen Horizont gewährt und seit kurzem in edierter Form zugänglich ist.[153]

Stettens fremdsprachliche Ausbildung begann im Jugendalter in seiner Heimatstadt. Seit 1743 erhielt er Französischunterricht bei Johann Ludwig Seybold, einem Sprachmeister aus dem Hohenlohischen, „hernach bey einem *Mr. des Roseaux*, der sich hier eine Zeitlang aufhielte."[154] Im Sommer 1749 wurde der mittlerweile Sechzehnjährige zum Studium nach Genf geschickt. Der ältere Paul von Stetten hatte sich nach negativen eigenen Erfahrungen in Altdorf gegen die fränkische Universität als Studienort für seinen Sohn entschieden. „Mein Herr Vater," schrieb Paul von Stetten d.J. in seiner Selbstbiographie, „hatte einigen Abscheu vor der rohen LebensArt, die damals noch auf deutschen Universitäten herrschte. Er wollte mich vorher noch an einem gesitteten Orte erstarken laßen, ehe er mich den Gefahren aussezte, denen auf hohen Schulen so manche Jünglinge unterliegen."[155] Obwohl für ihn kein Auslandsstudium belegt ist, verfügte der ältere Paul von Stetten offenbar über gute Fremdsprachenkenntnisse, denn Herre schreibt über ihn: „Zur eigenen Bildung und Erbauung übersetzte er mehrere Werke aus dem Lateinischen, Französischen und Italienischen."[156] Die Entscheidung für das calvinistische Genf fiel „auf Einrathen meines Oncle Herr Marcus v. Scheidlin", der die schweizerische Universitätsstadt als „einen Ort, der wegen guter Policey und Sitten, wie auch wegen guten Gelegenheiten zu lernen in Ansehen war".[157]

Der jüngere Paul von Stetten trat die Reise nach Genf am 11. August 1749, kurz nach seinem 18. Geburtstag an, begleitet von einem Diener, „der noch weit unerfahrner war als ich." Am 1. September traf er wohlbehalten, doch „ohne die geringste Bekantschaft und ohne selbst die Sprache wohl zu verstehen" dort ein. Stetten fühlte sich als Kostgänger und Mieter im Haushalt eines „gewißen Mr. Albrecht", der aus Sachsen stammte, allerdings nicht sonderlich wohl: „Außer einem Baron v. Kurzrock und seinem Hofmeister, die bald hinweg giengen, war niemand da als Engländer, deren Aufwand ich weder nachmachen konnte noch wollte, und die mir, da sie sich beständig in ihrer LandsSprache unterhielten, wenig Nuzen schaften." Nach zwei Monaten wechselte Stetten daher sein Domizil und bezog Quartier im Haus des Architekten Jean Michel Billon, „bey welchem ich die übrige Zeit mit beßerm Nuzen aushielte." Er nahm nun Unterricht in Naturrecht und „in den Anfangs Gründen" des bürgerlichen Rechts bei Pierre Pictet, einem Professor an der Genfer

---

153   Stetten 2009. Zu seiner Biographie vgl. Herre 1954; Merath 1961; Bátori 1983.
154   Stetten 2009, S. 11.
155   Herre 1954, S. 327f.; Bátori 1983, S. 111.
156   Herre 1954, S. 322.
157   Stetten 2009, S. 12.

Akademie, ließ sich von seinem Vermieter in der Architektur, bei einem Mr. Aubert im Tanzen und bei einem Sprachmeister namens Constantini in der italienischen Sprache unterweisen. „Große Bekanntschaften," schränkt Stetten allerdings ein, „machte ich eben nicht oder meistens mit deutschen," von denen er zwei evangelische Prediger, einen aus Augsburg stammenden Hauptmann und einen Nürnberger Kaufmannssohn namentlich nennt. Daher beurteilte Stetten auch den Erfolg seines Auslandsaufenthalts insgesamt skeptisch: „Durch diese Eingezogenheit wurde ich zwar vor Verführung verwahrt, allein der Nuzen des kostbaren Aufenthalts war auch nicht so groß als man sich Hofnung gemacht hatte." Anfang März 1750, also nach ziemlich genau sechs Monaten, verließ er Genf daher wieder und kehrte über Lyon, wo er sich drei Wochen lang aufhielt, Straßburg und Stuttgart nach Augsburg zurück. Von 1750 bis 1752 setzte er sein Studium in Altdorf fort. Dort verwendete er einen Teil der Zeit, die ihm neben dem Studium verblieb, auf die Pflege seiner Fremdsprachenkenntnisse: „Eine wochentliche französische Gesellschaft, in welche[r] wir wechsels weise selbst Ausarbeitungen machten, und eine wochentl[iche] Musick Gesellschaft waren mir angenehm."[158] Aus einem 1761 verfassten Brief Stettens geht außerdem hervor, dass er während seines Aufenthalts in Genf Kontakt zu einem Mitglied der aus Augsburg stammenden Patrizierfamilie Herwart geknüpft hatte und weiterhin mit diesem korrespondierte: „was ich aber von den Französischen Herwarten angemercket, ist aus eigenhändigen Schreiben, des noch zu Vevay lebenden B. Ph. Jac. Herwarts, mit welchem ich a. 1749 zu Genv bekannt zu werden die Ehre gehabt habe."[159]

Obwohl Paul von Stetten der Jüngere die Qualität des Französischunterrichts, den er in Augsburg genossen hatte, und den praktischen Nutzen seines Auslandsaufenthalts zurückhaltend bewertete, setzte er sich so intensiv mit der französischen Literatur und Kultur auseinander wie kaum ein anderer reichsstädtischer Patrizier im Zeitalter der Aufklärung. 1766 publizierte er als Gelegenheitsarbeit „die Ubersezungen zweyer heroischen Briefe von Barneveld an Truman, und von Zelin aus dem französischen"; die Übertragung dieses Werks des Pariser Schriftstellers Claude Joseph Dorat (1734–1780) wurde 1767 in der „Allgemeinen Deutschen Bibliothek" besprochen, fand insgesamt aber wenig Resonanz.[160] Fremdsprachige Zitate, die Stetten in seine Selbstbiographie einfügte, spiegeln seine Lektüre von Rousseaus „Nouvelle Héloise", Montesquieus „Esprit des Loix", Jacques Neckers „Compte rendu à roi" und der bekanntlich in französischer Sprache verfassten Werke Friedrichs II. von Preußen wider, und er gilt als der einzige Augsburger Bürger, in dessen Bibliothek die „Encyclopédie" von d'Alembert und Diderot stand.[161]

Stetten schreibt dazu in seiner Selbstbiographie, dass ihn seine Neubearbeitung von Johann Amos Comenius' ungemein populärem Bilderlexikon „Orbis Sensualium pictus" (vgl. Kapitel 5) veranlasst habe, „einen ansehnlichen Aufwand zu machen und mir das berühmte französische ,Dictionaire encyclopedique' anzuschaffen." In charakteristischer Weise betont Stetten den gemeinnützigen Charakter der Anschaffung dieses umfangreichen und kostspieligen Gemeinschaftswerks der französischen Aufklärer: „Es geschah keineswegs aus Prahlerey und Eitelkeit, sondern in der Absicht, mit diesem kostbaren Werke, welches weder in der offentlichen noch in privat Bibliothecken hier ist, manchen wißbegierigen

---

158 Stetten 2009, S. 12f., 16; Herre 1954, S. 328.
159 Spindler 1959, S. 377 (Nr. 226).
160 Stetten 2009, S. 26.
161 Stetten 2009, S. 21, 30, 76, 98, 115, 198, 293, 306, 317, 390-394, 516; Herre 1954, S. 334f.; Merath 1961, S. 24.

Künstlern und Profeßionisten dienen zu können, da darinn sehr viele Kunstgriffe beschrieben sind, welche ihnen noch unbekannt, jedoch sehr nuzlich und wichtig seyn möchten.“[162]

Abb. 15: Paul von Stetten der Jüngere (1731–1808),
Kupferstich von Georg Anton Abraham Urlaub (1787).

Diese Affinität zur praktischen Seite der Aufklärung tritt auch in Stettens Engagement für die Reform des Unterrichts im Gymnasium bei St. Anna zutage. Er wurde 1769 Mitglied einer städtischen Schulkommission, deren Zielsetzung er folgendermaßen beschreibt: „Unsere Haupt-Absicht war von Anfang an, den Unterricht [...] gemeinnüziger zu machen, so daß nicht nur der künftige Gelehrte, sondern auch der Kaufmann, Künstler und Handwerksmann mehrern Nuzen daraus sollte ziehen können [...].“ Dieses Ziel sollte durch „geschickte, willige und hinreichend besoldete Lehrer“, die Anschaffung geeigneter Lehrbücher, die Beschaffung von Instrumenten, Modellen und Naturalien als Anschauungsmaterial und eine verbesserte finanzielle Ausstattung erreicht werden.

Ein Problem bei der Umsetzung der Reformbemühungen war indessen, dass man noch kurz zuvor „einen besondern Lehrer der Mathemat[ischen] Wißenschaften, wie auch der

---

französ[ischen] und italiän[ischen] Sprache aufgestellet und ihnen ein eigenes Gehalt angewiesen hatte." Mit dem Stellenwert des Fremdsprachenunterrichts in St. Anna war Paul von Stetten der Jüngere auch später in seiner Funktion als Scholarch (Aufseher über das evangelische Schulwesen) befasst; 1787 beispielsweise wurde darüber diskutiert, ob der Rektor des Gymnasiums St. Anna, Hieronymus Andreas Mertens, sein wöchentliches Deputat von sechs Französisch- und sechs Italienischstunden an den Lehrer Tobias Brandmüller abtreten sollte (vgl. Kapitel 4).[163]

3.7. Resümee

Die für dieses Kapitel ausgewerteten Quellen – Universitätsmatrikel, Familienbücher, Briefwechsel, autobiographische Texte – sowie die einschlägige Literatur dokumentieren intensive Kontakte Nürnberger und Augsburger Studenten und reisender Patriziersöhne mit fremdsprachlichen Räumen, insbesondere in den zwei Jahrhunderten zwischen 1550 und 1750. Während die meisten Studienaufenthalte an italienischen und französischen Universitäten in der Zeit vor dem Dreißigjährigen Krieg belegt sind, fällt die Mehrzahl der Kavalierstouren in das 17. und frühe 18. Jahrhundert. Studenten und reisende Kavaliere lernten lebende Fremdsprachen bei Sprachmeistern im Ausland, durch den Kontakt mit Einheimischen, durch den Gebrauch von Grammatiken und Wörterbüchern sowie durch die Lektüre literarischer und historischer Werke. Anders als bei der kaufmännischen Ausbildung stand hier nicht der Erwerb einer Fach- und Geschäftssprache im Vordergrund, sondern der Erwerb von Weltgewandtheit, die Aneignung eines vornehmen, an adeligen Vorbildern orientierten Habitus und die Befähigung zur Übernahme von Führungsaufgaben in der reichsstädtischen oder territorialstaatlichen Verwaltung. Die handschriftlichen Berichte von Kavalierstouren sowie die im Ausland erworbenen Buchbestände reichsstädtischer Patrizier sind Manifestationen eines intensiven kulturellen Austauschs, und die Karrieren Zacharias Geizkoflers, Philipp Hainhofers, Georg Philipp Harsdörffers, Johann Christoph Wagenseils und Paul von Stettens des Jüngeren belegen eindrucksvoll den sozialen und kulturellen „Mehrwert" der erworbenen Sprachkenntnisse. Auf der anderen Seite bezeugt der vorzeitige Tod junger Patrizier im Ausland, über den die Quellen immer wieder berichten, nachdrücklich die damit verbundenen Risiken.

---

163   Stetten 2009, S. 42f., 262, 265-267; vgl. Herre 1954, S. 337.

4. Fremdsprachenerwerb und Fremdsprachenunterricht in Augsburg und Nürnberg: Akteure und Institutionen

4.1. Allgemeiner Rahmen

4.1.1. Der Berufsstand der Sprachmeister

Der Unterricht in den modernen Fremdsprachen lag im Verlauf der Frühen Neuzeit in erster Linie in den Händen sogenannter Sprachmeister. Die Bezeichnung ‚Sprachmeister' deutet auf eine organisatorische Anlehnung an das Handwerk mit seinen Zunftordnungen hin, und Schulmeisterzünfte hat es im Elementarschulbereich tatsächlich gegeben. Allerdings waren die modernen Fremdsprachen, die „linguae exoticae" oder „linguae hodiernae", davon allenfalls am Rande betroffen, dann nämlich, wenn im Gefolge von Krieg und Vertreibung Migranten aus anderen Sprachräumen ihr eigenes Elementarschulwesen organisieren durften, womit sie ein Bildungsangebot schufen, von dem dann mitunter auch germanophone Lernende profitierten.[1] Da es weder eine formelle Ausbildung zum Fremdsprachenlehrer noch institutionalisierte Formen der korporativen Zusammenarbeit in Zünften oder Gilden gab, war das Lehren lebender Fremdsprachen zunächst einmal ein „freies Gewerbe", das allenfalls über Stadtratsbeschlüsse oder die Vergabe von Privilegien gesteuert wurde.[2] Sprachmeister mussten sich auf einem wenig institutionalisierten und geregelten Arbeitsmarkt behaupten. Bei aller internen Konkurrenz agierten sie aber von Fall zu Fall auch gemeinsam gegenüber der Obrigkeit, etwa, wenn es um die Zurückweisung unliebsamer Mitanbieter ging.[3]

Die Sprachmeister in den frühneuzeitlichen Städten waren Privatlehrer; einige von ihnen waren zugleich als Übersetzer bei den Behörden akkreditiert[4], oder sie wurden ad hoc

---

1 In Frankfurt am Main beispielsweise gab es in den 1580er Jahren, im Anschluss an die Einnahme Antwerpens durch Alexander Farnese und die Verfolgung der Protestanten durch den Herzog von Alba, eine mitgliederstarke frankophone Exil-Gemeinde mit eigenen französischen Schulmeistern, die vom Rat gefördert wurden, auch weil sie unter der Führung des Laurenz Alleinz (Schröder BBL I, S. 13) geeint und nach Art einer Schulmeister-Zunft auftraten. Alleinz selbst war zugleich als deutscher Schulmeister zugelassen und ist wiederholt als Lehrer des Französischen bezeugt. Vgl. auch Eiselen 1880, S. 3ff.

2 So wurde in Straßburg wiederholt versucht, die Zahl der Sprachmeister durch Ratsbeschlüsse überschaubar zu halten (vgl. Zwilling 1888). In Jena versuchte die Universität eine Zeit lang, eine Obergrenze für Sprachmeister durchzusetzen (vgl. Roux 1928; Koch 1950; Eichhorn-Eugen 1957). In aller Regel wurden solche Maßnahmen jedoch durch nachdrängende Anbieter von Fremdsprachenunterricht oder auch im Gefolge anderweitiger ständischer, konfessioneller oder handelspolitischer Partikularinteressen schnell wieder unterlaufen. Die mitunter restriktive Politik des Augsburger Rates bei der Vergabe von Aufenthaltsgenehmigungen und Arbeitserlaubnissen für Sprachmeister ist ein weiteres Beispiel für die Steuerung des Arbeitsmarktes (vgl. Abschnitte 4.2.3 und 4.2.4).

3 In Jena verbündeten sich Sprachmeister in der ersten Hälfte des 18. Jahrhunderts wiederholt gegen den Universitätslektor François Roux, der die aus seinen Privilegien abgeleiteten finanziellen Ansprüche durchsetzen wollte (Roux 1928, passim). Als zu Beginn des 19. Jahrhunderts die Augsburger Sprachmeister in das neue, staatlich überwachte Bildungssystem eingebunden werden sollen, agierte der dienstälteste Vertreter der Gruppe als Sprecher (vgl. Abschnitt 4.2.4).

4 Entsprechende Hinweise enthalten beispielsweise die Adressbücher der Stadt Hamburg. Auch der Verfasser der frühesten Grammatik des Portugiesischen für deutschsprachige Lernende, der sephardische Jude Abraham Meldola, damals wohnhaft in Altona, ist dieser Gruppe zuzurechnen. Vgl.

in dieser Funktion hinzugezogen, wenn sich entsprechender Bedarf ergab, wie beispielsweise der Augsburger Sprachmeister Olcus.[5] Mitunter versuchten sie auch, ihr Angebot auf
nicht-sprachliche Fächer auszudehnen – in aller Regel sehr zum Ärger der schon vorhandenen Winkelschul-Konkurrenz.

Eine feste und damit meist längerfristige Anstellung und Besoldung konnte nur eine
kleine Minderheit der Sprachmeister erreichen. Entsprechende Stellen waren an der Mehrzahl der Universitäten und besonders an den Ritterakademien[6] vorhanden, an größeren
Höfen sowie – zeitweilig – an der ein- oder anderen Lateinschule.[7] Die Amtsträger waren
nicht selten mit Privilegien ausgestattet, die auch einen Alleinvertretungsanspruch begrün-
den konnten („Universitätssprachmeister“, „Hofsprachmeister“, „Pagensprachmeister“). In
der universitären Hierarchie standen sie meist auf einer Stufe mit den Exerzitienmeistern
(Fechtmeister, Tanzmeister), so beispielsweise auch an der Universität Altdorf.[8] Nicht
selten wurden sie oder zumindest ihr Lehrangebot in den Lektionskatalogen nur in pau-
schaler Form genannt.

4.1.2. Hof- und Pagensprachmeister

Hof- oder Pagensprachmeister übernahmen in enger Kooperation mit dem Hofmeister, der
für die Erziehung insgesamt zuständig war, die Ausbildung des fürstlichen Nachwuchses in
bestimmten Fremdsprachen. Sie unterrichteten meist von jenem Zeitpunkt an, an dem die
Kinder den Gouvernanten entwachsen waren; ihre Anstellungsperiode endete in der Regel,
wenn die Zöglinge (mit ihrem Hofmeister) die Universität bezogen, auf Bildungsreise gingen oder als erwachsen deklariert wurden.[9] Möglich war danach für den Sprachmeister eine
Weiterverwendung als Fremdsprachensekretär; mitunter waren Sprachunterricht und
Sekretärstätigkeit vorher schon kombiniert.

Auch die Berufsbilder von Sprachmeister und Hofmeister überschneiden sich. Verkör-
perte der Hofsprachmeister zugleich die Rolle eines Hofmeisters, so konnte es durchaus
sein, dass er seinen Zögling auch zu dessen Studien an Universität oder Ritterakademie
begleitete oder an dessen Bildungsreise, dem „Iter litterarius“,[10] teilnahm. Hofmeister
hatten meist eine akademische Vorbildung, sie waren nicht selten Pfarramtskandidaten, Ju-

---

Schröder BBL III, S. 183f. In Königsberg fanden sich akkreditierte Übersetzer und Dolmetscher für
Jiddisch, Litauisch und Polnisch, die vermutlich auch Sprachunterricht erteilten. Vgl. beispielsweise den
Eintrag zu Salomon Jonas in Schröder BBL V, S. 462.

5 Vgl. Abschnitt 4.3.2.
6 Hochschulen der frühen Neuzeit, die der Standes- und auch der Fachausbildung in Disziplinen jenseits
   des universitären Fächerkanons dienten. Als Standardwerk vgl. Conrads 1982. Hinsichtlich des
   Fremdsprachenunterrichts vgl. Aehle 1938.
7 Vgl. auch Abschnitt 4.3.2. zu dem Augsburger Gymnasium bei St. Anna.
8 Vgl. Abschnitt 4.3.1.
9 Vgl. dazu die umfangreiche Literatur zur Prinzenerziehung, etwa Boehne 1887; Fietz 1887; Poten
   1891–1893; Schmidt 1892; Schmidt 1899; Schuster/Wagner 1906; Schuster 1911; Richter 1913;
   Flechsig 1962; März 1949; Kollbach 2009 (alle genannten Werke mit Fundstellen zur neusprachlichen
   Erziehung).
10 Zur Bildungsreise im Kontext des Sprachenlernens vgl. Kap. 3. Vgl. auch Robson-Scott 1953; Schudt
   1959; Kühnel 1964; Loebenstein 1966; Schmale/Stauber 1998.

risten oder auch Offiziere und Diplomaten, die über entsprechende Fremdsprachenkenntnisse verfügten.[11]

Von Interesse ist, dass sich der Fremdsprachenunterricht im Rahmen der Prinzenerziehung normalerweise auf beide Geschlechter erstreckte, und dass Adlige von ihren Lehr-
meistern nicht gezüchtigt werden durften. Angesichts dieser Gegebenheiten hat die Prinzenerziehung die Methodologie des Fremdsprachenunterrichts nachhaltig positiv beeinflusst.[12] Auch der Hofstaat des fürstbischöflichen Hofes zu Augsburg umfasste eine Hof-
sprachmeisterstelle.[13]

4.1.3. Universitätssprachmeister

Die Universitäten des 16. und frühen 17. Jahrhunderts, noch verhaftet in dem aus dem Mittelalter überkommenen Kanon der Septem Artes, versuchten der neuen Nachfrage nach
modernen Fremdsprachen, besonders nach Französisch und Italienisch, durch die Anstellung von Sprachmeistern gerecht zu werden. Diese sollten den Studierenden auf ihren
Wunsch hin Einzel- oder zuweilen auch Kleingruppenunterricht erteilen. Der Unterricht
war, sofern er nicht in einem Pflichtdeputat als „publice" angekündigt wurde, gesondert zu
honorieren. Sprachmeister waren unterschiedlich eng mit der Universität verbunden und, da
sie mit den Exerzitienmeistern zu einer eigenen Gruppe von Lehrern gehörten, nicht selten
ohne Anbindung an eine Fakultät.[14] Besonders von Studierenden der unteren Fakultät, der
Artistenfakultät, wurden ihre Dienste angenommen.[15] Die Universität bot diesen Lehrern
lediglich den Rechtsschutz des „cives academicus" und in der Mehrzahl der Fälle auch ein
geringes Fixum, wobei 50 Reichstaler pro Jahr als Richtgröße gelten darf. Hinzu kamen
mitunter gewisse Privilegien.[16] Als Gegenleistung mussten die Universitätssprachmeister in

---

11 Als herausragende Beispiele für das Berufsbild des Hofmeisters vgl. man die Hofmeister und
    Sprachlehrer am preußischen Hof zu Potsdam, etwa den Erzieher Friedrichs II. Charles Égide Duhan de
    Jandun (Schröder BBL II, S. 37) sowie die Hofmeister Alexander von Dohna (Schröder BBL II, S. 29)
    und Jean Philippe de Rebeur (Schröder BBL VI, S. 163ff.).

12 Gewaltfreier Unterricht auf der Basis nachhaltiger, nach Möglichkeit intrinsischer und integrativer
    Motivationen hat faktisch in der Adelserziehung seinen Ursprung.

13 Vgl. etwa den „Augsburgischen compendiösen Hand-, Schreib- und Sack-Kalender auf das Jahr 1799".

14 Als Problemaufriss und Überblicksdarstellung vgl. Schröder 1969, besonders Kap. 3, S. 32ff.

15 In dem aus dem Mittelalter stammenden Universitätssystem führte der Weg in die drei höheren Fakultä-
    ten Jura, Medizin und Theologie über ein meist dreijähriges Studium in der Artistenfakultät, das mit
    dem Baccalaureat endete. Im Verlauf des 18. Jahrhunderts konnte im Rahmen eines Studiums der
    Humaniora die Artistenfakultät dann auch ins Zentrum individueller universitärer Bildung rücken,
    wobei der Abschluss nun ein Magister Artium oder gar ein Doktorat war. Die dreijährige
    Artistenfakultät ging im Rahmen der Humboldtschen Reformen in der gymnasialen Oberstufe auf
    (Klassen Obersekunda, Unterprima und Oberprima). Das Abitur, 1812 in Preußen als Abschlussprüfung
    des Gymnasiums und uneingeschränkter Hochschulzugang eingeführt (als Stipendienprüfung gab es das
    Abitur bereits seit 1788), ersetzte das ältere Baccalaureat.

16 Während beispielsweise in Göttingen im 18. Jahrhundert eine denkbar liberale Ordnung herrschte –
    jeder, der sich für fähig erachtete, als Sprachmeister zu wirken, konnte dies tun – galten in Jena, das,
    wie oben schon angedeutet, über ein neusprachliches Lektorat verfügte, strikte Regelungen: Die
    Universitätslektoren Carolus Caffa (Schröder BBL I, S. 108ff.; V, S. 121. Caffa war Titularprofessor)
    und François Roux (Schröder BBL IV, S. 62ff.) mussten ihre Einwilligung zu konkurrierenden
    Angeboten geben, sie nahmen Sprachmeisterprüfungen ab, und sie erhielten von den nicht-privilegierten
    Sprachmeistern eine Verdienstausfall-Pauschale. Diese war in der ersten Hälfte des 18. Jahrhunderts

manchen Fällen ein bestimmtes Stundenkontingent „öffentlich", das heißt aber gratis, erbringen, um auch ärmeren Studierenden eine Lernmöglichkeit zu eröffnen.

Abb. 16: Sprachmeisterunterricht im späten 18. Jahrhundert

4.1.4. Zur sozialen Stellung von Sprachmeistern
Die Sprachmeister der Frühen Neuzeit waren hinsichtlich ihrer sozialen Herkunft, ihrer beruflichen und allgemeinen Vorbildung, ihres sozialen Status und ihrer finanziellen Absicherung extrem heterogen. Unter ihnen fanden sich hochgelehrte Hugenotten, aufstrebende, aber auch verkrachte Akademiker, Baccalaurii, Magistri und Doctores aller Fakultäten, verarmte Adlige, ehemalige Offiziere mit teilweise beachtlicher Auslandserfahrung und guten Sprachkenntnissen, aber auch halbgebildete Soldaten und Handwerksgesellen, die bestenfalls ihren Muttersprachler-Status in den Unterricht einbringen konnten, ehemalige Diplomaten, aber auch gescheiterte Kaufleute, Abenteurer, politische Flüchtlinge unterschiedlicher Herkunft und ehemalige Priester – so auch in Augsburg und Nürnberg. Die

---

eine Quelle permanenter Auseinandersetzungen. (Vgl. dazu Roux 1928, besonders S. 32f., sowie Koch 1950 und Eichhorn-Eugen 1957).

Bandbreite der Qualitätsunterschiede reicht von einem Matthias Kramer, Sprachmeister in Nürnberg und korrespondierendes Mitglied der Preußischen Akademie der Wissenschaften,[17] bis zu Menschen, die die Zeitgenossen dem Strandgut der Gesellschaft zurechneten, wobei an letzteren dann auch die Kritik am gesamten Berufsstand festgemacht wurde.[18] Dabei übersah besonders die politisch opportune, pauschale Sprachmeisterkritik der ersten Hälfte des 19. Jahrhunderts geflissentlich, dass es auch unter den Avanturiers, Soldaten, Proselyten und Réfugiés hervorragende Sprachmeister bzw. Fremdsprachenlehrer gegeben hat – die nachfolgenden Abschnitte enthalten für Augsburg und Nürnberg entsprechende Beispiele.[19]

Die meisten Sprachmeister blieben ihr Leben lang arm; manche fielen auf durch Schulden und zerrüttete Familien. Ein Augsburger Bewerber um Arbeitserlaubnis, Franz Karl Freund – er wollte Englischunterricht erteilen – wurde von den städtischen Behörden 1776 als Bettler beschimpft.[20]

Die Angst der Obrigkeiten, dass Sprachmeister und ihre Familien zu Versorgungsfällen würden, war groß und berechtigt. Schon aus diesem Grund wurden den Angehörigen der Berufsgruppe nicht selten Bürgerrecht und Hintersassenschutz versagt, und Arbeitserlaubnisse wurden oft nur für kurze Zeiträume vergeben und allenfalls kurzzeitig verlängert. An ihren Wirkungsstätten waren Sprachmeister in der Regel Fremde, die rechtlich und sozial am Rand der jeweiligen städtischen Gesellschaften standen. Schon angesichts dieser Zustände gerieten sie schnell in die Illegalität. Hinzu kamen nationalitätenbezogene Vorurteile. Am stärksten waren die *Maîtres de la langue française* davon betroffen: Das Angebot an Lehre war schon angesichts der Flüchtlingswellen größer als die Nachfrage, was auch die Honorare drückte. Zugleich war die Zahl derer, die nur ihre Sprache vermarkten konnten, ohne einen entsprechenden Bildungsstand aufzuweisen, unter den Sprachmeistern des Französischen besonders hoch. Im Übrigen galt die Lebensart der Franzosen als fremd und ihre angebliche Leichtlebigkeit als moralisch verwerflich.

Tendenziell positiver hingegen gestaltete sich im Verlauf des 18. Jahrhunderts die Akzeptanz der Sprachmeister anderer Sprachen: Lehrer des Italienischen und auch des Englischen waren spätestens nach 1750 zeitweilig gesucht, so auch in Augsburg und Nürnberg – trotz der oben zitierten Begebenheit; die Nachfrage nach Unterricht in diesen beiden Sprachen war insgesamt größer als das Angebot an Lehrern.

Allgemein gilt, dass die Anstellungsverhältnisse wenig formalisiert und unterschiedlich eng gefasst waren; die mit ihnen verbundene Besoldung, das „Fixum", konnte deutlich unterhalb des Existenzminimums angesiedelt sein.[21] Eine soziale Sicherung, Sonderzah-

---

17 Vgl. Abschnitt 4.2.2.

18 Vgl. Abschnitt 4.2.8.

19 Reiches biographisches Material zu allen hier genannten Kategorien bieten Schröder BBL und, teilweise auf der Basis von Schröder, das BBHS.

20 StadtAA, Aufenthaltsconsense, 1776, Fasz. 47.

21 Unter dem Existenzminimum lag auch die oben genannte Jahresbesoldung von 50 Reichstalern, die manche Universitäten vorsahen. Allerdings muss dieser Betrag als eine Art Grundsicherung gesehen werden; die Honorare der Scholaren kamen hinzu – sofern sich Scholaren fanden. Vgl. die bei Schröder 1980-1985, Bde. II-IV, für das 18. Jahrhundert gesammelten Belege.

lungen, meist in Form von Naturalien[22], oder personengebundene Gnadenpensionen waren die Ausnahme.[23]

4.1.5. Präzeptoren, Dozenten und Professoren als Fremdsprachenlehrer

Neben den Sprachmeistern unterrichteten mitunter auch Präzeptoren der am Ort vorhandenen Lateinschulen in modernen Fremdsprachen. Sie erteilten in Ergänzung des schulischen Fächerkanons Privatlektionen auf Kleingruppenbasis (sogenannte *Privata*), die von den Scholaren separat zu honorieren waren, oder aber *Privatissima* (Einzel- oder Kleingruppenunterricht, wobei der Unterrichtende dann auch über die Zulassung der Lernenden entschied). Ausgangspunkt für solche Aktivitäten war nicht selten die missliche finanzielle Situation des Berufsstandes: Hörgelder mussten das zu geringe Grundgehalt ergänzen. Erst wenn eine moderne Fremdsprache in den Kreis der Kernfächer einer Schule aufgenommen wurde, erschien sie als öffentlicher Lehrgegenstand, als *Lectio publica*. In größerem Umfang geschah dies im deutschsprachigen Raum erst in der zweiten Hälfte des 18. Jahrhunderts.[24]

Im universitären Bereich waren die Gegebenheiten vergleichbar. Da Extraordinarien und Privatdozenten in den meisten Fällen keine feste Besoldung empfingen, waren sie bestrebt, ihre mitunter geringen Hörgeld-Einnahmen im Hauptfach durch populäre Zusatzangebote aufzubessern: Sie kündigten Sprachunterricht und – besonders nach etwa 1770 – Lektürekurse oder aber Vorlesungen zu allgemein beachteten literarischen „Meisterwerken" mit Erklärung entsprechender Textstellen an. Mit solchen Veranstaltungen, die wiederum gesondert zu honorieren waren, konnten die Hochschullehrer für die am Ort tätigen Sprachmeister zu einer empfindlichen Konkurrenz werden.

An einigen Universitäten und Akademien, so auch in Altdorf[25], wurden bereits im späten 16. und im 17. Jahrhundert (mitunter kurzlebige) Professuren für die modernen Fremdsprachen eingerichtet, nicht selten auf Betreiben des Landesfürsten oder der Landstände, oder, wie im Falle von Altdorf im Mai 1623, auf Geheiß des Rates.[26] Die Universitäten willigten in solche Planungen auch deswegen ein, weil sie, solange es sich nicht um Ordinarienstellen handelte, keine zusätzlichen Kosten zu tragen hatten (fehlendes Fixum) und weil entsprechende Studienangebote adlige Studierende an die Hochschule zogen, von denen höhere Studiengebühren erhoben werden konnten als von den Mitgliedern des Bürger- und Kleinbürgertums.[27]

---

22 Materialreich in diesem Zusammenhang ist Rauscher 1957, passim, am Beispiel des Tübinger Collegium Illustre.
23 Vgl. hierzu Rauscher 1957, oder auch die Besoldungsverhältnisse an den Lüneburger Ritterschulen (Schröder 2010).
24 Die Umgestaltung des Kernlehrplans am Augsburger Gymnasium bei St. Anna im Anschluss an die Berufung des Hieronymus Andreas Mertens ist durchaus zeittypisch. Vgl. Abschnitt 4.3.2.
25 Vgl. Abschnitt 4.3.1.
26 Mährle 2000, S. 97. In Altdorf hing die Schaffung einer neusprachlichen Professur mit dem Ausbau der Akademie zur vollen Universität zusammen. Die Altdorfer Professoren sollten „Vorschläge für neueinzurichtende Lehrstühle und Professuren [...] unterbreiten. Die Professoren regten daraufhin an, einen Mediziner, einen Theologen, einen Professor der Poesie sowie einen Professor für die italienische und die französische Sprache neu zu berufen und machten einige Personalvorschläge." (ebd.)
27 Die Matrikel-Editionen der Universitäten des deutschen Sprachraums bieten umfangreiches Belegmaterial.

4.1.6. Die weibliche Lehrerschaft: Ammen, Gouvernanten, Sprachmeisterinnen, Winkelschulhalterinnen, Präzeptorinnen und weibliche Schulorden

Ammen und Gouvernanten aus anderen Sprachräumen spielen im Kontext der vorliegenden Untersuchung kaum eine Rolle, da einschlägige adlige Haushaltungen in Augsburg und Nürnberg weitgehend fehlen. Solche Betreuerinnen wurden aber in der Prinzenerziehung nicht zuletzt auch mit Blick auf einen frühen Fremdsprachenerwerb der anvertrauten Kinder in großer Zahl eingesetzt.[28]

Sieht man von diesen Berufsgruppen ab, so lag die Unterweisung in den modernen Fremdsprachen im Verlauf der Frühen Neuzeit zu etwa 95 % in männlicher Hand,[29] und auch das Klientel war, wie angesichts der bestehenden Geschlechterrollen nicht anders zu erwarten, meist männlich. Dennoch zeigt sich das Interesse des weiblichen Geschlechts an Fremdsprachen[30] früh, sichtbar wurde es in Augsburg auch im erfolgreichen Wirken der Englischen Fräulein auf dem Gebiet eines für Frauen ausgelegten Fremdsprachenunterrichts nach 1662.[31] Auch andere Schulorden, etwa die Ursulinen, unterrichteten Französisch, und es war durchaus üblich, den Handarbeitsunterricht mit französischer Konversation zu kombinieren. Welche Ausmaße die Tätigkeit von frankophonen Winkelschulhalterinnen annehmen konnte, zeigt eindrucksvoll Fischer (1891) am Beispiel von Berlin. Auch die Augsburger Schülerlisten von Sprachmeistern aus den ersten Jahren des 19. Jahrhunderts[32] enthalten etliche weibliche Namen, und die Zahl der in den regionalen Gelehrtenlexika das späten 18. und frühen 19. Jahrhunderts verzeichneten Frauen mit Fremdsprachenkenntnissen ist, gemessen an den Bildungsmöglichkeiten der Zeit, stattlich.[33]

4.2. Die frei arbeitenden Sprachmeister in Augsburg und Nürnberg

In den Kapiteln 1 bis 3 wurde dargestellt, dass in den Reichsstädten Augsburg und Nürnberg aufgrund der kommerziellen Interessen der Kaufmannschaft und der Distinktionsbedürfnisse der patrizischen Eliten ein hoher Bedarf an fremdsprachlicher Kommunikationsfähigkeit gegeben sein musste, was besonders günstige Rahmenbedingungen für die Tätigkeit von Sprachmeistern (wie auch nebenberuflichen Lehrern neuerer Sprachen) nahelegte. Zu welchen konkreten Strukturen und Prozessen des Fremdsprachenlernens dies führte, wird in den folgenden Abschnitten genauer untersucht. Dazu werden die Biographien und die beruflichen Werdegänge sowohl der Sprachmeister als auch weiterer Gruppen von Sprachlehrern in Augsburg und Nürnberg vergleichend untersucht, und die rechtliche und soziale Stellung der Lehrenden sowie Aspekte ihres pädagogischen Wirkens dargestellt. Kapitel 5 wendet sich der publizistischen Tätigkeit der Sprachlehrer zu.

---

28 Zahlreiche Belege finden sich in der schon genannten Literatur zur Adelserziehung, vgl. Anm. 9.

29 Dies ergibt eine Auszählung der bei Schröder BBL verzeichneten rund 3.700 Lehrerinnen und Lehrer moderner Fremdsprachen.

30 Es gilt in der Fremdsprachendidaktik mittlerweile als empirisch etabliert, dass Frauen die motivierteren und erfolgreicheren Fremdsprachenlerner sind. Vgl. etwa die Befunde bei Schröder/Macht 1983, passim, sowie die Ergebnisse des DESI-Projekts der Kultusministerkonferenz (Hartig/Jude 2008).

31 Vgl. Abschnitt 4.3.3.

32 Vgl. dazu Abschnitt 4.4.

33 Zu den Fremdsprachenlehrerinnen der frühen Neuzeit vgl. Schröder 1996a; Schröder 1996b, sowie mit Schwerpunkt im 19. Jahrhundert, Doff 2002. Doff bietet umfangreiche weiterführende Literatur.

Trotz der oben dargestellten Heterogenität der Sprachmeister weisen frühneuzeitliche Städte, bedingt durch die jeweiligen wirtschaftlichen, konfessionellen und politischen Rahmenbedingungen, unterschiedliche Profile für diese Berufsgruppe auf, so auch Augsburg und Nürnberg: Während Augsburg nach 1555 als bikonfessionelle Stadt[34] für Konvertiten, etwa Mönche aus Italien, die unerlaubt ihren Orden verlassen hatten, in der Schweiz konvertiert waren und sich nun auf dem Weg ins protestantische Deutschland befanden, infolge der räumlichen Nähe zu katholischen Territorien als gefährliches Pflaster gelten musste, hatten sie im lutherischen Nürnberg keine religiös motivierten Repressalien zu fürchten. Hier konnten allenfalls deutlich zur Schau gestellte reformierte Neigungen zu Schwierigkeiten führen, weshalb Erlangen als Hugenottenstadt eine eigene Gruppe von Sprachmeistern hatte, innerhalb derer reformierte Réfugiés eine zentrale Rolle spielten.[35] Selbst was die „Dichte" der Sprachmeister angeht, mag die unterschiedliche religiöse Struktur der beiden Reichsstädte Augsburg und Nürnberg eine Rolle gespielt haben: In Nürnberg bzw. Altdorf stand einem lutherischen Sprachmeister der gesamte Markt an Sprachschülern offen, in Augsburg hingegen hatte ein Sprachmeister stets für einen beträchtlichen Teil der Bevölkerung die „falsche" Konfession.[36]

4.2.1. Herkunft

Augsburg

Zwischen 1559 und 1809 bewarben sich insgesamt 98 Sprachmeister um Aufenthaltsgenehmigung und Arbeitserlaubnis bei den Augsburger Behörden. Hinzu kommen neun Englische Fräulein als (potenzielle) Fremdsprachenlehrerinnen[37] sowie Hieronymus Andreas Mertens, der Rektor des Anna-Gymnasiums und eine Schlüsselfigur in der Entwicklung des Fremdsprachenunterrichts in der Fuggerstadt, und der von Mertens berufene Wilhelm Friedrich Burry, Konrektor und Zweiter Kollege am Anna-Gymnasium.[38] Für Nürnberg liegt die Zahl der identifizierten Fremdsprachenlehrer (einschließlich der Präzeptoren und der Altdorfer Professoren) für den Zeitraum von etwa 1591 bis 1797 bei 128, wobei einige Fremdsprachenlehrer in beiden Städten, Nürnberg und Altdorf, auftreten.[39]

Die regionale Herkunft der insgesamt 109 Augsburger Fremdsprachenlehrer (einschließlich der Präzeptoren) bzw. Sprachmeisterkandidaten verteilt sich wie folgt:

---

34 Vgl. Kap. 1.
35 Zur Geschichte des Fremdsprachenunterrichts in Erlangen im Verlauf der frühen Neuzeit vgl. Freyesleben 1775; L.S. 1781-1786; Papst 1791; Fick 1798; Fikenscher 1795; Fikenscher 1806-1810; Engelhardt 1843; Rücker 1845; Varnhagen 1907; Beck 1910; Mengin 1919; Deuerlein 1927; Aehle 1938; Deuerlein 1950; Schröder 1969; Münchhoff 1990. Lediglich zwei Nürnberger Sprachmeister, Matthias Kramer und Clemens Romani, gaben in Erlangen aus ganz unterschiedlichen Gründen ein kurzes Gastspiel. Vgl. dazu die Abschnitte 4.2.2 und 4.2.4.
36 Die Augsburger Sprachmeister-Liste enthält mehr Namen als die der Stadt Nürnberg (für sich genommen). Dabei muss berücksichtigt werden, dass die Augsburger Quellen in erster Linie das Bewerbungsgeschehen dokumentieren. Manche Bewerbungen wurden im Vorfeld einer Ratsbefassung abgelehnt oder nicht weiter verfolgt. Die Nürnberger Quellen dokumentieren hingegen Entscheidungen des Rates, sie setzen damit im Verwaltungsablauf später ein und betreffen vermutlich eine Gruppe, bei der bereits eine Vorauslese stattgefunden hat.
37 Vgl. Abschnitt 4.3.3.
38 Vgl. Abschnitt 4.3.2.
39 In diesen Fällen wurde der Name lediglich einmal gezählt.

Tabelle 3: Herkunft der Augsburger Fremdsprachenlehrer

Anteil der Sprachlehrer	Herkunftsregion
41 %	Frankreich
28 %	Deutschsprachige Regionen ohne die Schweiz
9 %	Schweiz[40]
8 %	Großbritannien
7 %	Italien
5 %	Südliche Niederlande
2 %	Dalmatien

Überraschend ist der geringe Anteil von Lehrern italienischer Herkunft, war doch Italienisch neben Französisch die für Augsburger wichtigste Sprache. Die für Süddeutschland und den katholischen Raum überhaupt gänzlich untypische Herkunftsregion Großbritannien (8 %) erklärt sich aus der Anwesenheit der Englischen Fräulein. Dass die südlichen Niederlande eine immerhin sichtbare Rolle spielten (5 %), könnte in den engen Handelsbeziehungen der Augsburger Handelshäuser zu Antwerpen und seinem Hinterland begründet sein. Andererseits spiegelt der hohe Anteil der aus Frankreich stammenden Sprachlehrer ebenso die zeitgenössische Dominanz des Französischen wie die Tatsache, dass die politischen Entwicklungen in diesem Land in den 1680er Jahren (Widerruf des Edikts von Nantes 1685) und im Gefolge der Französischen Revolution 1789 riesige Flüchtlingsströme produzierten.[41] Tatsächlich liegt die Gesamtzahl der frankophonen Anbieter von Fremdsprachenunterricht in Augsburg bei mehr als 41 %, da sich auch unter den eidgenössischen Sprachmeistern, orientiert man sich an den Namen, solche aus den französischsprachigen Regionen der Schweiz befinden.

Sprachlehrer aus dem spanischen Raum sind für Augsburg nicht nachgewiesen. Allerdings bestand wohl die Möglichkeit, bei Jesuiten des 1582 gegründeten Salvator-Kollegs Spanischkenntnisse zu erwerben. Genauere Angaben sind angesichts der ungünstigen Quellenlage für diese Schule nicht möglich.[42] Bei mehr als der Hälfte der Augsburger Sprachmeister(-Kandidaten) handelte es sich um Muttersprachler, die ihre Herkunftssprache unterrichteten bzw. unterrichten wollten. Manche von ihnen versuchten, durch das Angebot weiterer moderner Sprachen ihren Marktwert zu verbessern – so z.B. Johannes von Charto[43] (Französisch, Italienisch, Holländisch, Englisch) oder Henri de Chanoi[44] (Französisch, Italienisch) – oder sie koppelten ihr modernes Sprachenangebot mit einer

---

40 Die Bewerber stammten offenbar mehrheitlich aus dem nicht-deutschen Sprachraum.
41 Zur den Emigranten der Französischen Revolution, die sich als Sprachlehrer in Bayern betätigen, vgl. Wühr 1938.
42 Vgl. Augsburger Stadtlexikon 1998, S. 772f.
43 StadtAA, Privatlehrerakte.
44 StadtAA, Privatlehrerakte; Schröder BBL I, S. 129.

klassischen Sprache, wie Isidore Belon[45] (Lateinisch, Französisch). Dabei beherrschten einige der muttersprachlichen Lehrer die deutsche Sprache gar nicht oder nicht hinlänglich, wie das Beispiel des Johann Karl Bigott[46] zeigt: Anlässlich des Beisitzantrags des Sprach- und Rechenmeisters aus Nancy wiesen die Augsburger Behörden 1801 ausdrücklich auf dieses Faktum hin. Dass sein Antrag schließlich abgewiesen wurde, hängt jedoch weniger mit den fehlenden Deutschkenntnissen zusammen, als vielmehr mit der Tatsache, dass er gleichzeitig darum bat, die bedeutend ältere Gräfin de Matti (geb. v. Grävenitz) heiraten zu dürfen. Da sowohl er selbst als auch Frau de Matti nicht wohlhabend waren, zeigte der Rat dafür kein Verständnis.

Die zweite Gruppe von Sprachmeistern stammte aus dem deutschsprachigen Raum und unterrichtete folglich die jeweilige Zielsprache als Fremdsprache. Die dieser Gruppe zugehörigen *Maîtres* hatten ihre fremdsprachlichen Kompetenzen auf unterschiedliche Art und Weise erworben, mitunter im Rahmen eines ausgesprochen bewegten Lebens. Einige der Sprachmeister kamen allerdings auch aus Augsburg und Nürnberg selbst und waren dort sozial verwurzelt, was im Rahmen des Aufnahmeverfahrens durchaus von Vorteil war. Als Beispiel sei auf Alois Hermann verwiesen, der als Augsburger Bürgerssohn zumindest mit einer wohlwollenden Einstellung des Rats rechnen konnte. Im Dezember 1802 bat er darum, in Augsburg eine Schule eröffnen und Französisch unterrichten zu dürfen. Nach Überprüfung seiner Unterrichtsbefähigung bekam er die Erlaubnis zu unterrichten, aller-dings wurde ihm die Errichtung einer eigenen Schule nicht gestattet.[47] Hermann gehört zur Gruppe jener Augsburger Sprachmeister, die zu Beginn des 19. Jahrhunderts ihre Qualifi-kation als Sprachlehrer nachweisen mussten.

Zumindest ein Augsburger Sprachmeister, Claudius Zyperianus Vassiacamus, der sich 1622 erfolgreich bewarb, war zwar nicht deutschsprachig, unterrichtete aber auch seine Herkunftssprache nicht. In seiner Bewerbung wies er auf seine Latein- und Italienisch-kenntnisse hin, er bewarb sich aber für Unterricht im Französischen. Sein Name deutet auf einen Griechen hin.[48]

Oft gaben sich Sprachmeister Namen, die eine Assoziation mit der unterrichteten Sprache wecken sollten. Namensübersetzungen waren an der Tagesordnung. Einige folgten auch dem Usus der Gelehrten und latinisierten ihre Namen, so z.B. David Verbetius.[49] Namen sind daher nur bedingt als Herkunftshinweise brauchbar.[50]

---

45 Schröder BBL V, S. 65.
46 StadtAA, Privatlehrerakte; Schröder BBL V, S. 80; Zürn 2010, S. 113.
47 StadtAA, Privatlehrerakte.
48 StadtAA, Privatlehrerakte.
49 Eigentlich David Verbez.
50 Man vergleiche in diesem Zusammenhang die Sprachmeister-Listen für Augsburg und Nürnberg im Anhang oder auch, in allgemeinerer Perspektive, die Einträge bei Schröder BBL, passim.

Nürnberg

Für Nürnberg ergibt sich hinsichtlich der regionalen Herkunft der 128 Sprachlehrer (einschließlich der Altdorfer Präzeptoren, Sprachmeister und Sprachmeister-Kandidaten)[51] der folgende – tentative – Befund:

Tabelle 4: Herkunft der Nürnberger Fremdsprachenlehrer

Prozent der Sprachlehrer	Herkunftsregion
38 %	Deutschsprachige Regionen ohne die Schweiz
25 %	Frankreich
17 %	Italien
8 %	Südliche Niederlande
3 %	Großbritannien
2 %	Irland
2 %	Schweiz[52]
2 %	Polen
2 %	Ungarn
1 %	Spanien

Die regionale Zusammensetzung der Gruppe der Sprachlehrer in Nürnberg unterscheidet sich signifikant von derjenigen in Augsburg. Zunächst einmal fällt auf, dass der Anteil der aus Frankreich stammenden *Maîtres de langue* niedriger ist als in Augsburg, obwohl das Französische auch in Nürnberg die am häufigsten angebotene moderne Fremdsprache war (51 % der fremdsprachlichen Angebote über den gesamten Zeitraum hinweg gerechnet, im Vergleich zu 58 % in Augsburg). Dies mag seinen Grund in der Tatsache haben, dass Nürnberg als lutherische Stadt für französische Katholiken ein schwierigeres Terrain war als das bikonfessionelle Augsburg und es lutherische Franzosen so gut wie nicht gab. Französische Protestanten siedelten sich als Reformierte eher in der benachbarten Hugenottenstadt Erlangen an.

Italienisch steht wie in Augsburg auf Rang 2 des neusprachlichen Angebots. Dabei ist es mit einem Angebotsanteil von 31 % deutlich prominenter platziert als in Augsburg (22 %). Entsprechend höher ist auch der Anteil von Lehrern italienischer Herkunft (17%

---

51 Für Nürnberg ist eine geringe, aber nicht eindeutige Zahl von anonymen Sprachmeistern bezeugt; einige Altdorfer Sprachmeister sind lediglich über Matrikeleinträge identifiziert, wobei diese Einträge aber nicht explizit sind. Der Versuch, das Altdorfer Sprachlehrerkontingent unter dem Aspekt seiner Herkunft „herauszurechnen", erwies sich infolge von Unklarheiten und Überschneidungen als unmöglich. Der Anhang bietet neben den Sprachmeisterlisten für Augsburg und Nürnberg eine Maximalliste der Altdorfer Fremdsprachenlehrerschaft.

52 Die Bewerber stammten offenbar aus dem nicht-deutschen Sprachraum.

gegenüber 7 % in Augsburg), wobei wohl auch die schon genannte Tatsache eine Rolle spielt, dass die lutherische Stadt für italienische Konvertiten sicherer war als Augsburg.

Briten als Fremdsprachenlehrer spielen in Nürnberg eine geringere Rolle als in Augsburg: Es gab hier keine Englischen Fräulein, und die in Nürnberg durchaus vertretene Sprache Englisch (9 % des Angebots) wurde überwiegend von germanophonen Fremdsprachenlehrern angeboten, auch wenn zwei anglophone Sprachmeister bezeugt sind: Robert Cooper (1758) und William Tayler (1787).[53]

Von Interesse ist auch, dass das Spanische, das in Augsburg einen Angebotsanteil von lediglich 1 % hat, in Nürnberg mit immerhin 5 % deutlicher zu Buche schlägt. In Nürnberg findet sich ein möglicherweise aus Spanien stammender Sprachlehrer, Gabriel à Montalegre (1683), der aber auch als Joseph Gabrieli à Montalegre überliefert ist, mit einem Namen also, der eher italienisch anmutet.[54] Spanischstämmige Konvertiten waren in Deutschland selten. Immerhin hatte sich Montalegre zuvor in Tübingen aufgehalten, er war dort konvertiert und besaß ein Zeugnis der Tübinger Universität. Er wollte in Nürnberg Spanisch und Italienisch unterrichten. Die Schweiz spielt als Herkunftsregion eine geringere Rolle als in Augsburg. Die übrigen Herkunftsregionen erscheinen eher marginal.

Trotz des deutlich höheren Anteils germanophoner Sprachlehrer in Nürnberg handelte es sich auch dort bei mindestens der Hälfte um Muttersprachler, die vorrangig ihre Herkunftssprache unterrichteten. Wie auch in Augsburg boten manche Sprachlehrer mehrere moderne Sprachen an, so Matthias Kramer und sein Sohn Johann Matthias im 17. und frühen 18. Jahrhundert, oder Johann Ludwig Frohwerk (nach 1737).
Innerhalb der Gruppe der Sprachmeister aus dem deutschsprachigen Raum sind auch Nürnberger „Landeskinder" in Nürnberg bzw. Altdorf nachweisbar: Ihre Existenz belegt das schon für Augsburg angesprochene Faktum, dass der Erwerb des Bürgerrechts bzw. des Stadtschutzes für sie erheblich leichter war als für Zugewanderte.[55]

Auch wenn die im Anhang abgedruckten Sprachmeister-Listen für Augsburg und Nürnberg die Zeiten beruflicher Tätigkeit in den beiden Städten nicht immer präzise anzugeben vermögen, ergibt sich für das zeitliche Auftreten von Sprachmeistern doch ein zumindest grobes Bild. Nach einzelnen, isolierten Belegen in den 1550er (Augsburg) bzw. 1590er Jahren (Nürnberg) werden die Belege ab dem zweiten Jahrzehnt des 17. Jahrhunderts in beiden Städten zahlreicher. Bis zum Jahr 1700 sind in Augsburg 12, in Nürnberg 24 Sprachmeister nachgewiesen, wobei sich für Nürnberg mit 18 Neuzugängen eine deutliche Steigerung in den Jahren 1680–1700 ergibt, während Augsburg für diesen Zeitraum nur vier Neuzugänge zu verzeichnen hat. Das Gros der Sprachmeister ist im 18. Jahrhundert in den beiden Städten tätig, wobei sich, was die Neuzulassungen angeht, folgende Verteilung ergibt:

---

53 Zu Cooper vgl. StAN, Rep. 60a, Nr. 3814, RV 1758 XII 16, fol. 31v; zu Tayler StadtAN, B 2, 291.
54 StAN, Rep. 60a, Nr. 2819, fol. 124v.
55 Vgl. besonders die biographischen Angaben zu Fremdsprachenlehrern im Umfeld der Universität Altdorf, Abschnitt 4.3.1.

Tabelle 5: Verteilung der im 18. Jahrhundert in Augsburg und Nürnberg tätigen Sprachmeister

	Gesamtzahl	1701–1725	1726–1750	1751–1775	1776–1800
Augsburg	65	5	16	12	32
Nürnberg	59	7	15	25	12

Eine statistische Interpretation der Daten erscheint aufgrund der Heterogenität des zugrunde liegenden Datenmaterials nicht sinnvoll.

4.2.2. Herausragende Sprachmeister – drei biographische Portraits

Augsburg wie Nürnberg hatten in der Frühen Neuzeit einige Sprachmeister aufzuweisen, die als Persönlichkeiten von europäischem Rang einzustufen sind und in mancher Hinsicht als philologische und didaktische Vorboten der Moderne verstanden werden können. Gemeint sind Catherin Le Doux (Catharinus Dulcis) in Augsburg sowie Lieven van Hulze (Levinus Hulsius) und Matthias Kramer (Cramer) in Nürnberg.

Catherin Le Doux (Catharinus Dulcis)

Catherin Le Doux, 1540 in Cruseilles (Savoyen) als Sohn eines Offiziers und Stadtgouverneurs geboren und in Augsburg tätig um 1600, erhielt seine Schulbildung auf dem Athenäum zu Annecy und studierte danach an der Universität Straßburg.[56] Nach Studienabschluss wurde er als Hofmeister tätig; er begleitete einen Grafen auf einer gelehrten Reise durch Deutschland und immatrikulierte sich in diesem Zusammenhang im April 1567 an der Universität Wittenberg. Es folgten Anstellungen als Hofmeister am markgräflich badischen Hof, am herzoglich württembergischen Hof und am Hofe des Kurfürsten Friedrich III. von der Pfalz; auf Empfehlung Friedrichs wurde Le Doux anschließend im Hause des Grafen von Senarpont (Picardie) als Hofmeister tätig. Nach dem Ende seines Engagements unternahm er eine Reise durch Frankreich und Italien. Die frühen 1570er Jahre verbrachte Le Doux als Orientreisender; er begegnete dem osmanischen Sultan Süleyman dem Großen und wurde, nach einem Schiffbruch in der Ägäis, auf die Insel Samos verschlagen, wo er in türkische Sklaverei geriet. Sieben Monate verbrachte er als Ruderknecht auf einer türkischen Galeere, bevor er mit der Hilfe eines französischen Legationssekretärs und Dolmetschers bei der Hohen Pforte freikam. Le Doux nahm Kriegsdienste in Kreta an, nach dem Ende seiner Mission reiste er über Palästina und Syrien nach Alexandria und ins zypriotische Famagusta und Nicosia. In Nicosia übersetzte er 13 Monate lang im Auftrage des Connétable Anton d'Avila altfranzösische Urkunden ins Italienische. Als Zypern ein türki-

---

56 Schröder BBL III, S. 107 ff., V, S. 15 auf der Basis der von Justi 1899 übersetzten und edierten Autobiographie sowie von Grohmann, Bd. I, 1801; Friedensburg 1917; Friedensburg, Bd. I, 1926; Bd. II, 1927; Emery 1947; Gundlach 1927; Hermelink/Kaehler 1927; Strieder, Bd. III (zitiert nach DBA: ohne Jahresangabe). Zu Le Doux' Wirken in Wittenberg vgl. auch die Ausarbeitung von Schröder in Seidelmann 1984.

scher Überfall drohte, schloss er sich Baron Alexander von Schulenburg und dem Nürnberger Patrizier Christoph Fürer an, mit denen er nach Italien gelangte.

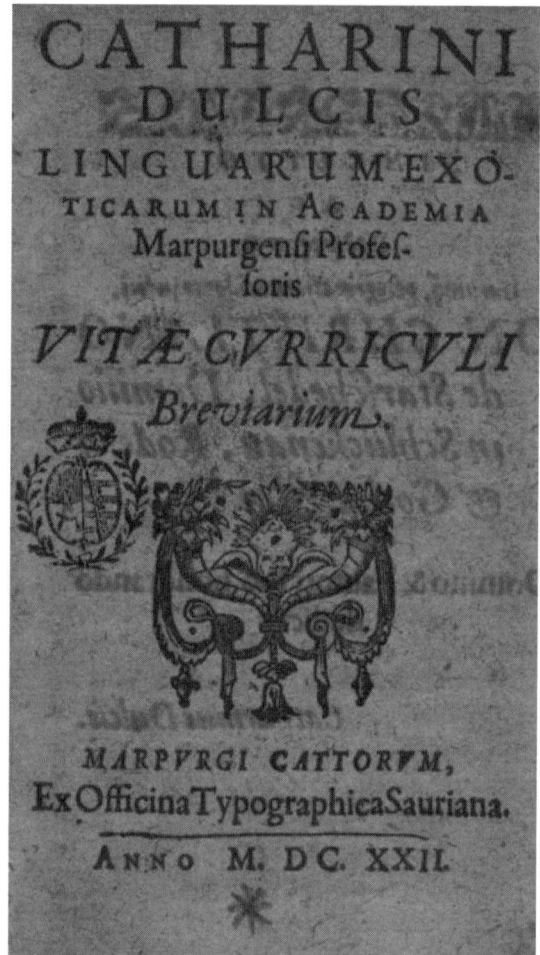

Abb. 17: Titelblatt von Catherin Le Doux' Autobiographie.

Seine nächsten Stationen auf dem langen Weg nach Augsburg waren Venedig, Padua, Wien, Ungarn (wo Le Doux ausgeraubt wurde), Breslau, Wittenberg (wo er Baron von Schulenburg besuchte), Polen, Danzig (wohin er nach einem weiteren Schiffbruch gelangte), Kopenhagen und Frankreich. Hier trat Le Doux auf Betreiben des Mathematikers und Humanisten Pierre La Ramée erneut eine Hofmeisterstelle an. Mit seinen drei protestantischen Zöglingen besuchte er die Universitäten Marburg, Leipzig und Wittenberg. Als die Jünglinge angesichts der Auswirkungen der Bartholomäusnacht (1572) nicht nach Frankreich zurückkehren konnten, verteilte sie Le Doux auf die Familien dreier Freunde (Baron von Schulenburg, Graf von Lynar sowie Dr. Winsheim, Direktor der Wittenberger

Lateinschule) und reiste selbst über England (wo ihm Königin Elisabeth für die Überreichung einer Schrift ein ansehnliches Geldgeschenk reichen ließ) nach La Rochelle, um den Eltern seiner Zöglinge, die sich in die Stadt geflüchtet hatten, mitzuteilen, dass ihre Söhne wohlauf seien. Im Rahmen einer weiteren gefahrvollen Reise brachte Le Doux seine Zöglinge schließlich wieder zu den Eltern zurück; Frankreich war inzwischen vorübergehend befriedet, und Le Doux erhielt angesichts seiner Zuverlässigkeit als Hofmeister den Auftrag, die jungen Grafen auch noch auf einer Italienreise zu begleiten.

Die folgenden Jahre verbrachte Le Doux unter dem Eindruck der Pariser Bluthochzeit im Kriegsdienst für die protestantische Sache. 1577 nahm er an der Kirchenversammlung in Bergerac teil und trat in näheren Kontakt zu Henri de Navarre, dem späteren französischen König Heinrich IV. Weitere Engagements als Hofmeister, u.a. für junge Adlige aus dem protestantischen Hochadel der Auvergne, folgten. Von Savoyen, wo er sich auf Wunsch der Eltern verheiratet hatte, gelangte er über Nürnberg nach Wien. In Wien wurde er der Französischlehrer der Brüder Thurzo, die mit den Augsburger Fuggern verwandt waren.

Nach einem Zwischenaufenthalt in Prag, wo er „30 Monate hindurch mit sehr glänzendem Gehalt in verschiedenen Sprachen Unterricht" erteilte[57] und nahezu alle seine Schüler dem Adelsstand angehörten, ging er angesichts religiöser Verfolgung in Böhmen nach Wittenberg. Hier wurde er mit gutem Erfolg als Sprachmeister des Französischen und Italienischen tätig, und er bezog „von der großen Anzahl seiner Zuhörer ein sehr reiches Honorar".[58] Am 25. Mai 1593 wandte er sich an die Universität mit der Bitte, dort die französische und italienische Sprache unterrichten zu dürfen. Der Administrator bestimmte nach anfänglichem Zögern, dass „die Universität Dulcis die französische Sprache zu profitieren bestelle und ihm aus ihrem Fiskus den Unterhalt gebe". Ein weiterer, im August 1593 ausgefertigter Erlass des Administrators besagte, „Dulcis habe bei ihm erneut wegen seiner Beförderung angehalten, auch über seine Geschicklichkeit günstige Zeugnisse eingebracht. Die Universität möge Dulcis also für einen ‚Extraordinarium Professorem Gallicae et Italicae Linguae' bestellen und annehmen, ihm auch von den bisher vacierten Professionen und daran erübrigten Besoldungen zu seinem jährlichen Stipendio 100 Gulden reichen."[59]

Wenig später allerdings verließ Le Doux Wittenberg. Er ging ein zweites Mal nach England, wo er Sprachmeister des Französischen und Italienischen im Hause des Herzogs von Bedford wurde. In der Folgezeit war er auch mit dem Grafen von Essex, einem Günstling der Königin Elisabeth, in Kontakt. Dieser entsandte ihn in geheimer diplomatischer Mission an den Hof des Schottenkönigs Jakob VI. Nach seiner Rückkehr begleitete er den mährischen Grafen Zierotin und dessen Gefolge durch Holland und weiter nach Mähren. Hier wurde er zum Hofmeister zweier junger Grafen aus den Häusern Lobkowitz und Wartemberg bestellt, mit denen er 1599 an die Universität Tübingen zog. In den folgenden Monaten erteilte er auch anderen Prinzen und Edelleuten, die in Tübingen studierten, Unterricht in den neueren Sprachen und in der Geschichte.

Als der junge Freiherr von Lobkowitz nach Hause zurückgerufen wurde, gab Le Doux sein Hofmeisteramt auf und ging nach Augsburg, wo ihn nach eigener Aussage „der Ratsherr Marcus Welser, ebenso Karl Rehlinger und Georg von Stetten, hochangesehene Männer, sehr lieb gewannen, und wo er mehrere Monate hindurch Gast und Freund David

---

57 Justi 1899, S. 32.
58 Justi 1899, S. 34.
59 Friedensburg, Bd. I, 1926, S. 595; Bd. II, 1927, S. 594ff. (zit. nach Schröder BBL III, S. 110).

Höschels[60] war".[61] Zudem war Le Doux Privatlehrer Karl Fuggers.[62] Er berichtete später, diese Tätigkeit habe „sein Einkommen vermehrt". Angesichts der Tatsache, dass die Fugger der römischen Kirche angehörten, suchte Le Doux dann aber, wie er formulierte, „einen sicheren und für die Ausübung der rechtgläubigen Religion freieren Ort": „Da geschah es durch eine besondere Fügung Gottes, dass ihn der durchlauchtige und mächtige Fürst und Herr, Herr Moritz, Landgraf zu Hessen, gnädigst und mit eigenhändigem Schreiben zur Professur der fremden Sprachen nach Kassel berief."[63]

Le Doux nahm den Ruf an das Collegium Mauritianum an. Er begann seinen Unterricht zu Anfang des Jahres 1602. Seit vielen Jahren verwitwet, heiratete er im Juni 1603 mit Genehmigung des Fürsten im Schloss zu Kassel die Tochter des Marburger Rechtswissenschaftlers Christoph Lersner. Le Doux erhielt ein Jahresgehalt von 200 Gulden. In den folgenden Jahren stand er beim Landgrafen offenbar in hoher Gunst.

Von 1605 bis 1624 war er als Ordinarius der französischen und italienischen Sprache an der Universität Marburg tätig. Seine Antrittsvorlesung hielt er am 24. August 1605. Im März 1624 wurde er dann aus konfessionellen Gründen – er war Reformierter – vom Landgrafen von Hessen-Darmstadt suspendiert, nachdem die Hochschule an dieses Fürstenhaus übergegangen war. Der Landgraf sprach ihm aber im Februar 1625 ein Gnadengehalt zu. Le Doux starb am 7. Juni 1626.

1622 fasste der damals 82-jährige Le Doux am Ende seiner Autobiographie seine Tätigkeit als Sprachlehrer in unprätentiöser Weise folgendermaßen zusammen:

> Im Laufe der Jahre hat er die fremden Sprachen öffentlich und im Hause gelehrt, auch Komödien und Dialoge zum Teil verfasst, zum Teil übersetzt oder verbessert. Endlich hat er ein italienisches Lehrbuch, vielmals und an verschiedenen Orten erschienen, auch in Italien selbst anerkannt, um sein Greisenalter nicht unnütz hinzubringen, noch in seinem 80. Jahr und später verbessert. Aus ihm und anderen Büchern fährt er fort, die Jugend in Stil und Ausdruck durch französische und italienische Übungen zu unterrichten, bis ihn der allgütige große Gott in das himmlische Reich rufen wird, in dem wir ewig leben und schauen werden.[64]

Le Doux ist Autor dreier Lehrmaterialien für den Italienischunterricht: 1593 veröffentlichte er in Wittenberg eine Sammlung „Flores italici ac latini sermonis". Die Arbeit geht auf den in London tätigen Sprachmeister Giovanni Florio[65] zurück. 1600 folgen, in Tübingen publiziert, „Institutionum linguae italicae libri VI, una cum totidem opusculis ad praeceptorum et linguae exercitationem". Hieraus entstand die 1605 in Frankfurt (Main) erschienene „Schola Italica, in qua praecepta bene loquendi facili methodo proponuntur et

---

60 Höschel war seit 1593 Rektor des Gymnasiums bei St. Anna und Stadtbibliothekar. Er war Anna-Schüler gewesen und seit 1581 Mitglied des Lehrerkollegiums. Den Zeitgenossen galt er als bedeutender Gräzist. Als Mitglied der Kaufleutestube, eines aus Mitgliedern des Patriziats und der akademischen Oberschicht zusammengesetzen Gremiums, war er Freund und Vertrauter des Stadtpflegers Markus Welser. Vgl. Zäh 2006, S. 51.
61 Justi 1899, S. 43.
62 Später Kammergerichtspräsident zu Speyer und päpstlicher Kämmerer sowie Kanonikus zu Konstanz.
63 Justi 1899, S. 43f.
64 Justi 1899, S. 45f.
65 Vgl. dazu Yates 1934, Schröder 2000.

exercitationum libri VII illustrantur. Cum dictionarii italico-latini appendice." Weitere Ausgaben sind 1614 und 1616 in Frankfurt (Main) sowie 1631 und 1643 in Köln erschienen.

Der erste Band der „Schola Iitalica" enthält ein einleitendes Kapitel „De origine, praestantia et recto studio linguae italicae". Es folgen Kapitel über die Aussprache, Nomen und Pronomen, das Verb, die übrigen Wortarten und die Syntax. Der zweite Band enthält eine Textsammlung, darunter auch Briefe und Dialoge sowie Beispieltexte für die unterschiedlichen Gattungen.

Im Übrigen hat Le Doux ein Drama „Tobie" verfasst, das 1604 in Kassel aufgeführt und gedruckt wurde. Er trat auch mit einer Torquato Tasso-Übersetzung ins Französische (Marburg 1618) an die Öffentlichkeit. Von besonderem Interesse ist seine 1622 in Marburg erschienene Autobiographie „Catharini Dulcis, Linguarum Exoticarum in Academia Marpurgensi Professoris, vitae curriculi breviarium".[66]

Le Doux war sicher nicht der Normalfall eines Sprachmeisters. Vielmehr zeigt er sich als ein umfassend gebildeter, politisch agiler, ethisch sensibler und welterfahrener Vertreter seines Zeitalters. Sein Aufstieg in den Professorenrang auf Geheiß des Landgrafen Moritz ebenso wie die Zuwendung, die er durch Marx und David Höschel, zwei führende Vertreter des konfessionell irenischen Augsburger Späthumanismus,[67] erfuhr, offenbaren ein hohes Maß an zeitgenössischer Wertschätzung.

Lieven van Hulze (Levinus Hulsius)

Lieven van Hulze (Levinus Hulsius), geboren um 1546 in Gent und in Nürnberg tätig von 1591 bis 1602, besuchte wahrscheinlich die Genter Lateinschule.[68] Als Reformierter in den spanischen Niederlanden nach 1567 religiös verfolgt, floh er 1584 über Middelburg nach Bremen und zog weiter nach Frankenthal. Er ließ sich in der flämischen Exulantengemeinde als französischer Schulmeister nieder und eröffnete eine Internatsschule, die allerdings 1586 wieder einging. In der Folgezeit lebte er von Privatunterricht. 1590 begann er ein Theologiestudium an der Universität Heidelberg.

Ein Jahr später ließ sich van Hulze als Sprachmeister des Französischen und Italienischen in Nürnberg nieder. Später erlangte er eine Stelle als Notar und gründete einen Verlag. Das Kapital für den Aufbau des Verlags und der damit verbundenen Buchhandlung mobilisierte er durch den Verkauf von Höfen und Lehensgütern in seiner flämischen Heimat. Zu diesem Zweck beantragte er beim Rat der Stadt Nürnberg zwischen 1592 und 1597 die Ausstellung eines Gewaltbriefes. Aus seiner Beschäftigung mit mathematischen Fragen erwuchsen in den neunziger Jahren mehrere Publikationen. Im Mittelpunkt des Interesses standen dabei Fragen der Geometrie und Vermessungskunst. 1601 beauftragte der Kurfürst von Mainz van Hulze mit Vermessungsarbeiten im Oberamt Königstein.

Nach seinem Weggang aus Nürnberg 1602 bereiste van Hulze die Niederlande und England, nicht zuletzt, um die in seinem Verlag erschienenen Bücher einem internationalen Publikum bekannt zu machen. Nach mehrmonatigem, erfolgreichem Auslandsaufenthalt ließ er sich in Frankfurt (Main) nieder, wo er als Herausgeber und Verleger tätig wurde.

---

66 Übersetzung von Ferdinand Justi unter dem Titel: „Leben des Professors Catharinus Dulcis, von ihm selbst beschrieben" (Marburg 1899).

67 Vgl. Roeck 1991, besonders S. 147ff.

68 Schröder BBL II, S. 244ff. auf der Basis von Doppelmayr 1730; Jöcher, Bd. II, 1750; Will, Bd. II, 1756; Bd. VI, 1805. Vgl. auch Hausmann 1984; Glück 2002, S. 241, 260; Glück 2010; Kaltz 2010; Müller 2010.

Sein Aufnahmegesuch ins Frankfurter Bürgerrecht wurde im April 1602 vom Rat ange-nommen. Van Hulze ist Anfang März 1606 in Frankfurt gestorben, er wurde am 6. März 1606 begraben.

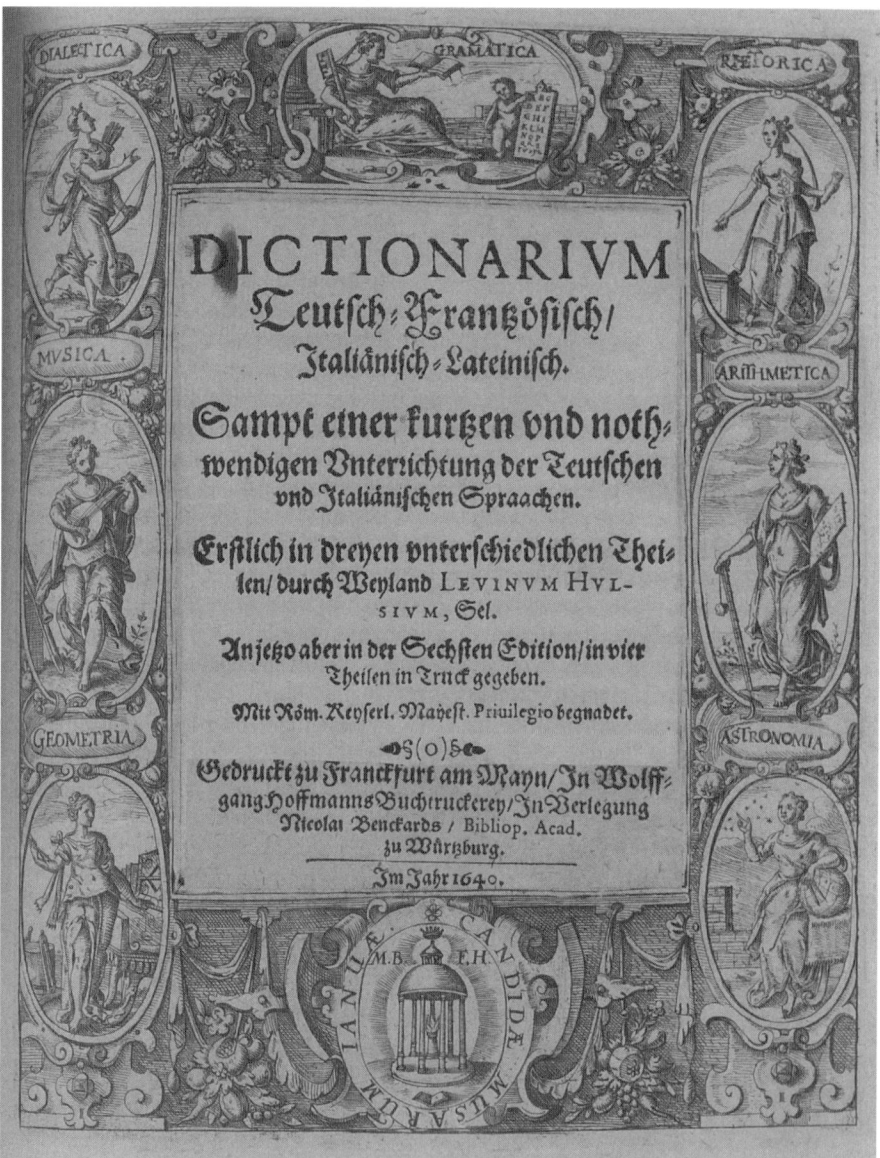

Abb. 18: Titelblatt einer viersprachigen (deutsch-französisch-italienisch-lateinischen) Ausgabe von Levinus Hulsius' Lexikon (Würzburg 1640).

Hulsius hat als Verleger in Nürnberg und Frankfurt Werke unterschiedlichster Thematik betreut. Sein eigenes Œuvre umfasst neben den schon genannten Arbeiten auch historisch-geographische Schriften, die Übersetzung und Edition von Reisebeschreibungen, biographische Studien sowie ein auf 15 Traktate angelegtes mathematisches Werk, das allerdings nur bis zum vierten Traktat gedeihen konnte.

Darüber hinaus ist Hulsius Autor eines Lehr- und Nachschlagewerks „Dictionnaire français–allemand et allemand–français", dessen erste Auflage 1597 in Nürnberg erschien. Es war mutmaßlich das erste alphabetische Wörterbuch für das Sprachenpaar Französisch und Deutsch.

Die Arbeit erlebte zwei weitere Nürnberger Drucke 1602 und 1605[69] sowie zahlreiche weitere Ausgaben mit zum Teil veränderter Titulatur. Ein 1602 offenbar zunächst separat veröffentlichter „Bericht von der französischen Aussprechung, nach Form einer Grammatik" wurde später dem Lexikon vorangestellt. Ein 1613 unter dem Namen des Levinus Hulsius in Frankfurt (Main) erschienenes „Dictionarium italico–germanicum et germanico–itali-cum" (mehrere spätere Auflagen und Ausgaben) geht offenbar auf Vorarbeiten aus den Jahren vor 1606 zurück. Gleiches gilt für eine 1618 in Frankfurt erschienene „Grammatica italica" (spätere Ausgabe 1652). Eine viersprachige Fassung des Wörterbuchs unter dem Titel „Dictionarium deutsch, französisch, italienisch, lateinisch, samt einer kurzen Unterrichtung der deutschen und italienischen Sprachen" erschien 1616 in Frankfurt (spätere Ausgaben 1628, 1631und 1644).[70]

Matthias Kramer (Cramer)

Matthias Kramer (Cramer)[71], geboren um 1640 in Köln und ursprünglich Katholik, besuchte die Lateinschule seiner Vaterstadt. Ein Theologiestudium schloss sich an, nach dessen Abschluss sich Kramer eine Zeit lang in Österreich aufhielt. Offenbar unter dem Eindruck der Protestantenverfolgungen im Rahmen der von Wien eingeleiteten Gegenreformation verließ er den habsburgischen Raum und konvertierte in Straßburg zum lutherischen Glauben.

1669 ließ sich Kramer als Sprachmeister des Italienischen, Französischen und Spanischen in Nürnberg nieder. Die Kirchenbücher der Jahre 1670 bis 1676 verzeichnen vier Taufen seiner Kinder. Am 7. Mai 1669 bat er um den Schutzverwandtenstatus. Dieser wurde zwei Monate später zunächst auf ein Jahr erteilt, später dann jeweils um ein Jahr verlängert, zuletzt im Jahre 1709.[72] Kramer wirkte bis etwa 1720 in Nürnberg, offenbar mit einer Unterbrechung von 1682 bis 1689, als er in Regensburg und Heidelberg tätig war. Im Winter 1689 wurde er Zeuge der Einnahme Heidelbergs durch die Franzosen.[73] 1698

---

69 2. Auflage unter dem Titel „Dictionnaire français–allemand et allemand–français, non paravant vu ni imprimé, Dictionarium deutsch–französisch und französisch–deutsch, vor diesem niemals gesehen noch gedruckt".

70 Zur philologischen Tätigkeit van Hulzes vgl. Kap. 5.

71 Schröder BBL, Bd. I, S. 158ff. auf der Basis von Will 1755-1758; Hirsching 1794-1815; Will 1795; Stengel 1890; Lehmann 1904; Beck 1914; Streuber 1914; Schmidt 1931; Emery 1948; Ising 1956; Pilz 1967; Franzbach 1975; Neumann-Holzschuh 1991; Radtke 1991. Vgl. auch Bray 2000; Storost 2000; Völker 2001; Glück 2002; Glück 2010. Das BBHS behandelt lediglich Kramers Sohn Johann Matthias, BBHS, Bd. V, S. 210f.

72 StAN, Rep. 60a, Nr. 3241, RV 1715 VI 28, fol. 54v-55r; StAN, Rep. 53, Unbürgeramt, Nr. 1-13.

73 Dies geht aus der Vorrede zu einer 1690 veröffentlichten Ausgabe des „Nouveau Parlement", eines auf den Antwerpener Schulmeister Noël de Barlaimont (van Berlemont) (1552) zurückgehenden Lehrbuchs des Französischen hervor: „Ce petit ouvrage, auquel je travaillai cet hiver passé dans Heidelberg,

schrieb er sich als *Magister Linguarum Exoticarum* an der Universität Altdorf ein. Ob er allerdings an der Hochschule unterrichtet hat, ist fraglich. Vielleicht war der mit der Immatrikulation verbundene Schutz der Universität auch nur ehrenhalber erfolgt und als prestigefördernde Maßnahme gedacht. Die letzten Jahre seines Lebens verbrachte Kramer in Erlangen, wo er am 8. März 1726 als „öffentlicher Lehrer der okzidentalischen Sprachen" an der Ritterakademie zu Christian-Erlang angestellt wurde. 1727 hielt er um eine Pension an, da seine Einkünfte in Erlangen denkbar gering blieben. Ob er damit Gehör fand, bleibt fraglich; er starb noch im gleichen Jahr.

Was Kramer bewogen hat, in hohem Alter noch nach Erlangen überzusiedeln, bleibt ungewiss. Vielleicht spielte dabei eine Rolle, dass er allem Anschein nach in den späteren Jahren seines Lebens dem Kalvinismus zugetan war und ihm Erlangen als Hugenottenstadt insofern näher stand als das lutherische Nürnberg.[74] Möglicherweise haben aber auch der unter den Nürnberger Sprachmeistern herrschende Konkurrenzdruck und die Aussicht auf eine feste Anstellung an der Erlanger Ritterakademie den Ausschlag gegeben. Immerhin war die Stelle des französischen und italienischen Sprachmeisters bei Gründung der Akademie mit einem jährlichen Fixum von 150 Gulden ausgestattet worden.[75]

Kramer wurde aufgrund seiner Verdienste als Lexikograph und Fremdsprachenlehrer als korrespondierendes Mitglied in die Königlich Preußische Sozietät der Wissenschaften aufgenommen. Er hat mehrere umfangreiche lexikalische Werke und zahlreiche Lehr- und Lernmaterialien für die Sprachen Französisch, Deutsch, Englisch, Italienisch, Spanisch und Niederländisch vorgelegt und in diesem Rahmen auch für die Fortentwicklung des Deutschen und die Akzeptanz dieser Sprache als Fremdsprache gewirkt. Er ist auch der Bearbeiter mehrerer Ausgaben des „Orbis sensualium pictus" des Jan Amos Komenský (Comenius), und er hat an einigen Publikationen befreundeter Sprachlehrer und Philologen mitgewirkt. Mit seinem Nürnberger Kollegen Johann Jacob Schübler lieferte er sich eine Polemik, in deren Verlauf mehrere Pamphlete veröffentlicht wurden. Der Pamphlet-Kampf erinnert an die – in Fachkreisen bekanntere – Straßburger Auseinandersetzung zwischen Stephan Spalt und Daniel Martin in den 1620er Jahren.[76] Es fällt auf, dass Kramer in einer ersten Schaffensphase, die bis 1689 reichte, sich ganz dem Italienischen zuwandte und erst danach Materialien zur französischen (und später noch zur spanischen) Sprache publizierte.[77] Zu seinem Hauptwerk aus den 1690er Jahren, der „Kunstprobe" (1696)[78], ver-

---

environné de nos cruels ennemis, [...] une nation dont on a sujet de dire, au temps où nous sommes, que le langage est celui des anges, et les actions des diables. Que le grand Dieu des armées les récompense selon leurs œuvres" (zit. nach Schmidt 1931, S. 62). Vgl. auch Völker 2001, S. 170f., 218.

74 Immerhin hatte Kramer zwei einschlägige theologische Schriften verfasst und ediert: „Triumphus gratiae efficacis irresistibilis ac victricis, das ist Beweis der reformierten Lehre von der ewigen und unbedingten Gnadenwahl" (Schwabach 1699) sowie „Beweis der Lehre vom heiligen Abendmahl, wie sie von den Reformierten geglaubt wird" (Frankfurt a. M. 1701). Kramers Sohn Johann Matthias wird 1751 Presbyter in der Göttinger Reformierten Gemeinde, bevor er nach Georgia und von dort nach Pennsylvania auswandert (Brandes 1894, S. 11.).

75 Rücker 1845, S. 12.

76 Vgl. dazu Schröder BBL III, S. 155ff. und IV, S. 169f.

77 Zu den Publikationen Kramers sowie zu seinen Positionen als Philologe vgl. Bray 2000; Völker 2001 und Kap. 5, passim. Zu seiner Auseinandersetzung mit Schübler vgl. Abschnitt 5.2.3. (unter Schübler). Hinsichtlich der bibliographischen Details der „Orbis pictus"-Bearbeitungen vgl. auch Pilz 1967.

78 Der barocke Titel der Arbeit entfaltet Kramers didaktisches Programm: „Kunstprobe einer recht gründlichen, bishero ermangelnden französischen Grammatica und eines recht gründlichen und bishero

öffentlichte Kramer ein didaktisches Begleitmaterial „Die rechte Lehrart, denen Deutschen gar leichtlich und in kurzer Zeit beizubringen die französische Sprache, ganz anmutig erklärt vermittels eines freundlichen Gesprächs, französisch und deutsch, zwischen einem Sprachmeister und einem Scholaren, welches zugleich dienet zur Einleitung zum rechten Gebrauch der obigen Grammatik und zu allen anderen Übungen beider Sprachen [...]. La vraie méthode pour enseigner très facilement et en peu de temps la langue française aux Allemands, éclairée plaisemment par le moyen d'un entretien familier français–allemand entre un maître de langues et un écolier [...]." Der „Entretien" ist so etwas wie die *Summa Didactica* des damals 56-jährigen Kramer und mit Sicherheit einer der bedeutendsten fremdsprachendidaktischen Traktate an der Schwelle zum 18. Jahrhundert. Er besticht durch seine Ausführlichkeit und didaktische Geschlossenheit und darf auch als Spiegel der sozialen Einbettung der zeitgenössischen Fremdsprachenunterweisung gelten.[79]

Das Gespräch beginnt mit der ersten Kontaktaufnahme zwischen Sprachmeister und Schüler. Man stellt sich in der zeittypischen barocken Weise einander vor und bespricht technische Details. Dabei diskutiert der Sprachmeister, eher beiläufig, eine Reihe von didaktischen Grundsatzfragen, etwa das Lernalter, die Funktion des Lateinischen beim Fremdsprachenerwerb, die Rolle von Vorkenntnissen in anderen modernen Fremdsprachen, den Stellenwert der Lernmotivation. Was das methodische Vorgehen angeht, so bemerkt der Scholar, er habe gehört, dass der Sprachmeister die Unsitten vieler seiner Kollegen nicht teile, dass er „ohne Umschweife und ohne unnötige Weitläufigkeit" unterrichte, seine Schüler weder „mit Schulfuchsereien" noch mit einem Unterricht verwirre, wie man ihn „den Kindern und den Papageien"[80] gibt, dass er die Lernenden nicht mit dem Lesen unverstandener Dinge aufhalte und sie nicht plage, gedruckte Gespräche auswendig zu lernen.[81] Als Unterrichtsziele werden benannt: das Lesen, das Explizieren (Erklären des Gelesenen in sprachsystematischer, kommunikativer und kultureller Hinsicht), das Übersetzen, das Komponieren (etwa von Briefen) und der Diskurs. Die Aufteilung des Unterrichts nach groben Lernschritten wird bis in methodische Feinheiten entfaltet. Dabei werden genauere

---

ermangelnden französischen Dictionarii, für die hochdeutsche Nation auf eine so leichte, fleißige, ordentliche und gleichsam handgreifliche Lehrart eingerichtet und durch viele hundert anmutige, aus gutem Gebrauch und den bewährtesten Scribenten unserer Zeit gezogene und auf alle Idiotismos (Eigenschaften) beider Sprachen zielende Exempel des oben benannten Autors Lehrart nach so deutlich erklärt, dass nicht nur die Gelehrten und Halbgelehrten, sondern auch sogar die Ungelehrten beides Geschlechts von allerlei Alter und Ständen (dafern sie zum wenigsten Lateinisch lesen und schreiben können) durch vernünftige Übung unter der Direktion eines diskreten Sprachmeisters und, so keiner zu haben, durch eignen Fleiß und Privat-Applikation in wenigen Monaten diese galante Sprache, wie sie derzeit am französischen und anderen großen Höfen von Europa im Schwange geht, nicht allein füglich, sondern auch zierlich lesen, verstehen, schreiben und reden lernen können. [Folgt: französischer Titel.]" Kramer nennt die Prinzipien der Leichtigkeit, der Anschaulichkeit, des Exemplarischen, des motivierten Lernens, und er schreibt für ein breites Publikum ohne enge Festlegung von Bildungsstand, Geschlecht, Alter und Stand. Die Publikation ist in traditionellem Unterricht ebenso einsetzbar wie im Rahmen semi-autonomen oder autonomen Lernens – ein weitreichendes Versprechen. Die vier Grundfertigkeiten sind genannt, wobei Lesen und Verstehen prominent platziert sind und das Sprechen – offenbar als höchste Stufe des Sprachkönnens – am Ende der Auflistung erscheint.

79 Vgl. Schröder 1992; Völker 2001, S. 191-195 und passim.

80 Man vergleiche den Ausdruck „parrot learning" als methodologischen Fachterminus der behavioristischen Pädagogik des zweiten Drittels des 20. Jahrhunderts. Kramer 1696a, S. 11ff.

81 Vgl. dazu ausführlicher Schröder 1992. Einzelne Passagen werden in den Abschnitten 4.2.5. und 4.2.8. zitiert.

Zeitangaben zur Erreichung der einzelnen Teilziele gegeben. Auch Kollokationen, Phraseologie und Idiomatik spielen als Lernbereiche eine Rolle. Alle Einzelschritte sind ausgerichtet auf die Erreichung der Diskurstüchtigkeit als der höchsten Stufe des Spracherwerbs. Im Zusammenhang damit werden besondere Übungsmöglichkeiten aufgewiesen und entsprechende Angebote namhafter Lehrwerkautoren (Dhuez, Menudier, Canel, Chapuzeau, Rayet und nicht zuletzt Mauger) rezensiert.

Abb. 19: Porträt des Sprachmeisters Matthias Kramer

Der Sprachmeister skizziert auch eigene Übungspakete, die in den Dialog eingestreut sind. Nach einer Diskussion der Lernorte, wobei auch das Freudenhaus nicht fehlt, geht der Sprachmeister auf nachdrückliches Bitten seines Zöglings auf Textsorten und „gute" Autoren ein. Zeitgenössische Komödien, allen voran die des Molière, stehen hoch im Kurs. Am weitesten aufgefächert ist das Genre der Briefe. Hier folgt der Sprachmeister einem notionalen und funktionalen Ansatz und nennt dem Zögling nicht weniger als 19 Untergattungen. Briefe (als das einzige Fernkommunikationsmedium der Zeit) müssen

Ernsthaft seyn in wichtigen Sachen; Lustig in den gemeinsamen; Prächtig in den Lobreden; Höflich in den Recommendations-Schreiben; Kräftig (mächtig) im Überreden; Nachdrücklich im Überzeugen; Zart (süß / herzlich) im Trösten; Rein in der Beschreibung; Mässig (züchtig) im Begehren; Voller Freude in des Freunds Wolfahrt / und voller Betrübnüß in seinem Ubelstand [...].[82]

Das abschließende Kapitel des Dialogs dient der artigen Plauderei zwischen Sprachmeister und Scholar, wobei der Scholar auch Absichtserklärungen äußert.

An den Arbeiten aus Kramers Spätphase hatte dessen Sohn Johann Matthias Kramer einen schwer einschätzbaren Anteil. Johann Matthias war von seinem Vater in den Sprachen ausgebildet worden. 1719 unterzeichnete er gemeinsam mit ihm die Dedikation des Hoch- und Niederdeutschen Wörterbuches an die Generalstaaten. In der Folgezeit unterrichtete er die modernen Fremdsprachen an der Seite seines Vaters, vermutlich bis zu dessen Tod. Dann aber scheint er Nürnberg verlassen zu haben. Von 1737 bis 1739 arbeitete er als Sekretär des Leiters der Herrnhuter Brüdergemeine Nikolaus Ludwig Graf von Zinzendorf, und um die Mitte der 1740er Jahre hielt er sich möglicherweise in Hamburg auf. Im Herbst 1746 wurde er als Lektor des Italienischen an der Universität Göttingen angenommen. Dort war er an der Hochschule bis 1753 tätig. 1751 wurde er Presbyter der Göttinger reformierten Gemeinde. Im Juli 1753 wanderte er nach Georgia (Nordamerika) aus. Wenig später etablierte er sich erfolgreich als Privatlehrer des Deutschen als Fremdsprache und des Italienischen in Philadelphia (Pennsylvania). Hier eröffnete er 1755 eine eigene Schule, an der er dann Französisch, Italienisch und Deutsch unterrichtete. 1754 stand er auch auf der Gehaltsliste des College of Philadelphia.[83]

Einige Arbeiten Kramers erschienen posthum mit Titulaturen, die ein neues Werk suggerieren sollten. Wieweit Johann Matthias Kramer dabei ältere Manuskripte seines Vaters umgeschrieben hat, oder wer sonst als Bearbeiter aufgetreten ist, bleibt fraglich.[84] In den 1740er Jahren veröffentlichte der jüngere Kramer zwei Lehrmaterialien, die offenbar keine bloßen Neuausgaben älterer Arbeiten seines Vaters waren: eine „Kurzverfasste Anleitung zur englischen Sprache"[85] (Hamburg 1746) sowie eine Sammlung „Miscellanee consistente in diverse scelte e curiosissime materie divine, morali, politiche, filosofiche e

---

82 Kramer 1696a, S. 251.

83 Brandes 1894, S. 11; Ebel 1962, S. 161; Zeydel 1964, besonders S. 324; Bartel 1976, besonders S. 98; Schröder BBL III, S. 55f.; BBHS V, S. 210f.; Diekmann 2005, S. 128f.

84 Vgl. dazu auch Kap. 5.

85 Der programmatische Gesamttitel lautet: „Kurzverfasste Anleitung zur englischen Sprache, worinnen die nötigsten und wesentlichsten grammatischen Regeln nach der besonderen Lehrart des weltberühmten Herrn Wilhelm Sewels also angewiesen werden, dass auch Unstudierte und Frauenzimmer bald und mit leichter Mühe zu dem Lesen, Verstehen, Reden und Schreiben dieser Sprache gelangen können. Samt einer genügsamen Anzahl verschiedener, nach der neuesten englischen Lebensart und Weise eingerichteten Gespräche und Briefe etc., auch einem hinlänglichen Wörterbuche." Wie aus dem Vorwort erhellt, sieht Kramer die Benutzung von Grammatiken vor allem für Lernende vor, denen es mangels Gelegenheit nicht möglich ist, die englische Sprache durch den Umgang mit Muttersprachlern zu erlernen. Grammatische Regeln, so Kramer, verwirren Lernende mehr, als sie ihnen forthelfen. Daher habe er seine Grammatik ganz anders organisiert. Kramer spricht sich dagegen aus, Lehrbücher nach der lateinischen Grammatik einzurichten, weil dies für Schüler ohne Lateinkenntnisse hinderlich sei. Die tatsächliche Anlage der Grammatik von Kramer lässt allerdings keine wesentlichen Abweichungen vom Darstellungsverfahren anderer Autoren erkennen.

historiche, come anco in altre soggetti d'importanza" (Göttingen 1749). Außerdem hat der jüngere Kramer eine Informations- und Werbeschrift über Nordamerika vorgelegt mit dem Titel „Neueste und richtigste Nachricht von der Landschaft Georgia in dem engländischen Amerika, durchaus mit Anmerkungen, die der Übersetzer bei seinem vieljährigen Aufenthalt in Amerika angestellt hat, begleitet" (Göttingen 1746). Die Formulierung legt nahe, dass sich Johann Matthias Kramer bereits vor Mitte der 1740er Jahre längere Zeit in Nordamerika aufgehalten hat.[86]

4.2.3. Vorbildung und Bewerbung

Wie schon angedeutet[87], war die Gruppe der frei arbeitenden oder in Hof- bzw. Universitätsdiensten stehenden Sprachmeister hinsichtlich ihrer Bildung und ihres Vorlebens extrem divers, deutlich heterogener noch als die Gruppe der übrigen Sprachlehrer (Präzeptoren, Professoren und Magister), denen zumindest der Besuch der Lateinschule und ein Hochschulstudium gemein waren. Im Folgenden werden Augsburg und Nürnberg gemeinsam betrachtet, um bei aller Individualität von Sprachmeister-Biographien grundlegende Muster herauszuarbeiten. Die in den Quellen besonders gut dokumentierten Beispiele werden dabei hervorgehoben und einige herausragende Vertreter der Berufsgruppe gesondert portraitiert. Hingewiesen sei im Übrigen auf die drei Überblickslisten zur Fremdsprachenlehrerschaft in Augsburg, Nürnberg und Altdorf im Anhang.

Bewerbungspraktiken

Die Ausbildung zum Lehrer moderner Fremdsprachen war während der gesamten frühen Neuzeit nicht formalisiert; der Beruf des Sprachmeisters war nicht geschützt. Sprachmeister hatten die unterschiedlichste Vorbildung, und sie waren im Verlauf ihres Vorlebens den unterschiedlichsten Berufen nachgegangen. Sie standen dementsprechend auf unterschiedlichem Bildungsniveau. Vor diesem Hintergrund waren Bewerbungen als umfassende Qualitätsnachweise von zentraler Bedeutung. Es galt, die persönliche Ehrbarkeit nachzuweisen, die Qualität der eigenen Kenntnisse und Fertigkeiten zu belegen, der Persönlichkeit ein positives Profil zu geben, die bisherigen Tätigkeiten vorteilhaft darzustellen, Vertrauen zu erwecken und guten Willen zu zeigen.

Um ihren Anträgen Gewicht zu verleihen, verwiesen manche Bewerber um eine Sprachmeister-Tätigkeit auf ihr bisheriges Wirken in adligen oder großbürgerlichen Familien, sie legten Empfehlungsschreiben von Schülern oder deren Eltern bei, gaben Proben ihrer Sprach- und sonstigen Kenntnisse, suchten bei anderen Sprachmeistern Unterstützung, nannten anderweitige Bürgen oder berichteten von abgelegten Prüfungen. Das Augsburger Quellenmaterial bietet hinsichtlich der Bewerbungsvorgänge für den gesamten Zeitraum präzise Belege und dabei zahlreiche Beispiele für einzelne Bewerbungsstrategien, von denen einige – aus erfolgreichen Bewerbungen gezogen – im Folgenden vorgestellt werden. Für Nürnberg sind entsprechende Belege seltener, auch wenn der behördliche Umgang mit den einmal in der Stadt befindlichen Sprachmeistern über Ratsverlässe facettenreich dokumentiert ist, zumindest für den Zeitraum von etwa 1670 bis gegen Ende des 18. Jahrhunderts.

---

86 Vgl. dazu auch Diekmann 2005, 128-147.
87 Vgl. Abschnitt 4.1.4.

Der Hinweis auf eine frühere Tätigkeit findet sich bereits in dem ältesten erhaltenen Gesuch, dem des Augsburger Sprachmeisters Gerhard Dorn vom Oktober 1559.[88] Dorn supplizierte darum, ihm „ain zeittlanng schuel zuhalten gnedigist [zu] vergunnen."[89] Seinem Antrag liegt ein Schriftstück bei, das das erfolgreiche Wirken des Antragstellers in Tübingen bezeugt.[90] Magister Johann Melchior Mader, der als Lehrer der orientalischen Sprachen in Augsburg tätig werden wollte, stützte sein Gesuch 1617 nicht nur auf das Empfehlungsschreiben eines Johannes Schelius, sondern fügte auch ein nicht mehr erhaltenes Dokument bei, aus dem „auch mein procedere auch methodem zu erfahren" waren.[91] Der aus Tournai stammende Johannes von Charto legte seinem erfolgreichen Gesuch 1720 zwei Tabellen bei, die seine Sprachkenntnisse und seine Methode verdeutlichen sollten: eine zu den französischen Deklinationen und Konjugationen, den Auxiliarverben sowie den unregelmäßigen Verben, die andere zu Aussprachephänomenen. Dabei präsentierte er eine von ihm selbst entwickelte Lautschrift.[92] Alexander Franz Octavian Dolcetti bot 1726 als Anlage zu seinem Gesuch ein gesiegeltes Empfehlungsschreiben seines bisherigen Arbeitgebers, des Grafen Carl von Cramer vom Hof des Ferdinand Joseph, Herrn auf Wallgerstorff, Hauk und Fürth.[93] Auch François Dambrun fügte 1730 seiner Bewerbung ein Empfehlungsschreiben bei.[94] François Christopher untermauerte sein Gesuch, in Augsburg Französischunterricht erteilen zu dürfen, 1778 mit Attestaten jener Wiener Kaufleute, denen er in den vorausgehenden sechs Jahren entsprechenden Unterricht erteilt hatte.[95] Lion Gomper schließlich legte 1808 als Anlage zu seinem Antrag u.a. ein französisch abgefasstes Empfehlungsschreiben des Titular-Kriegskommissars von Malis vor.[96]

Nicolaus Grey legte 1633 seinem Gesuch ein dreisprachiges Schreiben bei, das den Wert der von ihm unterrichteten Sprachen ins rechte Licht rücken sollte.[97] Außerdem wurde er durch Augsburger Familien unterstützt.[98] Jean Pierre Borell, der neben Französisch auch Buchhaltung und Finanzwesen unterrichten wollte, legte sein Gesuch 1746 zweisprachig (deutsch/französisch) vor. Er versuchte sein Können auch mit einer Beispielrechnung zu beweisen, die ebenfalls in zwei Sprachen ausgeführt war.[99]

Die Unterstützung durch Standespersonen und angesehene Bürger war in der Frühen Neuzeit ein wichtiger Faktor für den Erfolg von Bittschriften und Gesuchen. Louis Chapuis benannte 1702 den Prokurator Wilhelm Merz als Bürgen.[100] Dem Antrag des Johann Martin Lapp von 1755 lagen neun Bestätigungen von Familien bei, in denen er als Sprachmeister des Französischen tätig war.[101] Als Joseph Mazzolini aus Bergamo 1763 einen Antrag auf Beisitz stellte, „unterstützten ihn der Magistratsangehörige und Jurist Johann Georg Morell,

---

88   Zu Dorn vgl. ausführlicher Abschnitt 4.2.4.
89   StadtAA, Bürgeraufnahmen 1560, Fasz. 12.
90   StadtAA, Privatlehrerakte.
91   StadtAA, Privatlehrerakte.
92   StadtAA, Privatlehrerakte.
93   StadtAA, Privatlehrerakte.
94   StadtAA, Privatlehrerakte.
95   StadtAA, Aufenthaltsconsense, 1779, Fasz. 2, Seite 1f.
96   Aufenthaltsconsense, 1808, Fasz. 45, Seite 1, [fol. 1v] sowie Seite 2, [fol. 4r].
97   StadtAA, Privatlehrerakte.
98   Vgl. dazu Abschnitt 4.2.4.
99   StadtAA, Privatlehrerakte.
100   StadtAA, Beisitzaufnahmen, Fasz. 10, 1702, Nr. 8.
101   StadtAA, Privatlehrerakte.

Matthäus Franciscus Klett (möglicherweise ein Sohn des bekannten Verlegers Eberhard Klett, gestorben 1758), Christian Friderich Kilian (vielleicht Angehöriger der Augsburger Künstler- und Kupferstecherdynastie), der Bankier Christian Georg von Köpff, der Patrizier und Bankier Johannes von Halder, Emanuel Friedrich Messerschmidt und […] Gioseppe Mazzoleni [aus Modena, Anm. d. Verf.]. Der Sprachmeister genoss also das Vertrauen höchster Augsburger Patrizier- und Unternehmerkreise."[102] Der aus Paris stammende, seit 1783 in Augsburg lebende und hier zum Christentum konvertierte Jude Peter Paul Cers (Vers) legte seinem Antrag vom 14. März 1785 ein zwei Tage zuvor ausgefertigtes Empfehlungsschreiben bei, das von zahlreichen Augsburger Bürgern unter Angabe der Berufsbezeichnungen signiert worden war.[103] Als es – etwa gleichzeitig – um die Verlängerung der zunächst für sechs Monate erteilten Aufenthaltsgenehmigung und Arbeitserlaubnis des Louis Roton ging, der seit Oktober 1784 in der Stadt tätig war, bestätigten immerhin 14 Augsburger Familien die Qualität des Unterrichts und das tadellose Betragen des Meisters.[104] Auch die Sprachmeister Canel, Sinquetin, Ceschi und Geiser wurden bei ihren Anträgen entsprechend unterstützt.

Dass die Augsburger Sprachmeister trotz ihrer Konkurrenzsituation zugunsten eines (potenziellen) Kollegen auch solidarisch handeln konnten, zeigt die dritte – nach zwei vorausgegangenen Ablehnungen erfolgreiche – Bewerbung des ehemaligen Offiziers der preußischen Armee Gabriel Lutter vom November 1716. Ihr liegt ein Bittgesuch bei, das zunächst von drei Augsburger Sprachmeistern (Barath, Delille, Müller) unterschrieben wurde. Ein weiteres, die Bewerbung stützendes Dokument, von acht Personen unterschrieben, wurde nachgereicht.[105] Im November 1804 allerdings verhinderten die Augsburger Sprachlehrer unter Führung des Sprachmeisters Jean François Méry Le Roy ebenso solidarisch die Aufenthaltsgenehmigung für den aus Nördlingen kommenden Sprachmeister des Französischen Charles Champenois mit dem Argument, es seien schon zu viele Fremdsprachenlehrer, besonders des Französischen, in der Stadt. Eine Liste mit den Namen von 14 Sprachmeistern lag dem Dokument bei.[106]

Konturen der Vorbildung und Qualifikation

Bedingt durch die konfessionellen Auseinandersetzungen der Frühen Neuzeit, aber auch durch Glaubensübertritte und im späten 18. Jahrhundert durch den Antiklerikalismus der Französischen Revolution, stellten Geistliche innerhalb der Gruppe der Sprachmeister ein durchaus signifikantes Kontingent. Zunächst war das religiöse Emigrantentum protestantisch geprägt (Réfuge, konvertierte Kleriker aus Italien und Frankreich), nach 1789 suchte dann auch die französische katholische Priesterschaft im deutschsprachigen Raum Zuflucht.

In Augsburg hat es relativ wenige Sprachmeister mit klerikalem Hintergrund gegeben. Lediglich bei Isidore Belon, Jean Joseph Robert und Athanasius Mayr liegt ein entsprechender Bezug vor. Die beiden Erstgenannten gehörten zu den katholischen Emigran-

---

102 Zürn 2010, S. 112f.

103 StadtAA, Aufenthaltsconsense, 1785, Fasz. 5, S. 1, [fol. 3r]. Welcher christlichen Konfession sich Cers angeschlossen hatte, ist nicht überliefert.

104 StadtAA, Privatlehrerakte.

105 StadtAA, Privatlehrerakte. Hier ist auch von einem Dokument die Rede, das nicht weniger als 15 Sprachmeister unterschrieben haben sollten. Die Frage ist, ob es in Augsburg zum angegebenen Zeitpunkt überhaupt 15 Sprachmeister gab.

106 StadtAA, Privatlehrerakte.

ten der Französischen Revolution. Isidore Belon, in Augsburg bezeugt von 1796 bis 1798, war Domherr zu Beaume.[107] Jean Joseph Robert, der 1795 in Augsburg um eine Aufenthalts- und Arbeitsgenehmigung für zunächst sechs Monate nachsuchte, war als Priester in Nancy und zugleich als Administrator des örtlichen Hospitals tätig gewesen. Seine Bewerbung wurde abgewiesen.[108] Nach der Ablehnung erteilte er Sprachunterricht in Schrobenhausen, danach in Deggendorf. Er trug sich mit der Absicht, dort eine Schule zu gründen.[109] Athanasius Mayr hingegen war 1764 in Augsburg geboren. Der Benediktinerpater wurde 1790 zum Priester geweiht und unterrichtete ab diesem Zeitpunkt in der Schule des Benediktinerklosters in Weingarten. Als die Schule 1804 im Zuge der Säkularisierung aufgelöst wurde, kehrte Mayr nach Augsburg zurück. Wo er Französisch gelernt hatte und ob er die Sprache auch in Weingarten unterrichtete, bleibt ungewiss.[110]

Möglicherweise gehört auch Jakob Cornelius Gottschalk, der sich im August 1796 als Sprachmeister des Hebräischen und Französischen in Augsburg bewarb, in diesen Kreis. Er war Professor der hebräischen Sprache an der fürstbischöflichen Universität in Trier gewesen und hatte 1794 bei der Besetzung der Stadt durch die Franzosen fliehen müssen. Seither verdiente er seinen Lebensunterhalt durch Sprachunterricht.[111]

Auch in Nürnberg finden sich für Sprachmeister mit klerikalem Hintergrund nur wenige Beispiele. Die lutherische Stadt lag nicht auf der Reiseroute der klerikalen Emigranten der Französischen Revolution. Immerhin war aber der oben portraitierte Matthias Kramer von seiner Ausbildung her katholischer Theologe. Als er 1669 um den Nürnberger Stadtschutz nachsuchte, war er bereits konvertiert. Im August 1750 bat der Sprachmeister des Italienischen Marcus Laurentius Soralli den Rat der Stadt Nürnberg um Stadtschutz und „um zugebung eines herrn Geistlichen", der ihn „in der reinen evangelischen Religion unterrichten solle". Soralli war katholischer Priester. Der Rat benannte einen Nürnberger Prediger, der mit Soralli ein „tentamen" anstellen sollte. Danach wollte man weitere Entscheidungen treffen. Vier Monate später beschäftigte sich der Rat erneut mit Soralli, der nun als „Conversus" bezeichnet wurde. Dabei ging es um die Klärung einer Straftat, die von Nürnbergern begangen worden war: Sie hatten versucht, Soralli bei einem Spaziergang preußischen Werbern in die Hände zu spielen.[112] Im Januar 1752 heiratete Soralli; der Rat willigte ein, den „Schießgraben zu vorhabender Copulation- und Mahlzeit zu öffnen". Fünf Monate

107 Möglicherweise handelt es sich um das heutige Baume-les-Messieurs, vgl. Schröder BBL V, S. 65, vielleicht aber auch um die Stadt Beaune. Belon hatte sich eine Zeit lang in Freiburg (Schweiz) und in Regensburg aufgehalten, bevor er 1796 in Augsburg eintraf. Offenbar verließ er die Stadt noch im gleichen Jahr wieder, denn unter dem 22.10.1798 hieß es von ihm, er lebe seit zwei Jahren in Creußen im Fürstentum Ansbach-Bayreuth, wo er lateinischen und französischen Unterricht erteile (ebd.). Belons Wanderleben ist nicht untypisch für die durch die Französische Revolution entwurzelte Priesterschaft.

108 StadtAA, Aufenthaltsconsense, 1795, Fasz. 21.

109 Wühr 1938, S. 523.

110 Schröder BBL III, S. 172.

111 StadtAA, Privatlehrerakte. Ob die Arbeitserlaubnis nach seinem einjährigen Aufenthalt in Augsburg verlängert wurde, ist nicht bekannt.

112 StAN, Rep. 60a, Nr. 3707, RV 1750 VIII 06, fol. 52v-53r; Nr. 3709, RV 1750 XII 03, fol. 77r-77v; Nr. 3712, RV 1751 II 24, fol. 42v-43r; Nr. 3717, RV 1751 VII 27, fol. 70v-72r; Nr. 3717, RV 1751 VII 31, fol. 86v-87r.

später wurde ihm gestattet, italienische Zeitungen in Nürnberg zu drucken. Mit der Zensur wurde der ältere Ratsschreiber betraut, weil er Italienischkenntnisse besaß.[113]

Einen klerikalen Hintergrund als ehemaliger Mönch und Priester hatte auch der Sprachmeister des Italienischen – später auch des Spanischen – und Konvertit Clemens Romani, dessen Anwesenheit in Nürnberg den Rat in den Jahren 1758–1762 wiederholt beschäftigte. Romani ist in Abschnitt 4.2.4 portraitiert.

Sprachmeister aus dem Klerus hatten, wie die jenseits der Elementarbildung tätigen Präzeptoren – auch sie waren in den meisten Fällen (angehende) Kleriker – die Lateinschule durchlaufen, dann die Artistenfakultät einer Universität besucht und mit einem Theologiestudium, das mitunter auch an einer Ordenshochschule absolviert wurde, abgeschlossen. Zumindest an der Universität hatten sie in der Regel die Möglichkeit gehabt, bei Universitätssprachmeistern und sonstigen Dozenten[114] Unterricht in modernen Fremdsprachen zu nehmen.

Auch Absolventen anderer Fakultäten waren als Sprachmeister in Augsburg oder Nürnberg tätig oder versuchten, in den Städten Fuß zu fassen. Bemerkenswert ist in Augsburg vor allem die Zahl der Mediziner.[115] Schon Claudius Zyperianus Vassiacamus, der sich im Oktober 1622 in Augsburg um die Erlaubnis bewarb, Französisch zu unterrichten, war „Candidatus der Medizin". In seinem Bewerbungsschreiben hob er auch seine Latein- und Italienischkenntnisse hervor. Obwohl dem Gesuch stattgegeben wurde, ist über Vassiacamus' weiteres Wirken nichts bekannt.[116] Etwas mehr ist hinsichtlich des aus Laibach (Ljubljana) stammenden David Verbez (Verbetius) überliefert, der als Mediziner in Basel promoviert worden war und über Tübingen, wo er am Collegium Illustre Französisch- und Spanischunterricht erteilte, und Ulm nach Augsburg gekommen war. Im Dezember 1625 stellte Verbez ein Gesuch um die Verlängerung seines Aufenthaltsrechts in Augsburg um ein weiteres Jahr. Dabei berief er sich auf einen Rechtsstreit mit der Reichsstadt Ulm, bis zu dessen Beendigung er in Augsburg bleiben wollte. 1627 ist er zudem als Mitglied des Augsburger Collegium Medicum bezeugt. Später hielt er sich in Straßburg auf und starb 1644 in Speyer.[117]

Doktor der Medizin war auch der aus Paris stammende, im Juni 1664 als Sprachmeister des Französischen in den Augsburger Beisitz aufgenommene Johann Paichet.[118] Der schon genannte Johannes von Charto hatte in Paris und Orléans Philosophie und Medizin studiert.[119] Gleiches traf für Johann Anton Schäfer zu, dessen Augsburger Bewerbung vom 16.10.1754 Ende Januar 1755 – dreieinhalb Monate später – stattgegeben wurde. Er hatte Philosophie und Medizin studiert und einen Doktortitel in diesen Disziplinen erworben. Darüber hinaus war er von 1749 bis 1754 als Sprachmeister in der Frankfurter Familie von Düren tätig gewesen.[120] Der 1805 als Sprachmeister des Englischen, Französischen und Italienischen mit seinem Antrag in Augsburg erfolgreiche Jean Bénédict Weber de Candonne

---

113   StAN, Rep. 60a, Nr. 3723, RV 1752 I 11, fol. 50v-51r; Nr. 3729, RV 1752 VI 16, fol. 57v-58r.
114   Vgl. dazu als Beispiel den Abschnitt Altdorf 4.3.1.
115   Die Nürnberger Quellen sind hinsichtlich der Vorbildung der Sprachmeister weniger explizit.
116   StadtAA, Privatlehrerakte.
117   StadtAA, Hochzeitsamtsprotokolle 1621, S. 250; Bürgeraufnahmen 1625, Fasz. 15 (unfol.); Schröder BBL IV, S. 245f.
118   StadtAA, Beisitzaufnahmen, Fasz. 6, 1664 Nr. 16.
119   StadtAA, Privatlehrerakte.
120   StadtAA, Privatlehrerakte.

schließlich, zuvor von 1795 bis 1798 Sprachmeister an der Universität Basel, hatte vermutlich an der Universität Straßburg Medizin studiert.[121]

Von dem 1778 abgelehnten Bewerber Franz Anton Chippel, der Französisch, Rechenkunst, Fortifikation, Ikonographie und Zeichenkunst in Augsburg anbieten wollte, wissen wir, dass er in Straßburg „den gradum eines baccalaurii, licentiati und nach gehends in anno 1773 doctoria philosophiae erhalten" hatte.[122] In seinem Fall erfolgte die Ablehnung bereits am Tage nach der Bewerbung. Moritz Wilhelm Christiani, der seiner Bewerbung vom März 1727 zufolge in Augsburg Hebräisch, Rabbinisch und orientalische Sprachen unterrichten wollte, hatte Schulen in Nürnberg besucht und sich dabei besonders auf Sprachen konzentriert.[123]

Den Übergang in ein neues Zeitalter schließlich markiert die Augsburger Bewerbung des Sprachmeisters Titian Goerner vom 26. Juli 1806; dem Antrag wurde vier Tage später stattgegeben. Goerner bat um einen zweimonatigen Überbrückungsaufenthalt in Augsburg und die Erlaubnis, in dieser Zeit Englisch, Französisch und Deutsch zu unterrichten.[124] Er hatte in München Schul-Wissenschaften in diesen Fächern erlernt und wurde auch als Schulkandidat bezeichnet. Goerner ist der einzige unter den Augsburger Sprachmeistern, der eine derartige pädagogische Qualifikation in seiner Bewerbung angibt.

Unter den Nürnberger Sprachmeistern finden sich weitere Studierte, so etwa der seit 1681 dort tätige Johann Jacob Schübler,[125] der auch als Arzt praktizierte, oder Johann Scheuber,[126] seit 1774 Rektor der Nürnberger Spitalschule, zuvor Privatlehrer des Französischen in Hersbruck; allerdings sind Details zur Vorbildung in den Nürnberger Quellen nicht überliefert.

Auch wenn sich unter den Augsburger und Nürnberger Sprachmeistern Akademiker und Standespersonen – und auch Buchautoren – befanden, denen man einen höheren Bildungsstand unterstellen kann, ist doch offensichtlich, dass die meisten Vertreter des Berufsstandes nicht viel mehr als ihre vorausgehende Berufserfahrung in diversen Anstellungsverhältnissen als Argument für Aufenthaltsgenehmigung und Arbeitserlaubnis in die Waagschale werfen konnten, was sich auch in der oben benannten Strategie, den Bewerbungen umfangreiche Empfehlungsschreiben beizugeben, niederschlug. Die Konturen einer allgemeinen oder gar fachlich spezifischen, berufspraktischen Vorbildung bzw. Qualifikation werden allenfalls indirekt sichtbar. Dies gilt schon für Gerhard Dorn, den frühesten Augsburger Sprachmeister. Er bezeichnete sich in seinem Gesuch als „der selben Sprachen erfaren". Er habe „im Niderlandt die Khinder, vnnd Knaben, die selben gelernet".[127]

Was die nicht akademisch vorgebildeten Augsburger und Nürnberger Sprachmeister angeht, so fällt zunächst auf, dass der Anteil der Militärangehörigen relativ groß ist: Gabriel Lutter, der mit seiner im November 1716 eingereichten dritten Bewerbung um eine Sprachmeisterstelle (Französisch, Italienisch, Niederländisch) in Augsburg erfolgreich war,

---

121 StadtAA, Privatlehrerakte.
122 StadtAA, Aufenthaltsconsense, 1778, Fasz. 56, Seite 1, [fol. 1r].
123 StadtAA, Privatlehrerakte. Der auffällige Nachname und die Unterrichtsfächer deuten darauf hin, dass Christiani konvertierter Jude war.
124 StadtAA, Privatlehrerakte. Ursprünglich kam Goerner aus Donauwörth. Dorthin wollte er auch wieder zurück, konnte aber keine Arbeit finden.
125 Schröder BBL IV, S. 126ff.
126 Schröder BBL IV, S. 105.
127 StadtAA, Privatlehrerakte.

hatte zehn Jahre und acht Monate lang als Infanterieoffizier im preußischen Heer gedient. Danach hatte er weitere neun Jahre lang Kriegsdienste geleistet, wobei er zuletzt im Rang eines Leutnants stand.[128] Der aus Dalmatien stammende Friedrich von Leinitz, der sich im September 1743 erfolgreich um die Erlaubnis bewarb, in Augsburg Französisch, Italienisch und Latein unterrichten zu dürfen, hatte acht Jahre lang das Amt eines Generalleutnants der französischen Armee bekleidet. Er war in Südfrankreich stationiert gewesen und hatte dort sowie später als Rittmeister in französischen Diensten die französische Sprache gelernt. Von Leinitz gehörte zu den ganz wenigen Antragstellern, denen eine unbefristete Aufenthaltsgenehmigung erteilt wurde.[129] Wie lange er sich in Augsburg aufgehalten hat, ist nicht bekannt. Auch der Murnauer Anton Geiger, der sich im Juni 1789 erfolgreich um eine Arbeitserlaubnis als Sprachmeister des Französischen in Augsburg bewarb, hatte fünf Jahre lang bei einem französischen Infanterieregiment gedient, aber auch ein Philosophiestudium absolviert. Geiger ist noch für das Jahr 1808 als Sprachmeister in Augsburg bezeugt.[130] Der Salzburger Anton Christian Lehrbacher schließlich – er bewarb sich 1791 erfolgreich um eine Arbeitserlaubnis als Sprachmeister des Italienischen – hatte bis 1788 in der Familie des Baron von Liszkovsky unterrichtet und war dann Soldat in einem k. k. Ulanenregiment geworden.[131]

Der von 1770 bis 1776 in Nürnberg tätige Sprachmeister des Französischen Johann Peter Chenal hatte ebenfalls eine militärische Karriere als Generalinspektor der Magazine bei der königlich britischen Armee absolviert. Im Januar 1771 wurde ihm der Stadtschutz erteilt.[132] Anton Wilhelm Schmidt, der sich 1780 als Sprachmeister des Englischen, Französischen und Italienischen in Nürnberg niederließ, hatte zuvor im Rang eines Leutnants der preußischen Armee gestanden.[133]

Nicht wenige Augsburger und Nürnberger Sprachmeister waren andernorts bereits als Sprachlehrer tätig geworden, so nicht nur der oben erwähnte Dorn, sondern beispielsweise auch Henri de Chanoi, der sich 1720 in Augsburg bewarb. Er hatte 1707 als Sprachmeister an der Universität Gießen unterrichtet.[134] Danach war er in gleicher Funktion in einer adligen Familie in Darmstadt angestellt gewesen, wahrscheinlich der des Landgrafen von Hessen-Darmstadt selbst.[135] 19 Jahre später, im August 1739, war Lorenz Högger aus St. Gallen mit seinem Gesuch um Annahme als Sprachmeister des Französischen und Italienischen in Augsburg erfolgreich, weil er den Nachweis erbrachte, zuvor am württembergischen Hof gewirkt zu haben. Der Augsburger Sprachmeister Josef Mazzolini hatte zuvor

---

128   StadtAA, Privatlehrerakte.
129   StadtAA, Privatlehrerakte.
130   StadtAA, Privatlehrerakte; Augsburgischer Adresskalender 1807, S. 55.
131   StadtAA, Privatlehrerakte.
132   StAN, Rep. 60a, Nr. 3771, RV 1771 I 29, S. 21.
133   Schröder BBL IV, S. 116. Schmidt hatte sich 1771 um die Stelle eines Lektors der italienischen Sprache an der Universität Erlangen beworben. Seine Bewerbung wurde im Senatsbericht vom 9.10.1771 glossiert: „Er gibt sich bald für einen Lieutenant, bald für einen königlich preußischen Oberkriegskommissarium aus: läuft hier in der Stadt herum und ist erbötig, in allem, was einer nur verlangt, Stunden zu geben, versteht aber insbesondere das Italienische, welches er dozieren will, am schlechtesten." (zit. nach ebd.) Schmidt hat in den Jahren 1786–1794 in Nürnberg eine Reihe von Lehrmaterialien publiziert.
134   Schröder BBL I, S. 129.
135   StadtAA, Privatlehrerakte; Schröder BBL I, S. 129.

acht Jahre lang als Sprachlehrer für Studenten und Kaufleute in Leipzig gearbeitet.[136] Jean Baptiste Regnaut, dessen Bewerbung als Sprachmeister des Französischen in Augsburg vom Oktober 1770 datiert, war zuvor Hofmeister des Sohnes des französischen Botschafters am kurfürstlichen Hof zu München, Chevalier de Folard, gewesen. Dieser unterstützte das Gesuch mit einem Begleitschreiben; die Reaktion der Stadt ist nicht überliefert.[137]

Auch der mit seiner Bewerbung von Ende Januar 1778 in Augsburg erfolgreiche François Christopher hatte sechs Jahre lang als Sprachmeister in Wiener Kaufmannsfamilien fremdsprachlichen Unterricht erteilt.[138] David Montoux, dessen Antrag Anfang Mai 1780 von den Augsburger Behörden abgewiesen wurde, war zuvor als französischer Sprachmeister an der Lateinschule zu Pirmasens tätig gewesen[139], und Jean François Méry le Roy, der im Juli 1793 erfolgreich um Aufenthaltsgenehmigung und Arbeitserlaubnis in Augsburg nachsuchte, hatte sich drei Jahrzehnte zuvor, im Mai 1763, als Sprachmeister des Französischen an der Universität Erlangen immatrikuliert. Er wird in den Augsburger Akten als Professor der französischen Literatur und der italienischen Sprache bezeichnet.[140] Le Roy war noch 1808 als Sprachlehrer in Augsburg tätig. Auch die Sprachmeisterin Maria Anna Abeil hatte andernorts bereits „der weiblichen Jugend in der französischen Sprach und in der französischen Handschrift Unterricht erteilt", bevor sie sich 1794 erfolgreich in Augsburg bewarb.[141] Die Biographien der Nürnberger Sprachmeister[142] enthalten ebenfalls zahlreiche Hinweise auf vorausgegangene Anstellungsverhältnisse und fachliche Tätigkeiten. Die in den Abschnitten 4.2.2. und 4.2.4. näher portraitierten Sprachmeister Matthias Kramer, Lieven van Hulze sowie der im Folgenden noch näher vorgestellte Clemens Romani können als Beispiele dienen.

Ein probates Mittel der städtischen Behörden, die Qualifikation von Sprachmeistern zu überprüfen, war es, bei Schülern und Bekannten Erkundigungen einzuziehen. Wie dies geschehen konnte, dokumentieren die Nürnberger Ratsverlässe in zahlreichen Beispielen. Als Matthias Kramer 1669 um Verlängerung des Stadtschutzes bat, bestimmte der Rat: „soll man seines Verhaltens, und Scholaren halben, ob er bey selbigen guten nutzen schaffe, mit Fleiß nachfragen, den bericht wiederum vorlegen, und deren willfahrung halben rähtig werden."[143] Im Falle des französischen Sprachmeisters Marc Estienne 1689 wurde „befohlen, dessen Attestata wohl zu durchsuchen, und recht zu erkundigen, ob an solchen, und auch an deßen Person selbst, nichts verdächtiges befindlich."[144] Bei seinem Kollegen de Montmort sollte ein Jahr später „bei denen, die ihn hiebevor gekandt haben, erkundiget werden, was für einer Religion selbiger zugethan, und wie er sonzt beschaffen, auch ob er nicht verdächtig seyn möge, daß unrichtige Corresondenz von ihm allhier dörfte geführt werden."[145] Auch Charles Chapuzet de Saint Valentin erschien 1692 „ziemlich

---

136 StadtAA, Beisitzaufnahmen Fasz. 13, 1763, Nr. 10.
137 StadtAA, Privatlehrerakte.
138 StadtAA, Privatlehrerakte; StadtAA, Aufenthaltskonsense, 1779, Fasz. 2.
139 StadtAA, Privatlehrerakte; Schröder BBL VI, S. 79.
140 StadtAA, Privatlehrerakte; Schröder BBL V, S. 23. Möglicherweise ist Le Roy identisch mit einem Namensträger, der in den 1780er Jahren die Stelle eines Sprachmeisters des Französischen und Italienischen an der Universität Tübingen innehatte. Vgl. Schröder BBL III, S 120.
141 StadtAA, Privatlehrerakte.
142 Vgl. Schröder BBL, passim.
143 StAN, Rep. 60a, Nr. 2627, RV 1669 VII 05, fol. 64v.
144 StAN, Rep. 60a, Nr. 2890, RV 1689 III 27, fol. 39r.
145 StAN, Rep. 60a, Nr. 2911, RV 1690 XI 05, fol. 135r.

verdächtig", was mit zu seiner Ausweisung beitrug.[146] Hinsichtlich des Tanz- und französischen Sprachmeisters, der sich 1697 um den Stadtschutz bewarb, sollte man „nachfragen, wo er bisher sich aufgehalten, was für abschiede er vorzuzeigen, auch wie er in seiner Profession beschaffen seye."[147] Ganz ähnlich ging man bei dem französischen Sprachmeister Jacob Odey 1699 vor, bei dem der Schwerpunkt auf die Frage gelegt werden sollte, „was er für qualität habe u[nd] womit er sich ehedem hingebracht habe."[148]

Allmählich treten dabei im Laufe des 18. Jahrhunderts auch Fragen, die auf den Sprachunterricht selbst gerichtet sind, stärker in den Vordergrund: Johann Karl Chapuzet wurde, als er fest in Nürnberg etabliert war, wiederholt vom Rat gebeten, die Kenntnisse anderer Sprachmeister zu überprüfen.[149] Als Anton Moratori 1721 um den Stadtschutz nachsuchte, nachdem er sich bereits eine Zeit lang in Nürnberg aufgehalten hatte, beschloss der Rat, „auch nachzufragen, wes sich dieser Moratori seit seines hierseyns aufgeführet? Was er für Leuthe in der Informacion habe? Und ob seine Lehre gründl[ich] Regel- und Grammatic-mäßig seye."[150] Im Falle der Supplik des französischen Sprachmeisters Johann Ernst Caumont um Erteilung des Stadtschutzes sollte „man denen beeden Sprachmeistern Mourlon und Chapuzet, ihre Meinung darüber zu eröffnen, communicirn".[151] Der Rat war zwischen Juni 1746 und August 1747 mehrfach mit der Angelegenheit befasst. Im August 1747 beschloss er, „vorerst mit ihm ein tentamen an[zu]stellen, und etwas aus dem teutschen in das französische, et vice versa etwas aus dem französischen in das Teutsche [zu] übersetze[n], auch ein Concept von Briefen von Ihme bey[zu]bringen, und dieses alles, ob und was daran seye, durch Leuthe, welche dieser Sprache mächtig seyend, [zu] examiniren."[152]

In der zweiten Hälfte des 18. Jahrhunderts wurden die Verfahren der informellen Überprüfung von Sprachmeister-Kandidaten in Nürnberg weiter verfeinert. Die Bewerbung des Johann Nicolaus Textor und die Reaktionen darauf bieten eine Synopse der inzwischen genutzten Möglichkeiten zur Eignungsfeststellung.

Textor ersuchte in einer im Dezember 1764 an den Rat gerichteten Bittschrift um die Aufnahme in den Stadtschutz und die Erlaubnis, als Sprachmeister des Französischen tätig zu werden. In seiner Bewerbung machte er Aussagen zu seinem Bildungsgang. Er hatte in Trier und Würzburg Jura studiert, eine Italienreise unternommen, elf Jahre als Französischlehrer in Bayreuth gewirkt, war dann zwei Jahre lang als Schreiber des Grafen von Ellroth und des französischen Kommissarius Betram tätig gewesen, deren französische Korrespondenz er offenbar erledigte, und hatte schließlich zwei Jahre lang als Französischlehrer in Nürnberg gearbeitet. Das Gesuch wurde zur Prüfung an das städtische Vormundamt weitergeleitet, das auch Stellungnahmen mehrerer Sprachmeister dazu einholte. Das Vormundamt erstattete im März 1765 einen ausführlichen Bericht, aus dem hervorging, dass kein Mangel an Französischlehrern herrsche, dennoch aber keine grundsätzlichen Bedenken bestünden. Im April 1766 beschloss der Rat, Textor „zu bedeuten, daß er einige Proben seiner

---

146   Vgl. dazu Abschnitt 4.2.4.
147   StAN, Rep. 60a, Nr. 3006, RV 1697 XI 24, fol. 32v-33r.
148   StAN, Rep. 60a, Nr. 3025, RV 1699 IV 12, fol. 69v.
149   Staudenmaier 2010, S. 158f.
150   StAN, Rep. 60a, Nr. 3323, RV 1721 VIII 30, fol. 153v-154r.
151   StAN, Rep. 60a, Nr. 3651, RV 1746 VI 25, fol. 66v.
152   StAN, Rep. 60a, Nr. 3666, RV 1747 VIII 02, fol. 25v.

Geschicklichkeit und Aufsätze in der französischen Sprache beybringen solle.“[153] Im gleichen Monat erstattete das Vormundamt erneut Bericht: Inzwischen waren Nürnberger Kaufleute, deren Mitarbeiter Textor unterrichtete, hinsichtlich der Qualität seines Unterrichts befragt worden. Sie gaben ihm „ein sehr gutes Zeugnis [s]einer Geschicklichkeit, so daß, wenn seine pronunciation ebenso gut wäre, derselben vorzügl[ich] zu rühmen sein müste, indeme die Unterweisung vortreflich, weswegen sie selbst inständig gebetten, ihm den hiesigen Aufenthalt zu erlauben.“[154] Das Vormundamt monierte nun, dass Textor bisher keine schriftlichen Proben in französischer Sprache eingereicht habe. Vierzehn Tage später insistierte auch der Rat, Textor möge „eine Specimen seiner Geschicklichkeit“ produzieren.[155] Dies geschah schließlich, sodass das Vormundamt seiner Stellungnahme vom 10. Oktober 1766 die entsprechende Ausarbeitung beilegen konnte mit dem Kommentar, sie sei einem Sprachkundigen vorgelegt worden, der sie „nicht gelobet, ja gar Grammatical[ische] Fehler angemerket“ habe; dennoch bleibe es beim Lob seiner Schüler.[156]

Im Augsburger Fall datiert der früheste Beleg für einen eingeforderten Befähigungsnachweis erst aus dem Jahre 1802. Er betrifft den schon genannten Alois Hermann, der die Augsburger Behörden darum bat, eine Schule eröffnen und Französisch unterrichten zu dürfen.[157] 1806 begann man, die in Augsburg tätigen Sprachmeister im Zuge der Mediatisierung der Stadt einer generellen Überprüfung zu unterziehen. Dabei wurden nicht nur ihre Zahl, ihr Lebenswandel und ihre Schülerschaft erfasst,[158] sondern auch ihre sprachliche Kompetenz erfuhr eine kritische Würdigung. Zu den Überprüften gehörte Andreas Chatarin aus Weyebach in Baden, der seit 1806 als Sprachmeister des Französischen in der Stadt tätig war. Er musste sich einem Examen unterziehen, das vom Rektor des St. Anna-Gymnasiums, Beyschlag, abgenommen wurde.[159] Zum ersten Termin erschien Chatarin nicht, daher wurde ein zweiter Termin angesetzt. Chatarins mündliche Fertigkeiten wurden als ausreichend eingeschätzt, seine schriftlichen aber ließen zu wünschen übrig. Das für die Angelegenheit zuständige Augsburger Kommissariat forderte daher ein Legitimationsschreiben und versagte Chatarin zunächst die Unterrichtserlaubnis. Chatarin, der vor seiner Prüfung in den Augsburger Familien Diolley, Schmitt, Burkhardt und Bissinger unterrichtet hatte, brachte das Legitimationsschreiben bei. Das Schreiben enthielt, wie aus anderen auf Chatarin bezogenen Dokumenten hervorgeht, die Namen seiner Eltern (Anna Maria und Johannes Andreas Chatarin) sowie seinen Herkunftsort und gab auch Aufschluss über seine Vermögensverhältnisse. Schließlich wurde Chatarin die Erlaubnis zu unterrichten erteilt, ob aufgrund des Schreibens oder anderer Gegebenheiten ist nicht mehr zu klären. Immerhin zeigt das Beispiel einmal mehr, wie bedeutsam Nachweise einer ehrbaren Abstammung und eines entsprechenden Lebenswandels im Legitimationskontext damals waren, aber auch, wie weit die Epoche der Frühen Neuzeit von heutigen Vorstellungen von kompetenzorientierter Qualitätskontrolle entfernt war.

---

153 StAN, Rep. 60a, Nr. 3896, RV 1765 IV 23, S. 92.
154 StadtAN, B2, Nr. 291; vgl. Staudenmeier 2010, S. 159f. sowie die im Anhang abgedruckten Dokumente.
155 StAN, Rep. 60a, Nr. 3916, RV 1766 XI 03, S. 72.
156 StadtAN, B2, Nr. 291.
157 StadtAA, Privatlehrerakte.
158 Vgl. die Ausführungen zu Jean François Méry Le Roy, Abschnitt 4.2.4.
159 StadtAA, Sprachmeisterakte.

4.2.4. Rechtlicher Status: Aufenthaltsgenehmigung, Arbeitserlaubnis, Aufnahme ins Bürgerrecht, Ausweisung

Ein wichtiges Kriterium für die Stellung eines Individuums bzw. einer Berufsgruppe in einer frühneuzeitlichen Stadt war ihr rechtlicher Status. Nur eine Minderheit der mitteleuropäischen Stadtbürger genoss das Bürgerrecht, das sie zur vollen Teilhabe am politischen Leben und den ökonomischen Ressourcen der Gemeinde (z.B. Nutzung kommunaler Einrichtungen, Anspruch auf Almosen im Fall der Bedürftigkeit) sowie zum Erwerb von Grundbesitz berechtigte, ihnen aber auch bestimmte Pflichten (z.B. Steuerleistungen, Wachdienste) auferlegte. Das Bürgerrecht war an bestimmte Voraussetzungen geknüpft. Dazu gehörten der Nachweis der ehelichen Geburt, ein guter Leumund und ehrbarer Lebenswandel, der Nachweis eines Mindestvermögens und – bei zünftisch organisierten Berufen – die Bereitschaft der betreffenden Zunft, den Neubürger aufzunehmen. Vor allem der Vermögensnachweis schloss viele ärmere Zuwanderer vom Bürgerrecht aus, und auch vermögende Fremde mussten oft eine Anzahl von Jahren warten, ehe sie über genügend Reputation und soziale Beziehungen verfügten, um des Bürgerrechts für würdig erachtet zu werden. In konfessionell homogenen Städten konnte auch die „falsche" Konfession ein Ausschlussgrund sein. Einen Automatismus in diesem Bereich scheint es aber im Regelfall nicht gegeben zu haben. Ausschlaggebend war vielmehr der zu erwartende Nutzen; mitunter spielten auch humanitäre Gesichtspunkte eine Rolle, zumindest bei der Vergabe von Aufenthaltsgenehmigungen auf Zeit.

Das Bürgerrecht war auch keineswegs für alle Einwohner erstrebenswert: Wer sich nur vorübergehend in einer Stadt aufzuhalten gedachte, war oft nicht daran interessiert, sich die mit dem Bürgerrecht verbundenen Pflichten aufzubürden. Um Personen, die nicht für das volle Bürgerrecht qualifiziert waren oder dieses nicht anstrebten, in die städtische Gemeinschaft einzubinden, kannten viele frühneuzeitliche Städte auch eine Form des minderen Bürgerrechts, die in Augsburg als Beisitz, in Nürnberg als Stadtschutz, anderswo als Beisassen- oder Hintersassenstatus bezeichnet wurde. Beisitzer hatten individuell festgesetzte jährliche Abgaben zu entrichten und mussten, wenn ihnen der Beisitz für einen bestimmten Zeitraum verliehen worden war, nach Ablauf dieser Zeit die Stadt verlassen oder erneut um den Beisitz nachsuchen.[160] In Nürnberg war eine eigene städtische Behörde, das Unbürgeramt, mit der Verleihung des Stadtschutzes betraut. Er stellte eine befristete oder unbefristete Aufenthalts- und Arbeitserlaubnis dar, für die ein jährliches Schutzgeld zu entrichten war.

Auch die bloße Aufenthaltsgenehmigung auf Zeit – noch unterhalb des Beisitzes angesiedelt – war an Gebühren geknüpft, die jährlich entrichtet werden mussten. So empfahlen die Augsburger Steuermeister im Juni 1782, dem italienischen Sprachmeister Peter Ceschi den Aufenthalt in der Stadt gegen ein jährliches Konsensgeld von 3 Gulden zu erlauben.[161] Der Augsburger Sprachmeister des Französischen Peter Paul Cers erwähnt in seiner Bewerbung im März 1785 von sich aus, dass er bereit sei, ein jährliches Konsensgeld zu zahlen. Die Steuermeister erteilten die Aufenthaltsgenehmigung auf ein Jahr und legten ein Konsensgeld von einem Gulden fest.[162] Auch Jean Bénédict Weber de Candonne, der sich im Januar 1805 in Augsburg erfolgreich um Aufenthaltsgenehmigung und Arbeitser-

---

160   Zum Bürgerrecht in Augsburg vgl. Roeck 1989, Bd. 1, S. 210-215; Möller 1998, S. 22-29.
161   StadtAA, Aufenthaltskonsense 1782, Fasz. 56, S. 1, [fol. 1r].
162   StadtAA, Aufenthaltsconsense 1785, Fasz. 5, S.1, [fol. 1r], [fol. 2r].

laubnis als Sprachmeister des Englischen, Französischen und Italienischen bemühte, zahlte in der Folgezeit eine jährliche Gebühr von 5 Gulden und 30 Kreuzern.[163]

Für Nürnberg wie für Augsburg erwiesen sich, was die Situation der Sprachmeister in der Stadt angeht, die Akten und Protokolle über Bürgerrechts- und Beisitzaufnahmen bzw. die Aufnahme in den Stadtschutz als zentrale Quellen. Viele bislang unbekannte Sprachmeister konnten auf diesem Wege erstmals namhaft gemacht werden.[164]

Die Anfänge: Sprachmeister bis Mitte des 17. Jahrhunderts

Obwohl das 16. Jahrhundert die Blütezeit des reichsstädtischen Fernhandels war und die Beziehungen Augsburgs und Nürnbergs in fremde Sprachräume in dieser Zeit besonders intensiv waren,[165] lassen sich vor dem Dreißigjährigen Krieg nur sehr wenige Sprachmeister in den beiden Städten identifizieren. Im Gegensatz zu Köln, wo der Zustrom flämischer und wallonischer Glaubensflüchtlinge seit den 1560er Jahren zur Niederlassung einer ganzen Reihe von Sprachlehrern führte, die die Stadt zu einem frühen Zentrum des Französischunterrichts und des französisch-deutschen Kulturtransfers machten,[166] liegen für Augsburg und Nürnberg im Zeitraum von 1554 bis 1618, den Kuhfuß als „erste Phase des institutionalisierten Französischunterrichts" in Deutschland bezeichnet hat,[167] nur vereinzelte Belege vor. Fremdsprachen wurden in den süddeutschen Reichsstädten vor dem Dreißigjährigen Krieg, wie auch die Befunde der Kapitel 2 und 3 zeigen, in erster Linie im Ausland und nur punktuell in der eigenen Heimatstadt gelernt. Auf dieses Faktum weist auch Gerhard Dorn aus Mecheln in seinem Gesuch von 1559 an Stadtpfleger und Rat der Reichsstadt Augsburg hin. Er stellte fest, dass „die kauffleut zu hoch teüschen landen, jre khinder in Franckhreich, Italia vnnd Hispania schickhen, dieselben sprach zuerkhundigen vnnd zulernen." Da er selbst „auß Gottes gnaden, dieser sprach alls lateinisch, franzhosisch, italianisch vnnd hispannisch gnugsamlich erfaren vnnd gelernet", so daß er „mit Gottes hülff auch ander dargen zuvnderrichten vnnd zulernen" wisse, sei er „willens in sollichen sprachen schuel zuhalten, vnnd die jugent vnnd annder, wer des vorhabens ist solche sprachen, auch in arithmetia vnnd geometria zulernen, vnnd meines trewesten vnnd hochsten fleiß zuvnderweisen." Dorns Angebot, auf diese Weise „gemainer statt nutz vnnd wolfart [zu] schaffen", nahm der Rat zunächst an und gestattete ihm für ein Jahr den Aufenthalt in der Stadt.[168]

---

163 StadtAA, Privatlehrerakte.

164 Wie schon angedeutet, ist die Quellenlage in den beiden Reichsstädten unterschiedlich. In Augsburg ist die Überlieferung der Bürger- und Beisitzaufnahmen besser als in Nürnberg, da sich hier in größerem Umfang die Aufnahmegesuche von Sprachmeistern sowie die Stellungnahmen der städtischen Behörden erhalten haben. Dafür geben die für Nürnberg für den Zeitraum zwischen 1660 und 1800 systematisch ausgewerteten Ratsverlässe nicht nur über die Aufnahmevorgänge Auskunft, sondern auch über Konflikte, in die Sprachmeister verwickelt waren. Weitere Informationen, die in den vorliegenden Abschnitt und die dann folgenden Eingang fanden, wurden aus den Augsburger Hochzeitsamtsprotokollen und Steuerbüchern sowie auch aus den von Nürnberger und Augsburger Sprachmeistern verfassten Werken selbst sowie aus der bio-bibliographischen Literatur zu den Fremdsprachenlehrern des deutschen Sprachraums (besonders Schröder BBL und BBHS) gewonnen.

165 Vgl. Kapitel 2.

166 Dahmen u.a. 1993; Greive 1993; Dahmen u.a. 2001; Zwierlein 2009, 2010.

167 Kuhfuß 1976.

168 StadtAA, Bürgeraufnahmen 1560, Fasz. 12.

Dorn war mit diesem Bescheid aber offenkundig nicht zufrieden (oder der Rat revidierte ihn nachträglich), denn im März 1560 supplizierte der Mechelner erneut an den Augsburger Stadtrat. Er habe, schrieb er nun, bereits in der Vergangenheit darauf hingewiesen, dass „inn dieser loblichen Stat Augspurg vill statlicher burger vnd kaufflеith wonendt, welche ihre khinder in Italia, Franckreich vnnd Hispania schickhen die selben sprachen zu lernen". Da er berufserfahren sei, habe er um die Erlaubnis ersucht, Sprachunterricht zu erteilen. Nachdem sein Gesuch nicht den gewünschten Erfolg gezeigt habe, sei er daraufhin „alßbald hinwegkh in dz wirttenperger Lanndt gehen Tibingen gezogen." Nachdem ihn „etlich Burger" zur Rückkehr nach Augsburg aufgefordert hätten, bitte er nun darum, ihn zunächst ein halbes oder ein Jahr lang unterrichten zu lassen, damit man seine „Conuersation vnnd leerung, in obgemelten [genannten] sprachen mügen spüren vnd erkhennen." Er hoffe, er „werde mit den Knaben dermassen Nutz schaffen", dass der Rat ihn später „zu ainem vnderthenigen armen Mitburger gnediglich wurden aufnehmen."[169]

Dorns Anerbieten blieb zunächst folgenlos: Augsburger Kaufleute schickten ihre Söhne weiterhin zum Sprachenlernen ins Ausland; erst um 1600 wird mit dem aus Savoyen stammenden Catherin Le Doux (Catharinus Dulcis) wieder ein Sprachmeister des Französischen und Italienischen in Augsburg fassbar.[170] Im Jahre 1599 sind in Nürnberg Elias Hueter, „Professor in manicherlei Sprachen" (von dem nicht klar ist, ob er neusprachlichen Unterricht erteilt hat), und Lieven van Hulze (Levinus Hulsius), „in frantzosischer Sprach Schuelmaister", belegt.[171]

Auch in der ersten Hälfte des 17. Jahrhunderts ist das Wirken von Fremdsprachenlehrern in den beiden süddeutschen Reichsstädten nur sporadisch dokumentiert. In Augsburg bewarb sich 1617 der Magister Johann Melchior Mader mit einer Sprachenkombination, die aus heutiger Sicht exotisch anmutet. Er wollte Äthiopisch, Arabisch, Türkisch sowie Hebräisch und Latein unterrichten. Ihm folgte 1619 ein Stefan Braun. Welche Sprachen er zu unterrichteten gedachte, ist nicht überliefert. Von dem aus Laibach (Ljubljana) stammenden Doktor der Medizin David Verbez (Verbetius) war oben schon die Rede. Seine erste Erwähnung findet sich in den Hochzeitsamtsprotokollen des Jahres 1621.[172] Im Oktober 1622 bat Claudius Zyperianus Vassiacamus, der Medizinstudent, um die Erlaubnis, in der Stadt Französisch zu unterrichten. In seinem Bewerbungsschreiben hebt er auch seine Latein- und Italienischkenntnisse hervor. Obwohl dem Gesuch stattgegeben wurde, ist über Vassiacamus' weiteres Wirken nichts bekannt.[173] Von 1614 bis 1618 wirkte in Nürnberg als Italienischlehrer Antonio Sebastiani.[174]

Der Augsburger Sprachmeister Michael Ulrich Olcus (erfolgreiche Bewerbung im Jahre 1630) ist eng mit dem zeitgenössischen Schicksal des Gymnasiums bei St. Anna, der bevorzugten Ausbildungsstätte der protestantischen Oberschicht Augsburgs, verbunden und wird dort[175] abgehandelt.

---

169 StadtAA, Privatsprachlehrerakte. Wieweit Dorns Darstellung von 1560, die Tübingenreise betreffend, präzise ist, sei dahingestellt.
170 Sein biographisches Portrait findet sich in Abschnitt 4.2.2.
171 Bruchhäuser 1989, S. 201 Anm. 809. Van Hulzes biographisches Portrait findet sich ebenfalls in Abschnitt 4.2.2.
172 StadtAA, Hochzeitsamtsprotokolle, 1621, S. 250. Vgl. auch Abschnitt 4.2.1.
173 StadtAA, Privatlehrerakte.
174 StAN, Rep. 54, Nr. 538; Staudenmaier 2010, S. 174 (Nr. 95).
175 Abschnitt 4.3.2.

Am 19. Februar 1633 ersuchte Nicolaus Grey um eine Arbeitsgenehmigung als Sprachmeister in Augsburg. Er kam offenbar aus Nürnberg, wo er 1631 im Großtotengeläutbuch
genannt ist, und kehrte später nach Nürnberg zurück.[176] Zur Begründung verwies er auf den
in der städtischen Kaufmannschaft existierenden Unterrichtsbedarf: Er habe von Sigmund
Nathan erfahren, dass etliche Bürger der Reichsstadt „begirig" seien, ihre Söhne „mit der
Zeit inn Franckreich, sowol ad discendae linguae gallicae, als selbiger Landen perlustrandi
gratia zu schickhen," und diese Bürger hätten ein großes Interesse daran, dass ihre Kinder
vorher in den Grundlagen dieser Sprache „instruiert vnnd vnderrichtet" würden.[177] Der
Bericht, den die „Verordneten zum Schulwesen" der Reichsstadt am 12. März desselben
Jahres zu Greys Supplik abgaben, fiel jedoch negativ aus. Die Schulherren schrieben darin,
dass ihnen „zwar nichts liebers were, alß das nicht alleine eine französische, sondern auch
eine italienische Schule alhier auffgericht werden möchte, massen wir seiner Zeit geliebt es
Gott, selbsten dahin laboriren wollen, damit solches zue weg gebracht werden könne." Da
man jedoch gerade damit befasst sei, „die lateinische vnd teutsche Schulen besser, alß
bißhero gescheen, zu bestellen, vnd einen newen vorständigen nuzlichen methodum
einzuführen," sei man besorgt, dass zwischen den reformierten Lateinschulen und der
beantragten französischen Schule unerwünschte Konkurrenz entstehen werde. Es sei zu
befürchten, dass „sich ihrer vil finden werden, die ihre Kinder eintweder gar auß den
Lateinischen Schulen nemmen, vnd inn die francösische schickhen, oder doch beede
sprachen neben einander lehrnen wolten lassen, da es doch vnmöglich vnd gantz wider
vnseren methotum, auch die Vernunfft selbsten, dz man zwo Sprachen mit vnd neben
einander vnd also auf einmahl ergreiffe." Unter den Mängeln des bisherigen Augsburger
Schulsystems sei „nicht der geringste gewesen, dz man inn Schulen zu einer Zeit vilerley
sachen tractiert, vnd damit die zarte Jugendt verwirret, daz sie in keinem haben fortkommen
können, sondern gleich allenthalben dahinder bleiben müssen." Erst wenn „vnser neuer
Methodus" drei bis vier Jahre lang eingeübt sein werde, könnten „vnsers erachtens subiecta
gefunden werden, die der lateinischen Sprach mechtig, vnd zu der französischen taugenlich
weren". Einstweilen „halten wir nicht für rahtsamb, daz eintweder Französisch, oder
Italienisch alhie gelehret werde," es sei denn, dass „dergleichen Eltern weren, die ihre Kinder gar nit inn die Lateinische Schule zuschückhen, sondern nur Französisch lehren lassen
wolten, denen wir an ihrem proposito nicht verhinderlich zue sein begeren."[178]
     Im Mai 1633 bat Grey das Scholarchat dann, ihn am Gymnasium zu St. Anna Fran-
zösisch unterrichten zu lassen. Sein Bewerbungsschreiben war dreisprachig abgefasst und

---

176 StadtAN, E 11, 778; StAN, Rep. 528, Nr. 311, fol. 39; Schröder BBL II, S. 168, V, S. 395f.
177 Das Gesuch wurde von den evangelischen Augsburger Kaufleuten Daniel und Leonhard Milbinger,
     Marx Anton Jenisch, Daniel Stenglin, Christoph und Hans Wolfgang Beer sel. Erben, Matthäus
     Stenglins sel. Erben, Marx Stenglin, Elias Lorber und Gebrüder, Thomas Scheffler und Hans Georg
     Perckenmayr unterstützt. Dabei handelte es sich um einen Kreis nahe verwandter oder verschwägerter
     Kaufleute, denn Jenisch (gest. 1667) war mit einer Schwester Perckenmayrs verheiratet, die Beer
     waren mit den Jenisch und Stenglin verschwägert, und David Milbinger (gest. 1668) war der
     Schwager Thomas Schefflers. Die Handelsgesellschaften der Stenglin waren im Italienhandel sehr
     aktiv. Vgl. zu David und Leonhard Milbinger: Reinhard 1996, S. 541f. (Nr. 818), 544f. (Nr. 820); zu
     Hans Wolfgang Beer: ebd., S. 34f. (Nr. 48); zu Hans Georg Perckenmayr: ebd. S. 37f. (Nr. 56); zu
     Marx Anton Jenisch: ebd. S. 395 (Nr. 570); zu Thomas Scheffler: ebd., S. 727f. (Nr. 1113); zu
     Daniel, Matthäus und Marx Stenglin: ebd., S. 797-799 (Nr. 1243) sowie S. 807-810 (Nr. 1256, 1257).
178 StadtAA, Privatlehrerakte.

betonte den Wert der von ihm unterrichteten Sprachen Französisch und Italienisch.[179] Eine Antwort auf dieses letztere Gesuch ist nicht überliefert; ob ihm stattgegeben wurde, erscheint angesichts der kritischen Haltung, die die Scholarchen vorher geäußert hatten, jedoch zweifelhaft.

Abb. 20: Porträt des Sprachmeisters Nicolaus Grey (1669).

Für das Jahr 1640 ist Grey über das Bürgerbuch wieder in Nürnberg belegt. Bei dem französischen Spachmeister „Mr. Nicolo", dem der Nürnberger Patrizier Lukas Friedrich Behaim im Jahre 1638 monatlich drei Gulden für den Sprachunterricht seines Sohnes zahlte, könnte es sich ebenfalls um Nicolaus Grey handeln.[180] Greys Beispiel deutet darauf hin, dass es in Augsburg bereits während des Dreißigjährigen Krieges erste Initiativen in Richtung auf einen institutionalisierten Fremdsprachenunterricht gegeben hat, was eine gewisse Nachfrage voraussetzte.

---

179   StadtAA, Privatlehrerakte.
180   Kamann 1887, S. 10; Kamann 1928, S. 214, Anm. 1; Bruchhäuser 1989, S. 201, Anm. 809.

Sprachmeister in der zweiten Hälfte des 17. Jahrhunderts

In Augsburg wurde lediglich drei Sprachmeistern zwischen 1664 und 1699 der Beisitz verliehen: dem Mediziner Johann Paichet aus Paris (Bewerbung im Juni 1664),[181] dem Lothringer Franz Vignolle, der später nach Nürnberg ging (Bewerbung im Mai 1692)[182] und Jakob Alphons Quarin (Bewerbung im November 1696).[183] Balthasar Nikisch, der im Hauptberuf Einlassschreiber war und nebenher Italienisch und Französisch unterrichtete, gab in seinem Bürgeraufnahmegesuch vom 19. Juni 1700 an, dass er sich bereits mehr als 20 Jahre in der Stadt aufhalte. 1683 hatte Nikisch die Bürgertochter Anna Juditha Peyerlerin geheiratet und das Beisitzrecht in der Stadt erlangt. Außerdem, so Nikisch in seinem Gesuch, habe er sich nie etwas zu Schulden kommen lassen. Die Steuermeister stimmten dieser Einschätzung zu, wobei sie besonders auf seine zuverlässige Arbeit als Einlassschreiber hinwiesen; die Arbeit als Sprachmeister wurde nicht erwähnt. Das Bürgerrecht wurde gratis gewährt, allerdings musste Nikisch im Bauamt „die ybrige praestanda praestirn".[184]

In Nürnberg wird 1657 die französische Schule Kaspar Kiehls erwähnt,[185] und zwölf Jahre später wird Matthias Kramer[186] erstmals quellenmäßig fassbar: Ein Ratsverlass vom 5. Juli 1669 hielt fest, dass Kramer „umb continuation des Schutzes alhier inständig bittet". Kramers Gesuch datierte vom 7. Mai des Jahres. Aufgrund eines positiven Berichts hinsichtlich seines Unterrichtserfolgs wurde Kramer bereits zwei Tage später der gewünschte Schutz für ein Jahr erteilt. Der Schutz wurde dann jeweils um ein Jahr verlängert, zuletzt im Jahre 1709.[187] Bedenken bestanden anfangs allerdings hinsichtlich seiner religiösen Haltung, denn der Rat verlangte, man solle „bey seinem beichtvatter nachfragen, ob er und Cremeris und sein weib alhier communicirt, und wie sie sich in ihrem Christentumb bezeugen?"[188] Diese Frage zielte auf Kramers katholische Herkunft ab; tatsächlich war der Sprachmeister jedoch in Straßburg Lutheraner geworden.

Die Zeitgenossen des zunehmend akzeptierten und bekannten Matthias Kramer hatten in Nürnberg einen wesentlich schwereren Stand. „Einem Italiäner nahmens Franciscus Heinrico Vale, welcher seinem vorgeben nach sich zur evang[elischen] Religion begeben haben solle, vnd für einen Sprachmeister allhier gebrauchen laßen wolle", ließ der Rat im Mai 1670 ein Almosen von einem Taler zukommen, war ansonsten aber weder bereit ihn aufzunehmen, noch ihm ein Empfehlungsschreiben auszustellen.[189]

Dem vom pfälzischen Kurfürsten unterstützten Gesuch des aus Charleville (Champagne) stammenden Peter Canel um Schutzaufnahme in der Stadt entsprach der Nürnberger Rat Anfang Oktober 1683 zunächst für ein Jahr.[190] Als Canel und seine Frau vier Jahre später gegen Conrad Beyer in einer nicht näher bezeichneten Angelegenheit eine Klage

---

181 StadtAA, Beisitzaufnahmen, Fasz. 6, Nr. 16.
182 StadtAA, Beisitzaufnahmen, Fasz. 10, Nr. 35.
183 StadtAA, Beisitzaufnahmen, Fasz. 10, Nr. 35; Zürn 2010, S. 112, 119.
184 StadtAA, Hochzeitsamtsprotokolle 1683, fol. 76v-77v; Bürgeraufnahmen 1700, Fasz. 14, unfol. Nikisch musste die regulären Gebühren bezahlen.
185 Kamann 1887, S. 10; Kamann 1928, S. 214 Anm. 1; Bruchhäuser 1989, S. 201 Anm. 809.
186 Sein biographisches Portrait findet sich in Abschnitt 4.2.2.
187 StAN, Rep. 60a, Nr. 3241, fol. 64v; Nr. 3241, fol. 73r; StAN, Rep. 53, Unbürgeramt, Nr. 1-13.
188 StAN, Rep. 60a, Nr. 2627, RV 1669 VII 05, fol. 64v; Nr. 2627, RV 1669 VII 07, fol. 73r.
189 StAN, Rep. 60a, Nr. 2639, RV 1670 V 27, fol. 57v-58r.
190 StAN, Rep. 60a, Nr. 2818, RV 1683 X 01, fol. 26r.

beim Nürnberger Stadtgericht einreichen, wurden sie gemaßregelt, weil sie für die Richter und Assessoren des Gerichts nicht die korrekten Titulaturen verwendet hatten.[191] Auch sein Ansinnen, „einem hochedlen Rath eine französische Grammatic zu dediciren", wurde im Frühjahr 1688 abgewiesen.[192] Offensichtlich hatte Canel versucht, mit der Widmung seine drohende Ausweisung aus der Stadt abzuwenden, denn als ein halbes Jahr später ein neues Gesuch Canels um die Verlängerung seines Aufenthaltsrechts einging, wurde der Besitzer eines Ballhauses, der neben dem Sprachmeister auch durchreisende „franzößische Piquenschwinger" beherbergte, vor den Rat zitiert und befragt, warum „er sich unterfangen, diesen von hier fortgewiesenen franzosen einzunehmen, und wer ihm erlaub zugeben, den Piquetier in dem Ballhauß zuzeigen." Canel sei zu bedeuten, „dass die hiesige Bürgerschaft […] auff ihn verbittert, und er gegen dieselbe schwerlich werde zuschützen seyn, dahero umb seiner selbst Sicherheit willen sich von hier vortmachen solle." Am folgenden Tag bekräftigte der Rat, man solle den Sprachmeister Pierre Canel „seinen Weg von hier, so bald möglich, fortnehmen laßen, deßen Weib aber den Aufenthalt allhier noch ein Zeitlang verstatten."[193] Vor dem Hintergrund des im selben Jahr ausgebrochenen Pfälzischen Erbfolgekrieges und der Invasion französischer Truppen im Reich herrschte offenkundig eine antifranzösische Stimmung in der Stadt, der der Rat durch die Ausweisung unerwünschter Personen Rechnung zu tragen suchte. Der verbale Eifer der Behörden bei der Ausweisung eines Sprachmeisters ist für die beiden Reichsstädte ansonsten eher untypisch.

Allerdings gab Canel nicht so schnell nach. Ende Oktober 1688 erfuhr der Rat, dass Canel „noch allhier […] herumbgehet", und im November beschäftigte er sich mehrmals damit, „daß der französ[ische] Sprachmeister, Peter Canell, welcher vermög zweyer ergangener Rathsverläße vor geraumer Zeit wegen jetzo entstandener franz[ösischer] Kriegsempörung sich von hier fortzumachen angewiesen sey, deme zuentgegen sich noch allhier aufhalten" solle. Falls er die Stadt nicht unverzüglich verlasse, werde auch seine Frau ausgewiesen, und die Personen, bei denen er sich aufhalte, würden bestraft. Sollte Canel während seines Aufenthalts „von hiesiger Burgerschafft auß Verbitterung Gewalt angethan werden, würde man sich seiner nicht anzunehmen haben."[194] Canel besorgte sich daraufhin ein Empfehlungsschreiben des Kurfürsten von Brandenburg, das den Nürnberger Rat im Mai 1689 bewog, ihm „noch biß auf künftig Laurenzi den Aufenthalt allhier verstatten, doch daß er sich alsdann sambt den seinigen von hier anderswohin wende". Der Prozess, den Canel noch am Nürnberger Stadtgericht führe, sollte möglichst beschleunigt werden, um ihm keinen Vorwand für einen längeren Aufenthalt zu liefern.[195] Obwohl Canel im August desselben Jahres eine weitere Bittschrift einreichte, wurde dieser Ratsbeschluss bekräftigt.[196] Bemerkenswert ist, dass es Canel unter diesen überaus schwierigen Umständen gelang, in Nürnberg mehrere Sprachlehrwerke, unter anderem eine französische Grammatik und ein deutsch-französisches Gesprächsbuch, zu veröffentlichen. Im frühen 18. Jahrhundert war Canel als Präzeptor der Pagen des dänischen Hofes und zugleich als Professor an der Akademie zu Kopenhagen tätig. In der Ausgabe von 1703 seiner zunächst in den

191   StAN, Rep. 60a, Nr. 2871, RV 1687 X 14, fol. 17r.
192   StAN, Rep. 60a, Nr. 2878, RV 1688 IV 28, fol. 81v.
193   StAN, Rep. 60a, Nr. 2884, RV 1688 X 15, fol. 76v-78r; Nr. 2884, RV 1688 X 16, fol. 83v.
194   StAN, Rep. 60a, Nr. 2885, RV 1688 X 31, fol. 4r-4v; Nr. 2885, RV 1688 XI 10, fol. 71r-71v; Nr. 2885, RV 1688 XI 14, fol. 95v-96v; Nr. 2885, RV 1688 XI 22, fol. 158r-158v.
195   StAN, Rep. 60a, Nr. 2892, RV 1689 V 24, fol. 119v.
196   StAN, Rep. 60a, Nr. 2896, RV 1689 VIII 29, fol. 40v-41r.

1680er Jahren in Nürnberg erschienenen „Introduction à la langue française oder Anleitung der französischen Sprache" bezeichnete er sich als „Informateur de Son Altesse Royale Monseigneur le Prince Héréditaire de Danemark et de Norvège." Canel blieb auch nach seinem Fortgang aus Nürnberg bis ins 18. Jahrhundert hinein als Autor von Unterrichtsmaterialien in der Stadt präsent. Zugleich publizierte er seit 1699 in der dänischen Hauptstadt.[197]

Die Nürnberger Ratsverlässe der letzten beiden Jahrzehnte des 17. Jahrhunderts enthalten die Namen von mehr als einem Dutzend weiteren Sprachmeistern; die fränkische Reichsstadt übte damals also offensichtlich eine ungleich größere Anziehungskraft auf diese Berufsgruppe aus als Augsburg mit nur vier Namensnennungen in der chronologischen Sprachmeister-Liste.[198] Die meisten der Nürnberger Sprachmeister stammten aus dem Ausland, in erster Linie aus Frankreich.

Im November 1683 befasste sich der Nürnberger Rat mit dem „hispanischen Edelmann" Joseph Gabriel à Montalegre, „der sich zu Tübingen zur Evangelischen Lehr bekehret, ein Weib und drey Kinder von dannen mit anhero gebracht" und unter Vorlage eines Zeugnisses der Tübinger Universität sowie eines Empfehlungsschreibens des Herzogs von Württemberg unter dem 17. des Monats um die Erlaubnis gebeten hatte, Spanisch und Italienisch unterrichten zu dürfen. Der Rat ließ ihm mitteilen, „daß er alhier wenig prosperiren, auch der Papisten wegen in und umb die Statt nicht wol sicher sein" würde, und bot ihm stattdessen an, ihm eine Empfehlung mitzugeben, falls er nach Sachsen weiterreisen würde. „Sofern er aber inständig umb die inwohnung alhier anhalten würde, soll man die sach noch mal vorlegen, und der willfahrung halben rähtig werden."[199] Auf seine dringende Bitte hin wurde ihm schließlich ein einjähriges Aufenthaltsrecht bewilligt.[200] Einen „französischen Sprachmeister im Krämergäßlein", der sich geweigert hatte, einem städtischen Amtsträger seinen Namen zu nennen, und der dabei „unnützes wort gegeben" hatte, ließ man im Spätjahr 1683 vor das städtische Unbürgeramt zitieren und „ihme seinen hochmuth ernstlich verweisen."[201] Im folgenden Jahr suchte der französische Sprachmeister Jean Le Fevre um den Stadtschutz nach.[202] Er hatte sich zugleich als *Linguae Gallicae Magister* an der Universität Altdorf immatrikuliert. Auch in den folgenden Jahren war die Haltung des Rats gegenüber Sprachlehrern aus Frankreich von deutlichem Misstrauen geprägt. Als sich der Sprachmeister Marc Estienne (de Champagne) im März 1689 in einem französischsprachigen Schreiben um den Stadtschutz bewarb, ordnete der Rat an, „dessen Attestata wohl zu durchsuchen, und recht zuerkundigen, ob an solchen, und auch an deßen Person selbst, nichts verdächtiges befindlich, im Fall auch einiger Verdacht sich zeigte, derselben so bald ab- und von hier sein Reiß anderwohin fortzustellen, anzuweisen."[203] Auch bei seinem aus Angers stammenden Berufskollegen de Montmort bestanden im November 1690 Bedenken, „was für einer Religion selbiger zugethan, und wie er sonst beschaffen, auch ob er nicht verdächtig seyn möge, daß unrichtige Correspondenz von ihm allhier

---

197 Schröder BBL I, S. 115ff. Vgl. auch Kaltz 2010, S. 127ff. Zu Canels philologischen und didaktischen Positionen vgl. im Übrigen Kapitel 5, passim.
198 Vgl. Anhang.
199 StAN, Rep. 60a, Nr. 2818, RV 1683 XI 17, fol. 124v.
200 StAN, Rep. 60a, Nr. 2818, RV 1683 XI 21, fol. 149r.
201 StAN, Rep. 60a, Nr. 2818, RV 1683 XI 21, fol. 150r.
202 StAN, Rep. 60a, Nr. 2855, RV 1684 VIII 19, fol. 141v-142r.
203 StAN, Rep. 60a, Nr. 2890, RV 1689 III 27, fol. 39r.

dörfte geführt werden?" Da Montmort ein „gutes Zeugnus" hatte, durfte er sich ein Jahr lang in Nürnberg aufhalten.[204]

Im September 1690 erteilte der Nürnberger Rat „Charles Chapuzet von Pariß, Exercitienmeister"[205] eine Aufenthaltsgenehmigung, und knapp zwei Jahre später befasste er sich mit Chapuzets Verlängerungsantrag. Der Antragsteller hielt sich inzwischen zwar schon „über Jahr und Tag allhier im Schuz" auf, doch da er „ziemlich verdächtig" erschien und noch kein Schutzgeld bezahlt hatte, wurde ihm bedeutet, sich „innerhalb vier Wochen gar von hier fortzumachen."[206] Chapuzet begab sich daraufhin in das benachbarte Altdorf, wo er Studenten Tanz- und Französischunterricht erteilte.[207] Ende 1694 wandte sich „Charles Chapuzet de Saint Valentin, Tantz- u[nd] französ[ischer] Sprachmeister, […] mit Vorzeigung eines von der löb[lichen] Universität Altdorff erhaltenen ehrlichen Abschieds" erneut mit einem Aufenthaltsgesuch an den Nürnberger Rat. Dieser holte Erkundigungen ein, „was er für ein Hauswesen, und religion habe, auch wie er in seiner Wißenschaft fundirt seye."[208] Nachdem eine Anfrage bei der Universität „seines Verhaltens gutes Zeugnis" erbrachte, beschloss der Rat, ihm „den Schutz angedeihen, dabey bedeuten [zu] laßen, mit dem Lehrgeld niemand zu übernehmen."[209] Im zweiten Anlauf gelang es Chapuzet, sich dauerhaft in der Reichsstadt zu etablieren; seine Nachkommenschaft spielt im Nürnberg des 18. Jahrhunderts eine erhebliche Rolle.[210]

Die zu dieser Zeit nicht ungewöhnliche Kombination der Professionen eines (französischen) Sprach- und eines Tanzmeisters[211] könnte auch bei Johann Sinquentin, einem „Tanzmeister aus der Picardie" vorliegen, der den Nürnberger Rat in den 1690er Jahren intensiv beschäftigte. Obwohl sich eine „Frau Gräfin von Zinzendorff" für ihn einsetzte, wurde sein Aufenthaltsgesuch im April 1692 abgelehnt, „weil man wegen der geschärften Kay[serlichen] Inhibitorien hierinnen nicht willfahren könne". Der Gräfin wurde jedoch freigestellt, ihn „auf ihre Gefahr und Verantwortung" bei sich aufzunehmen.[212] In der Folgezeit verwandte sich auch Pfalzgraf Philipp für Sinquetin und sagte zu, ihn als Diener bei sich aufzunehmen, doch im Oktober 1692 wurde bekannt, dass der Tanzmeister sich stattdessen „bey dem Caffé Wirth in der Fröschau […] aufhalte, viel Scholaren an sich ziehe, und ein großes Geld verdiene." Der Rat erkundigte sich, „was er für Scholaren an sich habe, um bey Vorladung des Gerichts zu entschließen, wie man sich seiner erledigen wolle."[213] Als Sinquetin Ende 1693 Susanna Margaretha Hanoldin heiratete, verlor seine Braut ihr Nürnberger Bürgerrecht, weil ihr Gatte katholisch war. Sie wurde „zur Abführung der Nachsteuer und ihrem neuen Ehemann Johann Sinquetin nachzuziehen angewiesen."[214] Dennoch konnte sich Sinquetin offenbar in der Stadt halten oder dorthin zurückkehren, denn 1704 bewarb sich ein gewisser François Picard, ein Katholik aus Metz, erfolglos um

204   StAN, Rep. 60a, Nr. 2911, RV 1690 XI 05, fol. 135r; Nr. 2913, RV 1690 XII 17, fol. 88v-89r.
205   StAN, Rep. 60a, Nr. 2923, RV 1690 IX 17, fol. 55v.
206   StAN, Rep. 60a, Nr. 2934, RV 1692 VII 23, fol. 2r; Nr. 2935, RV 1692 VIII 08, fol. 47r-47v.
207   Vgl. Abschnitt 4.3.1., dort auch weitere biographische Details.
208   StAN, Rep. 60a, Nr. 2966, RV 1694 XII 06, fol. 57r.
209   StAN, Rep. 60a, Nr. 2967, RV 1694 XII 20, fol. 4r-4v.
210   Einer seiner Söhne, Johann Karl Chapuzet, ist wiederum als Sprachmeister tätig. Siehe unten.
211   Zur Kombination von Sprach- und Tanzmeister vgl. auch Völker 2001, S. 208.
212   StAN, Rep. 60a, Nr. 2933, RV 1692 VI 04, fol. 32v.
213   StAN, Rep. 60a, Nr. 2933, RV 1692 VI 20, fol. 93v; Nr. 2933, RV 1692 VI 21, fol. 96v; Nr. 2937,
      RV 1692 X 05, fol. 58v.
214   StAN, Rep. 60a, Nr. 2952; RV 1693 XI 08, fol. 27r-v; Nr. 2952, RV 1693 XI 15, 54r.

die Stelle des mittlerweile Verstorbenen.[215] Außerdem wurden 1692 ein Tanzmeister Valentin aus Genf[216] und 1698 sein Berufskollege „Peter Javari von Perg" aktenkundig.[217]

Sechs weitere französische Sprachmeister sind allein im letzten Jahrfünft des 17. Jahrhunderts in Nürnberg belegt. Einem Francisco Pons „auß dem Berner Gebiet", der bereits seit dreieinhalb Jahren den Stadtschutz genoss, wurde im April 1695 gestattet, sich ein weiteres Jahr in der Reichsstadt aufzuhalten.[218] Dem „vertriebenen Spanisch, Französisch und Italienischen Sprachmeister" Claudio Ganiarre von Saint Paul wurde die Aufenthaltsgenehmigung hingegen drei Monate später verweigert; er erhielt neun Gulden aus dem Stadtsäckel und sollte weiterziehen.[219] 1697 wurde ein „Sprachmeister Poirier, von Poitiers" aktenkundig,[220] und der 1692 in Augsburg nachgewiesene Lothringer Franz Vignolle ließ sich im selben Jahr in Nürnberg nieder.[221] 1699 beantragte der Französisch-Sprachmeister Jacob Odey aus Meaux ein Aufenthaltsrecht. Der Rat befand in seinem Fall allerdings, dass „man hier an solchen Leuten keinen Mangel hat"; allenfalls könne man die Scholarchen fragen, „ob sie ihn nach Altdorff recommendiren laßen wollen."[222] Außerdem erhielt Matthias von Erberg, von dem in Kapitel 5 noch ausführlicher die Rede sein wird, 1699 den Schutzverwandtenstatus.

Neben Matthias Kramer scheint der aus Straßburg gekommene Johann Jacob Schübler der einzige Sprachmeister deutscher Herkunft gewesen zu sein, der sich im letzten Drittel des 17. Jahrhunderts in Nürnberg offiziell niederlassen konnte. Schübler war ein ausgesprochen vielseitiger Mann, der nicht nur als Sprachmeister, sondern auch als „Possamentierer[223] und Meister" (1693)[224] sowie als „Operator oder Bruch-Arzt ohne Schnitt" (1699) arbeitete.[225] Außerdem versuchte er sich als Theaterimpresario: Im Winter 1687/88 ersuchten Schübler und Georg Hengel den Stadtrat vergeblich, „daß sie auf künftiges früh-Jahr einiche Comödien und Schauspiel in dem Fechthauß aufführen mögen."[226] Sein Sohn gleichen Namens betätigte sich als Konstrukteur von Dachstühlen[227] und als Designer von Schöpfbrunnen, Kaffeetischen, französischen Betten, Beichtstühlen und

215 StAN, Rep. 60a, Nr. 3089, RV 1704 III 05, fol. 92v.

216 StAN, Rep. 60a, Nr. 2933, RV 1692 VI 15, fol. 75r/v.

217 StAN, Rep. 60a, Nr. 3019, RV 1698 XI 12, fol. 25.

218 StAN, Rep. 60a, Nr. 2972, RV 1695 IV 27, fol. 17v.

219 StAN, Rep. 60a, Nr. 2975, RV 1695 VII 22, fol. 26r-v.

220 StAN, Rep. 60a, Nr. 3006, RV 1697 XI 24, fol. 32v-33r.

221 StAN, Rep. 53/II, Unbürgeramt, Nr. 1-21. Vgl. auch Staudenmeier 2010, S. 175; Zürn 2010, S. 112, 119.

222 StAN, Rep. 60a, Nr. 3025, RV 1699 IV 12, fol. 69v; Nr. 3025, RV 1699 V 05, fol. 125v-126r.

223 Posamentierer: Verfertiger von textilen Accessoires wie Borten, Quasten, Schnüre. Schübler und seine Werke sind in BBHS nicht erwähnt. Vgl. Schröder BBL IV, S. 126ff.

224 Vgl. seine Arbeit „Des hellscheinenden Jakob- und Morgen-Stern Erster Theil", 1693.

225 Vgl. seine Arbeit „Operatrischer Frantzösisch-Teutscher Hauß- und Reise-Spiegel, in sich haltend erstlich das der Welt höchst nutzbar und beförderliche Memorial, die Generation und Erzeugung des männlichen und des weiblichen Geschlechts belangend, nach selbstbeliebigen Wohlgefallen durch Gottes Gnade zu erlangen, benebenst diesem die Leibesschäden, was Gestalten und Brüche auch sein mögen, ohne Schnitt zu kurieren. / Frantzösischer Sprachmeister und Operator oder Bruch-Artzt ohne Schnitt", 1699.

226 StAN, Rep. 60a, Nr. 2871, RV 1687 X 13, fol. 10v.

227 Vgl. seine Arbeit „Nützliche Anweisung zur unentbehrlichen Zimmermanns-Kunst", 1731. Vgl. auch Golücke 1974.

Taufsteinen. Dem Zedlerschen Lexikon[228] zufolge war er „ein in architektonischen Erfindungen sinnreicher Kopf zu Nürnberg" und Mitglied der Preußischen Sozietät der Wissenschaften.[229] Der ältere Schübler hatte bereits 1680 einen „Passe-partout" des Französischen veröffentlicht[230] und publizierte zwischen 1682 und 1705 mehrere Lehrbücher sowie Übungsmaterial für das Französische, zuerst die „Himmels-Pforte. Das ist: Dreyfacher Morgen- und Abend-Segen" (1682), ein Übungsbuch, in dem penetrante Frömmelei den – in Matthias Kramers Augen – vollkommenen Mangel an „Lehr-Art" ausgleichen sollte. Kramer widmete dem Werk eine herbe Polemik, den „Gegen-Stral des Mercurii" (1693). Schübler replizierte im selben Jahr mit „Des hellscheinenden Jakob- und Morgen-Stern Erster Theil"; er wandte sich dort gegen Kramers „falsch ausgestreute Gerüchte". Die publizistische Fehde zwischen Kramer und Schübler illustriert ebenso wie die insgesamt restriktive Haltung des Nürnberger Rats gegenüber Aufnahmegesuchen fremder Sprachmeister, dass der Markt für fremdsprachlichen Unterricht in der fränkischen Reichsstadt im späten 17. Jahrhundert heftig umkämpft und wohl auch gesättigt war. Die antifranzösische Grundhaltung angesichts der kriegerischen Ereignisse, die beispielsweise Peter Canel im Rahmen seiner Ausweisung zu spüren bekam, tritt noch hinzu.

Sprachmeister des 18. Jahrhunderts

Einige Augsburger und Nürnberger Sprachmeister des 18. Jahrhunderts wurden unter dem Aspekt ihrer Bewerbungspraktiken sowie mit Blick auf die Konturen ihrer Vorbildung und Qualifikation oben[231] schon erwähnt. Im Folgenden sollen weitere Befunde und biographische Details hinzugefügt werden, wobei der Aspekt des behördlichen Umgangs mit der Sprachmeisterschaft im Vordergrund steht. Dabei wird im Wesentlichen chronologisch vorgegangen. Die Gesamtzahl der Sprachmeister einschließlich der abgelehnten Bewerbungen liegt für das 18. Jahrhundert in Augsburg bei 65, in Nürnberg bei 60, einschließlich der Altdorfer Sprachlehrer bei 79. Daher konzentriert sich die folgende Darstellung auf ausgewählte Fälle.

Sieht man vom Wirken der Englischen Fräulein[232] in Augsburg seit 1663 ab, so beginnt die Ära des Englischen in der Fuggerstadt im Frühjahr 1721. Damals bot der Sprachmeister Karl Josef Winkelmann Unterricht in dieser noch wenig gelernten Sprache an. Er wurde so zu einem der frühesten Englischlehrer des deutschsprachigen Raumes überhaupt. Sein Unterrichtsangebot wurde von den Stadtpflegern offenbar begrüßt, zum Leidwesen der Sprachmeister-Kollegen Johann Christoph Müller, Carl de Lille und Johann Friedrich Bareth, deren negatives Votum ohne Wirkung blieb. Im September 1721 stellte Winkelmann den Antrag, auch an Schulen unterrichten zu dürfen. Vermutlich hatte er dabei das

---

228   Zedler, Bd. 35, Sp. 1346-1348.
229   J. J. Schübler, Ausgabe seines vorhabenden Wercks, ca. 1735.
230   Passe-partout de la langue françoise […] Alles mit großer Mühe und sonderbahrem Fleiß ordentlich zusammen getragen, Leipzig 1680 (spätere Ausgabe Dresden 1685). Auf dem Schmutztitel ist zu lesen: „Grammaire françoise Oder Dergleichen noch niemahls in Druck gewesene Frantzösische Grammatica." Darunter ist in dem konsultierten Exemplar von Hand in einer deutschen Schreibschrift des 18. Jahrhunderts eingetragen: „Diese Grammatica ist fast von Wort zu Wort geschrieben auß deß Nathanael Duez, Guidon de la Langue françoise, wie ich in der Collation augenscheinlich Erfunden. Hier sind allein die verba anomala außgesetzt, u. ein Index darzu gemacht, dz ander alles ist Düez arbeit."
231   Abschnitt 4.2.3.
232   Vgl. Abschnitt 4.3.3.

Anna-Gymnasium im Sinn. Die Antwort der städtischen Behörden ist nicht überliefert. Anfang Februar 1722 wurde ihm gestattet, sein Angebot auf Niederländisch und Latein auszuweiten, am 24. des Monats wurde ihm bereits der Beisitz zugesprochen.[233] Winkelmann heiratete am 23. November 1738 Anna Dorothea Platzerin aus Nördlingen. Sein Trauzeuge war der Rotgerber Andreas Ledter, der seiner Frau der Schuhmacher Johannes Heins.[234] 1748 empfahlen die Steuermeister, Winkelmann und seiner Frau das Bürgerrecht zuzuerkennen, nicht aber seinen Kindern. Der Rat allerdings sprach am 18. Juli 1748 auch den Kindern das Bürgerrecht zu.[235]

Im Mai 1726 bat Johann Karl Chapuzet, der Sohn des Altdorfer Sprach- und Exerzitienmeisters Charles Chapuzet de Saint Valentin, in Nürnberg um die Gewährung des Schutzverwandtenstatus. Das Gesuch wurde Anfang August 1729 zunächst abgewiesen, dann aber, wie häufiger in Nürnberg, zu einem späteren Zeitpunkt, im März 1741 doch noch positiv beschieden.[236] Der jüngere Chapuzet, geboren 1694 in Altdorf, hatte die Schule bei St. Lorenz in Nürnberg und die öffentlichen Vorlesungen der dortigen Professoren besucht. 1714 immatrikulierte er sich in Altdorf; von 1715 bis 1718 absolvierte er ein Studium der Mathematik und Philosophie an der Universität Halle, unter anderem bei Christian Wolff. Ein 1718 begonnenes Studium der Medizin musste er abbrechen, da es ihm an den nötigen Mitteln fehlte. 1719 wurde Chapuzet vom Superintendenten der Grafschaft Hohenlohe-Waldenburg und Neuenstein als Lehrer der französischen Sprache und Mathematik an das Gymnasium zu Öhringen berufen, 1726 wirkte er als Informator im Hause des Grafen Johann Friedrich von Öhringen. Von seiner Niederlassung in Nürnberg bis zu seinem Tode war Chapuzet als Sprachmeister des Französischen und als Mathematiker in der Stadt tätig. Im Juni 1753 wurde er als einer der wenigen Sprachmeister in das Nürnberger Bürgerrecht aufgenommen. Er starb am 29.12.1770.[237] Chapuzet, der sich auch mit Ofenbau befasste und hierzu zwei theoretische Schriften vorlegte, hat eine Reihe von Materialien für den Französischunterricht publiziert.[238]

Dass Hartnäckigkeit gegenüber den Behörden langfristig durchaus zum Ziel führen konnte, zeigt auch das Beispiel des Nürnberger französischen Sprachmeisters Johann Ernst Caumont. Seit 1732 aktenkundig, suchte er im Juni 1746 um den Stadtschutz nach, der drei Wochen später von den Behörden abgelehnt wurde. Auch ein zweites Gesuch von Ende Juli 1747 wurde Anfang August abgewiesen. Im Jahre 1755 – Caumont hielt sich offenbar immer noch in Nürnberg auf – wurde ihm die Ausweisung angedroht: „Dem Jean Ernst Caumont, so laut Anzeige seit 4 Jahren, mit Weib und Kind alhier sich aufhält, ohne die oberherrl[iche] Erlaubnis dazu erhalten zu haben, soll man im Löblichen Kriegs Amt solches unterstossen und bedeuten, daß er sich entweder sogleich von hier wegmachen oder dem Stadt-Schutz geziemend suchen und erwarten solle, ob ihme derselbe werde ertheilet

233 StadtAA, Privatlehrerakte; Bürgeraufnahmen 1748, Fasz. 29, unfol.
234 Von Interesse ist, dass die Trauzeugen und auch die Paten in Sprachmeisterfamilien meist aus dem Handwerk stammten, nicht nur in Augsburg oder Nürnberg. Auch dies zeigt die soziale Nähe des Sprachmeisterberufs zum zeitgenössischen Gewerbe.
235 StadtAA, Bürgeraufnahmen 1748, Fasz. 29, unfol., S. 1 [fol. 1r] - S. 2 [fol. 1v]; Hochzeitamtsprotokolle, 1738, S. 459ff.
236 StAN, Rep. 60a, Nr. 3385, RV 1726 V 22, fol. 119v; Nr. 3428, RV 1729 VIII 05, fol. 93r; Nr. 3582, RV 1741 III 04, fol. 34v; Nr. 3593, RV 1741 XII 27, fol. 33r.
237 Schröder BBL I, S. 129f.
238 Zu Chapuzets philologischen und didaktischen Positionen vgl. Kapitel 5, passim.

werden oder nicht?" Gleichzeitig sollten seine Wirte vernommen werden, „warum sie diesen Caumont so lange beherberget, und ob sie jederzeit in denen Nacht-Zettel seiner Meldung gethan haben."[239] Damit hatten die städtischen Behörden Caumont ihrerseits aufgefordert, um den Stadtschutz nachzusuchen. Mehr als sechs Jahre später, im Dezember 1761, wurde er ihm schließlich gewährt, und er wurde im Juli 1771 um fünf Jahre verlängert, allerdings bei gleichzeitiger Ablehnung des Bürgerrechts.[240]

In Augsburg bewarb sich im August 1735 Jean de Sovio aus Rom um Aufenthaltsgenehmigung und Arbeitserlaubnis als Sprachmeister des Französischen und Italienischen. Er hatte zuvor sieben Jahre lang im Dienst des Duc de Blancfort gestanden und ihn auf seinen Reisen begleitet. Dann, so de Sovio, habe ihm sein Dienstherr gestattet, nach Rom zurückzukehren. Unterwegs sei er von einem Weggefährten ausgeraubt worden. Er sei daher mittellos und müsse seine Sprachkenntnisse nun in Handelsstädten, in denen entsprechender Bedarf bestehe, zur Bestreitung seines Lebensunterhalts nutzen. De Sovio fügte seinem Gesuch ein Empfehlungsschreiben des Grafen bei. Seinem Antrag wurde im Oktober 1735 durch den Steuermeister Johann Georg Goldbach entsprochen, allerdings unter der Bedingung, dass er sich ordnungsgemäß anmelde und die erforderlichen Legitimationen erbringe.[241]

Eine besonders farbige Erscheinung und ein Beispiel für das Genre des flüchtigen italienischen Mönches, der sich als Sprachmeister durchschlug, ist der aus Rom stammende Clemens Romani, der 1740 um den Nürnberger Stadtschutz bat. Romani verursachte mit seiner anstößigen Autobiographie „Vita ed aventure di Don Clemente Romani" 1758 einen Skandal in der Stadt. Ihm ist weiter unten ein eigenes biographisches Portrait gewidmet.

In Augsburg ersuchte der Sprachmeister Tiberius Bruggmayer im September 1746 um das Bürgerrecht, wobei er darauf hinwies, dass er fünf Monate zuvor bereits einen entsprechenden Antrag gestellt habe, und zwar für sich und seine Frau Margareta Stadlerin. Er vermerkte ausdrücklich, dass er eine Stelle am fürstbischöflichen Hof abgelehnt habe, um in der Stadt wirken zu können, und dass genug Einkommen und Vermögen vorhanden seien, um davon leben zu können, ohne der Stadt zur Last zu fallen. Trotzdem wurde sein Gesuch abgelehnt.[242]

Wesentlich besser erging es Johann Martin Lapp, der sich im Juni 1755 um das Aufenthaltsrecht und die Arbeitserlaubnis als Sprachmeister des Französischen in Augsburg bewarb. Bereits einen guten Monat später wurde ihm nicht nur die Erlaubnis erteilt, sondern vom Rat der Stadt das Bürgerrecht in Aussicht gestellt. Dieses Vorgehen war unüblich, könnte aber mit der Tatsache zusammenhängen, dass Lapp seine Bewerbung auf Empfehlungen von neun Familien stützen konnte, die die hohe Qualität seiner Arbeit bestätigten. Immerhin empfahlen die Steuermeister Johann Anton Langenmantel und Paul von Stetten die Aufnahme Lapps für unbestimmte Zeit. In den Augsburger Beisitzaufnahmen von 1762 und 1763 wird Lapp nochmals genannt. Damals wurde dem Gesuch des Sprachmeisters Karl Peter Feretté um Aufenthalts- und Arbeitserlaubnis mit dem Verweis

---

239   StAN, Rep. 60a, Nr. 3772, RV 1755 X 04, fol. 43v-44r.
240   StAN, Rep. 60a, Nr. 3651, RV 1746 VI 25, fol. 66v; Nr. 3652, RV 1746 VII 46, fol. 40v; Nr. 3662, RV 1747 VII 28, fol. 97v; Nr. 3666, RV 1747 VIII 02, fol. 25v; Nr. 3666, RV 1747 VIII 22, fol. 97r-97v; Nr. 3772, RV 1755 X 04, fol. 43v-44r; Nr. 3821, RV 1761 XII 16, S. 63; Nr. 3771, RV 1771 I 29, S. 48; Rep. 53, Unbürgeramt, Nr. 71-74.
241   StadtAA, Privatlehrerakte.
242   StadtAA, Bürgeraufnahmen 1746, Fasz. 40, unfol., S. 1, [fol. 3r].

auf die unzulängliche Ausstattung der Stadt Augsburg mit Sprachmeistern stattgegeben, „zumahlen die zwey dermahlen sich allhier befindende Sprachmeistern Lapp und Schatz bey der so zahlreichen Kaufmanschafft nicht sufficient seynd".[243]

Der erwähnte Jean Jaques Schatz wurde 1726 geboren und starb 1804.[244] Im September 1755 bewarb er sich um Aufenthaltsgenehmigung und Arbeitserlaubnis in Augsburg. Sein auf Französisch abgefasstes Gesuch wies zahlreiche Fehler auf. Mitte Dezember 1755 wurde in den Aufnahmekonsensen festgehalten, dass ihm der Beisitz auf zwei Jahre zuerkannt sei. In diesem Zusammenhang wurde Schatz, wie zuvor schon Lapp, geraten, er solle sich nach Ablauf der zwei Jahre um das Bürgerrecht bemühen. Schatz stellte sein Bürgerrechtsgesuch im Juli 1758. Nachdem er 1759 offenbar noch eine Bestätigung seiner Vermögensverhältnisse nachgereicht hatte und die positiven Voten der Steuermeister Langenmantel, Stetten, Ammann und Precht von Hochwarth vorlagen, beschloss der Rat im Januar 1760 die Erteilung des Bürgerrechts. Im November 1767 erlaubte er Schatz die Ehe mit einer nicht eingebürgerten Person, der Witwe Anna Eva Glaser aus Nürnberg. Sein Trauzeuge war der Tuscher Johann Daniel Schmidt, ihr Beistand der Schlosser Johann Emanuel Tierkenfeld.[245] Schatz hielt sich bis mindestens 1794 in der Stadt auf, wobei er offenbar auch als Notar tätig wurde und in späteren Jahren den Titel eines Kurbayerischen Rates führte. In diesen Jahren veröffentlichte er mehrere Lehrwerke, so eine Sammlung „Auserlesene deutsch-französische und italienische Handelsbriefe" (1764), ein „Deutsch-französisch und italienisches Wörterbuch" (1765) und die „Sammlung der besten ausgesuchten und gebräuchlichsten französischen Redensarten und Sprichwörter oder Recueil des phrases, sentences et proverbes français les plus choisis et les plus usités" (1794, 2. Auflage Augsburg 1804). Darüber hinaus legte er eine Reihe von Übersetzungen aus dem Italienischen und Französischen vor.[246]

Der aus Homecourt (Lothringen) stammende Karl Peter Ferreté war ledig, als er in Augsburg eintraf; er wohnte zunächst bei dem Posthalter Aßam, wo er freie Kost und Wohnung erhielt. Am 23. März 1762 wurde er für zwei Jahre in den Beisitz aufgenommen, nachdem die Steuermeister sein Gesuch befürwortet hatten. Im Mai 1763 verließ Feretté heimlich die Stadt. Die Gründe dafür bleiben im Dunkeln. Zuvor war er offenbar als Herausgeber der in Augsburg erscheinenden französischen Zeitung „Courrier d'Augsbourg" tätig, eine Aufgabe, die der oben erwähnte Schatz 1770 übernahm.[247]

Zuweilen ist aus den Quellen kaum nachvollziehbar, warum die Augsburger Behörden den einen Sprachmeisterkandidaten zurückweisen, während ein anderer den Beisitz und sogar das Bürgerrecht innerhalb kurzer Zeit zugesprochen erhält. Ein solcher Fall ist Johann Brochard, dem bei seiner ersten Nennung in den Akten im Februar 1766 der Beisitz und bereits acht Monate später das Bürgerrecht gewährt wurde, obwohl er sich zu diesem Zeit-

---

243 StadtAA, Beisitzaufnahmen, Fasz. 16, 1762, Nr. 5.

244 Vgl. Schröder BBL V, S. 102.

245 Die Trauzeugen der Eheleute weisen auf deren Kontakte ins Handwerkermilieu der Reichsstadt hin. StadtAA, Privatlehrerakte; Beisitzaufnahmen, Fasz. 12, 1762, Nr. 5; Fasz. 10, 1760, Nr. 1; Aufnahmeconsense 1750-1812, Fasz. Nr. 10, Nr. 1, unfol., Seite 1, [fol. 3r]; Seite 3, [fol. 4v]; Seite 2, [fol. 5v].

246 Vgl. Schröder BBL IV, S. 102.

247 StadtAA, Beisitzaufnahmen, Fasz. 12, 1762; Fasz. 13, 1763, Nr. 15; Fasz. 16, 1762, Nr. 5; Zürn 2010, S. 110, 113f.

punkt kaum länger als ein Jahr in Augsburg aufgehalten hatte.[248] Bereits im Kontext seiner Einbürgerung wird in den Akten die geplante Heirat mit einer nicht eingebürgerten Frau, Albertina Schleglin, erwähnt. Im März 1767 bat Brochard auch für sie erfolgreich um das Bürgerrecht. Dann erscheint jedoch eine weitere prospektive Ehefrau in den Akten, Anna Catharina Geigerin aus Kaufbeuren. Möglicherweise war Albertina Schleglin zwischen März und Dezember 1767 verstorben. Am 22. Dezember 1767 wurde nun auch Anna Catharina auf Brochards Antrag hin das Bürgerrecht zugesprochen. Welches waren die Gründe für diese zuvorkommende Behandlung? Brochard war Schweizer aus Porrentruy in der Diözese Basel – er war also frankophon und doch kein Franzose. Darüber hinaus zahlte er für das Bürgerrecht die für einen Sprachmeister nicht geringe Summe von 84 Gulden; seine Frau zahlte dann noch einmal extra.[249] War er also willkommen, weil er unverdächtig, nützlich und wohlhabend war?

Demgegenüber wurde im Mai 1768 der Bewerber Ludwig Arnauld von den Augsburger Behörden abgewiesen, obgleich er zuvor – nach eigener Aussage – im Haushalt des Fürsten Franz zu und für Amberg tätig gewesen war und die Dauer seines Aufenthalts in der Stadt auf 15 Monate begrenzt hatte.[250] Möglicherweise war Arnauld später in Rostock tätig. Ein Sprachmeister des Französischen seines Namens ist für die Jahre 1791 bis 1800 an der Rostocker Universität bezeugt.[251]

Ebenfalls abgewiesen wurde Johann Baptist Douillard, der sich im Juli 1775 in Augsburg um Aufenthaltsgenehmigung und Zulassung als Sprachmeister des Französischen und Italienischen beworben hatte. In seinem Antrag hatte er eingeräumt, dass er sich derzeit nur um den Aufenthalt bewerbe, längerfristig aber den Beisitz oder das Bürgerrecht im Auge habe. Er halte sich bereits einige Zeit in Augsburg auf und könne daher elf Schüler aufweisen. Obwohl die Schüler für ihn unterschrieben hatten, half diese Argumentation jedoch nicht weiter – anders als bei dem weiter unten genannten Christopher.[252]

Im Juli 1776 ersuchte Franz Karl Freund um Aufenthaltsgenehmigung und Zulassung als Sprachmeister des Englischen in Augsburg. Die erhaltene Bewerbung ist knapp gehalten und als „Mcmoriale" gekennzeichnet. Da auf dem Schreiben „abgewießen" vermerkt ist, war die Bewerbung offenbar nicht erfolgreich. Im Zusammenhang mit seinem Vorhaben beschwerte sich Freund wortreich bei den Stadtpflegern, Bürgermeistern und Räten, er sei auf dem Amt ungebührlich behandelt und als Bettler bezeichnet worden, nur weil er versäumt habe, eine Aufenthaltsgenehmigung einzuholen. Im Übrigen verstehe er nicht, warum er der Stadt verwiesen werden solle, obwohl er der einzige Englischlehrer in Augsburg sei. Auf das Schreiben hin wurde Freund ein vierwöchiger Aufenthalt in Augsburg bewilligt.[253]

Probleme machte den Augsburger Behörden auch der oben schon genannte François Christopher, zuvor Sprachmeister in Wien, der sich Ende Januar 1778 erfolgreich um Aufenthaltsgenehmigung und Arbeitserlaubnis bewarb. Beides wurde ihm wenige Tage später

---

248   Er war zuvor 11 Monate lang in Lindau tätig gewesen (StadtAA, Beisitzaufnahmen Fasz. 16, 1766, Nr. 16). Vgl. auch Zürn 2010, S. 113.

249   StadtAA, Beisitzaufnahmen, Fasz. 16, 1766, Nr. 16; Bürgeraufnahmeconsense 1750–1812, 1766, Nr. 10, unfol; Nr. 44, unfol.; Hochzeitsamtsprotokolle, 1768, S. 201.

250   StadtAA, Privatlehrerakte.

251   Schröder BBL I, S. 20.

252   StadtAA, Aufenthaltsconsense, 1775, Fasz. 32, S. 2, [fol. 1v], S. 3, [fol. 2r].

253   StadtAA, Privatlehrerakte; Aufenthaltsconsense, 1776, Fasz. 47.

vom Rat zunächst auf ein Jahr bewilligt, und im März 1779 wurde diese Erlaubnis um ein weiteres Jahr verlängert. Bei der Verlängerung spielte Christophers Argument eine Rolle, dass er bereits elf oder zwölf Schüler in Aussicht habe. Dann aber geriet Christopher auf die schiefe Bahn: Er verschwieg aus steuerlichen Gründen den Tod seiner Frau und ließ sich mit der Bürgerstochter Josepha Kleindienst ein, die ein Kind von ihm erwartete. Offenbar hatte Christopher es deren Eltern zu verdanken, dass er daraufhin noch bis zum Ende des Jahres 1780 in der Stadt bleiben durfte. Gleichzeitig erklärte er, die Mutter seines Kindes heiraten zu wollen.[254]

Seit den späten 1770er Jahren stieg das Sprachmeisterangebot in Augsburg merklich an. Entsprechend restriktiver konnten die städtischen Behörden verfahren. So blieben die Bewerbungen des aus Lothringen stammenden Franz Besdel um Aufenthaltsgenehmigung und Arbeitserlaubnis als Sprachmeister des Französischen von 1781 erfolglos, obwohl er eine juristische Ausbildung hatte und angab, ein Fachbuch publiziert zu haben („'Causes célèbres' in 3 Oktavbänden"). Besdel wurde im März 1781 endgültig abgelehnt, nur zwei Tage nach seiner zweiten Bewerbung.[255]

Hingegen hatte der aus Italien stammende Peter Ceschi, der bereits in der Fuggerstadt als Sprachmeister des Italienischen tätig war – ein von den Behörden bei entsprechendem Bedarf offenbar geduldeter Zustand – mit seiner Bewerbung um Aufenthaltsgenehmigung im Jahre 1782 mehr Glück. In seinem Gesuch wies er auf das Vertrauen hin, das ihm von der Kaufmannschaft entgegengebracht werde; ein beigefügtes Attest war von 15 Personen unterzeichnet. Die Steuermeister empfahlen, dem ledigen Mann den Aufenthalt gegen eine jährliche Zahlung von 3 Pfund zu erlauben. Sie verwiesen darauf, dass Ceschi sich als sehr nützlich erwiesen habe und ohnehin ein Mangel an italienischen Sprachmeistern in Augsburg herrsche.[256]

Der französische Sprachmeister und vorherige Infanterist in französischen Diensten Anton Geiger erhielt auf sein schon erwähntes Gesuch vom Juni 1789 hin von den Steuermeistern Welser und Langenmantel die Erlaubnis, sich ein Jahr lang in Augsburg aufzuhalten und zu unterrichten. Die Lehrerlaubnis scheint dann bis 1796 verlängert worden zu sein. Im April 1796 ersuchte Geiger um das Bürgerrecht für sich und seine Familie, das ihm von den Steuermeistern zugesprochen wurde. Dem Antrag lagen sechs Empfehlungsschreiben von Familien bei, deren Kinder Geiger unterrichtete. 1808 hielt sich Geiger immer noch in Augsburg auf. Er war zu diesem Zeitpunkt 56 Jahre alt, verheiratet, hatte sechs Schüler und genoss einen guten Ruf.[257]

Steuermeister und Stadtrat von Augsburg stellten mitunter konkrete Anforderungen an die Bewerber, ein Muster ist dabei allerdings nicht zu erkennen. So bewarb sich der Sprachmeister Chassidanius aus Lothringen im Januar 1790 um den Aufenthalt in der Stadt; er wollte Französisch-, Italienisch- und Englischunterricht erteilen. In seinem Schreiben wies er darauf hin, dass es schon seit längerer Zeit keinen englischen Sprachmeister mehr in Augsburg gegeben habe und er vor allem diese Lücke füllen wolle. Zugleich verwies er auf die Tatsache, dass es in der Stadt prominente Förderer der neuen Sprachen gebe, und nannte namentlich Hieronymus Andreas Mertens, den Rektor des Anna-Gymnasiums. Doch den

---

254 StadtAA Aufenthaltsconsense, 1779, Fasz. 2, Seite 1, [fol. 8r]; Aufenthaltsconsense, 1779, Fasz. 2, S. 2, [fol. 10v]; Aufenthaltsconsense, 1780, Fasz. 30; Privatlehrerakte.

255 StadtAA, Privatlehrerakte.

256 StadtAA, Aufenthaltsconsense, 1782, Fasz. 56.

257 Vgl. StadtAA Privatlehrerakte; Augsburgischer Adresskalender von 1807, S. 55.

städtischen Behörden genügte solches *name dropping* nicht. Als Reaktion auf die Bewerbung wurde dem Sprachmeister bereits am Folgetag mitgeteilt, dass er noch ergänzende Berichte und Gutachten vorzulegen habe. Chassidianus zeigte sich verärgert: Die Aufnahmeprozedur erschien ihm als zu streng; im Übrigen konnte er keine schriftlichen Legitimationen für seine pädagogische Eignung erbringen. Er brach das Verfahren ab und ließ den Rat wissen, er werde sich stattdessen in München umsehen. Die Steuermeister Ammann, Langenmantel von Westheim, Welser und von Precht wünschten ihm in einem durchaus ironischen Schreiben dabei viel Glück und verweigerten endgültig die Aufenthaltsgenehmigung.[258]

Der schon erwähnte Jean François Méry Le Roy hatte anfangs Schwierigkeiten, in Augsburg Fuß zu fassen, nahm aber spätestens zu Beginn des 19. Jahrhunderts eine leitende Position unter den Augsburger Sprachmeistern ein. Seinem ersten Versuch, sich im Juli 1793 in Augsburg anzusiedeln und eine Arbeitserlaubnis als Sprachmeister zu bekommen, wurde – trotz seiner offenbar guten Ausbildung, seiner Erfahrungen im Hochschulbereich, seiner kalligraphischen Fähigkeiten sowie der beigelegten Empfehlungsschreiben – nicht stattgegeben. Erst eine zweite Bewerbung war erfolgreich: Le Roy erlangte 1795 das Bürgerrecht. Im Jahre 1808 wurde er als ältester Sprachmeister vor Ort federführend bei der Erstellung der schon angesprochenen Liste von zwölf Kollegen, die sich gemeinsam bei der Polizeidirektion um eine Verlängerung der Arbeitserlaubnis in der mittlerweile mediatisierten Stadt bemühten und in diesem Zusammenhang ihre Schülerinnen und Schüler benannten. Auch wenn die Liste nicht alle damals in der Stadt tätigen Sprachmeister nennt – Johann Gabriel Kahm und Johann Ganghofer fehlen – zeigt sie doch, dass Le Roy als Sprecher der Mehrheit der Augsburger Sprachmeister zu agieren verstand. Dabei war er durchaus erfolgreich, denn alle zwölf Sprachlehrer erhielten die Erlaubnis, weiterhin zu unterrichten. Le Roy war zu diesem Zeitpunkt 62 Jahre alt, verheiratet und hatte 14 Schüler. Er unterrichtete Französisch und Schönschreiben und war niemals mit den Behörden in Konflikt geraten.[259]

Besonders restriktiv war die Politik der Reichsstädte Augsburg und Nürnberg gegenüber den Emigranten der Französischen Revolution. Damit folgten sie einer allgemeinen Tendenz, wobei die latente Franzosenfeindlichkeit des beginnenden romantischen und neuhumanistischen Zeitalters ebenso eine Rolle spielte wie die konkrete Angst vor revolutionärer Infiltration.[260] Manche Emigranten versuchten daher, im Untergrund zu überleben. So auch Nicolaus Morell: Er war am 22. Dezember 1796 aufgefallen, weil er in Augsburg unerlaubterweise als Hauslehrer tätig war. Wahrscheinlich unterrichtete er Französisch. Daraufhin wurde er – mitten im Winter – ausgewiesen. Ende Januar 1797 bat er, in der Stadt bleiben zu dürfen, und versprach, er werde nicht mehr unterrichten. Das Gesuch wurde einen Tag später abgewiesen.[261]

Der „Augsburgische compendiöse Hand-, Schreib- und Sack-Kalender auf das Jahr 1799" nennt einen Sprachmeister Johann Jakob Deuter. Die Quellen liefern keine Auskunft hinsichtlich der rechtlichen Basis seines Aufenthalts in der Stadt. Sicher ist, dass Deuter

258   StadtAA, Aufenthaltsconsense, 1790, Fasz. 3.
259   StadtAA, Privatlehrerakte. Die Liste ist erhalten. Sie verzeichnet für jeden Sprachmeister Namen, Alter, Ehestand, Anzahl der Schüler, Unterrichtsgegenstände und bisheriges Betragen.
260   Für Bayern insgesamt vgl. Wühr 1938.
261   Wühr 1938, S. 476.

neben Französisch und Italienisch auch Deutsch unterrichtete.[262] Der Adresskalender für 1806 bezeichnet ihn als Sprachmeister. Aus der oben erwähnten Liste Le Roys von 1808 geht zudem hervor, dass Deuter damals 43 Jahre alt und verheiratet war und dass es an seinem Betragen nichts auszusetzen gab. Zum Zeitpunkt der Erhebung hatte Deuter 17 Schülerinnen und Schüler, zu denen auch eine Tochter der Familie von Stetten sowie deren Bruder Albrecht von Stetten zählten.[263] Angesichts seines Bekanntheitsgrades ist es wahrscheinlich, dass Deuter inzwischen das Augsburger Bürgerrecht oder zumindest den Beisitz erhalten hatte oder von Geburt an besaß.

Auch der Augsburger Sprachmeister des Französischen und Italienischen Anton Cellarius, 1770 in Graubünden geboren, gehört zu den zwölf Sprachmeistern auf Le Roys Liste. Er war mit seiner Schwester Maria Flaudrina seit 1799 in Augsburg ansässig. In den Aufenthaltskonsensen von 1807 ist festgehalten, dass sein Aufenthaltsrecht erneut um ein Jahr verlängert werde.[264] Cellarius war zum Zeitpunkt der von Le Roy betreuten Erhebung ledig und hatte fünf Schüler, darunter einen Adligen und zwei Bankiers. Sein Verdienst im Jahre 1807 wurde als „der malen geringe" bezeichnet und die „Aufenthaltsrecognitions-gebühr" daher auf fünf Gulden jährlich festgesetzt. Sein Verhalten wurde als „ordentlich" bezeichnet.[265]

Noch ein weiterer Schweizer hielt sich damals in Augsburg auf, der aus Lugano stammende Sprachmeister Joseph Laghi. Er beantragte 1806 einen sechsmonatigen Aufenthalt in der Stadt. Sein Plan sei, in einem der Augsburger Handelshäuser Anstellung zu finden. Um die Zeit bis zu seiner Anstellung zu überbrücken, bat er um die Erlaubnis, als Sprachmeister arbeiten zu dürfen. Das „königlich bairische provisorische Fischersche bürgermeisteramt"[266] stimmte einer vorläufigen Aufenthaltserlaubnis für 14 Tage zu. Die provisorischen Steuermeister von Carl und von Stetten standen der Bewerbung kritisch gegenüber. Sie stuften Laghis Begründung als Vorwand ein, in Augsburg leben und arbeiten zu dürfen. Laghi hielt sich, wie Le Roys Liste zeigt, noch im Jahre 1808 in Augsburg auf: Damals war er 27 Jahre alt, hatte 19 Schüler und betrug sich gut.[267]

Wie im Verlauf des 18. Jahrhunderts in Nürnberg mit Aufenthaltsgenehmigungen, Stadtschutz und Bürgerrecht verfahren wurde, geht aus zahlreichen Ratsverlässen hervor. Dabei zeichnet sich das folgende allgemeine Muster ab: Die Bewerbungen der Sprachmeister wurden dem Rat vorgelegt. Waren Ehrbarkeit und finanzielle Lage des Bewerbers nicht zweifelsfrei bezeugt, holte der Rat Erkundigungen und Referenzen ein, entweder unmittelbar oder über andere städtische Behörden. Erst wenn diese vorlagen, wurde weiterverhandelt. Dieser Schritt der Informationsbeschaffung ist in Abschnitt 4.2.3. anhand einer

---

262 Darüber hinaus erstellte er Unterrichtsmaterialien. Dabei arbeitete er teilweise selbstständig, bearbeitete aber auch Werke von Franz Cellarius bzw. Valentin Meidinger und ließ diese in Augsburg drucken.

263 StadtAA, Privatlehrerakte; Augsburgischer Adresskalender 1799 und 1806; Schröder BBL II, S. 222f.

264 „Anton Cellarius aus Graubünden, reformierter religion pfarrers sohn, 38. jahre alt, hat sich von ertheilung des unterrichts in französischer und italienischer sprache [erhalten], hat eine schwester bei sich, Maria Flaudrina, befindet sich seit 8. Jahren hier, und nachtet beim maurermeister Ganzenmüller, im logis des handelmanns Bart in Lit. H. Nu. 328". StadtAA, Aufenthaltsconsense, 1807. Fasz. 22, Seite 2, [fol. 5v].

265 Vgl. StadtAA, Aufenthaltsconsense, 1807, Fasz. 22, Seite 2, [fol. 5v]; Privatlehrerakte.

266 Aufenthaltsconsense, 1806, Fasz. 2, Seite 3, [fol. 3r].

267 StadtAA, Privatlehrerakte.

Reihe von Beispielen dokumentiert. Sofern Zweifel, auch hinsichtlich der religiösen Zuge-hörigkeit und politischen Zuverlässigkeit, nicht ausgeräumt werden konnten, wurde die Bewerbung zurückgewiesen und in vielen Fällen der Bewerber aufgefordert, die Stadt zu verlassen. Dabei konnte ihm gnadenhalber ein Reisegeld in geringer Höhe bewilligt wer-den. Wurde auf eine sofortige Ausweisung verzichtet, hatte der Bewerber Gelegenheit, sich erneut zu bewerben, wobei er bis zur neuerlichen Entscheidung mit einer Duldung seines Aufenthalts rechnen konnte. Festgelegte Fristen gab es offenbar nicht; zwischen Erst- und Zweitbewerbung konnten Tage, aber auch Monate liegen. Eine erneute Bewerbung war durchaus chancenreich, wie die große Zahl von Sprachmeister-Kandidaten zeigt, die auf diesem Weg den Stadtschutz erhalten haben. Der Stadtschutz als mindere Form des Nürn-berger Bürgerrechts blieb für Sprachmeister bis zum Ende der reichsstädtischen Zeit die normale rechtliche Basis für einen dauerhaften Aufenthalt in der Stadt; nur wenige Sprach-meister haben in Nürnberg das volle Bürgerrecht erlangt bzw. erlangen wollen.

Ein Musterbeispiel für ein geordnetes und erfolgreiches Verfahren ist die Bewerbung des Charles Faudras von 1721. Der Rat beschloss zunächst, „nachzufragen wie er sich bißhero aufgeführt, ob er einige Informationes gehabt und wie man bey solchen mit ihme zufrieden? Der berichte hieruber zuerweisen u[nd] bey deren widerbringung weiters räthig zu werden". Als die Berichte eingegangen waren, lautete der Ratsbeschluss, man solle Faudras „auf die seinetwegen eingelangte gute berichte nunmehro den gebettenen allhiesi-gen Schutz geweyhrn, und ihn auf ein leidentliches Schutzgeld behandeln lassen".[268]

Im Falle von Johann Karl Chapuzet 1726 wurde ähnlich verfahren. Dabei wurde auch beschlossen, „vor allem die Herren Scholarchen […] zu ersuchen, etwan durch den Vormundschreiber an Herrn Prof. Zeltner zu Altdorff zu schreiben und ihm aufzutragen, sich bey dem Ötting[ischen] Herrn Superintendenten zu Öhringen, woselbst er in Gymnasio employirt gewesen seyn solle, um die verwandtnus der Sache und geführten Lebenswandel zuverläßig zu erkundigen".[269] Es wurde also der gesamte bisherige Lebenslauf durchleuch-tet. Drei Jahre später, im August 1729, wurde das Gesuch zunächst abgelehnt: Man solle Johann Karl Chapuzet „mit guter Manier, und daß man seiner allhier nicht nöthig habe, solches gesuch abschlagen."[270] Als dann ein neuerliches Gesuch im März 1741 doch noch positiv beschieden wurde, regte der Rat in seinem Beschluss an, „vorhero aber ihme zure-den laßen, sich lieber nach Altdorff zu setzen, woselbsten er sein Herkommen ehender finden würde".[271]

Auch der Bewerber de Rossi wurde 1730 abgelehnt, erhielt aber ein Reisegeld: „Dem um den hiesigen aufenthalt und Verstattung des informirens in der Italiänischen Sprach, mittels einen französ[ischen] Memorials supplicirenden anher gekommenen Converso de Rossi soll man dieses gesuch abschlagen, und darbei mit einem Viatico [eingefügt: aus der Convertiten-Cassa] […] abfertigen."[272] Dem um das Bürgerrecht supplizierenden Präzeptor und Sprachlehrer Johann Matthias Ebersberger wurde 1746 nahegelegt, „ob nicht viel mehr, statt des Civilegii der Schutz bey zumahl gänzlich ermangelnden Vermögen, zu ertheilen seyn möge."[273]

---

268   StAN, Rep. 60a, Nr. 3320, RV 1721 V 28, fol. 90v-91r; Nr. 3320, RV 1721 V 31, fol. 118r.
269   StAN, Rep. 60a, Nr. 3385, RV 1726 V 22, fol 119v.
270   StAN, Rep. 60a, Nr. 3428, RV 1729 VIII 05, fol. 93r.
271   StAN, Rep. 60a, Nr. 3582, RV 1741 III 04, fol. 34v.
272   StAN, Rep. 60a, Nr. 3442, RV 1730 VIII 26, fol. 96v.
273   StAN, Rep. 60a, Nr. 3645, RV 1746 I 17, fol. 59v.

Der aus Trient stammende Franceso de Jenetti wurde 1764 vom Rat angewiesen, „mit einem Memoriali um den hiesigen Stadt-Schutz einzukommen, praestanda zu praestiren [die Gebühren zu entrichten], auch bey dem löblichen Vormundamt um die Erlaubnis, informiren zu dörffen, anzusuchen, worauf dann, und wann es auf ein Probe, mit dem Schutz begnadiget worden, auch der Ursula Martha Kleiningin die Erlaubnis zu geben seyn wird, ihn in ihre Wohnung einnehmen zu dörffen".[274] Jenetti war 1767 in eine Unzuchtklage verwickelt; in den Jahren 1770 und 1771 musste sich der Rat immer wieder mit ihm befassen, da er seiner Ausweisung nicht Folge leisten wollte. Schließlich fand Jenetti 1772 als Lektor des Italienischen Anstellung an der Universität Erlangen, wo er 1783 starb. [275]

Mitunter versuchten auch in Nürnberg Sprachmeister, ohne das Wissen der städtischen Behörden ihrem Broterwerb nachzugehen: So zog der Rat im März 1768 Erkundigungen über einen unbekannten Sprachmeister ein: „Der hier sich aufhaltende Sprach Meister, und dessen Weib, welcher, in denen hiesigen Intelligenz-Blättern anzeigen lassen, daß er in der Italienischen, sein Weib aber in der französischen Sprach Informationes geben wollte, ist zu befragen, ob er die Erlaubnuß darzu bekommen habe."[276] Einen neuerlichen Hinweis auf Sprachmeister ohne Legitimation lieferte der Rat zwei Monate später: „Nachdem zu vernehmen ist, daß sich verschiedene Sprachmeister theils in Wirths- theils in Bürgers Häusern, insbesondere einer in der Lauffer-Gasse mit seiner Frau allhier aufhalte, ohne zu wissen, wie sie sich nähren und ob sie die Erlaubnis haben Informationes zu geben, so wird sich derselben zu erkundigen und des leztern sein Nahme ausfindig zu machen seyn."[277]

Dass in Nürnberg die Ablehnung des Stadtschutzes keineswegs automatisch zur Ausweisung führte, zeigen mehrere oben dargestellte Fälle. Auch Anton Wilhelm Schmidt aus Maroldsweisach beantragte vergeblich den Stadtschutz als Sprachmeister des Englischen, Französischen und Italienischen: Sein Antrag wurde im Mai 1779 abgelehnt. Dennoch gelang es ihm im folgenden Jahr, sich in der Stadt niederzulassen und bis zu seinem Tode im März 1795 dort zu leben. Dies zeigen nicht zuletzt seine Publikationen aus den Jahren 1786 bis 1793, die allesamt in Nürnberg verlegt sind.[278]

Biographisches Portrait eines zweifelhaften Fachvertreters: Clemens Romani

Eine besonders schillernde Figur unter den reichsstädtischen Sprachmeistern, in dessen Vita sich die prekären Lebensverhältnisse vieler Vertreter des Berufs, aber auch charakterliche Eigenheiten widerspiegeln, war der 1710 (1708?) geborene Clemens Romani.[279] Er

---

274 StAN, Rep. 60a, Nr. 3889, RV 1764 XI 01, S. 112.
275 StAN, Rep. 60a, Nr. 3889, RV 1764, S. 112; Nr. 3922, RV 1767 IV 27, S. 27; Nr. 3929, RV 1767 XI 23, S. 81f; Nr. 3965, RV 1770 VIII 27, S. 74; Nr. 3966, RV 1770 IX 07, S. 7f; Nr. 3969, RV 1770 XII 05, S. 18; Nr. 3977, RV 1771 VII 02, S. 19; Nr. 3977, RV 1771 VII 18, S. 87; Schröder BBL III, S. 18.
276 StAN, Rep. 60a, Nr. 3933, RV 1768 III 23, S. 110.
277 StAN, Rep. 60a, Nr. 3934, RV 1768 V 14, S. 37f.
278 StAN, Rep. 60a, Nr. 4079, S. 27; Schröder BBL IV, S. 116.
279 Die folgende biographische Darstellung basiert auf Schröder BBL IV, S. 52ff. Dieser Artikel nutzt u.a. Romanis Autobiographie „Merkwürdige Zufälle und Begebenheiten des Don Clementis Romani", 2 Teile, Erlangen 1760, die aber als historische Quelle vermutlich nicht in allen Punkten zuverlässig ist. Dennoch ist sie als detaillierte Selbstdarstellung von Interesse. Außerdem liegen dem BBL-Artikel zugrunde: Ebel 1962; Fikenscher, III, 1806-1810; Jöcher/Rotermund, VII, 1897;

war der Sohn eines Konsuls und wurde unter der Vormundschaft seines Onkels, eines Domherren, von früher Jugend an für das Klosterleben erzogen. Da er keine Neigung dazu verspürte, lief er seinem Erzieher mehrfach davon. Im Alter von sieben Jahren wurde er dem Jesuitenkolleg Gesù Nuovo in Neapel zugeführt, wo er unter strenger Obhut die lateinische Sprache erlernen sollte. Zunächst versuchte man, ihn durch gutes Zureden zum Klosterleben zu bewegen; als dies nicht den gewünschten Erfolg hatte, griff man zu drastischeren Mitteln, denen sich Romani durch erneute Flucht entzog. Schließlich endete er jedoch unter der erneuten Aufsicht seiner Vormünder, die ihn in eine Kammer einsperrten, bis er versprach, sich ihrem Willen zu beugen und für drei Jahre als Kostgänger das Benediktinerkloster Monte Virgine a Sant'Agata ai Monti in Rom zu besuchen. Romani wurde im 15. Lebensjahr Mitglied des Benediktinerordens; wenig später wurde er nach eigenen Angaben das Opfer einer Verleumdung und in einem Kloster bei Nusco (Apulien) und später dann in Neapel eingekerkert. Hier widerrief Romani sein Mönchsgelübde, woraufhin ihn der General des Ordens nach Rom bringen ließ, um ihn zwangsweise zum Priester zu weihen und ihm ein Amt zu geben. Romani gelang die Flucht: Er ging nach Genf, wurde hier aber – wiederum nach eigener Aussage – erkannt und als Gefangener nach Rom zurückgeführt. Nach harten Strafen und halbjähriger Gefangenschaft wurde er in das Kloster Arienzo entsandt, wo er sich auf die Priesterweihe und eine Professur der scholastischen Philosophie vorbereiten musste. Die Priesterweihe wurde vollzogen; Romani ging als Lehrer der Dogmatik nach Rom, „mit dem Vorsatz, sobald als möglich nach Deutschland zu reisen und Protestant zu werden".[280] 1736 wurde er wegen einer angeblichen häretischen Disputation exkommuniziert. Am 21.12.1736 immatrikulierte er sich als Student der Theologie an der Universität Basel. In der Folgezeit reiste er mit einem Verwandten, der als päpstlicher Nuntius zur Kaiserwahl entsandt worden war, nach Frankfurt am Main. Hier machte er die Bekanntschaft des Kurfürsten von Köln, der ihn zum italienischen Beichtvater in Bonn ernannte.

Es gelang Romani, auch diese Bindung zu lösen, indem er einen fiktiven Brief seiner Mutter vorlegte, er möge doch vor ihrem Tode noch einmal nach Rom zurückkehren. Anstatt nach Italien zu gehen, blieb er in Frankfurt, wo er sich dem Nürnberger Kaufmann Buchholz offenbarte. Buchholz gewährte ihm Schutz und nahm ihn 1746 mit nach Nürnberg. Dort wurde er von dem späteren Prediger Conrad Schönleben unterrichtet und konvertierte zum lutherischen Glauben. In der Folgezeit erwarb er sich eine solide Kenntnis des Deutschen und wurde in der Stadt als italienischer Sprachmeister tätig. Er verheiratete sich mit einer geborenen Nürnbergerin.

Es folgte ein unstetes Wanderleben, das ihn nach Jahren auch wieder nach Nürnberg führte: 1747 ging er nach Jena; er fand dort „vielen Beifall als Lehrer".[281] Da er aber in Jena einmal mehr „betrogen und bestohlen"[282] wurde, wandte er sich nach Leipzig, wo er am 5. März 1748 an der Universität immatrikuliert wurde. Trotz der Tatsache, dass er in Leipzig

---

Meusel, XI, 1811; Schröder 1980-1985; Triet/Marrer/Rendlisbacher 1980; Will, Bd. IV, 1758, Supplement, sowie Will/Nopitsch, Bd. VII, 1806. Für die vorliegende Darstellung wurde auch der Romani-Artikel des BBHS konsultiert (Bd. VII, S. 220ff.), der jedoch in seinem biographischen Teil Schröder BBL und dessen Quellen wiederholt und zusätzliche Fehler enthält. Ergänzend wurden die Nürnberger Ratsverlässe ausgewertet.

280   Jöcher, Bd. VII, 1897. Zit. nach DBA (ohne Originalpagination).
281   Ebd.
282   Ebd.

erneut bestohlen wurde, erwarb er sich binnen eines Jahres den Beinamen „der reiche Sprachmeister".[283] Er gründete zwei italienische Gesellschaften, die eine für den Adel und die Studierenden, die andere für Kaufleute. Erstere trat mittwochs, letztere sonntags zusammen.

Im Herbst 1753 wurde er – wie er behauptet – von Katholiken entführt: Unter dem Vorwand, er solle Italienischunterricht erteilen, lockte man ihn in einen Hinterhalt. Man verabreichte ihm einen Schlaftrunk und brachte ihn nach Dresden, wo er in einer Kaserne versteckt wurde. Den Plan der Entführer, ihn über Prag nach Italien zu bringen, vereitelte er mit Hilfe eines Wirtes in einem protestantischen Dorf: Er ergriff die Flucht und kehrte nach Dresden und Leipzig zurück. Hier erreichte ihn ein Angebot, als Inspektor des Seidenbaus nach Halle zu gehen, verbunden mit dem Lektorat der italienischen Sprache am Hallenser Pädagogium. Romani nahm das Angebot an, kehrte Halle jedoch nach einem halben Jahr den Rücken, da „der Direktor Francke nicht zu erfüllende Hoffnungen an ihn machte".[284] Romani ging daraufhin ein zweites Mal als Sprachmeister des Italienischen nach Jena. Offenbar noch 1754 folgte er dann einem Ruf als Professor der italienischen Sprache an die Universität Helmstedt. Hier konnte er sich jedoch nicht halten. Er ging nach Göttingen, wo er am 25. August 1756 immatrikuliert wurde. 1757 wirkte er als Lektor des Italienischen an der Göttinger Universität, er wurde dort angeblich „wieder betrogen und bestohlen"[285] und kehrte ein drittes Mal nach Jena zurück. Ein Jahr später zog er erneut nach Nürnberg. Hier war er 1759 der Italienischlehrer des späteren Erlanger Ordinarius der Rechte und Nürnberger Rechtsgelehrten Johann Burkhard Geiger.

In der Folgezeit hatte er als Italienischlehrer beachtliche Einnahmen; als er aber 1758 seine Lebensbeschreibung „Vita ed aventure di Don Clemente Romani" ohne Zensur in Nürnberg drucken ließ, wurde er verhaftet und der Stadt verwiesen. Mit ihrem teilweise anstößigen Inhalt hatte die Autobiographie einen Skandal hervorgerufen; die Auflage wurde konfisziert. Der Vorgang ist in einer Reihe von Ratsverlässen dokumentiert.[286] Romani wich nach Erlangen aus, wo er sich am 14. November 1758 als „Don Clemente Romani, linguarum Magister" an der Universität immatrikulierte. 1760 wurde ihm die Anwartschaft auf das italienische Lektorat zuteil. Im gleichen Jahr erschien seine Autobiographie ein weiteres Mal in Erlangen, diesmal in einer zweibändigen deutschen Fassung unter dem Titel „Merkwürdige Zufälle und Begebenheiten des Don Clementis Romani". Nachdem die Nürnberger Behörden 1759 im Zusammenhang mit einer Schuldangelegenheit Recherchen hinsichtlich des Aufenthaltsortes von Romani angestellt hatten, gaben sie ihm 1760 Gelegenheit, erneut in Nürnberg als Sprachmeister tätig zu werden, diesmal als Lehrer des Spanischen. 1762 wurde Romani zum wirklichen Lektor der italienischen und spanischen Sprache an der Universität Erlangen ernannt. Er starb jedoch bereits im Januar 1763.[287]

---

283 Ebd.
284 Ebd.
285 Ebd.
286 StAN Rep. 60a, Nr. 3803, RV 1758 III 11, fol. 61r-61v; Nr. 3810, RV 1758 VIII 30, fol. 24r-24v; Nr. 3811, RV 1758 X 03, fol. 34v-35r, Nr. 3811, RV 1758 X 06, fol. 40r; Nr. 3812, RV 1758 X 21, fol. 17r; Nr. 3812, RV 1758 X 30, fol. 35r; Nr. 3813, RV 1758 XI 11, fol. 7r; Nr. 3821, RV 1759 XIII 01, S. 94; Nr. 3821, RV 1759 VIII 06, S. 116; Nr. 3823, RV 1759 IX 22, S. 73.
287 Romani hat eine Reihe von lexikalischen Arbeiten und Lernmaterialien für das Italienische vorgelegt. Zu seinen philologischen und didaktischen Positionen vgl. Kap. 5, passim.

4.2.5. Einkommen, Vermögen, Berufspraxis

Einkommen und Vermögen sind maßgebliche Determinanten der sozialen Stellung. Dies gilt auch für die Sprachmeister und Präzeptoren der Frühen Neuzeit. Daher soll die finanzielle Situation der in Augsburg und Nürnberg tätigen Lehrmeister moderner Sprachen, soweit sie aus den Quellen ersichtlich wurde, an dieser Stelle synoptisch betrachtet werden.

Zahlreiche Belege aus allen Teilen des deutschsprachigen Raumes[288] zeugen gerade für diese Berufsgruppen von fehlenden oder unterhalb der Existenzgrenze liegenden Fixa (Festbesoldungen) sowie von geringen Stundenhonoraren, von Monatseinkommen, die bei voller Auslastung des Lehrers bei nicht mehr als etwa 20 Gulden angesiedelt waren, von unregelmäßig eingehenden Zahlungen, unsicheren Naturaleinnahmen und einer nur gnadenhalber gewährten, allenfalls minimalen sozialen Sicherung.[289] Auch im Bereich des Sprachunterrichts regelten Angebot und Nachfrage den Preis: Sprachmeister des Französischen erhielten tendenziell weniger als Lehrer anderer Sprachen, besonders wenn zahlreiche vergleichbar qualifizierte Anbieter vorhanden waren. Deutlich besser standen, zumal gegen Ende der hier interessierenden Epoche, die Lehrer des Englischen da – sofern ihre Dienste gefragt waren. Angesichts der regional divergierenden Geldsorten und der instabilen Wechselkurse sind überregionale Vergleiche und Längsschnittuntersuchungen schwierig.

Zumindest die Augsburger Quellen lassen Aussagen hinsichtlich des Vermögens einzelner Sprachmeister, hinsichtlich ihrer allgemeinen Einnahmesituation und auch hinsichtlich mancher Zahlungsverpflichtungen zu. Die Nürnberger Ratsverlässe sind in diesem Bereich wenig explizit, auch weil sie die Ergebnisse von Erkundigungen des Rates zur finanziellen Situation von Supplikanten in der Regel nicht mitteilen. Sie bieten lediglich sporadische Angaben zu einmaligen Zahlungen an Sprachmeister, etwa als Beihilfe für die Weiterreise oder als Dank für zugewidmete Publikationen.[290] Leider fehlen in beiden Städten Unterlagen zu Stundenhonoraren, Festbesoldungen und Nebenverdiensten. Angaben aus anderen Städten können diese Lücke aus den oben genannten Gründen nicht schließen.

Der wohl bedeutendste Sprachmeister der Epoche, der Nürnberger Matthias Kramer, war über drei Jahrzehnte hinweg zugleich der leidenschaftlichste Ankläger der wirtschaftlichen Situation seines Berufsstandes, und sein Ton wurde mit zunehmendem Alter bitterer. Bereits der Dialog zwischen Sprachmeister und Scholar im „Entretien" von 1696 ließ an Deutlichkeit nichts zu wünschen übrig. Der Verfasser artikulierte seine Nöte, auch als Lehrwerkautor und Lexikograph:[291]

---

288   Vgl. Schröder 1980–1985, passim. Die Sachregister der vier Quellenbände enthalten Stichwörter zu „Sprachmeister, Besoldung" sowie „Sprachmeister, Honorare und Gratiale".

289   Die Besoldungsverhältnisse an einigen Höfen und Adelsschulen scheinen besser gewesen zu sein. Vgl. beispielsweise die Besoldungen der Prinzenerzieher Alexander von Dohna (Schröder BBL V, S. 237ff.) und Jean Philippe Rebeur (Schröder BBL VI, S. 163ff.) am Hof zu Potsdam oder auch die Gegebenheiten an den Lüneburger Adelsschulen (Schröder 2010) oder aber – zumindest zeitweilig – am Tübinger Collegium Illustre (Rauscher 1957).

290   Allerdings wird das Vermögen des Nürnberger Sprachmeisters Johann Karl Chapuzet zum Zeitpunkt seiner Aufnahme ins Bürgerrecht im Juni 1753 in den Nürnberger Stadtrechnungen genannt. Es ist mit 400 Gulden angegeben. Vgl. Staudenmaier 2010, S. 158f.

291   Matthias Cramer [Kramer]: Die rechte Lehr-Art, denen Deutschen gar leichtlich und in kurzer Zeit beizubringen die französische Sprach […]. Zwischentitel: Entretien de la méthode, Nürnberg 1696, S. 99ff. – Der zweisprachig ausgeführte Dialog (linke Seite französisch, rechte Seite deutsch) ist zugleich Gesprächsbuch, Didaktik des Fremdsprachenlernens und Verhaltenskodex. Zum Stellenwert

Schol[ar]. Ihr habt mir hierzu in eurer Conjugation-Tafel den Weg gebahnet.

Sprachm[eister]. Ich thue was ich kann / GOtt zu Ehren und der Jugend zum Besten.

Schol. Ihr habt euch überall grossen Ruhm dadurch erworben.

Sprachm. Das ist nur Rauch ohne Braten.

Schol. Euer Ruhm wird dadurch unsterblich seyn.

Sprachm. Und meine Armut ewig.

Schol. Ihr gebt uns ein groß Licht in den Sprachen.

Sprachm. Ja; aber ich verbrenne (verzehre) darbey mein eigen Oel.

Schol. Eure Bücher werden hoch geschätzet.

Sprachm. Aber übel bezahlet.

Schol. Das Widerspiel / Herr Sprachmeister; man zahlet sie wol (theuer).

Sprachm. Den Herren Buchhändlern.

Schol. Sie thun ihren Umkreiß / und waltzen gleichsam durch gantz Europa.

Sprachm. Aber mein Spieß wird davon nicht umgedrehet / noch ein eintziges Fäßlein Wein in meinem Keller gewaltzet.

Schol. Jedermann bedient sich deren.

Sprachm. Wozu dienets mir?

Schol. GOtt wird euer grosser Lohn seyn.

Sprachm. So bin ich hoch dafür belohnet!

Tatsächlich waren die meisten Sprachmeister angesichts der geringen Einnahmen aus dem Sprachunterricht auf Nebeneinkünfte angewiesen. Im Regelfall handelte es sich dabei um Einnahmen aus einer Übersetzertätigkeit oder aus der Publikation von Lehr- und Lernmaterialien. Angesichts einer weitgehend dezentralen Buchproduktion und -vermarktung mit vielen kleinen Betrieben waren bescheidene Gewinne bereits bei geringen Auflagen möglich, und Sprachmeister konnten ihren Scholaren nahelegen, die von ihnen publizierten Materialien im Rahmen des Unterrichts oder privat zu benutzen. Gleichzeitig aber waren solche Materialien – wozu in der Frühen Neuzeit auch die Lexika zählten – infolge des generellen Fehlens von *Copyright*-Bestimmungen nicht geschützt: Es wurden Raubdrucke und Bearbeitungen veranstaltet, und je bekannter der Autor war, umso schneller und unverfrorener wurden seine Werke kopiert.[292]

Auch zu den ansonsten in der Literatur schwer greifbaren Fragen der geschäftlichen Usancen zwischen Sprachmeister und Scholar (einschließlich der Honorierung) bietet Kramer Aussagen. Dabei wird sein Bemühen deutlich, in diesem wenig festgelegten Bereich klare Regelungen zu schaffen:

---

der Schrift im Gesamtwerk Kramers vgl. das biographische Portrait in Abschnitt 4.2.2. Abdruck weiterer Auszüge in heutiger Rechtschreibung bei Schröder 1992. Vgl. auch Völker 2001, S. 210f.

292 Von Interesse ist in diesem Zusammenhang ein Passus im Vorwort zu Kramers „Dictionnaire royal français-allemand et allemand-français" (1712–1715), in dem der damals 75-jährige auf seine missliche Situation hinweist: Kramer klagt, dass er in seinem Alter „ein armer, mittel-, wohnung-, dienst-, besoldungs-, gnadengeld- und dabei noch freiheitloser, allen oneribus publicis wie auch Weib- und Kinderversorgung unterworfener Mann sei, welcher, was er heute mit Schreiben und Dozieren verdient, morgen wieder mit den seinigen verzehren, verkleiden, verwohnen und versteuern müsse" (zit. nach Schröder BBL I, S. 159).

Schol. Habt ihr auch Scholaren zu welchen ihr in Person gehen müsset?
Sprachm. Die meisten kommen zu mir; es wäre dann Sache / daß es eine Dame / oder sonsten eine Person von Stande (Stands-Person) wäre.
Schol. Zahlen euch diese mehr dann andere?
Sprachm. Über die Helfte mehr; vornemlich wann man sie gantz alleine (ohne Gesellen) bedienen muß.[293]

Trifft der Sprachmeister den Scholaren nicht zu Hause an, wartet er maximal eine Viertelstunde. Danach hat er „völlige Gewalt wegzugehen / ohne Schaden seiner Belohnung". Andererseits kann der Sprachmeister ein- oder zweimal monatlich (bei insgesamt etwa 16 Terminen) „wegen einiger nothhafften Verhindernüs" den Unterricht ausfallen lassen, ohne dass ihm daraus finanzielle Nachteile entstehen: „ein geschickter Sprachmeister kann einen solchen kleinen Mangel durch einen besonderen Nachdruck seiner Kunst ersetzen." Angesichts der prekären gesundheitlichen Gesamtsituation und medizinischen Versorgung sind Regelungen für den Krankheitsfall besonders bedeutsam:

Schol. So er etwa kranck würde / und seine Kranckkeit einige acht / ja vierzehn Tage und drüber währen sollte?
Sprachm. Es wird alles der Liebe und Großmütigkeit der Herren Scholaren / gegen ihren Lehrmeister / heimgestellet.
Schol. Wann der Scholar kranck würde / oder verhindert wäre seine Ubungen fortzusetzen wegen einiges Zufalls oder wichtigen Geschäffts?
Sprachm. Wann diese Hindernüssen nur auf ein paar Tage wären / oder aufs höchste eine Woche; so müssen sie an der Besoldung des Sprachmeisters keinen Abbruch verursachen.
Schol. Aber wann sie einen Monat und drüber anhielten?
Sprachm. Seine Besoldung gehet fort / bis daß sein Scholar ihm Nachricht davon gebe / um sich darnach zu richten / und damit er von selbiger Stunde anders disponiren könne.

Kramer spricht auch die Kündigungsfrist an: Gekündigt werden kann jederzeit zum Ende des betreffenden Monats. Es folgt ein Hinweis auf die Endabrechnung und die dann fällige Gratifikation:

Spr[achm]. […] man dancket (bedancket sich gegen) seinem Sprachmeister / und zahlet was er ihm noch schuldig ist; und die wackern Leute / und die zumalen / welche den glücklichen Succeß seiner getreuen Information sehen / bleiben dabey nicht.
Schol. Was thun sie dann?
Sprachm. Diese da / pflegen / nebst der abgeredten Zahlung / unsern Fleiß mit einer ausser ordentlichen Verehrung zu belohnen.
Schol. Das ist alles recht und billich.
Sprachm. Alsdann dancket der Sprachmeister seinem Scholaren / und gibt ihm noch einige gute Lehren / damit er sich von ihm selbsten in der erlernten Sprach weiter

---

293 Das Folgende nach M. Cramer [Kramer], Die rechte Lehr-Art, 1696a, S. 21ff. Vgl. auch Schröder 1992, S. 180f.; Völker 2001, S. 205f.

bringen / und je länger je mehr darinnen perfectioniren (vollkommen machen) könne.

Schließlich wird die Honorierung des Sprachmeisters diskutiert. Der Preis für den Unterricht erweist sich als variabel; die Entscheidung, ob ein besonderer Einstand zu entrichten ist, bleibt dem Scholaren überlassen:

> Schol. […] ihr werdet so gut sein / mir frey heraus zu sagen / wieviel ihr von mir begehret?
> Sprachm. Ich begehre nichts / wie ich euch schon gesagt habe / bis ihr den Ausgang desjenigen sehet / was ich euch versprochen habe.
> Schol. Aber doch / Herr Sprachmeister: lasset uns hierüber mit einander einig werden. Wieviel gibt man euch gemeiniglich des Monats?
> Sprachm. Nach gestalt der Sachen; es ist kein bestimmter (gesetzter) Preiß.
> Schol. Wie muß man dann thun?
> Sprachm. Der Sprachmeister vergleicht sich mit seinem künftigen Scholaren nach den Umständen der Zeit / des Orts und der Person.
> […]
> Schol. Gibt man nichts für den Antritt (Einstand)?
> Sprach[m]. Man kann zwar von rechts wegen nichts begehren; aber die höflichen Leute / sie mögen Frembde oder Innwohner seyn / pflegen ihren Lehrmeister mit einer Discretion zu beehren / damit er dadurch eingenommen werde mit desto grösserer Freymütigkeit und Afection zu dienen.

Der zeitweilig in Augsburg wirkende Sprachmeister Catherin Le Doux erteilte, wie er in seinen Lebenserinnerungen berichtet, um 1590 in Prag 30 Monate lang „mit sehr glänzendem Gehalt in verschiedenen Sprachen Unterricht".[294] Daraufhin ging er nach Wittenberg, wo er um 1592 „von der großen Anzahl seiner Zuhörer ein sehr reiches Honorar"[295] bezog. Seine gute Einkommenssituation könnte auf seinen hohen Bekanntheitsgrad sowie auf die Tatsache zurückzuführen sein, dass die Konkurrenz unter den Sprachmeistern im Reich damals noch relativ gering war. Der Nürnberger Sprachmeister Clemens Romani erwarb sich 1749 in Leipzig den Beinamen „der reiche Sprachmeister".[296] Doch aus solchen Einzelfällen Rückschlüsse auf die finanzielle Situation des weitaus größten Teils der frei tätigen oder in lockeren, temporären Anstellungsverhältnissen lebenden Sprachmeister zu ziehen, wäre falsch, wie auch die bisher zitierten Augsburger und Nürnberger Beispiele zeigen.

Wenn Sprachmeister – mitunter nach Jahren – die Einbürgerung oder die Erlaubnis zur Eheschließung erlangt hatten, konnten sie in einigen Fällen ihre Einbürgerungs- oder Hochzeitsgebühren nicht bezahlen: Als der Augsburger Rat am 13. Juli 1700 dem schon genannten Einlassschreiber und Sprachmeister des Französischen und Italienischen Balthasar Nikisch das Bürgerrecht zusprach, musste Nikisch die Stadt darum bitten, ihm dieses

---

294 Justi 1899, S. 32.
295 Justi 1899, S. 34.
296 Jöcher, Bd. VII, 1897. Zit. nach der DBA (ohne Originalpagination).

gratis zuzugestehen.[297] Auch der verwitwete Augsburger Sprachmeister Johann Friedrich Bareth (Barat) konnte, als er 1726 wieder heiraten wollte, die dafür erforderlichen 100 Gulden in bar nicht vorweisen. Bareth gab an, dass sich sein Gesamtvermögen auf 100 Gulden belaufe, er also nicht völlig mittellos sei. Ende 1726 wurde dem Gesuch um Genehmigung der Hochzeit „aus gnaden willfahrt".[298]

Im Februar 1778 legte der Rat der Stadt Augsburg dem französischen Sprachmeister François Christopher die Bewerbung um Beisitz oder Bürgerrecht nach Ablauf eines Probejahres nahe, da die Stadt „an geschulten derley meistern gar keinen überfluß vielmehr mangel" hatte, Christopher ledig war und er bereits zehn bis zwölf Schüler unterrichtete.[299] Christopher konnte sich jedoch nach Ablauf des Jahres den Beisitz oder das Bürgerrecht noch nicht leisten, da ihm aufgrund von Schuldforderungen die Mittel dazu fehlten. Er bat um eine weitere Aufenthaltsgenehmigung für ein Jahr, wies aber darauf hin, dass er zu diesem Zeitpunkt hoffe, seine Bewerbung finanziell absichern zu können. Gegen eine erneute Zahlung von drei Pfund gewährten Rat und Steuermeister die Bitte. Die Behörden hielten das Angebot des Beisitzes bzw. Bürgerrechts aufrecht.[300]

Im Jahre 1801 wollten der Augsburger Sprach- und Rechenmeister Johann Karl Bigott und die offenbar verarmte Gräfin de Matti heiraten. Die Gräfin hatte bei Bigott Französischunterricht genommen. Der Rat lehnte das Gesuch um Heiratserlaubnis ab, nicht nur wegen des Alters der Braut, sondern auch wegen der unzureichenden finanziellen Situation des Paares, zu deren Verbesserung Bigotts Arbeit als Lehrmeister wenig beitragen könne:

> Wie die verwittibte de Matti, geborene Gräfin von Grävenitz, auf den Einfall gekommen ist, die Ertheilung des Beysitzes für sich, und einen gewiesen Johann Carl Bigott von Nancy aus Lothringen gebürtig, angeblich Sprach- und Rechenmeistern, bey Einem Hochedel und Hochweisen Rath nachzusuchen, um denselben in ihrem Alter von 60 Jahren heurathen zu können, ist uns ganz sonderbar vorgekommen [...]. So sind wir theils in Betracht ihres Alters, und beedseitig nicht besitzenden Vermögens, theils in der Überzeugung, daß selbst diejenigen, welche mit Instruction in Sprachen und Rechnen ihren Erwerb suchen, über Mangel an zureichenden Auskommen klagen, und dann bey der gemachten Erfahrung, daß Bigott in deutscher Sprache sich nicht auszudrücken weißt, auch daß die von ihm hier beyliegende probschrift, welche die Stelle der von ihm in der Supplique unterlassene Unterschrift vertretten mag, eine vorzügliche Reflexion nicht verdienet [...]. So, daß dieselbe mit ihrer Bitte lediglich ab- und vorzüglich Bigott von hier hinweg gewiesen werden dürfte.[301]

---

297   StadtAA, Bürgeraufnahmen 1700, Fasz. 14, unfol., S. 3, [fol. 2v].
298   StadtAA, Hochzeitsamtprotokolle Bd. 20, fol 130r-131r; Hochzeitsamtprotokolle Bd. 23, fol 44v-46r; Bürgeraufnahmen 1726, Fasz. 47, S. 1 unfol. Zürn (2010, S. 110) weist darauf hin, dass, wie die Steuerbücher der Jahre 1711, 1714 und 1717 ausweisen, Bareth in dieser Zeit jeweils zwei Gulden Beisitzsteuer zahlte. Dabei erfolgten seine Zahlungen in zwei Fällen etwa ein halbes Jahr verspätet. Die Höhe der Beisitzsteuer deutet auf eine Zugehörigkeit zur (unteren) Mittelschicht hin.
299   StadtAA, Aufenthaltsconsense 1779, Fasz. 2, S. 1, [fol. 1r].
300   StadtAA, Aufenthaltsconsense 1779, Fasz. 2, S. 1, [fol. 2r]; S. 2, [fol. 7v].
301   StadtAA, Beisitzaufnahmen, Fasz. 51, 1801, Nr. 9. Vgl. auch Zürn 2010, S. 113.

Von Interesse ist hier vor allem die generalisierende Aussage, dass mit Sprachunterricht in Augsburg auch um 1800 noch kein hinlängliches Auskommen erzielt werden konnte.

Andere Sprachmeister mögen geringfügig besser gestellt gewesen sein: Als der oben schon genannte Sprach- und Tanzmeister Johann Tiberius Bruggmayer 1746 vergeblich um das Augsburger Bürgerrecht für sich und seine Frau Margareta Stadlerin bat, vermerkte er ausdrücklich, dass genügend Einkommen und Vermögen vorhanden seien, um gemeinsam davon leben zu können.[302] Im Zusammenhang mit seinem Antrag auf Aufnahme ins Bürgerrecht aus dem Jahre 1758 benötigte der Augsburger Sprachmeister und spätere Kurbayerische Rat und Notar Jean Jacques Schatz ein Attest hinsichtlich seiner Vermögensverhältnisse. Ende Dezember 1759 bestätigte der Fähnrich Johann Wolfgang Reiter, dass Schatz, „meister der sprachen, vier hundert gulden reales vermögen besizt."[303]

Im Oktober 1766 wurde dem Augsburger Sprachmeister des Französischen Johann Brochard das Bürgerrecht verliehen. Er konnte die stattliche Gebühr von 84 Gulden bar bezahlen. Seine Ehefrau Anna Catharina Geigerin, die das Bürgerrecht im Dezember 1767 erhielt, zahlte dafür einen nicht näher genannten Betrag.[304] Ende 1807 wurde die Aufenthaltsgenehmigung des Augsburger Sprachmeisters Anton Cellarius erneut um ein Jahr verlängert. Die dafür erforderliche Gebühr wurde auf fünf Gulden festgelegt, denn „sein verdienst ist der malen geringe, weil sich hier viele fremde aufhalten, die in sprachen unterricht geben". Cellarius hatte im Jahre 1808 lediglich vier Schüler.[305]

In ganz anderen Sphären bewegten sich die Einkünfte des Neuphilologen Hieronymus Andreas Mertens (vgl. Abschnitt 4.3.2) als Präzeptor und später als Direktor des Augsburger Anna-Gymnasiums und Stadtbibliothekar. Selbst Schüler des Annagymnasiums, gehörte er in seinen frühen Jahren zum hoffnungsvollen pädagogischen Nachwuchs der Stadt und in seinen späteren zu den allgemein geachteten Honoratioren. Schon während seiner Studienzeit (1763–1767) erhielt er vom Scholarchat der Stadt Augsburg ein Stipendium von zunächst 40 Gulden jährlich. Der Betrag wurde später auf 60 Gulden aufgestockt. Im März 1766 wurden ihm für ein dem Stadtrat überreichtes „Specimen", wohl eine schriftliche Abhandlung, zusätzlich zehn Gulden verehrt.[306] Ein Jahr später, im März 1767, beschloss das Scholarchat auf Mertens' Ansuchen hin, ihm „wegen seiner guten Applikation in Sprachen 30 Gulden extra angedeihen zu lassen". 1777, inzwischen in Amt und Würden, bezog er ein Jahresgehalt von 500 Gulden, und 1791 hatte er Einkünfte von 816 Gulden jährlich plus 72 Gulden Schulgeld.[307]

4.2.6. Familienstand, Konflikte

Die Quellen deuten darauf hin, dass nicht wenige Sprachmeister verheiratet waren. Einige Supplikanten bezogen ihre Partnerinnen, wie oben gezeigt werden konnte, in die Bewerbungen ein, mit ergänzenden Lehrangeboten, als Dienstleistende oder als Kandidatinnen für einen späteren Beisitz oder das Bürgerrecht. Mitunter waren die Frauen an anderen Orten zurückgeblieben. Die Mobilität des Berufsstands führte dazu, dass viele Sprachmeister

---

302 StadtAA, Bürgeraufnahmen 1746, Fasz. 40, unfol., S. 1, [fol. 3r].
303 StadtAA, Bürgeraufnahmeconsense 1750–1812, Fasz. Nr. 10, Nr. 1, unfol., S. 1, [fol. 2r].
304 StadtAA, Bürgeraufnahmeconsense 1750–1812, 1766, Nr. 44, unfol., S. 2, [fol. 3v].
305 StadtAA, Aufenthaltsconsense 1807, Fasz. 22, S. 2, [fol. 5v]; Privatlehrerakte.
306 Köberlin 1931, S. 241.
307 Köberlin 1931, S. 268.

zeitweilig oder sogar lebenslang ledig blieben. Sprachmeister, denen die Einbürgerung oder zumindest die Beisitzaufnahme gelungen war, tendierten zu einem bürgerlichen Leben und zur Gründung einer Familie, soweit auch die Partnerin die behördlichen Hürden nahm. Denn eine Eheschließung bedurfte der obrigkeitlichen Zustimmung, und eine Voraussetzung dafür waren gesicherte wirtschaftliche Verhältnisse der Ehepartner. Mitunter monierten die städtischen Behörden auch – wie im Falle des Sprachmeisters Bigott und der Gräfin de Matti – den Altersunterschied zwischen den Partnern bzw. die Tatsache, dass eine prospektive Braut deutlich älter war als der Bräutigam. Sprachmeisterpaare und -familien galten, wenn beide Ehepartner ortsfremd waren, als sprachlich und kulturell Fremde, mit allen negativen Assoziationen, die dieser Zustand bei den Ortsansässigen hatte. Das im Kontext der oben erwähnten Bewerbungen seitens der Behörden immer wieder – und zumal in Kriegszeiten – zum Ausdruck gebrachte Misstrauen, das Argument des Verdächtigseins, weisen auf ein Denkmuster hin, das von Exklusion als dem Normalfall ausgeht und Inklusion als Sonderfall betrachtet.

Fehlverhalten im zwischenmenschlichen Bereich war im Sprachmeistermilieu angesichts des schwierigen sozialen und wirtschaftlichen Umfelds relativ häufig. Im Mittelpunkt lokaler Auseinandersetzungen standen der Kampf um knappe Ressourcen, der Streit um Ehre und die Reaktion auf Misstrauen. Hinzu kam der Zwist mit den Behörden angesichts einer restriktiven Aufnahmepolitik, nationaler, regionaler und auch konfessioneller Vorurteile sowie der teilweise sehr kurzen Laufzeiten von Aufenthaltsgenehmigungen.[308]

Der (spätere) Nürnberger Sprachmeister des Englischen, Französischen und Italienischen Johann Matthias Kramer verklagte im Juni 1715 einen Italiener namens Ferdinand de Belforte.[309] 1723 war er in einen „Schänd- und Schlaghandel" mit einem gewissen Hans Lützel verwickelt.[310] Der Nürnberger Französischlehrer Georg Philipp Platz erstattete im Oktober 1720 Anzeige gegen eine Kindsmagd „wegen ausgestosener grober Injurie."[311] Der zuvor in Jena tätige Sprachmeister des Italienischen Franz Ludwig Tonelli, der 1720 den Schutzverwandtenstatus in Nürnberg erhielt, 1724 aber erneut als Sprachmeister nach Jena ging, lieferte sich zu Beginn der 1730er Jahre einen Rechtsstreit mit seinem dortigen Kollegen Pietro Francesco di Corsini. Dabei ging es um „Rettung seines [Tonellis] und seines Weibs ehrlichen Nahmens".[312] Der Streit spielte vermutlich eine Rolle bei der Verweigerung des neuerlichen Nürnberger Stadtschutzes, als Tonelli gegen Ende 1733 nach Nürnberg zurückkehrte.[313]

Der Nürnberger Sprachmeister Johann Karl Chapuzet wurde 1742 mit Nachbarschaftsstreitigkeiten aktenkundig. 1752 folgte dann ein Rechtsstreit mit seinem ebenfalls in Nürnberg als Kaufmann tätigen Sohn Ludwig Theodor. In diesem Zusammenhang beschloss der Rat Ende Juli 1752: „Dem Petito des franz[ösischen] Sprachmeisters Joh. Carl Chapuzet: seinen unartig[en] Sohn, Ludwig Theodor, Correctionis ergo, auff einen versperten Thurm

---

308 Vgl. dazu besonders Abschnitt 4.2.4.
309 StAN, Rep. 60a, Nr. 3241, RV 1715 VI 28, fol. 54v-55r; StadtAN, B 14/IV, Nr. 426.
310 StAN, Rep. 60a, Nr. 3344, RV 1723 III 15, fol. 29r-29v.
311 StAN, Rep. 53, Unbürgeramt Nr. 19; Rep. 60a, Nr. 3312, RV 1720 X 25, fol. 52r; Nr. 3472, RV 1732 XI 08, fol. 36v; Nr. 3472, RV 1732 XI 14, fol. 62v.
312 StAN, Rep. 60a, Nr. 3478, RV 1733 IV 14, fol. 31v-32r.
313 StAN, Rep. 53/II, Unbürgeramt, Nr. 52; StAN, Rep. 60a, Nr. 3478, RV 1733 IV 14, fol. 31v-32r; Nr. 3478, RV 1733 IV 28, fol. 85v; Nr. 3485, RV 1733 XI 17, fol. 75v; Nr. 3486, RV 1733 XII 14, fol. 84r; Schröder BBL IV, S. 219f. Zu Corsini vgl. Schröder BBL I, S. 155f.

bringen zu laßen, und denselben wegen seiner Ausschweiffungen ernstl[ich] zu constituiren, ist sumtibus [!] Petentis zu deferirn, der Sohn jedoch zuvor über die Anzeig gewöhnl[ich] zu vernehmen.[314]

Im August 1763 befand sich Ludwig Theodor aufgrund einer Klage seiner Ehefrau und seines Schwagers erneut „wegen üblen Lebenswandels […] auf der Haubt-Wache arretirt". Er hatte „nicht nur ehehin mit seiner damahligen Magd, Barbara Wolfermännin, hiesigen Bürgers-Tochter, Unzucht getrieben, sondern auch seine jetzige Magd, Anna Margaretha Casparin, von Fürth gebürtig, zu verleiten gesuchet". Als 1765 auch die Nürnberger Bürgerstochter Margaretha Oesterlin „zu ihrem unehelichen kind den hiesig-verheurathen Burger und Handelsmann, Ludwig Theodor Chapuzet, als Vatter" genannt hatte, ließ sich seine Frau von ihm scheiden.[315] Ludwig Theodor wurde ein weiteres Mal im „versperrten Turm" inhaftiert. Auch der Nürnberger Sprachmeister des Italienischen Franceso de Jenetti wurde 1767 in einer Unzuchtsangelegenheit aktenkundig und nach näheren Untersuchungen 1771 ausgewiesen, da er weder Stadtschutz genieße, noch Unterricht geben dürfe und außerdem „gefährliche Principia Religionis" lehre.[316] Jenetti ging ins nahe gelegene Erlangen, wo er 1772 Lektor an der Universität wurde und im folgenden Jahr starb.[317] Eine weitere Unzuchtklage traf den Nürnberger Sprachmeister Ludwig Gabrieli im Jahre 1796.[318]

Mehrfach bezeugt sind auch Schuldklagen: So fand 1734 in Nürnberg ein Schiedsverfahren in einer Schuldangelegenheit statt, die den Nürnberger Sprachmeister Julius Friedrich Scharffenberg betraf.[319] Der Altdorfer „Lecteur de la langue française et de l'italienne" Antoine Mourlon wurde 1748 mit einer nicht näher spezifizierten Schuldklage aktenkundig.[320] Auch der Nürnberger Sprachmeister des Französischen Johann Wilhelm Fischer war 1768 in eine Schuldsache verwickelt. Nähere Einzelheiten sind nicht bekannt.[321]

---

314 StadtAN, B 2, Nr. 291; B 2, Nr. 340, S. 281; StAN, Rep. 60a, Nr. 3385, RV 1726 V 22, fol. 119v; Nr. 3428, RV 1729 VIII 05, fol. 93r; Rep. 53/II, Unbürgeramt, Nr. 44-49; Rep. 54a/II, 1516; Rep. 60a, Nr. 3582; Nr. 3731, RV 1752 VII 28, fol. 8v-9r; Nr. 3741, RV 1753 VI 05, fol 33v; Nr. 3593, RV 1742 IX 25, fol. 28r.

315 StadtAN, B 2, Nr. 291; Rep. 60a, Nr. 3731, RV 1763 VIII 25, fol. 8v; Nr. 3875, RV 1763 VIII 25, S. 2; Nr. 3879, RV 1763 X 03, S. 13; Nr. 3882, RV 1764 VI 09, S. 77; Nr. 3886, RV 1764 VII 19, S. 3; Nr. 3892, RV 1765 I 16, S. 65f; Nr. 3893, RV 1765 II 12, S. 55.

316 StAN, Rep. 60a, Nr. 3889, RV 1764 XI 01, S. 112; Nr. 3922, RV 1767 IV 27, S. 27; Nr. 3929, RV 1767 XI 26, S. 81f; Nr. 3965, RV 1770 VIII 27, S. 74; Nr. 3966, RV 1770 IX 07, S. 7f; Nr. 3969, RV 1770 XII 05, S. 18; Nr. 3977, RV 1771 VII 02, S. 19; Nr. 3977, RV 1771 VII 18, S. 87.

317 Schröder BBL III, S. 18.

318 StadtAN, B 13, Nr. 2329.

319 StadtAN, A 31, Nr. 283, 362; StAN, Rep. 60a, Nr. 3438, RV 1730 IV 18, fol. 32v; Nr. 3438, RV 1730 IV 24, fol 56r; Rep. 53/II, Unbürgeramt, Nr. 56; Rep. 60a, Nr. 3489, RV 1734 II 25, fol 52r; Rep. 60a, Nr. 3489, RV 1734 III 08, fol 94r.

320 StAN, Rep. 60a, Nr. 3466, RV 1732 VI 19, fol. 98v; Nr. 3642, RV 1745 XI 01, fol. 93v; Nr. 3672, RV 1748 I 15, fol. 10v; Nr. 3730, RV 1752 VII 15, fol. 60v; Nr. 3733, RV 1752 X 13, fol. 63r; Rep. 53/II, Unbürgeramt, Nr. 49-70.

321 StAN, Rep. 60a, Nr. 3943, RV 1768 VI 06, S. 29.

Wie Clemens Romani 1758[322] geriet auch der Nürnberger Sprachmeister des Französischen Johann Peter Chenal wegen unzensiert veröffentlichter Äußerungen mit der Obrigkeit in Konflikt: Er wurde 1771 wegen einer Schmähschrift in Arrest genommen.[323]

Die heimliche Flucht war im 17. und 18. Jahrhundert im Kreise der Sprach-, Tanz- und Exerzitienmeister eine geläufige Strategie, um sich finanziellen Forderungen, aber auch ausweglos erscheinenden familiären Gegebenheiten und nicht zuletzt politischem Druck zu entziehen.[324] So verließ der Augsburger Sprachmeister Karl Peter Feretté 1763 heimlich die Stadt. Für Augsburg ist dies allerdings der einzige Fall, der aktenkundig geworden ist. Da Feretté zuvor als Herausgeber des „Courrier d'Augsbourg" tätig war, ist ein politisches Motiv möglich. Immerhin hatte er es zuvor schon bis zur Aufnahme in den Beisitz, wenn auch nur für zwei Jahre, gebracht.[325]

Weitere Augsburger Konfliktfälle, die den Sprachmeister des Englischen Franz Karl Freund und seinen französischen Kollegen François Christopher betreffen, wurden in den vorausgehenden Abschnitten schon berichtet.

4.2.7. Sprachmeisterinnen

Sieht man von den in Augsburg tätigen *Virgines Anglicanae*, den Englischen Fräulein ab, denen der Abschnitt 4.3.3. gewidmet ist, so ist der Beruf des Lehrers moderner Fremdsprachen, mit einigen wenigen Ausnahmen gegen Ende der Frühen Neuzeit, auch in Augsburg und Nürnberg bis zum Ende der reichsstädtischen Zeit ein Männerberuf. Die Ausnahmen sind allerdings schon deswegen einer näheren Betrachtung wert, weil sie Beispiele für das Frühstadium einer Entwicklung sind, die – europaweit – über viele Zwischenstufen das Lehren fremder Sprachen zu einem Frauenberuf werden lässt. Im Übrigen folgt der Fremdsprachenerwerb der Mädchen und Frauen bis ins frühe 20. Jahrhundert vor dem Hintergrund bildungsideologischer Festlegungen (Geschlechterrolle, gesellschaftliche Funktion und Bildungsanspruch der Frau) generell eigenen Grundsätzen und institutionellen Bahnen.[326]

Die erste Frau, die als Sprachmeisterin in Augsburg nachgewiesen werden kann, ist Margaretha Stadlerin. Sie war die Ehefrau Johann Tiberius Bruggmayers, der in den frühen 1740er Jahren als französischer und italienischer Sprachmeister sowie Tanzmeister am Hof des Fürstbischofs von Augsburg tätig war. 1746 beantragte Bruggmayer das Bürgerrecht für sich und seine Frau.[327] Aus dem Gesuch wird deutlich, dass zum Zeitpunkt der Antragstellung auch Margaretha Stadlerin als Sprachmeisterin des Französischen und Italienischen in Augsburg wirkte. Das Gesuch des Paares wurde, wie schon in anderem Zusammenhang berichtet, im Oktober 1746 abgelehnt; die Gründe dafür bleiben im Dunkeln.

---

322   Vgl. Romanis biographisches Portrait in Abschnitt 4.2.4.
323   StAN, Rep. 60a, Nr. 3969, RV 1770 XII 05, S. 18; Nr. 3982, RV 1771 XI 16, S. 12; Nr. 3993, RV 1771 X 23, S. 53; StAN, Rep. 53, Unbürgeramt, Nr. 74.
324   Schröder 1980-1985 sowie Schröder BBL verzeichnen deutschlandweit Dutzende von Fällen.
325   StadtAA Beisitzaufnahmen 12, 1762; Fasz. 16, 1762, Nr. 5; Fasz. 13, 1763, Nr. 15.
326   Vgl. dazu die umfangreiche Literatur zur Frauenbildung, mit Blick auf die sprachliche Bildung besonders Wychgram 1901, Hohenzollern 1990, Kleinau/Opitz 1996, Schröder 1996a, Schröder 1996b, Doff 2002.
327   StadtAA, Bürgeraufnahmen, 1746, Fasz. 40, unfol., Seite 1, [fol 3r].

Gut 40 Jahre später bewarb sich eine weitere Lehrerin, Anne Marguerite Gueritau, um die Erlaubnis, als Sprachmeisterin tätig zu werden. Sie wollte, wie sie es in ihrem Gesuch vom 14. Mai 1787 um Aufenthaltsgenehmigung ausdrückte, die Jugend in der französischen Sprache „als in der Civilité und Manieren" gründlich unterweisen. Zum Zeitpunkt ihres Antrags war sie seit einem halben Jahr bei einem Herrn Johann Heinrich als Gouvernante tätig gewesen. Ihre Bewerbung wurde bereits am Tage nach der Eingabe abgewiesen. Daraufhin verfasste Johann Heinrich am 1. Juni ein Bittgesuch, das darauf abzielte, der ehemaligen Gouvernante Aufenthalt und Tätigkeit in Augsburg doch noch zu ermöglichen. Auch dieses Gesuch wurde jedoch bereits am Folgetag abgewiesen.[328]

Am 28. Februar 1794 bewarb sich eine dritte Frau, die aus Metz stammende Maria Anna Abeil (Abella), um Aufenthaltsgenehmigung und Arbeitserlaubnis als Französischlehrerin in Augsburg. Die damals 50-Jährige war in Straßburg aufgewachsen und gehörte zur Gruppe der Emigranten der Französischen Revolution. In ihrer Supplik „um gnädige Gestattung des hiesigen Aufenthalts und Unterricht Erteilung der weiblichen Jugend" gab sie als Grund für ihre missliche Situation „die französische Revolution meines unglücklichen Vaterlandes" an.[329]

Frau Abeil ist, von ihrer ersten Bewerbung her betrachtet, mehr der Prototyp einer Mädchenlehrerin und Privatschulhalterin des 19. Jahrhunderts als der einer Sprachmeisterin: Sie wollte die weibliche Jugend in den Fächern Französisch, Geschichte, Geographie und Handarbeiten unterrichten. Ihrer Bewerbung lagen Bestätigungen bei, dass sie andernorts erfolgreich Mädchen in der französischen Sprache und Handschrift unterwiesen habe, sowie ein Lehrplan für den intendierten Unterricht.

Von den Steuermeistern Welser und Precht von Hochwarth wurde „der Supplicantin ihr gebetener hiesiger Aufenthalt zur Probe auf ein Jahr gestattet, unter der Bedingung, nach dem übergebenen Plan Unterricht zu geben". Nach Ablauf des Jahres wurde der Lehrerin auf ihre Bitte hin die Verlängerung der Aufenthaltsgenehmigung um ein weiteres Jahr bewilligt.[330] In ihrem neuerlichen Gesuch bezeichnete sie sich als „französische Sprachmeisterin". Wie aus einer Bemerkung der Steuermeister aus dem Jahr 1794 auf die Bewerbung des Sprachmeisters Anton Veragon für sich selbst und seine Frau hervorgeht[331], unterrichtete Frau Abeil zu diesem Zeitpunkt (auch?) bei den Englischen Fräulein.

Im April 1794 beantragte der ehemalige Soldat Veragon für sich und seine Frau Aufenthaltsgenehmigung und Arbeitserlaubnis. Das Paar hielt sich zu diesem Zeitpunkt krankheitsbedingt bereits seit einiger Zeit in Augsburg auf. Veragon bat um Verlängerung des Aufenthalts, weil er sein Fieber völlig auskurieren müsse. Gleichzeitig bat er für beide Eheleute um die Genehmigung, der katholischen Jugend der Stadt Unterricht erteilen zu dürfen. Seine Frau komme aus dem Elsass und beherrsche das Deutsche und das Französische vorzüglich. Ihr Unterricht könne sich mithin auf Französisch, Nähen und Flicken erstrecken. Veragon machte ausdrücklich darauf aufmerksam, dass es für katholische Mädchen bisher kein adäquates Unterrichtsangebot dieser Art gebe, während für den protestantischen Teil der Bevölkerung eine gewisse Madame Laporte[332] Unterricht anbiete. Die Stellungnahme der Steuermeister sowie ein Votum Gottfried Christoph Herwarts zeigen deut-

---

328 StadtAA, Privatlehrerakte.
329 StadtAA, Privatlehrerakte.
330 StadtAA, Privatlehrerakte.
331 StadtAA, Aufenthaltsconsense, 1794, Fasz. 11, Seite 1, [fol. 7r].
332 Zu Frau Laporte sind keine biographischen Details überliefert.

lich die negative Haltung der Stadt gegenüber dem Antrag, dessen Ton und Argumentation als nicht angemessen empfunden wurden. Die Informationen seien unzureichend, der Supplikant stelle Behauptungen auf und versuche, den Verfassungsgrundsatz der Parität zu seinen Gunsten auszulegen. Im Übrigen wurde auf die Tätigkeit von Frau Abeil für die katholische Jugend hingewiesen. Das Gesuch wurde im Mai 1794 abgelehnt.[333] Bei der Ablehnung mag auch die Angst vor dem Import revolutionären Gedankenguts aus Frankreich eine Rolle gespielt haben.

Für Nürnberg ist lediglich eine – anonym gebliebene – Sprachmeisterin bezeugt. Es handelt sich um die Frau jenes schon genannten anonymen Sprachmeisters, der 1768, offenbar ohne behördliche Erlaubnis, in den Nürnberger Intelligenzblättern anzeigen ließ, dass er in der italienischen Sprache unterrichten wolle, seine Frau aber Französischunterricht anbiete. Der Fall wurde im März des Jahres im Rat verhandelt.[334]

4.2.8. Biographische und didaktische Aspekte der Sprachmeisterkritik

Kritik am Berufsstand der Sprachmeister fand sich das gesamte 17. und 18. Jahrhundert hindurch.[335] Sie wurde in allgemein-pädagogischen und bildungspolitischen Traktaten artikuliert,[336] kam aber auch aus den Kreisen der Sprachmeister selbst, in Form von Kollegenschelte. Vorworte von Lehrmaterialien waren ein beliebter Ort, derartige Auseinandersetzungen auszutragen. Dabei kamen neben ernst zu nehmenden didaktischen Argumenten auch nationale Vorurteile und Konkurrenzdenken ins Spiel.[337]

Auch in dieser Hinsicht ist der Nürnberger Sprachmeister Matthias Kramer eine der interessantesten Quellen. Sein konfessionelles, nationales und professionelles Selbstbewusstsein wird in seinen Vorreden allenthalben deutlich. Gerade auch in seinem „Entretien" von 1696 spielt die kritische Auseinandersetzung mit der Kollegenschaft eine zentrale Rolle:

> Schol. Was sagt ihr von denen Sprachmeistern / Frantzosen von Nation / so kein Teutsch können / welche […] / sie [die deutsche Sprache] zu können / all ihr Mög-

---

333   StadtAA, Aufenthaltsconsense, 1794, Fasz. 11.

334   StAN, Rep. 60a, Nr. 3933, RV 1768 III 23, S. 110.

335   Vgl. dazu die bei Schröder 1980–1985 unter dem Sachregister-Eintrag „Sprachmeister, Kritik" abrufbaren zahlreichen Belege.

336   So beispielsweise schon in dem 1614 in Leipzig erschienenen „Consilium integrum et perfectum recens in Juniorum Principum, Baronum etc. utilitatem de exoticis linguis gallica et italica citius rectius et elegantius addiscendis et ad usum transferendis editum" des Caspar Laudismannus. Laudismannus will „eine Abkürzung der Sprachstudien erreichen und sieht den Weg dazu in dem engeren Anschluss des französischen Unterrichts an das Latein. Die Lateinunkenntnis der meisten aus Frankreich stammenden Sprachlehrer in Deutschland trage zur Verzögerung der Fortschritte in der Erlernung der französischen Sprache bei und sei zumeist ein Zeichen allgemeiner Unbildung, so dass man auch vor der Übermittlung eines schlechten, an Dialekteinflüssen reichen Französisch nicht sicher sei. Er hat auch eine große persönliche Abneigung gegen die aus Frankreich gebürtigen Sprachlehrer, da sie zu der meist festzustellenden Ungeeignetheit zur Erteilung von Unterricht noch häufig unlautere Mittel gegen ihre deutschen Kollegen und Schüler anwenden." (Schmidt 1931, S. 78ff.)

337   Zu den eher philologisch oder in unterschiedlichen Auffassungen von Spracherwerb gründenden Auseinandersetzungen zwischen Sprachmeistern vgl. Kapitel 5.

lichstes dran strecken / um dieselbige von ihren Scholaren so Teutschen sind / zu erlernen.

Sprachm. Wann es anderst wahr ist / daß die Welt zu jetziger unserer Zeit verkehrt ist; so ist sie gewißlich verkehrt / in Ansehung dieser Meistere und dieser Discipel.

Schol. Wie so?

Sprachm. Der Sprachmeister gehet hin und lernet die Teutsche Sprache von seinem Schüler / welcher Schüler ihm das Monat-Geld dafür zahlt.

Schol. Ich verstehe euch noch nicht recht.

Sprachm. Ich will sagen / daß ein solcher Sprachmeister gemeiniglich mehr Teutsch lernet von seinem Scholaren / als der Scholar von seinem Meister Frantzösisch lernet.[338]

Anschließend diskutiert Kramer die Frage, warum die Franzosen schlecht italienisch und die Italiener schlecht französisch sprechen. Dies hänge mit der sprachsystematischen Nähe der beiden Sprachen zusammen. Dann geraten die Lernzeiten ins Blickfeld, und der Scholar liefert – als Kreatur Kramers – weitere Facetten zu seiner Negativbilanz der Franzosen:

Schol. Kann man denen Sprachmeistern / oder besser zu reden / denen Pralern glauben / welche / nachdem sie sich (GOtt weiß aus was Absehen) in die Reich-Städte eingeschlichen / und durch allerhand Pratiquen / wie auch ohn einiges vorhero Examen über ihre Tüchtigkeit (Geschicklichkeit) ausgestanden zu haben / aufgenommen worden / stracks einem jeglichen ohne Unterscheid versprechen / ihn / in einer gewissen und bescheidener Zeit (zum Exempel in drey / vier […] Monaten) zur vollkommenen Wissenschaft der Frantzösischen […] Sprach zu bringen / wann man ihm überhaubt diese oder jene Summa Geldes voraus zahlet.

Sprachm. Ob man diesen Leuten glauben könne / stelle ich dem Urteil der jenigen heim / welche ihre gesunde Vernunft nicht gantz und gar verloren haben. Inzwischen ist es wol zu bewundern / daß man allweg Menschen sihet / so sich von ihnen betrügen (hinder das Licht führen) lassen. […]

Schol. Aber wie machen sie es / wann sie endlich sehen / daß es ihnen unmöglich ist ihr Versprechen zu halten; geben sie vielleicht das Geld wieder / welches man ihnen vorgestreckt (auf Rechnung gegeben) hatte?

Sprachm. Das lassen sie wol bleiben; sie butzen ihren Hindern […] mit anderer Leute Hemmet / das ist / sie werffen die Schuld auf die Nachläßigkeit ihres Scholarens […].[339]

Kramers Sprachmeister ist ein Didaktiker, der dieser Berufsbezeichnung würdig ist: umfassend gebildet, mit gesundem Menschenverstand und Augenmaß ausgestattet, berufserfahren, ein Experte für die Vermittlung des Französischen und doch Generalist, alles andere als ein Pedant. Allerdings ist er auch – verständlicherweise vielleicht angesichts der zeitgleich stattfindenden Eroberungskriege Ludwigs XIV. – alles andere als frankophil. Er lässt seinen Scholaren berichten, dass er

---

338 M. Kramer, Die rechte Lehr-Art, 1696a, S. 205ff. Vgl. Schröder 1992, S. 181ff.; Völker 2001, S. 215ff.

339 M. Kramer, Die rechte Lehr-Art, 1696a, S. 205ff.

vor diesem einen frantzösischen Kerl zum Sprachmeister gehabt / welcher / um mich in dem Accent zu naturalisieren (das war sein Weid-Spruch) mit gantzer Gewalt haben wollte / daß ich / gleich wie er / alle kurtze e so wol in der Mitte als auch zu Ende des Worts und der Reden in mich fressen / das ist / geschwind und verloren aussprechen sollte / ungeachtet daß ich noch nicht die geringste Construction machen konnte / auch der beste Theil des Hofes und der Gelehrten von Franckreich / wie ich vernommen / diese seltsame Elisiones, und dieses geschwinde Geschnatter nicht einmal in familiaren Discursen / will geschweigen in hohem Stylo gut heißen.

Worauf der Sprachmeister antwortet:

Man kann wol sagen daß diese Barbarischen Meistere denen armen Teutschen auf eben dieselbige Weise den Verstand und das Gedächtnüß foltern / wie ihnen Franckreich bis auf diese Stunde über ihren Leib / über ihr Gewissen / und über ihre Haab tyrannisiret.[340]

Schon das Vorwort des Kramer'schen Gesprächsbuchs „Parlatorio italiano-tedesco oder Deutsche und italienische Gespräche", einer Parival-Bearbeitung (Nürnberg 1691), hatte eine Spitze gegen die frankophonen Sprachmeister enthalten: „Es ist wahrhafftig zu betauren / daß [...] mancher Frantzösischer Spion / oder sonst seicht-gelehrter Kerl / sich glimpflich einschleichet / und ohne ferneres Examen [...] angenommen / und also folgends die liebe Jugend um die edle Zeit / dero Eltern aber / welche auch nicht besser wissen / um ihr Geld gebracht werden; [...]."[341] Zum Zeitpunkt des „Entretien", acht Jahre später, war Kramers Franzosenbild noch negativer geworden, nicht zuletzt wohl unter dem Eindruck der 1689 bei der Einnahme von Heidelberg beobachteten Szenen. Nun verschonte er auch die Réfugiés, seine Glaubensbrüder, nicht:

Schol. Sagt mir doch ein wenig: Seynds nur die frantzösischen Sprachmeistere so Grammaticken geschrieben / welche sich so groß machen?
Sprachm. Ach nein: ein jeglicher Ankömmling / ein jeglicher armer Vertriebener / ohne Studien / ohne Geist / und folgends ohne Methode (Lehr-Kunst) / will es seyn; und diese Messieurs haben das Vorhaben nicht so bald gefaßt / einen Sprachmeister abzugeben; so verwandeln sie sich alsobald aus Frantzosen in Spanier oder in Gasconier.
Schol. Das laß mir eine seltzame Verwandelung seyn; aber wie gehet das zu?
Sprachm. Sie nehmen gleich ernsthafte Geberden / ein saures Gesicht / eine gravitätische Mine / und eine höhnische Weise an gegen alle Sprachmeistere daselbst / so keine geborne Frantzosen seynd.342

Sicher spielt bei der Äußerung auch der für Nürnberg in den 1690er Jahren konkret nachweisbare wachsende Konkurrenzdruck eine Rolle. Wenige Zeilen später fällt Kramer dann aber ein Gesamturteil über die Deutschen in ihrem Verhältnis zu den Franzosen, das bis

---

340   M. Kramer, Die rechte Lehr-Art, 1696a, S. 39
341   M. Kramer, Il nuovo paratorio, 1691, Vorrede, unpaginiert.
342   M. Kramer, Die rechte Lehr-Art, 1696a, S. 35.

weit ins 19. Jahrhundert hinein leitmotivisch bleibt und etwa bei Ernst Moritz Arndt 1813 erneut anklingt:[343]

> Sprachm. Die Wahrheit zu sagen: Es seynd unter allen Nationen der Welt wir Teutschen solche Vögel / die am leichtesten gefangen werden. Die falschen Demanten / und was nur etwas gläntzet / verblendet uns gleich / wir rennen stracks drauf zu / wie die Frösche auf ein Läpplein Scharlacken / und wie die Zweyfalter und Motten auf das Liecht einer angezündeten Kertze; und werden wir auch nicht eher gewitziget / als nach dem wir erhaschet / und bis die Flügel unsers Beutels / unsers Verstandes / und endlich unserer Seele verbrandt worden; aber / wolte GOTT! daß unsere guten Teutschen / groß und klein / indem sie dieser Nation so blind hin liebkosen / und sich von allem dem einnehmen lassen was aus ihrem Lande kommt / und was davon dependiret / sich in nichts anders betrögen / als in der Wahl eines Sprachmeisters![344]

Auch im „Nöthigen Vorbericht des Autoris dieser Kunst-Probe einer rechten Frantzösischen Grammatica und eines rechten Frantzösischen Dictionarii" (1696b), auf die der „Entretien" als Begleitmaterial bezogen ist, wendet sich Kramer gegen seine aus Frankreich stammenden Kollegen, denen er mangelnden Lernwillen und mangelnde Gründlichkeit in ihrer Arbeit vorwirft: In „der Einbildung als könnte ihrer Vollkommenheit nichts mehr hinzugethan werden / und es eine Schande seye daß ein Meister noch was lernen sollte" verwendeten sie ihre Freizeit „lieber auf ein Ticktackchen / auf ein Karten-Blätgen / auf eine Promenade, auf einen Schmauß mit gedachten ihren Scholaren / oder auf noch schlimmere Divertissementen".[345]

Auch wenn bei Kramers Angriffen auf die französische (und italienische) Konkurrenz die Angst um den eigenen Broterwerb sicher eine Rolle spielte, verurteilte er nicht unterschiedslos; er wandte sich im Wesentlichen gegen diejenigen, welche in ihrem Privatleben verdächtig und zu der Aufgabe, die sie übernahmen, wegen ihrer mangelhaften Vorbildung und Unkenntnis des Deutschen ungeeignet waren.[346]

Noch in dem unpaginierten Vorwort zu seiner 1716 publizierten Arbeit „Grund-richtig-vollkommene, doch kurzgefaßte niederdeutsche oder holländische Grammatik" bemängelte Kramer, es seien viel zu viele französische Grammatiken auf dem Markt, weil „fast kein vertriebener Franzos" es unterlasse, sich als Sprachmeister und Lehrbuchschreiber anzubieten, doch meist „liederliches / allgemeines Zeug" schreibe; das wenige Brauchbare sei in der Regel von „soliden Autoren abgediebet."[347]

---

343 Arndt 1813, passim, besonders S. 18f. Vgl. dazu auch Schröder 1988, S. 61.
344 M. Kramer, Die rechte Lehr-Art, 1696a, S. 41.
345 M. Kramer, Kunst-Probe, 1696b, unpaginiert.
346 Lehmann 1904, S. 21f.
347 Trotz dieser neuerlichen Invektive gegen hugenottische Flüchtlinge beurteilte der Protestant Kramer die Bereitschaft der evangelischen Fürsten, vertriebene französische Protestanten in ihren Ländern aufzunehmen, positiv. König Friedrich I. in Preußen hatte sich dadurch seiner Ansicht nach „die Ehren-Tituln eines grossen Beschirmers der Evangelischen Warheit" verdient; „eines allergnädigsten Erbarmers / Bewirters und Versorgers der / um dero Zeug- und Bekantnüs willen / grausam verfolgt- und vertriebenen Brüder und Schwestern / und groß-müthigsten Wieder-Aufrichters ihres zerstörten Sions und Jerusalems [...]." (Zitat aus dem 1712 publizierten Werk „Das recht vollkommen königliche Dictionarium [...] Französisch-Teutsch", Dedicatio an Friederich I. in Preußen, unpaginiert.)

Kollegenschelte war Bestandteil der Selbstdarstellung, und auch in Nürnberg ist Matthias Kramer nicht das früheste Beispiel dafür. Schon im Jahre 1600 hatte der Altdorfer Sprachmeister Daniel Cachedenier über die schlechten Lehrer geklagt, „die das versprächechen, was sie selbst nicht einmal könnten, die ihre Hörer nach monatelanger Marter kaum die Aussprache gelehrt hätten und sie dann mit einer Unmasse zweckloser Regeln überschütteten.“[348] Im Ton moderater beschwerte sich der nach 1755 in Augsburg bezeugte J. J. Schatz 1765 über „Leute, wann sie nach Deutschland kommen, und sonst nichts wissen, davon sie sich nähren sollen, sich alsogleich in Sinn fallen lassen, andere ihre Landes-Sprache zu docieren […].“[349] Von ihm stammt auch die Aussage, dass die Zunft der französischen Sprachmeister „durch die Menge ungeschickter und unverständiger Zunft-Verwandten verstümmelt“ sei.[350]

Erwähnung verdient auch, dass Sprachmeister, wenn sie erst einmal das Vertrauen der Behörden besaßen, durch Gutachten über potenzielle Konkurrenten und deren Werke Einfluss nehmen konnten. Dies gilt für Johann Karl Chapuzet, der im Juni 1753 das Nürnberger Bürgerrecht erlangt hatte.[351] Er wurde 1765 vom Rat beauftragt, eine Expertise zu erstellen, die den aus Salzburg vertriebenen und damals in Regensburg lebenden Sprachmeister Jean Thomas und eine von ihm verfasste französische Grammatik betraf. Thomas hatte sich im Juni des Jahres in Nürnberg um Aufenthalt und Arbeitserlaubnis beworben. Chapuzet erstellte das Gutachten. „In einer geradezu vernichtenden Beurteilung sprach er sich gegen eine Förderung der ‚grammaire‘ und ihres Verfassers aus, ein Urteil, dem der Rat letztlich folgte.“[352] Thomas wurde mit einem Viaticum (Kost- oder Reisegeld) von 8 Gulden verabschiedet. Er starb wenig später auf der Schiffsreise nach Wien.[353]

Die im Rahmen der vorliegenden Studie jüngste Auseinandersetzung mit dem Thema Sprachmeister liefert ein anonym gebliebener Autor, vermutlich ein Sprachlehrer, mit seinem 1804 in Nürnberg und Altdorf erschienenen Traktat „Über Sprachen, besonders über die lebenden, über die gewöhnlichen Sprachmeister und über eine bessere Methode, lebende Sprachen gründlicher, leichter und dennoch geschwinder zu erlernen“. Auch er stellt die Frage „Warum sind denn die Lehrer in den neueren Sprachen so schlecht?“ Die Antwort allerdings zeigt, dass sich die Rahmenbedingungen zwischenzeitlich geändert hatten:

> Aus eben dem Grund, warum es der größte Theil der Landschulmeister in allen Ländern ist. Man ehret und bezahlt diesen Stand nicht nach Verhältnis der Menge und Mühseeligkeit seiner Arbeit, wer also ein besseres Mittel zu seinem Fortkommen weiß, der wählt diesen Stand nicht. Gerade so ergehet es den Lehrern der neuern Sprachen. Das Höchste meines Wissens, was auf einigen der bedeutenderen Universitäten für sie geschehen ist und allenfalls manchmal noch geschehen mag, ist, daß

---

348   Dorfeld 1892, S. 23.
349   J. J. Schatz, Sammlung der neuesten […] Kaufmanns- […] Briefe, 1765, S. 5v.
350   Zit. nach Dorfeld 1892, S. 23.
351   StAN, Rep. 60a, Nr. 3741, RV 1753 VI 05, fol. 33v.
352   Staudenmaier 2010, S. 158f. In der Stellungnahme des Vormundamtes vom 1. August 1765 heißt es: „Mit obgedachter Grammaire wird wenig Nutzen geschaffet werden, und ist daraus zu schließen, daß der Verfasser eben kein geschickter Mann seye; Chapuzets Bericht darüber zeiget das mehrere.“ StAN, Rep. 60a, Nr. 3898, RV 1765 VII 01, S. 130f.
353   StAN, Rep. 60a, Nr. 3900, RV 1765 VIII 06, S. 35.

man wie zu meiner Zeit es in Göttingen Colom du Clos[354] und Pipin [Pepin][355] waren, den Titel eines ausserordentlichen Professors und etwa einige hundert Thaler dazu giebt. Aber, lieber Himmel, dabey muß ja so ein Mann den ganzen Tag, Stunden geben, wenn er nicht verhungern will und wie kann er da fortstudieren [...]? Da ist es nun kein Wunder, wenn Leute von Kopf und Kenntnissen einen solchen Stand meiden.[356]

4.2.9. Resümee

In den 250 Jahren zwischen 1559 und 1809 bewarben sich in Augsburg oder Nürnberg mehr als 200 Sprachmeister um Aufenthaltsgenehmigung und Arbeitserlaubnis. Mehr als die Hälfte von ihnen kam aus anderen Sprachräumen, wobei frankophone Bewerber das Hauptkontingent stellten. Angesichts unterschiedlicher konfessioneller Rahmenbedingungen und wirtschaftlicher Verflechtungen differierten die Anteile der Nationen und Sprachen in den beiden Städten. In einem System, das formalisierte Qualifikationsnachweise und behördliche Führungszeugnisse kaum kannte, waren Bewerbungen mit den dort beigefügten Dokumenten nicht nur formale Grundlage eines Geschäftsgangs, fachlicher Qualifikationsnachweis und Willensbekundung, sondern sie dienten auch dem Nachweis der Ehrbarkeit und dem Abbau von Misstrauen. Letzteres war dem Berufsstand der Sprachmeister gegenüber besonders ausgeprägt, handelte es sich bei seinen Mitgliedern doch mehrheitlich um sprachlich und kulturell Fremde. Entsprechend vielfältig und komplex waren die Strategien, die Sprachmeister bei ihren Bewerbungen nutzten.

Wie das Augsburger Beispiel zeigt, war angesichts der restriktiven Zuzugspolitik der reichsstädtischen Behörden nur etwa jede dritte Bewerbung erfolgreich. In Nürnberg mag die Politik in diesem Bereich insgesamt etwas liberaler gewesen sein. Die jeweiligen Entscheidungen in den beiden Städten waren hochgradig abhängig von der Einschätzung des Fremdsprachenbedarfs der Kaufmannschaft und auch von der Stimmungslage innerhalb der Bevölkerung: In Zeiten kriegerischer Auseinandersetzungen mit Frankreich hatten französische Bewerber, wie Nürnberger Beispiele zeigen, einen schweren Stand. Sprachmeister, deren Bewerbungen abschlägig beschieden wurden, erhielten die Anweisung, sich aus der Stadt zu entfernen. In Härtefällen konnte ein Viaticum gereicht werden.

Sprachmeister, die eine Aufenthaltsgenehmigung und Arbeitserlaubnis erhielten, begaben sich unter den Schutz der Stadt und mussten dafür Abgaben zahlen, deren Höhe sich nach dem Einkommen und dem vorhandenen Vermögen richtete. Aufenthaltsgenehmigungen mussten jährlich verlängert werden. War damit zu rechnen, dass ein Sprachmeister sich von seinem Lehrangebot auf Dauer ernähren und der Stadt damit nützlich sein konnte, war es ihm freigestellt, den Beisassenstatus oder das volle Bürgerrecht zu beantragen. Die Aufnahme als Beisasse oder in das Bürgerrecht implizierte die Offenlegung der Vermögensverhältnisse und war an Zahlungen gebunden, die im Falle des Bürgerrechts erheblich sein konnten. Die meisten Sprachmeister strebten den Beisassenstatus an. Deviantes Verhalten konnte zur Ausweisung führen.

---

354 Schröder BBL I, S. 151ff., V, S. 173.
355 Schröder BBL IV, S. 309ff.
356 Anon., Über Sprachen, 1804, S. 15f.

Die Praktiken der reichsstädtischen Behörden in Augsburg und Nürnberg in den Bereichen Aufenthaltsgenehmigung, Arbeitserlaubnis, Stadtschutz (Nürnberg), Beisassenstatus (Augsburg), Aufnahme ins volle Bürgerrecht und Ausweisung sind im Einzelnen nicht immer durchschaubar, die getroffenen Entscheidungen nicht durchweg nachvollziehbar, auf jeden Fall aber spielen Ehrbarkeits- und Nützlichkeitserwägungen die entscheidende Rolle.

Die Sprachmeister in Nürnberg und Augsburg lebten meist unter schwierigen finanziellen und sozialen Rahmenbedingungen. Ihre Einnahmen aus dem Sprachunterricht blieben schon angesichts des meist vorhandenen Konkurrenzdrucks gering. Waren die *Maîtres* voll ausgelastet (14–18 Schüler), so lag ihre wöchentliche Unterrichtszeit bei mehr als 50 Stunden. Hinzu kamen mitunter Einnahmen aus der Publikation von Lehrmaterialien und Lexika oder aus Übersetzertätigkeiten, was aber angesichts starker Konkurrenz und eines fehlenden Copyrights die wirtschaftliche Gesamtsituation eines Lehrers und Autors kaum aufzuhellen vermochte. Matthias Kramer ist, was die Einkommensproblematik angeht, ein beredter Zeitzeuge.

Schon angesichts der – in vielen Fällen notgedrungenen – Mobilität der Berufsgruppe blieben dauerhafte eheliche Bindungen und Familie vielen Sprachmeistern versagt. Der Zuzug einer ortsfremden Ehefrau war infolge der jeweiligen bürgerrechtlichen Gegebenheiten in den beiden Städten schwierig und im Falle konfessioneller Divergenz zumindest in Nürnberg fast unmöglich. Der Beisassenstatus oder das volle Bürgerrecht galten nicht automatisch für die aus einer Ehe hervorgegangenen Kinder. Eheschließungen waren selbst dann an eine Erlaubnis geknüpft, wenn beide Partner das volle Bürgerrecht besaßen. Im Vorfeld waren – einmal mehr – die Vermögensverhältnisse offen zu legen, und das Urteil der Behörden über die Ehrbarkeit der Partner und des Vorhabens spielte die letztlich entscheidende Rolle. Der Sprachmeisterberuf war in der gesamten Frühen Neuzeit ein Männerberuf, auch in Augsburg und Nürnberg. Dennoch sind für die beiden Städte einige wenige Sprachmeisterinnen bezeugt.

Während der gesamten Frühen Neuzeit und darüber hinaus wird fachliche Kritik an den Sprachmeistern geübt, auch von Sprachmeistern selbst. Angesichts der Heterogenität des in jeder Hinsicht ungeschützten Berufsstandes ist die Kritik partiell gerechtfertigt, allerdings wirkten auch andere Gesichtspunkte, etwa Konkurrenzdruck sowie nationale, konfessionelle und pädagogische Vorbehalte – auch solche gegenüber „neumodischen" Disziplinen – meinungsbildend.

4.3. Die Bildungsinstitutionen in Nürnberg und Augsburg und ihr Lehrkörper

4.3.1. Die Universität Altdorf
Die Anfänge neusprachlicher Lehre: Das 17. Jahrhundert
Angesichts des in der Reichsstadt Nürnberg im frühen 17. Jahrhundert vorhandenen Fremdsprachenbedarfs sowie des immer deutlicher zutage tretenden Prinzips der Nationalsprachlichkeit in den Wissenschaften verwundert es nicht, dass die Nürnbergische Akademie in Altdorf 1622, im Jahr ihres Ausbaus zur Universität, mit Johann Dietterich einen öffentli-

chen Lehrer der französischen und italienischen Sprache bestallte.[357] Obgleich die Maßnahme wenig erfolgreich war – Dietterich wurde 1623 entlassen, der Lehrstuhl wurde eingezogen[358] – unternahm die Hochschule bereits 1626 einen erneuten Versuch, einen Extraordinarius der modernen Sprachen, Petrus Schött (auch Schütz), für die Hochschule zu gewinnen.[359] Auch diese Initiative führte allerdings nicht zu einer längerfristigen Lösung: Schött wurde wiederum im Folgejahr entlassen. „Auf sie [Dietterich und Schött] folgte eine Menge sogenannter Sprachmeister, deren sehr viele aus Frankreich oder Italien waren, und die ich anzuführen für unnötig halte", so Will in seiner Universitätsgeschichte von 1795.[360] Immerhin war einer dieser Sprachmeister kein Geringerer als Matthias Kramer, der sich 1698 als Magister linguarum exoticarum in die Matrikel eintrug. Ob Kramer allerdings tatsächlich in Altdorf tätig geworden ist, erscheint zweifelhaft.[361]

Allerdings war der wohl früheste Altdorfer Lehrer moderner Fremdsprachen, Daniel Cachedenier, bereits zwanzig Jahre vor Dietterich an der 1575 gegründeten Akademie tätig gewesen. Er wurde im April 1599 in die Matrikel eingetragen und ist für das Jahr 1600 als Lehrer des Französischen bezeugt. Seine weitere Biographie und auch sein Status als Lehrer bleiben im Dunkeln. Möglicherweise ist er identisch mit einer aus Bar-le-Duc stammenden Person gleichen Namens, von der im Jahre 1600 in Frankfurt (Main) ein Lehrwerk „Introductio ad linguam gallicam in gratiam Germanicae iuventutis conscripta" erschien (spätere Ausgabe 1601).[362]

Altdorf war damit die vierte Hochschule im deutschsprachigen Raum nach Wittenberg (Guillaume Rabot[363] 1571; Catherin Le Doux[364] 1593), Herborn (Geremberg[365] 1585) und Jena (Caspar Schloher[366] 1595), die modernen Fremdsprachenunterricht in ihr Angebot aufnahm. Das Collegium Mauritianum in Kassel und die Universität Marburg folgten 1602 bzw. 1605. In beiden Fällen wurde Le Doux der erste Stelleninhaber. Rabot, Geremberg und Le Doux standen im Professorenrang.

---

357 In der Professorenmatrikel (Abdruck bei Will 1795, S. 316ff., besonders S. 325) heißt es dazu: "Johannes Dietterich, Linguarum Gallicae et Italicae Professor Publicus factus mense Majo Anno 1622." Dietterichs weitere Biographie ist nicht bekannt.

358 Schröder BBL, Bd. II. S. 26.

359 Bei Will 1795, S. 326 ist verzeichnet, dass „Dominus Petrus Schött, Danus, Exoticarum Linguarum Professor Extraordinarius", am 14. Februar 1626 das akademische Bürgerrecht erhielt. Welche Sprachen er unterrichtete, ist nicht bezeugt.

360 Ebd.

361 Zu Kramer vgl. das biographische Portrait in Abschnitt 4.2.2.

362 „In der Vorrede zur Introductio erweist sich Cachedenier als Vertreter einer gemäßigt direkten Methode: Richtiges Verständnis der Schriftsteller und korrektes, idiomatisches, klares und deutliches Sprechen können nicht allein durch Regeln erworben werden, sondern es bedarf dazu auch der Übung, der Nachahmung, des Umgangs mit Franzosen. Grammatische Erkenntnisse beschleunigen den Erwerb fremder Sprachen. Man soll daher den Lernenden nicht lange mit Leseübungen quälen, sondern sofort an die Grammatik herangehen, sich dabei allerdings auf die Hauptkapitel beschränken, die an kurzen Beispielen einzuüben sind." (Schröder BBL I, S. 108)

363 Schröder BBL IV, S. 1f.

364 Schröder BBL III, S. 107ff. Vgl. auch Schröders Darstellung zur Geschichte des Fremdsprachenunterrichts an der Universität Wittenberg im Vorspann zu Seidelmann 1984, S. XXVIIff., sowie das biographische Portrait in Abschnitt 4.2.2.

365 Zu Geremberg liegen keine weiteren biographischen Daten vor.

366 Schröder BBL IV, S. 112f.

Der älteste erhaltene Lektionskatalog der Altdorfer Universität für das Studienjahr 1679/80 weist lediglich in allgemeiner Form auf die Möglichkeit hin, moderne Fremdsprachen an der Hochschule zu erlernen. Die Lektionskataloge für die Studienjahre 1683/84 und 1687/88 wiederholen den Hinweis.[367] Der Lektionskatalog für das Studienjahr 1685/86 nennt Französisch- und Italienischunterricht, derjenige für das Studienjahr 1691/92 erwähnt neben Französisch- und Italienischunterricht auch die Möglichkeit zum Erwerb der englischen Sprache: „Neq deerunt exoticarum linguarum, Italicae, Gallicae, Anglicanae magistri."[368] Gleichlautende Formulierungen enthalten die Lektionskataloge der Studienjahre 1692/93 und 1694/95. Was das Englische angeht, so gehören die Altdorfer Nachweise zu den frühesten Belegen für Unterricht in dieser Sprache im deutschsprachigen Raum überhaupt.[369] Vermutlich handelte es sich dabei um gesondert zu honorierenden Privatunterricht. Schülerlisten sind nicht überliefert.

Eine Gesamtliste der Altdorfer Sprachlehrer ist im Anhang abgedruckt. Sie enthält 44 Namen vom Ende des 16. Jahrhunderts bis zur Auflösung der Hochschule. Für die Mehrzahl der nur in Altdorf tätigen Sprachmeister finden sich allenfalls spärliche biographische Details. Es ist davon auszugehen, dass sich viele von ihnen nur kurz auf nürnbergischem Territorium bzw. im Umfeld der Altdorfer Hochschule aufgehalten haben. Einige der Altdorfer Sprachlehrer gewinnen aber doch Kontur, weil ihr Wirken einen engen Bezug zum Lehrangebot der Universität aufwies, oder aber, weil es sich bei ihnen um Universitätsprofessoren handelte, deren Biographie Bestandteil der Altdorfer Gelehrtengeschichte geworden ist.

Von Charles Chapuzet de Saint Valentin war im Zusammenhang mit seinem Nürnberger Aufenthalt in den Jahren 1690–1692[370] schon die Rede. Er stammte aus Frankreich und war Glaubensflüchtling. Unmittelbar nach der Widerrufung des Edikts von Nantes (1685) war er nach Deutschland gekommen, wo er sich an verschiedenen Orten als französischer Sprach- und als Exerzitienmeister durchschlug. Als der Nürnberger Rat 1692 seinen Antrag auf Verlängerung des Stadtschutzes negativ beschieden hatte, weil er als verdächtig galt und sein Schutzgeld nicht entrichtet hatte, und man ihn sogar aufforderte, sich „innerhalb vier Wochen gar von hier fortzumachen"[371], ging er nach Altdorf, wo er bis Ende 1694 Studenten Tanz- und Französischunterricht erteilte. Dann kehrte er nach Nürnberg zurück und es gelang ihm, sich dauerhaft in der Reichsstadt niederzulassen. In Altdorf wurde am 25. September 1694 Chapuzets Sohn, der spätere Nürnberger Sprachmeister Johann Karl Chapuzet, geboren. Dieser besuchte die Schule bei St. Lorenz in Nürnberg und immatrikulierte sich 1714 an der Altdorfer Universität.[372]

Der seit 1693 in Altdorf tätige Sprachmeister des Französischen Johann Christoph Donauer, Sohn des Konrektors des Poetischen Gymnasiums zu Regensburg, dedizierte dem Nürnberger Rat 1695 seine juristische Dissertation. Nach einem Studium in Straßburg, wo er gleichzeitig als

---

367   Schröder 1980–1985, Bd. I, S. 116.
368   Schröder 1969, S. 145.
369   Weitere frühe Belege sind: Corbach (Gymnasium Friedericianum) 1668, Greifswald (Universität) 1686, Wittenberg (Universität) 1696, Jena (Universität) um 1700, möglicherweise bereits 1695. (Genthe 1879, S. 14; Schröder 1969, S. 20f.) Abgesehen von polyglotten Gesprächsbüchern mit Englisch-Teil existierten in der Zeit vor 1690 lediglich zwei Unterrichtsmaterialien, die speziell auf deutschsprachige Lernende des Englischen zugeschnitten waren, der 1670 erschienene „Clavis linguae Anglicanae" Johann Podensteiners und die 1689 in London gedruckte „Grammatica linguae Anglicanae" des Heinrich Offelen (Schröder 1975, S. 124f., 209).
370   Vgl. Abschnitt 5.2.3.
371   StAN, Rep. 60a, Nr. 2934, RV 1692 VII 23, fol. 2r; Nr. 2935, RV 1692 VIII 08, fol. 47r-47v.
372   Schröder BBL I, S. 129f.

Informator tätig war, hatte er sich 1689 in Altdorf niedergelassen. Seit 1696 wirkte er als Doctor Legens in der Juristischen Fakultät der Universität, im gleichen Jahr heiratete er die Nürnbergerin Maria Magdalena Hönig. Seit 1699 lebte er als Konsulent in Nördlingen.[373]

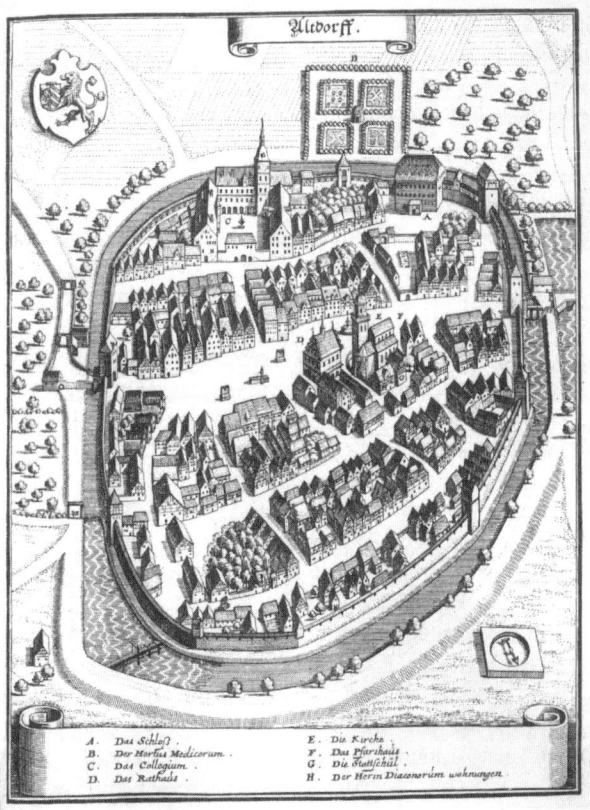

Abb. 21: Ansicht der Stadt Altdorf, Mitte des 17. Jahrhunderts. Aus: Matthäus Merian d. Ä. und Martin Zeiller, Topographia Franconiae, Das ist, Beschreibung, Vnd Eygentliche Contrafactur der Vornembsten Stätte, Vnd Plätze des Franckenlandes, […], Frankfurt: Merian 1656.

Das 18. Jahrhundert

Seit den 1740er Jahren werden einige Sprachmeister an der Universität Altdorf in den Quellen genauer fassbar. Nach dem Tod eines Sprachmeisters namens Jacquot im Jahre 1744 bewarben sich Johann Christian Andreas Feyertag, Jean Chrétien Dumas und Leonhard Daniel Held um die freie Stelle. Während Chrétien eine Bewerbung in französischer Sprache vorlegte, bewarben

---

373 StAN, Rep. 60a, Nr. 2974, RV 1695 VII 03, fol. 53v-54r. Aus dem Ratsverlass geht hervor, dass Donauer damals mit dem Gedanken spielte, sich als Advokat in Nürnberg niederzulassen. StAN, Rep. 60a, Nr. 2991, RV 1696 X 01, fol 3r; Nr. 2991, RV 1696 X 02, fol. 8r; Nr. 2991, RV 1696 X 13, fol. 58r; Schröder BBL II, S. 30.

sich Feyertag und Held mit französischen und italienischen Schreiben; Feyertag legte zusätzlich eine deutsche Bewerbung und eine Empfehlung vor. Die Stelle erhielt schließlich jedoch Christian Steiger, der von 1744 bis 1757 als Lektor für Französisch und Italienisch in Altdorf wirkte.[374] Auf ihn folgte Antoine Mourlon, der bereits seit den 1740er Jahren als Lehrer des Französischen und Italienischen in Nürnberg und Altdorf tätig war. Mourlon war unter anderem der Lehrer des späteren Advokaten und Syndikus Karl Alexander Faulwetter, des Juristen und Diplomaten Paul Jakob Feuerlein, des Juristen und Stadtpolitikers Johann Karl Sigmund Holzschuher, des Ingenieur-Hauptmanns Johann Leonhard Maximilian Keyl und des Pfarrers Georg Ernst Weber. Auch der spätere Altdorfer Philosoph und Philologe Wolfgang Jäger, von dem unten die Rede sein wird, lernte Französisch und Italienisch bei ihm, und der Sohn des Philologen, Orientalisten und dreimaligen Rektors der Universität, Maximilian Nagel, brachte es bei ihm so weit, dass er diese Sprachen nach zeitgenössischem Zeugnis mit großer Fertigkeit redete und schrieb.[375] Mourlon, den die Adresskalender der Jahre nach 1758 als *Lecteur de la langue française et de l'italienne*, bezeichnen, unterrichtete bis mindestens 1774 in Altdorf, als ein aus Limburg stammender Sprachmeister namens Thomas Soucré vom Nürnberger Vormundamt dorthin geschickt wurde, weil die Altdorfer Studenten angeblich kein Zutrauen mehr zu Mourlon hätten. Letzterer kehrte daraufhin nach Nürnberg zurück. An die Stelle Soucrés trat 1781 Jean Conradi; 1788 erscheint ein Sprachmeister Pagganiga und in den 1790er Jahren Louis de Galard in den Akten der Universität.[376]

Spätestens seit 1751 und wahrscheinlich bis zu seinem Tode im Januar 1766 erteilte der 1752 berufene *Professor Historiae* Johann Gottfried Bernhold zugleich Englischunterricht. Möglicherweise lehrte er auch noch andere moderne Sprachen.[377] Seine Englisch-Kollegs wurden in den Vorlesungsverzeichnissen allerdings nicht genannt.[378] Bernhold, 1720 als Sohn eines Altdorfer Theologen in Pfedelbach (Hohenlohe) geboren, war in Altdorf aufgewachsen und privat erzogen worden. Von 1736 bis 1740 hatte er an der dortigen Universität studiert. Nach Erlangung der Magisterwürde (1740) war er nach Halle gegangen, wo er ab Herbst 1742 als Hofmeister der Gebrüder von Scheurl aus dem Nürnbergischen Patriziat tätig war. 1743 bereiste er Holland und die spanischen Niederlande. Seine Englischkenntnisse erwarb er im Rahmen eines dreimonatigen Aufenthalts in Utrecht. Die Niederlande galten damals als bevorzugter Lernort für diese Sprache.[379] Bernhold war nach zeitgenössischem Urteil „ein guter Musikus, Meister auf der Traverse [der Querflöte] und in der Englischen Sprache, deren ächte Pronunciation er zu Utrecht von gebohrnen Engländern gelernet, so geschickt, daß er darinnen akademische Jünglinge glücklich unterrichten konnte."[380]

---

374 UB Erlangen, Altdorfer Universitätsarchiv, Nr. 76: Acta, Sprachmeister und ihre Anstellungen betr.
375 Schröder BBL, Bd. III, S. 237. Das BBHS bietet keinen Eintrag.
376 UB Erlangen, Altdorfer Universitätsarchiv, Nr. 76: Acta, Sprachmeister und ihre Anstellungen betr.
377 Schröder BBL I, S. 53. Das BBHS bietet keinen Eintrag.
378 Schröder 1969, S. 145.
379 Talander alias Bohse 1706, S. 355ff., befasst sich ausführlich mit den Gründen, warum Französisch, Italienisch, Spanisch und auch Englisch gelernt werden sollen. Was den Erwerb des Englischen angeht, so rät er: „Doch, wer noch mehr darinnen tun will, muss selbst in England hinein, um allda mit denen in allen Scientien vor anderen Nationen sonderlich exzellierenden Leuten sich mündlich zu besprechen: Welches aber nicht wohl geschehen kann, wofern man nicht zuvor, ehe man sich dahin begibt, entweder hieraußen oder doch in Holland, wo man mehr Unterweisung darinnen antrifft, die Sprache ziemlich gelernet hat." (zit. nach Schröder 1980–1985, Bd. II, S. 16)
380 Will, Teil V, 1802. Zit. nach DBA (ohne Originalpagination).

Mit der Berufung Wolfgang Jägers im Jahre 1774 erhielt die Hochschule einen „Extraordinarius der Philosophie und ordentlichen Lehrer der abendländischen Sprachen".[381] Jäger, geboren 1734 in Nürnberg, war der Sohn eines Gold- und Silber-Drahtziehers. Auch er hatte eine Privaterziehung erhalten. Sein Lehrer war Johann Michael Schmidt gewesen, der spätere Konrektor der Schule bei St. Lorenz. 1749 wurde er in die erste Klasse des Nürnberger Gymnasiums aufgenommen, 1751 und 1752 besuchte er die Vorlesungen des Egidischen Auditoriums, der Vorbereitungsklasse für das akademische Studium. Von 1752 bis 1759 studierte er Philosophie und Philologie an der Universität Altdorf. Bei Antoine Mourlon nahm er Unterricht in den modernen Fremdsprachen. Seit 1762 war er als Vikar am Nürnberger Gymnasium tätig, seit 1767 Konrektor der Schule. Jäger erwies sich als ordentlicher Lehrer, fühlte sich angeblich jedoch „für die Beschwerden dieses Standes zu empfindlich".[382] In Absprache mit den Kuratoren der Universität Altdorf plante er daher seine Rückkehr an die Hochschule. 1772 wurde ihm auf Betreiben des Altdorfer Kuratoriums die Magisterwürde zuteil.[383] Jäger wurde 1786 zum Ordinarius ernannt; im gleichen Jahr trat ihm Georg Andreas Will das Lehramt der Dichtkunst ab. Drei Jahre später erhielt er nach dem Tode Nagels das Lehramt der Eloquenz; gleichzeitig wurde er Moderator der von Nagel gestifteten Lateinischen Gesellschaft. Als Professor der Beredsamkeit hatte er die Pflicht, alles abzufassen, was im Namen der Hochschule lateinisch geschrieben werden musste. Jäger erteilte Unterricht im Französischen, Italienischen, Englischen und Spanischen. Daneben las er über philosophische und philologische Gegenstände sowie über Universal-, Reichs- und Staaten-Historie. Er war an der Hochschule bis zu seinem Tod am 30. Mai 1795 tätig. Dreimal hatte er das Dekanat inne, eine Amtsperiode lang war er Rektor der Hochschule. Hinsichtlich seiner Persönlichkeit berichtet der Gothaer Gymnasiallehrer und Bibliothekar Friedrich von Schlichtegroll (1765–1822) in seinem „Nekrolog der Deutschen":

> Er war unverheiratet geblieben, weil er, bei seiner schwächlichen Gesundheit, immer einen frühen Tod befürchtete und den Gedanken scheute, eine unversorgte Witwe und Waisen zurückzulassen. Bei dieser Lage, wo er bloß für seine bescheidenen Bedürfnisse zu sorgen hatte, konnte seine große Dienstfertigkeit umso uneigennütziger sein, und sie war es, ob er gleich nie unter die Reichen und Wohlhabenden gehörte; seine Menschenliebe kannte keine Einschränkung, sein Fleiß war unermüdlich. Er ging selten aus und besuchte wenige Gesellschaften; um aber doch während des Essens eine vergnügte Unterhaltung zu haben und zugleich durch Mitteilungen nützlich zu werden, hielt er einen Tisch für Studierende. Er war sehr vorsichtig, neue Freundschaften zu schließen, aber von einer treuen Beständigkeit gegen die, denen er einmal zugetan war.[384]

Jäger hinterließ zahlreiche Publikationen im neusprachlichen Bereich,[385] darunter die Übersetzung einer italienischen Oper, eine Neubearbeitung des italienisch-deutschen und deutsch-

---

381   Schröder BBL III, S. 10; BBHS, Bd. V, S. 12ff.
382   Schröder BBL III, S. 10.
383   Schröder BBL III, S. 10f.
384   Schlichtegroll, zit. nach Schröder BBL III, S. 11.
385   Vgl. auch Kap. 5.

italienischen Wörterbuchs des Nürnberger Sprachmeisters Clemens Romani[386] sowie eine spanische Anthologie „Vermischte Aufsätze in spanischer Prosa, mit beigefügter Erklärung der schweren Wörter und Redensarten zur Übung für Anfänger".[387] Sein breites Œuvre umfasst außerdem literarische, altertumskundliche, historische und topographische Arbeiten sowie lateinische Programmschriften, Festreden und Gedichte.

Will sagt von Jäger, er sei „ein vorzüglicher Kenner der alten und neuen Sprachen, genauer Geschichtsforscher und guter lateinischer Dichter"[388] gewesen, und Schlichtegroll bewundert seinen klassisch-lateinischen Stil und seine lateinischen Gedichte.

> Zu dieser Kenntnis der alten Sprachen kam die größte Vertraulichkeit mit den neueren Sprachen und deren Literatur. Seine Stärke in der italienischen Sprache erhellt aus seinem italienischen Lexikon [...]. Das Spanische verstand er sehr gründlich; das sieht man aus seiner spanischen Chrestomathie und den ihr beigefügten Erläuterungen von ihm; auch hatte er den Plan, ein spanisches Lexikon im Verlag des Erfurter Buchhändlers Keyser herauszugeben, welches aber nicht genug Subskribenten fand. Dass er das Französische vollkommen innehatte, versteht sich von selbst; sein Unterricht darin, den er so vielen jungen Leuten erteilt hat, war vortrefflich, ebenso wie seine Übersetzungen aus dieser Sprache. Auch im Englischen gab er sehr guten Unterricht [...].[389]

Nachfolger Jägers als Extraordinarius der Philosophie und Lehrer der abendländischen Sprachen war der 1791 berufene Johann Philipp Siebenkees.[390] 1759 in Nürnberg als Sohn des Organisten der Sebaldus-Kirche geboren, hatte er seine erste Ausbildung durch einen Diakon erhalten und danach die Schule bei St. Lorenz besucht. Seit Herbst 1778 hatte er an der Universität Altdorf studiert, seine Studienschwerpunkte waren Theologie und Humaniora. Er wurde Mitglied der Altdorfischen Lateinischen Gesellschaft. Als Student stiftete Siebenkees in Altdorf in Verbindung mit einigen Kommilitonen eine literarische Privatgesellschaft, deren Frucht sein erstes literarisches Produkt „Von der Religion der alten deutschen und nordischen Völker"[391] war. Gleichzeitig übte er sich als Kanzelredner.

Zu Beginn der achtziger Jahre erhielt Siebenkees durch einen einflussreichen Verwandten, den Senior der Altdorfer Juristenfakultät, die Möglichkeit, als Hofmeister bei den Bankiers Reck und Laminit in Venedig tätig zu werden. Er hatte diese Stelle von 1782 bis 1788 inne. Siebenkees nutzte seinen Venedig-Aufenthalt für ausgedehnte Studien im Bereich der alten Literatur und Kunst sowie der italienischen und venezianischen Geschichte. Als Ergebnis seiner Tätigkeit gab er 1789 in Gotha eine „Lebensbeschreibung der Bianca Capello di Medici, Großherzogin von Toskana, aus Urkunden bearbeitet" heraus. Die Arbeit erschien 1797 in englischer Übersetzung in London. Siebenkees verließ Venedig im August 1788 und ging nach Rom, wo er sich

---

386   „Nuovo Dizionario italiano-tedesco e tedesco-italiano oder Vollständiges italienisch-deutsches und deutsch-italienisches Wörterbuch, nach der Orthographie der florentinischen Akademie, entworfen von Don Clemente Romani, mit sonderbarem Fleiße ausgearbeit", Nürnberg 1764 u.ö.
387   Frankfurt (Main) und Leipzig 1779.
388   Will, Bd. VI, 1805. Zit. nach DBA (ohne Originalpagination).
389   Schlichtegroll, ebd., zit nach Schröder BBL III, S. 11.
390   Schröder BBL IV, S. 158ff. auf der Basis von Hirsching 1794–1815, Schlichtegrolls Nekrolog auf das Jahr 1796 und Will/Nopitsch 1802–1808. Das BBHS bietet keinen Eintrag.
391   Altdorf 1781.

15 Monate aufhielt, um Handschriften zu studieren und Kunstwerke zu besichtigen. Dabei knüpfte er Beziehungen zu bedeutenden Persönlichkeiten der römischen Kurie und des Vatikans. Südlichster Punkt seiner Italienreise war Neapel. Gegen Ende des Jahres 1790 kehrte er nach Nürnberg zurück.[392]

Siebenkees erhielt sein Amt nicht zuletzt aufgrund seiner ausgezeichneten Italienisch-kenntnisse. 1795 übernahm er das durch Jägers Tod freigewordene Ordinariat, nachdem er bereits 1794 das Inspektorat des Alumneums und der Ökonomie erhalten hatte. Zugleich wurde er beauftragt, den kränkelnden Professor Will im Lehramt der Geschichte zu vertreten. Die Professur der abendländischen Sprachen behielt er bei, allerdings unterrichtete er nun in erster Linie Latein und Griechisch. Er starb im Juni 1796 an den Folgen eines Schlaganfalls. Siebenkees hinterließ ein umfangreiches Œuvre in Manuskriptform, in dessen Mittelpunkt eine breit angelegte Strabo-Ausgabe steht. Hinsichtlich seiner Persönlichkeit urteilt Schlichtegroll:

> Siebenkees war kein Mann von sehr hervorstechenden, überlegenen Geistesgaben, aber durch großen Fleiß und Anstrengung und durch einen nicht gemeinen Geist für Wissenschaften erhob er sich zu einem Gelehrten von ausgebreiteten Sprach- und Sachkenntnissen. […] Was seinen lateinischen Ausdruck betrifft, so scheint er sich entweder in den ersten Anfangsgründen der Sprachlehre und der Theorie der guten Schreibart vernachlässigt zu haben, oder wenn er sie innegehabt hat, so mag er während seines Aufenthaltes in Italien, wo die gute Latinität nicht mehr einheimisch ist, die Reinheit und Korrektheit der Sprache verlernt haben, die man so ungern in seinen Schriften vermisst. Ein kritisches Genie war er nicht; dennoch hat er sich gerade um die kritische Bearbeitung der Alten durch seine genaue, verständige Benutzung der Handschriften und durch eine gesunde, scharfe Urteilskraft bei der Abwägung der Lesarten oder bei Verbesserung verdorbener Stellen die meisten Verdienste erworben.[393]

Nach Siebenkees' Tod wurde der 1756 in Altdorf geborene Konrad Mannert[394] im März 1797 als ordentlicher Professor der Geschichte und der abendländischen Sprachen an die Universität Altdorf berufen. Mannert hatte die Altdorfer Stadtschule besucht und seine weitere Ausbildung an der Sebaldus-Schule in Nürnberg erfahren. Von 1778 bis 1783 studierte er an der Universität Altdorf und erwarb die Würde eines Magisters der Philosophie. Als Student wurde er Mitglied der von Siebenkees gegründeten deutschen Privatgesellschaft zu Altdorf. Nach Abschluss seiner Studien war er einige Jahre lang Hofmeister der Söhne des damals in Altdorf privatisierenden Geheimrats und Reichshofratsagenten von Fabrice. Danach wirkte er als Lehrer an der Sebaldus-Schule in Nürnberg. 1788 folgte er einem Ruf als Fünfter Kollege und Lehrer der französischen Sprache an das Egidische Gymnasium, an dem er bereits seit 1784, offenbar mit einem unbesoldeten Lehrauftrag, als Französischlehrer tätig gewesen war. Seit August 1801 war Mannert Ehrenmitglied der Herzoglichen Lateinischen Gesellschaft zu Jena, seit 1803 hatte er die wissenschaftliche Leitung der Homännischen Landkartenoffizin in Nürnberg inne. Im März 1805 erhielt er einen Ruf auf ein Ordinariat der Geschichte an der Universität Würzburg. Zwei Jahre später wurde er an die Ludwig-Maximilians-Universität Landshut berufen, mit der er 1826

---

392 Damit folgt Siebenkees' Reise der Jahre 1788–1790 dem Muster der klassisch gewordenen ita-
     lienischen Bildungsreise, wie sie zwei Jahre zuvor auch von Johann Wolfgang Goethe unternommen
     wurde. Hinsichtlich weiterer Bildungsreisen Nürnberger und Augsburger Bürger vgl. Kap. 3.
393 Schlichtegrolls Nekrolog auf das Jahr 1796, zitiert nach Schröder BBL IV, S. 160.
394 Schröder BBL III, S. 149f.; BBHS Bd. VII, S. 8ff.

nach München wechselte. Er starb 1834 in München. Mannert, der – wie zuvor Siebenkees – auf ganz unterschiedlichen Wissensgebieten tätig war, hat ein umfangreiches Œuvre vorgelegt, dessen Schwerpunkt im Bereich der alten Geschichte angesiedelt ist. Unter seinen Arbeiten befindet sich auch ein 1788 in Nürnberg erschienenes „Französisches Lesebuch".[395]

Das Ende der Hochschule

Mannerts Nachfolger wäre Christoph Wilhelm Friedrich Penzenkuffer[396] gewesen, hätte die bayerische Regierung die Hochschule im Zuge der Mediatisierung nicht 1809 aufgelöst. Penzenkuffer, 1768 in Nürnberg als Sohn eines Rechtskonsulenten geboren, sollte nach dem Willen seines Vaters Kupferstecher werden, während die Mutter an eine militärische Karriere dachte; er selbst hatte eine Tätigkeit als Landgeistlicher im Auge. Von 1778 bis 1787 erhielt er seine Schulbildung in der obersten Klasse der Schule bei St. Lorenz und am Egidischen Gymnasium. Von 1787 bis 1791 studierte er Philosophie, Philologie, Theologie und Orientalistik an der Universität Altdorf. Penzenkuffer plante, sich für eine akademische Karriere zu qualifizieren, doch sein fragiler Gesundheitszustand ließ dies nicht zu. Im Februar 1791 verließ er Altdorf und übernahm eine Hofmeisterstelle im Hause des Landpflegers von Scheurl in Reicheneck. Im Vorfeld seiner Hofmeister-Tätigkeit eignete er sich, da er während seiner Ausbildung die modernen Sprachen weitgehend vernachlässigt hatte, englische Sprachkenntnisse an. In Reicheneck entwickelte Penzenkuffer, der schon in seiner Jugend unter Hypochondrie gelitten hatte, erneut Krankheitssymptome, die ihn zwangen, noch im gleichen Jahr nach Nürnberg zurückzukehren.

Obwohl die Rückkehr in seine Vaterstadt seinen Gesundheitszustand eher verschlimmerte, nahm er seine Studien mit aller ihm zu Gebote stehenden Energie wieder auf. Sein Schwerpunkt lag nun im neusprachlichen Bereich, wobei die Sprachen Italienisch und Französisch bald das Englische und auch das Spanische in den Hintergrund treten ließen. In der Folgezeit setzte Penzenkuffer seine neusprachlichen Kenntnisse ein, um seinen Lebensunterhalt zu erwerben oder zumindest eine zusätzliche Einnahmequelle zu erhalten: Er erteilte zahlreichen Schülern Privatunterricht und übernahm auch Korrekturen für Buchhändler. Daneben schrieb er Rezensionen für mehrere Literaturzeitungen und begann, eigene Schriften auszuarbeiten, wobei Theologie und Philosophie seine Lieblingsbereiche waren. Inzwischen war er zu seinem ursprünglichen Berufswunsch zurückgekehrt, Landgeistlicher zu werden. Als jedoch die Prüfung der Kandidaten des Predigtamtes ausgeschrieben wurde, entschied er sich gegen diesen Beruf, da er befürchtete, ihm angesichts seiner anhaltend labilen Gesundheit nicht genügen zu können.

1796 bat er um Aufnahme unter die Professoren der zu Nürnberg bestehenden akademischen Vorbereitungsklasse: Er wollte dort theologische Vorlesungen halten. Doch die finanzielle Lage der Stadt gestattete die Anstellung Penzenkuffers nicht. Eine im gleichen Jahr in Nürnberg publizierte theologische Schrift „Neue Beiträge zur Erklärung der wichtigsten biblischen Stellen über Geist und Fleisch", in der Penzenkuffer vom strengen kirchlichen Lehrbegriff abwich, rief heftige Gegendarstellungen hervor. In der Folgezeit wandte sich Penzenkuffer erneut dem neusprachlich-literarischen Bereich zu: 1798 erschien in Nürnberg seine „Nouvelle Grammaire

---

395   Vgl. Kap. 5.
396   Das Folgende nach Schröder BBL III, S. 305ff.

raisonnée zum Gebrauch für eine junge Person herausgegeben"[397] sowie eine „Sammlung der schönsten und unterhaltendsten Novellen des Johann Boccaccio, zum Nutzen junger Freunde der italienischen Sprache."[398] Mit seiner ebenfalls 1798 in Nürnberg erschienenen „Lateinischen Sprachlehre" qualifizierte er sich endgültig für ein weltliches Lehramt. Es folgte ein „Vollständiges Wörterbuch, deutsch und französisch bearbeitet und zum bequemen Gebrauch für Anfänger und Reisende herausgegeben".[399] 1804 erschienen in Bayreuth als weiteres Unterrichtswerk „Elementargrundsätze der französischen Sprache zum Behufe des öffentlichen und Privatunterrichtes".[400] Aufgrund seiner in den Jahren 1798 bis 1804 erschienenen didaktischen Arbeiten zum Lateinischen, Französischen und Italienischen, die in der Fachwelt eine sehr positive Aufnahme gefunden hatten, war an Penzenkuffer um 1808 die Einladung ergangen, als Lehrer der französischen, italienischen und englischen Sprache an der Altdorfer Universität tätig zu werden. Penzenkuffer hatte positiv auf das Angebot reagiert, das ihm gestattete, an seine alte Universität zurückzukehren, doch er hatte die endgültige Zusage hinausgezögert, da er der Meinung war, nicht mehr genug Englisch zu können, um das intendierte Amt ehrenvoll zu vertreten. Die Universität versuchte, seine Bedenken zu zerstreuen, doch als die Anstellung annähernd gesichert war, erging das Auflösungsdekret. Penzenkuffer wurde im gleichen Jahr als ordentlicher Lehrer des Französischen am Gymnasium zu Nürnberg angestellt.[401]

Vernetzungen: Zur Rolle Altdorfs für die Entwicklung fremdsprachlicher Studien

Um die Rolle Altdorfs für die Entwicklung fremdsprachlicher Studien zumindest einschätzen zu können, muß auch die Frage nach der Vernetzung der Universität mit fremdsprachlichen Initiativen an anderen Orten gestellt werden. Im Folgenden werden hierzu, in chronologischer Abfolge, einige Hinweise gegeben.

In den Jahren nach 1615 hielt sich der ungarische Sprachforscher und Pädagoge Albertus Molnár, geboren 1574 in Szenz (Wartberg), eine Zeit lang in Altdorf auf, nachdem er zuvor in Wittenberg, Heidelberg und Straßburg studiert hatte. In Wittenberg und Straßburg bestand damals bereits ein neusprachliches Lehrangebot. Schon 1604 war in Nürnberg sein „Lexikon latino-graeco-hungaricum et hungarico-latinum" erschienen[402], möglicherweise ein Hinweis auf einen früheren Aufenthalt in der Reichsstadt. Weitere Stationen seines Deutschlandaufenthalts waren Marburg und Herborn – kalvinistische Hochschulen, die dem neuen Studienfeld der abendländischen Sprachen gegenüber aufgeschlossen waren. Molnár, der auch eine ausgedehnte Reise in die Schweiz sowie nach Italien, Frankreich und England unternommen hatte, erhielt schließlich einen Ruf an das Gymnasium zu Sárospatak (Ungarn). Als dort politische Unruhen

---

397 „Nouvelle Grammaire raisonnée zum Gebrauch für eine junge Person herausgegeben, mit vielen Abhandlungen von den Bürgern Laharpe, Suard, Ginguené, Aubert und anderen versehen."

398 „Raccolta delle più eleganti e delle più interessanti novelle di Giovanni Boccaccio. .Sammlung der schönsten und unterhaltendsten Novellen des Johann Boccaccio, zum Nutzen junger Freunde der italienischen Sprache mit vielen teils historischen, teils grammatikalischen Anmerkungen versehen."

399 Bd. 1, Buchstaben A-I, Nürnberg 1802.

400 „Elementargrundsätze der französischen Sprache zum Behufe des öffentlichen und Privatunterrichtes. Teil l, welcher die Wörter dieser Sprache als Tonzeichen behandelt und zugleich eine theoretische und praktische Anleitung zu den dreifachen Pronunziationsarten gibt. Teil 2, welcher die Wörter als Gedankenzeichen behandelt und die Schemata der Deklinationen und Konjugationen enthält." 2. Auflage., 2 Bde., Nürnberg 1813.

401 Zu seinem Wirken im Schulbereich vgl. Abschnitt 4.3.4.

402 Spätere Ausgabe, mit hinzugefügten griechischen Wörtern, cura Christopherus Beer, Nürnberg 1606; weitere Ausgabe, mit beigesetzten deutschen Wörtern, Nürnberg 1708. Vgl. auch Kap. 5.

ausbrachen, nahm er die Stelle eines Rektors an der Lateinschule zu Oppenheim an. Hier erfreute sich Molnár viele Jahre lang der Gunst der pfälzischen Kurfürsten Friedrich IV. und Friedrich V. 1610 hatte Molnár die früheste Grammatik der ungarischen Sprache unter dem Titel „Novae grammaticae hungaricae succincta methodo comprehensae et perspicuis exemplis illustratae libri duo" vorgelegt. Sie ist dem hessischen Landgrafen und Marburger Universitätsrektor Moritz dem Jüngeren gewidmet und in Hanau gedruckt.[403]

Der Prinzenerzieher und bedeutende Judaist Johann Christoph Wagenseil,[404] geboren 1633 in Nürnberg als Sohn eines angesehenen Kaufmanns, war von 1648 bis 1655 Student in Altdorf, nachdem er seine Schulbildung in Stockholm, Greifswald, Rostock und zuletzt seit 1646 am Egidischen Gymnasium in Nürnberg erhalten hatte. 1665 wurde er in Orléans zum Doktor der Rechte promoviert und 1667 auf ein Ordinariat der Geschichte und des Öffentlichen Rechts an die Universität Altdorf berufen. Wagenseil vertauschte diese Professur 1674 mit dem Lehrstuhl der Orientalischen Sprachen. 1697 erhielt er den Lehrstuhl für kanonisches Recht in der Juristenfakultät der Altdorfer Universität. Wagenseil war mehrfach Dekan und zweimal Rektor der Hochschule. 1699 übernahm er das Amt des akademischen Bibliothekars. Er starb im Oktober 1705.

Den Zeitgenossen galt Wagenseil als Polyhistor mit einer vielseitigen, aber doch eher oberflächlichen Gelehrsamkeit. Zu seinem umfangreichen Œuvre zählt eine 1699 in Königsberg erschienene „Belehrung der jüdisch-deutschen Rede- und Schreibart", eine der frühesten Darstellungen der jiddischen Sprache, Literatur und Kultur,[405] sowie eine 1705 in Leipzig erschienene Schrift „Von Erziehung eines jungen Prinzen, der vor allem Studieren einen Abscheu hat, dass er dennoch gelehrt und geschickt werde", in der Wagenseil u.a. eine „Einleitung zu der französischen und italienischen Sprache" gab. Darin behandelte er auch die Gründe, warum diese Sprachen erworben werden sollten:

> Wir müssen der französischen und italienischen Sprache kundig sein. Ohne deren Wissenschaft könnt Ihr den französischen und italienischen Soldaten, so Ihr unter Eurem Kommando haben werdet, nichts befehlen, die Reisen in Frankreich und Italien dermaleins nicht recht verrichten, auch fast in keine Gesellschaft (denn jedermann piquieret sich bei uns, fremde Sprachen zu können) Euch einlassen, und wer weiß, ob Eure Kriegsexpeditionen nicht künftig Frankreich und Welschland betreffen? Es wird aber, solche Sprachen zu erlernen, nicht viel Mühe brauchen, sintemal sie, wie man zu sagen pflegt, lebend sind, das ist, hin und wieder geredet werden, und stetig den Ohren vorkommen. Man kann die Knaben, die bisher zur lateinischen Sprache gedient, zu anderen Verrichtungen gebrauchen und an deren Stelle erstlich ein paar Franzosen, und wenn Ihr Euch zwei oder drei Jahre in der französischen Sprache geübt, hernach ein paar Italiener annehmen. Es müssen derselben allezeit ein paar sein, damit Ihr sie stetig reden hört, und desto eher den dritten Mann abgeben könnt. Die Konfusion zu vermeiden, ist es besser, eine Sprache nach der anderen zu lernen. Sonst lassen sich auch wohl mehr Sprachen auf einmal begreifen.[406]

403   Schröder BBL III, S. 229f. Dort weiterführende biographische Angaben.
404   Schröder BBL IV, S. 265; VI, S. 299f. Zu Wagenseil vgl. auch Kap. 3.3.
405   Wagenseils Beschäftigung mit der jüdischen Kultur beleuchtet Blastenbrei 2004.
406   Wagenseil 1705, S. 60 ff., zit. nach Schröder 1980–1985, Bd. II, S. 26f.

Darüber hinaus gab er eine Reihe von lernstrategischen und methodischen Anregungen, und er benannte die dem Prinzen im Zusammenhang mit dem Spracherwerbsprozess nützlichen Lesestoffe.[407]

Auch der spätere Rektor des Gymnasiums zum Grauen Kloster zu Berlin und Leibniz-Freund Johann Leonhard Frisch[408], geboren 1666 in Sulzbach bei Amberg, war Student an der Universität Altdorf. Sein 1683 begonnenes Studium der Theologie und Orientalistik setzte er 1686 in Jena fort. Frisch war von Jugend auf sprachenbegeistert; im Laufe seines Lebens erwarb er Kenntnisse des Französischen, Italienischen, Ungarischen, Slowakischen und Russischen. Er erteilte an verschiedenen Orten auch Unterricht in diesen Sprachen und arbeitete als Dolmetscher. Die Aufenthaltsorte seiner Jugend, Nürnberg, Altdorf und Jena,[409] waren Zentren neusprachlicher Studien; offenbar hat dieser Umstand seine Lernbiographie und seinen späteren Lebensweg nachhaltig geprägt. Vieles spricht dafür, dass Frisch unter dem Pseudonym „Charmyntes" im Jahre 1713 in Berlin die erste Lerngrammatik des Deutschen für Russen veröffentlicht hat.[410] Wichtig für die Grammatikdiskussion in Deutschland wurde er durch seine grundlegende Umarbeitung der „Grund-Sätze der Deutschen Sprachen Im Reden und Schreiben Samt einem Bericht vom rechten Gebrauch Der Vorwörter" des Cöllner Rektors Johann Bödiker.[411]

Drei Generationen später, seit 1759, war Johann Scheuber[412] Altdorfer Student. Der 1737 in Nürnberg geborene Scheuber unternahm nach Abschluss seiner Studien 1764 eine Reise durch Frankreich und Holland und schloss ein einjähriges Studium an der Universität Göttingen an. 1766 weilte er als Hofmeister eines Adligen an der Universität Erlangen; im Jahr darauf wurde er als Rektor der Lateinschule nach Hersbruck berufen. Für die Zeit um 1769 ist Scheuber auch als Privatlehrer des Französischen in der Stadt bezeugt. 1774 folgte er einem Ruf auf das Rektorat der Spitalschule zu Nürnberg. Hier wurde er der Französischlehrer des weiter unten erwähnten Johann Sigmund Gruber. 1781 erhielt er die Pfarrstelle zu Igensdorf bei Nürnberg, und 1785 wurde er Zweiter Kaplan in Fürth. Er starb im April 1796. Scheuber hat mehrere Übersetzungen aus dem Französischen und Englischen vorgelegt, wobei medizinische Fachliteratur im Mittelpunkt steht.

Ein Altdorfer Kommilitone Scheubers war der sieben Jahre jüngere Nürnberger Johann Christoph Friedrich Schmit,[413] Sohn eines Doktors der Rechte und Advokaten. Er hatte sich 1761 immatrikuliert und setzte seine Studien 1765 in Leipzig fort. Eine Tätigkeit als Sekretär des Generals von Seckendorf in Oberzenn schloss sich an. Einige Zeit später begleitete Schmit einen jungen Adligen als Hofmeister nach Göttingen. In der Folgezeit fand er Anstellung als Lehrer in Kloster Berge bei Magdeburg. Er war bis 1774 an dieser Schule tätig, dann kehrte er nach Nürnberg zurück. Schmit erhielt 1775 einen Ruf als Professor der Schönen Wissenschaften an die Ritterakademie zu Liegnitz, wo er noch 1808 bezeugt ist. Ein Kommissionsbericht von

---

407 Schröder 1980–1985, ebd. Vgl. auch Schröder BBL IV, S. 265; VI, S. 299f. Hier weiterführende biographische Angaben.
408 Schröder BBL II, S. 117ff.
409 Vgl. dazu u.a. Roux 1928; Koch 1950; Eichhorn-Eugen 1957; Jahnel 1990; und als zusammenfassende Darstellung Strauß 1990.
410 Vgl. dazu Koch 2002, besonders S. 218ff.
411 Cölln an der Spree 1690 u.ö. Frischens Bearbeitung der „Grund-Sätze der Teutschen Sprache" erscheint 1729 in Berlin (weitere Auflage 1746, Neudruck Leipzig 1977).
412 Schröder BBL IV, S. 105.
413 Schröder BBL IV, S. 118.

1790 nennt ihn als Lehrer des Englischen und Italienischen. Schmit ist der Verfasser einer „Italienischen Anthologie aus prosaischen und poetischen Schriftstücken".[414] Außerdem legte er mehrere literarische Übersetzungen aus dem Französischen, Italienischen, Spanischen und Englischen vor, so beispielsweise eine des *Tom Jones* von Henry Fielding.

Der 1768 als „Professor der Philosophie und der eleganten Sprachen" an die Universität Erfurt berufene Johann Friedrich Herel,[415] 1745 als Sohn eines Arztes in Nürnberg geboren, hatte nach einer Privaterziehung in Nürnberg seit 1765 an der Universität Altdorf lateinische und griechische Literatur studiert, aber offenbar auch moderne Sprachen gelernt. 1766 ging er nach Halle und später nach Göttingen, wo er die Magisterwürde erwarb. In seiner Lehrtätigkeit berührte er, der Denomination seines Lehrstuhls entsprechend, auch die modernen Sprachen, Umfang und Schwerpunkt dieser Tätigkeit sind jedoch nicht bekannt. 1771 legte er seine Professur nieder, um in Erfurt zu privatisieren. 1798 kehrte er nach Nürnberg zurück. Dort starb er im April 1800.

Noch stärker neusprachlich orientiert war der 1757 in Nürnberg geborene Bäckerssohn Johann Balbach.[416] Er erwarb im Rahmen seiner Vorbereitung auf den Kaufmannsberuf in jungen Jahren in seiner Vaterstadt Kenntnisse des Französischen und Italienischen. Dann aber studierte er von 1775 bis 1780 in Altdorf Philologie und Theologie. Während seiner Kandidatenzeit für das Predigtamt in Nürnberg war er als Lehrer neuerer Sprachen in der Stadt tätig und veröffentlichte in den Jahren nach 1782 ein umfangreiches Korpus an Lehr- und Lesematerialien für den Französisch- und Englischunterricht.[417] Seine Englischkenntnisse hatte er vermutlich in Altdorf erworben.

Der 1759 in Nürnberg geborene Johann Sigmund Gruber,[418] Sohn eines Kapellmeisters, hatte die Grundlagen des Französischen bei dem oben genannten Rektor der Spitalschule Johann Scheuber erlernt. Von 1777 bis 1783 studierte er in Altdorf die Humaniora und Jura. Zu seinen akademischen Lehrern zählte der Extraordinarius der Philosophie und ordentliche Lehrer der abendländischen Sprachen Johann Philipp Siebenkees. In den Jahren 1800 und 1801 veröffentlichte Gruber in Nürnberg als „Reichsstädtischer Consiliarius Extraordinarius und Konsulent" Äsop-basierte Lernmaterialien für den Französisch- und Italienischunterricht.

Auch der 1765 in Nürnberg geborene Johann Wolfgang Müller[419] hatte zur Zeit des Rektorats von Scheuber die städtische Spitalschule besucht und von 1784 bis 1788 an der Universität Altdorf studiert. Müller wurde 1797 als Lehrer der französischen Sprache am Nürnberger Egidien-Gymnasium angestellt, nachdem er im Jahr zuvor bereits als Mathematiklehrer an der Schule tätig geworden war. 1799 erhielt er die Stelle eines Schul-Kollegen der 5. Klasse.

Diese Beispiele zeigen, dass – trotz des in den meisten Fällen vorhandenen engen biographischen Bezugs der Akteure auf Nürnberg – die dort oder in Altdorf erworbenen Fremdsprachenkenntnisse durchaus in andere geographische Regionen ausstrahlen und sich mit den dort vorhandenen, auf Mehrsprachigkeit gerichteten Bestrebungen vernetzen konnten. Die Universität Altdorf war im 17. und 18. Jahrhundert ein Brennpunkt und Katalysator in einem zumindest deutschlandweiten Netzwerk der Förderung von Mehrsprachigkeit.

---

414   4 Teile, Liegnitz 1778–1781.
415   Schröder BBL II, S. 215.
416   Schröder BBL I, S. 30f.
417   Vgl. Kap. 5.
418   Schröder BBL II, S. 172f.
419   Schröder BBL VI, S. 96.

Zwischenresümee

Als reichstädtische Universität überlebte Altdorf den Übergang an Bayern nicht und gehörte auch nicht zu den zahlreichen wiederbelebten Universitäten der zweiten Hälfte des 20. Jahrhunderts: Die heutigen Nürnberger Universitätseinrichtungen sind Bestandteil der Universität Erlangen-Nürnberg. Dies sollte allerdings nicht den Blick auf die Tatsache trüben, dass die Universität Altdorf aus neuphilologischer und fremdsprachendidaktischer Perspektive zu den bedeutendsten Bildungsstätten der Frühen Neuzeit gehört: Sie nahm als eine der ersten Hochschulen Deutschlands die modernen Fremdsprachen Französisch und Italienisch bereits um die Wende zum 17. Jahrhundert in ihr Lehrangebot auf. Achtzig Jahre später gehörte sie, was das Englische (als eine Leitsprache des Protestantismus) angeht, erneut zur Avantgarde. Seit dem letzten Viertel des 17. Jahrhunderts bestand durchgängig ein neusprachliches Lehrangebot an der Hochschule selbst oder in ihrem unmittelbaren Umfeld. Spätestens seit den 1750er Jahren wurden neusprachliche Veranstaltungen auch von Professoren anderer Fächer angekündigt, seit 1774 bestand das Amt eines „ordentlichen Lehrers der abendländischen Sprachen" in Verbindung mit einem Extraordinariat der Philosophie. Allerdings warf auch der Neuhumanismus mit seiner Geringschätzung der neusprachlichen Disziplinen und besonders eines lebenspraktischen Sprachunterrichts in Altdorf schon früh seine Schatten voraus: Siebenkees und Mannert scheinen eher den alten Sprachen und Kulturen zugetan gewesen zu sein. Sie sind daher als Philologen in einem neuen, engen Sinne anzusehen.

Während die freiberuflichen Sprachmeister mehrheitlich von außen zuzogen, handelte es sich doch in erster Linie um Muttersprachler, hatte die Altdorfer neuphilologische Professorenschaft eher einen reichsstädtischen Hintergrund: Die Dozenten der neueren Sprachen hatten in Nürnberg die Schule besucht, in Altdorf studiert und die Fremdsprachen, die sie später in Altdorf unterrichteten, vorwiegend auch in Nürnberg und Altdorf gelernt. Hausberufungen waren an der Tagesordnung.

Zahlreiche bedeutende Altdorfer Studenten trugen ihre dort erworbenen Fremdsprachenkenntnisse in die Welt hinaus. Sie wurden Ausgangspunkt oder integrativer Bestandteil von neusprachlichen und neuphilologischen Initiativen und Bestrebungen an vielen Orten Mitteleuropas.

4.3.2. Das Augsburger Gymnasium bei St. Anna

Im Unterschied zu Nürnberg verfügte die Freie Reichsstadt Augsburg vor 1970 nicht über eine eigene Universität. Die 1549 gegründete, später jesuitisch geprägte Universität Dillingen (Donau) konnte, obgleich im Bistum Augsburg gelegen und damit der Zuständigkeit des in Dillingen bzw. Augsburg residierenden Fürstbischofs unterstellt, nicht geistiger Bezugspunkt der Freien Reichsstadt sein, schon weil im Aufbau der Institution die für Augsburg typische Bikonfessionalität fehlte und daher für die damalige protestantische Mehrheit Augsburgs unüberwindliche konfessionelle Hindernisse bestanden.[420]

Angesichts dieser Situation kam der 1531 durch den Rat der Stadt gegründeten Augsburger Gelehrtenschule, dem Gymnasium bei St. Anna, besondere Bedeutung zu. Die Schule stand in der Tradition des Humanismus und der pädagogischen Ideen Martin Luthers und Philipp Melanchthons; sie war der bevorzugte Ausbildungsort der protestantischen Oberschicht Augs-

---

420 Zu Dillingen vgl. besonders Specht 1902. Vgl. auch Stempfle 1833; Haut 1854; Mayer 1896; Günther 1903; Specht 1909-1915; Seitz 1950a; Zoepfl 1950c; Kießling 1999.

burgs und eine Wirkungsstätte bedeutender humanistischer Gelehrter.[421] Angesichts dieser Aus-
richtung und Funktion war sie auch unter den Bedingungen der Augsburger Bikonfessionalität
(nach 1555) der katholischen Fraktion ein Dorn im Auge.

Unterricht in lebenden Fremdsprachen am Anna-Gymnasium wird erstmals im Kontext des
1629 von Kaiser Ferdinand II. erlassenen Restitutionsedikts und der daraufhin von kaiserlicher
und bischöflicher Seite eingeleiteten Maßnahmen zur Rekatholisierung[422] fassbar: Dabei spielte
ein Schreiber[423] und Sprachmeister, Michael Ulrich Olcus, eine fragwürdige Rolle: Olcus, über
dessen Herkunft und Lebensumstände nichts bekannt ist, bewarb sich 1630 als Sprachlehrer des
Französischen bei St. Anna. In der Folgezeit erteilte er an der Schule entsprechenden Unterricht.
Nachdem die evangelischen Lehrer einschließlich des *Ephorus* Magister Peter Meiderlin
aufgrund ihrer Konfession entlassen und evangelischen Schülern der Schulbesuch untersagt
worden war – Meiderlin war Anfang Juli 1630 geflohen – machten die Stadtpfleger im Namen
des Kaisers den Versuch, Michael Ulrich Olcus als „angehenden Inspector" des Kollegiums zu
etablieren.[424]

Am 24. Juli 1630 erschienen der Ratsschreiber Wolf Pichler und Olcus im Kollegium, um
die Alumnen auf Olcus zu verpflichten. Die übrigen Mitglieder des Kollegiums wurden aufgefordert, das Gebäude zu räumen. Es kam zu einem gemeinsamen Protest der verbliebenen
Angehörigen des Kollegs. Der Ratsschreiber musste unverrichteter Dinge abziehen. Anfang
August 1630 erging von Seiten des Bürgermeisters Felix Ilsung erneut ein Befehl, das Kollegium zu räumen. Trotz des Protestes der protestantischen Administratoren wurde das Kolleg in
der Folgezeit tatsächlich geräumt, zunächst von den verbliebenen zwei Lehrern, sodann von den
Mägden. Die Verwaltung der Stiftung wurde zwei katholischen Mitgliedern des Stadtrates
übergeben. Olcus war schon in den ersten Augusttagen als „Oeconomus" in das Kollegium
eingezogen. Einem zeitgenössischen Bericht zufolge war er der lateinischen Sprache „ganz
unkundig". „Die Alumni aber verließen, da sie keinen Unterricht mehr bekommen konnten, entweder freiwillig das Kolleg, oder sie wurden ‚ausgeschafft', weil sie sich weigerten, der am 15.
November 1630 erfolgten Anordnung, den katholischen Gottesdienst zu besuchen, Folge zu
leisten."[425]

Mit dem Beginn der schwedischen Besatzung im Frühjahr 1632 änderten sich die Macht-
verhältnisse. Die Protestanten gewannen erneut die Oberhand im Stadtregiment.[426] Olcus musste
abtreten, blieb aber offenbar in der Stadt. Im August 1646 dolmetschte er im Rahmen eines
Augsburger Kriminalfalls: Damals wurde der etwa 22-jährige Théophile d'Amars, ein ehemaliger Soldat, der eigenen Angaben zufolge aus der Nähe von Lyon stammte, wegen Diebstahls
und eines tätlichen Übergriffs auf zwei bayerische Adelige und ihren Hofmeister von den
Augsburger Strafherren verhört. Außerdem stand er im Verdacht, ein französischer Spion zu
sein. Da d'Amars offenbar der deutschen Sprache nicht mächtig war, fungierte Olcus bei den
Verhören als Dolmetscher.[427] D'Amars' Antworten wurden in deutscher Sprache protokolliert
und seine Eingaben an die städtische Obrigkeit, wie später auch ein schriftliches Geständnis, aus
dem Französischen ins Deutsche übersetzt. Nachdem sich der Delinquent in den Verhören in

421   Köberlin 1931; Roeck 1991, S. 134–141.
422   Vgl. dazu Roeck 1989, Bd. II, S. 655–668.
423   Roeck 1989, Bd. I, S. 370 erwähnt Olcus im Kontext eines Zensurfalls 1632 als „Schreiber".
424   Schröder BBL III, S. 265.
425   Bauer 1906, S. 18.
426   Zur schwedischen Besatzung Augsburg 1632–1635 vgl. Roeck 1989, Bd. II, S. 680–767.
427   StadtAA, Strafamt, Urgichten 1647.

Widersprüche verwickelt hatte, wurde er monatelang festgehalten und mehrmals peinlich befragt. In einem Schreiben an die Augsburger Bürgermeister Anfang 1647 behauptete er, dass er verzaubert worden sei. Daraufhin mutmaßten die Behörden, dass er „nit recht aufgeraumbt im kopf were."

Abb. 22: Ansicht des Gymnasiums bei St. Anna, Kupferstich von Simon Grimm (1687/88).

In der Zwischenzeit waren die Adeligen, die d'Amars angezeigt hatten, nach Wien weitergereist, und es fand sich niemand, der für die Haftkosten aufkam. Daher beschloss der Stadtrat im März 1647, den jungen Franzosen gegen Leistung einer Urfehde aus der Haft zu entlassen und ihn auszuweisen. D'Amars weigerte sich jedoch, die Urfehde zu schwören, und widerrief sein schließlich abgelegtes Geständnis. Daraufhin wurde er weiter festgehalten. Im Juni 1647 versuchte Olcus, d'Amars in einem Gespräch zu bewegen, die geforderte Vorbedingung für seine Haftentlassung zu erfüllen. D'Amars blieb jedoch uneinsichtig. In einem Bericht über einen Besuch des Stadtvogtsschreibers und des Dolmetschers Olcus bei dem Verhafteten Anfang Juli 1647 heißt es, dass dieser „mit seinem französischen duscurs [sic] jedesmahls khombt", anstatt den Schwur zu leisten. Als der junge Franzose dann auch noch begann, lederne Flicken aus dem Futter seiner Hose zu reißen, um französische Briefe wirren Inhalts[428] an die Stadtobrigkeit darauf zu schreiben, verdichtete sich der Verdacht, dass er „etwz inn verstandt corrupt mege sein." Wie der Fall ausging, ist aus der Akte nicht ersichtlich.

An Olcus' Stelle trat der oben[429] schon ausführlich behandelte Nicolaus Grey. Er hatte im Mai 1633 die Augsburger Scholarchen um Zulassung als Sprachmeister des Französischen bei St. Anna gebeten. Als Begründung hatte er auf den in der städtischen Kaufmannschaft existierenden Bedarf verwiesen. Warum Grey wenige Jahre später nach Nürnberg zurückkehrte, ist nicht geklärt. 1640 erhielt er das Nürnberger Bürgerrecht,[430] für 1645 ist er im Nürnberger Bürgerbuch belegt. Ob er als Sprachmeister tatsächlich am Anna-Gymnasium tätig geworden ist

---

428 Sie haben sich in den Akten erhalten.
429 Vgl. Abschnitt 4.2.4.
430 StadtAA, Privatlehrerakte; StAN, E 11, 778; Bürgerbuch, Rep. 52b, Nr. 311, fol. 39.

und wann er seine Tätigkeit in Augsburg abgebrochen hat, bleibt fraglich. Zu Georg Michael Allgewer und Johann Gottlieb May, den beiden anderthalb Jahrhunderte später am Gymnasium bei St. Anna tätigen Sprachmeistern, liegen nur wenige Informationen vor: May verwies in seinem Bürgerrechtsgesuch im April 1789 darauf, dass er seit acht Jahren, also seit 1781, als Lehrer für neuere Sprachen in Augsburg tätig sei. Welche Sprachen er unterrichtete, bleibt im Dunkeln. Nach eigener Angabe war er auch der Lehrer der ersten Klasse des Anna-Gymnasiums. Die Formulierung lässt offen, ob er hier Sprachunterricht – wenn, dann im Fach Französisch – oder Unterricht in anderen Fächern, oder aber beides erteilte. Da ihm im Mai 1789 das Bürgerrecht zuerkannt wurde,[431] kann davon ausgegangen werden, dass er seine Tätigkeit nach 1789 fortsetzte. Der Augsburgische Adresskalender von 1807 verzeichnet ihn auch als Lehrer der Quinta, also der zweiten Klasse.[432] Allgewer war zwischen 1792 und 1806 Sprachmeister des Italienischen am Anna-Gymnasium.[433] Er war vermutlich germanophon.

Die missliche Quellenlage[434] verhindert die Suche nach weiteren Sprachmeister-Belegen, etwa über Lehrerverzeichnisse oder eine Schulmatrikel. Auch bleibt unklar, ob nicht Präzeptoren anderer Fächer – aus fachlichem Interesse oder um ihre Einkünfte aufzubessern – Privatunterricht in modernen Fremdsprachen anboten. Die gedruckten Quellen zur Schulgeschichte enthalten zumindest für die Zeit vor 1778 keine entsprechenden Belege.[435] Möglicherweise hat es angesichts der Präsenz von freischaffenden Privatlehrern in der Stadt auch gar keine weiteren Sprachmeister an der Schule gegeben.[436] Zu denken gibt im Übrigen, dass der Fächerkanon der Schule spätestens im 18. Jahrhundert als einseitig auf humanistische Traditionen fixiert und damit reformbedürftig galt, Reformen aber immer wieder vertagt wurden. Dieser Zustand änderte sich erst mit der Berufung von Hieronymus Andreas Mertens zum Rektor der Schule im Jahre 1767. Mertens war es auch, der dem Unterricht der abendländischen Sprachen neue, eigene Impulse gab. Er wurde von 1778 bis 1788 durch den Konrektor des Gymnasiums, Wilhelm Friedrich Burry, unterstützt.[437]

431	May hatte seine bevorstehende Heirat mit Anna Juliana Mauser aus Leipzig zum Anlass genommen, für sich und seine Braut das Bürgerrecht zu beantragen. Die Steuermeister Ammann, Langenmantel, Welser und Precht hatten die Empfehlung ausgesprochen, das Petitum positiv zu bescheiden. Vgl. StadtAA, Bürgeraufnahmeconsense 1750–1812, 1789, Fasz. 34, Nr. 9, unfol.

432	Augsburgischer compendiöser Hand-, Schreib- und Sack-Kalender auf das Jahr 1807, S. 15.

433	Augsburgischer compendiöser Hand-, Schreib- und Sack-Kalender auf das Jahr 1792, 1797, 1798, 1799 und 1806; Schröder BBL V, S. 10.

434	Das Schularchiv des Anna-Gymnasiums wurde im Zweiten Weltkrieg vernichtet.

435	Auch die Festschrift zum 475. Jubiläum des Gymnasiums (Keil 2006) bietet für den Zeitraum von 1633 bis 1778 kein Material.

436	Dagegen sprechen allerdings die von Schreiber 1876, S. 31f., edierten Einträge im Tagebuch eines Alumnus des Anna-Gymnasiums von 1718: „Am 12. Januar 1718 heißt es: ‚der Sprachmeister kam von 4 bis 6 Uhr'; am 5. Februar ‚haben wir das erste Mal Phrases bei den Sprachmeistern außer den Historien, welche in der Grammatik angedruckt, geschrieben'. Am 14. Februar ist angemerkt: ‚il faisait une grand [sic!] pluie par le long jour.' Am 6. Juli ‚fingen wir die Aventures de Télémaque selbst an, nachdem wir die Vorrede herausgebracht'; am 15. Juli: ‚schrieb heute den ersten französischen Brief'; am 28. August: ‚der Sprachmeister wurde abgeschafft.'" (Zit. nach Schröder 1980–1985, Bd. II, S. 81.)

437	Von Burry ist weiter unten ausführlicher die Rede.

Mertens,[438] geboren im Januar 1743 in Augsburg als Sohn eines Schneiders, hatte seine Schulbildung am Anna-Gymnasium empfangen. Von 1763 bis 1767 absolvierte er ein Theologie- und Philologiestudium an der Universität Erlangen. Während seiner Studienzeit erhielt er vom Augsburger Scholarchat ein Stipendium von zunächst 40, später 60 Gulden jährlich. Im März 1766 wurden ihm für ein dem Stadtrat eingeschicktes „Specimen", wohl eine schriftliche Ausarbeitung, 10 Gulden verehrt, und er erhielt den Auftrag, noch ein Jahr in Erlangen zu bleiben, allerdings könne er sich „die abhalten wollende dissertation [...] wol verspahren".[439] Im Hinblick auf die anstehende Schulreform beauftragte das Augsburger Scholarchat Mertens ausdrücklich, in Erlangen auch das Studium der französischen und italienischen Sprache zu betreiben. Ein Jahr später, im März 1767, beschloss es auf Mertens' Ansuchen hin, ihm „wegen seiner guten application in Sprachen 30 Gulden extra angedeihen zu lassen".[440] Gleichzeitig wurde die Bitte geäußert, Mertens solle bis Michaelis nach Augsburg zurückkehren. Gegen Ende seiner Studienzeit wurde Mertens auch für das Amt eines Lektors des Italienischen an der Universität Erlangen vorgeschlagen.[441]

Mertens kehrte im Herbst 1767 aus Erlangen zurück und wurde dem Rektor des Anna-Gymnasiums, Gottfried Hecking, adjungiert. Dabei wurde er mit einem Deputat von 24 Wochenstunden eingesetzt; er unterrichtete die Fächer Latein, Französisch, Italienisch, Deutsch und Geschichte. 1769 wurde er von der Philosophischen Fakultät der Universität Erlangen „wegen seiner Geschicklichkeit" zum Magister und Doktor der Philosophie promoviert.[442]

Mertens führte 1767 im Zuge der Umgestaltung der Schule in ein „Gymnasium [...] für alle Bürgerkinder"[443] die Fächer Französisch und Italienisch in den Lehrplan ein. Gleichzeitig wurde der Mathematikunterricht verbessert. Der gesamte Unterricht in den beiden genannten Sprachen in einem Gesamtumfang von 12 Wochenstunden wurde in der Folgezeit von Mertens selbst erteilt. Das Anna-Gymnasium war nun eine vereinigte Gelehrten- und Realschule. Der neue Lehrplan wurde im September 1770 durch das Scholarchat genehmigt.[444]

Die Einteilung in sechs Klassen blieb bestehen, doch wurden die unteren Klassen in erster Linie zur Heranbildung künftiger Bürger eingerichtet, die beiden oberen dagegen für die künftigen Studierenden und alle jene, welche eine erweiterte Bildung erstrebten. Französisch wurde in zwei Kursen unterrichtet. Der ebenfalls geplante Italienischunterricht kam in der Folgezeit allenfalls in stark reduzierter Form zustande.

Nach 1770 waren Religion, Deutsch, Latein, Griechisch, Philosophie, Kunstgeschichte, Geschichte, Geographie und die Realien Pflichtfächer; Wahlfächer waren Hebräisch, Französisch, Italienisch und das zeitweilig unterrichtete Englisch, im Übrigen Mathematik, mechanische Künste, Zeichnen und Musik. In späteren Jahren wurde auf Wunsch der Eltern der altsprachliche Unterricht noch weiter zurückgenommen, und die Realien wurden stärker gefördert. 1773 beantragte Mertens die Errichtung eines Lehrerseminars, das in erster Linie einer Verbesserung des Elementarunterrichts durch bessere Ausbildung von „Schulhaltern" dienen sollte. In dem

---

438   Das Folgende nach Schröder BBL III, S. 193ff. auf der Basis von Hamberger/Meusel 5Bd. Iff., 1797ff.; Hörner 1771; Mertens 1787; Zapf Bd. II, 1795; Baur 1803; Meusel Bd. IX, 1809; Jöcher/Adelung Bd. IV, 1813; Baader 1824; Joachimsohn 1896; Köberlin 1899; Köberlin 1931.
439   Köberlin 1931, S. 241.
440   Ebd.
441   Köberlin 1899, S. 6.
442   Jöcher, Bd. IV, 1813, zit. nach DBA (ohne Originalpagination).
443   Gutachten des Scholarchen und Ratskonsulenten Tauber, zit. nach Köberlin 1931, S. 258.
444   Vgl. dazu, aus der Sicht Paul v. Stettens d. J., Stetten 2009, S. 39-50.

Seminar sollten auch Lehrer für die beiden unteren Klassen des Gymnasiums ausgebildet werden. Der schulpraktische Teil der Ausbildung sollte unter der Anleitung von Mertens in der untersten Klasse des Gymnasiums stattfinden. Das Scholarchat genehmigte die Vorschläge.

Nach dem Tode Heckings im Juni 1773 wurde Mertens, „der als ein der wahren und ungeänderten Confessio Augustana zugetaner und neben dem Studio Theologico in der Philosophie, Sprachen und denen Wissenschaften wohl erfahrener und geübter Lehrer sich sattsam erwiesen" hatte,[445] einmütig zum Rektor des Anna-Gymnasiums gewählt. Mit dem Amt war die Expektanz auf das Amt des Stadtbibliothekars verbunden, das Mertens seit den frühen achtziger Jahren dann auch innehatte.

Mertens war jünger als seine Kollegen, und er hatte ein wesentlich höheres Einkommen als sie.[446] Daraus erwuchsen ihm in den ersten Jahren seines Rektorats mitunter Schwierigkeiten. Er musste eine Schulreform durchsetzen, und die Lehrer widersetzten sich seinem strafferen Regiment. Doch auch später verstand er es offenbar nicht immer, das richtige Verhältnis zu den Kollegen zu finden. 1782 beschwerte sich die gesamte Lehrerschaft mit Ausnahme des Alt- und Neuphilologen sowie Orientalisten Johann Petsch beim Scholarchat: Der Rektor schädige das Ansehen der Lehrer bei den Eltern und bei den Schülern, die er benütze, um die Lehrer zu beaufsichtigen. „Mertens schrieb eine lange ‚Rechtfertigung' an das Scholarchat und erklärte, die Schule könne nur gedeihen, wenn die Lehrer den Weisungen des Rektors folgten. Da es Lehrer gebe, die in den Stunden trieben, was ihnen beliebe, so müsse er sich der Schüler bedienen und von ihnen aufschreiben lassen, was im Unterrichte behandelt werde."[447] Das Scholarchat ergriff für Mertens Partei; den beschwerdeführenden Kollegen wurde ein scharfer Tadel erteilt. Gleichzeitig aber wurde Mertens ermahnt, zum Besten der Sache selbst kollegialer zu handeln.

Im gleichen Jahr führte Mertens' Verhalten als Stadtbibliothekar zu einem Misstrauensantrag der protestantischen Geistlichkeit gegen ihn: Als am 2. Mai 1782 Papst Pius VI. auf der Heimreise von Wien nach Rom und auf Einladung des Augsburger Fürstbischofs Clemens Wenzeslaus die Augsburger Stadtbibliothek besuchte, wurde er von Mertens mit einer lateinischen Rede begrüßt, die – bei aller konfessionellen Aufgeschlossenheit der damaligen Zeit und bei aller „Freundlichkeit und Leutseligkeit" des gelehrten Gastes[448] – bei den Augsburger Protestanten erheblichen Unmut erregte. Zapf berichtet: „Der um die hiesige Schule sehr verdiente Rektor, ganz entzückt, ganz hingerissen durch das ihm widerfahrende ganz außerordentliche Glück […], hat in einer lateinischen Rede seinen Empfindungen Platz gemacht, die höchste Ehrerbietung und den grenzenlosesten Dank Pius VI. für diesen beneidungswürdigen Besuch geopfert."[449] Im Rahmen der nachfolgenden konfessionellen Polemik wurde Mertens der Vorwurf gemacht, er habe seinen Glauben verleugnet, den Papst „die Wonne des menschlichen Geschlechts, den obersten Führer der Christenheit" genannt, ihn „als eine Art Gottheit gefeiert" und im Übrigen die Ansprache kniend gehalten.[450] Die Behandlung des Misstrauensvotums der Geistlichkeit wurde vom Rat dem Scholarchat zugeschoben. Dieses erklärte sich für nicht zuständig: Mertens habe als Stadtbibliothekar, nicht als Rektor gesprochen. Damit blieb Mertens die Missbilligung der Schulbehörde und möglicherweise der Verlust seines Amtes

---

445   Köberlin 1899, S. 7.
446   Zu Mertens' finanzieller Situation vgl. Abschnitt 4.2.5.
447   Köberlin 1931, S. 268.
448   So der protestantische Augsburger Hofrat Zapf, zit. nach Köberlin 1899, S. 11.
449   Köberlin 1899, S. 12.
450   Köberlin 1931, S. 243. Vgl. auch Stetten 2009, S. 125ff., 154ff.

erspart, aber er geriet in einen heftigen Streit mit Zapf, der üble Nachrichten über ihn verbreitete. Schließlich söhnten sich beide aber wieder miteinander aus.

Mertens blieb bis zu seinem Tode Rektor des inzwischen als „Stadtschule von St. Anna" bezeichneten Gymnasiums, einer Schule, die sehr verschiedene Bildungselemente in sich zu vereinigen suchte. Er erteilte wöchentlich 30 Stunden Unterricht, darunter sechs Stunden Französisch und sechs Stunden Italienisch. Auch das Amt des Stadtbibliothekars behielt er bei, und er leitete den Seminarkurs zur Ausbildung von Lehrern. Angesichts der Tatsache, dass er auch schriftstellerisch eine rege Tätigkeit entfaltete, litt Mertens in seinen späteren Jahren an chronischer Übermüdung und Überarbeitung. In zuweilen schwermütiger Stimmung zog er sich vom Verkehr mit anderen Menschen zurück, auch wenn ihm seine Zeitgenossen bescheinigen, dass er von Natur nicht menschenscheu war.[451] Der als Schriftsteller und Stadtpfleger hoch angesehene Paul von Stetten der Jüngere brachte ihm bis ins Alter Wohlwollen und Vertrauen entgegen. Allerdings übt er in seiner Selbstbiographie auch Kritik an ihm.[452] In der Zeit nach 1795 hatte Mertens angesichts der kriegerischen Auseinandersetzungen zwischen Österreich und Frankreich als Rektor zusätzlich zu leiden.[453] Sein seit Jahren angegriffener Gesundheitszustand verschlechterte sich. Am 10. Januar 1799 beklagte er, als er aus der Schule nach Hause kam, ein Unwohlsein. Er starb eine Woche später, am 17. Januar 1799.

Der Augsburger Rektor hat ein umfangreiches Œuvre hinterlassen, darunter zahlreiche Schulschriften und Lehrbücher. Er ist auch Autor mehrerer Unterrichtsmaterialien für die modernen Fremdsprachen. Seine Arbeit „La naïveté de la langue française, ou Morceaux choisis de quelques auteurs français" aus dem Jahre 1769 wurde 1818 von dem Augsburger Sprachmeister Deuter neu herausgegeben.[454] Darüber hinaus hat er eine Arbeit „Das Genie der deutschen und französischen Sprache in den schwersten Nationalausdrücken gegeneinander gestellt" (Augsburg 1773) vorgelegt. Eine gekürzte Ausgabe der Geschichte Karls XII. von Voltaire unter dem Titel „Histoire abrégée de Charles XII, Roi de Suède" (Augsburg 1769) war offenbar als Lektüre für den eigenen Französischunterricht gedacht. Auch als Übersetzer aus dem Französischen, Englischen und Italienischen ist Mertens in Erscheinung getreten. Die alle

---

451 „Die Hypochondrie verbitterte ihm [Mertens] viele Jahre seines Lebens; er floh alle Gesellschaften und Menschen und glaubte, jedermann hasse ihn. Dies war auch Ursache, dass er wenig Welt- und Menschenkenntnis sammelte und sich oft unangenehme Stunden machte [...]. Als Schulmann war er unermüdet tätig." Baur 1803, zit. nach Schröder BBL III, S. 200.

452 Vgl. Stetten 2009, S. 125ff., 154ff.

453 In seiner Schrift „Schreibtafel eines Schulmeisters" (1797) beschreibt Mertens die Besetzung Augsburgs durch die Franzosen im Jahre zuvor. Das Rektoratshaus und die unteren Schullokale wurden im Juli und August 1796 von den Österreichern benutzt; manche Lehrer unterrichteten nun in ihrer Wohnung. Als die Kaiserlichen am 21.08.1796 abzogen und die Franzosen einen Tag später die Stadt besetzten, musste man den Unterricht für einige Tage einstellen. Mertens' Beschreibung der französischen Einquartierung im Anna-Gymnasium vom 9. bis 12. September 1796 ist bei Köberlin 1899, S. 51f. abgedruckt.

454 „La naiveté de la langue française, ou Morceaux choisis de quelques auteurs français qui sont regardés comme classiques, à l'usage de ceux qui cherchent à se familiariser les tours nobles et négligés de la langue française", Augsburg und Memmingen 1769. Das Lehrbuch enthält eine Zueignung an das evangelische Scholarchat zu Augsburg. Nach zeitgenössischem Urteil ist es „zuverlässig eines der ersten für deutsche Gymnasien gedruckten Lesebücher dieser Art, zum Gebrauche der im Jahr 1767 auf dem Gymnasium [zu St. Anna] durch [...] Mertens angefangenen und seitdem ununterbrochen fortgesetzten französischen Lektionen für kleine und große Schüler." (Zapf 1795, Bd. II, S. 839f.) – Bibliographische Angaben zu Mertens' Unterrichtsmaterialien finden sich u.a. bei Schröder BBL III, S. 193ff.

Kernthemen der zeitgenössischen Pädagogik berührenden Schulschriften des Rektors sind teilweise in lateinischer Sprache publiziert; eine Gratulationsschrift an den Augsburger Patrizier Paul von Stetten ist auf Französisch abgefasst.[455] In den Schulschriften behandelte Mertens wiederholt die neueren Sprachen, wobei er sich auch auf globale Charakterisierungen und die Diskussion des Bildungswertes einließ. In seinen Argumenten offenbarte er sich dabei als ein Vorläufer des Neuhumanismus. So formulierte er 1778: „Sie [die neueren Sprachen] sind nicht so präzise als die alten, haben weniger Philosophie in sich, sind wässriger in der Verbindung der Sachen, haben nicht ganze Klumpen von Begriffen an einem einzigen Worte hängen wie die alten und sind überhaupt der Veränderung und der Mode unterworfen."[456] Mertens brachte die neueren Sprachen in den Fächerkanon ein, weil sie im Rahmen des internationalen Verkehrs notwendig zu sein schienen. Seine Begründungen waren vorwiegend pragmatischer Natur. Er argumentierte, Französisch sei am weitesten verbreitet; wer jetzt in Deutschland als gebildet gelten wolle, der müsse es verstehen. Wertvoller für die Wissenschaften seien jedoch die alten Sprachen. Das Französische habe zwar Vorzüge, etwa eine präzise Wortstellung sowie eine Natürlichkeit in der Folge der Begriffe, doch es sei nicht so schön und wohllautend wie das Italienische, das um seiner Lieblichkeit willen im musikalischen Bereich allen Sprachen vorzuziehen sei. Man solle das Französische nicht von ungebildeten Lehrern lernen, die die Sprache auf abgeschmackte Redensarten reduzieren. Ein gründliches Erlernen des Französischen sei unmöglich, wenn man „nach dem jetzigen Schwindelgeist" die Grammatik verbanne. Im Übrigen seien lautes Lesen und Konversation, schriftliche Übersetzungen und Lektüre notwendig."[457] Damit berührte er zeitgenössische sprachphilosophische Positionen, etwa eines Abbé Girard, und wiederholte Attributionen von französischen Autoren in der Tradition der Grammatiken von Port Royal und aus dem Umfeld der Enzyklopädisten.

Was den Lateinunterricht angeht, so vertrat Mertens neuhumanistische Prinzipien: Ziel des Lateinunterrichts, den er auch für solche Schüler wünschte, die nicht studieren wollten, sollte es sein, den Verstand zu schärfen, sich die „natürliche Denkungsart der Alten" zu Eigen zu machen, „nicht bloß ‚phrases' [zu] lernen, sondern den Verstand [zu] schleifen und das Herz [zu] wärmen". Neben Latein war Griechisch für ihn von grundlegender Bedeutung, „aus dessen Quellen der gute Geschmack am reinsten kann geschöpfet werden."[458]

---

455   Folgende Titel sind von besonderem Interesse: „Von der notwendigen Verbindung der Eltern mit den Lehrern" (Augsburg 1773); „Von einigen Hauptfehlern der heutigen Erziehung" (2 Reden, Augsburg 1774 und 1775); „Von der Pflicht der Eltern, den Kindern in allen Dingen mit gutem Exempel vorzugehen" (Augsburg 1776); „Die alte und neue Erziehung, in der Waage gegeneinander" (Augsburg 1777); „Das wahre Vergnügen des Schullehramtes" (Augsburg 1778); „Vorschläge für die Schüler des Augsburger evangelischen Gymnasiums zur Einrichtung ihres Fleißes" (4 Abhandlungen, Augsburg 1779–1782); „Über die Verbindlichkeit der Eltern, auf das Verhalten ihrer Kinder ein wachsames Auge zu haben" (Augsburg 1784); „Viaticum eines Schullehrers für seine Schüler und seine Zuhörer, besonders für die, welche nach Universitäten zu gehen gedenken" (Augsburg 1793). Mertens ist auch Autor einer Reihe von Gelegenheitsschriften, etwa von Gedächtnisreden zur Ehrung angesehener Augsburger Bürger. Darüber hinaus hat er Beiträge zu verschiedenen Zeitschriften geliefert, die Augsburger Kunstzeitung herausgegeben und ein Jahr lang die französische Zeitung „Courrier d'Augsbourg" redigiert. Unter seinen größeren wissenschaftlichen Arbeiten ist besonders zu nennen der „Hodegetische Entwurf einer vollständigen Geschichte der Gelehrsamkeit, für Leute, die bald auf die Universität gehen wollen" (2 Bde., Augsburg 1779–1780).
456   Köberlin 1899, S. 79.
457   Ebd., S. 80.
458   Joachimsohn 1896, S. 233. Joachimsohn charakterisiert Mertens 1896 wie folgt: „Wohin seine [Mertens'] eigenen Neigungen gingen, läßt sich leicht erkennen. Er ist zwar ein in allen Sätteln gerechter

Der 1755 in Augsburg geborene Wilhelm Friedrich Burry, Sohn eines Predigers und Diakons bei der Augsburger Barfüßer-Kirche, früh verwaist und von seinem Großvater Samuel Urlsperger, damals Senior und Hauptpastor bei St. Anna, erzogen, hatte in Leipzig studiert und den Magistergrad erworben. Nach Reisen durch weite Teile Deutschlands, die Schweiz und Italien hatte er sich gemeinsam mit seinem Onkel ein Jahr in London aufgehalten. Dort machte er „mit den besten Brittischen Gelehrten Bekanntschaft" und erwarb sich „eine besondere Fertigkeit in der Englischen Sprache".[459] Im Jahre 1778 wurde er als Konrektor und Zweiter Lehrer an das Anna-Gymnasium berufen. Neben seiner Lehrtätigkeit gab er eine englischsprachige Zeitschrift „The English Gazette or political and literary news" in Augsburg heraus. Wie aus der Selbstbiographie Paul von Stettens d. J. hervorgeht,[460] spielte Burry im Rahmen der Beschwerdekampagne des Jahres 1782 gegen Rektor Mertens eine führende Rolle. Von Stetten überredete Burry schließlich, seine an das Scholarchat gerichtete Beschwerdeschrift zurückzunehmen. Annähernd elf Jahre lang unterrichtete Burry engagiert und erfolgreich an der Seite von Mertens, wobei davon auszugehen ist, dass er auch neusprachlichen Unterricht anbot; allerdings fehlen hierzu die konkreten Belege.[461] Um die Mitte der 1780er Jahre erkrankte er an „einer hartnäckigen auszehrenden Krankheit",[462] die er schließlich, 1788, zu behandeln suchte. Er wandte sich an einen Spezialisten in Uffenheim, verstarb aber kurz nach seiner Ankunft in der Stadt.

4.3.3. Das Augsburger Kolleg St. Salvator und das Institut der Englischen Fräulein zu Augsburg

Im Zuge der Gegenreformation etablierte sich 1582 in Augsburg ein Jesuitenkolleg, das Kolleg St. Salvator. Seine Errichtung wurde durch eine Stiftung aus dem Vermögen des kinderlos gestorbenen Christoph Fugger (1579) finanziert. Aus dem Stiftungskapital sollten die Mittel für den Bau von Schule und Kirche und auch ein Betrag zum Unterhalt von 15 Jesuiten ausfließen. Es sollten Schüler beiderlei Konfession in vier bis fünf Klassen unterrichtet werden. Das

---

Mann, wirklich ein Kind dieses enzyklopädischen Zeitalters, er zitiert französische, englische und italienische Autoren gerade so gern und so geschickt wie den Plinius, den Quintilian und den Erasmus, aber im Herzen ist er ganz auf Seite der Neuhumanisten. [...] ‚Ich halte nichts von den neumodischen Philanthropinen', sagt er 1777, ‚oder soll ich sie mit Herrn Dr. Ernesti, einem Manne, der eine Universität allein vorstellen könnte, [...] lieber Misanthropine nennen'?" (ebd., S. 234) Köberlin urteilt 1931: „In seiner Lebensanschauung ist er ein echtes Kind seines enzyklopädischen Zeitalters, der Aufklärung, aber er bekämpft entschieden die falsche Aufklärung, die er Aufklärerei nennt. Man sehe am Beispiel der Griechen, Römer und Franzosen, wie verderblich Aufklärung ohne Besserung der Sitten sei. Nicht nur der Kopf, sondern auch das Herz müsse gebessert werden. Mertens klagt z.B. 1790: ,Die Aufklärung hat einen falschen Lauf genommen. Das Herz ist zurückgeblieben und der Kopf ist heller geworden: alle Zeit eine gefährliche Lage der Staaten. Unsere Alten hatten mehr Herz – wir vielleicht, aber nur vielleicht mehr Kopf, welches ist sicherer? Ach, man ist gelehrt geworden, so gelehrt, dass man bald darüber das Ehrlichsein vergessen wird.' Es sei gefährlich, alle Menschen der gleichen Aufklärung teilhaftig zu machen. So dürfe man z.B. einen Bauern nicht in die Geheimnisse der Staatskunst einweihen. Manche Menschen mache man durch übertriebene Aufklärung nur unzufrieden und unglücklich." Köberlin 1931, S. 245.

459 Journal von und für Deutschland 5, 11. Stück (1788), S. 513.
460 Stetten 2009, S. 120f.
461 In seinem Nachruf im Journal von und für Deutschland (1788, S. 513) heißt es ausdrücklich, dass er in jenen Jahren „an verschiedenen gelehrten Tagbüchern in allen Sprachen" gearbeitet habe.
462 Ebd.

Jesuitenkolleg bestand bis 1776, als angesichts der drei Jahre zuvor erfolgten Aufhebung des Ordens durch Papst Clemens XIV. der bischöfliche Kommissar die Jesuitenpatres von ihren Gelübden entband. Danach bestand das Kolleg bis zu seiner endgültigen Schließung im Juli 1807 weiter, betrieben nun von Ex-Jesuiten als Weltpriestern. Das innerhalb des Kollegs etablierte Lyzeum wurde mit dem Dillinger Lyzeum vereint, das ebenfalls innerhalb des Kollegs angesiedelte Gymnasium hingegen mit dem evangelischen Gymnasium bei St. Anna. Die Ex-Jesuiten mussten die Stadt verlassen. Zu möglichen Lernangeboten des Kollegs, die jenseits des jesuitischen Bildungskanons angesiedelt waren, wie etwa Unterricht in lebenden Fremdsprachen, ist nichts überliefert.[463] Lediglich von dem aus der Diözese Sens stammenden Emigranten Claude Ferdinand Bourdet ist bekannt, dass er 1796 als Schüler des Salvator-Gymnasiums ohne entsprechende Genehmigung Französischunterricht in der Stadt erteilte. Dies wurde ihm im Zusammenhang mit der Verlängerung seiner Aufenthaltsgenehmigung 1797 ausdrücklich untersagt.[464] Günstiger ist die Überlieferung für das 1662 gegründete Institut der Englischen Fräulein, trotz der Tatsache, dass das Augsburger Schularchiv im Zweiten Weltkrieg ausgelagert wurde und verschollen ist.[465] Allerdings bleibt das Fremdsprachenangebot des Augsburger Instituts in seinen Details im Dunkeln. Neben dem Fach Latein, das über den Fächerkanon der

---

463   Den Arbeiten von Braun (1822), Kellner (1928) und Baer/Hecker (1982) konnten keine relevanten Daten entnommen werden. Einschlägige Archivalien sind offenbar nicht mehr vorhanden. – Modernen Fremdsprachenunterricht an den Jesuitenschulen der Frühen Neuzeit nachzuweisen, ist generell schwierig. Dennoch hat er vermutlich privatissime bestanden, und er wurde mitunter auch eingefordert, wie beispielsweise die Geschichte der Entstehung der Olmützer Ritterakademie als Konkurrenzinstitution zur jesuitisch dominierten Universität deutlich macht: Im November 1724 beschlossen die mährischen Landstände, in Olmütz eine Ritterakademie zu errichten „zu mehrerer Aufnahme der zwar renommierten, aber von allen adligen Exerzitien völlig entblößten, in studio humaniorum, philosophiae et theologiae bestehenden Universität." (Elvert 1857, S.11) Es kam zum Streit mit dem Jesuitenorden als dem in Mähren dominanten Bildungsträger. Das Jesuitentheater brachte in der Folgezeit „Exerzitien-Magistros […] als Lumpenkerle" auf die Bühne, und als die Landstände dagegen vorgingen, erklärte der Orden der Landeshauptmannschaft, dass „dergleichen weltliche Wollüste, als Tanzen, Fechten, Reiten und Sprachunterricht sei, mit dem Zwecke der Stiftung des Konviktes, nämlich der Anleitung der Jugend zur katholischen Religion und ihren Übungen in jenen freien Künsten, welche der Disziplin der Gesellschaft Jesu zusagen […], ebenso wenig vereinbar seien, als mit einem fleißigen Studium der Jugend und der geregelten Hausordnung." (ebd., S. 13) Andererseits darf nicht übersehen werden, dass viele der frühen Jesuitenpatres hispanophon waren, und dass die Theateraufführungen und Schülerreden im Rahmen der regelmäßig stattfindenden Schul-Actus durchaus die barocke Lust auf Sprachen (etwa auch: Sprachen der Mission) spiegelten. Daher fanden, zumindest in diesem Kontext, fremdsprachliche Lernbemühungen auch jenseits des jesuitischen Fächerkanons statt.

464   Vgl. Schröder BBL V, S. 101.

465   Die allgemeine Geschichte der Englischen Fräulein ist vor allem durch die materialreiche Arbeit von Leitner (1869) und die „Festschrift zum Gedächtnis des 300-jährigen Bestehens des Institutes BMV in Bayern" von 1926 (Anon. 1926c) erschlossen. Leitner bietet auch Abrisse zur Geschichte der einzelnen Schulgründungen. Auch die Festschrift enthält (S. 25ff.) Ausführungen zum Augsburger Institut und seinen Lehrerinnen. Speziell für Augsburg steht die Monographie von Juhl (1997) zur Verfügung, die aber – offenbar aufgrund mangelnder Quellen – auf Fragen des Fächerkanons und der Lehrplangestaltung ebenso wenig eingeht wie auf die curricularen Entwicklungen des 18. Jahrhunderts. Juhls Artikel über die Anfänge des Instituts (Juhl 1994) befasst sich zum einen mit den Zeithintergründen, zum anderen mit Finanzwesen und Liegenschaften, nicht aber mit Fächerkanon und Bildungszielen. Eine weitere kleine Festschrift (Anon. 1962) enthält ebenfalls kein zusätzliches Material. Schröder BBL verzeichnet die frühen Augsburger Lehrerinnen in erster Linie auf der Basis von Leitner sowie der Festschrift von 1926.

Englischen Fräulein zum Bestandteil auch der weiblichen Bildung wurde, unterrichteten die Mitglieder der Kongregation mit an Sicherheit grenzender Wahrscheinlichkeit Französisch und Italienisch. Auch das Englische spielte, zumindest im Verlauf des 17. Jahrhunderts, eine wichtige Rolle im Bildungsangebot: Die Gründergeneration des Ordens war anglophon, und die adligen Lehrerinnen aus England teilten das politische und kulturelle Sendungsbewusstsein ihres Herkunftslandes, auch wenn sie dort als Katholikinnen verfolgt worden waren: Englisch war die Sprache des Noviziats. Mädchen, die Englische Fräulein werden wollten, mussten Englisch lernen. Leider ist die Quellenlage, gerade was diese Sprache angeht, allerdings wenig befriedigend.

Früheste Oberin des Augsburger Institus war die wahrscheinlich aus Gloucestershire stammende, 1604 geborene Adlige Maria Points de Acton-Ireton,[466] Weggefährtin der Maria Ward[467] und Mitbegründerin der Kongregation. Nach Maria Wards Tod 1645 war sie zunächst

---

466 Leitner 1869, S. 300ff.; Anon. 1926c, S. 25ff.; Schröder BBL VI, S. 142f.

467 Zu Maria Ward vgl. Schröder BBL IV, S. 278ff. Mary Ward hatte 1609 in St. Omer mit sieben englischen Mitschwestern adliger Herkunft eine eigene Klostergemeinschaft gegründet. Das besondere Augenmerk der Frauen richtete sich auf die Erziehung von Kindern aus unbemittelten Familien, die im Rahmen eines Internates oder als Externe betreut wurden. Die Kongregation wurde 1617 durch den Bischof von St. Omer als Institutum Nobilium Virginum Angliae bestätigt. Weitere Gründungen in Lüttich, Köln, Trier und Rom folgten. Die römische Gründung wurde vom Kardinalskollegium ausdrücklich begrüßt. In der Folgezeit hatte die Kongregation eine Struktur, die sie dem Jesuitenorden ähnlich machte. Die Kongregation kannte keine Klausur. Die Tatsache, dass sich Maria Ward bei ihren Gründungen nicht um Wunsch und Willen der Diözesanbischöfe kümmerte, rief jedoch Unzufriedenheit hervor. 1624 klagte der Prokurator des englischen Klerus, 1628 dann der Erzbischof von Wien beim Papst gegen die Kongregation. Auf Einladung des Kurfürsten Maximilian I. von Bayern gründete Maria Ward 1627 in München das erste oberdeutsche Institut. Die Leitung wurde der ebenfalls aus England stammenden Mitschwester Barbara Babthorpe übertragen. An das Institut wurden insgesamt 12 Mitschwestern aus Köln und den Niederlanden berufen. Am Münchner Institut wurde von Anfang an Unterricht in den modernen Fremdsprachen Französisch, Italienisch und Englisch erteilt. Es ist davon auszugehen, dass Maria Ward selbst als Lehrerin in München tätig geworden ist. 1629 wies Papst Urban VIII. seine Nuntien an, die Häuser der „Jesuitinnen" – inzwischen auch in Wien und Pressburg – zu unterdrücken. Mit Breve vom 13.01.1630 erklärte er die Gemeinschaft „'kraft apostolischer Vollmacht für gänzlich unterdrückt und ausgetilgt'; er entband die Mitglieder von ihren Gelübden, entsetzte die Generaloberin, die Visitatorinnen und Rektorinnen ihrer „angemaßten" Ämter und befahl allen, die Kollegien zu verlassen, das gemeinsame Leben aufzuheben, nicht mehr zu geistlichen oder weltlichen Zwecken zusammenzukommen, das Ordenskleid abzulegen und keine neuen Mitglieder mehr aufzunehmen." (Wienstein 1904, zit. nach DBA, ohne Originalpagination). Maria Ward wurde 1631 im Clarissenkloster zu München zehn Wochen lang gefangen gesetzt. Anschließend reiste sie nach Rom, um sich dort zu verantworten. 1633 wurde festgelegt, dass die Schulgründungen in Rom und München vom Papst geduldet würden. In der Aufhebungsurkunde hatte Papst Urban denjenigen Mitgliedern, welche unbedingte Gelübde abgelegt hatten, erlaubt, in Unterwerfung unter den Diözesanbischof diesen Gelübden in der Welt zu folgen. Aufgrund dieser Bestimmung traten einige Mitglieder der aufgehobenen Kongregation miteinander in Verbindung, um ihre ursprünglichen pädagogischen Pläne dennoch auszuführen. Ihnen schlossen sich andere Schwestern an, und so entstand das „Institut Mariae" oder der „Englischen Fräulein", das offiziell mit den Jesuitinnen allenfalls in einem geschichtlichen Zusammenhange stand. Vor allem in München entfalteten die Englischen Fräulein eine rege Tätigkeit, die ihnen auch „die Gunst anderer Reichsfürsten eintrug und ihre rasche Verbreitung zur Folge hatte." (ebd.) Am Wiederaufstieg der Kongregation waren Schwestern aus England maßgeblich beteiligt. Die Frage, ob die Englischen Fräulein mit den Jesuitinnen Maria Wards identisch seien oder nicht, beschäftigte die kirchliche Administration das gesamte 18. Jahrhundert hindurch. Das Institut wurde erst durch Pius XI. im Jahre 1877 approbiert. Heute arbeitet die Kongregation unter dem

an das Pariser Institut entsandt worden, 1654 beriefen sie die Mitschwestern dann als Oberin nach Rom. Maria Points übertrug dieses Amt in der Folgezeit einer römischen Mitschwester, wahrscheinlich Catherine d'Anson, und reiste nach München, um das in Nymphenburg angesiedelte Institut voranzubringen und den Kontakt zum kurfürstlichen Hof zu pflegen. Von München aus unternahm sie Anfang Juli 1662 eine Reise nach Augsburg, in der Absicht, hier ein weiteres Institut zu gründen. In ihrer Gesellschaft befanden sich fünf Mitglieder der Kongregation, Katharina Erigton,[468] Dorothea Fielding,[469] Maria Bortington,[470] Isabella Laiton[471] und Elisabetha von Rantienne,[472] sowie vier Kandidatinnen, nämlich Maria Anna Barbara Babthorpe,[473] Maria Agnes Babthorpe,[474] Maria Turner[475] und Christine Hastings.[476] Alle mitreisenden Damen entstammten englischem Adel. Sie stiegen im Gasthof zu den Drei Mohren, dem damals ersten Haus am Ort, ab. Da ein Bruder der Frau des Augsburger Bürgermeisters Fesenmayer Ratsherr in München war und seine Tochter das Nymphenburger Institut als Internatsschülerin besuchte, begab sich Maria Points in ihr Haus und eröffnete ihr den auch durch den kurfürstlichen Hof unterstützten Entschluss, in Augsburg ein Institut zu gründen. Maria Points gewann das Vertrauen der Bürgermeistersfrau; da das Auftreten der angereisten Damen auch bei der Bürgerschaft einen positiven Eindruck hinterließ, erteilte der Augsburger Magistrat im Juli 1662 der Kongregation die Erlaubnis, sich gegen eine jährlich zu entrichtende Paktsteuer von drei Goldgulden in der Stadt anzusiedeln, wobei die Schwestern den Beisitz erhalten sollten. Gleichzeitig wurde ihnen gestattet, den Unterricht zu eröffnen.[477] Später gelang es Maria Points auch, den Augsburger Fürstbischof, Johann Christoph von Freyberg, für sich einzunehmen. Dieser vertraute der Kongregation seine Nichte zur Erziehung an und ließ dem Institut aus dem Diözesanfonds eine Unterstützung von 8.000 Gulden zukommen. Maria Points, die eine Lebensbeschreibung der Maria Ward hinterlassen hat, war zugleich die dritte Generaloberin der Kongregation. Sie starb im September 1667 und wurde in der Johanneskapelle des

Namen „Congregatio Jesu", die Anlehnung an die „Societas Jesu" ist in der Namengebung deutlich.

468   Schröder BBL V, S. 296. Katharina Erigton war in den Jahren nach 1662 als Lehrerin am Augsburger Institut tätig. Auch sie hat vermutlich Unterricht in modernen Fremdsprachen erteilt.

469   Schröder BBL V, S. 323. Für Dorothea Fielding gilt das Gleiche wie für Katharina Erigton.

470   Schröder BBL V, S. 96.

471   Schröder BBL VI, S. 4. Isabella Laiton war in den frühen 1660er Jahren Lehrerin am Nymphenburger Institut. Möglicherweise hat sie in München und später in Augsburg auch neusprachlichen Unterricht erteilt.

472   Schröder BBL IV, S. 162. Elisabetha von Rantienne wurde später Oberin des Augsburger Instituts (s.u.).

473   Schröder BBL V, S. 33.

474   Schröder BBL V, S. 32.

475   Schröder BBL VI, S. 285. Maria Turner war im Gefängnis geboren worden, wohin ihre Mutter aus religiösen Gründen gebracht worden war. Im Alter von drei Jahren wurde sie den Englischen Fräulein übergeben; möglicherweise wuchs sie im Institutshaus zu München auf. Die bayerische Kurfürstin Maria Anna reklamierte sie als Hofdame, doch sie zog das klösterliche Leben vor.

476   Schröder BBL V, S. 428. Von ihr ist nicht bekannt, wo und welche Fächer sie später unterrichtet hat.

477   „Die ersten der in Augsburg vom Institute (als Kostfräulein) unterrichteten Fräulein waren zwei Töchter des dortigen Domkustos Gemingen [...], dann Fräulein [...] von Imhof zu Meiting und eine Plaukhartin, Stadtchirurgenstochter. Deren Eltern haben auch dem Institute besonders durch Beiträge an Lebensmitteln viel Gutes erwiesen. Ferners eine Gräfin Fugger von Kirchberg und eine Gräfin Fugger von Babenhausen, eine Tochter des Generals Roujer und zwei Schwestern einer Völhin von Frickenhausen, Freiin von Illertissen." Leitner 1869, S. 302; vgl. auch Anon. 1926, S. 25ff.

Augsburger Doms beigesetzt. Wahrscheinlich hat sie neben Unterricht in den Sprachen Französisch und Italienisch auch Englischunterricht erteilt.

Die oben schon genannte Maria Turner war in späteren Jahren als Mitglied des Augsburger Instituts eine besonders enge Gefährtin der Maria Points. Sie starb in der Fuggerstadt – wahrscheinlich in den 1670er Jahren – nach langem, schmerzhaftem Leiden. Es ist davon auszugehen, dass auch sie, wie alle weiteren im Folgenden genannten Damen der Kongregation, in den neueren Sprachen unterrichtet hat.

Nachfolgerin Maria Points' als Oberin des Augsburger Instituts wurde 1668 die um 1628 in England geborene Adlige Katharina Hamilton.[478] Nach einigen Jahren wurde sie zur Oberin des Münchner Instituts bestellt. Möglicherweise war sie in späterer Zeit wieder in Augsburg tätig. Sie starb im Dezember 1685.[479] Auf sie folgte in Augsburg Helena Catesby, ebenfalls Engländerin aus einer katholischen Adelsfamilie. Sie wirkte als Oberin in der Fuggerstadt von 1680 bis 1683, als sie in gleicher Funktion an das neu gegründete Burghausener Institut berufen wurde. Helena Catesby starb im September 1701 in Burghausen. Vieles spricht dafür, dass sie als Novizenmeisterin Englischunterricht erteilt hat.[480]

Auf Catesby folgte im Amt der Oberin die aus englischem Hochadel stammende, 1640 geborene Elisabetha von Rantienne. Sie hatte eine standesgemäße Ausbildung erhalten und sprach fünf Sprachen: Englisch, Latein, Französisch, Italienisch und Deutsch. Schon von frühester Jugend an stand sie der Kongregation nahe, gemeinsam mit Maria Points hatte sie die Institute der Englischen Fräulein in Paris und Rom besucht. Bei Gründung des Augsburger Instituts gelangte sie, inzwischen selbst Mitglied der Congregatio, als Lehrerin in die Fuggerstadt, von etwa 1683 bis 1701 leitete sie das Institut. Von Augsburg aus betrieb sie die Gründung der Niederlassung in Mindelheim. 1701 wurde sie als erste Oberin an das Mindelheimer Institut versetzt. Hier starb sie Ende Dezember 1724.[481] Eine weitere Lehrerin vermutlich englischer Provenienz war in der Frühzeit des Augsburger Instituts Carolina Mort. Sie starb in Augsburg im November 1693.[482]

Die Lebensumstände der Englischen Fräulein in Augsburg im 18. Jahrhundert waren geprägt durch bittere Armut, mangelnde finanzielle Unterstützung, aber auch – zumindest in den Jahren nach 1780 – innere Zerrissenheit. Die Schule stand finanziell mehrfach am Rande des Abgrunds.[483] Der Fremdsprachenunterricht blieb vermutlich im bisherigen Rahmen, allerdings spielte Englisch wohl keine Rolle mehr.

---

478 Vgl. Schröder BBL V, S. 412f.
479 Ihr religiöser Eifer führte offenbar in den letzten Jahren ihres Lebens zu geistiger Umnachtung. Leitner (1869, S. 323) berichtet, dass sie im Zusammenhang mit ihrer Krankheit „einer Luftveränderung halber nach München gebracht" wurde, ihr Zustand aber auch dort unheilbar blieb. „Unter ihren Tugenden, die sie nach Möglichkeit zu verbergen trachtete, leuchtet vor allem ihre heldenmütige Selbstverachtung hervor. Auf gründliche Selbstvernichtung ging ihr Sinnen und Trachten, und in ihrem Gebet flehte sie um ein ‚großes, zu ihrer eigenen Vernichtung absonderlich abzielendes Kreuz'." Anon. 1926, S. 29.
480 „Viele Jahre lang trug sie die Obsorge für die Novizinnen und wusste sie als ausgemachte Meisterin in geistlichen Dingen mit großer Geschicklichkeit zu aller Vollkommenheit anzuleiten." Leitner 1869, S. 345.
481 Den Versuch einer Skizze ihrer Psyche bietet aus christlicher Sicht Leitner 1869, S. 362.
482 Ihr Leben und ihre Psyche beleuchtet Leitner 1869, S. 323f.
483 Vgl. dazu im Einzelnen Juhl 1997, S. 77ff.

4.3.4. Nürnberger Schulen
Spurensuche: Sprachschüler und Sprachlehrer des 18. Jahrhunderts

Wieweit und in welcher Form an den Nürnberger Schulen, der Schule bei St. Lorenz, der Sebaldus-Schule, der Spitalschule und nach 1791 auch der Freischule, Unterricht in modernen Fremdsprachen erteilt wurde, ist angesichts der unbefriedigenden Quellenlage[484] nicht zusammenhängend rekonstruierbar. Der Besuch einer der drei erstgenannten Schulen war Bestandteil der Standardausbildung der Söhne des Nürnberger Bürgertums, die von hier aus auf das Egidien-Gymnasium wechselten und dort ggf. die Vorbereitungsklassen für den Besuch einer Universität (in der Regel Altdorf) absolvierten. Entsprechend zahlreiche Berührungs-punkte mit den genannten fünf Bildungsstätten weisen die Biographien der Nürnberger und Altdorfer Neusprachler und Neuphilologen auf, wie der folgende chronologische Überblick zeigt.

Der schon mehrfach genannte Nürnberger Sprachmeister, Lehrwerkautor und Mathematiker Johann Karl Chapuzet besuchte die Schule bei St. Lorenz und das Egidische Auditorium, bevor er sich 1714 in Altdorf einschrieb. Der spätere Pfarrer, Übersetzer (Italienisch, Spanisch, Englisch) und Verfasser neusprachlicher Lehrmaterialien[485] Johann Georg Meintel war seit 1708 Schüler der Spitalschule, studierte dann aber in Jena.[486] Johann Heinrich Drümel, der in den 1750er Jahren das Fach Französisch am Regensburger Protestantischen Gymnasium ein-führte und selbst zur Ferienzeit in dieser Sprache unterrichtete, hat um 1720 die Schule bei St. Lorenz besucht, bevor er in Altdorf, Jena und Straßburg Humaniora, Rechtsgelehrsamkeit und Theologie studierte. 1737 folgte er dem Ruf auf das Konrektorat der Nürnberger Spitalschule. Er hatte das Amt bis 1742 inne.[487] Dem späteren Extraordinarius und ordentlichen Lehrer der abendländischen Sprachen an der Universität Altdorf, Wolfgang Jäger,[488] wurde in den 1740er Jahren eine Privaterziehung zuteil. Sein Lehrer Johann Michael Schmidt war später Konrektor der Schule bei St. Lorenz.[489] 1749 besuchte Jäger die Prima des Gymnasiums und in den Jahren 1751 und 1752 die Vorlesungen des Egidischen Auditoriums. Seit 1762 war er als Vikar am Egidien-Gymnasium tätig, seit 1767 hatte er das Konrektorat der Schule inne. Mit Johann Matthias Ebersberger ist an der Sebaldus-Schule in den Jahren nach 1746 ein Lehrer des Fran-zösischen bezeugt. Im Zusammenhang mit der Verleihung des Bürgerrechts im Januar 1746 wird er in den Nürnberger Ratsverlässen als Kollege der sechsten Klasse bezeichnet. Gleichzei-tig wird festgestellt, dass er keinerlei Vermögen besitze.[490]

---

484   Als gedruckte Quellen vergleiche man Schultheiß 1856; Anon 1926a; Anon 1926b. Auch Waldau 1787; Fikenscher 1826; Schultheiß 1853, 1854, 1857; Steiger 1926; Breitwieser/Reindl 1976 und Neukam 1976 enthalten keine Belege.

485   Darunter befindet sich auch ein polyglottes Gesprächsbuch Französisch-Italienisch-Spanisch-Englisch-Niederländisch-Deutsch, Nürnberg 1729. Vgl. Kap. 5.

486   Schröder BBL III, S. 180.

487   Schröder BBL V, S. 253ff.

488   Vgl. Abschnitt 5.3.1.

489   Schröder BBL III, S. 10.

490   Schröder BBL II, S. 56; StAN, Rep. 52b, Nr. 300, Fasz.VII, fol. 87; Rep 60a, Nr. 3619, RV 1746 I 13, fol. 55; Nr. 3645, RV 1746 I 17, fol. 59v. Die letztgenannte Quelle lautet: „Dem um das Burger-Recht supplicirenden Johann Matthias Ebersberger, Sexta Classis Colleg zu St. Sebald werde in seinem Gesuch willfahret dabey aber erin(n)ert, daß man bey solcherley fällen zuvor erwegen sollte, ob nicht viel mehr, statt des Civilegii der Schutz bey, zumahl gänzlich ermangelnden Vermögen, zu ertheilen seyn möge."

Jägers Nachfolger im Amt des Ordinarius der Geschichte und ordentlichen Lehrers der abendländischen Sprachen in Altdorf, Konrad Mannert,[491] erhielt einen Teil seiner Schulbildung um 1770 an der Sebaldus-Schule, an der er später, in den achtziger Jahren, als Lehrer tätig war, bevor er 1788 einem Ruf als Fünfter Kollege und Lehrer der französischen Sprache an das Egidien-Gymnasium folgte. Der spätere Lehrer neuerer Sprachen, Lehrbuchautor und Übersetzer Johann Balbach[492] trat an Ostern 1773 in die 1. Klasse der Schule bei St. Lorenz ein. Von Ostern bis Michaelis 1775 besuchte er die öffentlichen Vorlesungen am Egidischen Auditorium, bevor er sich im Oktober 1775 an der Universität Altdorf einschrieb. Etwa gleichzeitig besuchte der spätere Nürnberger Advokat und Autor französischer und italienischer Lehrmaterialien Johann Sigmund Gruber die Spitalschule. Seine ersten Französischkenntnisse erwarb er als Schüler bei dem Rektor der Schule, dem späteren Pfarrer Scheuber. In Altdorf studierte er dann u.a. bei Siebenkees.[493] Dieser hatte in den 1770er Jahren die Schule bei St. Lorenz besucht. Von 1773 bis 1783 war auch Johann Wolfgang Müller[494] Zögling der Spitalschule, anschließend studierte er in Altdorf. Müller wurde 1797 als Französischlehrer am Egidischen Gymnasium angestellt, nachdem er im Jahr zuvor als Mathematiklehrer an der Anstalt tätig geworden war. 1799 erhielt er die Stelle eines Schul-Kollegen der 5. Klasse. 1774 wurde Johann Scheuber auf das Rektorat der Spitalschule berufen. Er hatte in Altdorf studiert und war um 1769 als Privatlehrer des Französischen in Hersbruck tätig gewesen.[495] Scheuber hat sich als Übersetzer medizinischer Fachliteratur aus dem Französischen und Englischen einen Namen gemacht.

Gegen Ende der 1770er Jahre hörte Johann Georg Wilhelm Mayer, der spätere Nürnberger Privatlehrer des Französischen, Italienischen und Englischen sowie der Mathematik, Vorlesungen am Egidischen Auditorium, nachdem er zuvor als ein bereits sprachenkundiger Schüler die Sebaldus-Schule besucht hatte. Er schrieb sich 1779 in Altdorf ein. Mayer gründete 1791 in Nürnberg das „Freiinstitut", eine Schule für arme Kinder aus dem Bürgertum, an der er auch Französisch anbot, sowie eine Privatschule, wo er, wahrscheinlich neben anderen Fächern, Französisch unterrichtete. Er verließ Nürnberg um 1797.[496]

Als Fazit ergibt sich, dass die Nürnberger Schulen zumindest zeitweilig über Lehrer des Französischen verfügten, sei es in Gestalt von Schul-Kollegen oder Sprachmeistern, sei es auf der Ebene des Rektors oder Konrektors. Auch andere Sprachen wurden mitunter gelehrt, und die Liste der Schulabsolventen, die in ihrem späteren Leben Fremdsprachenkenntnisse im Lehramt, als Übersetzer oder als Autoren von Lehrmaterialien aktiv nutzten, ist lang.

Der Übergang ins 19. Jahrhundert: Das Schicksal des Lehrers Christoph Wilhelm Friedrich Penzenkuffer

Die beschriebenen Ausbildungsstrukturen und die Lebenswege der Lehrenden und Lernenden spiegeln das Bildungssystem der reichsstädtischen Zeit und die Erziehungsideen des 18. Jahrhunderts wider. Ein Beispiel für die Veränderungen, die im Bildungswesen mit dem Übergang ins (bayerische) 19. Jahrhundert verbunden waren, liefert die Biographie des designierten letzten Lehrers der abendländischen Sprachen an der Universität Altdorf, Christoph

---

491 Vgl. Abschnitt 4.3.1.
492 Ebd.
493 Ebd.
494 Schröder BBL V, S. 96.
495 Schröder BBL VI, S. 105.
496 Schröder BBL III, S. 170f.

Wilhelm Friedrich Penzenkuffer, von dessen Schicksal bis zur Auflassung der Hochschule oben[497] schon die Rede war.

Da es für Penzenkuffer in Altdorf keine Verwendung mehr gab, wurde er 1809 als ordentlicher Lehrer des Französischen an das Nürnberger Gymnasium berufen, das zur gleichen Zeit seine Schulverfassung als bayerische Studienanstalt erhielt. Angesichts seiner fragilen Gesundheit und der Tatsache, dass das Französische als Sprache des Feindes, zumal im protestantischen Nürnberg, negativ besetzt war, hatte er als Lehrer einen schweren Stand:

> In dieser Sprache hatte er nun eine große Anzahl zum Teil sehr junger Schüler zu unterrichten; er erteilte diesen Unterricht mit der größten Gewissenhaftigkeit, brachte aber zu ihm, nach so vielen fehlgeschlagenen Hoffnungen unter unaufhörlichem körperlichen Leiden, nie jene heitere Stimmung, die dem öffentlichen Lehrer ein so unentbehrliches Bedürfnis ist.[498]

Penzenkuffer teilte die Vorurteile seiner Zeit gegen das Französische und unterrichtete die Sprache offenbar ohne jede kommunikative und kulturelle Inspiration, so als sei es eine Form von Latein. Er wollte über eine philosophische Betrachtung von grammatischen Gegebenheiten in den Geist der Sprache einführen, völlig ohne direkten Lebensbezug:

> Er machte bei seinem Unterrichte alle die Anforderungen geltend, welche man bei dem Unterrichte in den alten Sprachen an die Schüler zu machen pflegt, er verlangte eine sichere grammatikalische Grundlage, als wodurch die einzige Möglichkeit, in den Geist der Sprache einzudringen, gewonnen würde, und leistete auf diese Weise gar manchem Schüler einen Nutzen, der weit über die französische Sprache hinausging, indem er teils für alles Sprachstudium überhaupt den rechten Weg zeigte, teils die Erscheinungen der einzelnen Sprache auf ihre allgemeinen, für jede Sprache gültigen Gründe zurückzuführen pflegte; einen Schüler französisch sprechen zu lehren, wenn ihm diese Geschicklichkeit nicht als Frucht eines gründlichen Unterrichtes nebenbei zufiel, machte er sich nie anheischig.[499]

Seine Methode kam bei den Schülern nicht an, auch bei den Gymnasiasten nicht. Der Autor des Nekrologs, selbst neuhumanistisch inspiriert und daher kein Gegner eines auf zweckfreie Formalbildung abzielenden Französischunterrichts, empfand dieses Faktum als „befremdend":

> Hätte sich diese Methode bei anderen, auf unmittelbare Anwendung des Gelernten in den Geschäften des Lebens bedachten Schülern in jener Zeit, da noch zahlreiche Émigrés bereit waren, jedem Lernbegierigen in kurzer Zeit zu französischer Mundfertigkeit zu verhelfen, keinen Beifall erworben, so hätte dies weniger befremdend sein mögen. Aber

---

497   Vgl. Abschnitt 4.3.1.
498   Neuer Nekrolog der Deutschen, Bd. 7 für 1829, 1831, zit. nach DBA (ohne Originalpagination). „Sein Anerbieten, [als Gymnasiallehrer] Belehrung über philosophische Grammatik zu erteilen, war abgelehnt worden; indessen erhielt er den ehrenvollen und ihm selbst sehr angenehmen Auftrag, eine französische Sprachlehre für die bayerischen Gymnasien zu schreiben; allein man wollte ihm zu dieser Arbeit nur ein Jahr Zeit gönnen, zu solcher Übereilung konnte Penzenkuffer sich nicht verstehen." (ebd.)
499   Ebd.

auch bei den Schülern des Gymnasiums fand sie im allgemeinen wenig Eingang, zumal unter diesen sich die höchst nachteilige Sitte verbreitet hatte, einen Unterschied zu machen zwischen Haupt- und Nebenlehrern, und der Lehrer der französischen Sprache so unglücklich war, unter die letzteren gerechnet zu werden.[500]

Nicht nur die beschriebene Lehrweise Penzenkuffers, sondern auch die Art, wie über sie 1831 berichtet wird, zeigen den Wandel, der hinsichtlich der Zielsetzungen und Methoden fremdsprachlicher Unterweisung mittlerweile stattgefunden hatte: Der im 18. Jahrhundert unangefochtene Erwerb einer lebenspraktischen kommunikativen Kompetenz vor dem Hintergrund der Gesprächskultur der Zeit hatte als Ziel des Fremdsprachenlernens ausgedient; formalbildendes Grammatiktraining im Vorfeld von Übersetzung und Lektüre sowie gelehrter Sprachvergleich waren an seine Stelle getreten. Normgebend dabei war der neuhumanistisch inspirierte Lateinunterricht, der im Unterschied zum Lateinunterricht der Renaissance und des Humanismus auch nicht mehr auf mündliche Sprachbeherrschung, sondern nur noch auf Lese- und Übersetzungskompetenz sowie auf Altertumskunde ausgerichtet war.[501]

Penzenkuffer erteilte auch Italienischunterricht an dem sogenannten Realinstitut, einer Vorläuferin der Nürnberger Oberrealschule. Auch hier machte er mit seiner an altphilologischen Grundsätzen orientierten Methode negative Erfahrungen. Dabei ließ Penzenkuffer Schülern, die seiner Methode und auch seinen disziplinarischen Standards gewachsen waren, jede Förderung angedeihen. Er erteilte ihnen kostenlosen Privatunterricht und tätigte sogar Bücherkäufe für sie. Penzenkuffer war Freimaurer, bis ihn die bayerische Beamtengesetzgebung zwang, die Loge zu verlassen. In späteren Jahren äußerte er, der Kontakt zur Loge und ihren Mitgliedern habe ihm „recht selige und still-heitere Stunden" verschafft. 1824 verlor Penzenkuffer sein Amt; er starb im September 1828 in Nürnberg nach längerer schwerer Krankheit.[502]

Im Zusammenhang mit seiner unterrichtlichen Tätigkeit veröffentlichte Penzenkuffer 1810 einen „Französischen Vorbereitungskursus für die ersten Anfänger im Übersetzen"; ein „Italienischer Vorbereitungskursus für die ersten Anfänger im Übersetzen" folgte sechs Jahre später. Zu der letztgenannten Publikation erschien im gleichen Jahr separat ein „Vollständiges Schema der italienischen Deklinationen und Konjugationen".[503] Im Übrigen umfasst sein Œuvre allgemein-linguistische, philosophische und besonders rechtsphilosophische Arbeiten. Unter seinen Schriften ist auch eine „Verteidigung der in dem obersten Staatszwecke begründeten Rechte und Ansprüche der gelehrten Schullehrer meines Vaterlandes".[504] Viele seiner Arbeiten aus den letzten Lebensjahren sind nicht gedruckt worden.

4.4. Die Lernenden

Verglichen mit heutigen Lernerzahlen (allgemeine Schulpflicht, obligater Fremdsprachenunterricht an allen Schultypen) war die Zahl der Lernenden moderner Fremdsprachen bis weit ins 19. Jahrhundert hinein denkbar gering. Sie lag, rechnet man den Erwachsenenbereich

---

500 Ebd.
501 Zum Lateinunterricht des Neuhumanismus im Gefüge der Epochen vgl. Fuhrmann 2001, zur bildungsideologischen Wende der Ära Humboldts, besonders im Fremdsprachenunterricht, vgl. Klumpp 1829; Mager 1843; Viëtor 1882; Blättner 1960; Schröder 1969, besonders Kap. 5.
502 Neuer Nekrolog der Deutschen, ebd.
503 Alle Arbeiten wurden in Nürnberg verlegt.
504 Nürnberg 1805.

(Universitätsstudium, Privatunterricht im Alter von mehr als 16 Jahren) mit ein, noch in der Zeit um 1800 vermutlich bei weniger als einem Prozent der Bevölkerung. Dabei spielte eine Rolle, dass Fremdsprachen fast ausschließlich in größeren Städten gelernt wurden, und auch hier nur von den Angehörigen bestimmter sozialer Schichten und Berufsgruppen. Das weibliche Geschlecht war dabei unterproportional vertreten. Vor diesem Hintergrund muss das Diktum des Conradus Durbalius Gallus gesehen werden, der als Nachfolger des Catherin Le Doux in Wittenberg in einem Schreiben vom 13. Juni 1627 an die Universitätsbehörden stolz vermerkte: „Auditores habui plures ducentis. Omnium autem nomina neque teneo neque tenere laboravi" [‚Zuhörer hatte ich mehr als 200. Die Namen aller habe ich nicht behalten, noch habe ich mich bemüht, sie zu behalten‘].[505] Sofern dies nicht maßlos übertrieben ist, kann sich Durbal nur auf die Gesamtzeit seines Aufenthalts an der Hochschule (1623–1627) oder aber seine gesamte bisherige Tätigkeit bezogen haben. Ein frei arbeitender Sprachmeister, der von sich behaupten konnte, ausgebucht zu sein, hatte zu einem gegebenen Zeitpunkt 12 bis 14 Schüler, was einer wöchentlichen Unterrichtszeit von 50 bis 60 Stunden entsprach. Nimmt man eine durchschnittliche Unterrichtsdauer von drei Monaten an, so lag die Jahresfrequenz bei maximal 50 bis 60 Schülern.

Wenn Sprachlehrer der Frühen Neuzeit ihren Weg in die zahlreichen regionalen und überregionalen Gelehrtenlexika des 18. und 19. Jahrhunderts fanden, nannte man dort mitunter auch ihre prominentesten Schüler. Außerdem erfährt der Leser meist (und in den Nekrolog-Sammlungen sehr detailliert), wie die verzeichneten Sprachlehrer selbst zu ihren Fremdsprachenkenntnissen gekommen waren. Dies ermöglicht das Aufstellen von Beziehungsgeflechten und sogar Genealogien; Beispiele für Altdorf und Nürnberg wurden in den vorausgehenden Abschnitten gegeben.

Vereinzelte Hinweise auf Lehrer-Schüler-Beziehungen geben überlieferte Stammbücher. In dem Stammbuch, das der Nürnberger Gelehrte Georg Andreas Will d.J. (1727–1798) zwischen 1744 und 1750 führte, findet sich beispielsweise ein Eintrag des Sprachmeisters Johann Gottfried Bernhold, der sich auch im von 1738 bis 1741 geführten Stammbuch des Nürnberger Juristen Gustav Georg Biermann (1721–1791) verewigte. Johann Karl (Jean Charles) Chapuzet trug sich in das Stammbuch ein, das der spätere Nürnberger Ratskonsulent Georg Christoph Erlabeck von 1712 bis 1716 führte; Jahrzehnte später machte er auch einen Eintrag im 1755 begonnenen Stammbuch des späteren Konrektors des Nürnberger Egidiengymnasiums Wolfgang Jacob Herold (1735–1783). Das Stammbuch des evangelischen Geistlichen Hieronymus Conrad Wagner (1739–1820) enthält einen Eintrag des Sprachlehrers Johann Scheuber.[506]

Daneben sind in einzelnen Fällen auch Schülerlisten überliefert. Die früheste Schülerliste im Rahmen dieser Studie stammt aus Augsburg. Sie betrifft das Jahr 1663 und nennt die neun jungen Damen, die als Kostfräulein – also Internatsschülerinnen – unmittelbar nach Gründung des Instituts der Englischen Fräulein dort unterrichtet wurden.[507] Es fällt auf, dass fünf der Damen dem Adelsstand angehörten, darunter befanden sich auch zwei Gräfinnen Fugger. Auch die Tochter des Generals Roujer hatte vermutlich einen adligen Hintergrund, da der Offiziersstand normalerweise dem Adel entstammte. Das Bürgertum war mit den beiden Töchtern des

---

505   Friedensburg 1926-1927, Bd. II, 1927, Dokument 635.
506   Die Angaben beruhen auf einer Auswertung von Schnabel 1995, Bd. 2, S. 498-509 (Erlabeck), 583-588 (Biermann), 606-620 (Will), 648-657 (Wagner), 664-668 (Herold).
507   Namen und Herkunft sind in Anmerkung 475 genannt.

Domkustos sowie der Tochter des Stadtchirurgen vertreten. Die räumliche Herkunft der Schülerinnen bleibt offenbar auf Augsburg und sein schwäbisches Hinterland beschränkt.

Zwei weitere Schülerlisten stammen aus dem späten 17. Jahrhundert, aus der Hand des Nürnberger Sprachmeisters Matthias Kramer. Er stellte seinem 1680 gedruckten Italienisch-Lehrwerk „Toscanische Rudimenta" eine Liste seiner „Discepoli e scolari nella Lingua Toscana" voran, die 43 Namen umfasst. In der Neuauflage unter dem Titel „Romanisch-Italiänische Rudimenti" von 1695 findet sich eine weitere Liste mit 55 Namen, seinen Schülern im Jahre 1691. Dass beide Listen keinen Anspruch auf Vollständigkeit erheben, geht aus dem Zusatz „e molti altri per mancamento, non di rispetto mà di memoria non nominati" (1680) bzw. einem ähnlichen Zusatz in der Widmung von 1695 hervor. Trotz dieser Einschränkung vermitteln die beiden Listen einen recht präzisen Einblick in die Zusammensetzung der Schülerschaft eines prominenten Nürnberger Sprachmeisters.[508]

Bei neun der 43 Schüler auf der Liste von 1680 gibt Kramer deren Herkunftsort an: Andreas Huber und Andreas Leser kamen demnach aus Augsburg, Emanuel Hammermüller und Hans Friedrich Ebisch aus Leipzig, Josef Lutz und Hans Glockengießer aus Lindau, Hans Jakob und Hans Jörg Zoller aus Memmingen und Theodor Vasmer aus Hamburg. Dabei handelte es sich offensichtlich um Kaufmannssöhne, die einen Teil ihrer Ausbildungszeit in Nürnberg verbrachten und dort bei Kramer Sprachunterricht nahmen. Die Zoller beispielsweise gehörten zu den bedeutenden Memminger Kaufmannsfamilien des 17. und 18. Jahrhunderts, und der Name Hans Jörg Zollers findet sich auf einer Liste Memminger Kaufleute des Jahres 1687. Zu Beginn des 18. Jahrhunderts galt die Firma Zoller & Wachter, die vor allem im Leinwandhandel mit Italien aktiv war, als bedeutendstes Memminger Handelsunternehmen.[509] Andreas Leser dürfte ein Sohn des Augsburger Großkaufmanns Esaias Leser gewesen sein, der unter anderem im Frankreichhandel aktiv war und 1674 zur Spitzengruppe der Augsburger Steuerzahler gehörte. Esaias Leser war mit der Tochter eines Andreas Huber (1605–1678) verheiratet, möglicherweise dem Großvater des gleichnamigen Schülers von Matthias Kramer.[510] Bei den 34 Schülern, für die Kramer keinen Herkunftsort angibt, dürfte es sich um Nürnberger gehandelt haben. Mit Johann Friedrich Volckamer findet sich ein Angehöriger einer Patrizierfamilie auf der Liste. Gottfried (I.) Peller (1654–1696) entstammte einer der reichsten Nürnberger Kaufmannsfamilien des 17. Jahrhunderts und heiratete 1685 die Nürnberger Patriziertochter Maria Clara Kress. An der Nürnberger Viatis-Peller-Gesellschaft war er mit einer hohen Kapitaleinlage beteiligt.[511] Der Hans Geiger auf Kramers Widmungsliste ist möglicherweise identisch mit dem Neffen des Kaufmanns Peter Geiger, der Teilhaber der im Lyonhandel aktiven Firma Sebastian Wernberger und Peter Geiger war und 1688 das Geschäft an seinen Neffen Hans übergab.[512]

Auf der Liste von 1695 sind 18 der 55 Schüler mit einem Herkunftsort außerhalb Nürnbergs gekennzeichnet; die im Vergleich zu 1680 höhere Zahl auswärtiger Schüler könnte ebenso ein Indiz für Kramers wachsende Reputation als Sprachlehrer sein wie die größere geographische Streuung der Herkunftsorte. Zwei von Kramers Schülern kamen demnach aus Hamburg, vier aus Leipzig, einer aus Zittau, für zwei ist Sachsen und für einen Thüringen als Herkunftsregion angegeben. Hinzu kamen ein Schüler aus Jena, einer aus Rothenburg, einer aus

---

508 M. Kramer, Toscanische Rudimenta, 1680, unpaginiert, S. (3r)-(4v); M. Kramer, Rudimenti Toscano-Romani, 1695, Dedicatione.

509 Huber-Sperl 1995, S. 38, 68, 70f., 83, 99, 101, 104, 106f., 109; Zückert 1997, S. 807.

510 Mayr 1931, S. 105f., 121; Bog 1962, S. 32f.

511 Vgl. Seibold 1977, S. 304f., 307f. und passim.

512 Bog 1962, S. 61f.

Genf, einer aus Neuchâtel, ein weiterer „Suizzero", ein Wiener und zwei, die als „Varisco" bezeichnet werden. Kramers Wiener Schüler Johann Karl Garb, der aus einer ursprünglich in Genf und seit Ende des 16. Jahrhunderts in Augsburg ansässigen Kaufmannsfamilie stammte, stieg später zum kaiserlichen Kammerjuwelier auf und wurde 1715 von Kaiser Karl VI. geadelt.[513]

Angehörige des Nürnberger Patriziats fehlen auf Kramers zweiter Liste völlig; da er diese wohl kaum zu erwähnen vergessen hätte, ist davon auszugehen, dass das Patriziat nicht zu Kramers bevorzugter Kundschaft gehörte. Stattdessen scheint sich seine Schülerschaft vor allem aus den Kreisen der nicht-patrizischen Kaufmannschaft rekrutiert zu haben. Darauf deutet zum einen die Tatsache hin, dass die meisten auswärtigen Schüler aus wichtigen Handelsstädten kamen, zum anderen zeigen die Schülernamen selbst deren Zugehörigkeit zu prominenten Kaufmannsfamilien. Adolf Gabriel und Paul Jenisch gehörten einer weit verzweigten, unter anderem in Augsburg, Kempten, Nürnberg und Hamburg ansässigen Familie an. Andreas und Hans Paul Schweyer entstammten einer Nürnberger Kaufmannsfamilie, die im späten 17. Jahrhundert im Venedighandel aktiv war.[514] Joel Paul Geisel dürfte ein Sohn des Seidenfärbers und Handelsmanns Johann Daniel Geisel gewesen sein, der Vorsteher der reformierten Gemeinde Nürnbergs war und von 1677 bis 1707 als Genannter dem Größeren Rat der Reichsstadt angehörte. Johann Daniel Geisels Vater, ein führendes Mitglied der reformierten Gemeinde um die Mitte des 17. Jahrhunderts, trug ebenfalls den in Nürnberg ansonsten wenig gebräuchlichen Vornamen Joel.[515] Vor diesem Hintergrund erscheint unmittelbar einleuchtend, dass Kramer auch seine Lehrwerkproduktion an seiner Klientel ausrichtete und 1693 unter dem Titel „Neuvermehrter Italienisch-Deutscher Banco-Secretarius" ein Lehrwerk veröffentlichte, das sich speziell an Kaufleute und kaufmännische Angestellte wandte. Die zahlreichen Neuauflagen dieses Werks im Laufe des 18. Jahrhunderts weisen darauf hin, dass eine hohe Nachfrage nach einem solchen fach- und berufsbezogenen Sprachunterricht bestand.[516]

Hervorzuheben ist schließlich, dass auf der Schülerliste des Jahres 1691 auch der Name des späteren Kaufmanns, Dichters und Sprachlehrers Johann Friedrich Riederer (1678–1734) erscheint. Riederer, der Sohn eines Diakons an der Nürnberger Egidienkirche, besuchte das Nürnberger Gymnasium und beabsichtigte anschließend zu studieren, doch vereitelte der frühzeitige Tod seines Vaters diese Pläne. Daher begann er im Alter von 14 Jahren in Nürnberg eine Kaufmannslehre. 1698 reiste er über Amsterdam nach London, wo er sich eineinhalb Jahre lang aufhielt. Anschließend begleitete er einen russischen Reisenden nach Paris; von 1700 bis 1701 arbeitete er in einem Handelshaus in Lyon. 1702 kehrte er kurzzeitig nach Nürnberg zurück, begab sich aber bereits im folgenden Jahr nach Wien und ließ sich erst 1708 wieder in seiner Heimatstadt nieder, wo er 1710 in den Größeren Rat gewählt und drei Jahre später in den Pegnesischen Blumenorden aufgenommen wurde. 1720 reiste er erneut nach Paris; ein mehrjähriger Frankreichaufenthalt schloss sich an. Allerdings scheint Riederer in dieser Zeit wirtschaftlich wenig Erfolg gehabt zu haben. In seinen letzten Lebensjahren erteilte er jungen Leuten im Holländischen, Englischen, Französischen, Italienischen und Spanischen Unterricht. „Er sprach alle diese Sprachen nicht nur fertig, sondern machte auch in sämtlichen fünf Sprachen Gedichte." Neben Übersetzungen aus dem Französischen verfasste er Lyrik und

---

513   Augsburger Stadtlexikon 1998, S. 428f.
514   Simonsfeld 1887, Bd. II, S. 195.
515   Bog 1962, S. 54f.; Seibold 1977, S. 353.
516   Vgl. dazu Kap. 5.

Satiren und bearbeitete Äsops Fabeln in deutscher Versform.[517] Möglicherweise ist Riederers Sprachgewandtheit und Weltläufigkeit mitbedingt durch den Unterricht, der ihm bei Matthias Kramer zuteil wurde. Immerhin hat er ihm ein Lobgedicht zugewidmet, das im Dokumentenanhang abgedruckt und kommentiert ist.[518]

Die jüngsten Schülerlisten stammen wiederum aus Augsburg, aus der Zeit des Übergangs an Bayern nach Ende der reichsstädtischen Epoche. Im Bestreben, einen Überblick über die schulischen Gegebenheiten in der Stadt zu erhalten, ordneten die bayerischen Polizeibehörden an, dass alle in der Stadt tätigen Privatlehrer Auskunft über die Zahl ihrer Schüler, deren Namen und die jeweils unterrichteten Fächer geben sollten. Von den jeweiligen Verhältnissen sollte auch abhängen, ob die vorhandenen Arbeitsgenehmigungen verlängert würden, und zwar nun auf der Basis jährlicher Lizenzen.[519] Offenbar war im Rahmen des Verfahrens vorgesehen, die Sprachmeister gesondert zu behandeln. Daher wurde der Sprachmeister Jean François Méry le Roy als ältester Vertreter der fremdsprachlichen Lehrerschaft beauftragt, der Polizeidirektion eine Liste aller in Augsburg tätigen Kollegen einzureichen. Die Liste sollte Angaben über Ehestand, Zahl der Schüler, Unterrichtsgegenstände und Betragen enthalten. Le Roy reichte der Behörde im Januar 1808 die Liste sowie für jeden Sprachmeister ein detailliertes Schülerverzeichnis ein. Elf dieser Schülerverzeichnisse sind erhalten.[520] Le Roy war insofern erfolgreich, als nach behördlicher Prüfung alle zwölf in der Stadt unterrichtenden Sprachmeister ihre Tätigkeit fortsetzen durften.

Leider sind die Namensverzeichnisse teilweise nicht sehr explizit, insofern als Vornamen bzw. Geschlechtsangaben fehlen und auch die Herkunft der Lernenden nicht deutlich wird. Insgesamt enthalten die Listen die Namen von 107, möglicherweise sogar 109 Sprachschülerinnen und -schülern. Die Anzahl der Lernenden pro Sprachmeister variiert zwischen zwei bzw. vier und 19. Von Interesse ist ein relativ hoher Frauenanteil: Die Listen verzeichnen mindestens 26 Schülerinnen. Der Großteil der Klientel entstammt dem Bürgertum, besonders das Handwerk ist breit vertreten; lediglich sieben Lernende sind als adlig identifizierbar, fünf junge Adelige sind Schülerinnen eines einzigen Sprachmeisters, Josef Laghi, der zugleich der meistfrequentierte Sprachmeister ist. Neun seiner 19 Sprachschüler sind weiblichen Geschlechts.

Ein Gesamtbild der Fremdsprachenlernenden der Frühen Neuzeit ist auf der Basis der Schülerlisten nicht möglich, und selbst für die Sprachmeister-Klientel in den süddeutschen Reichsstädten ist das aufgefundene Korpus allenfalls bedingt repräsentativ, stammt das Material doch aus unterschiedlichen Zeitabschnitten und von nur wenigen Sprachmeistern. Daten aus der nürnbergischen Universitätsstadt Altdorf fehlen ganz, so dass der besonders fremdspracheninteressierte Teil des akademischen Nachwuchses in seiner Zusammensetzung nicht untersucht werden konnte. Außerdem wissen wir wenig über die Unterrichtsrealität; sie ist nur für ganz

---

517   Zu Riederer vgl. Baader 1824–1825, Bd. 1, Teil 2, S. 171; Zedler, Bd. 31, 1742, Sp. 1531–1533; Brümmer 1889, S. 530.

518   Vgl. Dokumentenanhang.

519   In der Folgezeit mussten die als Ergebnis der Maßnahme „öffentlich autorisierte[n] Hauslehrer" Formulare ausfüllen, die – später in vorgedruckter Form – mit der Standardformulierung begannen: „Jährlich, bey Verlust der erhaltenen Erlaubnis, auf den 1. September pünktlich einzulieferndes Verzeichnis seiner gesammelten Privatinformationen, mit Ausschluss des Unterrichts in den neueren Sprachen, eingereicht im Rektorate von dem öffentlich autorisierten Hauslehrer [...]." Es folgt der Name des Lehrers. Die Dokumente aus den Jahren 1807 bis 1809 sind im Evangelischen Wesensarchiv des StadtAA erhalten.

520   StadtAA, Privatlehrerakte.

wenige Sprachlehrer des deutschsprachigen Raums in gedruckten Selbstzeugnissen oder über Schülerkommentare in Umrissen rekonstruierbar, und sie erhellt nicht aus gedruckten Unterrichtsmaterialien – ein Faktum, auf das der bedeutende historische Pädagoge Josef Dolch in seinen Vorlesungen immer wieder hingewiesen hat.[521] Mehr noch bleibt das Lernverhalten der Scholaren im Dunkeln. Dennoch sind die mitgeteilten Befunde von großem Interesse, zum einen, weil die auf Matthias Kramer bezogenen Listen zusammen mit seinen Ausführungen im „Entretien"[522] betrachtet werden können und auf diese Weise für ihn zumindest ein Bild ergeben, das Aspekte von Unterrichtsrealität greifbar werden lässt. Zum anderen deuten die Augsburger Listen aus dem frühen 19. Jahrhundert auf Entwicklungen hin, die sich in den Jahren nach 1770 angebahnt haben: Das breitere Bürgertum beginnt sich für moderne Fremdsprachen zu interessieren, auch der Handwerker- und der Frauenanteil steigen.

---

521 Vgl. dazu auch sein Standardwerk „Lehrplan des Abendlandes", Ratingen 1959 u.ö.
522 Vgl. Abschnitte 4.2.2. und 4.2.5.

5. Sprachlehrwerke und ihre Verwendung

5.1. Lehrwerke aus Augsburg und Nürnberg[1]

5.1.1. Das Lehrwerkkorpus

Das im Folgenden vorgestellte Korpus erfasst alle Sprachlehrwerke (Lehrbücher, (Lehr)-Grammatiken, Glossare, Wörterbücher, Gesprächssammlungen, Briefsteller), die bis zum Jahr 1806 in Augsburg oder Nürnberg im Druck erschienen oder die von Autoren stammen, die nachweislich in Augsburg oder Nürnberg als Sprachlehrer aktiv waren, ihre Werke aber an anderen Druckorten erscheinen ließen. Neben den Druckorten Augsburg (43 Drucke) und Nürnberg (169 Drucke) kommen weitere 25 Druckorte im Korpus vor.

Tabelle 6: Verteilung der einzelnen Druckorte

Druckorte	Titel	Druckorte	Titel
Amsterdam	2	Leipzig	4
Augsburg	43	Moskau	1
Augsburg, Frankfurt/M., Leipzig	1	Nordhausen	2
Augsburg, Freiburg/Br.	2	Nürnberg	169
Augsburg, Memmingen	3	Nürnberg, Altdorf	1
Bayreuth	1	Nürnberg, Erlangen	1
Berlin	1	Nürnberg, Göttingen	1
Dessau	1	Nürnberg, Wien	1
Dillingen	3	Nürnberg, München	1
Erlangen	3	Prag	1
Frankfurt/M.	7	St. Gallen	1
Frankfurt/M., Leipzig	2	Stendal	1
Göttingen	4	Tübingen	1
Hamburg	4	Wien	3
Hamburg, Schwerin	1	o. O.	1
Hamburg, Kopenhagen	2		

Nachauflagen wurden dann berücksichtigt, wenn die Erstauflagen verschollen oder an deutschen Bibliotheken nicht nachweisbar waren. Diese Werke wurden in einer Datenbank erfasst und, soweit zugänglich, einer Autopsie unterzogen.

Das so gewonnene Korpus umfasst 259 Titel. Darunter befinden sich vier Handschriften, nämlich das kurze Vokabular des Hans Praun (um 1475), das „Conceptionale" von Lukas Friedrich Behaim (Florenz 1611)[2] und die beiden voluminösen Handschriften des ungedruckten italienisch-deutschen und französisch-spanischen Wörterbuches von Franz Jacob Leyß.[3] Bei 13 Drucken konnte kein Verfasser ermittelt werden. Die Hand-

---

1   In Kapitel 5 sind Verweise auf die Quellen (Seitenzahlen) vielfach in den laufenden Text integriert, um den Fußnotenapparat nicht allzu umfangreich werden zu lassen.

2   Beide Handschriften sind im Quellenband ediert.

3   Davon existiert eine Mikrofiche-Verfilmung des Fischer-Verlags, Erlangen.

schriften in der Tradition des Georg von Nürnberg (1424) bzw. ihre Editionen[4] wurden nicht ins Korpus aufgenommen, weil sie trotz ihrer Bezüge zu Augsburg und Nürnberg ihrer Entstehung und Verwendung nach zu Venedig gehören. Von den Drucken in der Tradition des „Vochabuolista", die mit Adam von Rottweils „Introito e porta" (1477) beginnt, wurden lediglich vier Auflagen nachgewiesen, autopsiert und in das Korpus aufgenommen (zwei viersprachige Drucke, je ein fünfsprachiger und sechssprachiger Druck). Bei der Auswertung wurden folgende Rubriken (Textgattungen, Textsorten) angesetzt:

(1) Glossare und Wörterbücher,
(2) (Lehr-)Grammatiken,
(3) Lehrbücher und Lehrmaterialien,
(4) Gesprächsbücher,
(5) Briefsammlungen (Briefsteller).

Schwierig war die Zuordnung zu einer dieser Rubriken dann, wenn Lehrwerke Mischtypen etwa zwischen Grammatik und Lehrbuch darstellten oder Anhänge mit Gesprächssammlungen, Briefstellern oder Wortlisten enthielten. Solche Drucke wurden in der Regel der Rubrik „Lehrbücher" zugeschlagen. Die Rubriken „Gesprächsbücher" und „Briefsammlungen" enthalten nur echte Gesprächsbücher und Briefsammlungen. Der Rubrik „Grammatik" wurden Werke zugeordnet, die in ihrem Titel den Ausdruck Grammatik enthalten, es sei denn, dass bei der Autopsie festgestellt wurde, dass dieses Prädikat sachlich unangemessen ist; solche Fälle wurden der Rubrik „Lehrbuch" zugeordnet. Die Rubrik „Glossare und Wörterbücher" enthält auch Sachgruppenwörterbücher (Nomenklatoren) und einige einfache Vokabellisten aus dem 15. und 16. Jahrhundert. Die Gesamtliste aller erfassten Titel ist im tabellarischen Anhang (Tabelle 12) abgedruckt.

Einige Werke konnten in keine dieser Rubriken eingeordnet werden. Dazu gehören: die Theorie des Briefeschreibens von Isaac de Colom du Clos (1749) und die „Principes de la langue françoise" (1745) desselben Autors, eine sprachvergleichende übersetzungskritische Abhandlung von Augustinus Dornblüth (1755), eine Sammlung des Vaterunsers in über 100 Sprachen, der kommentierte Katalog der Sprachen der Welt von Gottfried Hensel (1741), die mehrsprachigen Titellexika von de Colom du Clos (1747) und Jacob Mayer (1776) sowie die Polemik Matthias Kramers (1693) gegen Johann Jakob Schübler (1689–1741) und dessen indignierte Antwort aus demselben Jahr.[5] Auch die Vergleichung von Wortschatz, Phraseologie und Morphologie des Deutschen mit dem Französischen von Hieronymus Andreas Mertens (1773) wurde in keine dieser Rubriken eingeordnet.[6] Die folgende Tabelle zeigt die quantitative Verteilung der Lehrwerke nach Zeiträumen.

---

4   Introito e Porta, hg. von. A. Bart-Rossebastiano, 1971; Georg von Nürnberg, hg. von O. Pausch, Das älteste italienisch-deutsche Sprachbuch, 1972; Vocabolario quadrilingue Latino-Veneto-Ceco-Tedesco, hg. von J. Křesálková 1984; Blusch 1992. Vgl. zu Georg von Nürnbergs Sprachbuch aus historischer Sicht Hollberg 1999; Israel 2000.

5   I. de Colom du Clos, Réflexions et remarques sur la manière d'écrire des lettres, 1749; I. de Colom du Clos, Auszug der nötigsten Fundamente der französischen Sprache, 1745; A. Dornblüth, Observationes, 1755; Anon., Oratio Dominica polyglotta, ca. 1714; G. Hensel, Europa Poly Glotta, 1741; I. de Colom du Clos, Teutsch= und Französisches Titular=Buch, 1747; J. Mayer, Allgemeines deutsches, lateinisches und französisches Titularbuch. Augsburg 1776; M. Kramer, Gegen-Stral des Mercurii, 1693; J. J. Schübler, Des hellscheinenden Jakob- und Morgen-Stern Erster Theil, 1693.

6   H. A. Mertens, Das Genie der deutschen und französischen Sprache, 1773.

Tabelle 7: Quantitative Verteilung der Lehrwerke

	Glossar und Wör- terbuch	*Grammatik*	*Lehrbuch*	*Gesprächs- buch*	*Brief- samm- lung*	*Summe*
15. Jh.	1	-	-	-	-	1
16. Jh.	6	-	2	-	-	8
1601-1650	6	1	4	-	-	11
1651-1700	9	11	20	3	3	46
1701-1750	14	6	40	9	7	76
1751-1800	16	10	48	3	9	86
1801-1810	10	3	8	-	-	21
Summe	**62**	**31**	**122**	**15**	**19**	**249**

Zehn Titel konnten keiner dieser Gruppen zugeordnet werden. 62 weitere Titel entfallen auf die Rubrik „Glossare und Wörterbücher"; das entspricht etwa einem Fünftel des Korpus. Am umfangreichsten ist die Rubrik „Lehrbücher" mit 122 Titeln. Davon entfallen 24 auf das 17. Jahrhundert. Die große Mehrzahl (88 Titel) entfällt auf das 18. Jahrhundert. Acht weitere Titel stammen aus den Anfangsjahren des 19. Jahrhunderts. Reine Gesprächsbücher und reine Briefsammlungen gibt es erst seit der zweiten Hälfte des 17. Jahrhunderts. Die Gesprächsbücher haben ihre Hochzeit im frühen 18. Jahrhundert, die Briefsammlungen in der zweiten Jahrhunderthälfte (je neun Titel). Beide Gruppen sind vergleichsweise schwach vertreten, was, wie erwähnt, auch daran liegt, dass ein Großteil der Lehrbücher Abschnitte mit Dialogen und/oder Musterbriefen enthält.

Die zeitliche Verteilung des Materials ist wenig überraschend. Ins 15. Jahrhundert gehört lediglich die Handschrift von Hans Praun. Aus dem 16. Jahrhundert stammen sechs Augsburger und Nürnberger Drucke von Glossaren und Wörterbüchern.[7] Aus der ersten Hälfte des 17. Jahrhunderts konnten wir nur elf einschlägige Titel nachweisen. In dieser niedrigen Zahl dürften sich die damals noch geringe Präsenz von Sprachmeistern in den beiden Reichsstädten (vgl. Kapitel 4) sowie die Tatsache widerspiegeln, dass reisende Patrizier- und Kaufmannssöhne ihre Lehrmaterialien noch bevorzugt im Ausland erwarben. Auch der Dreißigjährige Krieg könnte sich nachteilig auf die Lehrwerksproduktion ausgewirkt haben. In der zweiten Hälfte des 17. Jahrhunderts erscheinen dann insgesamt 46 Titel, von denen 11 auf die Rubrik „Grammatik" entfallen. In der ersten Hälfte des 18. Jahrhunderts kamen 76 Titel heraus, von denen 40 Lehrbücher sind. In der zweiten Hälfte des 18. Jahrhunderts wird der höchste Wert mit 86 Titeln erreicht, von denen über die Hälfte (48 Titel) auf die Rubrik „Lehrbuch" entfällt. Aus den Anfangsjahren des 19. Jahrhunderts sind weitere 21 Titel erfasst, von denen fast die Hälfte (10 Titel) Glossare bzw. Wörterbü-

---

7 Die sehr viel höheren Zahlen für die beiden Städte bei P. O. Müller (2001; s. u. 5.1.4.) beruhen darauf, dass erstens die deutsch-lateinische und lateinisch-deutsche Lexikographie von uns nicht berücksichtigt wurde (sie stellt den Löwenanteil an der Lexikographie des 16. Jahrhunderts), und dass zweitens Müller nicht einzelne Titel, sondern die nachweisbaren Drucke gezählt hat, also auch sämtliche Nachauflagen eines Titels.

cher sind. Das folgende Diagramm zeigt die absoluten Häufigkeiten der Vorkommen der einzelnen Sprachen im Korpus.[8]

Tabelle 8: Sprachenverteilung

Sprache	*Häufigkeit*
Französisch	148
Italienisch	96
Lateinisch	19
Englisch	17
Spanisch	14
Niederländisch	9
Deutsch	8
Russisch	3
Syrisch	2
Ungarisch	2
Altgriechisch	1
Chaldäisch	1
Hebräisch	1
Portugiesisch	1
Tschechisch	1
Türkisch	1
Akan	1

Diese Verteilung ist eindeutig. Die „Weltsprache" des 18. Jahrhunderts, das Französische, ist in über der Hälfte aller Drucke vertreten. Das Italienische, die Handels- und Bildungssprache des 16. und frühen 17. Jahrhunderts, bringt es noch auf knapp 100 Titel. Das Spanische, das Englische, das Niederländische und die Fremdsprache Deutsch spielen Nebenrollen. Das Lateinische kommt hier nur deshalb vor, weil es bis etwa 1700 als Beschreibungssprache in den Grammatiken und Lehrbüchern für die Volkssprachen vorherrscht und in den polyglotten Wörterbüchern oft als Referenzsprache vertreten ist. Seine Bedeutung im 16. und 17. Jahrhundert ist aufs Ganze gesehen viel größer als in dieser Auswahl, die die Lehrmittel für die alten Sprachen nicht berücksichtigt. Die übrigen zehn Sprachen sind peripher. Die Nachbarsprachen Polnisch, Dänisch, Schwedisch, Slovenisch und Kroatisch fehlen ganz.

Wie mit diesen Lehrwerken im Unterricht gearbeitet wurde, lässt sich aus den Quellen nicht ermitteln. Es ist unwahrscheinlich, dass sie im Gruppenunterricht als Lehrbücher in der Hand des Schülers verwendet wurden. Es liegt näher anzunehmen, dass sie einerseits als Lehrmaterial für das Selbststudium, zum Auswendiglernen und zum Üben, andererseits als Musterbücher für die Konversation verwendet wurden. Insbesondere die (oft wirren)

---

8   Bei der Zählung wurde die „Oratio dominica polyglotta" (1714), die das Vaterunser in über hundert Sprachen enthält, nicht berücksichtigt.

grammatischen Erläuterungen und die überlangen Listen der nominalen und verbalen Flexionsschemata sowie der starken Verben eignen sich kaum zum Vortrag im Unterricht; sie waren Stoff fürs Auswendiglernen nach dem Muster des Lateinunterrichts.

5.1.2. Die Anfänge: Der „Solenissimo Vochabuolista"

Am Anfang der quellenmäßig belegten Bemühungen um ‚moderne' Fremdsprachen steht in Augsburg und Nürnberg das Italienische, genauer: das Venezianische. Seit dem 15. Jahrhundert können sich diese Bemühungen auf schriftlich fixierte Handreichungen stützen, nämlich eine Reihe von Manuskripten, deren Tradition ins 14. Jahrhundert zurückreicht. Die ältesten überlieferten Zeugnisse sind zwei Handschriften mit deutsch-italienischen Wortlisten und Gesprächen aus dem Jahr 1424, die mit Georg von Nürnberg zusammenhängen.[9] Der erste Druck eines solchen Vokabulars war Adam von Rottweils „Introito e porta" (1477).[10] Er wurde zur Grundlage zahlreicher (mehrsprachiger) Bearbeitungen.[11] Der letzte Druck in dieser Tradition erschien fast 170 Jahre später im Jahre 1636 in Rouen.[12] In diesem Teilkapitel werden vor allem Drucke aus dieser Tradition vorgestellt, die aus Augsburg und Nürnberg stammen. Dies soll verdeutlichen, wie bedeutend die Drucker der beiden Reichsstädte im 16. Jahrhundert bei der Produktion vielsprachiger Wörterbücher waren.

Die Nachfrage nach Kenntnissen des Italienischen war schon im 15. Jahrhundert erheblich. Schon zwei Jahre nach Adam von Rottweils Buch erschien 1479 in Bologna ein geringfügig veränderter Raubdruck unter dem Titel „Solennissimo vochabolista"[13]. Weitere zweisprachige Ausgaben kamen 1482 in Wien, 1493 und 1498 in Rom, 1498, 1499, 1500 und 1513 in Venedig heraus.[14] Eine katalanisch-deutsche Bearbeitung erschien 1502 in Perpignan.[15]

Der früheste viersprachige Druck (lat.-ital.-frz.-dt.) stammt aus Rom (1510).[16] In Augsburg kam erstmals im Jahre 1516 eine viersprachige Ausgabe heraus. Sie wurde im selben Jahr zweimal nachgedruckt. 1518 und 1521 erschienen in Augsburg, 1521 in Rom weitere viersprachige Drucke. Seit 1513 gibt es fünfsprachige Ausgaben (ital.-dt.-lat.-frz.-span.). Neben Venedig (1513, 1526, 1533, 1537) spielen Nürnberg (1529, 1531 und 1533) und Augsburg (1531, 1533 und 1540) sowie Antwerpen (1534) als Druckorte eine Rolle. Eine weitere fünfsprachige Ausgabe erschien 1542 in Lyon. Die erste sechssprachige Ausgabe

---

9 Diese Handschriften entstanden im Umkreis des *Fondaco dei tedeschi* in Venedig; vgl. Kapitel 2. Zu Georg von Nürnberg und den auf seinem Werk fußenden Handschriften vgl. die in Anm. 4 zu diesem Kapitel genannten Editionen sowie Rossebastiano-Bart 1984a; Rossebastiano-Bart 1984b; Rossebastiano-Bart 1986; Holtus/Schweickert 1985; Hollberg 1999; Israel 2000; Glück 2002, S. 260-264, 418-432; die Beiträge in Glück/Morcinek 2006.

10 Introito e porta, 1477. Rossebastiano Bart 1984a, Nr. I. Die Edition besorgte V. R. Giustiniani (1987).

11 Diese Tradition hat A. Rossebastiano Bart (1984a) im Detail erforscht.

12 Vgl. Rossebastiano Bart 1984a, 205; Müller 2010, S. 222f.

13 Solennissimo vochabolista, 1479.

14 Vgl. Glück 2002, S. 419f.

15 Vgl. Barnils 1916; Morcinek 2003; Morcinek 2006.

16 Introductio quaedam utilissima siue vocabularius quattuor linguarum [...], 1510. Rossebastiano Bart 1984a, Nr. XI. Die weiteren bibliographischen Angaben in diesem Abschnitt beruhen im wesentlichen auf der Arbeit von A. Rossebastiano (1984). Autopsiert wurden lediglich diejenigen Handschrifteneditionen und mehrsprachigen Drucke, die im Quellenverzeichnis aufgeführt sind.

(unter Hinzufügung des Englischen) druckte um 1530 Philipp Ul(h)art in Augsburg.[17] Zwei weitere sechssprachige Augsburger Drucke erschienen zwischen 1541 und 1557. Neben Venedig als Verlagsort (um 1540, 1541, 1548, 1549, 1563, 1564, 1582) waren bei den sechssprachigen Ausgaben Nürnberg (1541, 1548, 1549), Regensburg (1553, 1558, 1595) und Rouen (1611, 1625, 1631) als Druckorte von Bedeutung. Eine siebensprachige Ausgabe unter Hinzufügung des Flämischen kam 1540 in Antwerpen heraus. Achtsprachige Ausgaben unter Hinzufügung des Griechischen gelangten zwischen 1546 und 1580 in Paris und Lyon zum Druck.

Wahrscheinlich gab es bereits im 14. Jahrhundert „halbprofessionelle Deutschlehrer" in Norditalien, zweisprachig aufgewachsene Deutsche, die als Sprachmeister ihren Lebensunterhalt bestritten.[18] Wurden diese Vokabulare auch dazu verwendet, das Deutsche wie das Italienische und die anderen jeweils berücksichtigten Sprachen im Selbststudium zu erwerben? Die hohe Zahl der Auflagen[19], ihre schnelle zeitliche Abfolge und die geographische Verteilung der Druckorte bezeugen jedenfalls ein starkes Interesse an anderen Volkssprachen in der ersten Hälfte des 16. Jahrhunderts nicht nur in Augsburg und Nürnberg, aber gerade auch dort.

Im Jahre 1516 erschien die viersprachige „Introductio"[20] in Augsburg (lat.-ital.-frz.-dt.). Sie ging auf eine 1510 in Rom erschienene „Introductio" zurück.[21] Mit dieser ersten viersprachigen Bearbeitung vollzog sich ein Wandel: die Leitsprache war nun das Lateinische, das Werk diente seither vor allem als Nachschlagewerk für Gebildete, die Interesse an den Volkssprachen hatten, nicht mehr als Sprachbuch für ‚Ungelehrte.'[22] Unter einem Kurztitel („Vocabularius quattuor linguarum") erschienen zwei weitere Augsburger Drucke (1521 und o. J.).[23] In der Augsburger „Introductio" sind Druckort, Erscheinungsdatum und Verleger genau verzeichnet: „Gedruckt in der Kayserlichen stat Augsburg durch Erhart öglin im jar Do man zalt tausent fünff hundert und sechzehen iar am zwölfften tag des Märzen." Das Vorwort ist in allen im Titel erwähnten Sprachen abgedruckt. Die deutsche Version lautet:

---

17 Rossebastiano Bart 1984a, Nr. XXVII.

18 Glück 2002, S. 418.

19 Wie hoch eine einzelne Auflage im 16. Jahrhundert war, lässt sich nur schätzen; sie dürfte zwischen 300 und 500 Exemplaren gelegen haben.

20 Zu diesem Titel existieren Einträge bei Müller 2001, S. 587, und bei Claes 1977, Nr. 248, 249 und 250 (letzterer ohne den Zusatz „Einführung latein, welsch, französisch und teütsch"). Einträge zu den drei Ausgaben von 1516 sowie der Auflage von 1518 finden sich bei Rossebastiano Bart 1984a, Nr. XVI-XIX. Müller (2001, S. 286) nennt für den Druckzeitraum 1516–1522/31 den Druckort Augsburg und als Wörterbuchsprachen das Lateinische, das Französische, das Italienische und das Deutsche.

21 Introductio quaedam utilissima, sive Vocabularius quattuor linguarum Latine, Italice, Gallice et Alamanice per mundum versari cupientibus summe utilis. Einfierung latein wälsch Franzesisch und teutsch in gemaine dingen zu redn von nuwem gedruckt und an vil orte zemal im latein und welschn gebessert und corrigiert dienen so durch die land handlen und sprach nit kindn nit mind noturtig dan nutzlich. Zur Erstausgabe (Rom 1510) vgl. Rossebastiano Bart 1984a, Nr. XI; Claes 1977, Nr. 188; Müller 2001, S. 292.

22 Glück 2002, S. 429f.

23 Introductio quaedam utilissima / sive Vocabularius quattuor linguarum latine Italice / Gallice et Alamanice, 1516. Die Ausgabe von 1521 ist bei Rossebastiano Bart 1984a, Nr. XXI, und bei Claes 1977, Nr. 289 bibliographisch erfasst. Claes ergänzt den Druckort: „bey sant Katherinen Closter". Die Ausgabe ohne Erscheinungsjahr ist nur bei Claes 1977, Nr. 275 erwähnt. Als Zeitraum wird 1518–1529 vermutet. Ein Nebentitel ist nur bei Rossebastiano Bart (1984a) genannt.

Disen aller nutzlichisten Vocabulari zů lernen lesen der es begert sunder zů schnůll
zů gan. als wie hantwerckseleüt oder weyber. Unnd auch mag darin lernen ein
Teütscher Latein welsch/ und Franzosisch. und ain yetlicher von yn Teütsch. wen
warumb in disem bůch sind behalten alle namen vocabel, unnd wort den man mag
sprechen in mancherlay hande [sc. Lande].[24]

Als Zielgruppe werden hier Personen genannt, die die genannten Sprachen lernen wollen,
ohne eine (Latein-)Schule besucht zu haben, z.B. Frauen und Handwerker, daneben Aus-
länder, die Deutsch lernen möchten. Lesen müssen sie allerdings können; das lernte man (in
Deutschland) wiederum an einer deutschen Schule.[25] Diese Sammlungen sind keine alpha-
betisch angeordneten Glossare, sondern nach Themenfeldern gegliederte Nomenklatoren.
Es wird induktiv vorgegangen, grammatische Sachverhalte werden nicht erklärt (etwa in
Regeln). Der Lernende wird sofort mit der Sprache konfrontiert: er bekommt ein paar
Hinweise zur Aussprache und soll sich die grammatischen Regeln selbständig erschließen:

Dis půch haisset ain port [Pforte, Tür] oder ain anweysung zů lernen Teütsch oder
welsch das da fast not [sehr nötig] ist den die in vil lande handeln wellen. sy seyen
Teütsch oder welsch. Aber es ist etlich underschaid im A.b.c. und wer die nit waißt
der kann nit wol welsch lesen die fint man hernach geschriben/ Heb wir an am .a .
wo du findest ain /a/ so lis es nit für ain /a/ sunder lis es für dise silben /ae/ Item wo
du findest ain /u/ für ainem lauten bůchstab so liß es für ain /w/ Item wo du findest
ain /x/ so lis es für ein /s/. Und wo du findest /ch/ das lis für ain /ka/ Und wo du findest /sch/ das lis für dise silben /se/.[26]

In der Auswahl der Lexik ist keine Systematik zu erkennen. Thematisch sind die Sammlungen stark religiös geprägt. Sie beginnen mit Gott, seinen Heiligen und dem, was zur Kirche
gehört. Darauf folgen die Körperteile, das Haus und seine Bestandteile, die Küche und die
Küchengeräte, der Garten und seine Früchte, vierbeinige Haustiere und Wildtiere, Vögel
und Fische usw. Daneben sind solche Bereiche gut vertreten, die für Reisende und Fern-
händler wichtig waren, etwa Maße und Gewichte, der Ausdruck von Quantitäten und Qua-
litäten (z.B. Farben), die Zeitmessung und das Vergleichen, das Einkehren im Gasthaus,
das Bestellen einer Mahlzeit, das Einkaufen und Aushandeln vor Preisen. Insgesamt haben
die Inhalte einen starken Alltagsbezug.

---

24 Introductio quaedam utilissima, 1516, Digitalisat der BSB München, Bl. 2r.
25 Der Besuch einer deutschen Schule ist Gesprächsthema bei J. G. Otliger, Sehr nutzliches Sprach-Büchlein in Frantzösisch und Teutsch, 1687, S. 68f.: der kleine Hans lernt dort das Schreiben und das
   Französische. – Zu den deutschen Schulen in Nürnberg vom späten 15. bis ins frühe 17. Jahrhundert
   vgl. Jäger 1925; Endres 1984. Fremdsprachen spielten dort keine große Rolle; mitunter wurde
   propädeutisch Latein unterrichtet. Die Schulhalter waren i.d.R. Rechenmeister. Sie unterrichten auch
   Mädchen. Mitunter konnten die Schulmeister Lateinisch, in Einzelfällen auch moderne Fremdsprachen,
   z.B. konnte der Schulmeister Jörg Dörrschmidt „Böhmisch" (Jaeger 1925, S. 66). Gegen Ende des 16.
   Jahrhunderts erlebte das deutsche Schulwesen einen qualitativen Niedergang (Jaeger 1925, S. 166-180):
   es gab zu viele „Stümpler" auf einem wenig regulierten Markt. Um 1610 gab es in Nürnberg 75 teutsche
   Schulen. Eine Schulordnung setzte 1613 ihre Zahl auf höchstens 48 fest und richtete eine (nicht effi-
   ziente) Schulaufsicht ein (Jaeger 1925, S. 169). Vgl. dazu auch Endres 1984.
26 Introductio quaedam utilissima, 1516. Digitalisat der BSB München, Bl. 3r.

Die beiden ersten fünfsprachigen Bearbeitungen, „Quinque linguarum utilissimus vocabulista", wurden 1513 und 1526 in Venedig gedruckt.[27] 1529 erschienen in Nürnberg (bei Friedrich Peypus), 1531, 1533 und 1540 in Augsburg (bei Philipp Ulhart d.Ä.) fünfsprachige Drucke (lat.-ital.-frz.-span.-dt.).[28] Die Nürnberger Ausgabe von 1531 (bei Peypus) enthält statt des Spanischen das Böhmische (Tschechische). Im Vorwort zur Nürnberger Ausgabe finden sich Hinweise zur Benutzung des Wörterbuchs (z.B. die phonetischen Hinweise, die bereits bei der viersprachigen Ausgabe zitiert wurden); als Nomenklator ist es in thematische Kapitel aufgeteilt.[29] Aus dem Jahr 1533 stammt der leicht veränderte Nachdruck „Quinque linguarum utilissimus vocabularius".[30] Demgegenüber behält Ulhart in Augsburg in den Ausgaben von 1531[31] und 1533[32] das Spanische bei, und auch die spätere Augsburger Bearbeitung von Sebald Heyden aus dem Jahre 1540[33] nimmt als fünfte Sprache das Spanische auf, so dass das Tschechische allein in den Nürnberger Ausgaben enthalten ist. Inhaltlich unterscheiden sie sich von den viersprachigen Ausgaben kaum.

Das „Dictionarium sex linguarum" erschien anonym um 1530 in Augsburg bei Ulhart[34]. Welche Sprachen es enthielt, weiß man nicht, weil von diesem Druck kein Exemplar erhalten ist. In den späteren Drucken ist das Englische enthalten.[35] 1541 erschien ein Nürnberger Druck mit dem Titel „Sex linguarum, Latinae, Gallicae, Hispanicae, Italicae, Anglicae, & Teutonicae, dilucidissimus dictionarius" bei Hans Günther.[36] Zwei anonym bei Ulhart veröffentlichte und auf den Zeitraum zwischen 1541 und 1557 zu datierende sechssprachige Augsburger Ausgaben folgten.[37] Schließlich erscheinen in den Jahren 1548 und 1549 in Nürnberg bei Iohann Daubman die beiden letzten Ausgaben in der Tradition des „Solenissimo Vochabuolista" (lat.-frz.-span.-ital.-engl.-dt.), die für die vorliegende Untersuchung relevant sind[38].

---

27 Die venezianischen Ausgaben sind bei Rossebastiano Bart 1984a, Nr. XVI und Nr. XXV, der Nürnberger Druck von 1529 unter Nr. XXVI bibliographisch erfasst. Der Nebentitel ist identisch mit der Augsburger Bearbeitung aus dem Jahre 1521 bzw. o.J. Vgl. Glück 2002, S. 430.

28 Vgl. Müller 2001, S. 292f.

29 Quinque linguarum utilissimus vocabulista, latinae, italicae, gallicae, bohemicae et alemanicae […], 1531. Rossebastiano Bart 1984a, Nr. XXVIII, S. 103-105; Claes 1977, Nr. 320; Glück/Klatte 2002, Nr. 13.

30 Quinque linguarum utilissimus vocabularius: Latinae, Italicae, Gallicae, Bohemicae et Alemanicae, valde necessarius per mundum versari cupientibus. Rossebastiano Bart 1984a, Nr. XXXIII, S. 115f.; Glück/Klatte/Spáčil/Spáčilová 2002, Nr. 15; Claes 1977, Nr. 336.

31 Rossebastiano Bart 1984a, Nr. XXIX; Claes 1977, Nr. 321.

32 Rossebastiano Bart 1984a, Nr. XXXII; Claes 1977, Nr. 335.

33 Rossebastiano Bart 1984a, Nr. XL; Claes 1977, Nr. 377. Zur Bedeutung des Spanischen für Augsburg vgl. Kapitel 4.

34 Rossebastiano Bart 1984a, Nr. XXVII; Claes 1977, Nr. 317.

35 Vgl. Glück 2002, S. 430.

36 Rossebastiano Bart 1984a, Nr. XLIII; Claes 1977, Nr. 391; Müller 2001, S. 596.

37 Sex linguarum latinae, gallicae, hispanicae, italicae, anglicae et teutonicae dilucidissimus dictionarius […], o.J. [zwischen 1541 und 1557]. Rossebastiano Bart 1984a, Nr. LIV und Nr. LV. Kein Eintrag bei Claes 1977.

38 Rossebastiano Bart 1984a, Nr. L bzw. Nr. LVII; Claes 1977, Nr. 421 bzw. 422. Müller (2001, S. 287) nennt für den Druckzeitraum 1541 bis 1595 die Druckorte Nürnberg, Augsburg und Zürich und als Wörterbuchsprachen das Lateinische, das Französische, das Spanische, das Italienische, das Englische und das Deutsche.

Der Nomenklator des 15. Jahrhunderts, der zwei Volkssprachen miteinander verband, hatte sich längst zu einem alphabetisch geordneten mehrsprachigen Glossar mit dem Lateinischen als Leitsprache entwickelt; auf jeder Doppelseite sind alle Sprachen jeweils in Spalten zu finden, z.B. „fructus – le fruict – el fruto – il frutto – be the frute – ist die Frucht."[39] Hinweise auf die richtige Aussprache enthielten diese Glossare nicht mehr. Es sind Wörterbücher zum Nachschlagen geworden und keine Lehrbücher für Anfänger mehr.

5.1.3. Lehrwerke aus Nürnberg und Augsburg: fünf Beispiele
Wir stellen in diesem Abschnitt exemplarisch einige Lehrwerke vor, die von Nürnberger bzw. Augsburger Sprachmeistern verfasst wurden. Bis auf das Beispiel 4 handelt es sich um Sprachbücher, die im Unterricht Verwendung fanden. Die Lehrbücher, die in Beispiel 5 vorgeführt werden, erhoben den Anspruch, bidirektional verwendbar zu sein, d.h. dass man mit ihnen nicht nur die jeweilige Fremdsprache, sondern auch (ausgehend von der Fremdsprache) das Deutsche erlernen könnte. Die Reihenfolge ist chronologisch. Wir beginnen mit Matthias Kramers monumentalem Lehrwerk für die Fremdsprache Deutsch (1694) und fahren fort mit zwei Auflagen des Französisch-Lehrwerks von Johann Karl Chapuzet (1747, 1754). Ihm folgen das Französisch-Buch für Jugendliche von Christoph Friederich Sigmund (1769) und das auf Französisch verfasste Lehrbuch des Italienischen für Deutsche von Dominico Antonio Filippi (1801). Der abschließende Abschnitt stellt einige bidirektionale Lehrwerke vor. Die polyglotten kontrastiven Wörter- und Lehrbücher sind Gegenstand des nächsten Teilkapitels (5.1.4).

Matthias Kramers deutsche Grammatik für Italiener (1694)
Wie bereits im vorangegangenen Kapitel gezeigt, war Matthias Kramer der produktivste und angesehenste Autor von Sprachlehrwerken im Nürnberg des späten 17. und frühen 18. Jahrhunderts. Weil seine umfangreiche Französisch-Grammatik von 1696 bereits von Laurent Bray und Harald Völker[40] näher untersucht wurde, wird hier seine große Grammatik des Deutschen für Italiener exemplarisch vorgestellt. Diese Grammatik umfasst über 1.000 Druckseiten. Ihr Haupttitel lautet auf italienisch: „I veri fondamenti della lingua tedesca ò germanica", also: ‚Die wirklichen (eigentlichen, wahren) Grundlagen der deutschen oder germanischen Sprache'. Im deutschen Titel des Werks ist diese Doppelung vermeiden, er lautet „Die richtige Grund-Festen der teutschen Sprache." Es handelt sich um Kramers zweites Lehrwerk für die Fremdsprache Deutsch, denn bereits 1687 war „Le Parfait Guidon de la Langue Alemande" erschienen.[41]

Das Werk sei nicht nur für den Unterricht mit einem Lehrer geeignet, schreibt Kramer in der Vorrede, sondern auch für Autodidakten. Man solle den Stoff der Reihe nach durchnehmen, aber nie zuviel auf einmal, und man solle nur dann fortschreiten, wenn der bisherige Stoff geübt und verstanden worden sei (a 4v). Jünglingen, Jungfrauen und allen anderen (noch) Ungebildeten empfiehlt er, zunächst die Regeln und die Hauptpunkte (aus-

---

39 Sex linguarum latinae, gallicae, hispanicae, italicae, anglicae et teutonicae dilucidissimus dictionarius […], 1541.
40 Bray 2000 passim; Völker 2001, S. 178-184.
41 Der folgende Abschnitt schließt an an die Darstellung in Glück 2010a. Zu Kramer vgl. Ising 1956; Bray 2000; Schröder BBL I, S. 158-165; Völker 2001; Glück 2002, S. 441-447 und Kapitel 4.2.2.

wendig) zu lernen, die weiterführenden Erläuterungen wegzulassen und lieber zu üben. Das sind handfeste praktische Empfehlungen.

Das Werk ist in sechs Hauptteile ungleichen Umfangs gegliedert. Teil I befasst sich mit der Lautlehre, der Silbenstruktur und der „Aussprache" unter Berücksichtigung der Schwierigkeiten, die Italiener mit der deutschen Silbe haben, etwa mit den Diphthongen (S. 18) und mit den Schreibungen <ch> (wie hebr. Chet oder griech. Chi oder span. x in *baxo*) und <ig> (stets frikativ auszusprechen, z.B. *essich*, nicht *essic*). Bei den Beispielen werden das Spanische, das Französische (z.B. S. 10), das Griechische (z.B. S. 22) und das Hebräische (für die Aussprache von dt. <ch> und <sch>, S. 19f.) kontrastierend herangezogen. Auch der Wortakzent wird (sehr kursorisch) behandelt (S. 25).

Teil II enthält auf 170 Seiten ein alphabetisch geordnetes „Dittionario delle Radici ò Voci Radicali della Lingua Tedescha" (etwa: ‚Verzeichnis der Wurzeln oder Wurzelwörter des Deutschen') in beiden Sprachen. Es umfasst etwa 4.000 Einträge. Hier folgt Kramer konsequent dem Grammatikkonzept von Schottelius, der gelehrt hatte, dass man aus morphologisch einfachen Stämmen den gesamten Wortschatz des Deutschen gewinnen könne, wenn man die Mechanismen der Wortbildung verstehe und anwende. Das ist die Rechtfertigung dafür, dass ein veritables Wörterbuch in eine Grammatik integriert ist: dieses Wörterbuch enthält das lexikalische Material, aus dem man komplexe Wörter macht. Kramer führt Varianten auf, wenn er es für angezeigt hält (z.B. *kreuschen/kreischen/ krieschen*, S. 86). Das war angemessen, denn das Deutsche besaß noch keine halbwegs einheitlichen lexikalischen und orthographischen Normen. Es finden sich orthographische Varianten (z.B. *Kreutz/Creutz*, S. 86), nieder- und oberdeutsche Lautstände (z.B. *Pippe/Pfeife*, S. 112), lenisierte Formen (z.B. *putzen/butzen*, S. 117, *Tanz/Dantz*, S. 171), oberdeutsche apokopierte Formen neben mitteldeutschen Zweisilblern (z.B. *Red/Rede*, S. 121) und ein paar italianisierende Schreibungen (z.B. *Schlav/ m. schiavo*, S. 137).

Teil III ist den Nomina und ihren Abwandlungen (*accidentia*) gewidmet. Abschnitt 1 behandelt in alphabetischer Reihenfolge 24 native Derivationssuffixe, worunter Kramer auch das Infinitivsuffix *-en* rechnet, denn die „Wurzel" ist für ihn der Imperativ (S. 211f.). Auch ein paar Lehn- bzw. Fremdsuffixe werden erwähnt (S. 269-273). In Abschnitt 2 geht es um die Komposition, in Abschnitt 3 um die Genuszuweisung bei den Substantiven, sortiert nach Endkonsonanten bzw. -vokalen, dann aber auch nach genusfesten Suffixen. Abschnitt 4 behandelt Einzelheiten der Deklination, die Movierung, die Diminution und die Komparation. Teil IV befasst sich auf 14 Seiten mit den Pronomina und den Numeralia.

Teil V umfasst über 350 Seiten. Hier geht es um die Verben und ihre Abwandlungen. Abschnitt 1 führt einige verbale Suffixe ein, namentlich den einfachen Infinitiv (*-en*), den Kramer für ein Wortbildungsprodukt hält, des weiteren die Suffixe *-el-(e)n* und *-er-(e)n* sowie *-ir-en*. Das Suffix *-ir-en* kann man nach seiner Meinung an jeden beliebigen romanischen Wortstamm anschließen. Er hält es für überflüssig (S. 449); Kramer hing sprachpuristischen Anschauungen an. In Abschnitt 2 geht es überaus detailliert um die „Komposition" bei den Verben, nämlich die Präfix- und die Partikelverben (und die Bedeutungen des jeweiligen Affixes), wiederum in alphabetischer Ordnung. Abschnitt 3 befasst sich mit mehrfach präfigierten Verben wie *abbezahlen* und *aursehen* (S. 636f.) und Fragen des Wortakzents, Abschnitt 4 mit der Konjugation. 184 „unregelmäßige" Verben werden in einer alphabetischen Liste in drei Stammformen aufgeführt. Mitunter werden auch die Formen des Imperativs und des Konjunktivs II genannt, darunter auch heute obsolete (z.B. *hincken, ich huncke, gehunken, wincken, ich wuncke, gewuncken*). Abschnitt 5 widmet sich den Adverbien und festen adverbialen Fügungen, den „Interjektionen", zu denen Kramer auch feste Wendungen (z.B. *Daß Gott erbarm!* (S. 783)) und ganze Sätze (z.B. *Da wäre ich ein Narr* (S. 783), *Meinet ihr dass ich ein Narr bin?* (S. 785)) rechnet, den Präpositionen und den Konjunktionen.

In Teil VI wird die Syntax des Deutschen ausgebreitet. Es geht dort um die Wortstellung in der Nominalgruppe, um die Verwendung der Artikel, um die funktionale Äquivalenz von Substantivkomposita und Genitivattributionen (S. 800f.), um freie adverbiale Genitive und Genitivattribute sowie um Massennomina, jeweils mit kontrastiven Beobachtungen (S. 810-812), beispielsweise: Die Italiener lassen, wie die Lateiner, das Personalpronomen oft einfach weg, die Deutschen dürfen das nicht (S. 814). Hier lehrt Kramer auch die – eher norddeutsche – „Adverbialklammer", z.B. „Wo verlasset ihr euch auf?", „Wo haltet ihr mich für?", „Wo dienet das zu?", „Hier (da) verlasse ich mich allezeit auf", „Hier (da) will ich dir zween Thaler für geben", „Hier (da) hat er sich nicht um zu bekümmern", „Hier (da) wird mich niemand zu zwingen können" (S. 954f.), auch in *wo*-Relativsätzen, z.B. „Das Holz, wo man diese Bilder aus schnitzet, kommt aus Indien", „Die Messerlein, wo man die Federn mit schneidet, müssen scharf sein", „Das Regiment, wo (da) mein Bruder unter dienet, stehet in Savoyen", „Der Preiß, wo (da) ihr mir dieses Buch gern um verkauffen wollet, ist zu hoch" (S. 956f.). Das Problem der zweiteiligen Prädikate und der Verbalklammer wird kontrastiv erläutert und so illustriert:

| Ich | werde | den Fürsten heute in seinem Garten | sehen |
| Io | --- | il Prencipe hoggi nel suo giardino | vedrò (1002). |

Kontrastive Gesichtspunkte werden hier nicht nur angesprochen, sondern, didaktisch überlegt, als kognitive Lernhilfen operationalisiert.

Das Werk ist eine auch im übertragenen Sinne barocke Grammatik: es bordet über von gelehrtem Fleiß und Beispielen, die (oft seitenlang) auch einfache grammatische Sachverhalte erläutern. Kramer führt umso mehr Beispiele an, je weniger er das grammatische Problem, um das es geht, durchschaut; und das ist oft der Fall. Diese gewichtige Arbeit ist ein zentrales Dokument der Grammatikschreibung um 1700 und gleichzeitig, jedenfalls der Intention nach, ein überaus voluminöses Lehrwerk, das kontrastiv angelegt ist und didaktische Ziele verfolgt (die es nicht durchgängig erreicht hat). In seinen umfangreichen Beispiellisten ist es darüber hinaus eine reiche Quelle für die Geschichte des Alltagslebens jener Zeit.

Die praktische französische Syntax für die Deutschen von Johann Karl Chapuzet (1747, 1754)[42]

Die erste Auflage dieser „Syntax" erschien 1747. Die Beschreibungssprache ist das Deutsche. Im unpaginierten Vorwort heißt es, die bisherigen Lehrmittel der französischen Syntax seien aus verschiedenen Gründen unzureichend. Der Autor habe sich deshalb um Verbesserungen bemüht. Er habe

---

42 J. C. Chapuset, Syntaxe pratique françoise,1747.

1. den „in einer Frantzösischen Grammatick vorkommenden Kunst=Wörtern, so viel möglich, Teutsche Erklärungen oder Beschreibungen gegeben", d.h. er hat die Terminologie erklärt/verdeutscht (S. 1ff.);

2. „Die eingeführte fünferley Artickel in deutliche Declinirungs-Formen gebracht, und solche mit häufigen teutschen Exempeln erläutert" (S. 5f.);

3. die Kongruenzbeziehungen innerhalb der Nominalgruppe deutlich gemacht;

4. Konjugationstabellen für die Hilfsverben und „verschiedene Actifs und Reciproques" bei den Verben angefertigt;

5. Eine „Constructions-Ordnung beygefügt", die die Wortstellung erläutert;

6. Regeln ausgewählt und mit deutschen Beispielen versehen, nicht mit französischen, damit der Liebhaber Gelegenheit hat, „seine eigenen Kräften zu versuchen."

Das alles hat er durchaus eingelöst. Das Ziel seines Werks skizziert Chapuzet folgendermaßen:

> Diese Syntax überhebt den Lehrer des überflüssigen Dictirens und den Lernenden der Mühe des Schreibens; Er diene zur Prüfung des Fleises [sic!], wie auch zur höchst nützlichen Wiederholung, welche die Seele allen Lernens ist. Die Übersetzung der Teutschen Exempel zu erleichtern, habe ich überall, wo es nöthig, die Französischen Bedeutungen beygefüget, und also den Scholaren der Mühe des misslichen Aufschlagens im Wörter-Buch überhoben.[43]

Das bedeutet, dass das Buch im Wesentlichen deutsche Übungssätze zum Übersetzen ins Französische bietet, aber keinen Lösungsschlüssel, nur gelegentlich Wortgleichungen in Fußnoten. Der Nutzer dieses Buchs brauchte unbedingt einen Lehrer, der ihn auf Fehler hinweisen konnte. Das Werk beginnt mit einer Erläuterung der *partes orationis* (S. 1-13), wobei lateinische Termini oft durch ein deutsches Äquivalent ergänzt werden, z.B. „Pronom > Vorname" (S. 2). Chapuzet zufolge gibt es im Französischen erstaunlicherweise fünf Artikel: 1. den „Article Defini" (*le/la*), 2. den „Article Indefini partitif devant les substantifs" (*du/de la*), 3. den „Article Indefini partitif devant l'adjectif" (*de*), 4. den „Article Numeral" (*un/une*), 5. die „Particules de und à" (S. 5f.). Die Präpositionen, die Attribute regieren, werden hier zu den Artikeln geschlagen. Alle fünf „Artikel" werden in langen Tabellen durchdekliniert (S. 14-23, 82-104).

Das französische Verb hat ein „Preterit Defini", das es im Deutschen nicht gibt. Es „stellet eine Begebenheit vor, die in einer genau bestimmten und völlig vergangenen Zeit geschehen; dienet auch bey Erzählung einer Begebenheit [...]". „Das preterit composé oder Indefini, die unbestimmt=vergangene Zeit, stellet eine Begebenheit in einer solchen Zeit vor, welche noch nicht völlig vergangen ist [...]" (S. 9). Der semantische Unterschied zwischen dem *passé composé* und dem *passé simple* ist also erfasst. Auf die Semantik der Vergangenheitstempora folgen Stellungsregeln für die Adjektive im Französischen mit vielen Übungsaufgaben (S. 23-34). Darauf folgt die Pluralbildung bei den Substantiven (S. 34-36),

---

43 Ebd., unpaginiertes Vorwort.

dann geht es zurück zu den Adjektiven, nun zur Komparation mit einigen Übungsaufgaben (S. 37-40). Es folgen die Pronomina und die Formen und Funktionen der Hilfsverben *avoir* und *être* (S. 45-56). Nun bleibt Chapuset einige Seiten lang bei den Verben. Zunächst stellt er das „verbe actif" dar (S. 57-64). Es folgt das „verbe reciproque" (Beispiele sind *s'y entendre* ‚sich darauf verstehen', *se souvenir* ‚sich erinnern') und das „Verbe Actif mit dem Datif des Pronom personel und dem Relatif: en" am Beispiel von *donner* ‚geben' (S. 65-70). Jedes Beispiel-Verb wird ausführlich durchkonjugiert. Schließlich geht es zurück zu den Hilfsverben und den unpersönlichen Konstruktionen. Die Anordnung des Stoffes ist unsystematisch und nicht nachvollziehbar.

Erstmals um die Syntax im engeren Sinn geht es in dem Abschnitt „Von der Construction" (S. 75-82). Im Französischen steht das Verb grundsätzlich an zweiter Stelle im Satz, eine Verbklammer existiert nicht. Probleme bestehen bei der Wortstellung nur im hinteren Teil des Satzes, nach der Verb-Position. Sie werden in seitenlangen Einzelregeln, Anmerkungen und Ausnahme-Bestimmungen völlig unübersichtlich dargelegt. Es folgt ein langer Abschnitt zu einem Kernstück der Arbeit, nämlich der Deklination der fünf Artikel (S. 82-104). Weiter geht es mit den Fragewörtern (w-Fragen bzw. qu-Fragen) (S. 104-117), der Verwendung der Pronomina (S. 117-136), den Infinitivkonstruktionen mit und ohne *zu* (*pour, à, de*) – wiederum ein syntaxnaher Gegenstand (S. 136-148). Ein Anhang enthält Tabellen der französischen „verbes irreguliers." Auch der Syntax-Teil dieser „Syntaxe pratique françoise" widmet sich weniger der Syntax als der Lexikologie und der Morphologie. Dort, wo Syntaktisches angesprochen wird, geschieht das unsystematisch und ohne erkennbare Verbindung zur zeitgenössischen Sprachforschung.

Wenige Jahre später hielt es Chapuzet für notwendig, sein Lehrbuch völlig zu überarbeiten, denn 1747 war das bahnbrechende Werk des Abbé Girard erschienen,[44] auf das er bereits im Titel Bezug nimmt.[45] Im unpaginierten Vorbericht schreibt er, der Abt Girard habe die französische Grammatik endlich vom Joch des Lateinischen befreit in seinem Werk „Les Vrais Principes de la Langue françoise."[46] Girard habe eine „sinnreiche Lehre vom dem Artickel, welcher nicht fünferley, sondern nur von einerley Art ist", gegeben. Er habe die Adjektive und die Pronomina ordentlich auseinandergehalten und die verbalen Kategorisierungen sowie die Ausspracheelehre neu durchdacht. Das sei für ihn, Chapuzet, Anlass genug gewesen, seine französische Syntax im Lichte dieser Erkenntnisse gründlich zu überarbeiten, neu herauszugeben und um einen Abschnitt über die Orthographie zu ergänzen. Es handelte sich also nicht um ein neues Werk, sondern eine Überarbeitung, die allerdings so tiefgreifend sei, dass man mit der ersten Auflage nicht mehr arbeiten könne.

---

44 J. K. Chapuset, Nach denen wahren Grundsätzen des gelehrten Abts Girard […] eingerichtete Französische Grammatik, 1754.

45 Das Werk ist (auf Französisch) „Jean Charles" Löffelholtz (also: Johann Karl L.), Mitglied des Nürnberger Senats (d.h. des Inneren Rats), Scholarch und „conseiller de la chambre de tutele" gewidmet, einen Mann also, der in Nürnberg im Schulwesen etwas zu sagen hatte.

46 G. Girard, Les vrais principes de la langue françoise, 1747. Girard hatte sich als Typologe einen Ruf erworben. Er teilte die Sprachen ein in *langues analogues* (sie folgen in der Wortstellung dem „natürlichen Gang der Ideen"), *langues transpositives* (sie folgen „bloß dem Feuer der Einbildung" und drücken syntaktische Beziehungen durch Kasusendungen aus, erlauben also freie Wortstellung) sowie *langues mixtes* (vgl. Jellinek 1914, S. 436), doch davon findet sich bei Chapuset nichts.

Eine weitere Ergänzung ist der Anhang „Description generale des quatre parties de la terre, tirée de la methode pour étudier la geographie de l'Abbe Lenglet" (S. 341-370).[47]

Chapuzet beginnt mit einer Einleitung voller allgemeiner Gedanken über die Sprache(n) als solche (S. 1-4). Es folgen die *partes orationis*. Im Vergleich zur ersten Auflage ist die Zahl der Artikel sehr geschrumpft: es gibt nur noch den bestimmten Artikel (*le, la, les*). In diesem Abschnitt werden Aspekte der französischen Grammatik mit französischen Beispielen erläutert und nicht nur deutsche Übungssätzchen angeboten wie in der ersten Auflage (S. 4-64). Die folgenden Kapitel handeln „Von der Construction" (S. 65-87), „Vom Artickel, von der Partickel *de*, von der Partickel *à*" (S. 88-108) „Vom Adjectif" (S. 108-123), von den Pronomina (S. 124-151) und den Verben, nämlich der Tempussemantik und der Tempusmorphologie, den Infinitivkonstruktionen und den Partizipien (S. 151-186). Danach geht es weiter wie in der ersten Auflage.[48] Neu sind die Kapitel über die Interpunktion und die Akzentschreibung (S. 288-307) und „Von der Aussprach" (S. 308-316). Die Konjugationstabellen mit den „verbes irreguliers" bleiben erhalten (S. 317-339).

Die erste Auflage ist ein Übungsbuch zum Übersetzen aus dem Deutschen ins Französische, keine Lerngrammatik, die Erklärungen liefern würde. Eine Syntax im modernen Sinn stellt weder die erste noch die zweite Auflage des Werks dar. Dafür sind sie beide zu sehr der Morphologie verhaftet. Die zweite Auflage nimmt die (abstruse) Systematik der Artikel zurück, die die erste Auflage prägt. An diesem Punkt beruft Chapuset sich ausdrücklich auf einen Fortschritt in der internationalen Forschung, was den wissenschaftlichen Anspruch seines Werks verdeutlicht. Der Syntax-Teil („Constructions") wurde kaum verändert aus der ersten Auflage übernommen. Die Bemerkung, in diesem Kapitel würden „allgemeine Regeln der französischen Syntax gegeben und die syntaktischen Beziehungen der einzelnen Wortklassen detailliert dargestellt",[49] ist unzutreffend, denn diese Darstellung ist unsystematisch und selektiv.

Beide Auflagen sind für das Selbststudium nicht geeignet, denn sie setzen erhebliche Vorkenntnisse voraus. Sie enthalten keine Laut- und Aussprachelehre. Ohne einen sprachkundigen Helfer, am besten: einen Sprachmeister, konnte man mit ihnen nicht arbeiten. Der Aufbau ist traditionell, Grundlage ist der Durchgang durch die *partes orationis*. Beide Auflagen setzten Lateinkenntnisse nicht explizit voraus, aber es ist deutlich, dass sie von Nutzen waren, denn die Terminologie ist lateinisch. Auch die Bezugnahme auf die zeitgenössische philologische Forschung macht deutlich, dass Chapuzet nicht das Parlieren lehren wollte: seine Grammatiken sollten wissenschaftlichen Ansprüchen genügen. Das gelang ihnen allerdings nicht.

Das Französisch-Lehrbuch für Jugendliche von Christoph Friedrich Sigmund (1769)[50]

Christoph Friederich Sigmund (1741–1784) stammte aus Tübingen, wo er Theologie und Philosophie studierte und zum Magister promoviert wurde. In der Vorrede zu seiner

---

47 Abbé Pierre Nicolas Lenglet du Fresnoy (1674–1755) war ein französischer Politiker und Geograph; er arbeitete mit an der „Encyclopédie". Von ihm stammt z.B. der „Catalogue des meilleurs cartes geographiques generales et particulieres. Avec quelques remarques sur le choix qu'on en doit faire", Paris 1742 (Nachdruck 1965).

48 Unpersönliche Konstruktionen (S. 186-198), Adverbien und Adverbiale (S. 198-220), Präpositionalgruppen, alphabetisch sortiert (S. 220-255), Konjunktionen und „Partickeln" (S. 256-287).

49 BBHS II, S. 129.

50 Chr. F. Sigmund, Nouvelle et facile grammaire française, 1769.

Grammatik schreibt er, er sei 1767 von Erlangen nach Fürth versetzt worden, um dort ein „Seminarium für junge Leuthe zu errichten, welche Wissenschaften erlernen sollen." Das Französische gehörte zu diesen Wissenschaften. Weil die französischen Exercitien „meines werthen Sprachmeisters Monsr. Roberts zu Tübingen" nicht mehr erhältlich gewesen seien, habe er das vorliegende Werk verfasst.[51] Sigmund schlug später die theologische Laufbahn ein. Nach einem Vikariat in Württemberg wurde er Pfarrer in Bechtolsheim (Pfalz), danach Lehrer am Philanthropin in Heidesheim am Rhein und schließlich Pfarrer in Himmelberg bei Feldkirchen in Kärnten.[52]

Das Werk beginnt mit einer Aussprachelehre (S. 1-5) und einem Abriss der *partes orationis* (S. 5-22): der Morphologie der Substantive, der Adjektive, der Pronomina und des Verbs. Zu den Vergangenheitstempora heißt es:

> Das Praeteritum; zeigt eine vergangene Zeit an; diese wird abgetheilt. *) in tempus preateritum imperfectum. in eine noch nicht ganz vergangene Zeit, und deren haben wir in den französischen Verbis zweyerlei. 1.) Das praeteritum imperfectum. 2.) das praeteritum simplex. **) in tempus praeteritum perfectum, wann etwas bereits geschehen ist, und dieses tempus ist in den französischen Verbis das perfectum compositum. J'ai parlé. Ich habe geredet. ***) in tempus praeteritum plusquamperfectum, wann etwas schon lang geschehen ist […] (S. 21).

Auch Sigmund ist sich klar darüber, dass das System der Vergangenheitstempora in den beiden Sprachen unterschiedlich aufgebaut ist. Auf diese Erläuterung folgen lange Konjugationstabellen. Sigmund setzt vier Konjugationsklassen an. Klasse I auf *-er* (Beispiel: *parler*), Klasse II auf *-ir* (Beispiel: *batir*), Klasse III ist gemischt (Beispiel: *devoir*), Klasse IV unregelmäßig (Beispiel: *vendre*). Weitere Konjugationstabellen führen das Passiv (Beispiel: *etre aimé*) und das „reziproke" Verb (gemeint: reflexiv) vor (Beispiel: *se coucher*). Es gibt jeweils vier Arten der Konjugation: 1. die affirmative, bejahende; 2. die interrogative, die „fragweise" (es geht nur um die Frageinversion), 3. die negative, verneinende (die Negation mit *ne – pas* wird als Flexionstyp verstanden); 4. die vermischte Konjugation, die die Typen 2. und 3. kombiniert (Beispiel: *ne parle-je pas?*).[53]

Die *verba irregularia* finden sich außer in der 1. Konjugation überall. Unregelmäßig, aber zum Bestand der 2. Konjugation gehörend sind z.B. *courir* (dt. *lauffen, lief, geloffen*), *couvrir, cueillir* 'abbrechen', *hair* 'hassen', *mourir, partir* 'abreisen', *saillir* 'springen', *sentir*. Zur 3. Konjugation gehören u.a. *s'assessoir* 'sich setzen', *pouvoir, savoir, voir, vouloir*. Unregelmäßige Verben in der ohnehin unregelmäßigen 4. Konjugation sind schließlich (u.a.) *boire, circoncire* 'beschneiden', *confire* 'einmachen', *croitre, cuire, dire, ecrire, faire, lire, moudre, naitre* „Gebohren werden", *rire, se taire* „Stillschweigen" und *vivre* (S. 102-294).

---

51 Dieses Werk ist nicht in Schröder BBL zitiert; BBHS enthält keinen Hinweis auf Robert. Pierre Robert war seit 1737 Sprachmeister des Französischen an der Universität und am Collegium Illustre in Tübingen. Er starb 1772. Schröder BBL IV, S. 40-42.

52 BBHS VIII, 81, nennt den Titel von Sigmunds Werk, konnte aber keinen Standort ermitteln, so dass es keine Beschreibung seiner Grammatik enthält. Das von uns eingesehene Exemplar befindet sich in der ThULB Jena (Signatur Gl. VII, S. 83).

53 Diese barocke Manier des Konjugierens entstand in der zweiten Hälfte des 17. Jahrhunderts, vgl. Streuber 1914, S. 53.

Ein Schüler, der fast 200 Seiten lang mit Konjugationstabellen traktiert worden ist, die allesamt Unregelmäßigkeiten und Ausnahmen betreffen (also auswendig zu lernen sind), dürfte erleichtert gewesen sein, endlich auf ein neues Kapitel (S. 296-373) zu stoßen, das sogar ein eigenes Titelblatt ziert (S. 295). Es ist dem „Syntaxis und der französischen Constructions-Ordnung" gewidmet[54] und beginnt mit einem Verzeichnis von Abkürzungen, die fast ausschließlich Morphologisches betreffen (S. 297f.).

Diese Abkürzungen sind über die Einzelwörter in den folgenden (deutschsprachigen) Übungstexten gedruckt, so dass der Benutzer grammatische Information zum jeweiligen Einzelwort geliefert bekommt. Leider enthält das initiale Verzeichnis längst nicht alle Abkürzungen, die in den Texten dann vorkommen. Die fehlenden Abkürzungen, ihre Auflösungen und Erklärungen dazu werden ohne Zwischenüberschrift oder einen Kommentar auf den Seiten 376 bis 444 nachgeliefert. Im Anschluss an die einzelnen Texte finden sich deutsch-französische Listen mit Wortgleichungen, in denen auch grammatische Informationen enthalten sind (z.B. das Genus der Substantive, die Verbrektion).

Auf den Syntaxteil folgt eine deutsch-französische Liste von Konjunktionen und Fragewörtern (S. 373-376). Darauf folgt die erwähnte Fortsetzung der Liste von (zweistelligen) Abkürzungen mit z.T. ausführlichen morphologischen Kommentaren. Die syntaktischen Funktionen all dieser morphologischen Einheiten waren nicht von großem Interesse (S. 376-444).

Hier haben wir es nicht mit einer praxisorientierten Lerngrammatik zu tun. Das Werk bleibt zwar immer noch im Morphologischen stecken, hat aber deutlich höhere theoretische Ansprüche als eine Lerngrammatik, etwa beim Ansatz von Konjugationsklassen oder in der Vorstellung, syntaktische Verhältnisse ließen sich durch kategoriale Zuschreibungen hinreichend darstellen. Für den praktischen Sprachunterricht war diese „leichte und gründliche Anleitung zur französischen Sprache" ungeeignet.

Italienisch auf Französisch: das Lehrbuch des Dominico Antonio Filippi (1801)[55]

Über die Herkunft von D. A. Filippi ist nichts bekannt; seinem Namen nach hatte er italienische Wurzeln. Er war Lehrer an der Militärakademie in München, später Sprachmeister in Nürnberg und schließlich Professor für das Italienische an der Universität Wien, wo er 1817 starb. Filippi veröffentlichte eine Reihe von Lehrwerken des Italienischen, aber auch eine Lerngrammatik des Deutschen für Italiener.[56]

Eines der beiden Vorwörter seines auf französisch abgefassten Lehrbuchs für das Italienische erwähnt als Vorläufer Giovanni Veneroni und Johann Valentin Meidinger. Beide werden heftig kritisiert: Veneronis Werk sei wirr im Aufbau und nicht ausführlich genug, Meidinger drücke sich um die Syntax herum. Es folgt ein Brief des Abate Pietro Metastasio[57] (auf italienisch und französisch) an den Grafen Batthyany[58] über die (beste)

---

54 *Syntaxis* wird bis weit ins 18. Jahrhundert hinein als Maskulinum verwendet; im Griechischen ist es feminin.

55 D. A. Filippi, Nouvelle grammaire [...] de la langue italienne, 1801. Eine Bearbeitung dieses Werks erschien 1818 unter dem Titel „Italienische Sprachlehre [...]" in deutscher Sprache. Vgl. BBHS III, S. 69-73; Schröder BBL II, S. 91.

56 D. A. Filippi, Grammatica della lingua alemanna, 1803.

57 Antonio Pietro Metastasio, eigentlich Pietro Trapasso (1698–1782), war seit den 1720er Jahren ein gefragter Dichter, dessen Texte u.a. von Pergolesi und Scarlatti vertont wurden. 1730 wurde er von Kaiser Karl VI. als *poeta Caesareo* (Hofdichter) nach Wien berufen, wo er als Librettist große Erfolge

Art und Weise, dem nachmaligen Kaiser Joseph II. (1765–1790) das Italienische beizubringen, als dieser noch Erzherzog (Thronprinz) war (S. XII-XIX). Dort heißt es, man solle dem Schüler erst einmal das Reden und das Verstehen beibringen und ihn nicht mit Regeln überhäufen, damit er nicht die Hoffnung verliere, die Sprache je lernen zu können. Als erstes solle man die Aussprache üben, danach einige wichtige Verben und andere Wörter lernen. Mit den Verben lerne man ihre Konjugation: jeden Tag ein neues Verb. Dieses tägliche Verb solle der Sprachlehrer seinen Eleven in allen Personal- und Tempusformen laut vorsprechen und wiederholen lassen, zuerst die regelmäßigen, dann die unregelmäßigen Verben. Danach könne man zu einfachen Lektüren übergehen und schließlich die Schüler selbst kurze Texte schreiben lassen.

Zielgruppe des Werks war aber nicht der österreichische Adel, sondern die „commercants." Die Beschreibungssprache ist das Französische. Das fast 600 Seiten starke Buch beginnt, wie üblich, mit einer Aussprachelehre. Es folgen einfache italienische Sätze und Phrasen mit Übersetzungen einzelner Wörter ins Französische in Fußnoten, danach kommen ‚Sätze aus dem Alltag in kleinen Dialogen'.[59] Bemerkenswert ist, dass Filippi versucht, die Dialektgliederung des Italienischen zu beschreiben. Es folgt ein Kapitel über die Flexionsmorphologie, begleitet von einfachen Briefen. Sie betreffen Familiendinge und Handelsgeschäfte. In der anschließenden „Theorie des Italienischen" bemüht sich Filippi um die Formulierung von morphologischen Regeln, denen Beispiele aus der schönen Literatur beigegeben sind. Das Werk steht unter dem Motto ‚Über die Beispiele ist der Weg kurz, über die Vorschriften (Regeln) ist er lang'[60] (Vorwort) – entsprechend karg fällt der Regelteil aus. Eine Sammlung von phraseologischen Wendungen soll den Benutzer im Idiomatischen weiterbringen; auch werden französische Ausdrücke aufgeführt, die man nicht direkt ins Italienische übersetzen kann. Am Ende stehen ein Wörterverzeichnis, weitere (familiäre) Briefe, Gedichte und Auszüge aus Gedichten. Das Werk erlebte eine Reihe weiterer Auflagen. Es ist eine in systematischer und theoretischer Hinsicht einfache Lerngrammatik, die sich dadurch auszeichnet, dass sich ihr Verfasser einige Mühe bei der Darstellung des Stoffes gab und Vorstellungen von einer didaktisch durchdachten Progression erkennen ließ.

Bidirektionale Lehrwerke
Bidirektionale Lehrwerke haben wir oben bestimmt als solche, die den Anspruch erheben, dass man mit ihnen nicht nur die jeweilige Fremdsprache, sondern auch (ausgehend von der Fremdsprache) das Deutsche erlernen könne. Antonio Moratori behauptete schon auf dem Titelblatt seines Lehrwerkes (1723), es sei sowohl zum Spanischlernen für Deutsche geeignet als auch „für Spanier / die Teutsch lernen wollen", ähnlich Georg Philipp Platz (Plats) in den beiden anonym veröffentlichten Werken „Der Teutsche Frantzos und Frantzösische

---

feierte. Seine Dichtungen wurden in viele Sprachen übersetzt. Vgl. für Näheres Hilscher/Sommer-Mathis 2000.

58 Wahrscheinlich Karl Josef Batthyány (1697–1772). Er wurde in den Stand eines Grafen geboren und später in den Fürstenstand erhoben. Aus altem ungarischen Adel stammend, brachte er es bin zum K. u. K. General und Feldmarschall. Seine Erwähnung in der Widmung geht darauf zurück, dass er ein Erzieher Josefs II. war.

59 „Phrases familieres en petits dialogues."

60 „Breve iter per exempla, longum per praecepta."

Teutsche" (1710)[61] und in der „Fortsetzung Des Teutschen Frantzosens" (1709).[62] Bei dem zuerst genannten Werk handelt es sich um die Neuauflage einer Übersetzung aus dem Französischen mit dem instruktiven Titel

> Der Teutsche Frantzos und Frantzösische Teutsche. Das ist: Sechs und viertzig sehr annehmliche und nutzliche Gespräch / Gantz accurat in das Teutsche übersetzt / und zur Seiten die Pronunciation oder Aussprach / mit teutschen Buchstaben / beygefügt / damit man das Frantzösische von sich selbst kan lesen lernen.[63]

Ein Franzose soll mit diesem Büchlein also Deutsch, ein Deutscher Französisch lernen können. Diese Überlegung erinnert an das moderne Konzept des Tandem-Lernens, das allerdings auf direkter Interaktion, nicht auf Lehrbuch-Lernen beruht. Es besteht darin, dass ich dir meine Sprache beibringe und du mir deine Sprache beibringst. Dieser menschenfreundliche Gedanke liegt bidirektionalen Lehrwerken ebenso zugrunde wie der Annahme, dass sich der Absatz vergrößern dürfte, wenn ein Lehrwerk in beiden Richtungen verwendbar ist. Eingeleitet wird das Werk mit einem Gedichtlein:

> Der Übersetzer zu den anmuthigen Gespräch-Büchlein.
> Fahr / wohl verteutschtes Buch / so dich ein Frantzmann liest /
> Der mag nur glauben vest / daß du ein Francke bist.
> Ein' Teutschen der dich liest / zeig' unverzüglich an /
> Daß er gar schnell aus dir / Frantzösisch lernen kan.
> Die Spötter achte nicht / wird' jedermann gemein /
> Die Zeit bringts endlich mit / daß du viel nutz wirst seyn.
> Und wann dich jemand fragt / wer dein Dollmetscher ist /
> So sprich / was liegt daran / ob ihr es schon nicht wißt.[64]

Der „Franzmann" soll glauben, dass das Buch ein „Franke" sei, also ein Lehrwerk des Deutschen, geschrieben exklusiv für Franzosen. Dem deutschen Benutzer, der Französisch lernen will, soll das Buch ebenso eindeutig klar machen, dass es als Französisch-Lehrwerk verwendbar ist. Die Aufforderung, der Spötter nicht zu achten, ist in dieser Hochzeit der Plagiate und der Raubdrucke üblich: sie soll gegen Kritik immunisieren. Plats nennt seine Übersetzung eine Übersetzung. Den Namen des Übersetzers oder besser: des Bearbeiters, seinen Namen also, nennt er nicht. Das ist als Demutsgeste zu verstehen: der Vermittler tritt hinter das Werk zurück.

Auch die „Himmelspforte" (1682) von Johann Jakob Schübler (1651–1723)[65] wollte in beiden Richtungen verwendbar sein.[66] Es handelt sich um ein zweisprachiges (deutschfranzösisches) protestantisches Gebetsbuch, in dem für alle Tage der Woche und viele

---

61 Der Name des Autors erscheint in den Schreibungen *Platz* und *Plats*. Zu G. Ph. Platz (Plats) vgl. Schröder BBL III, S. 323-325. BBHS erwähnt Platz (Plats) nicht.
62 G. Ph. Plats, Fortsetzung Des Teutschen Frantzosens und Frantzoesischen Teutschens, 1709.
63 [G. Ph. Plats] Der Teutsche Frantzos und Frantzösische Teutsche, 1710.
64 Ebd., S. 2.
65 J. J. Schübler, Die Himmels-Pforte. Das ist: Dreyfacher Morgen- und Abend-Segen, 1682. Zu Schübler vgl. Kapitel 4.
66 BBHS VIII, 407 stuft Schübler zu Recht als (linguistisch) irrelevant ein.

verschiedene Lebenslagen Gebete, Andachtstexte und Erbauliches zusammengestellt sind. Als Nutzer könnte Schübler die immer zahlreicher werdenden hugenottischen Flüchtlinge aus Frankreich im Auge gehabt haben. Schübler selbst stammte aus Straßburg. Er hatte nicht nur viele Lehrwerke des Französischen verfasst, sondern dabei auch so viel abgeschrieben, dass Matthias Kramer es für angezeigt hielt, diesen hergelaufenen „Passament-wircker" öffentlich als frömmelnden Gedankendieb zu entlarven.[67]

Ein letztes Beispiel ist die „Neue französische und teutsche Grammatic".[68] Die Beschreibungssprache ist das Deutsche. Der Verfasser Claude Roger de Gironville[69] wirkte in Augsburg als Sprachmeister. Der Grammatikteil (S. 1-174) befasst sich ausschließlich mit dem Französischen, allenfalls der Gesprächsteil und das deutsch-französische Glossar könnten zum Deutschlernen verwendet worden sein. Die Behauptung, das Werk sei in beiden Richtungen zum Lernen verwendbar, trifft auch hier nur sehr eingeschränkt zu.

Zwischenresümee

In diesem Abschnitt wurden Lehrbücher vorgestellt, die in Augsburg oder Nürnberg entstanden sind und mit denen im Sprachunterricht praktisch gearbeitet wurde – nicht nur in den beiden Reichsstädten. Fall 1 betraf eine dickleibige barocke Grammatik der Fremdsprache Deutsch aus der Feder Matthias Kramers. In Fall 2 ging es um ein grammatisches Lehrbuch des Französischen, verfasst von Johann Karl aus der Nürnberger Sprachmeisterdynastie der Chapuzets. Hier wurden zwei Auflagen verglichen: die erste war ein anspruchsloses Sprachbuch, die zweite war beflügelt von der Lektüre einer brandneuen „Theorie" über die Sprache aus Paris und geprägt von dem Wunsch des Autors, auf der Höhe der internationalen Fachdiskussion zu stehen. Auch in Fall 3 ging es um ein Lehrbuch des Französischen, verfasst von einem Lehrer an einer höheren Schule in Fürth. Dieses Lehrwerk hat vergleichsweise hohe Ansprüche an die fachliche Systematik. Bei Fall 4 handelt es sich um ein gewichtiges Lehrwerk des Italienischen, dessen Beschreibungssprache das Französische ist. Es setzte bei seinen Benutzern, künftigen Kaufleuten, Französischkenntnisse voraus. Ähnlich wie Matthias Kramers Werk enthält es nicht nur eine grammatische Beschreibung, sondern Dialoge, ein Glossar, einen Briefsteller und eine Gedichtanthologie. Fall 5 schließlich betraf Lehrwerke, die den Anspruch erhoben, gleich zwei oder mehrere Sprachen vermitteln zu können. Das mag verkaufsfördernd gewirkt haben, aber es ist wenig wahrscheinlich, dass Franzosen oder Italiener in größerer Zahl solche Werke zum Deutschlernen verwendet haben.

5.1.4. Polyglotte kontrastive Wörter- und Lehrbücher

Peter O. Müller (2001) hat die Wörterbücher, Wortlisten und Glossare des 16. Jahrhunderts zusammengestellt, die im deutschen Sprachraum erschienen sind und in denen das Deutsche eine der Referenzsprachen ist.[70] Der weit überwiegende Teil seines Korpus hat das Lateinische als Leitsprache („Lemmasprache"). Zweisprachige Wörterbücher, die das Deut-

---

67 M. Kramer, Gegen-Stral des Mercurii. Wieder den / aus dem Gehirne Meister Johann Jacob Schüblers […] aufgestiegenen Sirium oder Hund-Stern, 1693.

68 C. Roger de Gironville, Neue französische und teutsche Grammatic, 1729.

69 BBHS VII, S. 210-212.

70 Das folgende Referat zu Müller 2001 ist teilweise der Rezension von H. Glück (2004) zu diesem Werk entnommen.

sche mit einer anderen Volkssprache verbinden, sind im 16. Jahrhundert noch sehr selten. Es gibt jedoch etliche Wörterbücher, die mehrere Volkssprachen miteinander und mit dem Deutschen verbinden, doch ist dort regelmäßig das Lateinische die Leitsprache (vgl. 5.1.2). Das ist kein Wunder: im 16. Jahrhundert war das Lateinische noch unbestritten die gemeineuropäische Bildungssprache,[71] und die Schullexikographie war noch ganz vom Lateinischen dominiert. Für das 17. Jahrhundert sind die Bibliographien von William Jervis Jones (2000) und Franz Claes (1977) die maßgeblichen Hilfsmittel.

Peter O. Müller hat für das 16. Jahrhundert 41 Druckorte für polyglotte Wörter- und Gesprächsbücher ermittelt, verteilt über das ganze deutsche Sprachgebiet und mit klaren Hochburgen im Süden: in Straßburg erschienen 102 Drucke, in Augsburg 64, in Nürnberg 34. Daneben spielen nur noch Leipzig (76), Köln (47) und Frankfurt am Main (38) eine größere Rolle (S. 549). Drucke mit mehr als einer Volkssprache richten sich an Kaufleute, Soldaten, Diplomaten und Bildungsreisende.[72] Sie sind alphabetisch oder nach Sachgruppen geordnet. Andere lexikographische Verfahren spielen keine große Rolle. Alphabetisch geordnete Wörterbücher sind nutzerfreundlich, wenn die Schreibung der Wörter wenig schwankt und der Benutzer sie kennt. Im 16. Jahrhundert hatte das Lateinische eine normierte Orthographie, das Deutsche hingegen nicht. Wörterbücher in Sachgruppenanordnung sind nutzerfreundlich, wenn die Orthographie schwankt oder der Benutzer rechtschreibschwach ist. Sie eignen sich vor allem für wenig standardisierte Sprachen. Darin könnte ein Grund dafür liegen, dass das Deutsche als Leitsprache noch schwach vertreten ist. 1569 erschien erstmals ein Werk, das das Deutsche mit einer anderen Volkssprache verbindet, ohne dass das Lateinische dabei präsent ist.[73] Doch erst mit den Wörterbüchern von Levinus Hulsius (1546–1606) beginnt um 1600 die neuzeitliche, barocke deutsch-volkssprachliche Lexikographie.[74]

In einer Übersicht über die Calepinus-Tradition zeigt Müller, welche Sprachen in welchem Umfang in den einzelnen Entwicklungsstufen dieses höchst erfolgreichen Wörterbuchs vertreten waren, das bis zu elf Sprachen versammelte. An der Spitze stehen Latein und Griechisch, dann folgen Italienisch, Französisch, Deutsch und Spanisch. Etwa die Hälfte der Drucke enthält Hebräisch und Niederländisch. Polnisch, Englisch und Ungarisch kommen erst gegen Ende des 16. Jahrhunderts dazu. Jeweils einmal sind das Portugiesische und das Japanische vertreten (1595). Ähnliche Befunde ergibt die Übersicht über die Berlaimont-Tradition, die bei Müller bis 1646 weitergezeichnet ist (sie reicht bis ins 18. Jahrhundert): dort findet man sogar Tschechisch und Bretonisch als Referenzsprachen.[75]

---

71 Vgl. Fuhrmann 2001.

72 In einer sechssprachigen (lat.-dt.-ndl.-frz.-span.-ital.) Berlaimont-Bearbeitung (1585) heißt es, daß jeder, der in den Niederlanden Handel treiben wolle, *jeder* dieser sechs Sprachen bedürfe (Müller 2001, S. 153f.).

73 Die frz.-dt. „Synonymes/Synonyma" des Gerard de Vivres (Köln 1569, Nachdruck 1988); vgl. dazu Kaltz 1993; Müller 2001, S. 259-263.

74 Zu L. Hulsius findet sich Näheres in Kap. 4. Zum lexikographischen Werk Hulsius' vgl. Jöcher 1750, Sp. 1768f.; Schröder BBL II, S. 244-246; Hausmann 1984 (dort sind die Quellen, aus denen Hulsius schöpfte, und die durch seine Wörterbücher begründete lexikographische Tradition dargestellt); Bray 1988; von Gemmingen 1999, S. 83-103; Müller 2001, S. 241-247, 263-267, 278-282.

75 Müller 2001, S. 150f. Vom Bretonischen herrschten im 17. und 18. Jahrhundert in Deutschland noch recht verschwommene Vorstellungen. G. Ph. Plats, Fortsetzung Des Teutschen Frantzosens und Französischen Teutschens, 1709, S. 109, teilt im französischen Text mit, dass die Leute in der Bretagne „Gaulois" redeten. Im deutschen Text sprechen sie aber „Rotwelsch."

Das Finnische, Schwedische, Dänische, Estnische und Lettische werden erst im 17. Jahrhundert lexikographisch mit dem Deutschen verbunden.[76]

Die Schullexikographie lässt sich zu Gruppen zusammenfassen, die Müller nach dem Autor der jeweils frühesten Fassung benennt: Murmellius, Pinicianus, Heyden, Maior, Byber, Junius, Golius und Frischlin; einige weitere Werke stehen außerhalb dieser Gruppen (S. 391ff.). So kann Müller zeigen, wie sich die einzelnen Traditionslinien durch Erweiterungen, Umarbeitungen, Kürzungen und Bearbeitungen anderer Art entwickelten, wo sie sich berührten und kreuzten. Diese Schulbücher erlebten viele Auflagen und Bearbeitungen, blieben weit über das 16. Jahrhundert hinaus in Gebrauch und wurden auch später wieder und wieder bearbeitet und gedruckt. Ein Beispiel (von vielen) sind Sebald Heydens Nürnberger Wörterbücher (1530ff.), die bis ins 18. Jahrhundert in ganz Deutschland nachgedruckt und verwendet wurden. Das bedeutendste Sachgruppen-Schulwörterbuch von allen war ein Nomenklator des niederländischen Humanisten Adrianus Junius, der vom Lateinischen ausgehend das Griechische, Deutsche, Niederländische, Französische, Italienische und Spanische miteinander verband.[77] Er erlebte schon im 16. Jahrhundert Erweiterungen um das Englische und Tschechische und wurde bis ins späte 18. Jahrhundert immer wieder neu für den Schulgebrauch bearbeitet (S. 349ff.).

Auch in Augsburg und Nürnberg war das Lateinische im 16. und 17. Jahrhundert dominierend. Im 17. Jahrhundert ist das Italienische die wichtigste „moderne" Fremdsprache, im 18. Jahrhundert übernimmt das Französische diese Rolle. Im 17. Jahrhundert spielen das Niederländische und das Spanische eine gewisse Rolle, Englisch wird am Ende des 18. Jahrhunderts wichtig. Die westslavischen Sprachen, die nordischen Sprachen oder das Portugiesische kommen sehr selten vor. Zwei Wörterbücher (1604) enthalten das Ungarische,[78] zwei Wörterbücher für Theologen berücksichtigen altorientalische Sprachen.[79] Das Russische ist vertreten durch die „Nouveaux dialogues russes, français et allemands" (1782),[80] eine späte Bearbeitung eines Gesprächsbuches von M. Kramer, und drei Drucke des Jahres 1799, zwei Einblattdrucke mit russisch-deutschen Wortgleichungen, die im Quellenanhang dokumentiert sind, und das „Alphabetische Rubrickwörterbuch" des

---

76 Müller 2001, S. 563.

77 Adrianus Junius, Nomenclator omnium rerum propria nomina variis linguis explicata indicans, Antwerpen 1567.

78 A. Molnár, Dictionarium Quadrilingve Latino-Ungarico-Graeco-Germanicum, 1604; A. Molnar, Dictionarium Latinoungaricum, 1604. A. Molnar (*1574) war Lehrer in Sárospatak (Ungarn) und später in Oppenheim (Pfalz). Von ihm stammen eine der frühesten Grammatiken des Ungarischen („Novae grammaticae hungaricae […] libri duo", Hanau 1610) und einige Übersetzungen theologischer Schriften ins Ungarische; vgl. Schröder BBL III, 229f. 1732 hält sich ein Magister Johann Sartorius aus Ungarn (Siebenbürgen) in Nürnberg auf, um das Neue Testament und die Artikel der Augsburger Konfession ins Ungarische zu übersetzen; StAN, Rep. 60a, Nr. 3466, RV 1732 VI 19, fol. 99r-99v. Albert Molnar hat sich auch im Stammbuch des böhmischen Exulanten Johann Knöttner (Laufzeit 1598–1614) sowie im Stammbuch des Nürnberger Bürgersohns Andreas Gammersfelder (Laufzeit 1603–1607) verewigt. Schnabel 1995, Bd. 1, S. 109f., 123-126.

79 I. Weitenauer, Hierolexikon linguarum orientalum, hebraicae, chaldaicae, et syriacae, 1759; I. Weitenauer, Hexaglotton alterum, Docens linguas Anglicam, Germanicam, Belgicam, Latinam, Lusitani-cam et Syriacam, 1762. Ignaz Weitenauer (1709–1783) war Jesuit; er lehrte seit 1753 an der Universität Innsbruck die orientalischen Sprachen; vgl. BBHS VIII, 364.

80 Nouveaux dialogues russes, françaises et allemands de M. Kramer, 1782.

baltischen Pfarrers Heinrich Konrad Heinemeyer.[81] Sie entstanden, als im Sommer 1799 eine russische Armee in und um Augsburg Quartier nahm.

Schließlich gibt es drei „Exoten": den türkisch-deutschen Nomenklator im „Türcken Büchlein" von Bartolomäus Georg Vit (1664),[82] den Akan-deutschen Nomenklator im Anhang der Beschreibung des Landes Fetu (1675)[83] und eine anonym veröffentlichte Vaterunser-Sammlung (1714) in über 100 Sprachen.[84]

Exkurs: Die afrikanische Landschaft Fetu

Ein erwähnenswertes Exoticum ist die 1675 in Nürnberg nachgedruckte Beschreibung der „afrikanische[n] Auf der Guineischen Gold-Cust gelegene[n] Landschafft Fetu" und ihrer Einwohner durch den Prediger Wilhelm Johann Müller aus Harburg, der acht Jahre lang der „Christlichen Dennmärckischen Africanischen Gemeine" als Seelsorger diente. Müller hat sein Werk mit einem „Fetuischen Wörter-Buche geziert". Es ist jedoch nicht anzunehmen, dass Nürnberger Bürger dieses Glossar dazu verwendet hätten, die Fetu-Sprache zu lernen.

Das Büchlein beginnt mit einer Beschreibung der militärischen Auseinandersetzungen zwischen den Kolonialmächten. Es existierte nämlich bereits eine ganze Reihe europäischer Festungen im Lande Fetu.[85] Die dänische Niederlassung, in der Müller wirkte, heißt *Friederichs-Berg* (Fort Frederiksberg). 1658 eroberten die Dänen auch das schwedische Kastell *Carolusburg* (Carlsborg). Danach nahmen die Holländer mehrere Kastelle ein, doch 1660 schickten die Schweden ihre Schiffe, und sie bekamen das Kastell am *Cabo Corso* wieder in ihren Besitz. 1663 fiel es an die Holländer zurück, die nun die Dänen angriffen, doch kamen englische Schiffe den Dänen zu Hilfe.[86] Frederiksberg könnte ähnlich ausgesehen haben wie Christiansburg bei Akkra (1760; Abb. 24).

Alle Europäer bekamen Müller zufolge im Lande Fetu die „Lands-Seuche", eine Fieberkrankheit (wahrscheinlich die Malaria), viele auch eine Wurmkrankheit, die möglicherweise von „dem unordentlichen venerischen Wesen" herrührte, wahrscheinlich aber vom „faulen stinckenden Wasser", das die Sklaven trinken müssten, weil sie sich keinen Palmwein leisten könnten; Wein hat desinfizierende Wirkung. Sowohl die Dänen als auch die Schweden hielten Sklaven und handelten mit ihnen, was sie in Europa nicht taten.[87] Müllers Beschreibung der Einwohner von Fetu und ihrer Bräuche rekurriert auf zeittypische ethnische Stereotypen und schreibt sie fort. Die Haut der Einheimischen sei ganz und gar schwarz. Sie seien gastfreundlich, leutselig und gleichzeitig unverschämt, „der Unzucht ganz ergeben" und diebisch. Sie lögen oft, und Huren seien bei ihnen billig zu haben.[88]

---

81 H. K. Heinemeyer, Alphabetisches Rubrickwörterbuch der höchstnothwendigsten rußischen Wörter, 1799. Vgl. Baumann 1969, I, S. 74; II, S. 97f. Ein weiteres Glossar, das der Verständigung mit russischen Soldaten dienen sollte, wurde 1814 in Nürnberg nachgedruckt (L. H. Hessel, Russischer Dollmetscher in Fragen und Antworten für den Bürger und Landmann).

82 Türcken Büchlein Bartolomei Georgi Vits, 1664.

83 W. J. Müller, Die africanische [...] Landschafft Fetu [...] 1675. Akan (auch: Twi-Fante) ist eine Kwa-Sprache, die in Ghana verbreitet ist.

84 Anon., Oratio Dominica polyglotta at polymorpha, 1714.

85 Zu Fort Frederiksberg, das 1659 erbaut worden war und 1685 an die Engländer verkauft wurde (ein weiterer Kaufinteressent war der Kurfürst von Brandenburg gewesen), vgl. Nørregård 1966, S. 22f., 29-34. Er bezieht sich auf eine 1676 in Hamburg gedruckte Auflage des Werks.

86 W. J. Müller, Die africanische [...] Landschafft Fetu [...] 1675, S. 9-18.

87 Ebd., S. 23f., 26f., 11; Nørregård 1966, S. 84-93. Dänemark verbot 1792 die Sklaverei (ebd. 218).

88 W. J. Müller, Die africanische [...] Landschafft Fetu [...] 1675, S. 40-42.

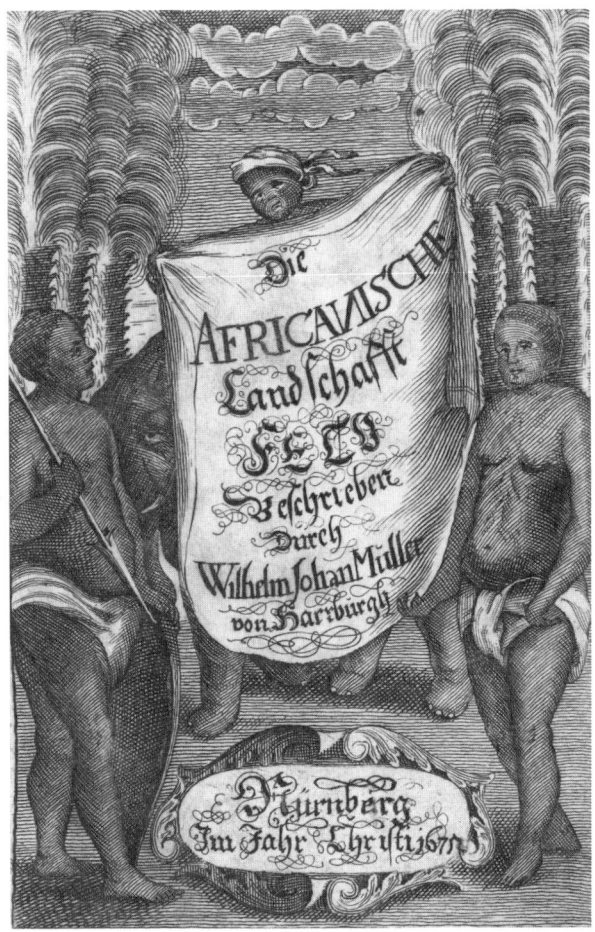

Abb. 23: Titelkupfer von W. J. Müllers „Die africanische Landschafft Fetu [...]".

Die Einwohner von Fetu verehrten Abgötter, denen mancherlei Feste gewidmet seien, wofür sie eigene „Pfaffen" hätten.[89] Sie pflegten aufwendige Riten, und die christlichen Missionare hätten es schwer, gegen ihren tiefverwurzelten heidnischen Aberglauben anzukommen. Das Strafrecht in Fetu bestrafe Mord, Unzucht und Diebstahl hart.[90] Der Strafvollzug sehe u.a. das Köpfen vor. Das Land Fetu führe viele Nachbarschaftskriege, in denen bereits Distanzwaffen aus Europa (Musketen samt Pulver und Blei) eingesetzt würden. Kriegsgefangene versklave man, wenn man sie lebendig gefangennehmen könne. Getöteten Feinden schneide man die Köpfe ab, die man beim Triumphzug mitführe.

Im Weiteren geht es um Hausbau, Kleidung, Ernährung sowie „Heyrathen, Hochzeitmachen und Kinderzucht." Es herrsche Polygamie in Fetu. Zwischen den Hauptfrauen eines

---

89 Ebd., S. 45-83. M. dos Santos Lopes referiert die Passagen aus diesem Büchlein, die sich v. a. auf Religiöses beziehen, ausführlicher (1991, S. 65-67, 164-166, 207f.). Sie bezieht sich auf eine 1673 in Hamburg gedruckte Auflage von Müllers Werk.
90 W. J. Müller, Die africanische [...] Landschafft Fetu [...] 1675, S. 101-122.

Mannes und seinen „Kebsweibern", die ihm mehr oder weniger leibeigen zugehören, werde klar unterschieden. Beim Beischlaf wechsle der Eheherr zwischen seinen Hauptfrauen in einem festen Rhythmus ab. Die Frauen betrieben absonderliche Fruchtbarkeitsriten.[91]

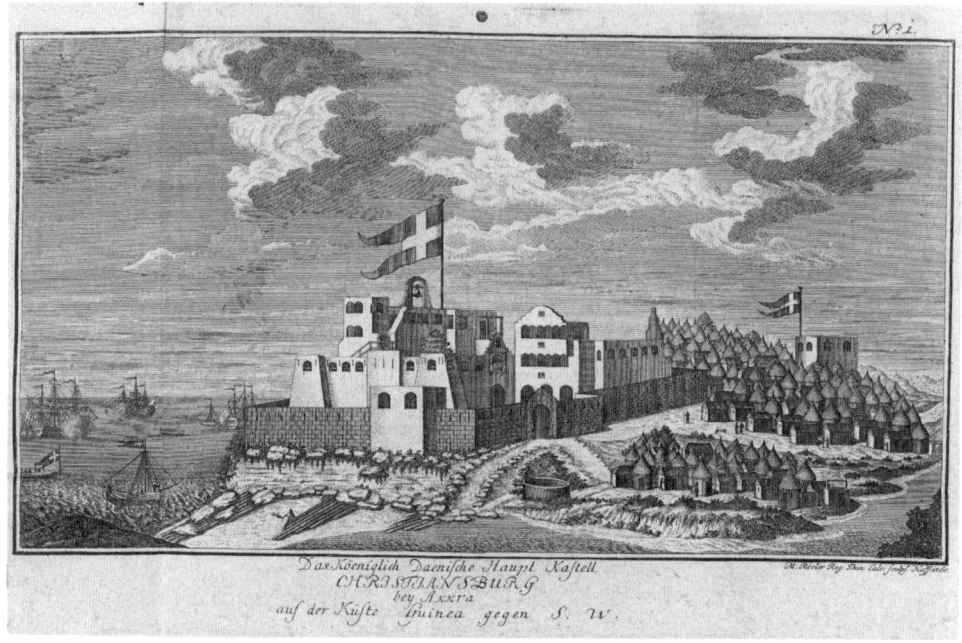

Abb. 24: Ansicht des dänischen Forts Christiansborg.

Auch die Wirtschaft des Landes wird im Detail beschrieben.[92] Die Einwohner von Fetu betrieben Ackerbau und Waldwirtschaft (im Wald wüchsen beispielsweise „Bannanas"). Im Gartenbau kultiviere man einheimische Früchte. Auch die Fischerei, die Viehzucht und die Jagd spielten eine Rolle. Der Handel sei eine weibliche Angelegenheit: Auf dem Markt seien nur Frauen tätig („schwartze schier nackende Weiber"[93]). Die Bewohner von Fetu beherrschten auch einige Handwerke. Wichtige einheimische Handelswaren seien Tabak, Salz und Lebensmittel. Die Europäer handelten mit Textilien, Metallwaren (Ringe, Töpfe, Messer), Branntwein und Tabak. Gemeinsame Handelssprache seit das Portugiesische (S. 259). Das abschließende Kapitel schildert Tod, Bestattung und Erbrecht.

    Das kurze Vokabular im Anhang ist ein nach Sachgruppen gegliederter Nomenklator (rund 400 Einträge), in dem Akzentzeichen verwendet werden (Akut und Gravis). Wahrscheinlich sollten sie Töne bezeichnen. Es werden Doppelkonsonanten (auch *ck*) geschrieben, die vermutlich Vokalqualitäten (Länge-Kürze) ausdrücken sollten. Die linguistische Qualität dieser Wortliste wäre von Afrikanisten zu beurteilen. Es dürfte sich um eine der ältesten Beschreibungen einer Kwa-Sprache überhaupt handeln.

---

91 Ebd., S. 122-188.
92 Ebd., S. 190-277.
93 Ebd., S. 251.

Unser Korpus von Lehr- und Wörterbüchern und Grammatiken, die in Augsburg und Nürnberg gedruckt wurden oder einen nachvollziehbarem Bezug zu einer der beiden Städte aufweisen, enthält

aus dem 16. Jahrhundert	8 Titel, davon 4 polyglotte Werke
aus dem 17. Jahrhundert	55 Titel, davon 8 polyglotte Werke
von 1700 bis 1810[94]	182 Titel, davon 28 polyglotte Werke.

Ein Beispiel für ein polyglottes Gesprächsbuch sind die „Nouveaux dialogues, en six Langues" (1729)[95] von Johann Georg Meintel. Das Vorwort dazu verfasste Matthias Kramer. Er räsonniert dort über die Entstehung der Sprachen im Allgemeinen, über die Frage, wie sie aufeinander folgen und ob und inwiefern ihre Entstehung, ihr Bau und ihre Regeln allein von Gott abhängen. Manchen Menschen sei es von Gott gegeben, diese Regeln zu verstehen und sie anderen beizubringen (wie Kramer selbst). Die sprachliche Verwirrung, die durch die Hybris der Menschen beim Turmbau von Babel verursacht wurde, kann (durch die Gnade Gottes) auf diese Weise wenigstens gemildert werden. Dem Beruf des Sprachmeisters wird durch diese Überlegung ein Platz im göttlichen Weltenplan zugewiesen (Näheres dazu in Abschnitt 5.3.5.).

Meintels Buch verfolgt hochfliegende Ziele. Es soll zum angemessenen Einsatz von Vernunft und Rede führen; Vernunft und Rede sind die unter allen Lebewesen allein den Menschen charakterisierenden Merkmale. Das Werk beginnt mit lateinischen Versen (40 Seiten). Es folgen Gespräche in sechs Sprachen, nämlich Französisch, Italienisch, Spanisch, Englisch, Hochdeutsch und Niederländisch. Es geht darin um Alltagsthemen, z.B. das Wetter, das Einkaufen, die richtige Begrüßung oder das Komplimentieren (80 Seiten). Der zweite Teil (64 Seiten) enthält Dialoge in denselben Sprachen, in denen es um ähnlich triviale Themen geht, etwa das Anmieten eines Zimmers oder einen Krankenbesuch.[96] Das Buch enthält keinerlei grammatische, lexikalische, phraseologische oder phonetische Lehren. Es ist nur durch Muttersprachler einer der vertretenen Sprachen benutzbar und setzt Vorkenntnisse der Zielsprache(n) beim Schüler voraus.

Wer konnte 1726 mit einem sechssprachigen Gesprächsbuch etwas anfangen? Am ehesten taugte es für Personen auf der *grand tour* durch Europa, die neben den klassischen Zielländern Italien, Frankreich und Deutschland seit dem 17. Jahrhundert auch England und den niederländischen Sprachraum erfasste (dazu Näheres in Kapitel 3). Interessant könnte es auch für bildungshungrige Personen gewesen sein, die zweckfreies Interesse an fremden Sprachen (Völkern, Kulturen, Sitten usw.) hatten, die „Sprachensammler". Spanien gehörte nicht in den Reiseplan der *grand tour,* wurde von Meintel aber vielleicht deshalb berücksichtigt, weil es am Wiener und am Münchener Hof eine wichtige Rolle spielte. Ganz erfolglos kann das Werk nicht gewesen sein, denn sein Autor ließ ihm 1732 eine siebensprachige (zusätzlich das Lateinische einschließende) „Petite école de la morale et des langues: Das ist: Die kleine Sitten- und Sprachen-Schule […]"[97] folgen. Der Anspruch ist auch hier

---

94 In einigen Fällen wurden nach 1810 erschienene Nachauflagen berücksichtigt.

95 J. G. Meintel, Nouveaux dialogues, en six Langues, 1729.

96 Beeindruckende Aufzählungen der Themen, die in deutsch-französischen Gesprächsbüchern und Nomenklatoren des 17. und 18. Jahrhunderts vorkommen, finden sich bei Streuber 1914, S. 67, 70f.

97 J. G. Meintel, Petite école de la morale et des langues, 1732. Vgl. dazu Schröder BBL III, S. 180; BBHS VI, S. 69.

beträchtlich: Der Nutzer dieser Büchlein soll nicht nur Sprachen lernen, sondern aufgeklärt werden und dabei sittlich reifen.

Die „Curiöse[n] Historisch-Italiänisch-Teutsche[n] Gespräche" (1721)[98] von Antonio Moratori enthalten einen Abschnitt „Vom Germanismo." Dort werden „Redensarten" aufgeführt, die sich im Deutschen und Italienischen voreinander unterscheiden, z.B. „Wie alt seyd ihr? – Quanti anni havete voi?" oder „andar per mare – auf dem Meer fahren" oder „A Norimbergo sono de' belli giardini. – Es gibt zu Nürnberg schöne Gärten". Man solle bei Unsicherheiten einen Sprachmeister zum Erklären hinzuziehen, denn ein Lehrbuch könne nicht auf jede Falle hinweisen, in die man tappen könne. Eine vergleichbare Liste von phraseologischen Germanismen und den jeweils korrekten französischen bzw. italienischen Wendungen findet sich bereits bei Matthias von Erberg (1710).[99]

Die dreisprachige Grammatik „des Herrn Veneroni" brachte Giovanni Tomaso di Castelli (1773) in einer überarbeiteten Nachauflage heraus.[100] Die Grammatik selbst ist wenig originell. Interessanter ist das Gesprächsbuch, das ihr beigegeben ist. Es enthält neben allerhand Dialogen auf Italienisch, Französisch und Deutsch Abschnitte über italienische „Redensarten" und Sprichwörter, einen Auszug „kurzweilig- und lustiger Geschichte", eine Sammlung „Schöner Gedanken und artiger Beschreibungen der berühmtesten Italiänischen Poeten" (unübersetzt), die geistlichen und weltlichen Titulaturen, die in italienischen Briefen zu verwenden sind. Dazu kommen eine sehr summarische, alphabetisch nach Schreibungen angeordnete Belehrung über die Aussprache des Französischen „vor die Fremden, und insonderheit vor die Deutschen", ein Briefsteller, dessen Beispiele auf das Jahr 1754 datiert sind, sowie ein Nomenklator, in dem das Italienische die Leitsprache ist. Dieses Werk gibt sich im Titel als dreisprachig aus: Beschreibungssprache ist das Deutsche, Zielsprachen sind das Italienische und das Französische. Im Grammatikteil wird das noch halbwegs paritätisch durchgehalten, im Materialienteil nicht mehr. Dort dominiert eindeutig das Italienische. Das Französische steht nur einmal im Vordergrund, nämlich auf den vier Seiten (S. 427-430), auf denen Aussprachehinweise gegeben werden. Dieser Titel verspricht also deutlich mehr, als er hält.

Eines der letzten polyglotten Lehrwerke aus unserem Korpus erschien 1786 in Nürnberg.[101] Es enthält sechs Sprachen (Deutsch, Französisch, Italienisch, Englisch, Lateinisch und Spanisch). Den Druck hat der Verfasser Anton Wilhelm Schmidt selbst bezahlt. Möglicherweise fand er keinen Verleger mehr, der das Risiko eingehen wollte, ein sechssprachiges Sprachlehrbuch zu finanzieren. Im selben Jahr brachte er ein Lesebuch für die Jugend[102] in vier Sprachen heraus, von dem kein Exemplar überliefert ist. Ein viersprachiges Gesprächsbuch desselben Verfassers erschien 1793.[103] Das Lehrbuch des Italienischen

---

98   A. Moratori, Curiöse Historisch-Italiänisch-Teutsche Gespräche, Nach der Toscanisch-Romanischen Redens-Art, 1721.
99   M. von Erberg, Il gran dizzionario universale & perfetto, 1710, Bd. 3, Kleine Anmerckung [unpaginiert], z.B. „Die Jungfrau Peenburgin. Mademoiselle Peenbourg. Nicht: Mademoiselle Peenburgin. [...] Ein Sprach-Meister. Un Maestro di lingue. Nicht: Un Lingua-Maestro."
100 Herrn von Veneroni Italiänisch-Französisch und Deutsche Grammatica, 1773.
101 A. W. Schmidt, Deutsch, Französisch, Italiänisch, Englisch, Lateinisch und Spanisches Wörter-Buch, 1786. Vgl. BBHS VII, S. 365f.; Schröder BBL IV, S. 116.
102 A. W. Schmidt, Deutsche, italienische, englische und französische Benennung aller Hauptdinge in der Welt, 1786. Vgl. BBHS VII, 365; Schröder BBL IV, S. 116.
103 A. W. Schmidt, Italiänische, Französische, Englische und Deutsche Gespräche, 1793. Vgl. BBHS VII, S. 366; Schröder BBL IV, S. 116.

und Französischen von Clemens Romani und Hanibal Franz Savini (1798)[104] ist eine Bearbeitung der zunächst nur auf das Italienische gerichteten Lehrbücher von Clemens Romani (1754, 1759).[105] Es verwendet das Deutsche als Beschreibungssprache und ist durchgängig in Antiqua gedruckt; 1754 hatte man den deutschen Text noch in Fraktur gesetzt.

Die Tradition der mehrsprachigen Lehr- und Wörterbücher ging in den Jahren um 1800 nicht zu Ende, aber sie war peripher geworden. Sie hatte sich vom Lateinischen gelöst. Polyglotte Lehrbücher, die mehrere Volkssprachen miteinander verbanden, gab es im 18. Jahrhundert noch, häufiger aber wurden Lehrwerke, die sich auf eine einzige Zielsprache beschränkten. Die Blütezeit der Textsorte „polyglottes Lehrbuch" lag im 16. und 17. Jahrhundert, im 18. Jahrhundert hatte sie ihren Zenit eindeutig überschritten.

5.1.5. Aussprachelehren

In einem Dialog zwischen einem Sprachmeister und seinem Schüler – er wurde bereits in Kapitel 4 vorgestellt – wirft Matthias Kramer die Frage auf, wie man das Französische am besten auszusprechen lerne, und zwar beim lauten Lesen.[106] Dazu sei viererlei nötig.

Das erste Ziel ist trivial: man muss diejenigen Silben korrekt artikulieren lernen, „welche gantz anders ausgesprochen werden / als man sie im Teutschen ausspricht." Wie macht man das? Man hört seinem Sprachmeister beim Vorlesen zu und folgt ihm im Buch mit den Augen von Silbe zu Silbe. Dann spricht man nach, was man gehört hat, aber mit Bedacht: „dencket vorhero wol auf das was ihr zu sagen habt; hernach sprecht hertzhaft aus / und ich werde nicht ermangeln zu corrigieren / wo es wird gefehlet seyn."[107] Was aber soll man tun, wenn kein Sprachmeister zur Verfügung steht?

Zweitens muss man unterscheiden lernen zwischen dem, was im Geschriebenen mit phonetischer Substanz korrespondiert, und solchen „Buchstaben oder Sylben / welche zwar allezeit geschrieben / aber entweder niemals oder nur in gewissen Begebnüssen gesprochen werden." Das ist eine große und schwierige Aufgabe, die ebenso häufig wie vergeblich mit Distributionsregeln gelöst werden sollte. Besonders schwierig war es, diese „gewissen Begebnüsse" zu analysieren, zu beschreiben und didaktisch aufzubereiten, also zu erklären, in welchen Umgebungen ein Buchstabe oder eine Schreibsilbe gerade so, in welchen Umgebungen aber ganz anders auszusprechen ist.

Drittens geht es um Phänomene, die man heute auf der Artikulationsseite als Allegrophänomene bezeichnet. Beim Sprechen mit normaler Geschwindigkeit wird längst nicht alles artikuliert, was bei der sogenannten Explizitlautung, dem deutlichen und langsamen Sprechen, realisiert wird. Im Deutschen werden beim natürlichen Sprechen unbetonte Nebensilben reduziert oder aufgelöst, was neue, komplizierte Konsonantenfolgen verursachen kann. Auf der Rezipientenseite gibt es Vorgänge, die man als inkrementell bezeichnet. Damit ist gemeint, dass eine Äußerung nicht vollständig getätigt sein muss, bevor der Hörer mit dem Dekodieren, dem Verstehen beginnt. Kramer formuliert das so:

---

104 C. Romani/H. F. Sevini, Praktische italienische Grammatik, 1798.
105 C. Romani, Italienischer Wegweiser, 2. Aufl. 1754; C. Romani, Kurzgefaßte […] italienische Grammatik, 1759.
106 M. Kramer, Die rechte Lehr-Art, 1696, S. 63.
107 M. Kramer, Die rechte Lehr-Art, 1696, S. 67.

„Diejenigen [Buchstaben oder Sylben] so gleichsam eingefressen / und nur halb gehöret werden.“[108]

Schließlich geht es viertens um „diejenigen [Buchstaben oder Sylben] welche gesprochen und nicht geschrieben werden“, also um Fälle, in denen das Gesprochene nicht mit graphischer Substanz korrespondiert. Alles Übrige, was nicht unter diese vier Klauseln falle, dasjenige, wovon der Schüler keine „General-Regul / oder etwa eine besondere Anmerckung“ in der Grammatik finde, „wird ausgesprochen nach dem Fuß des Teutschen“. Diese Formulierung könnte einfach „nach der Art und Weise des Deutschen“ bedeuten.[109] Es könnte aber auch die prosodische Grundeinheit Fuß gemeint sein, die die Abfolge von betonten und unbetonten (oder, quantitierend, schweren und leichten) Silben strukturiert.[110]

Nun will der Schüler wissen, welche Silben es denn seien, die man im Französischen anders ausspreche als im Deutschen. Er solle zuhören, antwortet der Meister, das seien die folgenden: ---. Offenkundig sagt er sie seinem Schüler nun der Reihe nach vor. Es gebe aber darüber hinaus „General- und Special-Reguln, oder Reguln und Exceptiones“ (S. 65f.), also allgemeine Regeln und die Ausnahmen davon. Kramers allgemeine Regeln betreffen segmentale Details, etwa die Aussprache von frz. <ai>, das wie das <ä> im Deutschen auszusprechen sei. Es geht im Folgenden aber nicht um Regeln, sondern um (lange) Listen.

Das sind rationale und wesentliche Aspekte erfassende Überlegungen über die Frage, was beim Erwerb der phonetischen Basis einer Fremdsprache eine Rolle spielt. Anders als Lexik, Phraseologie, Syntax und pragmatische Verwendungsregeln erwirbt man die „Aussprache“ nicht als kognitive oder Gedächtnisleistung. Vielmehr muss man auditive Diskrimierungsroutinen entwickeln: man muss erst einmal hören können, an welchen Punkten die neue Sprache segmental- oder silbenphonologisch (in ihrem Lautvorrat und im Aufbau ihrer Silben), prosodisch oder hinsichtlich der Akzentregularitäten anders gebaut ist als die Sprache(n), die man bereits kennt. Dafür braucht man einen Sprachmeister (Kramers erste Klausel). In der Unterrichtsstunde, im Klassenzimmer kann der Sprachmeister langsam und deutlich sprechen, im kommunikativen Alltag wird „natürlich“ gesprochen, ohne Rücksicht auf Lernende. Deshalb muss auch im Sprachunterricht authentisch, in normaler Geschwindigkeit (vor-)gesprochen werden (Kramers dritte Klausel). Auf dieser auditiven Grundlage versuchte man dann, das Gehörte in der eigenen Artikulation, beim Sprechen oder lauten Lesen, imitierend auszuprobieren und einzuüben. Dazu braucht man einen Zuhörer, der die Zielsprache beherrscht und Urteile darüber abgeben kann, ob die fraglichen Sprachproduktionen der erwünschten Form nahekommen oder entsprechen (Kramers zweite und vierte Klausel).

Fast alle Aussprachelehren in unserem Korpus gehen dem Alphabet nach von den Buchstaben zu den Lauten. Die Laute heißen dort „Buchstaben“, sie sind die Zeichen für die Laute, und es besteht ‚eine unüberwindbare Verbindung zwischen dem Laut und dem

---

108   „Ein Satz oder ein syntaktisch komplexer Ausdruck muss nicht erst komplett geäußert worden sein, damit der Zuhörer/Leser mit dem Dekodieren beginnt […], sondern die Analyse und Interpretation des inputs beginnt mit der ersten Äußerung und wird notfalls im Rückgriff reorganisiert und korrigiert“ (MLS, Eintrag *inkrementell*).

109   DW Bd. 4, s. v. *Fusz* Nr. 16b.

110   *Fuß* (*fuaz, fuoz, vûz*) in dieser Bedeutung ist als Lehnübersetzung von griech. πους über lat. *pes* seit ahd. Zeit belegt; vgl. DW Bd. 4, s. v. *Fusz* Nr. 18, Sp. 1010f. Kramer betrachtete die Prosodie als Teil der Lautlehre, nicht nur der Verslehre, ein Ansatz, der in der modernen metrischen Phonologie wieder aktuell geworden ist; vgl. MLS, Einträge *Fuß*, *Prosodische Einheiten*. Zur Behandlung von Akzent und Quantität in der älteren deutschen Grammatikforschung vgl. Jellinek 1914, S. 36-49.

Buchstaben.'[111] Das stellt eine aus heutiger Sicht völlig ungeeignete Methode dar, das Artikulieren zu lehren. Zunächst wird aufgezählt, welche „Buchstaben" in der Zielsprache verwendet werden und ob und gegebenenfalls wie sich dieses Inventar von dem des Deutschen unterscheidet. Dann wird dieses Inventar von A bis Z durchgegangen; Streuber nennt diese Listen „Aussprachetabellen".[112] Es werden also orthographische Konventionen und nicht artikulationsphonetische Sachverhalte[113] oder phonologische Einheiten beschrieben. Es spielt dabei eine erhebliche Rolle, ob das Schriftsystem der Zielsprache phonologisch tief (z.B. Französisch) oder phonologisch flach (z.B. Spanisch) ist.[114] Beim Deutschen ist das nach Matthias Kramer ganz einfach: 'Die Deutschen schreiben, wie sie sprechen, und sie sprechen, wie sie schreiben.'[115]

Jede schriftliche Belehrung über die richtige Aussprache unterliegt dem Mangel, dass phonetische Gegenstände im schriftlichen Medium nicht hörbar gemacht werden können. Erst im 20. Jahrhundert wurde dieser Mangel durch elektromagnetische Verfahren zur Aufzeichnung und Reproduktion von Sprache wenn nicht überwunden, so doch gemildert. Welche Möglichkeiten hatte ein Sprachbuchautor im 17. oder 18. Jahrhundert, die Benutzer seines Werkes über phonetisch-phonologische Sachverhalte zu unterrichten, und welche Möglichkeiten hatte der Benutzer eines solchen Sprachbuches, aus einer schriftlichen phonetisch-phonologischen Belehrung Nutzen zu ziehen?

Eine recht realistische Einschätzung des Wertes schriftgestützter phonetischer Unterrichtung findet sich bei Georg Philipp Plats (Platz, 1721), der seine Aussprachelehre als Dialog gestaltet hat:

> Wie werden sie ausgesprochen? – Das must du aus mündlicher Unterweisung lernen / als welche in diesem Stuck unumgänglich nothwendig ist; dann es bleibt darbey / dass das Lesen der Französischen Schrifften mehr durch abhören / als durch ansehen der Buchstaben / Sylben und Wörter gelernet werde. – Kann man gar keinen schrifftlichen Unterricht davon geben? – Man könte wol sagen / nein: dann der Laut oder Klang eines jeden Buchstabens / und einer jeden Sylbe / muß durch getreue und offt wiederholte Vorsprach des erfahrnen Lehrmeisters in das Ohr des aufmercksamen Schülers so lang einfallen / bis hernach der Buchstab / Sylbe oder

---

111   Auroux/Calvet 1973, S. 84: „connexion indépassable entre le son et la lettre."

112   Streuber 1916, S. 244. Vgl. zu den „Sprechübungen in Verbindung mit der Grammatik" im französischen Unterricht des 17. und 18. Jahrhunderts auch Streuber 1914, S. 47-50.

113   Schon 1531 macht „Sylvius (Dubois) […] genaue Angaben über die Aussprache und die phonetische Schrift der französischen Laute; gleichzeitig vergleicht er die französischen mit den entsprechenden lateinischen Wörtern und Lauten. Wir finden bei ihm die ersten Anläufe zu französischen Laut-‚Gesetzen'; […]" (Panconcelli-Calzia 1941, S. 23). In den Sprachlehrwerken findet sich davon bis zum Ende des 18. Jahrhunderts wenig. Zu den Anfängen der Phonetik im 17. Jahrhundert vgl. Jellinek 1914, S. 23-25.

114   Damit ist die „Nähe" oder „Ferne" zwischen Schreibung und Lautung gemeint. Transliterationsprobleme gibt es kaum, weil Sprachen, die nicht lateinisch verschriftet sind, in unserem Korpus keine Rolle spielen (außer bei den wenigen Belegen zum Russischen und einigen altorientalischen Sprachen). Vgl. zur Typologie alphabetischer Schriftsysteme Glück 1987, S. 35-56 sowie MLS, Artikel *Schriftsystem*.

115   M. Kramer, I veri fondamenti della lingua tedesca o germanica, 1694, A4r: „I tedeschi scrivono come parlano, e parlano come scrivono […]."

> Wort mit nachgemachtem Thon / Strenge und Gelindigkeit auf recht Französische
> Weise von dem Munde gehet / doch kann man etlich kurtze Reguln davon geben.[116]

Ohne einen Sprachmeister, heißt das, wird man nie zu einer ordentlichen Aussprache kommen. Die „kurtzen Reguln" füllen nicht weniger als fünf Druckseiten. Plats' artikulatorische Anweisungen sehen folgendermaßen aus: „Bey dem A also / sagt man zu dem Kind / siehe dieses Kindlein reisset das Maul auf / und sagt *aaa* / [...]. Siehe dieser Bock schreyet *be be be*."[117] Erstaunlicherweise sagt ein Schaf später *P, p*. H werde im Französischen „Asch genennet." Dieses Asch ließe sich gut memorieren, wenn man dem Kind vor sein geistiges Auge rücke, „das dasige Köchin Kalbfleisch hacke / und sage darzu asch. asch. asch. &c."[118] Jeder Buchstabe ist mit einem Kupfer illustriert, auf dem zu sehen ist, was die Ausspracheanweisung besagt. Dieses didaktische Verfahren geht auf Johann Amos Comenius zurück. Am besten sei es aber, einem Muttersprachler genau zuzuhören. Gerade fürs Französische werde ein „erfahrner Lehrmeister erfordert", und es sei

> eine Thorheit [...] / ohne mündliche Vorsprache die *pronunciation* oder Ausssprach
> der Französischen Buchstaben / Sylben und Wörter / so wie sich's gehört / erlernen
> wollen / vielmehr muß das Kind oder die Lernenden / [...] aufs fleissig- und ge-
> nauste auf den Mund und die Stimme des *Praeceptoris* Achtung geben.[119]

Nicht selten wird das Lateinische als Vergleichssprache herangezogen, denn im gesamten Untersuchungszeitraum kann der Autor eines Sprachbuchs damit rechnen, dass seine Schüler entweder selbst Latein können oder sich leicht an eine Person mit Lateinkenntnissen mit der Bitte um Rat wenden können. So schreibt Catherin Le Doux (1605), dass die Italiener den Fehler der Lateiner übernehmen, das *t* vor einem *i* als [ts] auszusprechen, z.B. in *gratia* ‚Dank'.[120] In seinem Lehrbuch des Italienischen (1713) bezieht sich Nicolò di Castelli ausdrücklich auf die Unterschiede zum Lateinischen, geht also davon aus, dass die Benutzer seines Werks eine Lateinschule absolviert haben.[121] Johann Claudius Verdun schreibt, „wie bey den Lateinern" solle man <qu> in einer Reihe von Fällen aussprechen, z.B. in *equestre*.[122]

    Oft findet sich die Ermahnung, bestimmte Artikulationen zu unterlassen, weil sie fehlerhaft oder aus anderen Gründen unschön seien. Die deutsche Lesung von <sp, st> im Silbenkopf als [ʃp, ʃt] solle man im Italienischen vermeiden: „S lautet wie ein doppelt *ʃʃ* / besonders vor einem Consonant, als, *p*, oder *t* [...] *ʃporco* – unrein – *ʃʃporco*"), ebenso die deutsche bilabiale Aussprache [v] von ital. *v*: „die consonant *v* fast als wie w [...] *ventricolo*

---

116 G. Ph. Plats, Deutliche in Frag und Antwort verfasste Etymologie der Französischen Sprach, 1721, S. 1f.

117 Ebd., S.)(3 f.

118 G. Ph. Plats, Deutliche in Frag und Antwort verfasste Etymologie der Französischen Sprach, 1721, S.)(4. *Asch* soll wohl lautmalerisch das Sausen des Hackmessers hörbar machen; *Asch* als Nebenform zu *Esche* oder als apokopierte Form von *Asche* kommen nicht in Frage.

119 Ebd., S.)(2f..

120 C. Le Doux, Schola Italica, 1605, S. 18.

121 N. di Castelli, Neuer [...] Methodus, 1713, Lektion 3.

122 J. C. Verdun, L'art de bien parler, 1737, S. 20.

– Wagen – *wentricolo*."[123] Probleme hatten die Deutschen offenbar auch mit dem fallenden Diphthong [uó] des Italienischen, was erstaunlich ist, denn die oberdeutschen Dialekte haben einen fallenden Diphthong bewahrt (aber mit dem Akzent auf dem ersten Vokal: [úə], z. B [gúət]): „*uo*, verliert fast das *u* in der Aussprach / und lautet / als wann zwey *o* wären [...] *Buono* – Gut – *boo=no*."[124]

Immer wieder findet sich die Mahnung, die Lenis- und die Fortis-Artikulation bei den Okklusiven im Italienischen ordentlich auseinanderzuhalten, ‚damit sie nicht auf lächerliche Weise in Botta (*botta* ‚Kröte') *p* statt *b* sagen oder *baniere* (‚Fahne') und *paniere* (*paniera* ‚Korb') verwechseln,'[125] schreibt Le Doux (1605), und weiter: ‚Deshalb müssen sich besonders die Deutschen davor hüten, *d* und *t* zu verwechseln und statt *durare* (‚dauern') *turare* (‚zustopfen') zu sagen.'[126] Ähnlich Nicolaus Pascalius Clesse (1664): ‚diese muss man nämlich härter, jene milder aussprechen.'[127]

Artikulationsphonetisch begründete Aussprachehinweise finden sich erst gegen Ende des 18. Jahrhunderts häufiger. Ein Beispiel dafür ist die Beschreibung der Aussprache des englischen <th>: sie ist ‚ungefähr dieselbe wie die eines *S*, das man mit einer dicken Zunge ausspricht; oder auch indem man die Zunge gegen die oberen Zähne drückt und dabei den Ton des *S* zwischen der Zunge und den Zähnen hindurchpresst.'[128] Diese Beschreibung stammt von Georges Pierre de Gemunden (Johann Peter von Gemünden, 1796).[129] Ein Vokal ist bei ihm ein Laut, der durch einfache Ausatmung entsteht. Erst die „Artikulation" schafft konsonantische Silbenränder.[130] Die Sprechatmung sowie die Physiologie und die Mechanik der Sprechorgane hat er in den Grundzügen verstanden (S. 112-118).

Das Französische hat bei ihm acht Grundvokale, und zwar vier „voix retentissantes (schallende)" und vier „voix labiales (Lippen-Vokale)" (S. 93f.). *A* ist maximal offen, *Ê, É* und *I* kommen durch eine Schließbewegung zustande. Die vier Lippen-Vokale erzeugt man, indem ‚die Lippen sich einander annähern oder sich nach vorn stülpen'.[131] (S. 94). Man kann die Grundvokale aber auch in vier „voix variables" (*A, Ê, EU, O*) und vier „voix constantes" (*É, I, U, OU*) einteilen. Erstere können nasaliert werden, nämlich „durch den

123 M. von Vorberg, Nagel-Neuer [...] Nürnberger Trichter, 1708, An den geneigten Leser, ohne Seitenzahl.

124 Ebd., ohne Seitenzahl.

125 C. Le Doux, Schola Italica, 1605, S. 17: „ne ridiculè in *Botta, p* pro *b* pronuncient, vel *baniere & paniere*, confundant."

126 C. Le Doux, Schola Italica, 1605, S. 18: „Cauendum itaque est magnopere GERMANIS ne *D*. cum *T*. confundant et pro *durare, turare* pronuncient."

127 N. P. Clesse, Grammatica Italica, 1664, S. 4: „haec enim durius, illa mollius efferre oportet."

128 G. P. de Gemunden, Cahiers de lecture, 1796, S. 145: „est à peu près le même que d'un *S* prononcé par une langue épaisse, ou bien en appuyant la langue contre les dens supérieures, et en forçant le son de l'*S* entre la langue et les dens." – Zur Entwicklung der Aussprache des Englischen vom 15. zum 17. Jahrhundert vgl. Dobson 1968.

129 G. P. de Gemunden (1773–1849) war seit 1791 Lehrer an der Münchener Militärakademie, später Professor ebendort und Fürstenerzieher. Seit 1810 wirkte er als hoher Staatsbeamter in München; vgl. BBHS III, S. 239-243.

130 G. P. de Gemunden, Cahiers de lecture, 1796, S. 98. Die Bezeichnung der konsonantischen Silbenränder als „Artikulation" wurde durch einen Artikel von Nicolas Beauzée in der *Encyclopédie* verbreitet; vgl. Auroux/Calvet 1973, S. 73.

131 „les lèvres se rapprochent ou se portent en avant".

Mund, oder die Nase tönen", letztere nicht.[132] Die Vokale sind außerdem nach ihrer Länge zu unterscheiden. Quantität und Nasalität könne man durch Akzentzeichen systematisch bezeichnen, machte das aber nicht. Das regte de Gemunden zu einem Reform-Vorschlag an. Lautung und Schreibung seien unabhängig voneinander; manche Vokale schreibe man mit zwei oder mehreren Buchstaben, doch das mache sie nicht zu Diphthongen.[133] Die Diphthonge seien zu unterscheiden in solche für das Ohr und solche für das Auge. Erstere kämen durch eine einzige Artikulationsbewegung zustande, letztere seien gar keine, und man solle sie auch nicht länger so nennen.[134]

Die Konsonanten teilt G. P. de Gemunden (1796) nach der Artikulationsstelle in sechs Klassen ein, nämlich in Labiale *(b, p, v, f, m)*, Linguale *(d, t, l, n, r)*, Palatale *(g, j,* ‚das starke *c* oder *k* oder *q*, das stark erweichte *ille* und das schwach erweichte *ye*'[135]), Dentale oder „Sifflantes" (‚Zischlaute': *z, c, ch*), Nasale *(m, n, gn)* und Gutturale *(h, ache aspirée)*.[136] Weiterhin teilt er die Konsonanten in Fortes und Lenes („foibles") ein.[137] Er stützt sich auch hier weitgehend auf die Systematisierung von Nicolas Beauzée (1719–1789).[138] In dieser Systematisierung gibt es (vertretbare) Doppelungen ([m] ist sowohl Nasal als auch Labial) und einige Fehler, doch ist sie ein ungeheurer Fortschritt gegenüber den alten Versuchen, die Phonetik von der Schrift her zu bewältigen. Auch die beiden palatalisierten Sonoranten des Französischen [n'] (geschrieben *gn*) und [l'] (geschrieben *ll*) sowie [ʃ] (geschrieben *ch*) und das konsonantische [i] („yé") wurden von de Gemunden artikulationsphonetisch ordentlich beschrieben.[139]

Und wie werden die französischen Wörter betont? Das ist nach Antoine Perger (1717) ganz einfach: „Die Franzosen ziehen ihren Accent von der lincken hand zur rechten. *La bonté*, die güte."[140] Eine Ahnung von Akzentregeln, die Wortgrenzen überschreiten, und von phonologischen Wörtern ist hier noch nichts zu spüren.

5.1.6. Fremde Buchstaben, fremde Schreibungen
Der Autor einer anonymen „Allgemeine Sprachkunst" (1763) spekuliert zunächst allgemein über Ursprung, Funktionen und Formen der Schrift und kommt dann zu der Einsicht, dass die meisten Sprachen mit fünf Vokalen auskämen (so viele hat das Lateinische), jedoch

---

132 G. P. de Gemunden, Cahiers de lecture, 1796, S. 95f. Das entspricht genau der Einteilung Beauzées. Eine schematische Darstellung dieser Einteilung ist abgedruckt bei Auroux/Calvet 1973, S. 79.
133 G. P. de Gemunden, Cahiers de lecture, 1796, S. 99f., 118f.
134 Ebd., S. 102f. Die Einsicht, dass dt. <ae/ä>, <oe/ö>, <ue/ü> keine Diphthonge sind, hat sich in der deutschen grammatischen Literatur erst gegen Ende des 18. Jahrhunderts durchgesetzt; vgl. Jellinek 1914, S. 25f.
135 G. P. de Gemunden, Cahiers de lecture, 1796, S. 123: „*c* fort ou *k*, ou *q*, le mouillé fort *ille*, et le mouillé foible *ye*."
136 Jellinek (1914, S. 29) erwähnt ältere Versuche, die Konsonanten nach „lautphysiologischen" Gesichtspunkten zu systematisieren, z.B. auf den Mediziner J. C. Amman, dem die Prinzipien der Atemmechanik klar waren und der drei Klassen von Konsonanten (Gutturale, Dentale, Labiale) ansetzte. [m] identifizierte er als „labio-nasalis", [n] als „dente-nasalis" (in: Surdus loquens, 1727, S. 57: Tabula literalis synoptica). Sie hinterlassen erst gegen Ende des 18. Jahrhunderts Spuren in den praktischen Aussprachelehren.
137 G. P. de Gemunden, Cahiers de lecture, 1796, S. 134-137.
138 Vgl. Auroux/Calvet 1973, S. 79.
139 G. P. de Gemunden, Cahiers de lecture, 1796, S. 132-134.
140 A. Perger, Vollkommene französische Grammatic, 1713, S. 14.

„mehrere dergleichen Thöne möglich sind."[141] Es sei deshalb kein Wunder, dass die Vokale in verschiedenen Sprachen verschieden ausgesprochen würden und dass Sprachen, die mehr als fünf Vokale besäßen, „zu anderen Mitteln schreiten müssen, die übrigen Thöne vorzustellen", nämlich zu „gewissen Zeichen", etwa den Akzentzeichen der Franzosen, oder zu Graphemkombinationen: „sie haben einige Vocales zusammen gesetzt, einen neuen Thon zu formiren, als *ou* zum Exempel, das deutsche *u* zu exprimiren, und dergleichen" (S. 97). Ähnliches könne man mit den Konsonantenzeichen machen, z.B. mit <sch> im Deutschen, das aus drei Buchstaben besteht und doch nur einen einzigen Laut bezeichnet (S. 99). Die Schrift, heißt das, regelt die Phonetik, nicht umgekehrt. Weiterhin sei es in der Sprache wie in der Musik schöner, wenn man eine Silbe mit verschiedenen Vokalen realisieren und diesen Vokal auch der Dauer nach variieren könne, und deshalb habe die Menschheit die „doppelte[n] Thöne", die Diphthonge, und die „lange[n] und kurze[n] Vocales erfunden" (S. 97f.).

Andere Sprachen haben deshalb Buchstaben, die die Deutschen nicht haben und die man ihnen erklären muss. Sie werden im Folgenden sprachübergreifend vorgestellt.

Die Cedille

Die Cedille ist ein „*c* mit einem häcklein unden / soltu lesen wie ein doppel ſ".[142] „Solte es [das *c*] aber unterstrichen seyn / (*ç*) so gilt es [im Französischen, Verf.] auch vor *a. o. u.* ein ſ […]".[143] „Wann das *c* ein strichel unten hat / welches die Franzosen Cedille, *C adouci* oder lettre à queue nennen / so wird es wie ein starckes *S* gelesen […]."[144] Die Cedille kommt auch im Spanischen nach den Vokalen *a, e, u* vor, z.B. *çapato* ‚Schuh' (auszusprechen wie *ssapato*) oder *fuerça* ‚Kraft' (auszusprechen wie *fuerssa*).[145] Ihr Lautwert entspricht nach Antonio Moratori (1723) dem *z* des Deutschen, auch wenn *ç* „etwas annehmlicher" als das deutsche *z* ausgesprochen werde.[146]

Die Akzentzeichen

Akzentzeichen stehen über den Grundbuchstaben. Es gibt drei davon:

a) den Akut. „*é*, Mit dem accent, sprich gar hell auß *égal, Deité* […]."[147] Der Akut produziert ‚ein maskulines *é*, das stark, in einem männlichen und hohen (erhabenen) Ton' ausgesprochen wird.[148] Man setzt ihn „ueber das geschlossene *e*. Als *bonté, été, pénetré*."[149] Er ist „das Zeichen des geschärften Tones" und steht für das geschlossene

141 Allgemeine Sprachkunst, 1763, S. 97.
142 L. Hulsius, Gruendlicher […] Unterricht der Frantzoesischen Pronuncierung, 1602, S. A2v.
143 G. Ph. Plats, Deutliche in Frag und Antwort verfasste Etymologie der Französischen Sprach, 1721, S. 2.
144 J. G. Verdun, L'art de bien parler, 1737, S. 4.
145 M. Kramer, Gramatica y Sintaxe de la Lengua Espanola, 1711a, S. 4f.
146 A. Moratori, Gründliche Anweisung zur Erlernung der Spanischen Sprach, 1723, S. 131f.
147 L. Hulsius 1602, S. A3r, ähnlich G. Ph. Plats, Deutliche in Frag und Antwort verfasste Etymologie der Französischen Sprach, 1721, S. 7.
148 J. Marin, Nouvelle Grammaire Françoise, 1680, 3: „*é* Masculin", das „fortement, d'un ton masculin, & èlevé" ausgesprochen wird. Ähnlich J. G. Verdun 1737, L'art de bien parler, 1737, S. 6, 31.
149 I. de Colom du Clos, Principes de la langue françoise, 4. Aufl. 1776, S. 36.

(gespannte) [e:].[150] Im Spanischen drückt der Akut, der den Wortakzent festlegt, mitunter morphologische Differenzen aus (z.B. *amáras* (Subjunktiv) vs. *amarás* (Futur)[151]; b) den Gravis. Er „macht, dass die Sylbe breit ausgesprochen wird."[152] Man setzt ihn im Französischen „a) Ueber das offene *e*. Als *près, après, procès*. b) Ueber diese 3 Wörter: à, [...] là, [...] où [...]."[153] <è> steht für das offene [ɛ].[154] Im Italienischen muss „è mit einem Strichlein [...] gar hell pronuncirt werden."[155] Im Italienischen und Spanischen wird der Gravis zur Bezeichnung des Wortakzents verwendet, ohne dass er die Qualität des Vokals beeinflusste;

c) den Circumflex. Antoine Perger (1717) nennt unter den „stummen Buchstaben" des Französischen (s. u.) das „unaussprechliche s", das „heutigens tags [...] nicht mehr geschrieben, sondern der vokal mit einem käplein gezeichnet, den anfängern alle mühe zu entnehmen."[156] Georg Philipp Plats (1721) zufolge zeigt der Circumflex an, „daß ein Buchstabe aus der Sylbe heraus genommen worden / mithin dieselbe lang auszusprechen sey".[157] Er ist „das Zeichen des gedehnten Tones", der ‚sehr offen' ist.[158] Diese etymologische Erklärung findet sich auch bei anderen Autoren, z.B. bei Isaac de Colom du Clos: der Circumflex werde gesetzt

> über einen solchen Vocalem der lang ist, wenn es die Nothwendigkeit erfordert. Gemeiniglich setzt man ihn über einen solchen Vocalem, vor oder nach welchem in der alten Schreibart ein Buchstabe, (besonders ein s,) um die Sylbe lang zu machen, gestanden, der nunmehr ausgelassen wird. Als *sûr, mûr, soûris, nôtre, même, rôle*. Diese wurden vor diesem geschrieben *meur, seur, sousris* [sic], *nostre, mesme, roole* [sic].[159]

Das Trema

Das Trema kann im Französischen auf einen Vokalbuchstaben gesetzt werden, wenn er rechts von einer Silbengrenze steht (die oft gleichzeitig eine Morphemgrenze ist): „Wann einer von diesen vocalen mit zwey pünctlein / zu mitten im wort steht / so fengt ein ander Syllaben alda an."[160]

---

150 G. P. de Gemunden, Cahiers de lecture, 1796, S. 157, 160.
151 Moratori, Gründliche Anweisung zur Erlernung der Spanischen Sprach, 1723, S. 138.
152 G. Ph. Plats, Deutliche in Frag und Antwort verfasste Etymologie der Französischen Sprach, 1721, S. 7.
153 I. de Colom du Clos, Principes de la langue françoise, 4. Aufl. 1776, S. 36.
154 G. P. de Gemunden, Cahiers de lecture, 1796, S. 157, 160.
155 L. Hulsius, Dictionarium germanico-latinum, 1687, S. 13.
156 A. Perger, Vollkommene französische Grammatic, 1713, S. 11.
157 G. Ph. Plats, Deutliche in Frag und Antwort verfasste Etymologie der Französischen Sprach, 1721, S. 7.
158 G. P. de Gemunden, Cahiers de lecture, 1796, S. 157, 160: „fort ouvert".
159 I. de Colom du Clos, Principes de la langue françoise, 4. Aufl. 1776, S. 37, ähnlich J. G. Verdun 1737, L'art de bien parler, 1737, 33f. (der Circumflex „machet das ê apertissimum" ‚macht das ê extrem offen').
160 L. Hulsius, Gruendlicher [...] Unterricht der Frantzoesischen Pronuncierung, 1602, S. A5r. Ähnlich J. J. Schübler, Himmels-Pforte, 1682, S. 135 (frz. <eü> lese man „als eü. auf zwo Sylben / reünir, reünion, reüſſir") und J. P. Chapuset, Französische Grammatik, 1754, S. 308.

Der Apostroph

Der Apostroph zeigt „Auslassungen" an. Die meisten Aussagen zu seinem Vorkommen in Elisionen und Klitisierungen, die bei der Verwendung von Wortformen in Sätzen entstehen, sind strikt schriftbezogen. Catherin Le Doux (1605) hat solchen Phänomenen im Italienischen drei ganze Kapitel gewidmet.[161] Levinus Hulsius (1618) teilte mit, dass der Apostroph der „Verkürzung der Wörter" diene.[162] Vokalelisionen sind im Französischen und Italienischen regelhaft, wenn der bestimmte Artikel auf einen vokalischen Anlaut stößt.[163] Hulsius (1602) fasste dies in eine handfeste Regel: „Ein Vocal am ende des worts / da das nachfolgende wort auch mit einem Vocal anfangt / wird nicht pronunciert."[164] Als Ausnahmen nennt er einige Verben, die in der 3. Person Sg. Präs. ein [t] inserieren, z.B. *ou va il > ou va-t-il.* Antoine Perger (1717) nennt diesen Vorgang „Verwerfung eines Vocals". Sie trifft den Vokal, „der sich vor einem anderen anfänglichen vocal oder unaussprechlichen *h* findet, so ein umgekehrtes obgezeichnetes *c* zu verstehen gibt. *L'animal,* das thier. *L'homme,* der mensch. *L'ame,* die seele."[165] Johann Claudius Verdun (1737) schreibt, der Apostroph bedeute, „das ein Vocal verschluckt worden" sei.[166] Ähnlich de Colom du Clos: Apokope trete ein „Bey gewissen einsylbigen Wörtern, welche ausgehen auf *a, e,* oder *i,* wann ein Wort darauf folgt, das mit einem Vocali oder stummen *h* anfängt"; *a* werde aber nur im femininen Artikel bzw. Pronomen *la* weggelassen „als *l'ame* anstatt *la ame, l'heure* anstatt *la heure*; *je l'aime* statt *je la aime.*" Zu den einsilbigen Wörtern, die auf ein „stummes *e*" enden und apokopiert werden, zählt er die folgenden neun: *ce, de, je, le, me, ne, que, se* und *te,* „als *c'est* statt *ce est*; *l'air* statt *le air*; *l'homme* statt *le homme*; *qu'il* statt *que il.*" Das *i* wird nur bei *si* eingepasst, wenn ihm *il* oder *ils* folgen: „Als *s'il, s'ils* statt *si il, si ils*; *s'il vous plait, s'ils ont.*"[167]

Die ‚stummen Buchstaben'

Die ‚stummen Buchstaben' bereiten besonders viele Probleme.[168] „Das sol man wissen, dass die Frantzosen viel Buchstaben in jhrem Schreiben unnd Orthographia gebrauchen / die man nicht Pronunciert / und werden viel allein vonwegen des herkommens darzu gesetzt […]", schrieb Levinus Hulsius (1602).[169] Der Grund liege darin, dass bei den entsprechenden Wörtern in ihrer lateinischen Ausgangsform die nun ‚stummen' Buchstaben gesprochen worden seien, im heutigen Französisch aber nicht mehr. Er listet sie dann in alphabetischer Ordnung auf. Über <z> schreibt A. Perger (1717): „Am end wird es gar nicht gehört. Venez & contez moy quelque chose."[170] Für Ausländer sind die ‚stummen Buchstaben' des Deutschen ein Problem, etwa *h* und *e* als Dehnungszeichen.[171]

---

161   C. Le Doux, Schola Italica, 1605, S. 21-23, 30f., 35-38.
162   L. Hulsius, Grammatica Italica, 1618, S. 13-16.
163   Vgl. z.B. N. P. Clesse, Grammatica Italica, 1664, S. 9-15.
164   L. Hulsius, Gruendlicher […] Unterricht der Frantzoesischen Pronuncierung, 1602, S. A5r.
165   A. Perger, Vollkommene französische Grammatic, 1713, S. 14f.
166   J. G. Verdun, L'Art de bien parler, 1737, S. 30.
167   I. de Colom du Clos, Principes de la langue françoise, 4. Aufl. 1776, S. 38f.
168   Vgl. Streuber 1916, S. 247f.
169   L. Hulsius, Gruendlicher […] Unterricht der Frantzoesischen Pronuncierung, 1602, S. A2v.
170   A. Perger, Vollkommene französische Grammatic, 1713, S. 14.
171   Vgl. Jellinek 1914, S. 13.

Im 17. Jahrhundert kommt der Brauch auf, nicht nur einzelne Wörter, auch Eigennamen[172], sondern ganze Sätze und Texte lautbezogen zu transkribieren, also die Kluft zwischen Schreibung und Lautung zu überbrücken. Solchen Transkriptionen liegt in der Regel das orthographische System der Ausgangssprache zugrunde. So konnten phonetische und prosodische Gegebenheiten jenseits der Wortebene zugänglich gemacht werden, etwa die Liaison des Französischen.[173] Für Deutsche, die Französisch lernen wollten, gab man französische Wörter, Wendungen und ganze Sätze in einem Verfahren wieder, das sich auf das Schriftsystem des Deutschen stützte, für Franzosen, die Deutsch lernen wollten, beruhte das Verfahren auf dem Schriftsystem des Französischen. Für andere Sprachenpaare gilt das Gesagte entsprechend. Wir geben im Folgenden einige Beispiele, die wir nicht im einzelnen kommentieren.

Transkription nach französischem Muster, deutsch:

> anfangen lis anfanguen, Stuck lis Schtouc, Brust lis Broust.[174]

Transkription nach deutschem Muster, französisch (aus den Sprüchen Salomonis):

> Gardez vous bien des femmes desbauchées. Ouy ouy arriere de telles gens,
> Ne vous laissez point surprendre d'amour folles. C'est un dangereux labyrinthe
> Car une belle femme est le Paradis de l'œil, le purgatoire de la bourse,
> & l'enfer de l'ame.

> Gardé wu bieng dü famme de bosché.   Uy / uy arriär de telle schang
> ne wu läßé poing sürprander damur folle.   Set ün dangscherö Labyrinth
> Kar üne belle famme ä le Paradi de lölg /   le pürgatoär da la Burse,
> E langfär de lame.

> Hütet euch wohl für leichtfertigen Weibern. Ja, ja hinweg mit solchen Leuten
> Lasset euch nicht einnehmen von närrischer Liebe / Es ist ein gefährlicher Irrgarten
> Dann ein schönes Weib ist das Paradiß deß Augs / das Fegfeuer des Beutels /
> Und die Hölle der Seelen.[175]

Transkription nach deutschem Muster, italienisch:

In Antiqua:
> Ciaschedùno sà, che còme non v'è cosa, che più dispiàccia à Dìo, che l'ingratitùdine
> ed inosservànza de suòi precètti, così non v'è niènte, che cagiòni maggiorménte le
> desolatiòne di quèsto univèrso, che la cecità e supérbia dègli huòmini […].

---

172 Beispielsweise bei G. Ph. Plats, Fortsetzung Des Teutschen Frantzosens und Frantzösischen Teutschens, 1709: *Chevreuse > Schefrös* (S. 94), *Harcourt > Harkur* (S. 95), *Aumale > Omal* (S. 96), *Beauvais > Bovä* (S. 98).

173 Vgl. dazu Streuber 1916, S. 249-252 (mit Beispielen).

174 P. Canel, Königliche Teutsche Grammatic, 1689, S. 9.

175 J. G. Otliger, Sehr nutzliches Sprach-Büchlein in Frantzösisch und Teutsch, 1687, S. 58. Ein weiteres Beispiel dieser Art (Platz/Plats 1710, S. 19f.) ist im Dokumentenanhang abgedruckt.

In Fraktur:

> schaskeduno ßa, ke kome non w'e kosa, ke piu dispiadscha a Dio, ke l'ingratitudine ed inosserwanza de'sooi predschetti, koßsi non w'e niente, ke kadschonni madschormente la desolatsione di questo uniwerso, ke la tschetschita e superbia dellii ohmini […].

In Fraktur:

> Jedermann weiß, daß, gleichwie nichts ist, das GOtt mehr mißfalle, als die Undankbarkeit und die Verachtung seiner Gebothe, also auch nicht ist, das die Zerstöhrung dieser Welt mehrers verursache, als die Blindheit und der Hochmuth der Menschen […].[176]

Transkription nach deutschem Muster, spanisch:

> Cómo se *ch*untó una grande compa*nj*a, y los *k*e esteßan en cada *ff*iudad, vinieron a el di*ch*o por una paraßola: Uno *k*e femßraßa, falio a femßrar fu fimient, y femßrado, una pate cayo *ch*unto al camino y fue *olliad*a, y las aves del *ff*ielo, la comieron; y otra parte cayo sobre pedregales, y *l*uego naßida, fecofe porque no tenia mu*tsch*o umor; […].[177]

Transkription nach deutschem Muster, englisch: „Whát cánnot bè repáired is nót to bè regretted" wird folgendermaßen kommentiert: „cannot, kännott, kann nicht. Repaired, ripähr'd, verbessert. Regretted, rigretted, bedauert."[178]

Zwischenresümee

Mehr als einen Eindruck von den großen Schwierigkeiten, die die Verfasser von Lautlehren im 16., 17. und 18. Jahrhundert hatten, konnte dieser Abschnitt nicht geben. Diese Lautlehren kleben noch völlig an der geschriebenen Sprachform, die die Aussprache der Wörter und Sätze von der geschriebenen Form her beschreiben und erklären wollen. Das gelang mitunter ganz ordentlich, vor allem dann, wenn auf phonetische Sachverhalte in anderen Sprachen verwiesen wurde, die der Benutzer der Lautlehre dann kennen musste. Artikulationsphonetische Beschreibungsverfahren, die auf der Atemmechanik aufbauen (sie war in der Medizin bereits bekannt), waren diesen Lautlehren noch weitgehend fremd. Erst am Ende des 18. Jahrhunderts hinterlassen sie Spuren in fremdsprachendidaktisch aufbereiteten Lautlehren.

Die Lautlehren, die in den beiden Reichssstädten erntstanden und verwendet wurden, zeigen kaum Besonderheiten, die auf den gesprochenen Dialekten der beiden Städte

---

176 F. L. Poëtevin/J. A. von Ehrenreich, Französische und italienische Sprachlehre, 1783, Italienischer Teil, S. 14f. Superskribierte Zahlen (hier weggelassen) verweisen auf die Nummer der zuvor erläuterten Aussprache-Regel.

177 M. Kramer, Gramatica y Sintaxe de la Lengua Española – Castillana,, 1711, S. 27. Die jeweils relevanten Buchstaben hat Kramer kursiv setzen lassen. Er setzt (u. a.) folgende graphematische Korrespondenzen an: Span. <j> - dt. <ch>, span. <ñ> - dt. <nj>, span. <ch> - dt. <k> und <tsch>, span.<c> vor Vokal - dt. <ſſ> (stimmlos!), span. <b> - dt. (griech.) <β> (Lautwert [w], bilabial), span. <ll> (palatal) - dt. <lli>, span. <h> - dt. ohne Entsprechung (z.B. *hollada; humor – olliada; umor*).

178 J. G. Chr. Fick, Englisches Lesebuch, 1800, S. 3.

beruhten; oberdeutsche Eigenheiten zeigen auch andere deutsche Lautlehren, die im Süden des deutschen Sprachgebiets entstanden. Man kann also feststellen, dass die Fixierung auf die geschriebene Form deutscher Wörter bei der Erläuterung ihres Lautwertes auch einen Vorteil bot: Gelehrt wurde damit eine Leseaussprache, die sich seit dem späten 17. Jahrhundert im gesamten Sprachraum verbreitete, um 1800 allgemein akzeptiert war und am Ende des 19. Jahrhunderts als orthoepischer Standard des Deutschen („gemäßigte Hochlautung") festgeschrieben wurde.

5.1.7. Situationsbezogenes Kommunizieren: praktische Pragmatik

Lehrbücher, die vorrangig die gesprochene Sprache unterrichten wollen, richten sich thematisch und pragmatisch am Alltag aus. Anders als Briefsteller und Grammatiken mit hohen Ansprüchen, die sich seit dem frühen 18. Jahrhundert am Sprachgebrauch der Dichter orientierten und an die Standards der klassischen lateinischen Stilistik und Rhetorik anknüpfen wollten, hatten viele Lehrbücher für die gesprochene Sprache nur geringe stilistischen und rhetorischen Ansprüche. Sie hatten schließlich andere Ziele: sie wollten ihre Nutzer dazu befähigen, die Fremdsprache in realen Situationen kommunikativ angemessen mit dem erforderlichen Wortschatz und den passenden Phraseologismen zu verwenden. Die reinen Gesprächsbücher waren diesem Ziel am deutlichsten verpflichtet, doch enthielten auch viele Lehrbücher und Lerngrammatiken Anleitungen zum mündlichen Kommunizieren. Diese Anleitungen waren oft pragmatisch nach Sprechanlässen und Sprechhandlungszielen gegliedert, wie man die im Folgenden vorgestellten Auflistungen von „Redens-Formulen" in moderner Terminologie nennen kann.

Ein Beispiel in barockem Großformat bietet ein Anhang zur 4. Auflage von M. Kramers italienischer Grammatik (1738).[179] Er enthält einen Auszug „der vortrefflichsten Toscanisch-Romanischen Redens-Formulen", beginnend mit Wortschätzen für die sprachliche Bewältigung von Konflikten, nämlich „Abbittens-Formulen, Abschaffens- und Verdriessen-formulen, Argwohn- und Frevelens-formulen, Auslachens-, Verachtens-, und Schändens-Formulen." Dazu gehören auch – teilweise saftige – Beschimpfungen, z.B. „Ausschuß von Lumpengesindlein, Grundsuppe von Schelmen, du einfältiger Schöps, du Maulaff." Das ist jedoch nichts Besonderes; in der „Grammatica alla moda" von M. von Erberg (1703) titulieren sich „zwei Kauffmanns-Jungen" gegenseitig als „Schlüngel, Tropf, Maul-Aff."[180] Diese Beschimpfungen sind vor dem Hintergrund des hohen Stellenwerts zu sehen, den die persönliche Ehre in der frühneuzeitlichen Ständegesellschaft hatte. Sie stellte ein sehr hohes Gut dar, das es im Fall von Schmähungen und Beleidigungen (Verbalinjurien) unbedingt zu verteidigen galt[181] – notfalls eben auch in einer fremden Sprache.

Bei Kramer (1738) geht es weiter mit Gesprächssituationen, in denen die Kommunizierenden Einvernehmen und Sympathie füreinander zeigen, aber auch mit Situationen, in denen heftige Seelenbewegungen Ausdruck finden:

> Aufmunterns-, Anfrischens-, it[em] Aufhaltens-formulen, Bezeugens-, Beypflichtens-, Glaubens- und Schwerens-Formulen [Schwörens-F.], Bewilligungs-, Ab-

---

179   M. Kramers […] Vollkommene Toscanisch- und Romanisch-Italiänische Grammatica, 1738, S. 692-713.
180   M. von Erberg, Grammatica Alla Moda, 1703, S. 97f.
181   Grundlegend dazu: Dinges 1989; Dinges 1993; Schreiner/Schwerhoff 1995.

schlagungsformulen (z.B. so sey es in Gottes Namen!), Bittens- und Flehens-For-
muln, Erfreuens- Glückwünschens-, und Leidklagens-formuln, Dienst- und
Freundschaffts-anbietens, höflichen Begegnens- oder Complimentirens-Formuln
(Nota. Dergleichen gibt's viel hundert tausend, mit welchen der Italiener Mund,
Briefe und Bücher erfüllet seynd […].[182]

Die letzte „Nota" ist eine Spitze gegen die Italiener: sie legen nach Kramers Auffassung
allzu großen Wert auf eitle Äußerlichkeiten, die doch nicht wörtlich zu nehmen sind. Darauf folgen Situationen, in denen mehr oder weniger starke performative Sprechakte die
Kommunikation prägen, nämlich

Drohens- und Trotzens-Formuln,[183] Erklärungs-Formuln, Fragens-Formuln,
Glückwünschens-, Anwünschens-formuln,[184] GottDanckens-Formuln, Gut-, und
nicht-gut heissens-, it[em] Lobens-formuln, Lachens-formuln, Läugnens-
formuln,[185] Mord-, Hülff-, Zeder-schreyens-Formuln,[186] Rathschlagens-,
Bedenckens- etc. formuln, Ruffens-Formuln, Schändens- Strafens- Vorruckens-
Formuln,[187] Schweigens-Formuln,[188] Übelwünschens-/ und Übel-anwünschens-
formuln,[189] Verbietens-formuln, Vergleichens- und Ubertreffens-formuln,[190]
Verkleinerens-/ und Verachtens-formuln, Verliebte Formuln,[191] Verstärckungs-
formuln, Verwunderungs-formuln, Wehklagens-/ Hoffens-, Verzweiflungs-
formuln,[192] Wünschens-Formuln, Zufalls-Formuln, Zweifels- und Erinnerungs-
Formuln.[193]

Die Kramerschen „Formuln" sind eine Liste von kommunikativen Situationen, in denen
man mehr benötigt als Wortschatz, um sich in der Fremdsprache angemessen auszudrücken. Man muss darüber hinaus die sprachlichen und nichtsprachlichen Normen und Konventionen kennen, die im sprachlichen Ausland für die jeweilige Situation gelten. Beim
bloßen Übersetzen wird man nämlich laufend Fehler machen und von einem Fettnäpfchen
ins nächste stolpern. In unserer Zeit haben Entwürfe einer kontrastiven oder interkulturellen
Pragmatik das, was Kramer hier praktisch macht, theoretisch zu durchdringen und zu systematisieren gesucht.[194]

---

182 M. Kramers […] Vollkommene Toscanisch- und Romanisch-Italiänische Grammatica, 1738, S. 700.
183 z.B. „basta damit ists gnug"; S. 701.
184 z.B. „GOtt gebe dass du fett und fromm werdest"; S. 703.
185 z.B. „du lügsts in deinen Hals hinein"; S. 705.
186 z.B. „schlag tot! Drauf drauf!"; S. 706.
187 z.B. „ey du Vogel! Du Schlingel! Was Teuffel habt Ihr gethan?"; S. 707.
188 z.B. „schweig, halt Maul sag ich dir! Darffst noch widerbellen?"; S. 708.
189 z.B. „dass er an einem Hauffen Salat ersticken müsse"; S. 709.
190 z.B. „gegen seiner Nase seynd andere Nasen nur Näslein"; S. 710.
191 z.B. „einiger Aufenthalt meiner Seele etc. (und tausenderley dergleichen Thorheiten, wie auch der
     Complimenten)"; S. 711.
192 z.B. „es ist anderswo auch gut Brod essen"; S. 713.
193 M. Kramers […] Vollkommene Toscanisch- und Romanisch-Italiänische Grammatica, 1738, S. 701-
     713.
194 Vgl. Ehlich 2007 sowie die Artikel *Kontrastive Pragmatik* und *Interkulturelle Kommunikation* im
     MLS.

Die Fähigkeit, in der Fremdsprache situationsangemessen kommunizieren zu können, ist das erklärte Ziel der zwei- und mehrsprachigen Gesprächsbücher. Sie bieten die sprachlichen Muster, die in der jeweiligen Situation gebraucht werden und ihr genügen. Diese Muster eignet man sich durch Übung und Transfer auf vergleichbare Situationen an, damit man über sie verfügt, wenn man sich in der entsprechenden Situation kommunikativ behaupten soll. Variation ist in solchen Dialogen vielfach ausdrücklich vorgesehen. Sie erinnern manchmal an Einsetzübungen des strukturalistischen Typs, wie sie in den 1960er Jahren in der Fremdsprachendidaktik in Mode kamen; früher sprach man von „Variierung der Antworten."[195]

Beispiele dafür finden sich bei Matthias von Erberg (1703) in einer Serie von Antworten auf die Frage, was man gestern gemacht habe: „Ich war beschäftigt. Voller Verrichtungen. Ich habe wichtige Sachen geschrieben. Ich fertigte Wechsel-Brieffe aus. Ich muste auf die Post gehen. Ich muste zu den Herrn N. gehen" usw.[196] Andere Beispiele finden sich bei Giovanni Veneroni (1773) in einem Dialog zwischen einem Schneider und seinem Kunden („das Kleid stehet dem Herrn wohl an. – Es ist zu kurz, zu lang, zu weit, zu enge") und in einem Dialog über das Wetter, in dem die Witterungsverben eingeführt werden („Es regnet. Es schneyt. Es donnert. Es hagelt. Es wetterleuchtet. Es ist sehr warm)."[197]

Das Reisen zu Bildungszwecken ist eines der maßgeblichen Motive für das Fremdsprachenlernen bei jungen Adligen und Patriziersöhnen. Manche Lehrwerke, z.B. Antonio Moratoris „Curiöse Gespräche" (1721)[198] für den Italienischunterricht, wollen explizit auf eine solche adlige Kavalierstour vorbereiten. Das Werk enthält 19 Gespräche. Die ersten fünf haben folgende Überschriften:[199]

(1) Zwischen einem Sienesischen Cavallier/ und einem Römischen Burger: von der Besichtigung der merkwürdigsten Seltenheiten der Stadt Rom.
(2) Zwischen eben denselben Herrn / nemlich / dem sienesischen Cavallier / und Römischen Burger / und dann auch dem Wirth; Vom Essen und Trinken.
(3) Zwischen Petro und Paulo: Von der Besuchung der andächtigen Oerter ausserhalb von Rom und Neapolis.
(4) Zwischen zweyen jungen Cavalliern / Antonio und Anselmo.
(5) Zwischen einem Römischen Burger / und einem Neapolitaner: Von denen merkwürdigen Sachen in dem Königreich / und der Stadt Neapolis.

Die Gespräche (1) – (5) haben das Reisen, das Entdecken der Romagna und Kampaniens, zum Gegenstand. Ein Edelmann aus Siena, wo man toskanisch spricht, kommt in (1) nach Rom und bekommt von einem Einheimischen die wichtigsten Sehenswürdigkeiten gezeigt; in (5) wird ein Römer von einem Neapolitaner durch Neapel geführt; (3) verbindet die Sujets von (1) und (5). In (2) geht es um einen praktischen Aspekt des Reisens, das Essen und Trinken im Wirtshaus, was später in (10) wieder aufgenommen wird: „Zwischen einem Florentinischen Wirth / und einem Teutschen. Von der Rechnung mit dem Wirth und an-

---

195 Streuber 1914, 67, S. 88.
196 M. von Erberg, Grammatica alla moda, 1703, S. 8.
197 Herrn von Veneroni Italiänisch- Französisch- und Deutsche Grammatica, 1773, S. 298, 305. Zu di Castellis lexikographischen Arbeiten vgl. Emery 1951.
198 A. Moratori, Curiöse Historisch-Italiänisch-Teutsche Gespräche, 1721.
199 Die eingeklammerten Zahlen verweisen auf die Nummer des Gesprächs.

dern Sachen." In (4) geht es um das Komplimentieren, das in der ständischen Gesellschaft der Barockzeit eine wichtige soziale Orientierungsfunktion hatte. Man musste es auch in der Fremdsprache gut beherrschen.

Anschließend werden die Themen handfester. In (6) unterhalten sich ein Student und ein Soldat über die Vorzüge der jeweils eigenen „Profession", (7) handelt „Von dem Aufstehen aus dem Bette." Das Thema wird in (17): „Von dem Auffstehen und Frühstücken &c." vertieft und in (8) fortgeführt. Dort geht es um das Ende eines Tages: „Zwischen Roberto / Simone dem Wirth / und andern: Von dem Nachtessen im Wirthshause / und Begehrung anderer Sachen / ehe man ins Bette gehet." Ein weiteres interkulturell valides Thema sind Erziehungsprobleme und ihre verbale Darstellung: (9) „Zwischen einem Haus-Vatter / und einem seiner guten Freunde. Der Vatter beklagt sich / daß sein Sohn unbändig worden / und begehret von dem Freunde einen Rath / wie dem Ubel abzuhelffen wäre." Wieder aufgegriffen wird die Problematik in (15), wo es um die Ausbildung des Nachwuchses geht: „Zwischen einem Vatter / und einem Lehrmeister: Das Lernen und die gute Lebens-Art des Sohnes betreffend." Dabei spielt das Sprachenlernen eine große Rolle: „Die alleredelste Zierd / so ein tugendhafter Mensch haben kan / ist die Erlernung ausländischer Sprachen."[200] Schließlich ist (18) der standesgemäßen Bildung gewidmet: „Vom Fechten."

Die restlichen Gespräche sind auf Weltwissen und Fachfragen ausgerichtet. In (11) geht es um verschiedene Konventionen der Zeitmessung: „Von den verschiedenen Uhren / vornemlich aber von der Nürnbergischen und Italiänischen Uhr." Dem Gespräch ist eine Stundentabelle für Tag- und Nachtlänge in den einzelnen Monaten und eine Umrechnungstabelle für die gewöhnlichen Uhren im Gegensatz zur Nürnberger Uhr[201] beigegeben, beides Handreichungen, die für einen Reisenden in Italien nützlich sind. Gespräch (12) „Zwischen einem Medico und einem Apotecker" dreht sich um Gesundheitsfragen, ein Thema, das auf Reisen sehr wichtig werden kann. Der Umstand, dass ein leibhaftiger Medicus auftritt (er wird mit „Excellenz" angeredet), deutet darauf hin, dass der Autor des Lehrwerks überwiegend wohlhabende Benutzer im Auge hatte. Einfache Leute aus den mittleren und unteren Schichten gingen in der Frühen Neuzeit im Krankheitsfall allenfalls zum Bader, zum Barbier oder zum Chirurgus. In den Geprächen (14) und (16) geht es ums „Kauffen und Verkauffen: Zwischen einem Kauffmann und einem Fremden." Das Verkaufsgespräch dreht sich um neapolitanischen Brokat, englisches Tuch und den angemessenen Preis dafür sowie die Umrechnungskurse zwischen den couranten Währungen.[202] Bezahlt wird schließlich mit einem Wechselbrief.

Der letzte Themenkomplex betrifft Liebe und Freundschaft. Im 13. Gespräch unterhalten sich zwei Freunde (Aurelius und Cornelius), beide in einem fortgeschrittenen Lebensalter, über Liebesdinge. Letzterer ist „ein alter Verliebter", d.h. ein alter Mann, der sich verliebt hat. Aurelius sucht Cornelius „zu bereden / keine junge Dame zu heurathen", denn

---

200 A. Moratori, Curiöse Historisch-Italiänisch-Teutsche Gespräche, 1721, S. 178.
201 Die Nürnberger Uhr misst die Zeit zwischen dem Sonnenaufgang und dem Sonnenuntergang; außer in Nürnberg war sie in Rothenburg in Gebrauch (A. Moratori, Curiöse Historisch-Italiänisch-Teutsche Gespräche, 1721, S. 139). Die Tage sind dadurch ungleich lang. 1806 wurde die Nürnberger Zeitmessung abgeschafft. Näheres unter: http://www.nuernberginfos.de/nuernberg-mix/nuernberger-uhr.html (Aufrufdatum: 14.12.2010)
202 A. Moratori, Curiöse Historisch-Italiänisch-Teutsche Gespräche, 1721, S. 184f.: französische, italienische und spanische Dublonen, holländische und kaiserliche Gulden, französische Taler, ungarische Dukaten und Zechinen.

er ist viel älter als sie: „Daß ich frey rede / so kann ich mich des Lachens nicht enthalten / wann ich einen grauen Bart der Liebe nachhangen sehe. Diese Liebe wird sein Alter gar hinunter richten." Dem widerspricht Cornelius. Die junge Dame sei schön, reich und tugendhaft, was den Altersunterschied relativiere, denn: „Meine Liebe ist keine geile sonde[r]n wahre Liebe; […] ich will / daß das Herz / so mich verwundet / auch wieder heilt." Nun wird Aurelius sehr deutlich: „Er betrachte seinen Hauß Stand / nebst den 12. manbahren Töchtern; und setze diesen Gedanken beySeite. Sein stetswährender Husten / das üble Gehör / das Kopf-Schütteln / das kurze Gesicht / zeiget ihm nichts anders an / als daß seine Täge in diesem Jammer-Thal kurtz sind". Er möge das Objekt seiner Begierde von nun an meiden, rät er dem Freund, dann werde sich die Verliebtheit schon geben. Schließlich knickt Cornelius ein: „Ich werde mich mit diesem heilsamen Hülfs-Mittel wieder meine Liebe waffnen; […]."[203]

In Gespräch (19) besucht Pasquinus seinen Freund Marforium, „bey welcher Visite sie einander ihre Hertzens-Meinung entdecken"; Pasquinius und Marforius waren die Namen allgemein bekannter Figuren der zeitgenössischen Spott-Literatur. Dabei geht es keineswegs um die Liebe, sondern um den Nutzen und den Schaden von Satiren, Pasquillen und der Redekunst überhaupt und schließlich um die „Missisippischen Actien (Zettuln) Billets",[204] die in England und Frankreich viele Familien ruiniert hatten. Auf den Bankier, der diese Aktien ausgegeben hat, wurde ein Sonett verfertigt, dessen erste Strophe eine Zeile zu viel hat. Es ist an seinem Grab zu singen und lautet folgendermaßen:

Sepolto è un' Arbitrante in questo Chiostro,[205]
Che mal fece il suo conto; e peggio il nostro.
Un cambista qui sta de' più provetti,
Che seppe far raguagli così netti,
Di uotar Borse, e dar Cambii, i Viglietti.
Qui giace un, che sapeva ben sommare;
Ma sol per mal mcnar multiplicare,
L'arte di ripartir sapea à divitia,[206]
Poi nel sottrar non oprò con Guistitia.
Qui giace un' Aritmetico sì lesto,
Che diede il nulla, e mandò in fumo il resto.
Qui giace un Computista, che per sé
Tutto parve prudente, e non la fé.
Perché scialaquò parte, perse, e die
Per osservar la regola del tré.[207]

Beerdigt ist in diesem Kloster ein Bankier (lit. ,einer, der viel bestimmt, ein Vielbestimmer')
Der seine eigene Rechnung falsch machte und unsere noch falscher.
Ein Bankier (lit. ,Geldwechsler') befindet sich hier, einer der Fähigsten,

---

203 Ebd., S. 166-171.
204 Ebd., S. 217f.
205 Kloster oder Kreuzgang.
206 A dovizia.
207 Anspielung auf die „regola del tre semplice" (*scialaquò*, *perse*, *die*).

der Angleichungen so sauber vornehmen konnte,
dass er die Taschen leerte und Wechsel und Schuldscheine ausstellte.
Hier ruht einer, der gut zusammenrechnen konnte;
seine Rechenkünste aber nur [nutzte] um zu täuschen
Die Kunst des Teilens beherrschte er vollkommen.
Aber beim Subtrahieren rechnete er nicht richtig (lit. ,handelte er nicht gerecht')
Hier ruht ein so flinker Bankier (lit. ,Rechenmeister'),
Der ein Nichts (lit. ,die Null') ausgab und den Rest zu Rauch machte.
Hier ruht ein Bankier (lit. ,Buchhalter'), von dem man meinte,
er handle mit größter Vorsicht, aber das war nicht so,
weil er Teil für Teil verschwendete, verlor und verschenkte
Um dem Dreisatz gerecht zu werden. [208]

Das Gespräch spielt auf den Zusammenbruch des Finanzsystems des schottischen Bankiers John Law im Jahre 1720 an, der Frankreich während der *Régence* (der Regentschaftsperiode während der Minderjährigkeit König Ludwigs XV.) in eine schwere Krise stürzte. Laws Plan zur Konsolidierung der drückenden französischen Staatsschuld mittels einer zentralen Notenbank und einer privilegierten Handelsgesellschaft (der *Compagnie des Indes*), die ein Monopol für den gesamten französischen Überseehandel erhielt und die Kolonisation und wirtschaftliche Erschließung Französisch-Louisianas vorantreiben sollte, endete in einer Papiergeldinflation und im Börsencrash der Handelskompanie, deren Initiator Law sich daraufhin aus Frankreich absetzte. Das Scheitern des Law'schen Systems hatte gravierende Folgen für den Pariser Kapitalmarkt, wo den Gläubigern schätzungsweise die Hälfte der Staatskredite und ein Drittel der privaten Kredite verloren gingen, weil sie mit Inflationsgeld zurückbezahlt wurden.[209] Kriminelle Machenschaften von Aktiengesellschaften sind ein Gegenstand aus dem wirklichen Leben, das schon vor fast 300 Jahren im Fremdsprachenunterricht thematisiert wurde. Das zeugt von Lebensnähe, denn der Zusammenbruch dieser Börsenspekulation wurde in ganz Europa lebhaft erörtert.

Mitunter ist die ideale Bildung eines perfekten *Cavalier*, später *honnête homme* und *galant homme* genannt, zentraler Gesprächsgegenstand, so im deutsch-italienischen Gesprächsbuch von Jean Nicolas Denis Parival und Matthias Kramer (1679): „[…] die Herren werden sich belieben lassen uns zu sagen / was es für Meister in dieser Stadt gebe / welche die Exercitien lehren? – Die beste von der Welt; erstlich in der Mathematic und Kriegsbaukunst; darnach auf der Lauten und im Dantzen; letztlich im Fechten."[210] Wenig später in diesem Gespräch tritt ein Sprachmeister auf. Knapp hundert Jahre später (1773) erfährt man, dass ein *honnête homme* außer seiner Muttersprache Deutsch fließend Italienisch, Französisch, Spanisch und Englisch spricht und sich „lang in diesen Ländern aufgehalten"

---

208 A. Moratori, Curiöse Historisch-Italiänisch-Teutsche Gespräche, 1721, S. 219.

209 Hoffman/Postel-Vinay/Rosenthal 2000, Kapitel 4.

210 J. N. D. Parival/M. Kramer, Teutsch- und Italiänische Gespräche, 1679, S. 8. Gespräch. Dieses Gesprächsbuch enthält eine ausführliche und lebensnahe Beschreibung einer Kavaliersreise durch die Niederlande und Nordfrankreich (16.–23. Gespräch). Es handelt sich um eine Bearbeitung der „Dialogues François & Allemands Selon le langage de temps. Frantzösische und Teutsche Gespräche Nach heut-üblicher Red-Art. Von J. D. Parival. Franckfurt / bey Hermann von Sand 1674."

hat.[211] Er sieht gut aus, ist mittelgroß, der Leibesgestalt nach „wohl gebildet", hat „feine Mienen" (S. 310) und spielt eine ganze Reihe von Musikinstrumenten. Hier fehlen nun das Fechten, das Reiten und das Tanzen.[212]

Aber auch standesgemäße Freizeitbeschäftigungen kommen vor, beispielsweise das Kartenspielen. Bei Antonio Moratori (1723) vergnügen sich zwei Herren beim Kartenspiel „Hombre" bzw. „Renegado" und erläutern die Werte bzw. Wertstufen der Spielkarten in allen vier Farben.[213] Das Kartenspielen kann bekanntlich Folgen haben. Ein morgendlicher Besucher will den Herrn des Hauses sprechen und bekommt gesagt, dieser liege noch im Bett. Darauf der Besucher: „Wie? Mein Herr, er liegt noch zu Bette? Welch eine Schande, daß man um diese Stunde [um 10 Uhr, Verf.] noch im Bette liegt." Der Sachverhalt wird aber schnell aufgeklärt: der Herr hat die halbe Nacht hindurch gespielt (und 10 Pistolen gewonnen).[214] Antonio Moratoris 9. Gespräch findet im Ballhaus statt, wo mithilfe von „Raketen" (Rackets) das „Ballen-Spiel" betrieben wird.[215] Das 19. Gespräch spielt in einer Buchhandlung, in der der Kunde sich besonders für Gesprächs- und Wörterbücher interessiert. Den Einkauf will er nach Linz geschickt bekommen, und zwar „von hier zu Land auf Regenspurg […] und von dar auf der Donau (auf dem Wasser)." Die Buchhandlung befindet sich offenbar in Nürnberg.[216]

Zwischenresümee

In diesem Teilkapitel ging es um die „Landeskunde", um kulturelles Wissen und Zeitgeschichte im Fremdsprachenunterricht. Das ist nichts Neues. Fremdsprachen-Lehrwerke hatten schon immer die Aufgabe, neben Lexik und Grammatik als dem Zentrum des Sprachsystems die Regeln für ihre Verwendung zu lehren und die Lernenden bekanntzumachen mit geographischen, sozialen, politischen, wirtschaftlichen und kuturellen Gegebenheiten des geographischen Raumes, in dem die zu erwerbende Sprache gesprochen und geschrieben wird.

---

211 Herrn von Veneroni Italiänisch- Französisch- und Deutsche Grammatica, hg. von G. T. di Castelli, 1773, S. 310f.

212 Die Anforderungen, denen ein *honnête homme* im einzelnen zu genügen hat, sind beispielsweise dargestellt in den „Tablettes morales et historiques", 1762.

213 A. Moratori, Gründliche Anweisung zur Erlernung der Spanischen Sprach, 1723, S. 7-15. Eine ähnliche Szene findet sich in Herrn von Veneroni Italiänisch- Französisch- und Deutsche[r] Grammatica, hg. von G. T. di Castelli, 1773, S. 316-318, und in J. N. D. Parival/M. Kramer, Teutsch- und Italiänische Gespräche, 1679, S. 96-101.

214 Herrn von Veneroni Italiänisch- Französisch- und Deutsche Grammatica, hg. von G. T. di Castelli, 1773, S. 294.

215 A. Moratori, Gründliche Anweisung zur Erlernung der Spanischen Sprach, 1723, S. 47-51. Moratori hat hier eine eingedeutschte Pluralform gebildet (*Raket-en*), die sich nicht durchgesetzt hat.

216 A. Moratori, Gründliche Anweisung zur Erlernung der Spanischen Sprach, 1723, S. 90-95.

5.2. Spezifische Adressatengruppen

5.2.1. Lehrwerke für Fachsprachen

Die gängige Einteilung in allgemeine und fachsprachliche, grundständige und aufbauende Lehrwerke war im Untersuchungszeitraum als systematische Klassifizierung unbekannt, als praktische Unterscheidung aber durchaus geläufig.[217] Die meisten Gesprächsbücher kann man als Aufbau-Lehrwerke betrachten, weil sie Grundkenntnisse in der Fremdsprache voraussetzen. Diese Grundkenntnisse wurden in der Regel durch mündliche Unterweisung gewonnen – durch Eltern oder ältere Brüder und Schwestern, Verwandte und Freunde sowie durch Unterricht bei Hauslehrer, Gouvernante oder Sprachmeister. Gesprächsbücher sind normalerweise Mischungen aus allgemeinsprachlichen und fachsprachlichen Lehrwerken, denn sie enthalten fast immer Gespräche, in denen es um Fachliches, oft um Handelsgeschäfte, geht. Darin spiegelt sich die Nachfrage des kaufmännischen Nachwuchsen nach Kenntnissen der Fachsprache des Handels in der jeweiligen Fremdsprache. In diesem Abschnitt werden Lehrbücher vorgestellt, die auf bestimmte Gewerbe, Handwerke und spezialisierte Wissensgebiete abheben. Die Anfänge dieser Tradition wurden in 5.1.1. skizziert.

Ein gewichtiges Lehrbuch des „Wirtschaftsdeutschen" stammt von Matthias Kramer (1693). Das Werk kündigt bereits im Titel an, dass es alle denkbaren Tätigkeitsbereiche eines Kaufmanns abdecken will:

> Ein nagel-neues Wercklein, und allen Factorn, Handels-Bedienten, Brief-Schreibern, Complimentariis, Güter-Speditorn, Bestättern, und allen andern Kauffleuten und Händleren in Teutsch- und Welschland sehr nutzlich, ja nothwendig; um sich derselben als Muster, und General-Formulen zu ihren Italiänisch- und teutschen Briefen zu bedienen. Bereichert mit einem Italiänisch- und teutschen Register nach dem a,b,c, von allen Materien, Formulen und Concepten zur Handlung, so in obbemeldeten [oben genannten, Verf.] Briefen enthalten von Matthias Kramer, Sprachmeistern in Nürnberg.[218]

Personengruppen, die auf Italienisch kommerziell tätig werden wollen oder müssen, sind zunächst einmal die abhängig Angestellten in großen Handelshäusern, die entweder zu Hause im Kontor sitzen oder ihr Geld mit dem Warentransport über die Alpen verdienen.[219] An zweiter Stelle werden die Kaufleute im Allgemeinen genannt. Dass das „Wercklein" in Italien brauchbar sein wird, versteht sich. Doch soll es auch in Deutschland „nutzlich, ja nothwendig" sein, was zunächst erstaunt. Offenbar wollte Kramer sein Werk auch italienischen Kaufleuten schmackhaft machen, die in Augsburg oder Nürnberg zu tun hatten. Weiterhin kündigt der Titel an, dass das Buch lehren könne, Kaufmannsbriefe zu schreiben, und durch verschiedene Register vorbildlich erschlossen sei.

Im Vorwort schreibt Kramer, dass schon seit mehr als hundert Jahren Briefsteller auf dem Markt seien, die „Glückwünschungs- / Leidklagens- / Trost- / Rekommendations- / Ermahnungs- / Bestraffungs- / Bitt- / Versprechens- / Entschuldigungs- / Dancksagungs- / Lob- / Scherz- / Compliment- und tausend andere dergleichen gemischte Briefe die Menge"

---

217 Vgl. Düwell 2001.

218 M. Kramer, Neuvermehrter Italienisch Deutscher Banco-Secretarius, 1693.

219 *Factor*: Chef einer Niederlassung eines Handelshauses; *Complementarius*: persönlich haftender Gesellschafter; *Bestätter* oder *Bestäter:* ‚firmator.' „In Zürich heiszt so ein spediteur" (DW Bd. 1).

enthielten, „aber Handels-Briefe wie diese / das ist / wie sie gemeiniglich unter Kauffleuten gewechselt werden / habe ich noch bisher keine in offentlichen Druck gesehen" (S. XII). Über diese Einschätzung, die sicher verkaufsfördernd gemeint ist, kann man streiten. Die Drucke des 16. Jahrhunderts in der Tradition des „Solenissimo vochabolista" (vgl. 5.1.1) enthalten zwar keine „Handels-Briefe", aber den Wortschatz, den man bei deutsch-italienischen Handelsgeschäften in der Textilbranche braucht, vermitteln sie allemal.

In einer posthum erschienenen Bearbeitung dieses Werks ist ein Widmungsgedicht an die Kaufmannschaft abgedruckt:

> Das Band der Redlichkeit, der unverfälschten Treu,
> Verliehrt die Farbe nicht und bleibet immer neu;
> Und wenn der Eintracht Stärk zugleich mit ihm sich paaret,
> So bleibt man vor dem Sturm zu aller Zeit bewahret.
> Das ganze Rund der Welt, hat längst herfürgebracht
> Das, was man Waaren nennt, roh, frisch, und ausgemacht;
> Ein Kauffmann kann dabey, des Schöpffers wohl bedencken,
> Und seine Sinne stets hinauf gen Himmel lencken.
> O Edle Kauffmanschafft, wilt du stets glücklich seyn,
> So schließ in den Profit, die liebe Armen ein,
> So wird durch Gottes Krafft dein emsiges Bemühen,
> Sehr reiche Actien, viel Seegen nach sich ziehen.[220]

Die Personengruppe, die er anspricht, wird gern gehört haben, wie wohltätig und gottgefällig ihre kommerziellen Unternehmungen seien. Insbesondere von Seiten des Adels war den Kaufleuten seit dem 16. Jahrhundert häufig eigennütziges, unehrenhaftes und moralisch anrüchiges Gewinnstreben vorgeworfen worden, um die ständischen Qualitätsunterschiede zwischen Adel und Kaufmannschaft zu unterstreichen. Kaufleute hatten vor diesem Hintergrund ein ausgeprägtes Legitimationsbedürfnis.[221] Der Aufruf zu Eintracht, Redlichkeit und Treue unter den Bürgern ist in den deutschen Reichsstädten ein beliebter Topos. Auffällig ist, dass die „edle Kaufmannschaft" dazu ermahnt wird, die „liebe[n] Armen" nicht zu vergessen, denn in den protestantischen Territorien und Städten war das Armenwesen nach der Reformation rasch kommunalisiert worden.[222] Die Aufforderung, den kaufmännischen Nachwuchs zum Sprachenlernen anzuhalten und die Sprachmeister anständig zu bezahlen und ihre Bücher zu kaufen, fehlt hier.

Der „Vorbericht" an den Leser ist auf Französisch und Deutsch verfasst. Kramer weist darauf hin, dass ein Briefsteller, der ausschließlich Handelsbriefe enthalte, ein Novum sei, das es in dieser Form bisher nicht gegeben habe. Wolfgang Moritz Endter, sein Nürnberger Verleger, habe ihn auf diesen Missstand hingewiesen. Die gesammelten Briefe seien verständlich geschrieben und sehr allgemein gehalten, damit sie keine Geheimnisse der Kaufmannschaft verrieten und von jedermann verwendet werden könnten. Der Benutzer könne sich darauf verlassen, dass es sich um authentische Briefe handle, die in ihren jeweiligen Kontext eingebunden seien, auch wenn die vorherigen Briefe oder Antwortbriefe nicht immer mit abgedruckt seien. Sie stammten aus dem wirklichen Leben: Es seien

---

220   M. Kramer, Auserlesene Kaufmanns=Briefe / Französisch und Teutsch, 1740.
221   Vgl. dazu Stollberg-Rilinger 1996.
222   Vgl. Glück 2002, S. 140-146.

Briefe, die tatsächlich versandt worden. Darin liege die Konzeption des Werks: wenn ein Text von einem fachlich kompetenten Muttersprachler stamme, sei der Lerneffekt beim Schüler am größten. Kramer möchte seinen Schülern auch den Stil beibringen, der in der geschäftlichen Korrespondenz üblich und zu verwenden ist, nicht nur den Austausch von Realien. Einen Vokabel- und Phrasenindex hat er nicht beigegeben, denn: „Was mit eigener Hand geschrieben, und nachmals offt überlesen und repetirt wird, das hafftet immer besser im Gedächtnis, als wann es auf dem Druck schlechter Dinge gelesen, oder, eigentlicher zu reden, vernachlässiget wird" (Vorwort, letzte Seite). Es sei daher am besten, wenn sich der Lernende selbst eine Vokabelliste erstelle.

Matthias Kramers „Banco-Secretarius" wurde unter verschiedenen Titeln mehrfach nachdruckt. Im unpaginierten Vorwort zur 14. Auflage (1763) schreibt der ungenannte Herausgeber, er habe die sprachliche Gestalt des Werks lediglich an solchen Stellen korrigiert, an denen „unsere Sprache, seit Kramers Zeiten, eine ganz neue Gestalt bekommen hat." Mit den Aktualisierungen habe er aber auch nicht übertrieben, denn der Kaufmannsbrief und die „reine und zierliche Schreibart" vertrügen sich nicht. Deshalb habe er „die veralteten und übelklingenden Wörter und die harten und ungewöhnlichen Redensarten ausgemerzt, und bequemere und schicklichere an deren Stelle gesetzt [...]." Das Werk enthält gut 300 Kaufmannsbriefe (italienisch und deutsch) für alle Wechselfälle des Handelsverkehrs ohne weitergehende Erläuterungen oder ein Glossar, allerdings mit einem Sachregister in beiden Sprachen. Das unterstreicht den Anspruch, dass auch Italiener das Werk zum Deutschlernen bzw. Schreiben deutscher Briefe verwenden könnten. Kramer hat sich bemüht, deutsche Termini zu verwenden und sie oft vor den lateinischen, französischen oder italienischen Internationalismus[223] gesetzt. Beispiele sind:

Anstalt (Disposition, Verordnung)
Anweisung (Assignation, Verordnung)
Bekräfftigung (Confirmation)
Bericht (Aviso, Information, Nachricht, Erklärung)
Beschränkung (Limitation)
Einstellung (Suspension, Contramandirung)
Gutheissung (Approbation)
Versprechen (Promessa, Zusage)

Mitunter stehen Fremdwort und Übersetzungsvorschlag gleichberechtigt nebeneinander:

Compliment und höfliches Erzeigen und Willfahrung
Prävalirung oder Rimborso (Zahlung)
Jalousie[224] oder Eifer in dem Gemüth deß Amico [sc. amici, des Freundes, Verf.]
Recommendirung, Anbefehlung eines Freunds.

---

223 Ein Internationalismus ist ein Lexem, dessen Wortstamm meist aus dem Griechischen oder dem Lateinischen stammt und das in mehrere moderne europäische Sprachen Eingang gefunden hat, z.B. griech. *história* > lat. *historia* > frz. *histoire*, ital., span. *historia*, russ. *istoria*, aber dt. neben *Historie* auch *Geschichte, Geschichtswissenschaft*.
224 ‚Neid, Missgunst, Eifersucht.'

Hier wird das Fremdwort durch einen Übersetzungsvorschlag erläutert. Diese Technik ist alt, sie prägte bereits die deutsche Fachprosa des 15. und 16. Jahrhunderts, in der es ganz wesentlich darum ging, deutsche Fachterminologien erst einmal zu schaffen.[225] In der Fachsprache des Handels dominierte um 1700 das Italienische noch stark. Man kann deshalb annehmen, dass Kramer seine Verdeutschungsvorschläge als einen Beitrag zur Schaffung einer deutschen Handelsterminologie verstand. Mitunter steht auch der Internationalismus vor der deutschen Entsprechung:

> Aviso (Nachricht, Bericht, parte)
> Ordre (Verordnung, Befehl)
> Spesen (Unkosten)

Es ist also nicht so, dass Kramer mit der Brechstange verdeutschte. Doch dort, wo das ungezwungen möglich war, zog er den deutschen Terminus dem fremdsprachigen vor.

Ebenfalls der Fachsprache der Kaufleute gewidmet ist das Lehrbuch der „Negotien" von Matthias von Erberg (1702).[226] Dieses zweisprachige Wörterbuch richtet sich nicht nur an die Kaufmannsjugend, sondern auch an erfahrene Kaufleute. Es enthält zusätzlich Muster für Briefe, Rechnungen und Quittungen. Weil es bisher kein vergleichbares Buch, in dem Facturen (‚Rechnungen') und Waren so umfangreich beschrieben worden seien, gegeben habe, habe er auch nirgends abschreiben können; folglich handele es sich um ein noch nie dagewesenes Originalwerk. Beides sind recht kühne Behauptungen.

Das Buch ist nach den Monaten des Jahreslaufs in zwölf Abschnitte gegliedert. Jeder Kapitelanfang beginnt mit einem Kupferstich, der dem jeweiligen Monat gewidmet ist, und ein paar Versen. Der Januar beginnt mit „Li Numeri, die Zahlen" (S. 3). Es folgen einige „Lettere oblatorie. Al Principio d'un negotio. Anbietungs Briefe. Am Anfang eines Negotii", also Briefe, in denen Waren zum Kauf angeboten werden (linke Seite italienisch, rechte Seite deutsch). Der Februar bietet Städtenamen und Schriftstücke über Kommissionsgeschäfte. Im März geht es um Personennamen und wiederum um Kommissionsgeschäfte, im April um die Rechnungslegung und den Speditionsverkehr, im Mai um die „Lamenti. Verweiß-Brief." Im Juni kommen die Frachtbriefe, im Juli in die Wechselbriefe, im August die Tratten, die gezogenen Wechsel an die Reihe. Der September bringt den Schuldbrief, der Oktober die Quittung, der November die „Lettere attestanti. Zeugnuß-Briefe", der Dezember schließlich Briefe unterschiedlicher Genres. Dieses Werk enthielt alles, was für den Schriftverkehr im Italienhandel von Belang war. Es ist übersichtlich gegliedert, reich bebildert und verständlich geschrieben.

Ein anderes Beispiel dafür, dass der Italienhandel direkt als wesentlicher Grund für den Erwerb des Italienischen thematisiert wird, findet sich gut hundert Jahre später im Vorwort eines vergleichbaren Werkes (1810) von Johann Gottlieb Cunradi (1757–1826).[227] Dort heißt es:

> Der Verfasser befand sich in der günstigen Lage ein solches Werk zu liefern, er
> wohnte zu Nürnberg, einer Stadt, die nebst Augsburg den stärksten Handel nach Ita-

---

225 Vgl. Klein 1992; Klein 1999; Klein 2011a, 2011b; Glück 2008, S. 7-13.

226 M. von Erberg, Monatlicher italienisch-deutscher Kommission- und Faktur-Spiegel, 1702. Zu M. von Erberg vgl. BBHS II, S. 387-390; Schröder BBL II, S. 76f.; Glück 2010, S. 146-148.

227 BBHS II, S. 178-186, hier: S. 181; Schröder BBL I, S. 167f.

lien treibt und ganz eigenthümliche Fabrikate liefert, welche dorthin Absatz haben, er lernte den Gang des italienischen Handels kennen, er hatte viele Freunde unter dem Handelsstande, die ihn mit ihren Kenntnissen unterstützten, er besaß die dazu erforderlichen Sprach-Kenntnisse und hatte gute Freunde in Italien, die ihm gefällig über alles was er sich nicht zu erklären wußte oder ihm zweifelhaft war, Auskunft gaben, und so hoft er dem Handelsstande ein Werk geliefert zu haben, welches bis jezt das vollständigste in seiner Art und nach dem Bedürfniß des Kaufmanns einge-richtet ist.[228]

Noch 1810, als die beiden Reichsstädte bereits an Bayern gefallen waren, galten sie offen-kundig als wichtige Zentren des Italienhandels. Cunradis „Waarenlexikon" war in beiden Richtungen benutzbar.[229] Auch wissenschaftlichen Ansprüchen suchte es zu genügen, denn allen Ausdrücken, die pflanzliche Naturprodukte bezeichneten, sei der „Linnèische Ge-schlechtsname beygesetzt worden".

Aber nicht nur der Handel war Gegenstand der mehrsprachigen fachsprachlichen Lexikographie. Fast zur gleichen Zeit wie Cunradis Werk erschienen in Nürnberg mehrere Wörterbücher für Kaufleute und Manufakturisten, die Substanz- und Warenbezeichnungen enthalten. Über ihren Verfasser, Pietro Gaetani (*1747 in Palermo), ist nicht viel bekannt. Er war als Sprachmeister in Braunschweig tätig und und befasste sich dort gleichzeitig mit dem Farbenhandel. In Köln betrieb er eine Fayencefabrik,[230] zwischen 1794 und 1800 war er in Erfurt in der Fayencebranche tätig. Nach 1800 trat er in engeren Kontakt zu Nürnber-ger Firmen. Er verfasste Lehrbücher des Italienischen und des Spanischen und naturkundli-che (chemisch-botanisch-mineralogisch-pharmazeutische) Fachwörterbücher. Letztere erschienen in Nürnberg und waren offenbar eine Auftragsarbeit Nürnberger Manufaktu-risten.[231]

Es handelt sich um drei Titel. Das erste Glossar bot Wortschätze aus der Mineralogie, Pharmazie, Botanik und Zoologie, soweit sie kommerziell relevant waren, für entspre-chende Berufsgruppen in deutscher, französischer und italienischer Sprache.[232] Das zweite Wörterbüchlein enthielt auf Italienisch und Deutsch Warenbezeichnungen für Gegenstände, die in Nürnberg produziert wurden, samt deren „Nummern und Zeichen", also Ordnungs-nummern zu Handelszwecken.[233] Das dritte Werk war zusammengestellt aus den beiden ersten Titeln, ergänzt um das Englische und das Spanische.[234] Es war „dem [...] Hand-lungs-Stand der Stadt Nürnberg" gewidmet. Im Vorwort heißt es, dass gerade in Nürnberg ein spezielles Wörterbuch für den Handel mit chemisch-pharmazeutischen Produkten be-nötigt werde, weil sich die Kaufleute bei der Übersetzung von Warenbezeichnungen und

---

228   J. G. Cunradi, Italienisch–deutsches und deutsch–italienisches Waarenlexikon, 1810, unpaginiertes Vorwort.

229   S. 1-202: italienisch-deutsch mit Anhängen, in denen Maße und Gewichte sowie Eigennamen erfasst sind; S. 202-350: deutsch-italienisch mit einem Anhang zu den Eigennamen.

230   In Köln erschien 1791 ein Lehrbuch des Italienischen von P. Gaetani („Abrégé utile et très facile pour apprendre en peu de temps la langue italienne"); vgl. BBHS III, S. 209f., Schröder BBL V, S. 357. Beide Lexika erwähnen darüber hinaus ein „Abrégé utile et très facile pour apprendre en peu temps la langue espagnole" (Nürnberg 1790) von P. Gaetani (in deutschen Bibliotheken nicht nachweisbar).

231   BBHS II, S. 208-211.

232   P. Gaetani, Deutsch-Französisch-Italienisches Wörterbuch von Chymischen Produkten, 1807.

233   P. Gaetani, Italienisch-Deutsches Wörterbuch, 1807.

234   P. Gaetani, Deutsch-französisch-italienisches [...] Wörterbuch, 1810.

Handelsvorgängen schwertäten und häufig ein zeitraubender Briefwechsel notwendig sei, um zu klären, was man eigentlich bestellen wolle bzw. liefern solle. Zudem habe mitunter ein und dieselbe Ware in einer Sprache regional unterschiedliche Namen. Mitunter sei eine wortwörtliche Übersetzung aus der einen in die andere Sprache gar nicht möglich. ,Maultrommel' beispielsweise heiße im Italienischen wörtlich *trompe di bocca*. Tatsächlich aber nenne man sie *caccapensieri* oder *cacciapensieri*, was im Deutschen ,Grillenscheiße' bedeute, „welches sehr lächerlich und abgeschmackt seyn würde" (S. IX). Im selben Jahr 1810, als Nürnberg bereits bayerisch geworden und vom Glanz des reichsstädtischen Handelsimperiums nicht mehr viel übrig war, wurde in der Widmung zu diesem fünfsprachigen Fachwörterbuch für Manufakturen die große Vergangenheit beschworen:

> Seit mehreren Jahrhunderten ist die Stadt Nürnberg durch ihre ausgebreitete Handlung und durch ihre ausserordentliche Industrie überall aufs rühmlichste bekannt, und wird im entferntesten Ausland wie in der Nähe geschätzt und hochgeachtet; schon die älteste Geschichte Deutschland's gedenkt ihrer mit Ruhm und Ehre, und bis auf den heutigen Tag hat sie durch die unermüdete Betriebsamkeit des so höchst respectablen hiesigen Handlungs-Standes ihren Flor und ihr Ansehen erhalten.[235]

Ein weiteres Beispiel betrifft die Fachsprache von Modegetränken. Um 1700 kam in Europa der Genuss von Tee, Kaffee, Schokolade und Tabak in breiteren Bevölkerungsschichten in Gebrauch. Das hat Spuren in den Lehrbüchern hinterlassen. Bei Georg Philipp Plats (Platz; 1734) dreht sich ein Gespräch um den „Gebrauch des Thes", der in Europa „sehr gemein worden" sei,[236] vor allen in England und Holland, aber auch in Deutschland und Frankreich. Doch laufe der Kaffee dem Tee allmählich den Rang ab. Es sei schwer, puren Tee zu bekommen, weil „die Chineser fast allezeit andere Kräuter drunter mischen." Die Chinesen bereiteten den Tee genauso zu wie die Europäer, doch fügten sie keinen Zucker hinzu. Beim Kaffee müsse man darauf achten, dass er ordentlich gebrannt sei. Der „Ost-Indianische" Kaffee habe größere Bohnen als der levantinische, der seinerseits „subtiler und delicater" sei. Gute Kaffeebohnen müssten „frisch seyn [...], grünlicht, nicht nach Schimmel riechend, nicht gar groß, mit einem Wort, daß er wol gerollt oder aus den Hülsen gemacht sey". Die guten „Caffe-Löffelein" seien aus Silber, die für den Alltag aus Messing. „Schocolate" wird aus „Cacao" gemacht, und man trinke sie mit Vanille. Es sei ein „kostbares Getränck", und „es muß einer eine große Summa Geld haben, wann er alle Morgen trincken will."[237]

Das letzte Beispiel betrifft die Fachsprache des Waidwerks. Die französische Grammatik von Claude Roger de Gironville (1750)[238] ist eine französische „Sprachkunst", die „Kauffmanns- und andere Brieffe samt einem Vocabulario In sich haltet, Und mit einem zimlichen Vorrath von denen brauchbarsten Jäger-Redens-Arten, einem immerwährenden Calender und nutzlichem Register versehen" ist. Sie enthält eine Liste von Fachausdrücken, Wendungen und Sprichwörtern aus der Fachsprache der Jagd. Diese Fachsprache hatte Roger de Gironville bereits in seiner „Neuen französischen und teutschen Grammatic"

---

235 P. Gaetani, Deutsch-französisch-italienisches [...] Wörterbuch, 1810, Widmung.
236 G. Ph. Plats, Dialogues domestiques francois-allemands, 1734, S. 26f.
237 Zitate aus: G. Ph. Plats, Dialogues domestiques francois-allemands, 1734, S. 27, 46-48, 55f., 154f.
238 C. Roger de Gironville, Grammaire françoise tirée de la pratique, 1750.

(1729) berücksichtigt, die einen Abschnitt über die „Wayd-Sprüchwörter" in beiden Sprachen enthält.[239]

Zwischenresümee

Schwerpunkt der fachsprachlichen Lehrbücher war der Handel, die Kaufmannschaft. Das hatte einen guten Grund: seit dem Spätmittelalter waren die Kaufmanns-Lehrlinge und die Handelsdiener die größte Personengruppe, die Fremdsprachenkenntnisse für die Berufsausübung brauchte. In Augsburg und Nürnberg waren das vor allem Kenntnisse des Italienischen und Französischen. Andere Sprachen spielten kaum eine Rolle. Einen neuen Sachbereich stellten um 1700 einige Genussmittel dar, die über Spanien (Schokolade), über die Levante (Kaffee) oder über Holland und England (Tee, Tabak) in Mitteleuropa Eingang gefunden hatten.

5.2.2. Kinder und Jugendliche

Das Lernen von Fremdsprachen beginnt man am besten im Kindesalter; das ist keine Erkenntnis der Neuzeit. Im Mittelalter war die wichtigste Fremdsprache das Lateinische, die man den dafür bestimmten Knaben in Kloster- und Domschulen, seit dem 13. Jahrhundert zunehmend auch in Ratsschulen beibrachte. Die dabei angewandte Didaktik ist nicht der Gegenstand dieses Buches. Es soll hier genügen, auf ein Lehrbuch-Genre hinzuweisen, das am Anfang der schriftlichen Unterweisung lebender Fremdsprachen im Lateinunterricht verbreitet war und als Vorbild diente, nämlich die Schülergespräche der Humanisten. Sie sind seit dem 15. Jahrhundert das einschlägige Lehrbuch-Genre. Die „Colloquia" des Erasmus von Rotterdam (1518) erlebten etwa 300 Auflagen.[240] Ein Nürnberger Beispiel hierfür sind die „Formulae Puerilium Colloquiorum" von Sebald Heyden (1535).[241] In den Lehrbüchern für die „lebenden" Fremdsprachen war das Lateinische noch bis weit ins 17. Jahrhundert hinein die vorherrschende Beschreibungssprache.[242] Manche Lehrbücher des 17. Jahrhunderts enthielten sowohl das Lateinische als auch das Deutsche als Beschreibungssprachen.[243] Das Deutsche setzt sich in dieser Funktion erst am Ende des 17. Jahrhunderts durch.

Bei der Verbreitung von Volkssprachen als Schulfremdsprachen und Unterrichtssprachen waren die Werke von Johann Amos Comenius (Komenský; 1592–1670) von zentraler Bedeutung. Er wirkte als Theologe, Politiker und Pädagoge und war einer der bedeutends-

---

239 C. Roger de Gironville, Neue französische und teutsche Grammatic, 1729, S. 318-323. Vgl. zu C. Roger de Gironville BBHS VII, S. 211; Schröder BBL IV, S. 46.

240 Streuber 1914, S. 59.

241 Vgl. Klatte 2002. Zu Sebald Heyden vgl. weiterhin Bömer 1899, S. 146-153 mit einer Bibliographie der (40) Heyden'schen Drucke, weiterhin Schwob 1969, S. 100-103, 135-140; Müller 1993; Riecke 1995.

242 Vgl. z.B. „Catharini Dvlcis Institvtionvm Lingvae Italicae Libri Sex […]" (1600) und Le Doux' „Schola italica" (1605), italienische Grammatiken bzw. Lehrbücher von Catherin Le Doux in lateinischer Sprache, oder den „Amansuensis Gallicus", ein französisch-lateinisches Wörterbuch (Augsburg 1671) von H. Langenmantel, in dem das Deutsche immerhin gelegentlich zu Worterklärungen verwendet wird, schließlich die französische Rechtschreiblehre „Anatomia orthographieae linguae gallicae" desselben Autors (1668), die vollständig auf Lateinisch verfasst ist.

243 Beispielsweise die „Grammatica italico-latino-germanica: Das ist. Teutsch unnd Italiänische Sprach Kunst/ wie dieselbe vermittelst des Lateins gründtlich zulernen" von Scipio Lentulus (1650).

ten Erziehungs- und Sprachtheoretiker des 17. Jahrhunderts. Comenius vertrat in der Zeit der Gegenreformation im Königreich Böhmen, die die Habsburger Herrscher um 1620 beginnen ließen, standhaft die evangelische Lehre der böhmischen Brüdergemeinden. Da er aus Mähren stammt, schreibt man ihm eine tschechische Herkunft zu. Sein Studium absolvierte Comenius in Herborn, Heidelberg und den Niederlanden. Danach war er Prediger und Schulrektor in Fulnek (Böhmen) und Bischof der Brüderkirche in Lissa (Polen). Dort publizierte er 1631 seine „Ianua linguarum reserata, sive seminarium linguarum et scientiarum omnium", die ihm europaweiten Ruhm bescherte. Nachdem er England und Schweden bereist hatte, kam er 1642 nach Elbing. Acht Jahre später verschlug es ihn nach Sárospatak (Ungarn), wo der „Orbis sensualium pictus" entstand. 1654 kehrte er nach Lissa zurück. Die Stadt wurde während des Nordischen Krieges 1656 von polnischen Soldaten völlig zerstört, und Comenius verlor all sein Hab und Gut. Daraufhin floh er nach Amsterdam, wo er bis zu seinem Tod lebte. Zeit seines Lebens verfocht er das Erlernen anderer Volkssprachen, besonders der Nachbarsprachen, als zentrales bildungspolitisches Ziel. Die Manuskripte einer tschechisch-deutsch-lateinischen Grammatik und eines „Thesaurus linguae bohemicae"[244] aus seiner Feder verbrannten 1656 in Lissa.[245] Das Konzept der „Ianua linguarum" stammt allerdings nicht von Comenius. Es geht zurück auf den spanischen Humanisten Juan Luis Vives (1492–1540).[246]

Für den Zeitraum von 1653 bis 1964 führt Kurt Pilz 244 Ausgaben des „Orbis Sensualium Pictus" auf.[247] Zwischen 1719/20 und 1781 war das Werk in einen ersten und einen zweiten Teil aufgeteilt. Die „pars prima" entspricht der ursprünglichen Version von Comenius, die „pars secunda" stammt von Wolfgang Christoph Deßler,[248] auf dessen Autorschaft im Vorwort hingewiesen wird. Schließlich führt Pilz eine Reihe von Kinder- bzw. Bilderbüchern auf, die sich am „Orbis" orientieren. So vermittelt er einen Eindruck von dem enormen Einfluss dieses Werkes.[249]

Im folgenden Abschnitt betrachten wir vor allem Nürnberger Drucke der Comeniana, denn aus Augsburg stammt lediglich eine Bearbeitung des „Orbis" durch den Stadtpfleger Paul von Stetten d.J., die 1779 in Nördlingen gedruckt wurde.[250] Zunächst geben wir einen knappen Überblick über die vier für das Sprachenlernen wichtigen Werke des Comenius.

Die „Janua Linguarum Reserata"[251] entstand zwischen 1628 und 1631. Sie wurde 1631 in lateinischer Sprache in Lissa gedruckt. Gedacht war sie als Hilfs- und Arbeitsbuch. Eine Ausgabe in deutscher Sprache kam noch im selben Jahr heraus.[252] Das „Januae Lingvarum

---

244 ,Schatzhaus der tschechischen Sprache.'
245 Glück 2002, S. 360f. Grundlagenliteratur zum Leben und zum sprachbezogenen Werk des J. A. Comenius: Geissler 1959; Pilz 1967; Blekastad 1969; Schaller 1973; Michel 1978; Dieterich 1991; Boldt 1991; Kumpera 1992; Friedrichsdorf 1995; Schaller 2004.
246 Glück 2002, S. 412.
247 ,gemalte Welt des sinnlich Erfahrbaren.' Vgl. Pilz 1967, S. 5.
248 Angaben zu W. Chr. Deßler finden sich bei G. A. Will, Nürnbergisches Gelehrten-Lexicon, 1755, S. 246f. und im Supplementband dazu von Chr. C. Nopitsch, 2. Aufl. 1815, S. 209f. Weitere Angaben sind verfügbar als Online-Ressource unter: http://www.bautz.de/bbkl/d/dessler_w_c.shtml (Aufrufdatum: 02.11.2010).
249 Pilz 1967, S. 6.
250 P. von Stetten, Der Mensch in seinen verschiedenen Lagen und Ständen, 1779.
251 ,Offenes Sprachen-Tor.'
252 Pilz 1967, S. 13.

Reseratae Vestibulum"[253] sollte als eine Art Vorkurs den Kindern den Einstieg in den Unterricht mit der „Janua" von 1631 erleichtern; es handelt sich um einen Grundkurs im Lateinischen. Sie erschien ebenfalls in Lissa.[254] Die lateinische Grammatik „Eruditionis Scholasticae Atrium"[255] verfasste Comenius 1652 für schulische Zwecke.[256]

Der „Orbis Sensualium Pictus" war ursprünglich für Kinder im Alter von sechs bis acht Jahren vorgesehen. Später wurde er an vielen Schulen zum Standardwerk im Lateinunterricht.[257] Das druckfertige Manuskript war vermutlich bereits 1655 aus Lissa nach Nürnberg geschickt worden, also bevor Comenius' Besitz in Lissa verbrannte. Das 1654 geschriebene Vorwort stützt diese Annahme.[258] Die erste Übersetzung ins Deutsche (1658) unternahm Sigmund von Birken.[259] Eine zweite lateinisch-deutsche Ausgabe folgte ein Jahr darauf.[260] Der „Orbis Sensualium Pictus" wurde seit 1670 im Lateinunterricht des Melanchthon-Gymnasiums in Nürnberg verwendet.[261] Wie die deutschen Ausgaben des „Orbis Sensualium Pictus" verfolgen auch seine Übersetzungen einen gemeinsamen Zweck: Sie sollten das Lateinische vermitteln.[262] Pilz ermittelte für den Zeitraum von 1658 bis 1781 (bzw. 1806) 94 deutsche, 17 französische, elf italienische, 18 ungarische und elf polnische Ausgaben allein für Nürnberg.[263] Nürnberg war also ein maßgeblicher Druckort nicht nur für die deutschen, sondern auch für die nichtdeutschen Ausgaben (zwischen 1662 und 1777 insgesamt 57 Drucke) dieses Werks.[264]

Der Ansatz des Comenius, die „Anschauungsmethode", war Vorbild für andere Lehrbuchautoren. In der Tradition des Comenius stehen beispielsweise „Der Schauplatz Der Franzoesischen und Teutschen Sprache" (1709) gerichtet „à la jeunesse",[265] oder das „Kleine Bilder-Kabinet" (1735), wo es heißt:

Daß die Bilder der Einbildungs-Kraft / sonderlich bey zarten Gemüthern / trefflich zu statten kommen / ist eine mehr als zu bekannte Sache. Es ist demnach leichtlich zu erachten / dass sie auch dem Gedächtnus zu einem bequemen Hülffs-Mittel dienen müssen. Denn je mehr sich die Einen einer Sache belustigen: desto besser wird sowohl sie selbst / als auch ihr Nahme dem Gedächtnus eingepräget.[266]

---

253   ‚Vorhalle des offenen Sprachen-Tores.'

254   Pilz 1967, S. 13.

255   ‚Festsaal der schulischen Erziehung.'

256   Pilz 1967, S. 14.

257   Ebd., S. 15f.

258   Ebd., S. 39f.

259   Ebd., S. 40. Sigmund von Birken (1626-1681) war als Kind eines evangelischen Predigers aus dem habsburgischen Eger ins lutherische Nürnberg geflohen. Er wurde in der zweiten Hälfte des 17. Jahrhunderts zu einem der fruchtbarsten und bekanntesten Nürnberger Dichter und Publizisten. Unter dem Ordensnamen ‚Floridan' war er Mitglied des Pegnesischen Blumenordens, den er von 1662 bis 1681 leitete; vgl. dazu Jürgensen 1994, S. 37-100.

260   Schröder BBL III, S. 48.

261   Pilz 1967, S. 46.

262   Schröder BBL III, S. 48f.

263   Tabelle 13 enthält eine Gesamtübersicht.

264   Vgl. Brüggemann 1991, Sp. 434-453.

265   P. Canel, Der Schauplatz Der Franzoesischen und Teutschen Sprache, 1709, S. 6. A la jeunesse ‚an die Jugend.'

266   Kleines Bilder-Kabinet, 1735, Vorbericht, S. V.

Die beigegebenen Abbildungen sind für Kinder gedacht: „Denn wenn die Leute zu Jahren und besserm Verstande kommen: so haben sie eben keiner Bilder mehr vonnöthen […].“[267] Den Bildern ist eine Art Grammatik vorgeschaltet, die bewirken soll, dass die Kinder die Bilder richtig einordnen können. Denn die grammatischen Regeln müssen erst einmal erklärt und dann auswendig gelernt werden, damit sie in einen richtigen Bezug zu den Bildern gesetzt werden können, wie ein Beispieldialog zwischen dem Lehrer und einem Schüler im Vorwort verdeutlicht. Ähnlich verfuhr Georg Philipp Plats (Platz) in seiner deutsch-französischen Fibel (ca. 1720),[268] die eine bebilderte Aussprachelehre und ein ausführliches Bild-Wörterbuch enthält, in dem man auch spezielleren Wortschatz angeboten bekommt (z.B. *Caffeeschale, Schöpfbrunn, Bratwürst*). 1779 brachte der Augsburger Stadtpfleger Paul von Stetten d.J. (1731–1808) die bereits erwähnte Neubearbeitung des „Orbis“ für den Unterricht in den städtischen Schulen heraus.[269] Jean Jacques Meynier (1764–1825) veröffentlichte 1812, 150 Jahre nach der ersten Auflage des „Orbis“, eine Bearbeitung, die den Titel der Vorlage noch einmal zitierte: „Neuer Orbis Pictus in deutscher und französischer Sprache.“[270]

Für Kinder und Jugendliche wurden aber nicht nur Anfänger-Lehrwerke verfasst, sondern auch fachsprachliche Lehrwerke. Sie sollten die fachliche (kaufmännische) mit der sprachlichen Ausbildung verbinden. Matthias von Erbergs Lehrbuch der „Negotien“ (1702) wandte sich in der Widmung „An die liebe und wertiste Kauffmans-Jugend.“[271] M. Kramers italienisches Gesprächsbuch (1716) richtete sich an „Jungen Knaben und Mägdelein / zumalen / adelichen Herr- und Fräulein“,[272] ebenso seine Bearbeitung von J. D. de Parivals deutsch-italienischen Dialogen (1679),[273] die sich u.a. an „Knaben oder Fräulein die kaum Latein lesen können / will geschweigen / verstehen“, richtete, und schließlich Georg Philipp Plats’ Französisch-Buch (1724).[274] Im Nachwort zu seinem „Neu-eröffnete[n] Handels-Contor“[275] schrieb Matthias von Erberg:

,In unserer Stadt Nürnberg werden ununterbrochen so viele Waren und kommerzielle Neuigkeiten hergestellt, dass man ein ganzes Buch brauchte, nur um sie aufzuzählen, und deshalb ist es nicht erstaunlich, dass sich die hiesige Jugend in so großem Umfang den Fremdsprachen widmet, um all das zu verstehen, was in Handelsgeschäften vorkommen kann, und woraus man den größeren Teil jenes Verdienstes

267 Ebd., S. III.
268 G. Ph. Plats, Sehr leichte neuerfundene Art, die Kinder das Frantzösische A, B, C. buchstabiren […] zu lehren, [ca.] 1720. Vgl. dazu Brüggemann 1991, Sp. 35; Schröder BBL III, S. 324.
269 P. von Stetten, Der Mensch in seinen verschiedenen Lagen und Ständen, 1779. Vgl. Kapitel 3.6.
270 J. H. Meynier, Neuer Orbis Pictus in deutscher und französischer Sprache, 1812. Vgl. zu J. H. Meynier Hausmann 1989, S. 41f.; Schröder BBL III, S. 211. Vermutlich handelt es sich um die Erstausgabe.
271 M. von Erberg, Monatlicher italienisch-deutscher Kommission- und Faktur-Spiegel, 1702, S. 6.
272 M. Kramer, Il Nuovo Parlatorio Italiano-Tedesco, 1716, S. 5.
273 J. D. Parival/M. Kramer Teutsch- und Italiänische Gespräche, 1679.
274 G. Ph. Plats, Französische Sprachenschule für die Jugend, 1724. [An deutschen Bibliotheken nicht nachweisbar]
275 M. von Erberg, Neu-eröffnetes Handels-Contor und Neu-aufgeschlossenes Handels-Gewölb, 1705.

ziehen kann, der denen verborgen bleibt, die sich einfach mit ihrer Muttersprache zufrieden geben'.[276]

Diese Fremdsprachenkenntnisse, so meinte er weiter, brauche man nicht nur auf Reisen ins
Ausland, sondern auch in Nürnberg selbst, denn wenn man durch die Nürnberger Einkaufs-
straßen gehe, sehe man viele Waren mit Bezeichnungen in fremden Sprachen ausgelegt.
Welche Sprachen das waren, sagt er nicht, doch war um 1700 in den Handelsbeziehungen
Nürnbergs das Italienische die wichtigste (vgl. Kapitel 1).

Im Laufe des 18. Jahrhunderts entwickelte sich die altersstufenbezogene Sprachdidaktik
weiter, nicht zuletzt unter dem Einfluss philanthropischer Konzepte. Beipiele dafür sind
„L´ami des enfants et des adolescents" (1798),[277] das „Französische Lesebuch für die
Jugend" (1789),[278] das „ABC instructif" (1790)[279] mit über hundert kolorierten Bildtafeln,
die „Dreyhundert und sechzig Vorstellungen sinnlicher Gegenstände" (1796)[280] darstellen.
Erwähnenswert sind weiterhin ein dreisprachiger Nomenklator (deutsch, französisch, italienisch) von Johann Heinrich Meynier mit dem Untertitel „Ein Buch für Kinder zur leichten
Erlernung der französischen und italiänischen Sprache" und die „Cahiers de lecture, à
l'usage de la jeunesse" (1796).[281] Im Vorwort von Konrad M. Mannerts „Französische[m]
Lesebuch" (1788),[282] das auf französisch abgefasst ist, heißt es, das Werk sei für den Unterricht mit Jugendlichen gedacht; die Aufgabe des Sprachlehrers bestehe u.a. darin, die Lust
des Schülers am Lesen von Texten in der Fremdsprache zu wecken.. Johann Heinrich
Meynier brachte 1799 ein „Neues Vocabularspiel"[283] auf den Markt. Bereits 1763 hatte
dieser Autor zusammen mit seinem Vater in Erlangen ein ‚Neues Alphabet oder völlig neue
Methode für Kinder, das Lesen gut zu lernen nach allen Regeln der gepflegten [lit. gesun-

---

276 „Nella nostra città di Norimberga si fabbricano di continuo tante mercie & nuove foggie di esse, che
     solo per raccontarle vi bisognarebbe un libro, però non è meraviglia, ch'anco in essa la gioventù tanto
     s'applica alle lingue straniere, per intendere tutto quelli, che può passare nel Negozio, & donde si può
     tirare la maggior parte di quel guadagno, ilquale stà nascosto a quelli, che si contentano solo della
     lingua materna" (Bd. II, S. 335f.).

277 J. H. Meynier, L'ami des enfants et des adolescents par M. Berquin, enrichi de l'explication des mots
     et des phrases les plus difficiles en faveur de la jeunesse allemande par J. H. [Johann Heinrich]
     Meynier, 1798. 2 Bde. [‚Der Freund der Kinder und der Heranwachsenden von Herrn Berquin,
     ergänzt durch die Erklärung der schwierigsten Wörter und Wendungen zum Nutzen der deutschen
     Jugend von Johann Heinrich Meynier.'] Die Vorlage „L'ami des enfants" von Arnaud Berquin
     (1747–1791) war 1782/83 erschienen. Zu J. J. Meynier und seinem Sohn J. H. Meynier, der als einer
     der Protagonisten der „induktiven Methode" in der Zeit um 1800 gilt, vgl. Streuber 1914, S. 101-103,
     121f. Zu diesem Titel existieren keine Einträge in Schröder BBL und in BBHS.

278 J. Chr. H. Breidenstein, Französisches Lesebuch für die Jugend, 1789. In Deutschland war kein
     Standort zu ermitteln. Keine Angaben dazu in BBHS. Die Titelangaben wurden übernommen aus
     Schröder BBL I, S. 87.

279 Chr. W. Brunner, ABC instructif, 1790. ‚Lehr-ABC, mit dem Kinder die Grundlagen der
     französischen Sprache lernen können.'

280 J. H. Meynier, Dreyhundert und sechzig Vorstellungen sinnlicher Gegenstände, 1796. Laut BBHS VI,
     S. 105, in Deutschland nicht zu ermitteln. Der Titel ist erwähnt in Schröder BBL III, S. 209.

281 ‚Lesehefte zum Gebrauch durch die Jugend.' G. P. de Gemunden, Cahiers de lecture, 1796.

282 K. M. Mannert, Französisches Lesebuch, 1788.

283 J. H. Meynier, Neues Vocabularspiel, durch welches Kinder in kurzer Zeit viel französische, deutsche
     und lateinische Wörter erlernen können, 1799. Laut BBHS VI, S. 105, in Deutschland nicht zu
     ermitteln. Angabe zu einem „Vocabularspiel" (1797) in BBHS, VI, S. 103; in Deutschland ebenfalls
     nicht zu ermitteln. Titelangaben übernommen aus Schröder BBL III, S. 210.

den] Aussprache'[284] für den Französischunterricht mit Kindern veröffentlicht, das mehrere Nachauflagen erlebte. Das „spielerische Lernen", das in den letzten Jahren in der Fremdsprachendidaktik eine neue Blüte erlebte, ist keine Erfindung des späten 20. Jahrhunderts, sondern ein Kind der Spätaufklärung.

Ein weiteres Beispiel für die am Ende des 18. Jahrhunderts verbreitete Sprachdidaktik ist das „Livre elementaire" (1792) von Friedrich Ludwig Hammer. In der Vorrede schreibt der Verfasser, er habe lange nach einem brauchbaren französischen ABC- und Lesebuch für Kinder zwischen sieben und zehn Jahren gesucht, aber keines gefunden – eine Floskel, die man in vielen Vorwörtern zu Sprachbüchern des 18. Jahrhunderts findet. Weiter schreibt er:

> Ich sehe bey diesem Lesebuch Kinder voraus, die schon deutsch lesen und verstehen, die schon Sachkenntniss [sic], Sach- und Wortvorrath genug haben, um die vorkommenden Gegenstände und Sachen zu verstehen; Kinder also, die mit Hülfe ihrer deutschen Buchstaben auch die französischen schon leicht kennen, denn warum sollte man mit einem deutschen Kinde das Französische anfangen, ehe es etwas Deutsch kann? Beide Sprachen werden dadurch erschwert.[285]

Danach lobt Hammer die Konkurrenz, und zwar das neueste „ABC instructif" von Joachim Heinrich Campe (1789),[286] welches immerhin vom Leichten zum Schwereren vorschreite, doch enthalte es für seinen Geschmack zu wenig klare Anleitungen. Friedrich Gedikes Lesebuch (1798)[287] sei zu schwer für sehr junge Kinder. Deshalb habe er selbst Materialien zusammengestellt, die jedoch nicht alle von ihm stammten. Seine Quellen nennt er nicht. Diese Materialien habe er gemäß seinen eigenen Erfahrungen im Sprachunterricht geordnet und durch ausführliche methodische Handreichungen ergänzt. Diese Methoden seien auch nicht von ihm selbst entwickelt worden, weshalb er sich bei ihren Erfindern dafür entschuldige, dass er davon Gebrauch mache; wer diese Erfinder sind, verschweigt er ebenfalls. Er finde die pure Grammatik als Grundlage für den Französischunterricht für Kinder zu trocken und ungeeignet. Die „Sprechmethode" halte er für unverzichtbar. Sie funktioniere jedoch nur bei Personen, die des Französischen wirklich mächtig seien. Doch auch diese Methode sei langweilig. Man komme nur langsam voran, wenn man ausschließlich sie anwende.

Wenn die Kinder auch das Schreiben in der Fremdsprache lernen sollten, käme man mit dem Übersetzen nicht weit. Hammers Lösungsvorschlag besteht in der Verbindung all dieser Methoden. Sein Büchlein ist nicht in Kapitel gegliedert, sondern in eine Reihe von Abschnitten auf Französisch, beginnend mit den Lauten und den Großbuchstaben:

> Die Buchstaben setzte ich bey den 6 ersten Seiten nur oben über, um dem Kind zu zeigen, wie sie ohngefähr aus einander entstehen, und welche Aehnlichkeit sie mit einander haben. Die doppelten Vokalen Seite 2. so wie die Nasen-Vokalen S. 3. setzte ich in der Absicht besonders hin, um ihre Aussprache desto geschwinder und leichter beyzubringen; sie hätten auch wegbleiben können. Bey dem Unterricht

---

284   J. J. Meynier, Nouvel ABC, 1763. Vgl. BBHS VI, S. 111. Kein Eintrag in Schröder BBL.
285   F. L. Hammer, Livre elementaire, 1792, S. VIf.
286   J. H. Campe, ABC instructif pour apprendre aux enfants les éléments de la langue française, 1789.
287   F. Gedike, Kinderbuch zur ersten Uebung im Lesen ohne ABC und Buchstabiren, 1791, 2. Auflage 1798.

selbst mahle ich sie ohnediess [sic] noch auf der Tafel nebst ihrer Aussprache mit ähnlichen deutschen Buchstaben vor. Die Hauptabweichungen oder Hauptausnahmen von ihrer gewöhnlichen Aussprache sind in den unten stehenden Worten durch die mit Cursivschrift gedruckten, bemerkt, um das Kind aufmerksam zu machen, dass es auch Ausnahmen gebe.[288]

Hammer geht von einem sehr einfachen segmentalphonologischen Ansatz aus und versucht, von den „Buchstaben" zu deren Lautwerten zu kommen. Das ist das übliche Verfahren im Ausspracheunterricht (vgl. 5.1.6.), das vor allem im Französisch- und Englischunterricht vielfach Schiffbruch erlitten hat. Darin könnte der Grund liegen, dass er nach dieser Einführung in die Aussprache des Französischen gleich zum französischen Lesen übergeht. Der Lehrer solle die erste Zeile des Textes auf Französisch vorlesen, die Übersetzung ins Deutsche vortragen und dann die Kinder nachlesen und die deutsche Entsprechung wiederholen, aber nicht auswendig lernen lassen. Er geht hier also von den Einzellauten sofort zu deren Verbindungen zu Silben und Wörtern über. Jede neue Vokabel solle in eine deutsche „Redensart" eingebaut werden, z.B. „mit dem *arc* schießt man",[289] damit sich die Kinder an das „Denken auf Französisch" gewöhnen. Sie sollen aus dem semantischen Kontext heraus semantische Leerstellen lexikalisch ausfüllen. Der Hauptteil des Büchleins besteht aus Frage-Antwort-Aufgaben, kleinen Geschichten, Fabeln, Dialogen und einem gereimten „ABC artificiel" mit vielen moralischen Belehrungen. Es folgen ausführliche Erklärungen aller im Lesebuch vorkommenden französischen Wörter mit Angabe von Genus und Numerus bei den Substantiven, der Tempusformen bei den Verben und der einzelnen Wortarten. Ein separater Anhang enthält Sprachlernspiele.[290]

---

288 F. L. Hammer, Livre elementaire,1792, S. VIIf.
289 Ebd., S. VII.
290 Das Werk ist folgendermaßen aufgebaut: „Vorrede, und zugleich kurze Anweisung zum Gebrauch dieser Spiele" (III-VI); Premier Exercice; Second Exercice; [zwischen S. 18 und S. 19 ist ein Faltblatt eingefügt, das eine Tabelle mit Wörtern zum Spielen enthält]; Troisieme Exercice; IV. Dans la chambre ou à l'air 'Drinnen und draußen'; V. Le jeu de Gestes 'Das Gestenspiel'; VI. Le Jeux de Mémoire 'Das Gedächtnisspiel'; VII. Le Jeu de Descriptions 'Das Beschreibungsspiel'; VIII. Le Jeu de Comparaisons 'Das Spiel mit dem Vergleichen'; IX. Le Jeu de Distinctions 'Das Unterscheidungsspiel'; X. Le Jeu des Métiers 'Das Berufsspiel'; XI. Le Jeu de luge 'Das Schlittenspiel'; XII. Le Jeu de Nombres 'Das Zahlenspiel'; XIII. Le Jeu à loger 'Das Wohnungsspiel'; XIV. Le Jeu de Commandemens 'Das Befehlsspiel'; XV. Le Jeu du Commandement d'une autre manière 'Das Befehlsspiel auf eine andere Art'; XVI. Le Jeu d'Antitheses 'Das Spiel der Gegensätze'; XVII. Le Jeu de Marchand 'Das Kaufmannsspiel'; XVIII. Exercice de la faculté judiciaire 'Übung des Urteilsvermögens'; XIX. Jeu de mots 'Das Spiel mit Wörtern'; XX. Le Jeu de caractères 'Das Spiel der Buchstaben'; XXI. Le Jeu de Commerce 'Das Handelsspiel'; XXII. Le Jeu d'Anneau 'Das Spiel mit dem Ring'; XXIII. Le Jeu de Moquerie 'Das Spott-Spiel'; XXIV. Le Jeu d'Animaux 'Das Tierspiel'; XXV. Le Jeu d'emploi 'Das Beschäftigungsspiel'; XXVI. L'Hotellerie 'Gaststätten'; XXVII. La Toilette; XXVIII. Le Pélerin de Jérusalem 'Der Jerusalem-Pilger'; XXIX. La Lotterie d'Adjectifs 'Die Adjektiv-Lotterie'; XXX. Le Jeu de Personnes 'Das Personenspiel'; XXXI. Le Jeu de Déclinations 'Das Deklinationsspiel'; XXXII. Le Jeu du Devin 'Das Wahrsage-Spiel'.

Zwischenresümee

Kinder im Grundschulalter waren bis zur Mitte des 17. Jahrhunderts für den Unterricht in den modernen Fremdsprachen noch keine relevante Zielgruppe. Sie spielten seit Comenius in der didaktischen Diskussion und bei der Produktion von Lehrmaterialien eine Rolle. In den philanthropischen Erziehungskonzepten der Spätaufklärung gerieten sie sogar ins Zentrum dieser Diskussion. Die modernen Fremdsprachen, namentlich das Französische, waren seit Mitte des 18. Jahrhunderts nach und nach in den Fächerkanon der (oft noch privaten) Schulen aufgenommen worden, in die das Bürgertum seine Söhne und Töchter schickte. Entsprechend stark entwickelte sich die Nachfrage nach Lehrmaterialien, die für Kinder geeignet waren, und nach Lehrern, die in der Lage waren, Kinder angemessen zu unterrichten.

5.2.3. Frauen und Mädchen im Sprachbuch

Die Genderforschung der letzten 25 Jahre hat die Benachteiligung und Missachtung von Mädchen und Frauen in der Frühen Neuzeit an vielfältigem Material nachgewiesen und beklagt. In diesem Abschnitt geht es um Frauen und Mädchen im Fremdsprachenunterricht, allerdings nur in einer Hinsicht: um Frauen und Mädchen als Personal in Lektionstexten und Lehrbuch-Dialogen. Frauen und Mädchen als handelnde Subjekte, also als Personen, die Fremdsprachen lernen und Fremdsprachenunterricht erhalten, wurden bereits in Kapitel 4 thematisiert.[291]

Als Personal in Gesprächen und Briefstellern kommen Frauen und Mädchen häufig vor, oft im Zusammenhang mit „weiblichen" Themen, zu denen auch das Tanzen gehört: „Das Frauenzimmer tanzt […] gern."[292] Auch das Klischee von der weiblichen Vorliebe für Süßigkeiten ist belegt, und zwar in einem Gespräch zwischen zwei Herren übers Essen (1750): „Sie sagen aber nichts von dem Confect. – Ich bin kein Liebhaber davon. Ich überlasse es dem Frauenzimmer."[293] Der Kavalier auf Reisen solle weibliche Gesellschaft suchen, um seine Sprachkenntnisse zu vertiefen: „das umgehen [sic] mit dem Frauenzimmer ist auch sehr behülfflich dazu; sintemal dieses Volck nicht lang stillschweigen kan (ein gutes Mundstück hat)."[294]

In Matthias Kramers „Neu-Parlement" (1696/1711)[295] geht es im 30. Gespräch „Zwischen zweyen jungen Fräulein oder Jungfern" um eine große Hochzeit zwischen einem Edelmann von zwanzig Jahren und seiner fünfzehnjährigen Braut, um eine lange Reise und die ewige Freundschaft. Das 33. Gespräch „Zwischen zweyen Jungfern" dreht sich um weibliche Sprachreisen nach Frankreich: „Seyd ihr zu N. gewesen? – Ich bin auch da gewesen. – Man redet da besser als in N. – Das ist eben die Stadt in Franckreich / da man am aller reinesten redet."[296] Hier wird die Kavaliersreise aufs andere Geschlecht übertragen und als (wohl fiktive) Sprachreise zweier vornehmer junger Damen vorgestellt.

---

291   Zum Französischlernen als Bestandteil der Erziehung höherer Töchter im 18. Jahrhundert vgl. Kaltz 2005. Weitere Literatur wurde bereits in Kapitel 4 genannt.
292   M. von Erberg, Grammatica alla moda, 1703, S. 20.
293   C. Roger de Gironville, Grammaire françoise, 1750, S. 216.
294   J. D. Parival/M. Kramer, Teutsch- und Italiänische Gespräche, 1679, S. 184.
295   M. Kramer, Neu Parlement, 1711 [1. Auflage 1696]. Ein fast wortgleicher Text findet sich in der italienischen Bearbeitung: Das Neue Parlament / das ist: Italiänisch-Deutsche Gespräche, 1708.
296   M. Kramer, Neu Parlement, 1711, S. 75f.

Kramers 42. Gespräch „Zwischen einer Cammer-Magd und ihrem Fräulein" handelt ganz explizit von der Mädchenbildung. Es beginnt damit, dass die Magd am späten Vormittag ihr Fräulein weckt, weil der „Tantz-Meister" da sei. Sie solle ihn wegschicken, sagt das Fräulein unwirsch, aber das will die Magd nicht, denn „Madame (meine Frau) wird böß werden", wenn sie das tue. Dann solle die Magd den Tanzmeister eben warten lassen, bis das Fräulein ihn empfangen könne, allein: Er ist inzwischen gegangen und wird übermorgen wiederkommen. Die Magd solle bloß nichts „Mama (der Mutter)" sagen. Daraufhin ermahnt die Magd das Fräulein zu mehr Eifer beim Lernen, denn der Sprachmeister werde auch bald da sein. Das Fräulein hat zwar keine Lust auf Sprachstunden und will noch schlafen, aber da man bald „zu Mittag speisen" wird, will sie doch aufstehen und wissen, ob es beim Essen galante Gesellschaft gibt. Das weiß die Magd aber nicht. Der Dialog vermittelt nicht den Eindruck, dass häuslicher Sprachunterricht für adelige oder patrizische Mädchen etwas Besonderes gewesen wäre.[297]

Im 49. Gespräch „Zwischen zweyen Fräulein oder Jungfern" schickt Kramer zwei Mädchen auf einen Gartenspaziergang, bei dem sie Blumen pflücken (u.a. „eine schöne Tulipan") und einen Disput darüber führen, wessen „Sträußigen" das schönere ist; Lehrstoff sind die Namen von Blumen und Pflanzen. Im 62. Gespräch „Zwischen zweyen Dames oder Frauen" geht es um den Lehrplan einer „Academia": „Es ist ein Haus / da man die Edel-Leute allerhand Exercitien lehret / die ihnen nöthig seynd; als nemlich zu Pferde sitzen (reiten) fechten / tantzen / die Sprachen / die Mathematico [sic] / die Music / auf Instrumenten schlagen &c.". Dabei herrscht Geschlechtertrennung; die „Fräulein (Jungfern) [...] haben ihr à parte Zimmer / und sie [die Jünglinge] die ihre." Immerhin sind die Mädchen offenkundig Zöglinge derselben Ausbildungsstätte. Sie haben ihren eigenen weiblichen Lehrplan. Die Mädchen

> lernen alle die Exercitien / welche ihrem Geschlecht wohl anständig seynd / als tantzen / Frantzösisch reden / mahlen (reißen/) auf der Gitarre spielen / auf der Laute schlagen / singen / schreiben / schöne Spitzen und Nadel-Werck machen / und alles was sie kann vollkommen machen.[298]

Nicht unerwähnt bleiben soll das Lob der weiblichen Schönheit im 9. Gespräch „zwischen zweyen Fremden". Der Fremde ist ein Franzose, der Deutschland bereist, aber kein Wort Deutsch spricht und versteht. Er meint, Deutschland sei das schönste Land der Welt wegen seiner Mädchen und Frauen: „es seynd Engel / sie seynd die Schönsten auf Erden", sagt er auf Französisch. Der Deutsche warnt ihn, sich nicht von ihnen umgarnen zu lassen: „Hütet Euch / mein Herr [nehmt Euch in Acht.] – Warumb? – In ihre Ketten (Strick, Netze) zu fallen." Doch der Fremde würde sich gern in deutschen Frauen-Netzen verheddern: „So ich darain gerathe, / so will ich darinnen sterben." Der galante Nürnberger schließt das Gespräch mit einer Artigkeit: „Ich bedancke mich / daß ihr so viel von unsern Damen[299] haltet." Es

---

297   Dieser Dialog findet sich, leicht abgewandelt, 100 Jahre später bei G. A. Junker, Nouveaux principes de la langue allemande, 1802, S. 407f., wieder.

298   M. Kramer, Neu Parlement, 1711, S. 149-151 [1. Auflage 1696]. Das Verb *reißen* im Zitat bezeichnet die Kunst der Zeichnens und des Anfertigens von Entwürfen.

299   In der italienischen Bearbeitung heißt es statt „Damen" „teutsche Jungfrauen" (Il nuovo parlamento, cioè: Dialoghetti italiano-tedeschi, 1708, S. 19). Man kann darüber spekulieren, welche Überlegungen hinter dieser Änderung stehen.

gibt Gesprächsbücher, in denen die Galanterie den thematischen Schwerpunkt bildet, etwa im „Teutsche[n] Frantzos" von G. Ph. Plats (1709).[300] Im 2. und 3. Gespräch „Zwischen einer königlichen Printzeßinn und einen verstellten Gärtner" ist der Gärtner ein verkleideter Edelmann, der in die Prinzessin verliebt ist. Das 4. und 5. Gespräch spielt sich ab „Zwischen einen Holländischen Frauenzimmer / und einen frantzösischen Edelmann." Zunächst wehrt die Dame die Angebote des Edelmanns ab, doch später kommen sie sich näher. Im nächsten Gespäch besteht der Lernstoff ganz aus verliebtem Komplimentieren. Erst im 7. Gespräch tritt ein besorgter Vater auf den Plan:

> Meine Tochter / kennt ihr diesen Frantzosen dort? wer ist er? ich hab ihn bey Hof gesehen / allein ich weiß seinen Namen nicht. – Es ist eine Qualificirte Person / und ein Edellmann von Verstand / welcher recht geschickt redet. – Es dünckt mich / er habe eine Inclination zu euch / sein Gesicht bezeugt es offentlich genug. – Es ist das erstemahl daß er hieher kommen ist / wie sollte es möglich seyn? – Ist er nicht hier gegen diesen Hauß über einloschirt? – In Wahrheit / ich weiß nichts davon / ich hatte ihn vorhero niemahls gesehen. – Ist seine Conversation anmuthig? – Die anmuthigste von der Welt. – Meine Tochter / nehmt euch in acht / lasset euch ohne meine Bewilligung nicht mit ihm ein / ich würde euch sonst verstossen. – Diesem vorzukommen / so ihr wollt / so will ich / wann er wiederkommen wird / sagen lassen / daß ich nicht zu Hauß wäre. – Nein / ich will das nicht / weil er euch aber nur Complementen macht / so thut wieder deßgleichen / ohne das zuglauben / was er euch sagen wird. – Er hat mir nichts als ernstliche Dinge gesagt / das ist sicherlich ein recht ernsthaffter Edellmann.[301]

Das 9. Gespräch führt ein anderer französischer Edelmann mit seiner Liebsten. Das 11. Gespräch findet statt „Zwischen den zweyen Verliebten" aus dem 7. Gespräch. Der Vater hat inzwischen weiteres Flirten strikt verboten, und der Edelmann zieht die Konsequenz: Er wird die Post nach Frankreich nehmen. Zwei weitere Gespräche „Zwischen einen Edelmann und einer Jungfer", einer „Mamoäsell", sind erneut Liebesdingen gewidmet:

> Fürwahr / ich befinde mich besser als jemahls / ich fühle eine solche Freude in meinen Hertzen / seithero ich die Ehre habe / sie zu kennen / daß ich es nicht austrucken könte. – Es ist ohne Zweiffel der Frühling / der solche Würckung bey ihm thut / das ist ein Zeichen guter Gesundheit; es ist mir recht lieb. – Es ist sicherlich der Frühling nicht allein / der so viel Süßigkeiten in mein Hertz giesset / ich habe wohl viel andere annehmlichere / als diese hier / gesehen / welche es nicht gerühret haben. [...] Sie beschuldiget mich einer Verstellung? – Männer sind Männer.[302]

Im 17. Gespräch wird die Frage aufgeworfen, welches der beiden Geschlechter das edlere sei. Paulus sage, dass Weib und Mann von Gott nach demselben Plan erschaffen seien. Der Mann sei edler, weil Gott ihn vor der Frau erschaffen habe. Andererseits sei die Frau edler, weil der Mann „aus Koth" erschaffen wurde, die Frau aber aus seiner Rippe. Die

---

300 G. Ph. Plats, Fortsetzung Des Teutschen Frantzosens und Frantzoesischen Teutschens, 1709.
301 Ebd., S. 33-35.
302 Ebd., S. 59f.

„Mamoäsell" räumt ein „daß die Männer gewöhnlich viel gelehrter als die Weiber sind / darum sie sie in der Ohnwissenheit erhalten / umb stets die Oberhand zu haben." Das sei aber kein Naturgesetz und lasse sich ändern: „Allein wann wir studirten / so würden wir insgemein viel gelehrter / als die Männer seyn / dann außer der Rede-Kunst / blaudern wir mehr als sie sämmtlich."[303] Dieses Gesprächsbuch ist vergleichsweise freizügig und behandelt die Beziehung zwischen den Geschlechtern ohne moralische Bewertungen.

Den weiblichen Reizen ist das 11. Gespräch in Antonio Moratoris Gesprächsbuch (1723)[304] gewidmet, das „von den Schönheiten eines jungen Mädgens" handelt. Diese Schönheiten werden ausführlich geschildert, aber am Schluss heißt es: „Die Schönheit des Gemüths / übertrifft die Schönheit des Leibs weit. Die Schönheit des Leibes ist nichts gegen der Schönheit des Gemüths."

Bei Giovanni Veneroni[305] sind ebenfalls „die Schönheiten eines jungen Mädchens" Gesprächsthema (8. Gespräch). Die „schöne Jungfer", um die es geht, ist „wohl gebildet, lieblich, artig", wobei „wohl gebildet" nicht ihre Bildung meint, sondern ihre schöne „Leibesgestalt". Sie hat schöne Augen, ist ungezwungen, hat ein „wacker Ansehen" und ein „wohlgebildet" Angesicht. Ihr Mund ist klein und blutrot, ihre Wangen sind „mackelicht und zart",[306] ihre Nase ist „wohlgestalt", ihr Busen und ihre Zähne sind weiß, ihr Gesicht ist rötlich, ihre Hände schön. Sie ist entweder eine „schöne Blondine" oder „die schönste Brünette, so man sehen kann"; der Lernende kann hier variieren, solange die Schöne nicht rot- oder schwarzhaarig ist, denn diese Haarfarben sieht die Lektion nicht vor. Ihr Gang ist angenehm, „sie siehet sinn- und geistreich aus", hat „liebreiche Reizungen" und ist möglicherweise nicht dumm: „Man kann die Schönheit wohl sehen, aber nicht den Verstand. – Wenn sie eben so viel Verstand hätte, als Schönheit, möchte man sagen, daß es ein kurzer Begriff aller Vollkommenheiten sey." Hier geht es darum, dass ein *honnête homme* einerseits in der Lage sein muss, den Damen Komplimente zu machen, die sich auf deren körperliche Vorzüge beziehen, andererseits in der Konversation mit anderen Kavalieren das Thema „weibliche Schönheit" in französischer oder italienischer Sprache kenntnisreich und gewandt traktieren können muss.

Auch das älteste Gewerbe der Welt fehlt nicht in den Sprachbüchern. Es kommt bereits in Georg von Nürnbergs Sprachbuch (1424) vor. Auch später finden sich solche „Stellen", etwa in dem Gesprächsbuch von Parival/Kramer (1679), wo ein Kavalier verdächtigt wird, dass er am Sonntagmorgen statt „in die Predigt zu gehen / in einen Hurenwinckel schlöffe", was ihm zuzutrauen sei, weil er sich erst jüngst „durch einige liederliche und gottlose Buben in einen verdächtigen (unehrlichen) Ort verleiten lassen [hat] / allwo er sich voll gesoffen und haben ihm die Huren den Beutel gestolen […]."[307]

---

303   Ebd., S. 83.

304   A. Moratori, Gründliche Anweisung zur Erlernung der Spanischen Sprach, 1723, S. 56-58.

305   Herrn von Veneroni Italiänisch- Französisch- und Deutsche Grammatica, hg. von G. T. di Castelli, 1773, S. 306f.

306   Das Lemma *mackelicht* ist im DW nicht enthalten, wohl aber *makelicht* ‚fleckicht, befleckt', was aus semantischen und phonologischen Gründen nicht in Frage kommt. Gemeint ist ndt. *makelik* bzw. ndl. *gemakkelijk* ‚ruhig, bequem, ungestört.' In der 26. Auflage (1780) hat die schöne Jungfer „völlige und zarte Backen" (S. 467).

307   J. D. Parival/M. Kramer, Teutsch- und Italiänische Gespräche, 1679, 11. Gespräch, Zitate S. 94f.

Der Courtesirende Student

Das ſüſſe Liebes Gifft, pflegt ſich ſo wol bey Reichen   Dem ſchönen Frauen - Volck gar bald Gehör zugeben,
als bey den Armen, auch ſehr zeitlich ein zuſchleichen.   und gern demſelbigen nach Wunſch und Willen leben,
Vor allen ſind es ſich, bey Muſen - Söhnen ein   doch wer noch vor der Zeit, der Biebe Anmuth koſt
die bey dem Müßiggang nicht unempfindlich ſeyn.   bey deme folgt die Reu, gemeinlich auf der Poſt.

Abb. 25: „Der Courtesirende Student" aus der Kupferstichserie zum Leben Altdorfer Studenten
von Johann Georg Puschner alias Dendrono (um 1725).

Zwischenresümee

Mädchen und Frauen waren in den Lehrbüchern keineswegs nebensächlich, sondern kamen laufend vor. In den Gesprächsbüchern sprechen männliche Handlungsträger viel häufiger mit Mädchen und Frauen als über sie. Auch Dialoge zwischen weiblichen Personen waren keineswegs selten. Das durchschnittliche Gesprächs- und Lehrbuch richtete sich im 18. Jahrhundert an beide Geschlechter. Das Lernen fremder Sprachen hörte allmählich auf, eine männliche Domäne zu sein, und das spiegeln die Lehrbücher wider. Ihre Protagonisten waren nicht nur Kaufleute und reisende Kavaliere, Studenten und Soldaten, Wirte und Wirtshauspersonal, Postillone und Dienstleute, sondern auch adlige und patrizische Fräuleins und Frauen, die Gartenspaziergänge machen und Heiratspläne schmieden, ebenso Handwerkerinnen (z.B. Schneiderinnen, Putzmacherinnen) und weibliches Dienstpersonal. Das galante Zeitalter hinterließ seine Spuren in Lehrwerktexten, in denen beide Geschlechter das zierliche Komplimentieren auf Französisch oder Italienisch lernen konnten – auch in Lehrwerken aus den Reichsstädten Augsburg und Nürnberg.

5.2.4. Verkaufte Soldaten

Vom Spätmittelalter bis zur Entstehung des Volksheeres in der Französischen Revolution kämpften Söldnerheere auf den Schlachtfeldern Europas und seiner Kolonien, z.B. in Nordamerika. Das Vermieten von jungen Männern an auswärtige Mächte war seit den Burgunderkriegen (1474–1477) eine wesentliche Einkommensquelle armer und rückständiger

Gegenden der Schweiz, wo das Einkommen aus dem „Reislaufen"[308] eine wirtschaftliche Konstante war. Im 18. Jahrhundert wurde ein Teil der „ländlichen Überschussbevölkerung"[309] durch die Söldnerheere der Territorialfürsten absorbiert. Im 19. Jahrhundert wurde diese Form der Beschaffung von Soldaten nach und nach abgeschafft. Die französische Fremdenlegion ist ein Relikt dieser Praktik.

1792 erschien in Augsburg der Nachdruck eines Lehr- und Wörterbuchs des Englischen für Soldaten: „Der getreue englische Dolmetscher".[310] Die Soldaten, denen er dienen sollte, waren von einigen deutschen Fürsten an König Georg III. von England (der gleichzeitig Kurfürst von Hannover war und auch von dorther Truppen bezog) vermietet bzw. verkauft worden. Es gab in London eine rege Nachfrage nach Soldaten wegen der vielen britischen Kolonialkriege. Insgesamt etwa 30.000 deutsche Soldaten kämpften im amerikanischen Unabhängigkeitskrieg für die Briten. Der Großteil von ihnen kam aus den hessischen Fürstentümern, Anhalt, Hannover und Braunschweig.

Auch fränkische Untertanen waren betroffen: 2.353 Soldaten „vermietete" Markgraf Carl Alexander von Ansbach-Bayreuth nach England. Ein Subsidienvertrag über 1.285 Soldaten für 45.000 Bancotaler pro Jahr wurde im Februar 1777 in Ansbach unterzeichnet. Weitere Einheiten wurden später „nachgeliefert." Ein erheblicher Teil der fränkischen Soldaten geriet nach der Schlacht von Yorktown im Herbst 1781 in amerikanische Gefangenschaft, in der viele von ihnen an Seuchen starben. Von den Überlebenden schlossen sich etwa 700 Mann dem Gegner an und blieb als Neusiedler im Land. Von den 2.353 verschickten Soldaten kehrte im Sommer 1783 gerade die Hälfte, nämlich 1.183 Mann, in die Heimat zurück.[311]

Augsburg und Nürnberg waren zu keinem Zeitpunkt bedeutende Militärmächte und im Soldatenhandel nur indirekt aktiv durch die Überweisung britischer Subsidiengelder.[312] Es stellt sich die Frage, weshalb 1792, lange nach dem Ende des amerikanischen Unabhängigkeitskrieges, dieses Werk in Augsburg noch einmal gedruckt wurde; 1781 und 1792 waren auch in Ansbach Nachdrucke erschienen.

Sein Autor war der Schweriner Buchhändler Johann Nicolaus Carl Buchenröder. Er widmete es „Seiner Exzellenz dem Herrn Obersten und Oberkriegscommissario Faucit [...] zur geneigten Bekanntmachung unter den Teutschen Trouppen". Sir William Fawcett (1728–1804), der hier als „Faucit" erscheint, war von 1775 bis 1780 der bevollmächtigte Abnehmer der menschlichen Ware in Deutschland. Buchenröder berichtet, er habe aus Hannover den Auftrag bekommen, den „Getreuen Dollmetscher" (1756) von Antoine

---

308 *Reislaufen* oder *reiselaufen* bezeichnete seit dem 15. Jahrhundert den gemeinsamen Eintritt einer Gruppe von jungen Männern in fremde Kriegsdienste. Diese Tradition hat sich bis heute bei der Schweizergarde des Papstes gehalten. *Reise* hat in dieser Zusammensetzung die Bedeutung ‚Kriegsdienst'. Zu den Schweizer Söldnern siehe auch Furrer/Hubler/Stubenvoll/Tosato-Rigo 1997.

309 Wehler 1987, S. 173.

310 J. N. K. Buchenröder, Der getreue englische Dolmetscher, 1776. BBHS II, 2 teilt mit, dass die letzte von Buchenröder selbst bearbeitete (4.) Auflage 1784 erschienen sei. Der Augsburger Druck (1792) enthält keine Auflagenzählung.

311 Vgl. Städtler 1956; Atwood 1980; Auerbach 1996; Pohlmann 2002.

312 Es gab weitere süddeutsche Fürsten, die Soldaten verkauften. Herzog Carl Eugen von Württemberg lieferte 1787 rund 3.200 schwäbische Soldaten an die Generalstaaten zum Einsatz in der niederländischen Kapkolonie und in Ostindien; etwa 100 von ihnen kehrten wieder zurück. Der Vertrag lief 1808 aus.

Madonetti[313] „aufs neue zum Gebrauch der Hannoverischen, Braunschweigischen und Heßischen Truppen, die in kurzem nach England eingeschifft werden sollen, auflegen zu lassen."[314] Die 1. Auflage war 1776 in zwei Bänden erschienen, kurz nach Beginn des amerikanischen Unabhängigkeitskrieges (1775–1783).

Buchenröder legte Madonettis „Dolmetscher" nicht nur neu auf, sondern ergänzte ihn durch eine Skizze der englischen Grammatik im Umfang von drei Druckbögen für die „Herren Officiers und andere Sprachliebhaber", die gründlichere Kenntnisse des Englischen erlangen wollten. Für die einfachen Soldaten, „die sich schon begnügen lassen, wenn sie sich in den gangbarsten Wörtern und Redensarten, einigermaßen verständlich im Englischen ausdrücken können," genüge der „Dolmetscher". Man könne damit das Englische ohne einen Sprachmeister in 30 Tagen erlernen, denn es sei frei „von allen Weitläufigkeiten, Verwirrungen und Schulfüchsischen Schlendrian" (S. IVf.). Im Hinblick auf die notorischen Schwierigkeiten Deutscher mit der Aussprache des Englischen erscheint diese Behauptung dreist.

Das beigefügte „Englisch-Deutsch Wörterbuch" ist ein Nomenklator mit separater Paginierung. Alle Einträge sind nach einem ganz unzulänglichen Verfahren transkribiert. Zunächst geht es ums Essen und Trinken, auch mit speziellen Kollokationen, z.B. *schimmlich Brod, ein welscher Hahn, Bohnen mit Speck* (S. 1-4). Weitere Sachgruppen sind „Reisen und Marsch zu Lande u. zu Wasser", „Zeitwörter oder Verba von *marschiren*" und eine Liste von Bewegungsverben (S. 9-12). Im Abschnitt „Vom Kriege überhaupt" geht es um Bezeichnungen für Truppenteile, militärische Dienstgrade, Schuss-, Hieb- und Stichwaffen, den Festungsbau, die Befestigungstechnik und die Gefechtstaktik. Es folgen eine Liste von „Verba vom Krieg" und ein Abschnitt „Vom Winter-Quartier", der Bezeichnungen für das Haus und Haushaltsgegenstände aufführt (S. 16-19). Im weiteren geht es um Zeit und Zeitmessung, die Witterung, den Menschen, seine Körperteile und seine Seelenzustände, dann um die Tiere, die (männliche) Kleidung, das Spiel, die Exerzitien und den Zeitvertreib, Schreiben und Schreibutensilien, Handwerke und Gewerbe. Schließlich folgen ein paar Schimpfwörter und „Caressier-Wörter." Letztere richten sich an weibliche Personen, z.B. „meine liebe Seele, mein kleines Püpgen, mein schöner Engel" (S. 30). Es folgen Listen der Grundzahlen, der Maße, Gewichte und Währungseinheiten. Am Ende finden sich einige „Gespräche", die allerdings keine Gespräche sind, sondern Serien von einfachen Sätzen, oft Frage- oder Aufforderungssätzen, die eine elementare Kommunikation über das Essen und Trinken ermöglichen. Das zeigt, dass der „Dolmetscher"-Teil nicht auf die höheren Dienstgrade zielte, sondern einfachen Soldaten beibringen wollte, sich auf Englisch einigermaßen zu verständigen.

Das ist beim Grammatik-Teil, den Buchenröder der Vorlage hinzugefügt hat, merklich anders. Er besteht aus 15 Lektionen, beginnend mit einer Einleitung in die Sprachkunst überhaupt. Es folgen Ausführungen zur Morphologie, z.B. „Vom Deklinieren" im 6-Kasus-System,[315] zu den Artikeln *the* und *a*, zu den Personalpronomina, zu den Adjektiven und ihrer Komparation. Die Abschnitte zur Konjugation (im Wesentlichen lange Tabellen) sind eher funktionslos, weil es im Englischen wenig zu konjugieren gibt (S. 30). Diese Tabellen haben drei Spalten: „Das Englische. Die Aussprache. Das Teutsche". In der Spalte „Aus-

---

313 Vgl. dazu Schröder BBL III, S. 141f.; BBHS VI, 4. Über Madonettis Leben ist fast nichts bekannt, sein „Getreuer Dolmetscher" ist in deutschen Bibliotheken nicht zu ermitteln.
314 J. N. K. Buchenröder, Der getreue englische Dolmetscher, 1792, S. III.
315 Buchenröder setzte für das Englische sechs Kasus an – wie im Lateinischen.

sprache" wird der Lautwert der englischen Lemmata mit den Mitteln der deutschen Orthographie (unzureichend) wiedergegeben. Die Interjektionen („Zwischenwörter") sind nach
pragmatischen Anlässen in Gruppen sortiert, z.B. Traurigkeit, Verdruss, Freude, Furcht
(z.B. „ay me! äh mi! Wehe mir"), Abscheu („fie upon you! Fei upon ju! Pfuy euch!"), Auf-
munterung („Cheer up! Tschihr op! Habt guten Muth!"), Warnung, Verwunderung („very
fine indeed! Werri fein indihd! gewiss recht hübsch!"), „Ruffen" und Schweigen („be quiet!
bi kweiet! Seyd stille", S. 49).

Zwischenresümee

Der Krieg spielte in den Lehrbüchern aus Augsburg und Nürnberg eine Rolle als Gesprächsgegenstand in Dialogen, namentlich die Kriege gegen die Türken (1683 war die
kaiserliche Residenzstadt Wien zum zweiten Mal von den Türken belagert worden) und die
vielen Kriege gegen Frankreich. Lehrbücher, die sich direkt an Soldaten richten, sind hingegen selten. In der Zeit des Dreißigjährigen Krieges hatte es Anleitungen zum Deutschlernen für französische Soldaten gegeben,[316] und in den Jahren 1799 und 1813/14 gab es Dutzende von Drucken mit deutsch-russischen Wortgleichungen zur Verständigung in Russland oder mit russischen Soldaten, die durch Deutschland marschierten. Zwei Augsburger
Einblattdrucke aus dem Jahr 1799 sind im Dokumentenanhang ediert. Anleitungen zum
Erwerb fremder Sprachen für deutsche Soldaten sind hingegen bis zum Ende des Alten Reiches selten. Buchenröders „Getreuer Dolmetscher" ist eines der wenigen Beispiele dafür.

5.2.5. Sprachlehrwerke in Nürnberger Patrizier- und Gelehrtenbibliotheken

Inwieweit wurden die in Augsburg und Nürnberg verfassten und gedruckten Sprachlehrwerke von den Bewohnern der beiden Reichsstädte tatsächlich rezipiert? Eine Antwort auf
diese Frage ist angesichts der Quellenlage nur punktuell möglich, doch Renate Jürgensens
umfassende Arbeit zu den Nürnberger Patrizier- und Gelehrtenbibliotheken der Frühen
Neuzeit zeigt zumindest, dass manches, was Nürnberger Sprachmeister schrieben und die
dortigen Verleger publizierten, auch in die Buchbestände gebildeter Reichsstädter Eingang
fand.

In der Bibliothek des gelehrten Theologen Johann Michael Dilherr (1604–1669), der
1642 von Jena nach Nürnberg übergesiedelt war, spielten die lebenden europäischen Sprachen nur eine marginale Rolle. Unter den wenigen Lexika und Grammatiken in seiner für
damalige Verhältnisse riesigen Bibliothek befanden sich jedoch das 1618 in Frankfurt am
Main gedruckte „Dictionarium teutsch und italienisch" des zeitweilig in Nürnberg tätigen
Levinus Hulsius sowie die „Schola italica" (1605) des vorübergehend in Augsburg ansässigen Catherin Le Doux.[317]

Eine der umfangreichsten Nürnberger Gelehrtenbibliotheken des 17. Jahrhunderts
bauten der Theologe und Professor am Nürnberger Egidiengymnasium Christoph Arnold
(1627–1685) und sein in denselben Berufen tätiger Sohn Andreas (1656–1698) auf. Beide
Männer verfügten über umfangreiche Sprachkenntnisse: Christoph Arnold hatte um 1650 in
Leiden studiert und eine Studienreise nach England unternommen. Er übersetzte eine Reihe
von Werken aus dem Lateinischen, Niederländischen und Englischen. Sein Sohn Andreas

---

316   Glück 2002, S. 242f.
317   Jürgensen 2002, Bd. 1, S. 525.

lernte während mehrjähriger Bildungsreisen und Studienaufenthalte in den Niederlanden, England und Frankreich (1680–1685) die jeweiligen Landessprachen sowie Hebräisch und Arabisch.[318] Die wenige Jahrzehnte nach dem Tod der beiden Gelehrten aufgelöste Bibliothek umfasste dem Verkaufskatalog von 1725 zufolge 9.472 Drucke. „Die Auffächerung nach Sprachen zeigt die Dominanz der lateinischen Sprache: vorhanden sind 6.053 lateinische Schriften [63,9 %], 83 in griechischer und 64 hebräischer Sprache; hinzu kommen 1.858 Drucke in deutscher [19,6 %], 309 in englischer, 148 in holländischer, 469 in französischer, 264 in italienischer und 38 in spanischer Sprache sowie eine Reihe mehrsprachiger Werke."[319] Daneben findet sich eine beträchtliche Anzahl von Büchern in „exotischen" Sprachen: „so sind – neben über sechzig Titeln in hebräischer Sprache – achtzehn Drucke in arabischer Sprache, sieben in syrischer Sprache, drei in Schwedisch, zwei in chaldäischer Sprache sowie je ein Buch in Äthiopisch, Armenisch und Persisch, Isländisch, Lettisch, Polnisch und Tschechisch zu entdecken."[320]

Jürgensen betont die Weite des Horizonts der Sprachen in der Bibliothek der Arnolds, der neben den romanischen, germanischen und orientalischen Sprachen auch außereuropäische Idiome erfasste, sowie ihr besonderes Interesse an lebenden Sprachen, das sich in der Präsenz zahlreicher Grammatiken, Wörterbücher, sprachwissenschaftlicher und sprachdidaktischer Werke in ihrem Buchbestand widerspiegelt. Sie besaßen Albert Molnárs 1604 in Nürnberg gedrucktes „Dictionarium Latino-Ungaricum", Jean Marins 1680 in der Pegnitzstadt publizierte „Grammaire Françoise", die „Introduction à la langue françoise" (1686) des Nürnberger Sprachmeisters Pierre Canel, „eine 1668 in Augsburg gedruckte Einführung in die französische Orthographie von Hieronymus Ambrosius Langenmantel"[321] sowie Matthias Kramers „Schau-Platz auf welchem die Teutsche und Italiänische Namen aller Haupt-Dinge der Welt vorgestellt werden (1672)."[322]

Das Interesse des Nürnberger Pfarrers und passionierten Büchersammlers Adam Rudolph Solger (1693–1773), der annähernd 10.000 Drucke und Handschriften zusammentrug, an lebenden Fremdsprachen war weniger ausgeprägt als dasjenige der Arnolds. In seiner Sammlung befanden sich „150 Drucke in französischer Sprache, 114 Drucke in italienischer Sprache, [...] 52 in Hebräisch, 25 in Holländisch und siebzehn in Englisch; Einzelstücke finden sich in Syrisch [10], Arabisch [9], Tschechisch [3], Japanisch-Latein und Türkisch [je 2], Polnisch, Schwedisch, Wendisch, Gotisch und Portugiesisch [je 1]; hinzu kommen sieben polyglotte Drucke."[323] In Solgers nicht sehr umfangreichem Bestand an Lexika und Sprachlehrwerken in lebenden Fremdsprachen befanden sich zwei Werke Matthias Kramers – die „Lehr=Art der Französischen Sprache" (1696) und die „Holländische Grammatic" (1716) – sowie Georg Philipp Platz' „Französischer Cellarius" (1735).[324]

Auch in der zu Beginn des 19. Jahrhunderts zum Verkauf angebotenen Bibliothek der Patrizierfamilie Ebner und des besonders an lebenden Fremdsprachen interessierten

---

318 Zu ihren Lebensläufen vgl. Jürgensen 2002, Bd. 1, S. 533-558.
319 Jürgensen 2002, Bd. 1, S. 560f.
320 Jürgensen 2002, Bd. 1, S. 756.
321 Gemeint ist H. A. Langenmantel „Amenuensis Gallicus, sive homonyma significationis linguae gallicae"; wir konnten einen Druck von 1671 nachweisen und einsehen.
322 Jürgensen 2002, Bd. 1, S. 750-754.
323 Zu Solgers Lebenslauf und Büchersammlung vgl. allgemein Jürgensen 2002, Bd. 1, S. 801-808; Zitat S. 808 Anm. 28.
324 Jürgensen 2002, Bd. 1, S. 992.

Gelehrten Christoph Gottlieb von Murr (1733–1811) standen Werke des bedeutendsten Nürnberger Sprachmeisters der Frühen Neuzeit: Die Ebner besaßen Matthias Kramers „Koninglyk Neder-Hoog-Duitsch en Hoog-Duitsch Woorden-Boek" (1719) und sein „Dictionnaire royal françois-allemand" (1715),[325] während Murr Kramers „Niederteutsches Wörterbuch" (1719), seine „Niederteutsche oder holländische Grammatik" (1716) und seine „Grammatica y syntaxe de la lingua espannola-castillana" (1713) im Regal stehen hatte. Darüber hinaus war Franz Ludwig Tonellis 1723 in Nürnberg gedruckter „Wohlinformierter Italiänischer Scholar" in Murrs Bibliothek vorhanden, während Werke Johann Balbachs, Matthias von Erbergs und Johann Karl Chapuzets nicht nachweisbar sind. Wie Christoph und Andreas Arnold nannte Murr schließlich auch Albert Molnárs 1604 in Nürnberg gedrucktes „Dictionarium Latino-Ungaricum" sein eigen.[326] Soweit sich aus diesen sporadischen Nachweisen eine Tendenz herauslesen lässt, bestätigt sich damit auch auf der Ebene der Rezeption durch Nürnberger Patrizier und Gelehrte die herausragende Stellung Matthias Kramers.

5.3. Inhaltliche Aspekte

5.3.1. Fremdsprachlicher Lerneifer und das Lob der deutschen Sprache
Die Behauptung, dass die Deutschen unter den Völkern Europas dasjenige seien, bei dem die Neigung und die Bereitschaft zum Erlernen fremder Sprachen besonders ausgeprägt sei, ist zwischen dem 16. und dem 19. Jahrhundert geradezu ein Gemeinplatz. „Billich ists zu verwundern, dass unser liebes Teutsches Vatterland / welches aus angeborner curiosität [Neugier] vielmehr trachtet ausländische Sprachen zu lernen als in ihrer so herrlichen Grund-Sprache vollkommen zu werden", noch keine anständigen „Teutsch-Welschen" Wörterbücher habe, schrieb Matthias Kramer (1672),[327] und 100 Jahre später konnte man bei Wolfgang Jäger (1779) lesen: „Kenntniss der Sprachen und der Litteratur fremder Nationen ist ein Vorzug, der den Deutschen besonders eigen ist."[328] Im 17. Jahrhundert wird dieser Umstand oft damit in Zusammenhang gebracht, dass die Deutschen andere Nationen und deren Moden und Sprachen allzu umstandslos nachäfften, namentlich die Franzosen und das Französische. Es hätten sich, schreibt Johann Güntzel 1648,

> In dieser unserer teutschen Sprach / vil unsägliche Missbräuche mit eingeschlichen / dass solche Sprach / fast gantz und gar von denen Außländischen Wörtern und Arten zureden [sic] verschluckt: oder doch auff das schändlichste befleckt werden will. Daß man schier kein Wort mehr reden / keinen Brieff mehr schreiben kan / wann nicht der halbe theil mit dergleichen frembden Wörter und Reden eingemenget worden / daß man fast beydertheils / kaum den halben theil davon ohne Dolmetscher / vernemmen oder verstehen kann.[329]

---

325 Jürgensen 2002, Bd. 2, S. 1036.
326 Jürgensen 2002, Bd. 2, S. 1424-1426.
327 M. Kramer, Allgemeiner Schau-Platz, 1672, S.)(iii.
328 W. Jäger, Vermischte Aufsaetze in spanischer Prose, 1779, Vorrede.
329 J. Güntzel, Haubtschlüssel der Teutschen und Italiänischen Sprache, 1648, Vorred[e], S.)( )(2 f.

Auch Matthias Kramer (1694) schimpfte lauthals über die distanzlose Frankophilie vieler seiner Zeitgenossen:

> Aber beides / zu verlachen und zu bemitleiden seynd die jenigen / der Frantzösischen Sprach unerfahrne Teutschen / [...] welche aus der sonsten sehr guten Italiänischen Grammatica, des Signor Veneroni [...] / als welche einig und allein auf die gebornen Frantzosen gerichtet / vermeinen Italiänisch zu lernen. So / so lassen sich unsere allzu guten Teutschen affen äffen; sie äffen / leider! ohne Unterschied alles nach / und wollen haben was nur aus Frankreich kömmt / es mag gut oder bös / theuer oder wolfeil / närrisch oder gescheid / nutzlich oder schädlich seyn.[330]

Diese Kritik an der Neigung der Deutschen zum Fremden und zu den Fremdwörtern ist seit dem frühen 17. Jahrhundert verbreitet und ein Gemeinplatz. Sie fordert Respekt vor dem Wert und der Würde der eigenen Sprache ein, die sich vom Lateinischen emanzipiert hat und dabei ist, eine Hoch- und Literatursprache zu werden, die sich mit anderen Hoch- und Literatursprachen messen kann. Die Kultivierung, Aufwertung und Verbesserung der deutschen Sprache war im 17. Jahrhundert ein zentrales Anliegen Nürnberger Dichter und Gelehrter wie Philipp Harsdörffer, Johann Christoph Wagenseil und Siegmund von Birken (vgl. Kapitel 3). Das Lob der eigenen Sprache wurde in Sprachbüchern und Vorwörtern zu Wörterbüchern oft unterfüttert mit einer Herabsetzung der Fremdsprache, die jeweils gelernt werden sollte, gegenüber dem Deutschen. So schrieb Matthias Kramer im Vorwort eines Hilfsbüchleins zum Italienischlernen (1680), dass

> [...] diese Sprach [das Italienische] keine Grund-Sprache / sondern ein verdorben- und mit Teutsch- Langobardisch- Gothisch- ja auch Griechischen Wörter- und Constructionen unterspicktes Halb-Latein ist / die vermeinte Stamm-Wörter nicht so wol Stamm- als quasi oder Vice-Stamm-Wörter seyen.[331]

Die Kritik an der Überschätzung des Fremden und seiner Sprache richtet sich seit dem frühen 17. Jahrhundert gegen den Adel, der sich *à la mode* einrichtet, kleidet, parfümiert, liebt, speist, trinkt, empfindet und benimmt und dazu französisch spricht und schreibt, so gut er kann. Sie richtet sich aber auch gegen Einwanderer und Flüchtlinge aus Frankreich, Italien und Spanien und gegen einheimische Emporkömmlinge, die sich französisch, italienisch oder spanisch kostümieren, um Karriere an einem der vielen deutschen Höfe zu machen. Diese ambivalente Einstellung zum Sprachenlernen findet sich in diesem langen Zeitraum auch in den Reichsstädten Nürnberg und Augsburg (vgl. Kapitel 2 und 3).
Matthias Kramer wurde 1712 in die Preussische Societät der Wissenschaften berufen. Dafür bedankte er sich mit einer ausführlichen Widmung an König Friedrich I. in Preußen in seinem „Dictionarium [...] Frantzösisch-Teutsch". Dort schreibt Kramer, er wolle als Akademiemitglied tätig sein „zum Ruhm / Wolfahrt und Aufnahm der teutschen Nation und Gelehrsamkeit gedeyhenden Wercken" und sich „die vollkommene Ausarbeitung

---

330 Matthiae Kramers Grössere Italiänische Grammatica, 1694, unpaginierter Vorbericht.
331 M. Kramer, Neues hoch-nützliches Tractätlein von der Derivatione et Compositione, 1680, S. A2v.-A3r.

unserer teutschen Helden- und Römischen Reichs-Sprach vornemlich […] angelegen seyn" lassen.[332]

Die preußische Akademie war damals nicht gerade ein Hort der deutschsprachigen Gelehrsamkeit, denn sie führte ihre Geschäfte im Wesentlichen auf Französisch. Zudem ist zu bemerken, dass das Deutsche womöglich eine „Helden-Sprach", aber keineswegs die „römische Reichs-Sprach" war: Das war in den internationalen Beziehungen des Alten Reiches bis zu seinem Ende das Lateinische.[333] Offenbar war Kramer das durchaus bewusst, wie die nächste Passage aus demselben Text zeigt. Wir zitieren sie ausführlich, um den patriotischen Geist zu verdeutlichen, in dem Kramer dem in dieser Hinsicht desinteressierten König auf die Sprünge helfen wollte:

> Ich zweiffle keinesweges / es haben Euere Königliche Majestät bey dieser Anstalt [der Societät der Wisserschaften] nach Dero höchst-erleuchtetem Verstande / die Teutsche / als Röm. Reichs-Sprach wie eine Königinn betrachtet / als welche / seither daß das Römische Kayser-Reich / und dessen allerhöchste Gewalt auf die Teutsche Nation gefallen / die Latinische / und vornemlich die / aus selbiger / durch Corruption und Vermischung der Völcker geborene / so genannte Italiänische / Frantzösische &c Sprachen zu Vasallen hat; ungeachtet / daß die Landschafften worinnen man sie heute zu Tage redet / de facto von andren Herrschafften besessen werden; woraus dann / meines unvorschreiblichen allerunterthänigsten Bedünckens / den wahrscheinlichen Schluß gemacht / daß / da Euere Königliche Majestät denen Sociis, die Excolirung der teutschen Sprache / wie auch die Erhaltung derselben in ihrer Reinlichkeit / aufzutragen / Ihr allergnädigst gefallen liesse; Dero allergnädigste Intention mit nichten gewesen seye / die Frantzösische / Wällische &c Sprachen (wie etwa vormals bey gewisser Gesellschaft / auch so gar was die Griech- und Latinische anbelangt / gleichsam gesetzlich war) gar auszumustern / und vom teutschen Boden zu verweisen; sondern sie ebenmäßig vornehmen / ausüben / und unsere Lands-Leute durch bequäme Bücher darinnen befördern; jedoch sie jederzeit als Vasallen / in gebürender Botmäßigkeit unter ihrer teuschen Königinn stehen / halten und verbleiben zu lassen.[334]

Weil die deutsche Nation das Erbe des Römischen Reichs angetreten habe, müsse in diesem Reich die deutsche Sprache als legitime Erbin des Lateinischen die Königin sein, der sich das Lateinische unterzuordnen habe, und für dessen Tochtersprachen gelte das sowieso. Diese „so genannten" Sprachen hätten zudem erstens den Makel, dass sie aus „Corruption und Vermischung der Völcker" entstanden, also Sprach-Bastarde seien,[335] und zweitens spreche gegen sie, dass ihre Sprachgebiete (teilweise) anderssprachigen Herrschern bzw. Reichen untertan seien. In Italien regierten um 1700 die österreichischen Habsburger große Gebiete, und in Wallonien und Teilen von Lothringen, der Welschschweiz, in Orange, Avignon, und Savoyen, Neuenburg und Montbéliard sprach man zwar französisch, aber der

---

332   M. Kramer, Das recht vollkommen königliche Dictionarium […] Frantzösisch-Teutsch, 1712, Dedicatio an Friederich I. in Preußen, vor S. b2.
333   Vgl. Moser 1750; Ostrower 1965; Stark 2002.
334   M. Kramer, Das recht vollkommen königliche Dictionarium […] Frantzösisch-Teutsch, 1712, Dedicatio an Friederich I. in Preußen, vor S. b2.
335   Vgl. zum Epitheton ‚Bastard' Glück 2010b.

Landesherr war nicht der König von Frankreich. Dieses Argument ist kühn, denn der König von Frankreich hatte im Elsaß und Teilen von Lothringen seinerseits deutschsprachige Untertanen. In Deutschland müsse jedenfalls die deutsche Sprache gepflegt und „in ihrer Reinlichkeit"[336] erhalten werden. Doch solle man das Lateinische und moderne Fremdsprachen durchaus lehren und lernen, solange nicht daran gerührt werde, dass das Deutsche in Deutschland die „Königinn" sei. Hierin drückt sich das sprachenpolitische Programm eines „Kulturpatrioten" aus, das bei den Sprachgesellschaften des 17. Jahrhunderts auch nicht anders ausgesehen hätte.[337]

Zwischenresümee

Das Lernen fremder Sprachen hat stets neben dem pragmatischen, praktischen Nutzen auch eine politische Dimension: Es stellt eine Referenz dar an die Sprachgemeinschaft, deren Sprache gelernt wird. Das wusste man auch in Augsburg und Nürnberg, wo man Italienisch und Französisch lernte, aber kaum Tschechisch oder Polnisch. Warum? Weil klar war, dass man in Prag und Olmütz, in Posen oder Krakau mit dem Deutschen durchkam, denn dort waren große Teile der Bürgerschaft deutschsprachig. Das Lob der deutschen Sprache sollte vor einem falschen Schluss bewahren: Dass man in den beiden Reichsstädten Italienisch und Französisch, später auch Englisch lernte, sollte nicht als Eingeständnis politischer oder kultureller Unterlegenheit aufgefasst werden (vgl. Kapitel 4). Das Lob der eigenen Sprache hatte die Funktion, diesem (faktisch zutreffenden, aber das nationale Selbstbewusstsein verletzenden) Schluss entgegenzutreten.

5.3.2. Welche Norm gilt?

Sprachen, die keine festen Normen haben und deren Aussprache, Wortschatz und Syntax regional schwanken, sind schwer zu unterrichten. Um 1700 gab es noch keine allgemein verbreitete und akzeptierte hochdeutsche Norm. Variation bewirkten die Dialekte, die Sprechweisen der „unterschiedliche[n] Teutsche[n] Lands-Leute, als Oesterreicher / Bayern / Schwaben / Francken / Rheinländer / it[em] Ober- und Nider-Sachsen etc."[338] und das, was als Sprachwandel wahrgenommen wurde, z.B. „alt-väterische", d.h.veraltete Ausdrücke.[339] In der Mitte des 18. Jahrhunderts wurden im Deutschen Tendenzen zu einer Vereinheitlichung sichtbar (Steinbach, Gottsched), die gegen Ende dieses Jahrhundert im Wesentlichen durchgesetzt waren (Adelung, Campe). Diese Normen wurden in Wörterbüchern, Stillehren und Grammatiken kodifiziert. Diese normsetzenden Werke waren den Verfassern von Lehrwerken zugänglich, und ihre Normen spiegeln sich in den Lehrwerken wider.

---

336   Vgl. zu diesem Begriff Härle 1996.
337   Vgl. Stoll 1973; von Polenz 1994, S. 107-134; von Polenz 2009, S. 102-109.
338   M. Kramer, Neu-ausgefertigtes Herrlich-grosses und allgemeines Italiänisch-Teutsches Sprach- und Wörter-Buch, 1693, Vorbericht, S.)( )( )( )(. Ähnlich J. Güntzel, Haubtschlüssel der Teutschen und Italiänischen Sprache, 1648, Vorred an den Leser, S.)( )(3r. -)( )(4v.
339   Herrn von Veneroni Italiänisch- Französisch- und Teutsche Grammatika, 12. Auflage 1719, Titelblatt. Es heißt dort, diese 12. Auflage sei nicht nur von Druckfehlern befreit, sondern auch „von vielen alt-väterischen und unnützen Sachen gesäubert" worden. Genau dasselbe steht auf dem Titelblatt der 26. Aufl. (1789). Die sprachliche Modernisierung einer Nachauflage war also schon im 18. Jahrhundert ein Marketing-Argument.

Auch viele andere Sprachen waren um 1700 noch wenig normiert und kaum kodifiziert, so das Italienische.[340] Gerade in Italienisch-Lehrbüchern werden immer wieder Varianten dargeboten, z.B. bei Le Doux (1605) unter den Überschriften ‚Über die Abänderung der Vokale (der Konsonanten)'.[341] Das Französische war im Laufe des 17. Jahrhunderts von der *Académie française* normiert und kodifiziert worden, so dass es kaum mehr Normschwankungen gab. Dementsprechend war es leichter, Französisch zu lehren, denn seine Normen waren definiert und verbindlich. Es war deshalb aber auch sehr leicht, im Französischen Fehler zu machen, denn es gab dort kaum noch Variation.

Augsburger und Nürnberger Deutsch
Im Zusammenhang mit der Frage nach den sprachlichen Normen ist es angezeigt, einige kurze Bemerkungen zu den Varietäten des Deutschen zu machen, die in Nürnberg bzw. Augsburg gesprochen wurden. In der älteren Literatur wird das Nürnbergische oft als Nordbairisch eingestuft, etwa als „Untermundart des Nordbairischen sulzbachischer Prägung."[342] Hildegard Eberl (1944) zufolge ist das Nürnbergische bis etwa 1250 dem Nordbairischen zuzurechnen, danach hat es sich ans Ostfränkische angeschlossen.[343] Hugo Steger (1968) zeigte für den Vokalismus, dass das Nürnbergische sowohl zum Ostfränkischen als auch zum Nordbairischen der westlichen Oberpfalz Unterschiede aufweist. Er stellte fest, dass bei den Langvokalen und Diphthongen der Nürnberger Raum (bis östlich Altdorf und Hersbruck) sieben phonemische Einheiten mit dem Bairischen, sechs mit dem Ostfränkischen gemeinsam hat.[344] Das Nürnbergische ist also ein bairisch-fränkischer Übergangsdialekt. Über die Frage, ob es eher dem Fränkischen oder dem Bairischen zuzuordnen ist oder ob er etwas Drittes darstellt, wird seit dem Spätmittelalter räsonniert.[345] Auch Augsburg liegt an einer Dialektgrenze, nämlich an der zwischen dem Oberschwäbischen und dem Mittelbairischen. Das Augsburgische ist dem Oberschwäbischen zuzuordnen, weist aber v.a. im Wortschatz bairische Einflüsse auf.[346] In den Lehrbüchern aus

---

340   Einen Überblick über die Geschichte der Normierung und Kodifizierung der Sprachen Europas geben die Beiträge in Janich/Greule 2002.

341   C. Le Doux, Schola italica, 1605, S. 24-29: „De vocalium mutatione", „De consonantium mutatione."

342   Gebhardt 1907, S. 6.

343   Eberl 1944, S. 49f.

344   Zum Nürnbergischen vgl. weiterhin Joh. Heinrich Häßleins (auch: Häslein; 1737–1796) Nürnberger Idiotikon aus dem 18. Jahrhundert, das erst 1993 ediert wurde (BBHS IV, S. 21-24); Koch 1910; Hartmann 1922 (zur Sprache Albrecht Dürers, v. a. ihre lautlich-orthographische Ebene); Moser 1932; Eberl 1944 (mit einer Kritik an der unzureichenden Methodik Gebhardts, S. 33-41); Pfanner 1954 (für die Zeit bis etwa 1400); Steger 1963 (über die Nürnberger Basis des Wortschatzes in Konrad von Megenbergs „Buch der Natur"); Steger 1968; Maas 2001 (populärwissenschaftliches Wörterbuch) und das Handwörterbuch von Bayerisch-Franken (2007).

345   Beispielsweise von Aeneas Silvio Piccolomini (1405–1464) in der „Historia de Europa", cap. 39: „De Norimberga dubium est, Franconiae an Bavariae cedat. [...]. Ipsi Norimbergenses nec Baioarios nec Francos videri volunt, sed tertium quoddam separatum genus" (zitiert nach Pfanner 1954, S. 162). ‚Es ist unentschieden, ob Nürnberg zu Franken oder zu Baiern gehört. [...] Die Nürnberger selbst wollen weder als Bayern noch als Franken betrachtet werden, sondern als ein dritter, von ihnen einigermaßen abgesonderter Volksstamm.' Pfanner 1954, S. 162-168 dokumentiert viele weitere Meinungsäußerungen zu dieser Frage und zählt die bairischen und die ostfränkischen Merkmale des Nürnbergischen im Einzelnen auf mit dem Resultat, dass es im 13. und 14. Jahrhundert „zu zwei Dritteln bairische und zu einem Drittel ostfrk. Elemente aufweist" (207).

346   Zum Augsburger Stadtdialekt im Alten Reich vgl. Scholz 1898 (zum 13. und 14. Jahrhundert); Krause 1924 (Phonologie und Orthographie in Augsburger Drucken um 1500); Kranzmayer 1927

Augsburg und Nürnberg finden sich immer wieder ostfränkische, schwäbische und bairische Spuren. Beispiele sind

- die ‚weiche' Schreibung ‚harter' Verschlusslaute, also die graphische Wiedergabe der oberdeutschen Lenisierung, z.B. *Bastete* ‚Pastete',[347] *Danzen* ‚tanzen',[347] *hindan stehen*,[348] *butzen*,[349] die (hyperkorrekte) ‚harte' Schreibung eines ‚weichen' Okklusivs, z.B. *durchtringender Verstand*,[350] *Gutsche* ‚Kutsche'.[351] Mitunter äußert sich hier auch eine Unsicherheit bei der Schreibung der Auslautverhärtung: „Johann […], du machsts zu bund, du missbrauchst meine Gedult";[352]

- die Entrundung vorderer gerundeter Vokale („Umlaute") im Schwäbischen, z.B. *ibel* ‚übel';[353]

- die ‚Verdumpfung' (Retraktion) des tiefen Zentralvokals [a] im Ostfränkischen, z.B. „*Nochdem* man alle diese Höfe gesehen […]";[354]

- lokale Sachbezeichnungen wie *Bratwürst (Cervelat)*,[355] *Kuttelfleck, Gelbe Rüben, Rothe Rüben, Wecke, Bretzen*,[356] *Rostbraten*[357] und die Verben *jausen*[358] und *brocken*: „ich habe Erd-Beer *gebrocket*";[359]

- oberdt. umgelautete Pluralformen, z.B. *Hundstäge*;[360]

- die bairische Partikel *mei*: „mein last uns doch gehen!";[361]

(über die Übergangszone im Lechrain); Bohnenberger 1928 (zur Ostgrenze des Alemannischen, die links und rechts des Lechs und im Ries Übergangszonen aufweist, und bairisch-alemannischen Mischvarietäten); Stopp 1979 und Reifsnyder 2003 (über das Spannungsverhältnis zwischen dem Augsburger Stadtdialekt und den Ansätzen zu einer neuhochdeutschen Standardsprache zwischen 1500 und 1650); Graser 1993 (zur Augsburger Druckersprache); Glaser 1984, 1985 (zur Augsburger Schreibsprache); Freund 1991 (zur Graphematik des Vokalismus in einem Augsburger Text aus dem 16. Jahrhundert); Janota 1997 (über die Anfänge des Augsburger Buchdrucks); Künast 1997 (zum Augsburger Buchdruck bis zur Mitte des 17. Jahrhunderts); Graser 2000 (zur Stellung Augsburgs in der deutschen Sprachgeschichte); König 2001 (über einige Entwicklungstendenzen in der Augsburger Stadtsprache seit der Mitte des 18. Jahrhunderts); Fujii 2007 (zur Augsburger Druckersprache im 15. Jahrhundert). Der Sprachatlas von Bayerisch-Schwaben (König/Wellmann (Hg.) 1996 ff.) beschreibt die modernen Gegebenheiten in Phonologie, Morphologie und Lexik.

347 A. Moratori, Instrucion Fundamental Para Aprendèr el Idioma Espanol, 1723, S. 20, 25.
348 J. Güntzel, Haubtschlüssel der Teutschen und Italiänischen Sprache, 1648, Vorred, S.)( )(5.
349 J. Perger, Vollkommene französische Grammatic, 1691, S. 166.
350 A. Moratori, Instrucion Fundamental Para Aprendèr el Idioma Espanol, 1723, S. 57.
351 L. Hulsius, Dictionarium germanico-latinum, 1687, 16; J. G. Verdun, L'art de bien parler, 1737, S. 2.
352 G. Ph. Plats, Dialogues domestiques françois-allemands avec des complimens familiers, 1734, S. 140.
353 I. Weitenauer, Hexaglotton alterum, 1762, S. 97.
354 P. Canel, Teutsche und Frantzösische Gespräch, 1689, S. 30.
355 A. Moratori, Instrucion Fundamental Para Aprendèr el Idioma Espanol, 1723, S. 43.
356 C. Roger de Gironville, Grammaire françoise, 1750, S. 212f., 215.
357 J. D. Parival/M. Kramer, Teutsch- und Italiänische Gespräche, 1679, S. 32.
358 Ebd., S. 94.
359 C. Roger de Gironville, Grammaire françoise, 1750, 217. Schwäb. *brocken* ‚abbrechen, pflücken' ist eine denominale Bildung zu ahd. *proccho*, mhd. *brocken*, nhd. *Brocken* ‚Abgebrochenes'; vgl. auch nhd. *bröckeln, bröckelig*; vgl. Wax 2007, S. 78.
360 J. D. Parival/M. Kramer, Teutsch- und Italiänische Gespräche, 1679, S. 206.

- das Partizip *geessen*, das als Hyperkorrektur der schwäbischen Form *gessen* zu sehen ist;[362]

- Apokopen, z.B. „Anna geh nunter in Keller und hol den Schlegel herauf [...]";[363]

- Schwa-Apokopen bei (im Hochdeutschen) zweisilbigen Substantiven, z.B. *Kirch,*[364] *Red, Sprach,*[365] *Käs,*[366] auch in Pluralformen, z.B. *die Schätz, die Gesätz,*[367] und in silbischen Flexionssuffixen, z.B. *gericht,*[368] *geredt.*[369]

- die pronominale Possessivkonstruktion: „meines Vatters sein Zimmer",[370] „wegen deß Herren seiner Meinung";[371]

- die Verwendung von *thun* als Hilfsverb. In der „Allgemeinen Sprachkunst" (1763) heißt es, der „gemeine Mann" könne mit einer finiten Form von *thun* „auch mit Hülfe des Infinitivi alle Verba conjugiren; als ich thu lieben, du thust reden, er thut sitzen, ich thät schreiben, wir thaten reden etc. dann sie sehen alle Verba als Activa (thätliche) an".[372] Auf diese Weise bekommt die Verbalkategorie ‚Aktiv' im Oberdeutschen Realität. Beide Konstruktionen wurden von den Grammatikern des 18. Jahrundert als normwidrig verpönt.[373]

Das Deutsch, das die Lehrwerke aus Augsburg und Nürnberg verwenden, weist in vielen Fällen (aber längst nicht immer) eine lokale Färbung auf, die im Lauf des 18. Jahrhunderts verblasst, aber nicht verschwindet. Diese Färbung ist nicht das einzige Indiz, das auf die Herkunft dieser Bücher schließen lässt. In Abschnitt 5.3.7. werden die beiden Reichsstädte erneut auftauchen als Gegenstände von Dialogen, Lektionstexten und Übungen in Sprachlehrwerken.

Sprachliche Vorbilder
Schon die Sprachwahl in einer bestimmten Situation konnte einen Sprecher um 1700 sozial stigmatisieren. Man konnte offenbar ausgelacht werden, wenn man in der falschen Situation deutsch sprach: „Wann ich teusch rede / so spottet man meiner – Wann ich Frantzösisch redete / so bekäme ich bald eine gute Beförderung",[374] heißt es in einem Dialog von Pierre

---

361 Ebd., S. 3. Weitere Vorkommen S. 18, 34 u.ö.

362 C. Roger de Gironville, Grammaire françoise, 1750, S. 208 u.ö.

363 G. Ph. Plats, Dialogues domestiques francois-allemands, 1734, S. 134.

364 C. Roger de Gironville, Grammaire françoise, 1750, S. 208.

365 J. Güntzel, Haubtschlüssel der Teutschen und Italiänischen Sprache, 1648, Vorred, unpaginiert, vor S.)( )(.

366 J. D. Parival/M. Kramer, Teutsch- und Italiänische Gespräche, 1679, S. 32. Übrigens hatte der Käse aus Edam in Holland, „Edammerkäse genennt", schon im 17. Jahrhundert eine rote Rinde: ebd., S. 141.

367 J. G. Verdun, L'art de bien parler, 1737, S. 22, 25.

368 J. D. Parival/M. Kramer, Teutsch- und Italiänische Gespräche, 1679, S. 200.

369 M. Kramer, Vollständige italiänische Grammatica, 1674, unpaginiertes Vorwort, Abschnitt „Methodus docendi".

370 G. Ph. Plats, Dialogues domestiques françois-allemands avec des complimens familiers, 1734, S. 145.

371 J. D. Parival/M. Kramer, Teutsch- und Italiänische Gespräche, 1679, S. 74.

372 Allgemeine Sprachkunst, 1763, S. 72f.

373 Vgl. dazu Langer 2001; Langer 2002.

374 P. Canel, Teutsche und Frantzösische Gespräch, 1689, S. 129.

Canel (1689). Wenn man aber Französisch redet, dann möglichst das richtige Französisch. Das beste Französisch spreche man in Blois (vgl. Kapitel 4), aber: „Der Pöbel redet gleichwol daselbst nicht gut. – Noch sonsten irgends wo."[375] Das gelte auch für das Italienische, wo man sich hüten müsse vor „Wörter[n], wie sie der Pöbel auszusprechen und zu schreiben pflegt / ohn Anzeigen daß sie falsch sind [...]";[376] immerhin kann „der Pöbel" in Italien offenbar schreiben. Man ist also gut beraten, sich zu versichern, dass man die richtige Varietät der Zielsprache unterrichtet bekommt, bevor man einen Sprachmeister anstellt oder ein Lehrbuch kauft. Die Ausländer seien als Sprachmeister unbrauchbar, wenn sie den Akzent der Provinz mitbrächten, aus der sie stammen. Davor konnte Matthias Kramer gar nicht scharf genug warnen:

> Wer nur zerbrochen Wällsch auf gut Lang-bartisch zischet /
> Und den versunckenen Thon mit Stümmel-worten mischet;
> Wer nur den Pöbelmann zum Scheide-richter macht
> Und was er da nicht hört / als unerhört verlacht,
> Der schweig zu Kramers Buch; es rede / wer da wisse /
> Wie lieblich das Toscan aus Röm'schen Munde fliesse:
> Hier ist der Sprachen Brunn/ komm / schöpffe / was du wilt /
> Und sag / ob er nicht voll der reinsten Reden quillt![377]

Das richtige Italienisch lernte man also nicht bei italienischen Dialektsprechern, sondern bei gelehrten Meistern wie Kramer, der das Toskanische „aus röm'schem Munde" lehrt. Manches konnte man bei den muttersprachlichen Sprachmeistern auch gar nicht lernen, weil sie ungebildet waren und die höheren Register ihrer eigenen Sprache gar nicht kannten (und zusammmen mit dem „Pöbelmann" aus Unbildung über sie lachten, wenn sie sie hörten). Schon in seinem Wörterbuch (1676) hatte Kramer deshalb mit ‚Lombardisches Wort, ungebräuchliches Wort, niedriges Wort, niedrige Art, Handelsausdruck'[378] bezeichnet, was an „untoscanischen &c Wörtern nothwendig eingesprengt hat werden müssen [...]." Er gab seinen Einträgen also Charakterisierungen bei, die Stilebene, Gebräuchlichkeit, Fachsprachlichkeit und Regionalität der einzelnen Wörter markierten, wo er das nötig fand. „Unzüchtige und unflätige" Wörter ließ er weg, weil er „mit diesem hässlichen Koth und garstigen Unrath die wolriechende Blumen dieses Toscanisch-Teutschen-Lust-Gartens nicht anstänkern" wollte. Wo es nicht zu vermeiden war, vermerkte er ‚schmutziges Wort'.[379] Das Abkürzungsverzeichnis im italienischem Wörterbuch von 1693 enthält darüber hinaus eine Reihe von fachsprachlichen Zuordnungen, z.B. „ein Poeten-Wort so in Versen und hohen

---

375 M. Kramer, Neu Parlement, 1711, S. 144.
376 M. Kramer, Das neue Dictionarium, 1676, Vorrede, S.):9jv, v. Im Gesprächsbuch von J. D. Parival und M. Kramer ist Blois ein wichtiges Reiseziel, „denn die Sprach ist daselbst reiner und zierlicher" (Teutsch- und Italiänische Gespräche, 1679, S. 184).
377 M. Kramer, Das herrlich Grosse Teutsch-Italiänische Dictionarium, 1700, Vorwort.
378 „par. Lombarda, Parola inusita, Parola bassa, Modo basso, Termine Mercantile &c."
379 M. Kramer, Das neue Dictionarium, 1676, Vorrede, S.):(v, v.): „Parola sporca." Wortgleich in: M. Kramer, Neu-ausgefertigtes Herrlich-grosses und allgemeines Italiänisch-Teutsches Sprach- und Wörter-Buch, 1693, Vorbericht, S.)( )(iii verso f.

Concepten üblich" oder „Ein Kriegs-, ein Festungs-Baukunst-Wort". Ein * vor einem Eintrag besagt, dass der Ausdruck „nur Schertz-weis geredt" werde.[380]

Grammatica Congrua und Grammatica Ornata

Ein guter Sprachmeister müsse sich klarmachen, schrieb M. Kramer, dass er es bei seinen Schülern mit unterschiedlichen kommunikativen Bedürfnissen und Lernzielen zu tun habe. Das müsse sich auch in den Lehrmaterialien und Lehrmethoden niederschlagen. Er unterschied im Hinblick auf die Ziele der Nutzer zwischen einer *Grammatica Congrua* (‚passende Grammatik', etwa: Grammatik für den Alltag) und einer *Grammatica Ornata* (‚geschmückte Grammatik'), wobei die *Grammatica Congrua* (Umfang: 289 Seiten) die Grundlage für die *Grammatica Ornata* war (Umfang: 146 Seiten). Der Lernende sollte sich zunächst der *Grammatica Congrua* widmen:

> Es ist zwar eigentlich die Grammatica Congrua auf Kauf- Handels- und dergleichen Leute angesehen / die Ornata aber / auf Gelehrte / Staats- und Hofleute / Item auf Doctores, Professores, Scriptoren und Philologos, jedoch in genere mag die Congrua allen denen dienen / welche nichts als die Nothdurfft und Füglichkeit verlangen / die Ornata aber / allen denen / so da nach der Perfection streben.[381]

Die *Grammatica Congrua* ist eine „fügliche" Grammatik, die sich mit der formalen Korrektheit der Sprache beschäftigt. Auf ihrer Grundlage vermittelt die *Grammatica Ornata* pragmatische (z.B. Phraseologismen) und stilistisch-rhetorische Kenntnisse.[382] Nur wer die *Grammatica Ornata* beherrscht, so meinte er, kann tatsächliche Perfektion in der Sprache erreichen:

> Die Grammatica Congrua, lehret die Füglichkeit dieser Sprache / und lernen die Schüler / vermitels der selbigen / obschon schlecht / jedoch recht gut / und ohne Vitia reden und schreiben. Die Grammatica Ornata lehret die Zierlichkeit / rechte Eigenschafft und Perfection dieser edlen Sprache / das ist / wie sie am Römischen und Florentinischen Hofe / und andern dergleichen guten Orten / ausgesprochen / wie dann auch / von allen gelehrten Italiänern geredt und geschrieben wird.[383]

Zu den hochsprachlichen Normen, zur wirklichen „Zierlichkeit und Perfection" der Sprache, komme man erst, wenn man die *Grammatica Ornata* beherrscht. Deren Ort sei geographisch und sozial bestimmbar: Dieses maßgebliche Italienisch sprächen und schrieben die *Corteggiani* und die Gelehrten an den Höfen von Florenz und Rom. Wirklich funktioniert hat diese Aufteilung wohl nicht, denn Kramer brachte, auf Bitten von „Ungelehrten"

---

380 M. Kramer, Neu-ausgefertigtes Herrlich-grosses und allgemeines Italiänisch-Teutsches Sprach- und Wörter-Buch, 1693, vor S. 1.

381 M. Kramer, Vollständige italiänische Grammatica, 1674, unpaginiertes Vorwort.

382 Die Einteilung in *Grammatica Congrua* und *Grammatica Ornata* findet sich auch in den weiteren Bearbeitungen von Kramers italienischer Grammatik, vgl. z.B. die „Neu-ausgeführte Grammatica Italica Ornata. Das ist: Zierlich-Italiänische oder Toscanisch-Romanische Sprach-Lehre", 1694 (3. Auflage), wo die Einteilung auf die traditionelle Lehre von den Stilebenen und Stilmitteln bezogen wird, ebenso in den „Rudimenti Toscana-Romani", 1695 (2. überarb. Auflage).

383 M. Kramer, Vollständige italiänische Grammatica, 1674, unpaginiertes Vorwort, Abschnitt „Methodus docendi".

unter seinen Schülern, 1680 die „Toscanische[n] Rudimenta" als einen „Mittelweg" heraus.[384] An das Italienisch des Adels und der Gebildeten waren also andere Ansprüche zu
stellen als an das Italienisch der Kaufleute und ihrer Angestellten, die geschäftlich nach
Italien reisten. Der ständische Unterschied fand hier ein sprachliches Korrelat, die Beherrschung der *Grammatica Congrua* drückte soziale Distinktion aus.

Ein weiterer Gesichtspunkt bei der Auswahl und der Gewichtung der Wortschätze, die
ein Lehrwerk oder ein Wörterbuch berücksichtigt, ist soziologischer Art. Sollte sich dieser
Wortschatz ganz auf die augenblicklichen altersspezifischen Bedürfnisse und Interessen der
Schuljugend konzentrieren und insoweit beschränken, oder sollte es ein Wörterbuch „fürs
Leben" sein? Das deutsch-französische und französisch-deutsche „Handwörterbuch für die
Schulen und den Buergerstand" (1800–1802)[385] enthält „Kunstwoerter der Kaufleute und
Professionisten" (Untertitel). Mit „Kunstwort" ist der Fachausdruck, der Terminus gemeint.
Im Vorwort wird die Erfahrung mitgeteilt, dass sich die meisten Menschen nur einmal im
Leben ein französisches Wörterbuch zulegen. Aus Schülern würden aber später Bürger, und
deshalb sei der für das Erwerbsleben wichtige Wortschatz schon in das Lehrbuch für die
Jugendlichen aufgenommen worden. Idiomatische Wendungen kämen darin vor, aber
sparsam dosiert, „da der Schüler- und Bürgerstand wohl am wenigsten Zeit, Gelegenheit,
Lust und Beruf zum Übersetzen und Verstehen der Ausdrücke von ganz besonderer
Bedeutung oder schwerer Bücher hat […]" (Vorwort).

Sprachen weisen regionale und soziale Variation auf. Diese Tatsache mussten (und müssen)
Sprachlehrer und Verfasser von Lehrmitteln und Wörterbüchern stets bedenken. Sie mussten (und müssen) möglichst viele von diesen sprachlichen Varianten kennen und dann klug
die beste, schönste, am weitesten verbreitete Variante auswählen zum Besten ihrer Klienten. Eine regionale Färbung der Sprache war im Italienischen und im Deutschen kaum, im
Französischen aber auf jeden Fall zu vermeiden, seit die *Académie française* festlegt, was
das richtige Französisch ist.

5.3.3. Titularbücher und Briefsteller

Im Laufe des 17. Jahrhunderts wurden die Anredekonventionen und Titulaturen im Deutschen immer differenzierter und komplizierter. Um 1700 hatten sie die sprichwörtliche
barocke Überladenheit angenommen (‚Zopf-Anreden'), im Laufe des 18. Jahrhundert ver-
einfachten sie sich und wurden wieder überschaubar. Nicht nur an den vielen Höfen
Deutschlands, sondern auch in den Reichsstädten Nürnberg und Augsburg legte man großen Wert auf sprachliche Etikette, die sich u.a. in der korrekten Anrede von Personen beider Geschlechter und aller Stände ausdrückt.[386] Ein *honnête homme* musste diese Regeln

---

384   M. Kramer, Toscanische Rudimenta, 1680, Vorrede an den Leser, unpaginiert.
385   F. J. Memmert/J. H. Meynier, Franzoesisch-Teutsches [Bd 2: Teutsch-Französisches] Handwörter-
      buch, 1800–1802. Vgl. zu den Konflikten zwischen den Autoren und ihrem Verleger Johann Jakob
      Palm über die (innovative) Konzeption dieses Handwörterbuchs (es baut auf Schwans Großwörter-
      buch auf) Hausmann 1989, S. 42-45.
386   Sprachliche Etikette ist beileibe keine vormoderne Angelegenheit. Auch in der Gegenwart ist dies ein
      Bereich des Sozialverhaltens, in dem viele Menschen Beratungsbedarf spüren, wie der große Erfolg
      der Benimmbücher von S. Gräfin Schönfeld (1991) und A. W. Asferate (2003) zeigen, die beide
      mehrere Kapitel zum sprachlichen Aspekt von Höflichkeit enthalten.

ebenso beherrschen wie ein gesellschaftsfähiges patrizisches Fräulein – nicht nur auf Deutsch, das aber auf jeden Fall. Der Sprachmeister Pierre Canel beherrschte sie nicht: Nach einer Eingabe an das Nürnberger Stadtgericht (1687) wurde er darüber belehrt, dass er künftig „denen gesambten Herren Richter, Assessoribus und Schöpffen das Praedicat hochedel, gestreng, fürsichtig, hoch- und wohl-weise" beizulegen habe.[387] Einem Antrag des Sprachmeister-Sohns Ludwig Theodor Chapuzet, ihm anlässlich seiner Hochzeit das Prädikat „Erbar und Wohlfürnehm" zu verleihen, wurde 1758 nicht entsprochen.[388]

In Nürnberg erschien 1661 ein dickleibiger zweibändiger einsprachiger Katalog für die sprachliche Etikette, der weite Verbreitung fand, nämlich Georg Philipp Harsdörffers „Teutscher Secretarius". Dort geht es auf vielen hundert Seiten die „Ständetreppe" hinauf und hinab. Harsdörffers Werk war das Vorbild für einige zwei- und mehrsprachige Formelbücher.[389]

Zweisprachige, seltener mehrsprachige Briefsteller kommen im 17. Jahrhundert im Fremdsprachenunterricht in Gebrauch. Briefsteller sind Musterbücher für die schriftliche Verwendung der Fremdsprache. Sie treten als selbständige Lehrbuchgattung neben das Gesprächsbuch, das in Musterdialogen die Fähigkeit entwickeln und schulen will, sich mündlich in der Fremdsprache auszudrücken und sie hörend zu verstehen. Briefsteller spiegeln die ständische Gesellschaftsordnung des Barockzeitalters in ihren Regeln für die Anrede und die Schlussformel in Briefen sehr genau wider.[390] Sie waren unentbehrlich für jeden, der eine Korrespondenz führen und sich dabei nicht blamieren wollte.

„Der In Verfertigung Allerhand Schreiben, Stets-bereite und vermehrte Secretarius" (1696), der anonym veröffentlicht wurde, geht vom Deutschen aus. Die Zielsprachen sind, dem Titel nach, das Italienische und das Französische. Zunächst wurden die Konventionen für das Briefeschreiben erläutert. Am wichtigsten sei es, den Adressaten angemessen anzusprechen: den Papst, einen Kardinal, einen Priester oder eine weltliche Person. Auch bei diesen müsse man die Adressaten sauber auseinanderhalten, etwa einen König, einen Küchenmeister und einen „Candidaten". Für jeden Einzelfall wurde die passende Anredeform bzw. -formel zunächst auf Deutsch, dann in den beiden Fremdsprachen genannt.

Die weiteren Kapitel enthalten Glückwünsch-, Bitt-, Klage- und Trostschreiben, „Recommendation-, Intercessional- und Promotorialschreiben",[391] „Complimentier- und Grußschreiben", „Liebesschreiben", „Befehls- und Vermahnungs-, Warnungs-, Verweisschreiben", Dankschreiben, „Visit- oder Besuchungsschreiben" und Abschiedsschreiben. Man darf diese kommunikativ-pragmatischen Anlässe für die Zeit um 1700 keinesfalls nach formell vs. informell oder öffentlich vs. privat unterscheiden:[392] Es handelt sich durchweg um Situationen, in denen der Schreiber sich öffentlich präsentiert und beurteilt werden kann, darf und will, auch in seinen Trost- und Liebesbriefen. Nun werden die Wechsel- und Frachtbriefe behandelt, also Schriftstücke, die verbindliche Rechtsgeschäfte darstellen und

---

387 StAN, Rep. 60a, Nr. 2871, RV 1687 X 14, fol. 17r.

388 StAN, Rep. 60a, Nr. 3804, RV 1758 III 20, fol. 12r.

389 Die große Bedeutung G. Ph. Harsdörffers für die Diskussion und Verbreitung des Ideals des (adeligen wie bürgerlichen) *honnête homme* in Deutschland und seine Bezugnahmen auf französische, italienische und englische Vorbilder hat Krebs (2010) herausgearbeitet. Vgl. auch Kapitel 3.

390 Vgl. zur Textsorte Briefsteller Roseno 1933; Nickisch 1969; Nickisch 1994; Stengel 1996; Furger 2010; Klein 2011b, S. 307f.

391 ‚Empfehlungs-, Einspruchs- und Förderungsschreiben.'

392 Im Sinne des Nähe-Ferne-Konzepts von Koch/Österreicher 1985.

denen ein hohes Maß an Verbindlichkeit zukommt. Es sei deshalb ratsam, den Stoff dieses Kapitels sehr sorgfältig zu lernen, wenn man im wirklichen Leben mit solchen Briefen zu tun bekommen könnte. Der abschließende Abschnitt führt sinnigerweise Muster für Abschiedsbriefe vor. Alle diese Kapitel beschränken sich auf das Deutsche, die beiden Fremdsprachen fehlen. Ein Anhang enthält „unterschiedliche nützliche Sententien und Sprichwörter". Erst hier spielen die beiden Fremdsprachen wieder eine Rolle. Der Titel des Werks „lügt" also: Es leitet an zum Schreiben deutscher Briefe, ist aber nicht brauchbar, wenn man italienische oder französische Briefe schreiben oder auch nur verstehen lernen will.

„Le Parfait secretaire françois" von Pierre Canel (1703) ist dem Prinzen Wilhelm von Dänemark gewidmet, dem Canel nach seiner Nürnberger Zeit als Sprachmeister diente. Nützlich sei das Buch jedem, der lernen wolle, auf die „neue und aktuellste Art und Weise" Briefe zu schreiben. Es enthält eine Sammlung von Musterbriefen in beiden Sprachen mit Antwortschreiben auf Französisch ohne Übersetzung ins Deutsche. In einer Vorbemerkung wird auf drei Seiten erläutert, was einen guten Brief ausmacht: Auf Inhalt, Form und Stil komme es an. Der Inhalt müsse verständlich und der Situation angemessen sein. Die Form folge einem dreiteiligen Gliederungsschema (Einleitung, Herzstück und Abschluss). Man erkläre den Grund für das Schreiben, spreche dann alle Dinge an, die wichtig seien, skizziere die Inhalte der Antwort, die man sich erhoffe, und benenne die Schwierigkeiten, aber vor allem die Lösungen oder Vorteile, die sich aus der Antwort ergeben könnten. Der Stil solle klar und prägnant sein, er müsse zum Inhalt des Briefes passen, in angemessener Form das Anliegen ausdrücken und für den Empfänger verständlich sein.

Gegliedert ist das Buch thematisch nach Musterbriefen: der Glückwunsch-Brief zum Neuen Jahr, der Liebesbrief (sehr ausführlich: 27 Seiten), das Glückwunschschreiben zu allerlei Anlässen, der Heiratsantrag, die Entschuldigung und die Wiedergutmachung, das Empfehlungsschreiben, der Kondolenzbrief, der Genesungswunsch, die Todesnachricht und die Beileidsbekundung. Auch dieses Werk ist ganz und gar aufs Praktische hin orientiert. Der Nutzer soll die Fähigkeit erwerben, sich in den Wechselfällen des Lebens schriftlich in französischer Sprache zu behaupten. Ebenfalls von Canel stammen die „Teutschen und Frantzösischen Gespräch" (1689).[393] Das Werk enthält sechs Gespräche in den beiden Sprachen, deren letztes „Von brieffen" handelt. Hier wurde ein Briefsteller in ein Gesprächsbuch eingearbeitet.

Ein anderes zweisprachiges Regelwerk ist das „Teutsch- und Französische Titular-Buch" (1747) des Göttinger Sprachmeisters Isaac de Colom du Clos (1708–1795), der berufliche Beziehungen nach Nürnberg pflegte.[394] Ein „Vorbericht" gibt Anweisungen zum korrekten Briefeschreiben: „Von dem Cereminiel, und insbesondere von dessen innerer Einrichtung."[395] Dort geht es um Titel, um „Ehren-Benennungen." Der Abschnitt „Von der äußerlichen Einrichtung des Cereminiels" befasst sich mit den verschiedenen Papierformaten, der korrekten Datierung, den Couverts und der Siegelung samt dem Siegellack, der „Aufschrifft", der Verpackung größerer Sendungen und dem Porto.[396] Zunächst werden also wichtige materielle Aspekte des Briefeschreibens dargelegt, was nicht funktionslos ist: Wenn der Nutzer des Lehrbuchs sich in Frankreich Schreibutensilien besorgen wollte, fand er in diesem Abschnitt den passenden Wortschatz. Es folgen ein deutsch-französisches

393 P. Canel, Teutsche und Frantzösische Gespräch, 1689.
394 Er gab 1788 eine Aufsatzsammlung von Johann Karl Chapuzet neu heraus.
395 I. de Colom du Clos, Teutsch- und Französisches Titular-Buch, 1747, S. Xff.
396 Ebd., S. XVIIff.

Namenregister und ein „Teutsch-französisch Wörterbuch, Darin die Würden, Charakteren, Chargen, Bedienungen, und Professionen französisch benennet werden […]". Es handelt sich um ein zweisprachiges Glossar mit Titeln, Berufs- und Funktionsbezeichnungen. Man braucht es, um im Brief die angemessene Anrede und in der Anschrift den richtigen Titel zu treffen. Wer sich hier nicht auskennt, macht sich gesellschaftlich unmöglich. Die Titelverzeichnisse sind nach Ständen gegliedert in die Titulaturen:

- der im Reich regierenden Fürsten und Regenten;
- der geistlichen Herren und der „Universitäts- und Schul-Bedienten";
- der Angehörigen „Hoher und niederer Collegiorum", d.h.der Mitglieder politischer Körperschaften;
- der „Krieg-, Hof- und Civilbediente[n]";
- der „Hof- und Civil-Bediente[n]", auch für die niederen Chargen, etwa Jägermeister oder Büchsenspanner.

Zu den eher einfachen Berufen gehört der des Sprachmeisters. Man schreibt ihn folgendermaßen an: „Dem Hochedlen und Wohlgelahrten Herrn, Herrn N. berühmtem Sprachmeister zu N. (auf der Universität N.), meinem etc. A Monsieur N. Maitre de langue (de Langues) très célèbre." Wenn der Meister an einer Universität lehrt, muss es heißen „Dem Hochedelgebohrnen und Hochwohlgelahrten Herrn u. s. w."[397] Ein weiterer Abschnitt handelt „Von den Titeln an das Frauenzimmer."[398]

Matthias Kramers „Banco-Secretarius / oder Kauffmännischer Correspondentz-Stylus"[399] und Matthias von Erbergs „Neu-eröffnetes Handels-Contor und Neu-aufgeschlossenes Handels-Gewölb"[400] wurden bereits im Abschnitt über die Fachsprachen (5.2.1.) vorgestellt. Beide Werke enthielten Briefsteller. Matthias Kramer brachte 1720 einen weiteren französisch-deutschen Briefsteller auf den Markt.[401] Von seinem Sohn Johann Matthias Kramer stammen Bearbeitungen des verbreiteten italienisch-deutschen Briefstellers von Nicolò di Castelli (1713).[402] Das deutsch-französisch-italienische Musterbuch für Kaufmannsbriefe des Augsburger Sprachmeisters Johann Jakob (Jean Jacques) Schatz (1765) enthält in zwei Anhängen Phraseologismen und Sprichwörter in den beiden Fremdsprachen.[403] Das ist ein Hinweis darauf, dass auch beim Briefeschreiben Muster und Schemata nicht immer ausreichen und ‚idiomatische' Kenntnisse der Fremdsprache auch hier wünschenswert erscheinen.

Ein unbekannter Autor verfasste den „Recueil des meilleurs Lettres Allemandes, Françoises, et Italiennes" (1771). Sein Titel verspricht, dass man aus ihm das formvollendete Schreiben französischer und italienischer Geschäftsbriefe ohne die Hilfe eines Sprachmeisters lernen könne. Damit ist gemeint, dass man fürs Briefeschreiben die Aus-

---

397 Ebd., S. 323f.
398 Ebd., S. 334-337.
399 M. Cramer [Kramer], Banco-Secretarius oder Kauffmännischer Correspondentz-Stylus, 1693; M. Kramer, Neuvermehrter Italienisch Deutscher Banco-Secretarius, 1693 ist eine Nachauflage (14. Auflage).
400 M. von Erberg, Neu-eröffnetes Handels-Contor und Neu-aufgeschlossenes Handels-Gewölb, 1705.
401 M. Kramer, Auserlesene Kaufmanns-Briefe Französisch und Teutsch, 1720.
402 J. M. Cramer [Kramer], Lettere miscellanee, curiose è galanti di Nicolo di Castelli, 1750.
403 J. J. Schatz, Sammlung der neuesten […] Kaufmanns- […] Briefe, 1765, Anhang mit selbständiger Paginierung (54 S.).

sprache des Französischen und/oder des Italienischen nicht unbedingt beherrschen muss –
dafür wäre dann ein Sprachmeister vonnöten. Vorkenntnisse in den beiden Fremdsprachen
sollte man aber schon mitbringen. Das Werk enthält über 100 Briefe „nach der neusten
kaufmännischen Schreibart", aber auch Höflichkeits- und Freundschaftsbriefe. Zielgruppen
sind Kaufmannslehrlinge und andere junge Leute in der Ausbildung.

Ein weiteres Beispiel für einen mehrsprachigen Briefsteller ist Jakob Mayers Titu-
larbuch (1776),[404] das Briefanreden in drei Sprachen, eine Anleitung zu ihrer korrekten
Verwendung und ein alphabetisch geordnetes „Titularlexikon", d.h. eine Auflistung von
Adelsprädikaten, Titeln und Funktionsbezeichnungen (z.B. Graf, Einkäufer, Ehemann,
Doktor, Edelmann, Fuhrmann) samt ihren fremdsprachlichen Entsprechungen enthält.

Der Nürnberger Diakon und Prediger Johann Balbach verfasste mehrere Briefsteller,
darunter – im Jahre 1780 – erstmals einen englisch-deutschen.[405] Seine deutsch-englische
Briefsammlung[406] war vor allem für Anfänger bestimmt. Sie sollte als Vorschule für das
Schreiben englischer Briefe dienen.[407] In der Vorrede zur 3. Auflage (1806) heißt es, dass
diese Chrestomathie nach Balbachs Wissen das erste deutsch-englische Übersetzungsbuch
in Deutschland sei.[408] Bei diesem Werk handelt es sich um ein Gesprächsbuch mit
angehängtem Briefsteller. Es enthält Sprichwörter, Sentenzen, Erfahrungssätze und Erzäh-
lungen (Moralisches, Tugendhaftes, Fabeln), Szenen aus Laurence Sternes „Yoriks emp-
findsame[r] Reise" und schließlich „Freundschaftliche Briefe" sowie „Historische Briefe."
Bereits 1783 war Balbachs französischer Briefsteller erschienen.[409] Im Vorwort heißt es,
der einzige Konkurrent zu seinem Werk sei die vor vielen Jahren erschienene Briefsammlung von Johannes Friedrich Mycc, und diese sei inzwischen veraltet.[410] Diese
Behauptung ist unzutreffend: Französisch-deutsche Briefsteller gab es im 18. Jahrhundert
zu Dutzenden. Weiter schreibt er, das „Licht der Aufklärung" habe zu einer Verfeinerung
des Stils in den Geschäftsbriefen und zu einer Ausweitung der notwendigen Kenntnisse bei
den Kaufleuten geführt, weshalb die älteren Briefsteller nicht mehr den Anforderungen der
Gegenwart entsprächen (S. Xf.).[411] Als Quellen und Vorbilder für seine „freundschaftlichen
Briefe" nennt er u.a. den Schriftsteller Christian Fürchtegott Gellert (1715–1769), den
aufklärerischen Publizisten Gottlieb Wilhelm Rabener (1714–1771) und Kaiser Joseph II.
(1765–1790, reg. 1780–1790). Nachdrücklich zu warnen sei vor den „radgebrechte[n] Aufsätze[n]", nämlich der Ummodelung deutscher in französische Konstruktionen. Er kenne
Schüler, die die ersten 50 Briefe von Mycc und den gesamten „Speccius gallicus" von
Kramer übersetzt hätten, aber nicht in der Lage seien, einen normalen deutschen Satz ins

---

404   J. Mayer, Allgemeines deutsches, lateinisches und französisches Titularbuch, 1776.
405   J. Balbach, A New Collection of Commercial Letters, 1780, 2. Auflage 1789. Nach Schröder BBL I,
      S. 30, erschien die 1. Auflage 1780, laut BBHS I, S. 146, erschien die 1. Auflage erst 1789. Keine
      von beiden ist in Deutschland zu ermitteln. Eine zweibändige Ausgabe erschien 1790.
406   J. Balbach, German Chrestomathie for Translation into the English, 1782 (1796, 1806). Vgl. Schröder
      BBL I, S. 30; BBHS I, S. 145. Die 1. Auflage ist BBHS zufolge in Deutschland nicht zu ermitteln.
407   J. Balbach, German Chrestomathie for Translation into the English, 2. Aufl. 1796,
      S. IIIf., XIIf.
408   J. Balbach, German Chrestomathie for Translation into the English, 3. Aufl. 1806, S. XXII.
409   J. Balbach, Neue Sammlung deutscher Briefe zum Übersetzen ins Französische, 1783. Vgl. Schröder
      BBL I, S. 30; BBHS I, S. 145f.
410   J. Balbach, Neue Sammlung deutscher Briefe zum Übersetzen ins Französische, 1783, S. IXf.
411   Ebd., S. Xf.

Französische zu übersetzen. Die Zielgruppe sind Jünglinge und Mädchen von 14 bis 18 Jahren mit guten Vorkenntnissen.[412]

Teil 1 dieses Briefstellers enthält „Handlungsbriefe" (Nachrichten, Bestellungen, Empfehlungen, Aufträge, Anweisungen, Ankündigungsbriefe, Versandbriefe, meist mit den jeweiligen Antworten). Die Wirtschaftsethik *ante litteram* tritt in einem moralischen Anhang ins Bild. Er enthält Ratschläge und Ermahnungen eines Vaters an seinen Sohn, die folgende Gebiete betreffen: Religion, Pflichten gegen Prinzipale (Vorgesetzte), erforderliche Kenntnisse „bei der Handlung" (schöne Handschrift, ordentliche Orthographie, Rechenkunst), Kenntnis fremder Sprachen, Ordnung und Mäßigung in den Lehrübungen, Beschäftigungen in Erholungsstunden (Zeichnen, Lektüre von Werken zur Geographie und zur Geschichte). Die Mahnung, sich um Sprachkenntnisse zu bemühen, lautet wie folgt:

> Sprachkänntnis, mein lieber Carl, gehört zu den schönen Wissenschaften des Kaufmanns. Sie zieren ihn, indem sie das Gebieth seines Vortheils erweitern helfen. Es ist nichts angenehmer, als wenn man mit jedem Ausländer in seiner Mundart reden kann, und eben so nützlich ist es auch. Der Fremde gönnt seine Aufträge lieber dem, der ihn gerade zu versteht, als einen andern, der erst Dollmetscher dazu bedarf. In unsern Tagen ist zwar das Französische die Hauptsprache von Europa; man macht daher gerne mit Erlernung derselben den Anfang; aber wer es thun kann, der gehe in diesem Feld weiter.[413]

Teil 2 enthält die „freundschaftlichen Briefe" (Scherz, Ernst, Bitte, Gewährung, Dank, Ermahnung, Belehrung, Glückwünsche, Beileid usw.). Die zwei Hauptabteilungen sind jeweils dreimal nach Schwierigkeitsgraden untergliedert. Abgedruckt sind deutsche Briefe, Übersetzungshilfen werden in den Fußnoten gegeben.

Die Bearbeitung dieser Briefsammlung für das Englische (1786)[414] entspricht in ihrem Aufbau der französischen Vorlage. Balbach reagierte mit dieser Bearbeitung auf die „[...] immer weiter[e] Ausbreitung dieser Sprache, und [auf den] Eifer, wodurch sie, heut zu Tage, von einer Menge Subjekten, aus den verschiedensten Ständen, als unumgängliches Bedürfniß erlernt wird."[415] Nicht nur bei den Kaufleuten, sondern auch in den oberen Ständen und im Adel sind Kenntnisse des Englischen inzwischen eine gesuchte Qualifikation:

> Daß sie [die englische Sprache] noch einmal die Lieblingssprache mancher deutscher Höfe werden sollte, wie es izt den Anschein hat; daß sie, durch die modischen Tonabänderungen der feinen Welt, ihrer siegreichen Nebenbuhlerin, der französischen Sprache, an gar manchen Orten einst den Vortritt strittig machen sollte; daß der deutsche Kaufmann [...] auf ein beträchtliches Maaß von Vortheilen weniger rechnen dürfe, wenn er sich nicht der nemlichen Sprache in seinen Briefen [...] zu bedienen suchte; und daß endlich gewisse Herren und Damen auf die Ehre Verzicht thun müßten, nach der Mode zu seyn, [...] wenn sie nicht wenigstens in dieser Sprache ein

---

412 Ebd., S. XVIIf.

413 Ebd., S. 101f.

414 J. Balbach, Sammlung deutscher Briefe zum Übersezen ins Englische, 1786, S. 2. Auflage 1799. Vgl. Schröder BBL I, S. 30f.; BBHS I, S. 146.

415 J. Balbach, Sammlung deutscher Briefe zum Übersezen ins Englische, 1786, S. IV.

kleines Briefchen abzufassen fähig wären, an das alles wurde damals nicht gedacht [...].[416]

Ein weiterer französisch-deutscher Briefsteller stammt von Johann Heinrich Meynier (1791).[417] Als Motiv für die Herausgabe seines Werks führt er die gängige Begründung an, dass es kaum brauchbare Übersetzungsübungen im Briefstil gebe. Seine Schüler hätten sich über den zeitlichen Aufwand des Übersetzens in beide Richtungen beschwert und ihn um ein Briefbuch gebeten. Die Beherrschung des Briefstils sei nämlich sehr wichtig beim Französischlernen:

> Briefe sind diejenigen Aufsaeze, die im geselligen Leben am haeufigsten vorkommen, und auf welche folglich die groeßte Aufmerksamkeit gerichtet werden muß. Man verlangt zu unsern Zeiten von jedem jungen Rechtsgelehrten, – welcher doch gemeiniglich als Secretair seine erste Versorgung zu finden hofft, – daß er einen ertraeglichen franzoesischen Brief schreibe.[418]

Beim Übersetzen bevorzuge er die sinngemäße Wiedergabe gegenüber einer wörtlichen: „Ein Mensch, der sich in seinen Uebersezungen nicht von dem Buchstaben zu entfernen getraut, wird ewig ein Stümper bleiben. Man muß sich gewöhnen, ganz französisch zu denken (S. 5f.)."[419] Das Übersetzen sei das zentrale Mittel, Kompetenz im schriftlichen Ausdruck in der Fremdsprache zu erwerben: „Das leichteste Mittel, sich mit den Eigenheiten und Wendungen der französischen Sprache vertraut zu machen, wäre dieses, von dem Französischen ins Deutsche, und von solchem wieder ins Französische zu übersezen" (ebd.). Dabei setzt er nicht nur aufs Korrigieren von Fehlern, sondern auch darauf, dass die Schüler selbst ihren Lernbedarf erkennen und dankbar sind für die Vermittlung von Regeln: „Meine Methode war daher immer diese, meinen Schülern die aus der Nichtkenntniß der Grammatik entstehenden Schwierigkeiten beim Übersezen erst selbst fühlen zu lassen, und dann erst durch kurze Auseinandersezung der mangelnden Regeln ihnen die gehörige Auskunft zu geben."[420] Zielgruppe sind jugendliche Anfänger im Französischen. Eine Sammlung von Handelsbriefen am Ende seines Werkes soll dieses aber auch für die Allgemeinheit brauchbar machen. Der erste Teil enthält „Kurze Erinnerungen über das Briefschreiben überhaupt und über das bey französischen Briefen zu beobachtende Ceremoniel insbesondere" (Ehrenanrede, Briefanfang und -schluss, Unterschrift). Es folgen 73 „Vermischte Briefe", 25 Handelssbriefe und einige Wechselbriefe.

5.3.4. Anredekonventionen
Der Kernbereich der sprachlichen Höflichkeit und ihres Gegenteils, des sprachlichen Ausdrucks von Geringschätzung und Missachtung, ist die Anrede. In ihrem Mittelpunkt stehen die pronominale und nominale Ausdrucksmittel des Adressierens. Beim Erwerb einer

---

416   J. Balbach, Sammlung deutscher Briefe zum Übersezen ins Englische, 1786, S. VIIf.
417   J. H. Meynier, Sammlung vermischter Briefe zum Übersetzen ins Französische, 1791. Vgl. Schröder BBL III, S. 209.
418   J. H. Meynier, Sammlung vermischter Briefe zum Übersetzen ins Französische, 1791, S. 3.
419   Ebd., S. 5f.
420   Ebd., S. 7.

Fremdsprache muss man lernen, wie man andere Personen anspricht und welche Anreden einem selbst zustehen. Das kann nach Situation, Alter, Stand, Geschlecht und weiteren Parametern variieren. Für die mündliche Kommunikation können andere Regeln gelten als für schriftliche. So hat beispielsweise die Großschreibung der Anredepronomina im mündlichen Modus keine Entsprechung, und sprechhandlungsbegleitende Gesten (etwa Kopfnicken) kann man im schriftlichen Modus allenfalls beschreiben. Weil die Beherrschung der korrekten höflichen (und unhöflichen) Anredekonventionen für das Gelingen von Kommunikation von so großer Bedeutung war (und ist), wird sie hier, als Gegenstand des Unterrichts vor allem in Gesprächsbüchern und Briefstellern, im Detail vorgestellt. In den Fremdsprachen-Grammatiken hingegen finden sich nur selten Bemerkungen darüber, wie die Anrede in der (den) Zielsprache(n) geregelt ist.

Das System der Anredepronomina des Deutschen war vom frühen Mittelalter bis zum 16. Jahrhundert zweigliedrig: einerseits das *Du* mit der 2. Person Sg. des Verbs, andererseits das honorative *Ihr* mit der 2. Person Pl. des Verbs, seit dem 15. Jahrhundert häufig in Verbindung mit einer Titel-Anrede. Das sind Anrede-Formeln, die einen Titel wie (*gnädige*) *Frau, Jungfer, Base, Herrin* usw. enthalten.[421] Im 17. Jahrhundert geriet dieses System ins Wanken. Zunächst kam die nach dem Sexus des bzw. der Angesprochenen zu unterscheidende Anrede mit dem Pronomen der 3. Person Sg. (*Er* bzw. *Sie*) hinzu, das Erzen männlicher bzw. (singularische) Siezen weiblicher Personen mit der entsprechenden Verbform. Sie galt aber um 1800 bereits wieder als herabsetzend und wurde aufgegeben.

Dann gab es seit dem 17. Jahrhundert die als besonders höflich geltende Anrede mit *derselben* (Sg.) und *dieselben* (Pl.) in allen Deklinationsformen, mitunter gesteigert zu *höchstdieselben*; Beispiele finden sich in der Vorrede zu J. Güntzels Wörterbuch (1648).[422] Auch sie verschwand gegen Ende des 18. Jahrhunderts wieder. Eine weitere Variante war die Anrede mit *der Herr* oder *Herr* + Titel (z.B. *Herr Leutnant*) bzw. *die Dame* oder *gnä[dige] Frau* und der Verbform in der 3. Person Pl. Sie hielt sich in besseren Restaurants in der Anrede von Gästen durch das Personal bis weit ins 20. Jahrhundert. M. Kramer zufolge (1694) konnte man die Titel *Herr* und *Ihro Gnaden* zu Verben ableiten: „es herret sich bey ihm ‚se lo chiama V. S. se il dà del signore, del V. S.; Es Ihr Gnadet sich alles bey solchen Leuten ‚tutto và appresso tal gente per Vossignoria Illustrissima, se gli dà dell' illustrissimi.'"[423]

Um 1700 verbreitete sich die Anrede einer einzelnen Person mit dem Pronomen der 3. Person Pl. *Sie* und der entsprechenden Verbform. Sie setzte sich im Laufe des 19. Jahrhunderts durch und wurde zur einzigen honorativen Anredeform des Deutschen.[424] Die *Ihr*-Anrede verschwand jedoch nicht ganz; in den oberdeutschen Dialekten lebt sie lange weiter (das schweizerische *grüezi* enthält ein *Ihr*).

Das „bürgerliche" *Du* verwendete man nach außen zur Anrede von sozial unterlegenen Personen und von Kindern,[425] nach innen zur Anrede innerhalb der Familie und von persönlichen Freunden. Auch enge Freunde duzten sich in den Lehrbüchern mitunter, z.B.

---

421 Mitunter werden solche Anrede-Titel verdoppelt, z.B. „Demoiselle Jungfer", was von J. G. Verdun, L'art de bien parler, 1737, S. 8, ausdrücklich als „Ehrn-Titul" bezeichnet wurde.

422 J. Güntzel, Haubtschlüssel der Teutschen und Italiänischen Sprache, 1648, S.)(3 -)(5.

423 M. Kramer, Der rechte Grund-Festen der Teutschen Sprache, 1694, S. 754.

424 Vgl. für Näheres Besch 1998, S. 90-112, Kretzenbacher/Segebrecht 1989, Haase 1994, Glück/Koch 1998, Glück 2006b.

425 Z.B. J. D. Parival/M. Kramer, Teutsch- und Italiänische Gespräche, 1679, 8. Gespräch.

bei Antonio Moratori: „Du must dichs nicht verdrießen lassen / wann ich dich dutze; wir sind Brüder / und reden offenherzig."[426] Das „brüderliche" *Du* war und blieb innerhalb der „niederen Stände" die übliche Anrede. Noch bis in die Mitte des 18. Jahrhunderts konnte es zur Anrede des Lesers in Vorwörtern verwendet werden.[427] Schließlich gab es das „universelle" *Du*[428], das Matthias Kramer im Kontext eines Bibel-Zitats dem König in Preußen (der sonst mit seinen Titeln, mit *Sie* und mit *Dero* angesprochen wird) gegenüber verwendete: „Darum / daß der Herr sein Volck liebet / (zu Dir Lust gehabt) hat er Dich zum König gesetzt (2. Chronik 2, 11)."[429]

In Johann Christoph Gottscheds „Deutscher Sprachkunst" (1762) wurden fünf Anredeformen unterschieden und mit sozialen Etiketten versehen: die Anrede mit *du* war „natürlich", die mit *Ihr* „althöflich", die mit *Er/Sie* und der 3. Person Sg. des Verbs „mittelhöflich", die mit *Sie* und der 3. Person Pl. des Verbs „neuhöflich" und die mit *dieselben* „überhöflich".[430] J. Chr. Adelung, der maßgebliche Grammatiker des späten 18. Jahrhunderts, erwähnte den Umstand, dass das Deutsche die *Ihr*-Anrede aus den romanischen Sprachen übernommen habe. Erst später sei das System auf unsinnige Weise („Verdrehung und Verwirrung der Pronominum") erweitert worden. Gegenwärtig (1782) verwende man (abgesehen von dem „universellen" *Du*) das *du* nur noch „im Tone […] tiefer Verachtung. Außer diesen Fällen redet man sehr geringe Personen mit *ihr*, etwas bessere mit *er* und *sie*, noch bessere mit dem Plural *sie*, und noch vornehmere wohl mit dem Demonstativo *Dieselben* oder auch mit abstracteren Würdenamen, Ew. Majestät, Ew. Durchlaucht, Ew. Excellenz, u. s. f. an."[431]

Diesem komplexen System des Deutschen standen im Französischen, Italienischen, Spanischen und vielen weiteren Sprachen zweigliedrige pronominale Systeme gegenüber (sie bieten kaum Lernprobleme), aber ein vergleichbar differenziertes System von Titulaturen. Buchenröder (1776) führte bei den Personalpronomina des Englischen ohne weiteren Kommentar als Pronomen der 2. Person Sg. *thou – du* an und sah in den Konjugationstabellen entsprechende Formen vor (*thou – st/-t*), z.B. *thou wouldst, thou wilt, thou hadst*.[432] Am Ende des Werks findet sich dann eine Einschränkung: „Nach Englischem [sic] Gebrauch sagt man doch statt *thou you*, wenn man nur von einer Persohn redet, und in diesem Fall muß das Verbum ebenfalls im Plurali seyn, als: *you are my brother*."[433] Der Übergang vom Duzen zum Ihrzen war nämlich 1776 im Englischen längst vollzogen, lediglich im sakralen Bereich gab (und gibt) es Relikte des alten zweigliedrigen Systems.[434]

---

426 A. Moratori, Curiöse Historisch-Italiänisch-Teutsche Gespräche, 1721, S. 198.
427 Beispiele finden sich bei M. von Erberg, Il gran dizzionario universale & perfetto, 1710, Bd. 3, S. (***)3; G. Ph. Plats, Sehr leichte neuerfundene Art, ca. 1720, unpaginierte Vorrede, letzter Absatz; C. Romani, Italienischer Wegweiser, 1754, S. A5r.
428 Das „universelle" Du ist die Anrede außerhalb aller sozialen Schranken, die man in der Anrede Gottes im Gebet, beim Schwören und anderen feierlichen Anlässen sowie in Sprichwörtern und Sentenzen verwendet. Vgl. Glück/Sauer 1997, S. 124; Glück 2006b, S. 165.
429 M. Kramer, Das recht vollkommen-Königliche Dictionarium […] Frantzösisch-Teutsch, 1712–15, Dedicatio an den König in Preußen, unpaginiert.
430 J. Chr. Gottsched, Grundlegung einer Deutschen Sprachkunst, 5. Auflage, 1762/1978, S. 329.
431 J. Chr. Adelung, Umständliches Lehrgebäude, I, 1782, S. 684.
432 J. N. K. Buchenröder, Der getreue englische Dolmetscher, 1776, S. 27f.
433 Ebd., 1776, S. 52.
434 Finkenstaedt 1963.

Die folgenden Beispiele für die Verteilung der einzelnen Anredekonventionen für die Zeit um 1700 sollen das Gesagte illustrieren. Im Gesprächbuch von J. D. Parival und Matthias Kramer (1679) reden sich die handelnden Personen, zwei Herren, durch alle Kasus gegenseitig mit „(der) Herr" an und vermeiden die pronominale Anrede; nur selten kommt ein Verb in der 2. Person Pl. vor.[435] Den Gärtner, den Wirt und einige Handwerker ihrzen sie (S. 12, 57ff., 78f.). Der Junge wird geduzt und gibt seinem Herrn ein *er* zurück (S. 18, 64). Der Wirt des *Goldenen Löwen* spricht die beiden Herren, die seine Gäste sind, in der 3. Person Pl. an, der Schneider repliziert mit „Ihr Diener, mein Herr" (S. 36, 60, 78). Im Gasthaus treffen sie auf weitere Herren; nun spricht man sich mehrfach mit *dieselben* und *dieselbigen* an, was höflicher ist als die Anrede mit „(der) Herr" (S. 37). Auch die Anrede mit der 3. Person Pl. kommt manchmal vor: „Guten Morgen ihr Herren / haben sie diese Nacht wol geruhet?" (S. 65, 163).

In Matthias Kramers Neubearbeitung einer Berlaimont-Bearbeitung von Claude Mauger (1711)[436] dominiert das zweigliedrige System von *Ihr* und *Du*. Erst ganz vereinzelt findet sich die *Sie*-Anrede in der 3. Person Pl., z.B. im 32. Gespräch zwischen zwei Gästen und einem Wirt: „Ach ja ihr Herren / was verlangen sie? – Was habt Ihr gutes? – Ich habe allerhand / sie haben nur zu befehlen." Ebenfalls sehr selten kommt die Anrede mit *Er* im Sg. vor, z.B. zwischen zwei Freunden im 48. Gespräch: „Ich will ihm gerne Gesellschafft leisten. – Er wird mir einen großen Gefallen erweisen." Auch die Titel-Anreden sind in diesem Text selten. Er ist ein Muster für das konservative Anredesystem des 17. Jahrhunderts, das sich in Auflösung befindet.

In der „Grammatica alla moda" von Matthias von Erberg (1703) findet sich noch kein einziges honoratives *Sie*. Die Titel-Anreden sind hochbarock. Im ersten Gespräch „zwischen zwey guten Freunden" begrüßt man sich so: „Des Herrn ergebenster Diener – Sein unterthänigster Sclav, mein Herr."[437] Mitunter wird geerzt (z.B. im 7. Gespräch), meist aber wird das *Ihr* oder eine Titel-Anrede verwendet, auch die Anrede *Frau*, und zwar „Zwischen zweyen Frauen": „Guten Tag / meine Frau – Ihre Dienerin / meine Frau."[438] Das Duzen ist selten und sozial klar markiert. Im 16. Gespräch „Zwischen einer Frauen / und einen Jungen" geht es ums Tischdecken, in dessen Verlauf die Frau den Jungen duzt und ihn laufend ausschimpft.[439] Im 19. Gespräch treffen einige Herren auf dem Weg nach Nürnberg einen Hirten, den sie duzen. Im 25. Gespräch „Zwischen zweyen Kaufmanns-Jungen" duzen sich die beiden Jungen. Das Gespräch gibt nebenbei einen Einblick in die Erziehungspraxis der Zeit. Einer der Jungen hat verschlafen und sagt: „Der heutige Tag ist nicht für mich. – Aus was Ursach? – Ich fürchte mich der Schläge. – Das ist das erste Mal nicht. – Ist ein guter Trost. […]."[440] Auch die Anrede mit *derselben* kommt vor, ist aber selten, z.B. im 9. Gespräch: „Will derselbe mir Gefehrdschafft leisten? […] Ich werde nicht ermangeln / demselben zu begleiten."

---

435   J. D. Parival/M. Kramer, Teutsch- und Italiänische Gespräche, 1679, S. 18.
436   M. Kramer, Neu-Parlement, 1696, Nachauflage 1711.
437   M. von Erberg, Grammatica alla moda, 1703, S. 1.
438   Ebd., S. 40.
439   Dieses Gespräch findet sich z.T. wortgleich bereits bei J. G. Otliger, Sehr nutzliches Sprach-Büchlein in Französisch und Teutsch, 1687, S. 65-67.
440   M. von Erberg, Grammatica alla moda, 1703, S. 97.

In den spanisch-deutschen Dialogen von Antonio Moratori (1723)[441] findet sich neben der ‚modernen' *Sie*-Anrede verbreitet die Titel-Anrede, z.B. „was wollen wir thun? – Wann der Herr befiehlt / wollen wir eine Stund kurtzweilen", auch Frauen gegenüber: „Was ist das für ein Speiß mein Herr? – Versuche es die Frau / darnach will ich es sagen" (S. 7, 42). Das Erzen kommt seltener vor: „ich gedachte (glaubte) / sie wären zornig auf mich. – Warum? (aus was Ursach?) – Dieweil er mich so lang nicht besucht hat" (S. 17). Vereinzelt findet sich die Anrede mit dem Titel *Herr* und dem Vornamen, wobei geerzt wird: „GOtt gebe ihm eine gute Nacht / Herr Carl" (S. 103). Das Erzen findet in der mittleren Soziallage statt. Beim Tuchkauf erzt der Kunde den Kaufmann, der Kaufmann beehrt den Kunden mit der Titel-Anrede: „Sage er mir den genauen Preiß? – Der Herr soll vor die Eln vier Thaler zahlen" (S. 29). Im 12. Gespräch zwischen einem Edelmann und seinem Schneider verwendet der Schneider die Titel-Anrede, der Edelmann ihrzt den Schneider und gewährt ihm die Anrede „Meister". Das Personal im Wirtshaus wird im Imperativ geduzt: „Holla Jung (oder Magd) / nimm den Hut und Degen von diesem Herrn", ebenso das Bauernvolk, das zurückihrzt: „Was machst du da / du fauler Schlingel / da die anderen fleissig arbeiten? – Ihr seht es wol / mein Herr / […] Ich bin in Wahrheit so müd / dass ich nicht auf den Füssen stehen kann. – Wie / du Schelm / […] Du hast kaum (zu Mittag) gegessen / so streckst du dich wie ein Schwein; wann ich einen Stock nehme / werde ich dir schon die Augen aufthun lernen / […] / du liederlicher Tropf" (S. 18, 24).

Zwischenresümee

Anredekonventionen sind ein feiner Indikator der gesellschaftlichen Position von Individuen. Die symmetrische Verwendung von Anredepronomina markiert Gleichheit, ihre asymmetrische Verwendung drückt Ungleichheit aus. Das Deutsche entwickelte im späten 17. Jahrhundert ein System von Anredepronomina, das komplexer war als das aller anderen großen Sprachen Europas; im späten 18. Jahrhundert vereinfachte es sich wieder. Beim Erwerb von Fremdsprachen kam es also darauf an, das deutsche System nicht nur lexikalisch, sondern vor allem pragmatisch in diese Sprachen zu übersetzen. Das lief bei den Pronomina auf eine Vereinfachung hinaus, bei den Anrede-Titulaturen erforderte es die genaue Kenntnis des Titel-Systems der Fremdsprache. Was entsprach, beispielsweise, dem französischen Titel „Vicomte" im Deutschen, wie sollte man Attribute wie „gestreng" oder „ehrenfest" im Italienischen ausdrücken? Um sich in der fremden Sprache bewegen zu können, musste (und muss) man lernen, wie in ihr die Anredekonventionen und der Ausdruck sprachlich kodierten Respekts geregelt sind, ebenso der seines Gegenteil, der Missachtung. Solche Regeln bieten viele Lehrbücher teils explizit in Titulaturverzeichnissen, teils implizit in der Wahl der Anredepronomina in Dialogen, und lehren es auf diese Weise.

5.3.5. Der Sprachunterricht als Gegenstand von Dialogen und Widmungen

Die Sprachmeister hatten es oft schwer, sich und ihren Familien den Lebensunterhalt zu sichern, nicht nur in Augsburg oder Nürnberg; dies ist in Kapitel 4 näher dargestellt. Ihre prekäre wirtschaftliche und soziale Situation gab Anlass zu vielerlei Klagen. Die Basis ihres Gewerbes, die Verschiedenheit der menschlichen Sprachen, war als Strafe Gottes beim Turmbau zu Babel über die Menschheit gekommen: „dise elendigkliche vermischung

---

441   A. Moratori, Gründliche Anweisung zur Erlernung der Spanischen Sprach, 1723.

der Sprachen / und zwar als eine sonderbare grawsame Straff uber der Menschen Hoffart und Ubermuth von Gott dem Allmächtigen verhengt."[442] Die Tätigkeit der Sprachmeister milderte diese göttliche Strafe etwas ab, denn sie versetzte die Menschen in die Lage, durch Sprachenlernen die Folgen von Babel wenigstens im Kleinen und Menschenmöglichen zu überwinden, wie Matthias Kramer 1719 schrieb:

> Woraus unter andern / klärlich erhellet / wie wol / die Lehr-meistere / welche GOtt besonders beruffen / und tüchtig gemacht hat / dergleichen schöne Bücher / vornemlich Wörter- und Red-arten-bücher / ans Licht zu bringen / und dardurch zum Kirchen- / und zum Staats-Gebäu die Grund-festen zu legen / sich um das gemeine Wesen verdient machen; ob wol solche Männer / heut zu Tage / von der undanckbar- / und lieblosen Welt sehr schlechte Belohnung zu gewarten; ja hingegen verachtet / und in einen Winckel gestossen werden.[443]

Der Sprachmeister leistete mit seiner Arbeit nicht nur ein gottgefälliges Werk, sondern legte in ihr die Fundamente für das „Kirchen- und Staats-Gebäu", also zum kirchlichen und gesellschaftlichen Leben insgesamt. Umso unverständlicher sei es, dass die Sprachmeister nicht in Ehren gehalten und anständig bezahlt und behandelt würden. Deshalb ist es nach-vollziehbar, dass viele Sprachmeister in ihren Lehrbüchern das Lob ihres Berufsstandes hell erschallen ließen.[444] Das konnten sie am besten in Widmungsgedichten oder in Dialogen zwischen einem Sprachschüler und seinem Lehrer in einem Gesprächsbuch tun.

Ein Beispiel findet sich in Matthias Kramers „Neu-Parlement" (1696/1711) im 53. Gespräch „Zwischen einem Reisenden und einem Sprach-Meister." Der Schüler beginnt mit einer informellen Eigendiagnose seines Sprachstands: „Ich hab schon einen geringen Anfang / ich möchte wohl (gern) fortfahren." Daraufhin handelt man Unterrichtsort und Unterrichtszeit (morgens um sechs Uhr) sowie den Lohn aus, der monatlich im Voraus zu entrichten ist. Man arbeitet mit der „Gramatick von N.", die der Sprachmeister für den Schüler schon gekauft hat. Der Meister lobt die Aussprache des Schülers, bringt ihm etwas alltäglichen Wortschatz in Frage-Antwort-Sequenzen bei und vermittelt ihm einen Tanz-meister sowie einen Lehrer fürs Schlagen der Laute; letzterer ist Italiener.[445] Hier wird noch nicht viel gesagt über die Qualifikation des Sprachmeisters. Das ist im nächsten Beispiel anders. Bei J. K. Chapuzet unterhalten sich zwei Kavaliere über Sprachmeister und Sprachunterricht:

> ,Monsieur, man versichert mir, dass Ihr die allerschönsten Fortschritte im Französi-schen macht. – Die Fortschritte, die ich mache, Monsieur, können nicht mehr als mittelmäßig sein, weil ich erst vor drei Monaten mit dem Lernen begonnen habe.

---

442 J. Güntzel, Haubtschlüssel der Teutschen und Italiänischen Sprache, 1648, Vorred, unpaginiert, vor S.)( )(.

443 M. Kramer, Das Königliche Nider-Hoch-Teutsch, und Hoch-Nider-Teutsch Dictionarium, 1719, Vor-rede, S. a1v. Die Rolle des Babel-Mythos im Mittelalter und in der Frühen Neuzeit ist dargestellt in dem monumentalen Werk von A. Borst über die „Geschichte der Meinungen über Ursprung und Vielfalt der Sprachen und Völker" (1957–1963).

444 Vgl. Völker 2001, S. 182f., 209-215.

445 M. Kramer, Neu-Parlement, 1696/1711, 53. Gespräch, S. 124-126. Eine ähnliche Unterhaltung findet sich bei J. D. Parival/M. Kramer, Teutsch- und Italiänische Gespräche, 1679, 8. Gespräch „Von denen Exercitien", S. 64-71.

Doch hoffe ich ein hervorragender Franzose zu werden durch meinen Fleiß und unter der Anleitung meines Sprachmeisters. – Ich zweifle nicht daran, denn derjenige, den Ihr ausgesucht habt, ist der beste (lit. ‚der Gockel') aller unserer Sprachmeister.'[446]

Chapuzet wird deutlicher als Kramer: man kann ein „français au superlatif" werden, wenn man fleißig ist und ihn als Sprachmeister anstellt. Nicht nur der Schüler selbst lobt hier den Lehrer, sondern sein Gesprächspartner kann einstimmen in dieses Lob, weil ihm der exzellente Ruf dieses Meisters bekannt ist.

Mitunter ist die Unterrichtssituation selbst der Gegenstand von Dialogen. Im folgenden Ausschnitt aus einem Dialog von G. Ph. Platz (Plats) wird ein Schüler ermutigt, sich mehr zuzutrauen: „Ihr redet besser als Ihr meinet / man muß nur ein wenig mehr Hertzhaftigkeit haben / wann man drey Worte weiß / so muß man vier sagen / und das Sprüchwort sagt: wer niemal übel redet / der wird auch niemal wol reden."[447] Auch hier war der Lehrer bereits erfolgreich: der Schüler beherrscht das Französische besser, als er selbst glaubt, und der Lehrer ermuntert ihn, seine Fähigkeit selbstbewusst anzuwenden und ungeniert französisch zu sprechen. Es sei ganz natürlich, wenn er noch Fehler mache. Darin liegt kreatives Potential, denn das vierte Wort, das der Schüler zwar nicht kennt, aber „sagen" soll, muss er zuvor bilden. Die Interlanguage-Konzepte des späten 20. Jahrhunderts haben hier einen Vorläufer.

Ein weiteres Beispiel findet sich in einer späten Bearbeitung der Tripelgrammatik von Giovanni Veneroni (1773):

Verstehet der Herr die Italiänische Sprache wohl? – Nicht gar zu wohl, ich weiß fast nichts darvon. – Man sagt doch, daß der Herr Wohl redet. – Wollt Gott, es wäre wahr, so wüßte ich, was ich nicht weiß. – Wenn der Herr will, so kann es wahr werden, und ich will ihn die Weise lehren, das Italiänische bald zu begreifen. – Der Herr wird mir einen gar großen Gefallen erweisen. – Die allerleichteste Art, das Italiänische zu lernen, ist oft zu reden. – Wenn man reden will, muß man etwas wissen. – Der Herr weiß genug. – Ich weiß nur etwan vier oder fünf Wörter, die ich auswendig gelernt habe. – Das ist genug, daß man anfange zu reden. – Wenn das wahr wäre, würde ich in kurzer Zeit gelehrt worden seyn. – Es ist damit nicht ausgerichtet, daß man anfange, man muß auch endigen. – Ich fürchte, ich fehle. – Fürchtete Euch nicht, die Italiänische Sprache ist nicht schwer. – Das weiß ich, und daß sie große Anmuthigkeit habe. – Das hat sie, vornehmlich aber in der Weiber Munde. – Wie glücklich wäre ich, wenn ich sie verstünde! – Verstehet der Herr nicht, was ich ihm sage? – Ich verstehe und begreife es sehr wohl, aber ich kann nicht so leicht reden. – Diese Leichtigkeit wird mit der Zeit kommen. – Ich bin gar zu ungeduldig. – Wie lange hat der Herr gelernt? – Es sind nur acht Tage. Es ist noch einen Monath. – Wie heisset des Herrn Sprachmeister? – Er heisset Herr Veneroni. – Wie vielmal

---

446   J. K. Chapuset, Grammaire für die Anfänger, 1750, S. 108f.: „Monsieur on m'a assuré que vous faites des progrès merveilleux dans la langue françoise. – Les progrès que j'y fais, Mr. ne peuvent être que mediocres, puisqu'il n'y que trois mois que j'ai commencé de l'apprendre. Mais j'espere de devenir français au superlatif, par mon aplication, &sous la conduite de mon Maitre.– Je n'en doute point, puisque celui que vous avez choisi est le coq de nos Maitres de Langue."

447   G. Ph. Plats, Neuausgefertigte französisch-teutsche Gespräche, 1724, S. 44.

giebt er dem Herrn Lectiones? – Er kommt die Woche dreymal. […] Sagt er dem
Herrn nicht, daß man allezeit Italiänisch reden müsse? – Ja, mein Herr, er sagt mir
das oft. – Warum redet er denn nicht? – Mit wem soll ich reden? – Mit denen, die
mit ihm reden werden. – Ich wollte gern reden, aber ich traue mich nicht. – Er traue
mir, er seye kühn, und rede ohne Bedenken, es mag gut oder schlimm seyn. – Wenn
ich also reden werde, wird mich jedermann auslachen. – Weiß der Herr nicht, daß,
wenn man wohl reden will, man muß zuerst übel reden? – Ich will denn des Herrn
Rath glauben.[448]

Die Rollenverteilung ist hier klar: Der Eleve des Sprachmeisters Veneroni (A) unterschätzt
sich und seine Lernerfolge, sein Gesprächspartner (B) arbeitet ihren wahren Umfang heraus. Das wichtigste Mittel, die Sprache zu erwerben, besteht darin, sie möglichst häufig zu
sprechen. Das ist das Konzept des Parlierens: Man höre dem Muttersprachler zu und spreche ihm nach, dann wird man die Sprache schon lernen. Von „der Grammatik", den morphologischen und syntaktischen Strukturen, ist immerhin implizit die Rede, nämlich in A.s
Satz „Wenn man reden will, muß man etwas wissen". A.s Meinung, man müsse „etwas
wissen", bevor man sprechen könne, lässt sich dahingehend interpretieren, dass man nicht
nur ein paar Vokabeln, sondern auch Strukturwissen braucht. Diesen Einwand wischt B
beiseite: Frisch gewagt sei halb gewonnen, auch beim Italienischlernen. Zudem sei das
Italienische nicht schwer. Es zeigt sich, dass A sehr viel mehr versteht als die vier oder fünf
Wörter, die er auswendig gelernt hat, nämlich den ganzen bisherigen Dialog. Das ist auch
kein Wunder, denn er hat dreimal die Woche Lektionen bei Herrn Veneroni, der ihn ebenfalls ständig ermuntert, das Gelernte praktisch zu üben. Dem kann B nur beipflichten: A
solle einfach losreden. Der befürchtet, man könne ihn wegen seiner Fehler auslachen. Das
gehöre einfach dazu, meint B, ein Meister sei noch nie vom Himmel gefallen. Der Schluss-
satz, dass A dem B nun glauben wolle, klingt jedoch recht verzagt.

Den Sprachmeister kann man aber auch einsparen, wenn man viel Geld für ein besonders gutes Lehrbuch ausgibt: „Vor allem aber wollest du dieses Werck darum werth
schätzen / weilen alle Italiänischen Worte durchaus accentuiret seynd / wodurch du die
vielen Unkosten in Haltung eines Sprachmeisters erspahren kannst [...]."[449] Das ist dreist:
Phonetik und Intonation lernt man nicht schon daraus, dass alle Wörter „accentuiret seynd".

Dasselbe verheißt „Le maitre de langue muet" (1683).[450] Die Abschnitte zur Aussprache
und Betonung in diesem stummen Sprachmeister fallen allerdings überdurchschnittlich
umfangreich aus und sind alles andere als durchschaubar (165 Seiten). Der Autor braucht
insgesamt etwas mehr als 1.000 Druckseiten, um diesen „rechten Grund der Französischen
Sprach" zu legen. Das ist selbst für barocke Verhältnisse viel. Man hat sich mit der An-
kündigung, allein aus dem Lehrbuch, ohne einen sprachkundigen Helfer, die Aussprache
des Französischen lehren zu können, offenbar nicht in allen Käuferkreisen verdächtig
gemacht.

---

448 Herrn von Veneroni Italiänisch= Französisch= und Deutsche Grammatica, vermehret, und […]
verbessert von G. T. di Castelli, 1773, S. 301-304.
449 N. di Castelli, Neuer / kurtzer und sehr leichter Methodus, um die Fundamenta der Italienischen-Rö-
misch-Toscanischen Sprache wol zu erlernen, 1713, ohne Paginierung: An den Leser.
450 J. Meyer, Le maitre de langue muet, 1683. Vgl. zu Meyers Ansatz Streuber 1914, S. 43.

Manche Sprachbücher schmücken sich durch ein Widmungsgedicht. Wie geben hier ein Beispiel:[451]

> Hat der ein schönes Lob, der viele Sprachen kan
> So hat wer sie docirt, und Bücher davon schreibet
> Und so die Gründe legt, doch noch weit mehr gethan
> Wovor sein Nahme auch der Nachwelt rühmlich bleibet
> Da nun Herr Ehrenreich, und Poitevin diß zeigen
> So muß ein Momus[452] auch, bey diesem Wercke schweigen.[453]

Schön ist es also, viele Sprachen zu können, noch schöner aber, sie an andere weiterzuge-ben, sie zu lehren. Das Lob des tüchtigen Sprachlehrers und Lehrbuchverfassers soll die Nachwelt erreichen, ihm ein Denkmal setzen. Weiter heißt es:

> Wer einen Trichter wünscht die Sprachen einzugiessen
> Dem kan diß schöne Buch ein sichres Mittel seyn /
> Die Sprachen werden ihm gantz leicht von selbsten fliessen /
> Wann anderst mit der Lehr der Fleiß auch stimmet ein.[454]

Hier wird der Nürnberger Trichter[455] thematisiert, das Urbild aller populären Methodik im deutschen Sprachraum. Mit Georg Philipp Harsdöffers „Poetische[m] Trichter" (1647) hat dieser Trichter dem Namen und der Absicht nach zu tun: Man will dem Schüler, den man sich als passives, aufnahmebereites Gefäß vorstellt, Wissen eingießen. Mit dem so besun-genen Lehrbuch funktioniert das Sprachenlernen praktisch von alleine: Wenn ein guter Lehrer, der Wissen zu vermitteln hat, und ein fleißiger Schüler, der sich dieses Wissen eingießen lassen will, sich seiner bedienen.

Nicht nur Grammatik und Wortschatz, nicht nur Flexionstabellen und Musterdialoge spielen eine Rolle beim Fremdsprachenlernen. Auf den Lehrer, seine Sprachkenntnisse, sein didaktisches Geschick und seine Unterrichtsmethoden kommt es letztlich an. Das wird oft unterschätzt, und deshalb wird es immer wieder gesagt, auch in den Sprachbüchern selbst: Der Erfolg beim Fremdsprachenlernen hängt wesentlich von der Qualität des Lehrers ab.[456]

---

451 Im Dokumentenanhang ist ein Lobgedicht Johann Friedrich Riederers (1722) auf seinen Lehrer M. Kramer dokumentiert und kommentiert.

452 Mōmos, Sohn des Nyx, ist in der griechischen Mythologie die Personifikation des Spottes und der Schmähsucht; er wurde wegen seiner dauernden Widerworte von Zeus persönlich aus dem Olymp geworfen (Hesiod, Theogonie).

453 F. L. Poëtevin/J. A. von Ehrenreich, Französische und italienische Sprachlehre, 1783, nach der Vorrede. Eine frühere Auflage war 1728 in Ludwigsburg unter dem Titel „Le parfait entonnoir des langues, ou La nouvelle grammaire théoretique-pratique francais-allemand-italien" erschienen.

454 F. L. Poëtevin/J. A. von Ehrenreich, Französische und italienische Sprachlehre, 1783, S. nach der Vorrede. Die Trichter-Metapher findet sich auch in der Vorrede zu J. G. Ph. Plats, Le Cellarius François, 1727, S.)(4r. Er nennt dort sein Wörterbuch „einen schicklichen Trichter, die Wörter denen sehr unterschiedlichen Gemüthern der Scholaren […] gemächlich einzugießen."

455 Vgl. zur Herkunft dieser Metapher Röhrich 1973, III, S. 689f.

456 Im Dokumentenanhang ist ein einschlägiges Gespräch dokumentiert.

5.3.6. Kollegenlob und Kollegenschelte

Der Streit darüber, ob man moderne Fremdsprachen lieber bei einem philologisch beschlagenen Einheimischen oder bei einem Muttersprachler ohne einschlägige Qualifikationen lernen solle, wird im 17. und 18. Jahrhundert immer wieder ausgefochten. Wenn das Ausbildungsziel darin besteht, in der fremden Sprache mündlich, also sprechend und hörend, kommunizieren zu können,[457] wird eher zweiteres als wünschenswert angesehen. Spielt das Lesen- und Schreibenkönnen eine Rolle,[458] gilt meist der Philologe mit Lateinkenntnissen als überlegen. Diese Kontroverse wurde immer wieder zwischen studierten Sprachmeistern und Muttersprachlern, die nur parlieren konnten, verbissen und oft hasserfüllt ausgetragen; dabei ging es oft um die nackte Existenz. Auch in Augsburg und Nürnberg spielten Konkurrenz und Futterneid im kollegialen Verhältnis zwischen den Sprachmeistern eine spürbare Rolle.[459]

Auf Matthias Kramers Kritik in der Vorrede zu seiner Bearbeitung des Gesprächsbuchs von Parival (1691) wurde bereits in Abschnitt 4.2.8. hingewiesen. Im Ton moderater beschwerte sich Johann Jakob (Jean Jacques) Schatz (1765) über „Leute, wann sie nach Deutschland kommen, und sonst nichts wissen, davon sie sich nähren sollen, sich alsogleich in Sinn fallen lassen, andere ihre Landes-Sprache zu dociren […].“[460]

„Au lecteur“ schrieb Pierre Canel (1698), das Deutsche sei eine reiche, schöne, sehr alte und weit verbreitete Sprache.[461] Doch seien die bisherigen Grammatiken des Deutschen leider schlecht und wenig benutzerfreundlich. Er habe seine Grammatik selbst verfasst auf möglichst kurze, leichte und methodische Art und nicht bei anderen Autoren abgeschrieben wie

> ‚ein gewisser Jean Robert des Pepliers, der seinen Namen ein bisschen zu großzügig einer französischen Grammatik verpasst hat, die ich vor vier Jahren in Nürnberg zum Druck gegeben habe und die er in diesem Jahr unter seinem Namen nachdrucken ließ, in der dieser Autor bereitwillig nicht nur seinen Mangel an Rechtschaffenheit sichtbar werden lässt, der sich darin ausdrückt, dass er sich widerrechtlich das Gut eines anderen aneignet, sondern auch seine außerordentliche Unkenntnis unserer Sprache, die man in der Rhapsodie, welche er aus diesem Werk mit ein paar anderen kleinen Stücken – entnommen aus der Grammatik von Herrn Buisson und einigen anderen – gemacht hat, recht wahrnehmen kann […].‘[462]

Überhaupt sei Des Pepliers ein sehr schlechter Mensch. Das sahen andere Autoren anders. Jean Jacques Meynier (1710–1783) berief sich schon im Titel seiner Grammatik (1767) auf

---

457 „induktive Parliermethode“: Streuber 1914, S. 9.
458 „grammatikalisierende Methode“: Streuber 1914, S. 10.
459 Vgl. Kapitel 4.2.8. sowie Völker 2001, S. 211-215.
460 J. J. Schatz, Sammlung der neuesten […] Kaufmanns- […] Briefe, 1765, S.)(5 v.
461 P. Canel, Königliche Teutsche Grammatic, 1689, Vorrede.
462 P. Canel, Königliche Teutsche Grammatic, 1689, Vorrede: „un certain Jean Robert des Pepliers, qui done un peu trop liberalement son nom à une grammaire françoise, que je fis imprimer à Nuremberg il y a quatre ans, & qu il a fait reimprimer cete année sous son nom, où cet auteur de bone volonté fait voir non seulement son peu de justice, en s'apropriant injustement le bien d'autruy; mais aussi son extréme ignorance en notre langue, que l'on peut assez remarquer dans le rapsodis qu'il a fait de cet ouvrage avec quelques autres petites pieces tirées de la grammaire de Monsieur de Buisson & de quelques autres […].“

den Gescholtenen: Sie sei verfasst „nach den Grundsätzen Des Pepliers.“[463] Auch sein Sohn Johann Heinrich Meynier zog in seiner „Praktische[n] französische Sprachlehre“ (1796) ausdrücklich Des Pepliers' Grammatik der „von Unrichtigkeiten und Sprachfehlern strotzende[n] Meidingersche[n] Grammatik“ (Vorwort) vor.[464] Des Pepliers' Arbeiten werden auch von Georg Philipp Plats (1721[465], 1724[466], 1724–27[467]) als methodische Grundlage für seine Werke reklamiert. Noch 1785 wurde eine Bearbeitung der französischen Grammatik von Des Pepliers gedruckt.[468] Charles Roger de Gironville wiederum kritisiert sie in seinem Lehrbuch (1730) scharf.[469] Wer hier von dem als Plagiator beschuldigten Des Pepliers geplündert wurde, wer sich später dankbar auf ihn gestützt und wiederum von ihm abgeschrieben hat, ist im Einzelnen nicht mehr zu klären. Das Abschreiben und unzitierte Weiterschreiben der Werke von Kollegen war bis weit ins 19. Jahrhundert hinein eine verbreitete Praxis, ebenso wie das Raubdrucken. Beides wurde von den Geschädigten stets beklagt und angegriffen.

Vernichtend ist die im Folgenden zitierte Abrechnung Matthias Kramers mit einem allzu dreisten Übersetzungsplagiator und Dilettanten:

> Daß (welches noch das allerschlimste) ihrer etliche / absonderlich aber der Autor Anonymus deß Italiänisch-Französischen Dictionarii zu Duillier gedruckt / unter einigen guten Worten und Redarten / eine so grosse Menge falsche / unerhörte / lächerliche / abgeschmackte / liederliche / wie auch pur-Französische / aus dem Dictionnaire Royal P. Pomey veritalianisirte Phrases, und allerhand Quid pro Quo einmischen / daß solche Leute / ehe daß sie sich unternähmen / für andere / Lexica zu schreiben / und dadurch / in Ansehung ihrer Grossen gehabten Mühe (wie sie vorgeben) ihren Namen suchen zu verewigen / selbsten noch eines Praeceptoris vonnöthen hätten […].[470]

Ebenso erbittert wie auf die Plagiatoren schimpft Kramer auf solche Sprachmeister, die keine Grammatik in ihrem Unterricht verwenden und behaupten, durch allerlei methodi-

---

463 J. J. Meynier, La grammaire française réduite à ses vrais principes, 1767. Vgl. zu J. J. Meynier Hausmann 1989, S. 39-41. Hausmann (ebd. S. 40) erklärt Meyniers Grammatik zu einem Vorläufer der Grammatik von Meidinger, da in ihr „das Regellernen und das Übersetzen als Anwendung der erlerneten Regeln“ im Mittelpunkt stünden.

464 Meyniers Buch enthält ein Sachregister bzw. eine Konkordanz (S. VIIf.) zu des Pepliers' „Grammaire Royale“ (1703). – J. V. Meidinger (1756–1822) gilt als Protagonist der „systematischen praktischen Grammatik“, einer Lehrmethode, nach der der grammatische Stoff im Lehrbuch nicht nur (möglichst systematisch) präsentiert, sondern sofort auch praktisch geübt werden sollte, vgl. dazu Glück/Spáčilová 2002, S. XII.

465 G. Ph. Plats, Exercice très utile de la langue française fondé sur les histoires qui se trouvent dans la grammaire Des Pepliers, 1721. Vgl. Schröder BBL III, S. 324.

466 G. Ph. Plats, Neuausgefertigte französisch-teutsche Gespräche, 1724. Vgl. Schröder BBL III, 324.

467 G. Ph. Plats, Neu-aufgerichtete Frantzösische Sprach-Schul vor die Teutsche Nation, 1724–1727. Vgl. Schröder BBL III, S. 324.

468 Neue und Vollkommene Königliche Französische Grammatica, 1785; K. Koch (2002, S. 390) zufolge handelte es sich um die „populärste französische Fremdsprachen-Grammatik des 18. Jahrhunderts.“

469 C. Roger de Gironville, Le Plus Court Chemin De la Langue Françoise, 1730.

470 M. Kramer, Neu-ausgefertigtes Herrlich-grosses und allgemeines Italiänisch-Teutsches Sprach- und Wörter-Buch, 1693, Vorbericht, S.)( )(v. – Duillier ist ein Dorf im Bezirk Nyon im Kanton Waadt in der Schweiz.

schen Firlefanz lasse sich das harte Arbeiten vermeiden: „Ich weiß wol / daß etliche Sprachmeistere unerhörte Abendteuer versprechen / und wollen die Sprachen durch wunderbarliche neu-erfundene heimliche Kunst-Stücklein / und zwar in wenig / doch gewissen Wochen / ja Tagen und Stunden beybringen".[471] Ohne ein solides grammatisches Fundament, meint Kramer, lässt sich keine Sprache erwerben. „Kunst-Stücklein" begründeten keinen soliden Unterricht, denn: „Eine gründliche und vollkommene Grammatica ist die rechte Landstrasse zu einer Sprache; das übrige seynd nur Frantzösische Fratzen und Frantzösischer Sprachmeister-Tand / welche aus angebohrner Leichtsinnig- und Neugierigkeit / alles / was solidum und sincerum[4/2] ist / zu allamodisiren pflegen."[473] Hier spricht Kramer den Gegensatz zwischen seriösem Sprachunterricht, der den Schülern die grammatischen und lexikalischen Grundlagen der Zielsprache bietet, auf denen sie aufbauen können, und dem modischen Schnickschnack der französischen Sprachmeister, die „methodenlos drauflos […] parlieren",[474] sehr klar an. Das scharfe Urteil über die Parliermethode der Franzosen hat wohl auch zu tun mit Kramers Aversion gegen den „Reichsfeind" Frankreich, dessen Wüten er in Heidelberg miterlebte und später kommentierte (vgl. Kapitel 4).

Im Ton moderater, der Sache nach aber ähnlich, äußerte sich hundert Jahre später Jakob Wiesner (1792) zu der Vorstellung, die Muttersprachler seien stets die besseren Sprachlehrer, wenn es ums flüssige mündliche Kommunizieren gehe:

> ‚Aber durch die Grammatik und nach Regeln lernt man nimmermehr eine Sprache geläufig sprechen.' – Diesen Einwurf – den wahrscheinlich in Betref der französischen Sprache, einige ihr Vaterland zu verlassen nothgedrungene ungelehrte Franzosen gemacht, die, da sie kein anders Verdienst hatten, als einen verdorbenen Jargon schwäzen zu können, sich es zur Pflicht machten, das Ansehen desselben mit allen möglichen und erdenklichen Scheingründen zu unterstüzen – hört man allenthalben.[475]

Bei Wiesner ging es nicht mehr um die Hugenotten – sie waren längst in die deutsche Mehrheitsgesellschaft integriert –, sondern um Revolutionsflüchtlinge, die häufig mittellos nach Deutschland gekommen und darauf angewiesen waren, sich durch Sprachunterricht den Lebensunterhalt zu verdienen, auch wenn sie nur „einen verdorbenen Jargon schwäzen" konnten. Gegen methodischen Dilettantismus hatte Matthias Kramer schon hundert Jahre früher gewettert:

> Daß ich allhie / an statt der sonsten gewöhnlichen öfters abgeschmackten Materien / so einige Sprachmeistere ihren Grammaticken zur Praxi oder Übung anzuhencken pflegen / den rechten Proceß eines wahren und natürlichen Methodi docendi, denen

---

471 Matthiae Kramers Grössere Italiänische Grammatica, 1694, Vorrede. Ein Beispiel für die von Kramer angegriffene Reklame-Rhetorik findet sich im Titel eines Werks des Jenaer Sprachmeisters Jean Menudier, dessen „Le Secret D'Apprender La Langue Française" (Frankfurt am Main/Leipzig 1680) den deutschen Untertitel trägt: „Neu ausgefertigter Handgriff, die französische Sprache lachend, ohne einzige Mühe und gleichsam spielend zu erlernen"; vgl. Strauß 1992, S. 208.

472 ‚wesentlich/dauerhaft und aufrichtig'.

473 Matthiae Kramers Grössere Italiänische Grammatica, 1694, Vorrede.

474 Streuber 1914, S. 33. Ähnlich J. J. Schatz, Sammlung der neuesten […] Kaufmanns- […] Briefe, 1765, unpaginierte Vorrede, nach S.)(5.

475 J. Wiessner, Dictionnaire grammatical de la langue française, 1792, S. 5.

Liebhabern aller Orten zum Lesen und zur Warnung Gesprächs-weiß vorstellen / und denen andern / theils falschen / theils betrüglichen / heut zu Tage fast durchgehends im Schwang gehenden Lehr-Arten in gerader Linie entgegen setzen wollen.[476]

Einer der Dilettanten, die Kramer hier so scharf angreift, war der aus Straßburg nach Nürnberg gekommene Johann Jakob Schübler, dessen Wirken bereits in Kapitel 4 dargestellt wurde. Matthias Kramer hat das Plagiieren sogar lyrisch aufgearbeitet, indem er ein Gedicht gegen das Plagiat aus dem Italienischen übersetzte und es in der Vorrede zu den „Rudimenti Toscana-Romani" (1695) abdruckte:

Wer Kleid / Pferd / Ring / und so Was stilt /
Man g'meintlich den ein Dieblein Schilt
Wer aber an die Ehre greift /
Und sich mit fremder Arbeit steifft
Ein rechter Dieb zu nennen sei
Ein Strassenräuber noch dabey
Und solt' man ein so kühns Verbrechen
mit desto schärff'ren Ruthen rächen.[477]

Ein Dieb, heißt das, arbeitet im Dunkeln, man sieht und hört ihn nicht, während er sich fremdes Gut aneignet. Ein Räuber hingegen arbeitet mit offener Gewalt gegenüber dem Beraubten, ein Straßenräuber tut dies in aller Öffentlichkeit – wie ein Plagiator. Halbwegs tröstlich fand Kramer den Umstand, dass der Plagiator dem Plagiierten in der Regel nicht nur charakterlich, sondern auch fachlich und stilistisch unterlegen ist: „allermassen hier ebenmässig Platz haben muß / was ich in der Vorrede meiner Grammatica [...] gesagt; daß nemlich in einem Original-Werck einige air, ein Geist / und ein gewisses Weiß nicht was sich befinde / so der Copist oder Nachschreiber nicht erreichen kann [...]."[478]

Die Raubdruckerei war im 17. und 18. Jahrhundert weit verbreitet, wirksame gesetzliche Regelungen und Abkommen über das Copyright gibt es im deutschen Sprachraum erst seit dem 19. Jahrhundert. Man kann den Raubdruck als komplettes Plagiat bezeichnen: Es werden nicht nur Passagen abgeschrieben, sondern der gesamte Text. Das war auch für die Autoren von Sprachlehrwerken ein großes Problem: Erfolgreiche Bücher wurden, trotz aller obrigkeitlichen Privilegien, häufig ohne Genehmigung und ohne die Zahlung von Tantiemen an den Autor nachgedruckt. Für die ohnehin meist schlecht bezahlten Sprachlehrer, die sich die Mühe machten, Lehrwerke zu verfassen, um eine weitere Quelle von Einkommen zu haben, war das Plagiiert-Werden ein existentielles Problem. Johann Balbach, dessen deutsch-französischer Briefsteller (1783)[479] nachgedruckt worden war, ließ die Öffentlichkeit wissen, dass er „diesen bei dem Raubdrucker von Trattner erschienenen, nicht autorisierten Nachdruck [...], wegen der häufigen typographischen Fehler [...] keineswegs

---

476   M. Kramer, La vraie méthode pour enseigner tres-facilement, & en peu de tems la langue françoise aux Alemands, 1696, S. 302.
477   M. Kramer, Rudimenti Toscana-Romani, 1695.
478   M. Kramer, La vraie méthode pour enseigner tres-facilement, & en peu de tems la langue françoise aux Alemands, 1696, S. 303.
479   J. Balbach, Neue Sammlung deutscher Briefe zum Übersetzen ins Französische, 1783.

mehr für seine Arbeit erkennen"[480] könne – der Autor distanziert sich hier von seinem
gestohlenen und misshandelten Werk. Das von uns benutzte Exemplar von Balbachs englischer Briefsammlung der Staatsbibliothek Bamberg nennt in der Titelei weder den Verfasser noch den Druckort Nürnberg. Nur am Ende des Vorworts heißt es: „Geschrieben zu
Nürnberg am Johannistage 1783." Hier hat der Raubdruck das Original überdauert. Gedruckt hat ihn Johann Thomas von Trattner (1719–1798), der berüchtigte österreichische
Raubdrucker.

5.3.7. Die Stadt als Lerngegenstand: Augsburg und Nürnberg in den Sprachbüchern

Straßen, Plätze, Wohn- und Gasthäuser oder Spazierwege in der Stadt oder aus der Stadt
hinaus ins Umland kommen vor allem in den Gesprächsbüchern vor. Sie können so zu lo-
kalgeschichtlichen Quellen werden. Für die Schüler dürfte das Wiedererkennen des Vertrauten, nämlich ihrer eigenen Stadt, motivierend gewesen sein, ebenso die Vorbereitung
auf Neues, nämlich fremde Länder und Städte, die sie später, wenn sie die fremde Sprache
erst gelernt haben, auf Reisen (vielleicht? hoffentlich?) kennenlernen werden.
In der „Grammatica alla moda" (1703) hat sich im 11. Gespräch „Zwischen einem
Ausländischen / und einen Einheimischen" ein ausländischer Gast im „Rothen Rösslein"
eingemietet, ein Kaufmann wohnt „nah bey Sanct Lorentzen." Ersterer bekommt eine
Stadtführung durch Nürnberg, bei der er an der „Güldenen Gans" und dem „Gast-Hoff zum
dreyen Königen" vorbeikommt. [481] Im 20. Gespräch kehren Kaufleute auf dem Weg von
Venedig kurz vor Nürnberg in einem Gasthof ein und bestellen „Hersprucker Bier."[482] Das
6. Gespräch wird auf einem Gang von Nürnberg nach Wöhrd „Zwischen zweyen / so
spatzieren gehen" geführt:

> Will mir der Herr Gesellschafft leisten? – Wohin? – Um die zwey Vorstädte zu se-
> hen. – Welche / Herr? – Gerad die zwey ausser der Stadt. – Wie heissen sie? – Die
> eine heist Wehrd. – Und die andere? – Heist man Gostenhoff. Ich achte es nicht / ich
> will Gesellschafft leisten. – So last uns denn gehen. – Durch was für ein Thor beliebt
> demselben hinaus zu gehen? – Wo derselbe mag. – Wollen nur zum Lauffer-Thor
> hinaus gehen. Und zum Frauen-Thor wieder herein gehen. – Ich bin dessen zufrie-
> den. – Sihe die Vorstadt! so man Wehrd nennt. – Diese dort? – Ja / Herr. – O was für
> ein annehmlicher Ort! – Er ist nahe an der Stadt. Dieser Spatzier-Weg ist sehr be-
> quem. – Gewißlich / mein Herr. – Kommt der Herr offt hieher? – Offt / Herr. – Diese
> eure Stadt ist sehr lustig. – Warum / Herr? – Indem man allerhand Ergötzungen hat.
> […].[483]

Matthias von Vorbergs[484] Taschenbuch zum Italienisch-Lernen (1708) spielt schon im
Untertitel auf die fränkischen Keller an; seine Benutzer dürsteten womöglich nicht nur nach
Italienisch-Kenntnissen. Das kleine Format habe man gewählt, damit „man […] sich des-
selben auch ausser des Kellers beym Spaziergang bedienen möge." Außerdem habe man

---

480 Zitiert nach Schröder BBL I, S. 30. Vgl. auch BBHS I, S. 145f.
481 M. v. Erberg, Grammatica alla moda, 1703, S. 34-38.
482 M. v. Erberg, Grammatica alla moda, 1703, S. 70.
483 M. v. Erberg, Grammatica alla moda, 1703, S. 17f.
484 Wahrscheinlich ein Pseudonym Matthias Kramers.

das Werk „Mit denen besten Dictionariis und Vocabulariis confrontirt / und allen durstigen Brüdern und Schwestern dieser Sprach dargereicht."[485] Matthias Kramer hat Nürnberg sogar bedichtet; sein Sonett auf Nürnberg enthält der Dokumentenanhang.

In Charles Roger de Gironvilles Französisch-Lehrbuch (1750) treffen sich abends zwei Herren und erzählen, was sie tagsüber in Augsburg getan haben.[486] Der eine war bei einem Kaufmann „in der Heil. Creutz-Gassen. Neben denen drey Mohren. In der Jacober-Vorstatt. Auf dem Brod-Marckt", der andere war in Fri[e]dberg, wo er musiziert hat, und in Oberhausen zum Kartenspielen („l' Ombre" und „Cadril"). Auch eine sorgfältige Liste der Augsburger Kirchen enthält dieses Werk.[487]

Eine ausführliche Beschreibung und Würdigung der Sehenswürdigkeiten Augsburgs in Form eines Reisebriefes findet sich bei F. Alberti (1792).[488] Im Einzelnen geht es um die Fuggerei und das Mäzenatentum der Fugger, um öffentliche Brunnen und das prächtige Rathaus mit seinen römischen Altertümern, um das (schon damals) geringe Interesse des Augsburger Rates an den Bücherschätzen der Stadt, um Augsburg als „Vaterland gelehrter Leute" und Zentrum von Lustbarkeiten, bei denen „die schönsten Bürgerinnen von Deutschland und in großer Menge" zugegen sind.

Aber auch in eher profanen Kontexten kann eine Stadt eine Rolle spielen, etwa als Gegenstand einer Übersetzungsübung. In Johann Karl Chapuzets französischer Syntax (1747) findet sich folgendes Städtelob:

> Übung. § 117. Die Stadt Nürnberg ist die größte und schönste Stadt in Franken (Anm.: la Franconie). Die Gassen (Anm.: la rue) sind breit (Anm.: lange), die Häuser reinlich (Anm.: propre) und gemächlich (Anm.: commode). Der Fluß (Anm.: la riviere) der mitten durch fließt (Anm.: couler à travers) ist Fischreich (Anm.: poissoneux). Die schöne Einrichtung (Anm.: arrangement) des Zeughauses (Anm.: l'Arsenal) verdient die Aufmerksamkeit (Anm.: l'attention) der Reisenden. Aber die meiste (Anm.: la plupart) Kirchen sind auf die alte Art (Anm.: à la Gothique) gebaut. Die Inwohner sind denen Wissenschaften, den Künsten, der Handelschaft (Anm.: le commerce) und Manufacturen ergeben (Anm.: s'adonner, s'appliquer). Die Gärten und Felder (Anm.: le champ) der Gegend herum (Anm.: les environs) werden wol unterhalten (Anm.: etre bien entretenu), und deßwegen tragen sie auch die außerlesenste (Anm.: exquis) Küchen-Gemüse (Anm.: les legumes), dergleichen (Anm.: tel) sind, die Sparchel (Anm.: les asperges), die Artischocken (Anm.: les artichauts), der Blumen oder Käß Kohl (Anm. les choux fleurs), das weise Kraut (Anm.: les choux blancs) der Petersilgen (Anm.: le Persil) und viele andere Kräuter.[489]

Ob diese Übung für Nürnberger Kinder und Jugendliche, die mit diesem Buch Französisch lernen sollten, neue Fakten enthielt, sei dahingestellt. Dass sie sich an Eleven mit eher ge-

485 M. v. Vorberg, Nagel-neuer Von der Italiänisch-Teutschen Meisterschafft mit grossen Fleiß verfertigter Nürnberger Trichter, 1708.

486 C. Roger de Gironville, Grammaire françoise tirée de la pratique, 1750, 6. Gespräch.

487 C. Roger de Gironville, Grammaire françoise tirée de la pratique, 1750, S. 204, 208f., 217f.

488 F. Alberti, Lettere italiane e tedesche, 1792, S. 161-181.

489 J. C. Chapuset, Syntaxe pratique françoise pour les allemans, 1747, S. 88f.

ringen Französischkenntnissen richtete, ergibt sich aus den vielen elementaren lexikalischen Hilfen.

Zwischenresümee

Was hat die eigene Stadt im Sprachbuch zu suchen? Wenn sich das Werk an die einheimische Jugend richtete, mag der Wiedererkennungseffekt motivierend gewesen sein. Wenn sich das Werk an Reisende richtete, die von außen kamen und die Stadt kennenlernen wollten, hatten diese Passagen die Funktion des Lernbereichs, der später „Landeskunde" genannt wurde, davon war oben (Abschnitt 5.1.7.) bereits die Rede. Neben der Sprache und den Regeln für ihre Verwendung sollte der Lernende über das Land orientiert werden, in dem diese Sprache gesprochen wird (in der Regel exemplarisch über Teile davon, also Städte oder Landschaften). Dieser Aufgabe kommt ein Großteil der Nürnberger und Augsburger Lehrwerke des 17. und 18. Jahrhunderts nach, manche von ihnen auch kleinteilig: Sie präsentieren die Stadt, in der das Lehrwerk verfasst, gedruckt und benutzt wurde, und helfen so dem fremden Interessenten beim Kennenlernen der Stadt und bei der Orientierung in ihr.

5.4. Resümee

Dieses Kapitel konnte zeigen, dass sich in den beiden süddeutschen Reichsstädten in der Frühen Neuzeit eine umfangreiche und vielfältige Produktion von Sprachlehrwerken und Wörterbüchern entwickelte, wobei die Zahl der in Augsburg verfassten und gedruckten Lehrwerke seit dem 17. Jahrhundert weit hinter der Nürnberger Produktion zurückblieb. Die produktiven Nürnberger Lehrwerksautoren wie Matthias Kramer, Matthias von Erberg, Johann Karl Chapuzet und Georg Philipp Platz (Plats) haben in Augsburg kein Pendant. Während das 16. Jahrhundert die Blütezeit der polyglotten Wörterbücher war, entstanden Fachwörterbücher, Lerngrammatiken, Gesprächsbücher und Lehrmaterialien für Kinder vor allem im späten 17. und 18. Jahrhundert. Wie die Analysen einer Reihe von Lehrwerken gezeigt haben, waren die Qualitätsunterschiede allerdings groß: Nachdrucke und methodisch anspruchslose Übungsbücher standen neben umfangreichen, um Systematisierung bemühten und mitunter auch fremdsprachendidaktisch innovativen Lehrwerken. Nicht wenige von ihnen richteten sich an spezielle Benutzergruppen. In den Werken des produktivsten und bedeutendsten Nürnberger Sprachmeisters, Matthias Kramer, finden sich auch deutliche Niederschläge der kulturpatriotischen Programme zur Aufwertung der deutschen Sprache in der Tradition der Sprachgesellschaften des 17. Jahrhunderts. Was die Rezeption dieser Lehrwerke in den beiden Reichsstädten betrifft, so werden Kramers Werke in Nürnberger Bibliotheksverzeichnissen besonders häufig genannt; zudem gibt es Hinweise darauf, dass Werke wie Kramers „Nouveau Parlament" auch an auswärtigen Schulen, etwa in August Hermann Franckes Pädagogium in Halle, Verwendung fanden.[490] Die Herkunft von Lehrwerken aus Augsburg oder Nürnberg äußert sich sprachlich mitunter in lokalen Färbungen, inhaltlich in Städtebeschreibungen, die als Lehrstoff Eingang in die betreffenden Werke gefunden haben.

---

490   Völker 2001, S. 191.

Schluss

Nachdem die Ergebnisse der Untersuchungen zur kaufmännischen Auslandslehre, zur patrizischen Bildungsreise, zum fremdsprachlichen Unterricht und zu den Lehrwerken bereits am Ende der jeweiligen Kapitel resümiert wurden, wird hier auf deren Wiederholung verzichtet. Stattdessen werden zum Abschluss einige grundlegende Beobachtungen und übergreifende Thesen formuliert, die vielleicht auch zu weiterführenden Untersuchungen anregen.

1. Die Mehrsprachigkeit der reichsstädtischen Eliten

Unsere Studie hat gezeigt, dass die Eliten der Reichsstädte Augsburg und Nürnberg in hohem Grade mehrsprachig waren. Anders als andere Distinktionsmerkmale sozialer Eliten wie Kleidung, Schmuck, Wohnkultur, Kunstpatronage, Erinnerungs- und Memorialkultur hat Mehrsprachigkeit als Standesmerkmal städtischer Eliten in der Frühen Neuzeit bislang in der historischen Forschung – anders als in der didaktischen – wenig Beachtung gefunden. Fremdsprachen wurden zunächst vor allem aus praktischen Gründen – zu Zwecken der Berufsausbildung und -vorbereitung – gelernt. Im Laufe des 16. sowie vor allem des 17. Jahrhunderts wurde diese pragmatische Zielsetzung jedoch durch andere Bildungsziele überlagert und tendenziell ersetzt. Fremdsprachenlernen diente Mitgliedern des reichsstädtischen Patriziats nun nicht mehr primär der Vorbereitung auf eine spätere Handelstätigkeit, sondern dem Erwerb kultureller Kompetenzen, der Förderung von Tugenden wie Weltläufigkeit und „Höflichkeit" und der Mehrung sozialer Distinktion. Die erworbenen Sprachkompetenzen dienten später u.a. gelehrten Studien, dem Aufbau von Bibliotheken, der Korrespondenz mit Adeligen, Künstlern und Gelehrten sowie in einigen Fällen auch der Produktion von Übersetzungen und eigenen literarischen Werken.

2. Die Systematisierung des Fremdsprachenlernens

Patrizier- und Kaufmannssöhne aus den beiden Städten lernten Fremdsprachen im 16. und 17. Jahrhundert vorzugsweise in den Haushalten ihrer ausländischen Gastgeber. Zugleich waren sie fest in landsmannschaftliche Netzwerke eingebunden, reisten in Begleitung anderer Augsburger und Nürnberger, wurden von erfahrenen Handelsdienern überwacht und mussten ihren Vätern oder Vormündern regelmäßig brieflich Rechenschaft ablegen. „Familienbriefe" sind daher gleichermaßen als Ausdruck von Erfahrungen und Emotionen, als Erziehungsmittel und als Mittel sozialer Kontrolle anzusehen. Die Systematisierung des Spracherwerbs zeigt sich einerseits darin, dass vorbereitenden und begleitenden Sprachstudien (Unterricht durch Sprachmeister in der Heimatstadt und am Ausbildungsort, Gebrauch von Sprachlehrwerken und Wörterbüchern) wachsende Bedeutung zukam. Andererseits besuchte zwischen 1550 und 1750 eine große Zahl von Augsburger und Nürnberger Studenten – teils neben, teils an Stelle der kaufmännischen Ausbildung – ausländische Universitäten. Neben freien Sprachmeistern, die sich seit Mitte des 16. Jahrhunderts vereinzelt, seit der zweiten Hälfte des 17. Jahrhunderts dann kontinuierlich in Augsburg und Nürnberg nachweisen lassen, boten im 18. Jahrhundert auch die höheren Schulen der Reichsstädte zumindest sporadisch Unterricht in lebenden Fremdsprachen an. Im wachsenden Angebot an Sprachunterricht und fremdsprachlichen Lehrwerken spiegeln sich Institutionalisierungs- und Formalisierungsprozesse wider.

3. Die Relevanz der einzelnen europäischen Sprachen

Das Interesse der Augsburger und Nürnberger Eliten an den einzelnen lebenden Fremdsprachen war unterschiedlich ausgeprägt. In allen Kapiteln unserer Untersuchung zeigte
sich eine klare Dominanz des Italienischen und Französischen, wobei bis zum Dreißigjährigen Krieg die italienische, danach die französische Sprache am stärksten nachgefragt war.
In der Vorrangstellung dieser beiden Sprachen kamen die kommerziellen Interessen der
reichsstädtischen Eliten ebenso zum Ausdruck wie die kulturelle Ausstrahlung Italiens und
Frankreichs in Renaissance und Barock. Kommerzielle und kulturelle Interessen bedingten
im 16. und 17. Jahrhundert auch ein substantielles Interesse an der niederländischen und
spanischen Sprache; im 18. Jahrhundert gewann schließlich auch Englisch als Unterrichts-
gegenstand mehr und mehr an Bedeutung. Die west- und südslavischen Sprachen, das Ungarische und die nordeuropäischen Sprachen spielten dagegen nur eine geringe Rolle. Dass
vor allem in Nürnberg mitunter Bücher in diesen Sprachen gedruckt wurden, relativiert
diese Feststellung nicht. Dieser Sachverhalt erklärt sich daraus, dass man sich auf Reisen in
Böhmen und Polen, im ungarischen Teil der Habsburgermonarchie und in Nordeuropa mit
der *lingua franca* Mitteleuropas, dem Deutschen, im Allgemeinen verständigen konnte.
War das nicht möglich, leistete das Lateinische gute Dienste. In den großen Städten West-
und Norddeutschlands (Köln, Bremen, Hamburg, Lübeck, Rostock) dürfe die Bedeutung
des Niederländischen zumindest im 16. und 17. Jahrhundert ungleich größer gewesen sein
als in Augsburg und Nürnberg, und vermutlich bemühte man sich dort auch früher um das
Englische.

Insgesamt folgte die Entwicklung in Augsburg und Nürnberg zwar dem allgemeinen
Trend in den großen Städten des deutschsprachigen Raumes: Dominanz von Italienisch und
Französisch, Existenz weiterer regional oder im politischen Diskurs bedeutsamer Fremdsprachen (etwa Portugiesisch, Spanisch und skandinavische Sprachen in Hamburg, Pol-
nisch als bedeutsame Sprache in Leipzig, Dresden, Breslau und Danzig, Polnisch und Li-
tauisch in Königsberg, Tschechisch und Türkisch in Wien). Allerdings waren Handel und
Patriziat nicht überall in gleichem Maße Initiatoren bzw. Träger der Entwicklung. Auch
dynastische Verbindungen (Sachsen mit Polen; Österreich mit Ungarn, Italien, Böhmen und
Kroatien) und die Zugehörigkeit einer Region zu einem anderssprachigen Land (Schleswig-
Holstein zu Dänemark, Vorpommern, Wismar und das „Herzogtum Bremen" zu Schweden,
Kurhannover zu England) konnten Mehrsprachigkeit in erheblichem Maße fördern. Hier
war es vor allem die Aussicht auf Ämter in den anderssprachigen Landesteilen, die junge
Menschen zu fremdsprachlichen Studien veranlasste. Daneben konnte die unmittelbare
geographische Nachbarschaft einer anderen Sprache (Französisch in Straßburg, Polnisch in
Breslau oder Danzig) das Bestreben der Bewohner, eine die Sprachgrenzen überschreitende
Kompetenz (*compétence transfrontalière*) zu erlangen, stimulieren und dadurch
außerschulischen Fremdspracherwerb und -unterricht beflügeln. In einzelnen Fällen
waren es auch politische Großwetterlagen, die auf die Sprachlernbemühungen städtischer
Eliten durchschlugen: Wien war der Ort, von dem aus das Heilige Römische Reich mit der
Hohen Pforte in diplomatischen Kontakt trat – auf Türkisch und Lateinisch. Gleichzeitig
war der Wiener Kaiserhof ein Zentrum des politischen und kulturellen Austauschs mit dem
dynastisch und konfessionspolitisch eng verbundenen Spanien: Spanisch war eine der
Hofsprachen.

4. Das Fehlen einer reichsstädtischen Sprachpolitik

Ungeachtet der hohen Nachfrage nach lebenden Fremdsprachen seitens der städtischen Eliten lässt sich eine konsequente Förderung des fremdsprachlichen Unterrichts durch die politischen Führungsgremien der beiden Reichsstädte erst im späten 18. Jahrhundert – und auch dann nur ansatzweise – beobachten. Die Nürnberger Ratsverlässe sowie die Augsburger Bürgeraufnahme- und Beisitzakten zeigen vielmehr, dass die Initiative zur Niederlassung von Sprachmeistern und zur Entwicklung fremdsprachlicher Angebote in aller Regel von den Fremdsprachenlehrern selbst bzw. von interessierten Individuen ausging. Die städtischen Gremien reagierten darauf mit pragmatischen Einzelfallentscheidungen, die Faktoren wie die Zahl der in der Stadt ansässigen Sprachmeister, Leumund und Vermögensverhältnisse des Bewerbers, die Einschätzungen von Kollegen, die Empfehlungsschreiben von Unterstützern, aber auch die allgemeine politische Situation berücksichtigten. Grundsätzliche Überlegungen zum Stellenwert des Unterrichts moderner Fremdsprachen im Rahmen der städtischen Bildungs- und Wirtschaftspolitik konnten hingegen nicht ermittelt werden. Im Übrigen hielt man sich an die Sprachenregelung des Reiches, die Friedrich Karl von Moser[1] im Detail dargestellt hat: Im schriftlichen und mündlichen Verkehr mit anderen Reichsstädten verwendete man das Deutsche, im Verkehr mit auswärtigen Mächten das Lateinische. Wenn auswärtige Herrscher – wie die Könige von Dänemark und Schweden – zugleich Reichsfürsten waren, richtete sich die Sprache nach dem jeweiligen Betreff: Ging es etwa um Angelegenheiten der zum Reich gehörenden Herzogtümer Schleswig und Holstein, so verkehrte man mit dem dänischen König auf Deutsch; ging es hingegen um dänische Angelegenheiten, schrieb man ihm auf Lateinisch. Seit der Mitte des 17. Jahrhunderts bemühte sich Frankreich erfolgreich, das Französische als Sprache der Diplomatie durchzusetzen. Die Reichsstädte benötigten für den diplomatischen Verkehr mit anderssprachigen Regierungen daher stets lateinkundige Ratsdiener und Juristen und seit dem späten 17. Jahrhundert auch solche, die Französisch beherrschten. Im Jahre 1700 korrespondierte Nürnberg etwa mit Ulm über eine gemeinsame Denkschrift an König Ludwig XIV., die auf Französisch abgefasst werden musste, weil sie sonst keine Beachtung gefunden hätte. 1717 gab der Nürnberger Ratskonsulent Hochmann dem Rat der Stadt Ulm den Rat, in seiner auf Französisch geführten Korrespondenz mit Frankreich besonders „auf die Reinigkeit der Sprache" zu achten, weil die Regenten des Königreichs „bekanntermaßen sehr auf ihre gloire sehen."[2]

5. Sprachmeister: Ein frühneuzeitliches „Prekariat"?

Der Begriff des „Prekariats" ist in den letzten Jahren als Bezeichnung für gut ausgebildete und hoch mobile Arbeitnehmer, die in befristeten, oft schlecht bezahlten Anstellungsverhältnissen oder als Freiberufler ein unsicheres Dasein fristen, in Mode gekommen. Frühneuzeitliche Sprachmeister weisen manche Ähnlichkeiten mit diesem modernen „Prekariat" auf: Sie waren geographisch sehr mobil, viele von ihnen verfügten über ein Universitätsstudium, und ihre wirtschaftliche und soziale Situation war oft ausgesprochen schwierig. Daneben bestehen aber auch erhebliche Unterschiede. Der wichtigste ist sicher, dass die Sprachmeister als „Freiberufler" außerhalb der korporativen Strukturen der frühneuzeitlichen Ständegesellschaft standen: Sie waren nicht in Zünften oder akademischen Korporati-

---

1   Moser, Abhandlungen 1750.
2   Pfeiffer 1967, S. 445, 451; Glück 2002, S. 236.

onen organisiert, verfügten über keine formalen Abschlusszeugnisse, und ihre Kenntnisse wurden lange Zeit nicht nach bestimmten Regeln und Standards geprüft. Als abgedankte Soldaten, entlaufene Priester oder Revolutionsflüchtlinge waren manche von ihnen auch aus den Rängen der Ständegesellschaft herausgefallen, und eine Reihe von Konflikten und Skandalen zeigt, dass die prekäre Existenz dieser Berufsgruppe auch durch ihren Charakter und Lebenswandel mit bedingt sein konnte.

6. Fremdsprachen und Geschlecht

Während eine deutliche Mehrheit der Studierenden und Lehrenden moderner Fremdsprachen in der Gegenwart weiblichen Geschlechts ist, handelte unsere Studie vor allem von Männern, die Fremdsprachen lehrten und lernten. Angesichts der frühneuzeitlichen Rollenaufteilung zwischen Mann und Frau, die den Frauen vor allem die Bereiche Haus, Familie und Kindererziehung zuwies, während Männer Haushalt und Familie nach außen repräsentierten, ist dieser Befund grundsätzlich nicht überraschend. Bemerkenswert sind vielmehr die vergleichsweise seltenen Hinweise auf Frauen als Lernende und Lehrende moderner Fremdsprachen. Wir haben in den vorangegangenen Kapiteln einige Quellenbefunde zu Sprachmeisterinnen, die alleine oder gemeinsam mit ihren Ehemännern Unterricht anboten, zum fremdsprachlichen Unterricht in Mädchenschulen sowie zu Lehrwerken präsentiert, die sich explizit oder implizit auch an Schülerinnen richteten. Diese Befunde weisen darauf hin, dass seit dem 17. Jahrhundert auch Frauen und Mädchen der höheren städtischen Gesellschaftsschichten – wenn auch in begrenztem Umfang – am Standesprivileg fremdsprachlicher Bildung teilhatten und die Fähigkeit zur fremdsprachlichen Konversation im Kreis der Familie und des Haushalts zunehmend geschätzt wurde. Die Sprachbücher vermitteln den Eindruck, dass Fremdsprachenunterricht für Mädchen aus den höheren Ständen seit dem späten 17. Jahrhundert nichts Ungewöhnliches mehr war. Allerdings ist in Rechnung zu stellen, dass die häusliche Mädchenerziehung durch andersprachige Gouvernanten und „Hausfranzösinnen" kaum Niederschlag in den Quellen gefunden hat.

7. Fremdsprachenlehrer und Sprachforschung

Die Lehr- und Wörterbücher für fremde Sprachen, die Nürnberg und Augsburg verfasst, gedruckt und/oder zum Lehren und Lernen verwendet wurden, hatten primär praktische Ziele, nämlich die Vermittlung der jeweiligen Fremdsprache nach dem linguistischen Wissen und den Unterrichtsmethoden der Zeit. Diese Lehr- und Wörterbücher decken in qualitativer Hinsicht ein breites Spektrum ab: Zum Teil handelte es sich um sehr gründliche Werke, zum Teil um flüchtig niedergeschriebene Kompilationen und Plagiate. Erstere strahlten mitunter weit über die beiden Reichsstädte hinaus und hatten Anteil an den Fortschritten in der Erforschung der modernen Sprachen, deren Anfänge im 16. Jahrhundert liegen. Im 17. Jahrhundert erlangte die Sprachforschung in Frankreich und den Niederlanden eine Führungsrolle, ehe die deutschsprachige Forschung diesen Rückstand im folgenden Jahrhundert aufholte und im 19. Jahrhundert zur internationalen Spitze gehörte. Einige reichsstädtische Lehrwerksautoren versuchten, an die internationale „Spitzenforschung" anzuknüpfen. Dazu gehörten etwa der Nürnberger Johann Karl Chapuzet in der der zweiten Auflage seiner französischen Syntax oder Georg Philipp Plats und Johann Jakob Meynier, die sich bemühten, vom (zweifelhaften) Glanz des französischen Grammatikers und Akademiemitglieds Jean Pierre des Pepliers einige Strahlen abzubekommen. Manche Autoren wie die in Nürnberg tätigen Sprachforscher und -lehrer Levinus Hulsius und Matthias Kramer können aber tatsächlich als Autoritäten mit internationaler Ausstrahlung gelten. Als Männer der Praxis brachten sie auch „die Theorie" voran.

8. Leitlinien der fremdsprachendidaktischen Entwicklung im Spiegel der Lehrmaterialien

Der Fremdsprachenunterricht der Frühen Neuzeit war im Wesentlichen auf praktische Lebensbewältigung hin ausgerichtet; Theorien zweckfreier Formalbildung spielen erst seit der Säkularisierung des Schulwesens im frühen 19. Jahrhundert eine Rolle. Er diente der Einübung in die Konversationskultur der Zeit, aber auch dem Erwerb einer Lese- und Übersetzungskompetenz. In vielen Bereichen waren Kenntnisse moderner Fremdsprachen eine Voraussetzung für die Berufsausübung.

Wie die Unterrichtsmaterialien zeigen, konnten die jeweiligen Zielsetzungen durchaus auf die inhaltliche und die methodische Ebene durchschlagen. War – wie beispielsweise sehr häufig im Englischunterricht des ausgehenden 17. und frühen 18. Jahrhunderts – Konversationskompetenz keine primäre Zielsetzung, während Lese- und Übersetzungsfertigkeit im Vordergrund standen, so folgten die Unterrichtsmaterialien stärker einem grammatisierenden, schriftsprachlichen Ansatz. Konversationstraining – besonders bezogen auf das Italienische und Französische – war die Domäne der Gesprächsbücher. Hier wurde Sprache in erster Linie in situativer Einbettung durch Imitation und Transfer erworben; das Konstruieren von Aussagen trat in den Hintergrund. Bei alledem blieb das am Lateinischen orientierte Deskriptionsmodell von Sprache während des gesamten hier untersuchten Zeitraums ein wichtiger Bezugspunkt: Die sechs Kasus des Lateinischen fanden sich in allen modernen europäischen Sprachen wieder, selbst im Englischen, und auch die Konjugationsmuster blieben bis ins späte 18. Jahrhundert am Lateinischen orientiert.

Methodische Unterschiede führten zu Frontstellungen zwischen den Lehrwerkautoren bzw. Sprachlehrern, besonders auch zwischen den frankophonen Muttersprachlern und ihren stärker grammatikorientierten deutschen Kollegen. Gleichzeitig wurden aber auch ausgleichende Positionen vertreten, wie sie dann wieder für die Ära nach 1882 (Wilhelm Viëtor) typisch wurden: Systemorientiertes grammatisches Lernen und Imitationslernen sollten auf didaktisch sinnvolle Weise miteinander verbunden sein.

9. Wege der Sprachentwicklung im Spiegel der Lehrmaterialien

Wer eine Fremdsprache lernen will, legt Wert darauf, sie in ihrer korrekten Form, auf der Grundlage anerkannter Regeln und Gebrauchsnormen, gelehrt zu bekommen. Dieser Wunsch äußert sich im Räsonnieren darüber, an welchem Ort oder in welcher Gegend die betreffende Fremdsprache am besten gesprochen werde. Solche Erörterungen finden sich sowohl in Briefen reisender Patriziersöhne und Lehrjungen an ihre Väter als auch in Gesprächsbüchern und Lehrwerken. Ihre Verfasser weisen oft darauf hin, dass sich ihr Werk an anerkannten Autoritäten orientiere, etwa an den Wörterbüchern der Akademien in Paris, Madrid oder Florenz.

Für das Französische und das Spanische wurden bereits im 16. und 17. Jahrhundert Standardnormen entwickelt und verbreitet. Sie waren deshalb unter dem Gesichtspunkt von „Richtig" und „Falsch" leicht zu lehren. Wer hingegen das Italienische oder das Deutsche unterrichten wollte, musste mitteilen, an welche Regeln und Normen, an welchen Wortschätzen er sich orientierte. Für das Italienische galt das Toskanische „in römischem Munde" als vorbildlich, doch lernten Personen, die sich länger in Venedig oder Padua aufhielten, in erster Linie den dort verbreiteten Dialekt. Das gilt ceteris paribus auch für andere Regionen des Landes.

Für das Deutsche galt seit etwa 1650 das Obersächsische („Meißnische") in Grammatik und Lexik als vorbildlich. Für die Aussprache war eine norddeutsche Leseaussprache mustergültig, die weder in Augsburg noch in Nürnberg eine große Rolle spielte: Dort sprach man Nürnbergerisch und Schwäbisch. Wiederum andere Sprachen waren noch weitgehend unnormiert, etwa das Russische oder das Ungarische. Wer eine solche Sprache lehren wollte, stand vor einem Berg an Problemen. Allerdings spielten solche Sprachen in den beiden Reichsstädten keine erkennbare Rolle.

Lehr- und Gesprächsbücher sind Genres, die keine literarischen Ansprüche haben. In der Regel versuchen sie, eine authentische Form der betreffenden Sprache zu lehren, was bedeutet, dass sie sich nicht an hohen Stilidealen, sondern an der gesprochenen Sprache des Alltags orientieren. Matthias Kramers Unterscheidung zwischen der *grammatica congrua* für die einfachen Leute und der *grammatica ornata* für den Adel und die Gelehrten macht deutlich, dass diese Unterscheidung bewusst getroffen wurde. Die Lehrbücher und insbesondere die Gesprächsbücher stellen deshalb vorzügliche Quellen für das Studium des sprachlichen Alltags dar. Sie bieten Umgangssprache, wie sie in Gebrauch war, sie verschriftlichten in den Dialogen Sprache so, wie man sie sprach. In diesen Dialogen kommen auch die „niederen Stände" zu Wort: Kutscher, Wäscherinnen, Schneider, Dienstmädchen und Bediente.

Anders als die Wörterbücher, die seit einiger Zeit die Aufmerksamkeit der historischen Lexikologie genießen, sind die Genres des Gesprächsbuchs und des Lehrbuchs in der sprachgeschichtlichen Forschung bisher kaum beachtet worden. Das ist umso erstaunlicher, als immer wieder bedauernd festgestellt wird, dass die großen Sprachgeschichten auf Quellen beruhten, die der mittleren und hohen Stilschicht angehörten und aus dem höheren Bürgertum, dem Klerus und dem Adel stammten. Die Gesprächs- und Lehrbücher bieten Material für eine Ergänzung der Sprachgeschichte „von unten."

10. Mögliche weiterführende Studien

Welche weiterführenden Studien sind wünschenswert? Zunächst einmal bieten sich die eingangs schon genannten Paralleluntersuchungen an, bezogen auf andere Regionen oder andere Städtetypen, etwa Residenzstädte, Universitätsstädte oder Gebiete entlang von Sprachgrenzen und Sprachinseln. Aus didaktischer Sicht erscheint es vordringlich, mehr über die Unterrichtswirklichkeit zu erfahren, die, wie oben ausgeführt wurde, nicht unmittelbar aus den Unterrichtsmaterialien erschließbar ist. Letztere verkörpern die Ebene der Bildungsideen, nicht aber die der Bildungswirklichkeit. Dieses Desiderat ist alles andere als leicht zu verwirklichen.

Biographische Zeugnisse zum Fremdsprachenerwerb und Fremdsprachenunterricht in der Frühen Neuzeit konnten in der vorliegenden Studie nur in begrenztem Umfang genutzt werden, weil die Quellenlage (Tagebücher, Autobiographien, Bildungsbiographien) problematisch ist und entsprechende Vorarbeiten fehlen. Zusätzliche Befunde in diesem Bereich könnten Auskunft über persönliche Lernmotivationen und Lernerfahrungen geben.

Ein weiteres Feld der Recherche stellt die implizite und explizite sprachen- und bildungspolitische Theoriebildung in ihrem Verhältnis zur politischen und pädagogischen Praxis dar: Welche Argumente sprachen für, welche gegen eine Sprache als Lerngegenstand? Was konstituierte überhaupt – in den Augen der Zeitgenossen – den Wert einer

Sprache? Wie sah das politisch induzierte Lob etwa des Französischen, Italienischen, Spanischen und Englischen aus, und wie reagierten die Vertreter anderer Nationen und Sprachen darauf? Hierzu ist reiches Quellenmaterial vorhanden; das Lob des Deutschen und
auch die deutsche Kritik am Französischen als der internationalen Sprache des späten 17.
und des 18. Jahrhunderts wurden in der vorliegenden Untersuchung bereits angesprochen.

Bibliothekssiglen

BayHStA	Bayerisches Hauptstaatsarchiv München
BN	Bibliothèque Nationale Paris
BSB	Bayerische Staatsbibliothek München
GhB	Großherzogliche Bibliothek
GNM	Germanisches Nationalmuseum Nürnberg
HAB	Herzog-August Bibliothek Wolfenbüttel
HAAB	Herzogin-Anna-Amalia Bibliothek Weimar
LB	Landesbibliothek
ÖNB	Österreichische Nationalbibliothek Wien
SB	Staatsbibliothek
SBBA	Staatsbibliothek Bamberg
SLUB	Sächsische Landes- und Universitätsbibliothek Dresden
SUB	Niedersächsische Staats- und Universitätsbibliothek Göttingen
StBN	Stadtbibliothek Nürnberg
SuStBA	Staats- und Stadtbibliothek Augsburg
SUB	Staats- und Universitätsbibliothek
ThULB	Thüringische Universitäts- und Landesbibliothek Jena
UB	Universitätsbibliothek
UBA	UB Augsburg
UBBA	UB Bamberg
ULB	Universitäts- und Landesbibliothek
USB Köln	Universitäts- und Stadtbibliothek Köln
WLB	Württembergische Landesbibliothek Stuttgart

Abkürzungsverzeichnis

BBL	Schröder, Konrad, Biographisches und bibliographisches Lexikon der Fremdsprachenlehrer des deutschsprachigen Raumes, Spätmittelalter bis 1800, 6 Bde., (Augsburger I & I – Schriften, Bd. 40, 51, 63, 68, 73, 74), Augsburg 1992–1999.
BBHS	Brekle, Herbert E., Bio-bibliographisches Handbuch zur Sprachwissenschaft des 18. Jahrhunderts. Die Grammatiker, Lexikographen und Sprachtheoretiker des deutschsprachigen Raums mit Beschreibungen ihrer Werke, 8 Bde., Tübingen 1992–2005.
DBA	Fabian, Bernhard/Gorzny, Willi, Deutsches biographisches Archiv. Eine Kumulation aus 254 der wichtigsten biographischen Nachschlagewerke für den deutschen Bereich bis zum Ausgang des 19. Jahrhunderts, Microfiche-Edition, München u.a. 1982ff.
DW	Grimm, Jakob und Wilhelm, Deutsches Wörterbuch. Leipzig 1831-1961.
FGG	Fremdsprachen in Geschichte und Gegenwart. Wiesbaden 2005ff.
GDF	Geschichte des Deutschen als Fremdsprache. Berlin – New York 2002ff.
MLS	Metzler Lexikon Sprache. Hg. von Helmut Glück. Stuttgart – Weimar [4]2010.
MVGN	Mitteilungen des Vereins für Geschichte der Stadt Nürnberg. Nürnberg 1888ff.
NDB	Neue Deutsche Biographie
VSWG	Vierteljahrschrift für Sozial- und Wirtschaftsgeschichte
Zedler	Zedler, Johann Heinrich, Grosses vollständiges Universal-Lexikon aller Wissen-schafften und Künste, welche bisher durch menschlichen Verstand und Witz erfunden und verbessert worden […]. Halle – Leipzig 1732-1750. Nachdruck Graz 1993-1998. http://www.zedler-lexikon.de/, [Aufrufdatum: 31.01.2010]
ZFSL	Zeitschrift für französische Sprache und Literatur. Wiesbaden 1889ff.

Abbildungsnachweis

Abb. 1: GNM Nürnberg, HB 2300 Kaps 1228. (Foto: Georg Janßen)

Abb. 2: UB Heidelberg, A 330 D Folio RES::1,
http://digi.ub.uni-heidelberg.de/diglit/braun1582bd1/0031.

Abb. 3: UB Heidelberg, A 330 D Folio RES::1,
http://digi.ub.uni-heidelberg.de/diglit/braun1582bd1/0013.

Abb. 4: UB Heidelberg, A 330 D Folio RES::1,
http://digi.ub.uni-heidelberg.de/diglit/braun1582bd1/0045.

Abb. 5: SBBA, Geogr.q.98, S. 6. (Foto: Gerald Raab)

Abb. 6: Hausarchiv derer von Stetten, Schloss Aystetten, Nr. 239, S. 28.

Abb. 7: Museum Plantin-Moretus/Prentenkabinett Antwerpen, OP 11556, III/B.337.

Abb. 8: Herzog Anton Ulrich Museum, Trachtenbuch des Veit Konrad Schwarz, Bild 18. (Schwarzsches Trachtenbuch II).

Abb. 9: StadtAN, A 7/I, Nr. 3131.

Abb. 10: SuStBA, 2° Cod. Aug. 489, fol. 40v.

Abb. 11: HAB Wolfenbüttel, F 1 Geom. 2° Fol. 45.

Abb. 12: *http://upload.wikimedia.org/wikipedia/commons/a/ae/Zacharias_Geizkofler.jpg.*

Abb. 13: StadtAN, A 7/I, Nr. 1101.

Abb. 14: StadtAN, A 7/I, Nr. 3199.

Abb. 15: SuStBA, Grafiksammlung.

Abb. 16: GNM Nürnberg, HB 9470 Kaps 1234. (Foto: Georg Janßen)

Abb. 17: SLUB Dresden, Biogr.erud.D.2764,
http://digital.slub-dresden.de/id330339818.

Abb. 18: SUB Göttingen, 8 LING I, 2439 (2).

Abb. 19: SBBA 22/Phil.118-1-2-. (Foto: Gerald Raab)

Abb. 20: StadtAN, A 7/I, Nr. 942.

Abb. 21:
http://reader.digitale-sammlungen.de/de/fs1/object/display/bsb10802345_00030.html.

Abb. 22: SuStBA, Grafiksammlung.

Abb. 23: SBBA, Bip.Geogr.o.31. (Foto: Gerald Raab)

Abb. 24:
http://commons.wikimedia.org/wiki/File:Dendrono_-_Der_Courtesirende_Student.jpg.

Bibliographie

1. Ungedruckte Quellen

Staats- und Stadtbibliothek Augsburg (SuStBA)

2° Cod. Aug. 132	Stammbuch der Familie Sulzer
2° Cod. Aug. 489	Geheimes Ehrenbuch der Familie Linck
2° Cod. S 97	Stammbuch der Familie Occo
4° Cod. Aug. 55	Stammbuch der Familie Schorer
4° Cod. Aug. 263	Stamm-Büchlein des Emanuel Garb
4° Cod. H 11	Stammbuch der Familie Bimmel
Cim 65	Stammbuch der Familie Thenn
Cim 66	Familienbuch der Familie Hainhofer

Stadtarchiv Augsburg (StadtAA)

Aufenthaltsconsense
Augsburgischer Adresskalender 1799 und 1806
Beisitzaufnahmen
Bürgeraufnahmen
Hochzeitamtsprotokolle
Privatlehrerakte
Schätze, Nr. 24 (Genealogia Pistoriana)
Stadtgericht, Schuld-, Klag-, Appellationssachen, Teil 2, Karton IV
Steuerbücher
Strafamt, Urgichten

Staatsarchiv Nürnberg (StAN)

Rep. 52b, Bürgerbuch, Nr. 311
Rep. 53/II, Ämterrechnungen: Unbürgeramt, Nr. 1-74
Rep. 54a/II, Nürnberger Stadtrechnungsbelege, Bündel, Nr. 538
Rep. 60a, Ratsverlässe 1669–1799

Stadtarchiv Nürnberg (StadtAN)

A 31, Nr. 283, 362
B 2, Nr. 291, 340
B 13, Nr. 2329
B 14/IV, Nr. 426
E 11/II (Behaim-Archiv), Nr. 585.
E 29/IV (Tucher-Archiv), Nr. 1, 5-6, 8-15, 23, 28, 81, 93, 100, 112, 118-120, 130, 135, 137, 149, 166, 175, 181, 233-268, 304, 306, 307, 416, 477, 481, 525, 552-553, 557, 558, 565, 570, 572, 583, 586, 1156

Germanisches Nationalmuseum Nürnberg (GNM)
Behaim-Archiv, Nr. 32, 80, 113, 151, 154, 179

Universitätsbibliothek Erlangen
Altdorfer Universitätsarchiv, Nr. 76: Acta, Sprachmeister und ihre Anstellungen betr.

Bayerisches Hauptstaatsarchiv München (BayHStA)
Reichskammergericht, Nr. 8614

Bayerische Staatsbibliothek München (BSB)
Clm 4021 d: Verzaichnus souil sich heüt den 2.ten tag Maij von deß herrn Christof Peütingers gewesnen Stattpflegers Büecher in aller hand Sprachen, und andere mehr sachen, in sein verordnet Peütingerisch Legat gehörig.

2. Gedruckte Quellen (mit Standortnachweis, ggf. Internetadresse)

Adelung, Johann Christoph, Umständliches Lehrgebäude der Deutschen Sprache, zur Erläuterung der Deutschen Sprachlehre für Schulen, 2 Bde., Leipzig: Breitkopf 1782.

Alberti, Franz, Lettere italiane e tedesche sopra le notabili particolarità della città elettorale di Monaco, Residenza della Baviera, come pure delle di lei piacevoli vicinanze e molt'altre aneddoti di diversi paesi. Italienische und deutsche Briefe über die vornehmsten Merkwürdigkeiten der kurfürstlich bayerischen Residenzstadt München, wie auch von den umliegenden Lustgegenden und verschiedenen Anekdoten von andern Ländern, München: Zangl 1792. [SuStBA BV011954404]

Amman, Johann Conrad, Surdus loquens sive Dissertatio de loquela, Qua non solum Vox humana, & loquendi artificium ex originis suis eruuntur sed & traduntur media quibus ii, qui ab incunabilis surdi et muti Fuerunt, loquelam adipisci, quique difficulter loquuntur, vitia sua emendare possint, Leiden: Langerak 1727. Enthalten in: Wallis, Johannes, De Loquela, sive sonorum formatione, tractatus grammatico-physicus, Leiden: Langerak [6]1727. [UB Erlangen-Nürnberg, H61/TREW.Gx 552]

Anon., Introductio quaedam utilissima / sive Vocabularius quattuor linguarum latine Italice / Gallice et Alamanice / per mundum versari cupientibus summe utilis. Einfierung latein / wälsch Franzesisch und teutsch / in gemaine dingen zu redn von nuwem gedruckt und an vil orte zemal im latein und welschn gebessert und corrigiert dienen so durch die land handle und sprach nit kindn nit mind noturtig dan nutzlich, Augsburg: Öglin 1516. [SuStBA 4 Spw 40. Das Werk ist dort der zweite Teil eines dreiteiligen Bandes mit der Eigensignatur 4 Rw 380].

Anon., Quinque linguarum utilissimus vocabulista, latinae, italicae, gallicae, bohemicae et alemanicae, valde necessarius per mundum versari cupientibus. Vocabolista delle cinque lingue, cioè latina, italiana, francese, boema e tedesca. Nebentitel: Utilissimo vocabolario ad imparare a leggere per quelli che lo desiderassero senza andare a scuola come artigiani e donne. Ancora l'Italiano può imparare latino, il Francese boemo e tedesco e così ciascuno di loro potrà intendere italiano perché in questo libro si se contiene tutti i nomi, vocaboli e parole che si possono dire in più modi, Nürnberg: Peypus 1531. [HAB 190.11.Qu.4°]

Anon., Sex linguarum latinae, gallicae, hispanicae, italicae, anglicae et teutonicae dilucidissimus dictionarius, mirum quam utilis, nec dicam necessarius omnibus linguarum studiosis […]. Vocabular Sechserley sprach / Lateynisch / Frantzösisch / Spanish / Welsch / Englisch und Teutsch, Nürnberg: Günther 1541. [SuStB Augsburg, Spw 443]

Anon., Sex linguarum latinae, gallicae, hispanicae, italicae, anglicae et teutonicae dilucidissimus dictionarius, mirum quam utilis, nec dicam necessarius omnibus linguarum studiosis. Utilissimo vocabolario ad imparare a leggere per quelli que lo desiderassero senza andare a scuola, come artigiani e donne. Ancora l'Italiano può imparare latino, francese, spagnolo e tedesco, e così ciascuno di loro potrà intendere italiano, perchè in questo libro si se contiene tutti i nomi, vocaboli e parole che si possono dire in più modi, Augsburg: Ulhardt [o.J.] [zwischen 1541 und 1557]. [SuStBA Spw. 443; Volltextlink: http://gateway.proquest.com/openurl?ctx_ver=Z39.88-2003&res_id=xri:eebo&rft_id=xri:eebo:image:150576]

Anon., Der Französisch-Teutsche Augenblickliche Sprachmeister Der Bey vorfallenden Begebenheiten / als auf der Reis / in Wirths-Haus / Kauffen und Verkauffen / familiaren Redens-Arten / gewöhnlichen Diskursen / Tischen / Complimentieren / Einladen / Dancksagen / Erzehlen / Verwundern / wie auch andern Fragen und Antworten so artlich Anweisung gibt / dass man sich dessen mit höchsten Nutzen bedienen kann. Allen denjenigen / so zu Erlernung dieser Sprach nicht viel Zeit übrig haben / doch Ampts und Verrichtung halber etwas wissen müssen / sehr vorträglich. In unterschiedliche bey 4000. Redens-Arten / in sich haltende Gespräche zusammen getragen / Anjetzo in der anderen Edition corrigirt und vermehrt par Monsieur l'Honnete, Nürnberg: [o.V.] 1710. [BSB München L.lat.f. 165]

Anon., Oratio Dominica polyglotta at[que] polymorpha, nimium plus centum linguis, versionibus aut characteribus, reddita & expressa, editio novissima, speciminibus variis quam priores auctior. Das ist: Das Gebet des Herrn oder Vater Unser in vielen Sprachen und Schreibarten nemlich in mehr als hundert Sprachen / Übersetzung und Schriften verfasset und vorgestellet. Die letzte Edition, um unterschiedliche Exempel vermehrter als die vorige […], Augsburg: Kraus [o.J.] [ca. 1714]. [In deutschen Bibliotheken nicht nachweisbar]

Anon., Genealogisch-heraldischer Stadt- und Staatskalender [für Augsburg] auf das Jahr […], worinnen aller hohen vornehmen kaiserlichen, königlichen, kurfürstlichen und fürstlichen Personen […] kürzlich beschrieben, Jahre 1722, 1723, Augsburg [o.J.] [1722, 1723].

Anon., Augsburgischer neu- und verbesserter Stadt- und Ratskalender auf das Jahr 1727, 1730, 1732, 1734, 1750, 1760, Augsburg 1727, 1730, 1732, 1734, 1750, 1760.

Anon., Des Heiligen Römischen Reiches Freien Stadt Nürnberg Adress- und Schreib-Kalender von […] bis […], das ist Das jetzt florier[ende] und lebende Nürnberg oder Verzeichnis aller Personen, sowohl Regenten als der Herren Geistlichen und Beamten, auch Bedienten, in der Stadt und auf dem Lande […]. Jahre 1743/44, 1747/48, 1751/52, 1754/55-1756/57, 1758/59-1761/62, 1763/64, 1764/65, 1768/69-1771/72, 1779/80, 1789/90, Nürnberg 1743, 1747, 1751, 1754-1756, 1758-1761, 1763, 1764, 1768-1771, 1779, 1789.

Anon., Augsburgischer compendiöser Hand-, Schreib- und Sack-Kalender auf das Jahr 1751, 1780, 1799, Augsburg 1751, 1780, 1799.

Anon., Recueil des meilleurs Lettres Allemandes, Françoises, et Italiennes, A l'usage de ceux qui souhaitent d'aprendre a bien écrire une Lettre françoise et italienne sans aucune secours d'un Maitre de Langues et selon le stile marchand le plus nouveau et le plus usité. Troisième Edition considerablement augmentée et corrigée, Auguste: Stage 1771. [SuStBA 8 Spw 1854]

Anon. [L.S.], Geschichte des Erlangischen Gymnasiums. 3 Teile, Schulprogramme, Erlangen 1781-1786.

Anon., Vocabolario quadrilingue Latino-Veneto-Ceco-Tedesco (cod. Pal. lat. 1789), hg. von Jitka Křesálková, Bergamo 1984. [UBBA EU 530 FN 6267]

Anon., Über Sprachen, besonders über die lebenden, über die gewöhnlichen Sprachmeister und über eine bessere Methode, lebende Sprachen gründlicher, leichter und doch geschwinder zu erlernen. Nebst einem Anhang, Nürnberg – Altdorf 1804.

Anon., Augsburgischer Adresskalender für das Jahr 1807, Augsburg 1807.

Baader, Clemens Alois, Lexikon verstorbener bayerischer Schriftsteller des 18. und 19. Jahrhunderts, 2 Bde., Augsburg [u.a.] 1824/1825.

Balbach, Johann, A New Collection of Commercial Letters. Ein Lesebuch für diejenigen, welche die englische Sprache in Hinsicht auf kaufmännische Geschäfte erlernen wollen; mit grammatischen Anmerkungen und einem erklärenden Wort- und Phrasenverzeichnis, Nürnberg 1780. [In deutschen Bibliotheken nicht nachweisbar]

Balbach, Johann, German Chrestomathie for Translation into the English. Neueste deutsche Chrestomathie zum Übersetzen in das Englische, Nürnberg: Zeh 1782. [StBN Nürnberg Amb. 4819.8°]

Balbach, Johann, Neue Sammlung deutscher Briefe zum Übersetzen ins Französische. Meist aus kaufmännischen und freundschaftlichen Briefen bestehend, nebst einem gedoppelten Anhang von moralischen Aufsätzen für Jünglinge aus gesitteten Ständen, mit Phraseologien und einigen grammatischen Anmerkungen, Nürnberg: Schneider & Weigel 1783. [StBN Phil. 1624.8°]

Balbach, Johann, A new collection of english letters for use and entertainment. Ein Lesebuch für Anfänger im Englischen mit grammatischen Anmerkungen und einem erklährenden Wort- und Phrasen-Verzeichniss. A new collection of english-original letters. Ein Lesebuch für Anfänger im Englischen, und insbesondere für diejenigen, die es nöthig finden, sich der englischen Sprache in Korrespondenz-Geschäften zu bedienen, mit grammatischen Anmerkungen und einem erklährenden Wort- und Phrasen-Verzeichniss, 2 Bde., Nürnberg: Weigel & Schneider 1790. [ÖNB 254165-A Fid (=44-108) NC]

Balbach, Johann, Sammlung deutscher Briefe zum Übersetzen ins Englische. Meist aus kaufmännischen und freundschaftlichen Briefen bestehend, nebst einem gedoppelten Anhang von moralischen Aufsäzen für Jünglinge und Mädchen aus gesitteten Ständen, mit untergelegten Phrasen. Vom Herausgeber der neuen Sammlung deutscher Briefe, zum Übersetzen ins Französische, Nürnberg: Weigel & Schneider 1786. [StBN A 2122] 2. Aufl. Nürnberg 1799. [StBN Amb. 4745.8°]

Baur, Samuel, Allgemeines historisches Handwörterbuch aller merkwürdigen Personen, die in dem letzten Jahrzehnt des achtzehnten Jahrhunderts gestorben sind, Ulm 1803.

Berquin, Arnaud/Meynier, Johann Heinrich, L'ami des enfants et des adolescents par M. Berquin, enrichi de l'explication des mots et des phrases les plus difficiles en faveur de la jeunesse allemande par J. H. Meynier, 2 Bde., Nürnberg 1798. 3. Aufl. St. Gallen: Huber & Co. 1825. Geänderter Untertitel: Ouvrage aussi instructif qu'agréable, accompagné de l'explication des mots et des phrases les plus difficiles, en faveur de la jeunesse allemande. [SUB Göttingen VSt 531]

Brunner, Christoph Wolfgang, ABC instructif pour apprendre aux enfants les éléments de la langue française par C. W. Brunner, Nürnberg – Jena: Weigel & Schneider 1790. [ÖNB Wien 253683-A.AdlFid (=97-262)]

Buchenröder, Johann Nikolaus Karl, Der getreue englische Dolmetscher oder kurz gefaßte Anweisung, die englische Sprache nach den Haupt- und Grundsätzen der Grammatik auf eine leichte und geschwinde Art zu erlernen, Hamburg – Schwerin: Buchenröder & Ritter 1776. [LB Mecklenburg-Vorpommern Schwerin Lc III 1426 (Der getreue Englische Dolmetscher), Lb III 2040 (Kurzgefaßte Anweisung)] Spätere Aufl. Ansbach: Haneisen 1781, 1792. Spätere Aufl. u. d. T. „Der getreue englische Dolmetscher oder englisch-deutsches Wörterbuch", Augsburg: Gassert 1792.

Buchenröder, Johann Nikolaus Karl, Der selbstlehrende getreue englische Dolmetscher, oder Neue, leichte und faßliche Methode, die Englische Sprache gründlich, geschwind und ohne Mühe zu erlernen. Zum gemeinnützigen Gebrauch entworfen von Joh. Nic. Carl Buchenröder. Nebst einer Einleitung zur allgemeinen Sprachlehre, oder Uebersicht des Gebieths aller Sprachlehren. Vierte durchaus zum Gebrauch der höhern und niedern Vorlesungen umgearbeitete Aufl., Hamburg 1785. [UB Salzburg 76030 I]

Campe, Joachim Heinrich, ABC instructif pour apprendre aux enfans les elemens de la langue françoise avec une préface / de [...] Campe, Braunschweig: Schulbuchhandlung 1789. [HAB M: Pb 439]

Canel, Pierre, Königliche Teutsche Grammatic worinnen Alle Nothwendigste dieser Sprach Lehr=Sätze in einer sehr schönen Ordnung / auch eine neue / leichte / und richtige Art selbige nutzlich zu gebrauchen / zu finden [...]. Grammaire royale alemande contenant dans un tres bel ordre toutes les regles necessaires de cete Langue [...], Nürnberg: Froberg 1689. [SLUB Dresden Ling.Germ.rec 127,1]

Canel, Pierre, Teutsche und Frantzösische Gespräch / Darinnen von den üblichsten Thun / und handeln des Lebens und von der Art einen Zierlichen / und zu solcher Zeit gangbaren Brief zu schreiben / gehandelt wird. Nebenst / Einem Wörter-reichen Büchlein / in welchem alle gemein- und nothwendigste der teutschen Sprach Wörter und Redens-Arten in einer sehr schönen und curiösen Ordnung angeführet werden. Dialogues Alemans & Francois [...], Nürnberg: Froberg 1689. [SLUB Dresden Ling.Germ.rec. 127,2]

Canel, Pierre, Der Schauplatz der französischen und deutschen Sprache in 20 Spaziergänge oder gemeine Unterredungen geteilt nebst einem Kurtzen Begriff vieler sehr lustigen Historien, und einem reichen Wörter-Büchlein, In welchem die bey einer Sprache gemeineste und nothwendigste Wörter angeführet werden, Nürnberg: [o.V.] 1709. [UB Würzburg 54/A 103.Sb.o. 182]

Castelli, Nicolò di, Neuer / kurtzer und sehr leichter Methodus, um die Fundamenta der Italienischen- Römisch-Toscanischen Sprache wol zu erlernen. Getheilet in zwey Theile: Dessen Erster in wenigen Lectionibus, die General-Grundsätze um solche gut zu verstehen und wohl pronunciren zu können / darleget / welche nothwendig erfordert werden / in einer vollkommenen Grammatica, Und begreiffet auch in sich eine neue und leichte Art / die Verba Regularia und Irregularia mit Lust zu fassen. Der ander Theil aber zeiget an die Weise / nach der Richtschnur auf obige Fundamenta zu construiren / weilen sich darinnen befinden neue Dialogen / Briefe / Concepten und Poesien / von einer gar gelehrten Feder / wie auch curieuse Historien / Proverbia und Sentenien: Nebst einem doppelten Vocabulario der gebräuchlichsten Nominum &c und noch andere nöthige und nützliche Dinge / deren Index am Ende zu finden ist. Vigilien oder Müssige Nacht-Stunden des Mercurii Nicolai de Castelli, Welcher aus Begierde allen Liebhabern / der schönen Italiänischen Sprache / zu dienen / das Werck auch durch und durch accentuiret hat, Nürnberg: Johann Hoffmanns Erben 1713. [HAB Wa 821]

Castelli, Nicolò di, La fontana della crusca ovvero: il dizionario italiano-tedeco e tedesco-italiano [...]. Das ist Italiänisch-Teutsches und Teutsch-Italiänisches verbessertes Castellisches Wörterbuch, nach der neuen Orthographie eingerichtet, Nebst einer Vorrede von der Einrichtung und dem Gebrauche dieses Buchs, durch Carl Coutelle, Leipzig: Weidmannsche Buchhandlung 1749. [1. Aufl. 1698-1700; [HAAB Bb 1: 6]; HAB Kb 45]

Chapuset, Johann Karl, Syntaxe pratique françoise pour les allemands. Oder: Kurze und deutliche Anweisung für die Teutsche Liebhaber der französischen Sprache, die Theile der Rede, denen vornehmsten Regeln gemäß, zusammen zu sezen, mitgetheilet von Joh. Carl Chapuset, Wien – Nürnberg: Monath 1747. [ThULB 8 Gl VII, 71]

Chapuset, Johann Karl, Grammaire für die Anfänger. Oder: Unentbehrliche Anfangs-Gründe der Französischen Sprache und derselben nützliche Anwendung nebst einem Anhang einiger Französischer Gespräche, Nürnberg 1750. [BSB München L.lat.f. 32]

Chapuset, Johann Karl, Sammlung deutsch-französischer Gespräche, in einem Anhang, Nürnberg: [o.V.] 1753. Neue Aufl., verbessert und vermehrt von Johann Heinrich Meynier, Nürnberg: [o.V.] 1799. [SUB Hamburg SDb I 209-id]

Chapuset, Johann Karl, Nach denen wahren Grundsätzen des gelehrten Abts Girard Mitglieds der französischen Gesellschaft zu Paris eingerichtete Französische Grammatik zum Behuf der Teutschen Liebhaber dieser Sprache verfertiget und herausgegeben von Johann Karl Chapuset, Nürnberg: Monath 1754. [ThULB 8 Gl.VII, 77]

Chapuset, J[ohann] C[arl], Sammlung deutscher Aufsätze von Fabeln, aus der Weltgeschichte gezogenen Begebenheiten, freundschaftlichen Briefen, und einigen Betrachtungen über Gegenstände der Natur, der Kunst und der Wissenschaften, zu bequemer Uebersetzung ins Französische, mit zulänglicher Phraseologie versehen von J. C. Chapuset, verbessert und vermehrt von J. [Isaac] von Colom [du Clos] P. P. in Göttingen, Nürnberg: Monath 1767, Neue Aufl. 1788. [HAB Wa 817]

Clesse, N. Pascalius [Paschalius Nicolaus], Grammatica Italica. Quam Ad faciliorem addiscendi usum pro Germanis et Liberae Imperii Nobilitatis Suevicae obsequio, In Academia Dilingana recens continuavit, Dillingen: Mayer 1664. [UB Augsburg 02/II.6.8.37]

Colom du Clos, Isaac de, Teutsch- und Französisches Titular-Buch mit zweyen nützlichen Wörter-Büchern versehen, auch mit einem Vorberichte vom Ceremoniel und mit einem vollständigen Register herausgegeben von I. V. Colom du Clos, der Weltweisheit Doctor, auch öffentlichem ausserordentlichem Professor auf der Georg-August-Universität. Von neuem übersehene und vermehrte [4.] Aufl., Nordhausen: Groß 1747. [SUB Göttingen 8 LING VII, 9131]

Colom du Clos, Isaac de, Réflexions et remarques sur la manière d'écrire des lettres, sur les règles particulières du stile et sur la versification française, tirées des meilleurs auteurs par Isaac de Colom du Clos; A l'usage des Auditeus de ses Leçons françoises, Göttingen: Vandenhoeck 1749. [SUB Göttingen 8 LING V, 7950]

Colom du Clos, Isaac de, Principes de la langue françoise, oder Auszug der nöthigsten Fundamente der französischen Sprache als eine Einleitung in die französische Grammatik zum Gebrauch für Anfänger wie auch zur Grundlegung eines collegii gallici, Nordhausen [1745]. Spätere Aufl. Göttingen 1749, 1765 [SUB Göttingen]. Spätere Aufl. u. d. T. Principes de la langue françoise. Auszug von den nöthigsten wahren Grundsätzen der Französischen Sprache, hauptsächlich zur Grundlegung in den Collegiis Gallicis, für diejenigen welche diese Sprache nach ihrer wahren Eigenschaft gründlich lernen wollen; abgefasset von Isaac von Colom, der Weltweisheit D. und öffentlichen Professor auf der Georg-August Universität. Vierte verbesserte Aufl., Göttingen: im Verlage der Witwe Vandenhoeck 1776. [UBA 221/ID 3110 C718(4)] Spätere Aufl. Göttingen 1787.

Cunradi, Johann Gottlieb, Italienisch–deutsches und deutsch–italienisches Waarenlexikon welches nicht nur die im Handel mit Italien vorkommenden Waaren, nebst ihrer naturgeschichtlichen Beschreibung; sondern auch die in der italien. Correspondenz und übrigen Geschäftsführung üblichen eigenthümlichen Ausdrücke enthält. Herausgegeben von J. H. Cunradi. Gräflich Castellischem Rathe, Nürnberg: Stein 1810. [BSB München, Merc 53]

Domergue, Urbain, La prononciation française où l'auteur a prosodié, avec des caractères dont il est l'inventeur, sa traduction en vers des dix eglogues de Virgile et quelques morceaux de sa composition; augmentée d'un tableau des désinences françaises, pour faciliter l'étude du genres: manuel indispensable pour les etrangers, amateurs de cette langue, infiniment utile aux français eux-mêmes, Paris ^{2}1806. [In deutschen Bibliotheken nicht nachweisbar.]

Doppelmayr, Johann Gabriel, Historische Nachrichten von den Nürnbergischen Mathematicis und Künstlern, welche fast von dreien Seculis her durch ihre Schriften und Kunstbemühungen die Mathematik und mehreste Künste in Nürnberg vor andern trefflich befördert und sich um solche sehr wohl verdient gemacht, 2 Teile, Nürnberg: Peter Conrad Monath 1730. [In deutschen Bibliotheken nicht nachweisbar.]

Dornblüth, Augustinus, Observationes oder Gründliche Anmerckungen über die Art und Weise eine gute Uebersetzung besonders in die teutsche Sprach zu machen. Wobey die Fehler der bisherigen teutschen Uebersetzungen samt denen Ursachen solcher Fehleren, und daraus erfolgten Verkehrung der teutschen Sprach, aufrichtig entdeckt werden. Nebst einer zu diesem Vorhaben unentpärlichen Critic über Herrn Gottschedens sogenannte Redekunst, und teutsche Grammatic, oder (wie er sie nennt) Grundlegung zur teutschen Sprache. Aus patriotischem Eyfer zur Verhütung fernerer Verkehrung und Schändung der ausländischen Bücheren, ans Tagliecht gegeben von R. P. Augustino Dornblüth, Priestern Ord. S. Benedicti des Reichs-Gotthaus in Gengenbach, Augsburg: Rieger 1755. [BSB München L.germ.57]

Doux [Dulcis], Catherin [Catherinus], Institutionum linguae italicae libri sex. Una cum totidem opusculis ad Praeceptorum & linguae exercitationem, Tübingen: Gruppenbach 1600. [HAB 99.1 Gram.]

Doux [Dulcis], Catherin [Catherinus], Schola italica, in qua praecepta bene loquendi facili methodo proponuntur et exercitationum libri VII illustrantur. Cum dictionarii italico-latini appendice, Frankfurt a.M.: Richter [1605]. [HAB A:68 Gram.]

Erberg, Matthias von, Monatlicher italienisch-deutscher Kommission- und Faktur-Spiegel, =Specchio italiano-tedesco commissionario e fatturino d'ogni mese: in welchem man leichtlich in beiden Sprachen sehen kann alle Materien, so in Negotien vorfallen, als Anbietungs-, Kommissions-, Aviso-, Fracht-, Wechsel- und Schuldbriefe, Quittungen, Zeugnisse und allerhand andere, wie auch Fakturen und Kaufmannswaren, so committiert zu werden pflegen, Nürnberg: Selbstverlag 1702. [EROMM-ID: USRLINDCLMNUC87468245--B]

Erberg, Matthias von, Grammatica Alla Moda, Tedesco-Italiana A prò dei principianti. Teutsch-Italiänische Grammatic Nach der Mode, Zu Nutzen der Anfänger, In welcher vermöge der continuirlichen Gespräche, und gründlich darzwischen gemengten Regulen, die wahre, reine, hoch-Italiänische Sprache, wie man sie heut zu Tags pflegt zu reden, vorgestellet wird, auf solche Weiß zu grössern Lust der Anfänger eingerichtet, auch bey etlichen Gesprächen mit Kupfern gezieret, Nürnberg – Göttingen: Selbstverlag 1703. [StBN Amb. 198 8°; HAB H: P 955.8° Helmst.; SUB Göttingen DD92 A 335040 (1)]

Erberg, Matthias von, Neu-eröffnetes Handels-Contor und Neu-aufgeschlossenes Handels-Gewölb. Band 1: Neu-eröffnetes Handels-Contor und Neu-aufgeschlossenes Handels-Gewölb In deren Erstem Allerhand Kauffmanns Brieffe / Als Anbietungs-, Commissions-Aviso, Fracht-, Wechsel- und alle andere in negotio vorfallende materien; in dem anderen aber alle Waaren zur Handlung gehörig / in denen dreyen Europäischen Haubt-Sprachen als Teutscher / Frantzösischer und Italiänischer / nach dem Alphabet also eingerichtet / daß ein jeder dieser Sprachen benöthigter Handels-Correspondent sich deren zu seinem Behilff bestens bedienen könne / da nicht allein alles nervosè zusammen gesetzt / sondern auch wegen des teutschen Styli, so immer seine Reinigkeit der jetzigen Schreib-Art behält / sehr verträglich seyn wird. Auf begehren vieler anjetzo ans Licht gegeben. Band 2: Allerhand Kauffmanns-Güter, Materialien, Specereien, Tü-cher, Seiden [...] in denen dreyen europäischen Haubt-Sprachen, als teutscher, französischer und italiänischer, nach dem Alphabet also eingerichtet, daß ein jeder [...] sich deren [...] bestens bedienen könne, Nürnberg: Endter 1705. [SuStBA 02/IX.6.8.11-1.2]

Erberg, Matthias von, Il gran dizzionario universale & perfetto, diviso in III Parti: Cioè I. Italiano-Francese-Tedesco. II. Francese-Italiano-Tedesco. III. Tedesco-Francese-Italiano. Tutto nuovamente composte Da Mattia d'Erberg, Professore di Lingue. Opera assai utile e necessaria à quelli, che sono bramosi d'imparare sudette Lingue, colle Fraseologie & Ortografia moderna. Con insieme Un Compendio delle Grammatiche die esse. Das Grosse Universal- und Vollkommene Dictionarium: So da ist: Italiänisch-Französisch-Deutsch, Französisch-Italiänisch-Deutsch, Deutsch-Französisch-Italiänisch, in diesen dreyen Sprachen von Matthia von Erberg gantz neu heraus gegeben. Ein sehr nutzliches und nothwendiges Werck vor jene / so begierig seyn / solche drey Sprachen zu begreiffen / mit auserlesenen Redens-Arten, und reinistem Schreib-Stylo ausgezieret. Sambt Einem kleinen Auszug der Grammatic von jeder derselben, 3 Bde., Nürnberg: Endter 1710. [HAB M: Kb 35]

Fick, Johann Georg Christian, Englisches Lesebuch oder auserlesene Sammlung von Aufsätzen aus den besten Englischen Schriftstellern mit richtiger Accentuation iedes Wortes und darunter gesezter Aussprache und Bedeutung. Bearbeitet von Johann Christian Fick Lector der Englischen Sprache an der Friedrich=Alexanders Universität zu Erlangen, Erlangen: Palm & Enke 1800. [UB Erlangen-Nürnberg H00/NSPR 28]

Filippi, Dominique Antoine, Nouvelle grammaire pour servir à la pratique et la téorie de la langue italienne, Nürnberg: [o.V.] 1801. [LB Schwerin Lb III 3234]

Freyesleben, Leonhard, Das jetzt lebende Erlangen, Erlangen: [o.V.] 1775.

Gaetani, Pietro, Abrégé utile et très facile pour apprendre en peu de temps la langue espagnole, Nürnberg: [o.V.] 1790. [In deutschen Bibliotheken nicht nachweisbar.]

Gaetani, Pietro, Abrégé utile et très facile pour apprendre en peu de temps la langue italienne, Köln: Langen 1791. [USB Köln L27/240]

Gaetani, Pietro, Deutsch-Französisch-Italienisches Wörterbuch von Chymischen Producten aus dem Mineral- Pflanzen- und Thierreich als z. B. Salze, Oehle, Spiritus, Essenzen etc. ferner von einheimischen und fremden Handlungsartikeln auf Französisch-Italienisch-Deutsch sowohl für Apotheker und Künstler, zum Gebrauch für Commissionairs und Committenten, Nürnberg: Selbstverlag 1807. [StBN Phil 1659 8°]

Gaetani, Pietro, Italienisch-Deutsches Wörterbuch über alle Arten von Manufakturen, die in Nürnberg verfertigt werden mit ihren Nummern und Zeichen zum Gebrauch für Commissionairs und Committents, Nürnberg: Selbstverlag 1807. [StBN Phil 1659 8°]

Gaetani, Pietro, Deutsch-französisch-italienisches, französisch-deutsches, italienisch-deutsches, spanisch-deutsches, deutsches, französ., italien., spanis., englisches Wörterbuch über alle Arten von Manufacturen die in Nürnberg verfertigt werden, mit ihren Nummern und Zeichen. Nebst einem Anhang in deutsch-französisch-italienischer Sprache von chymischen Producten aus dem Mineral- Pflanzen- und Thierreich etc. ferner von einheimischen und fremden Handlungs-Artikeln, auf deutsch-französisch-italienisch sowohl für Apotheker als für Künstler, zum Gebrauch für Commissionairs und Committenten, Nürnberg: Zeh 1810. [StBN Phil 1659 8°; BSB München als Digitalisat: Merc. 78 t]

Gedike, Friedrich, Kinderbuch zur ersten Uebung im Lesen ohne ABC und Buchstabiren, Berlin: [o.V.] 1791, [2]1798. [UB Leipzig Päd.6394]

Gemunden [von Gemünden], Peter de, Cahiers de lecture, à l'usage de la jeunesse. Récueillis des meilleurs écrivains françois et éclaircis de notes allemandes, München – Nürnberg : Stein 1796. [BSB München L.lat.f.112]

Girard, Abbé Gabriel, Les vrais principes de la langue françoise: ou la parole reduite en methode, conformement aux loix de l'usage. En seize discours, Amsterdam: Wetstein 1747. [SUB Göttingen 8 LING V, 4822]

Gironville, Claude Roger de, Neue französische und teutsche Grammatic, in welcher nicht nur den Deutschen die französische Sprache durch sehr leichte und deutliche Regeln in ihrer größten Vollkommenheit in kurzer Zeit zu erlernen, sondern auch den Franzosen die rechte Art, ihre Konzepte deutsch vorzubringen, an die Hand gegeben wird. Nebst der allerneuesten Schreibart und sehr vielen anderen Stücken, welche bis anhero noch niemals in öffentlichem Druck herausgekommen sind, Augsburg: Lotter 1729. [UB Freiburg E 1486]

Gironville, Claude Roger de, Le Plus Court Chemin De la Langue Françoise, Par Le quel Plusieurs ont (non seulement) D'Eux même appris, à lire, & prononcer cette dite Langue, Mais aussi à intelligiblement parler, & Parfaitement composer, & expliquer, nonobstant l'Instruction De 5. ou 6. Mois tout au plus, Mais par un Maître, François de Nation. 2ème édition. […] Par Claude Roger de Gironville, Maître de Langues de la Cour de S. A. S. Monseigneur le Prince & Evéque d'Augsbourg […], Augsburg: Selbstverlag 1730. [UB Augsburg 02/II.6.8.478]

Gironville, Claude Roger de, Grammaire françoise tirée de la pratique, [o.O.] [o.V.] 1750. [UB Eichstätt-Ingolstadt 04/1 SN VI 218]

Gottsched, Johann Christoph, Grundlegung einer Deutschen Sprachkunst, Nach den Mustern der besten Schriftsteller des vorigen und jetzigen Jahrhunderts […], Leipzig: Bernhard Christoph Breitkopf 1748 [HAB Ko 193]. Nachdruck der 5. Aufl. (1762) bearbeitet von Herbert Penzl, Berlin – New York 1978.

Greiffenberg, Catharina Regina von, Geistliche Sonnette, Lieder und Gedichte, zu Gottseeligem Zeitvertreib, erfunden und gesetzet durch Fräulein Catharina Regina, Fräulein von Greiffenberg, geb. Freyherrin von Seyßenegg: Nunmehr Ihr zu Ehren und Gedächtniß, zwar ohne ihr Wissen, zum Druck gefördert, durch ihren Vettern Hanns Rudolf von Greiffenberg, Freyherrn zu Seyßenegg, Nürnberg: Endter – Bayreuth: Gebhard 1662. [HAB M:Lo 2257]

Güntzel, Johann, A.M.A.D. Haubtschlüssel Der Teutschen und Italiänischen Sprache. Daß ist. Vollständiges Wortbuch aller Teutschen und Italiänischen Stamm: vnd Beywörter / sambt derselben Gebrauch / Redarten vnd würcklichen Kunstfügungen. per Giovanni Alemanni Sassone, Augsburg: Weh 1648. [HAB 58.12 Gramm]

Hammer, Friedrich Ludwig, Livre elementaire pour apprendre aux enfans [sic] les elemens [sic] de la langue françoise par F. L. Hammer, Nürnberg: Felsecker 1792. [StBN Phil 1397 8°]

Harsdörffer, Georg Philipp, Der Teutsche Secretarius. Das ist: Allen Cantzleyen / Studir- und Schreibstuben nützliches / fast nothwendiges und zum vierdten mal vermehrtes Titular- und Formularbuch. Nach heut zu Tag üblichem Hof- und Kauffmanns Stylo, mit Fleiß zusammen getragen, auffs neu übersehen, und an vielen Orten verbessert. Von etlichen Liebhabern der Teutschen Sprache, 2 Bde., Nürnberg: Endter 1661, Erstauflage Nürnberg 1655. [HAAB 8° XXXVII: 19B]

[Heinemeyer, Heinrich Konrad] Alphabetisches Rubrickwörterbuch der höchstnothwendigsten rußischen Wörter, Gespräche und Zahlen, wie solche nach der deutschen Mund-art mit den langen und kurzen Zeichen ausgesprochen werden müssen, Augsburg: Klett/ Francke 1799. [BSB München, Digitalisat: 4 L.rel. 328]

Hensel, Gottfried, Europa Poly Glotta Linguarum Genealogiam exhibens una cum Literis, scribendique modis, Omnium Gentium, Nürnberg: Homann 1741. [BSB München L.gen. 40m * 1741]

Herz, Johann Daniel, Kurze und wohlgegründete Nachricht von dem Sulzerischen Wappen und von dem Ursprung, Fortgang und merckwürdigen Begebenheiten des Geschlechts der Sulzer in Augspurg, Augsburg: [o.V.] 1763. [SuStBA 4 Aug 1485]

Hirsching, Friedrich Carl Gottlob, Historisch-literarisches Handbuch berühmter und denkwürdiger Personen, welche im 18. Jahrhundert gestorben sind […], 17 Bde., Leipzig: Schwickert 1794-1815. [ÖNB 1077513]

Hulsius, Levinus, Dictionaire François-Alemand et Alemand-François. Non paravant veu ni Imprimé. Avec une briefve Instruction en forme de Grammaire, touchant la prononciation de la langue françoise & Alemande [...]. Dictionarium Teutsch Frantzösisch / unnd Frantzösisch Teutsch. Vor diesem niemals gesehen noch gedruckt. Sampt einem unterricht / in form einer Grammatica, der Französischen und teutschen pronuncirung. Nürnberg: Lochner 1596. [Mikrofiche-Edition mit einer Einleitung von Laurent Bray: Archiv der europäischen Lexikographie 2/5, Erlangen 1992]. 2. Aufl. 1602 [Mikrofiche-Edition: Archives de linguistique française, 199], 3. Aufl. 1607 [SuStBA Spw. 1021].

Hulsius, Levinus, Gründlicher und Nothwendiger Underricht der Frantzösischen Pronuncierung / in Form einer Grammatica. Brefue & nécessaire Instruction, de la prononciation de la langue hault Alemande, en forme de Gramaire, Nürnberg: Lochner 1602. [SBBA Phil. o. 488]

Hulsius, Levinus, Dictionnaire François-Allemand-Italien, Italien-François-Allemand & Allemand-François-Italien. Avec une briève instruction de la prononciation des trois langues en forme de grammaire [...], [o. O.] [o.V.] 1597. Spätere Aufl. Frankfurt: Kempfer 1616. [BSB München 4 Polygl. 38-2]

Hulsius, Levinus, Dictionarium Teutsch-Italiänisch, und Italiänisch-Teutsch [...] Dittionario italian'-alemano et aleman'-italiano. Francfurt am Mein 1605, in Verlegung des Authorn. Spätere Aufl.: Dictionarium Levini Hulsii Teutsch-Italiänisch und Italiänisch-Teutsch / Jetzo auffs neue mit angelegtem Fleiß übersehen / und dadurch häuffig verbessert und vermehret. Nebst beygefügtem gründlichem Bericht / auff was weiß ein Teutscher die Italiänische Sprach ohne besondere Müh aussprechen und lernen möge, Frankfurt: Schönwetter 1687. [SBBA Phil. o. 562]

Jäger, Wolfgang, Nuovo Dizzionario Italiano-Tedesco e Tedesco-Italiano [...] oder Vollständiges Italienisch-Deutsches und Deutsch-Italienisches Wörterbuch. Nach der Orthographie der Florentinischen Akademie und nach Anleitung ihres Wörter-Buchs wie auch anderer bewährter Hülfsmittel entworfen von Don Clemente Romani mit sonderbarem Fleiße ausgearbeitet und zu allgemeinem Gebrauche eingerichtet von Wolfgang Jäger, Nürnberg: Raspe 1764. [HAB M: Kb 401]

Jäger, Wolfgang, Vermischte Aufsaetze in spanischer Prose mit beygefügter Erklaerung der schwerern Woerter und Redensarten zur Übung für Anfaenger, Frankfurt – Leipzig: [o.V.] 1779. [SB Preußischer Kulturbesitz 8" Bibl. Diez 8692]

Junius, Adrianus, Nomenclator omnium rerum propria nomina variis linguis explicata indicans, Antwerpen: [o.V.] 1567. [BSB München Polygl. 82, Digitalisat]

Junker, M. [Monsieur] [Juncker, Georg August], Nouveaux principes de la langue allemande par M. Junker. Ci-devant Professeur de Grammaire à l'école royale militaire, membre ordinaire de l'Académie royale allemande de Gottingue. Seconde édition. Revue, corrigée et simplifiée, Paris – Strasbourg: Koenig 1802. [HAB Ko 233]

Kirsch, Adam Friedrich, Neues italienisch-deutsches und deutsch-italienisches Wörterbuch, aus dem bekannten Vocabulario des Herrn Pergamini da Fossombrone, Academico della Crusca gezogen. Mit vielen Wörtern / und den nöthigsten Redens-Arten vermehret / auch durch das gebräuchlichste und reineste Teutsche erkläret Von dem Autore des Cornu Copiae Linguae Latinae, Adam Friedrich Kirschen. Nachgehends mit sonderbarem Fleiß durch und durch accentuirt, aufs genaueste übersehen und corrigirt durch Nicolaus von Castelli, Nürnberg: Monath 1718. [SBBA JH.Phil.o.33]

Kleines Bilder-Kabinet, Worinnen, Zu Erlernung der Lateinischen Sprache, Die üblichste Wörter in Bildern ausgedruckt / Und dero Bedeutung Teutsch, Lateinisch, Französisch, und Italiänisch beygefüget anzutreffen, nebst deutlich- und leicht zu begreiffenden Grammaticalischen Lehr-Sätzen. Ein Für die studirende Jugend nützliches Wercklein, Augsburg: Pfeffel 1735. [SuStBA Spw 167]

[Kramer, Johann Matthias] Lettere miscellanee, curiose è galanti di Nicolo di Castelli. Oder: Vermischte, curiose und galante Briefe, von Nicolo di Castelli, ehemaligen Secretaire verschiedener Europäischer Fürsten etc. auf vieler Verlangen mit der deutschen Übersetzung heraus gebenen von Johann Matthias Cramer Lectore der Italiänischen Sprache auf der Universität Göttingen, Nürnberg: Stein 1750. [SUB Göttingen DD96 A 234] – Weitere Auflage 1781.

Kramer, Matthias, Nomenclatura toscana, todescha, e spagnuola [...]. Nomenclatura toscana, tudesca, y espagnola [...], Italienisch, teutsch- und spanisch Namen-Büchlein der jenigen Wörter, so täglich fürfallen. Gestellet von Matthia Krämer. SS. T. S. Sprachmeister zu Nürnberg, Nürnberg: Felsecker 1670. [StBN A 1331(2)]

Kramer, Matthias, Allgemeiner Schau-Platz auf welchem vermittelst einer kurtzen Frag-Ordnung vorgestellet wird die Teutsche und Italiänische Benennung aller Haupt-Dinge der Welt / gantz neu gestellt / vor die Liebhaber beyder Sprachen / von Matthia Krämer / Italiänischen / Frantzösischen und Hispanischen Sprachmeister. Teatro universale, Dopo per via d'una Succinta Metodo, vien spiegata, La Nomenclatura Todesca e Toscana di tutte le cose ed azioni del mondo, Aperto nuovamente, per beneficio de'Curiosi dell'una e l'altra Lingua, da Mattia Cremero, Nürnberg: Endter 1672. [HAB Xb 2972], Volltextlink: http://diglib.hab.de/drucke/xb-2972/start.htm, http://nbn-resolving.de/urn:nbn:de:gbv:23-drucke/xb-29728] 2. Aufl. Nürnberg 1679.

Kramer, Matthias, Vollständige italiänische Grammatica. Das ist: Toscanisch-romanische Sprachlehre, welche nunmehr aus ihren untersten Fundamentis und Füglichkeit bis zu der höchsten Perfection und Zierlichkeit der teutschen Nation zum besten aufs klärlichst-ordentlichst- und fleissigst ausgeführt und vorgetragen wird. Nürnberg: Selbstverlag 1674. [StB Nürnberg A 1331 (1); UBA II/ 6.8.214] 2. Aufl. Nürnberg: Endter 1689. 3. Aufl. Nürnberg: Endter 1722. [UB Freiburg E 290 f; UBA II/ 6.8.215; StBN Phil.10361.8°] 4. Aufl. u. d. T. Vollkommene Toscanisch- und Romanisch-Italiänische Grammatica, Nürnberg: Endter 1738 [SBBA Phil.o.548].

Kramer, Matthias, Das neue Dictionarium Oder Wort-Buch In Italiänisch-Teutscher und Teutsch-Italiänischer Sprach / reichlich ausgeführt mit allen seinen natürlichen Redens-Arten / Wol versehen mit eigentlichen Kunst-Wörtern / in Staats- Kriegs- Handels- und allen anderen nahmhafften Professionen der ganzen Welt; herfür geschmückt mit füglichen Bey- und Gegensätzen / volkommen gemacht mit Metaphorischen Umnennungen / artigen Gleich- und Bildniß-Reden / voll schöner Sprüchwörtern und Sittenlehren / untermengt mit spitzfindigen Wörter-Spiel / kurzweiligen Scherz- und Schimpff-Reden u. endlich ausgeziert mit den allerfeinesten Manieren deß heutigen Redens. Ein vollständiges / hochnützliches und von vielen verlangtes Werck / In zwey Theile unterschieden / Und mit sehr grossen Fleiß und Mühe / aus den allerberühmtesten Scribenten/ besonder-lich aber aus dem bewehrten Gebrauch vornehmer Leute und wohlgegründeter Übung / für die Liebhabere beyder Sprachen zusammengetragen / Von Matthia Kramer Sprachmeister, 2 Bde., Nürnberg: Endter 1676, 1678. Nachdruck der deutschen Vorrede zu Bd. I (1676) in Bray 2000, 411-419. Nachdruck der deutschen Vorrede zu Bd.II (1678) in Bray 2000, S. 421-423. [SuStBA H 1237 -1/2; BSB München L.lat.f. 440-1, Digitalisat]

Kramer, Matthias, Toscanische Rudimenta, Oder Haupt-Pforte Zu Matthiae Krämers Grösseren Italiänischen Grammatica und Dictionario, Das ist Ausführlichere Vorstellung aller Declination- und Conjugationen Beynebenst einem kurtzen Auszug der nothwendigsten Grund-Reguln dieser Sprache. Den Anfänglingen zum Besten / auf ihr Begehren zum erstenmal eröffnet und herausgegeben Von gedachtem Autore M. K. Sprachmeistern, Nürnberg: Endter 1680. [ULB Halle Ung III A 128]

Kramer, Matthias, Neues hoch-nützliches Tractätlein von der Derivatione et Compositione [vocum italicarum] [Eingeklammertes nicht im Wolfenbütteler Exemplar]. Das ist: Herleit- und Doppel-Kunst der italiänischen Primitivorum oder Stamm-Wörteren. Woraus ein jeglicher leichtlich [...] ersehen kan was diese Sprach [...] vermöge [...], Nürnberg: Endter 1680. [HAB Ki 45]

Kramer, Matthias, Le parfait guidon de la langue alemande: composé pour le bien des françois. Ouvrage nouveau, exact et acompli, Nürnberg: Endter 1687. [UB Würzburg A.101.1300]

Kramer, Matthias, Banco-Secretarius, oder kauffmännischer Correspondentz-Stylus, erkläret in drey-hundert schönen Handels-Briefen von allerhand Gewerben &c., Italiänisch und Teutsch. Ein nagelneues Wercklein, und allen Factorn, Handels-Bedienten, Brief-Schreibern, Complementarii, Güter-Speditorn, Bestättern, und allen andern Kauffleuten und Händleren in Teutsch- und Welschland sehr nützlich, ja nothwendig [...], Nürnberg: Moritz Wolfgang Endter 1693. 14. Aufl. u. d. T. Matthias Kramers Neuvermehrter Italienisch Deutscher Banco-Secretarius, bestehend in drey Hundert Kauf- und Handels-Briefen über verschiedene auserlesene Materien welche in Handlungen vorkommen; Allen Kaufleuten, Facktorn, Speditorn und Handlungs-Bedienten zum Besten auf diese Art verfertiget, und mit einem, besonders für Anfänger sehr nützlichen Anhang vermehrt, Nürnberg: Wolfgang Schwarzkopf 1763. [ThULB Jena Cam. VI, o.60/1]

Kramer, Matthias, Gegen-Stral des Mercurii. Wieder den / aus dem Gehirne Meister Johann Jacob Schüblers / Passament-wirckers / etc. eben in dem Heu-Monat / dieses Jahrs um Jacobi aufgestiegenen Sirium oder Hund-Stern; von ihm Jacob- und Morgen-Stern genannt; In dreyen Sprachen; Das ist: Matthiae Kramers Sprachmeisters / vernünftiges Bedenken über Gedachten Schüblers [...] Vertheidigungs-Schrifft wegen deß / von mir / in der Vorrede meiner neuen Romanisch-Italiänischen Rudimenti [...] von ihm (wie Schübler fälschlich vorgibt) falsch ausgesprengten Gerüchte; wie imgleichen über die / im erwähnten Stern / enthaltene / und von ihm in die Französisch- und Italiänische Sprach gar stattlich überbrachte Sittenlehren und Räthsel. Mit beygefügtem Extract / der vornehmsten Schüblerisch-Französischen Phrasium oder Redarten in ermeldtem Stern, Frankfurt a.M.: Selbstverlag 1693. [UB Erlangen-Nürnberg H61 / TREW. Yx 667]

Kramer, Matthias, Neu-ausgefertigtes Herrlich-grosses und allgemeines Italiänisch-Teutsches Sprach- und Wörter-Buch. welches so wol Mit allen eigentlich- und natürlichen Red-Arten, als wie Mit guter Anweisung deß rechten Gebrauchs der Wörter, nach ihrer unterschiedenen Bedeutung, Stellung, und bequemen Anführung, reichlichst versehen, dazu mit [...] Kunstworten und Zierreden [...] erweitert; imgleichen mit [...] Epithetis, [...] Sprüchen, [...] Sittenlehren [...] erleuchtet [...]; kurz zu sagen: mit allen [...] Sprachformeln vollgehäuft [...]. Mit sehr großem mühsamen Fleiß zusammengetragen. Als ein vollständiges Werk bei dieser neuen Aufl. genau wiederum übersehen, verbessert, ersetzt, ja mehr denn um ein Drittel vermehrt. zusammen getragen, von Matthia Kramern, Hoch- und Nider-Teutschen, Italiänischen, Frantzösischen, Spanischen und Englischen Sprachmeistern, 4 Bde., Nürnberg: Endter 1693, Nachdruck der deutschen Vorrede in Bray 2000, S. 425-441. [SBBA Phil.q.117]

Kramer, Matthias, I veri fondamenti della lingua tedesca ò germanica. Hormai aperto alla natione italiania, desiderosa d'imparare con facilità è in poco tempo questo nobilissimo idioma [...]. Die richtige Grund-Festen der teutschen Sprache. Hauptsächlich eröffnet der italänischen Nation / welche da begierig seye diese herrliche Sprache zu erlernen. Ein neues / auch denen Teutschen selbst zu beyder Sprachen Beförderung sehr ersprießliches / und mit besonderm Fleiß / Deutlichkeit und Vollkommenheit ausgearbeitetes Werck / von Matthia Kramer / Sprachmeistern, Nürnberg: Endter 1694. [HAB Xb 1662; UB Regensburg 00/GB 1602 K89.694]

Kramer, Matthias, Matthiae Kramers Grössere Italiänische Grammatica oder ausführliche Toscanisch-Romanische Sprach-Lehre aus ihren untersten Fundamentis u. Füglichkeit / bis zur höchsten Perfection u. Zierlichkeit / für d. Teutsche Nation aufs klärlichst- / ordentlichst- und fleissigst ausgeführet und vorgetragen, Nürnberg: Endter 1694.

[UB Erlangen-Nürnberg H61 / TREW. Mx 553]

Kramer, Matthias, Neu-ausgeführte Grammatica Italica Ornata. Das ist: Zierlich-Italiänische oder Toscanisch-Romanische Sprach-Lehre, Nürnberg: Endter 1694.
[UB München 0001/ 8 Philol. 927]

Kramer, Matthias, Rudimenti Toscana-Romani, overo Porta-Maestra alla Gran Grammatica e al Gran Dittionario des Signor Mattia Cramero, Maestro della Lingua Tedesca, Toscana, Francese, Spagnuola etc. Aperta per la seconda e l'ultima volta con un Metodo più elegante, e con un Ordine nuovo e facilissimo, per beneficio di quei Principanti che non hanno lettere e particolamente per le Dame, Dal Sopr'accennato Autore, Seconda editione Rivedùra Coretta dall'istesso. Romanisch-Italiänische Rudimenti oder Haupt-Pforte Zur grössern Grammatica und zum grossen Dictionario Matthiae Kramers / Hoch- und Niderteutschen / Italiänischen / französischen / Spanischen etc. Sprachmeisters; zum zweyten mal mit einer anmutigen / sehr leichten Lehr-Art / und ganz neuen Orndung für die ungestudirte Jugend; vornemlich aber für das hochadeliche / Tugend-begabte Frauenzimmer / eröffnet, Nürnberg: Endter 1695. [SuStBA 02 / II. 6.8.33]

Kramer, Matthias, Die rechte Lehr-Art Denen Teutschen gar leichtlich und in kurtzer Zeit beyzubringen Die Frantzösische Sprach / gantz anmutig erkläret vermittels eines Freundlichen Gesprächs Frantzösisch und Teutsch / Zwischen einem Sprachmeister und einem Scholaren / Welches zugleich dienet zur Einleitung zum rechten Gebrauch der obigen Grammatick, und zu allen andern Übungen beyder Sprachen welche noch folgen werden Durch Matthias Kramer / Sprachmeister. La vraie methode pour enseigner tres-facilement, & en peu de tems la langue françoise aux Alemands; eclairée plaisanment par le moyen d'un entretien familier François-Alemand Entre un Maître de langues & un Ecolier, qui servira au meme tems d'introduction à l'usage de la Grammaire. & à tous les autres Exercises de l'une & de l'autre Langue qui suivront par Matthias Cramer, Professeur de Langues étrangeres, Nürnberg: Endter 1696. [StBN Solg. 2292.8°]

Kramer, Matthias, Essay d'une bonne Grammaire Françoise, et d'un bon Dictionnaire Alemand-Francois &c. qui semblent manquer jusqu'à l'heure qu'il est à la nation allemande; […]. Matthiä Kramers Kunst-Probe einer recht-gründlichen bishero ermanglenden Frantzösischen Grammatica, und eines rechtgründlichen, auch bishero ermanglenden Frantzösischen Dictionarii für die Hochteutsche Nation, Nürnberg: Endter 1696. [BSB München Fiche L.lat.f 140]

Kramer, Matthias, Das herrlich Grosse Teutsch-Italiänische Dictionarium. Wort- und Red-Arten-Schatz Der unvergleichlichen Hoch-teutschen Grund- und Haupt-Sprache wie selbige heut zu Tage an dem Hofe / Kammern etc. Ihro Kays. Maj. / Chur- und anderer Fürsten und Herren des H. Röm. Reichs, von Stadstaats-, Gelehrt- Und Vornehmen / auch sonst durchgehends aller Orten von feinen Leuten geredt und geschrieben wird. Als eines ganz neuen / gründlichen / in zwey Tomos abgetheilten vollständigen Werkes. […] Il Gran Dittionario Reale, Tedesco-Italiano cioè Tesoro Della Lingua Originale ed Imperiale Teutonica, ò Alta-Germanica: in duoi Tomi distinta. […]. Composta […] Da Mattia Cramero. 2 Bde., Nürnberg: Endter 1700, 1702. [HAB M: Kb 48] - Nachdruck mit einer Einführung und Bibliographie von Gerhard Ising, 2 Bde. (Documenta Linguistica. Quellen zur Geschichte der deutschen Sprache des 15. bis 20. Jahrhunderts, Reihe II, Wörterbücher des 17. und 18. Jahrhunderts), Hildesheim – Zürich – New York 1982. – Nachdruck der deutschen Vorrede zu Bd. I (1700) in Bray 2000, S. 443-484.

Kramer, Matthias, Gramatica y Sintaxe de la Lengua Espanola – Castillana, Compuesta con una manera de ensenar muy clara y facil, y esparzida en todas partes con graciosa Variedad de muchos Exemplos, sacados de los mas famosos y excelentes Autores espanoles. Obra nueva, cumplida, perfecta, y muy mucho necessaria A Todos, de qualquiera Nacion y Condicion, (solamente que sepan la Lengua Latina) antes tambien a los Senores espanoles mismos, que tienen menester o gana de aprender a hablar, a escrivir, y a traduzir en espanol con elegancia, a y ansenar lo a otros, por Matthias Cramer, 3 Bde., Nürnberg: Zieger 1711. [UBA II/ 6.8.50 (Bestand Öttingen-Wallerstein)]

Kramer, Matthias, Speccius Gallicus: das ist, eine schöne gantz neu-erfundene leichte Praxis aus dem nach französischer Red-Art und Constructions-Ordnung gebrochenem teutschen Text des [...] so genannten Parlaments (französisch-teutschen Gesprächlein) [...], Nürnberg: Hofmann [u.a.] 1711. [SB Passau S nv/Pb (b) 5; Studienbibliothek Dillingen II 828] Spätere Aufl. u. d. T. Speccius Gallicus. Oder des neuen Parlements Zweyter Theil in welchem eine gantz neu erfundene und sehr leichte Praxis enthalten, wodurch man mit gar leichter Mühe Frantzösisch Exercitia regelmäßig zu componiren und in kurtzer Zeit Frantzösisch zu reden lernen kan. Sowohl der Jugend zum Besten, als auch deren Sprachmeistern zur Erleichterung also eingerichtet, Nürnberg: Stein 1739. Weitere Aufl. Nürnberg: Raspe 1763. [StBN Phil. 5649.8°]

Kramer, Matthias, Le vraiment parfait dictionnaire roial, radical, etimologique, sinonimique, phraseologique, & syntactique, francois-allemand [...]. Das recht vollkommen-Königliche Dictionarium // Radicale, Etymologicum, Synonymicum, Phraseologicum & Syntacticum, Frantzösisch-Teutsch. Ein neu-vollständiges Werck; Bereichert mit allem / was da schönes / reines / und am besten fest-gestelltes in dem berühmten Königlichen Dictionnaire der Frantzösischen Sprach-Academie, wie auch in des Antoine Furetiere, in des Pierre Richelet, und anderer ihren mag vorhanden seyn; [...]. Nebst dem, was der Autor sonst gut- und artiges aus den vortrefflichsten Frantzös. Scribenten / und anderwärts / mit unverdrossenem Fleiß gezogen / und mit eingebracht hat. ...], 4 Bde., Nürnberg: Endter [o. J.] [1712-1715], Nachdruck der deutschen Vorrede in Bray 2000, S. 345-393. [HAAB 19B 17868: 1/2; SBBA Phil.Q.104,1/2]

Kramer, Matthias, Nouveau & parfait indice allemand-francois, sur le grand dictionnaire roial [...]. Neu-vollständiges Teutsch-Frantzösisches Wörter-Register / über Matthiä Kramers / der occidentalischen Sprachen Professors / und der Königl. Preussischen Societät der Wissenschaften Mitglieds Frantzösisch-Teutsches Dictionnaire Royal Radical, Etimologique, Phraseologique, Sinonimique & Syntactique; Enthaltend den rechten Kern / Geist und Auszug der ganzen Hoch-Teutsch- / und rein-Frantzösischen Haupt-Sprachen [...], Nürnberg: Endter 1715, Nachdruck der deutschen Vorrede in Bray 2000, S. 397-410. [HAAB 19B 17868: 3]

Kramer, Matthias, Il Nuovo parlatorio Italiano-Tedesco; cioè dialoghetti, Sopra ogni qualivoglia forte di Materie familiari, Molto piacevoli e brevi, per facilitarne l'Intelligenza e l'imitatione à Coloro, che S'applicano ad imparare per Fondamento, una delle dette Lingue, di Matthia Cramero [...] Das Neue so genannte Parlament, das ist: Italiänisch-Teutsche Gesprächlein / Von allerhand / täglich vorfallenden artigen Materien / sehr anmutig und kurz / um dero Verstand / und Imitation zu erleichtern denjenigen/ die eine von diesen Sprachen gründlich zu erlernen beflissen seynd, Nürnberg: Hofmanns Erben 1716. [SuStBA 02/III.6.8.19; WLB Stuttgart Phil. oct. 4246-1/2]

Kramer, Matthias, Grund-richtig-vollkommene, doch kurtz gefaßte Nider-Teutsch, oder Holländische Grammatica für diejenige Hochdeutsche Staats-, Handels-, Kriegs- und andere Leute, welche diese schöne mit der unseren so genau verschwesterte Grund-Sprache, in kurzer Zeit [...] zu lernen, entweder vonnöthen oder Lust und Lieb haben. Samt Anhang einer alphabetischen Vorstellung aller Holländischen Grund- oder Stamm-Wörtern, auf Hochdeutsch erkläret [...], 2 Bde., Nürnberg – Frankfurt – Leipzig: Tauber 1716. [SBBA Phil. o. 721; SuStBA BV012130429]

Kramer, Matthias, Het koninglyk Neder-Hoog-Duitsch en Hoog-Neder-Duitsch Dictionaire […]. Das Königliche Nider-Hoch-Teutsch, und Hoch-Nider-Teutsch Dictionarium, Oder, beider Haupt-, und Grund-Sprachen Wörter-Buch. 2 Bde. in einem Band, Nürnberg: Bey dem Autore, oder dessen Erben 1719. Nachdruck der deutschen Vorrede in Bray 2000, S. 489-497. [SBBA Phil.f.89. UBBA 45/GB.1494.FG.2834]

Kramer, Matthias, Auserlesene Kaufmanns-Briefe Französisch und Teutsch. Lettres marchandes choisies, en toute sorte de Negoce mercantil. Francoises & Allemandes. Par Matthias Cramer, Professeur des Langues occidentales, & membre de la Societé de sa Majesté le Roi de Prusses Sciences, Nürnberg: Endtcr 1720. [UB Augsburg BV010649550]

Kramer, Matthias, Fundamenta linguae germanicae à praestantissimo linguarum magistro Matthia Kramer Italicè proposita, nunc plurium commoditati & utilitati Latinè reddita, et suis locis à doctrina Italica ad Latinam accomodata, ac novis observationibus aucta ab Andrea Freyberger, Soc. Jes. Sac. Pragae, Prag: Höger 1733 [SuStBA Spw 1198, Neuburg SB S63/8 Philol. 199]

Kramer, Matthias, Auserlesene Kaufmanns=Briefe / Französisch und Teutsch. Vermehret und verbessert. Lettres Marchandes. Choisies en toute Sorte de Negoce & Trafic par Matthias Cramer, Profeseur der Langues Occidentales, & Membre de la Societé Royales des Sciences Revuees & corrigées, Nürnberg: Cremer 1740. [UB Augsburg 02/IX.6.8.56]

[Kramer, Matthias] Novije rossijskie, franczuskie i nemeckie razgovory Matveja Kramera. Perevedennie na rossijskoj jazik v pol'zu rossijskago junočestva Josifom Gandini. Nouveaux dialogues russes, français et allemands de M. Kramer. Traduit en russe en faveur de la jeunesse russe par Josef Gandin, Moskau: [o.V.] 1782. [Karlsruhe GhB Bb. 28,1923]

[Kramer/Mauger] Kramer, Matthias, Nouveau Parlement […]. Neu-Parlement. Das ist, sehr anmuthige, und denen anfangenden Sprach-Beflissenen zum Besten, gantz kurz gegebene Frantzösisch-Teutsche Gespräche, ehedessen verfasset von Monsr. Claude Mauger von Blois, Sprachmeistern; aber anjetzo, ihrer grossen Nutz- und Reinlichkeit wegen, mit Hochteutscher Übersetzung bereichert, und sonsten verbessert, durch Matthias Krämer. Unter Mitarbeit von Claude Mauger, Frankfurt a.M.: Niesen 1696. [BSB München L.lat.f.142, Mikrofiche]

[Kramer/Mauger] Il nuovo parlamento, cioè. Dialoghetti italiano-tedeschi vormals in Französisch- und Englischer Sprach verfasset von Claude Mauger […] Itzund aber, theils behalten, meistens geändert, reichlich verm. […] von Matthia Kramer, Nürnberg: Hofmann & Streck 1708. [SuStBA Spw 3120]

Langenmantel, Hieronymus Ambrosius, Amenuensis Gallicus, sive homonyma significationis linguae gallicae. Opusculum Lectoris & Interpretatoris Historiae, […] Compilatum […] A. R. D. Hieronymi Ambrosii Langenmantel canonici ad S. Mauritium et S. Petrum, Augsburg: Schönigk 1671. [SuStBA 8 Spw 3045]

Lentulus, Scipio, Grammatica italico-latino-germanica. Das ist. Teutsch unnd Italiänische Sprach Kunst / wie dieselbe vermittelst des Lateins gründtlich zulernen, Augsburg: Aperger 1650. [SuStBA Spw 1285]

Madonetti, Antoine, Der Getreue Dollmetscher der Hannoverisch- und Hessischen Truppen, London 1756. [In deutschen Bibliotheken nicht nachweisbar.]

Mannert, Konrad M., Französisches Lesebuch herausgegeben von M. Konrad Mannert Lehrer am Gymnasium in Nürnberg, Nürnberg: Grattenauer 1788. [ULB Münster 1 E 11188]

Marin, Jean, Nouvelle Grammaire Françoise, Traitée, et divisée nettement, & methodiquement, selon les neuf Parties d'Oraison, dans laquelle on trouve ce qu'il y a de plus-beau, de plus-net, de plus-difficile, & de plus-curieux dans la Prononciation, dans l'Orthographe, & dans la Pureté de cette Langue. Avec in Traité de la Prononciation, & deux Syntaxes tres-methodiques, à scavoir celle des Noms, & des Verbes: Par Jean Marin, Parisien, Nürnberg: Fürst 1680.

Mauger, Claude, Grammaire francoise de Claude Mauger. Avec des Augmentations, Enrichie de Mots à la Mode, d'une nouvelle Methode, & de tout ce qu'on peut souhaiter pour s'acquerir ce beau Langage comme on le parle a present à la cour de France [...], London: Bentley & Magnes [11]1684. [SB Berlin Xs 5390]

Meidinger, Johann Valentin, Praktische Französische Grammatik wodurch man diese Sprache auf eine ganz neue und sehr leichte Art in kurzer Zeit gründlich erlernen kann. Von J. V. M., Lehrer der Französischen und Italienischen Sprache zu Frankfurt am Main. Zehnte durchaus verbeserte und vermehrte Ausgabe, [o.O.] [o.V.] 1795. [UBBA 221/ID 1572 M511(12)]

Meintel, Johann Georg, Nouveaux dialogues en six langues; das ist: Neue Frantzösisch-, Italiänisch-, Spanisch-, Englisch-, Holländisch- und Teutsch-Harmonische Gespräche. Aus den gemeinsten und leichtesten Red-Arten zusammen gesetzet, und Denen Liebhabern der Abendländischen Sprachen zu Liebe, Mit einer Vorrede (tit.) Herrn Matthias Kramers, der Occidentalischen Sprachen, auf der Hoch-Fürstlich-Brandeburg-Bayreuthischen Ritter-Academie zu Erlang, gewesenen Professoris Publici, und der Königlich Preußischen Societät der Wissenschaften Miglieds, herausgegeben von J. G. Meintel, Nürnberg – Frankfurt – Leipzig: Monath 1729. [ThULB 8. Gl.IX. 135. (2); BSB München an 8. Polygl. 99]

Meintel, Johann Georg, Petite école de la morale et des langues, Das ist: Die kleine Sitten- und Sprachen-Schule Worinnen Die vortrefflichsten Sitten-Lehren, Aus dem Telemaque, Homme de Cour, Herrn Beron von Groß Recreations Academiques, Und andere / in Sieben Sprachen / Nemlich / Französisch / Italiänisch / Spanisch / Englisch / Teutsch / Holländisch / und Lateinisch / Vorgetragen werden: Eröffnet von Johann Georg Meintel, Nürnberg: [o.V.] 1732. [BSB München Polygl. 99]

Memmert, Friedrich Johan/Meynier, Johann Heinrich, Franzoesisch-teutsches [Bd 2: Teutsch-Französisches] Handwörterbuch für die Schulen und den Buergerstand welches, außer den gewoehnlichen Woertern zum Lesen der franzoesischen Schriftsteller und zu den Styluebungen, auch alle neufranzoesischen Woerter, ingleichen die Kunstwoeter der Kaufleute und Professionisten enthaelt. Nach den besten Woerterbuechern in beyden Sprachen bearbeitet von Johann Friedrich Memmert Rector der Stadtschule in Schwabach aufs neue durchgegangen und vermehrt von Johann Heinrich Meynier öffentlichem Lector der franz. Sprache auf der Universitaet Erlangen [Bd 2: ohne Memmert], Erlangen: Palm und Hilpert 1800-1802. [SBBA Bd 1: Phil. o. 498; Bd 2: Phil. o. 499]

Mertens, Hieronymus Andreas, Das Genie der deutschen und französischen Sprache in den schwersten Nationalausdrücken gegeneinander gestellt, Augsburg: Klett 1773. [UB Leipzig Gr. lg. rec. 6790]

Meyer, Jean, Le maitre de langue muet ou instruction méthodique pour apprendre de soy-meme les principes de la langue Francaise. Der stumme Sprach-Meister / Das ist: bequem eingerichtete Anweisung / Wie man durch eigenen Fleiß sich den rechten Grund der Französischen Sprach zur Gnüge möge bekant machen. [...], Nürnberg: Hoffmann 1683.

Meynier, Jean-Jacques (Hg.), Allgemeine Sprachkunst, das ist Einleitung in alle Sprachen, Erlangen: Müller 1763. [UB Regensburg 20/A6047683]

Meynier, Jean Jaques, La grammaire française réduite à ses vrais principes, ouvrage raisonné, nach den Grundsätzen Des Pepliers. oder Die auf ihren wahren Gründen ruhende französische Grammatik, mit 100 Aufgaben, 50 Gesprächen, sinnreichen Einfällen, Briefen, 2 Bde., Nürnberg – Erlangen: [o.V.] 1767. Spätere Aufl. Nürnberg: [o.V.] 1797. [StBN Phil. 4934.8°]

Meynier, Johann Jakob, Praktische französische Sprachlehre in Beispielen und Uebungen über alle Theile der Grammatik besonders auch zum Gebrauch der Besitzer des Pepliers, Nürnberg: Bieling 1796. [BSB München L. Lat. f. 185 h]

Meynier, Jean Jaques/Meynier, Johann Heinrich, Nouvel ABC ou Méthode toute nouvelle pour apprendre aux enfants à bien lire suivant toutes les règles de la saine prononciation, Erlangen: [o.V.] 1763. Weitere Aufl. Nürnberg: [o.V.] 1792. [StBN Phil. 12787.8°]

Meynier, Johann Heinrich, Sammlung vermischter Briefe zum Übersetzen ins Französische, mit unterlegten französischen Phrasen, grammatikalischen Anmerkungen und einer kurzen Anweisung, wie Briefe in Absicht ihrer inneren und äußeren Form richtig abzufassen sind, Nürnberg: Bieling 1791. [UB Erlangen-Nürnberg 54/A 103. Sb.o.145]

Meynier, Johann Heinrich, Dreyhundert und sechzig Vorstellungen sinnlicher Gegenstände, nebst ihren Namen, Eigenschaften, und Bestimmungen in französischer, italiänischer und deutscher Sprache. Ein Buch für Kinder zur leichten Erlernung der französischen und italiänischen Sprache, Augsburg: Stage 1796. [In deutschen Bibliotheken nicht nachweisbar]

Meynier, Johann Heinrich, Neues Vocabularspiel, durch welches Kinder in kurzer Zeit viel französische, deutsche und lateinische Wörter erlernen können, Nürnberg: [o.V.] 1799. [In deutschen Bibliotheken nicht nachweisbar]

Meynier, Johann Heinrich, Neuer Orbis Pictus in deutscher und französischer Sprache. Ein Hülfsmittel, Kindern viele nützliche Kenntnisse beizubrigen, die Lust zur Erlernung der französischen Sprache zu erwecken, und die Fertigkeit im Sprechen zu befördern. Von Johann Heinrich Meynier, Lektor der französischen Sprache. Mit vielen illuminirten Kupfern, Nürnberg: Campe 1812. [LB Mecklenburg-Vorpommern Schwerin Lb III 4728]

Molnár, Albert, Dictionarium Latinoungaricum. Opus novum et hactenus nusquam editium, in ovo omnes omnium probatorum linguae latinae autorum dictiones […]. Item vice versa dictionarium ungaricolatinum, in quo praeter dictionum ungaricum interpretationem Latinam […] per Albertum Molnar Szenciensem Ungarum. Accedunt ad calcem libri, Difficiles diquot voces in Jure Ungarico, cum notatione Ioannis Sambuci. Ciceroniana item Epitheta, Antitheta & adjuncta. Unter Mitarbeit von Elias Hutterus, Nürnberg: [o.V.] 1604. [StBN Phil. 2492. 8°]

Molnar, Albert, Lezioni italiane ossia raccolta di pezzi scelti de' piu ecellenti scrittori d'Italia, per ogni genere di stile, da servir di scorta a coloro che bramano d'apprendere. Dictionarium Quadrilingve Latino-Ungarico-Graeco-Germanicum, Innumeris Vocibus, Phrasibus, Formulis loquendi, & Proverbiis, cum quantitate Syllaborum, indiceque Graeco et Germanico hac in quartâ Editione locupletatum, Duabus Partibus distinctum, inque usum Scholasticae Iuventutis accomodatum ab Autoribus Alberto Molnar, Nürnberg: [o.V.] 1604. [SuStBA Spw 1541]

Moratori, Antonio, Gründliche Anweisung zur Erlernung der Spanischen Sprach, worinnen enthalten: I. Spanische und Teutsche Gespräche / mit untermischten anmuthigen Historien. II. Eine kurtze und sehr nützliche Grammatica, so wol für Teutsche, die Liebhaber der Spanischen Sprach seyn / als auch für die Spanier / die Teutsch lernen wollen. III. Spanische und Teutsche Briefe. IV. Ein Spanisch=Teutsches Wörter=Buch. V. Ein Teutsch=Spanisches Wörter=Buch. Von Antonio Moratori, Sprach-Meister. Instrucion [sic] Fundamental Para Aprendèr el Idioma Español, Nürnberg: Monath 1723. [UBA IM 3251 M 831]

Moratori, Antonio, Curiöse Historisch-Italiänisch-Teutsche Gespräche. Nach der Toscanisch-Romanischen Redens-Art; Allen Liebhaben der Italiänischen Sprache zum grossen Nutzen heraus gegeben / Von Antonio Moratori, Sprach-Meistern in Nürnberg, Nürnberg: Monath 1721. [HAAB M 1293]

Moser, Friedrich Carl, Abhandlung von den europäischen Hof- und Staats-Sprachen, nach deren Gebrauch im Reden und Schreiben, Frankfurt a.M.: Andreä 1750. [HAB Rq 380]

Müller, Wilhelm Johann, Die afrikanische / Auf der Guineischen Gold-Cust gelegene / Landschafft Fetu, warhafftig und fleissig / aus eigener acht-jähriger Erfahrung / genauer Besichtigung / und unablässiger Erforschung beschrieben / auch mit dienlichen Kupfern / und einem Fetuischen Wörter-Buche gezieret / Durch Wilhelm Johann Müller / von Harburg bürtig / Acht Jahr lang gewesenen Prediger / der Christlichen Dennmärckischen Africanischen Gemeine, Nürnberg: Hoffmann 1675. [HAB M: QuN 596 (1)]

Mycc, Johannes Friedrich, Der wohlgeübte Correspondent oder: Sammlung von 300 Kaufmanns- und andern Briefen, zum Gebrauche dererjenigen, welche in der französischen Schreibart ohne viel Zeit und Mühe eine Fertigkeit zu erlangen suchen: Mit den gebräuchlichsten französischen Wörtern [...] wie auch einem Anhang Von allerhand Wechsel-Briefen, Assignationen, Frankfurt a.M.: Buchner 1755. [UB Basel Ot 479]

Mycc, Johannes Friedrich, Johannes Friedrich Myccs allzeit fertiger und selbstlehrend Italienisch Deutscher Handels-Correspondent, oder drey hundert auserlesene auf die neueste Art und Weise auch auf alle vorkommende Fälle eingerichtete Italienisch deutsche Kaufmanns-Briefe mit den gebräuchlichsten italienischen Wörtern und Redens-Arten auch besonders angehängten Wechsel-Briefen, Assignationen, Quittungen, Scheinen, Fracht-Briefen und Credit-Schreiben zum allgemeinen und unentbehrlichen Nutzen und Erleichterung sowohl aller Kauf- und Handels-Leuten, Factoren, Speditoren, Buchhalter, Secretairs und Bedienten, als auch insonderheit derjenigen, welche die Italienische Sprache erlernen und in deren Schreibart in kurzer Zeit sich eine Fertigkeit zu erlangen suchen verstehen und in das Italienische übersetzt, Nürnberg – Frankfurt a.M. – Leipzig: Ammermüller, 1768. [Volltextlink: books.google.de/books?id=Q1M7AAAAcAAJ]

Nopitsch, Christian Conrad, Nürnbergisches Gelehrten-Lexicon oder Beschreibung aller Nürnbergischen Gelehrten beyderley Geschlechtes nach Ihrem Leben, Verdiensten und Schrifften 5. oder 1. Suppl.-Bd. von A - G / fortges. von Chr. C. Nopitsch, 2. Aufl. 1815. [SBBA JH. Coll. vit. q.17(6)]

[Otliger, Johann Georg], Sehr nutzliches Sprach-Büchlein / in Frantzösisch und Teutsch. Darzwischen die Frantzösische Außsprach mit Teutschen Buchstaben / auff das deutlichste auff Unsere Teutsche Sprach beschrieben / worinnen die Conjugationen / unterschiedliche Gespräche / sampt etlichen der schönsten Sprüchen Salomonis / wie auch noch vielen Wörtern zufinden [...], Straßburg: Schmuck 1687. [UB Erlangen-Nürnberg H00/NSPR 49 b1]

[Parival, Jean Nicolas de/Kramer, Matthias] Teutsch- und italiänische Gespräche / nach der Toscanisch-Romanischen Redart dieser unserer Zeit; Ehedessen in Frantzösischer Sprach verfasset Von dem wolgelehrten Herrn M. J. D. Parival, Sprachmeister auf der weitberühmten Universität zu Leiden. Anjetzo aber denen Liebhabern zum Besten in die teutsch- und italiänische reinlich übersetzet von Matthia Krämern / Sprachmeistern. Ein neues und sehr nützliches Werklein, Nürnberg: Endter 1679. 2. Aufl. Nürnberg: Endter 1688. [HAB S. Alv. Bd. 579]

[Des Pepliers] Neue und vollkommene französische Grammatica mit einem neu eingerichteten Syntaxi und verbesserten Wörterbuch, manierlichen Gesprächen und zierlichen Redensarten, auserlesenen Sprüchwörtern, curieusen und artigen Historien und sinnreichen Einfällen, auch anmuthigen und nach jetziger Zeit wohlgesetzten Briefen: Bishero unter dem Namen des Herrn Des Pepliers ehemaligen Mitglieds der französischen Akademie vielmals herausgegeben; Nunmehro aber durchgehends aus des sinnreichen Französischen Jesuiten, Hrn. Buffier und anderen Gelehrten Anmerkungen von einem Mitgliede der Kön. Preuß. Academie der Wissenschaften in Berlin aufs fleißigste verbessert [...]. Neue durchaus verbesserte und umgearbeitete Ausgabe. Nouvelle et parfaite Grammaire Royale Françoise et Allemande, Berlin: Haude & Spener 1785. [HAB Dep. 8: 91]

Perger, Antoine, Vollkommene französische Grammatic. Parfaite Grammaire Françoise, Expliquée en Langue Allemande, & partagée en cinq Parties. Par Antoine Perger. Seconde Edition, Revue, corrigée & augmentée d'un Vocabulaire, de petites Histoires & de quelques Lettres familieres. Brüssel: Leonard 1691 [HAB Xb 5414] – Spätere Auflage Nürnberg 1713.

[Plats, Georg Philipp], Fortsetzung Des Teutschen Frantzosens / Und Frantzösischen Teutschens / In sich haltende / 18. Uberauß annehmliche und sehr curiose Gespräche: Für die Jenigen / welche bereits in der Frantzösischen Sprach zugenommen / mit Complementen und andern annehmlichen Sachen verfertiget. Mit einer Zugab etlicher lustiger Geschichten. Poursuite D'Alemand François, Et Du François Alemand, Contenant XVIII. Dialogues Trés-agreables & trés-curieux [...], Nürnberg: Tauber 1709. [StBN Phil. 12990.8°; UB Erlangen-Nürnberg H00 / NSPR 61 c]

[Plats, Georg Philipp], Der Teutsche Frantzos und Frantzösische Teutsche. Das ist: Sechs und viertzig sehr annehmliche und nutzliche Gespräch / Gantz accurat in das Teutsche übersetzt / und zur Seiten die Pronunciation oder Aussprach / mit teutschen Buchstaben / beygefügt / damit man das Frantzösische von sich selbst kan lesen lernen, Nürnberg: Tauber 1710. [Die Erstauflage konnte nicht ermittelt werden.]

Plats, Georg Philipp, Le Cellarius François ou Méthode tres facile pour aprendre sans peine et en peu de tems les mots les plus necessaires de la langue Francoise. Der Frantzösische Cellarius, oder vortheilhafftes Wörter-Buch, Woraus Die nöthigsten Wörter der Frantzösischen Sprach ohne grosse Mühe, und in kurtzer Zeit zu erlernen sind. Ans Licht gestellt von Georgio Philippo Plats, Nürnberg: Monath 1719. Weitere Aufl. 1727 [HAB M: Kb 254].

Plats, Georg Philipp, Sehr leichte neuerfundene Art, die Kinder das Französische A, B, C. buchstabiren und die Ortographie besagter Sprache in kurtzer Zeit zu lehren. Methode trés facile, et nouvellement inventée, pour apprendre aux enfans en peu de tems l'A,B,C, françois, à epeler, et l'Ortographe de la dite langue, Nürnberg: Weigel [ca. 1720]. [Volltextlink: urn:nbn:de:gbv:3:1-122183]

Plats, Georg Philipp, Exercice très utile de la langue française fondé sur les histoires qui se trouvent dans la grammaire Des Pepliers, Nürnberg: Hofmann 1721. [In deutschen Bibliotheken nicht nachweisbar]

Plats, Georg Philipp, Deutliche in Frag und Antwort verfasste Etymologie der Französischen Sprach, In so fern sie einem Anfänger nützlich und nöthig. Oder: Gründlicher Vortrag der Declinationen / Conjugationen / und anderen Umständen / die Partes orationis betreffend. Nebst einer praktischen Anweisung / wie dieselbe in fertiges Reden und Schreiben gebracht werden könne, Nürnberg: Monath 1721. [UBA 02/II.6.8.118]

Plats, Georg Philipp, Neuausgefertigte französisch-teutsche Gespräche von denen allergemeinsten und nothwendigsten Dingen, nach jetzt-üblichem Stylo eingerichtet, Nürnberg: Monath 1724. [BSB München L.lat.f.716 x]

Plats, Georg Philipp, Einleitung zu dem also betitelten Wörter-Buch, der Frantzösische Cellarius, Nebst verschieden- anderen sehr nützlich- und nöthigen Dingen, vor diejenigen, welche die Frantzösische Sprach, ohne Regel spielend und doch gründlich zu lernen verlangen […]. Introduction Au Vocabulaire, Intitule Le Cellarius François […], Nürnberg: [o.V.] 1729. [HAB M: Kb 254].

Plats, Georg Philipp, Dialogues domestiques françois-allemands avec des complimens familiers = Frantzösisch-teutsche mit gemeinen Complimenten vermischte Gespräche von Hauß-Sachen, Nürnberg: Monath 1734. [StBN Phil. 1605.8°]

Poëtevin, François Louis/von Ehrenreich Johann Anton, Le parfait entonnoir des langues, ou La nouvelle grammaire théoretique-pratique français-allemand-italien, Ludwigsburg: [o.V.] 1728. [WLB Stuttgart Phil.oct. 3780]). Spätere Aufl. u. d. T. Französische und italienische Sprachlehre, Augsburg: Stage 1783. [UB Erlangen-Nürnberg 301 G.N.A. 210]

Reichs-Stadt Nürnbergisches Adresse-Buch [...] Nürnberger Adress- und Schreibkalender, Nürnberg 1792-1795.

Romani, Clemente, Italienischer Wegweiser, mit welchem man leicht und sicher zur Erkenntniß und Vollkommenheit der toscanisch-italienischen Sprache gelangen kann / verfertiget von Don Clemente Romani, einem gebohrnen Römer, und anitzo Sprachmeistern in Leipzig, Leipzig: [o.V.] 1750. Andere Aufl. Leipzig: Friedrich Lanckischens Erben 1754. [BSB München L.lat.f. 493; Volltextlink: http://www.mdz-nbn-resolving.de/urn/resolver.pl?urn=urn:nbn:de:bvb:12-bsb10588210-8]

Romani, Clemente, Kurzgefaßte und mit den deutlichsten Regeln versehene italienische Grammatik, Nürnberg: [o.V.] 1759. [In deutschen Bibliotheken nicht nachweisbar.]

Romani, Clemente, Praktische italienische Grammatik für beiderley Geschlecht, von Don Clemente Romani, aufs Neue herausgegeben, und mit der französischen Sprache vermehrt von Hanibal Franz Savini, Lector der italienischen und französischen Sprache zu Erlangen, Nürnberg: Raspe 1798. [HAB M: Ki 61]

Rømer, Ludvig Ferdinand, Nachrichten von der Küste Guinea aus dem Dänischen übersetzt mit einer Vorrede von Erich Pontoppidan, Kopenhagen [u.a.]: Pelt 1769.

Rottweil, Adam von, Solenissimo Vochabuolista e utilissima a imparare legere per quelli che desiderassero senza andare a scuola como e artigiani e donne; anchora può imparare tedesco l'Italiano, ed il Tedesco può imparare italiano perchè in questo libro se si contiene tutti i nomi, vocaboli e parole che si possono dire in più modi, Bologna: de Lapi 1479. [BSB München * 4° Inc. c.a. 149]

[Schatz, Johann Jakob] Sammlung der neuesten und auserlesensten Kaufmanns- und anderer Briefe in deutscher, französisch- und wälscher Sprache von verschiedenem Innhalte zum Gebrauch derjenigen, welche auch ohne Hülfe noch Zuthuung eines Sprach-Lehrers zur Fertigkeit, einen französischen und wälschen Brief zu schreiben zu gelangen suchen; Nebst einem sehr nützlichen Anhange der besten und ausgesuchtesten französisch- und Italiänischen Sprüchwörter, Redens-Arten und Denckspräche, Augsburg – Memmingen: Stage 1765. [HAB Wa 6896]

Schlichtegroll, Friedrich, Nekrolog auf das Jahr [1790 ff.], 1 (1791) - 15 (1806), Gotha [o.J.].

Schmidt, Anton Wilhelm, Deutsche, italienische, englische und französische Benennung aller Hauptdinge in der Welt. Ein Lesebuch für die Jugend, Nürnberg 1786. [In deutschen Bibliotheken nicht nachweisbar]

Schmidt, Anton Wilhelm, Deutsch, Französisch, Italiänisch, Englisch, Lateinisch und Spanisches Wörter-Buch, worinnen die allergebräuchlichsten Wörter, nach ihren besondern Abtheilungen und Capiteln eingetheilet und befindlich sind, zu sonderbaren Nutzen aller Stände, durch den Verfasser der Benennung aller Hauptdinge der Welt, auf eigene Kosten herausgegeben, Nürnberg: Felsecker 1786. [SBBA Phil.o.375]

Schmidt, Anton Wilhelm, Italiänische, Französische, Englische und Deutsche Gespräche, welche statt eines Wörterbuches dienen können. Indem von allerhand Materien darinnen gehandelt wird; als auch die gewöhnlichsten Redensarten dieser vier Sprachen, die in gemeinen Reden vorkommen, daraus können gelernt werden. Denen Anfängern zum Besten herausgegeben von Anton Wilhelm Schmidt, der occidentalischen Sprachen öffentlicher Lehrer, Nürnberg: Zeh 1793. [SBBA Phil.o.375b]

Schreiber, Rudolf, Aus dem Tagebuch eines Alumnus des Kollegiums bei St. Anna aus den Jahren 1717–1719, Beilage zu dem Jahresbericht der Studienanstalt bei St. Anna in Augsburg, Augsburg 1876.

[Schübler, Johann Jakob] Passe-partout de la langue françoise […]. Frantzösischer Haupt-Schlüssel / Welcher alles das jenige / was zur Wissenschafft dieser Sprache gehöret / klar und deutlich eröffnet […] Alles mit großer Mühe und sonderbahrem Fleiß ordentlich zusammen getragen von Johann Jacob Scheublern / Frantzösischer Sprachmeister. Grammaire françoise Oder Dergleichen noch niemahls in Druck gewesene Frantzösische Grammatica, Leipzig: Michael 1680. [HAB M: Kl 147]

Schübler, Johann Jakob, Die Himmels-Pforte. Das ist: Dreyfacher Morgen- und Abend-Segen […]. Samt einer Prononciation, so die zierlichste bey jetztiger Zeit ist. […] Alles den jenigen / welche sich in den fremden Landen aufzuhalten begehren / und die Frantzösische oder die Teutsche Sprache fortzusetzen trachten / zu Nutz / Heil und Trost auß dem Teutschen in das Frantzösische auf- und übersetzet von Johann Jacob Schüblern / Liebhaber des Wortes Gottes und der Frantzösischen Sprache, Nürnberg: König 1682. [StBN Theol. 12. 166. Volltextlink: urn:nbn:de:bvb:12-bsb10267513-0]

Schübler, Johann Jakob, Des hellscheinenden Jakob- und Morgen-Stern Erster Theil. in sich begreiffend eine ausführliche und gründliche Vertheidigungs-Schrift / wegen des Matthias Cramers / in seinem Romanisch-Italiän. Rudiment oder Haupt-Pforte von mir falsch ausgestreute Gerüchte; zu schuldiger Widerlegung an Tag gegeben; von Johann Jacob Schübler / Possamentierer und Meister in Straßburg / Französischen Sprachmeister / und Liebhaber der Italiänischen Sprach, Nürnberg: Selbstverlag 1693. [UB Erlangen-Nürnberg H61/ TREW. Yx 667]

Schübler, Johann Jakob, Des observations bien remarquables sur les règles de la grammaire française des divers auteurs très excellents en matière de la substance de toutes les oraisons de la traduction de Matthias Cramer revues et corrigées, Nürnberg: [o.V.] 1694. [In deutschen Bibliotheken nicht nachweisbar]

Schübler, Johann Jakob, Des demandes et des réponses curieuses, Nürnberg: [o.V.] 1694. [In deutschen Bibliotheken nicht nachweisbar]

Schübler, Johann Jakob, Operatrischer Frantzoesisch-Teutscher Hauß- und Reise-Spiegel. Erstlich in sich haltend das der Welt hoechst nutzbar und befoerderliche Memorial die Generation und Erzeugung des Maennlichen und des Weiblichen Geschlechts / nach selbst beliebigen Wolgefallen vermittelst Goettlicher Gnade dasselbe gewiß zu erlangē. 2. Die Leibes-Schaeden als Brueche / was Gestalten und Alter sie auch seyen / und andere Ungemach ohne Schnitt zu curiren. 3. Allerhand Gebrechen der Augen wiederumb in guten Zustand zu bringen. 4. Das Schmerzens volle Podagra u. Zipperlein nach gewisse Art auf allezeit zu vertreibē. 5. Die Vernunfft-Sitten und Tugendlehren samt den Gedenck-Sprüchen. 6. Die sehr artige Fragen / Raetseln u. Antw. Anjetzo auf sehr vieler so hoher als auch anderer Personen instaendiges Anhalten wolbedaechtig an Tag gegeben von Johann Jacob Schueblern / Frantzoesischer Sprachmeister und Operator oder Bruch-Artzt ohne Schnitt, Nürnberg: [o.V.] 1699. [UB Erlangen-Nürnberg H61/TREW. Zx 405]

Schübler, Johann Jakob, Die hell-gläntzende Strahlen der Frantzösischen Sprach / jedermänniglich / so dieser Sprach begierig / hochnothwendig / diselbe zu erkennen / und wol zu verstehen, Nürnberg: [o.V.] 1702. [UB Erlangen-Nürnberg H61/TREW. Zx 406]

Schübler, Johann Jakob, Quint-Esssence, Ou Coeur De la Langue Francoise […]. Kern der
    Unterweisung in der französischen Sprach / Welcher Ganz klar und deutlich all die
    Schwärigkeiten / so darinnen vorfallen mögen / nach dem A.B.C. an den Tag gibt / Und zwar
    Erstlichen in dem Buchsstaben A. all die jenigen Teutschen Worte / welche am gebräuchlichsten /
    und doch darbey die meiste Ausleg- und Bedeutung im Französischen haben. Zum Andern / das
    B. belangend / als welches unter andern vielen Worten / absonderlich aber das Wörtlein Bey in
    sich hält / und in dem Teutschen zwar nur einmal sich befindet / allein solches mit aller
    curiosesten Auslegung sich biß auf 67. mal im Französischen höchst nutzlich und beförderlich
    erstrecket. Zum Dritten / das C. betreffend / als worinnen die allergenaueste und ordentlichste
    Construction mit aller möglichster Richtigkeit enthalten / auch andere bey sich führende
    Neben=Constructiones, so die alte und neue Schreib-Art deutlich auszulegen / vorweiset / ganz
    fordersamst der Französischen Sprach begierigen Jugend vorgestellet […]. Erster Theil […],
    Nürnberg: [o.V.] 1705. [UB Erlangen-Nürnberg NSPR I 101 ac; UBA II/6.8.111]
Schübler, Johann Jacob, Nützliche Anweisung zur unentbehrlichen Zimmermanns-Kunst: worinnen
    von den antiquen und modernen proportionirten Dächern die nöthige Projection in einem
    deutlichen Zusammenhang geometrisch vorgestellet, und daraus die italiaenische, französische
    und teutsche Heng- und Spreng-Wercke, unter einer leichten Methode mit vielen Figuren den
    Werck-Leuten recht begreifflich gemacht, und auf verschiedene Arten gezeiget, [...] von Johann
    Jacob Schübler, Nürnberg: [o.V.] 1731, 1736. Nachdruck Hannover: Schäfer 1982. [HAB 32.4°
    599]
Schübler, Johann Jacob, […] Ausgabe seines vorhabenden Wercks / Mit welchem Er gesonnen /
    prächtige und zierliche Meublen, auch andere rahre und künstliche Aufsätze / welche so wohl zu
    innerer Ausziehrung Fürstlicher Palläste / und anderer schöner Zimmer in vornehmen Häusern /
    auch Kirchen-Gebäuden etc. etc. geschickt und wohlanständig angebracht und gebraucht werden
    können [...]. Prima Edizione dell'Opera del Sig. Gio. Giacomo Schibler nella quale è intenzionato
    di presentare i più cospicui ed ornati Mobili [...], Augsburg: Jeremias Wolffs Erben [ca. 1735].
    [HAB M: Uf 2° 67]
Sigmund, Christoph Friederich, Nouvelle et facile grammaire française, oder leichte und gründliche
    Anleitung zur französischen Sprache besonders für diejenige, welche, ohne das Gedächtniß mit
    vielen auswendiglernen zu beschweren, sich das Lesen, Schreiben und die nöthigen Reglen des
    Syntaxis der französischen Constructions-Ordnung in kurzen bekannt machen, und bald aus dem
    teutschen in das französische zu übersetzen lernen wollen, zum bequemen Gebrauch öffentlicher
    Schulen und des Privat-Unterrichts abgefaßt, Nürnberg: [o.V.] 1769. [ThU LB Jena Gl. VII, S.
    83]
Stetten, Paul von, Der Mensch in seinen verschiedenen Lagen und Ständen für die Jugend geschildert,
    Augsburg: Johann Jakob Haid 1779. [SuStBA 4° Kst. 2208; HAAB 207580 - A] Neudruck hg.
    von Helmut Gier, Nördlingen 1988.
Tablettes morales et historiques. Amsterdam: Rozet 1762. [HAAB Dd 6: 3]
Talander [Bohse, August], Der getreue Hofmeister adeliger und bürgerlicher Jugend, oder:
    Aufrichtige Anleitung, wie sowohl ein Junger von Adel als anderer, der von guter Extraktion, soll
    rechtschaffen aufgezogen werden, er auch seine Conduite selbst einrichten und führen müsse,
    damit er beides auf Universitäten, als auf Reisen und Hofe, sich beliebt machen und in allerhand
    Konversation mit Mannspersonen und Frauenzimmern für einen klugen und geschickten
    Menschen passieren möge, Leipzig 1706. [Volltextlink: http://diglib.hab.de/drucke/pb-
    36/start.htm]

Valerius, Cornelius, Colloquia et dictionariolum sex linguarum: Teutonicae, Latinae, Germanicae, Gallicae, Hispanicae, & Italicae: eas linguas discere volentibus, utilissima. Cornelio Valerio Ultraiectino, interprete latino. Ghemeyne gespreche / oder Colloquia / mit einem Dictionario in sechs sprachen: Niderlendish (sic) Latinish Teutsch Frantzosish Spanish / und Vvelsh: gar nutz und dienstlig de selbe sprachen zu lernen. Alles mit grosser fleyß / und arbeit zu samen bracht, Antwerpen: Apud Henricum Henricum, Coemiterium B. Mariae, sub Lilio 1576. [HAAB 12°, XLI, 10; HAB H: P 214.12° Helmst.].

Veneroni, Giovanni di, Herrn von Veneroni italiänisch-frantzösisch- und teutsche Grammatica, oder Sprach-Meister [...]. Franckfurt, Leipzig: Andreae 1713 [SuStBA Spw 3198]. Spätere Aufl.: Herrn von Veneroni Italiänisch- Französisch- und Teutsche Grammatica, oder Sprach-Meister, so ordentlich eingerichtet / daß man darinnen an Grammaticalischen Grund-Reguln / füglichen Exempeln, zierlichen Redens-Arten, bequemen Gesprächen / sinnreichen Sprüchwörtern / anmuthigen Historien / poßierlichen Begebenheiten und Stands-gebührlichen Titulaturen / alles kürzlich beysammen findet. Auf vieler Verlangen zum zwölfftenmahle auffgelegt / und von den häuffigen Druck-Fehlern voriger Ausfertigung gereiniget, von vielen alt-väterischen und unnützen Sachen gesäubert / und mit neuen Anmerckungen / Brieffen / Poesien und Vocabulis vermehrt / auch mit besonderer Vorrede versehen / und dieses letzte mahl mit sonderlichem Fleiß Durch Carl Faudrasen Sprach-Meistern in Frankfurt, verbessert; Zum Behuff aber so wohl Studirter als Unstudirter in diese schmeidige Form gebracht. Frankfurt – Leipzig: Andreä 1719. [HAB Alvensleben Bd 599]. Spätere Aufl.: Herrn von Veneroni Italiänisch- Französisch- und Deutsche Grammatica, oder Sprachmeister, so ordentlich eingerichtet, dass man darinnen an grammatikalischen Grundregeln, schicklichen Exempeln, zierlichen Redensarten, bequemen Gesprächen, sinnreichen Sprüchwörtern, anmuthigen Historien, kurzweiligen Begebenheiten und Standesgebührlichen Titulaturen, alles kürzlich beysammen findet, von den häufigen Druck-fehlern voriger Ausfertigung gereiniget, von vielen altväterischen und unnützen Sachen gesäubert, mit wichtigen Zusätzen, neuen Anmerkungen, Briefen, Poesien und Vocabulis vermehret, und fleißigste verbessert von Giov. Tomaso di Castelli, Wien: Johann Thomas Edler von Trattner 1773. [HAAB 19 A 8499] Spätere (26.) Aufl. hg. von Ph. Jacob Flathe, Frankfurt – Leipzig 1789. [HAB Ki 68]

[Vit, Bartolomaeus Georgius] Türcken Büchlein Bartolomei Georgi Vits, Eines Ungern / welcher 13. Jahr bey den Türcken Gefangen gewesen. Von der Türcken gebräuchen und Gewohnheiten / in Geistl. Weltl. und Häußlichen sachen / und wie sie ein jedes in jhrer Sprache nennen / wobey zugleich eine Erklärung vieler Türckischen Wörter und Gespräche. Zu einem Summarischen kurtzen Begriff und Inhalt der Türckischen Historien und Ceremonien, wie auch gleichsam zum Lexico der gebräuchlichen Türckischen wörter und Nahmen / So in den Türckischen Historien und Avisen offt fürkommen / dieselben recht zu verstehen / und dann Abgesagten Feind in seinen greueln / wüten / toben / Sengen / Brennen / Rauben und Morden / als einen getreuen Diener Sathans / desto besser zu erkennen und als eine Scharffe Zorn-Ruthe GOttes / desto mehr mit Hertzlicher Busse zu fürchten; zu allen Zeiten / absonderlich itzo jedermänniglicher sehr dienlich und nützlich zu lesen. Auß dem Lateinischen ins Hochteutsche gezogen von einem Thüringer, Nürnberg: Hans Güldenmund 1664. [HAB 250.70.1. Quod. Das Wolfenbütteler Exemplar besteht aus 20 Bll., ohne Einband]

Vorberg, Matthias von, Eins in vieren. Das ist: Dictionarium quadrilingue. Oder: Teutsch-Italiänisch-Französisch- und Lateinisches Sprach- und Wörter-Büchlein: So nicht allein denen Lern-Anfängern dieser vier Sprachen sehr nützlich und dienlich ist / also zwar: daß sie täglich / der Ordnung nach / forderist etliche Wörter ihnen bekannt machen; sondern auch / denen / mit deren Wissenschafft schon begabten / hierzu bequem / daß sie die ihnen je zuweilen entfallende Wort daraus aufsuchen / und sich derselben wiederum erinnerlich machen mögen. [...]. Mit denen besten Dictionariis und Vocabulariis conferiret und zusamm gesetzt von Matthia à Vorbergen, Nürnberg: Endter 1704. [UBA II.1 8° 54]

Vorberg, Matthias von, Nagel-neuer Von der Italiänisch-Teutschen Meisterschafft mit grossen Fleiß verfertigter Nürnberger Trichter / Wodurch nicht allein alle Wörter ihrer Ordnung nach gantz leicht und commod in das große Faß des Gedächtnüß (wo alles hinein muß) eingefüllet / sondern auch die nothwendige und offt bißhero von vielen verlangte Wissenschaft / was vor einer Art generis oder partis orationis jedes Wort ist / und ob es lang oder kurtz ausgesprochen werden soll / mit Hülff der über die Wörter durch und durch gezeichneten Strichlein eingegossen kan werden. In diesem Format [ca. 8x16cm, Verf.] angefriemt, dass man ihn desto bequemer bey sich tragen / und sich desselben auch ausser des Kellers beym Spaziergang bedienen möge. Mit denen besten Dictionariis und Vocabulariis confrontirt / und allen durstigen Brüdern und Schwestern dieser Sprach dargereicht Von Matthia à Vorbergen, Nürnberg: Endter 1708. [HAB M: Ki 70]

Wagenseil, Johann Christoph, Von Erziehung eines jungen Prinzen, der vor allem Studieren einen Abscheu hat, dass er dennoch gelehrt und geschickt werde, Leipzig: Heinich 1705. [SLUB Dresden 39.8.10330]

Waldau, Georg Ernst, Nürnbergisches Zion oder Nachricht von allen Nürnbergischen Kirchen, Kapellen, Klöstern und Lateinischen Schulen in und außer der Stadt und den daran bediensteten Personen, Nürnberg: Selbstverlag 1787. [SBBA JH.Top.q.55]

Walter, Johann Jakob, Essentia Linguae Italicae modernè Romanae. Oder Kürzlich verfasste Anleitung Zu der Italiänisch=Romanischen Sprach / Wie sie anizo bey der Römischen Hofstatt / und allen Wohlrednern / so wohl wegen zierlicher Redens=Arten / als auch lieblicher pronunciation und Außspräch vor andern florirt, Augsburg: [o.V.] 1690. Erstaufl. Rom: Mascardi 1672. [UBA 02/II.6.8.39]

Weigel, Johann Georg, Vollständiges klcincs Wörtcrbuch Französisch und Dcutsch. Dictionnairc français-allemand à l'usage des commençants et des voyageurs, Nürnberg: Bauer & Mann 1791. [In deutschen Bibliotheken nicht nachweisbar]

Weitenauer, Ignatius, Hierolexikon linguarum orientalum, hebraicae, chaldaicae, et syriacae, In quo radices imperfectae omnes integrantur [...]; Auctore Ignatio Weitenauer S.J. SS. Linguarum Oeniponti in Alma Leopoldina P.P.O., Augsburg – Freiburg: Ignatius und Antonius Wagner 1759. Nachdruck Whitefish, Montana 2009.

Weitenauer, Ignaz, Hexaglotton alterum. Docens linguas Anglicam, Germanicam, Belgicam, Latinam, Lusitanicam et Syriacam, ut intra brevissimum tempus ope lexici libros explicare discas. Auctore Ignatio Weitenauer S.J. linguarum Hebraicae et Graecae in alma Leopoldina Oeniponti Professore, Augsburg – Freiburg: Wagner 1762. [SBBA Phil.q.7.]

Wiessner, Jakob, Dictionnaire grammatical de la langue française. Oder Gründliche Anleitung zu einer vollständigen französischen Sprachkunde, nach alphabetischer Ordnung, theoretisch und praktisch nach den besten Grammatiken und Klassischen Französischen und deutschen Schriftstellern, zum Gebrauch der Teutschen, welche die Französische Sprache gehörig erlernen wollen, bearbeitet, von Jakob Wießner Lehrer der occidentalischen Philologie, 2 Bde., Nürnberg: Rawische Buchhandlung 1792. [StBN Phil. 1387.8° und 1388.8°]

Will, Georg Andreas, Geschichte und Beschreibung der Nürnbergischen Universität Altdorf. Altdorf: Monath-Kußler 1795. [UBA 02/IV.27.8.622]

Will, Georg Andreas/Nopitsch, Christian Conrad, Georg Andreas Wills Nürnbergisches Gelehrten-Lexikon oder Beschreibung aller Nürnbergischen Gelehrten beiderlei Geschlechtes nach ihrem Leben, Verdiensten und Schriften zur Erweiterung der gelehrten Geschichtskunde und Verbesserung vieler darinnen vorgefallenen Fehler aus den besten Quellen in alphabetischer Ordnung fortgesetzt, 4 Supplement-Bde. (Bde. 5-8), Nürnberg – Altdorf 1802-1808. [SBBA 22/JH.Coll.vit.q.17(1]

Zapf, Georg Wilhelm, Augsburgische Bibliothek oder Historisch-kritisch-literarisches Verzeichnis aller Schriften, welche die Stadt Augsburg angehen und deren Geschichte erläutern. Ein Versuch, 2 Bde., Augsburg: Lotter 1795. [SLUB Hist.urb.Germ.1289-2]

3. Quelleneditionen

Accorsi, Maria Luisa (Hg.), Natio germanica Bononiae. Die Matrikel (1573–1602 /1707–1727), Bologna 1999.

Barnils, Pere, Vocabulari Català-Alemany de l'any 1502, Faksimileausgabe Barcelona 1916.

Bömer, Aloys (Hg.), Die lateinischen Schülergespräche der Humanisten. Auszüge mit Einleitungen, Anmerkungen und Namen- und Sachregister. Quellen für die Schul- und Universitätsgeschichte des 15. und 16. Jahrhunderts. Zweiter Teil: Von Barlandus bis Corderius 1524-1564, Berlin 1899 [HAB 34.260].

Bub, Gustav (Hg.), Quellen zur Geschichte der Stadt Nürnberg, Hersbruck 1930.

Brekle, Herbert Ernst (Hg.), Gérauld de Cordemoy. Discours physique de la parole (1677), Stuttgart 1970.

Bruchhäuser, Hanns-Peter (Hg.), Quellen und Dokumente zur Berufsbildung deutscher Kaufleute im Mittelalter und in der frühen Neuzeit, Köln – Weimar – Wien 1992.

Forni, Giuseppe Gherardo/Pighi, Giovanni Battista (Hg.), Gli stemmi e le iscrizioni minori dell'Archiginnasio, Bologna 1964.

Giustiniani, Vito R., Adam von Rottweil. Deutsch-Italienischer Sprachführer (Beiträge zur Geschichte der Sprachwissenschaft 8), Tübingen 1987.

Gouron, Marcel, Matricule de l'Université de médecine de Montpellier (1503–1599), Genua 1957.

Gratta, Rodolfo del, Libri matricularum Studii Pisani (1543 – 1737), Pisa 1983.

Greiff, Benedikt [1861a], Tagebuch des Lucas Rem aus den Jahren 1494–1541. Ein Beitrag zur Handelsgeschichte der Stadt Augsburg, in: 26. Jahresbericht des historischen Kreisvereins im Regierungsbezirke von Schwaben und Neuburg für das Jahr 1860, Augsburg 1861, S. 1-110.

Greiff, Benedikt [1861b], Briefe und Berichte über die frühesten Reisen nach Amerika und Ostindien aus den Jahren 1497 bis 1506 aus Dr. Conrad Peutingers Nachlass, in: 26. Jahresbericht des historischen Kreisvereins der Regierungsbezirke von Schwaben und Neuburg für das Jahr 1860, Augsburg 1861, S. 111-172.

Häberlein, Mark/Künast, Hans-Jörg/Schwanke, Irmgard (Hg.), Korrespondenz der Augsburger Patrizierfamilie Endorfer 1620-1627. Briefe aus Italien und Frankreich im Zeitalter des Dreißigjährigen Krieges (Documenta Augustana, Bd. 21), Augsburg 2010.

[Häßlein 1993] Das Nürnberger Wörterbuch des Johann Heinrich Häßlein (1737-1796) und seine Benutzung durch Johann Andreas Schmeller (Jahrbuch der Johann-Andreas-Schmeller-Gesellschaft 1991), hg. und mit Einleitung versehen von Gabi Oswald-Müller, Grafenau 1993.

Hammerich, Louis L. u.a. (Hg.), Tönnies Fenne's Low German Manual of Spoken Russian, Pskov 1607, 4 Bde., Kopenhagen 1961–1986.

Hammersley, George (Hg.), Daniel Hechstetter the Younger. Memorabilia and Letters 1600–1639 (Deutsche Handelsakten des Mittelalters und der Neuzeit, Bd. 17), Stuttgart 1988.

Hildebrandt, Reinhard (Hg.), Quellen und Regesten zu den Augsburger Handelshäusern Paler und Rehlinger 1539–1642. Wirtschaft und Politik im 16./17. Jahrhundert (Deutsche Handelsakten des Mittelalters und der Neuzeit XIX, 2), Bd. 2, Stuttgart 2004.

Kellenbenz, Hermann (Hg.), Das Meder'sche Handelsbuch und die Welser'schen Nachträge. Handelsbräuche des 16. Jahrhunderts (Deutsche Handelsakten des Mittelalters und der Neuzeit, Bd. 15), Wiesbaden 1974.

Kish, Kathleen V./Ritzenhoff, Ursula (Hg.), Die Celestina-Übersetzungen von Christoph Wirsung. Ain hipsche Tragedia (Augsburg 1520). Ainn recht liepliches Buechlin (Augsburg 1534). Ainn recht liepliches Buechlin und gleich ain traurige comedi. Ain hipsche tragedia vo zwaien liebhabendn mentschen, Hildesheim – Zürich – New York 1984.

Künast, Hans-Jörg/Zäh, Helmut (Hg.), Die Bibliothek Konrad Peutingers. Edition der historischen Kataloge und Rekonstruktion der Bestände, 2 Bde. (Studia Augustana, Bd. 11), Tübingen 2003/05.

Knod, Gustav C. (Hg.), Deutsche Studenten in Bologna (1289–1562). Biographischer Index zu den Acta nationis Germanicae universitatis Bononiensis, Berlin 1899.

Kroon, Just Emile (Hg.), Album studiosorum Academiae Lugduno Batavae, Bd. 1: 1575-1875, Leiden 1875.

Luschin von Ebenegreuth, Arnold, I sepolcri degli scolari tedeschi in Siena, in: Bullettino senese di storia patria 5 (1898), S. 52-62.

Mischiati, Oscar, Studenti ultramontani di musica a Bologna nella seconda metà del secolo XVI, in: Friedrich Lippmann (Hg.), Studien zur italienisch-deutschen Musikgeschichte, Köln – Graz 1966, Bd. 3, S. 1-42.

Müller, Karl Otto, Welthandelsbräuche (1480–1540) (Deutsche Handelsakten des Mittelalters und der Neuzeit, Bd. 5), Neudruck Wiesbaden 1962.

Pausch, Oskar (Hg.), Das älteste italienisch-deutsche Sprachbuch. Eine Überlieferung aus dem Jahre 1424. Nach Georg von Nürnberg (Österreichische Akademie der Wissenschaften. Philosophisch-historische Klasse, Denkschriften 111/Veröffentlichungen der Historischen Kommission, Bd. 1), Wien 1972.

Preysing, Maria von (Hg.), Fuggertestamente. Bd. 2, Edition (Studien zur Fuggergeschichte, Bd. 34), Weißenhorn 1992.

Ridderikhoff, Cornelia M./Illmer, Detlef, Les livres des procurateurs de la nation germanique de l'ancienne Université d'Orléans (1444–1602), 6 Bde., Leiden 1971–1988.

Rossetti, Lucia (Hg.), Matricula nationis Germanicae artistarum in Gymnasio Patavino (1553–1721), Padua 1986.

Seidelmann, Christian Friedrich, Tractatus philosophico-philologicus de Methodo recte tractandi linguas exoticas speciatim Gallicam, Italicam et Anglicam (1724). Faksimiliert, übersetzt und herausgegeben von Franz Josef Zapp und Konrad Schröder. Mit einer Darstellung der Geschichte des Fremdsprachenunterrichts an der Universität Wittenberg (Augsburger I&I-Schriften, Bd. 30), Augsburg 1984.

Spindler, Max (Hg.), Electoralis Academiae scientiarum Boicae primordia. Briefe aus der Gründungszeit der Bayerischen Akademie der Wissenschaften, München 1959.

Steinhausen, Georg (Hg.), Briefwechsel Balthasar Paumgartners des Jüngeren mit seiner Gattin Magdalena, geb. Behaim (1582–1598) (Bibliothek des Litterarischen Vereins in Stuttgart, Bd. 204), Tübingen 1895.

Stelling-Michaud, Suzanne (Hg.), Le livre du recteur de l'Academie de Genève (1559–1878), 6 Bde., Genf 1966–1980.

Stetten, Paul von d.J., Selbstbiographie. Die Lebensbeschreibung des Patriziers und Stadtpflegers der Reichsstadt Augsburg (1731-1808), Bd.1: Die Aufzeichnungen zu den Jahren 1731 bis 1792, bearbeitet von Barbara Rajkay und Ruth von Stetten, hg. von Helmut Gier, Augsburg 2009.

Strieder, Jakob, Aus Antwerpener Notariatsarchiven. Quellen zur deutschen Wirtschaftsgeschichte des 16. Jahrhunderts (Deutsche Handelsakten des Mittelalters und der Neuzeit, Bd. 4), Stuttgart 1930.

[Vivre] Gerard de Vivre, Synonymes/Synonyma. Nachdruck der Ausgabe Köln 1569 mit einer Einleitung und Bibliographie von Barbara Kaltz (Romanistik in Geschichte und Gegenwart, 21), Hamburg 1988.

Weigle, Fritz (Hg.), Die Matrikel der deutschen Nation in Perugia (1579–1727). Ergänzt nach den Promotionsakten, den Consiliarwahllisten und der Matrikel der Universität Perugia im Zeitraum von 1489–1791 (Bibliothek des Deutschen Historischen Instituts in Rom, Bd. 21), Tübingen 1956.

Weigle, Fritz (Hg.), Die Matrikel der deutschen Nation in Siena (1573–1738), 2 Bde. (Bibliothek des Deutschen Historischen Instituts in Rom, Bd. 22), Tübingen 1962.

4. Nachschlagewerke

Allgemeine Deutsche Biographie (ADB), hg. durch die Historische Commission bei der Königlichen Akademie der Wissenschaften, Leipzig 1.1875-56.1912, 1967–1971 (Repr.)

Grimm, Jakob/Grimm, Wilhelm (Hg.), Deutsches Wörterbuch, 32 Bde., Leipzig: Hirzel 1838-1961.

Hörner, Otto Friedrich, Alphabetisches Verzeichnis oder Lexikon der itztlebenden schwäbischen Schriftsteller, aus des berühmten Herrn Professor Hambergs in Göttingen gelehrtem Deutschlande gezogen, mit vielen Zusätzen vermehret und einer Vorrede begleitet […], Nördlingen 1771.

[Jöcher, Christian Gottlieb] Allgemeines Gelehrten-Lexicon, Darinne die Gelehrten aller Stände sowohl männ- als weiblichen Geschlechts, welche vom Anfange der Welt bis auf die ietzige Zeit gelebt, und sich der gelehrten Welt bekannt gemacht, Nach ihrer Geburt, Leben, merckwürdigen Geschichten, Absterben und Schriften aus den glaubwürdigsten Scribenten in alphabetischer Ordnung beschrieben werden, 4 Bde., Leipzig: Gleditsch 1750. [SBBA Coll.vit.q.21(1]

Jöcher, Christian Gottlieb/Adelung, Johann Christoph/Rotermund, Heinrich Wilhelm, Fortsetzung und Ergänzungen zu Christian Gottlieb Jöchers allgemeinem Gelehrten-Lexico, worin die Schriftsteller aller Stände nach ihren vornehmsten Lebensumständen und Schriften beschrieben werden, 7 Bde., Leipzig 1784-1897.

Nagler, Georg Kaspar, Neues allgemeines Künstler-Lexicon, oder, Nachrichten von dem Leben und den Werken der Maler, Bildhauer, Baumeister, Kupferstecher, Formschneider, Lithographen, Zeichner, Medailleure, Elfenbeinarbeiter, etc., Bearbeitet von G. K. Nagler, Zehnter Band, München 1841. (Digitalisat der BSB München, BHS VII 29-10)

Will, Georg Andreas, Nürnbergisches Gelehrten-Lexicon oder Beschreibung aller Nürnbergischen Gelehrten beyderley Geschlechtes nach Ihrem Leben, Verdiensten und Schrifften zur Erweiterung der gelehrten Geschichtskunde und Verbesserung vieler darinnen vorgefallenen Fehler, Bd. 1, Nürnberg – Altdorf: Schüpfel 1755. [HAB M: Da 555:1; HAAB L 10 : 287 (1)]

Zedler, Heinrich (Hg.), Grosses vollständiges Universal-Lexikon aller Wissenschafften und Künste, welche bishero durch menschlichen Verstand und Witz erfunden und verbessert worden […], Halle – Leipzig, 1732 – 1750, 68 Bde., Nachdruck Graz 1993 – 1998. [Volltextlink: http://www.zedler-lexikon.de]

5. Literatur

Aehle, Wilhelm, Die Anfänge des Unterrichts in der englischen Sprache, besonders auf den Ritterakademien (Erziehungswissenschaftliche Studien, Bd. 7), Hamburg 1938.

Alberti, Volker/Tucher, Brigitte von, Von Nürnberg nach Jerusalem. Die Pilgerreise des reichsstädtischen Patriziers Hans Tucher 1479 bis 1480, Simmelsdorf 2000.

Alekseev, Michail Pavlovič, Thomas Schrowe und das ‚Russischbuch‘ von 1546, in: Ders. (Hg.), Zur Geschichte russisch-europäischer Literaturtraditionen. Aufsätze aus vier Jahrzehnten, Berlin 1974, S. 21-31.

Alston, R. C., A Bibliography of the English Language from the Invention of Printing to the Year 1800. A systematic record of writings on English, and on other languages in English, based on the collections of the principal libraries of the World, 10 Bde., Ilkley 1974.

Altaner, Berthold, Sprachstudien und Sprachkenntnisse im Dienste der Mission des 13. und 14. Jahrhunderts, in: Zeitschrift für Missionswissenschaft und Religionswissenschaft 21 (1931), S. 113-137.

Altaner, Berthold, Die fremdsprachliche Ausbildung der Dominikanermissionare während des 13. und 14. Jahrhunderts, in: Zeitschrift für Missionswissenschaft 23 (1933), S. 233-241.

Altaner, Berthold, Die Kenntnis des Griechischen in den Missionsorden während des 13. und 14. Jahrhunderts, in: Zeitschrift für Kirchengeschichte 53 (1934), S. 436-493.

Altaner, Berthold, Zur Kenntnis des Arabischen im 13. und 14. Jahrhundert, in: Orientalia Christiana Periodica 2 (1936), S. 437-452.

Amburger, Hannah S. M., Die Familiengeschichte der Koeler. Ein Beitrag zur Autobiographie des 16. Jahrhunderts, in: Mitteilungen des Vereins für die Geschichte der Stadt Nürnberg 30 (1931), S. 153-288.

Ammann, Hektor, Oberdeutsche Kaufleute und die Anfänge der Reformation in Genf, in: Zeitschrift für württembergische Landesgeschichte 13 (1954), S. 150-193.

Ammann, Hektor [1970a], Die wirtschaftliche Stellung der Reichsstadt Nürnberg im Spätmittelalter (Nürnberger Forschungen, Bd. 13), Nürnberg 1970.

Ammann, Hektor [1970b], Deutsch-spanische Wirtschaftsbeziehungen bis zum Ende des 15. Jahrhunderts, in: Fremde Kaufleute auf der Iberischen Halbinsel. Hg. von Hermann Kellenbenz, Köln – Wien 1970, S. 132-155.

Anon. [Magistrat der Stadt Nürnberg] (Hg.), Die Schulen in Nürnberg mit besonderer Berücksichtigung des städtischen Schulwesens, Nürnberg 1906.

Anon. (Hg.) [1926a], Festbericht zur Erinnerung an die Vierhundertjahrfeier des Melanchthon-Gymnasiums in Nürnberg vom 28. bis 30. Mai 1926, Nürnberg [1926].

Anon. (Hg.) [1926b], Festgabe zur Vierhundertjahrfeier des Alten Gymnasiums Nürnberg, Nürnberg 1926.

Anon. (Hg.) [1926c], Festschrift zum Gedächtnis des dreihundertjährigen Bestehens des Institutes B.M.V. der Englischen Fräulein in Bayern, München 1926.

Anon. (Hg.) [1950a], Geschichte der Stadt Dillingen a. d. Donau und ihres Gymnasiums, 1550-1950. Festschrift zur Feier des vierhundertjährigen Bestehens des Gymnasiums Dillingen an der Donau, [Dillingen] 1950.

Anon. (Hg.) [1950b], Gymnasium Fridericianum, Festschrift zur Feier des zweihundertjährigen Bestehens des Humanistischen Gymnasiums Erlangen (1745-1945), Erlangen 1950.

Anon. (Hg.) [1950c], Stadt und Universität Dillingen. Zwei Festvorträge, Dillingen 1950.

Anon. (Hg.), Dreihundert Jahre Institut der allerseligsten Jungfrau Maria, Augsburg 1662-1962, Aichach 1962.

Anon. (Hg.) [1976], Melanchthon-Gymnasium [zu Nürnberg], humanistisches Gymnasium, 450. Schuljahr. Festschrift, Nürnberg 1976.

Anon. [Gymnasium bei St. Anna] (Hg.), Eine Augsburger Schule im Wandel der Zeit. Das Gymnasium bei St. Anna. Begleitbuch zur gleichnamigen Ausstellung vom 8.11.2000 bis 7.12.2000, Augsburg [2000].

Asche, Matthias, Peregrinatio academica in Europa im konfessionellen Zeitalter. Bestandsaufnahme eines unübersichtlichen Forschungsfeldes und Versuch einer Interpretation unter migrationsgeschichtlichen Aspekten, in: Jahrbuch für Europäische Geschichte 6 (2005), S. 3-33.

Asserate, Asfa-Wossen, Manieren, Frankfurt a.M. 2003, [8]2004.

Atwood, Rodney, The Hessians: Mercenaries from Hessen-Kassel in the American Revolution, Cambridge u.a. 1980.

Auerbach, Inge, Die Hessen in Amerika 1776–1783, Darmstadt u.a. 1996.

Auroux, Sylvain/Calvet, Louis Jean, De la phonétique à l'apprentissage de la lecture. La théorie des sons du langage au XVIIIe siècle, in: La Linguistique 9/1 (1973), S. 71-88.

Auroux, Sylvain, Notes sur le progrès de la phonetique au XVIIIe siècle, in: Ders. (Hg.), Histoire des idées linguistiques, Bd. 2, Brüssel 1992, S. 598-606.

Auroux, Sylvain/Koerner, E.F.K./Niederehe, Hans-Josef/Versteegh, Kees (Hg.), History of the Language Sciences, Geschichte der Sprachwissenschaften, Histoire des sciences du langage. An International Handbook on the Evolution of the Study of Languages from the Beginnings to the Present, Bd. 1, Berlin – New York 2000.

Baader, Berndt Ph., Der bayerische Renaissancehof Herzog Wilhelms V. (1568–1579). Ein Beitrag zur bayerischen und deutschen Kulturgeschichte des 16. Jahrhunderts, Leipzig – Straßburg 1943.

Babel, Rainer/Paravicini, Werner (Hg.), Grand Tour. Adeliges Reisen und europäische Kultur vom 14. bis zum 18. Jahrhundert. Akten der internationalen Kolloquien in der Villa Vigoni 1999 und im Deutschen Historischen Institut Paris 2000 (Beihefte der Francia, Bd. 60), Ostfildern 2005.

Babel, Rainer, Deutschland und Frankreich im Zeichen der habsburgischen Universalmonarchie 1500–1648, Darmstadt 2006.

Babinger, Franz, Die türkischen Studien in Europa bis zum Auftreten Josef von Hammer-Purgstalls, in: Die Welt des Islam 7 (1919), S. 103-129.

Bach, Max, Paul Jenisch und seine Stammbücher, in: Zeitschrift für Bücherfreunde 9/6 (1905), S. 221-226.

Backmann, Sibylle, Italienische Kaufleute in Augsburg 1550–1650, in: Johannes Burkhardt (Hg.), Augsburger Handelshäuser im Wandel des historischen Urteils (Colloquia Augustana, Bd. 3), Berlin 1995, S. 224-240.

Backmann, Sibylle, Kunstagenten oder Kaufleute? Die Firma Ott im Kunsthandel zwischen Oberdeutschland und Venedig (1550–1650), in: Klaus Bergdolt/Jochen Brüning (Hg.), Kunst und ihre Auftraggeber im 16. Jahrhundert. Venedig und Augsburg im Vergleich, Berlin 1997, S. 175–197.

Badalo-Dulong, Claude, Banquier du Roi. Barthélemy Hervart, 1606–1676, Paris 1951.

Baer, Wolfram/Hecker, Hans Joachim (Hg.), Die Jesuiten und ihre Schule St. Salvator in Augsburg 1582, München – Augsburg 1982.

Bartel, Klaus J., German and the Germans at the Time of the American Revolution, in: The Modern Language Journal 60 (1976), S. 96-100.

Bartelmeß, Albert, Die Patrizierfamilie Tucher im 17. und 18. Jahrhundert, in: Mitteilungen des Vereins für die Geschichte der Stadt Nürnberg 77 (1990), S. 223-243.

Basler, Franz, Russischunterricht in drei Jahrhunderten, Ein Beitrag zur Geschichte des Russisch-unterrichts an deutschen Schulen, Berlin – Wiesbaden 1987.

Bastl, Beatrix, Das Tagebuch des Philipp Eduard Fugger (1560–1569) als Quelle zur Fuggerge-schichte (Studien zur Fuggergeschichte, Bd. 30), Tübingen 1987.

Bátori, Ingrid, Paul von Stetten der Jüngere. Augsburger Staatsmann in schwieriger Zeit, in: Zeitschrift des Historischen Vereins für Schwaben 77 (1983), S. 103-124.

Battafarano, Italo Michele (Hg.), Georg Philipp Harsdörffer. Ein deutscher Dichter und europäischer Gelehrter (IRIS, Bd. 1), Bern 1991.

Battafarano, Italo Michele, Vom Dolmetschen als Vermittlung und Auslegung. Der Nürnberger Georg Philipp Harsdörffer, ein Sohn Europas, in: John Roger Paas (Hg.), Der Franken Rom. Nürnbergs Blütezeit in der zweiten Hälfte des 17. Jahrhunderts, Wiesbaden 1995, S. 196-212.

Battafarano, Italo Michele, Übersetzen und Vermitteln im Barock im Zeichen der kulturellen Angleichung und Irenik. Opitz, Harsdörffer, Hoffmannswaldau, Knorr von Rosenroth, in: Morgen-Glantz 6 (1998), S. 13-61.

Bauer, Ludwig, Magister Peter Meiderlin, Ephorus des Kollegiums bei St. Anna von 1612 bis 1650. Beitrag zur Geschichte des Kollegiums im Dreißigjährigen Krieg, Schulprogramm, Augsburg 1906.

Bauer, Lothar, Die italienischen Kaufleute und ihre Stellung im protestantischen Nürnberg am Ende des 16. Jahrhunderts (Zu einem Bericht an die Kurie vom Jahre 1593), in: Jahrbuch für fränkische Landesforschung 22 (1962), S. 1-18.

Bauernfeind, Walter, Marktinformationen und Personalentwicklung einer Nürnberger Handelsgesellschaft im 16. Jahrhundert. Das Briefarchiv von Anthoni und Linhart Tucher in der Zeit von 1508 bis 1566, in: Angelika Westermann/Stefanie von Welser (Hg.), Beschaffungs- und Absatzmärkte oberdeutscher Firmen im Zeitalter der Welser und Fugger, Husum 2011, S. 23-60.

Baugh, Albert C., A History of the English Language, London 1951.

Baumann, Hasso, Zur Geschichte der für Deutsche gedruckten Lehrwerke des Russischen (1731–1945), 2 Bde. [masch. Habilitationsschrift Univ. Jena], Jena 1969.

Beck, Christoph, Die neueren Sprachen in den Markgrafenländern Ansbach und Bayreuth, in: Zeitschrift für neusprachlichen Unterricht 9 (1910), S. 1-19.

Beck, Christoph, Die Neueren Sprachen in der Reichsstadt Nürnberg, in: Zeitschrift für neusprachlichen Unterricht 13 (1914), S. 385-393

Beck, Sebastian, Neupersische Konversationsgrammatik. Mit zahlreichen Schrifttafeln und Texten in den wichtigsten persischen Schriftarten, einer Lichtdrucktafel mit Münzen und Banknoten, einer Sammlung von Dokumenten und Briefen, darunter ein Ferman in Vierfarbendruck, [o. O.] 1914.

Beer, Mathias, Das Verhältnis zwischen Eltern und ihren jugendlichen Kindern im spätmittelalterlichen Nürnberg, in: Mitteilungen des Vereins für die Geschichte der Stadt Nürnberg 77 (1990), S. 91-153.

Beer, Mathias, Migration, Kommunikation und Jugend. Studenten und Kaufmannslehrlinge der Frühen Neuzeit in ihren Briefen, in: Archiv für Kulturgeschichte 88 (2006), S. 355-387.

Behringer, Wolfgang, Fugger und Taxis. Der Anteil Augsburger Kaufleute an der Entstehung des europäischen Kommunikationssystems, in: Johannes Burkhardt (Hg.), Augsburger Handelshäuser im Wandel des historischen Urteils (Colloquia Augustana, Bd. 3), Berlin 1996, S. 241-248.

Behringer, Wolfgang, Im Zeichen des Merkur. Reichspost und Kommunikationsrevolution in der Frühen Neuzeit, Göttingen 2003.

Belzyt, Leszek, Nürnberger Kaufleute, Handwerker und Künstler in Krakau, in: Helmut Neuhaus (Hg.), Nürnberg. Eine europäische Stadt in Mittelalter und Neuzeit (Nürnberger Forschungen, Bd. 29), Nürnberg 2000, S. 249-261.

Bencard, Mogens, Nürnberg and Denmark, in: Anzeiger des Germanischen Nationalmuseums 2002, S. 154-163.

Benzing, Josef, Die Stuchsdruckerei zu Nürnberg im Dienst der Reformation, in: Archiv für Geschichte des Buchwesens 4 (1963), Sp. 1585-1592.

Bepler, Jill, Augsburg – England – Wolfenbüttel. Die Karriere des Reisehofmeisters Hieronymus Hainhofer, in: Jochen Brüning/Johannes Janota (Hg.), Augsburg in der Frühen Neuzeit. Beiträge zu einem Forschungsprogramm (Colloquia Augustana, Bd. 1), Berlin 1995, S. 119-139.

Bergdolt, Klaus, Deutsche in Venedig. Von den Kaisern des Mittelalters bis zu Thomas Mann, Darmstadt 2011.

Bernecker, Walther L., Nürnberg und die überseeische Expansion im 16. Jahrhundert, in: Helmut Neuhaus (Hg.), Nürnberg. Eine europäische Stadt in Mittelalter und Neuzeit (Nürnberger Forschungen, Bd. 29), Nürnberg 2000, S. 185-218.

Berns, Jörg Jochen, Peregrinatio academica und Kavalierstour. Bildungsreisen junger Deutscher in der Frühen Neuzeit, in: Conrad Wiedemann (Hg.), Rom – Paris – London. Erfahrung und Selbsterfahrung deutscher Schriftsteller und Künstler in den fremden Metropolen. Ein Symposium, Stuttgart 1988, S. 155-181.

Besch, Werner, Duzen, Siezen, Titulieren. Zur Anrede im Deutschen heute und gestern, Göttingen ²1998.

Bezzel, Irmgard, Bartholomäus May (ca. 1515–1576) aus Bern, ein Sammler spanischer Drucke, in: Iberoromania 1 (1969), S. 235-243.

Bierbach, Mechtild, Wörterbücher und der Unterricht des Französischen als Fremdsprache im 16. Jahrhundert, in: Werner Hüllen/Friederike Klippel (Hg.), Heilige und profane Sprachen. Holy and profane Languages. Die Anfänge des Fremdsprachenunterrichts im westlichen Europa. The Beginnings of Foreign Language Teaching in Western Europe (Wolfenbütteler Forschungen, Bd. 98), Wiesbaden 2002, S. 141-173.

Bingen, Nicole, Le maître italien (1510–1660). Bibliographie des ouvrages d'enseignement de la langue italienne destinés au public de langue française suivie d'un répertoire des ouvrages bilingues imprimés dans les pays de langue française, Brüssel [1987].

Birnbaum, Marianna D., The Fuggers, Hans Dernschwam, and the Ottoman Empire, in: Südost-Forschungen 50 (1991), S. 119-144.

Bischoff, Bernhard, The Study of Foreign Languages in the Middle Ages, in: Speculum 36 (1961), S. 209-224.

Blackall, Max, The Parnassus Boicus and the German Language, in: German Life and Letters 7 (1953/54), S. 98-108.

Blättner, Fritz, Das Gymnasium. Aufgaben der höheren Schule in Geschichte und Gegenwart, Heidelberg 1960.

Blastenbrei, Peter, Johann Christoph Wagenseil und seine Stellung zum Judentum, Erlangen 2004.

Blekastad, Milada, Comenius. Versuch eines Umrisses von Leben, Werk und Schicksal des Jan Amos Komenský, Oslo 1969.

Bobzin, Hartmut, Geschichte der arabischen Philologie in Europa bis zum Ausgang des achtzehnten Jahrhunderts, in: Wolfdietrich Fischer (Hg.), Grundriss der Arabischen Philologie, Bd. 3, Supplement, Wiesbaden 1992, S. 155-187.

Bog, Ingomar, Oberdeutsche Kaufleute zu Lyon 1650–1700. Materialien zur Geschichte des oberdeutschen Handels mit Frankreich, in: Jahrbuch für fränkische Landesforschung 22 (1962), S. 19-65.

Boehne, Woldemar, Die Erziehung der Kinder Ernst des Frommen von Gotha, Schulprogramm, Chemnitz 1887.

Böninger, Lorenz, Die deutsche Einwanderung nach Florenz im Spätmittelalter (The Medieval Mediterranean. Peoples, Economics and Cultures 400–1500, Bd. 60), Leiden – Boston 2006.

Böttcher, Irmgard, Der Nürnberger Georg Philipp Harsdörffer, in: Harald Steinhagen/Benno von Wiese (Hg.), Deutsche Dichter des 17. Jahrhunderts. Ihr Leben und Werk, Berlin 1984, S. 289-346.

Bohnenberger, Alfred, Über die Ostgrenze des Alemannischen. Tatsächliches und Grundsätzliches. Abdruck aus den „Beiträgen zur Geschichte der deutschen Sprache und Literatur", Bd. 52, Halle/Saale 1928.

Boldt, Frank (Hg.), Jan Amos Comenius und die Entwicklung des Bildungswesens in Mitteleuropa seit dem 17. Jahrhundert. Beiträge der internationalen wissenschaftlichen Konferenz an der Bremer Universität vom 11. bis 13. November 1991, Prag 1993.

Borst, Arno, Der Turmbau von Babel. Geschichte der Meinungen über Ursprung und Vielfalt der Sprachen und Völker, 6 Bde., Stuttgart 1957–1963.

Boselli, A., I due primi vocabolari a stampa delle lingue italiana e tedesca. Nota bibliographica, in: Gutenberg-Jahrbuch 1937, S. 79-84.

Brandes, Friedrich H., Die reformierte Kirche in Göttingen (Geschichtsblätter des Deutschen Hugenotten-Vereins, Zehnt 2, Heft 9), Magdeburg 1894.

Braun, Placidus, Geschichte des Kollegiums der Jesuiten in Augsburg, München 1822.

Braunstein, Philippe, Wirtschaftliche Beziehungen zwischen Nürnberg und Italien im Spätmittelalter, in: Beiträge zur Wirtschaftsgeschichte Nürnbergs, Nürnberg 1967, Bd. 1, S. 377–406.

Bray, Laurent, La lexicographie bilingue italien-allemand, allemand-italien du dix-septième siècle, in: Internationel Journal of Linguistics 1/4 (1988), S. 313-342.

Bray, Laurent (Hg.), Archiv der Europäischen Lexikographie 2/4, Erlangen 1992.

Bray, Laurent, Matthias Kramer et la lexicographie du français en Allemagne au XVIIIᵉ siècle. Avec une édition des textes métalexicographiques de Kramer, Tübingen 2000.

Bredella, Lothar/Meißner, Franz Josef (Hg.), Lehren und Lernen fremder Sprachen zwischen Globalisierung und Regionalisierung. Symposium zum 70. Geburtstag von Herbert Christ, Tübingen 2001.

Breitwieser, W./Reindl, H., Die ersten fünfzig Jahre, 1526–1576 [des Melanchthon-Gymnasiums zu Nürnberg], in: Anon. (Hg.), Melanchthon-Gymnasium [zu Nürnberg], humanistisches Gymnasium, 450. Schuljahr. Festschrift, Nürnberg [1976], S. 33-38.

Brekle, Herbert u.a., Bio-bibliographisches Handbuch zur Sprachwissenschaft des 18. Jahrhunderts. Die Grammatiker, Lexikographen und Sprachtheoretiker des deutschsprachigen Raums mit Beschreibungen ihrer Werke, 8 Bde., Tübingen 1992–2005.

Brenner, Oskar, Italienisch-deutsche Vokabulare des XV. und XVI. Jahrhunderts, in: Germania, Vierteljahresschrift für deutsche Altertumskunde 31 (1886), S. 129-136.

Brenner, Oskar, Ein altes italienisch-deutsches Sprachbuch. Ein Beitrag zur Mundartenkunde des 15. Jahrhunderts, in: Bayerns Mundarten. Beiträge zur deutschen Sprach- und Volkskunde 2 (1895), S. 384-444.

Brésard, Marc, Les foires de Lyon aux XVe et XVIe siècles, Paris 1914.

Briesemeister, Dietrich, Die „Institutiones in linguam hispanicam" (Köln 1614) des Heinrich Doergang(k), in: Konrad Schröder (Hg.), Fremdsprachenunterricht 1500–1800. Vorträge gehalten anlässlich eines Arbeitsgesprächs vom 16. bis 19. Oktober 1988 in der Herzog August Bibliothek Wolfenbüttel (Wolfenbütteler Forschungen, Bd. 52), Wiesbaden 1992, S. 29-41.

Bruchhäuser, Hanns-Peter, Kaufmannsbildung im Mittelalter. Determinanten des Curriculums deutscher Kaufleute im Spiegel der Formalisierung von Qualifizierungsprozessen (Dissertationen zur Pädagogik, Bd. 3), Köln – Wien 1989.

Bruchhäuser, Hanns-Peter, Die Berufsbildung deutscher Kaufleute bis zur Mitte des 16. Jahrhunderts, in: Alwin Hanschmidt/Hans-Ulrich Musolff (Hg.), Elementarbildung und Berufsausbildung 1450–1750 (Beiträge zur historischen Bildungsforschung, Bd. 31), Köln –Weimar – Wien 2005, S. 95-107.

Brüggemann, Theodor/Brunken, Otto/Barth, Susanne u.a. (Hg.), Handbuch zur Kinder- und Jugendliteratur von 1570 bis 1750, Stuttgart 1991.

Brümmer, Franz, Riederer, Johann Friedrich, in: Allgemeine deutsche Biographie, Bd. 28, Leipzig 1889, S. 530.

Buck, August, Enea Silvio Piccolomini und Nürnberg, in: Otto Herding/Gerhard Hirschmann/Fritz Schnellbögel (Hg.), Albrecht Dürers Umwelt. Festschrift zum 500. Geburtstag Albrecht Dürers am 21. Mai 1971, Nürnberg 1971, S. 20-28.

Budziak, Renata, Deutsch als Fremdsprache in Polen. Sprachlehrbücher aus dem 16. bis 18. Jahrhundert (Fremdsprachen in Geschichte und Gegenwart, Bd. 9), Wiesbaden 2010.

Burghard, Verena: „Wovon das Loos des weiblichen Geschlechts abhängt." Die fremdsprachliche Frauenbildung im Augsburg der Frühen Neuzeit (1500–1810), [ungedr. Zulassungsarbeit], Augsburg [o.J.] [2010].

Burke, Peter, Wörter machen Leute. Gesellschaft und Sprachen im Europa der frühen Neuzeit, Berlin 2006.

Burkhardt, Johannes, Das Reformationsjahrhundert. Deutsche Geschichte zwischen Medienrevolution und Institutionenbildung 1517–1617, Stuttgart 2002.

Cardoso, Simão, Historiografia gramatical (1500–1920). Lingua Portuguesa – Autores Portugueses, Porto 1994.

Cavalieri, Paolo, Augsburg e la Repubblica di Venezia: rapporti economici e scambi culturali in età moderna, in: Wolfgang Wüst/Peter Fassl/Rainhard Riepertinger (Hg.), Schwaben und Italien. Zwei europäische Kulturlandschaften zwischen Antike und Moderne. Aufsätze zur Bayerischen Landesausstellung 2010 „Bayern – Italien" in Füssen und Augsburg (Zeitschrift des Historischen Vereins für Schwaben, Bd. 102), Augsburg 2010, S. 267-291.

Chino, Elisabetta, Johann Franz Neidinger, ein Nürnberger Medailleur des 17. Jahrhunderts in Venedig, in: Anzeiger des Germanischen Nationalmuseums 2002, S. 310-317.

Christ, Herbert/Coste, Daniel (Hg.), Contributions à l'histoire de l'enseignement du français. Actes de la section 3 du Romanistentag d'Aix-la-Chapelle du 27 au 29 septembre 1989 (Gießener Beiträge zur Fremdsprachendidaktik), Tübingen 1990.

Christmann, Hans Helmut, Italienische Sprache und Italianistik in Deutschland vom 15. Jahrhundert bis zur Goethezeit, in: Konrad Schröder (Hg.), Fremdsprachenunterricht 1500–1800. Vorträge gehalten anlässlich eines Arbeitsgesprächs vom 16. bis 19. Oktober 1988 in der Herzog August Bibliothek Wolfenbüttel (Wolfenbütteler Forschungen, Bd. 52), Wiesbaden 1992, S. 43-55.

Claes, Frans M., Bibliographisches Verzeichnis der deutschen Vokabulare und Wörterbücher, gedruckt bis 1600, Hildesheim 1977.

Conrads, Norbert, Ritterakademien der frühen Neuzeit. Bildung als Standesprivileg im 16. und 17. Jahrhundert (Schriftenreihe der Historischen Kommission bei der Bayerischen Akademie der Wissenschaften, Bd. 21), Göttingen 1982.

Cortelazzo, Manlio, La ricerca dialettale, 3 Bde., Pisa 1975–1981.

Dahmen, Wolfgang u.a. (Hg.), Zur Geschichte der Grammatiken romanischer Sprachen. Romanistisches Kolloquium IV (Tübinger Beiträge zur Linguistik, Bd. 357), Tübingen 1991.

Dahmen, Wolfgang u.a. (Hg.), Das Französische in den deutschsprachigen Ländern. Romanistisches Kolloquium VII (Tübinger Beiträge zur Linguistik, Bd. 371), Tübingen 1993.

Dahmen, Wolfgang u.a. (Hg.), „Gebrauchsgrammatik" und „Gelehrte Grammatik". Französische Sprachlehre und Grammatikographie zwischen Maas und Rhein vom 16. bis 19. Jahrhundert, Romanistisches Kolloquium XV (Tübinger Beiträge zur Linguistik, Bd. 454), Tübingen 2001.

Dalhede, Christina, Zum europäischen Ochsenhandel. Das Beispiel Augsburg 1560 und 1578, St. Katharinen 1992.

Dalhede, Christina, Augsburg und Schweden in der Frühen Neuzeit. Europäische Beziehungen und soziale Verflechtungen. Studien zu Konfession, Handel und Bergbau, 2 Bde., St. Katharinen 1998.

Dannenfeldt, Karl H., Leonhard Rauwolf. Sixteenth-Century Physician, Botanist, and Traveller, Cambridge/Mass. 1968.

Denzel, Markus A., Professionalisierung und sozialer Aufstieg bei oberdeutschen Kaufleuten und Faktoren im 16. Jahrhundert, in: Günther Schulz (Hg.), Sozialer Aufstieg. Funktionseliten im Spätmittelalter und in der frühen Neuzeit. Büdinger Gespräche 2000–2001, München 2002, S. 413-442.

Denzel, Markus A., Der Nürnberger Banco Publico, seine Kaufleute und ihr Zahlungsverkehr (1621–1827) (VSWG Beiheft 217), Stuttgart 2012.

Denzer, Jörg, Die Konquista der Augsburger Welser-Gesellschaft in Südamerika 1528–1556. Historische Rekonstruktion, Historiografie und lokale Erinnerungskultur in Kolumbien und Venezuela (Schriftenreihe zur Zeitschrift für Unternehmensgeschichte, Bd. 15), München 2005.

Deuerlein, Ernst Georg, Geschichte der Universität Erlangen in zeitlicher Übersicht, Erlangen 1927.

Deuerlein, Ernst Georg, Gymnasium Illustre Erlangense (1745–1945), in: Anon. (Hg.), Gymnasium Fridericianum, Festschrift zur Feier des zweihundertjährigen Bestehens des Humanistischen Gymnasiums Erlangen (1745–1945), Erlangen 1950, S. 1-196.

De Vooys, Cornelis Gerit Nicolaas, Matthias Kramer als grammaticus en lexicograaf, In: De Nieuwe Taalgids 37 (1943), S. 33-41. Wieder abgedruckt in: Ders. (Hg.), Verzamelde taalkundige opstellen. Derde bundel, Groningen 1947, S. 259-267.

Diefenbacher, Michael, Handel im Wandel. Die Handels- und Wirtschaftsmetropole Nürnberg in der frühen Neuzeit (1550–1630), in: Bernhard Kirchgässner/Hans-Peter Becht (Hg.), Stadt und Handel. 32. Arbeitstagung in Schwäbisch Hall 1993 (Stadt in der Geschichte, Bd. 22), Sigmaringen 1995, S. 63-81.

Diefenbacher, Michael, Die Tucherisch Compagnia. Ein Nürnberger Handelshaus um 1500, in: Hans-Peter Becht/Jörg Schadt (Hg.), Wirtschaft – Gesellschaft – Städte. Festschrift für Bernhard Kirchgässner zum 75. Geburtstag, Ubstadt-Weiher 1998, S. 79-93.

Diefenbacher, Michael, „Je lenger, je unfleysiger". Sebald X. Tucher und die Niederlassungen der Tucherschen Handelsgesellschaft in Genf und Lyon in der ersten Hälfte des 16. Jahrhunderts, in: Axel Gotthard u.a. (Hg.), Studien zur politischen Kultur Alteuropas. Festschrift für Helmut Neuhaus zum 65. Geburtstag, Berlin 2009, S. 359-402.

Diekmann, Heiko, Lockruf der Neuen Welt. Deutschsprachige Werbeschriften für die Auswanderung nach Nordamerika von 1680 bis 1760, Göttingen 2005.

Diemer, Dorothea, Hans Fugger und die Kunst, in: Johannes Burkhardt/Franz Karg (Hg.), Die Welt des Hans Fugger (1531–1598) (Materialien zur Geschichte der Fugger, Bd. 1), Augsburg 2008, S. 165-176.

Dieterich, Veit-Jakobus, Johann Amos Comenius, Reinbek 1991.

Dinges, Martin, Die Ehre als Thema der Stadtgeschichte. Eine Semantik im Übergang vom Ancien Régime zur Moderne, in: Zeitschrift für Historische Forschung 16 (1989), S. 409-440.

Dinges, Martin, Ehrenhändel als „Kommunikative Gattungen". Kultureller Wandel und Volkskulturbegriff, in: Archiv für Kulturgeschichte 75 (1993), S. 359-393.

Dobson, Eric John, English Pronunciation 1500–1700, 2 Bde., Oxford 1957.

Doff, Sabine, Englischlernen zwischen Tradition und Innovation. Fremdsprachenunterricht für Mädchen im 19. Jahrhundert, München 2002.

Domka, Nicole/Raffel, Eva/Brinkhus, Gerd (Hg.), „In ewiger Freundschaft". Stammbücher aus Wiemar und Tübingen, Tübingen 2009.

Dorfeld, Karl, Beiträge zur Geschichte des französischen Unterrichts in Deutschland (Beilage zum Programm des Großherzoglichen Gymnasiums in Gießen), Gießen 1892.

Dos Santos Lopes, Marília, Afrika. Eine neue Welt in deutschen Schriften des 16. und 17. Jahrhunderts, Stuttgart 1991.

Dotzauer, Winfried, Deutsche Studenten an der Universität Bourges. Album et liber amicorum, Meisenheim am Glan 1971.

Dotzauer, Winfried, Deutsches Studium und deutsche Studenten an europäischen Hochschulen (Frankreich, Italien) und die nachfolgende Tätigkeit in Stadt, Kirche und Territorium in Deutschland, in: Erich Maschke/Jürgen Sydow (Hg.), Stadt und Universität im Mittelalter und in der früheren Neuzeit, Sigmaringen 1977, S. 112-141.

Düwell, Henning, Beispiele für adressatenspezifisches Lehren und Lernen der französischen Sprache im 17. und 18. Jahrhundert, in: Wolfgang Dahmen u.a. (Hg.), „Gebrauchsgrammatik" und „Gelehrte Grammatik". Französische Sprachlehre und Grammatikographie zwischen Maas und Rhein vom 16. bis zum 19. Jahrhundert (Tübinger Beiträge zur Linguistik, Bd. 454), Tübingen 2001, S. 287-303.

Dulong, Claude, Mazarin et l'argent. Banquiers et prête-noms, Paris 2002.

Ebel, Wilhelm, Catalogus Professorum Goettingensium, 1734–1962, Göttingen 1962.

Eberl, Hildegard, Sprachschichten und Sprachbewegungen im Nürnberger Raum vom Hochmittelalter bis zur Gegenwart [Diss. masch. Univ. Graz], Graz 1944.

Ebneth, Bernhard, Pirckheimer, Willibald, in: Neue deutsche Biographie, Bd. 20, Berlin 2001, S. 475f.

Edelmayer, Friedrich, Söldner und Pensionäre. Das Netzwerk Philipps II. im Heiligen Römischen Reich, Wien – München 2002.

Ehlich, Konrad, Transnationale Germanistik, München 2007.

Ehrenberg, Richard, Das Zeitalter der Fugger. Geldkapital und Creditverkehr im 16. Jahrhundert, 2 Bde., Jena 1896.

Eichhorn-Eugen, Klaus, Geschichte des englischen Sprachunterrichtes (Sprachmeister seit 1700) und der englischen Philologie an der Universität Jena bis zur Gründung des Extraordinariats für deutsche und englische Philologie (1884). Nebst einer Übersicht der Vertreter der englischen Philologie an der Universität Jena von 1884 bis 1957 [Diss. masch. Univ. Jena], Jena 1957.

Eiselen, Friedrich, Geschichte des deutschen Schulwesens in Frankfurt am Main bis zur Gründung der Musterschule; die ersten Jahre dieser Anstalt selbst und ihre beiden ersten Oberlehrer. Festschrift zur Eröffnung des neuen Gebäudes der Musterschule am 11. Oktober 1880, Frankfurt a.M. 1880.

Elspaß, Stephan/Negele, Michaela (Hg.), Sprachvariation und Sprachwandel in der Stadt der frühen Neuzeit, Heidelberg 2011.

Elvert, Christian de, Geschichte der Studien-, Schul- und Erziehungs-Anstalten in Mähren und Österreichisch Schlesien, insbesondere der Olmützer Universität, in der neueren Zeit (Schriften der historisch-statistischen Sektion der mährischen Gesellschaft zur Beförderung des Ackerbaus, der Natur- und Landeskunde, Bd. 10), Brünn 1857.

Emery, Luigi [1947a], Vecchi manuali italo-tedeschi. Catherin Ledoux Maestro d'Italiano, in: Lingua Nostra 8 (1947), S. 8-12.

Emery, Luigi [1947b], Vecchi manuali italo-tedeschi. Il ‚vochabuolista' – il Berlaimont – la ‚Ianua Linguarum', in: Lingua Nostra 8 (1947), S. 35-39.

Emery, Luigi, Vecchi manuali italo-tedeschi: Matthias Kramer, in: Lingua Nostra 8 (1948), S. 18-21.

Endres, Rudolf, Nürnberger Bildungswesen zur Zeit der Reformation, in: Mitteilungen des Vereins für die Geschichte der Stadt Nürnberg 71 (1984), S. 109-128.

Endres, Rudolf, Nürnberg in der Frühneuzeit, in: Kersten Krüger (Hg.) Europäische Städte im Zeitalter des Barock. Gestalt – Kultur – Sozialgefüge (Städteforschung, Reihe A, Bd. 34), Köln – Wien 1988, S. 141-167.

Engelhardt, Johann Georg Veit, Die Universität Erlangen von 1743 bis 1843. Zum Jubiläum der Universität 1843, Erlangen 1843.

Ernstberger, Anton, Nürnberger Patrizier- und Geschlechtersöhne auf ihrer Bildungsreise durch Frankreich 1608–1610, in: Mitteilungen des Vereins für die Geschichte der Stadt Nürnberg 43 (1952), S. 341-360.

Ernstberger, Anton, London und England im Jahre 1611. Ein Reisebericht des Nürnberger Jungpatriziers Hans Wilhelm I. Kreß von Kressenstein, in: Jahrbuch für fränkische Landesforschung 23 (1963), S. 139-153.

Ernstberger, Anton, Die Reise des Nürnberger Patriziers Karl Nützel von Sündersbühl ins Heilige Land 1586, in: Archiv für Kulturgeschichte 46 (1964), S. 28-96.

Espagne, Michel, Les tranferts culturels franco-allemands, Paris 1999.

Espagne, Michel/Werner, M., Deutsch-französischer Kulturtransfer im 18. und 19. Jahrhundert, in: Francia 13 (1985), S. 502-550.

Eybl, Franz M., Konfession und Buchwesen. Augsburgs Druck- und Handelsmonopol für katholische Predigtliteratur, insbesondere im 18. Jahrhundert, in: Helmut Gier/Johannes Janota (Hg.), Augsburger Buchdruck und Verlagswesen. Von den Anfängen bis zur Gegenwart, Wiesbaden 1997, S. 633-652.

Fabian, Bernhard, Englisch als neue Fremdsprache des 18. Jahrhunderts, in: Dieter Kimpel (Hg.), Mehrsprachigkeit in der deutschen Aufklärung (Studien zum achtzehnten Jahrhundert, Bd. 5), Hamburg 1985, S. 178-196.

Fabian, Bernhard/Gorzny, Willi, Deutsches biographisches Archiv. Eine Kumulation aus 254 der wichtigsten biographischen Nachschlagewerke für den deutschen Bereich bis zum Ausgang des 19. Jahrhunderts, Microfiche-Edition, München u.a. 1982ff.

Fassl, Peter, Konfession, Wirtschaft und Politik. Von der Reichsstadt zur Industriestadt, Augsburg 1750–1850 (Abhandlungen zur Geschichte der Stadt Augsburg, Bd. 32), Sigmaringen 1988.

Ferber, Magnus Ulrich, „Scio multos te amicos habere". Wissensvermittlung und Wissenssicherung im Späthumanismus am Beispiel des Epistolariums Marx Welsers d.J. (1558–1614) (Documenta Augustana, Bd. 19), Augsburg 2008.

Fick, Johann Georg Christian, Über die Universität Erlangen und über das derselben inkorporierte Gymnasium, in: Allgemeines Jahrbuch der Universitäten, Gymnasien 1 (1798), S. 130-141, 319-339.

Fietz, Christoph, Prinzenunterricht im 16. und 17. Jahrhundert. Jahresbericht des Neustädter Realgymnasiums zu Dresden als Einladungsschrift zu den öffentlichen Prüfungen am 28. und 29. März 1887, Dresden 1887.

Fikenscher, Georg Wolfgang Augustin, Geschichte der Königlich Preußischen Friedrich-Alexanders-Universität zu Erlangen von ihrem Ursprung bis auf gegenwärtige Zeiten, Coburg 1795.

Fikenscher, Georg Wolfgang Augustin, Vollständige akademische Gelehrtengeschichte der Friedrich-Alexanders-Universität zu Erlangen, 3 Bde., Nürnberg 1806–1810.

Fikenscher, Carl Christian Christoph, Das Gymnasium in Nürnberg nach seinen Schicksalen und seinem gegenwärtigen Bestande nebst kurzen Charakteristika der berühmtesten Männer, die zu seiner Gründung beigetragen haben, beschrieben bei Gelegenheit der dreihundertjährigen Jubelfeier (Schulprogramm), Nürnberg 1826.

Finger, F. A., Johann Georg Büchner, französisch- und deutscher Schul-, Schreib- und Rechen-Meister zu Frankfurt am Main (Schulprogramm), Frankfurt a.M. 1855.

Fink, August, Die Schwarzschen Trachtenbücher, Berlin 1963.

Finkenstaedt, Thomas, You and Thou. Studien zur Anrede im Englischen (Mit einem Exkurs über die Anrede im Deutschen), Berlin 1963.

Finkenstaedt, Thomas, Auf der Suche nach dem Göttinger Ordinarius des Englischen Johannes Tompson (1697–1768), in: Konrad Schröder (Hg.), Fremdsprachenunterricht 1500–1800. Vorträge gehalten anlässlich eines Arbeitsgesprächs vom 16. bis 19. Oktober 1988 in der Herzog August Bibliothek Wolfenbüttel (Wolfenbütteler Forschungen, Bd. 52), Wiesbaden 1992, S. 57-74.

Fischer, Wolfdietrich (Hg.), Grundriss der Arabischen Philologie, Bd. 3, Supplement, Wiesbaden 1992.

Flechsig, Karl-Heinz, Die Entwicklung des Verständnisses der neusprachlichen Bildung in Deutschland [Diss. masch. Univ. Göttingen], Göttingen 1962.

Fleischmann, Peter, Rat und Patriziat in Nürnberg. Die Herrschaft der Ratsgeschlechter vom 13. bis zum 18. Jahrhundert (Nürnberger Forschungen, Bd. 31), 3 Bde., Neustadt a. d. Aisch 2007.

Fónagy, Iván, Die Metaphern in der Phonetik. Ein Beitrag zur Entwicklungsgeschichte des wissenschaftlichen Denkens, Den Haag 1963.

Fouquet, Gerhard, „Kaufleute auf Reisen". Sprachliche Verständigung im Europa des 14. und 15. Jahrhunderts, in: Rainer C. Schwinges/Christian Hesse/Peter Moraw (Hg.), Europa im späten Mittelalter. Politik – Gesellschaft – Kultur (Historische Zeitschrift, Beiheft 40), München 2006, S. 465-487.

François, Etienne, Die unsichtbare Grenze. Protestanten und Katholiken in Augsburg 1648–1806 (Abhandlungen zur Geschichte der Stadt Augsburg, Bd. 33), Sigmaringen 1991.

Frank, Horst-Joachim, Catharina Regina von Greiffenberg. Leben und Welt der barocken Dichterin, Göttingen 1967.

Franzbach, Martin, Die spanische Sprache in Deutschland im 18. Jahrhundert, in: Ders., Kritische Arbeiten zur Literatur- und Sozialgeschichte Spaniens, Frankreichs und Lateinamerikas, Bonn 1975, S. 25-41.

Freund, Sabine, Das vokalische Schreibsytem im Augsburger Kochbuch der Sabina Welserin aus dem Jahre 1553. Ein Beitrag zur Graphematik handschriftlicher Überlieferung des 16. Jahrhunderts, Heidelberg 1991.

Friedensburg, Walter von, Geschichte der Universität Wittenberg, Halle 1917.

Friedensburg, Walter von, Urkundenbuch der Universität Wittenberg, 2 Bde., Magdeburg 1926/1927.

Friederich, Christoph (Hg.), Vom Nutzen der Toleranz. 300 Jahre Hugenottenstadt Erlangen, Nürnberg 1986.

Friedrichsdorf, Joachim, Umkehr. Prophetie und Bildung bei Johann Amos Comenius, Idstein 1995.

Frijhoff, Willem, Grundlagen, in: Walter Rüegg (Hg.), Geschichte der Universität in Europa, Bd. 2, München 1996, S. 53-102.

Fuchs, Franz/Scharf, Rainer, Nürnberger Gesandte am Hof Kaiser Friedrichs III, in: Claudia Zey/ Claudia Märtl (Hg.), Aus der Frühzeit europäischer Diplomatie. Zum geistlichen und weltlichen Gesandtschaftswesen vom 12. bis zum 15. Jahrhundert, Zürich 2008, S. 301-319.

Fück, Johann, Die arabischen Studien in Europa bis in den Anfang des 20. Jahrhunderts, Leipzig 1955.

Fuhrmann, Manfred, Latein und Europa. Geschichte des gelehrten Unterrichts in Deutschland von Karl dem Großen bis Wilhelm II, Köln 2001.

Fujii, Akihiko, Günther Zainers druckersprachliche Leistung. Untersuchungen zur Augsburger Druckersprache im 15. Jh. (Studia Augustana, Bd. 15), Tübingen 2007.

Furger, Carmen, Briefsteller. Das Medium „Brief" im 17. und frühen 18. Jahrhundert, Köln u.a. 2010.

Furrer, Norbert/Hubler, Lucienne/Stubenvoll, Marianne/Tosato-Rigo, Daniele (Hg.), Gente ferocissima. Solddienst und Gesellschaft in der Schweiz (15.–19. Jahrhundert), Zürich 1997.

Gallina, Annamaria, Contributi alla storia della lessicografia italo-spagnola dei secoli XVI e XVII, Florenz 1959.

Ganz-Blättler, Ursula, „Und so schrieen sie in ihrer Sprache". Vom Umgang mit Fremdsprach(ig)en in spätmittelalterlichen Pilgerberichten, in: Das Mittelalter 2(1997), 93-100.

Garas, Klára, Die Fugger und die venezianische Kunst, in: Bernd Roeck/Klaus Bergdolt/Andrew John Martin (Hg.), Venedig und Oberdeutschland in der Renaissance. Beziehungen zwischen Kunst und Wirtschaft (Centro Tedesco di Studi Veneziani, Bd. 9), Sigmaringen 1993, S. 123-129.

Gascon, Richard, Grand commerce et vie urbaine au XVIe siècle. Lyon et ses marchands (environs de 1520 – environs de 1580), Paris 1971.

Gebhardt, August/Bremer, Otto, Grammatik der Nürnberger Mundart (Sammlung kurzer Grammatiken deutscher Mundarten, Bd. 7), Leipzig 1907.

Geffcken, Peter, Jakob Fuggers frühe Jahre, in: Martin Kluger/Wolfgang B. Kleiner (Hg.), Jakob Fugger (1459–1525). Sein Leben in Bildern, Augsburg 2009, S. 4-9.

Genthe, Hermann, Kurze Geschichte des Fürstlich Waldeckischen Landesgymnasiums Friedericianum zu Korbach. Ein Gedenkblatt zur dritten Säkularfeier desselben, Mengeringhausen 1879.

Geissler, Heinrich, Comenius und die Sprache (Pädagogische Forschungen. Veröffentlichungen des Comenius-Instituts, Bd. 10), Heidelberg 1959.

Geissler, Paul, Erhard Ratdolt, in: Wolfgang Zorn (Hg.), Lebensbilder aus dem Bayerischen Schwaben, München 1966, S. 97-153.

Gemmingen, Barbara von, Hulsius – Stoehr – Dhuez. Bemerkungen zur französisch-deutschen und deutsch-französischen Lexikographie in der ersten Hälfte des 17. Jahrhunderts, in: Herbert E. Wiegand (Hg.), Studien zur zweisprachigen Lexikographie mit Deutsch IV (Germanistische Linguistik 143/144, 1999), S. 81-110.

Gier, Helmut, Buchdruck und Verlagswesen in Augsburg vom Dreißigjährigen Krieg bis zum Ende der Reichsstadt, in: Helmut Gier/Johannes Janota (Hg.), Augsburger Buchdruck und Verlagswesen. Von den Anfängen bis zur Gegenwart, Wiesbaden 1997, S. 479-516.

Glaser, Elvira, Augsburger Schreibsprache, in: Gottlieb Gunther (Hg.), Geschichte der Stadt Augsburg von der Römerzeit bis zur Gegenwart, Stuttgart 1984, S. 357-362.

Glaser, Elvira, Graphische Studien zum Schreibsprachwandel vom 13. bis 16. Jahrhundert. Vergleich verschiedener Handschriften des Augsburger Stadtbuches, Heidelberg 1985.

Glockner, Marie, Lorenz Stauber (1486–1539). Nürnberger Kaufmann, Ritter und Agent König Heinrichs VIII. von England, in: Mitteilungen des Vereins für die Geschichte der Stadt Nürnberg 52 (1963/64), S. 163-231.

Glück, Helmut, Schrift und Schriftlichkeit, Stuttgart – Weimar 1987.

Glück, Helmut, Die Anfänge des DaF-Unterrichts. Deutsch als Fremdsprache im Mittelalter und in der frühen Neuzeit, in: Armin Wolff/Harald Tanzer (Hg.), Sprache – Kultur – Politik (Materialien Deutsch als Fremdsprache, Bd. 53), Regensburg 2000, S. 125-140 und in: Angelika Redder/Hartmut Kugler (Hg.), Euro-Deutsch. Kontroversen um die Deutschsprachigkeit im europäischen Mehrsprachenraum. Dokumentation der Tutzinger Tagung 1999 (Mitteilungen des Deutschen Germanistenverbandes, 47. Jg., H.2/3), Bielefeld 2000, S. 166-185.

Glück, Helmut (Hg.) [2002a], Die Volkssprachen als Lerngegenstand im Mittelalter und in der frühen Neuzeit. Akten des Bamberger Symposions am 18. und 19. Mai 2001 (Arbeiten zur Geschichte des Deutschen als Fremdsprache, Bd. 3), Berlin – New York 2002.

Glück, Helmut [2002b], Deutsch als Fremdsprache in Europa vom Mittelalter bis zur Barockzeit, Berlin – New York 2002.

Glück, Helmut, Rez. von Peter O. Müller, Deutsche Lexikographie des 16. Jahrhunderts. Konzeptionen und Funktionen frühneuzeitlicher Wörterbücher. Tübingen 2001, in: Neuphilologische Mitteilungen 105 (2004), S. 107-111.

Glück, Helmut [2006a], Georg von Nürnberg und der Wirtschaftsraum Mitteleuropa um 1400, in: Helmut Glück/Bettina Morcinek (Hg.), Ein Franke in Venedig. Das Sprachlehrbuch des Georg von Nürnberg (1424) und seine Folgen (Fremdsprachen in Geschichte und Gegenwart, Bd. 3), Wiesbaden 2006, S. 33-50.

Glück, Helmut [2006b], *Du* oder *Ihr* oder *Sie*. Anredekonventionen im Deutschen. Ein geschichtlicher Überblick, in: Irma Taavitsainen/Juhani Härmä/Jarmo Korhonen (Hg.), Dialogic Language Use. Dimensions du dialogisme. Dialogischer Sprachgebrauch (Mémoires de la Société Néophilologique de Helsinki, Bd. 66), Helsinki 2006, S. 159-171.

Glück, Helmut, Deutsch als Wissenschaftssprache (Schriften der Stiftung Deutsche Sprache, Bd. 1), Berlin 2008. Vorabdruck einer gekürzten Fassung in der F. A. Z., 15.4.2008 Vorabdruck einer gekürzten Fassung in den „Sprachnachrichten", Nr. 38, Juni 2008. Nachgedruckt in: OBST 74 (2008), S. 55-63. Nachgedruckt als Weihnachtsgabe 2008 des ABW Wissenschaftsverlages, Berlin. Nachgedruckt in: Glanzlichter der Wissenschaft 2008. Ein Almanach. Hg. vom Deutschen Hochschulverband, S. 37-43.

Glück, Helmut (Hg.), Metzler Lexikon Sprache (MLS). Stuttgart – Weimar [4]2010.

Glück, Helmut [2010a], Nürnberger Sprachmeister in der Frühen Neuzeit, in: Mark Häberlein/ Christian Kuhn (Hg.), Fremde Sprachen in frühneuzeitlichen Städten. Lernende, Lehrende und Lehrwerke (Fremdsprachen in Geschichte und Gegenwart, Bd. 7), Wiesbaden 2010, S. 135-148.

Glück, Helmut [2010b], Das Wort *Bastard* und seine Synonyme im europäischen Zusammenhang betrachtet, in: Andrea Bartl/Stephanie Catani (Hg.), Bastard. Figurationen des Hybriden zwischen Ausgrenzung und Entgrenzung, Würzburg 2010, S. 25-34.

Glück, Helmut/Klatte, Holger/Spačil, Vladimír/Spáčilová, Libuše: Deutsche Sprachbücher in Böhmen und Mähren vom 15. Jahrhundert bis 1918. Eine teilkommentierte Bibliographic (Dic Gcschichtc des Deutschen als Fremdsprache, Bd. 2), Berlin – New York 2002.

Glück, Helmut/Koch, Kristine, Du oder Sie? Anredekonventionen in Deutschland und anderen Ländern, in: Der Sprachdienst 42/1 (1998), S. 1-9.

Glück, Helmut/Morcinek, Bettina (Hg.), Ein Franke in Venedig. Das Sprachlehrbuch des Georg von Nürnberg (1424) und seine Folgen (Fremdsprachen in Geschichte und Gegenwart, Bd. 3), Wiesbaden 2006.

Glück, Helmut/Pörzgen, Yvonne: Deutschlernen in Russland und in den baltischen Ländern vom 17. Jahrhundert bis 1941. Eine teilkommentierte Bibliographie (Fremdsprachen in Geschichte und Gegenwart, Bd. 6), Wiesbaden 2009.

Glück, Helmut/Sauer, Wolfgang Werner, Gegenwartsdeutsch, Stuttgart – Weimar [2]1997.

Glück, Helmut/Schröder, Konrad (Hg.), Deutsche Sprachbücher in Polen vom 15. Jahrhundert bis 1918. Eine teilkommentierte Bibliographie, bearbeitet von Yvonne Pörzgen und Marcelina Tkocz (Fremdsprachen in Geschichte und Gegenwart, Bd. 2), Wiesbaden 2007.

Glück, Helmut/Spáčilová, Libuše, Einleitung, in: Helmut Glück/Holger Klatte/Vladimír Spačil/Libuše Spáčilová (Hg.), Deutsche Sprachbücher in Böhmen und Mähren vom 15. Jahrhundert bis 1918. Eine teilkommentierte Bibliographie (Die Geschichte des Deutschen als Fremdsprache, Bd. 2), Berlin - New York 2002, S. VII-XV.

Gneuss, Helmut, Ælfrics Grammatik und Glossar. Sprachwissenschaft um die Jahrtausendwende in England, in: Werner Hüllen/Friederike Klippel (Hg.), Sprachen der Bildung – Bildung durch Sprachen im Deutschland des 18. und 19. Jahrhunderts (Wolfenbütteler Forschungen, Bd. 107), Wiesbaden 2005, S. 77-92.

Gömmel, Rainer, Die Vermittlerrolle Nürnbergs zwischen Italien und Deutschland vom Spätmittelalter bis zum 18. Jahrhundert aus wirtschaftshistorischer Sicht, in: Volker Kapp/Frank-Rutger Hausmann (Hg.), Nürnberg und Italien. Begegnungen, Einflüsse und Ideen (Erlanger Romanistische Arbeiten, Bd. 6), Tübingen 1991, S. 39–48.

Golücke, Dieter, Die Proportionslehre des Johann Jakob Schübler, Berlin 1974.

Gorini, Umberto, Storia dei manuali per l'apprendimento dell'italiano in Germania (1500–1950). Un'analisi linguistica e socioculturale (Europäische Hochschulschriften. Reihe IX. Italienische Sprache und Literatur, Bd. 29), Frankfurt a.M. – Berlin – Bern u.a. 1997.

Gottlieb, Gunther u.a. (Hg.), Geschichte der Stadt Augsburg von der Römerzeit bis zur Gegenwart, Stuttgart [2]1985.

Gramulla, Susanna, Nürnberger Kaufleute im Italienhandel zwischen 1720 und 1740, in: Mitteilungen des Vereins für die Geschichte der Stadt Nürnberg 73 (1986), S. 129-174.

Graser, Helmut, Die Zusammenstellung und Auswertung eines Korpus zur Augsburger Druckersprache, in: Sprachwissenschaft 18 (1993), S. 174-187.

Graser, Helmut, Augsburg und die deutsche Sprachgeschichte, in: Edith Funk/Werner König/Manfred Renn (Hg.), Bausteine zur Sprachgeschichte, Heidelberg 2000, S. 99-120.

Greisler, B., Lektionen aus dem „Lehrbuch der Französischen Journalistik". Die französischsprachige Presse in Frankfurt am Main, 1715–1879, Dokumente, in: Zeitschrift für den deutsch-französischen Dialog 51 (1995), S. 51-55.

Greive, Artur, Joannes Basforest. „Frantzösische Grammatica", Cöllen 1624. Ein Beitrag zur Geschichte des Französischen in Deutschland, in: G. Dorion u.a. (Hg.), Le français aujourd'hui, une langue à comprendre. Französisch heute. Mélanges offerts à Jürgen Olbert, Frankfurt a.M. 1992, S. 156-161.

Greive, Artur, Französische Sprachlehre und Grammatik in Köln um 1600, in: Wolfgang Dahmen u.a. (Hg.), Das Französische in den deutschsprachigen Ländern. Romanistisches Kolloquium VII (Tübinger Beiträge zur Linguistik, Bd. 371), Tübingen 1993, S. 171-180.

Grohmann, Johann Christian August, Annalen der Universität Wittenberg, 3 Bde., Meißen 1801–1802.

Großhaupt, Walter, Die Welser als Bankiers der spanischen Krone, in: Scripta Mercaturae 21 (1987), S. 158-188.

Grünsteudel, Günther u.a. (Hg.), Augsburger Stadtlexikon, Augsburg 1998.

Günther, Erika, Zwei russische Gesprächsbücher aus dem 17. Jahrhundert [Diss. masch. Univ. Berlin], Berlin 1965.

Günther, S., Die Universität Dillingen, in: Mitteilungen der Gesellschaft für deutsche Erziehungs- und Schulgeschichte 13 (1903), S. 70-85.

Guidi Bruscoli, Francesco, Der Handel mit Seidenstoffen und Leinengeweben zwischen Florenz und Nürnberg in der ersten Hälfte des 16. Jahrhunderts, in: Mitteilungen des Vereins für die Geschichte der Stadt Nürnberg 86 (1999), S. 81-113.

Gundlach, Franz, Catalogus Professorum Academiae Marburgensis. Die akademischen Lehrer der Philipps-Universität in Marburg von 1527 bis 1910 (Veröffentlichungen der historischen Kommission für Hessen und Waldeck, Bd. 15), Marburg 1927.

Haarmann, Harald/Värri-Haarmann, Anna-Liisa (Hg.), Sprachen und Staaten. Festschrift für Heinz Kloss, Teil 1: Der politische und soziale Status der Sprachen in den Stadtstaaten der Europäischen Gemeinschaft, Hamburg 1976.

Haas, Karl Eduard, Die Evangelisch-Reformierte Kirche in Bayern. Ihr Wesen und ihre Geschichte, Neustadt a. d. Aisch 1970.

Haase, Martin, Respekt. Die Grammatikalisierung von Höflichkeit (Edition Linguistik, Bd. 3), München 1994.

Haastrup, Niels, Dänisch, Deutsch und Französisch in Dänemark 1750–1800, in: Konrad Schröder (Hg.), Fremdsprachenunterricht 1500-1800. Vorträge gehalten anlässlich eines Arbeitsgesprächs vom 16. bis 19. Oktober 1988 in der Herzog August Bibliothek Wolfenbüttel (Wolfenbütteler Forschungen, Bd. 52), Wiesbaden 1992, S. 75-97.

Haberer, Stephanie, Ott Heinrich Fugger (1592–1644). Biographische Analyse typologischer Handlungsfelder in der Epoche des Dreißigjährigen Krieges (Studien zur Fuggergeschichte, Bd. 38), Augsburg 2004.

Häberlein, Mark [1998a], Brüder, Freunde und Betrüger. Soziale Beziehungen, Normen und Konflikte in der Augsburger Kaufmannschaft um die Mitte des 16. Jahrhunderts (Colloquia Augustana, Bd. 9), Berlin 1998.

Häberlein, Mark [1998b], Die Welser-Vöhlin-Gesellschaft. Fernhandel, Familienbeziehungen und sozialer Status an der Wende vom Mittelalter zur Neuzeit, in: Wolfgang Jahn/Thomas Berger (Hg.), Geld und Glaube. Leben in evangelischen Reichsstädten. Katalog zur Ausstellung im Antonierhaus, Memmingen 12. Mai bis 4. Oktober 1998 (Veröffentlichungen zur Bayerischen Geschichte und Kultur, Bd. 37/98), München 1998, S. 17-37.

Häberlein, Mark [1998c], Vom Augsburger Religionsfrieden bis zum Ende der Reichsfreiheit (1555–1806), in: Günther Grünsteudel u.a. (Hg.), Augsburger Stadtlexikon. 2. völlig neubearbeitete und erheblich erweiterte Aufl., Augsburg 1998, S. 75-96.

Häberlein, Mark [1998d], Wirtschaftsgeschichte vom Mittelalter bis zur Gegenwart, in: Günther Grünsteudel u.a. (Hg.), Augsburger Stadtlexikon. 2. völlig neubearbeitete und erheblich erweiterte Aufl., Augsburg 1998, S. 146-161.

Häberlein, Mark, Handelsgesellschaften, Sozialbeziehungen und Kommunikationsnetze in Oberdeutschland zwischen dem ausgehenden 15. und der Mitte des 16. Jahrhunderts (Forum Suevicum, Bd. 4), in: Carl A. Hofmann/Rolf Kießling (Hg.), Kommunikation und Region, Konstanz 2001, S. 305-326.

Häberlein, Mark [2006a], Die Fugger. Geschichte einer Augsburger Familie (1367–1650), Stuttgart 2006.

Häberlein, Mark [2006b], Wirtschaftliche und politische Eliten unter den deutschsprachigen Einwanderern in Nordamerika im 18. Jahrhundert, in: Markus A. Denzel (Hg.), Deutsche Eliten in Übersee (16. bis frühes 20. Jahrhundert). Büdinger Forschungen zur Sozialgeschichte 2004 und 2005 (Deutsche Führungsschichten in der Neuzeit, Bd. 27), St. Katharinen 2006, S. 19-44.

Häberlein, Mark [2006c], *Mehrerlay Secten vnnd Religionen*. Der Augsburger Arzt Leonhard Rauwolf und die Erfahrung religiöser Vielfalt im 16. Jahrhundert, in: Johannes Burkhardt/Thomas M. Safley/Sabine Ullmann (Hg.), Geschichte in Räumen. Festschrift für Rolf Kießling zum 65. Geburtstag, Konstanz 2006, S. 225-240.

Häberlein, Mark, Firmenbankrotte, Sozialbeziehungen und Konfliktlösungsmechanismen in süddeutschen Städten um 1600, in: Österreichische Zeitschrift für Geschichtswissenschaften 19/3 (2008), S. 10-35.

Häberlein, Mark, Aneignung, Organisation und Umsetzung von Kaufmannswissen in Süddeutschland im 16. und 17. Jahrhundert, in: Michael North (Hg.), Kultureller Austausch. Bilanz und Perspektiven der Frühneuzeitforschung, Köln – Weimar – Wien 2009, S. 273–288.

Häberlein, Mark [2010a], Fremdsprachen in den Netzwerken Augsburger Handelsgesellschaften des 16. und frühen 17. Jahrhunderts, in: Mark Häberlein/Christian Kuhn (Hg.), Fremde Sprachen in frühneuzeitlichen Städten. Lernende, Lehrende und Lehrwerke (Fremdsprachen in Geschichte und Gegenwart, Bd. 7), Wiesbaden 2010, S. 23-45.

Häberlein, Mark [2010b], Der *Fondaco dei Tedeschi* in Venedig und der Italienhandel oberdeutscher Kaufleute (ca. 1450–1650), in: Hans-Michael Körner/Florian Schuller (Hg.), Bayern und Italien. Kontinuität und Wandel ihrer traditionellen Beziehungen, Lindenberg im Allgäu 2010, S. 124-139.

Häberlein, Mark [2010c], Der Kopf in der Schlinge. Praktiken deutscher Kaufleute im Handel zwischen Sevilla und Antwerpen um 1540, in: Mark Häberlein/Christof Jeggle (Hg.), Praktiken des Handels. Geschäfte und soziale Beziehungen europäischer Kaufleute in Mittelalter und früher Neuzeit (Irseer Schriften, N.F., Bd. 6), Konstanz 2010, S. 335-353.

Häberlein, Mark, Die oberitalienischen und die oberdeutschen Städte im Zeitalter der Renaissance: Beziehungen – Einflüsse – Wechselwirkungen, in: Michael Gehler (Hg.), Die Macht der Städte. Von der Antike bis zur Gegenwart (Historische Europa-Studien, Bd. 4), Hildesheim 2011, S. 199-219.

Häberlein, Mark/Kuhn, Christian (Hg.), Fremde Sprachen in frühneuzeitlichen Städten. Lehrende, Lernende und Lehrwerke (Fremdsprachen in Geschichte und Gegenwart, Bd. 7), Wiesbaden 2010.

Häberlein, Mark/Meurer, Peter H., Die älteste gedruckte Karte der Champagne und Stefan Keltenhofer, in: Cartographica Helvetica 27 (2003), S. 47-54.

Häberlein, Mark/Schmölz-Häberlein, Michaela, Die Erben der Welser. Der Karibikhandel der Augsburger Firma Obwexer im Zeitalter der Revolutionen (Schwäbische Forschungsgemeinschaft bei der Kommission für Bayerische Landesgeschichte, Reihe 1, Bd. 21), Augsburg 1995.

Hämmerle, Albert (Hg.), Derer von Stetten Geschlechterbuch MDXXXXVIII, München 1955.

Haller von Hallerstein, Helmut, Deutsche Kaufleute in Ofen zur Zeit der Jagellonen, in: Mitteilungen des Vereins für die Geschichte der Stadt Nürnberg 51 (1962), S. 467-480.

Haller von Hallerstein, Helmut, Nürnberger Unternehmer im Bergbau und Zinnhandel zu Schlaggenwald im 16. und 17. Jahrhundert, in: Scripta Mercaturae 9/1 (1975), S. 41-72.

Hamberger, Georg Christoph/Meusel, Johann Georg, Das gelehrte Deutschland oder Lexikon der jetzt lebenden deutschen Schriftsteller, Lemgo ⁵1796–1834, Neudruck München [u.a.] 1979.

Hammar, Elisabet, L'enseignement du français en Suède jusqu'en 1807. Méthodes et manuels, Stockholm 1980.

Hammar, Elisabet, Manuels de français publiés à l'usage des Suédois de 1808 à 1905, Stockholm 1985.

Hammerich, Louis L./Kjaer-Hansen, Max/Skantrup, Peter (Hg.), Festskrift til Christen Møller på 70-årsdagen, 11. Juni 1956, Kopenhagen 1956.

Hamon, Philippe, L'argent du roi. Les finances sous François Ier, Paris 1994.

Hampe, Theodor, Die Nürnberger Malefizbücher als Quellen der reichsstädtischen Sittengeschichte vom 14. bis zum 18. Jahrhundert (Neujahrsblätter der Gesellschaft für Fränkische Geschichte, Bd. 17), Bamberg 1927.

Härle, Georg, Reinheit der Sprache des Herzens und des Leibes. Zur Wirkungsgeschichte des rhetorischen Begriffs ,puritas' in Deutschland von der Reformation bis zur Aufklärung (Rhetorik-Forschungen, Bd. 11), Tübingen 1996.

Häutle, Christian, Die Reisen des Augsburgers Philipp Hainhofer nach Eichstätt, München und Regensburg in den Jahren 1611, 1612 und 1613, in: Zeitschrift des Historischen Vereins für Schwaben und Neuburg 8 (1881), S. 1-208.

Handwörterbuch von Bayerisch-Franken. Hg. von der Kommission für Mundartforschung der Bayerischen Akademie der Wissenschaften. Bearbeitet von Eberhard Wagner und Alfred Klepsch, Bamberg ²2007.

Harreld, Donald J., High Germans in the Low Countries. German Merchants and Commerce in Golden Age Antwerp, Leiden u.a. 2004.

Hase, Oscar von, Die Koberger, eine Darstellung des buchhändlerischen Geschäftsbetriebes in der Zeit des Überganges vom Mittelalter zur Neuzeit, Leipzig ²1885.

Hartig, Johannes/Jude, Nina, Sprachkompetenzen von Mädchen und Jungen, in: Anon. [DESI-Konsortium] (Hg.), Unterricht und Kompetenzerwerb in Deutsch und Englisch. Ergebnisse der DESI-Studie, Weinheim – Basel 2008, S. 202-207.

Hausmann, Franz Josef, Das erste französisch-deutsche Wörterbuch. Levinus Hulsius' Dictionaire von 1596–1607, in: Zeitschrift für Romanische Philologie 100/3-4 (1984), S. 306-320.

Hausmann, Franz Josef, Les dictionnaires bilingues (et multilingues) en Europe au XVIIIᵉ siècle. Acquis et suggestions de recherche, in: Travaux de linguistique et de philologie 26 (1988), S. 11-32.

Hausmann, Franz Josef, Wörterbücher und Grammatiken durch Erlanger Hugenotten, in: Jürgen Eschmann (Hg.), Hugenottenkultur in Deutschland, Tübingen 1989, S. 37-52.

Hausmann, Franz Josef, Ludwig 1706. The first English-German Dictionary, in: Christian Ludwig (Hg.), A Dictionary English, German and French, Leipzig 1706; Teutsch-Englisches Lexicon, Leipzig 1716. Nachdruck hg. von Laurent Bray, Erlangen 1992.

Haut, Joseph, Geschichte der Königlichen Studienanstalt Dillingen in den ersten hundert Jahren, von ihrer Entstehung bis zum Westfälischen Frieden (1548–1648), nach den Quellen dargestellt, Dillingen 1854.

Herbers, Klaus, „Murcia ist so groß wie Nürnberg". Nürnberg und Nürnberger auf der Iberischen Halbinsel: Eindrücke und Wechselbeziehungen, in: Helmut Neuhaus (Hg.), Nürnberg. Eine europäische Stadt in Mittelalter und Neuzeit (Nürnberger Forschungen, Bd. 29), Nürnberg 2000, S. 151-183.

Herbers, Klaus [2002a], „Wol auf sant Jacobs straßen!" Pilgerfahrten und Zeugnisse des Jakobuskults in Süddeutschland, Ostfildern 2002.

Herbers, Klaus [2002b], Pilgerfahrten und Nürnberger Pilger auf der Iberischen Halbinsel in der Zeit um 1500, in: Klaus Arnold (Hg.), Wallfahrten in Nürnberg um 1500. Akten des interdisziplinären Symposiums vom 29. und 30. September 2000 im Caritas Pirckheimer-Haus in Nürnberg (Pirckheimer-Jahrbuch, Bd. 17), Wiesbaden 2002, S. 53-78.

Herbers, Klaus, „Das kommt mir spanisch vor." Zum Spanienbild von Reisenden aus Nürnberg und dem Reich an der Schwelle zur Neuzeit, in: Ders./Nikolaus Jaspert (Hg.), „Das kommt mir spanisch vor." Eigenes und Fremdes in den deutsch-spanischen Beziehungen des späten Mittelalters (Geschichte und Kultur der Iberischen Welt, Bd. 1), Münster 2004, S. 1-30.

Herbers, Klaus, Die ‚ganze' Hispania. Der Nürnberger Hieronymus Münzer unterwegs. Seine Ziele und Wahrnehmung auf der Iberischen Halbinsel (1494–1495), in: Rainer Babel/Werner Paravicini (Hg.), Grand Tour. Adeliges Reisen und Europäische Kultur vom 14. bis zum 18. Jahrhundert. Akten der internationalen Kolloquien in der Villa Vigoni 1999 und im Deutschen Historischen Institut Paris 2000, Ostfildern 2005, S. 293-308.

Herde, Simone/Walter, Tilmann, Neues zur Biographie des Augsburger Arztes und Orientreisenden Leonhard Rauwolf (1535?–1596), in: Sudhoffs Archiv 94/2 (2010), S. 129-156.

Hermelink, Heinrich/Kaehler, S. A., Zur Geschichte der englischen Philologie an der Universität Marburg, in: Heinrich Hermelink/S. A. Kaehler (Hg.), Die Philipps-Universität zu Marburg 1527–1927. Fünf Kapitel aus ihrer Geschichte (1527–1866). Die Universität Marburg seit 1866 in Einzeldarstellungen, Marburg 1927, Neudruck Marburg 1977, S. 713-726.

Hermelink, Heinrich/Kaehler, S.A. (Hg.), Die Philipps-Universität zu Marburg 1527–1927. Fünf Kapitel aus ihrer Geschichte (1527–1866). Die Universität Marburg seit 1866 in Einzeldarstellungen, Marburg 1927, Neudruck Marburg 1977.

Herre, Franz, Paul von Stetten der Ältere und der Jüngere, in: Lebensbilder aus dem Bayerischen Schwaben 3 (1954), S. 314-345.

Herwarth von Bittenfeld, Hans, Die Brüder Bartholomäus und Johann Heinrich Herwarth, in: Zeitschrift des Historischen Vereins für Schwaben und Neuburg 1 (1874), S. 183-206.

Herz, Randall, Briefe Hans Tuchers d.Ä. aus dem Heiligen Land und andere Aufzeichnungen, in: Mitteilungen des Vereins für die Geschichte der Stadt Nürnberg 84 (1997), S. 61-92.

Herz, Randall, Hans Tuchers d.Ä. ‚Reise ins Gelobte Land', in: Klaus Arnold (Hg.), Wallfahrten in Nürnberg um 1500. Akten des interdisziplinären Symposiums vom 29. und 30. September 2000 im Caritas Pirckheimer-Haus in Nürnberg (Pirckheimer-Jahrbuch, Bd. 17), Wiesbaden 2002, S. 79-104.

Hildebrandt, Reinhard, Die „Georg Fuggerischen Erben". Kaufmännische Tätigkeit und sozialer Status 1555–1620 (Schriften zur Wirtschafts- und Sozialgeschichte, Bd. 6), Berlin 1966.

Hildebrandt, Reinhard, Wirtschaftsentwicklung und soziale Mobilität Memmingens 1450–1618. Die Handelsdiener Konrad Mair, Hans und Friedrich Bechler, in: Memminger Geschichtsblätter 1969, S. 41-61.

Hildebrandt, Reinhard, Wirtschaftsentwicklung und Konzentration im 16. Jahrhundert. Konrad Rot und die Finanzierungsprobleme seines interkontinentalen Handels, in: Scripta Mercaturae 4/1 (1970), S. 25-50.

Hildebrandt, Reinhard, Augsburger und Nürnberger Kupferhandel 1500–1619. Produktion, Marktan-
    teile und Finanzierung im Vergleich zweier Städte und ihrer wirtschaftlichen Führungsschicht, in:
    Hermann Kellenbenz (Hg.), Schwerpunkte der Kupferproduktion und des Kupferhandels in
    Europa 1500–1650, Köln – Wien 1977, S. 190-224.
Hildebrandt, Reinhard, Interkontinentale Wirtschaftsbeziehungen und ihre Finanzierung in der ersten
    Hälfte des 17. Jahrhunderts, in: Hermann Kellenbenz (Hg.), Weltwirtschaftliche und währungs-
    politische Probleme seit dem Ausgang des Mittelalters (Forschungen zur Sozial- und Wirtschafts-
    geschichte, Bd. 23), Stuttgart – New York 1981, S. 61-76.
Hildebrandt, Reinhard, The Effects of Empire. Changes in the European Economy after Charles V.,
    in: Ian Blanchard u.a. (Hg.), Industry and Finance in Early Modern History. Essays Presented to
    George Hammersley to the Occasion of his 74th Birthday (VSWG Beiheft 98), Stuttgart 1992, S.
    58-76.
Hildebrandt, Reinhard, Die wirtschaftlichen Beziehungen zwischen Oberdeutschland und Venedig
    um 1600. Konturen eines Gesamtbildes, in: Bernd Roeck/Klaus Bergdolt/ Andrew John Martin
    (Hg.),Venedig und Oberdeutschland. Beziehungen zwischen Kunst und Wirtschaft (Centro
    Tedesco di Studi Veneziani, Bd. 9), Sigmaringen 1993, S. 277-288.
Hildebrandt, Reinhard, Der Fernhandel als städtischer Wirtschaftsfaktor (1500–1650), in: Bernhard
    Kirchgässner/Hans-Peter Becht (Hg.), Stadt und Handel. 32. Arbeitstagung in Schwäbisch Hall
    1993 (Stadt in der Geschichte, Bd. 22), Sigmaringen 1995, S. 49-61.
Hildebrandt, Reinhard, Diener und Herren. Zur Anatomie großer Unternehmen im Zeitalter der
    Fugger, in: Johannes Burkhardt (Hg.), Augsburger Handelshäuser im Wandel des historischen
    Urteils (Colloquia Augustana, Bd. 3), Berlin 1996, S. 149-174.
Hildebrandt, Reinhard, Commercium – Confessio – Conubium. Augsburger Kaufleute in
    europäischen Städten 1560–1650, in: Rolf Kießling (Hg.), Stadt und Land in der Geschichte
    Ostschwabens (Augsburger Beiträge zur Landesgeschichte Bayerisch-Schwabens, Bd. 10),
    Augsburg 2005, S. 9-28.
Hille-Coates, Gabriele, Von den „heiligen Sprachen" im lateinischen Mittelalter und Renai-ssance-
    Humanismus, in: Werner Hüllen/Friederike Klippel (Hg.), Heilige und profane Sprachen. Holy
    and profane Languages. Die Anfänge des Fremdsprachen-unterrichts im westlichen Europa. The
    Beginnings of Foreign Language Teaching in Western Europe (Wolfenbütteler Forschungen, Bd.
    98), Wiesbaden 2002, S. 13-29.
Hilscher, Elisabeth/Sommer-Mathis, Andrea (Hg.), Pietro Metastasio – uomo universale (1698–
    1782). Festgabe der Österreichischen Akademie der Wissenschaften zum 300. Geburtstag von
    Pietro Metastasio, Wien 2000.
Hipper, Richard, Die Beziehungen der Faktoren Georg und Christoph Hörmann zu den Fuggern. Ein
    Beitrag zur Familiengeschichte der Freiherrn von Hermann auf Wain, Augsburg 1926.
Hirschi, Caspar, Wettkampf der Nationen. Konstruktionen einer deutschen Ehrgemein-schaft an der
    Wende vom Mittelalter zur Neuzeit, Göttingen 2005.
Hirschmann, Gerhard, Nürnbergs Handelprivilegien, Zollfreiheiten und Zollverträge bis 1399. in:
    Stadtarchiv Nürnberg (Hg.), Beiträge zur Wirtschaftsgeschichte Nürnbergs, Nürnberg 1967, Bd.
    1, S. 1-48.
Høybye, Poul, Meister Jörg fra Nürnberg. Træk af middelalderens sprogundervisning, in: Louis L.
    Hammerich/Max Kjaer-Hansen/Peter Skantrup (Hg.), Festskrift til Christen Møller på 70-
    årsdagen, 11. Juni 1956, Kopenhagen 1956, S. 205-221.
Høybye, Poul, Glossari italiano-tedeschi del quattrocento, in: Studi di filologia italiana, Bullettino
    annuale dell'Accademia della Crusca 22 (1964), S. 167-204.
Hoffmann, Philip T./Postel-Vinay, Gilles/Rosenthal, Jean-Laurent, Priceless Markets. The Political
    Economy of Credit in Paris, 1660–1870, Chicago – London 2001.

Hohenzollern, Johann Georg von, Der weite Schulweg der Mädchen. Die Geschichte der Mädchenbildung als Beispiel der Geschichte anthropologischer Vorurteile (Schriftenreihe zum bayerischen Schulmuseum Ichenhausen, Bd. 9), Bad Heilbrunn 1990.

Hollberg, Cecilie, Handelsalltag und Spracherwerb im Venedig des 15. Jahrhunderts. Das älteste deutsch-italienische Sprachlehrbuch, in: Zeitschrift für Geschichtswissenschaft 47 (1999), S. 773-791.

Hollberg, Cecilie, Deutsche in Venedig im späten Mittelalter. Eine Untersuchung von Testamenten aus dem 15. Jahrhundert (Studien zur historischen Migrationsforschung, Bd. 14), Göttingen 2005.

Holtus, Günter/Radtke, Edgar (Hg.), Gesprochenes Italienisch in Geschichte und Gegenwart, Tübingen 1985.

Honemann, Volker, Ein Augsburger Patrizier auf dem Weg nach Santiago: Sebastian Ilsung und seine Reise nach Santiago de Compostela, in: Klaus Herbers/Peter Rückert (Hg.), Augsburger Netzwerke zwischen Mittelalter und Neuzeit. Wirtschaft, Kultur und Pilgerfahrten (Jakobus-Studien, Bd. 18), Tübingen 2009, S. 147-177.

Howatt, A.P.R., A History of English Language Teaching, Oxford 1984.

Huber-Sperl, Rita, Memmingen zwischen Zunfthandwerk und Unternehmertum. Ein Beitrag zur reichsstädtischen Gewerbegeschichte 1648 bis 1802 (Memminger Forschungen, Bd. 5), Memmingen 1995.

Hüffer, Hermann J., Deutsch-spanische Beziehungen unter Karl V., in: Johannes Vincke/ Edmund Schramm u.a. (Hg.), Gesammelte Aufsätze zur Kulturgeschichte Spaniens, Münster 1959, Bd. 14, S. 183-193.

Hüllen, Werner/Klippel, Friederike (Hg.), Heilige und profane Sprachen. Holy and profane Languages. Die Anfänge des Fremdsprachenunterrichts im westlichen Europa. The Beginnings of Foreign Language Teaching in Western Europe (Wolfenbütteler Forschungen, Bd. 98), Wiesbaden 2002.

Hüllen, Werner/Klippel, Friederike (Hg.), Sprachen der Bildung – Bildung durch Sprachen im Deutschland des 18. und 19. Jahrhunderts (Wolfenbütteler Forschungen, Bd. 107), Wiesbaden 2005.

Hurch, Bernhard, Über Aspiration. Ein Kapitel aus der natürlichen Phonologie, Tübingen 1988.

Ising, Gerhard, Die Erfassung der deutschen Sprache des ausgehenden 17. Jahrhunderts in den Wörterbüchern Matthias Kramers und Kaspar Stielers (Deutsche Akademie der Wissenschaften zu Berlin. Veröffentlichungen des Instituts für deutsche Sprache und Literatur, Bd. 7), Berlin 1956.

Ising, Gerhard, Einführung und Bibliographie, in: Kaspar Stieler. Der Teutschen Sprache Stammbaum und Fortwachs oder Teutscher Sprachschatz. Mit einer Einführung und Bibliographie von Gerhard Ising, Hildesheim – Zürich – New York 1982.

Ising, Gerhard, Einführung und Bibliographie zu Matthias Kramer, Das Herrliche grosse Teutsch-Italiänische Dictionarium (1700–1702), in: Helmut Henne (Hg.), Deutsche Wörterbücher des 17. und 18. Jahrhunderts. Einführung und Bibliographie, Hildesheim – New York 1975, S. 59-69. Wieder abgedruckt in: Matthias Kramer. Das herrlich-große Teutsch-Italiänische Dictionarium mit einer Einführung und Bibliographie von Dr. Gerhard Ising, Hildesheim – Zürich – New York 1982.

Israel, Uwe, Mit fremder Zunge sprechen. Deutsche im spätmittelalterlichen Italien, in: Zeitschrift für Geschichtswissenschaft 48 (2000), S. 677-696.

Israel, Uwe, Fremde aus dem Norden. Transalpine Zuwanderer im spätmittelalterlichen Italien (Bibliothek des Deutschen Historischen Instituts Rom, Bd. 111), Tübingen 2005.

Jaeger, Adolf, Stellung und Tätigkeit der Schreib- und Rechenmeister (Modisten) in Nürnberg im ausgehenden Mittelalter und zur Zeit der Renaissance. Ein Beitrag zur Geschichte eines ringenden und strebenden Mittelstandes aus der Zeit der Blüte und des beginnenden Verfalls der Reichsstadt, Erlangen 1925.

Jahnel, Karola, Der erste Sprachmeister für Englisch an der Universität Jena, Johann Jakob Lungershausen, in: Wolfgang H. Strauß (Hg.), Von Lungershausen bis Kirchner. Persönlichkeitsbilder Jenaer Fremdsprachenlehrer, Jena 1990, S. 95-101.

Jakob, Reinhard, Zucker, Edelsteine und ein Rhinozeros. Briefe aus Portugal (1494–1522), in: Anzeiger des Germanischen Nationalmuseums 2002, S. 74-85.

Janácek, Josef, Prag und Nürnberg im 16. Jahrhundert (1489–1618), in: Ingomar Bog (Hg.), Der Außenhandel Ostmitteleuropas 1450–1650. Die ostmitteleuropäischen Volkswirtschaften in ihren Beziehungen zu Mitteleuropa, Köln – Wien 1971, S. 204-228.

Janich, Nina/Greule, Albrecht, Sprachkulturen in Europa. Ein internationales Handbuch, Tübingen 2002.

Janota, Johannes, Von der Handschrift zum Druck, in: Helmut Gier/Johannes Janota (Hg.), Augsburger Buchdruck und Verlagswesen, Wiesbaden 1997, S. 126-133.

Jaspert, Nikolaus, Dem Reich verbunden. Gemeinschaftsbildung und Frömmigkeit deutscher Kaufleute und Handwerker in Lyon (um 1500), in: Marie-Luise Heckmann/Jens Röhrkasten (Hg.), Von Nowgorod bis London. Studien zu Handel, Wirtschaft und Gesellschaft im mittelalterlichen Europa. Festschrift für Stuart Jenks zum 60. Geburtstag (Nova Mediaevalia, Bd. 4), Göttingen 2008, S. 489-511.

Jellinek, Max Hermann, Geschichte der neuhochdeutschen Grammatik von den Anfängen bis auf Adelung. 2 Bde. 1913/14, Nachdruck Heidelberg 1968.

Jensen, Hans, Die Schrift in Vergangenheit und Gegenwart, Berlin 1969 (Reprint der 3. Auflage).

Jerábek, Gerhard, Das französisch-deutsche Wörterbuch von 1800 des Schwabacher Rektors Johann Friedrich Memmert und des Erlanger Hugenottennachfahren Johann Heinrich Meynier, in: Erlanger Bausteine zur fränkischen Heimatforschung 36 (1988), S. 221-236.

Joachimsohn, Paul, Augsburger Schulmeister und Augsburger Schulwesen in vier Jahrhunderten, in: Zeitschrift des Historischen Vereins für Schwaben und Neuburg 23 (1896), S. 177-247.

Johnson, Christine L., The German Discovery of the World. Renaissance Encounters with the Strange and Marvellous, Charlottesville – London 2008.

Jones, George Fenwick, The Georgia Dutch. From the Rhine and Danube to the Savannah, 1733–1783, Athens 1992.

Jones, George Fenwick, Urlsperger und Eben-Ezer, in: Reinhard Schwarz (Hg.), Augsburger Pietismus zwischen Außenwirkungen und Binnenwelt (Colloquia Augustana, Bd. 4), Berlin 1996, S. 191-199.

Jones, William Jervis, German Lexicography in the European Context. A Descriptive Bibliography of Printed Dictionaries and Word Lists Containing German Language (1600–1700), Berlin – New York 2000.

Jonkanski, Dirk, Oberdeutsche Baumeister in Venedig. Reiserouten und Besichtigungsprogramm, in: Bernd Roeck/Klaus Bergdolt/Andrew John Martin (Hg.),Venedig und Oberdeutschland in der Renaissance. Beziehungen zwischen Kunst und Wirtschaft (Centro Tedesco di Studi Veneziani, Bd. 9), Sigmaringen 1993, S. 31-39.

Jürgensen, Renate, Utile cum dulci. Die Blütezeit des Pegnesischen Blumenordens in Nürnberg 1644 bis 1744, Wiesbaden 1994.

Jürgensen, Renate, Bibliotheca Norica. Patrizier- und Gelehrtenbibliotheken in Nürnberg zwischen Mittelalter und Aufklärung, 2 Bde. (Beiträge zum Buch- und Bibliothekswesen, Bd. 43), Wiesbaden 2002.

Juhl, Alfred, Die Anfänge des Institutum Mariae Virginum Anglicanarum, in: Zeitschrift des Historischen Vereins für Schwaben 87 (1994), S. 59-103.

Juhl, Alfred, Institutum Mariae Virginum Anglicanarum. Ein Beitrag zur Geschichte des Englischen Institutes (BMV) zu Augsburg von den Anfängen bis 1830, Augsburg 1997.

Justi, Ferdinand, Leben des Professors Catharinus Dulcis, von ihm selbst beschrieben. Mit Anmerkungen, Marburg 1899.

Kalus, Maximilian, Pfeffer – Kupfer – Nachrichten. Kaufmannsnetzwerke und Handelsstrukturen im europäisch-asiatischen Handel am Ende des 16. Jahrhunderts, Augsburg 2010.

Kaltz, Barbara, Étude historiographique des Manières de langage, in: Anders Ahlqvist (Hg.), Diversions of Galway. Papers on the history of linguistics from ICHoLS V, Amsterdam 1992, S. 123-133.

Kaltz, Barbara, La métalangue dans les *Synonymes* de Gérard de Vivre, in: Beiträge zur Geschichte der Sprachwissenschaft 3 (1993), S. 241-253.

Kaltz, Barbara, L'enseignement des langues étrangères au XVIe siècle. Structure globale et typologie, in: Beiträge zur Geschichte der Sprachwissenschaft 5 (1995), S. 79-105.

Kaltz, Barbara, Le gentilhomme lexicographe. Maurice Landgrave de Hesse et son Lexique François-Allemant tres ample (1631), in: Historiographia Linguistica XXIII.3 (1996), S. 287-300.

Kaltz, Barbara, Le moyen français au quotidien: Un recueil de textes du XIVe au XVIe siècle (Abhandlungen zur Sprache und Literatur, Bd. 110), Bonn 1997.

Kaltz, Barbara [2000a], L'étude de l'allemand en France: de ses débuts 'pratiques' à l'établissement de la germanistique à l'université, in: Historiographia Linguistica XXVII.1 (2000), S. 1-20.

Kaltz, Barbara [2000b], Der Unterricht des Französischen im 16. Jahrhundert, in: Sylvain Auroux u.a. (Hg.), Geschichte der Sprachwissenschaften. History of the Language Sciences. Histoire des Sciences du Langage (HSK 18.1), Berlin – New York 2000, S. 711-717.

Kaltz, Barbara, Gottscheds *Sprachkunst* und Girards *Vrais principes*: eine Fallstudie zu Übersetzung und Adaptation in der deutschen und französischen Grammatikographie des 18. Jahrhunderts, in: Traduction et constitution de l'identité. Littérature et nation 26 (2002), S. 41-64.

Kaltz, Barbara, Der Fall Beaumont oder: Wie lernten Mädchen im 18. Jahrhundert Französisch als Fremdsprache?, in: Werner Hüllen/Friederike Klippel (Hg.), Sprachen der Bildung – Bildung durch Sprachen im Deutschland des 18. und 19. Jahrhunderts, Wiesbaden 2005, S. 247-260.

Kaltz, Barbara, Zu den Anfängen des DaF-Unterrichts in Frankreich, in: Glück, Helmut/Morcinek, Bettina (Hg.), Ein Franke in Venedig. Das Sprachlehrbuch des Georg von Nürnberg (1424) und seine Folgen (Fremdsprachen in Geschichte und Gegenwart, Bd. 3), Wiesbaden 2006, S. 77-86.

Kaltz, Barbara, Linguistique allemande en France, 1 – Histoire, in: Élisabeth Décultot/Michel Espagne/Jacques Le Rider, Dictionnaire du monde germanique, Paris 2007, S. 638-639.

Kaltz, Barbara, Wie lernte man in der Frühen Neuzeit Französisch in Augsburg und Nürnberg?, in: Mark Häberlein/Christian Kuhn (Hg.), Fremde Sprachen in frühneuzeitlichen Städten. Lehrende, Lernende und Lehrwerke (Fremdsprachen in Geschichte und Gegenwart, Bd. 7), Wiesbaden 2010, S. 121-133.

Kalus, Peter, Die Fugger in der Slowakei (Materialien zur Geschichte der Fugger, Bd. 2), Augsburg 1999.

Kalus, Maximilian, Pfeffer – Kupfer – Nachrichten. Kaufmannsnetzwerke und Handels-strukturen im europäisch-asiatischen Handel am Ende des 16. Jahrhunderts (Materialien zur Geschichte der Fugger, Bd. 6), Augsburg 2010.

Kamann, Johann, Der Nürnberger Patrizier Christoph Fürer der Ältere und seine Denkwürdigkeiten 1479–1537, in: Mitteilungen des Vereins für die Geschichte der Stadt Nürnberg 28 (1928), S. 209-311.

Kapp, Volker/Hausmann, Frank-Rutger (Hg.), Nürnberg und Italien. Begegnungen, Einflüsse und Ideen (Erlanger Romanistische Dokumente und Arbeiten, Bd. 6), Tübingen 1991.

Kehrein, Josef, Grammatik der deutschen Sprache des 15. bis 17. Jahrhunderts. Erster Teil: Laut- und Flexionslehre, Leipzig 1863, Neudruck Hildesheim 1968.

Keil, Karl-August, Das Gymnasium bei St. Anna in Augsburg. 475 Jahre von 1531 bis 2006, Augsburg 2006.

Keil, Karl-August, Die Zeit nach [Hieronymus] Wolf im Überblick, in: Ders. (Hg.), Das Gymnasium bei St. Anna in Augsburg. 475 Jahre von 1531 bis 2006, Augsburg 2006, S. 50-52.

Kellenbenz, Hermann, Karl V. und die Messen in Lyon, in: Johannes Vincke (Hg.), Gesammelte Aufsätze zur Kulturgeschichte Spaniens, Bd. 14, Münster 1959, S. 194-202.

Kellenbenz, Hermann, Ferdinand Cron, in: Lebensbilder aus dem Bayerischen Schwaben, Bd. 9, Weißenhorn 1966, S. 194–210.

Kellenbenz, Hermann [1967a], Bartholomäus Viatis, in: Gerhard Pfeiffer (Hg.), Fränkische Lebensbilder. Neue Folge der Lebensläufe aus Franken, Würzburg 1967, Bd. 1, S. 162-181.

Kellenbenz, Hermann [1967b], Die Beziehungen Nürnbergs zur Iberischen Halbinsel, besonders im 15. und in der ersten Hälfte des 16. Jahrhunderts, in: Stadtarchiv Nürnberg (Hg.), Beiträge zur Wirtschaftsgeschichte Nürnbergs, Bd. 1, S. 456-493.

Kellenbenz, Hermann [1970a], Nürnberger Safranhändler in Spanien, in: Ders. (Hg.), Fremde Kaufleute auf der Iberischen Halbinsel, Köln – Wien 1970, S. 197-225.

Kellenbenz, Hermann [1970b], Die fremden Kaufleute auf der Iberischen Halbinsel vom 15. Jahrhundert bis zum Ende des 16. Jahrhunderts, in: Ders. (Hg.), Fremde Kaufleute auf der Iberischen Halbinsel, Köln – Wien 1970, S. 265-376.

Kellenbenz, Hermann [1981a], Das Konto Neapel in der Augsburger Rechnung der Fugger, in: Oswald Hahn/Leo Schuster (Hg.), Mut zur Kritik. Hanns Linhardt zum 80. Geburtstag, Bern – Stuttgart 1981, S. 369-387.

Kellenbenz, Hermann [1981b], Hans Jakob Fugger (1516–1575), in: Lebensbilder aus dem Bayerischen Schwaben, Bd. 12, Weißenhorn 1981, S. 48-105.

Kellenbenz, Hermann, Wirtschaftsleben der Blütezeit, in: Gunther Gottlieb (Hg.), Geschichte der Stadt Augsburg von der Römerzeit bis zur Gegenwart, Stuttgart ²1985, S. 258-301.

Kellenbenz, Hermann, Kapitalverflechtung im mittleren Alpenraum. Das Beispiel des Bunt- und Edelmetallbergbaus vom fünfzehnten bis zur Mitte des siebzehnten Jahrhunderts, in: Zeitschrift für bayerische Landesgeschichte 51 (1988), S. 13-50.

Kellenbenz, Hermann [1989a], Le banqueroute de Melchior Manlich en 1574 et ses répercussions en France, in: Villes, bonnes villes, cités et capitales. Mélanges offerts à Bernard Chevalier, Tours 1989, S. 153-159.

Kellenbenz, Hermann [1989b], Der Konkurs der Kraffter in Augsburg, in: Die alte Stadt 16 (1989), S. 392-402.

Kellenbenz, Hermann, Die Fugger in Spanien und Portugal bis 1560. Ein Großunternehmen des 16. Jahrhunderts (Studien zur Fuggergeschichte, Bd. 32/33), 2 Bde. und ein Dokumentenband, München 1990.

Kellenbenz, Hermann, Neues zum oberdeutschen Ostindienhandel, insbesondere der Herwart in der ersten Hälfte des 16. Jahrhunderts, in: Pankraz Fried (Hg.), Forschungen zur schwäbischen Geschichte mit Berichten aus der landesgeschichtlichen Forschung in Augsburg (Augsburger Beiträge zur Landesgeschichte Bayerisch-Schwabens, Bd. 4), Sigmaringen 1991, S. 81-96.

Kellner, Alphons, Geschichte der katholischen Studienanstalt St. Stephan in Augsburg, Augsburg 1928.

Kelly, L. G., 25 Centuries of Language Teaching, An inquiry into the science, art, and development of language teaching methodology, 500 B.C. – 1969, Rowley/Mass. 1969.

Keunicke, Hans-Otto, Anton Koberger (ca. 1440–1513), in: Alfred Wendehorst (Hg.), Fränkische Lebensbilder. Neue Folge der Lebensläufe aus Franken, Neustadt a. d. Aisch 1982, Bd. 10, S. 38-56.

Kießling, Rolf (Hg.), Die Universität Dillingen und ihre Nachfolger, Dillingen 1999.

Kießling, Rolf, Der Augsburger Handel und die Wallfahrt nach Compostela. Ökonomische Vernetzungen und die Kulttopographie der Stadt, in: Klaus Herbers/Peter Rückert (Hg.), Augsburger Netzwerke zwischen Mittelalter und Neuzeit. Wirtschaft, Kultur und Pilgerfahrten (Jakobus-Studien, Bd. 18), Tübingen 2009, S. 7-34.

Kimpel, Dieter (Hg.), Mehrsprachigkeit in der deutschen Aufklärung (Studien zum achtzehnten Jahrhundert, Bd. 5), Hamburg 1985.

Klatte, Holger, Fremdsprachen in der Schule. Die Lehrbuchtradition des Sebald Heyden, in: Helmut Glück (Hg.), Die Volkssprachen als Lerngegenstand im Mittelalter und in der frühen Neuzeit. Akten des Bamberger Symposions am 18. und 19. Mai 2001 (Arbeiten zur Geschichte des Deutschen als Fremdsprache, Bd. 3), Berlin – New York 2002, S. 77-86.

Klatte, Holger, Die italienische Sprachbuch-Tradition des 15. Jahrhunderts und das Sprachbuch des Andreas Klatovský, in: Helmut Glück/Bettina Morcinek (Hg.), Ein Franke in Venedig. Das Sprachlehrbuch des Georg von Nürnberg (1424) und seine Folgen (Fremdsprachen in Geschichte und Gegenwart, Bd. 3), Wiesbaden 2006, S. 107-119.

Klatte, Holger, Handelsbeziehungen zwischen Nürnberg und Prag im Spiegel deutsch-tschechischer Sprachlehrwerke des 16. Jahrhunderts, in: Mark Häberlein/Christian Kuhn (Hg.), Fremde Sprachen in frühneuzeitlichen Städten. Lernende, Lehrende und Lehrwerke (Fremdsprachen in Geschichte und Gegenwart, Bd. 7), Wiesbaden 2010, S. 197-209.

Klee, Wanda G./Koloch, Sabine, Kann man auf Deutsch schreiben? Ein Gespräch zwischen Madeleine de Scudéry und Johann Christoph Wagenseil über die deutsche Sprache, Dicht- und Übersetzungskunst, in: Morgen-Glantz 12 (2002), S. 377-402.

Klein, Wolf Peter, Am Anfang war das Wort. Theorie- und wissenschaftsgeschichtliche Elemente frühneuzeitlichen Sprachbewusstseins, Berlin 1992.

Klein, Wolf Peter, Die Geschichte der meteorologischen Kommunikation in Deutschland. Eine historische Fallstudie zur Entwicklung von Wissenschaftssprachen, Hildesheim –Zürich – New York 1999.

Klein, Wolf Peter [2011a], Die deutsche Sprache in der Gelehrsamkeit der frühen Neuzeit. Von der *lingua barbarica* zur *HaubtSprache*, in: Herbert Jaumann (Hg.), Diskurse der Gelehrtenkultur in der Frühen Neuzeit. Ein Handbuch. Berlin – New York 2011, S. 465-516.

Klein, Wolf Peter [2011b], Kaspar Stielers Sprach- und Textnormen. Das „kommunikative Ereignis" als Grundlagenkategorie frühneuzeitlicher Textgeschichte, in: Michael Ludscheidt (Hg.), Kaspar Stieler (1632–1707). Studien zum literarischen Werk des „Spaten", Jena 2011, S. 301-323.

Kleinau, Elke/Opitz, Claudia (Hg.), Geschichte der Mädchen- und Frauenbildung, Bd. 1, Vom Mittelalter bis zur Aufklärung, Frankfurt a.M. 1996.

Kleinschmidt, Eberhard, Fremdsprachenunterricht zwischen Sprachenpolitik und Praxis. Festschrift für Herbert Christ zum 60. Geburtstag, Tübingen 1989.

Klier, Richard, Nürnberg und Kuttenberg, in: Mitteilungen des Vereins für die Geschichte der Stadt Nürnberg 48 (1958), S. 51-78.

Klippel, Friederike, Englischlernen im 18. und 19. Jahrhundert. Die Geschichte der Lehrbücher und Unterrichtsmethoden, Münster 1994.

Koch, H., Geschichte der Romanistik an der Universität Jena [Diss. masch. Univ. Jena], Jena 1950.

Koch, Kristine, Deutsch als Fremdsprache im Russland des 18. Jahrhunderts. Ein Beitrag zur Geschichte des Fremdsprachenlernens in Europa und zu den deutsch-russischen Beziehungen (Die Geschichte des Deutschen als Fremdsprache, Bd. 1), Berlin – New York 2002.

Koch, Peter/Oesterreicher, Wulf, Sprache der Nähe – Sprache der Distanz. Mündlichkeit und Schrift-lichkeit im Spannungsfeld von Sprachtheorie und Sprachgeschichte, in: Romanistisches Jahrbuch 36 (1985), S. 15-43.

Köberlin, Karl, Rektor M. Hieronymus Andreas Mertens und das Gymnasium bei St. Anna in Augs-burg in den letzten Jahrzehnten des 18. Jahrhunderts, Schulprogramm, Augsburg 1899.

Köberlin, Karl, Geschichte des humanistischen Gymnasiums bei St. Anna in Augsburg von 1531 bis 1931. Zur Vierhundertjahrfeier der Anstalt, Augsburg 1931.

Kömmerling-Fitzler, Hedwig, Der Nürnberger Kaufmann Georg Pock († 1528/9) in Portugiesisch-Indien und im Edelsteinland Vijayanagar, in: Mitteilungen des Vereins für die Geschichte der Stadt Nürnberg 55 (1967/68), S. 137-184.

König, Werner, Zu einigen Entwicklungen der Augsburger Sprache seit der zweiten Hälfte des 18. Jahrhunderts, in: Heiner Eichner u.a. (Hg.), Fremd und Eigen. Untersuchungen zu Grammatik und Wortschatz des Uralischen und Indogermanischen. In memoriam Hartmut Katz, Wien 2001, S. 129-154.

König, Werner/Wellmann, Hans, Bayerischer Sprachatlas. Regionalteil 1: Sprachatlas von Bayerisch-Schwaben, 13 Bde., Heidelberg 1996–2006.

Koenigs-Erffa, Ursula, Das Tagebuch des Sebald Welser aus dem Jahre 1577, in: Mitteilungen des Vereins für die Geschichte der Stadt Nürnberg 46 (1955), S. 262-371.

Köpf, Wilhelm, Beiträge zur Geschichte der Messen von Lyon mit besonderer Berücksichtigung des Anteils der oberdeutschen Städte im 16. Jahrhundert, Ulm 1910.

Körner, Karl-Hermann, „Heute bin ich in Hamburg, morgen in Altona". Zu Abraham Meldola und seiner „Nova Grammatica Portugueza" von 1785, in: Aufsätze zur portugiesischen Kulturgeschichte 20 (1992), S. 201-214.

Kolbmann, Georg (Hg.), Exulanten in Nürnberg. Auszüge aus den Nürnberger Stadtrechnungen (1619–1649) (Familiengeschichtliche Schriften, Bd. 1), Schorndorf 1924.

Kranzmayer, Eberhard, Die schwäbisch-bairischen Mundarten am Lechrain mit Berücksichtigung der Nachbarmundarten. Sitzungsberichte der Bayerischen Akademie der Wissenschaften, Philo-sophisch-philologische und historische Klasse, Jahrgang 1927, 5. Abhandlung, München 1927.

Krause, Reinhold, Rechtschreibung und Lautstand in den Augsburger deutschen Drucken von 1470–1520 [Diss. masch. Univ. Marburg], Marburg 1922 [1924].

Krebs, Jean-Daniel, Harsdörffer als Vermittler des „honnêteté"-Ideals, in: Italo Michele Battafarano (Hg.), Georg Philipp Harsdörffer. Ein deutscher Dichter und europäischer Gelehrter (IRIS, Bd. 1), Bern u.a. 1991, S. 287-311.

Krebs, Jean-Daniel, Georg Philipp Harsdörffer liest die französischen Dichter, in: John Roger Paas (Hg.), Der Franken Rom. Nürnbergs Blütezeit in der zweiten Hälfte des 17. Jahrhunderts, Wiesbaden 1995, S. 224-242.

Kreiser, Klaus (Hg.), Germano-Turcica. Zur Geschichte des Türkisch-Lernens in den deutschspra-chigen Ländern. Ausstellung des Lehrstuhls für türkische Sprache, Geschichte und Kultur der Universität Bamberg in Zusammenarbeit mit der Universitätsbibliothek Bamberg (Schriften der Universitätsbibliothek Bamberg, Bd. 4), Bamberg 1987.

Kretzenbacher, Heinz Leonhard/Segebrecht, Wulf, Vom Sie zum Du – mehr als eine neue Konven-tion? Antworten auf die Preisfrage der Deutschen Akademie für Sprache und Dichtung vom Jahr 1989, Hamburg – Zürich 1991.

Kubinyi, András, Die Nürnberger Haller in Ofen. Ein Beitrag zur Geschichte des Südosthandels im Spätmittelalter, in: Mitteilungen des Vereins für die Geschichte der Stadt Nürnberg 52 (1963/64), S. 80-128.

Kühn, Peter/Püschel, Ulrich, Die deutsche Lexikographie vom 17. Jh. bis zu den Brüdern Grimm ausschließlich, in: Franz Josef Hausmann/Oskar Reichmann (Hg.), Wörterbücher. Dictionaries. Dictionnaires. Internationales Handbuch zur Lexikographie, Berlin – New York 1990, Bd. 2, Sp. 2049-2077.

Künast, Hans-Jörg, „Getruckt zu Augspurg". Buchdruck und Buchhandel in Augsburg zwischen 1468 und 1555, Tübingen 1997.

Künast, Hans-Jörg, Entwicklungslinien des Augsburger Buchdrucks von den Anfängen bis zum Ende des Dreißigjährigen Krieges, in: Helmut Gier/Johannes Janota (Hg.), Augsburger Buchdruck und Verlagswesen, Wiesbaden 1997, S. 3-21.

Künast, Hans-Jörg, Welserbibliotheken. Eine Bestandsaufnahme der Bibliotheken von Anton, Marcus und Paulus Welser, in: Mark Häberlein/Johannes Burkhardt (Hg.), Die Welser. Neue Forschungen zur Geschichte und Kultur des oberdeutschen Handelshauses (Colloquia Augustana, Bd. 16), Berlin 2002, S. 550–584.

Künast, Hans-Jörg/Müller, Jan-Dirk, Peutinger, Konrad, in: Neue deutsche Biographie, Bd. 20, Berlin 2001, S. 282-284.

Künast, Hans-Jörg, Buchdruck und -handel des 16. Jahrhunderts im deutschen Sprachraum. Mit Anmerkungen zum Notendruck und Musikalienhandel, in: Birgit Lodes (Hg.), NiveauNischeNimbus. Die Anfänge des Musikdrucks nördlich der Alpen, Tutzing 2010, S. 149-165.

Kühnel, Harry, Die adelige Kavalierstour im 17. Jahrhundert, in: Karl Lechner (Hg.), Festschrift zum 100-jährigen Bestand des Vereins für Landeskunde von Niederösterreich und Wien (Jahrbuch für Landeskunde von Niederösterreich, N.F., Bd. 36), Wien 1964, S. 364-384.

Kuhfuß, Walter, Frühformen des Französischunterrichts in Deutschland. Beiträge zur ersten Ausweitungsphase organisierter französischer Sprachunterweisung (1554–1618), in: Harald Haarmann/ Anna-Liisa Värri-Haarmann (Hg.), Sprachen und Staaten. Festschrift für Heinz Kloss, Teil 1: Der politische und soziale Status der Sprachen in den Staaten der Europäischen Gemeinschaft, Hamburg 1976, S. 323-348.

Kuhn, Christian [2010a], Fremdsprachenlernen zwischen Berufsbildung und Distinktion. Das Beispiel der Nürnberger Kaufmannsfamilie Tucher im 16. Jahrhundert, in: Mark Häberlein/Christian Kuhn (Hg.), Fremde Sprachen in frühneuzeitlichen Städten. Lehrende, Lernende und Lehrwerke (Fremdsprachen in Geschichte und Gegenwart, Bd. 7), Wiesbaden 2010, S. 47-74.

Kuhn, Christian [2010b], Generation als Grundbegriff einer historischen Geschichtskultur. Die Nürnberger Tucher im langen 16. Jahrhundert, Göttingen 2010.

Kumpera, Jan, Jan Amos Komenský. Poutník na rozhraní věků, Ostrava 1992.

Labarre, Albert, Bibliographie du Dictionarium d'Ambrogio Calepino, 1502–1779 (Bibliotheca bibliographica Aureliana, Bd. 26), Baden-Baden 1975.

Lang, Heinrich, Internationale Handelsverflechtungen in der Frühen Neuzeit am Beispiel der Kooperation der Handelsgesellschaft Welser mit dem Bankhaus Salviati, 1496-1551, in: Angelika Westermann/Stefanie von Welser (Hg.), Neunhofer Dialog I: Einblicke in die Geschichte des Handelshauses Welser, St. Katherinen 2009, S. 41-58.

Lang, Heinrich, Fremdsprachenkompetenz zwischen Handelsverbindungen und Familiennetzwerken. Augsburger Kaufmannsöhne aus dem Welser-Umfeld in der Ausbildung bei Florentiner Bankiers um 1500, in: Mark Häberlein/Christian Kuhn (Hg.), Fremde Sprachen in frühneuzeitlichen Städten. Lehrende, Lernende und Lehrwerke (Fremdsprachen in Geschichte und Gegenwart, Bd. 7), Wiesbaden 2010, S. 75-92.

Langer, Nils, Linguistic Purism in Action – Stigmatizing the Auxiliary *tun* in Early New High German, Berlin – New York 2001.

Langer, Nils, On the importance of foreign language grammars for a history of Standard German, in: Andrew R. Linn/Nicola McLelland (Hg.), Standardization. Studies from the Germanic Languages, Amsterdam 2002, S. 67-82.

Leeb, Josef, Stereotype und Feindbilder an einem Ort interkultureller Begegnung. Augsburg während des Reichstags von 1582, in: Michael Rohrschneider/Arno Strohmeyer (Hg.), Wahrnehmungen des Fremden. Differenzerfahrungen von Diplomaten im 16. und 17. Jahrhundert (Schriftenreihe der Vereinigung zur Erforschung der Neueren Geschichte e.V., Bd. 31) Münster 2007, S. 171-200.

Lehmann, Alwin, Der neusprachliche Unterricht im 17. und 18. Jahrhundert, insbesondere seine Methode im Lichte der Reform der Neuzeit (Schulprogramm), Dresden 1904.

Lehmann, Paul, Eine Geschichte der alten Fuggerbibliotheken, 2 Bde., Tübingen 1956–1960.

Leibetseder, Mathis, Die Kavalierstour. Adelige Erziehungsreisen im 17. und 18. Jahrhundert, Köln 2004.

Leitner, Jacob, Geschichte der Englischen Fräulein und ihrer Institute seit ihrer Gründung bis auf unsere Zeit, Regensburg 1869.

Lepper, Marcel, Das Weltbuch wird aufgeschlagen. Georg Philipp Harsdörffers *Peregrinatio academica*, in: Hans-Joachim Jakob/Hermann Korte (Hg.), Harsdörffer-Studien. Mit einer Bibliographie der Forschungsliteratur von 1847 bis 2005 (Bibliographien zur Literatur- und Mediengeschichte, Bd. 10), Frankfurt a.M. 2006, S. 85-96.

Lesger, Clé, The Rise of the Amsterdam Market and Information Exchange. Merchants, Commercial Expansion and Change in the Spatial Economy of the Low Countries, c. 1550–1630, Aldershot 2006.

Lieb, Norbert, Die Fugger und die Kunst. Im Zeitalter der Spätgotik und der frühen Renaissance, Bd. 1, München 1952.

Limberger, Michael, „No town in the world provides more advantages." Economies of Agglomeration and the Golden Age of Antwerp, in: Patrick Karl O'Brien u.a. (Hg.), Urban Achievement in Early Modern Europe. Golden Ages in Antwerp, Amsterdam and London, Cambridge 2001, S. 39-62.

Loebenstein, Eva-Maria, Die adelige Kavalierstour im 17. Jahrhundert, ihre Voraussetzungen und Ziele, Wien 1966.

Lütge, Friedrich, Der Handel Nürnbergs nach Osten im 15./16. Jahrhundert, in: Stadtarchiv Nürnberg (Hg.), Beiträge zur Wirt-schaftsgeschichte Nürnbergs, Bd. 1, Nürnberg 1967, S. 318-376.

Lüthy, Herbert, La Banque Protestante en France de la Révocation de l'Édit de Nantes à la Révolution. I. Dispersion et regroupement (1685–1730), Paris 1959.

Lutz, Georg, Marx Fugger (1529–1597) und die *Annales Ecclesiastici* des Baronius. Eine Verdeutschung aus dem Augsburg der Gegenreformation, in: Romeo De Maio (Hg.), Baronio Storico e la Controriforma. Atti del Convegno internazionale di Studi, Sora 6–10 Ottobre 1979, Sora 1982, S. 421-546.

Lutz, Heinrich, Conrad Peutinger. Beiträge zu einer politischen Biographie (Abhandlungen zur Geschichte der Stadt Augsburg, Bd. 9), Augsburg 1958.

Lutz, Heinrich, Augsburg und seine politische Umwelt 1490–1555, in: Gunther Gottlieb (Hg.), Geschichte der Stadt Augsburg. 2000 Jahre von der Römerzeit bis zur Gegenwart, Stuttgart [2]1985, S. 413-433.

Lutzmann, Ilse, Die Augsburger Handelsgesellschaft Hans und Marquard Rosenberger (1535–1560), München 1937.

Maas, Herbert, Wou die Hasn Hosn und die Hosn Husn haßn. Ein Nürnberger Wörterbuch, Nürnberg 1962, [7]2001.

März, A. L., Die Entwicklung der Adelserziehung vom Rittertum bis zu den Ritterakademien [Diss. masch. Univ. Wien], Wien 1949.

Mager, Carl Wilhelm, Über Wesen, Einrichtung und pädagogische Bedeutung des schulmäßigen Studiums der neueren Sprachen und Literaturen, Zürich 1843.

Mandelbrote, Giles, The first printed library catalogue? A German doctor's library of the sixteenth century and its place in the history of the distribution of books by catalogue, in: Fiammetta Sabba (Hg.), Le biblioteche private come paradigma bibliografico, Rom 2008, S. 295-311.

Mandrou, Robert, Robert, Bartholomäus Herwarth (1607–1676), in: Neue deutsche Biographie, Bd. 8, S. 721, Berlin 1969.

Mann, Michael, Indien ist eine Karriere. Biographische Skizzen deutscher Söldner, Ratsherren und Mediziner in Südasien, 1500–1800, in: Markus A. Denzel (IIg.), Deutsche Eliten in Übersee (16. bis frühes 20. Jahrhundert). Büdinger Forschungen zur Sozialgeschichte 2004 und 2005 (Deutsche Führungsschichten in der Neuzeit, Bd. 27), St. Katharinen 2006, S. 249-289.

Mannzmann, Anneliese (Hg.), Geschichte der Unterrichtsfächer I, Deutsch, Englisch, Französisch, Russisch, Latein, Griechisch, Musik, Kunst, München 1983.

Marti, Roland, Slavica Helvetica: Die dreisprachige Basler Wörtersammlung aus dem Jahre 1799, in: Carsten Goehrke/Robin Kemball/Daniel Weis (Hg.), „Primi sobran'e pestrych glav". Slavistische und slavenkundliche Beiträge für Peter Brang zum 65. Geburtstag., Bern u. a. 1998, S. 505-520.

Martin, Andrew John, Motive für den Venedigaufenthalt oberdeutscher Maler. Von Al-brecht Dürer bis Johann Carl Loth, in: Bernd Roeck/Klaus Bergdolt/Andrew John Martin (Hg.), Venedig und Oberdeutschland. Beziehungen zwischen Kunst und Wirtschaft (Centro Tedesco di Studi Veneziani, Bd. 9), Sigmaringen 1993, S. 21-30.

Mathew, Kuzhippalli Skaria, Indo-Portuguese Trade and the Fuggers of Germany. Six-teenth Century, Neu-Delhi 1997.

Matuz, Josef, Die Pfortendolmetscher zur Herrschaftszeit Süleymans des Prächtigen, in: Südost-Forschungen. Internationale Zeitschrift für Geschichte, Kultur und Landeskunde Südosteuropas 34 (1975), S. 26-60.

Maué, Hermann, In Nürnberg gedruckte Bücher, in: Maué, Hermann u.a. (Hg.), Quasi Centrum Europae. Kunst und Kunsthandwerk aus Nürnberg für den europäischen Markt 1400–1800, Nürnberg 2002, S. 321-363.

Mayer, K.M., Die Rektoren der Universität Dillingen im ersten Jahrhundert ihres Bestehens, in: Jahr-buch des Historischen Vereins Dillingen 9 (1896), S. 55-68.

Mayr, Anton, Die großen Augsburger Vermögen von 1618 bis 1717, Augsburg 1931.

Mead, William Edward, The Grand Tour in the 18th Century, Boston – New York 1914, New York ²1972.

Mengin, Ernst, Die Ritter-Academie zu Christian-Erlang. Ein Beitrag zur Geschichte der Pädagogik [Diss. masch. Univ. Erlangen], Erlangen 1919.

Mentzel, E., Wolfgang und Cornelia Goethes Lehrer, Ein Beitrag zu Goethes Entwick-lungsgeschichte, nach archivalischen Quellen, Leipzig [o.J.].

Merath, Siegfried, Paul von Stetten der Jüngere. Ein Augsburger Patrizier am Ende der reichsstädtischen Zeit, Augsburg 1961.

Mertens, Dieter, Auslandsstudium und *acts of identity* im Spätmittelalter, in: Elisabeth Vogel (Hg.), Zwischen Ausgrenzung und Hybridisierung. Zur Konstruktion von Identitäten aus kulturwissen-schaftlicher Perspektive (Identitäten und Alteritäten, Bd. 14), Würzburg 2003, S. 97-106.

Mertens, Hieronymus Andreas, Nachtrag zu den Nachrichten von der jetzigen Verfassung des Evan-gelischen Gymnasiums zu Augsburg, 2. Stück (Schulprogramm), Augsburg 1787.

Meusel, Johann Georg, Lexikon der vom Jahre 1750 bis 1800 verstorbenen deutschen Schriftsteller, 15 Bde., Leipzig 1802–1815.

Michel, Gerhard, Die Welt als Schule. Ratke, Comenius und die didaktische Bewegung. Hannover 1978.

Minerva, Nadia, Insegnare il francese in Italia. Repertorio di manuali pubblicati dal 1625 al 1860 (Biblioteca del Dipartimento di Lingue e Letterature Straniere Moderne dell' Università degli Studi di Bologna, Bd. 6), Bologna 1991, [2]1997.

Möller, Frank, Bürgerliche Herrschaft in Augsburg 1790–1880, München 1998.

Moos, Peter von (Hg.), Zwischen Babel und Pfingsten. Sprachdifferenzen und Gesprächsverständigung in der Vormoderne (9.–16. Jahrhundert), Münster u.a. 2008.

Morcinek, Bettina, Das *Vocabulari Catalá-Alemany* von 1502 und seine Vorlage, der *Solenissimo Vochabuolista* von 1479. Ein Textvergleich [Diplomarbeit Univ. Bamberg], Bamberg 2003.

Morcinek, Bettina, Das *Vocabulari molt profitos per aprendre Lo Catalan Alamany y Lo Alamany Catalan del any 1502* und seine italienische Vorlage, in: Helmut Glück/Bettina Morcinek (Hg.), Ein Franke in Venedig. Das Sprachlehrbuch des Georg von Nürnberg (1424) und seine Folgen (Fremdsprachen in Geschichte und Gegenwart, Bd. 3), Wiesbaden 2006, S. 65-76.

Mormile, Mario, Storia dei dizionari bilingui italo-francesi. La lessicografia italo-francese dalle origini al 1900 con un Repertorio bibliografico cronologico di tutte le opere lessicografiche italiano-francese e francese-italiano pubblicate, Fassano 1993.

Moser, Virgil, Das Nürnbergische, in: Beiträge zur Geschichte der deutschen Sprache und Literatur (Paul Braunes Beiträge) 56 (1932), S. 378-382.

Moulin-Fankhänel, Claudine, Bibliographie der deutschen Grammatiken und Orthographielehren. 2 Bde. I. Von den Anfängen der Überlieferung bis zum Ende des 16. Jahrhunderts. II. Das 17. Jahrhundert, Heidelberg 1994–1997.

Müller, Karl Otto, Quellen zur Handelsgeschichte der Paumgartner von Augsburg   (1480–1570) (Deutsche Handelsakten des Mittelalters und der Neuzeit, Bd. 9), Wiesbaden 1955.

Müller, Peter O., Sebald Heydens Nomenclatura rerum domesticarum. Zur Geschichte eines lateinisch-deutschen Schulvokabulars im 16. Jahrhundert, in: Sprachwissenschaft 18 (1993), S. 63-80.

Müller, Peter O., Deutsche Lexikographie des 16. Jahrhunderts. Konzeptionen und Funktionen frühneuzeitlicher Wörterbücher (Texte und Textgeschichte, Bd. 49), Tübingen 2001.

Müller, Peter O., Augsburg und Nürnberg als Druckorte polyglotter Wörterbücher. Eine Dokumentation von den Anfängen bis 1700, in: Mark Häberlein/Christian Kuhn (Hg.), Fremde Sprachen in frühneuzeitlichen Städten. Lehrende, Lernende und Lehrwerke (Fremdsprachen in Geschichte und Gegenwart, Bd. 7), Wiesbaden 2010, S. 211-225.

Münchhoff, Ursula, René Pierre Doignon. Ein französischer Emigrant in Erlangen (1795–1838) und seine Familie, in: Erlanger Bausteine zur Fränkischen Heimatforschung 38 (1990), S. 119-146.

Mundt, Barbara, Der Pommersche Kunstschrank des Augsburger Unternehmers Philipp Hainhofer für den gelehrten Herzog Philipp II. von Pommern, München 2009.

Naujoks, Eberhard, Vorstufen der Parität in der Verfassungsgeschichte der schwäbischen Reichsstädte (1555–1648). Das Beispiel Augsburgs, in: Jürgen Sydow (Hg.), Bürgerschaft und Kirche (Stadt in der Geschichte, Bd. 7), Sigmaringen 1980, S. 38-66.

Neubauer, Helmut, Ein Augsburger Bericht über die Moskauer „Wirren", in: Studien zur Geschichte Osteuropas, Bd. 3, Graz – Köln 1966, S. 130-140.

Neukam, F., Die Patrizierschule [Melanchthon-Gymnasium Nürnberg], 1633–1808, in: Anon. (Hg.), Melanchthon-Gymnasium [zu Nürnberg], humanistisches Gymnasium, 450. Schuljahr. Festschrift, Nürnberg [1976], S. 68-72.

Neumann-Holzschuh, Ingrid, Spanische Grammatiken in Deutschland. Ein Beitrag zur spanischen Grammatikographie des 17. und 18. Jahrhunderts, in: Wolfgang Dahmen u.a. (Hg.), Zur Geschichte der Grammatiken romanischer Sprachen. Romanistisches Kolloquium IV (Tübinger Beiträge zur Linguistik, Bd. 357), Tübingen 1991, S. 257-283.

Nickisch, Reinhard M. G., Die Stilprinzipien in den deutschen Briefstellern des 17. und 18. Jahrhunderts, Göttingen 1969.

Nickisch, Reinhard M. G., Briefsteller, in: Gert Ueding (Hg.), Historisches Wörterbuch der Rhetorik, Tübingen 1994, Bd. 2, Sp. 76-86.

Nicklas, Thomas, Bücher, Handel, Krieg. Die Stadt Lyon als Forum europäischer Kontakte im 16. Jahrhundert, in: Wolfgang Wüst/Georg Kreuzer/David Petry (Hg.), Grenzüberschreitungen. Die Außenbeziehungen Schwabens in Mittelalter und Neuzeit (Zeitschrift des Historischen Vereins für Schwaben, Bd. 100), Augsburg 2008, S. 367-378.

Niederehe, Hans-Josef, Die Geschichte des Spanischunterrichts von den Anfängen bis zum Ausgang des 17. Jahrhunderts, in: Konrad Schröder (Hg.), Fremdsprachenunterricht 1500–1800. Vorträge gehalten anlässlich eines Arbeitsgesprächs vom 16. bis 19. Oktober 1988 in der Herzog August Bibliothek Wolfenbüttel (Wolfenbütteler Forschungen, Bd. 52), Wiesbaden 1992, S. 43-55.

Niederehe, Hans-Josef, Bibliographía cronológica de la lingüística, la gramática y la lexicografía del español (BICRES) desde los comienzos hasta el año 1600 (Amsterdam Studies in the Theory and History of Linguistic Science, III, Bd. 76), Amsterdam – Philadelphia 1995.

Niederehe, Hans-Josef, Bibliographía cronológica de la lingüística, la gramática y la lexicografía del español (BICRES) desde el año 1601 hasta el año 1700 (Amsterdam Studies in the Theory and History of Linguistic Science III, Bd. 91), Amsterdam – Philadelphia 1999.

Niederehe, Hans-Josef, Die „Gramática de la lengua castellana" (1492) von Antonio de Nebrija, in: Werner Hüllen/Friederike Klippel (Hg.), Heilige und profane Sprachen. Holy and profane Languages. Die Anfänge des Fremdsprachenunterrichts im westlichen Europa. The Beginnings of Foreign Language Teaching in Western Europe (Wolfenbütteler Forschungen, Bd. 98), Wiesbaden 2002, S. 129-140.

North, Michael (Hg.), Kultureller Austausch. Bilanz und Perspektiven der Frühneuzeitforschung, Köln – Weimar – Wien 2009.

Nübel, Otto, Das Augsburger Kaufherrengeschlecht Hoechstetter und die Restitution König Christians II. von Dänemark, in: Zeitschrift des Historischen Vereins für Schwaben 73 (1979), S. 126-147.

Nørregård, Georg, Danish Settlements in West Africa 1658–1850, New York 1966.

Oohlau, Jürgen U., Neue Quellen zur Familiengeschichte der Spengler. Lazarus Spengler und seine Söhne, in: Mitteilungen des Vereins für die Geschichte der Stadt Nürnberg 52 (1963/64), S. 232-255.

Ostrower, Alexander, Language, Law, and Diplomacy. A Study of Linguistic Diversity in Official International Relations and International Law, 2 Bde., Philadelphia 1965.

Otte, Enrique, Die Welser in Santo Domingo, in: Festschrift für Johannes Vincke zum 11. Mai 1962, Bd. 2, Madrid 1962/63, S. 475-518.

Otte, Enrique, Jacob und Hans Cromberger und Lazarus Nürnberger. Die Begründer des deutschen Amerikahandels, in: Mitteilungen des Vereins für die Geschichte der Stadt Nürnberg 52 (1963/64), S. 129-162.

Ozment, Steven, Magdalena & Balthasar. Briefwechsel der Eheleute Paumgartner aus der Lebenswelt des 16. Jahrhunderts, Frankfurt a.M. 1989.

Ozment, Steven, Flesh and Spirit. Private Life in Early Modern Germany, New York 1999.

Paas, John Roger (Hg.), Der Franken Rom. Nürnbergs Blütezeit in der zweiten Hälfte des 17. Jahrhunderts, Wiesbaden 1995.

Panconcelli-Calzia, Giulio, Geschichtszahlen der Phonetik. Quellenatlas der Phonetik [Hamburg 1940, 1941]. New Edition with an English Introduction by Konrad Koerner, Amsterdam – Philadelphia 1994.

Papst, Johann Georg Friedrich, Gegenwärtiger Zustand der Friedrich-Alexander-Universität zu Erlangen, Erlangen 1791.

Paulus, Christof, Wolfgang Jakob Sulzer d.J. 1685–1751. Augsburger Politiker, in: Wolfgang Haberl (Hg.), Lebensbilder aus dem Bayerischen Schwaben, Weißenhorn 2004, Bd. 16, S. 75-102.

Parker, Geoffrey, Der Dreißigjährige Krieg, Darmstadt 1987.

Pérez de Tudela, Almudena/Jordan Gschwend, Annemarie, Luxury Goods for Royal Collectors: Exotica, Princely Gifts and Rare Animals Exchanged Between the Iberian Courts and Central Europe in the Renaissance (1560–1612), in: Jahrbuch des Kunsthistorischen Museums Wien 3 (2001), S. 1-127.

Peters, Lambert F., Der Handel Nürnbergs am Anfang des Dreißigjährigen Krieges. Strukturkomponenten, Unternehmen und Unternehmer. Eine quantitative Analyse (VSWG Beiheft 112), Stuttgart 1994.

Peters, Lambert F., Strategische Allianzen, Wirtschaftsstandort und Standortwettbewerb. Nürnberg 1500–1625, Frankfurt a.M. 2005.

Petritsch, E.D., Die Wiener Turkologie vom 16. bis 19. Jahrhundert, in: Klaus Kreiser (Hg.), Germano-Turcica. Zur Geschichte des Türkisch-Lernens in den deutschsprachigen Ländern. Ausstellung des Lehrstuhls für türkische Sprache, Geschichte und Kultur der Universität Bamberg in Zusammenarbeit mit der Universitätsbibliothek Bamberg (Schriften der Universitätsbibliothek Bamberg, Bd. 4), Bamberg 1987, S. 25-40.

Pfanner, Josef, Die deutsche Schreibsprache in Nürnberg von ihrem ersten Auftreten bis zum Ausgang des 14. Jahrhunderts, in: Mitteilungen des Vereins für die Geschichte der Stadt Nürnberg 45 (1954), S. 148-207.

Pfanner, Josef, Caritas Pirckheimer, in: Gerhard Pfeiffer (Hg.), Fränkische Lebensbilder. Neue Folge der Lebensläufe aus Franken, Bd. 2, Würzburg 1968, S. 193-216.

Pfeiffer, Gerhard, Die Privilegien der französischen Könige für die oberdeutschen Kaufleute in Lyon, in: Mitteilungen des Vereins für die Geschichte der Stadt Nürnberg 53 (1965), S. 150-194.

Pfeiffer, Gerhard, Die Bemühungen der oberdeutschen Kaufleute um die Privilegierung ihres Handels in Lyon, in: Beiträge zur Wirtschaftsgeschichte Nürnbergs, Nürnberg 1967, S. 407-456.

Pfeiffer, Gerhard (Hg.), Nürnberg. Geschichte einer europäischen Stadt, München 1971.

Pilz, Kurt, Johann Amos Comenius, Die Ausgaben des *Orbis Sensualium Pictus*. Eine Bibliographie (Beiträge zur Geschichte und Kultur der Stadt Nürnberg, Bd. 14), Nürnberg 1967.

Pilz, Kurt, Egidius Arnold, seine Familie und seine Geldstiftungen für Nürnberger Handwerke, in: Mitteilungen des Vereins für die Geschichte der Stadt Nürnberg 62 (1975), S. 102-160.

Pilz, Kurt, Der Goldschmied Albrecht Dürer d.Ä. Ein Beitrag zur Identifikation seiner Arbeiten und der Bildnisse, die ihn darstellen, in: Mitteilungen des Vereins für die Geschichte der Stadt Nürnberg 72 (1985), S. 67-74.

Pilzecker, B., Zur Entwicklung des Englischunterrichts am Christianeum, in: Mitteilungsblatt des Vereins der Freunde des Christianeums 44 (1989), Heft 1, S. 30-33.

Pölnitz, Götz Freiherr von, Jakob Fugger. Kaiser, Kirche und Kapital im Oberdeutschland der Renaissance, Bd. 1, Tübingen 1949.

Pölnitz, Götz Freiherr von, Anton Fugger, 5 Bde., Tübingen 1958–1986.

Pohl, Horst, Das Rechnungsbuch des Nürnberger Großkaufmanns Hans Praun von 1471 bis 1478, in: Mitteilungen des Vereins für die Geschichte der Stadt Nürnberg 55 (1967/68), S. 77-136.

Pohle, Jürgen, Deutschland und die überseeische Expansion Portugals im 15. und 16. Jahrhundert (Historia profana et ecclesiastica, Bd. 2), Münster 2000.

Pohlmann, Cornelia, Die Auswanderung aus dem Herzogtum Braunschweig im Kräftespiel staatlicher Einflußnahme und öffentlicher Resonanz 1720–1897, Stuttgart 2002 (Beiträge zur Kolonial- und Überseegeschichte, Bd. 84).

Polenz, Peter von, Deutsche Sprachgeschichte vom Spätmittelalter bis zur Gegenwart, 3 Bde., Bd. I: Einführung, Grundbegriffe, Deutsch der frühbürgerlichen Zeit, Berlin – New York 1991, Bd. II: 17. und 18. Jahrhundert, Berlin – New York 1994, Bd. III: 19. und 20. Jahrhundert, Berlin – New York 1999.

Polenz, Peter von, Geschichte der deutschen Sprache, Berlin – New York 2009.

Polivka, Miloslav, Wirtschaftliche Beziehungen mit den „Böhmischen Ketzern" in den Jahren 1419 bis 1434. Haben die Nürnberger mit den Hussiten Handel betrieben?, in: Mitteilungen des Vereins für die Geschichte der Stadt Nürnberg 86 (1999), S. 1-19.

Pommeranz, Johannes, Fernando Colóns Buchkäufe in Nürnberg im Winter 1521/1522. Zum Vertrieb des Nürnberger Buchhandels im Zeitalter der Fugger, in: Hermann Maué u.a. (Hg.), Quasi Centrum Europae. Kunst und Kunsthandwerk aus Nürnberg für den europäischen Markt 1400–1800, Nürnberg 2002, S. 305-319.

Poten, Bernhard von, Geschichte des Militär-Erziehungs- und Bildungswesens in den Lan-den deutscher Zunge (Monumenta Germaniae Paedagogica 10, 11, 15, 17, 18), 5 Bde., Berlin 1889–1897.

Putanec, Valentin, Francuska leksikografija na hrvatskom ili srpskom i slovemskom jeziku do 1914 g. sa Bibliografijom francuske leksikografije na hrvatskom ili srpskom i slovemskom jeziku (1603–1950), Zagreb 1952.

Raab, Harald, Die Anfänge der slawistischen Studien im deutschen Ostseeraum unter besonderer Berücksichtigung von Mecklenburg und Vorpommern, in: Wissenschaftliche Zeitschrift der Ernst-Moritz-Arndt-Universität Greifswald, Gesellschafts- und Sprachwissenschaftliche Reihe 5 (1955/56), S. 341-402.

Radtke, Edgar, Französische und italienische Gebrauchsgrammatiken des 17. Jahrhunderts, in: Wolfgang Dahmen u.a. (Hg.), Zur Geschichte der Grammatiken romanischer Sprachen. Romanistisches Kolloquium IV (Tübinger Beiträge zur Linguistik, Bd. 357), Tübingen 1991, S. 95-110.

Rajkay, Barbara, Die Bevölkerungsentwicklung von 1500 bis 1648, in: Gunther Gottlieb (Hg.), Geschichte der Stadt Augsburg von der Römerzeit bis zur Gegenwart, Stuttgart [2]1985, S. 252-258.

Rauscher, Gerhard, Das Collegium Illustre zu Tübingen und die Anfänge des Unterrichts in den neu-eren Fremdsprachen, unter besonderer Berücksichtigung des Englischen, 1601–1817 [Diss. masch. Univ. Tübingen] 1957.

Reichert, Folker, Erfahrung der Welt. Reisen und Kulturbegegnung im späten Mittelalter, Stuttgart 2001.

Reifsnyder, Kristen, Vernacular versus emerging Standard. An examination of dialect usage in early modern Augsburg (1500–1650), Madison 2003.

Reinhard, Wolfgang, Sprachbeherrschung und Weltherrschaft. Sprache und Sprachwissenschaft in der europäischen Expansion, in: Ders. (Hg.), Humanismus und Neue Welt (Mitteilung XV der Kommission für Humanismusforschung), Weinheim 1987, S. 1–36.

Reinhard, Wolfgang, Die Anfänge der Reformation in Nürnberg, in: Volker Kapp/Frank-Rutger Hausmann (Hg.), Nürnberg und Italien. Begegnungen, Einflüsse und Ideen (Erlanger Romanistische Arbeiten, Bd. 6), Tübingen 1991, S. 9-23.

Reinhard, Wolfgang (Hg.), Augsburger Eliten des 16. Jahrhunderts. Prosopographie wirtschaftlicher und politischer Führungsgruppen 1500–1620, bearbeitet von Mark Häberlein u.a., Berlin 1996.

Rettig, Wolfgang, Les dictionnaires bilingues des langues française et allemande. Questions de méthode, in: Manfred Höfer (Hg.), La lexicographie française du XVIe au XVIIIe siècle. Actes du Colloque international de Lexicographie dans la Herzog August Bibliothek Wolfenbüttel (9. bis 11. Oktober 1979), Wolfenbüttel 1982, S. 103-113.

Rettig, Wolfgang, Die zweisprachige Lexikographie Französisch-Deutsch, Deutsch-Französisch, in: Franz Josef Hausmann/Oskar Reichmann/Herbert Ernst Wiegand (Hg.), Wörterbücher. Dictionaries. Dictionnaires. Ein internationales Handbuch zur Lexikographie. Encyclopédie internationale de lexicographie, Bd. 3, Berlin – New York 1991, Sp. 2997-3007.

Richter, Julius, Das Erziehungswesen am Hofe der Wettiner Albertinischer (Haupt-)Linie (Monumenta Germaniae Paedagogica, Bd. 52), Berlin 1913.

Ridder-Symoens, Hilde de, Die Kavalierstour im 16. und 17. Jahrhundert, in: Peter J. Brenner (Hg.), Der Reisebericht, Frankfurt a.M. 1989, S. 197-223.

Ridder-Symoens, Hilde de, Mobilität, in: Walter Rüegg (Hg.), Geschichte der Universität in Europa, Bd. 2, München 1996, S. 335-359.

Riecke, Jörg, Sebald Heydens *Formulae puerilium colloquiorum*. Zur Geschichte eines lateinisch-deutschen Gesprächsbüchleins aus dem 16. Jahrhundert, in: Zeitschrift für Deutsche Philologie 114 (1995), S. 99-109.

Robson-Scott, William Douglas, German Travellers in England, 1400–1800, Oxford 1953.

Roeck, Bernd, Eine Stadt in Krieg und Frieden, Studien zur Geschichte der Reichsstadt Augsburg zwischen Kalenderstreit und Parität, 2 Bde. (Schriftenreihe der Historischen Kommission bei der Bayerischen Akademie der Wissenschaften, Bd. 37), Göttingen 1989.

Roeck, Bernd, Als wollt die Welt schier brechen. Eine Stadt im Zeitalter des Dreißigjährigen Krieges, München 1991.

Roeck, Bernd, Philipp Hainhofer. Unternehmer in Sachen Kunst, in: Louis Carlen/Gabriel Imboden (Hg.), Kräfte der Wirtschaft. Unternehmergestalten des Alpenraums im 17. Jahrhundert. Vorträge des zweiten internationalen Symposiums zur Geschichte des Alpenraums, Brig 1992, S. 9-53.

Roeck, Bernd, Kunst und Wirtschaft in Venedig und Oberdeutschland zur Zeit der Renaissance, in: Bernd Roeck/Klaus Bergdolt/Andrew John Martin (Hg.), Venedig und Oberdeutschland im Zeitalter der Renaissance. Beziehungen zwischen Kunst und Wirtschaft (Centro Tedesco di Studi Veneziani, Bd. 9), Sigmaringen 1993, S. 9-18.

Roeck, Bernd, Kunstpatronage in der Frühen Neuzeit. Studien zu Kunstmarkt, Künstlern und ihren Auftraggebern in Italien und im Heiligen Römischen Reich (15.–17. Jahrhundert), Göttingen 1999.

Roeck, Bernd, Kulturtransfer im Zeitalter des Humanismus. Venedig und das Reich, in: Bodo Guthmüller (Hg.), Deutschland und Italien in ihren wechselseitigen Beziehungen während der Renaissance (Wolfenbütteler Abhandlungen zur Renaissanceforschung, Bd. 19), Wiesbaden 2000, S. 9-29.

Römmelt, Stefan W., Georgien in Teutschland. Der Augsburger Pastor Samuel Urlsperger (1685–1772) und die pietistische Publizistik über das Siedlungsprojekt Eben-Ezer (Georgia), in: Wolfgang Wüst/Georg Kreuzer/David Petry (Hg.), Grenzüberschreitungen. Die Außenbeziehungen Schwabens in Mittelalter und Neuzeit (Zeitschrift des Historischen Vereins für Schwaben, Bd. 100), Augsburg 2008, S. 249-266.

Röttinger, Heinrich, „Schön, Erhard und Stör, Niklas, Der Pseudo-Schön." Zwei Untersuchungen zur Geschichte des alten Nürnberger Holzschnittes (Studien zur deutschen Kunstgeschichte, Heft 229), Straßburg 1925.

Roseno, Agnes, Die Entwicklung der Brieftheorie von 1655 bis 1709. Dargestellt anhand der Briefsteller von G. Ph. Harsdörffer, K. Stieler, Chr. Weise, B. Neukirch, Würzburg 1933.

Rossebastiano Bart, Alda, Per la storia dei vocabolari italiano-tedeschi. Localizzazione e datazione di un ramo della tradizione manoscritta, in: Manlio Cortelazzo (Hg.), La ricerca dialettale, Pisa 1975–1981, Bd. 3, S. 289-302.

Rossebastiano Bart, Alda, Antichi vocabolari plurilingui d'uso popolare. La tradizione del „Solenissimo Vochabuolista", Alessandria 1984.

Rosset, Théodore, Les origines de la prononciation moderne étudiée au XVIIIᵉ siècle, Paris 1911.

Rothmann, Michael, Märkte und Messen als wirtschaftliche und kulturelle Begegnungsstätten, in: Klaus Herbers/Nikolaus Jaspert (Hg.), „Das kommt mir spanisch vor." Eigenes und Fremdes in den deutsch-spanischen Beziehungen des späten Mittelalters (Geschichte und Kultur der Iberischen Welt, Bd. 1), Münster 2004, S. 607-629.

Roux, Oskar, Der Réfugié François Roux, seine Ahnen und Nachkommen, Jena 1928.

Rücker, Friedrich Wilhelm, Die Geschichte des Gymnasiums zu Erlangen. Teil 1: Entstehung des Gymnasiums, Jahresbericht von der Königlichen Studienanstalt zu Erlangen in Mittelfranken, Erlangen 1845.

Rüegg, Walter (Hg.), Geschichte der Universität in Europa, Bd. 2, München 1996.

Ruppert, Wolfgang, Der Bürger als Kaufmann. Erziehung und Lebensformen, Weltbild und Kultur, in: Ulrich Hermann (Hg.), „Die Bildung des Bürgers". Die Formierung der bürgerlichen Gesellschaft und die Gebildeten im 18. Jahrhundert, Weinheim – Basel 1982, S. 287-305.

Rupprich, Hans, Willibald Pirckheimer, in: Gerhard Pfeiffer (Hg.), Fränkische Lebensbilder. Neue Folge der Lebensläufe aus Franken, Bd. 1, Würzburg 1967, S. 94-112.

Safley, Thomas Max, Matheus Miller's memoir. A merchant's life in the seventeenth century, Basingstoke 2000.

Sander, Ulrike-Christine/Paul, Fritz (Hg.), Muster und Funktionen kultureller Selbst- und Fremdwahrnehmung. Beiträge zur internationalen Geschichte der sprachlichen und literarischen Emanzipation, Göttingen 2000.

Schäfer, Karl Heinrich, Die deutschen Mitglieder der Heiliggeist-Bruderschaft zu Rom am Ausgang des Mittelalters, Paderborn 1913.

Schäfer, Stefan, Zur Darstellung der Aussprache in tschechisch-deutschen Lehrwerken zwischen 1777 und 1856, in: Deutsch als Fremdsprache 42/1 (2005), S. 47-52.

Schaller, Klaus, Comenius (Erträge der Forschung, Bd. 19), Darmstadt 1973.

Schaller, Klaus, Jan Amos Comenius. Ein pädagogisches Porträt, Weinheim – Basel – Berlin 2004.

Schaper, Christa, Die Hirschvogel von Nürnberg und ihre Faktoren in Lissabon und Sevilla, in: Hermann Kellenbenz (Hg.), Fremde Kaufleute auf der Iberischen Halbinsel, Köln – Wien 1970, S. 176-196.

Schaper, Christa, Die Hirschvogel von Nürnberg und ihr Handelshaus (Nürnberger Forschungen, Bd. 18), Nürnberg 1973.

Schaper, Christa, Die Fürleger von Nürnberg und ihre Niederlassung in Verona im 16./17. Jahrhundert, in: Mitteilungen des Vereins für die Geschichte der Stadt Nürnberg 73 (1986), S. 1-44.

Schilling, Heinz, Niederländische Exulanten im 16. Jahrhundert. Ihre Stellung im Sozialgefüge und im religiösen Leben deutscher und englischer Städte, Gütersloh 1972.

Schilling, Michael, Zwischen Mündlichkeit und Druck. Die Fuggerzeitungen, in: Hans-Gert Roloff (Hg.), Editionsdesiderate der Frühen Neuzeit. Beiträge zur Tagung der Kommission für die Edition von Texten der Frühen Neuzeit, Bd. 2, Amsterdam – Atlanta 1997, S. 717-728.

Schmale, Wolfgang/Stauber, Reinhard (Hg.), Menschen und Grenzen in der frühen Neuzeit, Berlin 1998.

Schmale, Wolfgang (Hg.), Kulturtransfer. Kulturelle Praxis im 16. Jahrhundert, Innsbruck 2003.

Schmid, Wolfgang, Dürer als Unternehmer. Kunst, Humanismus und Ökonomie in Nürnberg um 1500 (Beiträge zur Landes- und Kulturgeschichte, Bd. 1), Trier 2003.

Schmidt, Bernhard, Der französische Unterricht und seine Stellung in der Pädagogik des 17. Jahrhunderts [Diss. masch. Univ. Halle/Saale], Halle/Saale 1931.

Schmidt, Eike D., Johann Balthasar Stockamer. Ein Nürnberger Bildhauer des 17. Jahrhunderts in Italien und Sachsen, in: Anzeiger des Germanischen Nationalmuseums 2002, S. 293-309.

Schmidt, Friedrich, Geschichte der Erziehung der Bayerischen Wittelsbacher von den frühesten Zeiten bis 1750. Urkunden nebst geschichtlichem Überblick und Register (Monumenta Germaniae Paedagogica, Bd. 14), Berlin 1892.

Schmidt, Friedrich, Geschichte der Erziehung der Pfälzischen Wittelsbacher. Urkunden nebst geschichtlichem Überblick und Register (Monumenta Germaniae Paedagogica, Bd. 19), Berlin 1899.

Schmidt, Peter, Das Collegium Germanicum in Rom und die Germaniker. Zur Funktion eines römischen Ausländerseminars (1552–1914) (Bibliothek des Deutschen Historischen Instituts in Rom, Bd. 56), Tübingen 1984.

Schnabel, Werner Wilhelm, Die Stammbücher und Stammbuchfragmente der Stadtbibliothek Nürnberg, 3 Bde. (Innovationen, Bd. 1), Nürnberg 1995.

Schönfeldt, Sybil Gräfin, 1 x 1 des guten Tons. Das neue Benimmbuch, Reinbek 1991.

Schöningh, Franz Josef, Die Rehlinger von Augsburg. Ein Beitrag zur deutschen Wirtschaftsgeschichte des 16. und 17. Jahrhunderts, Paderborn 1927.

Scholz-Babisch, Marie, Oberdeutscher Handel mit dem deutschen und polnischen Osten nach Geschäftsbriefen von 1444, in: Zeitschrift des Vereins für Geschichte Schlesiens 64 (1930), S. 56-74.

Scholz, Friedrich, Geschichte der deutschen Schriftsprache in Augsburg bis zum Jahre 1374 mit besonderer Berücksichtigung der städtischen Kanzlei (Acta Germanica V, Bd. 2), Berlin 1898.

Schreiner, Klaus/Schwerhoff, Gerd (Hg.), Verletzte Ehre. Ehrkonflikte in Gesellschaften des Mittelalters und der Frühen Neuzeit (Norm und Struktur, Bd. 5), Köln – Wien 1995, S. 1-28.

Schröder, Konrad, Die Entwicklung des Englischunterrichts an den deutschsprachigen Universitäten bis zum Jahre 1850. Mit einer Analyse zu Verbreitung und Stellung des Englischen als Schulfach an den deutschen höheren Schulen im Zeitalter des Neuhumanismus, Ratingen 1969.

Schröder, Konrad, Lehrwerke für den Englischunterricht im deutschsprachigen Raum 1665–1900. Einführung und Versuch einer Bibliographie, Darmstadt 1975.

Schröder, Konrad, Kleine Chronik zur Frühzeit des Fremdsprachenlernens und des Fremdsprachenunterrichts im deutschsprachigen Raum, unter besonderer Berücksichtigung des 16. Jahrhunderts, in: Die Neueren Sprachen 79 (1980), S. 114-135.

Schröder, Konrad, Linguarum Recentium Annales. Der Unterricht in den modernen europäischen Sprachen im deutschsprachigen Raum (Augsburger I&I-Schriften, Bd. 10, 18, 23, 33), Augsburg 1980–1985.

Schröder, Konrad, Wilhelm Viëtor, „Der Sprachunterricht muss umkehren." Ein Pamphlet aus dem 19. Jahrhundert neu gelesen (Forum Sprache, Bd. 1), München 1984.

Schröder, Konrad [1989a], Über Volkshaß und über den Gebrauch einer fremden Sprache. Zur historischen Dimension des Schulsprachenstreites Englisch – Französisch, unter besonderer Berücksichtigung der nach-napoleonischen Zeit, in: Eberhard Kleinschmidt (Hg.), Fremdsprachenunterricht zwischen Sprachenpolitik und Praxis. Festschrift für Herbert Christ zum 60. Geburtstag, Tübingen 1989, S. 58-70.

Schröder, Konrad [1989b], Fremdsprachenunterricht in Hamburg im 17. und 18. Jahrhundert, in: Winfried Brusch/Wulf Künne/Reiner Lehberger (Hg.), Englischdidaktik: Rückblicke – Einblicke – Ausblicke. Festschrift für Peter W. Kahl, Berlin 1989, S. 11-24.

Schröder, Konrad (Hg.) [1992a], Fremdsprachenunterricht 1500–1800. Vorträge gehalten anlässlich eines Arbeitsgesprächs vom 16. bis 19. Oktober 1988 in der Herzog August Bibliothek Wolfenbüttel (Wolfenbütteler Forschungen, Bd. 52), Wiesbaden 1992.

Schröder, Konrad [1992b], Matthias Cramers „Entretien de la Méthode entre un maître de langues et un écolier" (Nürnberg 1696). Französischunterricht und Fremdsprachendidaktik im Zeitalter Ludwigs XIV, in: Ders. (Hg.), Fremdsprachenunterricht 1500–1800. Vorträge gehalten anlässlich eines Arbeitsgesprächs vom 16. bis 19. Oktober 1988 in der Herzog August Bibliothek Wolfenbüttel (Wolfenbütteler Forschungen, Bd. 52), Wiesbaden 1992, S. 171-189.

Schröder, Konrad, Biographisches und bibliographisches Lexikon der Fremdsprachenlehrer des deutschsprachigen Raumes, Spätmittelalter bis 1800, 6 Bde. (Augsburger I&I-Schriften, Bd. 40, 51, 63, 68, 73, 74), Augsburg 1992–1999. Neuausgabe i. V.

Schröder, Konrad, Essay 1: Languages. Open University (UK) (Hg.): What is Europe? Book 2: Aspects of European Cultural Diversity, London – New York 1993, S. 13-64.

Schröder, Konrad [1996a], Frauen lernen Fremdsprachen. Einige empirische Fakten und die Historie des Phänomens, in: Neusprachliche Mitteilungen 49 (1996), S. 5-10.

Schröder, Konrad [1996b], Frühe Fremdsprachenlehrerinnen, in: Ingrid Buchloh et al. (Hg.), Konvergenzen. Fremdsprachenunterricht: Planung – Praxis – Theorie. Festschrift für Ingeborg Christ aus Anlass ihres 60. Geburtstages, Tübingen 1996, S. 347-362.

Schröder, Konrad, Der Unterricht des Englischen im 16. Jahrhundert, in: Sylvain Auroux/ E.F.K. Joerner/Hans-Josef Niederehe/Kees Versteegh (Hg.), History of the Language Sciences. Geschichte der Sprachwissenschaften. Histoire des sciences du langage. An International Handbook on the Evolution of the Study of Languages from the Beginnings to thc Present, Bd. I, 1. Teilband, Berlin – New York 2000, S. 723-728.

Schröder, Konrad, Kommerzielle und kulturelle Interessen am Unterricht der Volkssprachen im 15. und 16. Jahrhundert, in: Sylvain Auroux/E.F.K. Koerner/Hans-Josef Niederehe/Kees Versteegh (Hg.), History of the Language Sciences. Geschichte der Sprachwissenschaften. Histoire des sciences du langage. An International Handbook on the Evolution of the Study of Languages from the Beginnings to the Present, Bd. I, 1. Teilband, Berlin – New York 2000, S. 681-687.

Schröder, Konrad [2001a], Die skandinavischen und baltischen Sprachen sowie Jiddisch und Rotwelsch. Ein Verzeichnis der Lehr- und Lernmaterialien 1500–1800 einschließlich der Neudrucke und ausgewählter Sekundärliteratur. Mit Standortnachweisen (Augsburger I&I-Schriften, Bd. 78), Augsburg 2001.

Schröder, Konrad [2001b], Wahre Exoten? Die weniger gelernten Fremdsprachen der Frühen Neuzeit. Eine Tour d'Horizon, in: Lothar Bredella/Franz Josef Meißner (Hg.), Lehren und Lernen fremder Sprachen zwischen Globalisierung und Regionalisierung. Symposium zum 70. Geburtstag von Herbert Christ, Tübingen 2001, S. 95-117.

Schröder, Konrad, Die modernen Fremdsprachen im frühen 18. Jahrhundert, in: Werner Hüllen/Friederike Klippel (Hg.), Sprachen der Bildung – Bildung durch Sprachen im Deutschland des 18. und 19. Jahrhunderts (Wolfenbütteler Forschungen, Bd. 107), Wiesbaden 2005, S. 11-28.

Schröder, Konrad, Didaktische Ansätze im Sprachbuch des Georg von Nürnberg, in: Helmut Glück/Bettina Morcinek (Hg.), Ein Franke in Venedig. Das Sprachlehrbuch des Georg von Nürnberg (1424) und seine Folgen (Fremdsprachen in Geschichte und Gegenwart, Bd. 3), Wiesbaden 2006, S. 51-63.

Schröder, Konrad [2010a], *La surdité de M. Fenton* oder Zur schulpolitischen und sozialen Einbettung des modernen Fremdsprachenunterrichts und seiner Lehrer in Lüneburg, 1655–1800, in: Mark Häberlein/Christian Kuhn (Hg.), Fremde Sprachen in frühneuzeitlichen Städten. Lernende, Lehrende und Lehrwerke (Fremdsprachen in Geschichte und Gegenwart, Bd. 7), ·Wiesbaden 2010, S. 227-248.

Schröder, Konrad [2010b], Zur Begründung des Englischlernens im Deutschland des 18. Jahrhunderts, in: Fremdsprachen Lehren und Lernen 39 (2010), S. 13-25.

Schröder, Konrad/Macht, Konrad, Wie viele Sprachen für Europa? Fremdsprachenunterricht, Fremdsprachenlernen und europäische Sprachenvielfalt im Urteil von Studierenden des Grundstudiums in Deutschland, Belgien und Finnland (Augsburger I&I-Schriften, Bd. 24), Augsburg 1983.

Schröder, Konrad/Walter, Judith, Die Stadt als Ort europäischer Mehrsprachigkeit: Erwerb und Vermittlung moderner Fremdsprachen in Augsburg im Zeitalter der Frühen Neuzeit, in: Stephan Elspaß/Michaela Negele (Hg.), Sprachvariation und Sprachwandel in der Stadt der frühen Neuzeit, Heidelberg 2011, S. 117-162.

Schudt, Ludwig, Italienreisen im 17. und 18. Jahrhundert (Veröffentlichungen der Bibliotheca Hertziana, Römische Forschungen, Bd. 15), Wien – München 1959.

Schulte, Aloys, Die Fugger in Rom 1495–1523. Mit Studien zur Geschichte des kirchlichen Finanzwesens jener Zeit, 2 Bde., Leipzig 1904.

Schulte Beerbühl, Margrit, Deutsche Kaufleute in London. Welthandel und Einbürgerung (1660–1818) (Veröffentlichungen des deutschen Historischen Instituts London, Bd. 41), München 2007.

Schultheiß, Wolfgang Konrad, Geschichte der Schulen in Nürnberg, Hefte 1-5, Nürnberg 1853–1857.

Schultheiß, Werner, Die Entdeckung Amerikas und Nürnberg. Beiträge zur Kultur- und Wirtschaftsgeschichte der Reichsstadt, in: Jahrbuch für fränkische Landesforschung 15 (1955), S. 171-199.

Schulze, Winfried, Augsburg 1555–1648. Eine Stadt im Heiligen Römischen Reich, in: Gunther Gottlieb u.a. (Hg.), Geschichte der Stadt Augsburg von der Römerzeit bis zur Gegenwart, Stuttgart ²1985, S. 433-447.

Schulze, Winfried, Ego-Dokumente. Annäherung an den Menschen in der Geschichte?, in: Bea Lundt/Helma Reimöller (Hg.), Von Aufbruch und Utopie. Perspektiven einer neuen Gesellschaftsgeschichte des Mittelalters. Für und mit Ferdinand Seibt aus Anlass seines 65. Geburtstages, Köln – Weimar – Wien 1992, S. 417-450.

Schuster, Georg, Zur Erziehungsgeschichte der Markgrafen Erdmann August und Georg Albrecht von Brandenburg-Bayreuth, in: Zeitschrift für Geschichte der Erziehung und des Unterrichts 1 (1911), S. 69-83.

Schuster, Georg/Wagner, Friedrich, Die Jugend und Erziehung der Kurfürsten von Brandenburg und Könige von Preußen (Monumenta Germaniae Paedagogica, Bd. 34), Berlin 1906.

Schwanke, Irmgard, Lernen bei Sprachmeistern und im Kontor. Die Ausbildung Augsburger Patriziersöhne in Lucca und Lyon 1620–1627, in: Mark Häberlein/Christian Kuhn (Hg.), Fremde Sprachen in frühneuzeitlichen Städten. Lernende, Lehrende und Lehrwerke (Fremdsprachen in Geschichte und Gegenwart, Bd. 7), Wiesbaden 2010, S. 93-102.

Schweikhart, Gunter, Der Fondaco dei Tedeschi. Bau und Ausstattung im 16. Jahrhundert, in: Bernd Roeck/Klaus Bergdolt/Andrew John Martin (Hg.), Venedig und Oberdeutschland in der Renaissance. Beziehungen zwischen Kunst und Wirtschaft (Centro Tedesco di Studi Veneziani, Bd. 9), Sigmaringen 1995, S. 41-49.

Schweitzer, Christoph E., Harsdörffer, Quevedo, Espinosa und Arcimboldo, in: John Roger Paas (Hg.), Der Franken Rom. Nürnbergs Blütezeit in der zweiten Hälfte des 17. Jahrhunderts, Wiesbaden 1995, S. 213-223.

Schweizer, Alois, Lucas Geizkofler (1550–1620). Bildungsweg, Berufstätigkeit und soziale Umwelt eines Augsburger Juristen und Späthumanisten, Tübingen 1976.

Schwob, Ute Monika, Kulturelle Beziehungen zwischen Nürnberg und den Deutschen im Südosten im 14. bis 16. Jahrhundert (Buchreihe der Südostdeutschen Historischen Kommission, Bd. 23), München 1969.

Sczesny, Anke, Johann Joachim Becher als kaiserlicher Kommissar in der Reichsstadt Augsburg, in: Scripta Mercaturae 31/1 (1997), S. 1-19.

Seibold, Gerhard, Die Viatis und Peller. Beiträge zur Geschichte ihrer Handelsgesellschaft (Forschungen zur internationalen Sozial- und Wirtschaftsgeschichte, Bd. 12), Köln 1977.

Seibold, Gerhard, Die Blommart und ihr Handelshaus, in: Mitteilungen des Vereins für die Geschichte der Stadt Nürnberg 68 (1981), S. 164-220.

Seibold, Gerhard, Christoph Fürer (gest. 1537), in: Alfred Wendehorst/Gerhard Pfeiffer (Hg.), Fränkische Lebensbilder. Neue Folge der Lebensläufe aus Franken, Bd. 10, Neustadt a. d. Aisch 1982, S. 67-96.

Seibold, Gerhard, Zur Situation der italienischen Kaufleute in Nürnberg während der zweiten Hälfte des 17. und der ersten Hälfte des 18. Jahrhunderts, in: Mitteilungen des Vereins für die Geschichte der Stadt Nürnberg 71 (1984), S. 186-207.

Seibold, Gerhard, Die Manlich. Geschichte einer Augsburger Kaufmannsfamilie (Abhandlungen zur Geschichte der Stadt Augsburg, Bd. 35), Sigmaringen 1995.

Seitz, Anton Michael, Kurze Geschichte des Dillinger Gymnasiums in fürstbischöflicher Zeit (1549/50–1804), in: Geschichte der Stadt Dillingen a. d. Donau und ihres Gymnasiums, 1550–1950. Festschrift zur Feier des vierhundertjährigen Bestehens des Gymnasiums Dillingen an der Donau, [Dillingen] 1950, S. 33-87.

Sigelen, Alexander, Dem ganzen Geschlecht nützlich und rühmlich. Reichspfennigmeister Zacharias Geizkofler zwischen Fürstendienst und Familienpolitik, Stuttgart 2009.

Simmer, Götz, Gold und Sklaven. Die Provinz Venezuela während der Welser-Verwaltung (1528–1556), Berlin 2000.

Simonsfeld, Henry, Der Fondaco dei Tedeschi in Venedig und die deutsch-venetianischen Handelsbeziehungen, 2 Bde., Stuttgart 1887.

Simsch, Adelheid, Die Handelsbeziehungen zwischen Nürnberg und Posen im europäischen Wirtschaftsverkehr des 15. und 16. Jahrhunderts (Gießener Abhandlungen zur Agrar- und Wirtschaftsforschung des europäischen Ostens, Bd. 50), Wiesbaden 1970.

Sottili, Agostino, Nürnberger Studenten an italienischen Renaissance-Universitäten unter besonderer Berücksichtigung der Universität Pavia, in: Volker Kapp/Frank-Rutger Hausmann (Hg.), Nürnberg und Italien. Begegnungen, Einflüsse und Ideen (Erlanger Romanistische Arbeiten, Bd. 6), Tübingen 1991, S. 49-103.

Spieckermann, Marie-Louise, Zur Verbreitung des Englischen im achtzehnten Jahrhundert im Spiegel von Buchmarkt und Bibliotheken, in: Werner Hüllen/Friederike Klippel (Hg.), Sprachen der Bildung – Bildung durch Sprachen im Deutschland des 18. und 19. Jahrhunderts (Wolfenbütteler Forschungen, Bd. 107), Wiesbaden 2005, S. 29-46.

Spillner, Bernd, Französische Grammatik und französischer Fremdsprachenunterricht im 18. Jahrhundert, in: Dieter Kimpel (Hg.), Mehrsprachigkeit in der deutschen Aufklärung (Studien zum achtzehnten Jahrhundert, Bd. 5), Hamburg 1985, S. 133-155.

Spina, Franz, Tschechischer Buchdruck in Nürnberg am Anfang des 16. Jahrhunderts, in: Untersuchungen und Quellen zur Germanischen und Romanischen Philologie (Prager deutsche Studien, Bd. 9), Prag 1908, S. 29-51.

Sporhan-Krempel, Lore, Nürnberg als Nachrichtenzentrum zwischen 1400 und 1700 (Nürnberger Forschungen, Bd. 10), Nürnberg 1968.

Städtler, Erhard, Die Ansbach-Bayreuther Truppen im Amerikanischen Unabhängigkeitskrieg 1777–1783, Nürnberg 1956.

Stagl, Justin, Eine Geschichte der Neugier. Die Kunst des Reisens 1550-1800, Wien – Köln – Weimar 2002.

Stannek, Antje, Telemachs Brüder. Die höfische Bildungsreise des 17. Jahrhunderts, Frankfurt a. M. – New York 2001.

Stark, Franz, Deutsch in Europa. Geschichte seiner Stellung und Ausstrahlung (Sprachen und Sprachenlernen, Bd. 309), Sankt Augustin 2002.

Starnes, De Witt Talmage, Renaissance Dictionaries English-Latin and Latin-English, Austin 1954.

Stauber, Reinhard, Nürnberg und Italien in der Renaissance, in: Helmut Neuhaus (Hg.), Nürnberg. Eine europäische Stadt in Mittelalter und Neuzeit (Nürnberger Forschungen, Bd. 29), Nürnberg 2000, S. 123-149.

Staudenmaier, Johannes, Fremdsprachenerwerb in der frühneuzeitlichen Reichsstadt. Ein Werkstattbericht aus Nürnberger Archiven, in: Mark Häberlein/Christian Kuhn (Hg.), Fremde Sprachen in frühneuzeitlichen Städten. Lernende, Lehrende und Lehrwerke (Fremdsprachen in Geschichte und Gegenwart, Bd. 7), Wiesbaden 2010, S. 149-175.

Steger, Hugo, Sprachraumbildung und Landesgeschichte im östlichen Franken. Das Lautsystem der Mundarten im Ostteil Frankens und seine sprach- und landesgeschichtlichen Grundlagen (Schriften des Instituts für Fränkische Landesforschung an der Universität Erlangen-Nürnberg, Bd. 13), Neustadt a. d. Aisch 1968.

Steiger, Hugo, Das Melanchthon-Gymnasium in Nürnberg 1526-1926. Ein Beitrag zur Geschichte des Humanismus, München – Berlin [1926].

Stempfle, Lorenz, Die Universität zu Dillingen in ihrer Gründung und ersten Blüte (Schulprogramm), Dillingen 1833.

Stengel, Britta Karin, Formelbücher, in: Gert Ueding (Hg.), Historisches Wörterbuch der Rhetorik, Bd. 3, Tübingen 1996, Sp. 415-420.

Stengel, Edmund Max, Chronologisches Verzeichnis französischer Grammatiken von Ende des 14. bis zum Ausgange des 18. Jahrhunderts, Oppeln 1890, Neudruck Amsterdam 1970.

Stieda, Wilhelm, Zur Sprachkenntnis der Hanseaten, in: Hansische Geschichtsblätter 1884, S. 157-161.

Stoll, Christoph, Sprachgesellschaften im Deutschland des 17. Jahrhunderts. Fruchtbringende Gesellschaft, Aufrichtige Gesellschaft von der Tannen, Deutschgesinnte Genossenschaft, Hirten- und Blumenorden an der Pegnitz, Elbschwanenorden, München 1973.

Stollberg-Rilinger, Barbara, Gut vor Ehre oder Ehre vor Gut? Zur sozialen Distinktion zwischen Adels- und Kaufmannsstand in der Ständeliteratur der Frühen Neuzeit, in: Johannes Burkhardt (Hg.), Augsburger Handelshäuser im Wandel des historischen Urteils (Colloquia Augustana, Bd. 3), Berlin 1996, S. 31-45.

Stopp, Hugo, Das in Augsburg gedruckte Hochdeutsch. Notwendigkeit, Stand und Aufgaben seiner Erforschung, in: Zeitschrift für deutsche Philologie 98 (Sonderheft) (1979), S. 151–172.

Storost, Jürgen, Dreihundert Jahre romanische Sprachen und Literaturen an der Berliner Akademie der Wissenschaften. Teil 1 (Berliner Beiträge zur Wissenschaftsgeschichte, Bd. 4), Frankfurt a.M. 2000.

Strauss, B., La culture française à Francfort au XVIIIe siècle (Bibliothèque de la Littérature Comparée, Bd. 7), Paris [o.J.].

Strauss, Gerald, Nuremberg in the Sixteenth Century, New York 1966.

Strauß, Wolfgang H. (Hg.), Von Lungershausen bis Kirchner. Persönlichkeitsbilder Jenaer Fremdsprachenlehrer, Jena 1990.

Strauß, Wolfgang H., Der Unterricht in den neueren Sprachen an der Universität Jena von den Anfängen bis 1800, in: Konrad Schröder (Hg.), Fremdsprachenunterricht 1500–1800 (Wolfenbütteler Forschungen, Bd. 52), Wiesbaden 1992, S. 205-215.

Streuber, Albert, Beiträge zur Geschichte des französischen Unterrichts im 16. bis 18. Jahrhundert (Romanische Studien, Bd. 15), Berlin 1914, Neudruck Nendeln 1967.

Streuber, Albert, Die Aussprache und Orthographie im französischen Unterricht in Deutschland während des 16. bis 18. Jahrhunderts. Erster Teil. Beilage zum Jahres-Bericht der Grossherzoglichen Liebigs-Oberrealschule zu Darmstadt, Darmstadt 1915.

Streuber, Albert, Phonetische Umschriften im französischen Unterricht des 16. bis 18. Jahrhunderts, in: Zeitschrift für französischen und englischen Unterricht 15 (1916), S. 241-253.

Streuber, Albert, Die ältesten Anleitungsschriften zur Erlernung des Französischen in England und den Niederlanden bis zum 16. Jahrhundert, in: Zeitschrift für Französische Sprache und Literatur 72 (1962), S. 37-86, 186-211; 73 (1963), S. 97-112, 189-209; 74 (1964), S. 59-76.

Streuber, Albert, Französische Grammatik und französischer Unterricht in Frankreich und Deutschland während des 16. Jahrhunderts, in: Zeitschrift für Französische Sprache und Literatur 74 (1964), S. 342-361; 75 (1965), S. 31-50, 247-273; 77 (1967), S. 235-267; 78 (1968), S. 69-101; 79 (1969), S. 172-191, 328-348.

Strieder, Jakob, Zur Genesis des modernen Kapitalismus. Forschungen zur Entstehung der großen bürgerlichen Kapitalvermögen am Ausgang des Mittelalters und zu Beginn der Neuzeit, zunächst in Augsburg, München ²1935.

Stromer, Wolfgang von, Das Schriftwesen der Nürnberger Wirtschaft vom 14. bis zum 16. Jahrhundert. Zur Geschichte oberdeutscher Handelsbücher, Nürnberg 1967.

Stromer, Wolfgang von, Oberdeutsche Unternehmen im Handel mit der Iberischen Halbinsel im 14. und 15. Jahrhundert, in: Hermann Kellenbenz (Hg.), Fremde Kaufleute auf der Iberischen Halbinsel, Köln – Wien 1970, S. 156-175.

Stromer, Wolfgang von, Nürnberg-Breslauer Wirtschaftsbeziehungen im Spätmittelalter, in: Jahrbuch für fränkische Landesforschung 34/35 (1974/75), S. 1079-1100.

Stromer, Wolfgang von, Ein Lehrwerk der Urbanistik der Spätrenaissance. Die Baumeisterbücher des Wolf-Jacob von Stromer 1561–1614, in: August Buck/Bodo Guthmüller (Hg.), La Città Italiana del Rinascimento fra utopia e realtà (Centro Tedesco di Studi Veneziani, Quaderni 27), Venedig 1984, S. 71-115.

Subrahmanyam, Sanjay, An Augsburger in Ásia Portuguesa. Further Light on the Commercial World of Ferdinand Cron, 1587–1624, in: Roderich Ptak/Dietmar Rothermund (Hg.), Emporia, Commodities and Entrepreneurs in Asian Maritime Trade, c. 1400–1750 (Beiträge zur Südasienforschung, Bd. 141), Stuttgart 1991, S. 401-425.

Tacke, Andreas, Bartholomäus I. Viatis im Porträt, in: Mitteilungen des Vereins für die Geschichte der Stadt Nürnberg 83 (1996), S. 57-64.

Ternes, Elmar, Probleme der kontrastiven Phonetik (Forum Phoneticum, Bd. 13), Hamburg 1976.

Timann, Ursula, Goldschmiedearbeiten als diplomatische Geschenke, in: Hermann Maué u.a. (Hg.), Quasi Centrum Europae. Kunst und Kunsthandwerk aus Nürnberg für den europäischen Markt 1400–1800, Nürnberg 2002, S. 217-239.

Titone, Renzo, Teaching Foreign Languages, An Historical Sketch, Washington 1968.

Tönnesmann, Andreas, Anfänge der Renaissancearchitektur in Deutschland. Interesse und Intention der Auftraggeber, in: Bodo Guthmüller (Hg.), Deutschland und Italien in ihren wechselseitigen Beziehungen während der Renaissance (Wolfenbütteler Abhandlungen zur Renaissanceforschung, Bd. 19), Wiesbaden 2000, S. 299-317.

Trauchburg-Kuhnle, Gabriele von u.a., Auf den Spuren Augsburger Kaufleute in Flandern, in: Peter Fassl (Hg.), Aus Schwaben und Altbayern. Festschrift für Pankraz Fried zum 60. Geburtstag, Sigmaringen 1991, S. 261-271.

Trauchburg-Kuhnle, Gabriele von, Kooperation und Konkurrenz. Augsburger Kaufleute in Antwerpen, in: Johannes Burkhardt (Hg.), Augsburger Handelshäuser im Wandel des historischen Urteils (Colloquia Augustana, Bd. 3), Berlin 1996, S. 210-223.

Triet, M./Marrer, P./Rendlisbacher, H. (Hg.), Die Matrikel der Universität Basel, Bd. 5, 1726/27–1817/18, Basel 1980.

Ungerer, Gustav, The Mediterranean Apprenticeship to British Slavery, Madrid 2008.

Van der Elst, Gaston, Die Stadt in der deutschen Sprachgeschichte IV: Nürnberg, in: Handbücher zur Sprach- und Kommunikationswissenschaft Bd. 2.3, Berlin – New York 2003, S. 2341-2354.

Van der Wee, Hermann/Materné, Jan, Antwerp as a World Market in the Sixteenth and Seventeenth Centuries, in: Jan van der Stock (Hg.), Antwerp, Story of a Metropolis (16th–17th centuries), Gent 1993, S. 19-32.

Van Gelder, Roelof, Het Oost-Indisch avontuur. Duitsers in dienst van de VOC (1600–1800), Nimwegen 1997.

Varnhagen, Hermann, Zur Einweihung der im Seminargebäude eingerichteten neuen Räume des Seminars für Englische Philologie am 7. November 1907, Erlangen 1907.

Ver Hees, Karl, Oberdeutscher Handel nach Lyon am Anfang des 16. Jahrhunderts, in: Historisches Jahrbuch 55 (1935), S. 75-80.

Vial, Eugène, Jean Cléberger, in: Revue d'histoire de Lyon 11 (1912), S. 81-102, 273-308; 12 (1913), S. 146-154, 241-250, 364-386.

Viëtor, Wilhelm [Quousque Tandem, Pseudonym], Der Sprachunterricht muss umkehren, Heilbronn 1882.

Viëtor, Wilhelm, Die Methodik des neusprachlichen Unterrichts. Ein geschichtlicher Überblick in vier Vorträgen, Leipzig 1902.

Vincke, Johannes, Zu den Anfängen der deutsch-spanischen Kultur- und Wirtschaftsbeziehungen, in: Ders. u.a., Gesammelte Aufsätze zur Kulturgeschichte Spaniens, Bd. 14, Münster 1959, S. 111-182.

Völker, Harald, Matthias Kramer als Sprachmeister, Didaktiker und Grammatiker für die französische Sprache in Deutschland, in: Wolfgang Dahmen (Hg.), „Gebrauchsgrammatik" und „Gelehrte Grammatik". Französische Sprachlehre und Grammatikographie zwischen Maas und Rhein vom 16. bis zum 19. Jahrhundert (Tübinger Beiträge zur Linguistik, Bd. 454), Tübingen 2001, S. 167-250.

Vogel, Klaus, Neue Horizonte der Kosmographie. Die kosmographischen Bücherlisten Hartmann Schedels (um 1498) und Konrad Peutingers (1523), in: Anzeiger des Germanischen National-museums 1991, S. 77-85.

Voigt, Marion, Der Nürnberger Michael Gröll als Förderer der polnischen Literatur der Aufklärung, in: Mitteilungen des Vereins für die Geschichte der Stadt Nürnberg 80 (1993), S. 81-89.

Walter, Rolf, Nürnberg in der Weltwirtschaft des 16. Jahrhunderts. Einige Anmerkungen, Fragen und Hypothesen, in: Stephan Füssel (Hg.), Die Folgen der Entdeckungsreisen für Europa. Akten des interdisziplinären Symposiums 12./13. April 1991 in Nürnberg (Pirckheimer-Jahrbuch 1992), Nürnberg 1992, S. 145-169.

Walter, Tilmann, Eine Reise ins (Un-)Bekannte. Grenzräume des Wissens bei Leonhard Rauwolf (1535–1596), in: N.T.M. – Zeitschrift für Geschichte der Wissenschaften, Technik und Medizin 17 (2009), S. 359-385.

Warmbrunn, Paul, Zwei Konfessionen in einer Stadt. Das Zusammenleben von Katholiken und Protestanten in den paritätischen Reichsstädten Augsburg, Biberach, Ravensburg und Dinkelsbühl von 1548–1648 (Veröffentlichungen des Instituts für Europäische Geschichte Mainz, Bd. 111), Wiesbaden 1983.

Wax, Hermann/Widmaier, Kurt, Etymologie des Schwäbischen. Geschichte von mehr als 6000 schwäbischen Wörtern, Ravensburg [3]2007.

Weber, Klaus, Deutsche Kaufleute im Atlantikhandel 1680–1830. Unternehmen und Familien in Hamburg, Cádiz und Bordeaux (Schriftenreihe zur Zeitschrift für Unternehmensgeschichte, Bd. 12), München 2004.

Weber, Wolfgang E. J., Geschichte der europäischen Universität, Stuttgart 2002.

Wehler, Hans-Ulrich, Deutsche Gesellschaftsgeschichte, Bd. 1, München 1987.

Weigle, Fritz, Deutsche Studenten in Pisa, in: Quellen und Forschungen aus italienischen Archiven und Bibliotheken 39 (1959), S. 173-221.

Weissen, Kurt, Safran für Deutschland. Kontinuität und Diskontinuität mittelalterlicher und frühneu-zeitlicher Warenbeschaffungsstrukturen, in: Angelika Westermann/Stefanie von Welser (Hg.), Beschaffungs- und Absatzmärkte oberdeutscher Firmen im Zeitalter der Welser und Fugger, Husum 2011, S. 61-78.

Welser, Johann Michael von, Die Welser, 2 Bde., Nürnberg 1917.

Welt im Umbruch. Augsburg zwischen Renaissance und Barock. Ausstellung der Stadt Augsburg in Zusammenarbeit mit der Evangelisch-Lutherischen Landes-kirche anläßlich des 450. Jubiläums der Confessio Augustana [Ausstellungskatalog], 3 Bde., Augsburg 1980.

Werner, Theodor Gustav, Das Kupferhüttenwerk des Hans Tetzel aus Nürnberg auf Kuba (1545–1571) und seine Finanzierung durch europäisches Finanzkapital, in: Vierteljahrschrift für Sozial- und Wirtschaftsgeschichte 48 (1961), S. 289-328, 444-502.

Werner, Theodor Gustav, Nürnbergs Erzeugung und Ausfuhr wissenschaftlicher Geräte im Zeitalter der Entdeckungen. Das Martin-Behaim-Problem in wirtschaftsgeschichtlicher Betrachtung, in: Mitteilungen des Vereins für die Geschichte der Stadt Nürnberg 53 (1965), S. 69-149.

Wessén, Elias, Om det tyska inflyttandet på svenskt språk under medeltiden (Skrifter utgivna av nämnden för svensk språkvård, 12), Stockholm 1954, ³1967.

Wessén, Elias, Schwedische Sprachgeschichte, 3 Bde., Berlin 1970.

Westermann, Ekkehard (Hg.), Internationaler Ochsenhandel (1350–1750). Akten des siebten internationalen Economic History Congress in Edinburgh 1978, Stuttgart 1979.

Westermann, Ekkehard, Zur Silber- und Kupferproduktion Mitteleuropas vom 15. bis zum frühen 17. Jahrhundert. Über Bedeutung und Rangfolge der Reviere von Schwaz, Mansfeld und Neusohl, in: Der Anschnitt 38 (1986), S. 187-211.

Wicdmann, Gerhard, Der Nürnberger Nikolaus Muffel in Rom (1452), in: Rainer Babel/ Werner Paravicini (Hg.), Grand Tour. Adeliges Reisen und Europäische Kultur vom 14. bis zum 18. Jahrhundert. Akten der internationalen Kolloquien in der Villa Vigoni 1999 und im Deutschen Historischen Institut Paris 2000, Ostfildern 2005, S. 105-114.

Wienstein, Friedrich, Frauenbilder aus der Erziehungsgeschichte, Arnsberg 1904.

Wölfle, Sylvia, Die Kunstpatronage der Fugger 1560–1618 (Studien zur Fuggergeschichte, Bd. 42), Augsburg 2009.

Wölfle, Sylvia, Italienische Einflüsse auf die Kunstpatronage der Fugger im 16. Jahrhundert, in: Wolfgang Wüst/Peter Fassl/Rainhard Riepertinger (Hg.), Schwaben und Italien. Zwei europäische Kulturlandschaften zwischen Antike und Moderne. Aufsätze zur Bayerischen Landesausstellung 2010 „Bayern – Italien" in Füssen und Augsburg (Zeitschrift des Historischen Vereins für Schwaben, Bd. 102), Augsburg 2010, S. 239-266.

Wolf, Adam, Lucas Geizkofler und seine Selbstbiographie 1550–1620, Wien 1873.

Wühr, Wilhelm, Die Emigranten der Französischen Revolution im bayerischen und fränkischen Kreis. Mit dem Verzeichnis aller im Gebiet des rechtsrheinischen Bayerns festgestellten Emigranten (Schriftenreihe zur bayerischen Landesgeschichte, Bd. 27), München 1938.

Wychgram, Jakob, Geschichte des höheren Mädchenschulwesens in Deutschland und Frankreich, in: Karl Adolf Schmid (Hg.), Geschichte der Erziehung vom Anfang an bis auf unsere Zeit, bearbeitet in Gemeinschaft mit einer Anzahl von Gelehrten und Schulmännern, Bd. 5, 2. Abteilung, Stuttgart – Berlin 1901, S. 222-265.

Yates, Frances A., John Florio, the Life of an Italian in Shakespeare's England, Cambridge 1934.

Zaggia, Stefano, Foreign Students in the City, c. 1500–1700, in: Donatella Calabi/Stephen Turk Christensen (Hg.), Cultural Exchange in Early Modern Europe, Bd. 2. Cities and Cultural Exchange, Cambridge u.a. 2007, S. 175-193.

Zeydel, Edwin H., The Teaching of German in the United States from the Colonial Times to the Present, in: The German Quarterly 37 (1964), S. 315-392.

Zoepfl, Friedrich, Die geschichtliche Bedeutung der Universität Dillingen, in: Stadt und Universität Dillingen. Zwei Festvorträge, Dillingen 1950, S. 43-64.

Zorn, Wolfgang, Handels- und Industriegeschichte Bayerisch-Schwabens (1648–1870). Wirtschafts-, Sozial- und Kulturgeschichte des schwäbischen Unternehmens, Augsburg 1961.

Zorn, Wolfgang, Augsburg. Geschichte einer europäischen Stadt, Augsburg ³1994.

Zückert, Hartmut, Memmingens Bedeutung im 18. Jahrhundert, in: Joachim Jahn (Hg.), Die Geschichte der Stadt Memmingen. Von den Anfängen bis zum Ende der Reichsstadt, Stuttgart 1997, S. 783-874.

Zürn, Martin [2001a], Savoyarden in Oberdeutschland. Zur Integration einer ethnischen Minderheit in Augsburg, Freiburg und Konstanz, in: Carl A. Hoffmann/Rolf Kießling (Hg.), Kommunikation und Region, (Forum Suevicum, Bd. 4), Konstanz 2001, S. 381-419.

Zürn, Martin [2001b], „Damit man des unnützen Volks abkomme". Savoyer und andere Welsche in Süddeutschland zwischen Sesshaftigkeit und Vagantentum, in: Mark Häberlein/Martin Zürn (Hg.), Minderheiten, Obrigkeit und Gesellschaft in der Frühen Neuzeit. Integrations- und Abgrenzungsprozesse im süddeutschen Raum, St. Katharinen 2001, S. 141-181.

Zürn, Martin, Unsichere Existenzen. Sprachmeister in Freiburg i.Br., Konstanz und Augsburg in der frühen Neuzeit, in: Mark Häberlein/Christian Kuhn (Hg.), Fremde Sprachen in frühneuzeitlichen Städten. Lernende, Lehrende und Lehrwerke (Fremdsprachen in Geschichte und Gegenwart, Bd. 7), Wiesbaden 2010, S. 103-120.
Zwierlein, Cornel, Religionskriegsmigration, Französischunterricht, Kulturtransfer und die Zeitungs- produktion im Köln des 16. Jahrhunderts, in: Francia 37 (2010), S. 197-229.
Zwilling, K., Die französische Sprache in Straßburg bis zu ihrer Aufnahme in den Lehrplan des Pro- testantischen Gymnasiums, in: [Lehrerschaft des Protestantischen Gymnasiums] (Hg.), Festschrift zur Feier des dreihundertfünfzigjährigen Bestehens des Protestantischen Gymnasiums zu Straßburg, Straßburg 1888, S. 255-304.

6. Online-Ressourcen

Bio-bibliographisches Lexikon zur Kirchengeschichte von Bautz unter: http://www.bautz.de/bbkl/d/ dessler_w_c.shtml (Aufruf am 02.11.2010).
Datenbank zu den Schiffssoldbüchern des niederländischen Nationalarchivs: http:/vocopvarenden.nationaalarchief.nl (Aufruf am 11.04.2011).
Neue Deutsche Biographie (NDB): http://www.ndb.badw-muenchen.de/

Tabellarischer Anhang zu Kapitel 4

Tabelle 9

Augsburger Sprachmeister, chronologische Reihung

N = 98

Die Liste umfasst alle Sprachmeister, die sich in Augsburg um Arbeitserlaubnis beworben haben, unabhängig davon, ob ihrem Antrag stattgegeben wurde oder nicht. Genannt wird das Jahr der ersten und das der letzten Erwähnung in den Quellen. In einigen Fällen geht die Anwesenheit der Sprachmeister in Augsburg über das Jahr der ersten und der letzten Erwähnung hinaus.

1559 / 1560	Dorn / Dornus, Gerhard	Französisch, Italienisch, Spanisch
Bis 1602	Le Doux, Catherin	Französisch, Italienisch
1617	Mader, Mag. Johann Melchior	Äthiopisch, Arabisch, Türkisch (auch Hebräisch und Latein)
1619	Braun, Stefan	*fraglich*
1621 / 1625	Verbez / Verbetius /Verbezius, David	Französisch, Spanisch
1622	Vassiacamus / Vahsiacamus / Vassiacano, Claudius Zyperianus	Französisch
1630	Olcus, Michael	Französisch
1633	Grey / Gray, Nicolaus *(1631 und 1645 in Nürnberg ansässig)*	Französisch
1664	Paichet, Johann	Französisch
1683 / 1700	Nikisch, Balthasar	Französisch, Italienisch
1692	Vignolle, Franz	Französisch
Ende 17. Jh.	Pamaqueli	Italienisch
1699	Quarin, Jakob Alphons	Französisch, Italienisch

1702	Chapuis, Louis	Französisch, Italienisch
1704 / 1716	Müller / Miller, Johann Christoph	*fraglich*
1705	Nison, Philipp	Französisch
1710 /1717	De Lille, Carl Borromäus	Französisch
1714 / 1727	Bareth / Barath / Barrath/ Barat, Johann Friedrich (auch: Johann Ferdinand)	*fraglich*
1716 / 1717	Lutter, Gabriel	Französisch, Italienisch, Niederländisch
1720	Chanoi / Chanoy, Henri de	Französisch
1720 / 1721	Charto, Johannes von	Englisch, Französisch, Italienisch, Niederländisch
1721 / 1748	Winkelmann, Karl Josef	Englisch, Niederländisch (auch: Latein)
1724	Preosti, Karl	Französisch, Niederländisch
1724 / 1773	Roger de Gironville, Claude / Claudius	Französisch, Italienisch
1726	Dolcetti, Alexander Franz Octavian	Französisch, Italienisch
1727	Christiani, Moritz Wilhelm	Orientalische Sprachen, Rabbinisch
1730	Dambrun, François	Französisch
1735	Sovio / Sovjo, Jean de	Französisch, Italienisch
1739	Högger, Lorenz	Französisch, Italienisch
1742 / 1743	Stein, Julius Heinrich / Jules Henry	Französisch

1743	Leinitz, Friedrich von	Französisch, Italienisch (auch: Latein)
1746 / 1758	Borell, Jean Pierre / Johann Peter	Französisch
1746	Bruggmayer, Johannes Tiberius	Französisch, Italienisch
1746	Stadlerin, Margaretha	Französisch, Italienisch (auch: Tanz)
1753	Schmidt, Johann Jakob	Französisch, Italienisch (auch: Geometrie, Ingenieurwesen)
1754 / 1755	Schäfer / Schäffer, Johann Anton	Französisch, Italienisch
1755 / 1762	Lapp, Johann Martin	Französisch
1755 / 1804	Schatz, Johann Jakob / Jean Jacques	Französisch, Italienisch
1761	Maini, Kajetan Innozenz de	Französisch, Italienisch
1762 / 1763	Feretté, Karl Peter	Französisch
1763	Mazzolini, Josef	Italienisch
1764	Mayer, Philipp Jacob / Philippe Jacques	Französisch
1766 / 1768	Brochard, Jean Baptiste / Johann Baptist, auch: Josef, auch: Guillaume	Französisch
1768	Arnauld, Ludwig / Louis	Französisch
1773	Molitor, Joseph	*fraglich*
1775	Douillard, Johann Baptist	Französisch, Italienisch
1776	Freund, Franz Karl	Englisch
1778	Chippel, Franz Anton / François	Französisch (auch: Fortifikation,

	Antoine	Zeichnen)
1778 / 1780	Christopher, François / Franz	Französisch
1779	Huran, Jean / Johann	Französisch
1779	Knauf, Jakob	Französisch
1779 / 1782	Milly, Jean François de / Johann Franz de	Französisch
1780 / 1807	Cellarius / Cellario, Anton	Französisch, Italienisch
1780	Montoux, David	Englisch, Französisch, Italienisch
1781	Besdell / Besdel	Französisch
1782	Ceschi, Peter / Pietro	Italienisch
1783	Loséa, Johann Ferdinand de	Französisch (auch: Kalligraphie)
1784 / 1785	Roton, Louis / Ludwig	Französisch
1785	Cers (auch: Vers), Peter Paul	Französisch
1787	Delagrange aux Bois	Französisch
1787	Gueriteau, Anne Marguerite	Französisch
1789 / 1808	Geiger, Anton	Französisch
1790	Cassidanius, Raphael	Englisch, Französisch, Italienisch
1791 / 1792	Lehrbacher, Anton Christian	Italienisch
1792 / 1806	Algewer, Georg Michael	Italienisch
1793 / 1808	Le Roy, Jean François Méry	Französisch, Italienisch
1794 / 1796	Abeil / Abeilla, Maria Anna	Französisch (Geschichte, Geographie, Handarbeiten)
1794	Laporte	Französisch

1794	Veragon / Verragon, Anton	Französisch (auch: Nähen)
1794	Veragon / Verragon (Gattin des Anton Veragon)	Französisch (auch: Nähen)
1795	Robert, Jean Joseph	Französisch
1796 / 1798	Belon, Isidore	Französisch (auch: Latein)
1796 / 1797	Bourdet, Claude Ferdinand	Französisch
1796	Gottschalk, Jacob Cornelius	Französisch (auch: Hebräisch)
1796 / 1797	Morell, Nikolaus	Französisch (?)
1797	Kremer, Ignaz	Französisch (?)
1797	Mougin, Pierre	Französisch
1799 / 1807	Deuter, Johann Jakob	Französisch, Italienisch
1801	Bigott, Johann Karl	Französisch
1802 / 1803	Hermann, Alois / Aloys	Französisch
1804	Champenois, Charles	Französisch
1804	Mayr, Athanasius	Französisch
1805	Weber de Candonne, Jean Bénédict	Englisch, Französisch, Italienisch
1806 / 1812	Chatarin, Andreas	Französisch
1806	Goerner, Titian	Englisch, Französisch
1806 / 1808	Laghi, Joseph	Englisch, Französisch, Italienisch
1807	Ganghofer, Johann	Französisch
1807 / 1809	Kahm, Johann Gabriel	Französisch
1808 / 1809	Breymeyer/ Breymayr, Johann	Französisch

	Jacob	
1808	Druitier, Jean Louis	Französisch
1808	Fahr / Fehr, Johann David	Französisch
1808 / 1809	Gomper, Lion	Französisch
1808	Reinhart, Christoph	Französisch
1808	Thomas, Jean	Französisch
1808	Wagner, Friedrich	Französisch
1808	Winkelmann, Georg Max	Französisch
1809	Haibl, Johann Elias	Französisch
1809	Linder, Karl Christoph	Französisch
1809	Lotter, Jakob	Italienisch

Tabelle 10

Nürnberger Sprachmeister, chronologische Reihung

N = 85

Die Liste umfasst die in den Nürnberger Quellen aufgefundenen sowie bei Schröder BBL lokalisierten Sprachmeister. Genannt sind auch solche, die sich um den Schutzverwandtenstatus und/oder die Aufnahme ins Bürgerrecht beworben haben, deren Bewerbungen aber abgelehnt worden sind. Genannt ist das Jahr der ersten und das der letzten einschlägigen Erwähnung in den Nürnberger Quellen. Sofern Daten fehlen, werden sie aus Schröder BBL ergänzt. In manchen Fällen geht die Anwesenheit der Sprachmeister in Nürnberg über das Jahr der ersten und der letzten Erwähnung hinaus. Die chronologische Reihung ist lediglich als grobe Orientierung zu verstehen. Für Neuzugänge nach 1796 fehlt einschlägiges Quellenmaterial.

fraglich	Mecuson	Französisch

1591 / 1602	Van Hulze, Lieven / Hulsius, Levinus	Französisch, Italienisch
1614 / 1618	Sebastiani, Antonio	Italienisch
1631 / 1645	Grey / Gray, Nicolas *(1633 in Augsburg ansässig)*	Französisch
1657	Kiel, Kaspar	Französisch
1665 / 1676	Teppatti, Biagio	Französisch, Italienisch
1669 / 1727	Kramer, Matthias	Französisch, Italienisch, Spanisch, Niederländisch
1670	Vale, Franciscus Henrico	*fraglich*
1680	Marie, Jean	Französisch
1681 /1723	Schübler, Johann Jakob	Französisch, Italienisch
1683 / 1688	Canel, Peter / Pierre	Französisch
1683	Joseph Gabriel(i) à Montalegre	Italienisch, Spanisch
1684	Anonymus (1)	Französisch
1687 / 1695	Otliger, Johann Georg	Französisch
1689	Estienne, Marc	Französisch
1690	de Montmort	Französisch
1690 / 1695	Pons, Franz	Französisch, Italienisch, Spanisch

1690er Jahre	Siquentin	Französisch
1693	Fabricius	*fraglich*
1695	Ganiarre, Claudio	Spanisch, Französisch, Italienisch
1697	Poirier	Französisch
1697 / 1728	Vignolle, François	Französisch
1698	Javari, Peter	*fraglich*
1699 / 1720	von Erberg, Matthias	Italienisch
1699	Odey, Jacob	Französisch
1700 / 1716	Kirsch, Adam Friedrich	Italienisch
1701	Leyß, Franz Jakob	*fraglich*
1701 (1711?) / 1734	Platz / Plats, Georg Philipp	Französisch
1701	Weidenhein, Johann	Italienisch
1705	Coutelle, Charles	Französisch
1708 / 1709	Valentin, Charles	*fraglich*
1708	*Vorberg, Matthias von (Pseudonym für Matthias Kramer.)*	*Italienisch*
1710 / 1712	Mellin, Paul	Französisch

1715 / um 1728	Kramer, Johann Matthias	Englisch, Französisch, Italienisch
1717	Moratori, Antonio	Italienisch
1720 / 1738	Tonelli, Franz Ludwig	Italienisch
1721 / 1729	Faudras, Charles	Französisch
1725 / 1745	Bouserroque, Jean	Französisch
1727 / 1729	Grenard, André	Französisch
1727	Vallet, Jean Christoffle	*fraglich*
1730 / 1770	Rossi, Joseph de	Italienisch
1730 / 1753	Scharffenberg / Scharffenstein, Julius	*fraglich*
1732 / 1776	Caumont, Johann Ernst	Französisch
1732	Sartorio, Johann	Französisch
1740 / 1770	Chapuzet, Johann Karl	Französisch
1740	Sederer	Französisch, Italienisch
1744	Groß, Johann Gottfried	*fraglich*
1746 / 1753	Ebersberger / Ebermaier, Johann Matthias	Französisch
1750 / 1757	Soralli, Marcus Lorenzo	Italienisch
1751 / 1752	Scheermesserer, Franz Antonius	Französisch
1752 / 1765	Chapuzet /Chapuset, Ludwig Theodor	Französisch
1758	Cooper, Robert	Englisch
1758	Fontano, Matthias	Italienisch

1758 / 1762	Romani, Clemens	Italienisch
1760	Fontaine	*fraglich*
1760 / 1762	Merea, Philipp	Französisch, Italienisch
1762 / 1781	Diet, Jean Louis	Französisch
1763	Mazzolini (*möglicherweise identisch mit dem Augsburger Sprachmeister Josef Mazzolini*)	Italienisch
1764 / 1783	Jenetti, Francesco de	Italienisch
1764 / 1775	Textor, Johann Nicolaus	Französisch
1765	Krackherr, Christoph Friedrich	*fraglich*
1765	Thomas, Jean	Französisch
1767 / 1770	Cantillon, Heinrich Joseph	Französisch
1768	Anonymus (2)	*fraglich*
1768	Fischer, Johann Wilhelm	Französisch
1768	Johannsen	Englisch
um 1768 / 1786	Frohwerk, Johann Ludwig	Englisch, Französisch, Italienisch, Spanisch
1769	Romano	Italienisch
1770 / 1776	Chenal, Johann Peter	Französisch
1770 / 1772	Herold, Laurentius	Französisch (auch: Griechisch, Latein)
1770 / 1773	Roulon	Französisch

1770 / 1784	Sigmund, Christoph Friedrich	Französisch
1771 / 1776	Souris, Jean Noé	Französisch
1774 / 1781	Scheuber, Johann	Englisch, Französisch
1776	Bolagno, Graf Karl Raimund	Italienisch
um 1780 / 1805	Gruber, Johann Sigmund *(Gruber hat möglicherweise nicht unterrichtet. Er hat jedoch Lehrmaterialien publiziert.)*	Französisch (?), Italienisch (?)
1780 / 1795	Schmidt, Anton Wilhelm	Englisch, Französisch, Italienisch
1780	Schollkopf, Johann Jacob	Französisch, Italienisch
1787	Tayler , William	Englisch
1788 / 1805	Mannert, Konrad	Abendländische Sprachen, Französisch
1791 / 1795	Mayer, Johann Georg Wilhelm	Englisch, Französisch, Italienisch (auch: Griechisch, Hebräisch, Latein)
1794	Christoffle, Jean Georges	Französisch
1795	Filippi, Dominicus Anton	Italienisch
1795 / 1799	La Pérouse, Jean François de	Französisch
1796	Gabrieli, Ludwig	*fraglich*
1796	Rosenthal, Franciscus Xaverius	Italienisch

Tabelle 11

Altdorfer Sprachlehrer, chronologische Reihung

N = 44

Die Liste umfasst die in den auf Altdorf bezogenen Quellen aufgefundenen sowie bei Schröder BBL lokalisierten Sprachlehrer. Genannt ist das Jahr der ersten und das der letzten einschlägigen Erwähnung in den Quellen. Sofern Daten fehlen, werden sie aus Schröder BBL ergänzt. In manchen Fällen geht die Anwesenheit der Sprachmeister in Altdorf über das Jahr der ersten und der letzten Erwähnung hinaus. In einigen frühen Fällen lässt sich nicht zweifelsfrei klären, ob ein potenzielles Sprachlehrangebot faktisch realisiert wurde. Einige der Sprachmeister sind ausschließlich aus der Matrikel nachgewiesen, die aber hinsichtlich der Berufsbezeichnungen nicht immer explizit ist. Die chronologische Reihung ist lediglich als grobe Orientierung zu verstehen.

1599	Cachedenier, Daniel	Französisch
1604 / etwa 1617 (?)	Molnar, Albertus	*fraglich*
1607 / 1625	Schwenter, Daniel	*fraglich*
1622 / 1623	Dietterich, Johannes	Französisch, Italienisch
1626 / 1627	Schött, Petrus	*fraglich*
1663	Besson, Johannes Michael	*fraglich*
1667 / 1721	Villers, Johannes Carolus	Französisch
1669	Robert, Claude	Französisch
1670	Charlier, Johann	Französisch
1674	Porta, Antonius	Italienisch
1675	Besenella, Stephan	Italienisch
1680	Marie, Jean	Französisch

1683	Casana, Carolus Maria	Italienisch
1684	Le Fevre, Jean	Französisch
1684	Richez, Jean	Französisch
1685	Ougan genannt Fever, Simon	Französisch
1686	Trotta, Stefan	*fraglich*
1686	Rennand (Renard), Johannes Gregorius	Niederländisch
1687	Papo, Jacobus	*fraglich*
1688	Gigon, Johannes	Französisch
1688	Reyus / Roy, Petrus / Pierre	Französisch
1690	Reuter, Nikolaus	Französisch
1692 / 1694	Chapuzet de Saint Valentin, Charles	Französisch
1693	Donauer: vermutlich identisch mit Dorn, Johann Christoph	Französisch
1693	Dorn / Dornum, Johann Christoph	Französisch
1693	Wegleiter, Christoph	*fraglich*
1698 / 1727	Kramer, Matthias	Französisch, Italienisch, Spanisch, Niederländisch
1717	Jäger	Französisch, Italienisch
1721	Monsoeur, Johann Jacob	Französisch
1722	Jacob, Claudius	Französisch
1744	Jacquot	*fraglich*

1744	Feyertag, Johann Christian Andreas	*fraglich*
1744	Dumas, Jean Chrétien	*fraglich*
1744	Held, Leonhard Daniel	*fraglich*
1744 / 1757	Steiger, Christian	Französisch, Italienisch
1744 / 1766	Bernhold	Englisch, Französisch
1747 / 1748	Panza, D.	Französisch
1751 / 1752	Sattler	*fraglich*
1758 / 1772	Mourlon, Antoine	Französisch, Italienisch
1774	Soucré, Thomas	Französisch
1774 / 1795	Jäger, Wolfgang	Englisch, Französisch, Italienisch, Spanisch
1775 / 1780	Balbach , Johann	Englisch, Französisch, Italienisch
1781	Conradi, Jean	*fraglich*
1788	Pagganiga	*fraglich*
1790 / 1796	Siebenkees, Johann Philipp	Abendländische Sprachen
um 1790 / 1805	Wiessner, Jakob	Privatlehrer der okzidentalischen Philologie
1794 / 1800	Reinhardt, Joseph	Englisch, Französisch, Italienisch
1796	Galard, Louis Arnaud	Französisch (und Zeichnen)
1797 / 1834	Mannert	Abendländische Sprachen
1798	Roussel, Louis Victor	Französisch

| 1808 / 1809 | Penzenkuffer, Christoph Wilhelm Friedrich | Englisch, Französisch, Italienisch, Spanisch |

Tabellarischer Anhang zu Kapitel 5

Legende I:
B = Briefsteller
GB = Gesprächsbuch
GL = Glossar
GR = Grammatik
LB = Lehrbuch
S = Sonderfall
WB = Wörterbuch

Legende II:
A = Augsburg

AL = Altdorf
AM = Amsterdam
B = Berlin
BT = Bayreuth
DE = Dessau
DLG = Dillingen
ER = Erlangen
F = Frankfurt am Main
FB = Freiburg i. Br.
GÖ = Göttingen
H = Hamburg
KOP = Kopenhagen

L = Leipzig
M = München
MM = Memmingen
MO = Moskau
N = Nürnberg
NH = Nordhausen
PR = Prag
SDL = Stendal
SG = St. Gallen
SN = Schwerin
TÜ = Tübingen
W = Wien

Tabelle 12: Gesamtliste aller erfassten Titel

	Autor	Ort	Jahr	Gattung	Behandelte Sprache(n)
1	Alberti, Franz	N	1792	B	Ital.
2	Anon.	A	1516	WB	Lat., Ital., Frz.
3	Anon.	A	1521	WB	Lat., Ital., Frz.
4	Anon.	A	um 1530	WB	Lat., Ital., Span., Frz., Engl.
5	Anon.	A	1533	WB	Lat., Ital., Frz., Span.
6	Anon.	N	1533	WB	Tschech.
7	Anon.	N	1696	B	Frz., Ital.

8	Anon.	N	1710	GB	Frz.
9	*Anon.*	*A*	*[1714]*	*S*	*---*
10	Anon.	N	1732	LB	Frz.
11	Anon.	A	1735	LB	Frz., Ital., Lat.
12	Anon.	A	1759	LB	Frz.
13	Anon.	A	1771	B	Frz., Ital.
14	Anon.	A	1782	WB	Frz.
15	Anon.	A	1799	GL	Russ.
16	Anon.	A	1799	GL	Russ.
17	Balbach, Johann	N	1780	B	Engl.
18	Balbach, Johann	N	1782	LB	Engl.
19	Balbach, Johann	N	1783	B	Frz.
20	Balbach, Johann	N	1786	B	Engl.
21	Balbach, Johann	N	1790	B	Engl.
22	Balbach, Johann	N	1794	LB	Engl.
23	Behaim, Lukas F.	N	1611	GL	Ital., Frz., Lat.
24	Breidenstein, J. Ch. H.	N	1789	LB	Frz.
25	Brunner, Christoph Wolfgang	N	1790	LB	Frz.
26	Buchenröder, Johann Nikolaus Karl	HH, SN	1776	LB	Engl.

27	Buchenröder, Johann Nikolaus Karl	HH	1785	LB	Engl.
28	Cachedenier, Daniel	F	1600	LB	Frz.
29	Canel, Pierre	N	1688	LB	Frz.
30	Canel, Pierre	N	1689	GB	Frz.
31	Canel, Pierre	N	1689	GR	DaF
32	Canel, Pierre	N	1697	GR	Frz.
33	Canel, Pierre	N	1697	GR	Frz.
34	Canel, Pierre	HH, KOP	1699	GR	Frz.
35	Canel, Pierre	N	1703	B	Frz.
36	Canel, Pierre	N	1709	GB	Frz.
37	Canel, Pierre	N	1709	LB	Frz.
38	Canel, Pierre	HH, KOP	1710	LB	Frz.
39	Canel, Pierre	N	1718	GR	Frz.
40	Castelli, Nicolò di	N	1713	LB	Ital.
41	Cellarius, Franz	A	1788	GR	Frz.
42	Chapuset, Johann Karl	N	1742	LB	Frz.

43	Chapuset, Johann Karl	W, N	1747	LB	Frz.
44	Chapuset, Johann Karl	N	1750	GR	Frz.
45	Chapuset, Johann Karl	N	1753	GB	Frz.
46	Chapuset, Johann Karl	N	1754	GR	Frz.
47	Chapuset, Johann Karl	N	1767	LB	Frz.
48	Clesse, N. Pascalius	DLG	1664	GR	Ital.
49	*Colom du Clos, Isaac de*	*NH*	*1745*	*S*	*---*
50	*Colom du Clos, Isaac de*	*NH*	*1747*	*S*	*---*
51	*Colom du Clos, Isaac de*	*GÖ*	*1749*	*S*	*---*
52	Colom du Clos, Isaac *de*	GÖ	1751	LB	Frz.
53	Colom du Clos, Isaac *de*	GÖ	1760	LB	Frz.
54	Colom du Clos, Isaac *de*	GÖ	1761	LB	Frz.
55	Colom du Clos, Isaac *de*	F, L	1776	LB	Frz.
56	Cramer, Johann Matthias	N	1693	B	Ital.
57	Cramer, Johann Matthias	N	1750	B	Ital.
58	Cunradi, Johann Gottlieb	DE	1782	LB	Ital.
59	Cunradi, Johann Gottlieb	N	1802-1805	LB	Ital.
60	Cunradi, Johann Gottlieb	N	1810	WB	Ital.
61	*Dornblüth, Augustinus*	*A*	*1755*	*S*	*---*

62	Le Doux, Catherin	TÜ	1600	LB	Ital.
63	Le Doux, Catherin	F	1605	LB	Ital.
64	Erberg, Matthias von	N	[ca. 1700]	LB	Ital.
65	Erberg, Matthias von	N	1702	B	Ital.
66	Erberg, Matthias von	N, GÖ	1703	GR	Ital.
67	Erberg, Matthias von	N	1703	LB	Ital.
68	Erberg, Matthias von	N	1703	LB	Ital.
69	Erberg, Matthias von	N	1705	B	Frz., Ital.
70	Erberg, Matthias von	N	1708	LB	Frz.
71	Erberg, Matthias von	N	1710	WB	Frz., Ital.
72	Fick, Johann Georg Christian	ER	1800	LB	Engl.
73	Filippi, Dominikus Anton	N	1801	GR	Ital.
74	Filippi, Dominikus Anton	SG	1801	LB	Ital.
75	Filippi, Dominikus Anton	W	1803	GR	DaF (auf Ital.)
76	Filippi, Dominikus Anton	W	1804	LB	Ital.
77	Filippi, Dominikus Anton	N	[11]1829	LB	Ital.
78	de Flans, Nicolas de	A	[ca. 1750]	LB	Frz.
79	Frowerk, Johann Ludwig	N	1781	LB	Frz.
80	Gaetani, Pietro	N	1790	LB	Span.

81	Gaetani, Pietro	N	1807	WB	Frz.
82	Gaetani, Pietro	N	1807	WB	Frz., Ital.
83	Gaetani, Pietro	N	1807	WB	Frz., Ital., Span., Engl.
84	Gaetani, Pietro	N	1807	WB	Ital.
85	Gaetani, Pietro	N	1807	WB	Span.
86	Gaetani, Pietro	N	1810	WB	Frz., Ital., Span., Engl.
87	[Gruber, Johann Sigmund]	N	1800	LB	Frz.
88	Gemünden, Peter von	N, M	1796	LB	Frz.
89	Güntzel, Johann	A	1648	WB	Ital.
90	Hammer, Friedrich Ludwig	N	1792	LB	Frz.
91	Heinemeyer, Heinrich Konrad	A	1799	WB	Russ.
92	*Hensel, Gottfried*	*N*	*1741*	*S*	---
93	Hulsius, Levinus	N	1596	WB	Frz.
94	Hulsius, Levinus	N	1602	LB	Frz.
95	Hulsius, Levinus	F	1613	WB	Ital.
96	Hulsius, Levinus	F	1616	WB	Frz., Ital., Lat.
97	Hulsius, Levinus	F	1618	LB	Ital.
98	Jäger, Wolfgang	N	1764	WB	Ital.

99	Jäger, Wolfgang	F, L	1779	LB	Span.
100	Jungmann, Conrad Christian	N	1723	LB	Frz.
101	Jungmann, Conrad Christian	N	1724	LB	(vermutl.) Frz.
102	Kirsch, Adam Friedrich	N	1718	WB	Ital.
103	Komensky, Jan Amos	N	1662	LB	Lat., Ital., Frz.
104	Kramer, Matthias	N	1670	WB	Ital., Span.
105	Kramer, Matthias	N	1672	WB	Ital.
106	Kramer, Matthias	N	1674	GR	Ital.
107	Kramer, Matthias	N	1676 u. 1678	WB	Ital.
108	Kramer, Matthias	N	1680	LB	Ital.
109	Kramer, Matthias	N	1680	LB	Ital.
110	Kramer, Matthias	o. O.	[ca. 1680]	LB	Ital.
111	Kramer, Matthias	N	1681	GR	DaF
112	Kramer, Matthias	N	1687	GR	DaF
113	Kramer, Matthias	N	1691	WB	Ital.
114	*Kramer, Matthias*	*F*	*1693*	*S*	---
115	Kramer, Matthias	N	1693	B	Ital.
116	Kramer, Matthias	N	1693	WB	Ital.
117	Kramer, Matthias	N	1694	GR	Ital.

118	Kramer, Matthias	N	1694	GR	Ital.
119	Kramer, Matthias	N	1694	LB	DaF
120	Kramer, Matthias	N	1695	WB	Ital.
121	Kramer, Matthias	F	1696	LB	Frz.
122	Kramer, Matthias	N	1696	GR	Frz.
123	Kramer, Matthias	N	1696	LB	Frz.
124	Kramer, Matthias	N	1696	LB	Frz.
125	Kramer, Matthias	N	1700	WB	Ital.
126	Kramer, Matthias	N	1702	WB	Ital.
127	Kramer, Matthias	N	1702	LB	Span.
128	Kramer, Matthias	N	1704	WB	Ital., Frz., Lat.
129	Kramer, Matthias	N	1708	LB	Ital.
130	Kramer, Matthias	N	1709	GR	Ital.
131	Kramer, Matthias	N	1711	WB	Frz.
132	Kramer, Matthias	N	1712	LB	Ital.
133	Kramer, Matthias	N	1712	WB	Frz.
134	Kramer, Matthias	N	1712-1715	WB	Frz.
135	Kramer, Matthias	N	1715	WB	Frz.
136	Kramer, Matthias	N	1716	LB	Ital.
137	Kramer, Matthias	N	1716	LB	Niederl.

138	Kramer, Matthias	N	1719	WB	Niederl.
139	Kramer, Matthias	N	1720	B	Frz.
140	Kramer, Matthias	N	1723	LB	Ital.
141	Kramer, Matthias	N	1729	B	Frz.
142	Kramer, Matthias	PR	1733	GR	DaF
143	Kramer, Matthias	N	1740	B	Frz.
144	Kramer, Matthias	B	1746	LB	Frz.
145	Kramer, Matthias	N	1748	LB	Frz.
146	Kramer, Matthias	AM	1755	LB	Niederl.
147	Kramer, Matthias	N	1756	LB	Ital.
148	Kramer, Matthias	L	1759	WB	Niederl.
149	Kramer, Matthias	L	1768	WB	Niederl.
150	Kramer, Matthias	AM	1769	GR	DaF
151	Kramer, Matthias	MO	1782	LB	Frz., Russ.
152	Kramer, Matthias	L	1787	WB	Niederl.
153	Kramer, Matthias	N	1791	LB	Frz.
154	Kramer, Matthias	N	1808	GR	Ital.
155	Langenmantel, Hieronymus	A	1668	LB	Frz.
156	Langenmantel, Hieronymus	A	1671	LB	Frz.
157	Lentulus, Scipio	A	1650	LB	Ital., Lat.

158	Leys, Franz Jacob	N	1721	WB	Ital.
159	Leys, Franz Jacob	N	1723	WB	Frz., Span.
160	Mannert, Konrad M.	N	1788	LB	Frz.
161	Marin, Jean	N	1680	LB	Frz.
162	*Mayer, Jakob*	*A*	*1776*	*S*	---
163	Meintel, Johann Georg	N	1729	GB	Frz., Ital., Span., Engl., Niederl.
164	Meintel, Johann Georg	N	1732	LB	Frz., Ital., Span., Engl., Niederl., Lat.
165	Memmert, Friedrich Johann	ER	1800-1802	WB	Frz.
166	Mertens [Girolamo Andrea]	A, MM	1769	LB	Frz.
167	*Mertens, Hieronymus Andreas*	*A*	*1773*	*S*	---
168	Mertens, Hieronymus Andreas	A	1775	LB	Ital.
169	Meyer, Jean	N	1683	LB	Frz.
170	Meynier, Johann Heinrich	N	1791	B	Frz.
171	Meynier, Johann Heinrich	N	1791	GB	Frz.
172	Meynier, Johann Heinrich	N, AL	1793	LB	Frz.
173	Meynier, Johann Heinrich;	N	1794	LB	Frz.

	Barthélemy, Jean-Jacques				
174	Meynier, Johann Heinrich	A	1796	LB	Frz., Ital.
175	Meynier, Johann Heinrich, Berquin, M.	N	1798	LB	Frz.
176	Meynier, Johann Heinrich	N	1799	LB	Frz.
177	Meynier, Johann Heinrich	N	1799	LB	Frz., Lat.
178	Meynier, Johann Heinrich	N	1801	LB	Frz.
179	Meynier, Johann Heinrich	L	1809	LB	DaF
180	Meynier, Johann Heinrich	N	1812	LB	Frz.
181	Meynier, Johann Jakob, Meynier, Johann Heinrich	ER	1763	LB	Frz.
182	Meynier, Johann Jakob	N, ER	1767	LB	Frz.
183	Meynier, Johann Jakob	N	1775	LB	Frz.
184	Meynier, Johann Jakob	N	1776	LB	Frz.
185	Meynier, Johann Jakob	N	1796	LB	Frz.
186	Molnar, Albertus	N	1604	WB	Ital., Ungar., Lat., Griech.
187	Molnár, Albert Szenczi	N	1604	WB	Lat., Ungar.
188	Moratori, Antonio	N	1720	LB	Ital.
189	Moratori, Antonio	N	1721	GB	Ital.
190	Moratori, Antonio	N	1723	LB	Span.

191	Moratori, Antonio	N	1726	LB	Frz.
192	Moratori, Antonio	N	1727	WB	Frz.
193	Moratori, Antonio	N	1727	WB	Lat., Ital., Frz.
194	Müller, Wilhelm Johann	N	1675	WB	Akan
195	Otliger, Johann Georg	N	1687	LB	Frz.
196	de Parival, M. J. D.	N	1679	GB	Ital.
197	Perger, Antoine	N	1713	GR	Frz.
198	[Plats, Georg Philipp]	N	1709	GB	Frz.
199	[Plats, Georg Philipp]	N	1710	GB	Frz.
200	Plats, Georg Philipp	N	1720	LB	Frz.
201	Plats, Georg Philipp	N	[ca. 1720]	LB	Frz.
202	Plats, Georg Philipp	N	1721	LB	Frz.
203	Plats, Georg Philipp	N	1721	LB	Frz.
204	Plats, Georg Philipp	N	1724	GB	Frz.
205	Plats, Georg Philipp	N	1724	LB	Frz.
206	Plats, Georg Philipp	N	1724	LB	Frz.
207	Plats, Georg Philipp	N	1724-1727	LB	Frz.
208	Plats, Georg Philipp	N	1729	LB	Frz.
209	Plats, Georg Philipp	N	1734	GB	Frz.

210	Penzenkuffer, Christoph Wilhelm Friedrich	N	1798	GR	Frz.
211	Penzenkuffer, Christoph Wilhelm Friedrich	N	1798	LB	Ital.
212	Penzenkuffer, Christoph Wilhelm Friedrich	N	1802	WB	Frz.
213	Penzenkuffer, Christoph Wilhelm Friedrich	BT	1804	LB	Frz.
214	Poëtevin, François Louis; von Ehrenreich Johann Anton	A	1783	LB	Frz., Ital.
215	Pomey, Francois	A, F, L	1767	WB	Frz., Lat.
216	Praun, Hans	N	1772-1777	WB	Ital.
217	Roger de Gironville, Claude	A	1729	LB	Frz.
218	Roger de Gironville, Claude	A	1730	LB	Frz.
219	Roger de Gironville, Claude	A	1750	LB	Frz.
220	Romani, Clemens	N	1759	GR	Ital.
221	Romani, Clemens	N	1798	GR	Ital.
222	Savini, Hannibal Francesco	N	1798	GR	Ital., Frz.
223	Schatz, Johann Jakob [II.]	A, MM	1764	B	Ital., Frz.
224	Schatz, Johann Jakob [II.]	A, MM	1765	B	Frz., Ital.

225	Schatz, Johann Jakob [II.]	A	1766	WB	Frz., Ital.
226	Schatz, Johann Jakob [II.]	A	1794	LB	Frz.
227	Schatz, Johann Jakob [II.]	A	1794	LB	Ital.
228	Schatz, Johann Jakob [II.]	A	1795	WB	Frz.
229	Schmidt, Anton Wilhelm	N	1786	WB	Frz., Ital., Engl.
230	Schmidt, Anton Wilhelm	N	1786	WB	Frz., Ital., Engl., Lat., Span.
231	Schmidt, Anton Wilhelm	N	1793	GB	Frz., Ital., Engl.
232	Schübler, Johann Jakob	N	1682	LB	Frz.
233	*Schübler, Johann Jakob*	*N*	*1693*	*S*	---
234	Schübler, Johann Jakob	N	1694	GB	Frz.
235	Schübler, Johann Jakob	N	1694	LB	Frz.
236	Schübler, Johann Jakob	N	1699	LB	Frz.
237	Schübler, Johann Jakob	N	1702	LB	Frz.
238	Serreius, Johannes	A	1603	GR	Frz.
239	Sigmund, Christoph Friederich	N	1769	GR	Frz.
240	Veneroni, Giovanni	A	1709	LB	Frz., Ital.
241	Veneroni, Giovanni	W	1773	GR	Frz., Ital.
242	Verdun, Johann Claudio	DLG	1733	GB	Frz.
243	Verdun, Johann Claudio	DL	1737	LB	Frz.

		G			
244	Di Villanuova, Albert	A	1810	WB	Ital.
245	Vit, Bartolomaeus Georgius	N	1664	GL	Türk.
246	Vorberg, Matthias von	N	1708	LB	Ital.
247	Walter, Johann Jakob	A	1690	LB	Ital.
248	Weiler, Johann Daniel Gotthilf	A	1781	LB	Ital.
249	Weiler, Johann Daniel Gotthilf	A	1792-1793	LB	Frz.
250	Weiler, Johann Daniel Gotthilf	A	1793	GR	Frz.
251	Weiler, Johann Daniel Gotthilf	A	1800	WB	Frz.
252	Weitenauer, Ignatius	A, FB	1759	WB	Hebr., Chald., Syr.
253	Weitenauer, Ignatius	A, FB	1762	WB	Engl., Niederl., Lat., Port., Syr.
254	Wiessner, Jakob	SDL	1790	LB	Ital.
255	Wiessner, Jakob	N	1791	LB	Frz.
256	Wiessner, Jakob	N	1791	LB	Ital.
257	Wiessner, Jakob	N	1792	WB	Frz.
258	Winter, Georg Simon	N	1672	LB	Lat., Ital., Frz.

Tabelle 13

Zwei- und mehrsprachige Ausgaben des ‚Orbis Pictus' aus Nürnberg (1653–1964)[1]

Nr. bei Pilz	Jahr des Drucks	Leitsprache	1. FS	2. FS	3. FS
2	1658	1. dt.	2. lat		
3	1659	2. dt.	3. lat.		
5	1660	3. dt.	5. lat.		
6	1660	4. dt.	6. lat.		
7	1661	5. dt.	7. lat.		
8	1662	6. dt.	8. lat.		
9	1662	7. dt.	9. lat.	1. frz.	1. it.
10	1663	8. dt.	10. lat.		
12	1664	9. dt.	12. lat.		
13	1666	10. dt.	13. lat.	2. frz.	2. it.
14	1667	11. dt.	14. lat.		
18	1668	15. dt.	18. lat.		
19	1669	16. dt.	19. lat.		
20	1669	17. dt.	20. lat.	1. madjar.	
25	1674	21. dt.	25. lat.		
26	1675	22. dt.	26. lat.		
27	1675	23. dt.	27. lat.		
30	1677	25. dt.	30. lat.		

1 Die folgende Übersicht beruht auf Pilz 1967, S. 54-62.

31	1678	26. dt.	31. lat.		
32	1679	27. dt.	32. lat.	6. frz.	3. it.
35	1682	28. dt.	35. lat.		
47	1686	35. dt.	47. lat.		
49	1688	37. dt.	49. lat.		
54	1698	39. dt.	54. lat.		
57	1703	41. dt.	57. lat.	10. madjar.	
60	1705	42. dt.	60. lat.	7. frz.	4. it.
62	1707	44. dt.	62. lat.	11. madjar.	
63	1707	45. dt.	63. lat.	8. frz.	5. it.
64	1708	46. dt.	64. lat.		
65	1708	47. dt.	65. lat.	12. madjar.	
66	1708	48. dt.	66. lat.	9. frz.	6. it.
72	1716	54. dt.	72. lat.		
76	1719	57. dt.	76. lat.		
77	1720	58. dt.	77. lat.		
82	1724	62. dt.	82. lat.		
86	1729	64. dt.	86. lat.		
88	1730	65. dt.	88. lat.		
89	1732	66. dt.	89. lat.		
90	1737	67. dt.	90. lat.		
91	1737	68. dt.	91. lat.		
93	1740	70. dt.	93. lat.		
94	1745	71. dt.	94. lat.		

95	1746	72. dt.	95. lat.		
98	1754	75. dt.	98. lat.		
100	1755	77. dt.	100. lat.	18. madjar.	
101	1755	78. dt.	101. lat.	11. frz.	7. it.
102	1756	79. dt.	102. lat.		
103	1760	80. dt.	103. lat.	12. frz.	8. it.
108	1769	82. dt.	108. lat.		
109	1769	83. dt.	109. lat.		
110	1770	84. dt.	110. lat.	14. frz.	10. it.
111	1770	85. dt.	111. lat.	15. frz.	11. poln (Warschau + Nbg.).
117	1777	88. dt.	117. lat.	17. frz.	11. it.
125	1780	93. dt.	125. lat.		
126	1781	94. dt.	126. lat.		

Die lückenhafte Zählung der zweiten und dritten Fremdsprachen beruht darauf, dass die entsprechenden Ausgaben nicht in Nürnberg, sondern an anderen Orten gedruckt wurden. Sie sind deshalb in dieser Aufstellung nicht berücksichtigt. Die dritte, vierte und fünfte französische Auflage ist nicht in Nürnberg, sondern 1667 in Breslau erschienen.[2] Die 2. bis 9. ungarische Ausgabe erschien entweder in den siebenbürgischen (heute rumänischen) Städten Kronstadt, Hermannstadt, Klausenburg oder im ungarischen (heute slowakischen) Leutschau.[3] Die neunte italienische Ausgabe erschien in Moskau.[4] Die ersten zehn polnischen Ausgaben erschienen in Breslau, Posen, Warschau und Lowitsch (Łowicz bei Łódź).[5] Die Lücken in der Aufzählung der deutschen und lateinischen Ausgaben beruhen ebenfalls darauf, dass die fehlenden Drucke nicht in Nürnberg, sondern anderswo erschienen.

---

2 Pilz 1967, S. 54.
3 Pilz 1967, S. 55.
4 Pilz 1967, S. 57.
5 Pilz 1967, S. 54, 56f.

Anhang

Quellen und Dokumente zur Mehrsprachigkeit in den Reichsstädten Augsburg und Nürnberg vom 15. bis zum 18. Jahrhundert

redigiert von Amelie Ellinger und Helmut Glück

Inhalt

Vorwort

In diesem Quellenanhang sind Dokumente zum Erwerb von Fremdsprachen in den Reichsstädten Augsburg und Nürnberg vom Spätmittelalter bis zum Ende des Alten Reichs (1806)
versammelt. Er steht in unmittelbarem Zusammenhang mit dem vorangegangenen Textteil.

Die Dokumente lassen sich in verschiedene Gruppen einteilen:
- Transkriptionen von Archivalien, die persönliche Angelegenheiten von
  Sprachmeistern betreffen;
- Transkriptionen von Wortlisten, die junge Leute anlegten, um italienische Voka-
  beln zu lernen;
- Auszüge aus Sprachlehrwerken, in denen zeitgeschichtlich-aktuelle oder kulturge-
  schichtlich oder didaktisch relevante Themen abgehandelt werden;
- Titelkupfer und Abbildungen aus Sprachlehrwerken, die oft allegorische
  Darstellungen zum Sprachenlernen enthalten.

Diese Sammlung soll die Monographie über den Erwerb und die Verwendung von modernen Fremdsprachen in den beiden wichtigsten Reichsstädten Süddeutschlands ergänzen und
illustrieren. Sie ist exemplarisch zu verstehen und erhebt keinen Anspruch auf Vollständigkeit oder Repräsentativität.

Insgesamt enthält dieser Anhang 19 Werkauszüge und 29 Abbildungen aus dem Korpus
sowie 14 Autorenbiographien. Des Weiteren beinhaltet er drei archivalische Quellen aus
dem Stadtarchiv Augsburg sowie eine zur Situation von Sprachmeistern in Nürnberg in den
1760er Jahren.

Das älteste Dokument in diesem Quellenanhang ist eine kurze und unvollständige hand-
geschriebene Liste von italienisch-deutschen Wortgleichungen, die der Nürnberger Kaufmannssohn Hans Praun 1475 in Bologna in sein Haushaltungsbüchlein schrieb. Deutlich
umfangreicher ist die Vokabelliste, die 1611 Lukas Friedrich Behaim in Florenz zu Papier
brachte. Auch diese Liste ist im Kern italienisch-deutsch, doch enthält sie viele lateinische
und französische Zusätze und Einsprengsel, was zeigt, dass Behaim bereits andere Sprachen gelernt hatte. Beide Wortlisten sind hier zum ersten Mal ediert und mit linguistischen
Kommentaren versehen. Sie enthalten beide eine elaborierte, über den Grundwortschatz
deutlich hinausgehende Lexik, was darauf hinweist, dass die Kenntnisse des Italienischen
bei ihren Verfassern bereits weit fortgeschritten waren. Sie dürften vor allem für Sprachhis-
toriker von Interesse sein.

Matthias Kramers Vorrede und das achte Gespräch zu seiner Bearbeitung von J. N. D.
de Parivals „Teutsch- und Italiänischen Gesprächen" (1691), ebenso der „Vorbericht" zu
Kramers „Nouveau Parlement" (1711), thematisieren praktische Fragen des Sprachunterrichts (S. 495, 514). Auch in Georg Philipp Plats' Vorwort zu seinem „Cellarius François"
(1720) geht es ums Lernen, vor allem um die Frage, wie man Schülern Wortschätze durch
die Konzentration auf die „Stamm-Wörter" so vermittelt, dass sie sie nicht gleich wieder
vergessen, um Mnemotechnik also (S. 526). Ein weiteres Beispiel für didaktisches
Experimentieren ist die „Deutliche in Frag und Antwort verfasste Etymologie der
Französischen Sprach" von G. Ph. Plats (1721), in der die Flexionsmorphologie des
Französischen in Form eines Dialogs zwischen einem Lehrer und seinem Schüler gelehrt
wird; ergänzend wird empfohlen, ein aktuelles „Zeitungs-Lexikon" zu benutzen, um das zu
lehren und zu lernen, was man später „Landeskunde" nannte. Direkt thematisiert wird die

Arbeit eines Sprachmeisters in Plats' Gesprächsbuch von 1721 (S. 529). Einen Eindruck davon, wie man 1730 in Augsburg die Aussprache des Französischen in Dialogform unterrichtete, gibt ein Auszug aus einem Lehrwerk von Claude Roger de Gironville; er enthält an verschiedenen Stellen eingestreute „Transkriptionen" auf der Basis der orthographischen Konventionen des Deutschen (S. 539). Das 28. Gespräch in Matthias Kramers „Nouveau Parlement" (1711) befasst sich mit einem der zentralen Themen der Zeitgeschichte, nämlich mit den Feldzügen des römisch-deutschen Kaisers gegen die Türken auf dem Balkan (S. 515). Demselben Thema ist das 16. Gespräch in Antonio Moratoris „Gründlicher Anweisung zur Erlernung der spanische Sprache" (1723) gewidmet, das ein ausführliches Lob der militärischen Verdienste des Prinzen Eugen von Savoyen enthält. Ein lateinisches Distichon, das die politische Lage nach Eugens Siegen zum Gegenstand hat, leitet über zu einem Kurzdialog, in dem eine Begebenheit aus der Schlacht bei Höchstädt (1704) berichtet wird (S. 532).

Zeitgeschichtlich begründet sind zwei frühe russisch-deutsche Wortlisten, die 1799 in Augsburg als Einblattdrucke herauskamen; der zweite davon ist eine Verbesserung und Erweiterung des (fehlerhaften) ersten Drucks. Die russischen Lemmata sind in beiden Drucken in lateinischer Schrift wiedergegeben. In der Edition sind die russischen Lemmata in moderner kyrillischer Schreibung und ihrem Lautwert nach hinzugefügt und bei Bedarf kommentiert worden.

Kulturgeschichtliches Interesse anderer Art können Dialoge beanspruchen, deren Gegenstand alltägliche Begebenheiten sind. In Georg Philipp Plats' „Fortsetzung des Teutschen Frantzosens" (1709) gilt dies etwa für die Sorge eines Vaters um seine jugendliche Tochter, die mit einem französischen Edelmann geflirtet haben könnte (S. 509). Im 13. Dialog desselben Werks „zwischen einem Edelmann und einer Jungfer", kann man genau das lernen: er macht vor, wie man formvollendet in französischer Sprache komplimentiert und wie man solche Komplimente elegant beantwortet (S. 510). In Plats' 5. Dialog unterhält sich eine Mutter mit ihrer Tochter über den Unterricht im Tanzen und Singen; hier ist das Französische sowohl in korrekter Orthographie als auch in einer Lautschrift wiedergegeben, die sich an die orthographischen Konventionen des Deutschen anlehnt (S. 512).

Vier aktenmäßig belegte Vorgänge, die Anträge von Sprachmeistern auf ein Aufenthaltsrecht betreffen, stammen aus den Stadtarchiven Augsburg und Nürnberg. Einen sehr frühen Beleg für die Existenz eines Sprachmeisters liefern zwei Gesuche um Arbeitserlaubnis, die der Sprachmeister Gerhard Dorn an die Reichsstadt Augsburg (1559/60)

Von Gottfried Hensel, den Autor der *Synopsis universae philologiae*, ist nur bekannt, dass er Rektor der Schule in Hirschberg in Schlesien war. Sein auf Lateinisch verfasstes Werk erschien 1741 in Nürnberg. Es stellt nicht den ersten Versuch einer umfassenden Beschreibung der Sprachen der Welt dar, jedoch einen der ersten Versuche (vielleicht den ersten Versuch überhaupt), die Sprachen der Welt kartographisch zu erfassen, also Sprachenkarten für die (jeweils bekannte) Welt zu zeichnen und zu drucken. Hensels Karten zeigen, dass er von den Sprachen Europas und des Vorderen Orients einigermaßen realistische Vorstellungen hatte, auch wenn Lücken unübersehbar sind. Der große Rest der (Sprachen-) Welt war ihm aber nur in sehr groben Umrissen oder gar nicht bekannt. Diese Karten werden hier faksimiliert wiedergegeben. Eine knappe Skizze des Inhalts der *Synopsis universae philologiae* geht ihnen voraus, die Karten selbst und die Schriftproben, die sie enthalten, wurden ausführlich kommentiert (S. 548).

In barocken Lerngrammatiken und Gesprächsbüchern kommt mitunter sogar die Dichtkunst zu Ehren, nämlich in Lobgedichten auf den oder die Verfasser solcher Werke. Ein

Beispiel dafür ist das Widmungsgedicht, das Johann Friedrich Riederer 1722 auf seinen ehemaligen Lehrer Matthias Kramer für eine Nachauflage von dessen italienischer Grammatik verfasste. Kramer replizierte auf dieses Lob in Versen, und Riederer fügte dieser Replik einen vierzeiligen „Gegen-Schluß des Freundes" an.

Die abgedruckten Abbildungen, im wesentlichen Kupferstiche aus dem 18. Jahrhundert, werden in diesem Vorwort nicht im einzelnen vorgestellt. Sie sind alle mit Kurzkommentaren versehen, die elementare Beschreibungen ihres Inhalts und ihrer mythologischen, allegorischen und symbolischen Dimensionen enthalten. In geeigneten Fällen wird ihre zeitgeschichtliche Bedeutung oder ihre sprachdidaktische Funktion in kurzen Kommentaren erläutert.

Wir danken Prof. Dr. Carlo Milan (Bamberg) für seine freundliche Hilfe bei der Übersetzung des Textes unter dem Kupferstich der Abb. 8 aus Matthias von Erbergs „Scherzi historici" (1703) aus dem Italienischen. Des Weiteren sind wir Dr. Anna Scherbaum (Nürnberg) und Prof. Dr. Wolfgang Brassat (Bamberg) für ihre freundliche Hilfe bei der kunsthistorischen Beschreibung und Kommentierung der Abbildungen aus den Werken von Jäger (1764), Kirsch (1718), Kramer (1693/1717), Meynier (1792), Moratori (1721) und Schübler (1705) zu Dank verpflichtet.

Beim Transkribieren galten folgende Konventionen:
Das „lange S" (ſ) wurde in den meisten Transkriptionen durch das „runde S" (s) ersetzt. Lediglich in den Transkriptionen der Handschriften von Behaim, Praun und im *Verzeichniß der nöthigsten russischen Wörter* wurde das „lange ſ" verwendet, um möglichst nahe an der Vorlage zu bleiben.

Supraskribierte Vokale wurden in die Transkriptionen übernommen, im fortlaufenden Text und in der bibliographischen Angabe jedoch zugunsten der einheitlichen Zeilenabstände und eines gleichmäßigen Schriftbildes in *ä, ö, ü* aufgelöst.

Konsonanten, die mit einem Strich überschrieben waren, welcher in den Quellen die Kürze des vorangehenden Vokals bezeichnet, werden in den Textabdrucken als Doppelkonsonanten wiedergegeben. Dies war nur bei *m* und *n* der Fall.

Abkürzungen in den Quellen wurden in der Transkription aufgelöst (in eckigen Klammern). Unterschiede in den Drucktypen (Fraktur, Antiqua) wurden nicht berücksichtigt, ebenso wenig Farbdruck in Titelblättern. Die *u/v*-Schreibung einiger Originaltexte für dt. und lat. *u* wurde nicht beibehalten, es erfolgt eine einheitliche *u*-Schreibung.

1. Hans Praun, Einnahmen- und Ausgabenbüchlein, 1472–1477, fol. 128v–129r: italienische Vokabeln mit deutschen Entsprechungen
Stadtbibliothek Nürnberg, Amb. 22 – 8°

Die folgende Wörterliste fertigte der Nürnberger Kaufmannssohn Hans (II.) Praun (1458-1522) während seiner Lehrzeit in Bologna an, wo er sich seit 1472 bei Alessandro Bianchini aufhielt. Sein Vater Hans (I.) Praun (1432–1492), seit 1457 verheiratet mit Agnes Fröler, trieb einen schwunghaften Warenhandel mit Italien (Venedig, Bologna, Florenz, Rom) und Mitteldeutschland (Erfurt, Leipzig). In Nürnberg gehörte er als Genannter dem Größeren Rat an und fungierte auch als Safranbeschauer. 1492 starb er auf einer Handelsreise in Florenz an der Pest. Sein ältester Sohn Franz, möglicherweise ein unehelicher Spross mit einer Florentinerin, studierte Jura in Erfurt und Bologna, wo er von 1472 bis 1476 nachweisbar ist, und ist 1477 in Rom und Florenz belegt. Nach der Promotion (1493) wurde er 1495 Prokurator am Reichskammergericht und drei Jahre später Ratskonsulent in Nürnberg. Der jüngere Hans Praun ist möglicherweise mit dem Leiter der 1495 im Venedighandel belegten Gesellschaft „Zuan Bruno e compagni" identisch. Er starb 1522 kinderlos in Nürnberg. Das Rechnungsbuch des Vaters verzeichnet unter den Ausgaben, die er für seinen Sohn „Henslein" tätigte, auch ein „vocabularium", bei dem es sich wahrscheinlich um ein italienisch-deutsches Wörterbuch handelte; dies ist der älteste Nachweis für den Gebrauch eines Wörterbuchs in der Ausbildung eines Nürnberger Kaufmanns. Möglicherweise nahm Hans (II.) Praun es bei der Anlage der Vokabelliste zu Hilfe – oder es wurde gekauft, um seine Ausbildung voranzutreiben.

Die Wortliste geht vom Italienischen aus; sie enthält 46 Wortformen. Die Liste der deutschen Entsprechungen ist unvollständig. Über die Gründe dafür kann man spekulieren: Hat Hans Praun italienische Wörter gesammelt, deren Bedeutung er nicht kannte und bei Gelegenheit erfragen und nachtragen wollte? War er zu faul, die Liste der deutschen Entsprechungen zu ergänzen? Fand er niemanden, der sie ihm hätte sagen können? Der Wortschatz selbst ist einigermaßen elaboriert, was darauf hindeutet, dass Praun bereits solide Grundkenntnisse des Italienischen besaß.

In den Anmerkungen werden (mögliche) Interpretationen unserer Lesungen gegeben, wo dies vertretbar schien; nicht jedem Eintrag konnte eine Interpretation zugewiesen werden.

qui si contingano — hi wirt im gehalten
da considerare — zu betrachten
conformato — zu geformt, od' gekürzt
virtu — tugent
professori — gehorsam, d' orden
impromoveato dado —
apostato — erkeuger
fu ratto — ward engurkt
profundissima mente disponea, gemütlich außlegt
cambrizato — vegaby, als heylig
privilegiati — gefreyt, gefreimikeyt
processo —
in habito — Jn wat,
solcernito —
ingurea — Beleydigung
expressino —
costante — Bestendig
prelate — zu bedecken, zu uuswerffen
profondamente — gemüthig
fervore — Jnprunstig, Jnnig
sempre respectando
contemplando
d'mirando
excellencia

H. Praun, *Einnahmen- und Ausgabenbüchlein*, 1472–1477, fol. 128v.

fol. 128v

1	qui ſi contengano[1]	hi wirt inn gehalten
2	da conſiderare	zu betrachten
3	conformato[2]	zu geformt / od[er] geleicht
4	virtu	tugent
5	profeſſorj	gehorsame[r] / d'orden
6	rimproverato[3] dadio[4]	---[5]
7	apoſtato	entrun[n]en
8	fu ratto[6]	ward enzuckt
9	profondiſſi[m]a me[n]te diſponea[7]	grüntlich auſlegen
10	canonizato	erhaben, als heylig
11	priuilegiati	gefreyt, gebriuilegirt
12	proceſſo	---
13	in habito	In war
14	ſcheruito	---
15	inguria	belaydigung
16	excelſiuo[8]	---
17	coſtante[9]	beſtendig
18	p[er]celare	zuu[er]berg[e]n, zuu[er]sweigen
19	profondamente	gruntlichen
20	feruore[10]	innprünſtig, ynnig[11]
21	ſempre ripetendo[12]	---
22	contemplando[13]	---
23	amirando[14]	---
24	excellencia[15]	---

---

1 lat. *contingere* ‚berühren, angrenzen, eintreffen'.
2 ital. *confermato* ‚bekräftigt, bestätigt'.
3 ital. *rimproverare* ‚rügen, Vorwürfe machen'.
4 ital. *da dio* ‚von Gott'.
5 Leerstelle, kein deutsches Äquivalent angegeben.
6 ital. *rapire* ‚rauben', auch ‚hinreißen, bezaubern'. Part. II *rapito* (> *rapto* > *ratto*?)
7 ital. *profondissimamente* (Adv.) ‚am gründlichsten', ital. *diſponia* etwa: ‚Verfügbarkeit, Disposition'.
8 ital. *eccessivo* ‚übertrieben, übermäßig'.
9 lat. *constans* ‚beständig', ital. *constare* ‚feststehen'.
10 ital. *fervore* ‚Hitze, Glut, Inbrunst', Subst.
11 ‚inbrünstig, innig'
12 ital. ‚dauernd wiederholend'.
13 ital. ‚betrachtend, überlegend'.
14 ital. ‚bewundernd'.
15 ital. ‚Vortrefflichkeit', auch als Titelanrede ‚Exzellenz'.

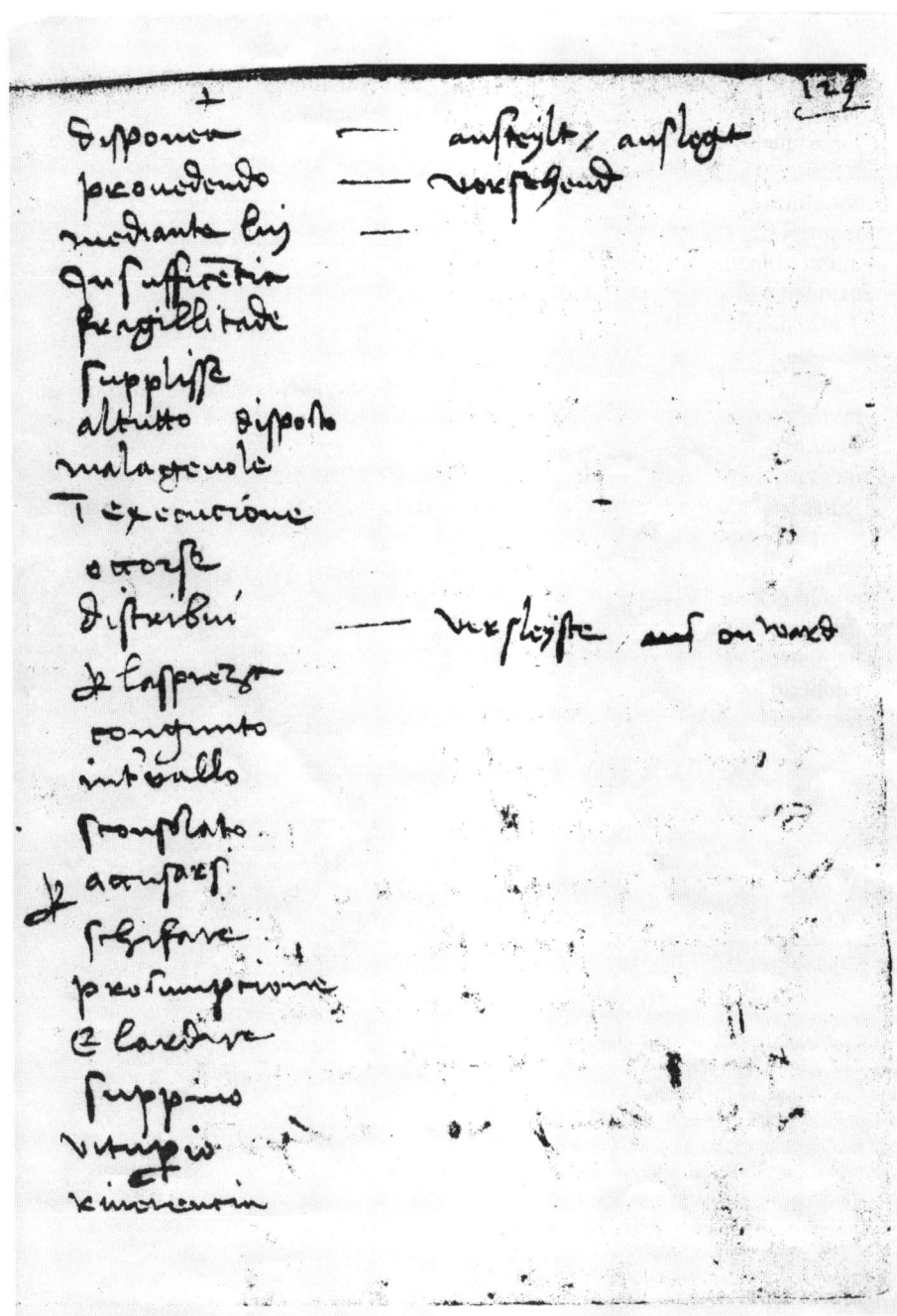

H. Praun, *Einnahmen- und Ausgabenbüchlein*, 1472–1477, fol. 129r.

fol. 129r

25	diſponea[16]	auſteylt, auſlegt
26	prouedendo[17]	vorſehend
27	mediante luj[18]	---
28	inſuffice[n]tia[19]	---
29	fragillitade[20]	---
30	ſupplisse[21]	---
31	altutto diſpoſto[22]	---
32	malageuole[23]	---
33	T execucione	---
34	occorſe[24]	---
35	diſtribui[25]	verſleyſte, ~~auf~~ [durchgestrichen] on ward
36	p[er] laſpreza	---
37	congunto	---
38	int[er]vallo[26]	---
39	ſconſolato[27]	---
40	p[er] accusarsi[28]	---
41	ſchifare[29]	---
42	preſumpcione[30]	---
43	E lardare[31]	---
44	ſuppino[32]	---
45	vituperio[33]	---
46	riuerencia[34]	---

---

16 ital. *disporre* ‚ordnen, stellen, legen'.
17 ital. *provvedére* ‚besorgen, sich kümmern, vorsehen'.
18 ital. *mediare* ‚vermitteln'.
19 ital *insufficienza* ‚Mangel, Unzulänglichkeit'.
20 lat. *fragilis* ‚zerbrechlich', ital. *fragilità* ‚Zerbrechlichkeit'.
21 ital. *supplice* ‚flehend, bittend'.
22 ital. *disposto* ‚bereit, gewillt'.
23 ital. *malagevole* ‚mühsam, unwegsam'.
24 ital. *occorrere* ‚nötig, erforderlich sein'; *occorse* ‚cs ist nötig'.
25 ital. *distribuire* ‚verteilen, austeilen'.
26 ital. *intervallo* ‚Zwischenraum'.
27 ital. *sconsolato* ‚freudlos, trostlos'.
28 ital. *accusarsi* ‚sich anklagen, sich beschuldigen'.
29 ital. *scifare* ‚verschmähen, verachten'.
30 ital. *presumere* ‚vermuten, vorwegnehmen'.
31 ital. *lordare* ‚beschmutzen, besudeln'.
32 ital. *suppino* ‚rücklings'.
33 ital. *vituperio* ‚Beschimpfung, Schande'.
34 ital. *riverenza* ‚Ehrerbietung, Reverenz'.

2. Die Gesuche des Sprachmeisters Gerhard Dorn um Arbeitserlaubnis in der Reichsstadt Augsburg 1559/60

StadtAA, Bürgeraufnahmen 1560, Fasz. 12, unfol. (1. Gesuch); StadtAA, Privatsprachlehrerakte (1560–1812; 2. Gesuch)

Der aus dem niederländischen Mechelen stammende Gerhard Dorn richtete im Oktober 1559 ein Gesuch an Stadtpfleger und Rat der Reichsstadt Augsburg, in dem er um die Erlaubnis bat, eine Zeitlang die lateinische, französische, italienische und spanische Sprache unterrichten zu dürfen. Es handelt sich um das älteste Dokument, das die Anwesenheit eines Sprachlehrers in Augsburg festhält. Es weist viele Merkmale des Schwäbischen auf. In guter Kenntnis der damaligen Verhältnisse stellt Dorn fest, dass die oberdeutschen Kaufleute ihre Kinder zum Sprachenlernen nach Frankreich, Italien und Spanien schicken würden, also offenkundig Bedarf an diesen Fremdsprachen bestand. Darüber hinaus bot er an, auch Mathematikunterricht zu geben. Der Rat gestattete ihm daraufhin zunächst für ein Jahr den Aufenthalt in der Stadt. Trotz dieses positiven Bescheids schrieb Dorn ein Jahr später erneut an den Stadtrat und wiederholte sein Anliegen. In seiner zweiten Supplik gab er an, dass er sich zwischenzeitlich in Tübingen aufgehalten habe, aber von mehreren Augsburger Bürgern zur Rückkehr aufgefordert worden sei. Wie lange Dorn sich danach noch in Augsburg aufhielt und welchen Erfolg seine neuerliche Initiative hatte, ist nicht bekannt.

a) Erste Supplik

Edel, veste, fürsichtige, ersam vnnd weiß Herrn Stattpfleger, Burgermaister, vnnd ain ersamer Rath, diser loblichen statt Auspurg, genedigen vnnd günstigen Herrn. Nachdem die kauffleut zu hoch teüschen landen jre khinder in Franckhreich, Italia vnnd Hispania schickhen, dieselben sprach[en] zuerkhundigen vnnd zulernen, vnnd so ich dann auß Gottes gnaden diser sprach[en] alls lateinisch, franzhosisch, italianisch vnnd hispannisch gnugsamlich erfaren vnnd gelernet, dermassen (on rom zumelden) das ich mit Gottes hülff auch ander dargen zuvnderrichten vnnd zulernen waiß, dieweil ich dann willens in sollichen sprachen schuel zuhalten, vnnd die jugent vnnd annder, wer des vorhabens ist solche sprachen, auch in arithmetia vnnd geometria zulernen, vnnd meines trewesten vnnd hochsten fleiß zuvnderweisen, demnach so ist an Eur v[este] H[erren] vnnd f[ürsichtige] w[eisheit] mein gantz vnderthenig fleissig pitten, Eur v[este] vnnd H[erren] wellen mir ain zeittlanng schuel zuhalten gnedigist vergunnen, darjnn sy mögen erfaren meinen stand, wesen, vnd ob ich gemainer statt nutz vnnd wolfart schaffen möge, das will vmb Eur e[dle] H[erren] vnnd f[ürsichtige] w[eisheit] ich mitt meinen getrewen diensten jeder zeit willig vnnd geflissen sein zuuerdienen, günstiger anttwurtt gewarttende, E[uer] v[esten] H[erren] vnnd f[ürsichtiger] W[eisheit]

Vndertheniger williger diener
Geradus Dorn von Meckel bey Anttorff

Kanzleivermerk: Actu in senatu 19. 8bris A[nn]o 59. Ist ime ain jarlanng alhie zuwonen vergontt word[en].

b) Zweite Supplik

Edel, vest, fursichtig, ersam vnnd weiß Herrn, Stattpfleger, burgermaister, vnnd ain ersamer Rath diser loblichen stat Augspurg, gepietenndt vnnd gunstig herrn. Ich hab hieuor etlichen wochen, an Eur h[ohe] v[este] vnnd f[ürsichtige] w[eisheit] in vnnderthenigkhait supliciert, vnnd der selben antzaigt, nach dem inn diser loblichen Stat Augspurg vill statlicher burger vnd kauffleith wonendt, welche ire khind[er] in Italia, Franckreich vnnd Hispania schickh[en] die selben sprachen zu lernen, vnd dieweil ich dan der selben Sprachen erfaren, vnnd im Nid[er]landt die Khinder, vnnd Knaben, die selben gelernet hab, vnnd souer dan Eur h[ohen] v[esten] vnnd f[ürsichtigen] w[eisheit] mir vergunnten alhie schuel zu halten, vnd die Sprachen zu lernnen, als dan wolt ich mich befleissen, die Khind[er] trewlichen darauff lernen, vnd vnnderweisen etc. So hat doch sollich mein suplicieren nichtzit fruchtbarlichs wirckhen wollen, darauff bin ich alßbald hinwegkh in dz wirttenperger Lanndt gehn Tibingen gezogen, alda ich mich gehalten, wie in hiebeiligender testification begriffen. So ist mir doch wid[er]umb durch etlich Burger geschriben, vnnd durch sy vertrost worden, waverr ich bey Eur h[ohen] v[esten] vnnd f[ürsichtigen] w[eisheit] noch malen anhaltten, so weren sy d[er] hoffnung, mir wurde in disen sprachen schuel zu halten gunstigelich erlaubt vnnd vergunt werdenn. Darauff bin ich jetzt wid[er]umb alher komen, gelangt demnach an E[ur] h[ohe] v[este] vnnd f[ürsichtige] w[eisheit] mein gantz vnd[er]thenigist, fleissig pitten, die wellen wie gemelt mier schuel zu haltt[en] ain ganntz od[er] halb Jar gnedigelich vergonnen, auf das E[ur] h[ohe] v[este] vnnd f[ürsichtige] w[eisheit] mein Conuersation vnnd leerung, in obgemelt[en] sprachen mügen spüren vnd erkhennen. So verhoff ich werde mit denn knaben d[er]massen Nutz schaffen, das E[ur] h[ohe] v[este] vnnd f[ürsichtige] w[eisheit] mich neben dem werden gnedigelich bedencken, vnnd mich hernach zu ainem vnd[er]thenigen armen Mitburg[er] gnedigelich wurd[en] aufnemen. Wouer aber Eur h[ohe] v[este] vnnd f[ürsichtige] w[eisheit] mein Wandel vnnd Conuersation in solch[er] Zeit and[er]st dan erbarlich vnnd aufrecht spuert[en] (daruor mich Gott mein leben lang beschuetzen wolle) oder das ich den jung[en] knaben, od[er] wer sunst obgemelte sprachen zu lernen lesen vnnd schreiben lust hette, nit nutzbarlich befind[en], so will ich als dann daruon absteen, vnnd souer mich E[ur] h[ohe] v[este] vnnd f[ürsichtige] w[eisheit] als dann nicht lenger in diser loblichen, vnnd weitberuempt[en] Statt Augspurg nit bleiben laßen wolten, mich an andere Ortt verfuegen. Bin hierauff gnediger vnabschlegiger Antwurdt gewartenndt.

Eur h[ohen] v[esten] vnnd f[ürsichtigen] w[eisheit] vnnd[er]thenig[er]

Gerhardus Dorn von Mechlen

3. Das Conceptionale von Lukas Friedrich Behaim (1611)
GNM Behaim-Archiv, Nr. 151

Lukas Friedrich Behaim (1587–1648) war der älteste Sohn des Vordersten Losungers der Reichsstadt Nürnberg Paul (II.) Behaim. Er studierte zunächst in Altdorf und unternahm von 1608 bis 1610 in einer Gruppe Nürnberger Patrizier- und Geschlechtersöhne (Johann Wilhelm Kress, Raimund Imhoff, Konrad Baier) in Begleitung des Präzeptors Andreas Agricola eine Reise durch Frankreich. 1611 schloss sich ein Aufenthalt in Italien an, wo Behaim sich unter anderem in Venedig und Florenz aufhielt. Dort entstand auch das nachfolgend edierte „Conceptionale", das in den Grundzügen schon von J. Staudenmaier (2010) beschrieben wurde. Von Italien aus unternahm Behaim „unter abenteuerlichen Umständen"[35] eine Reise ins Heilige Land. Nach seiner Rückkehr (1612) begleitete er zunächst die Nürnberger Gesandtschaft zur Krönung von Kaiser Matthias nach Frankfurt und verwaltete anschließend eine Zeitlang den Bergwerksbesitz der Familie in Kitzbühel. Im Oktober 1613 heiratete er die Nürnberger Patriziertochter Anna Maria Pfinzing (1591-1654). 1622 wurde er als Alter Genannter Mitglied des Größeren Rats der Reichsstadt Nürnberg. Drei Jahre später wurde er zum Jüngeren Bürgermeister gewählt, und 1644 stieg er in den engsten politischen Führungszirkel der Sieben Älteren Herren auf. Außerdem trat er als Förderer der Musik in Erscheinung und begründete 1634 das Behaim'sche Familienarchiv.

Das „Conceptionale" entstand ein Jahr vor dem Erscheinen des „Vocabolario degli Accademici della Crusca" (Venedig 1612, weitere Auflagen [2]1623, [3]1691, [4]1729–1739, [5]1863–1923[36]). Es ist denkbar, dass L. F. Behaim von dem Wörterbuchprojekt der Akademie wusste und Vorfassungen kannte.[37]

---

35 Fleischmann 2007, Bd. 2, S. 329f.

36 http://www.accademiadellacrusca.it/ (Portal), http://193.205.158.203/cruscle/ricerca_libera.jsp (Suche)

37 Zum „Conceptionale" siehe auch Staudenmaier 2010, S. 164-167. Transkription durch Johannes Staudenmaier. Kommentare und Redaktion Amelie Ellinger und Helmut Glück.

Qui à Fiorenze vole stare
Tre cose gli conviene fare
Corpo di formica, braccio di ferro et animo di cane.
Va Desco, ein grosser Tisch...
Tovaglia ÷ Tischtuch.
Spesse volte ÷ souvent.

Che non mi tengo ... non mi cognoscotel.
Sarchiar le cipolle ÷ ...
Contadino ÷ ein Bauer.
Prodezza ÷ gaillardise.
Gentilezza ÷ nobilitas
Senno ÷ Verstand.
Bastante ÷ sufficiens
Cavare alcuno utile ÷ ...
La voglia ÷ voluntas.
Ve ÷ dort od alda. y.
Sapere tener ben un libro di conti ÷
wol wissen ...
Condotto ÷ conductus.
Mentre vivea ÷.
Attendere alle lettere ÷ s'appliquer
aux estudes.
Ammassar robba ÷ ...
Sotto ÷ soubs.
Ascosamente ÷ ...
Abbrucciar ÷ ...
Intesa, intendere ÷ intellecta.
Cancellare suo nome ÷ ...
Chiarezza ÷ splendor. claritas
Passar di questa vita ÷ mourir.
Rimaso ÷ rimanere.
Appo ÷ appresso.

Giovevole ÷ ...
Conciosia che ÷
Sovenire ÷ ...
Acconcio ÷ ornato
Procacciar qualche cosa, ...
Inanti ÷ ...
Nascose ÷ celate.
Di quindi ÷ ...
Girato ÷ ...
Deificarsi ÷ farsi uno Dio
Piaga ÷ eine Wunde
Soverchio ÷ abondante.
Vangloriarsi ÷ ...
... pro ÷ profito
Arrendevole ÷ placabile.
Prosatore ÷ orator
Ecco ÷ ...
Serbare ÷ riservare.
Esporre ÷ ...
... operar ÷ ...
Mezzano ÷ mediocre.
Spagnola ÷ ...
Chucharo ÷ cochlear
Stringa ÷ ...
Puntale della stringa ÷ ...
Prevaricamento ÷ dissimulatio
Hor di questa, hor di quell'altera ÷
bald ... bald ...
Vecchiaia ÷ ...
Vaghezza delle donne ÷ ...

L. F. Behaim, *Conceptionale*, fol. 2r.

fol. 1r
Comparato in Fiorenzo a di 27 di
Maggio A[nn]o 1611 pur 2 Jul 2 cr.
Luca Federicho Boheme ./.

fol. 2r
Qui à Fiorenze vole stare
Tre cose qui convienne fare
Corpo di formica, braccio di ferro et animo di cane.[38]

ve Desco, ein groser viereckiger tisch.

tovaglia ÷ Tischtuch.

Spesse volte ÷ souvent.[40]

Che non mi tengo ÷ no mi cognoscote.[42]

Sarchiar le cipolle ÷ Zweifel[44] oder rüben grabe[?].

Contadino ÷ ein bauer.

Prodezza ÷ gaillardise.[49]

Gentilezza ÷ nobilitas.[51]

~~???~~ Senno ÷ Verstandt.

Bastante ÷ sufficiens.[52]

Cavare alcuno vtile ÷ etwas nützligs lernen.

ve[55] ÷ dort od[er] alda. y.

La voglia ÷ voluntas.[56]

Sapere tener ben' un libro di conti ÷ wol wissen Rechnung zu halten.

Giovevole[39] ÷ behülflich

Conciosia che[41]

Sovenire[43] ÷ helfen

Acconciò ÷ ornato[45]

Procuriar qualque cosa ÷ p[ro]curare[46]

Inanti[47] ÷ ante[48]

Nascose ÷ celatie[50]

di qu[i]ndi ÷ von dannen.

Girato ÷ h[er]umbgereist.

Deificarsi ÷ farsi vno dio.[53]

Piaga ÷ eine Wunden.

Soverchio ÷ abondante.[54]

vana gloriarsi ÷ sich vergeblich rüh-men,

pro ÷ p[ro]fito[57]

Arrvendevole[?][58] ÷ placabile.[59]

---

38 ‚Wer in Florenz bleiben will, der muss drei Dinge zustande bringen: den Leib einer Ameise, einen Arm aus Eisen und das Gemüt eines Hundes.‘

39 ‚nützlich‘

40 ‚niemals, oft‘ [frz.]

41 con ciò sa ‚es verhält sich so‘

42 ‚Wer mich nicht hält, kennt mich nicht‘

43 ‚sich erinnern‘

44 ‚Zwiebel‘

45 ‚geeignet, angebracht; verziert‘ [ital.]

46 ‚verschaffen, besorgen‘ [lat.]

47 inane ‚vergeblich, erfolglos‘, inanita ‚Leere, Vergeblichkeit‘

48 [als Präfix] ‚Vor-, Prä-‘

49 ‚Tapferkeit, freie Äußerung‘ [frz.]

50 celare ‚verstecken‘, celato ‚versteckt‘

51 ‚Höflichkeit‘ [lat.]

52 ‚genügend, ausreichend‘ [lat.]

53 ‚jdn. vergöttern‘ [ital.]

54 ‚übermäßig, im Überfluss‘ [ital.]

55 [ivi]

56 [lat.] ‚Wille‘; auch: ‚Lust‘

57 ‚Vorteil, Nutzen‘ [ital.]

58 *arrendévole* ‚nachgiebig, fügsam‘

Condotto ÷ conductus.[60]

Mentre vivea[63] ÷

Attendere alle lettere ÷ s'appliquer
aux estudes.[67]

Ammassar[69] robba ÷ hew od[er] graß zusammen
rechen.

Sotto ÷ soubs.[71]

Ascosamente ÷ heimblich.

Abbrucciar ÷ verbrennen.

Intesa,[73] intendere[74] ÷ intellecta.[75]

Cancellare suo nome ÷ seinen namen
außthun[77] vnd vertilgen.

Chiarezza ÷ splendor. claritas[80]

Passar di questa vita[81] ÷ mourir.[82]

Rimaso rimanere.[83]

Appò ÷ appresso.[84]

Prosatore[61] ÷ orator[62]

Ecco ÷ ecce[64]

Serbare[65] ÷ reservare.[66]

Esporre ÷ exponere.[68]

Adoperar[70] ÷ p[ro]bare

Mezano ÷ mediocre[72]

Spazzola ÷ ein Kehrbürsten.

~~Chan~~ Chuchaio ÷ ein löfel [?]

Stringe ÷ nestel.

Punttale della stringa ÷ nestelstefft[76]

Prevaricamento[78] ÷ dissimulatio.[79]

Hor di questa, hor die quell'altera ÷
bald in dieser, baldt in einer and[er]n.

Vecchiaia ÷ dz alter

Vaghezza delle donne ÷ die schönheit
der weiber

fol. 2v

Al meno ÷ aufs wenigst[85]

La tiepidezza degli anni ÷ dz mittel
mäßige alter

Secchia ÷ eimer.

Tundo ÷ teller.

Rinfrescatoria[86] ÷ Külkessel.

---

59 ‚versöhnlich'
60 ‚Benehmen, Betragen' [lat.]
61 ‚Schriftsteller'
62 ‚Redner' [lat.]
63 (Prät.) ‚während X lebte'
64 ‚da ist, sieh da' [ital., lat.]
65 ‚aufbewahren'
66 ‚reservieren, vorbehalten' [lat.]
67 ‚sich dem Studium widmen' [frz.]
68 ‚ausstellen' [it., lat.]
69 ‚etw. anhäufen'
70 ‚anwenden, benutzen' [ital.],untersuchen, prüfen' [lat.]
71 ‚unter, unterhalb' [frz.]
72 ‚mittelgroß, mittelmäßig'
73 ‚Einvernehmen, Übereinkunft'
74 ‚beabsichtigen, vorhaben'
75 *intelletto* ‚Verstand'
76 Nestelstift: Metallstift am Nestelende (DW)
77 ‚löschen, streichen'
78 ‚Pflichtverletzung, Unterschleif, Machtmissbrauch' [ital.]
79 ‚Unkenntlichmachung, Verstellung' [lat.]
80 ‚Glanz, Helligkeit, Ruhm' [lat.]
81 [ital.] ‚aus dem Leben scheiden'
82 [frz.] ‚sterben'
83 ‚geblieben, bleiben'
84 [ital.] ‚bei, nahe bei'
85   auch: ‚zumindest'
86   *rifrescare* ‚abkühlen'

Altiero et altero ÷ stoltz, aufgeblasen.

Cuore et core ÷ dz hertz.

allogare ÷ loger.[88]

A dietro ÷ Zuletzt, derriere.

Atti ÷ geberden.

Fino ÷ vegz[90]

allarcioto[91] ÷ preso[92]

A memi pare vna tella cosa ÷ mihi
videt talis[95]

volto ÷ dz angesicht

Guancia ÷ backh[en][98]

labra ÷ lefzen.[100]

dito ÷ fing[er].

Vedia ÷ nagel.[102]

Palma[104] ÷ dz inwendig an d[er] handt

Spallah ÷ die achsel.

Chombito[108] ÷ elenbog[en].

Calzetta[110] ÷ strumpf.

La gamba ÷ d[er] schenkel.

Pianelle ÷ pantofel[114]

Nastro ÷ schuhbandt.

Gola ÷ die trossel.[115]

Taza[87] ÷ ein schalen.

Montiera ÷ ein studi[e]rheublein

Finestra ÷ fenster läd[en] vnd alles.

Cordone ÷ Hutschnur

Guastada[89] ÷ ein kläßlein da man
wasser einthut den wein zu misch[en].

Feraiolo[93] ÷ ein mantel.

Legacie[94] ÷ hosenbender.

Cinturino[96] ÷ gürtel

Pendalli[97] ÷ wehrgeheng.

Sugatoio ÷ handtzwehl[99]

Cupo ÷ tief

Affanno ÷ afflictio.[101]

Cambio ÷ wexel. change.[103]

Senno ÷ sens[us], i[nte]llect[us], verstandt[105]

Alleggiamento[106] ÷ hilff.[107]

Petto ÷ pectus.[109]

Mestieri[111] ÷ bisogno[112]

Focoso desio ÷ ardens desid[er]ius.[113]

Sostegno ÷ hilff

Ago ÷ ein nadel.

Fuso ÷ spindel od[er] rolhen.

---

87   *tazza*

88   ‚wohnen‘ [it., frz.]

89   zu *gustare* ‚schmecken, probieren‘

90   ‚bis‘ (Präp.), schwäb. *wegs* ‚wegen‘

91   *allacciare* ‚verbinden, verknüpfen, verkuppeln‘

92   Part. II zu *prendere* ‚nehmen‘

93   *ferraiolo, ferraiuolo* ‚Priestermantel‘ [ital.]

94   *legare* ‚binden‘

95   ‚mir scheint, ich habe den Eindruck‘ [ital., lat.]

96   *cinturino* ‚Bändchen,Riemchen‘, Dim. zu *cintura* ‚Gurt, Gürtel‘

97   *pendaglio*

98   ‚Wange‘

99   *asciugare* ‚trocknen‘; *sugatoio* ‚Handtuch‘; *handzwehel* ‚Handtuch‘

100 ‚Lippe‘

101 ‚Angst, Kummer, Bedrängnis‘ [ital., lat.]

102 Nagel: ungia (anat.), chiodo, spina (instr.)

103 [ital., dt., frz.]

104 palmo della mano ‚Handfläche‘

105 [ital., lat.; lat., dt.]

106 *alleggia* ‚Leichterung‘; *alleggerimento* ‚Erleichterung, Verminderung‘

107 ‚Trost‘

108 *gomito* ‚Ellenbogen‘

109 ‚Brust, Busen‘ [ital., lat.]

110 ‚Söckchen‘

111 ‚notwendig‘, prädikativ

112 ‚Bedürfnis, Bedarf‘

113 [ital., lat.] ‚heißes Begehren‘

114 [*Pl.*]

Collo ÷ halß.

Sedia[117] sessel. ÷ con bragiali.[118]

Scabello[120] ÷ stul.[121]

Celone ÷ ein teppich.[124]

Credenza[126] ÷ kaltel.[127]

pozo[129] ÷ puteus.

Mezina[131] ÷ ein krug.

Arcolaio ÷ ein haffel[116]

Brigata[119] ÷ Zusammenkunfft

Aspero[122] ÷ crudele[123]

Legami[125] ÷ bandt, fessel.

Spavento[128] ÷ schreklich

Erto[130] ÷ alto hoch.

Sentiero[132] ÷ ein fussteig.

Costretto[133] ÷ bezwung[en], benötigt

fol 3r

Piegare ÷ bige

Guisa ÷ façon, maniere[135]

Porgere ÷ wiedergeben. od[er] geben.

Aitare et Aiutare ÷ helffen.

Palesare[137] ÷ far noto[138]

Uccellare[139] ÷ schiessen

Cacciare ÷ Jagen, vertreiben

Pescare ÷ fischen

Trarre ÷ hinweg nehmen

Trapassare ÷ fürüber geh[en] od[er] sterben,

Salire ÷ hinauf steig[en]

Vietare ÷ verbieten

Provedimento[134] ÷ fürsehung

Infermo ÷ krankh, schwach.

In altere guise[136] ÷ and[e]re gestalt

Primavera ÷ der früling

state der Sommer.

Autunno ÷ der herbst.

verno[140] ÷ d[er] winter

Maschio ÷ mascul[us][141]

Rado[142] ÷ weit von einand[er]

Spesso[143] ÷ nahendt beisamen.

Puzzo ÷ gestankh.

Contade[144] ÷ dorff.

---

115 Drossel ,Gurgel, Schlund, Kehle' (DW)
116 ,Garnwinde, Haspel'
117 ,Stuhl'
118 bracciuòlo, bracciolo ,Armlehne'
119 ,Brigade'
120 *sgabello*
121 ,Hocker'
122 *aspro* ,herb, sauer, hart, streng'
123 [ital.] ,grausam'
124 [lat.] *celare* ,bedecken'
125 ,Bänder, Verbindungen'
126 ,*Küchenschrank*'
127 Kalter, Behältnis, (Wand-)Schrank (DW)
128 *spavento* ,der Schrecken', *spaventoso* ,schrecklich'
129 *pozzo* ,Brunnen' [ital., lat.]
130 ,steil'
131 *mezzetta*
132 ,Pfad'
133 ,gezwungen, genötigt'
134 *provvedimento* ,Vorkehrung, Maßnahme'
135 ,Art, Weise' [ital., frz., frz.]
136 *guisa* ,Art, Weise, Form'
137 ,etwas offenbaren'
138 ,hinweisen auf'
139 ,Vögel fangen'
140 *inverno* ,Winter'
141 ,Mann' [ital., lat.]
142 Bei Textilien: ,weitmaschig, locker'
143 ,dicht, dick; häufig, oft'

Schifare ÷ vermeiden

Rinchiudersi ÷ sich einsperren

Camparsi d'vn grand periculo ÷ ein grose gefahr entflieh[en]

Ragunarsi[148] ÷ zusammkommen

Festiggiarsi ÷ sich erlustig[en]

Scart[149] Scortare[150] ÷ negligere[151]

Bastare ÷ sufficere

Sopravegnente[153] ÷ suppravenimus[154]

Stipare ÷ vbereinanderschlichten

Ricoprire et ricoperchiare ÷ bedecken recouvrir[158]

Ricercare ÷ rechercher,[160] einen wort bitten od[er] von ihm begehren.

Risparmiare ÷ ersparen, od[er] vber bleiben

Segare ÷ abschneiden

Tagliare ÷ schneiden couper[163]

Satiare, satio, satollo[165] ÷ saturat[us][166]

Menomare ÷ amoindrir. abnehmen.

Menomo[168] ÷ Menu[169] klein

Anzi[145] ÷ Juno.

Zio ÷ Oncle[146]

Zia ÷ tante.[147]

Guadagno ÷ gewin

Scarsita ÷ mangel.

Rado ÷ wenig.

Beccamorto ÷ Todtengräber

Tema ÷ timor.[152]

Etiando[155] ÷ Ancora.[156]

Centinaia, mettere a centinaia[157] hundtertweiß legen.

Mettere qualche cosa à suolo à suolo[159] ÷ eins auf dz and[ere] leg[en].

Sommo et sommità[161] delle muraglie ÷ das höhest an d[er] mauern.

Accio che ÷ A ce que, ita ut.[162]

Dietro ÷ derriere.[164]

Avanzo ÷ gewinn od[er] d[er] Rest.

Sparte[167] ville ÷ vmbligende dörffer.

Biada[170] ÷ das getreidt bled.[171]

---

144 *contado* ‚ländliche Umgebung'

145 *anzi* (Adv.) ‚sogar, noch, besser, vielmehr'. Das Interpretament *Juno* ist unverständlich.

146 [ital., frz.]

147 [ital., frz.]

148 *raggiuntare* ‚zusammenfügen'

149 *scarto* ‚Ausscheidung, Ausschuss, Ramsch'

150 ‚begleiten'

151 *neglegere* ‚vernachlässigen, missachten' [lat.]

152 *téma* ‚Furcht, Angst', *timore* ‚Angst'

153 Part. I zu *sopravenire* ‚dazwischenkommen, dazukommen'

154 Behaim meint wahrscheinlich die 1. Person Sg. Präsens Ind. Aktiv von lat. *supervenire* ‚dazukommen'.

155 ‚noch'

156 ‚noch' [ital.]

157 *centinaia* ‚die Hunderte' (Subst., Pl.)

158 [ital., ital., dt., frz.]

159 *suòlo* ‚Boden, Grund, Schicht' [ital.]

160 ‚suchen, erforschen'

161 *somma* ‚höchst, größt, oberst' (Adj.), *sommità* ‚Gipfel, Spitze, Höhepunkt'

162 *acciocché* ‚damit' [ital.], *a ce que* ‚dazu' [frz.], *ita ut* ‚unter der Bedingung, (nur) zu dem Zweck' [lat.]

163 [ital., dt., frz.]

164 ‚hinter' [ital., frz.]

165 *satollare* ‚sättigen, satt machen' [ital.]; *saturo* (Adj.) ‚gesättigt, satt' [ital.]

166 ‚gesättigt' [lat.]

167 *sparso* ‚verstreut, gestreut' [ital.]

168 ‚ich verkleinere'

169 ‚klein' [frz.]

170 *biada* ‚Getreide, Hafer' [ital.]

171 *blé* ‚Getreide' [frz.]

Corregiali ÷ ein twischel [?][172]
Anzi ÷ ante[173] Zuvor.

fol. 3v

Schiatta, progenie ÷ ein geschlecht.
Homai[176], hoggimai[177] ÷ ietz… einmal
Acconciamenté[178] ÷ mit gelegenheit,
mit gutem fug vnd recht.
Voto[180] ÷ leer, vacuus.[181]
Sabito lugubre[182] ÷ ein trauer kleid
Stagione[184] ÷ Zustandt.[185]
Amista[186] ÷ freundtschafft.
Vicinanza[187] ÷ nachbarschafft. y.
Parentado ÷ blutfreundtschafft.
Vna gentildonna savia, di sangue
nobile, bella di forma, ornata di
costumi et di leggiadra onestá.[193]
Per caso[196] ÷ vngefehr wid[er] all verhoff[en].
A niuna persona fa ingiuria, chi
honestamente vsa la sua ragione.[197]
Quantò maggioramente ÷ wie vielmehr

Increscere[174] ÷ Mißfallen. Inurjer[175]
A me incresce ÷ mich verdriest, mir
ist die weil lang.
Ravolgere et involgere[179] ÷ sich ein-
wickeln.
Acconciarsi[183] ÷ sich wissen in etwas
zu schickhen.
Adunarsi ÷ sich versamblen, zusam
kommen.
Uccire, ucciso[188] ÷ occidere,[189] tödten.
Ragionarse,[190] raggionamento[191] ÷
discourir.[192]
Recare, recarso[194] ÷ portare.[195]
Salire vna montagna ÷ ein berg
hinauf steig[en].
Schernire o veffare[198] ÷ spotten
Discorrere[199] ÷ h[er]umblauffen.

---

172   Nicht interpretierbar.
173   *anzi* ‚vielmehr, im Gegenteil' [ital.], *ante* ‚vor; vorn, vorwärts, früher' [lat.]
174   *rincrescere* ‚leidtun' [ital.]
175   Sc. *injur[i]er* ‚beleidigen, beschimpfen; verletzen' [frz.]
176   *ormai* ‚jetzt, nunmehr' [ital.]
177   *oggi* ‚heute' [ital.], *mai* ‚jemals' [ital.]
178   *acconcio* ‚angebracht, geeignet, schicklich' [ital.]
179   *involtare, avvolgere* ‚jdm. einwickeln' [ital.]
180   *vuoto* ‚leer' [ital.]
181   [lat.]
182   *abito* ‚Kleid, Gewand' [ital.], *lugubre* ‚traurig' [ital.]
183   ‚sich zurechtmachen' [ital.]
184   *stagione* ‚Jahreszeit' [ital.]
185   *stato* ‚Zustand' [ital.], *status* ‚Zustand' [lat.]
186   *amicizia* ‚Freundschaft' [ital.], *amicitia* ‚Freundschaft' [lat.]
187   *vicinato* ‚Nachbarschaft' [ital.]
188   *ucire, uciso* ‚töten, tot' [ital.]
189   *uccidere* ‚morden' [ital.]
190   *ragionarsi* ‚sich besprechen' [ital.]
191   *ragionamento* ‚Gedankengang, Überlegung, Gespräch' [ital.]
192   ‚schwatzen' [frz.]
193   ‚Eine kluge, vornehme Frau von adeliger Herkunft [Blut], schöner Gestalt, geschmückt mit [guten]
       Sitten und anmutiger Keuschheit.' [ital.]
194   *recare* ‚bringen' [ital.], *recarsi* ‚sich begeben' [ital.]
195   ‚tragen, bringen' [lat., ital.]
196   *per caso* ‚vielleicht, zufälligerweise, versehentlich' [ital.]
197   ‚Es tut niemandem ein Unrecht an, wer seinen Verstand auf ehrliche Weise benutzt.' [ital.], *niuno* =
       nessuno ‚niemand' [ital.]
198   *beffare* ‚verspotten' [ital.]

Offesa, offenzione[200] ÷ schad[en] nachtheil

Cherti[202] ÷ quanti[203]

Compenso[204] ÷ rimedio.[205]

Meritamente[206] ÷ billich

Al parer mio ÷ meiner mainung
                    nach.
                  NB.

In consideratione.[210]

Il tempo, luogo et la qualità

per terminar ogn'equita.[211]

Quinci[212] ÷ deca.

Cuindi[213] ÷ delà.[214]

Attorno[215] ÷ herumb, portar qualche

cose d'attorno ÷ etwas h[er]umb trag[en].

Empito[217] ÷ impet[us][218]

Feccia,[220] fece[221] ÷ fex[222]

In istratio[225] di noi ÷ zu vnserm stat?

Riscaldarsi, riscaldato[201] ÷ sich wi-
d[er]umb erwärmen, erhitzen.

Rimproverare[207] ÷ exp[ro]bare,[208] etwas
einem fürwerf[en] od[er] aufruckhen.

Impaurirsi ÷ sich fürchten.

Mi sento tutti i capelli adosso arriciare[209] ÷
ich empfindt dz mir alle haar
gen berg steh[en].

Spaventarsi ÷ sich fürchten, ein ab-
schew trag[en]

Mi sembra ÷ mi pare, mich deucht

Ingannarsi, ingannato[216] ÷ sich selbst
betrieg[en].

Vincere, vinto[219] ÷ vberwinden

strabiare[223] ÷ p[er]burlare.[224]

Sciogliere, sciolto[226] ÷ etwas auflösen.

fol. 4r

Co[n]tali[227] ÷ tali solche od[er] diese.   Chiedere ÷ helfen.[228]

---

199 Hier ist die alte, wörtliche Bedeutung von *discorrere* ‚auseinanderlaufen, sich zerstreuen' [lat.] er-
      halten.
200 *offendere* ‚beleidigen, verletzen' [ital.]
201 ‚aufgewärmt, erwärmt' [ital.]
202 *certi* ‚einige, mehrere' [ital.]
203 *quanto* ‚wie viel' [ital.]
204 ‚Ausgleich' [ital.]
205 ‚Hilfe, Mittel' [ital.]
206 ‚verdienterweise' [ital.]
207 *rimproverare* ‚jdm. etw. vorwerfen' [ital.]
208 *exprobare* ‚jdm. Vorwürfe machen, jdm. etw. vorhalten' [lat.]
209 *arricciare* ‚kräuseln, kraus ziehen' [ital.]
210 *in considerazione* ‚in Betrachtung, Erwägung' [ital.]
211 ‚Die Zeit, der Ort und die Qualität, um jede Rechtlichkeit zu vollenden.' [ital.]
212 ‚von da, von dort' [ital.]. *deca* = de qui [?]; *d'ici* ‚von hier' [?] [frz.]
213 ‚daher, also' [ital.]
214 *de-ci de-là* ‘hier und da' [frz.]
215 ‚umher, um…herum' [ital.]
216 ‚getäuscht, betrogen' [ital.]
217 *empito* ‚Wucht' [ital.]
218 *impetus* ‚Andrang, Ungestüm, Angriff, Begierde' [lat.]
219 ‚besiegt, überwunden' [ital.]
220 *feccia* ‚Abschaum, Auswurf, Bodensatz' [ital.]
221 *feci* ‚Exkremente' [ital.]
222 *faex*, Pl. *faeces* ‚Bodensatz, Hefe; Abschaum, Auswurf' [lat.]
223 *strabère* ‚übermäßig trinken' [ital.]
224 *burlare* ‚verspotten' [ital.]
225 *istradare* ‚führen, leiten, auf den Weg bringen' [ital.]
226 ‚aufgelöst; frei, lose, locker, offen' [ital.]
227 *con tali* ‚mit solchen' [ital.]

Fante[229] ÷ magdt.

Addosio[231] ÷ dessus.[232] oben drauf

Douung[ue][235] io vado ÷ wo ich nur hingehe

Parmi[237] ÷ videt mihi.[238]

Polso[242] ÷ faculta,[243] potere,[244] macht.

Ischifiltá, schifezza,[246] ischifetta ÷ ver-
meidung.

Menomo[248] ÷ minimus.[249]

Magnano ÷ ein schlosser.

Però[251] ÷ pourtant[252]

Legame del matrimonio[253] ÷ vincul[us]
matrimonii.

Occorrenza, bisogno ÷ noth.

Travaglio[259] ÷ labor.[260]

Scontentezza[261] ÷ ,---'

Allegerire ÷ appaiser. stillen.[230]

Giovare[233] ÷ iuvare.[234]

Aggravare[236] ÷ einen beschweren.

Sfogare[239] la colera[240] ÷ desgorger[241] la
colere.[245]

Masticare tra li denti[247] ÷

Arrecare ÷ mit sich bring[en]

Rimbambire, rimbambito[250] ÷ kindisch,
aberwizig werden

Rabberciare ÷ flickhen.

Spiegar[254] ÷ dimostrare[255]

Piatire [?][256] ÷ Zanckh[en].[257]

Impiccarsi sich henk[en.[258]

Fuggire ÷ flieh[en].

---

228   *chiedere* ‚verlangen, fordern; wünschen, begehren; betteln, nach etwas fragen' [ital.]; *aiutare* ‚helfen'
        [ital.]

229   ‚Bursche; Fußsoldat' [ital.], *fantesca* ‚Dienstmagd' [ital.]

230   *allegerire* ‚vermindern, lindern' [ital.]; *apaiser* ‚beruhigen, lindern, (Durst) stillen' [frz.]; *calmare,*
        allattare ‚stillen' [ital.]

231   *addosso* ‚an, auf, in sich' [ital.]

232   ‚oben drauf' [frz.]

233   ‚nützen' [ital.]

234   Nicht identifizierbar. Evtl. *aiutare* ‚helfen, unterstützen' [ital.]

235   *dovunque* ‚wo auch immer' [ital.]

236   ‚verschlimmern' [ital.]

237   *pare mi* ‚es scheint mir' [ital.]

238   *mihi videor* ‚ich glaube, meine' [lat.]

239   ‚Luft machen, austoben' [ital.]

240   *colera* ‚Cholera'. Wahrscheinlich meinte Behaim *collera* ‚Wut' [ital.].

241   *dégorger* ‚reinigen, entleeren, ausspülen, ablassen' [frz.]

242   ‚Handgelenk, Puls' [ital.]

243   *facoltà* ‚Fähigkeit, Vermögen' [ital.]

244   *potére* ‚Gewalt, Macht, Fähigkeit' [ital.]

245   *colère* ‚Wut, Zorn' [frz.]

246   *schifezza*   ‚Widerwärtigkeit,   Schweinerei,   Sauerei'   [ital.],   wahrscheinlich   meint   Behaim
        Substantivierungen zu *schivare* ‚vermeiden, ausweichen' [ital.]

247   ‚zwischen den Zähnen kauen' [ital.]

248   ‚geringst, wenigst' [ital.]

249   ‚der Kleinste' [lat.]

250   Part. II von *rimbambire* ‚kindisch werden' [ital.]

251   ‚aber' [ital.]

252   ‚dennoch, jedoch' [frz.]

253   ‚Band der Ehe' [ital.]

254   *spiegare* ‚auseinanderfalten; aufstellen; erklären, darlegen' [ital.]

255   ‚beweisen, darlegen' [ital.]

256   Lesung unklar.

257   *litigare, accapigliarsi* ‚(sich) zanken' [ital.]

258   ‚sich erhängen, aufhängen'

259   ‚Angst, Sorge, Mühe' [ital.]

260   ‚Mühe, Anstrengung, Fleiß, Arbeit' [lat.]

Pazzo ÷ ein Narr.

Merdo[263] ÷ faute[264] mangel

Cornacchia,[266] cornice[267] ÷ ein brohe[268]

Talor[270] ÷ quelque fois.[271]

Foggia ÷ d[er] gebrauch.

Appena ÷ vix.[272]

Figliastra ÷ ein stieftochter.

Reda[276] ÷ heres[277]

Dal canto mio[280] ÷ meins theils

Ragazzo[282] ÷ page. laquais.

Balia[283] ÷ ein seugamme

Fuggita[284] ÷ vistement,[285] geschwindt

Grondaia, grondala ÷ dachrinnen.

Farfalla[288] ÷ ein schabe.

Appostare[262] ÷ bleiben an ein ort.

seccare ÷ trücknen[265]

Fuggire l'aqua sotto la grondaia[269]
÷ auß einem kleinen vnglück in
ein grossers fallen.

Esser appostato[273] ÷ gesehn werd[en].

Discostarsi[274] ÷ weggehen.[275]

Origliare[278] ÷ losen.[279]

Averdersi[281] ÷ etwas merckhn od[er]
ansehn.

Arrendersi ÷ sich ergeben

Divezzarsi ÷ sich entwehnen.[286]

Assommare[287] ÷ viel mit wenig sag[en].

Bere[289] a zinzini[290] ÷ suppern[291]

fol. 4v

Braccia[292] ÷ Zweig am reben stockh,
oder koler.[293]

Ottenere ÷ etwas erhalten

Stuzzicare ÷ kitzeln[294]

---

261 ,Unzufriedenheit' [ital.]

262 ,postieren, (auf)lauern' [ital.]

263 *merda* ,Scheiße' [ital.]

264 ,Mangel, Missgriff' [frz.]

265 ,trocknen'

266 ,Krähe, Unglücksrabe, Schwätzerin' [ital.]

267 ,Rahmen, Gesims' [ital.]

268 Nicht interpretierbar.

269 Wörtl.: ,Auf der Flucht vor dem Wasser in die Traufe kommen' [ital.]

270 *talora* ,bisweilen, manchmal' [ital.]

271 ,manchmal' [frz.]

272 ,bald, kaum' [ital., lat.]

273 ,einen Platz einnehmen, besetzen' [ital.]

274 *discostarsi* ,abrücken, abweichen', *discostare* ,jdn./sich entfernen' [ital.]

275 *andare*

276 *erede/a* ,Erbe/in' [ital.]

277 ,Erbe/in' [lat.]

278 ,belauschen, horchen' [ital.]

279 *sorteggiare* ,auslosen, verlosen' [ital.]

280 ,meinerseits' [ital.]

281 *avvedersi (di)* ,sich einer Sache bewusst sein' [ital.]

282 ,junger Mann, Knabe, Junge' [ital.] in der Bedeutung ,Page, Lakai'.

283 ,Amme, Nährmutter'

284 Nominalisierung zu *fuggire* ,fliehen, fortlaufen' [ital.]; *sfuggità* ,geflohen' [ital.]

285 *vitement* (Adv.) ,schnell' [frz.]

286 ,sich entwöhnen'

287 ,vereinigen, in sich verbinden; betragen, sich belaufen' [ital.]

288 *farfalla* ,Schmetterling' [ital.]. ,Schabe' heißt auf Italienisch *blatta*.

289 *bére* ,trinken' [ital.]

290 *zinzino* ,Bisschen' [ital.]

291 *supfen* ,trinken' [mhd.]

292 Pl. zu *braccio* ,Arm' [ital.]; Pl. zu *braccium* ,Arm; Seitenzweige, kleine Geäste (z.B. am Weinstock)'
     [lat.]. Wahrscheinlich meinte Behaim *branca* ,Ast, Zweig' [ital.].

Novelliera[295] ÷ mährlein trag[i]n

Buco[297] ÷ winkel[298]

vn fanciullo di mona[300] Bice[301] ÷ ein
kindt von 40 iahrn

Le donne sono tenere di calcagna[304] ÷
die weiber lassen sich baldt vber-
reden etc.

Digliele[308] et lascia far al diavolo[309] ÷
halt auß vnd laß alßdann den
Teufel sorg[en].

Noi habbiamo sempre lo stimolo[313] ÷
der fürwitz sticht vns immer

Padrigno[316] ÷ stiefvatter

Madrigna[317] ÷ stiefmutter

Addosso[319] ÷ auf mir, supra.[320]

Fantoccio ÷ fantast.[321]

Golpe[323] ÷ fuchß

Pigner[296] ÷ stechen stossen.

Lasciare ir duo pan per coppia[299] ÷
lassen fünfe gradt sein.

Do mandare[302] ÷ demander.[303]

Adoperar alcùno in servigio[305] ÷ einen gebrauch[en]. Alias,[306] employer[307]
÷ anwenden

Scolpare ÷ entschuldigen.

Sbucare[310] ÷ vscire.[311]

Buscare ÷ find[en][312]

Scompigliare[314] ÷ außwirbeln

pentirsi[315] ÷ Rewen.

Ammazzare ÷ todten

Vccellare[318] ÷ moquer

Accennare ÷ ein wenig andeuten

Spicarsi[322] ÷ sich von einen scheid[en].

Proccaciare[324] ÷ such[en]

293   *koler, kollier, gollier* ,Halsbekleidung' [mhd.]. Eventuell Verwechslung mit *collier* ,Halskette' [frz.].
294   *stuzzicare* ,necken, reizen; in etwas stochern' [ital.], *titillare* ,kitzeln, reizen' [ital.]
295   *novelliera* ,Märchenerzählerin' [ital.]
296   *piquer* ,stechen' [frz.]; *pinzare, pungere* ,stechen' [ital.]
297   ,Loch, Lücke' [ital.]
298   *angolo* ,Winkel' [ital.]
299   Wörtl. ,zwei Brote für ein Paar gehen lassen' [ital.]
300   *monna = madonna* (Accademia della Crusca online)
301   *un fanciullo di monna Bice* ,ein Kind der Dame Bice'; Die Florentinerin Beatrice "Bice" di Folco
      Portinari (1266–1290) wurde bekannt als Muse Dante Alighieris
302   *domandare* ,fragen (nach)' [ital.]
303   ,nachfragen, beantragen, bitten (um)' [frz.]
304   Pl. zu *calcagno* ,Ferse' [ital.]. *Tenero di calcagna = vale facile a innamorarsi* (Accademia della
      Crusca online) etwa: ,die Frauen verlieben sich leicht' [ital.]
305   ,jemanden in Dienst nehmen' [ital.]
306   ,ein andermal, sonst; anderswo, auf andere Weise' [lat.]
307   ,jdn. beschäftigen, jdm. Arbeit geben; verwenden' [frz.]
308   ,sag es ihm'; Imperativ von *dire + gli + le*
309   ,und lass den Teufel machen'; *lasciar fare* ,tun lassen' [ital.]
310   ,aufstöbern, heraustreiben; herauskommen' [ital.]
311   *uscire* ,hinausgehen; herauskommen' [ital.]
312   *buscare* ,abbekommen, kriegen; verlieren (ugs.)' [ital.]; *buscar* ,suchen' [span.]; *busca* ,Suche'
      [ital.], *cercare, volere* ,suchen' [ital.]
313   ,Wir haben immer den Ansporn' [ital.]
314   ,verwirren, zerwühlen; (den Feind) zerstreuen' [ital.]
315   ,bereuen, bedauern' [ital.]
316   *patrigno* ,Stiefvater' [ital.]
317   *matrigna* ,Stiefmutter' [ital.]
318   *uccellare* ,Vögel fangen; foppen (ugs.)' [ital.]; *moquer* ,verspotten, hänseln' [frz.]
319   ,auf (an, bei, in) sich' [ital.]
320   ,oberhalb, oben' [lat.]
321   *fantoccio* ,Marionette, Puppe' [ital.], *fantasticione* ,Fantast' [ital.]
322   *spiccicarsi* ,sich von jdm. trennen/befreien/lösen' [ital.]
323   Verschreibung: *volpe* ,Fuchs' [ital.]

Huomo cappato[325] ÷ prudens.[326]

Accatare[327] ÷ betteln.

di ogni botta[328] ÷ d[er] alles weiß

Schernire ÷ spotn.

Donnacina[329] ÷ ein kleines fräulein

Rubare ÷ stelen.

Vantaggio ÷ l'advantage.[330]

Fraintendere[331] ÷ vnrecht versteh[en].

Dissegno[332] ÷ ,---'

Levar[333] vna lepre[334] ÷ ein haßen

Fallo ÷ faute. fehl.[335]

auftreiben

Maggiordomo ÷ hofmeister.

Accriticciarsi[336] ÷ kleben an einer

Minuta[337] ÷ sua diliga[338]

mauern vnd sich mit den händ[en]

Ginepreto[339] ÷ ein dicker waldt.

anhalten.

Ischietto ÷ mero, intero.[340]

Buscare ÷ trouver.[341]

Peloso[342] ÷ ~~finto~~. Haaricht

Scambiare il ragionamento[343] ÷ von
etwas and[er]s anfah[en] zu red[en].
Musare[344] ÷ s'amuser.[345]

fol. 5r

Scorccio[346] ÷ finis.[347]

Somigliare ÷ gleichseh[en] od[er] sein.

Annunzi[348] ÷ wahrsagen

Escire[349] ÷ exire.

Traccia[350] ÷ fustapfen.

Avezzarsi[351] ÷ etwas gewohnen

Incanto[352] ÷ ein Zauberer.[353]

Mozzare[354] ÷ tollere[355]

---

324 *procacciare* ‚beschaffen, vermitteln, verhelfen' [ital.]
325 *cappato* ‚Mann mit Mütze, Kappe' [ital.]
326 ‚einer Sache kundig, klug' [lat.]
327 *accattare* ‚betteln' [ital.]
328 Wörtl. ‚jedem Schlag' [ital.]
329 *donzella* ‚Fräulein' [ital.]
330 *vantaggio, avantage* ‚Vorteil' [ital., frz.]
331 ‚missverstehen' [ital.]
332 *disegno* ‚Bild, Design' [ital.]
333 *levare* ‚(auf)heben; beseitigen, umbringen' [ital.]
334 *lépre* ‚Hase' [ital.]
335 ‚Fehler' [ital., frz., dt.]
336 Nicht interpretierbar.
337 ‚Konzept, Entwurf' [ital.]
338 ‚seine Vollmacht, sein Auftrag' [ital.]
339 *ginépro* ‚Wacholder' [ital.]
340 *schietto* ‚pur, rein, echt' [ital.], *mèro* ‚rein, lauter' [ital.], *intéro* ‚ganz, voll, vollständig' [ital.]
341 *buscare* ‚abbekommen, kriegen; verlieren (ugs.)' [ital.]; *buscar* ‚suchen' [span.]; *busca* ‚Suche'
     [ital.], *cercare, volere* ‚suchen' [ital.]. *trouver* ‚finden' [frz.]
342 ‚haarig' [ital.]
343 ‚die Argumentation wechseln' [ital.]
344 Nicht interpretierbar.
345 ‚sich amüsieren' [frz.]
346 *scorcio* ‚Ende' [ital.]
347 ‚Grenze; Ende' [lat.]
348 *annunziare* ‚ankündigen, verkünden' [ital.]
349 Nicht identifizierbar.
350 ‚Fährte, Spur' [ital.]
351 *avvezzarsi a qc.* ‚sich an etwas gewöhnen' [ital.]
352 ‚Zauber, Zauberei' [ital.]
353 *mago* ‚Zauberer' [ital.]

Divario ÷ vnterscheidt

Mattassa[357] ÷ ein ~~haffel~~ streunen

Scompigliata[358] ÷ senza ordine[359]

Bandalo[361] ÷ dz trum.[362]

Imbriacandolo[365] ÷ berauscht.

Mancia[367] ÷ douz.[368]

Pelliccia[370] ÷ beltz.

Trappola ÷ maußfallen.

Rubo[372] ÷ dieb.[373]

Fiuto[375] ÷ Olfactus[376]

Altronde[377] ÷ auf einer and[er]n seiten, anderswo.

Vmbè[380] ÷ wolan.

Verone[381] ÷ ein schwibog[en].[382]

Oncini[385] ÷ hak[e]n.

Stanga ÷ stang[e].

Cassetta ÷ ein trühlein

Grimaldello ÷ ein dietrig wie

Dileguiare[356] ÷ geschwindt fort geh[en].

Affitare ÷ louer,[360] besteh[en] Zinstweiß

Fitto[363] ÷ d[er] Zinst[364]

Affittuario[366] ÷ d[er] bestendtner.

Avedere[369] ÷ gewahr werd[en].

Invitar[371] del resto ÷ seinen Rest bieten

M'ha tra i denti [?][374] ÷ er redt von mir [?]

Salvar la capra et li cavoli[378] ÷ salvar l'vn et l'altero.[379]

Mele à bocca et rasoia à cin tola[383] ÷ mel in ore fel in corde.[384]

Scolparsi ÷ sich entschuldig[en].

Accorgersi[386] ÷ etwas gewahr werden.

Guarire[387] ÷ gesundt werden.

---

354   ,abschneiden, abschlagen' [ital.]

355   ,emporheben; etwas abtragen; beseitigen, töten' [lat.]

356   *dileguare* ,vertreiben; verschwinden, verfliegen' [ital.]

357   *matassa* ,Strähnen, Gebinde; Verwicklung' [ital.]

358   *scompigliare* ,zerzausen, in Unordnung bringen' [ital.]

359   ,ohne Ordnung' [ital.]

360   ,vermieten, verpachten' [ital., frz.]

361   Nicht interpretierbar.

362   ,Trumm, Trümmer' [ahd., mhd.]

363   ,Miete' [ital.]

364   *interesse* ,Zins' [ital.]; *affitto* ,Zins' [ital.]

365   ,indem man ihn betrunken macht' (Gerund.); *ubriacare* ,berauschen' [ital.]

366   ,Mieter, Pächter' [ital.]

367   ,Trinkgeld'[?] [ital.]

368   *doux* ,mild, weich, süß' [?] [frz.], *douze* ,zwölf' [?] [frz.]

369   *avvedérsi* ,wahrnehmen' [ital.]

370   ,Fell, Pelz' [ital.]

371   *invitare* ,einladen' [ital.]

372   Evtl. von *rubacchiare* ,stehlen' [ital.]

373   *ladro, rapinatore* ,Dieb' [ital.]

374   wörtl. ,man hat mich zwischen den Zähnen' [ital.]

375   ,Witterung, Spürsinn; Nase (ugs.)' [ital.]

376   *olfacio* ,riechen, wittern' [lat.]; *olfatto* ,Geruchssinn' [ital.]

377   *d'altrónde* ,andererseits, übrigens' [ital.]

378   wörtl. ,Die Ziege und den Kohl retten' [ital.]

379   ,sowohl das eine als auch das andere retten' [ital.]

380   *umbe* [?] ,von dort'; *embè* [?] ,na und?' [ital.]

381   ,Balken, Söller' [ital.]

382   Schwibbogen

383   wörtl. ,Äpfel im Mund und Rasiermesser am Gürtel' [ital.]

384   Sprichwort: ,Honig im Mund, Galle im Herzen' [lat.]

385   *uncino* ,Haken' [ital.]

386   ,etwas bemerken' [ital.]

die schlosser brauch[en]

Batuta[388] ÷ d[er] tackt.

Canto[390] ÷ ekh.

Padella ÷ ein pfannen.

Mallevadore[393] ÷ ein burg.

Agio[394] ÷ commodità.[395]

vn huomo sciatto[398] ÷ ein lump.

Pegno ÷ pfandt.

Sesto ÷ ordine.[401]

Sasso ÷ stein.

Arrecar qualche cosa in scherza[389] [÷]
etwas in schimpf aufnehmen.

Corre[391] q[ualcuno]. sul frodo[392] ÷ einen auf
frisch[er] that erwischen.

Attadare[396] ÷ mettre en ordre.[397]

Sgridiare[399] ÷ ein schelten

Cavar di bocca[400] ÷ etwas von
einem lockhen.

fol. 5v

Talor[402] ÷ Zu Zeiten, bißweiln

Civetta ÷ ein nachteul.

Daddovero[405] ÷ serio, in ernst.

A vn dito ÷ bei ein haar.

Oche[406] ÷ ein ganß.

Saldo ÷ ferme.[408]

Bisbiglio ÷ Murmur.[409]

Reo[411] ÷ cattivo.[412]

Carico ÷ vne charge.[415]

Accatar[403] ÷ entlehen.

Riscuotere[404] ÷ widerlösen etwas
von einem so man zum pfandt hat
eingesatzt

Ragguagliar[407] ÷ erzehlen

Terra, che vai, vsa che ~~trouve~~
truovi et lascia che sai.[410]

Dolersi[413] ÷ dolere[414]

Raddopiare ÷ redoubler

---

387   ,heilen, gesund machen, kurieren' [ital.]

388   *battuta* ,Schlag' [ital.]

389   wörtl. ,etwas als Witz / im Spaß verursachen' [ital.]

390   ,Ecke, Winkel; Gesang, Lied' [ital.]

391   *córrere* ,laufen; jagen' [ital.]

392   ,Schmuggel' [ital.]

393   ,Bürge' [ital.]

394   ,Behaglichkeit, Bequemlichkeit' [ital.]

395   *comodità* 'Bequemlichkeit' [ital.]

396   Nicht interpretierbar.

397   ,ordnen, in Ordnung bringen' [frz.]

398   ,ein schlampiger Mensch' [ital.]

399   *sgridare* ,ausschimpfen' [ital.]

400   wörtl. ,aus dem Mund ziehen' [ital.]

401   ,Ordnung' [ital., ital.]

402   *talora* ,manchmal, bisweilen' [ital.]

403   *accattare* ,betteln', *accatto* ,Schnorren, Betteln' [ital.]

404   ,einlösen, ernten, kassieren' [ital.]

405   *davvero* ,wirklich, tatsächlich' [ital.]

406   Ital. heute: *oca.*

407   *ragguagliare* ,informieren, unterrichten' [ital.]

408   ,fest, stark, sicher' [ital., frz.]

409   ,Gemunkel' [ital., lat.]

410   wörtl. ,Ort, an dem du gehst, Gebräuche, die du findest, und lass, was du weißt.' [ital.]; *paese che vai,
      usanze che trovi* ,Andere Länder, andere Sitten.'

411   ,schuldig' [ital.]

412   ,böse, schlecht, verdorben' [ital.]; *captivus* ,Gefangener' [lat.]

413   ,betrübt sein, sich beklagen' [ital.]

414   ,schmerzen, weh tun' [ital.]

Lontananza ÷ longinq[ui]tas.[416]

Schiera ÷ vne bande[418]

Qualora ÷ quando.[421]

Colma[422] ÷ dz streichholtz so die traitemesser brauch[en].[424]

Doglia[426] ÷ touneau[427] ein faß.

Cechita[430] ÷ blindheit

Pazzia ÷ thorheit

Morbidezza ÷ delicatezza.[435]

Mortbido[437] ÷ Zart weich,

Altretanto ÷ tout autant[439]

Sconcio[440] ÷ desreigle.[441]

Ascoso ÷ abscondito[443]

Legnaggio[445] ÷ stamen, geschlecht.trag[en].

Nocchiero,[446] Barcarolo,[447] barchiero[448] ÷

Indirrizare[417] ÷ addressen

Badare[419] ÷ demeurer[420]

Non si puo havere il mele senza le pechie.[423]

Immolarsi[425] ÷ sich netzen [?].

Adagiarsi[428] ÷ s'accomoder[429]

Colmare,[431] colmo[432] ÷ replere[433] erfüllen, combler.[434]

Far stanza[436] ÷ bleiben

Mottegiare[438] ÷ mit worten scherzen

Souvengarsi ÷ se soubvenir.[442]

Bramare[444] ÷ grosses verlang[en]

Corrotto ÷ corrupto.[449]

---

415 ,Last' [ital., frz.]

416 ,Länge, Entfernung' [ital., lat.]

417 Heute: *indirizzare*; ,adressieren, lenken, richten' [ital.]

418 ,Menge, Truppe, Schar' [ital., frz.]

419 ,hüten, beaufsichtigen' [ital.]

420 ,bleiben, wohnen' [frz.]

421 ,falls, wenn' [ital., ital.]

422 ,Wasserstand' [ital.]

423 wörtl. ,Man kann die Äpfel nicht ohne Würmer haben.' [ital.]; etwa: Keine Rose ohne Dornen.

424 ,hölzernes Maß, das zum Abmessen von Strichmarkierungen (frz. *trait* ,Strich') dient; hier: ,Markierungen an einem Pegel'

425 ,sich aufopfern' [ital.]

426 *dolium* ,(Wein-)Fass' [lat.]

427 frz. heute: *tonneau.*

428 ,sich betten, sich (hin)legen' [ital.]

429 ,sich einstellen, mit etwas abfinden' [frz.]

430 ital. heute: *cecità.*

431 ,füllen' [ital.]

432 ,Gipfel' [ital.]

433 *repleo* ,wieder anfüllen' [lat.]

434 ,auffüllen, zuschütten' [frz.]

435 ,Weichheit, Zartheit' [ital., ital.]

436 wörtl. ,Zimmer machen' [ital.]

437 Sc. *morbido*

438 Heute: *motteggiare*; ,spotten, scherzen, witzeln' [ital.]

439 ,ebenso, genauso' [ital., frz.]

440 ,Missstand' [ital.]

441 *déréglé* ,ungeordnet, gestört' [frz.]

442 ,sich erinnern' [ital., frz.]

443 *ascoso, abscondito* ,versteckt; schwer zu erreichen' [ital.]

444 ,begehren' [ital.]

445 *lignaggio* ,Abstammung, Herkunft' [ital.]

446 Heute: *nocchiere* ,Steuermann' [ital.]

447 Heute: *barcai(u)ólo* ,Fährmann' [ital.]

448 Evtl. Ableitung von *barca* ,Boot, Kahn' [ital.]

449 ,korrupt' [ital., lat.]

ein schiffmann.
Doppio ÷ zweifach.
Tosco ÷ gifft.
Gocciola ÷ ein tröpflein.
Malvagita ÷ malitia.[455]
Tanta stima.[458] cosa di tanto mome[n]to[459]

fol. 6r
l'ardire[460] ÷ l'hardiesse.[461]
Peso ÷ pond[us].[463]
Rischio ÷ pericolo.[466]
Chiassuolo, chiasso,[468] chiassero ÷ ein
klein eng gäßlein
Alla sprovista[470] ÷ videns[471] sehend.
Inchiostro ÷ dinten[473]
Bronzo[476] ÷ kupfer
Cozzone[477] ÷ ein Roßbereiter
Pargeletto[478] ÷ ein klein kindt
Vantaggio ÷ vortheil

Far conto d'vna cosa[450] ÷ stimare.[451]
Scemiare[452] ÷ diminuere[453]
Il che Dio non consento[454] ÷ dz Gott
nicht wölle.
Porre[456] inanzi[457] ÷ fürtrag[en] fürleg[en]

Macchiare ÷ maculare.[462]
Occorrere[464] ÷ sich erinnern.[465]
Havere à far[467] ÷ von nöth[en] haben
Dar saggio ÷ Essayer.[469]
Mazzare il camino ÷ den pass
verlegen.[472]
Appogiarsi[474] ÷ s'appuyer.[475]

450   ‚auf eine Sache bauen; planen' [ital.]
451   ‚schätzen, abschätzen' [ital.]
452   *scemare* ‚vermindern, abnehmen' [ital.]
453   Heute: *diminuire;* ‚geringer werden' [ital.]
454   ‚Das, was Gott nicht zulässt' [ital.]
455   ‚Bosheit, Teufelei' [ital., lat.]
456   ‚setzen, legen, stellen' [ital.]
457   Heute: *innanzi;* ‚vorn' [ital.]
458   ‚(so) viel Ansehen' [ital.]
459   wörtl. ‚eine Sache von vielen Momenten' [ital.]
460   *arditezze* ‚Kühnheit' [ital.]
461   ‚Kühnheit, Unerschrockenheit' [frz.]
462   ‚beflecken' [ital., lat.]
463   ‚Gewicht' [ital., lat.]
464   *occorrere* ‚erforderlich sein, nötig sein' [ital.]
465   *ricordarsi, rammentarsi* ‚sich erinnern' [ital.]
466   ‚Gefahr' [ital., lat.]
467   ‚zu tun haben' [ital.]
468   Heute: ‚Krach, Radau' [ital.]
469   ‚versuchen' [ital., frz.]
470   *prevedere* ‚vorhersehen' [ital.]
471   [lat.]
472   *mozzare il cammino* ‚den Weg abschneiden' [ital.]
473   ‚Tinte'
474   Heute: *appoggiarsi.*
475   'sich anlehnen, stützen' [ital., frz.]
476   ‚Kupfer' [ital.]
477   *scozzone* ‚Zureiter' [ital.]
478   Heute: *pargoletto.*

4. Das Aufnahmegesuch des Sprachmeisters Nicolaus Grey in Augsburg (1633)
StadtAA, Privatsprachlehrerakte (1560–1812)

Nicolaus Grey, der 1631 in Nürnberg nachweisbar ist, bewarb sich während der schwedischen Besatzung Augsburgs (1632–1635) um die Erlaubnis, in der Reichsstadt Fremdsprachenunterricht zu erteilen, wobei er auf den Bedarf der städtischen Kaufmannschaft hinwies. Sein Gesuch wurde von einer Reihe evangelischer Kaufleute unterstützt. Die städtischen Schulherren beurteilten Greys Gesuch sehr kritisch, wobei sie grundsätzliche Überlegungen zum Zustand und den Entwicklungsperspektiven des Augsburger Schulwesens anstellten. Spätestens 1640 ist Grey wieder in Nürnberg nachweisbar; wahrscheinlich war er aber schon früher dorthin zurückgekehrt.

a) Supplikation des Sprachmeisters Grey um Stadtschutz vom 19. Februar 1633

Wol edle, gestrenge, vöste vnd hochwweyse, großgünstige, gebietende Herren; Demnach mich vnlangst Ewr Gestr[eng], Her[lich] vnnd Vöst vnnderthöniger gehorsamer burger Sigmu[n]dt Nathann von Augspurg souil berichtet, was gestalt etliche andere au[c]h vnnderthönige vnd gehorsame burger begirig, ihre Kinder vnd Söhne mit der Zeit inn Franckhreich, sowol addiscendae linguae gallicae, als selbiger landen p[er]lustrandi gratia zu schickhen, vnd aber p[er] faciliori additu, dieselbe vor hero gerne in fundamentis eiusd[em] lingua instruiert vnnd vnderrichtet sehen möchten, au[c]h mi[c]h diß orts freündtlich ersuchen, vnd an mich gelangen lassenn, ob i[c]h mi[c]h hie zu gebrauchen vnd p[er] Augspurg zu kom[m]en bewegen lassen wolte; vnd ich also ihnen zu gefallenn vnd dero lieben khinderlen zu guettem, mein talentum mitt fleiß vnnd behörlicher sorg an zue wenndenn entschlossen were. Dabey aber souill verstanden, das ich ohne Ewr Gestr[eng] Herl[ich] vnnd Vöst günstigenn erlaubnuß vnnd bewilligung Costi keinn bestenddiges bleibenn, no[c]h solliches exercitium zu vben, permission haben könte. Als gelanget an Ewr Gestr[eng] Herl[ich] vnnd Gunsten meinn vnderdienstliches Suchen vnnd bitte, sie geruhen mi[c]h vnderzeichneter herren intercessoru[m] diß orts wol gemeinter fürbitt großgünstig geniessen zu lassenn, vnnd krafft deroselbenn inn dero löblichen Richs Statt Augspurg für ein geraume Zeit, sollihe Instruction linguae gallicae bey ermelter Jugent fürzunemen vnnd zue vbenn, großgünstig zue verstatten vnd zuevergonnen; das wirt vnnd soll nit allein mit Gottes beystand dur[c]h meinen fleiss, den ich jeder Zeit vngespartt für zu wennd[en] verspri[c]he, dero hertzlieben Jugent vnd posteritet, souil sich meiner Dienst p[er]ualieren werden, zu guttem Nutzen geraichen, sondern ich will es sowol vmb dieser als anderen aller occasion vnnd fall vmb Ewr Gestr[eng] Herrl[ich] vnnd gunsten gehorsamlich beschuldenn, denen ich mich hierüber zue gutter gewehrlicher resolution vnd p[er]mission vnnderdienstlich beuehlen thue.

Ewr Gestr[eng] Herl[ich] vnd Gunst[en]
vnnderthönigster vnd dienstw[illiger]
Nicola Gray

b) Stellungnahme der „Verordneten zum Schulwesen" zur Supplikation des Sprachmeisters Grey um Stadtschutz vom 12. März 1633

Wohledle gestrenge vnd veste Herrn Pflegere vnd Geheime Rähte, großgünstige gebietende Herren.

Auß Herrn Niclauß Greys wider bey komende supplication geben wir hiemit disen gehorsamen bericht, dz vnß zwar nichts liebers were, alß das nicht allein eine französische, sondern auch eine italianische Schule alhie auffgericht werden möchte, massen wir seiner Zeit, geliebt es Gott, selbsten dahin laboriren wollen, damit solches zue weg gebracht werden könne. Dieweil wir aber, wie E[ur] h[ohen] v[esten] g[estrengen] bewusst, inn vollem werkh begriffen, die lateinische vnd teutsche Schulen besser, alß bißhero gescheen, zu bestellen, vnd einen newen vorständigen nuzlichen methodum einzuführen, alß tragen wir die starkhe beysorg, dz in disem ersten anfang eine die ander stekhen vnd verhindern möchte, wider, wie leichtlich zueracht[en] sich ihrer vil find[en] werd[en], die ihre Kinder eintweder gar auß den Lateinischen Schulen nem[m]en, vnd inn die francösische schickhen, od[er] doch beede sprachen neben einander lehrnen wolten lassen, da es doch vnmöglich vnd gantz wider vnsern methotum, auch die vernunfft selbsten, dz man zwo Sprachen mit vnd neben einander vnd also auf einmahl ergreiffe. Dann bey vnß nichts gewissers, alß dies mit dergleichen Knaben heissen wurde; In omnibis aliquid (si modo aliquid) et in toto nihil; vnd eben diß ist bishero neben anderen erroribus nicht der geringste gewesen, dz man inn Schulen zu einer Zeit vilerley sachen tractiert, vnd damit die zarte Jugendt verwirret hat, dz sie in keinem haben fortkom[m]en können, sondern gleich allenthalben dahind[er] bleiben müssen. Wann aber vnser newer Methodus ein iar drey od[er] 4 gebraucht vnd geübt werden sollte, alß dann wurde vnsers erachtens subiecta können gefund[en] werd[en], die der lateinisch[en] Sprach mechtig, vnd zu der französischen taugenlich weren.

Vnderdessen aber halten wir nicht für rahtsamb, daz eintweder Französisch, od[er] Italianisch alhie gelehrt werde, es were dann sach, dz dergleichen Eltern weren, die ihre Kinder gar nit inn die Lateinische Schuel zuschickhen, sondern nur Französisch lehrnen lassen wolten, denen wir an ihrem proposito nicht verhinderlich zue sein begeren. Vnß aber neben erclären, dz wir solche Knaben, so wie gemeldt dem Französischen abwart[en] wurden, inn vnsere Lateinische Schulen nit recepiren köndten, od[er] wurd[en], dann durch sie vnser neuer methotus zusampt der Schulen, ganz verschreyt gemacht vnd sie die Knaben selbsten nur gehindert, vnd ohn hoffnung einiges nuzes lang aufgehalt[en], vnd vergeblich abgewarttet wurd[en]. Versehen vnß auch gehorsamlich, E[uer] H[erren] vnd G[naden] werd[en] vnß dessen nit verdenckhen vnd thuen denselben vnß zu beharrend[en] gunsten besten vleisses beuelch[en].

E[uer] H[erren] vnd G[naden]

Gehorsambe die Verordnete zum Schuelwesen

5. Johann Güntzel/Giovanni Alemanni Sassone, Haubtschlüssel der Teutschen und Italiänischen Sprache, Augsburg 1648: Titelkupfer

Die Lebensdaten und Lebensumstände von Johann Güntzel sind unbekannt. Er war Autor und Herausgeber des 1648 in Augsburg gedruckten *Haubtschlüssel der Teutschen und Italiänischen Sprache*, der auf Vorarbeiten eines (dem italianisierten Namen nach deutschen) Kaufmanns Giovanni Alemanni Sassone beruht.

Der *Haubtschlüssel der Teutschen und Italiänischen Sprache* ist ein deutsch-italienisches Wörterbuch, das ausführliche Einträge mit Beispielen und Redensarten enthält. Im Vorwort geht Güntzel sogar auf die Entstehung des Deutschen und die Geschichte der italiensichen Sprache ein.

Das Titelkupfer zeigt eine verschlossene Sprachentür mit Keilsteinen und einem mächtigen Schlussstein im Zentrum. Die beiden gekrönten Frauengestalten stehen für die beiden Sprachen Deutsch und Italienisch. Die linke Gestalt hält den Schlüssel zur Sprachentür in der linken Hand; leider hat die Sprachentür kein Schlüsselloch. Die rechte Gestalt lädt durch die Haltung ihrer Arme und Hände zum Eintreten ein. Ihr Gewand ist mit liegenden Weidetieren bedruckt, deren Gattung nicht ersichtlich ist. Der Stich ist nicht signiert.

6. Jean Nicolas Denis de Parival/Matthias Kramer, Teutsch- und Italiänische Gespräche, Nürnberg 1691: Vorrede und 8. Gespräch

Jean Nicolas Denis de Parival (1605–1669) war Sprachmeister an der Universität Leiden und Autor mehrerer erfolgreicher Lehrmaterialien für den Französisch- und Deutschunterricht, von denen einige bis zu zehn Ausgaben erreichten. Der Nürnberger Sprachmeister Matthias Kramer veröffentlichte 1679 eine italienische Bearbeitung der zunächst 1670 in Frankfurt (Main) erschienenen *Dialogues français* von Parival.

a) Vorrede

Zunächst erfährt der Leser, dass das Sortiment der Kramerschen Lehrbücher für das Italienische bereits recht umfangreich ist. Damit ist seine Kompetenz erwiesen. Er kann es sich leisten, das noch fehlende Gesprächsbuch nicht selbst zu verfassen, sondern dasjenige von Parival (für das Französische) für das Italienische zu bearbeiten. Das ist nicht schwierig, weil sich die beiden Sprachen sehr ähnlich sind. Das Hauptziel des Unterrichts ist in beiden Fällen die „Ablernung der Germanismorum", also der fehlerhaften Interferenzen aus dem Deutschen. Parivals Dialoge spielen in den Niederlanden, und das kann so bleiben. Eine Adaptation des landeskundlichen Rahmens wird für überflüssig gehalten.

Wolgeneigter Leser!
Gleichwie ich allbereits den Mangel einer grundrichtigen Italiänischen Grammatica, einer Wortreichen Nomenclatur und eines vollständigen Italiänisch-Teutschen und Teutsch-Italiänischen Dictionarii oder Lexici mit Göttlicher Gnadenhülffe ersetzt habe / also gedencke ich ebenfalls mit gegenwärtigen Wercklein den Abgang eines tüchtigen und zwar reinlich-Teutsch: und Italiänischen Gespräch-Büchleins / in welchem allerley Reden und Redarten fein kurtz- und nachdencklich zu finden wären / einstens abzuhelffen.
Ich hätte zwar selber / GOtt sey Lob / gantz frisch- und nagelneue Dialogos oder Gespräche ersinnen können; dieweil aber diese Parivalische Dialogues ihrer Art- und Zierlichkeit halber in so grossem Ruff und Werth waren / sintemal sie durch und durch auf die vornemste Regulas Grammaticales und Syntacticas (in welchen die frantzös- und Italiänische Sprachen schier gantz gleich gehen) und auf die allgemählige Ablernung der Germanismorum kunstmässig gerichtet sind / als hab ichs auf dieses mal bey diesen wollen bewenden lassen.
Es möchte vielleicht jemand einwenden und sagen: daß der Auctor dieser Gespräche meistentheils auf Holland / und auf die Holländische / absonderlich aber Leidische Gebräuche gesehen habe: hierauf diene ihm zur Antwort / daß hieran nichts gelegen seye / und dieweil in einem Grammaticalischen Werck / keine Realia sondern Verbalia und Locutiones gesucht werden / als wird diese Materi am Italiänisch lernen so wenig hinderlich seyn als sie noch bis dato am Frantzösisch lernen hinderlich ist / ja im Gegentheil / wenn gedachte Dialogues de Parival zur Frantzösischen Sprach so hoch-ersprießlich sind / so werden auch die Ragionamenti del Cremero zur Italiänischen einen unfehlbarlichen Nutzen schaffen; denn / ob gleich die Sachen / wovon man redet / mehrentheils Holland und die Leidische Universität (auf welcher es Parival in Französisch geschrieben) angehen / so sind doch die Wort und die Phrases, welche geredet werden / allen Nationen und Völckern gemein.

Es wird nun vonnöthen seyn / ja sich auch nicht geziemen daß ich die Nutzbar- und Grund-richtigkeit dieses Werckleins mit mehrern hervor schmücke / sondern es werdens verhoffentlich die Liebhabere der Toscanischen Sprach selbst rühmen; jedoch ist nicht mein / sondern unsers grossen GOttes Lob und Ehre / der Endzweck wo all mein Thun und Lassen hinzielet / und dafern ich mit meiner wolgemeinten Arbeit ihm nur allein gefalle / achte ichs für nichts wenn ich schon aller Welt / ich geschweige / denen abgeneigten Scharffrichtern missfalle / und fällt mir die Praxis dieser Schriftlichen Tugend um so viel desto leichter / dieweil mir dißfalls der guten / bevorab weit abgelegener Freunde ihr Loben keinen sonder-lichen Nutzen / und denen Neidern ihr Verachten einen schlechten Schaden bringen kan. Wers besser kan der mache es besser. Gehab dich wol!

b) 8. Gespräch

In diesem Gespräch geht es nicht so sehr um die Exercitien, wie die Überschrift behauptet. Es geht eher um den Ablauf der ersten Tageshälfte vom Wecken bis zum Mittagessen. Eine kleine Gruppe junger Kavaliere, die eben in einer Universitätsstadt (Leiden) eingetroffen sind, wird von ihren ‚Jungen' aus dem Bett geholt und bei der Morgentoilette bedient. Beim Frühstück geht es um die Studien, die man zu betreiben gedenkt, und um die Frage, wo man geeignete Lehrer finden könnte. Die Studienfächer sind Mathematik, Kriegsbaukunst, Lau-tenschlagen, Tanzen, Fechten und Französisch. Im weiteren geht es um die Qualität des Sprachunterrichts und die Zahl der Unterrichtsstunden. Ein guter Sprachmeister ist schnell gefunden, weil die Hochschule nach einer Pestepidemie gerade eben den Betrieb wieder aufnimmt. Nachdem der Sprachmeister engagiert ist, wird der Schuster bestellt, der ein Paar Stiefel herstellen soll. Die restliche Zeit bis zum Mittagessen wird mit einem Spaziergang vor dem Rathaus gefüllt. Das Gespräch ist aus dem Alltag gegriffen: dem Alltag reicher, junger Männer, die sich zu *honnêtes hommes* ausbilden lassen wollen.

Das achte Gespräch /	**RAGIONAMENTO VIII.**
Von denen Exercizien	*De gli Essercizii.*
AUf auf ihr Herren / fort auf / es ist schon spät; wir müssen zur Universität gehen.	Sù sù Signori, leviamoci, egli è già tardi: bisogna andar' all' Accademia.
Der Herr ist vor uns schlaffen gangen / und darum ists billig daß er auch zu erst aufstehe.	Ella s'è coricatà (*andata a dormire*) avanti di noi, e perciò conviene che si levi anche il primo.
Jung; hast du meine Kleider und meinen Hut ausgekehret?	Ragazzo; hai tu nettato i miei habiti, (*panni, vestiti*) ed il mio capello?
Ja Herr / will er daß ich ihm seine Hosen und Wammes gebe?	Si Padrone, vuole lei ch'io le dia le calze ed il giuppone?
Ja gib mirs her und frage die Herren / ob sie nicht wollen aufstehen?	Si dammelo e dimanda questi (*a questi*) Signori se non vogliono levarsi?

Herr / sie sagen sie wollen ehender fertig seyn als er / sie sind schon angelegt.

Padrone, dicono che saranno più presto in ordine che lei; sono già vestiti.

Du leugst Jung / ich glaube es nicht; gehe hole mir Wasser/daß ich mich wasche.

Tu menti ragazzo, io non lo credo; và apportami dell' acqua per lavarmi.

Da ist eins Herr / und hier ist auch sein Kamm / er kåmme sich geschwind auf daß er der erste fertig seye auszugehen.

Eccone Padrone, e qui il suo pettine, si pettini subito accioche sia il primo in istato di sortire (*uscire*).

Du hast recht / machs geschwind / gib mir meinen Hut / meinen Mantel und die Handschuhe.

Tu hai ragione; fà presto, dammi 'l capello, il mantello (*feraiuolo*) ed i guanti.

Mein Herr; er hat aber noch nicht gebetet.

Ma, caro Padrone, ella non hà ancora pregato Iddio (*fatto orazione?*)

Wenn du mich nicht daran gemahnet håttest / so håtte ichs vergessen / so grosse Eil hatte ich in den Saal hinab zu gehen.

Se tu non m' havesti auuertito, mene sarei dismenticato, tanta fretta (*pressa*) havevo di descender (*smontar, calar*) nella sala.

Mein Herr / ich hôre daß die andern aus ihren Kammern gehen wollen / er gehe geschwind hinab.

Padrone, io sento che gli altri sono per uscir dalle loro camere; smonti presto.

Guten Morgen ihr Herren / haben sie diese Nacht wol geruhet?

Buon giorno Signori! hanno le S.V.ben riposato questa notte?

Sehr wol / GOtt sey Lob.

Assai bene, Dio ne sia lodato (*lodato Iddio.*)

Aber ich nicht / ich ruhe nicht wol wenn ich das erste mal in einem Bette schlaffe; Jung / sag der Magd / daß sie den Tisch an einem Eck decke und etwas zu frůhstůcken bringe.

Ma io nò, perche io non riposo bene, quando dormo la prima volta in un letto.Ragazzo,dì alla serva, (*fantesca,massaia*) che copra questo canton di tavola ed apporti qualche cosa da collazione.

Ihr Herren / wir werden heut noch nichts anfangen; die Herren werden sich belieben lassen uns zu sagen / was es für Meister in dieser Stadt gebe / welche die Exercitien lehren?

Signori, noi non faremo ancora niente hoggi, V. S. ci faranno piacere à dire, che maestri vi habbia in questa Città, che mostrano (*insegnano*) gli essercizii?

Die beste von der Welt; erstlich in der Mathematic und Kriegsbaukunst; darnach auf der Lauten und im Dantzen; letzlich im Fechten.

I migliori del mondo: Premieramente per le Matematiche e la Fortificazione, poi per il Liuto e per il ballo (*la danza*) e finalmente per le Armi.

Sind sie theuer / wie viel nehmen sie das Monat?

Sono cari? quanto prendono per il mese?

Mit den Meistern der Mathematic dinget (machet) mans für die ganze Wissenschafft/

Si contratta con i maestri delle Matematiche

und mit den andern monatlich.

Sind sie fleissig / wieviel Lectionen geben sie wöchentlich?

Fünff / und die Samsttäge sind zu ihren Hausgeschäfften verordnet.

Das ist gut; aber wir verlangen Französisch zu lernen / und zu Leipzig hat man uns berichtet daß es hier bessere Sprachmeistere gebe als in Teutschland.

Ich sage daß sie allhier in Warheit bessere finden werden als in Franckreich / man muß sie aber recht wissen zu erwehlen / und die jenige nehmen welche deß Lehrens wol gewohnt und wol darinnen erfahren sind: sie hüten sich für etlichen Stümplern welche gar keine gute Lehrart haben.

Man hat uns zween anbefohlen (gelobt /) wir aber wollen den jenigen nehmen / dessen die Herren sich bedienen.

Er hat noch etliche Stunden ledig / er wird sie getreulich unterweisen und eine gar artige Aussprache lehren.

Das ist eben das jenigen was wir verlangen / und werden ohne ferneres verzögeren morgen anfangen.

Unser Sprachmeister wird um zehen Uhr kommen; die Herren können alsdenn mit ihm reden; sihe da kommt er schon!

Denen Herren einen guten Tag!

Guten Tag mein Herr / wir werden heut nichts thun / wir sind ein wenig verhindert; diese Herren aber möchten von ihm unterrichtet werden / hat er noch einige Stunden übrig?

Ja freylich / ich hab deren noch vier ledig; denn die Seuche hat unsere Academie fast öde gemacht; jedoch fangen anietzo die Studenten und Edelleute durch die göttliche

per tutta la scienza, e cogli altri per mese.

Sono diligenti, (*puntuali, accurati*) quante lezioni danno per settimana?

Cinque, e li sabbati sono destinati a' loro affari (*servigi*) domestici (*di casa*).

Questo stà bene; ma noi desideriamo d'imparar' (*apprender*) la lingua francese e ci fù detto a *Lipsia* che quì ne sussero maestri migliori ch' in Alemagna.

Le dico alla fè, ch' elle ne troveranno migliori quà (*costà*) ch' in Francia: ma bisogna farne buona scelta, ed eleggger quelli che hanno (*possiedono*) un habito perfetto d' insegnare: si guardino bene da alcuni perdi-mestieri (*guasta-mestieri*) che non hanno alcun buon metodo.

Ci furono raccommandati due; e noi ci serviremo di cui le S. V. si servono.

Egli tiene ancora alcune hore vacanti, e le insegnerà fedelissimamente e con una vaga prononcia.

Questo è per appunto ciò che noi bramiamo, e senza differir (*indugiar*) più oltre cominciaremo dimani.

Il nostro Maestro verrà alle dieci; V. S. potranno parlargli; ecco che viene!

Buon giorno alle Signorie vostre!

Buon giorno Signore; noi non faremo altro hoggi, essendo un poco impediti; ma ecco questi Signori che vorrebbono imparar da lei, hà ella ancora qualche hora che non è impiegata?

Sì bene, ne hò ancora quattro; perche la contagione (*il contaggio*) hà resa la nostra Academia quasi deserta; però gli scolari e gentilhuommi per la grazia di Dio

Gnade wiederum an anhero zu kommen.

Wir wollen zwo Stunden nehmen / eine Vor- und die andere Nachmittag.

Gar wol / ihr Herren / deß Morgens um Eilffe / wenn sie wollen / und deß Abends um sechs Uhren.

Diese Stunden stehen uns an / und wollen morgen anfangen; er bringe die Bücher mit / welche wir vonnöthen haben / wir werden ihm wiedergeben was sie gekostet / oder was ihr dafür werdet ausgelegt haben.

Wenn die Herren noch gar keinen Anfang oder Grund in der Sprache haben / so haben sie nicht viel Bücher vonnöthen; GOtt behüte die Herren / ich verbleibe ihr Diener.

Das ist in Warheit ein feiner Mann.

Das ist er / und von sehr guten Gesellschafft: wenn sie eine zeitlang mit ihm werden umgangen seyn / werden sie ihn lieben und viel von ihm halten.

Ich bitte den Herrn / er schicke doch seinen Kerl mit dem Meinigen zu seinem Schuster.

Jung / gehe zu meinem Schuster / und sage ihm / daß er die Mühe nehme hieher zu kommen.

Herr / wir gehen hin und wollen ihn mitbringen.

Ich höre jemand anklopffen / wer mags je seyn?

Es ist der Schuster mit unsern Jungen: Meister nehmet mir das Måß zu einem paar Schuh.

Sehr wol; verlangt der Herr nicht auch ein paar Stiefel?

Auf dißmal nicht / aber bringt mir auch ein paar Pantöffel; wie viel nehmet ihr für ein paar Cordowanische Schuh?

cominciano à ritornare.

Noi pigliaremo due hore: l'una, alla (di) mattina, e l'altra dopo pranzo (di sera).

Benissimo, Padroni miei, se le piace, ed alle sei verso (di) sera.

Queste hore ci aggradano e vogliamo cominciar domani; apporti con esso seco i libri che ci sono necessarii, noi le rimborsaremo (bonificaremo) ciò che haveranno costato, overo ciò che ne haverà sborsato lei.

Se le S. V. non hanno cominciamento (fondamento) alcuno nella lingua, non haveranno bisogno di molti libri. A Dio, io sono (resto) servitore di V. S.

Costui è veramente un soggetto molto honorato (bravo.)

Questo è egli, e persona di buonissima compagnia: se V.S. l'haveranno pratticato, l'ameranno e ne faranno gran. de stima [grand' estima].

La prego, Signore di mandar' il suo giovane col mio in casa del suo calzolaio.

Ragazzo, và al mio calzolaio e digli che prenda la pena di venir quà da noi.

Noi chi andiamo, Padrone e lo condurremo con esso noi.

Io sento bussare (picchiare, battare) alcuno alla porta, chi crede ella che sia? (chi sarà mai?)

C' è il calzolaio coi nostril giovani: maestro caro, pigliatemi la misura d'un paio di scarpe.

Bene, ma non vorrebbe V.S. anch' un paio di stivali?

Nò nò per questa volta, ma apportatemi ancora pianelle, quanto s' hà da pagarvi per un paio di scarpe di cordouano?

Einen Reichsthaler / denn das Leder ist theuer.

Uno scudo, perche il corame è caro.

Wolan / bringt mir morgen ein paar / und machet sie mir fein weit / damit sie mich nicht drucken.

E bene, portatemene domani un paio, ma fatemele larghe assai accioche non mi premano (*stringano*) il piede.

Ich werde machen daß es recht seyn wird: ich weiß daß der Herr sie schön und gut befinden werde.

Io farò sì che non vi haverà mancamento alcuno io sò che le troverà bell' e buone.

Wenn sie nicht nach meinem Sinn seynd / so bleiben sie euer / und hiermit GOtt befohlen.

Se non saranno a mio modo, voi le riterrete, (*resteranno vostre*) e a Dio.

Ihr Herren / wenn es ihnen beliebt / wollen wir den Nachmittag auf den Fechtboden gehen.

Signori, se le piace, andaremo dopo pranzo alla sala di armi (*scuola di scrimia.*)

Wir sind gar wol zu frieden / werden wir aber diesen gantzen Morgen zu Hause bleiben?

Siamo contentissimi, ma restaremo noi tutta questa mattina à casa?

Ja / denn es ist schon halber zwölffe / wir werden alsobald zum Essen gehen / man decket schon den Tisch.

Si bene, perche sono già le undici e mezza, e andaremo a desinare hor hora; si apparecechia già la tavola.

Lasset uns noch ein wenig vor dem Rathhause spatzieren gehen; wir haben noch eine halbe Stunde Zeit.

Andiamo a spasseggiare (*a dar, far quattro passi, una spasseggiatina*) avanti il Palazzo, habbiamo ancor' una mezz' hora di tempo.

Die Herren wollen sich über ein viertel Stunde nicht verweilen / denn es ist alles fertig / und man wird alsobald anrichten.

V.S. non tardino più d'un quarto, perche ogni cosa è in ordine e si porterà in tavola (*si server à le vivande*) adess' adesso.

So lasset uns denn zu Hause bleiben / wenn es so ist; unterdessen können unsere Jungen hingehen und unsere Packaschi[479] und Sachen abholen / welche wir im Wirthshause gelassen haben.

Restiamo dunque a casa, s' egli è già sì tardi: frà tanto i nostri giovani anderanno per le nostre bagaglie che habbiamo lasciate nell' hosteria.

---

479 frz. *bagage* ‚Gepäck'

7. Matthias Kramer, Neu-ausgefertigtes Herrlich-grosses und allgemeines Italiänisch-Teutsches Sprach- und Wörter-Buch, Nürnberg 1693: Titelkupfer

Matthias Kramer (auch Cramer, Cremer) wurde um 1640 in Köln geboren und starb 1728 oder 1729, vermutlich in Erlangen. Er war von 1670 bis nach 1720 Sprachmeister des Italienischen, Französischen, Spanischen und Niederländischen in Nürnberg. 1698 war er als *Magister Linguarum Exoticarum* an der Universität Altdorf immatrikuliert. Kramer verbrachte die letzten Jahre seines Lebens in Erlangen, wo er am 8. März 1726 als öffentlicher Lehrer der okzidentalischen Sprachen bei der Ritterakademie angenommen wurde. Er war Autor zahlreicher Lehr- und Nachschlagewerke zu den von ihm unterrichteten Sprachen und seit 1712 korrespondierendes Mitglied der Berliner Akademie der Wissenschaften. Kramer gehört zu den bedeutendsten Lexikographen und Fremdsprachendidaktikern der Frühen Neuzeit.

Foto: Gerald Raab

Die drei fürstlichen Frauengestalten stellen das Trivium *Grammatica, Logica* und *Rhetorica* dar. Im Vordergrund rechts steht Merkur. Er weist auf ein Buch in den Händen der personifizierten *Grammatica*. Es ist zweispaltig gesetzt, der Text ist nicht lesbar. Die Cestius-Pyramide und die römische Wölfin mit Romulus und Remus verweisen auf Rom als Schauplatz. Die Bücher vorne links sind betitelt mit *Vocabolario della Crusca, Il Boccacio.* und *Gramlt del Sig. Cramero.*, also: Italienische Grammatik des Herrn Kramer. Der Stich ist signiert von Ioh. Iacob de Sandrart (1630–1708), einem Kupferstecher, Kunsthändler und Verleger in Nürnberg.

Kramer kritisiert in seinem Werk die gängigen italienisch-deutschen Wörterbücher. Sie enthielten veraltete Wörter, nicht genug „Redensarten" (Idiomatik) und vermittelten eine falsche Orthographie. Auch Unklarheiten bei gleichlautenden Wörtern würden kaum erläutert. Häufig werde nur eine Bedeutung eines Wortes angeführt.

8. Matthias von Erberg, Grammatica Alla Moda, Nürnberg 1703: Kupferstich

Das Geburtsdatum von Matthias von Erberg ist unbekannt. Er starb um 1720 in Nürnberg. Erberg war seit etwa 1695 Sprachmeister des Italienischen in Nürnberg und Autor von Unterrichtsmaterialien und Nachschlagewerken für den Französisch- und Italienischunterricht sowie theologischer Schriften. Die letzten Monate seines Lebens verbrachte er in geistiger Umnachtung im Nürnberger Stadtgefängnis. Seine Bibelübersetzung ins Italienische wurde 1802 von Nopitsch als Plagiat entlarvt.

Dieser Kupferstich zeigt einen Wanderer mit einem Stab. Er richtet den Blick auf ein Gebäude in der Bildmitte, eine Art Wohnturm. Das Gebäude ist gemauert und verputzt, seine
Anmutung italienisch. Der Gebäudeteil, der dem Betrachter zugewandt ist, ist eine Ruine.
Davor befinden sich einige Schweine. Eine Frau mit einer Last auf dem Kopf und ein Kind
bewegen sich vom Betrachter weg zur Haupttür des Gebäudes. Der Stich ist nicht signiert.

9. Matthias von Erberg, Grammatica Alla Moda, Nürnberg 1703: Titelblatt

Der Stich zeigt die Stadt Nürnberg aus südlicher Richtung, rechts die Burg, links daneben
St. Sebald und St. Lorenz; vor der Stadt sieht man Befestigungsanlagen. Im Vordergrund

Bauern bei der Feldarbeit, mehrere Fuhrwerke und Hirten mit ihren Herden sowie bestellte
Äcker sind zu sehen.

Die *Grammatica Alla Moda* ist ein Gesprächsbuch, in das grammatische Belehrungen
und Regeln eingestreut sind, „[...] auch etliche darunter mit Kupfern gezieret / um allen
Unlust zum Lernen zu benehmen." (Vorwort) Sie enthält 30 Gespräche mit Kupferstichen,
welche meistens die redenden Personen darstellen. Diese Kupfer sind von guter Qualität,
während der Lernstoff oberflächlich aufbereitet ist und recht beliebig dargeboten wird.

10. Matthias von Erberg, Scherzi Historici, Nürnberg 1703: Titelblatt

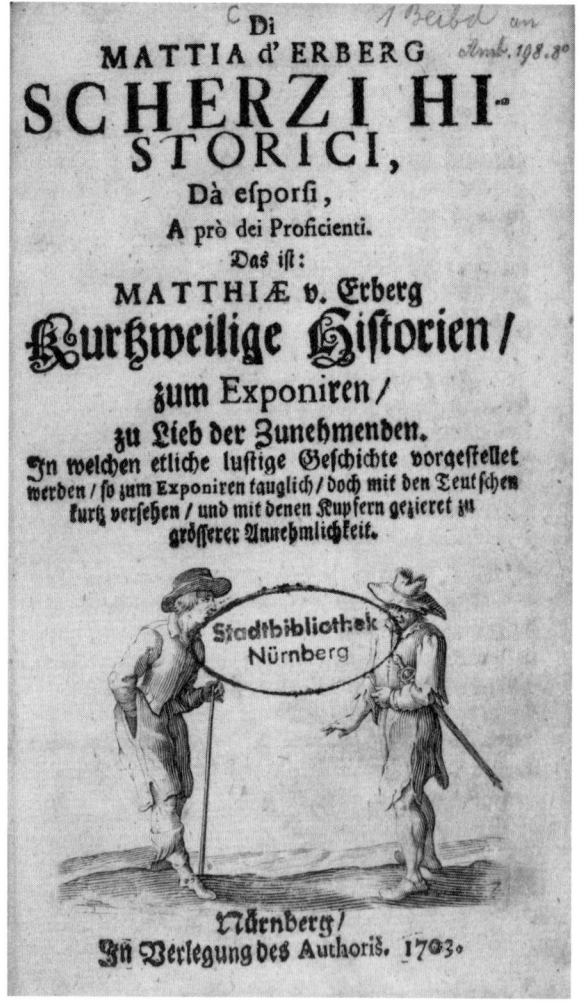

Die dargestellten Personen sind von niederem Stand, wahrscheinlich Bauern. Sie dürfen eigentlich keinen Degen tragen. Die Spitze des Degens, den die rechte Figur unter dem Arm
hält, ist abgebrochen. Dies zeigt, dass er mit der Waffe nicht ordentlich umgehen kann. Die

beiden Personen sprechen miteinander. Vermutlich sollen sie den Zweck des Büchleins symbolisieren, der darin besteht, das Parlieren auf Italienisch zu üben. Der Stich ist nicht signiert.

Das *Scherzi Historici* ist ein mit mehreren Kupferstichen versehenes Gesprächsbuch mit „Kurtzweilige[n] Historien zum Exponiren". Die Überschriften sind auf Deutsch verfasst, die Kurzgeschichten werden auf Italienisch erzählt.

11. Matthias von Erberg, Scherzi Historici, Nürnberg 1703: Kupferstich

Der Kupferstich zeigt zur Linken eine hochschwangere Frau mit einem Kind, das sich an ihren Röcken festhält. Sie trägt einen Rucksack und ist mit einem Hut geschmückt, der nicht ihrem (niederen) Stand entspricht. Der Mann ihr gegenüber trägt ein Jagdgewehr und eine Gewehrgabel. Seine Kleidung ist nachlässig, seine Hosen und sein Hut sind zerfetzt. Auf dem Rücken trägt er einen Sack. Der Stich ist nicht signiert.

Der Kupferstich verbildlicht den Inhalt des Textes darunter: ,Ein Mann aus dem Volke hatte eine Ehefrau, die ihm eine gute Gefährtin war. Nachdem er elf Monate lang auf Reisen gewesen war, kam er gerade in dem Moment nach Hause, als seine Frau gebar. Daraufhin fragte er, ob jenes Geschöpf seines sein könne. Eine schlagfertige Frau, die anwesend war, antwortete: Warum denn nicht, die Eselin ist ein Jahr lang trächtig, folglich kann eine Frau wohl elf Monate lang schwanger sein.'

12. Matthias von Erberg, Corriere tornato Dal Parnasso, Nürnberg 1703: Titelblatt

Der *zuruckgekommene Courrier vom Berg Parnasso* ist eine Anthologie italienischer Poesie. Der Parnassos ist in der griechischen Mythologie der Sitz der Musen und des Apollon.
Von dort kehrt v. Erbergs *Courrier* (lit. ‚Eilbote') mit einem großen Felleisen voller italienischer Verse ins wirkliche Leben zurück. Unter diesen Versen befinden sich Lieder und
Texte von Arien aus Opern. Sie sollen denen, die Italienisch gelernt haben, Vergnügen bereiten und ihnen Gelegenheit geben, ihre Sprachkenntnisse zu üben.

13. Matthias von Erberg, Neueröffnetes Handels-Contor, Nürnberg 1705: Titelkupfer

Das Titelkupfer wiederholt den Titel des Werks: *Neueröffnetes Handels-Contor*, und es gewährt den Blick in ein solches Kontor. An der linken Wand und der hinteren Front stehen
hohe Regale. Darin befinden sich Bücher, Bilderrahmen oder Spiegel und Pokale. In der
Mitte hinten schreibt ein Mann an einem Sekretär in ein Journal. Über ihm hängt eine Landkarte (Überschrift: *Per Mare, Per Terras* ‚Über das Meer, durch die Länder'), in der (von
links oben nach rechts unten) *Amsterdam, Hamburg, Braunschwig, Leipzig, Königsberg,
Franckfurt, Nürnberg, Ulm, Wienn, Augspurg, Salzburg, Marseille, Venetig* eingezeichnet
sind. Die Karte entspricht nicht annähernd der wirklichen geographischen Lage der Städte.
Rechts hinten in der Ecke steht ein Schrank mit drei Schubladen, die mit den drei im *Neuer-*

öffnete[n] Handels-Contor behandelten Sprachen beschriftet sind: *François. Italiano. Teutsch.* Darunter steht: *Sic non deficiet* ‚So wird nichts anfangen zu fehlen'. Vor dem Schrank steht eine offene Truhe, die mit zugebundenen Säcken gefüllt ist. Vorne links steht ein Tisch, auf dem Teile einer Rüstung liegen. Auf dem Tisch liegen drei gekreuzte Schlüssel. Zwischen den beiden Tischen steht eine Gruppe von drei gutgekleideten Männern, die sich unterhalten. Der Stich zeigt den Geschäftsraum eines Nürnberger Großkaufmanns, was die Zweckbestimmung des Lehrbuches illustrieren und wohl auch verkaufsfördernd wirken sollte. Der Stich ist rechts unten mit *E. Nunzer. sc.* signiert.[480]

14. Johann Jakob Schübler, Quint-Essence, Nürnberg 1705: Kupferstich

Johann Jacob Schübler wurde 1651 in Straßburg geboren und starb 1723 in Nürnberg. Er war etwa zehn Jahre lang Hofmeister in Frankreich. Danach studierte er in Leipzig, Halle und Jena. 1681 ließ er sich als Sprachmeister des Französischen in Nürnberg nieder. Auch als Leiter einer Theatertruppe war er aktiv. Matthias Kramer zufolge war er in den ersten Jahren seines Nürnberger Aufenthalts zugleich als Posamentierer tätig. Daneben agierte er als Heilkundiger. Er bezeichnete sich auf einem Titelblatt als „Französischer Sprachmeister und Operator oder Bruchartz ohne Schnitt". Ebenso behauptete er, über Mittel zu verfügen, deren Einnahme bei der Zeugung das Geschlecht von Kindern bestimmen könne.

---

480   E. Nunzer arbeitete zu Beginn des 18. Jahrhunderts als Zeichner und Kupferstecher in Nürnberg. Vgl.
       Nagler 1841, Bd. 10, S. 287.

Der doppelseitige Kupferstich zeigt einen barocken Garten mit mehreren Springbrunnen als Sinnbild für die Lebendigkeit und Fruchtbarkeit der Sprache. Er ist durch einen Zypressenhain begrenzt. Die Pomeranzenbäume bilden eine Allee, die auf ein Schlösschen zuläuft. Sie tragen die paradiesische Frucht der Verheißung und wachsen in Kübeln, auf denen Wappen angebracht sind. Der Sprachmeister redet in demütiger Haltung auf eine vornehme Gesellschaft ein, die sich bereits im Sprachgarten befindet. Rechts oben liegen zwei Handelsschiffe vor Anker. Links oben ist ein Kahn abgebildet, eine Person ist offenbar ins Wasser gefallen. Der Stich ist signiert von Ioseph de Montalegre, einem deutschen Kupferstecher (gestorben 1718).

Schüblers Übersetzungsbuch richtet sich an deutsche und französische Lernende. Er liefert darin verschiedene Verwendungskontexte von Wörtern, die in Beispielsätzen und mit entsprechenden Regeln geklärt werden, und zieht Vergleiche zwischen den beiden Sprachen. Es enthält zudem einen umfangreichen Grammatikteil.

15. Georg Philipp Plats, Fortsetzung Des Teutschen Frantzosens / Und Frantzösischen Teutschens, Nürnberg 1709: 7., 13. und 5. Gespräch

Georg Philipp Plats (Lebensdaten unbekannt) ist als Sprachmeister des Französischen erstmals 1701 in Nürnberg belegt. Er wurde bekannt als Autor einer Reihe von Lehrmaterialien für den Französischunterricht, die teilweise mehrere Ausgaben erlebten und zwischen 1721 und 1757 in Nürnberg erschienen.

a) 7. Gespräch [S. 33-35]

VII. Dialogue	7. Gespräch
Entre le Seigneur, & sa Fille.	*Zwischen den Herrn und seiner Tochter.*
Ma fille connoillós vous ce François là? qui est il? Je l'ai vû la Cour, mais je ne sais pas son nom.	Meine Tochter / kennt ihr diesen Frantzosen dort? wer ist er? ich hab ihn bey Hof gesehen / allein ich weiß seinen Namen nicht.
C'est une personne de Qualité, & un Gentilhomme d'esprit, qui parle bien à propos.	Es ist eine Qualificirte-Person / und ein Edellmann von Verstand / welcher recht geschickt redet.
Il me semble qu'il a de l'inclination pour vous, son visage le têmoigne assez manifestement.	Es dûncket mich / er [S. 33] habe eine Inclination zu euch / sein Gesicht bezeugt es offentlich genug.
C'est la premiere fois, qu'il est venu ici, comment seroit il possible?	Es ist das erstemahl daß er hieher kommen ist / wie sollte es môglich seyn?
N'est il pas logé vis à vis de cette maison ici?	Ist er nicht hier gegen diesen Hauß über

	einloschirt?
En verité, je n'en sais rien, je ne l'avois jamais vû auparavant.	In Wahrheit / ich weiß nichts davon / ich hatte ihn vorhero niemahls gesehen.
Sa conversation est elle agreable?	Ist seine Conversation anmuthig?
La plus agreable du monde.	Die anmuthigste von der Welt.
Ma fille, prenés vous garde, ne vous engagés pas sans mon consentement, car je vous abandonnerois.	Meine Tochter / nehmt euch in acht / lasset euch ohne meine Bewilligung nicht mit ihm ein / ich würde euch sonst verstossen.
Pour prevenir à cela, si vous voulés, quand il reviendra, je serai dire, que je ne serois pas à la maison.	Diesen vorzukommen / so ihr wollt / so will ich / wann er wiederkommen wird / sagen lassen / daß ich nicht zu Hauß wäre. [S. 34]
Non, je ne veux pas cela, mais comme il ne vous fait que des complimens, faites en de même, sans croire ce qu'il vous dira.	Nein / ich will das nicht / weil er euch aber nur Complementen macht / so thut wieder deßgleichen / ohne das zuglauben / was er euch sagen wird.
Il ne m'a rien dit que de serieux, c'est assurement un Gentilhomme fort serieux.	Er hat mir nichts als ernstliche Dinge gesagt / das ist sicherlich ein recht ernsthaffter Edelmann.
Je m'en vais chez Monsieur la Fontaine.	Ich gehe hin zu Herrn Brunn. [S. 35]

Ein Vater und seine Tochter unterhalten sich über einen neu eingetroffenen französischen Edelmann, der möglicherweise Interesse an der Tochter hat. Der Dialog bedient sich nationaler Stereotypen von der Beredsamkeit und den Verführungskünsten des Franzosen und betont die patriarchalische Autorität des Vaters, ohne dessen Einwilligung keine persönliche Beziehung zwischen der Tochter und dem Fremden möglich ist.

b) 13. Gespräch [S. 59-62]

XIII. Dialogue	13. Gespräch
Entre un Gentilhomme & une Demoiselle	*Zwischen einen Edelmann und einer Jungfer.*
Mademoiselle, j'ai pris la liberté de vous venir rendre une visite, je crois, que vous ne le trouverés pas mauvais.	MAmoåsell / ich hab die Freyheit genommen / zu ihr zukommen / umb eine Visit abzustatten / ich glaube / daß sie es nicht übel aufnehmen werde.

Au contraire Monsieur, je vous en suis obligeé. Comment vous portés vous Monsieur dépuis hier?	Das Widerspiel / Monsiȏ / ich bin ihm dafȗr verbunden. Wie gehabt sich Monsiȏ seiter gester?
En verité, je me porte mieux que jamais, je sens une telle joïe dans mon cœr, dépuis que j'ai l'honneur de vous connoître, que je ne saurois l'exprimer.	Fȗrwahr / ich befinde mich besser als jemahls / ich fȗhle eine solche Freude in meinen Hertzen / seithero ich die Ehre habe / sie zu kennen / daß ich es nicht austrucken kȏnte.
C'est sans doute le Printems qui fait cette operation en vous, c'est un signe de bonne santé; j'en suis bien aise.	Es ist ohne Zweiffel der Frȗhling / der solche Wȗrckung bey ihm thut / das ist ein Zeichen guter [S. 59] Gesundheit; es ist mir recht lieb.
Ce n'est pas assûrement le Printems seul, qui verse tant de douceurs dans mon cœr, j'en ai vû d'autres bien plus agreables que celui ci, qui ne l'ont pas touché.	Es ist sicherlich der Frȗhling nicht allein / der so viel Sȗßigkeiten in mein Hertz giesset / ich habe wohl viel andere annehmlichere / als diese hier / gesehen / welche es nicht gerȗhret haben.
Vous ne vous portiés peut être pa si bien alors, qu'a cette heure.	Er befande sich vielleicht damahls nicht so wohlauf / als itzund.
Pardonnés moi, je me porte toȗ-jours bien, Dieu merci; ce transport a quelque autre cause.	Sie verzeihe mir / ich bin (Gott Lob) stets wolauff; diese ȗbermȁssige Freude hat einige andere Sachen auf sich.
Il n'importe pas d'où vienne cette joïe, puis qu'elle vous satisfait.	Es liegt nichts daran / wo diese Freude herkommt / dieweil sie ihm vergnȗget.
Ce n'est que dépuis que je vous vis hier.	Sie ist erst daher kommen / als ich sie gester gesehen.
Cette joïe ne peut pas proceder de ma veüe, car je suis, à ce que tout le monde dit, de la plus mauvaise compagnie qu'il est possible de voir.	Diese Freude kann von meinen Anschauen nicht herkommen / dann ich bin / wie jedermann sagt / von [S. 60] der schlimmsten Gesellschafft / die mȏglich zusehen ist.
Madam, que dites vous? vôtre entretien est si doux, si charmant, & si agreable, qu'on ne saurois, l'exprimer: c'est assûrement l'amour que j'ai pour vous, qui me cause cette allegrelle.	Madam / was sagt sie da? ihr Gesprȁch ist so lieblich / so anlockend / und so annehmlich/ daß man es nicht austrucken kȏnte: es ist sicherlich die Lieb / so ich zu ihr habe / die mir diese Munterkeit verursachet.
Monsieur, si les hommes n'ont point d'amour, ils le peuvent bien representer quand ils veulent, ils sont amoureux quand	Monsiȏ / wann die Mannsbilder schon keine Liebe haben / so kȏnnen sie es doch wohl prȁsentiren / wann sie wollen / sie sind verliebt wann es ihnen gefȁllt / man darff

il leur plaît, on ne doit pas vous croire.	ihnen nicht glauben.
En verité Madame, je me suis laissé prendre.	In Wahrheit / Madam / ich hab mich fangen lassen.
Monsieur, il vous est permis de le dire, & à moi, de n'en rien croire.	Monsió / es ist ihme [sic] erlaubt es zusagen / und mir / nichts davon zuglauben. [S. 61]
Vous vous fachés, quand je vous dis la verité?	Sie erboset sich / wann ich ihr die Wahrheit sage?
Pourquoi me facherois-je?	Warum sollte ich mich erbosen?
Vous m'acuses de dissimulation.	Sie beschuldiget mich einer Verstellung.
Tout homme est homme.	Männer sind Männer.
Mais, tous ne sont pas d'une meme humeur.	Aber nicht alle sind von einen gleichen Humor.
Il ne s'en faut guere, que d'autres vous croïent, pour moi, je souhaite être libre dans mes sentimens. Adieu Monsieur.	Es liegt wenig daran / daß euch andere glauben / mich betreffend / so wünsche ich in meinen Gedancken frey zu seyn; Adió Monsió. [S. 62]

Der Dialog steht in der langen literarischen Tradition des *badinage de l'amour*, die früh in Gesprächsbuch-Dialogen ihre Spiegelung findet. Zur Diskurs-Kompetenz im Zeitalter der Konversationskultur gehört das Komplimentieren, die Kontaktanbahnung, gerade auch zwischen den Geschlechtern. Zu diesem Zwecke werden Dialoge zwischen Liebenden, Dialoge in einem Garten oder ähnliches aufgenommen, die, wenn sie gut gemacht sind, auch etwas von der *wittiness*, dem dialogstrategischen Können, der Schlagfertigkeit ihrer literarischen Vorbilder transportieren.

c) 5. Gespräch [S. 19f.]

Deutsch	Französisch	‚Lautschrift'
Meine Tochter!	Ma fille!	MA Figl.
Frau Mutter.	Madame ma Mere.	Madam ma mår.
Habt ihr getantzt?	Avés vous dancé?	ave wu dansó?
Ja / Frau Mutter.	Oui, Madame ma Mere.	uy / Madam ma mår.
Wo kommt ihr her?	D'où venés-vous?	du vene wu?
Ich komm aus meiner Kammer.	Je viens de ma chambre.	sche vien de ma schamber.

Habt ihrs schon gethan?	Avés-vous déjà fait?	ave wu descha fåt?
Schon långst.	Il y a long tems.	il y a lon tang.
Hat eure Schwester auch getantzt?	Vôtre sœur, a t-elle aussi dancé?	wot sôr / atåll ossi dansô?
Nein / Frau Mutter.	Non, Madame ma Mere.	no / Madam ma mår.
Warum?	Pourquoi?	purkoå?
Sie ist unpåßlich.	Elle est malade.	åll å mallade.
Liegt sie zu Bett?	Est-elle couchée?	åt åll kuschô?
Ich glaube ja.	Je crois qu'oui.	sche krå kuy.
Gehet hin zu sehen / wie sie sich befinde.	Allés voir, comment elle se porte.	alle voår / komman åll se port.
Sie befindet sich besser.	Elle se trouve mieux.	åll se truf miô.
Ruffet ihr.	Apellés-la.	apelle la.
Sie kan nicht kommen.	Elle ne sauroit venir.	åll ne sorå veni.
Ist ihr so ûbel?	Est elle si mal?	åt åll si mal. [S. 19]
Ich halts dafûr.	Je le crois.	schle crå.
Wieviel Dåntze kônt ihr?	Combien de dances saves-vous.	kombien de dans save wu?
Ich kann deren drey.	J'en sais trois.	schan så troå.
Ist der Singmeister kommen?	Le Mâitre à chanter, est-il venu?	le måter a schante / åti venû?
Er wird Nachmittag kommen.	Il viendra aprés midi.	i viendra aprå midy.
Gehet / eure Schwester zu besuchen.	Allés, voir vôtre sœur.	alle / voår wot sôr.
Ich gehe hin.	Je m'y en vais.	schmy an vå.
Kommt bald wieder.	Revenés bien tôt.	revene bien to.
Verweilt nicht lang.	Ne tardés guere.	ne tarde går.

Dieses Gespräch zwischen Mutter und Tochter ist ein Beispiel für eine Wiedergabe französischer Äußerungen in einer „Lautschrift", die auf den graphematischen Regularitäten des Deutschen beruht. Näheres dazu im Abschnitt 5.1.5. (Aussprachelehren) im Textteil.

16. Matthias Kramer, Nouveau Parlement, Nürnberg 1711: Vorbericht, 28. und 3. Gespräch

Das Gesprächsbuch ist neben der (Lern-)Grammatik und dem Wörterbuch die wichtigste Gattung des Sprachlehrbuchs im 17. und 18. Jahrhundert. Es richtet sich an fortgeschrittene Anfänger, die über einen Grundwortschatz und elementare Kenntnisse der grammatischen Struktur der Zielsprache verfügen. Auf der Grundlage des Gesprächsbuchs, „mit Gottes Hülfe und getreuer Anleitung eines verständigen Sprachmeisters" gelangen sie rasch zu ordentlicher Sprachbeherrschung. Für den Selbstunterricht sind sie nicht geeignet. Eine Neubearbeitung des *Nouveau Parlement* war notwendig, weil Kramers Meinung nach alle anderen auf dem Markt befindlichen Gesprächsbücher inhaltliche oder formale Mängel aufwiesen oder in beiden Hinsichten krankten. Das wird genau ausgeführt. Kramers Buch vermeidet diese Mängel, denn es hat eine durchdachte Progression.

a) Vorbericht

An den Sprach-begierigen Leser.

Gleich wie ein guter Wein keines Krantzes / also haben viele / so kurtz und wol gefaßte / Frantzösisch - Teutsche Gespräche keines Lobens vonnöthen. Sie loben und recommandiren sich selbst; und wird ein Schüler / nach dem er die erste nöthige Fundamenta des Lesens / des Conjugir- und Declinirens / und die Stellung der Worte ein wenig ergrieffen / vermittels fleissigen Lesung / Auslegung / Übersetzung / Nachfolgung und Außübung dieser anmuthigen Gespraechlein gleichsam spielend zunehmen / und mit GOttes Hülffe und getreuer Anleitung eines verständigen Sprachmeisters / in ein paar Monaten zu einem füglichen Reden und Schreiben gelangen können; Und muß hiervon die vielfältige Erfahrnüß der beste Zeuge seyn / massen diese Dialogues zu Londen innerhalb vier Jahren / bey sieben mal in ziemlicher Anzahl Exemplarien auffgelegt worden.

Alle die / jetzund gemeiniglich im Schwang gehende Gespräche / haben ihre Haupt-Mängel; an etlichen stünde die Materi, an etlichen die Form und Red-Art / an etlichen aber beyde Stücke zu verbessern. Den jungen Knaben und Mägdlein hohe Hof- und Staats-Sachen (a) / den ziemlich Erwachsenen / eitel Kinderwerck (b) / der wol erzogenen Jugend theils ärgerliche theils abgeschmackte / und darzu noch alt stylisirte Lappalien (c) / und endlich denen erst-anfangenden Lehrlingen/ allzu lange / ja zu Zeiten aus 12. oder mehr Zeilen bestehende Discursen (d) oder gar Mährlein und Historien (e) vorlegen / verursachet schlechte oder sehr langsame progressen / und machen daß mancher lieber das Buch hinter die Thür schmeisset und den Sprachmeister abdancket / als dass er sich mit so schwer-und weitläufftigen / oder aber mit so liederlichen und fahlen Sachen länger schleppen möge. Es müssen alle Dinge ihre Ordnung / Zeit und Maße haben / und wer auff einen Thurn steigen will / muß bey der untersten Treppe anfangen. Gehab dich wol.

M.C.

(a)   Entretiens de la Noblesse Etrangere.[481]
(b)   Parlement. Sprachbuechlein &c,[482]
(c)   Dialogues de Nath. Duez,[483]
(d)   Entretiens familiers de Trevaille.[484]
(e)   Contes à rire de M. Menudier &c.[485]

b) 28. Gespräch

Vingt-huitiéme Dialogue.	Acht und Zwanzigstes Gespräch.
Entre un Gentil-homme Allemand & un François, revenu d'une Campagne contre les Turcs.	Zwischen einem Teutschen und einem Frantzôsischen Edelmann der aus einem Feldzug wider die Tûrcken wiederkommen.
Monsieur, je croy que je vous ay vû à Paris.	Ich glaube / daß ich euch zu Paris gesehen habe/mein Herr!
Cela se peut: Où m'avez-vous vû?	Das kan seyn: wo habt ihr mich gesehen?
Je vous ay vù dans l'Academie.	Ich hab euch in der Academie gesehen.
Il est vray, je m'en souviens.	Das ist wahr. / ich erinnere mich noch dessen.
Qu'avez-vous à la main?	Was habt ihr an der Hand?
C'est un coup de mousquet.	Es ist ein Musqueten-Schuß.
Où l'avés-vous reçu?	Wo habt ihr ihn bekommen?
Au siége de N.	In der Belagerung N.
Etiez-vous avec le Duc de N.?	Waret ihr bey dem Herzog von N.?
Non j'étois avec le comte de N.	Nein/ ich war bei dem Grafen von N.
Revintes-vous avec luy en France?	Seyd ihr mit ihm wieder in Franckreich kommen?
Non, je demeuray dans la Ville.	Nein / ich bin in der Stadt geblieben.

481   Chappuzeau, Samuel, Entretiens familiers pour l'instruction de la noblesse étrangere, Genf 1665. Spätere Ausgaben: Genf 1671, Amsterdam 1688 (Text frz./niederl.).
482   Kramer, Matthias, Nouveau Parlement […]. Neu-Parlement […], Frankfurt am Main: Johann Balthasar Niesen 1696.
483   Dhuez, Nathanaël, Grammaire française-allemande avec quatre dialogues français et allemands et un recueil de lettres choisies, Frankfurt am Main 1692.
484   Trevaille, Guillaume, Entretiens nouveaux familiers & galans […], Nürnberg 1685.
485   Menudier, Jean, Le Secret D'Apprender La Langue Française. Neu ausgefertigter Handgriff, die französische Sprache lachend, ohne einzige Mühe und gleichsam spielend zu erlernen, Frankfurt am Main/Leipzig 1680.

Vous étiez donc à la sortie du Duc de N.	So waret ihr bey dem Ausfall des Herzogs von N.?
Ce fut là où je fus blesé.	Da bin ich eben verwundet worden.
Fit-il bien?	Hielt er sich wohl?
Tout à fait bien.	Trefflich wohl.
Y-vîtes vous le Duc de N.?	Habt ihr den Herzog von N. da gesehen?
Ouy un peu auparavant qu'il fut tué.	Ja/ ein wenig vorher ehe daß er getödtet worden.
Vous avez perdu un grand homme.	Ihr habt einen braven Mann verlohren.
Sa perte nous mit en desordre.	Sein Verlust brachte uns in Unordnung.
Y-vîtes vous Monsieur N.?	Habt ihr den Herrn N. da gesehen?
Quy, Monsieur, c'est un brave.	Ja / Herr / das ist ein Held.
Où est le corps de ce Duc?	Wo ist der Côrper dieses Herzogs?
Personne ne le sçait.	Das weiß kein Mensch.
Le Visir avoir-il une grande armée?	Hatte der Vezier eine grosse Armee?
Il avoit trente mille hommes.	Er hatte dreyßig tausend Mann.
Les Turcs entendent-ils la guerre?	Verstehen die Tûrcken den Krieg?
Aussi bien que nous.	So gut als wir.
Le grand Visir va t-il au combat?	Kommt der Groß-Vezier zum Treffen?
Quêque fois.	Zuweilen (zu Zeiten/bißweilen.)
Est-il vaillant?	Ist er ein tapfferer Soldat?
Ouy, sans doute.	Ja / sonder Zweiffel.
L'avez-vous vû?	Habt ihr ihn gesehen?
Plusieurs fois.	Offtermahlen.
La noblesse Françoise y fit elle bien?	Hat der Frantzôsische Adel sich wohl gehalten?
Autant qu'il se peut.	So viel môglich gewesen.
N. est elle grand?	Ist N. groß?
Fort grande.	Sehr groß.
Je croy qu'elle est toute ruinée.	Ich glaube/daß es ganz ruiniert seye.
Il ne se peut pas autrement.	Das kan anders nicht seyn.
N'y manquiez vous point de vivres?	Hattet ihr nie keinen Abgang an Lebens-Mitteln?
Non, nous en avions toûjours, quêque fois plus, quêque fois moins.	Nein / wir hatten deren allezeit bißweilen mehr / bißweilen weniger.
Y-etiés vous à la reddition?	Waret ihr bey der Ubergab?

Non, j'en étois party.	Nein / ich ware weg gereiset.
Le Turc a-il perdu beaucoup de monde devant?	Hat der Türck viel Volck darvor verlohren?
Il y a perdu cent mille hommes en quatre ans de tems.	Er hat hundert tausend Mann verlohren in vier Jahren Zeit.
Le Bastion de N. étoit-il fort?	War die Bastey (das Bolwerck) N. starck?
Extremement.	Uber alle massen.
Faisiez-vous des sorties bien souvent?	Fielet ihr offt aus?
Presque tous les jours.	Fast alle Tage.
De quel côté étoit la bréche?	An welchem Ort war die Breche (die Lucke in die Mauren) geschossen?
Du côté du Bastion de N.	An der Seite der Bastei von N.
Y-avoit-il des femmes dans la ville.	Waren Weiber in der Stadt?
Fort peu.	Sehr wenig.
Où étoit le quartier du grand Visir?	Wo war des Groß-Veziers sein Quartier?
Il êtoit aussi du côté du bastion de N.	Es war auch an der Seite des Bollwercks von N.
Avez-vous vû leurs travaux?	Habt ihr ihre Wercker gesehen?
Nous les en avons souvent chassez.	Wir haben sie offt daraus gejagt.
Se battent ils à coups de mousquet ou de flêche?	Schlagen Sie mit Musqueten oder mit Pfeilen?
Ils se servent de tous les deux.	Sie brauchen beides.
Tiennent-ils pié ferme?	Halten sie Stand?
Rarement, ils s'enfuyent, mais ils se rallient tout aussitôt.	Gar selten / sie reißen aus [fliehen] aber sie stellen sich bald wieder in Ordnung.
Ont-ils de bon Canon?	Haben sie gut Geschütz?
Ils en ont d'aussi bon que nous.	Sie haben es so gut als wir.
Font-ils du bruit en combattant?	Machen sie ein groß Feld-Geschrey / wann es zum Treffen kommt.
Ils en font un épouvantable.	Sie machen eins das erschröcklich ist.
Est il vray, qu'ils coupent la tête à châque Chrêtien qu'ils tuent?	Ist es wahr daß sie allen Christen / so sie toedten / die Köpffe abhauen?
Il n'y a rien de plus vray.	Es ist nichts gewissers.
Qu'en font ils?	Was machen sie damit?
Ils les portent au Visir.	Sie bringen sie dem Vezier.
En ont-ils quelque recompense?	Kriegen sie eine Belohnung dafür?

Pour chaque tête ils ont une piéce d'or.	Sie bekommen für einen jeglichen Kopf ein Stück Goldes.
Qu'en fait leur General?	Was macht der General damit?
Il les envoye à Constantinople; & les autres, il les fait mettre sur une perche, dans son Camp.	Er schickt sie nach Constantinopel; die anderen låst er in seinem Lager auf Pfåle stecken.
Combien de tems avez-vous été icy?	Wie lang seyd ihr schon hier?
J'y arrivay hier au foir.	Ich bin gestern Abend angelangt.
N'avez-vous pas encore vû le Roy?	Habt ihr den Kőnig noch nicht gesehen?
J'ay eu le bonheur de le voir ce matin.	Ich hab das Glück gehabt / ihn diesen morgen zu sehen.
Si je puis vous rendre service, ce sera de bon coeur.	Wann ich euch dienen kan / so will ichs gern thun.
Monsieur, je fuis êtranger, j'ay affaire de mes amis.	Mein Herr / ich bin ein Frembder / ich habe meiner Freunde vonnőthen:
Voulez-vous dîner avey moy?	Wollet ihr mit mir zu Mittag speisen?
Monsieur, je suis déja invité.	Mein Herr / ich bin schon geladen (versprochen.)
A demain donc.	Auf morgen dann.
Je me donneray cet honneur-là.	Ich werde mir die Ehre gőnnen.
Adieu, Monsieur!	GOtt behüte euch mein Herr!
Vôtre serviteur!	Sein Diener!

Mit dem Türkenkrieg nimmt der 1711 publizierte Dialog Kramers ein Thema auf, das die europäische Öffentlichkeit zwischen 1683 (zweite türkische Belagerung Wiens) und 1718 (Friede von Passarowitz) stark beschäftigte. Da keine konkreten Orts- und Personennamen genannt sind, konnte das Gespräch im Sprachunterricht flexibel an die jeweils aktuelle militärische Situation angepasst werden. Die Stärke und Kampfkraft der türkischen Heere, ihre technologische Ebenbürtigkeit mit den Armeen der christlichen Mächte, ihr ,groß Feldgeschrey' sowie die Praxis, die Köpfe getöteter Gegner auf Pfähle zu spießen, sind Topoi, die in der frühneuzeitlichen europäischen Türkenpublizistik regelmäßig wiederkehren.

c) 3. Gespräch

Cinquante-troisième Dialogue. Entre un Voyageur & un Maitre de langue.	Drey und Funfftzigstes Gespräch. Zwischen einem Reisenden und einem Sprach-Meister.

J'ai déja quelque petit commencement, je voudrois bien continuer.	ICh hab schon einen geringen Anfang / ich möchte wohl (gern) fortfahren.
Allez-vous tous les jours chez vos Ecoliers?	Gehet ihr alle Tag zu euren Scholaren?
J'y vais trois fois la semaine.	Ich gehe dreymahl in der Woche (die Woche) hin.
Quand viendrez-vous?	Wann werdet / wollet ihr kommen.
Quand commencerons-nous?	Wann wollen wir anfangen?
Demain au matin.	Morgen frühe (vormittag.)
A quelle heure?	Um was Stund (Zeit?)
Si matin que vous voudrez.	So frühe als ihr wollet.
Vous levez-vous de bon matin?	Stehet ihr früh auf!
Je suis levé à cinq heures.	Ich bin um 5.Uhr auf.
Je viendrai donc à six.	So will ich dann um sechs (Uhr) kommen.
Combien vous donne-on?	Wie viel gibt man euch?
On me donne ... par mois.	Man gibt mir ... des Monats.
Je vous le donneray.	Ich will es euch geben.
Faut-il païer le mois d'avance?	Muß man das Monat voraus zahlen?
Ouy, le premier mois.	Ja / das erste Monat.
Je vous le donneray quand vous reviendrez.	Ich will euchs geben wann ihr wiederkommet.
Demeurez-vous loin d'icy?	Wohnet ihr weit von hier?
Ouy, monsieur.	Ja / mein Herr. [S. 124]
Je vous irai vour quand il vous plaira.	Ich will zu euch kommen / wann es euch beliebt. Unterlasset nicht zu kommen [bleibet nicht aus.]
Ne manquez pas de venir.	
Mons[ieur] vous etes bien matineux.	Mein Herr / ihr seyd früh auf.
Il y a une heure que je suis levé.	Ich bin schon vor einer Stunde aufgestanden.
Commençons au Nom de Dieu!	Last uns anfangen in GOttes Namen!
Quel livre est cela?	Was ist das für ein Buch?
C'est la Grammaire de N.	Es ist die Gramatick von N.
Combien coûte t-elle?	Wie viel kostet sie?
Elle coûte ...	Sie kostet ...
Est elle pour moy?	Ist sie für mich?
Ouy, je l'ay achetée pour vous.	Ja / ich hab sie für euch gekaufft.
Je vous la païeray.	Ich will sie euch bezahlen.
Lis je bien?	
Ouy, vrayement.	

Vôtre prononciation est bonne.	Lese ich wohl [recht?]
Vous prononcez bien.	Ja / fůrwar.
J'avois un bon Maître à N.	Eure Pronuntiation [Aussprach] ist gut.
J'en ay oui parler.	Ihr sprechet wohl aus.
Expliquez moy cela.	Ich hatte einen guten Meister zu N.
Que signifie cela?	Ich hab davon reden hôren.
C'est à dire ...	Explicirt mir das.
Ne parlez vous pas allemand?	Was bedeutet das?
Point du tout.	Das ist zu sagen [das bedeutet]
Quand le Roy viendra-il en Ville?	Redet ihr nicht teutsch?
Demain.	Gantz nichts.
Avez-vous des habitudes à la Cour?	Wann wird der Kônig in die Stadt kommen?
Ouy, Monsieur.	Morgen.
Menez-moy voir diner le Roy.	Habt ihr Bekandschafft [Kundschafft] bey Hofe?
	Ja / mein Herr.
A quelle heure dîne-t-il?	Fůhret mich / daß ich den Kônig zu Mittag speisen sehe. [S. 125]
Il dîne ordinairement à une heure.	Um welche Zeit speiset er?
Voulez vous apprendre à dancer?	Er speiset gemeiniglich um ein Uhr.
Pourquoy Monsieur?	Wollet ihr tantzen lernen?
Je connois un bon Maître.	Warum mein Herr?
Qui est-il?	Ich kenne einen guten Meister.
C'est Monsieur N.	Wer ist er?
N'est ce pas son fils qui est à N.?	Es ist der Herr N[.]
Ouy Monsieur.	Ist das nicht sein Sohn / der zu N. ist?
C'a eté mon maître.	Ja / Herr.
Est-ce un bon maître.	Das ist mein Meister gewesen.
Il est fort bon maître.	Ists (ist er) ein guter Meister?
Je voudrois bien apprendre à toucher le luth; connoissez-vous quêque bon Maître?	Er ist gar ein guter Meister.
J'en connois un fort bon.	Ich môchte wol lernen auf der Lauten schlagen (spielen /) kennet ihr etwa einen guten Meister?
Qui est-ce?	Ich kenne einen sehr guten.
C'est Monsieur N.	Wer ist er?
N'est-ce pas un Italien?	
Ouy Monsieur.	
Je voudrois bien voir la maison de ville.	

Je vous y meneray, quand-il vous plaira.	Es ist der Herr N.
Allons y à cette heure.	Ists nicht ein Italiener?
Je n'ay pas le tems.	Ja Herr.
Je m'en vay.	Ich môchte wohl das Rath-Hauß besehen.
Monsieur, voilà vôtre mois.	Ich will euch hinführen wann es euch beliebt.
Je vous remercie.	Last uns jetzund hingehen.
	Ich hab die Zeit (die Weil) nicht.
	Ich gehe fort.
	Mein Herr / da ist euer Monat.
	Ich bedancke mich. [S. 126]

Der Dialog bildet eine Situation ab, die im Kontext der Kavalierstour städtischer Patrizier- und Kaufmannssöhne immer wieder vorkam und daher einen gewissen Realitätsgehalt beanspruchen konnte. Ein Sprachmeister und sein künftiger Schüler handeln die Konditionen des Fremdsprachenunterrichts aus: die Häufigkeit des Unterrichts (dreimal pro Woche), die Uhrzeit (6 Uhr morgens!), die Bezahlung (monatlich im Voraus), die Anschaffung einer Lerngrammatik und die Konversation als Hauptgegenstand.

17. Matthias Kramer, Le petit Dictionaire de Voïageur, Nürnberg 1717: Kupferstich

Das Reiselexikon enthält u.a. Listen von Männer- und Frauennamen, Königreichen und Provinzen, Städten, den vier Kontinenten, den vier Winden, den Monaten, den Tagen und den Zahlen auf Deutsch, Italienisch und Französisch. Im Vorwort heißt es, Kramer sei nicht Autor, sondern nur Zensor des Werkes. Weiter heißt es dort, dass, ebenso wie ein Reisender nicht alle seine Besitztümer mit auf Reisen nehme, in diesem Wörterbuch nicht alle Wörter aufgelistet werden könnten, sondern nur die für die Reise notwendigen, da das Buch sonst übermäßiger Ballast wäre. Das Werk umfasst dennoch rund 700 Seiten!

Der Stich auf der linken Seite stellt eine reale Landschaft dar. Das ist dem Genre Reiselexikon angemessen. Im Vordergrund sind zwei Gruppen von Reisenden zu sehen, die einen zu Pferde, die anderen zu Fuß. Im Hintergrund ist die Stadt Paris zu sehen. Auf dem Weg nach Paris sind zwei weitere Wanderer, ein Fuhrwerk und zwei Dörfer abgebildet. Die Bildunterschrift lautet: *a Nüremberg chez les Heritiers de feu Daniel Tauber 1716*, zu Nürnberg bei den Erben des verstorbenen Daniel Tauber 1716.' Der Stich ist nicht signiert.

18. Matthias Kramer, Le petit Dictionaire de Voïageur, Nürnberg 1717: Titelblatt

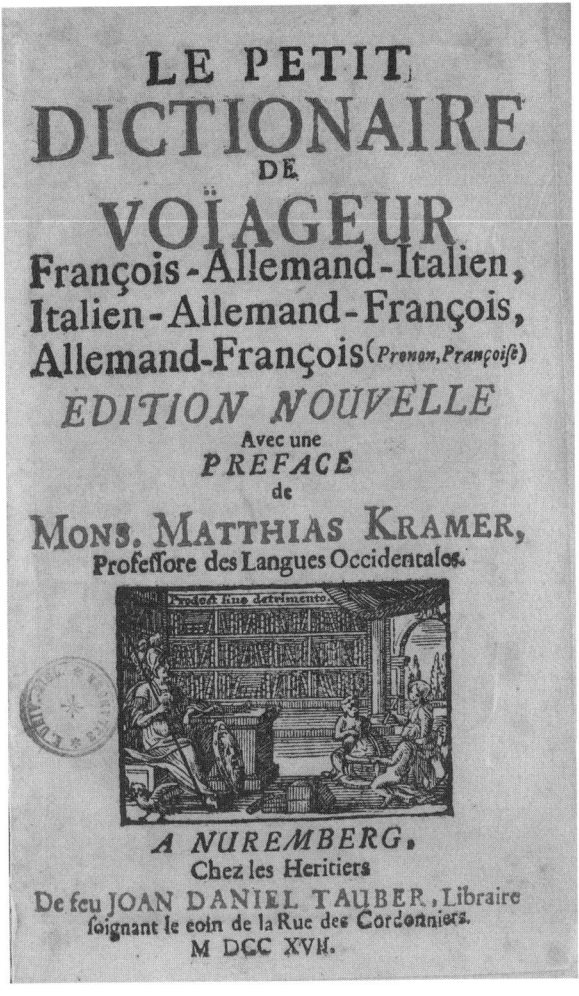

Der in das Titelblatt integrierte Stich auf der rechten Seite stellt die Minerva dar, die drei lernende Kinder betrachtet. Ihr Schild, auf dem ein Gorgonenhaupt abgebildet ist, lehnt an ihrem linken Knie. Vor ihr bewegt sich die Eule der Minerva zum Bildrand. Die Kinder werden in drei verschiedenen Fächern unterrichtet, der Mathematik (Winkelmaß), der Geographie (Weltkugel) und der Grammatik (Bücherstapel im Zentrum). Die Szene spielt in einem Bibliotheksraum, in dem sich rechts hinten eine *porta maior* befindet, durch die man in den Sprachengarten treten kann. Die Inschrift am Bücherregal lautet: *Prodest sine detrimento* ‚Dies nutzt ohne Schaden'. Der Stich ist nicht signiert.

19. Adam Friedrich Kirsch, Il nuovo dizionario de viaggianti italiano-tedesco e tedesco-italiano, Nürnberg 1718: Titelkupfer

(Foto: Gerald Raab).

Das Geburtsdatum von Adam Friedrich Kirsch ist unbekannt, er starb 1716 in Nürnberg. In den frühen Jahren des 18. Jahrhunderts war er als Korrektor in Nürnberger Druckereien, zeitweilig auch als Privatlehrer tätig. Kirsch strebte aufgrund körperlicher Gebrechen kein öffentliches Amt an.

Das nach dem Tod Kirschs von Castelli fertiggestellte Lexikon nimmt eine Unterscheidung in Primitiva (Stammwörter) und in von Primitiva abstammende Wörter vor. Erstere sind mit größeren Buchstaben gedruckt; andere Wörter, die nicht direkt von den Primitiva hergeleitet werden können, sind mit einem Sternchen versehen. Das Lexikon ist für die Reise bestimmt, sein „handliches" Format wird angepriesen (ca. 12 x 20 cm bei knapp 1200 Seiten!). Zur Zielgruppe gehören die studierende Jugend und Reisende.

Auf dem Titelkupfer entfalten Merkur mit Stab und gefiedertem Helm und sein Helfer (hinter ihm liegt ein Gewehr) eine Karte von Italien. Neben einigen Großstädten ist der

Wallfahrtsort Loreto verzeichnet. In der Bildmitte sind Händler zu sehen, die in Richtung der Stadt im Hintergrund ziehen. Bei der Stadt handelt es sich um Florenz. Der Stich ist signiert von Ioh. Christoph Dehne, Kupferstecher in Nürnberg.

20. Georg Philipp Plats, Le Cellarius François, Nürnberg 1720: Kupferstich

Le Cellarius François ist ein Wörterbuch, mit dem Französisch gelernt werden sollte. Es umfasst ein umfangreiches Register, einen alphabetisch angeordneten Wortschatz und Wortfamilien. Die Überzeugung des Verfassers, dass man nicht erst einmal Lateinisch lernen müsse, bevor man Französisch lernen könne, wird durch die Szenerie des Kupferstichs unterstrichen. Die Inschrift in der Vignette lautet: ‚Den muß *Cellarius* Zu seiner Wort-Meng führen, der einst mit *Gallien* verlangt zu *discu*riren.‘ Christoph Cellarius (1638–1707) war Schulrektor in Weimar, Zeitz und Merseburg und (ab 1693) Professor für Rhetorik und Geschichte an der Universität Halle. Von ihm stammen einige weit verbreitete lateinische Schulbücher.

Eine adelige Herrengesellschaft hält sich in entspannter Haltung in einem barocken Garten vor dem Schloss in Versailles auf. Die Herren im Vordergrund versuchen sich zu verständigen. Ihre Gesten drücken allerdings aus, dass dies Schwierigkeiten bereitet. Der Hund im Vordergrund könnte ausdrücken, dass es sich um eine Jagdgesellschaft handelt. Der Stich ist nicht signiert.

21. Georg Philipp Plats, Le Cellarius François, Nürnberg 1720, Vorwort

Im Vorwort zu seinem *Cellarius François* setzt sich G. P. Plats mit Fragen auseinander, die den Erwerb des Wortschatzes der Fremdsprache Französisch betreffen. Er entwickelt dort die Auffassung, dass es mnemotechnische Vorteile habe, sich zunächst ganz auf die „Stammwörter" zu konzentrieren. Es sei dabei zwar nützlich, aber nicht zwingend notwendig, Lateinisch zu können. Auch solle man die „zum auswendig lernen tauglichsten Jahre" nicht ganz dem Lateinunterricht überlassen, sondern auch fürs Französischlernen nutzen. Wenn die Schüler Plats' Grundwortschatz beherrschen, würden sie schnell viele „etymologische Veränderungen", nämlich Ableitungen, und „syntaktische Zusammenfügungen", nämlich Komposita bilden und so ihren Wortschatz rasch ausweiten können.

Lieber Leser.

Die vornehmste Beweg-Ursach / welche die Ausfertigung gegenwärtigen Wörter-Buchs endlich erpresset / ist die beständige Klage / sowohl der Lehrenden als Lernenden / über die Mühe / den Zeit-Verlust und andere dergleichen Dinge / welche zu Erlangung einer nöthigen Wörter-Menge in der Frantzösischen Sprach / erfordert werden: Indem man bißher noch kein zulängliches und dabey das Gedächtnuß unterstützendes Mittel darzu gefunden.

Es sind zwar in denen Grammairen gemeiniglich die allernöthigsten Wörter angefüget / wo aber das Gedächtnuß des Schülers nicht eines der glücklichsten ist / so sind dieselbe so bald wieder vergessen / als sie gelernt worden. Und wann fleissige Lehrmeister sich die Mühe gegeben / bey Lesung eines Autoris, oder sonst / einige Vocabula und Phrases zu dictiren / so ist doch solches Gebäu deßwegen dem geschwinden Umsturz ausgesetzt geblieben / weil es auf einen unordentlich gelegten Grund gestellet worden.

Ich glaube deswegen / es werde dieses neue / nach denen Stamm-Wörtern eingerichtete Wörter-Buch / obgedachte Klage / wo nicht völlig heben / doch um ein merckliches verringern: Angesehen dasselbe nicht nur die nöthigsten Wörter in sich begreifft / sondern auch zugleich lehret / die Wörter leichtlich zu erlernen und zu behalten.

Man gestehet gerne / dass es eine Imitation ist / des libri memorialis latinitatis,[486] welches ehedessen der berühmte Cellarius, Rector des Merseburgischen Gymnasii verfertiget. Daher hat man es auch mit dem Titul: Le Cellarius François, benennet / unter der Hoffnung / es werde dieses in der Frantzösischen Sprache so viel Nutzen schaffen / als jenes in der Lateinischen.

Die Lehrende werden nicht wenig Freude haben / wann sie nun / so zu sagen / einen schicklichen Trichter finden / die Wörter denen sehr unterschiedenen Gemüthern ihrer Scholaren / weß Standes / Geschlechts und Alters sie auch seyn mögen / gemächlich einzugiessen: und die Lernende

---

486   Christoph Cellarius, Latinitatis probatae et exercitae liber memorialis, naturali ordine dispositus [...]. Merseburg: Forberger 1689.

werden dieses vortheilhaffte Instrument gar gerne an sich appliciren lassen / wann sie verspühren / wie diese Sprach-Materie ihrem Gedächtnuß sonder Beschwehrlichkeit eingeflösset wird.

Ich will meine eigene Arbeit nicht loben / habe auch nichts weniger als eitlen Ruhm bey mühsamer Ausfertigung derselben gesucht; Jedoch kan ich die vornehmste verborgene Vortheile / welche ich / seit dem das Manuscript fertig gewesen / bey der Information der Frantzösischen Sprach verspühret / und welche ein jeder unpartheyischer getreuer Lehrmeister nunmehr selbst verspühren wird / nicht unentdecket lassen.

Wann ich einen Schüler in etlichen Lectionen dahin gebracht habe / daß er die Frantzösischen Buchstaben / Diphthongos und Sylben / ein wenig lesen und aussprechen kann / so lasse ich sogleich das Conjugiren darauf setzen / dabey aber jedes Mal / an statt eines Contexts / nur eine Blat-Seite / oder nach Beschaffenheit der Person und Umständen / zwey und mehr Blätter aus diesem Wörter-Buch lesen. Darinnen nun sind lauter Nominativi, Infinitivi, oder Vocabula Indeclinabilia, welche der Schüler dem Accent, und der völligen Pronunciation nach / als Haupt-Wörter / vor allen andern wol in das Ohr fassen muß. Biß ich nun mit Treibung des Declinirens und Conjugirens fertig werde / so kommen meine Schüler auch mit Durchlesung der Wörter zu Ende / und befinden / daß sie so dann eine gantze Passage aus einem Autore ohne Anstoß Grund- und Pronunciations mässig fortlesen können / und viele verdrießliche Reguln und Exceptionen / die man sonst bey Erlernung des Lesens sub spe futuræ oblivionis[487] in den Kopff zwingen müssen / ersparet haben.

Zu solchem Ende sind bey jedem Wort des Geschlechts / dessen Aenderung / und alle etymologische Anmerckungen hinten an das Teutsche gesetzet / damit der Lehrling / wo ers verlanget / dieselbe ansehen / und die unterschiedene Aussprach von dem Lehrmeister mit Vortheil anhören; Derjenige aber / welcher nur die teutsche Bedeutung zu lernen begehret / ungehindert fort eilen möge.

Hiernechst / wann es zum auswendig Lernen der Wörter selbst kommt / so lasse ich obgedachten Umständen nach / den Schüler durch das gantze Buch / entweder alle / oder nur die Stamm-Wörter / oder auch nur etliche unter diesen ins Gedächtnuß fassen / dadurch bekommt er einen allgemeinen Concept von der Materie der Sprach / den er mit der Zeit / nach und nach vollkommener machet. Daher sind die Radices[488] alle mit grösseren Buchstaben / und etliche noch darzu mit einem † bezeichnet; Die entbehrliche Derivativa aber mit Cursiv-Schrifft gedruckt worden. Ist jemand der Lateinischen Sprach kündig / oder ist mit Erlernung derselben beschäfftiget / so gehet diese Lehr-Art desto glücklicher von statten / und man weiß fast nicht / wie man zu der Frantzösischen Sprach gelanget; da man hergegen bißher fälschlich vermeint / man müsse vorher die Lateinische Sprach vollkommen verstehen / ehe man zu der Frantzösischen schreitet. Dabey aber lässt man die zum auswendig lernen tauglichsten Jahre vorbey streichen / welches gewisslich die gröste Ursach ist / warum die Leute so spät / und mit so harter Mühe zu fertigem Reden zu bringen sind.

Andere Vortheile werden sich bey beliebiger Anwendung des Buchs hoffentlich von selbsten an Tag legen. Wird nun meine Hoffnung erfüllet / so ist solches dasjenige / was ich allhie

---

487 ‚mit der Aussicht, sie wieder zu vergessen‘.
488 ‚Wurzeln‘, genauer: Wortstämme.

lediglich abgezielet / und wodurch ich angespornet werde / meine angefangene / die Erleichterung der Frantzôsischen Sprach-Information betreffende Arbeit / eilfertiger Weise fortzutreiben / und nicht nur die noch abgängige Wôrter / als welche die gemessene Anzahl der Bôgen nicht fassen kônnen / baldmôglichst folgen zu lassen / sondern auch das Lesen / Etymologie, Syntax, Lexicon vor einen Schûler / und Exercitia der Frantzôsischen Sprach / unter einer kurtzen / doch vollkommenen und anmuthigen Methode mitzutheilen.

Die Zeichen der menschlichen Schwachheit / ich meine / die eingeschlichene Druckfehler / wolle ein eifriger Schûler selbst corrigiren / oder durch seinen Lehrmeister corigiren lassen / in Betrachtung daß mit Willen keiner stehen geblieben.

Inzwischen / mein lieber Leser / bediene dich dieses nûtzlichen Buchs / fasse die darinn enthaltene Wôrter fein wol / und ohne Zeit-Verschwendung / so wirst du die etymologische Verânderungen / und hernach die syntactische Zusammenfûgung derselben gar bald begreiffen / zu fertiger Lesung der Autorum, oder vollkommenem Discuriren leichtlich gelangen / und mir die Freude erwecken / Dir / und durch Dich zuvôrderst GOtt treulich gedient zu haben / welcher dich in deiner hitzigen Begierde zum Lernen mit nôthigem Seegen bethauen wolle / in so reicher Mase als es wûnschet

Dein
bereit-williger Diener
G. P. Plats.

22. Antonio Moratori, Curiöse Historisch-Italiänisch-Teutsche Gespräche. Nürnberg 1721: Kupferstich

Die Lebensdaten und Lebensumstände von Antonio Moratori sind unbekannt. Er war Sprachmeister in Nürnberg, was für die Jahre 1726 bis 1729 bezeugt ist. Er hat einige Lehrmaterialien zum Italienischen und Spanischen vorgelegt, die in Nürnberg erschienen sind.

Zur Linken steht Germania mit dem Reichsschwert in der linken Hand und dem Reichsapfel samt dem Reichsadler zu ihren Füßen. Auch auf dem Mantel ist der Reichsadler zu sehen. Rechts steht Italia mit der römischen Wölfin samt Romulus und Remus und einem Zepter in der linken Hand. Ihr Mantel ist mit Hermelin besetzt. Die beiden Frauenfiguren reichen sich die Hand unterhalb des Buches *Curiöse Historisch Italienisch-Teutsch Gespräche*, das Merkur präsentiert. Zwischen ihnen befindet sich ein Schild mit der Inschrift *Sin tibi quaedam videbuntur obscuriora, cogitare debebis nullam artem litteris sine interprete, & sine aliqua exercitatione percipi posse.* ‚Falls Dir manches ein wenig dunkel erscheint, musst du bedenken, dass eben kein Fach aus schriftlichen Darstellungen ohne mündliche Erklärung und einige Übung begriffen werden kann.‛ (Cicero, Epistulae ad familiares, VII. 20)

Bei Moratoris Werk handelt es sich laut Vorrede um das erste Dialogbuch nach der von der *Accademia della Crusca* genehmigten Rechtschreibung. Es enthält 19 Gespräche zwischen Kavalieren, Bürgern, Studenten, Soldaten u.a. Das Werk ist im Textteil (Kapitel 5) näher beschrieben.

23. Georg Philipp Plats, Deutliche in Frag und Antwort verfasste Etymologie der Französischen Sprach, Nürnberg 1721: Vorrede

ES fehlet nunmehr so wenig an Französischen *Grammaticken* / daß vielmehr einem Lehr-
begierigen Liebhaber / schon ein grosser Eckel vor Erlernung dieser beliebten Sprache
aufsteigen würde / wo man nur die Anzahl derselben Bücher hieher setzte / und solche zu
vortheilhaffter Wahl aufstellete; geschweige wo man ihn zu verdrießlicher und besonderer
Betrachtung derselben anwiese.
Dieses verursachet inzwischen nicht / daß denen Teutschen / welche die Französische Sprache
lernen wollen / in ihrem Vatterland / oder auch in Franckreich / geholffen sey; indeme sie doch
ein bequemes Buch haben müssen / worauf sie sich [fol.](1 r.) fest gründen / und so fort ferner
sicherlich in die Höhe steigen können: dann obwol ein getreufleissiger Sprachmeister das
nöthige dazu sagen kann / so ist es doch um eine schrifftliche Methode eine nöthige Sache.
Nun fangen gedachte Teutsche entweder erst an die belobte Französische Sprache zu erlernen /
oder sie sind schon weit darin gekommen / und bestreben sich zur Vollkommenheit derselben
zu gelangen; dahero werden / wie ich meyne / zwey schickliche Bücher erfordert / eines vor jene /
in welchem nur das nöthige gelehret / und eines vor diese / in welchem alles und jedes / was
zu vollkommener Erlernung mehrbemelter Sprache gehöret / von dem Kleinsten biß zu dem
Grösten gefunden werde.

Es kan mit Genehmhaltung der Herrn *Doctorum* der *Jurisprudenz, mutatis mutandis,* allhie gar wol *appliciret* werden / was / §. 2. *Inst. de Justitia & Jure,* angerathen wird / nemlich: *Regulas Linguæ Gallicæ ita posse tradi commodissime, si primo levi ac simplici via,* [fol.)(1 v.] *post deinde diligentissima atque exactissima interpretatione, singula tradantur: Alioquin si statim ab initio rudem adhuc & infirmum animum studiosi multitudine ac varietate rerum oneraverimus; duorum alterum, aut desertorem studiorum efficiemus, aut cum magno labore, sæpe etiam cum diffidentia, quæ plerumque juvenes avertit, serius ad id perducemus, ad quod leviore via ductus, sine magno labore, & sine ulla diffidentia, maturius perduci potuisset.*[489] So daß man / in Ansehung dessen / sagen kan: Es seyen alle bisher ans Licht gestellte *Grammaticken* / an sich gut / sie seyen aber nicht vor alle Lernende / indem dieselbe Bücher gemeiniglich zu viel vor die Anfänger / und zu wenig / vor die zur Vollkoṁenheit eylende Lehrlinge / in und mit sich führen.

Es ist aber leichter dieses zu spühren / und vor eine unbetrügliche Warheit anzusehen / als ein beliebtes und zulängliches Mittel herzustellen / dessen sich beyderley *Scholar*en nützlich bedienen mögen. Und ich sage nicht / daß ich zulängliche Fähigkeit besitze / dieses letztere [fol.)(2 r.] ins Werck zu richten; daß ich aber daran gedacht / und dafür gesorget / wird der in meinen vorher gegangenen geringen Büchern versprochene *Clef de la Langue Françoise,* sattsam bezeugen / und wo ich bißhero mit mir selbst einig worden wäre / unter was vor einer der heutigen Welt angenehmen *Mode* oder *Methode* derselbe an das Licht gebracht werden solte / so würde es keines neuen Zeugnüsses mehr nöthig haben: Welches aber nunmehro nicht lang mehr aufgeschoben werden wird / da ich die endliche *Resolution* gefasset / denselben in den bequemen Modell eines *Grammaticali*schen *Lexici* zu giessen.

Hierzu hat mich das angenehme und sehr *profitable* Staats- und Zeitungs-*Lexicon* geführet / da ich gegen die in demselben befindliche hohe Staats- und Zeitungs-Sachen / meine geringe und *Grammaticali*sche Materien gehalten / und endlich / in Ansehung des Historischen Vortrags / eine zukömmliche Gleichheit gefunden. Dann gleichwie dorten / zum Exempel / bey dem Na-[fol.)(2 v.]men einer Stadt oder Ort / alles was merckwürdiges allda zu sehen / angezeiget wird / so kan man auch unter dem Titul / zum Exempel / des Worts Buchstab / alles dasjenige melden / was bey demselben in Acht zu nehmen.

Gleichwie aber ein auf solche Weise ausgefertigtes Buch hauptsächlich und vornemlich denen Personen der obangesetzten andern Gattung / nemlich denen welche zur Vollkommenheit eylen / am nutzlichsten seyn mag / so haben mich die ungemein offt aufgelegte Hübn[erischen] Geographische Fragen[490] dahin bewogen / daß ich nach *Imitation* derselben untersuchet / ob die Anfänger in der Frantzösischen Sprache / auf gleiche Weise / in erforderlichen Zustand zu

---

489   ‚Dass die Regeln der französischen Sprache so auf das angenehmste vermittelt werden können, wenn zuerst auf leichtem und einfachem Wege, danach dann mit sehr sorgfältiger und sehr genauer Erklärung Einzelnes vermittelt wird. Sonst allerdings, wenn wir gleich von Anfang an den unerfahrenen und schwachen Geist des Lernenden mit der Menge und der Vielzahl der Dinge belasten, werden wir eines von zwei [Resultaten] erreichen: wir werden entweder einen, der die Studien aufgibt, hervorbringen, oder wir werden einen andern unter großer Mühe, oft auch mit Misstrauen, was die Jünglinge meistens abspenstig macht, allzu spät dahin führen, wohin er auf leichtere Weise, ohne große Mühe und ohne irgendeinen Zweifel viel früher hätte geführt werden können.'

490   Hübner, Johann / Weise, Christian, Kurtze Fragen Aus der Neuen und alten Geographie. Zum guten Fundament Der curieusen und Politischen Wissenschafften Bequem und deutlich eingerichtet. Nova & Accurata Pantotopiae Descriptio, [Leipzig] 1693.

setzen / mehr erwehntes herzustellendes *Lexicon* mit Nutzen zu gebrauchen / so daß denen
hochberühmten *Autoribus obcitirt*er herrlichen Bücher alle schuldige Ehre zuzuschreiben / mir
aber nichts als die anscheinende Hofnung *respective* gleiches Nutzens übrig bleibt. [fol.)(3 r.]
Zu solchem Ende erscheinet erstlich / eine in Frag und Antwort verfaste Französische
Etymologie, bey deren Ausfertigung man zuförderst auf eine kurtze / einfältige / deutliche und
leichte Einrichtung gesehen.

Es werden zwar Einige seyn / welche sie in Ansehung der *Declinationen* und *Conjugationen* /
nicht als kurtz / sondern vielmehr als weitläuftig ansehen werden; wo sie sich aber die Nachricht
beybringen lassen / daß es so wol vor Lehr- als Lernende / vortheilhafftig seye / wo man der
Memorie, dem Mund und der Feder mehr / als dem *Judicio*, zu arbeiten überlässet / so werden
sie nicht viel widriges mehr einwenden.

Und da die meisten *Grammatici* zu frieden gewesen / daß sie zum Exempel gesaget? [sic]
dieses Verbum gehet nach jenem; so ist wol dem *Judicio*, und noch weniger [fol.)(3 v.] dem
würcklichen Reden und Schreiben geholffen worden. Zu geschweigen / daß der gewöhnliche
Verdruß / oder auch die zufällige Saumseligkeit der Lernenden / dasjenige nicht verrichtet /
was die treue Verordnung des Lehrmeisters befohlen; wo aber die nachzumachende *Lection*
vor Augen liegt / so darf der verdrießliche Schüler nicht viel Nachsinnens haben / und der
Lehrende hat desto willigern Gehorsam / und kan jenen dahin anhalten / daß in seiner Gegenwart
gewiß geschehe / was in seiner Abwesenheit niemals geschehen wäre. Zugeschweigen / daß
durch die Zunge geläuffiger / die Feder geschickter gemacht wird / und es ohne dem dabey
bleibt / daß ein fertiges Reden und Schreiben der Französischen / und aller Sprachen / zuförderst
durch beständiges Üben erlernet wird.

Nächstdem so ist man besorgt gewesen / die rechte Teutsche Bedeutung beyzusetzen /
welches ohnlaugbar in [fol.)(4 r.] vielen *Grammaticken* theils gar aussengeblieben / theils zu
grossem Nachtheil / oder wenigstens zu grossem Verdruß der *Scholar*en / nicht allzu sorgsam
in Acht genommen worden.

Zum Beschluß ist eine Anweisung zu würcklicher Übung der nach und nach zu erlernenden
Etymologie angehengt worden / unter gründlicher Zuversicht / es werde derjenige / welcher
derselben nachfolget / die *Declinationes*-, *Conjugationes*, und alle andere dergleichen nöthige
Neben-Sachen / nicht nur leichtlich in den Kopff bringen / sondern auch bey baldiger
Antrettung / des darauf folgenden *Syntax*es nachdrücklich verspühren / daß nur halbe Arbeit
daselbst auf ihn gewartet habe. [fol.)(4 v.]

Die Vorrede beginnt mit der Feststellung, es gebe viele, ja viel zu viele französische Grammatiken auf dem deutschen Markt. Wozu brauche man dann noch eine weitere? Weil Bedarf bestehe an zweierlei: einer Grammatik für die Grundlagen und einer für die Vollkommenheit im Französischen.

Bei dem angesprochenen „Staats- und Zeitungs-Lexicon" könnte es sich um das von
Kaspar Stieler herausgegebene Werk „Zeitungs Lust und Nutz" (Hamburg 1695, Neuausgabe hg. von Gert Hagelweide, Bremen 1969) oder um das „Reale Staats- und Zeitungs-
Lexicon" (1704) handeln, für das Johann Hübner (1668–1731) die Vorrede verfasste. Dieses Lexikon behandelt „hohe Staats- und Zeitungs-Sachen", Plats' Lexikon hingegen Grammatisches. Als weiteres Vorbild nennt Plats Hübners verbreitetes Schulbuch „Kurtze Frau-

gen aus der alten und neuen Geographie" (2. Auflage Leipzig 1693). Hübner hing der sog. katechetischen Lehrmethode an, die Plats ebenfalls anwendet. Sie besteht darin, dass der Stoff im Wechsel von „Fragen und Antwort" dargeboten wird. Nach diesem Verfahren hat Plats auch sein Lehrbuch verfertigt.

Plats meint, seinem Werk könne man seine Weitläufigkeit ankreiden, allein: Dies sei beabsichtigt und entspreche seiner Methode. Gelernt würden Sprachen weniger nach Regeln, sondern durch die ständige Versorgung der *memoria*, des Gedächtnisses. Deshalb seien Wiederholen und Üben der richtige Weg zum Ziel.

Das Inhaltsverzeichnis dokumentiert musterhaft den auf die Lehre von den acht Redeteilen gestützten Aufbau einer barocken Lehrgrammatik. Die einleitenden Abschnitte über die „Aussprechung der Buchstaben" gehören allerdings nicht zur „Etymologia". Die Morphologie des Verbs steht im ersten systematischen Teil im Zentrum, im zweiten, dem Üben zugedachten Teil spielen auch Deklination, Wortbildung und (in geringem Umfang) Syntax eine Rolle.

24. Antonio Moratori, Gründliche Anweisung zu Erlernung der Spanischen Sprach, Nürnberg 1723: 16. und 20. Gespräch [S. 76-80]

a) 16. Gespräch [S. 76-80]

Dialogo
Dezimo sexto,
Por pedir alguna cosa de nuevo.
C. y D.

Das sechzehende
Gespräch /
Neue Zeutungen zu fragen.
C. und D.

C. QUe hà el Señor de nuevo? (Sabe Usted alguna novedad?)

D. Lo que hé (sé) no es poca cosa.

C. Digame Usted por vida suya alguna cosa de nuevo? (algo de nuevo.)

D. No le dire (à Usted) otra cosa, si no que èsta mañana es venido (arrivado) el Correo (Postillon) de Hungria.

C. Que buena novedad (nueva buena) hà el traido?

D. Que los Turcos (Turquos) no han mas intento hazer la guerra à los Alemañes (Tudescos.)

C. Porque?

D. Para que su Alteza Serenissima el Principe Eugenio de Savoya hà eclipsado la Luna Ottomana.

C. WAs gibt's neues? (weiß der Herr nichts neues?) [S. 76]

D. Ich weiß sehr viel.

C. Ich bitte den Herrn gar sehr / er sage mir etwas neues?

D. Ich kan dem Herrn nichts anders sagen / als das diesen Morgen der Courier (Postillion) aus Ungarn angelangt ist.

C. Was hat er vor gute Zeitung mitgebracht.

D. Daß die Türken nicht mehr Lust haben wider die Teutschen Krieg zu führen.

C. Warum?

D. Dieweil seine Durchlaucht der Prinz Eugenius von Savoyen den

C. Es menester confessar delante de todo el Mundo, que este illustre General hà felizemente vencido los enemigos del Augustissimo Cesar CARLOS VI. en Hungrie, en Holanda y en Italia &c.

D. Tiene (possede) el arte (la experiencia) de bien hazer guerra, y es el Fenix deste Siglo.

C. El su gran merito se descubre como una estrella resplandiciente (luminosa) en Europa.

D. La prudencia, cordura, y otras Virtudes le hazen Corona.

C. No me admiro, si es el Idolo de su Cesarea Magestad.

D. Hà prestado sus majores servicios à su Magestad imperial, Premios de Virtud le se deven en Paz y en Guerra.

C. El mejor premio de la Virtud, es ella misma.

D. Un dia entero no bastaria para dezir lo, que se pudiera en alabanza y aplauso de este Eroe.
(Sus meritos passan los limites de mi inutil Sentir).

C. El gran Enemigo de Christianos (el Turco) hà disminuydo sus fuerças.

(El Turco fuè sido batido hasta el ultimo Esquadron).

D. Es verdad, però el Refran dize:

Guardate del Enemigo, aun despues que se hize amigo, o:
(No te confies del que venciste (nunca tengas por verdadera la razon de tu Enemigo.)

C. De una Victoria nace otra guerra.

D. La Luna (el Turco) dirà, devese hazer

Ottomanischen Mond verfinstert.

C. Man muß vor der ganzen Welt bekennen / daß dieser berühmte General die Feinde des allerdurchlauchtigsten K a y s e r s Carl des VI. in Ungarn / Holand und Italien &c. glücklich überwunden.

D. Er verstehet die Kunst Krieg zu führen vollkommen / und ist der Phönix in diesem Seculo.

C. Seine grossen Verdienste scheinen wie ein hell leuchtender Stern in Europa.[S. 77]

D. Die Klugheit / Weißheit / und andere Tugenden machen ihm eine Kron.

C. Ich verwundere mich nicht / wann er Ihro Kayserlichen Majestät Favorit ist.

D. Er hat Ihro Kayserlichen Majestät die größten Dienste geleistet; und die Belohnungen der Tapferkeit gehören ihm in Frieden- und Kriegs-Zeiten.

C. Die Tapferkeit belohnt sich selbst am besten.

D. Man brauchte mehr als einen ganzen Tag darzu / wann man die rühmlichen Thaten dieses Helden erzehlen wollte.
(Seine Verdienste übertrefen die Gränzen meines unnöthigen Beyfalls.)

C. Dem grossen Christen-Feind / dem Türcken ist seine Macht treflich geschwächt worden.
(Der Türk ist auf das Haupt geschlagen worden.)

D. Es ist wahr / aber das Sprich-Wort sagt:

Hüte dich vor dem Feind / ob er schon dein Freund ist. oder:
(Du solst dich dem nicht vertrauen / dem [sic] du überwunden hast. (halte den Rath deines Feinds jederzeit verdächtig.) [S. 78]

C. Aus einer Victorie entstehet ein neuer

guerra no por vencer, mas porque de ella se siga Paz.

C. Y la Aquila dirà quanto mas tarde caerà el rayo, tanto mas gravemente,

Y todos los Christianos se concitaràn, y levaràn contra los Turcos (Infieles).

D. Cierto, èsta es una nueva buena por los Señores Tratantes (Mercaderes).
Esperan des sacar mucho provecho.

C. Y como?
Discurrimos con confiança, vamos al punto.
Los Tudescos havràn comercio con los Turcos.

D. Quien duda de esto?
Veremos, si Dios nos hace la gracia, florecer el Comercio en toda (la) Alemania.

C. Usted tiene razon.

D. Der Mond (der Türk) wird sagen / daß man solle Krieg anfangen nicht zu gewinnen / sondern dieweil nach dem Krieg der Fried folgt.

C. Und der Adler[491] wird sagen: je langsamer der Strahl herabfällt / desto empfindlicher ist er;
Und alle Christen werden sich versammeln / und wider die Türken (die Ungläubigen) erheben.

D. Fürwar / dieses ist eine gute Zeitung für die Herren Kaufleute.
Sie hoffen vielen Nutzen daraus zu ziehen.

C. Und wie?
Lasst uns ofenherzig von dieser Sachen reden:
Die Teutsche werden mit denen Türken handeln.

D. Wer zweifelt daran?
Wir werden sehen / wann es GOtt gefallen wird / daß die Handlung in ganz Teutschland florieren wird.

C. Der Herr hat recht.

In Discessu Barbarorum ex Hungaria Distichon:
Barbara gens *a*biit, quid fles Germania? Dicam,
A quod non sit in *O* litera versa fleo.
Scilicet: quia abiit, non obiit tota.[492]

[S. 79]

Historia,

EN la batalla de Hocstet, viendo el Marischal de Tallard la Armada Inglesa y de mas Aliados, que pasaban un Lago (pantano) con esfuerço por atacar los Francèses, por bufonada dixo à un

ALs der Marechal de Tallard in der Höchstädter Schlacht[493] / die Englische und der andern Aliirten Armee über einen grossen (tiefen) Morast mit unglaublicher Geschwindigkeit

---

491   Wappentier und Symbol des Kaisers des Heiligen Römischen Reiches.

492   ,Distichon auf den Abzug der Barbaren aus Ungarn: Ein barbarisches Volk ist weggezogen, was weinst du, Germania [Deutschland]? Soll ich sagen, ich weinte, weil der Buchstabe A sich nicht in (ein) O verwandelt habe? Wohlgemerkt: (nur) weil es wegzog, ist es nicht völlig untergegangen.'

493   In der Schlacht von Höchstädt (1704) besiegten kaiserliche und englische Truppen unter Prinz Eugen von Savoyen und dem Herzog von Marlborough die Armeen Frankreichs und Bayerns.

Duque N. N.	marschiren sahe / um die Franzosen anzugreifen / sagte er aus Spott zu einem Herzog N. N.
Combiene hacer unos puentes à estos Señores,	Wir müssen diesen Herrn da Brücken machen /
Y nos mataremos mas al mismo tiempo.	damit wir desto mehr auf einmahl schlagen können.
Despues de poco este misero Marischal fuè totalmente subpreso,	Aber nicht lang darnach war dieser arme Marechal desto mehr bestürtzet /
quando se viò prisonero de guerra, con otros muchos primeros Oficiales,	als er sich mit so viel vornehmen Officiren /
Y treze mil (13000.) de sus Soldados.	und 13000. der Seinigen / (Soldaten) einen Kriegs-Gefangenen sahe.

NB. Son muchos generosos en palabras y aun atrevidos; mas las obras manifestan lo contrario.

Multi sunt verbis generosi & audaces; sed facta deinde contrarium demonstrant.[494]   [S. 80]

Wie der Dialog auf S. 573ff. nimmt auch dieses Gespräch Bezug auf die Türkenkriege des ausgehenden 17. und frühen 18. Jahrhunderts. Hier stehen vor allem die militärischen Leistungen Prinz Eugens von Savoyen-Carignan (1663–1736) im Vordergrund. Als Generalfeldmarschall (seit 1693) und Oberbefehlshaber des kaiserlichen Heeres (seit 1697) errang er 1697 einen entscheidenden Sieg über die Osmanen in der Schlacht bei Zenta. Nach großen militärischen Erfolgen im Spanischen Erbfolgekrieg (1701–1714), unter anderem dem gemeinsam mit englischen Truppen unter dem Herzog von Marlborough errungenen Sieg über französische und bayerische Armeen bei Höchstädt (1704), kämpfte Prinz Eugen zwischen 1714 und 1718 erneut gegen die Osmanen, die er 1716 bei Peterwardein besiegte. Im folgenden Jahr leitete er die Eroberung von Belgrad. Flugschriften und Lieder machten den Kriegshelden in Mitteleuropa zu einer ungemein populären Gestalt. Mit den im Dialog erwähnten „Belohnungen der Tapferkeit" ist möglicherweise Prinz Eugens Ernennung zum Generalstatthalter der österreichischen Niederlande (1716) gemeint.

b) 20. Gespräch [S. 96-100]

Dialogo	Das zwanzigste
Vigesimo,	**Gespräch**
De la Paz del An 1713. &c.	von dem Frieden des 1713 Jahrs &c:
A. y M.	A. und M.

---

494 ,Mit ihren Worten sind viele heldenmütig und kühn; aber ihre Taten beweisen dann das Gegenteil.'

A. **DE** donde viene Usted?	A. **WO** kommt der Herr her? [S. 96]
M. De Inglaterra, para servir à V. M.	M. Aus (von) England / um den Herrn zu dienen.
A. Adonde vive (està, es) agora el (Señor) Vice-Conde de Boulinbroock?	A. Wo ist jetzund der Vice-Conte (Vice-Graf) von Boulinbroock?[495]
M. No sè adonde està, creo però à Roma.	M. Ich weiß nicht wo er ist/ aber ich glaube (meyne) / er seye zu Rom.
A. Por que no està à Londres?	A. Warum hålt er sich nicht zu Londen auf?
M. Por las maquinaciones, que èste Ministro hà enpleado, despues de largo tiempo en faveur de la casa Borbonica.	M. Wegen der Intrigen, welche dieser Minister von vielen Zeiten her in Faveur des Bourbonischen Hauß gemacht hat.
A. Quales maquinaciones?	A. Was vor Intriguen?
M. En el tiempo de la Reyna Aña Stuart, quando los Aliados hacevan guerra contra la Francia,	M. Zu der Zeit von Kőnigin Anna Stuart / als die Alliirte wider Frankreich Krieg fůhrten /
este buen Ministro vendiò la libertad Inglesa à los Francèses.	hat dieser saubere Minister die Freyheit der Engelånder an die Franzosen verkaufft.
A. Como?	A. Wie?
Dicese, que ese Ministro fuè la causa, que la Reyna, Aña que era colmada de triumfos y Victorias por mar y por tierra, favoreciò à los Francèses,	Man sagt / daß dieser Minister die Ursache gewesen / daß die Kőnigin Anna /welche so viele Siege zu Wasser und Land erhalten / den Franzosen favorisirt hat /
La que parecia antes sèr de los grandes Aliados las Alas.	Welche vorhero gleichsam die Flůgel von dem Cőrper der grossen Alliirten gewesen.
M. Fuè espantado el Universo, de verse de un golpe echo Arriano.	[M.] Es erstaunte die ganze Welt auf einmal / einen solchen Arianischen Streich Verwirrung zu sehen. [S. 97]
A. La Europa toda fuèadmirada de vèr èsta Reyna, en francèsa convertida, y en un momento.	A. Europa verwunderte sich / daß die Kőnigin so plőtzlich auf die Französische Seiten getretten.
M. Fueron èstos Anglicanos Misterios, que los mas habiles Politicos, no podieron penetrar.	M. Es waren dieses lauter Engelåndische Geheimnůsse / welches die klůgsten Politici nicht haben begreifen kőnnen.
A. Luis XIV. bien penetrò (escrutò) estòs tan arduos e inplicados Negocios.	A. Ludwig der XIV. hat diese schwere und mißliche Affairen deutlich eingesehen.
M. Ese Rey fuè la causa de la repentina	

---

495 Henry St. John, 1st Viscount Bolingbroke (1678-1751), seit 1710 Secretary of State der britischen Regierung.

mudanza de la Reyna de Inglaterra, por el medio del Mariscal de Tallard &c.

A. Como?

M. Los grandes Aliados estàban à las puertas de Francia (à Arras) como Anibal à las (puertas) de Roma.

Estaban sobre el punto de aruinar los Francèses, expulsos de l'Alemania, de Cataluña, de Flandres, e Italia,

y casi reducidos à los ancianos confines de Francia.

A. Luis XIV. extremamente acabado (abatido) hà previsto (prevè) el golpe, de los mas arduos puntos, en cosas semejantes.

La Reyna de la Grande Bretaña, que hasta avia obtenido los grandes succesos (por Mar y por Tierra), à costa (expansas) de tanta Tudesca sangre, (de tanta efusión de sangre Tudesca (Alemana),

y echo auia maravillas contra este Rey, casi aterrado,

le diô la mano, * separando las armas Inglesas de las gloriosas de los Aliados.

M. Cierto es, que la separación de los Ingleses hà desfallecido mucho el Partido de los Aliados, quando ellos hacevan sus mas generosos esfuercos contra los Francèses.

A. La separacion Inglesa causò gran perdida à los Aliados.

M. Creo, que èste modo (éstà suerte) de

M. Er war die Ursach von der geschwinden Veränderung der Königin in Engeland / durch Vermittlung des Mareschals de Tallard.[496]

A. Wie?

M. Die grossen Alliirten waren (standen) an der Thür an Frankreich (zu Arras,) wie Hanibal an den Thoren zu Rom.

Sie waren eben in Begrif / die Franzosen zu verderben (ruiniren) / die verjacht waren aus Teutschland / Catalonien / Niederland / und Italien /

und schier zuruckgetrieben/bis an die alte Gräntz-Scheidung von Frankreich.[497]

A. Ludovicus XIV. sehr entkräfftet (geschwächet) / hat die grösten Difficultæten in dergleichen Sachen vorhergesehen.   [S. 98]

Die Königin in Engeland / welche anfangs den Krieg mit grossen Vortheil geführet (zu Wasser und Land) / mit Verlust so viel Teutschen Bluts /

und welche Wunder-Dinge wider diesen so gedemüthigten König verrichtet /

half ihn wiederum auf / indem sie die Englischen Waffen von den siegreichen Alliirten trennete.

M. Es ist gewiß / daß die Absonderung der Engeländer die Partie der Alliirten zu der Zeit am meisten geschwächt / da sie ihre gröste Stärke wider die Franzosen gebrauchten.

A. Die Engeländische Absonderung ist denen Alliirten höchst nachtheilig

---

* Distichon. *Dejecit stantem, nunc errigit illa cadentem. Hunc ludum, Magnus Rex Ludovicus, amat,* ‚Sie warf den Stehenden nieder, und nun richtet sie den Gefallenen wieder auf. Dieses Spiel liebt der große König Ludwig.'

496 Camille d'Hostun de la Baume, Duc de Tallard (1652–1728), Marschall von Frankreich.

497 Ein weiterer Kriegsschauplatz war Nordamerika (Queen Anne's War).

agir hà turbado los Aliados sobre manera.	gewesen.
A. Dèsto no se puede dudar,	M. Ich glaube / daß diese Auffÿhrung die Alliirten über die massen erschrecket hat.
como es en vano, buscar firmeza en la Muger.	A. Daran ist nicht zu zweifeln / [S. 99]
M. Esta separación Inglesa fuè la causa,	gleich wie es vergebens ist / bey einem Weibsbild Beståndigkeit zu suchen.
que havemos visto el Rey de Francia de vencido vencedor, despues la Paz del 1713.	M. Die Englische Scheidung ist Ursach gewesen /
Arguye eminencia de Juycio penetrar toda voluntad agena; y concluye superioridad, saber celar la propia.	daß wir den Kõnig in Frankreich aus einem Uberwundenen als einen Uberwinder gesehen / bis auf den Frieden 1713.
	Es kommt niemand als einem hohen Geist zu / anderer Leute Vorhaben zu erforschen und die Regierungs-Kunst bestehet vornehmlich darinnen / sein eigenes Absehen geheim zu halten.
Si todo excesso en secreto, lo es en cauidad;	Wann man seine Intriguen geheim hålt / hat man gewissen Nutzen davon;
sacramentar una voluntad, serà soberanìa.	und wann man ein Vorhaben zu verbergen weiß / behauptet man damit die Herrschaft über andere. [S. 100]

Der Dialog nimmt auf die Wende Bezug, die der Spanische Erbfolgekrieg (1701–1713/14) nach dem Wahlsieg der Tories in den britischen Parlamentswahlen von 1710 und der Entlassung des leitenden Ministers Godolphin sowie des Herzogs von Marlborough durch Königin Anna nahm. Nachdem die Allianz Großbritanniens mit den Niederlanden, dem Kaiser und den meisten Reichsständen Frankreich in den Jahren zuvor eine Serie von Niederlagen zugefügt hatte, bedeutete der Politikwechsel in London eine entscheidende Schwächung der Allianz und verschaffte dem französischen König Ludwig XIV. unverhofft neuen Handlungsspielraum. Der Dialog gibt dem britischen Politiker Henry St. John, Viscount Bolingbroke, der dem seit 1710 regierenden Tory-Kabinett angehörte, die Hauptschuld an dieser aus Sicht von Kaiser und Reich ungünstigen Entwicklung. Bolingbroke galt als besonders intrigant und wurde verdächtigt, ein Parteigänger der seit 1688 im französischen Exil lebenden Stuarts zu sein. Die Bemerkung „ich glaube … / er seye zu Rom" unterstellt ihm kryptokatholische Neigungen und gute Verbindungen zum Papsttum. Mit dieser klaren Schuldzuweisung ignoriert der Dialog allerdings die tieferen Ursachen der politischen Wende in Großbritannien: Zum einen profitierten die Tories von der zunehmenden Kriegsmüdigkeit der Wählerschaft, und ihr Wahlsieg ebnete den Weg zum Abschluss des Friedens von Utrecht 1713. Zum anderen sah Großbritannien nach dem Tod Kaiser Josephs I. 1711 das Gleichgewicht der Mächte in Europa bedroht, da Josephs Nachfolger Karl VI. auch der habsburgische Anwärter auf den spanischen Thron war, und drängte seither verstärkt auf einen Friedensschluss.

25. Claude Roger de Gironville, Le Plus Court Chemin De la Langue Françoise, Augsburg 1730: Phonetikteil in Auszügen [S. 1-3, 6-12]

Claude Roger de Gironville (Lebensdaten unbekannt) war fürstbischöflicher Hofsprachmeister in Augsburg, bezeugt für die Zeit von 1724 bis 1750. Er war Autor eines zwischen 1729 und 1750 unter verschiedenen Titeln mehrfach in Augsburg verlegten Lehrwerks des Französischen.

Erster Theil.	Premiére partie.
Das erste Capitel.	Chapitre premier.
Von Auslegung der Buchstaben / und derselben Aussprach.	De l'explication des lettres, & de leur prononciation.
Frag. Wie viel sind in der Französischen Sprach Buchstaben?	Demande. Combien y-a-t-il de lettres dans la langue Françoise?
Antwort. Es sind drey und zwanzig.	Réponse. Il y en a vingt trois.
F. Wie lauten sie?	D. Qui sont elles?
a b c d e f g h i j l m n	o p q r s t u v x y z.
F. Wie viel sind Vocales?	D. Combien y a-t-il de voïelles?
A. Es sind fünff.	R. Il y en a cinq.
F. Welche sind sie?	D. Qui sint elles?
A. a e i o u.	
F. Wie werden sie ausgesprochen?	D. Comment se prononcent elles? [S. 1]
A. Deutlich / ausgenommen das *e*.	R. Clairement, exceptez l'*e*.
F. Wie wird dann das *e* ausgeproche[n]?	D. Comment se prononce donc l'*e*?
A. Zum ersten.	R. *Premierement*.
e. Wann es zu End eines Worts stehet / es seye gleich ein masculinum oder fömininum, ein adjectivum oder substantivum, oder verbum, so wird es nicht ausgesprochen.	*e*. A la fin d'un mot, soit masculin, ou feminin, soit adjectif, ou substantif, ou verbe, ne se prononce point.
Zum andern.	*Deuxiémement*.
é. mit dem accent, wird jederzeit deutlich / und kurtz ausgesprochen.	*é*. avec cet accent, se pronounce toûjours, clair, & court.
Zum dritten.	*Troisiémement*.
ê. mit einem circumflex accent, wird allezeit lang ausgeprochen.	*ê*. Couvert d'un accent circumflex se pronounce toûjours long.
F. Wie soll man ihm thun / wann ein Wort mit einem vocal anfanget?	D. Comment doit on faire, quand un mot commence par une voïelle? [S. 2]
A. Wann der letzte Buchstab des vorhergehenden Worts ein consonans ist / so muß man sie miteinander aussprechen.	R. Quand la derniére lettre du mot précêdent est consonne, il faut les pronocer ensemble.
F. Gib mir davon ein Exempel?	D. Donnez m'en un Exemple?

A. nous avons, vous avez, ils ont, nus awong / wus awe / is ong / wir haben / ihr habt / sie haben /	[...]
E.	
[F. W]ie muss man das [e aus]sprechen?	D. Comment prononce-t-on l'*e*?
[Seite beschädigt]	R. *e* devant *m*, & *n*, en une sillabe, se prononce comme un *a*, par exemple:

[Seite beschädigt]   batîment,
comment,
         baatimang / kommang /
         Gebâu / wie.	

[Seite beschädigt]	Exceptez, quand il se rencontre un i devant un e, pour lors [S. 6]
das *i* und *e* zart ausgesprochen / zum Exempel:	on prononcera *i*, & *e*, subtilement, par exemple:

ancien, bien, Chrétien, &c.
     ansieng / bieng / Kretieng / &c.
     alt / wohl / Christ / &c.	

F. Gibt es keine andere Ausnahmen mehr?	D. N'y a-t-il point d'autres exceptions?
A. Ja / dann in der dritten Person im plurali wird das *ent* verschwiegen / zum Exempel:	R. Ouï, car *ent* en la troisiéme personne du plurier, ne se prononce point, par exemple:

ils aiment, ils parlent, &c.
     iß aem / i parl /
     sie lieben / sie reden.	

Wann auf das *e* ein *t* oder *z* folgt / so wird das *e* ausgesprochen / aber das *t* und *z* nicht/ zum Exempel:	Quand il fuit un *t*, ou un *z* aprés l'*e*, on prononcera l'*e*, mais non pas ni le *t*, ni le *z*, par exemple:

paquet, bonet, goblet, nez, avez,
     pake / bone / goble / ne / awe /
     Packet / haube / Becher / Nase / habt /	

Wann ein *e* vor *au* sich findet/ so wird es verschwiegen / zum Exempel:	Quand un *e* se trouve devant *au*, ne se [S. 7] prononce pas, par exemple:

beau, couteau, chapeau, &c.
     bo / kuto / schapo /
     schôn / Messer / Hut.	

F.	
F. Wie wird das *f* ausgesprochen?	D. Comment se prononce l'*f*?
A. Wie im Teutschen / absonderlich zu End eines Worts / so generis masculini ist / zum Exempel:	R. Comme en allemand, & sur tout à la fin des mots masculins, par exemple:

Nominatif, genitif, appellatif, &c. Nominatif, schenitif, appellatif / Nominativus, genitivus, appellativus.	
G.	
F. Wie soll das *g* ausgesprochen werden?	D. Comment se pronounce le *g*?
A. *g* vor dem *e* und *i* wird allezeit wie *sch* im Teutschen ausgesprochen / zum Exempel:	R. *g* devant *e*, & *i*, se prononce toûjours comme *sch* en allemand, par exemple:
gémir, gens, genou, gigot, schemir / schans / schenu / schigo / seuffzen / Leuthe / Knie / Schlegel.	[S. 8]
Wann es aber vor einem *a, o, u*, gefunden wird / lautet es wie im Teutschen / zum Exempel:	Mais s'il se rencontre devant *a, o, u*, se prononcera comme en allemande, par exemple:
gant, goblet, aigu, gang / goble / âgů / Handsche / Becher / spitzig /	
Stehet es aber am End des Worts / so wird es nicht gehôret / zum Exempel:	Mais à la fin d'un mot, ne se pronounce point, par exemple:
Etang, long, sang, &c. Etang / long / sang / Weiher / lang / Blut.	
H.	
F. Wie spricht man das *h* aus?	D. Comment se pronounce l'*h*?
A. das *h* wird in den Woertern / so von dem Lateinischen herkommen / nicht ausgesprochen / zum Exempel:	R. Elle ne se pronounce point dans les mots qui sont derives du latin, par exemple:
d'éshonneur, habile, heure, &c. desonnôr / abil / ôr / Unehre / wacker / Uhr /	[S. 9]
Aber in diesen Französischen Wôrtern / wird es starck ausgesprochen / zum Exempel:	Mais dans ces mots François, se pronounce fort, par exemple:
haut, hardi, hace, haïr, &c. hoo / hardi / hasch / hair / hoch / kûhn / Axt / hassen.	
I.	
F. Wie wird das *i* ausgesprochen?	D. Comment se pronounce l'*i*?
A. *i* als ein vocal wird wie im Teutschen ausgesprochen. Aber *i* vor einem vocal in einer Sylben / da es so geschrieben *j* und ein consonans wird	R. *i* comme voïelle se pronounce comme en allemand. Mais *i* devant une sillabe s'écrit long *j* & deviant consonne, & se pronounce comme *sch*

/ spricht man wie *sch* im Teutschen aus / zum Exempel:	en allemande, par exemple:
ja, je, ji, jo, ju.	
Wann auf das *i* ein *n* in einer Sylben folget/ so werden sie zugleich/ wie eing im Teutschen/ ausgesprochen/ zum Exempel:	Quand *i* est suivi d'un *n* en une sillabe, on les prononcera ensemble comme eing en allemande, par exemple: [S. 10]
Vin, matin, il vint, &c. weing / mateing / I weing / Wein / morgen / er ist gekommen.	
Wann aber vor dem *i* ein *o* stehet / so wird es schier in allen nominibus substantivis wie *a* ausgesprochen / zum Exempel:	Mais quand *o* se rencontre devant *i*, se prononce presque toûjours dans nous les noms substantifs, par exemple:
mois, paroisse, joïe, moa / paroaß / schoa / Monat / eine Pfarr / Freud.	
Doch sind nachfolgende ausgenommen / in welchen *oi* wie ein Teutsches ŏ ausgesprochen wird / zum Exempel:	Les suivans sont pourtant exceptez, auxquels *oi* se prononcera comme ŏ en allemand, par exemple:
Irlandois, François, Hollandois, Anglois, Irlandŏ / Fransŏ / Hollandŏ / Anglŏ / Irrländer / Franzos / Holländer / Engelländer.	
N. B. In allen verbis regularibus, so in *oir* ausgehen / wird *oi* in dem præsente Indicativi, und Conjun-	n. B. Que dans tous les verbes réguliers, qui se finissent par *oir*, *oi* se prononcera au present de l'Indi- [S. 11]
ctivi, in dem Imperativo, und Infinitivo, wie *oa* ausgesprochen / in allen andern temporibus aber wie å.	catif, & conjonctif, a l'Imperatif, & Infinitif, comme *oa*, & dans tous les autres tems, comme å. [...]

Der Aufbau des Werkes zeigt eine Reihe von zeittypischen Spezifika: Immerhin (und anders als im 19. Jahrhundert) steht eine Aussprachelehre am Anfang, wobei allerdings nicht, wie es der heutige Weg wäre, vom Laut zum Buchstaben fortgeschritten wird, sondern umgekehrt vom Buchstaben zum Laut. Von Interesse sind die Adjektive zur annähernden Beschreibung von Lautqualitäten sowie die – heute recht hilflos wirkende – an deutschen Graphien und Aussprachegewohnheiten orientierte phonetische Umschrift. Der Weg vom Buchstaben zum Laut führt zu zahllosen, großenteils wenig brauchbaren Regeln, die der Lernende kaum memorieren, wohl aber nachschlagen konnte. Das lateinische Deskriptionsmodell (S. 8: „appellativus") dominiert und verbiegt die strukturellen Gegebenheiten des Französischen. Einige Ausprachestände zeigen, wie nicht anders zu erwarten, den zeitgenössischen vorrevolutionären Stand (S. 11: „Irlandö" usw.).

Lesen soll nach der Silbenmethode gelernt werden, gleichzeitig bieten die Silben Gelegenheit, auf imitativem Wege (Vorsprechen durch den Sprachmeister als Muttersprachler) die Vokalqualitäten des Französischen zu üben.

Die seit 1555 bestehende Augsburger Bikonfesionalität zeigt sich in der Tatsache, dass das *Vater Unser* in der katholischen und der evangelischen Version aufgenommen ist.

26. Kleines Bilder-Kabinet, Augspurg 1735: Titelkupfer

Der Blick des Betrachters wird in ein Bilderkabinett geführt. Die drei sichtbaren Wände sind mit quadratischen Fliesen getäfelt, auf denen verschiedene konkrete Gegenstände zu sehen sind. Im Zentrum steht die Personifikation der Weisheit, die ein staunendes Kind mit Milch aus ihrer linken Brust nährt. Diese Allegorie spielt auf die antike Vorstellung der *natura lactans* und ihre christliche Fortsetzung in der *Maria lactans* an. Mit dem Zeige-stock in der rechten Hand weist die allegorische Figur auf die Abbildung eines Gegenstan-des, dessen fremdsprachliche Bezeichnungen sie dem Knaben beibringen will.

Das *Kleine Bilder-Kabinet* richtet sich explizit an Kinder: „Denn wenn die Leute zu Jahren und besserm Verstande kommen: so haben sie eben keiner Bilder mehr vonnöthen

[…]" (Vorbericht, S. 3). Den Bildern ist eine Grammatik vorangestellt, damit junge Lernende des Lateinischen, Französischen und Italienischen die Bilder dann auch richtig
einordnen können. Die Regeln der Grammatik sollen auswendig gelernt und außerdem erklärt werden. Später sollten sie in Bezug zu den Bildern gesetzt werden. Es wird also
deduktiv vorgegangen. Der Grammatikteil ist in Kapitel unterteilt und thematisiert
orthographische, morphologische, syntaktische Aspekte und sogar Prosodie und Etymologie. Gegen Ende gibt es einen kurzen Ausflug zur „zierlichen" d.h. idiomatischen Aus-
drucksweise. Die Bildersammlung ist nach grammatischen Phänomenen gegliedert, z.B.
Vokabeln der ersten Deklination.

27. Vocabula primæ Declinationis. Kleines Bilder-Kabinet, Augspurg 1735: fol. 1

Die Seite zeigt Abbildungen verschiedener Gegenstände bzw. Lebewesen, die im Lateinischen durch Substantive der ersten Deklination (A-Deklination) bezeichnet werden. In der Legende steht das Deutsche (in Fraktur) am Anfang, gefolgt vom Lateinischen, Französischen und Italienischen. Den Substantiven ist in den drei Volkssprachen zur Genusmarkierung der unbestimmte Artikel beigegeben.

28. Matthias Kramer, Vollkommene Toscanisch- und Romanisch-Italiänische Grammatica e Sintasse Reale, Nürnberg 1738: Widmungsgedicht

Widmungsgedicht des Nürnberger Kaufmanns, Dichters, Übersetzers und (nach 1720) Sprachlehrers Johann Friedrich Riederer (1678–1734)[498] an Matthias Kramer, 1738. Dieser wird bereits 1695 in der Widmung von Kramers „Rudimento Toscano-Romani" an dessen Schüler namentlich genannt. Riederer wurde 1713 Mitglied des Pegnesischen Blumenordens mit dem Gesellschaftsnamen Isiflor. Er war um 1690 bei Kramer zur Schule gegangen. Das Gedicht erreicht Kramer in dessen 82. Lebensjahr („zwölf und Siebentzig"), also 1722.

Der Schöpfer hat die Begabungen ungleich verteilt, unter denen die Sprachbegabung nicht die geringste ist. Die angegebene Textstelle im Neuen Testament (1. Kor. 12, 8-10) lautet: (8) dem einen wird durch den Geist gegeben, von der Weisheit zu reden; dem anderen wird gegeben, von der Erkenntnis zu reden, nach demselben Geist; (9) einem andern Glaube, in demselben Geist; einem anderen die Gabe, gesund zu machen, in dem einen Geist; (10) einem andern die Kraft, Wunder zu tun; einem andern prophetische Rede; einem andern die Gabe, die Geister zu unterscheiden; einem andern die verschiedenen Arten von Zungenrede; einem andern die Gabe, sie auszulegen.[499]

Die Zahl der Lexika und Lehrbücher, die Kramer veröffentlicht hat, spricht für sich. Im hohen Alter arbeitet er immer noch rastlos zum Wohle der Allgemeinheit. Wegen seiner offenen Worte gegen die Sprachverderber (vgl. Kapitel 5) sind diese ihm nicht gewogen. Gegen ihn als einen Professor Primarius (etwa: Exzellenz-Professor) kommen sie nicht an. Kramers außerordentliche Vorzüge haben die Preußische Akademie bewogen, ihn aufzunehmen. Das schützt ihn allerdings nicht davor, in materieller Not zu leben wie andere, die sich ganz der Wissenschaft und zugleich Gott hingeben.

An den Wol-Gelehrten / Weit-Berühmt-/ und Wol-Verdienten Herren Autorem
Wie wunderbarlicht theilt der Schöpfer aus die Gaben?
Der eine wird vielleicht den Geist der Weisheit haben /
Der legt die Sprachen aus; Der kömmt fast diesem bey;
Und redet trefflich wol der Sprachen mancherley.[500]
Herr Kramer hat darinn, ein gantz besonders Wissen,
Und ist, der Welt zur Nutz, noch stets darob beflissen
Wie er dien' jedermann; Du willst dich nicht gar schonen,
Weil auch im Alter nicht des Feyrens kanst gewohnen.
Der Lexicorum Zahl zeigt, welch ein Mann Du bist,
Dann solcher in der Welt / noch keins erschienen ist.
Dein Sprach-lehr bücher auch / uns weisen einen Mann,
Der, wenn Er selbst schon schweigt, uns sprechen lehren kan.
Du sitzst noch Tag und Nacht; denckst nach, bemühest Dich;

---

498   Vgl. Riederer, Johann Friedrich, in: Zedlers Universal-Lexicon, Band 31, Leipzig 1742, Sp. 1531-1533; ADB, Bd. 28, S. 530; Bray 2000, S. 38 Anm. 56.
499   Die Bibel oder die ganze Heilige Schrift des Alten und Neuen Testaments nach der Übersetzung Martin Luthers. Revidierter Text 1975, Stuttgart 1979.
500   (a: 1. Cor. XII. v. 8. 10.)

Und zählest doch der Jahr / schon zwölf und Siebentzig.
Die Sprach-verderber seynd Dir darum nicht gewogen,
Drum dass Du wider sie in Schriften los gezogen
Du kennest ihre Schwäch; es gelte Dir das Wort:
Es kommt, so lang Du lebst, kein Sprachen-Stümpler fort;
Warum? Weil jedermann, der dich recht kennt, muß sagen,
Du seyst Primarius Professor West'scher Sprachen;
Und dass den Vorzug hab'st vor allen insgemein,
Da andre gegen Dir, nur kleine Götter seyn.
Dis alles hat erkannt der Hoch-Gelehrte Orden
In Preußen, da du von, ein Mit-gelied bist worden.
Inzwischen geh't es dir, bey deinen raren Gaben,
Wie and'ren, die viel Müh, und wenig Eintrag haben:
Da der am meisten darbt, noch sich kann essen satt,
Der nebst der Wissenschaft, sein'n GOtt vor Augen hat!

Hiermit hat, bey Ausfertigung dieses, nebst vielen anderen Wercken, den unermüdeten Fleiß
des (Titul.) Herrn Autoris bewundern, und beehren wollen, Dessen vor 32. Jahren gewester
Scholar Johann Friedrich Riederer, Noribergensis &c.

Antwort des Autoris
Wem soll' vergleichen mich? Ich gleiche einer Kertzen
Die, wenn sie andern leucht / sich selbst verzehrt mit Schmertzen.
Mein Ruhm geht wo nicht bin / und wo ich bin, muß leiden[501]
Von denen, die mich nur, der Tugend wegen neiden;
Doch bin getrosten Muts, und denck', es müß so seyn,
Wann Fames sich bey mir, nebst Fama stellet ein;
Auch gilt mir beydes gleich, der Welt Lob, oder Spott,
Weil nur in allem such' zu dienen meinem GOTT
Wer recht strebt, wie ich thu', nach dem was droben ist,
Dem stinckt das Unt're an, wie Koht und fauler Mist.
Ich, mit Marien, wehl' den besten Theil auf Erden /
Drum macht mir Lust, Gut Ehr derselben kein Beschwerden.

Gegen-schluß des Freundes
Nun Kramer, leb getrost, kämpf fort den guten Streit,
Den Wett-lauff frisch vollend'; im Glauben fest dich leid'!
Inmittels arbeit fort; und wart kein' anderen Lohn,
Als den ein Christ erwart, von GOtt, durch Gottes Sohn!

---

501 (a: O pauper Aristoteles! Tu laudaris ubi non es; & ubi es, cruciaris? Augustinus. ‚Du armer
     Aristoteles! Du wirst gelobt, wo du nicht bist, und wo du bist, wirst du gekreuzigt?')

29. Gottfried Hensel, Synopsis universae philologiae, Nürnberg 1741

Die Lebensdaten von Gottfried Hensel sind unbekannt. Er war Rektor der Schule in Hirschberg in Schlesien. Möglicherweise ist er identisch mit Johann Gottfried Hensel, geb. 1720. Dieser wurde 1742 in Breslau ordiniert und im selben Jahr Pfarrer an der Kirche in Langenau (Schlesien).

Die hier dokumentierten vier Sprachenkarten sind Beilagen zu einer Gesamtdarstellung der Sprachen und Schriften der Welt (in lateinischer Sprache), der *Synopsis universae philologiae*. In Teil 1 geht es um den Ursprung der menschlichen Sprachfähigkeit im Allgemeinen (S. 1-25), um die Entstehung der Verschiedenheit der Sprachen (De ortu diversitatis linguarum, S. 25-40) und um ihre verborgene Einheit und Harmonie (S. 41-44) mit Wortgleichungen, die Ähnlichkeiten weisen sollen, z.B. die Negationspatikel lat. *non* oder das Etymon *Mutter* in verschiedenen Sprachen.

Teil II befasst sich mit den Buchstaben, ihrer Beschaffenheit und ihrem Wesen (natura & emphasis), beginnend mit ersonnenen oder urzeitlichen Buchstaben (De literis fictis, sive anti-diluvianis) und den ägyptischen Hieroglyphen bis hin zu den tatsächlich geschriebenen „kunstreichen" Buchstaben, die zu Recht so heißen, ihren göttlichen Ursprung und ihre Verbreitung über den Erdkreis. Dann folgen die „natürlichen" Buchstaben (S. 110-173) mit einem listenmäßigen Durchgang durch das Alphabet nach der Ordnung des Hebräischen in vier Sprachen (hebräisch, lateinisch, deutsch, griechisch) mit artikulatorischen Beschreibungen sowie um die Akzent- und Betonungszeichen der Hebräer, Griechen und anderer Völker (S. 173-209). Beim Hebräischen richtet sich das Hauptaugenmerk auf die Punktierungskonventionen, also die Vokalisierung.

Teil III widmet sich den Silben, ihrem Aufbau, ihrer Zusammensetzung zu Wörtern und den großen Unterschieden, die hier zwischen den Sprachen herrschen. Das Kapitel „Über die emphatische Anordnung der Buchstaben oder die Silbenbildung und die Flexion durch die Redeteile" stellt eine Art Phonotaktik dar. Darauf folgt eine „Zusammenschau der harmonischen Grammatik der Sprachen", nämlich Vergleiche zwischen dem Hebräischen, Chaldäischen, Syriakischen, Arabischen, Äthiopischen, Koptischen und Griechischen. Dabei handelt es sich um den morphologischen Ausdruck der Kategorisierungen Substantivgenus, Numerus (Singular, Dual, Plural), Status, Kasus, Komparation und Pronominalisierung. Auch die Morphologie des Verbs wird ausführlich betrachtet.

In Teil IV geht es um den Lautbestand verschiedener Sprachen und um die verborgene Harmonie der Laute, wiederum mit sprachvergleichenden Wortgleichungen (z.B. hebr. *ab*, gr. *patêr*, lat. *pater*, dt. *Vater* (S. 276f.), z.T. mit abenteuerlichen Etymologien (z.B. *Vercingetorix < Hertoge Hienrig* ‚Herzog Heinrich', S. 321). Ein Abschnitt (für Bibel-Exegeten) über die wichtigsten Wendungen in den orientalischen Sprachen befasst sich v.a. mit Stilfiguren.

Teil V widmet sich der „geographischen Philologie." Dort ist die Aus- und Verbreitung der Sprachen über den Erdkreis beschrieben: Die bekannten Sprachen Vorderasiens, Ostasiens, Afrikas, Europas und Amerikas werden genannt und ihre Sprecher nach Rassen-Stereotypen kommentiert. Die asiatischen Sprachen (S. 349-387) seien womöglich die ältesten, denn die ersten Menschen wohnten um Babel herum (S. 349), weil dort das Paradies lag und Noahs Arche am Berg Ararat strandete, der auch nicht weit davon entfernt liegt. Die Nachkommen von Noahs Sohn Sem in Asien werden der biblischen Völkertafel nach (Gen. 10; 1. Chronik 1) aufgelistet (S. 350f.). Auch die Georgier kommen dort kurz und kenntnislos vor (S. 374f.), ebenso die Chinesen (S. 384-386) und die Japaner (S. 386f.).

Die Afrikaner und ihre Sprachen gehen auf Noahs Sohn Cham zurück, darunter die Ägypter. Vom alten Ägyptisch der Pharaonen stammt das Koptische ab (S. 389). Erwähnt wird auch das Äthiopische oder Amharische (S. 393f.). Über das weitere Afrika weiß man sehr wenig, immerhin aber das: „homines sicut inculti, ac ut plurimum ferarum more viventes […] Nullas habent litteras; voces edunt inconditas, Europaeis vix imitabiles" ‚Die Menschen sind in hohem Maße unzivilisiert, und sie leben wirklich wie die Wilden […]. Sie haben keine Buchstaben, ihre Sprachen sprechen sie ungepflegt, und für die Europäer sind sie kaum nachzusprechen' (S. 395). Ein paar Wörter aus der Sprache der Khoikhoi, die von den Europäern als ‚Hottentotten' bezeichnet werden, kann Hensel aber doch zitieren (ebd.). Dies ist vermutlich auf die engen Kulturkontakte zwischen den Khoikhoi und den Niederländern am Kap der Guten Hoffnung seit der Mitte des 17. Jahrhunderts zurückzuführen.

Die Sprachen Europas gehen in Anlehnung an die biblische Völkertafel zurück auf den dritten Sohn Noahs, Japhet. Die Deutschen stammten über Gomer von Ascanus ab, doch das komme manchen Zeitgenossen schon lachhaft vor (S. 400). Die Herkunft der deutschen Sprache wird ausführlich beschrieben im Abschnitt „De lingua Germanica, sive Celto Teutonica, cum Cognatis" ‚Über die germanische, oder keltisch-teutonische Sprache, und ihre Verwandten' (S. 427-436). Das Deutsche ist mit dem Persischen, dem Angelsächsischen und den nordischen Sprachen verwandt. Der Abschnitt über die amerikanischen Sprachen ist schmal und ohne Sachkenntnis (S. 482-492).

a) Sprachenkarte A: Europa

Die Karte
Die einzelnen Sprachräume werden mit dem Sprachennamen identifiziert und sind in vielen Fällen mit dem Anfang des Vaterunsers in der jeweiligen Sprache beschriftet. Der Süden von Spanien wird *Mauritia* genannt, darunter finden sich arabische Schriftzeichen. Kleinasien heißt *Graecia Barbara* ‚barbarisches Griechenland'. Dagegen werden Bulgarien und Westgriechenland als Verbreitungsgebiet der [Lingua] *Turcica* bezeichnet; darunter finden sich arabische Schriftzeichen. Von den kontinentalgermanischen Sprachen werden das Deutsche, die [Lingua] *Belgica* (Niederdeutsch bzw. Niederländisch) und die [Lingua] *Antiq. Saxonica* (Altsächsisch) genannt. Als deutschsprachige Exklave ist Siebenbürgen eingezeichnet. Nördlich der Krim befindet sich *Tartaria Vocibus Teutonicis et Sclavonicis mixta* ‚Tartarenland, in dem die deutsche und die slavische Sprache gemischt vorkommen'. Mit diesen *Teutoni* dürften die Krimgoten gemeint sein. Im Übrigen ist diese Angabe ganz unrealistisch, weil die Krimgoten spätestens im 18. Jahrhundert ausgestorben, d.h. assimiliert waren (vgl. MLS).

Im heutigen Südrussland ist die [Lingua] *Tartarica* verbreitet, darunter stehen arabische Schriftzeichen, die seit dem 13. Jahrhundert zum Schreiben des Krimtartarischen (vgl. MLS) verwendet wurden. Die Slavia zieht sich von *Nova Zemblica* (wohl: *Novaja Zemlja*) bis zur Adria. Die Schriftproben sind in kirchenslavisch-kyrillischer und lateinischer Schrift gehalten.

Die finnisch-ugrischen Sprachen sind durch das Ostseefinnische, das Lappische und das Ungarische vertreten; Estnisch, Kurisch und Ingrisch sind durch die Landesnamen berücksichtigt. Die nordischen Sprachen schließlich sind durch das Norwegische, Schwedische, Dänische und eine runische Schriftprobe sowie die Sprache von Thule, das Isländische (mit Sprachproben in Fraktur und der gotischen Unziale) vertreten. Für die britischen Inseln werden die [Lingua] *Picto Scotica*, die [Lingua] *Anglo Saxon*[ica], die [Lingua] *Wallica* (Walisisch) und die [Lingua] *Hybern*[ica] (irisch-gälisch) genannt. Die Kolorierung der Karte korrespondiert nicht mit der Verbreitung der einzelnen Sprachfamilien. Immerhin wird der germanische Sprachraum als *Celto Theotisca* und die Slavia als *Illirico-Sclavonica* bezeichnet.

Die Muster
Block links oben
Sp. 1: *Lit[erae] Scythicae ex ebraic[ae] natae*: hebräische Alphabetreihe
Sp. 2: *Literae Graecae versae*: griechisches Alphabet nach der hebräischen Alphabetreihe angeordnet
Sp. 3: *Marcomannorum*: Möglicherweise eines der rhätischen Alphabete der Zeitenwende
Sp. 4: *Runicae*: germanische Runen
Sp. 5: *Moeso Gothicae*: gotische Unzialschrift („Ulfilasschrift")

Sp. 6: *Picto Hybernicae*: irische Unzialschrift

Block links unten
Sp. 1: *Latine*: lateinische Capitalis
Sp. 2: *Germ.*: deutsche Fraktur
Sp. 3: *Angl. Sax*: lateinische Capitalis mit Zusatzzeichen

Block rechts oben
Sp. 1-3: *Charact. Rutenicae Ling.*: kirchenslavische Kirillica mit der Schlussformel
Gospodi pomilui ‚Herr, erbarme Dich'

Block unten horizontal
Zeile 1: *Hun[n]orum elementa* ‚Schriftzeichen der Hunnen': altungarische Schrift
(„ungarische Runen")
Zeile 2: *Sclavonico Cyrillica*: kyrillische Druckschrift, Majuskeln
Zeile 3: *Glagolitico Illyrica*: eckige (kroatische) Glagolica
Zeile 4: *Hetrusco Eugubina*: westgriechische Alphabetreihe, unvollständig

b) Sprachenkarte B: Sprachen Asiens nach ihren Schriften

Die Karte

Kaukasus: Georgisch (Mchedruli), Armenisch.

Vorderasien: Syriakisch (Syrisch), Hebräisch (Quadratschrift), Chaldäisch, Arabisch, Persisch.

Nordasien (*Scythia hyperborea* ‚Nördliches Skythien‘): Geschrieben wird dort mit „skythisch-tatarischen" Schriftzeichen, „die uns bisher nicht bekannt sind und die Straten-bergius vorgestellt hat. Sie sind denen der europäischen Skythen nicht völlig unähnlich". Die Schriftprobe zeigt möglicherweise Zeichen der alttürkischen Jenissej-Inschriften („sibi-rische Runen"), die 1722 von Daniel Gottlob Messerschmidt (1685–1733)[502] entdeckt wor-den waren.

Mittelasien: Skythen, Usbeken, *Kalmyko-Tunguto-Mungalica* und *Tatarica chinica* also Kalmyken, Tungusen, Mongolen und chinesische Tataren (Mandschuren?).

Ostasien: Für das Chinesische, im östlichen Tibet und bei den *Usbecken* (Uzbeken) sind Schriftzeichen eingetragen, die der Anmutung nach chinesisch sind. Tatsächlich lassen sich einige davon identifizieren (*da* ‚groß‘, *zi* ‚Sohn‘ *nü* ‚Frau‘). Bei den Japanern sind Phanta-siezeichen eingetragen mit dem Hinweis „sie schreiben nach der Art der Brahmanen", also Sanskrit. Hinterindien wird den Malaien zugeordnet. Ihnen wird eine nicht identifizierbare Schrift zugeordnet, deren Anmutung arabisch ist.

Südasien: Dem indischen Subkontinent werden gerade einmal zwei Sprachen und ihre Schriften zugeordnet, nämlich die ‚indico-brachmanische‘ (s. u.) und die ‚malabarische‘.

Die Muster

Die Schriftzeichen der einzelnen Schriften sind mit lateinischen Äquivalenten versehen, d.h. mit einem Schriftzeichen des lateinischen Alphabets, das dem Lautwert des betreffen-den asiatischen Schriftzeichens einigermaßen entspricht. Bei den vorderasiatischen Schrif-ten der semitischen Sprachen wird die Funktion der Punktierung in den Grundzügen erläu-tert.

Spalte 1 *Lit. Hebraerorum Chaldeourumque*: hebräische Quadratschrift
Spalte 2: Syrisch (maronitisch-jakobitische Estrangelo-Schrift)
Spalte 3: Arabisch und Persisch.
Zeile 1 – Zeile 2 Mitte: Armenisch
Zeile 2 Mitte – Zeile 3 Mitte: Georgisch (Mchedruli)
Zeile 3 Mitte – Zeile 4: Malabarisch (Malayalam)
Zeile 5: Palymrenisch.

c) Sprachenkarte C: Sprachen Afrikas nach ihren Schriften
Die Karte

In Afrika gibt es der Karte zufolge drei Schriftsprachen, nämlich das Arabische im Maghreb, das Koptische im Nordosten und Amharische im Osten. Das Ägyptische ist durch eine Stele und die Außenwände eines Tempels, die mit Hieroglyphen beschriftet sind, bild-lich dargestellt. In Westafrika leben *Populi vagabundi arabes* ‚nomadische arabische Völ-ker‘, südlich von ihnen die *Nigricia*, die unterschiedliche Sprachen verwenden, östlich da-

---

502   ADB, Bd. 21, S. 494-497; NDB, Bd. 17, S. 217f.; Jensen 1969, S. 411.

von die Nubier, die *caeteris arabicis* ‚weitere arabische' [Sprachen] verwenden. Die Völker des mittleren und südlichen Afrikas haben keine Schriften, von den Sprachen der *Monomotapa* im Süden des Kontinents weiß man nichts Gewisses.

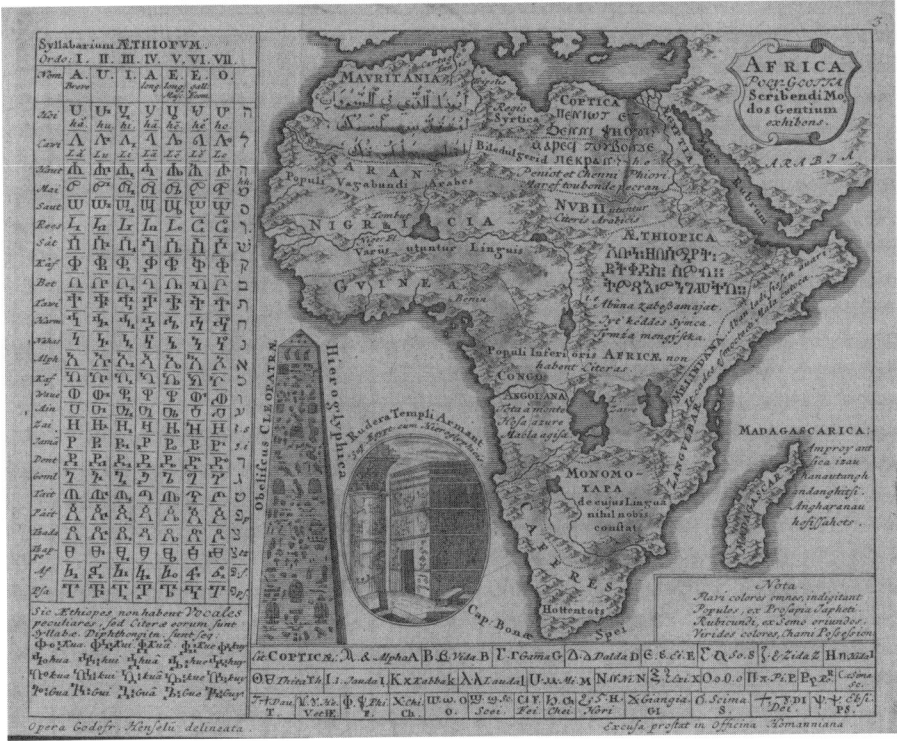

Die Muster

Die erste Spalte bietet die Buchstabennamen des Amharischen in lateinischer Schrift. Die nächsten sieben Spalten geben das amharische Syllabar wieder. Für *a* und *e* sind die lange und die kurze Variante aufgeführt. Unter jedem Syllabogramm steht sein Lautwert in lateinischen Buchstaben. Die achte Spalte setzt das hebräische Schriftzeicheninventar dazu.

In den drei Zeilen ist das koptische Alphabet samt den Buchstabennamen und ihren Lautwerten (in lateinischen Buchstaben) aufgeführt.

d) Sprachenkarte D: Sprachen Amerikas nach ihren Schriften

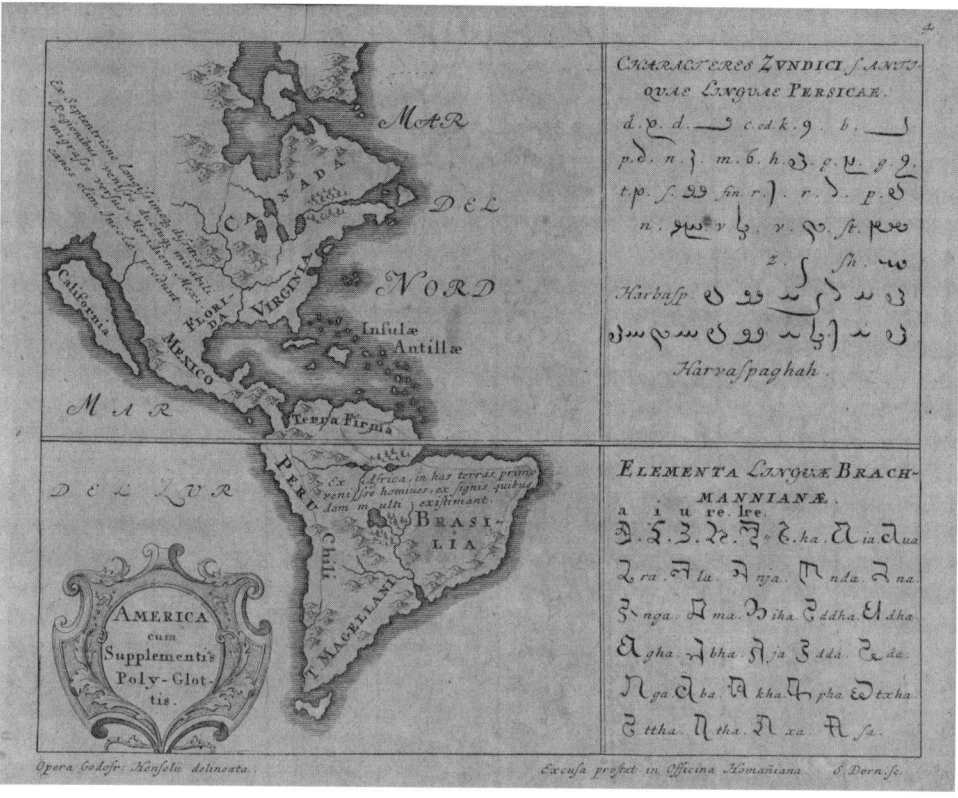

Die Karte zeigt rechts oben Grundzeichen und Ligaturen des „Brachmanischen" (der Marathi-Variante des Devanagari) und eine Tabelle mit Schriftzeichen der „lingua zundica" (Avestisch?). Die mesoamerikanischen Schriften waren Hensel unbekannt, oder er glaubte, sie übergehen zu können.

30. Claude Roger de Gironville, Grammaire françoise tirée de la pratique, Augsburg 1750: Titelblatt

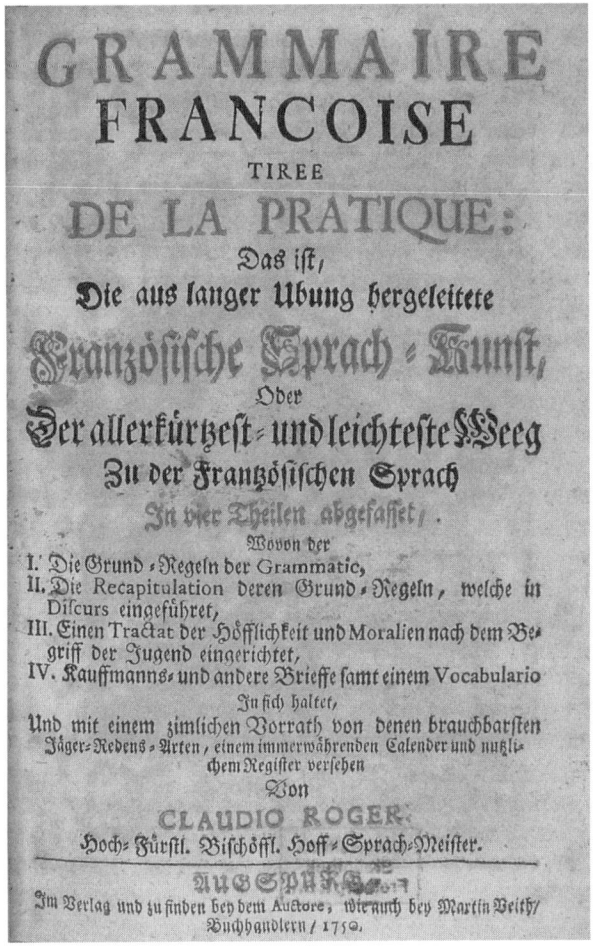

Titelblatt der Ausgabe 1750 eines seit 1729 unter verschiedenen Titeln mehrfach in Augsburg verlegten Französisch-Lehrwerks. Das Werk ist im Selbstverlag erschienen, wird aber auch über die Buchhandlung des Martin Veith vertrieben. Von Interesse sind der Hinweis im Titel auf den realen Sprachgebrauch als Ausgangspunkt für die grammatische Regelfindung sowie – zeittypisch – die werbewirksame Angabe der Hauptinhalte des Werkes bereits auf dem Titelblatt. Dabei fällt auf, dass – sehr „modern" – Diskursfähigkeit als Zielsetzung erscheint, dass pragmatische Gesichtspunkte („Höfflichkeit und Moralien") eine Rolle spielen, und dass Briefe als das wichtigste Mittel der Fernkommunikation der damaligen Zeit eigens als Inhalt der Unterweisung genannt werden. Auch der kaufmännische Aspekt ist präsent. Die Aufnahme von „Jäger-Redens-Arten" signalisiert die Nähe des Autors zum französisch inspirierten kulturellen Leben des fürstbischöflichen Hofes.

31. Claude Roger de Gironville, Grammaire françoise tirée de la pratique, Augsburg 1750: Titelkupfer

Die Inschrift in der Vignette lautet: *Comme je l'ai reçu, je la rends / C'est un bien commun au quel / chacun pretend* ‚So wie ich es bekommen habe, so gebe ich es weiter. Es ist ein öffentliches Gut, auf das jeder einen Anspruch hat.' Die Frauenfigur ist die Personifikation der *Grammatica*, die ohne Schuhe dasteht und aus einer Kanne Keimlinge im Sprachgarten gießt. Das Schriftband in ihrer linken Hand enthält die Silben *ba be bi bo bu*, wie sie im Anfangsunterricht gelehrt wurden. Der Stich ist nicht signiert.

Roger de Gironville war bei seinem Lehrbuch darauf bedacht, die Grammatik in Kontexte und Gesprächssituationen einzubinden. Übungen zur Aussprache, Musterdialoge, Idiomatik und Sprichwörter machen einen großen Teil des Werkes aus. Über die mit Regeln versehenen Beispiele und einen anschließenden Übungsteil können die Sprachkenntnisse seiner Schüler vertieft werden und heranwachsen wie die Keimlinge der *Grammatica*.

32. Der Beisitzantrag des Sprachmeisters Carl Peter Feretté (1762)
StadtAA, Beisitzaufnahmen, 1763

Der aus Lothringen stammende Sprachmeister Carl Peter Feretté beantragte im März 1762 den Beisitz in der Reichsstadt Augsburg. In seinem Gesuch gab er an, dass Französisch seine Muttersprache sei, er sich mehrere Jahre in Metz und Nancy aufgehalten und an der „weltberühmten" Universität Freiburg im Breisgau Deutsch gelernt habe. Seit eineinhalb Jahren wohne er bei dem Posthalter Aßam in Augsburg und fungiere als Dolmetscher, wenn dieser französische oder italienische Gäste beherberge. Mittlerweile sei er verschiedentlich darum gebeten worden, auch Sprachunterricht zu erteilen, und habe in mehreren Adels- und Kaufmannshaushalten zu unterrichten begonnen. Sein Gesuch um den Beisitz begründete er insbesondere damit, dass er bei den ortsansässigen Sprachmeistern „mißgünstige Abneigung" verspürt habe, also als unerwünschter Konkurrent wahrgenommen wurde und sich gegen mögliche Repressalien absichern wollte. Die Augsburger Steuermeister befürworteten die Beisitzaufnahme Ferettés, weil die beiden Sprachmeister, die sich bereits in Augsburg auf- hielten, für den Bedarf der „zahlreichen Kaufmannschaft" der Stadt nicht ausreichten. Der Rat bewilligte ihm den Beisitz zunächst für zwei Jahre. Aus einer weiteren Quelle geht allerdings hervor, dass Feretté die Stadt bereits vor dem Mai 1763 heimlich wieder verlassen hatte. Während seines kurzen Aufenthalts war er als Verfasser des *Courier d'Augsbourg* publizis- tisch tätig.[503]

a) Supplik Ferettés vom 3. März 1762

Wohlgebohrne Hoch- v[nd] WohlEdelgebohrne, HochEdelgestrenge, WohlEdelVeste, WohlEhrenVeste, Fürsichtig, Ehrsame Hoch- und Wohlweise Herren Stadtpflegere, BurgerMeistere und Räthe allhier.
Gnädig, Hochgebietend, Gr[oß]g[ünstige] Hochgeehrteste Herren!
Demnach ich Ends *subscribirt*er nicht allein zu *Nancy* und Mez einige Jahre mich *in studiis* aufgehalten, und allda zugleich in der Franzößischen als meiner Mutter Sprache gründlich *habilitiret*, sondern auch *ex post* laut meines in Handen habenden *Testimonii Academici* mich auf die weltberühmte *Universitæt* Freyburg im Brißgau begeben, um daselbsten in der teutschen Sprache mich zu *perfectioni*ren; so seyn nunmehro anderthalb Jahre, daß ich Gelegenheit bekom[m]en, mich bey dem allhießigen Posthalter Herrn Asam aufzuhalten und ihme bey ankom[m]enden frembden *Passagiers* so wohl in Welsch als Französißcher Sprache als Dollmetsch an die Hand zugehen, worinnen ich auch Demselben biß dahero nuzliche Dienste gethan.
Durch man[n]igfaltig wohlanständigen Umgang und *Conversation* mit vielen *respectivè* ansehn[lichen] und fürnehmen Persohnen hießiger Stadt, hat sich unverhofft gefüget, daß sich zerschiedene an mich *addressi*rt, um sich meiner *Information* zu bedienen, wie ich dan[n] die Ehre habe, des *Tit: Pl:* Herrn Graffen von Bißingen *Page*, dan[n] in H[errn] Neußens, H[errn] Schielens,v H[errn] *Scravers* und andern Kauffman[n]s Häusern mehr, deren Kinder und Bediente im Französß[ischen] zu *instrui*ren.
Weilen aber zuvermercken, daß eines und des andern hießigen SprachMeisters mißgünstige Abneigung sich hervor thue, entweder in der Absicht, sich bey der Burgerschafft allein *necessaire*, oder gleichsam als einen Schaz theurer zumachen; herentgegen ich um so weniger

---

503   StadtAA, Beisitzaufnahmen, Fasz. 13, 1763, Nr. 15; vgl. Zürn 2010, S. 114.

benöthiget bin, ihnen hierin[n]falls, bey wem es auch seyn mag, vorzudringen, als viel ich bey obbemeldten Herrn PostStallMeister Asam freye Kost und Zim[m]er zu geniessen habe, unter dessen aber der *Confidence*, so Sprachbegierige gegen mich und meine *Information* hegen, zuwillfahren mich nicht entschlagen kan, dabevor ich von meinen *studiis* her eine ganz besondere Neigung bey mir gefunden, auf dergleichen Lebens Art mit jungen Leuthen *instruendo* umzugehen, mich vorzüglich zu *applici*ren.

Um demnach aller widrigen Begegnungen dißfalls auszuweichen, und denen, so sich in meiner *Information* zubedienen geneigt seyn, ferner *Satisfaction* zugeben; So gelanget an Euer Wohlgeb[oren] Gnaden HochAdel[ige] Herr[en] Gestr[enge] v[es]t[e] Sot[hane] Wohlw[eis]h[ei]t und Gr[oß]g[ünstige] mein gehorsamstes Bitten, in hohen Gnaden zugeruhen, mich zu ungehinderter Fortsezung meiner dißfalls hegenden besondern Neigung, gegen schuldigste Entrichtung der allhießigen gewöhnlichen *Praestandorum*, in den Genuß des Beysiz Oberherrlich zu *recipi*ren, für welche Huld und zuversicht[lichen] Gewährung ich mit aller *Veneration* und Hochachtung je und allezeit beflißenst beharren werde.

Eines Hochlob[lichen] *Magistrats* unterthänig gehorsamster

C. P. *Ferette*

b) Stellungnahme der Steuermeister

Wohlgebohrne, HochEdelgebohrne, HochEdle, Gestrenge, EhrenVeste, Fürsichtig, Ehrsame, Hoch und Wohlweise Herren Stadt-Pflegere, BurgerMeistere und Räthe, Gebietend Gr[o]ßg[ün]st[i]g[e] Hochgeehrteste Herren.

Da der um den Beysitz supplicierende SprachMeister Carl Peter *Ferettè* auß *Homécourt* in Lothringen gebürtig, im ledigen Stand bey der von dem jeztmahligen Posthalter Aßam geniessenden freyen Kost und wohnung, und bey deren schon würcklichen an sich gezogenen *information*en sich wohl fortbringen, und ernähren wird, zumahlen die zwey dermahlen sich allhier befindende Sprachmeistern Lapp und Schatz bey der so zahlreichen Kauffmanschafft nicht *sufficient* seynd; so halten wir unmaßgeb[lich]en darvor: es könte dem *Implorant*en der allhiesige Beysiz auf 2. Jahr lang dergestalten auß gnaden ertheilet werden, dz Er unter dessen Verlurst in Zeit eines Viertel jahrs sich mit einem tüchtigen Burger[lich]en *Cavent*en in dem Steür-Amt stellen, und anmelden solle, wormit wir mit gezim[m]ender *Veneration* Beharren.

Eines Hochlöb[lichen] Magistrats Gehorsame, die verordnete SteürMeisteren G. J. A. Langenmantel v[on] Westheim, Paulus von Stetten, Paulus Am[m]an, J. N. Ignati Precht v[on] Hochwarth

c) Ratsentscheid vom 23. März 1762

Auf Carl Peter *Ferette* aus *Homécourt*, in Lothringen, gebürthig gehorsames Ansuchen um den allhiesigen Beysiz, und der Verordneten Herren Steuermeistere hierüber erstatteten Bericht, und Gutachten, wird dem *Imploranti* der allhiesige Beysiz auf zwey Jahr lang dergestalten aus Gnaden ertheilet, daß er unter deßen Verlurst in Zeit eines 4tel Jahrs sich mit einem tüchtigen Burgerl[ichen] *Cavent*en in dem Steuer Amt stellen und anmelden solle.

Decretum in Sen[atu] *d*[en] 23 Merz 1762

33. Wolfgang Jäger, Nuovo Dizzionario Italiano-Tedesco e Tedesco-Italiano, Nürnberg 1764: Titelkupfer

Wolfgang Jäger wurde am 22. Dezember 1734 geboren und starb am 30. Mai 1795 in Altdorf. Am 21. Juni 1774 wurde er als Extraordinarius der Philosophie und Ordentlicher Lehrer der Abendländischen Sprachen an die Universität Altdorf berufen und 1786 dort zum Ordinarius ernannt. Jäger war bis zu seinem Tod in Altdorf tätig, war dort dreimal Dekan und eine Amtsperiode lang Rektor der Hochschule. Er unterrichtete Französisch, Italienisch, Englisch und Spanisch und las über philosophische, philologische und historische Themen. Sein umfangreiches neusprachliches Œuvre umfasste auch die Übersetzung einer italienischen Oper sowie eine Neuausgabe des italienisch-deutschen und deutsch-italienischen Wörterbuchs von Clemens Romani.

Bei diesem Titelkupfer handelt es sich um eine Dedikationsszene: Der Autor überreicht Minerva sein *Dizzionar[io] Italiano tedesco*. Der Steinquader, auf dem Merkur sitzt, zeigt ein Steinmetzzeichen mit den drei Buchstaben G – N – R, möglicherweise den Initialen des Kupferstechers. Minerva hält in der linken Hand eine Kugel, auf der eine Frauenfigur steht, die den rechten Arm erhoben hat. Zu ihren Füßen liegt die römische Wölfin mit Romulus und Remus. Die Stadt im Hintergrund ist Rom, das runde Gebäude links hinter den beiden Säulen dürfte das Kolosseum sein, daneben die Trajanssäule. Die Figur im Vordergrund links hält eine Schreibtafel mit der Inschrift *Grammatica* in der rechten, einen Spaten in der linken Hand. Darin könnte ein Missverständnis liegen, wenn es eine Anspielung sein sollte: Der Spate (,der Späte') war der Gesellschaftsname von Kaspar Stieler in der Fruchtbringenden Gesellschaft.

34. Das Aufnahmegesuch des Sprachmeisters Johann Nicolaus Textor in Nürnberg (1764–1766)

Stadtarchiv Nürnberg B 2, Nr. 291

In einer am 13. Dezember 1764 beim Nürnberger Rat eingereichten Bittschrift ersuchte der nach eigenem Bekunden aus Luxemburg stammende Johann Nicolaus Textor um die Aufnahme in den Stadtschutz sowie um die Erlaubnis, in der fränkischen Reichsstadt Französischunterricht geben zu dürfen. Textor gab an, er habe in Trier und Würzburg Jura studiert und nach einer Italienreise elf Jahre lang in Bayreuth Französisch unterrichtet. Seit zwei Jahren halte er sich in Nürnberg auf. Das Gesuch wurde zur Prüfung an das städtische Vormundamt weitergeleitet. Obwohl dieses feststellte, dass in Nürnberg kein Mangel an Französischlehrern herrsche, und obwohl auch die schriftlichen Proben von Textors Können offenbar zu wünschen übrig ließen, entschied der Nürnberger Rat am 14. April 1766 positiv über Textors Gesuch, und der Sprachmeister hielt sich bis zu seinem Tod im Jahre 1775 in Nürnberg auf. Neben dem Umstand, dass Textor in der Lage war, die geforderte Kaution von 25 Gulden zu hinterlegen, scheint vor allem die Unterstützung mehrerer Nürnberger Kaufleute den Ausschlag für diese Entscheidung gegeben zu haben. Die Akte gewährt einen guten Einblick in die Kommunikationsprozesse, die die Aufnahme eines Sprachmeisters in der fränkischen Reichsstadt im 18. Jahrhundert begleiteten.

a) Textors Gesuch an den Rat der Stadt Nürnberg

Hochwohlgebohrne Herren, Gnädige Herren!
Euer Hochwohlgeb[orene] Gnaden werden gnädig geruhen, sich von mir Endes unterzogenem Johann Nicolaus *Textor*, weyl[and] Antoni *Textors* seel[igen] Burgers und Büttners in Luxemburg nachgelassenen ehelichen Sohn, tief gehorsamst vortragen zu lassen, wie daß ich ehehin in Trier und Würzburg *Jura* studiret, hernachmals, mit einem jungen Italiäner, eine Reise nacher Italien gethan und, bey meiner wieder heraus kunfft, mich nach Bayreuth begeben, auch alda 11. Jahre die französische Sprache dociret, so dann bey dem Herrn Grafen von Ellroth 1 ½ Jahr und bey dem französischen *Com[m]issario* Bertram bey 6. Monat lang, als *Scribent* mich gebrauchen lassen.
Da aber dieser leztere von hier hinweg gegangen, habe ich seit 2. Jahren in hiesiger Stadt in der französischen Sprache *Information* gegeben, auch bereits vor einem Jahr um die gnädige Erlaubnus, eine *Classe* in dem *Gymnasio Aegydiano* anzurichten, unterthänig gebeten, womit mir aber nicht willfahret worden.
Nachdeme mir nun der Aufenthalt alhier nicht länger gestattet werden will, so ergehet an Euer Hochwohlgeb[orene] Gnaden hiermit mein unterthänig höchstangelegenstes Bitten, mir den alhiesigen Stadt-Schuz aus Oberherrl[icher] hoher Gnade angedeyen zu lassen. Ich mache mich hiemit verbindlich, nicht nur alljährl[ich] ein leidentliches Schuz-Geld voraus zu bezahlen, sondern auch hierüber, nebst *Deponi*rung 25 fl, tüchtige Bürgschafft zu stellen, und werde in tiefstem *Respect* jederzeit verharren.

    Euer Hochwohlgeb[orenen] Gnaden
    unterthänigster
    Jean Nicolas Textor

Andreas Jacob Liebel

Andreas Tobias Schütz[504]

b) Stellungnahme des Vormundamts vom 26. März 1765

Dermalen ist freilich kein Mangel in der Lehre der französischen Sprache. Die Sprachmeister *Chapuzet*,[505] Vatter und Sohn, *Diet*,[506] und mehrere, unter andern auch der Vestenprediger Smith, und *Vicarius* im *Gymnasio Egidiano*, Jäger[507], sind bekannt. Sie klagen wol, daß ihnen ihre Mühe nicht recht bezahlet werde. Doch wenn dem Johann Nicolaus Textor nach seinem Bitten der Aufenthalt allhier gegönnet, und mit Ertheilung des Schuzes Oberherrl[ich] gnädig willfaret werden wolte, wird es nichts *praejudiciren*, nachdeme derselbe allezeit wider aufgekündet werden kan, wenn eine Beschwerung über ihn geschehete. Um die Erlaubnis zu einer Lehrstund im *Gymnasio* hat übrigens der *Textor* vor einiger Zeit angesuchet. Allein es sind verschiedene Anstände dabei, welcherwegen auch ehehin dem ältern *Chapuzet* in gleichem Gesuch nicht willfaret werden können. Zu welcher Religion sich der *Textor* bekennet, ist dis Orts unbekannt.
[in anderer Handschrift] der Textor ist röm[isch] catholischer Religion.

c) Ratsverlass vom 23. April 1765

Dem um den hiesigen Stadt Schuz supplicirenden französischen Sprachmeister Johann Nicolaus Textor ist nachzufragen, wo er sich bisher aufgehalten, ob er *lectiones* gegeben, und wie selbige beschaffen gewesen; ihme auch zu bedeuten, daß er einige Proben seiner Geschiklichkeit und Auszüge in der französischen Sprache beybringen solle.

d) Bericht des Vormundamts vom 2. April 1766

Ermeldter Textor, so bei dem Schulmeister Bezzel bei St. Jacob sich aufhält, ist erfodert und von ihm eine Probe seiner Wissenschaft verlanget worden, der aber nichts schriftl[iches] verfertiget. Was seine informationes anbelanget, so hat er sich auf die Handelsleute Kißling, Söldel und Liebel bezogen, ausser welchen er verschiedene Handelsdiener informire. Söldel und Liebel geben ihm auch auf Befragen ein sehr gutes Zeugnis einer Geschicklichkeit, so daß, wenn seine pronunciation ebenso gut wäre, deselbe vorzügl[ich] zu rühmen seyn müste, indeme die Unterweisung vortreflich, weswegen sie selbst inständig gebetten, ihm den hiesigen Aufenthalt zu erlauben.

[am linken Blattrand] Nota: Weil dessen Aufenthalt lange nicht Erfahrung gebracht werden können, so hat der Bericht auch nicht eher erstattet werden können.

e) Ratsverlass vom 14. April 1766

Wann der französische Sprachmeister Johann Nicolaus Textor eine *Specimen* seiner Geschicklichkeit wird *produc*iret haben, und daßelbe wohl ausfallen sollte, so ist er zwar,

---

504 Hierbei handelt es sich offenkundig um Unterstützer von Textors Gesuch. Der Kaufmann Liebel spricht sich auch später gegenüber dem Nürnberger Vormundamt für die Aufnahme des Sprachmeisters aus (s.u.).

505 Jean Charles bzw. Johann Karl Chapuzet (1694–1770) und sein Sohn Ludwig Theodor.

506 Jean Louis Diet (1728–1788).

507 Wolfgang Jäger (1734–1795).

da er bereits die ordnungsmäßigen 25 fl. deponiret hat, mit dem hiesigen Stadt-Schuz zu begnadigen, ihme aber auch wegen seines schon lange andauernden hiesigen Aufenthalts *pro praeterito* abzufordern; dann sind diejenigen, bey denen er sich aufgehalten, wann sie nicht um oberherrl[iche] Erlaubnuß ihn zu logiren angesucht haben sollten, mit Rug vorzunehmen.

f) Stellungnahme des Vormundamts vom 10. Oktober 1766

Gleichwie schon vorhin berichtet worden, daß der Textor eigentl[ich] nichts schriftl[iches] gefertiget hat: So hat er auf abermal[iges] Erfodern solches widerholter gesaget, doch aber versprochen, noch etwas zu fertigen, und zu übergeben, welches nun auch hier beilieget.[508] Es ist einem Gelehrten dieser Sprache verständigen zur Beurtheilung gegeben worden, der es nicht gelobet, ja gar Grammatical[ische] Fehler angemerket, doch bleibet es bei dem Lob derer, wo er informiret.

35. Jean Jacques Meynier / Johann Heinrich Meynier, Nouvel ABC, Nürnberg 1792: Kupferstich

---

508   Fehlt in der Akte.

Jean Jacques (Johannes Jakob) Meynier wurde am 26. August 1710 in Offenbach (Main) geboren und starb am 15. Oktober 1783 in Erlangen. 1735 war er französischer Schulhalter in Homburg v. d. Höhe, 1738 wurde er Kantor bei der französisch-reformierten Gemeinde zu Erlangen. Er erhielt 1742 das Lektorat der französischen und italienischen Sprache an der Friedrichs-Akademie zu Bayreuth. Als die Akademie 1743 zur Universität erhoben und nach Erlangen verlegt wurde, kehrte Meynier als Lektor des Französischen an seinen alten Wirkungsort zurück. Er hatte das Amt bis zu seinem Tode inne. Im Mittelpunkt seines umfangreichen Œuvres stehen Materialien für den Französischunterricht. Er hatte auch einen Sohn, Johann Heinrich Meynier (1764–1825), der das *Nouvel ABC* (Erlangen 1763) seines Vaters in Nürnberg 1792 neu auflegte. Das *Nouvel ABC* war ein Übungsbuch für Kinder, mit dessen Hilfe v.a. die Aussprache des Französischen geübt werden sollte.

Das Bild zeigt die bürgerliche Wunderkammer eines weitgereisten Herrn mit allerlei Schätzen: einer Weltkugel, ausgestopften Vögeln und Schmetterlingssammlungen. Im Zentrum des Bildes zeigt ein Herr mit einem Kräuterbüschel unter dem Arm den Umstehenden einen aufgespießten Schmetterling. Der Stich ist signiert von I. F. Volckart. Ein Nürnberger Kupferstecher dieses Namens lebte von 1750 bis 1812.

36. Verzeichniß der nöthigsten rußischen Wörter, wie selbe auf Deutsch zu verstehen sind, [Augsburg 1799]: Russisch-deutsche Vokabelliste I

Die beiden im Folgenden dokumentierten Drucke entstanden im Spätsommer 1799, als sich ein russisches Armeecorps unter dem Kommando von A. M. Rimskij-Korsakov in und um Augsburg aufhielt. Etwa 10.000 russische Soldaten waren in der Stadt selbst einquartiert.

Die beiden Drucke sollten den Augsburgern elementare, praktisch nutzbare Kenntnisse des Russischen vermitteln. Die Vermutung, dass ihr Verfasser der baltendeutsche Pastor Heinrich Conrad Heinemeyer gewesen sei, hat wenig für sich. Heinemeyer war im Jahre 1799 Divisionsprediger bei der russischen Armee und befand sich wohl auch in Augsburg. Heinemeyer wird das 1799 in Augsburg bei Klett anonym erschienene ‚Rubrickwörterbuch' zugeschrieben.[509]

Die beiden Einblattdrucke (letzterer ist eine Überarbeitung des ersten) enthalten viele Schreibfehler im Russischen, die darauf hindeuten, dass ein Deutscher nach dem Gehör mitgeschrieben hat (z.B. das Dehnungs-h in *Sehr* ‚Käse'). Wahrscheinlicher als Heinemeyers Verfasserschaft ist die Annahme, dass ein Augsburger einen deutschsprechenden Russen nach wichtigen Wörtern fragte und diese dann nach dem Gehör aufschrieb.[510]

---

509 Vgl. Meusel, Das gelehrte Deutschland, Bd. 14 (1810), S. 77.; Das ‚alphabetische Rubrikwörterbuch der höchst nothwendigsten Russischen Wörter, Gespräche und Zahlen, wie solche nach der Teutschen Mundart mit den langen und kurzen Zeichen ausgesprochen werden müssen.' (Augsburg 1799) ist verfügbar unter: http://resolver.sub.uni-goettingen.de/purl?PPN591416573. Letzter Zugriff: 04. 05. 2011.

510 Vgl. Marti 1984, S. 519f. Wir danken Wolfgang Mayer, Staats- und Stadtbibliothek Augsburg (Katalogabteilung), für seine Auskünfte zu diesen beiden Blättern.

Verzeichniß der nöthigſten rußiſchen Wörter, wie
ſelbe auf Deutſch zu verſtehen ſind.

Rußiſch.	Deutſch.
Mascar	Butter.
Vina	Brandwein.
Kavetina	Fleiſch.
Sehr	Keß.
Gleba	Brod.
Piva	Bier.
Serna	Heu.
Habers	Haber.
Loſche	Meſſer.
Vilak	Gabel.
Loſchka	Löffel.
Luda	Schüſſel.
Dailerga	Teller.
Stakan	Glaß.
Kruska	Krug.
Poſtellu	Bett.
Gotſchißſpatt	willſt du ſchlafen gehen.
Wadi	Waſſer.
Rowaska	Hemd.
Soll	Salz.
Pörez	Pfeffer.
Schwezka	Licht.
Nesnajao	Ich weiß nicht.
Dom	Haus.
Kaſain Dom	Iſt der Wirth zu Haus.
Straßtu	Guten Morgen.
Straßtuiye	An mehrere guten Morgen.
Dounian	Gebe her, oder geben ſie her.

[Augsburg 1799]

Kommentierte Transkription

Verzeichniß der nöthigſten rußiſchen Wörter, wie ſelbe auf Deutſch zu verſtehen ſind.

Rußiſch	Deutſch	modernes Russisch	Lautwert (API)
Mascar	Butter	масло	[másla]
Vina	Brandwein	вино	[vɪnó]

Kavetina	Fleiſch	говядина	[gavjádina]
Sehr	Keß	сыр	[sır]
Gleba	Brod	хлеб, (Gen.) хлеба	[xlep]
Piva	Bier	пиво	[píva][511]
Serna	Heu	сено	[séna][512]
Habers	Haber	овёс	[avjós]
Loſche	Meſſer	нож	[noʃ]
Vilak	Gabel	вилка	[vílka][513]
Loſchka	Lȯffel	ложка	[lóʃka]
Luda	Schȗſſel	блюдо	[bljúda][514]
Dailerga	Teller	тарелка	[tarélka][515]
Stakan	Glaß	стакан	[stakán]
Kruska	Krug	кружка	[krúʃka]
Postellu	Bett	постель	[pastél’][516]
Gotſchißſpatt	willſt du ſchlafen gehen	хочешь спать	[xótʃiʃspát’]
Wadi	Waſſer	вода	[vadá][517]
Rowaska	Hemd	рубашка	[rubáʃka]
Soll	Salz	соль	[sol’]
Pȯretz	Pfeffer	перец	[pérets]
Schwetzka	Kerze	свечка	[svétʃka]
Nesnajao	Ich weiß nicht.	не знаю	[neznáju]
Dom	Haus	дом	[dom]
Kaſaim Dom	Iſt der Wirth zu Haus.	хозяин дома	[xazjáin dóma]
Straßtu	Guten Morgen.	здравствуй	[zdrástvuj]
Straßtuije	An mehrere guten Morgen.	здравствуйте	[zdrástvujte]
Doumian	Gebe her, oder geben ſie her.	дай мне	[daj mné]

<hr>

511 Hier wurde nach Gehör transkribiert (Akanje).

512 Wiederum: Akanje. Серна [serna] ‚Gemse‘ und Серный [sernyj] ‚schwefelig‘ kommen nicht in Frage.

513 ‚Vilak‘ ist die Form des Genitivs Plural.

514 ‚Luda‘ beruht auf einem Hörfehler.

515 Liquiden-Metathese (r und l sind vertauscht).

516 ‚Postellu‘ beruht offensichtlich auf einer silbischen Flexionsform.

517 Wiederum: Akanje. Die Form „Wadi“ muss als Genitiv Partitiv betrachtet werden – wie im Russ. „Воды!“ (vgl. frz. „Donnez-moi de l’eau!“). Dieselbe Funktion dürfte auch die besonderen Schreibweisen von „Wein“, „Bier“ und „Brot“ erklären, die von russischen Soldaten meist in verblosen Aufforderungssätzen verwendet wurden.

37. Verzeichniß der nöthigsten rußischen Wörter, wie selbe auf Deutsch zu verstehen sind, [Augsburg 1799]: Russisch-deutsche Vokabelliste II

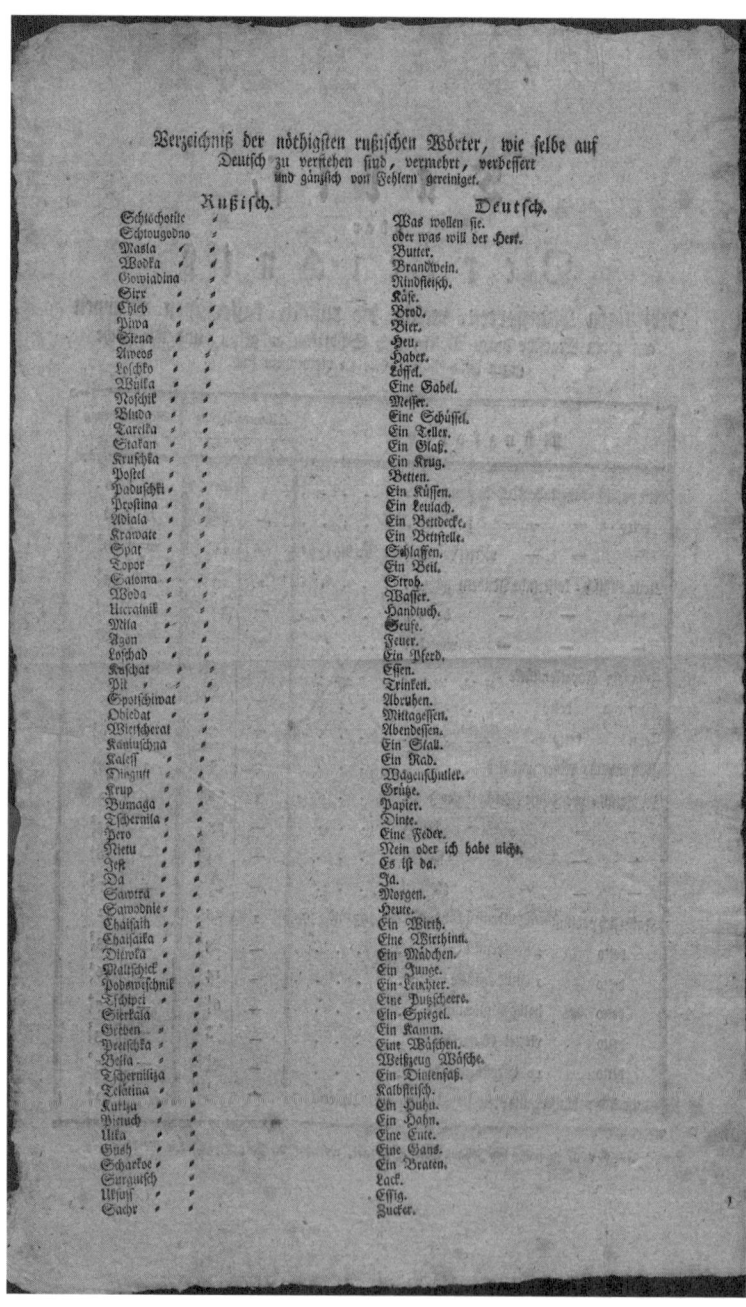

Kommentierte Transkription

Verzeichniß der nóthigſten rußiſchen Wórter, wie ſelbe auf Deutſch zu verſtehen ſind, vermehrt, verbeſſert, und gánzlich von Fehlern gereiniget.

Rußiſch	Deutſch	modernes Russisch	Lautwert (API)
Schtochotite	Was wollen ſie.	что хотите	[ʃtoxatít'e]
Schtougodno	oder was will der Herr.	что угодно	[ʃtougódna]
Masla	Butter.	масло	[másla]
Wodka	Brandwein.	вино	[vɪnó]
Gowiadina	Rindfleiſch.	говядина	[gavjádɪna]
Sirr	Kåſe.	сыр	[sɪr]
Chleb	Brod.	хлеб	[xlep]
Piwa	Bier.	пиво	[piva]518
Siena	Heu.	сено	[sena]519
Awros.	Haber.	овёс	[avjós]
Loſchko	Lóffel.	ложка	[lɔʃka]
Wůlka	Eine Gabel.	вилка	[vílka]520
Noſchik	Meſſer.	ножик	[nóʒik]521
Bluda	Eine Schůſſel.	блюдо	[bljúda]
Tarelka	Ein Teller.	тарелка	[tarélka]
Stakan	Ein Glaß.	стакан	[stakán]
Kruſchka	Ein Krug.	кружка	[krúʒka]
Poſtel	Betten.	постель	[pastél']
Paduſchki	Ein Kůſſen.	подушка	[padúʃka]
Proſtina	Ein Leulach.	простыня	[prastɪnjá]
Adiala	Ein Bettdecke.	одеяло	[adejála]
Krawate	Ein Bettſtelle.	кровать	[kravát']
Spat	Schlaffen.	спать	[spat']
Topor	Ein Beil.	топор	[tapór]
Saloma	Stroh.	солома	[salóma]
Woda	Waſſer.	вода	[vadá]
Utccalnik	Handtuch.522	ручник	[rútʃnik]
Mila	Seuſe.	мыло	[mýla]
Agon	Feuer.	огонь	[agón']
Loſchad	Ein Pferd.	лошадь	[lóʃad']

---

518   Hier wurde nach Gehör transkribiert (Akanje).
519   Wiederum: Akanje.
520   Vermutlich ist ‚Vilak' die Form des Genitivs Plural.
521   Diminutivform (‚Messerchen') zu нож ‚Messer'.
522   Das russische Etymon ist nicht nachvollziehbar. ‚Handtuch' ist ручник, рушник [rútʃnik, rúʃnik].

Rußiſch	Deutſch	modernes Russisch	Lautwert (API)
Kuſchat	Eſſen.	кушать	[kúʃatʼ]
Pit	Trinken.	пить	[pitʼ]
Spotſchiwat	Abruhen.	почивать	[potʃivátʼ]
Obiedat	Mittageſſen. (Verb)	обедать	[abʼjédatʼ]
Wietſcherat	Abendeſſen. (Verb)	zu вечер ‚Abend'[523]	[vetʃerátʼ]
Kankuſchna	Ein Stall.	конюшня	[kanjúʃnja]
Kaleſſ	Ein Rad.	колесо	[kalesó]
Diogutt	Wagenschmier.	дёготь ‚Teer'	[djógatʼ]
Krup	Grütze.	крупа	[krupá]
Bumaga	Papier.	бумага	[bumága]
Tſchernila	Dinte.	черила	[tʃerníla]
Pero	Eine Feder.	перо	[peró]
Nietu	Nein oder ich habe nicht.	нету	[nʼétu]
Jeſt	Eſ iſt da.	есть	[jestʼ]
Da.	Ja.	да	[da]
Sawtra	Morgen.	завтра	[závtra]
Sawodnie	Heute.	сегодня	[sevódnja]
Chaiſain	Ein Wirth.	хозяин	[xazjáin]
Chaiſaika	Eine Wirthinn.	хозяйка	[xazjájka]
Diewka	Ein Mädchen.	девка	[dévka]
Maltſchick	Ein Junge.	мальчик	[málʼtʃik]
Podſweſchnik	Ein Leuchter.	подсвечник	[patsvétʃnik]
Tſchipei	Eine Putzſcheere.	чистый ‚sauber, rein'	[tʃístyj]
Sierkala	Ein Spiegel.	зеркало	[zérkala]
Greben	Ein Kamm.	гребень	[grében]
Pretſchka	Eine Wåſchen.	*Nicht identifizierbar.*	*Nicht identifizierbar.*
Belia	Weißzeug Wåſche	бельё	[bʼelʼjó]
Tſcherniliza	Dintenfaß.	чернильница	[tʃernílʼnitsa]
Telåtina	Kalbfleiſch.	телятина	[teljátina]
Kuriza	Ein Huhn.	курица	[kúritsa]
Pietuch	Ein Hahn.	петух	[petúx]
Utka	Eine Ente.	утка	[útka]
Guſh	Eine Gans.	гусь	[gusʼ]
Scharkoe	Ein Braten.	жаркое	[ʒarkóje]
Gurgutsch	Lack.	сургуч	[surgútʃ]
Uksuss	Essig.	уксус	[úksus]
Sachr	Zucker.	сахар	[sáxar]

---

523   Im modernen Russisch ужинать ‚zu Abend essen'.

Namensregister

Ortsregister

Nicht aufgenommen wurden Augsburg und Nürnberg.

Fremdsprachen in Geschichte und Gegenwart

Herausgegeben von Helmut Glück und Konrad Schröder

5: Sylvia Jaworska

The German Language in British Higher Education

Problems, challenges, teaching, and learning perspectives

2009. XIII, 222 pages, 13 ill., 5 tables, pb
ISBN 978-3-447-06005-9
€ 52,– (D)

6: Helmut Glück, Yvonne Pörzgen

Deutschlernen in Rußland und in den baltischen Ländern vom 17. Jahrhundert bis 1941

Eine teilkommentierte Bibliographie

Unter Mitarbeit von Tanja Fichter

2009. LI, 399 Seiten, 8 Tabellen,
8 Diagramme, gb
ISBN 978-3-447-05842-1
€ 76,– (D)

Das Deutsche war bis zum Ende des 20. Jahrhunderts die wichtigste und am meisten gelernte und verwendete Fremdsprache bei den Russen (sowie Weißrussen und Ukrainern), den Letten und den Esten. Bei den Litauern stand das Polnische an erster Stelle. Jahrhundertelang geschah dieser Spracherwerb vor allem im mündlichen Austausch. Im 16. Jahrhundert beginnt die Produktion von Sprachlehrmaterialien, die das Deutsche und das Russische miteinander verbinden, im 17. Jahrhundert entstehen die ersten Hilfen zum Deutschlernen in den baltischen Ländern. In Livland und Estland bleibt das Deutsche bis zum ersten Weltkrieg als Sprache der Verwaltung, des höheren Schulwesens und des Wirtschaftslebens maßgeblich. Sozialer Aufstieg war dort bis ins späte 19. Jahrhundert an die Beherrschung des

Deutschen gebunden. In Russland wird das Deutsche im 18. Jahrhundert zur Bildungssprache.

Der Band dokumentiert die Glossare, Gesprächsführer, Sprachlehrbücher, Lerngrammatiken und Wörterbücher, die das Deutsche mit diesen Sprachräumen verbindet. Das verwendete Dokumentationsschema hat sich bereits bei den Vorgängerarbeiten zu den böhmischen Ländern und zu Polen bewährt.

7: Mark Häberlein, Christian Kuhn (Hg.)

Fremde Sprachen in frühneuzeitlichen Städten

Lernende, Lehrende und Lehrwerke

2010. 272 Seiten, 4 Abb., 2 Tabellen, br
ISBN 978-3-447-06192-6
€ 54,– (D)

In konkreten Fallstudien zu mitteleuropäischen Städten (Augsburg, Nürnberg, Ravensburg, Freiburg i.Br., Basel, Zürich, Lüneburg) untersuchen die Beiträge des von Mark Häberlein herausgegebenen Bandes Formen und Praktiken des Fremdsprachenerwerbs zwischen dem 15. und 18. Jahrhundert. Sie thematisieren das Sprachenlernen von Patrizier- und Kaufmannssöhnen im Ausland, die Lebensbedingungen und die Rechtsstellung von Sprachmeistern in frühneuzeitlichen Städten sowie Konzeption, Druck und Verbreitung von Lehrwerken für den Unterricht. Erstmals werden damit die Stadtgeschichte und die Geschichte des Fremdsprachenlernens in der Frühen Neuzeit systematisch aufeinander bezogen.

HARRASSOWITZ VERLAG · WIESBADEN

www.harrassowitz-verlag.de · verlag@harrassowitz.de

Fremdsprachen in Geschichte und Gegenwart

Herausgegeben von Helmut Glück und Konrad Schröder

8: Wieland Eins, Helmut Glück,
Sabine Pretscher (Hg.)

Wissen schaffen –
Wissen kommunizieren

Wissenschaftssprachen in Geschichte und
Gegenwart

2011. 162 Seiten, 8 Abb., 2 Tabellen, br
ISBN 978-3-447-06437-8
€ 42,– (D)

Der Sammelband *Wissen schaffen –
Wissen kommunizieren* enthält Analysen
und Stellungnahmen aus den Geistes- und
Naturwissenschaften sowie der Medizin zur
Rolle des Deutschen und anderer Sprachen
als Medium der wissenschaftlichen Kommunikation in Geschichte und Gegenwart.
Er beschäftigt sich mit der Entwicklung von
Nationalsprachen hin zu Wissenschaftssprachen und den Gründen für ihren möglichen oder tatsächlichen Funktionsverlust
im Zuge der Globalisierung. Beides – die
Entstehung von Wissenschaftssprachen
wie ihr Rückfall in die Bedeutungslosigkeit
– geschieht im Kontext politischer, wirtschaftlicher und kultureller Entwicklungen
und meist als Resultat einer (nicht nur)
wissenschaftlichen Dominanz einer anderen Sprachgemeinschaft. Was auch immer
die Gründe für solche Entwicklungen sind,
ihre Folgen reichen weit über die Frage des
sprachlichen Usus hinaus, denn Sprachen
sind mehr als ein Mittel zum Kommunizieren von Inhalten. Inwiefern Wissenschaft
zudem an die Muttersprache(n) der Wis-
senschaftler gebunden ist, die sie betreiben, ist eine weitere zentrale Frage, die
in den Beiträgen zu diesem Band kritisch
erörtert wird.

9: Renata Budziak

Deutsch als Fremdsprache
in Polen

Sprachlehrbücher
aus dem 16. bis 18. Jahrhundert

2011. X, 189 Seiten, 12 Abb., br
ISBN 978-3-447-06439-2
€ 38,– (D)

Im 18. Jahrhundert etablierte sich in Polen
das Deutsche als Unterrichtsfach an öffentlichen und privaten Schulen, die Anfänge
des Lehrens und Lernens der deutschen
Sprache liegen jedoch viel weiter zurück:
Die direkte Nachbarschaft mit Deutschland
und die daraus resultierenden vielfältigen
Kontakte bildeten das Fundament für die
Nachfrage nach Deutschkenntnissen in
Polen. Dabei spielte das Erlernen des Deutschen zu Beginn besonders in Berufen und
Ämtern eine wichtige Rolle.
Renata Budziak untersucht in ihrer Monographie die Sprachlehrbücher, die vom
16. bis 18. Jahrhundert in Polen für die
Vermittlung des Deutschen verwendet
wurden und beleuchtet die historischen
Hintergründe des Lehrens und Lernens
der deutschen Sprache. Mit der ausführlichen Präsentation und Analyse der
Lehrmaterialien leistet sie zugleich einen
grundlegenden Beitrag zur Geschichte der
deutsch-polnischen Grammatikographie.

HARRASSOWITZ VERLAG · WIESBADEN
www.harrassowitz-verlag.de · verlag@harrassowitz.de